CVLIACANAE, AMERICAE REGIONIS, DESCRIPTIO.

Topia.

Noiftlaue.

Tlachahuauan
Coximan
Tequeviu
Ayayn

Pabimbo

Famacl faramac lanpa

Babuyca

Babuypa

Apoma

Banupa
Quetenepa
Adara
Coarenen

Bocaça.

Hugonipa.

Chanchuama

Vaona

Nopola

Amacult.

Tubas

Tome

Ymala
Tenupa
Acoquey
Gualone
Celtone

Coy
Higua
Hyca

Toloache
Piaua
Nilas
Xacuba

Ayuyepa

Buzore
Amaculi
Caybofe

Yopa

Maralha
Coya
Yubo

Hoelmo
Iocolimbo

Huruupa

Bocaça
yepa

abacuto
uchefacuto
catanito

Cochina
Guaino
chal.

Atabalo.

Huipa

Espalmancoconfie.
Comoa

In his montiv. ar.
genti fodine funt.
Tonyes.

ricameto
batinaco
ricanito

Humoya

Amea
Cochoya

Amacali
Hicacalmo
Cuzponea
Macaba
Xiorla

Comitaca
Los Guamocheles

Apucha
Amoya
Calca
Obunca
Omitaca

Ayaya
Coolmo
Conino
Asoma
Vbaymino
Cobece
Solona
Vlabino
Aloqueue
Comapino
Hibilme
Apolemo
Tabxauo
Suiacomene
Habuceenc
Efuten
Orongio
Caftilata

Guani
Colombo
Maxifa
Tecurime
Irecobe
rira
Abuya

Ofo
Done

Veruilone

Espalmo
Corloneo

Amaya
Comaca.
Apaftla
Senaparla
Colica

Quinola

Quila
Scholmo

Bafque

Yanea
Cailatin
Tabonea

Bayla
Alaya

Vmapa
Bafap

Culiacan

Techucha
mana

Apacha.

Colica
Cogota
Senepatla

Atdatula

Nauiarinero
Nubio

Cochino

Huffita

Villa S.
Michaelis

Istapa

Colulo

Elota
Cosaluc
Aponia

Parmo.

Nauico
Ayabuto
Ouanco

Canichem

Abucho

Cabaa
Anapoil
Conayo
Aloquen
Amaopo

Ciguaclan flu

Paludes

Ounola

Centla

Nouae
Galitiae
pars.

Salis flu

Piaftla.

Tropicus Capricorni.

Piaftla flu

Flu. Spus S.

ORIENS.

111 110

25

24

23

ENCICLOPEDIA DE MÉXICO

TOMO XI

ENCICLOPEDIA DE MÉXICO

DIRECTOR
JOSÉ ROGELIO ÁLVAREZ

*TODO LO MEXICANO ORDENADO ALFABÉTICAMENTE: ANTROPOLO-
GÍA, ARQUEOLOGÍA, ARTE, BIBLIOGRAFÍA, BIOGRAFÍAS, CIENCIAS,
DERECHO, ECONOMÍA, ESTADÍSTICA, ETIMOLOGÍA, ETNOGRAFÍA,
FAUNA Y FLORA, FOLCLORE, GEOCIENCIAS, HISTORIA, INSTITUCIO-
NES, LÉXICO REGIONAL, LITERATURA, MITOLOGÍA, MÚSICA, PARE-
MIOLOGÍA, SEMÁNTICA, SOCIOLOGÍA, TOPONIMIA, TURISMO, ETC.*

TOMO XI

ENCICLOPEDIA DE MÉXICO
CIUDAD DE MÉXICO
MCMLXXVII

Primera Edición, 1977
Segunda Edición, 1977
Derechos reservados © 1977
ENCICLOPEDIA DE MÉXICO, S.A.
Cerrada Alberto Zamora Núm. 21
Coyoacán
México 21, D.F.

GERENTE GENERAL
RUBÉN ARTURO MUÑOZ

F 1204
·E5
Vol II

Créditos fotográficos: 1.Enciclopedia de México. 2.Armando Salas Portugal. 3.Archivo Pablo Bosh. 4.Archivo Ángel Pola. 5.Archivo del arquitecto José Rogelio Álvarez Noguera. 6.Foto Hermanos Mayo. 7.Archivo de Xavier Tavera Alfaro. 8.Foto Crispín Vázquez. 9.Instituto Nacional de Antropología e Historia. 10.Instituto de Biología de la Universidad Nacional Autónoma de México. 11.Cortesía de la Embajada Británica. 12.Cortesía de Gustavo Sotomayor. 13.Cortesía de la Embajada de la República Democrática de Alemania. 14.Archivo fotográfico de *Excélsior*. 15.Cortesía de la Embajada de la República Federal de Alemania. 16.Cortesía de la Embajada de la República Popular China. 17.Archivo de la Presidencia de la República. 18.Dibujo de Francisco Mata. 19.Archivo de Héctor Manuel Romero. 20. Archivo de Alfonso de Alba. 21.Foto Ran Erde. 22.Foto José Verde. 23.Cortesía de la Embajada de Rumania. 24.Foto Luis Márquez 25.Foto Ruth D. Lechuga. 26.Cía. Mexicana Aerofoto, S.A. 27.Archivo de J. de Jesús Dávila Aguirre. 28.Archivo de Jesús García y García. 29.Tomada de *Historia de las Obras Públicas* por Francisco González de Cosío (1971-1976). 30.Foto Kransky. 31.Cortesía de la Diócesis de San Cristóbal de Las Casas. 32.Archivo de Prudencio Moscoso Pastrana. 33.Archivo de Rafael Montejano y Aguiñaga. 34.Cortesía del Dr. Daniel F. Rubín de la Borbolla. 35.Archivo de la Revista *Proceso*. 36.Cortesía del Ayuntamiento de San Nicolás de los Garza. 37.Foto Lola Álvarez Bravo. 38.Archivo Antonio Nacayama A. 39 y 42.Secretaría de Recursos Hidráulicos. 40.Tomado de *Excavations at Culiacan, Sin.,* por Isabel Kelly (1945). 41.Instituto Nacional de Investigaciones Agrícolas. Secretaría de Agricultura y Ganadería. 43.Banco Nacional de Crédito Rural. 44.Foto Documentales. 45.Centro Regional del Noroeste. Instituto Nacional de Antropología e Historia. 46.Archivo de Enguerrando Tapia. 47.Cortesía de la Embajada de Sri Lanka. 48.Cortesía de TABAMEX. 49.Archivo Manuel González Calzada. 50.Foto Press Franklin Cordero. 51.Archivo de Gabriel Saldívar. 52.Foto R.García. 53.Cortesía del Instituto de Investigaciones Históricas de Ciudad Victoria, Tamps. 54.Foto Guillermo Zamora,

IMPRESO Y HECHO EN MEXICO
PRINTED AND MADE IN MEXICO

Escribieron notas o artículos para el Tomo XI: Arturo Acuña Borbolla, José Rogelio Álvarez, Raúl Arreola Cortés (*R.A.C.*), Beatriz Braniff (*B.B.*), Manuel Carrera Stampa (*M.C.S.*), Israel Cavazos Garza (*I.C.G.*), Comunicación e Información, S. A., Consejo de Recursos Naturales no Renovables, José Corona Núñez, J.de Jesús Dávila Aguirre (*J.J.D.A.*), Mons.Eduardo Flores Ruiz (*E.F.R.*), Jesús García y García (*J.G. y G.*), Gregorio González Cabral, Manuel González Calzada (*M.G.C.*), Alfonso González Martínez, Teófilo Herrera (*T.H.*), Carlos Hoy (*C.H.*), David Huerta, Miguel Huerta Maldonado (*M.H.M.*), Alfredo Hurtado Hernández (*A.H.H'.*), Irma Lombardo García (*I.L.G.*), Rafael Lamothe Argumedo, Gastón López Vázquez, Ramón López S. (*R.L.S.*), Felipe López Rosado, Raúl Macín (*R.M.*), Rodrigo Mendirichaga, Rafael Montejano y Aguiñaga (*R.M. y A.*), Manuel M.Moreno (*M.M.M.*), Prudencio Moscoso Pastrana (*P.M.P.*), Margarita Muñoz de Peña, Rubén Arturo Muñoz (*R.A.M.*), Daniel Olmedo (*D.O.*), Antonio Nacayama A. (*A.N.A.*), Antonio de Jesús Otero Icaza, Guadalupe Pérez San Vicente, Agustín Pineda (*A.P.*), Cynthia Radding de Murrieta (*C.R. de M.*), Senén Ramírez Carrillo, Aurora María Saavedra, Gabriel Saldívar (*G.S.*), Tomás Sánchez Hernández (*T.S.H.*), y María Eugenia Zamudio Beltrán.

Prestaron una inestimable ayuda, proporcionando materiales de diversa índole o facilitando los trabajos generales del Tomo XI, las siguientes personas: Luis Fernando Arias, Marina Aymerich de López, Rubén Barla Turbay, Zita Basich, Alfonso Dau Dau, Luis Echeverría Álvarez, Rebeca Erazo Arenas, Gilberto Enriquez Sánchez, Jaime H.Gaspar, Alejandro Gertz Manero, Ana Lilia Girón Gutiérrez, Alberto González Solís, Alfonso Grajeda Hernández, Carlos Hank González, Beatriz Hernández Velasco, Norberto Hernández Espíndola, Jesús Hinojosa Tijerina, Alfredo Hurtado Hernández, José E.Iturriaga, Enrique Lona Valenzuela, Adela López Chávez, Gabriela López Chávez, Mario Martínez Carrera, Sergio Martínez Carrera, Francisco Mata, Cuauhtémoc Mata, Eugenio Muñoz Huerta, Antonio Murguía, Julio Patiño Rodríguez, Luis J.Prieto, Margarita Ramírez Colín, Jesús Rodríguez, Guillermo P.Salas, Diego Santa Cruz, Armando Salas Portugal, Ernesto de la Torre Villar, Celestino Tovar, Ana María Treviño Gómez y Roberto Vargas Solís.

Quetzalcóatl (Códice Borbónico)   1

QUETZALCÓATL. Deidad de la cultura náhuatl creada en el treceno cielo por la pareja creadora Tonacatecuhtli y Tonacacíhuatl, el Señor y la Señora de Nuestra Carne, junto con sus tres hermanos Tlatlauhqui, Yayauhqui y Huitzilopochtli, o sean el Tezcatlipoca rojo, el negro, el azul (Huitzilopochtli) y el blanco (Quetzalcóatl). Tonacatecuhtli es la dualidad masculino-femenina llamada Ometecuhtli, el señor dos, dual, a quien por razones de mayor comprensión se asigna una esposa, en este caso Omecíhuatl, la señora de la dualidad. Los dos están en el centro del universo y las cuatro deidades creadas por ellos están colocadas una en cada punto cardinal, siendo Quetzalcóatl y Huitzilopochtli los encargados de crear el fuego, representado por el sol y originando así al día: Cipactónal, y a la noche: Ozomoco, deidades creadoras del calendario. Quetzalcóatl fue colocado en el poniente, región que ostenta el color blanco, representando al sol viejo que reside allí, mientras que Huitzilopochtli en el sol joven, el guerrero celeste que nace en el oriente guerreando con las estrellas para vencer a la noche; es el doble de Quetzalcóatl, quien como representante y sacerdote del sol viejo avanza con él desde el poniente dentro del vientre de la Madre Tierra y surge en el oriente convertido en Estrella

de la Mañana, anunciando que tras de él llega Huitzilopochtli para instaurar un nuevo día. Pero hubo un día en la eternidad en el cual Quetzalcóatl se hizo hombre, encarnó en el vientre de una virgen (*Códice Vaticano-Ríos*) y nació el día dedicado al oriente: *Ce Acatl*: 1-Caña (flecha), del año llamado también Uno Caña. Su padre fue un guerrero llamado Mixcóatl: serpiente de nube, la culebra que cuelga del cielo y se convierte en la tromba que inunda la tierra y destruye al hombre, tremendo rayo celeste; y su madre, Chimalma: la que carga el escudo (*chimalli*) de guerra. Se llama así porque es una mujer-guerrero, de las que mueren como ella al dar a luz a su primer hijo, consideradas como guerreros muertos en el campo de batalla al hacer un prisionero en sus entrañas, y convertidas en deidades del poniente. Digno hijo de guerreros, el joven Quetzalcóatl venció a Tepotztécatl, cuyo nombre quedó inmortalizado en el lugar de la contienda, el cerro del Tepozteco, donde vengó la muerte de su padre; allí rescató sus restos llevándolos a depositar a un templo que levantó en el Citlaltépetl. A ese lugar fueron a buscarlo las gentes de Tula para hacerlo soberano de los toltecas, a quienes gobernó con el nombre de *Ce Acatl*, Topiltzin, Quetzalcóatl: nuestro señor niño, nuestro príncipe Uno Caña. En Tula levantó cuatro casas de oración (las de concha nácar, plumas de quetzal, plata y oro) e implantó el culto al Quetzalcóatl que él encarnaba, la deidad de la luz; pero fue agredido por el Tezcatlipoca Negro, dios de la oscuridad, del mal, que descargó una serie de calamidades sobre la ciudad, le puso tentaciones y lo hizo quebrantar el voto de castidad al embriagarlo. Perseguido por los sacerdotes y seguidores de Tezcatlipoca, salió huyendo y se refugió en Cholula (lugar de la huida), donde derrocó la dictadura de los mixteco-olmecas. Siguió su camino hacia la casa del oriente y llegó a la costa del Golfo, donde su cuerpo fue consumido en una hoguera para ser reintegrado a la divinidad del fuego. Al sucumbir, descendió al mundo de la muerte, donde permaneció nueve días, pero de allí resurgió convertido en Estrella de la Mañana y en Estrella de la Tarde, una dualidad por la que tomó el nombre de Quetzalcóatl: el coate, el gemelo precioso, nombre que se escribe en jeroglifo con una serpiente: *cóatl* (oate), con plumas de quetzal que le dan el adjetivo de precioso, divino. La hoguera en que ardió su cuerpo para la transfiguración está representada en la Lámina 30 del *Códice Borgia* mediante un resplandor o sol de rayos rojos y negros, alternados, con ojos estelares, en cuyo centro aparecen dos serpientes enlazadas, con las fauces abier-

Pirámide de Quetzalcóatl en Teotihuacan (detalle)

tas y saliendo de ellas los gemelos con bolsas sacerdotales en sus manos, rodeados de una cuerda de *malinalli*, que tiene el significado de aprisionamiento, del sacrificio sufrido en la hoguera. Los rayos rojos y negros representan el Tlilan-Tlapalan, el rojo y el negro, o sea las regiones del oriente y del poniente en las que actúa esta divinidad personificada por el planeta Venus. No es cierto lo que hasta ahora se ha dicho de que el Tlilan-Tlapalan es la región de la sabiduría porque los colores rojo y negro representan los códices que se pintan con ellos, resultando entonces Quetzalcóatl un sabio *tlacuilo*. En otra versión se dice que al llegar a la costa del Golfo tendió su manto sobre el mar y desapareció, por lo que se cree que fue a la península maya, donde su nombre fue traducido por Kukulkán: serpiente emplumada. Como deidad creadora, aparece en los códices con el joyel del viento en su pecho, formado por el corte transversal de un caracol marino que muestra la espiral de su interior, donde se produce el sonido cuando es usado como trompeta. El hombre prehispánico sentía en el soplo del viento la presencia de Dios, pero nunca había oído su voz hasta que este soplo salió a través del caracol accionado por los sacerdotes. Así se oyó la voz divina que es el mandato creador, el *fíat* de los cristianos, que es el verbo, la palabra creadora. Los dioses creaban con un soplo, como lo dice el *Códice Vaticano-Ríos*. El diccionario náhuatl registra la palabra *ehécatl* como "viento, soplo, espíritu". Surge así Quetzalcóatl-Ehécatl, que se ve en los códices con una máscara bucal en forma de

fauces estilizadas de serpiente, con la nariz cuadrada y dejando ver un solo diente, con lo cual se identifica a los ancianos dioses creadores, más el pectoral del caracol cortado mostrando la espiral de la palabra, como la que sale de la boca de los personajes o deidades en los códices para indicar que están hablando. El caracol viene siendo el símbolo masculino de la creación, mientras que la concha es el femenino porque representa la vulva materna, el nacimiento. Concha y caracol, creación y nacimiento, son los símbolos de Quetzalcóatl, por cuya causa era llamado Dios de la Mar por los tarascos; y Tariácuri, su sacerdote del viento, ostenta en el pecho unas "tenezuelas" con la figura de las valvas de la concha y las espirales de la palabra creadora a sus lados. Lo anterior explica por qué las grandes serpientes emplumadas de la pirámide de Quetzalcóatl en Teotihuacan están recostadas sobre conchas y caracoles. Además, los dioses creadores encomendaron a Quetzalcóatl que gobernara las aguas del cielo, como lo muestra el *Códice Vindobonensis*, donde aparece cargando una gran corriente doble de agua puesta sobre los símbolos del cielo, surgiendo allí mismo la imagen de Tláloc, dios de la lluvia, lo cual revela la otra advocación que no se había advertido hasta ahora, la de Tláloc-Quetzalcóatl, que muestra la gran pirámide teotihuacana al alternar las cabezas de la serpiente emplumada con las de Tláloc, o sea Tlaloctli, el vino, el néctar (*octli*) con que se embriaga la tierra (*tlali*): la lluvia.

QUEVEDO, MIGUEL ÁNGEL DE, n. en Guadalajara, Jal., en 1859; m. en la Ciudad de México en 1946. Ingeniero, fue jefe del Departamento Forestal de la Secretaría de Agricultura. Se hizo famoso porque consiguió detener los médanos de Veracruz, especialmente los de la playa norte, mediante la plantación en gran escala de casuarinas, especie que él importó de Australia. Promovió la formación de pequeños bosques alrededor de las estaciones ferroviarias de todo el país. Fundó la Escuela Forestal y con el producto del trabajo de buena parte de su vida compró el rancho de Panzacola, en Coyoacán, donde formó los Viveros que cedió a la nación y que todavía existen. Se le llamó "El apóstol del árbol". Pionero del aprovechamiento del agua para fines de generación eléctrica, participó en las obras de Río Blanco, Orizaba, a fines del siglo pasado. Como constructor, erigió la iglesia del Buen Tono y el edificio del Banco de Londres y México, en la capital de la República.

QUEVEDO, RODRIGO M., n. en Casas Grandes, Chih., en 1889; m. el 18 de enero de 1967. Tomó las armas en 1911, al iniciarse el movimiento maderista; combatió al gobierno del general Porfirio Díaz en el Estado de Sonora, bajo el mando de Silvestre Quevedo; se unió al entonces coronel revolucionario Juan G.Cabral; en 1917, siendo brigadier, se sumó a las tropas gobiernistas bajo las órdenes del general Francisco Murguía; en 1929 alcanzó el grado de general de división y, posteriormente, fue electo gobernador constitucional del Estado de Chihuahua, para el período 1932-1936. Durante su gestión, fundó la beneficencia pública y dio impulso a los sistemas de agua potable e irrigación. Fue más tarde jefe de varias zonas y regiones militares, y senador de la República (1958-1964).

QUEVEDO Y ZUBIETA, SALVADOR, n. en Guadalajara, Jal., en 1859; m. en la Ciudad de México en 1935. Estudió en el Seminario Conciliar de su ciudad natal y se recibió de licenciado en derecho en 1880. Antes había enseñado gramática y literatura castellana en el Liceo de Varones (1879). Pasó a la capital de la República y colaboró en los periódicos *La Constitución, El Republicano* y *El Telégrafo.* Más tarde fundó *El Lunes,* en el que escribió artículos de oposición al gobierno del general Manuel González, viéndose obligado a expatriarse del país (1882). Radicó en Madrid, donde trabajó para *El Día* y *El Imparcial.* En Londres fue corresponsal de varios periódicos. Regresó a México en 1884 y publicó una enconada requisitoria contra el gonzalismo. De vuelta en París, ingresó a la Facultad de

1

Salvador Quevedo y Zubieta

Medicina de la Sorbona y se graduó de médico-cirujano (1894). Su tesis, *L'Hallax Valgus,* obtuvo medalla de bronce. Se le nombró cónsul de México en Santander, España (1897), y en Saint Nazaire, Francia (1908). Nuevamente en el país, ingresó al cuerpo médico militar. Escribió relatos, novelas, teatro e historia: *Recuerdos de un emigrado* (Madrid, 1883), *Un año en Londres* (Londres, 1885), *Notas al vuelo* (1886), *El Gral. Manuel González y su gobierno en México* (2 vols., 1884-1885; 1928), *Porfirio Díaz* (1906), *El Caudillo* (1909), *La Camada* (1912), *En tierra de sangre y broma* (1921), *México manicomio* (1927), *México marimacho* (1933), *La ley de la sabana* (1935) y las obras teatrales *Huerta* (1916), *Doña Pía o el contrachoque* (1919) y otras. Tradujo *Récits mexicains* (1888) y *L'étudiante* (1888).

QUEZADA, ABEL, n. en Monterrey, N.L., en 1920. Abandonó la carrera de ingeniero mecánico y electricista para dedicarse al periodismo. Se especializó en el dibujo de historietas y cartones satíricos. Trabajó en Nueva York para la agencia *Kennedy Associate Inc.* y en México para varias publicaciones, especialmente para *Excélsior,* hasta julio de 1976. Ha creado varios personajes típicos de la idiosincrasia mexicana, entre ellos el Charro Matías

Abel Quezada

y Gastón Billetes. Ilustró algunas ediciones de la Secretaría de Obras Públicas. Muy al principio de la televisión mexicana, produjo para el Canal 4 el programa *Rayo Veloz*, y en diciembre de 1976 fue nombrado director del Canal 13, puesto que sólo desempeñó durante 6 días.

QUEZADA, ARMANDO K., n. en la Ciudad de México en 1937. Estudió composición musical en el Conservatorio de las Rosas, en Morelia, bajo la dirección de Miguel Bernal Jiménez; y piano en la Facultad de Música de la UNAM. Llevó cursos de especialización con Walter Piston, Leonard Bernstein e Igor Markiewich. De regreso a México en 1956, enseñó apreciación musical en la Escuela Médico Militar y compuso el himno de ese plantel, estrenado en el Palacio de Bellas Artes con asistencia del presidente Ruiz Cortines. Investigó 4 años el folclore de Brasil, especialmente el de los indios haribatzas, raramente visitados por los blancos. Sirve la cátedra de musicología en la Universidad Iberoamericana y se dedica a componer música sacra y sinfónica.

QUIÁHUITL (lluvia en náhuatl). Decimonoveno de los 20 días del calendario azteca (*cauac* en el maya y *ape* en el zapoteco).

QUIEBRACOYOL o QUEBRACOYOL. Nombre que se aplica en Chiapas a *Chrysophyllum mexicanum* Brand. et Stand, árbol con jugo lechoso, de la familia de las sapotáceas, hasta de 20 metros de altura y con el tronco de 25 a 30 centímetros de diámetro. Tiene las ramas gruesas, oblicuas o colgantes; la copa, irregular y muy densa; y la corteza (astringente y amarga), pardo grisácea y profundamente fisurada en la superficie externa, y rosada y algo fibrosa en la interna. Las hojas son simples, alternas, ovales a oblongo-elípticas, mediana o cortamente pecioladas, lisas en la superficie superior, sedoso doradas en el envés, de 3 a 5 centímetros de ancho por 6 a 10 de largo, con el margen entero, el ápice obtuso, agudo o un poco acuminado, y con numerosas nervaduras laterales dispuestas paralelamente. Las flores son pequeñas (3 a 4 milímetros de diámetro) y están densamente aglomeradas en las axilas de las hojas; además, son pentámeras, pediceladas y de simetría radiada; el cáliz presenta de 5 a 6 sépalos dorados; la corola es gamopétala, blanco cremosa, lisa y cupuliforme, y está dividida en 5 lóbulos; el androceo consta de 5 estambres unidos a la base de los lóbulos de la corola; el ovario es súpero, pentalocular y está superpuesto por un estilo corto que se divide en 5 lóbulos pequeños. El fruto es una baya carnosa, ovoide o elipsoide, comestible, pero sólo mide 1.5 centímetros de largo; presenta la superficie brillante, anaranjado-verdosa, y la pulpa, de color rosado blanquecino, es dulce y de olor agradable; contiene una semilla morena y brillante. Se desarrolla de Tamaulipas a Yucatán y en Quintana Roo, Oaxaca y Chiapas, en selvas altas o medianas, desde el nivel del mar hasta los 700 metros de de altitud. La madera —dura, pesada y de color crema amarillento—, se usa en interiores y en carpintería. Recibe también los nombres de *zapote caimito* o *caimito* (varios lugares); *caimito cimarrón* o *caimitillo* (Veracruz, Oaxaca y Chiapas); *chumi, pacuschumi, chicle de monte* y *chijilté* (Chiapas); *chi-ceh* (lengua maya de Yucatán); *canela* y *palo de canela* (Oaxaca); *thijul* y *thituy* (lengua huasteca); *capulín* y *ocatlán* (San Luis Potosí); *piscuábite* (Veracruz) e *isi* (zonas de indígenas donde se habla el náhuatl).

QUIEBRA PALITO. *Manacus candei*. Pajarillo de la familia *Pipridae*. Mide unos 10 centímetros. El macho se caracteriza por presentar la corona, las alas (salvo las coberteras) y la cola, negras; la nuca, la parte superior del dorso, la garganta y el pecho, blancos; la parte inferior de la espalda y las coberteras superiores, verdes; el abdomen y el crisum, amarillo brillantes; y las patas, de color naranja lustroso. Se distribuye desde Veracruz hasta el sur de Chiapas. Debe su nombre vernáculo al ruido que hace, especialmente en la época de reproducción, cuando ejecuta una danza delante de la hembra, a poca altura del suelo, el cual limpia previamente. Según Alvarez del Toro, con frecuencia se reúnen 2, 3 y a veces más parejas para ejecutar esta danza.

QUIEBRA PLATO. Reciben este nombre varias especies de plantas trepadoras del género *Ipomoea*, de la familia de las convolvuláceas; por ejemplo: *I. tryanthina Lind.* e *I. purpurea* (L.) Roth. var. *diversifolia* (Lindl.) O'Donell, llamadas también *manto* o *manto de la virgen*.

I. tryanthina presenta un rizoma tuberoso y el tallo y las ramas hirsutos, pubescentes o lisos. Las hojas tienen un pecíolo corto y lámina cordada, entera, trilobulada, acuminada o mucronada, pubescente y con nervaduras prominentes en ambas caras, de 6 a 13 centímetros de ancho y de largo. Las flores son pentámeras, actinomorfas, gamopétalas, hermafroditas; se disponen en inflorescencias trifloras o pentafloras que se sostienen sobre pedúnculos pubescentes de 13 a 20 centímetros de largo, en cuya base hay brácteas lineares o lanceoladas de 7 a 8 milímetros; los pedicelos, engrosados en la parte superior, miden de 1.5 a 2 centímetros de largo; los sépalos son subiguales, oblongo lanceolados, de 5 a 6 milímetros de ancho por 1.3 a 1.5 centímetros de largo; la corola es campanulada o en forma de embudo, con el limbo extendido, lisa, purpúrea y de 7 a 8.5 centímetros de largo; el androceo tiene 5 estambres, alternados con relación a los pétalos, e insertados en la parte inferior de la corola; el ovario es súpero, liso, bilocular, tetraovulado, superpuesto por un estilo único que termina en un estigma de tipo globoso. El fruto es una cápsula subglobosa, bilocular, con 4 semillas pardas de 4 a 5 milímetros. Común en la parte central del país (Texcoco, Villa del Carbón, San Miguel, Sultepec y Amatepec, del Estado de México), prospera entre 1,500 y 2,500 metros de altitud.

I. purpurea var. *diversifolia* es una enredadera anual poco ramificada, semejante a la especie anterior, aunque con hojas enteras, trilobuladas-pentalobuladas; flores de color variable (azules, rosadas, moradas, rojas o blancas), con los sépalos casi iguales y el tubo de la corola de 2 a 2.5 centímetros de largo, de color más claro que el limbo; ovario trilocular y hexaovulado; y semillas negras, densamente tomentosas, de medio centímetro. Se encuentra desde el sur de Estados Unidos hasta Argentina. Es común en México, en climas cálidos y templados (Zumpango, Jocotitlán y alrededores del lago de Texcoco), entre 1,800 y 2,300 metros de altitud.

En Michoacán (por ejemplo en Puruándiro) llaman de igual manera a *Ipomoea stans* Cav., mejor conocida con el nombre de *tumbavaqueros*; y en San Luis Potosí, a *Solanum cornutum* Lam., planta herbácea espinosa, de la familia de las solanáceas, que se extiende a Puebla y Veracruz, con las hojas partido-lobuladas, de unos 8 centímetros de largo; las flores gamopétalas y amarillas, y el fruto espinoso, de 3 centímetros. En Tamaulipas llaman quiebraplato a *Cryptostegia grandiflora* (Roxd.) R. Br., planta vivaz, trepadora, de la familia de las asclepiadáceas, con jugo lechoso, lisa y de tallos flexibles (6 a 10 centímetros de diámetro); hojas opuestas, lisas, ovales o elíptico-ovadas, coriáceas, de 4 a 5 centímetros de ancho por 8 a 10 de largo; flores gamopétalas, moradas o rosadas, pentámeras, campanuladas o en forma de embudo, pedunculadas y nectaríferas, de 5 a 7 centímetros de largo; y fruto constituido por dos folículos triangulares de 1 a 1.5 centímetros. Es planta originaria de la India que se cultiva en México como ornamental y que a veces crece en forma silvestre escapada del cultivo, desde Sinaloa y Baja California hasta Tamaulipas, en lugares de clima cálido. El látex, o jugo lechoso, contiene hule, por lo cual podría cultivarse con fines industriales. Recibe también los nombres de *chicote* (Baja California), *pihuco* (Sonora), *clavel de España* o *yedra* (Sinaloa), *hierba de Judas*, *chirrión del diablo* y *chirrionera* (Tamaulipas). En la India se llama *palay*.

QUIJADA, ENRIQUE, n. y m. en Ures, Son. (1857-1897). Ejerció el magisterio en su Estado natal, distinguiéndose por su espíritu innovador. En 1887 fundó y dirigió el semanario *El Eco del Valle*, que duró 9 años. De su producción literaria sobresale un trabajo sobre los indígenas sonorenses. Fue secretario del Ayuntamiento y director del Colegio del Estado en Ures. Una escuela y una biblioteca de Hermosillo llevan su nombre.

QUIJANO, ALEJANDRO, n. en Mazatlán, Sin., en 1883; m. en la Ciudad de México en 1957. Estudió en el Instituto Francés Fournier y en la Escuela Nacional Preparatoria y se recibió de licenciado en derecho (1907) en la Nacional de Jurisprudencia. Enseñó lengua y literatura castellana en la Normal de Maestros y en la Facultad de Altos Estudios; propuso en la de Jurisprudencia los cursos de práctica civil y penal, práctica forense y derecho administrativo, y dirigió esa institución de 1920 a 1922. Fue presidente de la Barra Mexicana, de la Cruz Roja Mexicana (1932-1957) y del Instituto Anglo-Mexicano de Cultura. Dirigió el diario *Novedades* (1946-1957). Abogado postulante, tuvo en compañía del licenciado Genaro Fernández Mc Gregor un bufete muy acreditado. Desde joven gustó de las letras; escribió para *El Imparcial, Revista de Revistas, El Universal* y *El Libro y el Pueblo*. En 1918 ingresó a la Academia de la Lengua, correspondiente de la Española, de la que fue director de 1939 hasta su muerte. Es autor de: *Las letras en la educación* (1915), *Ortografía fonética* (1916), "La Raza" (discurso), en *Fiesta de la Raza* (1917); *En casa de nuestros primos* (1918), *Jiménez de Cisneros* (1918), *Amado Nervo, su vida y su obra* (discurso, 1919), *En la tribuna* (discursos sobre Cervantes, Juárez, La Gaya Ciencia, La Raza, La Universidad, Jiménez de Cisneros; 1919), *La poesía castellana en sus primeros cuatro siglos* (discurso de recepción en la Academia, 1921), *Cervantes y el Quijote en la Academia* (1935), *El segundo centenario del Diccionario de Autoridades. Los diccionarios académicos* (1939); *Analecta crítica y traducciones de Eça de Queiroz* (1940) y "Letras franciscanas", en *Conferencias literarias* (1943). v.Alberto María Carreño: *La obra personal de los miembros de la Academia Mexicana, correspondiente de la española* (2 vols., 1945-1946).

QUIJANO, BENITO, n. en Yucatán en 1800; m. en Nueva York, Estados Unidos, en 1865. En 1812 era cadete del Batallón Activo de Mérida. Recorrió rápidamente la escala de ascensos. En 1823 se adhirió al *Plan de Casa Mata* contra Iturbide. Ese mismo año se le nombró ayudante del gobernador de Veracruz. Participó en la campaña contra la invasión de Barradas (1829). Fue comandante general interino del Departamento de México, ministro de Guerra y Marina (13 al 16 de diciembre de 1838) y oficial mayor de esa Secretaría. Participó en varias expediciones en los departamentos de Jalisco, Michoacán, Tamaulipas y San Luis Potosí. Fue comandante general de Tamaulipas y vocal de la Junta Consultiva de Guerra. En 1847 fue comisionado, junto con Ignacio Mora y Villamil, para negociar la paz con los norteamericanos. Diputado al Constituyente de 1856-1857, fue dado de baja del escalafón del ejército por Félix María Zuloaga. Rehabilitado por los liberales, combatió a Miramón en Calpulalpan (1860). En 1863, cuando se ocupaba en organizar fuerzas para combatir a los imperialistas, fue nombrado por Benito Juárez gobernador de Yuca-

tán. Sin asumir el cargo, marchó a Estados Unidos, donde pasó sus últimos años prestando valiosos servicios a la República, por conducto del Club Mexicano que él mismo fundó en Nueva York.

QUIJANO, JORGE, n. y m. en la Ciudad de México (1893-1946). Ingeniero (1914) por la Universidad Nacional, fue profesor de matemáticas en el Instituto Nacional del Magisterio de Segunda Enseñanza y en las escuelas nacionales de Ingenieros, de Economía y de Ciencias Químicas, en la Superior de Ingeniería y en la Facultad de Ciencias. Dirigió la revista *Pitágoras*, desarrolló una regla de cálculo y publicó: *Cálculo simplificado de estructuras de concreto armado* y *Aritmética y nociones de álgebra y geometría*.

QUIJANO MARGARITA, n. en la Ciudad de México en 1914. Doctora en letras por la Facultad de Filosofía y Letras de la UNAM, perfeccionó sus estudios en Londres (1946), Zaragoza (1947), París (1948), Florencia y la Universidad de Harvard (1951). Se especializó en literatura inglesa, en particular la obra de Shakespeare. Ha sido profesora en la Universidad Femenina y en la Escuela Nacional Preparatoria, y desde 1954 lo es de tiempo completo en la Facultad de Filosofía y Letras de la UNAM. Entre sus obras destacan: *Manuel M. Flores, su vida y su obra* (1946), *La Celestina y Otelo*, (1957) y *Hamlet y sus críticos* (1962).

QUIJANO, YOLANDA, n. en Mérida, Yuc., en 1933. Abandonó la carrera de medicina para ingresar a la Escuela de Pintura y Escultura La Esmeralda. Presentó su primera exposición de cuadros en 1965. En 1966 obtuvo el primer premio en el Homenaje a José Guadalupe Posada organizado por el Instituto Nacional de la Juventud Mexicana. Ha dicho de ella Jorge Juan Crespo de la Serna: "Su tratamiento de la figura humana es de una delicadeza poética admirable". Desde 1971 hace también escultura.

QUIMBOMBÓ. *Hibiscus esculentus* L. v.CHIMBOMBÓ.

QUINA. Se aplica este nombre a varias especies de árboles de la familia de las rubiáceas y del género *Cinchona* L., originarias de Suramérica (Venezuela, Colombia, Ecuador, Perú, Bolivia y Brasil), que se distinguen por el color de la corteza del tronco y de las ramas, principalmente *C.officinalis* L. (quina gris o morena), *C.succirubra* Pav. et Kl. (quina roja) y *C.calisaya* Wedd. var. *ledgeriana Moens* (quina amarilla); todas con aplicaciones en medicina por la

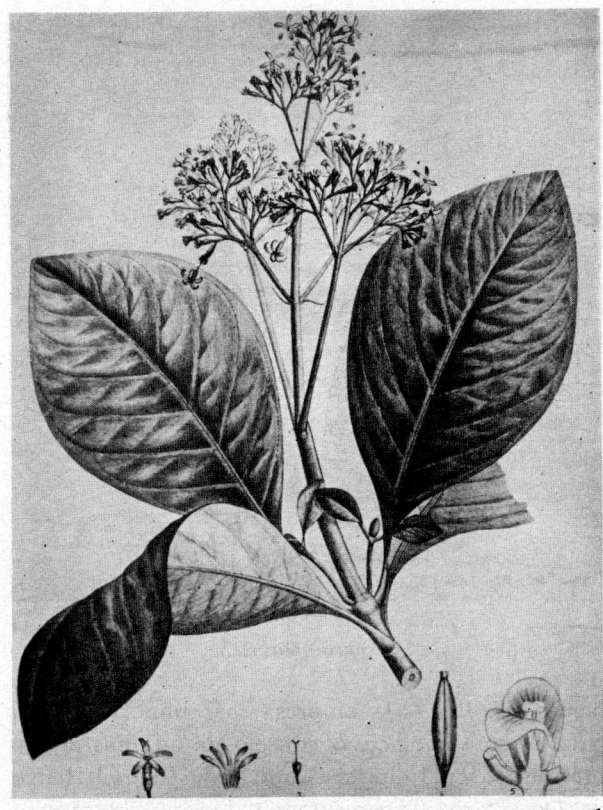

Quina, del género **Chinchona L.**

1

quinina, alcaloide antipalúdico que contiene su corteza, el cual es más abundante en la variedad de la última especie mencionada. Los quinos o quinas alcanzan hasta 25 metros de altura (generalmente de 5 a 20 metros) y un diámetro de 50 a 60 centímetros. La corteza del tronco y de las ramas es de sabor muy amargo. Las hojas son opuestas, simples, enteras, con estípulas interpecioladas, elípticas o elíptico-lanceoladas, pecioladas y a veces muy grandes (hasta de 50 centímetros), pero generalmente de 4 a 8 centímetros de ancho por 8 a 15 de largo. Las flores son pequeñas y aromáticas, y están agrupadas en panículas de cimas corimbosas blancas, purpurinas, rosadas o amarillentas; presentan el cáliz gamosépalo, campanulado y con 5 dientes; la corola gamopétala, tubulosa, campanulada o en forma de embudo, con 5 lóbulos pilosos en los bordes; el androceo constituido por 5 estambres filiformes y salientes, cuya base está unida al tubo de la corola; el ovario ínfero, bicarpelar y bilocular, con muchos óvulos en cada lóculo y superpuesto por un estilo que puede ser corto o largo (heterostilia). El fruto es una cápsula ovoide oblonga, bivalva, con numerosas semillas pequeñas provistas de una corta y tenue ala. La planta puede ser propagada por semillas o por estacas y requiere muchos cuidados durante su desarrollo; debe ser cultivada en terrenos fértiles bien drenados, porosos y ricos en humus (por ejemplo en las selvas recién taladas), pero prospera también en los arcillosos y algo calcáreos; necesita atmósfera húmeda y una temperatura semicálida constante; crece de preferencia entre mil y 2,300 metros de altitud, aunque en ocasiones a 3 mil, dependiendo de la latitud, muy cerca de las zonas donde pueden presentarse temperaturas inferiores a 0°, pero siempre donde la humedad es muy elevada. Sólo los árboles viejos resisten las heladas. En México se cultiva principalmente en Chiapas, donde ha habido grandes plantíos (por ejemplo en Fincas Guatimoc y Las Nubes, arriba de Cacahuatán) y ha sido propagada en la región de Soconusco. Según Miranda, la especie y las condiciones de cultivo no fueron las más apropiadas, por cuya causa los rendimientos de la corteza resultaron muy bajos y sólo pudo exportarse en años de máxima demanda. En 1939 las plantaciones de quina se hallaban casi abandonadas. Hacia esa fecha el Gobierno Federal decidió establecer campos experimentales en esa región, bajo el cuidado del ingeniero Jesús Patiño. Se usaron injertos de *C.calisaya* var. *ledgeriana* sobre patrones de *C.succirrubra*, en el terreno o en viveros; y se estableció una planta piloto para el análisis del contenido en quinina de las cortezas. La planta se cultiva, además, en algunos lugares de Oaxaca (Juchitán) y de Veracruz. Las primeras semillas se sembraron en Córdoba en 1866, por Apolinario Nieto. Los indígenas de Suramérica utilizaban la corteza de la quina como febrífugo y tónico general desde la época anterior a la conquista. Esta planta se conoció en Europa hasta el siglo XVII, cuando se supone que fue enviada por la condesa de Chinchón, esposa del conde del mismo título, virrey del Perú, o bien, con más seguridad, al ser introducida por los misioneros jesuitas que regresaron a ese continente después de haber recibido los beneficios curativos de la corteza. Esta, pulverizada, se vendía hace algún tiempo en México con el nombre de *polvos de la condesa* o *polvos de los jesuitas*.

Otras plantas de corteza amarga a las que se llama quina, son los siguientes arbustos o arbolillos de la familia de la rubiáceas: *Coutarea hexandra* (Jacq.) Schum. (Soconusco, Chiapas), común en Oaxaca y Chiapas; *C.latifolia* Moc. et Sess. (en Guerrero y Oaxaca), desde Chihuahua hasta Puebla, Guerrero, Oaxaca y Chiapas; *C.pterosperma* (S. Wats.) Stand. (Sinaloa), en Sonora y Sinaloa y de Chihuahua a Colima y Guerrero; *Psychotria horizontalis* Sw., de Sinaloa a Chiapas (*quina blanca* en

Acahuizotlá, Guerrero); y *Exostema caribaeum* (Jaq.) Roem. et Schult. (*quina de Michoacán*), de San Luis Potosí a Colima y en Michoacán, Guerrero, Yucatán y Chiapas. En Oaxaca aplican el nombre de quina o quina blanca a *Croton reflexifolius* H.B.K., arbusto o arbolillo de la familia de las euforbiáceas, distribuido de Sinaloa a Oaxaca y Chiapas y de Tamaulipas a Veracruz y Yucatán; y en Veracruz, el de quina blanca a *C.guatemalensis* Lotsy, arbusto o arbolillo conocido en Colima, Oaxaca, Chiapas y Yucatán.

QUINTANA, BERNARDO, n. en la Ciudad de México en 1919. Ingeniero civil (1943) por la UNAM, en 1947 fundó la sociedad anónima Ingenieros Civiles Asociados (ICA), junto con Fernando Espinosa, Raúl Sandoval, Javier Barros Sierra, Raúl Quiroz Cuarón, Saturnino Suárez, Felipe Pescador, Fernando Hiriart y Alberto Barocio Moll. Esta empresa, de gran capacidad financiera y tecnológica, construyó los primeros multifamiliares en México, desarrolló la investigación y pronto se lanzó al campo de la construcción pesada, ejecutando las obras de la cuenca del Tepalcatepec (carreteras, plantas hidroeléctricas y presas derivadoras y de almacenamiento). El grupo ICA contaba en 1976 con 40 compañías, más de 2 mil accionistas y 70 mil profesionistas, técnicos, empleados y obreros en México y el extranjero. Este complejo incluye industrias metal-mecánicas (establecidas en Querétaro a partir de 1963), desarrollos inmobiliarios y turísticos, y la exportación de productos y servicios. Quintana y las empresas ICA han intervenido, entre otras, en las siguientes obras: el Ferrocarril Chihuahua-Pacífico; las ciudades universitarias de México, Puebla y Guadalajara; las hidroeléctricas de Apulco, Infiernillo y La Villita; Ciudad Satélite y las unidades Independencia y Nonoalco Tlatelolco; el Centro Médico; los hoteles Alameda y María Isabel; el Palacio de los Deportes; los centros comerciales Plaza Satélite y Plaza Universidad; el metro de la Ciudad de México; la supercarretera México-Querétaro; la carretera Transpeninsular de Baja California; el Sistema de Drenaje Profundo del Distrito Federal; la canalización y urbanización del Río Tijuana; el nuevo Colegio Militar y la nueva Basílica de Guadalupe; y multitud de estructuras, carreteras, puentes, presas, canales y sistemas de riego, plantas industriales, obras portuarias, hospitales, aeropuertos, sistemas viales y desarrollos agropecuarios. Hacia 1970 ICA ya había realizado obras en 10 países del Caribe y Centro y Suramérica. En 1971 Quintana promovió la mexicanización de Ce-

Bernardo Quintana

mentos Tolteca, la empresa más importante del país en su ramo, cuyo consejo de administración preside, al igual que el Grupo Industria del Hierro de Querétaro, Trasmisiones y Equipos Mecánicos (TREMEC) y Teleindustria Ericsson. Es, además, vicepresidente de Fundidora Monterrey y miembro del consejo de la Siderúrgica Lázaro Cárdenas-Las Truchas. Ha sido presidente de la Cámara Nacional de la Industria de la Construcción (1953), de la Cámara Nacional del Cemento (1967-1968), de la Asociación Mexicana de Caminos (desde 1968), de la Sociedad de Exalumnos de la Facultad de Ingeniería (1973-1974) y del Colegio de Ingenieros Civiles de México (1976-). Creó la Fundación Ingeniería, A.C., y promovió el establecimiento del Instituto de Ingeniería de la UNAM. En 1964 fue declarado el Ejecutivo del Año y es doctor *honoris causa* de la Universidad Autónoma de Guadalajara.

QUINTANA, JOSÉ MATÍAS, n. en Mérida, Yuc., en 1767; m. en 1841. Padre de Andrés Quintana Roo, sufrió prisión en el castillo de San Juan de Ulúa, por sus campañas patrióticas durante la guerra de Independencia; conseguida ésta, fue diputado. Es autor de: *El jacobinismo en México* y *Meditaciones.*.

QUINTANA, JUAN N., n. en Atlixco, Pue., en 1844; m. en 1925. Abogado, defensor de los intereses de la Iglesia, fue condecorado con la cruz *Pro Ecclesia et Pontifice.* Profesor decano de la Universidad Católica Angelopolitana, es autor de: *Apuntes de informe presentado al Tribunal Superior del*

Estado, en el juicio contra Alejandro Quijano y su Esposa (Puebla, 1882) y *Juicio arbitral sobre límites entre los Estados de Puebla y Tlaxcala* (Alegatos. Puebla, 1899).

QUINTANA, MIGUEL, n. en Jerez, Zac., en 1840; m. en la Ciudad de México en 1892. Ingresó al Colegio Militar en 1854. Fue herido en la defensa de San Cosme y la Tlaxpana (1858). Dado de baja (1860) por sus ideas liberales, se unió a las fuerzas republicanas con el grado de capitan del arma de ingenieros (1862). En Mazatlán resultó herido durante el combate con la fragata francesa *La Cordelliére.* Operó contra los invasores en Durango, Chihuahua y Zacatecas. Hizo varios viajes a San Francisco, Cal., Estados Unidos, para conseguir armas y municiones (abril de 1865 a agosto de 1866). Participó en el sitio de Querétaro como ingeniero de las líneas norte y sur (1867). Ascendido a teniente coronel de infantería (1869), fue subdirector y director del Colegio Militar (1871-1880), jefe del detalle del cuerpo de ingenieros (1881-1890) y profesor de matemáticas. Ascendió a general de brigada el 23 de julio de 1884. Fue el autor del proyecto de la Penitenciaría del Distrito Federal, cuyos trabajos de construcción dirigió hasta su muerte.

QUINTANA, MIGUEL A., n. en Puebla, Pue., en 1877; m. en la Ciudad de México en 1951. Banquero e industrial, desde 1927 desempeñó varios puestos públicos. Fue profesor en escuelas secundarias y universitarias; y colaborador de periódicos y autor de estudios sociales, económico e históricos, entre los que se encuentran: *El problema de la tierra* (1929), *Los ensayos monetarios* (1931), *Economía social* (1937), *Papel histórico de Puebla en el progreso industrial de la Nueva España* (1946) y *Esteban de Antuñano. Fundador de la industria textil en Puebla* (1957).

QUINTANA GÓMEZ, JOSÉ MIGUEL, n. en Puebla, Pue., en 1908. Abogado (1932) por la Facultad de Derecho y Ciencias Sociales de la UNAM, ha sido profesor de historia y de historia del comercio en la Escuela Nacional de Comercio y Administración y de historia general en la Escuela Superior de Ingeniería Mecánica y Eléctrica; y jefe del Departamento de Legislación de la Dirección de Estudios Financieros de la Secretaría de Hacienda. A partir de 1944 se dedica al ejercicio de su profesión y marginalmente a la investigación histórica. En 1939 formó la *Guía del Archivo Histórico de Hacienda* (publicada en 1940) y más tarde rescató la documentación relativa a las Provincias Internas que estaba en San Luis Potosí y logró que pasara a aquel repositorio. Ha publicado: *La primera crónica jesuítica mexicana y otras noticias* (1944), *Algunas fichas sobre José Longinos Martínez, miembro de la Expedición Botánica en 1786* (1945), *Donación de bienes a la Compañía de Jesús en el siglo XVI* (1947), *Constituciones viejas del Colegio de San Pedro y San Pablo* (1947), *Concierto entre el Mayorazgo de Guerrero y la Compañía de Jesús* (1947), *Dr.Nicolás León* (1952), *La Casa del Correo Viejo 13* (1958), *El abuelo y su hogar* (1958), *Lafragua político y romántico* (1958), *Las artes gráficas en Puebla* (1960), *Llanto con mi madre* (1963), *Agnus Dei de cera y otras noticias* (1965), *Bibliohemerografía de Manuel Romero de Terreros* (1965), *La familia Quintana y algunas de sus alianzas* (1969), *La astrología en la Nueva España en el siglo XVII (De Enrico Martínez a Sigüenza y Góngora)* (1969), *Bibliografía acerca de Artemio de Valle Arizpe* (1969), *Los historiadores de la Puebla de los Angeles* (discurso de ingreso a la Academia Mexicana de la Historia, 1970) y *Recepción profesional del Lic.Sebastián Lerdo de Tejada* (1967). Otros trabajos suyos constan en: *Iris* (Puebla, 1 y 2, 1925), *Azulejos* (Puebla, 7, 1926), *Investigaciones Históricas* (I-1), *Revista de Hacienda* (II-7), *Memorias del II Congreso Internacional de Historia* (Buenos Aires, 1938), *Divulgación Histórica* (III-12), *El Impulsor Bibliográfico* (12), *Bohemia Poblana* (114-175), *Selecciones del Reader's Digest* (marzo de 1956), *Libro en homenaje a Rafael Heliodoro Valle* (1958), *Epoca* (2,9,10,12), *Anales del Instituto de Investigaciones Estéticas* (X-38), *Boletín del Centro de Estudios Históricos de Puebla* (37). *Artes de México* (131), *Hoy* (9,30,38,58,59,66,89,114,137). *Letras de México* (I-15,19,24,29,31; II-3,12,17), *Mapa* (54,55,62), *Boletín Bibliográfico de la Secretaría de Hacienda* (36,37,42,46,83,89,118,119,140,146,182,190,191, 237,264,371,391,421,423,443,455,491), *México en la cultura* (550,562,705,763,778,798,840,848,970, 978,1096,1172,1173), *Cuadernos Americanos* (I-2 y 3, IV), y *Jus* (56,68,69,70).

QUINTANA MOLINA, ELVIRA, n. en Montijo, Badajoz, España, en 1935; m. en la Ciudad de México en 1968. A la muerte de su padre, fusilado en la guerra civil española, su madre emigró a México con sus dos hijas. Elvira estudió en el Instituto Cinematográfico Teatral y de Radiotelevisión de la Asociación Nacional de Actores (ANDA). Protagonizó más de 30 películas. Actuó en televisión como actriz y cantante. Recibió varios premios, uno de ellos por su actuación en la telenovela *Adriana*. Escribió poemas, la mayor parte publicados en el libro *Poesías de Elvira Quintana* (1971).

QUINTANA ROO, ANDRÉS, n. en Mérida, Yuc., en 1787; m. en la Ciudad de México en 1851. Pasó los primeros años de su juventud en la casa del chantre de la catedral, donde inició sus estudios orientado por el racionalista Pablo Moreno; cursó filosofía, metafísica y artes en el Seminario Conciliar de San Ildefonso, donde fue condiscípulo de Lorenzo de Zavala; y en 1808 viajó a la Ciudad de México, para continuar su carrera en la Real y Pontificia Universidad. Trabajó como pasante en el bufete del abogado Agustín Pomposo Fernández de San Salvador, en cuya casa conoció a Leona Vicario, con quien más adelante contrajo matrimonio (v.VICARIO, LEONA). Abrazó la causa de la Independencia y se unió a las fuerzas de Ignacio López Rayón en Tlalpujahua; bajo las órdenes de éste, colaboró en la redacción y edición de *El Ilustrador Americano* y el *Semanario Patriótico*, cuyos primeros números se formaron con tipos de madera hechos por el doctor José María Cos. Siendo diputado por Puebla al Congreso de Chilpancingo y en ausencia de José María Murguía, presidió la reunión del 14 de septiembre de 1813 y firmó el *Acta de Independencia*, en la que se suprimió el nombre de Fernando VII y se declaró franca y abiertamente por primera vez la Independencia del país. Escribió el *Manifiesto* de ese mismo año, en que el Congreso explicó al pueblo los acontecimientos, y emprendió con los otros legisladores la peregrinación por Coyuca, Uruapan, Apatzingán, Ario, Uruapan, Huetamo, Cutzamala, Tenango del Río, Santa Ana y Tehuacán, siempre perseguidos por los realistas. La Constitución de Apatzingán (22 de octubre de 1814) fue obra suya y de Carlos María de Bustamante. En 1815, al desintegrarse las fuerzas de Morelos, anduvo errante con su esposa por montes y villorrios del sur, amenazado por los españoles. Se indultó en 1818 y radicó en Toluca hasta 1820, en que, gracias a la ayuda de su tío político Fernández de San Salvador, pasó a la Ciudad de México con su esposa y su pequeña hija Genoveva, nacida en una cueva llamada Achipixtla. Tuvo entonces oportunidad de titularse como licenciado en derecho y de incorporarse al Ilustre y Real Colegio de Abogados. Consumada la Independencia, Iturbide lo llamó a colaborar con él como secretario de Relaciones Interiores y Exteriores (11 de agosto de 1822 a 22 de febrero de 1823), pero debido a una exposición que circuló impresa, pidiendo absoluta libertad para legislar en materia religiosa y de forma de gobierno, fue destituido y mandado procesar. En esa ocasión se ocultó en Toluca para no ser aprehendido. Fue después magistrado de la Suprema Corte de Justicia (1824-1827) y ministro plenipotenciario de México en Londres (1827-1828). A su regreso, en su periódico *El Federalista*, acusó a los secretarios de Guerra y de Relaciones, José Antonio Facio y Lucas Alamán, de haber manchado a la nación con el asesinato del general Vicente Guerrero. El gobierno de Anastasio Bustamante (1º de enero de 1830 al 14 de agosto de 1832) mandó catear el taller, recogió las formas de impresión y emprendió una agria campaña de desprestigio contra él en *El Sol* y el *Registro Oficial*. Vuelto el país al sistema federalista, fue nombrado secretario de Justicia (14 de septiembre de 1833 al 1º de julio de 1834); y en 1835, magistrado de la Suprema Corte de Justicia, puesto que desempeñó hasta su muerte. De excepcional honradez, valor cívico y recto juicio, cumplió difíciles misiones oficiales, entre otras el arreglo de los límites con Estados Unidos (1827-1828) y el intento separatista del Estado de Yucatán.

En 1836 fue electo por aclamación presidente de la Academia de San Juan de Letrán, fundada por Guillermo Prieto, Manuel Carpio, José María Lacunza y otros, en el colegio del mismo nombre creado en el siglo XVI por el virrey Mendoza. Desde 1810 había colaborado en el *Diario de México*, dándose a conocer como poeta. Escribió mucho, al decir de sus contemporáneos, pues buena parte de sus escritos la publicó anónima. Durante el primer período del gobierno de Santa Anna redactó *El Correo de la Federación*, para divulgar las ideas republicanas; allí se encuentran sus textos políticos y poéticos, y su polémica con el padre Anastasio de Ochoa, autor de *Poesías de un Mexicano*. Publicó, además: *Justa memoria del heroísmo que en el sitio de Gerona manifestó el Capitán Don Felipe Peón Maldonado, hijo de la Ciudad de Mérida de Yucatán* (1810) y *Discurso pronunciado en la Alameda de esta capital por el C.Andrés Quintana Roo, el 16 de septiembre de 1845* (1845). Fue muy conocido y recitado su poema *Dieciséis de Septiembre*, de entonación patriótica y corte romántico, en el que se exalta la libertad y condena la tiranía. Perteneció al grupo de poetas que lucharon por la Independencia: románticos y neoclásicos identificados con el liberalismo. En 1900 fueron colocadas sus cenizas en la Rotonda de los Hombres Ilustres del Panteón Civil de Dolores; y en 1910 trasladados a la Columna de la Independencia, inaugurada el 10 de septiembre de ese año.

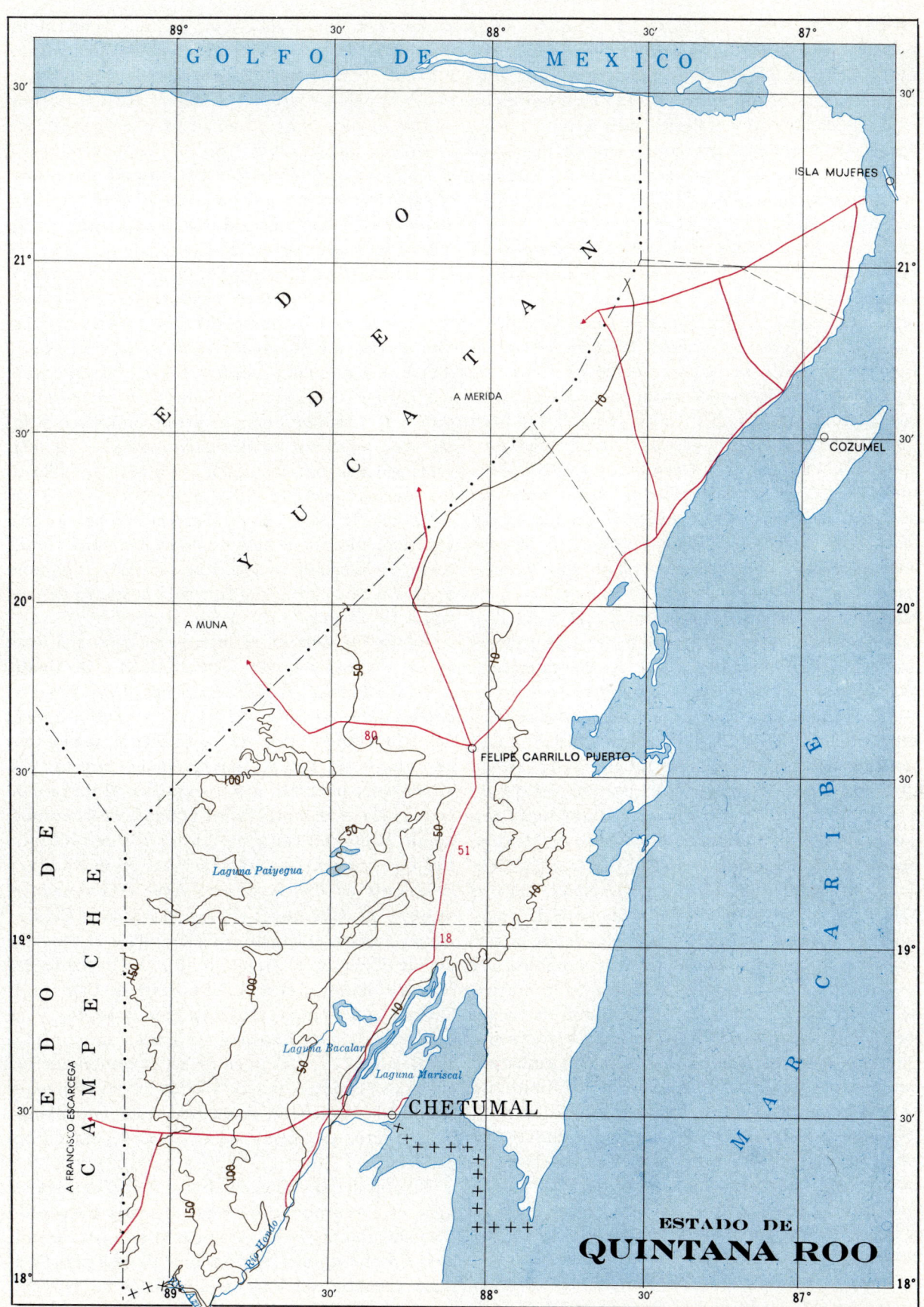

ESTADO DE
QUINTANA ROO

QUINTANA ROO, ESTADO DE. Situado en la porción oriental de la península de Yucatán, tiene una superficie de 50,843 kilómetros cuadrados (2.56% del territorio nacional). Linda al norte con el Golfo de México y el Estado de Yucatán; al este, con el Mar Caribe; al sur, con la colonia inglesa de Belice y la República de Guatemala; y al oeste, con el Estado de Campeche. Fue erigido en Estado de la Federación el 8 de octubre de 1974, al publicarse en el *Diario Oficial* el decreto que reformó en ese sentido el Artículo 43 y demás relativos de la Constitución Política. Ese mismo día la Cámara de Senadores nombró gobernador provisional al licenciado David Gustavo Gutiérrez Ruiz. El 10 de noviembre siguiente se celebraron las elecciones de diputados al Congreso Constituyente. Este quedó integrado, el día 25, por Pedro Joaquín Coldwell (presidente), Gilberto Pastrana (vicepresidente), Abraham Martínez Ross (secretario), Sebastián Estrella Pool, Mario Ramírez Canul, José Flores Valdés y Alberto Villanueva Sansores. La Constitución local se promulgó el 12 de enero de 1975; se convocó a elecciones de gobernador, diputados y ayuntamientos para el domingo 2 de marzo; el 26 de este mes se instaló la Legislatura y el 5 de abril tomó posesión como jefe del Poder Ejecutivo el licenciado Jesús Martínez Ross. A esta ceremonia concurrió el Presidente de la República.

Conforme al Artículo 2° transitorio del decreto del 8 de octubre de 1974, la nueva entidad quedó con la extensión y límites del antiguo Territorio de Quintana Roo. Estos, según el decreto del 24 de noviembre de 1902, están marcados por una línea que parte de la costa norte, en el Golfo de México, sigue el arco meridiano de 87°32' hasta el paralelo de 21°, continúa a la torre de Chemax, llega al vértice del ángulo formado por la frontera de Yucatán y Campeche, cerca de Put, y desciende al sur hasta tocar la línea divisoria con Guatemala. La exacta ubicación geográfica de Put ha sido motivo de controversia, a causa de la pretensión de las autoridades campechanas y yucatecas de segregarle a Quintana Roo parte de su territorio. Sin embargo, este punto, que es la intersección de los límites de las tres entidades, fue localizado oficialmente a los 19°39'07" de latitud norte y a los 89°24'52" de longitud oeste de Greenwich. Los trabajos de situación fueron hechos el 25 de abril de 1922 por la Comisión Geográfica de la República, que presidía el ingeniero Manuel Medina Peralta, jefe del Departamento Geodésico de la Secretaría de Agricultura y Fomento. La entidad, así delimitada, fue dividida (artículos 129 y 130 de la Constitución local) en 7 municipios, cuyas cabeceras, cuando tienen nombre distinto, se indican entre paréntesis: Othón P.Blanco (Chetumal), Felipe Carrillo Puerto, José María Morelos, Cozumel, Lázaro Cárdenas (Kantunilkín), Benito Juárez (Cancún) e Isla Mujeres.

Geografía. Quintana Roo es una planicie de origen marino, cuyos suelos están formados por rocas calcáreas procedentes del mioceno y el pleistoceno, en su mayor parte inmaduros, a excepción de los que se hallan en las colinas, de color rojo intenso. Los de tipo *tsek'el* corresponden a las partes altas y a las laderas con buen drenaje, donde el agua favorece la presencia de elementos nutritivos en su delgado perfil; los *k'ankab*, al pie de las elevaciones, donde se acumulan los productos del intemperismo y el drenaje es parcialmente impedido, dando ocasión a formaciones más o menos arcillosas; y los *akalchés*, a las partes más bajas, o sea las aguadas y las sabanas con mal drenaje. En las áreas llanas hay suelos profundos. La orografía es poco accidentada. La Sierra Baja, llamada Puc por los mayas, tiene alturas de sólo 60 metros, pero se eleva a partir de Maxcanú, hacia el oeste, y con el nombre de Sierra Alta corre paralela a la costa, se detiene antes de Champotón, tuerce al noreste, cruza la región de los Chenes, se interna en Quintana Roo, se dirige al sur y se une a las cordilleras de Guatemala y Chiapas. Sus estribaciones llegan hasta el poniente de la Laguna de Bacalar y a las márgenes del Río Hondo. Este es la corriente fluvial más importante del Estado: navegable a lo largo de 136 kilómetros, nace en el Río Azul, en el límite con Guatemala, y desemboca en la Bahía de Chetumal, donde forma un canal de 2.5 metros de profundidad que utilizan las embarcaciones en su tránsito a la colonia de Belice. El Río Azul está situado al suroeste de Chetumal; el Jass, al norte de Calderitas; el Turbio, al oriente de Chiquilá y al sur de la isla de Holbox; el Indio, al sur de la Bahía del Espíritu Santo; y el Kiik, al noreste de Calderitas. El clima es a menudo cálido, aunque tolerable, y en ocasiones frío y húmedo; la temperatura media anual es de 26°. La época de secas comprende los meses de febrero a mayo, y la de lluvias de junio a octubre, aunque con frecuencia ésta se prolonga hasta enero, en forma de chubascos procedentes del norte.

El litoral quintanarroense del Golfo de México sigue el contorno de un seno, llamado Laguna de Yalahau, frente al cual se encuentra la isla de Holbox. En el extremo septentrional de ésta se halla el Cabo Catoche. El Río del Limbo es un estrecho canal que separa Holbox de la península de Yuca-

Quintana Roo: Cabo Catoche

Litoral sobre el Mar Caribe

tán. Siguen al sur 700 kilómetros de costa sobre el Mar Caribe, cuyo desarrollo puede dividirse en 5 tramos: en el primero, hasta Puerto Morelos (20°50' de latitud), hay entradas de mar poco profundas, efecto del afloramiento de bancos de coral (ríos de Chacmuchuch, Inglés y de Nizuc), accidentes notables como las puntas Arenas, Cancún, Nizuc, Petempich y Tanchacté, y las islas de Contoy, Cayo Sucio, Blanca, Mujeres y Cancún, próximas al continente; el segundo, con dirección al suroeste, presenta angostas playas, las puntas Celiz y Maroma, las caletas de Chac-ahlal, Xel-há, Yalkú y Soliman, las ruinas de Tulum y, a 17 kilómetros de la península, la isla de Cozumel; el tercero, nuevamente al sur, forma una línea continua a lo largo de 35 kilómetros y luego las bahías de la Ascensión (19°40' en su parte media) y del Espíritu Santo (19°21'), obstruidas por cayos y arrecifes, por cuya razón Puerto Madero está en la punta meridional de esta última; el cuarto, de 150 kilómetros de longitud y sin accidentes considerables, salvo los quebrados de Ubero y Xcalac, que sirven de abrigo a pequeñas embarcaciones, culmina en la boca de Bacalar Chico, al final de una península, justo en el límite con el cayo de Ambergris que ya pertenece a Belice; y el quinto corresponde a las costas oeste,

norte y este de la Bahía de Chetumal. De escasa profundidad y poblada de bajos, ésta se conecta, por la Bahía de San José, con la Laguna de Bacalar, de 40 kilómetros de longitud por 2 de ancho, que a su vez está comunicada con el Río Hondo por el Canal de Chac. Otras lagunas son: en el sur, Cenote Azul, Om, Guerrero, Mariscal y Chichanhá; en el centro, Ocón, Chacchoben, Nohbec, Chankanab, Kanab y Petentulich; y hacia el norte, Chunyaxché y Cobá. v.ISLAS y PUERTOS.

Historia. Según el *Chilam Balam* de Chumayel, el actual territorio de Quintana Roo fue el primer asentamiento de los itzáes, quienes procedentes del sur fundaron el año de 435 la población de Siyancaan Bakhalal (de *syan caan*, nacimiento; y *bakhalal*, lugar de carrizos). Puede ser que los hallazgos de la zona arqueológica de Kojunlich, situada a 66 kilómetros al suroeste de Chetumal, rectifiquen esta fecha, pues los mascarones que ahí se hallan muestran rasgos olmecoides y ciertas influencias teotihuacanas. Aunque las edificaciones más tempranas datan de los años 250 a 300 de esta era, sus constructores debieron permanecer ahí cientos de años, a juzgar por la magnitud de la plaza ceremonial, semejante a la de Teotihuacan, aunque mucho más grande. A pesar de esto, la relación de Chuma-

3

Monumento en Akumal

1

Hernán Cortés, en Cozumel, destroza los ídolos

yel indica que los itzáes permanecieron 60 años en Bakhalal; que en el período de 495 a 514 fundaron Chichén Itzá, que abandonaron para radicar en Champotón hasta 928-948; y que tras una peregrinación de 40 años volvieron a Chichén, ya con la mezcla de las culturas tolteca y chichimeca. En el lapso de 987 a 1007 se estableció en Uxmal, procedente de Nonohual, el jefe indio Ah Mekat Tutul Xiu, y aquéllos y éste fundaron la Liga o Confederación de Mayapán, que incluyó a los señoríos de Chichén Itzá, Uxmal, Mayapán, Itzamal, Tulum, Ichpatún y otros. Esta alianza existió desde el período 987-1007 hasta el de 1175-1185, pues en 1194 los itzáes abandonaron nuevamente Chichén para ir a establecerse en el Petén, en virtud de la guerra que les hizo Hunacc Ceel, jefe cocom de Mayapán. Los cocomes ejercieron la hegemonía hasta el período 1441-1461, en que fueron derrotados por los descendientes de los itzáes, esta vez auxiliados por los xius. Entre 1461 y 1500 aparecieron los cacicazgos, pequeños dominios sin unidad ni autoridad común, cuya población fueron diezmando las epidemias, los huracanes y la guerra que se hacían entre sí, estimulada por la rivalidad irreconciliable de los xius y los cocomes. Los principales cacicazgos que se establecieron en el actual Quintana Roo, fueron: Ekab, Chauac-Há, Tazes y Cupules, en el norte y el centro; y la mayor parte de Cochuah e íntegro Chetemal, en el sur. Este se extendía desde el Mar Caribe hasta los límites del Petén Itzá. Bajo este régimen surgió el primer mestizaje maya-español: en 1511, al naufragar el barco

de Pedro de Valdivia en los arrecifes de Víboras, frente a la isla de Jamaica, varios hombres, a bordo de una pequeña barca, recalaron en las costas mexicanas del Caribe; la mayoría fueron muertos y los sobrevivientes, Gonzalo Guerrero y Gerónimo de Aguilar, llevados ante Nachancán, cacique de Chetemal; el primero quedó a su servicio, se adaptó a las costumbres de los mayas, casó con la hija del jefe, tuvo de ella tres hijos y los indios lo tenían por capitán cuando hacían la guerra; el segundo fue encontrado por Hernán Cortés en 1519, se convirtió en una de las dos "lenguas" (intérprete) de la conquista y fue portador de una carta de Cortés para Guerrero, invitándolo a unirse a la expedición, pero el marinero español rechazó la oferta. v.GUERRERO, GONZALO.

El 8 de diciembre de 1526 Francisco de Montejo consiguió de Carlos V, en Granada, capitulaciones para la conquista de Yucatán y el título de adelantado para sí y sus herederos. Llegó a Cozumel en septiembre de 1527, trató de penetrar a la península por el oriente, fundó varias poblaciones que tuvo que abandonar por la hostilidad de los mayas y en 1528 se retiró a México para conferenciar con su hijo del mismo nombre y decidir acometer juntos la empresa por el occidente. Ambos lucharon en tierras mayas de 1530 a 1535, pero no lograron vencer la resistencia de los indios del centro y el este. Uno de sus capitanes, Alonso Dávila, exploró el cacicazgo de Nachancán, que los indígenas llamaban Uaymil y Chetemal; pasó por Tulum, donde desistió de fundar una ciudad, y llegó a Ba-

1

Quintana Roo: fuerte de Bacalar

khalal, que encontró despoblada. El cacique local, aconsejado por Guerrero, se había internado en la selva con sus hombres y las familias de éstos, para combatir por sorpresa a los españoles. Dávila estableció en Chetemal una población con el nombre de Villa Real, pero acosado por los indios tuvo que embarcarse y navegar hasta Champotón. El 4 de abril de 1531 se expidió una real cédula ordenando a la Audiencia de la Nueva España que auxiliara a Montejo; éste fue provisto de víveres, soldados, caballos y armas, pero a la postre pasó a Tabasco y luego a Honduras, dando por terminado su segundo proyecto de conquista. Los indígenas, mientras tanto, sufrieron hambre y muchas muerte, debido a la sequía y a las plagas de langosta. Francisco Montejo León, hijo del adelantado, buscó nueva ayuda de hombres y dinero en la Nueva España, por instrucciones de su padre, y a fines de 1540 emprendió una nueva y fructuosa campaña. La conquista de la península terminó el 23 de enero de 1541, con la rendición, en T-Ho (Mérida), de los principales cacicazgos. Sólo se mantuvo en rebeldía la provincia de Bakhalal, que resistió hasta 1545. Este mismo año Melchor Pacheco fundó allí la Villa de Salamanca de Bacalar. Todavía en 1639 buena parte de los mayas orientales continuaban alzados contra los españoles. v.MAYAS, MONTEJO, FRANCISCO DE (*El Viejo*) y MONTEJO Y LEÓN, FRANCISCO (*El Mozo*).

El 30 de julio de 1847 estalló en Tepich la rebelión de los mayas que habría de durar 55 años, aun cuando los problemas de fondo que la originaron continuaría siendo motivo de inquietud hasta 1937 (v.GUERRA DE CASTAS DE YUCATÁN). El 21 de febrero de 1848, una vez que habían tomado Feto, Valladolid, Izamal y otros 200 pueblos, los indígenas, al mando de Venancio Pec, asaltaron Bacalar, dando muerte a la mayoría de sus habitantes. Sólo pudieron salvarse quienes en la oscuridad huyeron hacia la colonia de Belice, instalándose en la población de Corozal y en sus vecindades. El 19 de abril, cuando sólo le quedaban al gobierno yucateco la ciudad de Mérida, algunas poblaciones de la costa y el camino real a Campeche, representantes del gobernador Miguel Barbachano y del cacique Jacinto Pat firmaron el convenio de Tzucacab, según el cual quedó abolida la contribución personal (artículo 1), reducido a 3 reales el derecho de bautismo y a 10 el de casamiento (artículo 2), autorizados los indios a rozar los montes para sus sementeras, sin pagar arrendamiento (artículo 3), dispensados los sirvientes de sus deudas (artículo 7) y reintegrados todos los fusiles que se les habían recogido (artículo 4). Pero los artículos 5 y 6 preveían que Barbachano y Pat serían gobernadores vitalicios, uno de Yucatán y el otro de los caciques indios. Cecilio Chí, que jefaturaba a los mayas del oriente y pugnaba por el exterminio total de los blancos, rechazó el convenio. El 24 de enero de 1850 hubo otro intento de negociar la paz: Florentino Chan y Venancio Pec, en carta que enviaron desde Cruzchén, pidieron que los indios retuvieran sus armas, que se les dejaran sus tierras y que al volver a sus pueblos nombraran sus propias autoridades para gobernarse y hacer justicia. El gobierno no aceptó estas condiciones y la guerra continuó con violencia. El 4 de mayo de 1849 fuerzas al mando del coronel José Dolores Cetina, del teniente coronel Isidro González y del mayor Angel Remigio Rosado habían ocupado Bacalar; pero dos semanas después un contingente maya, encabezado por Jacinto e Isaac Pat, José María Tzuc y Cosme Damián Pech, les puso sitio y las hostilizó hasta derrotarlas en 1858. La población blanca emigró nuevamente a Corozal. Bacalar permaneció en poder de los mayas hasta el 22 de enero de 1901, en que fue recuperada por tropas del gobierno federal al mando del vicealmirante Angel Ortiz Monasterio, acción paralela a la ocupación de Chan Santa Cruz por el general Ignacio A. Bravo. En ambos casos los soldados no dispararon un solo tiro, porque los indios se internaron en la selva y formaron nuevas aldeas, a menudo itinerantes.

El Territorio Federal de Quintana Roo, segregado del Estado de Yucatán, se erigió por decreto del 16 de enero de 1902. La creación de la nueva entidad tuvo los siguientes antecedentes: En 1823, debido a la falta de dominio político y administrativo de las autoridades yucatecas, Guatemala se anexó los 36,033 kilómetros cuadrados del distrito de Petén Itzá. Entre 1840 y 1848 lucharon por el poder en Yucatán Miguel Barbachano y Santiago Méndez Ibarra; aquél se proponía mantener la unidad con México y éste postulaba el separatismo. En 1841 los grandes latifundistas, apoderados del Congreso local, habían promulgado el decreto que creó la República Yucateca, cuyo Artículo 5° le otorgaba la facultad para establecer relaciones con los países extranjeros; pero a causa de que Estados Unidos y otras naciones se negaron a aceptar la soberanía de Yucatán, que trató de transferírseles a cambio de ayuda militar para acabar con la rebelión maya, el 17 de agosto de 1848, previa la ayuda del presidente José Joaquín de Herrera, el Estado se reincorporó a la Confederación Mexicana. Impotentes los gobiernos de la península para normalizar su régimen interior, sobrevino después el enfrentamiento entre los distritos de Mérida y Campeche, y éste se separó de Yucatán, conforme al Convenio de Calkiní, el 3 de mayo de 1858. El presidente Benito Juárez, fundado en el informe del general Juan Suárez Navarro y en las reiteradas instancias de los campechanos, convirtió el antiguo distrito en Estado Libre y Soberano de Campeche (1862). Desguarnecida la frontera con Belice, los colonos ingleses habían avanzado en el corte de maderas preciosas y de palo de tinte hasta las márgenes del río Hondo y el extremo sur de la bahía de Chetumal; y los indígenas sublevados, en contacto con ellos, se abastecían fácilmente de armas y pertrechos. El 8 de julio de 1893 el gobierno de México convino con el de Inglaterra el *Tratado de Límites Mariscal-Saint John*, por el cual se cedieron a esa posesión británica 22,810 kilómetros cuadrados de territorio. La fijación de la frontera, sin embargo, permitió al presidente Porfirio Díaz enviar al comandante Othón P. Blanco a esa zona, con el doble propósito de hacer respetar la línea divisoria e impedir el tráfico de armas. El Artículo 2° del tratado prohibió ese comercio, para facilitar la paz, pero el 3° previno que ninguno de ambos gobiernos podía hacerse responsable por los actos de las tribus que se hallaren en abierta rebelión contra su autoridad. Blanco llegó a la Bahía de Chetumal, frente a Payo Obispo, el 22 de enero de 1898. Ese mismo año el general Ignacio A. Bravo se hizo cargo de las fuerzas yucatecas que comandaba el coronel Juvencio Robles, reforzándolas con los batallones 1° y 28 que llevó consigo para la campaña militar contra el territorio indio de Chan Santa Cruz. Este se extendía desde las bahías de La Ascensión, Espíritu Santo y Chetumal, hasta Icaiché, Bacalar y la región conocida como zona maya. Blanco tenía también la misión adicional de auxiliar a Bravo y a las fuerzas del general José María de la Vega, que operaba en el litoral del Mar Caribe. Los mayas pelearon enconadamente contra Bravo, pero su resistencia, mantenida durante 55 años, tocaba a su fin. En 1899 los jefes mayas de las distintas comarcas se reunieron en Chan Santa Cruz y luego de comprobar la falta de pólvora, municiones y maíz, decidieron prender fuego al poblado y dispersarse en pequeños grupos, internándose en la selva y estableciendo el compromiso de reunirse cada luna llena en un punto intermedio entre Icaiché y su destruida capital. Incendiaron también San José de Santa Cruz, cuyas ruinas tomó Bravo el 3 de mayo de 1901, sin ninguna resistencia. A este lugar, que los soldados confundieron con Chan Santa Cruz, se le puso el nombre de Santa Cruz de Bravo el 10 de junio de 1901. El general nunca conoció el lugar exacto donde estuvo Chan Santa Cruz, último baluarte organizado maya, pues éste fue fundado en plena selva por consejo de José María Barrera, un aliado de los indios, quien valiéndose de Manuel Náhuat, compañero suyo, "hacía hablar a las cruces". La aldea, aunque importante, fue de troncos, palos y guano, de suerte que nada quedó de ella. Los indígenas siguieron combatiendo esporádicamente. Sus jefes eran, en la zona centro, Juan Ya-

Othón P. Blanco

1

dejó ahí a sus soldados y continuó solo el viaje, guiado por un intérprete. Después de 10 horas de marcha por la selva, llegó a su destino; esperó dos días el regreso del general Anselmo Tamay, durante los cuales pudo observar que los indígenas ejercían una severa vigilancia para impedir que los beliceños incursionaran en ese territorio. Celebrada al fin la entrevista entre los dos jefes, Blanco expresó que su misión era pacificadora y que en nombre del gobierno de la República deseaba establecer relaciones de amistad con ellos, cuya nacionalidad compartía; Tamay contestó que sus antepasados les dejaron esas tierras y que estaban dispuestos a defenderlas, en especial contra los soldados que desde hacía muchos años los perseguían; Blanco repuso que tenían toda la razón en defender sus tierras, pero que era necesario acabar la guerra; finalmente, se comprometió a que las tropas estacionadas en la bahía de Chetumal y en Xcalak no atacarían a los indios ni les causarían molestias, y Tamay, a su vez, prometió no hostilizar al gobierno. Posteriormente, ambos viajaron a la Ciudad de México para entrevistarse con el Presidente de la República. Icaiché dejó de hacer la guerra y hasta su último jefe, que fue el general Juan de la Cruz Ceh, mantuvo buenas relaciones con las autoridades de Payo Obispo.

Las dificultades de navegación en el poco profundo estero de Chac, única vía en aquel entonces para viajar a Bacalar, retrasaron la visita de Blanco a ese sitio. Logró llegar a fines de 1899, unos días después de que los jefes mayas habían salido rumbo a Chan Santa Cruz y Nocah para celebrar una conferencia. El comandante aprovechó su estancia para visitar el fuerte construido en el siglo XVIII por Antonio de Figueroa y Silva, como defensa frente al acoso de indios y piratas, y lamentó no haber podido entrevistarse con Victoriano Ek, jefe indio de Bacalar.

má, Florentino Cituk, Guadalupe Tun y Juan Bautista Vega; en Bacalar, Victoriano Ek; y en Icaiché, Anselmo Tamay. Bravo no logró pacificar la región; sus tropas no podían aventurarse en la selva, porque eran atacadas por las guerrillas mayas; él, a su vez, otrogaba el ascenso a cualquiera de sus hombres que lograba matar un indio.

La acción militar del comandante Othón P. Blanco, en cambio, fue pacificadora. Aunque disponía de tropa y armamento, procuró varias veces la amistad de los mayas y éstos, que vigilaban todos sus movimientos, no llegaron a atacarlo. Simultáneamente entró en relaciones con los mexicanos y sus descendientes radicados en las poblaciones beliceñas de Corozal, Punta Consejo y Sarteneja, a quienes invitó a regresar. El 5 de mayo de 1898, junto con algunos de ellos y otros vecinos de Río Hondo, Juan Luis, Calderitas y Bacalar, fundó la población de Payo Obispo. Poco después quiso visitar las rancherías indígenas de la margen izquierda del río Hondo. Su principal propósito era llegar a Icaiché, cuartel general de un fuerte contingente de rebeldes mayas. El gobernador de Belice, coronel Wilson, lo acompañó hasta Agua Blanca, donde una empresa norteamericana tenía autorización para explotar el palo de tinte y otras maderas. Blanco

Fijados los límites con Belice, establecido el general Bravo en Santa Cruz y fundada la población de Payo Obispo, continuó sin embargo la rebeldía de los mayas contra las autoridades yucatecas. En esas circunstancias, el presidente Díaz resolvió erigir el Territorio Federal de Quintana Roo, mediante el decreto constitucional del 16 de enero de 1902 que segregó a Yucatán una superficie de 50,843 kilómetros cuadrados. Previamente, el gobernador de Yucatán, general Francisco Cantón Rosado, había manifestado al presidente, en carta del 14 de noviembre de 1901: "Desde luego y sin vacilar reconozco que Yucatán no puede por sí solo, como no ha podido en más de medio siglo, recuperar, pacificar y conservar, ni menos colonizar

Ignacio A.Bravo

Fuerzas federales en campaña contra los mayas

y fomentar, la comarca sudoriental segregada hace cincuenta y tres años por la rebelión de los mayas, de la acción política y administrativa y del movimiento progresista y civilizador de la República, y creo firmemente que sólo la Nación está en condiciones de obtener esos beneficios. Pero no pudiendo realizarse éstos con la libertad de acción y eficacia necesarias, permaneciendo la zona reconquistada bajo la jurisdicción del Estado, se impone la conveniencia de erigirla en Territorio Federal". Opuso, sin embargo, cierta reticencia en cuanto a la extensión geográfica de la nueva entidad y propuso, en carta fechada el 3 de diciembre del mismo año, que la línea divisoria partiera de Tulum y se dirigiera al suroeste, pasando entre Tihosuco y Telá, hasta Put, 4 kilómetros al sur de Tihosuco. A esta instancia contestó el presidente el día 21: "No había contestado la grata de usted porque quise, antes de hacerlo con simple promesa de obsequiar sus deseos, estudiar, desde luego con buena voluntad e interés de servirlo, la manera de conciliar sus indicaciones con las conveniencias públicas, respecto al Territorio de Quintana Roo...Ahora lo hago incluyendo el plano en que bien marcada con diversa tinta está la línea divisoria y con ella verá que si no fue posible dejar a Yucatán todo el terreno que señala su proyecto es porque quedaría comprendido en él un gran número de poblaciones que han estado ocupadas por los indios rebeldes, y otras en las que ha habido serias sublevaciones, como aconteció en Yodzonot cerca de Tisimín". El licenciado Olegario Molina

Solís, al tomar posesión como gobernador de Yucatán, dijo el 1º de febrero de 1902: "Las innumerables necesidades que por todas partes se hacen sentir de un modo impetuoso, y a cuya satisfacción no han podido bastar los productos de nuestra hacienda, convencen de la indiscutible conveniencia y utilidad notoria que para el Estado de Yucatán traería la creación del proyectado Territorio de Quintana Roo (creado 14 días antes, pero cuya noticia no llegaba aún a Mérida), que sometiendo al exclusivo dominio federal las tierras nuevamente reconquistadas a la civilización, nos descargaría de las grandes y abrumadoras obligaciones que, sin aptitud de cumplir, sería forzoso contraer para fundar y organizar las nuevas poblaciones que surgirán bien pronto en aquellos campos desolados, sustraídos de hecho a nuestras autoridades".

La capital del Territorio fue Santa Cruz de Bravo, localidad que pronto convirtió el régimen porfirista en presidio político. La población creció con cientos de relegados, muchos de ellos combatientes liberales y otros simples desafectos al gobierno. Los mayas continuaron en la selva, a menudo perseguidos; y surgieron los latifundios: el de Faustino Martínez, en la zona norte; los de Angel Rivas, B.Barrios, A.Terrazas, Faustino Martínez y Olegario Molina, en el centro; los de Rafael León, Faustino Martínez, R.Reyes, H.Plummer y la Compañía Stanford, en el sur, en la jurisdicción de Payo Obispo; y los de Manuel Sierra Méndez (hijo de Justo Sierra O'Reilly) y José Dolores Pérez, en la isla de Cozumel.

18

En 1912 el presidente Madero designó gobernador del Territorio al general Manuel Sánchez Rivera, quien dejó en libertad a todos los presos políticos y logró dominar el impulso de venganza de los relegados contra Ignacio A.Bravo, al que garantizó su segura salida de Santa Cruz. Algunos políticos yucatecos, alegando que la creación del Territorio había sido obra del dictador Porfirio Díaz, propusieron que la medida fuera rectificada por los hombres de la Revolución y consiguieron que esa demanda figurara en el programa del Partido Liberal Mexicano. En 1913 el Primer Jefe Venustiano Carranza designó gobernador y comandante militar al general Rafael Egealiz, pero el 10 de junio de ese año, presionado por los grandes intereses económicos de la península, decretó en Piedras Negras la primera anexión de Quintana Roo a Yucatán. En marzo de 1915, atendiendo al parecer a los mismos factores de poder, Abel Ortiz Argumedo se sublevó en Yucatán contra Carranza, tratando de romper el pacto federal y proclamar de nueva cuenta la independencia de ese Estado. Este acontecimiento y la renovada oposición de los mayas hicieron rectificar a Carranza: estando en Veracruz, el 28 de junio de ese año, dispuso el reestablecimiento del Territorio Federal.

Vencida la sublevación de Yucatán, el general Salvador Alvarado, gobernador constitucionalista y comandante militar de la península, fue a Santa Cruz de Bravo, donde los indios seguían combatiendo a los soldados en los aledaños de la población y exigían el retiro de las tropas y la restitución de sus tierras. Autorizado por el Primer Jefe, el propio mes de junio les entregó, por conducto del general Francisco May, el poblado y los terrenos colindantes. Los indígenas ocuparon la región, pero temerosos de ser víctimas en el futuro de nuevos ataques, decidieron incomunicarse de los blancos: destruyeron con dinamita los depósitos de agua, incendiaron los carros del ferrocarril a Vigía Chico, levantaron grandes tramos de vía, cortaron la línea telefónica y destruyeron la estación telegráfica. Sin embargo, no volvieron a levantarse en armas. La capital del Territorio se trasladó entonces a Payo Obispo y cerca de 4 mil blancos y mestizos se mudaron a la nueva sede de los poderes. El general Carlos Plank fue el primer gobernador que despachó en ella. A fines de 1916 lo sustituyó el coronel Carlos A.Vidal, quien a su vez fue sucedido, a principios de 1917, por Octaviano Solís, que había estado relegado en Santa Cruz de Bravo. Este construyó el primer palacio de gobierno, un edificio de madera y láminas de zinc que estuvo en la esquina de las calles de Héroes y 22 de Enero, frente al Parque Hidalgo, inaugurado el 16 de septiembre de 1918; mejoró las relaciones con los mayas y logró que Francisco May, acompañado de otros jefes indígenas, pasara a la Ciudad de México a entrevistarse con el presidente Carranza, quien le reconoció el grado de general.

A partir de 1918 se sucedieron en el poder los generales Mateo Estrada, Isaías Samarripa (1920) y Pascual Coral Heredia (1923); y el coronel Librado Abitia, a quien depuso Atanacio Rojas, de igual grado, jefe del cuartelazo delahuertista. Triunfantes los partidarios de Obregón, volvió Abitia al gobierno hasta 1925, en que fue nombrado el doctor y coronel Enrique Barocio, quien una vez cumplido su mandato siguió ejerciendo la profesión médica hasta 1937, en que tuvo que ausentarse por las persecuciones de que fue víctima de parte de la administración territorial. En 1925 y 1926 fueron gobernadores el general Amado Aguirre, Antonio Ancona Albertos y el profesor Candelario Garza. Durante estas administraciones no se ejecutaron obras de significación. El Territorio siguió incomunicado, excepto por mar a Veracruz, cada 30 días. En 1927 asumió el poder el doctor y general José Siurob. Formó las primeras cooperativas chicleras, consiguió que casi todas las comunidades indígenas aceptaran la escuela rural y denunció los grandes latifundios, pero tuvo que ceder el mando político, en 1930, al general Arturo Campillo Seyde, sucedido en 1931 por el general Félix Bañuelos.

El presupuesto del Territorio era entonces de $48 mil anuales, insuficiente aun para cubrir la nómina de los empleados. Las escuelas, los pequeños caminos vecinales, los aljibes para captar el agua de la lluvia, los desmontes y el arreglo de calles eran hechos con el esfuerzo personal de los pobladores. En Payo Obispo había 4 mil habitantes y en la margen mexicana del río Hondo, aparte los antiguos pueblos mayas, se habían establecido los poblados de Subteniente López, Juan Sarabia, Palmar, Ramonal, Sabidos, Allende, Alvaro Obregón (Menguel), Cocoyol, Pucté y San Francisco Botes, formados por indígenas y algunos mestizos que trabajaban en las explotaciones forestales. En la zona norte, hasta los límites con Yucatán, había gente llegada de Tuxpan, Tamaulipas y San Luis Potosí, dedicada a beneficiar el chicle y a cortar madera; y en las islas, sólo nativos de Cozumel, Isla Mujeres y Holbox.

El presidente Pascual Ortiz Rubio, a instancias de los políticos campechanos y yucatecos, decretó el 14 de diciembre de 1931 la desaparición de la

Isla Mujeres   1

entidad, aduciendo en el decreto respectivo las limitaciones económicas del erario. Santa Cruz de Bravo y la región continental de la zona norte se adscribieron a Yucatán; las islas Holbox, Mujeres y Cozumel siguieron administradas por el gobierno federal (hasta el 22 de marzo de 1934, en que también fueron anexadas a Yucatán); y la jurisdicción de Payo Obispo y la zona sur, agregadas a Campeche. Ambos estados enviaron presidentes municipales para que gobernaran a la ciudadanía quintanarroense. Desde el 6 de octubre anterior, cuando se tuvieron las primeras noticias respecto a la supresión de la entidad, se formaron el Comité Pro Territorio, en Payo Obispo, y sendos subcomités en Santa Cruz de Bravo, Cozumel e Isla Mujeres. Los directivos fueron el doctor Enrique Barocio (presidente), Gil Aguilar Carrasco (secretario), Pedro J.Cervera (prosecretario), José Marrufo Hernández, Arturo Namur Aguilar y Mariano Angulo Medrano (vocales). El día 7 dirigieron a Ortiz Rubio la siguiente comunicación: "Entendemos que el deseo de entregar a los estados de Campeche y Yucatán nuestro Territorio, obedece en parte a la aflictiva situación económica por la cual atraviesa el Erario Federal. Tenemos la convicción de que si el Territorio ha sido una carga al erario federal en los últimos años, seguirá también siéndolo para los estados de Campeche y Yucatán, cuyas condiciones económicas son muchísimo más malas que aquellas por las que atraviesa actualmente el Gobierno Federal. Además, ni Campeche ni Yucatán podrían hacer efectiva su autoridad ni sostener su administración por la carencia absoluta de vías de comunicación con este Territorio, que en ese sentido está mucho mejor ligado con el centro que con dichos estados. Los habitantes de este Territorio tenemos tanto derecho a amar a nuestra patria común, como a nuestra patria chica, y siempre hemos tenido el deseo de que con el tiempo esta región se convierta en un Estado Libre y Soberano integrante de los Estados Unidos Mexicanos. Esto es posible, necesitándose solamente cambiar de modo radical la forma de administrar este Territorio. Sin que el erario federal tenga que hacer ninguna erogación para seguir sosteniendo el Territorio de Quintana Roo, éste puede subsistir con sus propios recursos simplemente con cambiar su sistema administrativo y al efecto nos permitimos hacer a usted de la manera más respetuosa las siguientes proposiciones: Primera. Que subsista como Territorio Federal el actual Territorio de Quintana Roo, suprimiéndose las cantidades que por concepto de subsidio le ministre para sus atenciones el erario federal. Segunda. Los habitantes del Territorio de Quintana Roo propondremos a usted un proyecto para reformar la administración del mismo, garantizando a usted su buena marcha siempre que las autoridades sean designadas entre los habitantes del mismo. Tercera. Permítasenos a los habitantes de Quintana Roo administrarlo durante 2 años por vía de prueba y de acuerdo con el Gobierno Federal, para que podamos demostrar a toda la nación que estamos en condiciones de llevar a cabo nuestro proyecto sin tropiezos, haciendo prosperar a este Territorio. Esta petición respaldada unánimemente por todo el pueblo de Quintana Roo, se inspira en el más puro espíritu democrático, dentro de los lineamientos de la Revolución, con la que estamos perfectamente identificados, y con el deseo de ayudar en una forma eficaz al Gobierno Federal a resolver satisfactoriamente su situación económica. Rogamos a usted respetuosamente apoyar ante las Cámaras Nacionales nuestra petición". El Presidente de la República no atendió esta instancia. La inconformidad popular se manifestó en el grito " ¡Viva el Territorio! ", que de día y de noche se lanzaba en todas partes, ocasionando frecuentes encuentros con las autoridades. La exasperación subió de tono cuando éstas se llevaron a Campeche la modesta planta eléctrica de Payo Obispo, la imprenta oficial, el mobiliario de las oficinas públicas y los juegos infantiles que había en el Parque Hidalgo; pero llegó al colmo cuando empezaron a vender el agua de lluvia almacenada en los aljibes públicos. Toda actitud de protesta fue reprimida con arrestos y multas.

El 19 de marzo de 1934 llegó a Payo Obispo el general Lázaro Cárdenas, candidato a la Presidencia de la República en gira de propaganda política. Lo acompañaba, entre otros, el gobernador de Campeche. Todo el pueblo se congregó para recibirlo, al grito de " ¡Viva el Territorio! ". Al frente de la multitud Cárdenas caminó hasta la Flotilla del Sur, donde se reunió a deliberar con los directivos del Comité que presidía José Marrufo Hernández, mientras los vecinos esperaban en las calles adyacentes. Al cabo de varias horas, Cárdenas salió al balcón de ese edificio y dijo: "He obtenido del señor gobernador del Estado de Campeche, ya que mi condición actual es de simple candidato a la Presidencia de la República, la autorización correspondiente que los faculta a ustedes para que en este momento, en plebiscito público, libremente, elijan a un hombre del pueblo para que los gobierne como presidente municipal y a otro para que los represente en la Legislatura del Estado. Además, quiero decirles que les prometo solemnemente que una de mis primera disposiciones al tomar posesión de la Presidencia de la República, si el voto del pueblo mexicano me favorece, será el de llenar los requisitos constitucionales para erigir nuevamente a Quintana Roo en Territorio Federal". Tras una estruendosa ovación, se eligieron en el Parque Hidalgo a Marrufo Hernández, como presidente municipal, y a Baltazar P.González, como diputado. Asumieron la dirección del Comité los señores Belisario Pérez Falcón (presidente) y Juan E.Villanueva Rivero (secretario). Por decreto del 11 de enero de 1935, publicado en el *Diario Oficial* el día 16 siguiente, el presidente Cárdenas restituyó el Territorio Federal de Quintana Roo, con la misma extensión y límites con que fue creado el 24 de noviembre de 1902.

Se distinguieron en la lucha por mantener la integridad del Territorio las siguientes personas: doctor Enrique Barocio, de Puebla; Baltazar P.González, José Amorós y Ramón González Téllez, de Veracruz; Belisario Pérez Falcón y Audomaro Andrade Oropeza, de Tabasco; Primitivo Alonso Fernández, Arturo Namur Aguilar, Abelardo Castillejos, Manuel J.Palma, Manuel Ríos Uribe, profesora Amelia Azarcoya Medina, licenciado Octaviano A.González y Manuel Jiménez, de Yucatán; Aurelio Aranda T. y José Santos Villa, del Distrito Federal; Luis Rivero Rico, Manuel López S. y licenciado Ricardo Zapata R., de Campeche; Darío Guerrero, de Guerrero; Leandro Escudero, de Hidalgo; y José Marrufo Hernández, Juan E.Villanueva Rivero, Pedro J.Cervera, Mariano Angulo Medrano, Pa-

5

Caracoles en Cozumel

blo Esparza Herrera, Pedro Pérez Garrido, Enrique Ruiz Cortés, Julián y Guillermo Sansores, Luis Coral Romero, Primitivo Alonso Marín, Carlos Suárez Alavez, Rogelio Cervera, Spiro y Demetrio Yeladaqui, Adrián Onofre Ramírez, Angel Hernández, Andrés Oliva Díaz, Guillermo Rodríguez, Domingo Núñez, Abraham Villanueva, Eduardo Sangri y Juan Manzanilla, de Quintana Roo.

En 1935 fue designado gobernador Rafael E.Melgar. Distribuyó los puestos públicos, inclusive los de policía, entre amigos y paisanos suyos de Oaxaca; pero el 28 de septiembre de 1936 el presidente Cárdenas, en su Programa de Gobierno para los Territorios Federales, dispuso que las secretarías de Estado y el ejecutivo territorial integrasen su personal con nativos de la entidad o con ciudadanos que tuvieran 5 años de residencia anteriores a la fecha de su nombramiento. El Comité Pro Territorio ofreció su más amplia colaboración al gobernador; éste, en cambio, reclamó la desaparición de ese organismo; forzó al doctor Barocio a ausentarse de Payo Obispo y encarceló a Juan E.Villanueva Rivero, Pascual Sangri, Audomaro Andrade Oropeza y Luis Coral Romero. Sin embargo, organizó la Federación de Cooperativas Chicleras (43 sociedades con 2,727 miembros); construyó el primer piso del actual Palacio de Gobierno; instaló, con aportación gratuita de mano de obra, el aljibe Lázaro Cárdenas, donde hoy se encuentra el mercado Ignacio M.Altamirano; hizo elegir en plebiscito a los delegados y subdelegados, no obstante ser facultad exclusiva suya el nombrarlos directamente; erigió el

Chetumal: Palacio Municipal

Hospital Morelos y los malecones de Chetumal y Cozumel; construyó 16 kilómetros de la carretera Peto-Chetumal; inició el reparto de tierras en áreas forestales, con dotación de 420 hectáreas por ejidatario; cambió el nombre a Payo Obispo por el de Ciudad Chetumal (1936); y diseñó el traje típico de la chetumaleña. A pesar de la organización de las cooperativas, la explotación, comercialización y exportación del chicle continuó haciéndose por las compañías norteamericanas *Wrigley* y *Mexican*, mediante contratos que se firmaban en Belice conforme a leyes de esa colonia inglesa.

En la temporada chiclera 1938-1939, la Cooperativa Los Chenes, del Estado de Campeche, explotó bosques de la región de Nohsayab, en el Territorio de Quintana Roo, e invadió las zonas forestales de Icaiché y Laguna-Om, donde ya estaban establecidas otras sociedades locales. En esa misma región, amparados con permisos expedidos por la Agencia General de la Secretaría de Agricultura, operaban los contratistas Ramiro Ortiz, Vicente Montero, Juan Herrera, Rigoberto Cervera y Venancio Baeza, todos vecinos de la ciudad de Campeche. Con este motivo las autoridades campechanas crearon un problema artificial de límites, alegando que Icaiché, Nohsayab, Halatún, Mesapich y Xkanhá figuraron en el *Censo General de Población del Distrito de Campeche* formado en 1861, que sirvió de base para la erección de ese Estado en 1862 y pretendiendo situar el Punto Put en lugar distinto al astronómico, cuya localización oficial fue sancionada por las legislaturas de Campeche (decreto 71) y

Yucatán (decreto 165) el 11 y el 6 de septiembre de 1922, respectivamente. Al intervenir en este litigio, las autoridades nacionales ordenaron que una comisión de ingenieros de la Secretaría de Agricultura esclareciera los límites entre Campeche y Quintana Roo. El dictamen consta en oficio Núm. 221-7237-2114867 (antecedente 193) del Departamento Autónomo Forestal de Caza y Pesca, del 13 de febrero de 1939, y dice: "De acuerdo con las coordenadas geográficas obtenidas para los puntos Xkanhá y Nohsayab, que se citan en las actas relativas y siendo la longitud del meridiano que forma la línea divisoria entre ambas entidades de 89°24' 46", se llega a la conclusión de que los citados puntos se encuentran dentro del Territorio de Quintana Roo". Además, algunos investigadores locales aportaron las siguientes noticias: 1.En el censo que sirvió de base para la erección del Estado de Campeche no aparecen Icaiché ni Halatún; 2.Halatún está más al occidente que Nohsayab y por lo tanto éste queda en la jurisdicción del Territorio; 3.En el Partido de Lochhá aparecen Mesapich y Xkanhá, pero al final de aquel censo hay una nota fechada en Campeche el 20 de mayo de 1861, firmada por Santiago Martínez, secretario de Gobierno, indicando que la municipalidad de Lochhá pertenecía al Estado de Yucatán; 4.Icaiché, no fue, como afirmó el gobierno campechano, región de indios pacíficos cuando la Guerra de 1847, sino población beligerante, pacificada hasta 1898 por el comandante Blanco y luego bajo el dominio político y administrativo del Territorio; y 5.En los planos de la península de Yucatán de Santiago Nigra de San Martín (1848) y de H.Fremont (1861) no aparecen las poblaciones reclamadas por Campeche. Sin embargo, movidos por el interés de las riquezas forestales del Territorio, los gobernadores de Campeche y Yucatán celebraron en Mérida, el 13 de diciembre de 1939, un Convenio de Límites entre Campeche y Quintana Roo, sin la presencia de ningún representante federal. Aun así, lograron que el 15 de mayo de 1940 el presidente Cárdenas expidiera un acuerdo atribuyendo a Campeche los pueblos de Icaiché, Nohsayab, Halatún y Xkanhá.

En diciembre de 1940 tomó posesión como gobernador el general Gabriel R.Guevara Orihuela; construyó y luego prolongó el muelle fiscal de Chetumal; erigió el Monumento a la Bandera en el malecón; y promovió los aeropuertos de Chetumal y Cozumel, que serían muy útiles en ocasión de la Segunda Guerra Mundial. El 30 de marzo de 1944 fue sustituido por Margarito Ramírez, quien permaneció 15 años en el poder: terminó el Palacio de

1

5

Recepción a Adolfo López Mateos en Chetumal (1957)   *Chetumal: Palacio de Gobierno*

Gobierno; obligó a las compañías norteamericanas compradoras de chicle y madera de caoba a celebrar sus contratos y recibir los productos con sujeción a las leyes del país; inauguró la terracería de Chetumal a Peto; organizó la empresa industrial MIQRO, para acabar con la exportación de maderas finas en rollo o troza, y estimular la instalación de aserraderos; construyó el Teatro Avila Camacho y fundó la primera escuela secundaria. Con motivo del ciclón *Janet*, que arrasó Chetumal el 27 de septiembre de 1955, la situación se volvió crítica, pero gracias a los esfuerzos de la Federación de Cooperativas y del Banco de Comercio Exterior se crearon empleos para aprovechar los árboles de cedro y de caoba derribados, y así pudieron los habitantes de la región reedificar sus casas, ciertamente con modestia. El presupuesto del Territorio en el período de Guevara fue de $921,775.60 ($544,679.21 de ingresos propios y $377,096,39 de subsidio) en 1941 y de $2.235,830 ($1.435,830 y 800 mil) en 1944; y en el de Ramírez, de $2.211,810, con el mismo subsidio, en 1945, y de $6.493,000 ($2.795,933.40 y 3.697,066.60) en 1958. El 26 de agosto de 1956 los cooperativistas se amotinaron frente al Palacio y al cabo de 7 días lograron la renuncia del secretario general de Gobierno, que se les permitiera revisar las cuentas de su propia Federación y que se les anticiparan mercancías y dinero a cuenta de las prestaciones a que tenían derecho por la explotación forestal de sus ejidos.

El 7 de diciembre de 1957 llegó a Chetumal el licenciado Adolfo López Mateos, candidato a la Presidencia de la República. Los vecinos lo recibieron con entusiasmo, pero denunciaron el abandono en que se encontraba la entidad, solicitaron mayor ayuda federal para su desarrollo y pidieron de modo unánime que se nombrara a un nativo como gobernador. Sin embargo, el 16 de enero de 1959 fue designado para este cargo el ingeniero Aarón Merino Fernández, poblano, quien llevó a sus amigos como empleados. Trabajó de inmediato en la reconstrucción de Chetumal e impulsó el desarrollo del Territorio, ya con vistas a convertirlo en Estado, según lo anunció públicamente el presidente en la Explanada de la Bandera, el 7 de diciembre de ese año. El presupuesto fue de $6.269,000 ($2.195,632.48 de ingresos propios y $4.073,367.52 de subsidio) en 1959 y de $26.557,000 ($4.499,884.21 por aquel concepto y $22.057,115.79 por éste) en 1964, en que dejó el poder. Colocó el alumbrado ornamental en Chetumal; arregló algunas calles y camellones; amplió el Hotel Los Cocos; fundó las escuelas Técnica Industrial y de Enseñanza Especiales; avanzó la pavimentación de la carretera a Peto; introdujo la energía eléctrica a varios poblados y el agua potable a Chetumal; y construyó los edificios de la escuela secundaria, el Seguro Social, la Aduana Marítima, el Centro de Salud, el Teatro Leona Vicario y el Ayuntamiento, todos en la capital. Lo sucedieron Eligio Mendoza Becerra, de su propio equipo, y el 20 de marzo de 1965, Rufo Figueroa, guerrerense, cuya precaria salud lo fue aquejando cada vez más hasta obligarlo a dejar casi todos los asuntos oficiales en manos del secretario general de Gobierno. Aun cuando hubo fricciones con importantes sectores de la población, construyó el Estadio Othón P.Blanco, la Escuela Primaria Campestre, el mercado Ignacio M.Altamirano, la Casa del Pueblo y los edificios para las subdelegaciones en Nuevo Xcan, La Presumida, José María Morelos, Dziuché, Chunhuás, Limones y Polyuc; organizó el Museo Regional en el antiguo castillo de Bacalar; y arregló unas cuantas calles en Chetumal, Cozumel e Isla Mujeres. El presupuesto fue de $26.632,000 ($4.499,904.21 de ingresos propios y $22.132,095.79 de subsidio) en 1965 y de $27.458,000, con las mismas proporciones, en 1967, año en que fue sustituido (2 de junio) por el licenciado Javier Rojo Gómez, hidalguense. En 1968 éste dispuso de $32.5 millones ($7.541,947.46 de ingresos propios y $24.958,052.54 de subsidio) y en 1970, año en que falleció (31 de diciembre), de $42.5 millones, de los cuales $19.700,040.21 correspondieron a ingresos locales. Sus obras más importantes fueron: la carretera Escárcega-Chetumal, que se había iniciado en 1940 como una brecha alimentadora del Ferrocarril del Sureste y cuyo mejoramiento y pavimentación se emprendió en 1965, aunque poco después se suspendieron los trabajos, reanudados por él y terminados en junio de 1970; la pavimentación de las dos terceras partes de la carretera Puerto Juárez-Playa del Carmen y la terracería de este punto a Tulum y Carrillo Puerto; el Centro Regional de Enseñanza Normal de Bacalar (1969) y el camino que bordea el Cenote Azul y la laguna de aquel nombre; y el Palacio de los Deportes de Chetumal. Repartió mil lotes a familias pobres en la Colonia López Mateos de la capital; intervino para que se formalizara el Plan Turístico Cancún; determinó la existencia de 2 millones de hectáreas propias para la ganadería y de 200 mil para la agricultura; formó o reestructuró 17 ejidos; unió, mediante caminos vecinales, los ejidos de Obregón, Pucté, Chacchoben, Nohbec, Polinkín, Petcacab, Valle Hermoso y Tampac con las carreteras principales; y fomentó la construcción de escuelas. Durante su gobierno se constituyó la Federación de Cooperativas Pesqueras (dos en Isla Mujeres y una en Holbox, Cozumel, Vigía Chico y Xcalak); y se establecieron los servicios telefónicos de larga distancia y de televisión por microondas.

Al igual que los gobernadores anteriores, a partir de Melgar, Rojo Gómez defendió la integridad del territorio quintanarroense. Varias veces se opuso a los propósitos expansionistas de Yucatán y Cam-

peche; la última de ellas el 17 de octubre de 1968, en que se dirigió al ingeniero Norberto Aguirre Palancares denunciando que la delegación del Departamento Agrario en ·Yucatán, de acuerdo con el gobernador de ese Estado, trataba de crear nuevos centros de población en Felipe Carrillo Puerto, Chan Tres Reyes, Emiliano Zapata, La Esperanza, San Francisco de Asís, Santa Cruz, Santa Anita, Chacabal, Benito Juárez y otros sitios de Quintana Roo que la administración del Territorio poseía de modo quieto y pacífico. Y añadía que las propias autoridades pretendían dotar en la misma región, en forma provisional, a los pueblos de Tigre Grande, Blanca Flor, Xtoloc, Corral, El Escondido, Puerto Arturo y Holbé. Estos procedimientos fueron suspendidos.

El 7 de enero de 1971 tomó posesión como gobernador el licenciado David G. Gutiérrez Ruiz. La madrugada del 30 de diciembre de 1972 el poblado de El Escondido, en los límites con Yucatán, fue asaltado por la policía de ese Estado, que se llevó presos al subdelegado y al presidente y secretario del comisariado ejidal. Las autoridades del Territorio lograron reparar ese acto de invasión de jurisdicciones. A mediados de 1974 se habían construido los siguientes caminos vecinales: de Pucté a Cocoyol, con destino a La Unión, al final del Río Hondo; de Dziuché a Bulucax, Tabasco, San Felipe Oriente, Sabán y Sacalaca, para entroncar con el de Xcabil y Tihosuco; de Valle Hermoso a Nuevo Israel, Altamirano, Presidente Juárez, Bella Flor, Ramonal, Pozo Blanco, Tampac y Polyuc; de un punto anterior a José María Morelos a Dos Aguadas, Adolfo López Mateos y San Isidro; de José María Morelos a Antonio Tuk, Esperanza y Rojo Gómez; del mismo sitio, al occidente, a Benito Juárez, Siete Gatos, Martirio, Cafetalito y Kancabché; de La Presumida, al este, a Santo Tomás, Santo Domingo, San Diego y Kantemó, y al oeste, a San Felipe Primero, San Felipe Segundo, Candelaria y Justo Sierra. El régimen de perímetro libre, que desde 1934 disfrutaban solamente Chetumal, Isla Mujeres, Cozumel y Xcalak, se extendió a todo el Territorio el 30 de junio de 1972 y hasta igual fecha de 1980. En 1974 estaba por instalarse un ingenio azucarero en la zona del Río Hondo, donde ya existen grandes plantaciones de caña de azúcar; en el área de Alvaro Obregón se realizaba con éxito un experimento de engorda de ganado bovino; se había instalado en Cozumel una planta desaladora de agua, con capacidad para surtir el consumo de 36 mil habitantes, o sea tres veces más que la población en ese año; y se habían construido los muelles

6

Javier Rojo Gómez   *David G.Gutiérrez Ruiz*   *Jesús Martínez Ross*

de Puerto Morelos y Playa del Carmen, y el puerto de abrigo de Macax, en Isla Mujeres.

El 3 de abril de 1974 el gobernador Gutiérrez Ruiz declaró que ya era conveniente y necesario erigir el Territorio en Estado Libre y Soberano, pues a su juicio la entidad satisfacía los requisitos de población y capacidad económica que señala para ese objeto la Constitución. Al día siguiente reiteró de modo oficial esa iniciativa ante el presidente Luis Echeverría y solicitó asimismo la creación de los municipios libres de Othón P.Blanco (Chetumal), Bacalar, Felipe Carrillo Puerto, José María Morelos, Benito Juárez (Cancún), General Lázaro Cárdenas (Kantunilkín), Cozumel e Isla Mujeres. El Territorio tuvo municipios hasta 1929, en que desaparecieron para convertirse en delegaciones. El presidente Echeverría aceptó las dos proposiciones. *C.H.*

Bibl.: Carlos Hoy: *Breve Historia de Quintana Roo*, quien a su vez cita las siguientes obras: *Historia de Yucatán*, por Eligio Ancona; *Los siglos de la historia*, por Rosa de Babini; *Ensayo histórico de las revoluciones de Yucatán*, por Serapio Baqueiro Preve; *El Libro de los Libros del Chilam Balam*, por Alfredo Barrera Vázquez y Silvia Rendón; *Compendio de Historia de México*, por José Bravo Ugarte; *British Honduras*, por Stephen L.Caiger; *Datos y documentos relativos a la vida militar y política del Sr. Gral. Brig. don Francisco Cantón*, por Francisco Cantón Rosado; *Relación historial eclesiástica de Yucatán*, por Crescencio Carrillo y Ancona; *La conquista de Nueva España*, por Bernal Díaz del Castillo; *Belice. Defensa de los derechos de México*, por Isidro Fabela; *El filibusterismo*, por J. y F.Gall; *Enciclopedia Yucatanense*, editada por el gobierno de Yucatán; *Códice de Calkiní*, editado por el gobierno de Campeche; *Plan de Desarrollo Integral*, edita-

do por el gobierno del Territorio de Quintana Roo; *Monografía del Río Hondo*, por el Ing. Horacio Herrera; *Relación de las cosas de Yucatán*, por fray Diego de Landa; *Historia de Yucatán*, por fray Diego López de Cogolludo; *La célebre misión del Dr. D. Justo Sierra O'Reilly a los Estados Unidos de Norteámerica en 1847 y 1848 e Itinerario de Grijalva*, por Carlos R.Menéndez; *Quintana Roo. Album monográfico*, por Gabriel Antonio Menéndez; *La desintegración del Yucatán auténtico*, por Antonio Mediz Bolio; *Mensajes del gobernador constitucional al Congreso de Yucatán*, por Olegario Molina Solís; *La civilización maya*, por Silvanus G.Morley; *Geografía del Territorio de Quintana Roo*, por Santiago Pacheco Cruz; *Los indios de Yucatán*, por Justo Sierra O'Reilly; *Geografía de América*, por Jorge L.Tamayo; *Del Imperio a la Revolución*, por Eduardo Urzais Rodríguez; *Breve historia de Cozumel*, por Gonzalo de Jesús Rosado Iturralde; *Atlas Arqueológico de la República Mexicana No. 1. Quintana Roo*, por Florencia Muller; *Europa y la expansión del mundo*, por J.H.Parey; y *Los ingleses en México*, por Lázaro Pavía.

Población, El Estado de Quintana Roo tiene una población de 88,150 habitantes (.18% del total del país): 45,714 hombres y 42,436 mujeres. Su densidad es de 1.75 por kilómetro cuadrado. Está integrado por 7 municipios. El de Othón P.Blanco, donde se asienta la capital, tiene 36,347 habitantes, o sea el 41.2% del total. El número de localidades asciende a 547: en 423 viven menos de 99 personas; en 92, de 100 a 499; en 29, de 500 a 2,499; en 2, de 2,500 a 19,999; y en una, más de 20 mil. El 65.8% de la población es menor de 24 años (58,524) y el 3.9% (3,468) corresponde a personas mayores de 60 años. El número de familias es de 16,479, de las cuales 15,066 (91.4%) están sostenidas por hombres y 1,413 (8.6%) por mujeres. Aparte los esposos o esposas (14,313) e hijos (50,102), viven en los hogares 3,704 parientes y 1,089 huéspedes o sirvientes. Viven solas 2,463 personas. El 10.7% de las familias (1,771) está constituido por 9 miembros o más. Los mayores de 12 años son 52,050: 18,332 solteros y 26,155 casados; los demás viven en unión libre (5,160), o son viudos (1,453), divorciados (251) o separados (699).

Entre las personas mayores de un año de edad (84,679), el 73.7% usa zapatos, el 21.1% huaraches o sandalias y el 5.2% anda descalzo. Son católicos 77,572 (88%) habitantes del Estado; 7,468 (8.5%), protestantes o de otras confesiones; y 3,120 (3.5%) no tienen ninguna religión. Son quintanarroenses 48,875 (55.4%); nacieron en otras entidades 38,228 (43.4%) y 1,047 (1.2%) son extranjeros. Del total de inmigrantes, 32,110 (80.9%) proceden de Yucatán, 1,919 de Campeche, 867 de Veracruz, 708 del Distrito Federal, 4,074 de las demás entidades y 1,088 de otros países. Hablan alguna lengua indígena 38,529 personas, de las cuales 8,224 no hablan español: 8,133 maya y 91 otras lenguas indígenas. Entre los mayores de 10 años (56,819), 13,530 (23.8%) son analfabetas: 5,972 hombres y 7,558 mujeres. De los mayores de 6 años (68,383), 40,873 (59.7%) han tenido instrucción primaria, pero sólo 5,672 (8.3%) han cursado hasta el 6° año, 4,241 han recibido instrucción postprimaria y 23,279 (34%) no han tenido ninguna. Son profesionales de nivel superior 163 personas, el .6% de la población mayor de 30 años. Asisten a la escuela primaria 15,758 niños de 6 a 15 y más años de edad, de los cuales 5,616 lo hacen a 1°, 3,379 a 2°, 2,736 a 3°, 1,796 a 4°, 1,194 a 5° y 1,037 a 6°, lo cual supone un índice de 81.6% de deserción y de 73.1% de escolaridad. Asisten a cursos de capacitación 159 jóvenes; a la secundaria, 1,228; a la preparatoria o vocacional, 506, y a la profesional superior, 106. El promedio de escolaridad de la población de 6 años o más es de 2.1 años.

Del total de mujeres del Estado (24,372), 15,440 han tenido 82,531 hijos, con promedio de 3.4; de éstas, 2,113 (13.7%) han procreado de uno a 3; 12,802 (82.9%), de 4 a 12; y 525 (3.4%) 13 o más.

Del total de la población, 52,050 (59%) son mayores de 12 años y, de éstos, 25,019 constituyen la población económicamente activa, con una tasa de participación del 48.1%: 22,344 hombres y 2,675 mujeres; y 27,031 la económicamente inactiva: 5,334 hombres y 21,697 mujeres, de los cuales el 72.5% (19,597) se ocupa en quehaceres domésticos, el 18.1% (4,892) son estudiantes y el 9.4%

(2,542) tiene otras ocupaciones improductivas. De las 25,019 personas que forman la población económicamente activa, 13,374 (53.4%) se dedican a la agricultura, ganadería, silvicultura, pesca y caza; 2,967 (11.8%), a la industria; 1,552 (6.2%), al comercio; 456 (1.8%), a los transportes; 3,130 (12.5%), a los servicios; 2,480 (9.9%), a trabajos al servicio del gobierno; y 1,060 (4.4%), a quehaceres no especificados. De ese mismo total, 1,154 (4.6%) son profesionales y técnicos; 511 (2%), directivos; 1,219 (4.9%), empleados administrativos; 1,265 (5%), vendedores; 3,081 (12.3%), conductores de vehículos o trabajadores de otros servicios; 13,115 (52.4%), trabajadores agropecuarios; y 4,674 (18.8%), trabajadores no agrícolas o insuficientemente especificados. Desde el punto de vista de su posición en el trabajo, 1,005 (4%) son empresarios (806 hombres y 199 mujeres); 7,527 (30.1%), empleados u obreros; 3,364 (13.4%), jornaleros o peones; 5,919 (23.6%), trabajadores independientes; 5,901 (23.6%), ejidatarios; y 1,303 (5.3%), personas que prestan sus servicios en un negocio familiar sin retribución. Sin embargo, hay 658 personas (2.2%) que sólo trabajan de uno a 3 meses durante el año; 1,377 (5.5%), de 4 a 6; 1,211 (4.8%), de 7 a 9, y 21,773 (87.1%), de 10 a 12. Declararon ingresos hasta de $499 mensuales, 11,526 personas (49.6%); de 500 a 999, 6,804 (29.3%); de mil a 2,499, 3,849 (16.5%); de 2,500 a 4,999, 783 (3.4%); y de 5 mil o más, 294 (1.2%).

Los habitantes de la entidad se alojan en 15,316 viviendas (6.7 por vivienda en promedio): 11,672 (76.2%) propias y 3,644 (23.8%) alquiladas. El promedio de cuartos por vivienda es de 1.7. Del total de éstas, 158 (1%) tienen muros de adobe; 2,888 (18.8%) de ladrillo, y 12,270 (80.2%) de madera u otros materiales. El concreto se emplea en el techo de 1,988 casas (13%); las demás son de teja (1.5%), madera (2.5%), palma (59.8%) y 23.2% otros materiales. En 9,054 (59.1%) casas el piso es de tierra. Disponen de agua entubada 6,380 (41%): 3,017 dentro de la vivienda, 1,354 fuera de ella y 2,009 en un hidrante público; pero 8,936 (58.4%), con 51,151 (58%) habitantes, no disponen del servicio. Tienen drenaje sólo 2,415 (15.7%); energía eléctrica, 6,800 (44.4%); radio y televisión, 351 (2.3%); sólo radio, 8,991 (58.7%); sólo televisión, 62 (.4%); baño con agua corriente, 3,321 (21.7%); y cocina independiente 8,421 (55%). En 11,608 (75.8%) se usa leña o carbón para cocinar; en 1,258 (8.2%), petróleo o tractolina; y en 2,450 (16%), gas o electricidad.

No consumen carne 13,671 personas (15.5%);

5

Quintana Roo: vivienda y embarcaciones características

huevos, 9,477 (10.7%); leche, 33,431 (37.9%); pescado, 53,853 (61.1%); y pan de trigo, 17,501 (19.8%). Quienes sí consumen estos alimentos lo hacen, por el mismo orden, 3, 4.4, 5.4, 2.3 y 5.6 días a la semana. v.*IX Censo General de Población. 1970. Quintana Roo.*

Salarios mínimos. En seguida se indican, al lado de los promedios nacionales:

	En el país(1)	En el estado(2)
1942-1943	$ 1.73	$ 3.00
1944-1945	2.12	4.17
1946-1947	2.70	5.00
1948-1949	3.25	5.00
1950-1951	3.69	5.00
1952-1953	4.95	7.50
1954-1955	5.91	9.00
1956-1957	7.65	11.50
1958-1959	9.01	14.00
1960-1961	10.03	15.00
1962-1963	11.93	17.00
1964-1965	14.68	20.00
1966-1967	17.12	23.00
1968-1969	19.83	26.00
1970-1971	22.90	29.50
1972-1973	27.16	35.00
1974-1975	36.05	45.50
1976(3)	54.28	66.80

(1) Promedios, no ponderados, de los salarios mínimos generales y del campo.
(2) Territorio Federal hasta el 8 de octubre de 1974 y Estado de la Federación a partir de esa misma fecha.
(3) A partir de este año los salarios se determinarán anualmente.

Agricultura. De la superficie total del Estado (5.084,300 hectáreas) sólo se censaron 2.040,062 en 1970. De éstas, 62,908 son de labor: 39,564 dedicadas a cultivos anuales, 3,017 a frutales y plantaciones y 20,327 a pastos y praderas. En 1973 se cosecharon 28,745 hectáreas, cuyas cifras parciales se anotan después de cada producto, añadiéndose entre paréntesis el volumen en toneladas y el valor en millones de pesos: maíz, 25,011 (16,730 y 17.7); sorgo, 620 (1,610, 1.2); arroz palay, 182 (344, .4); zapote blanco, 80 (480, 1.4); mango, 50 (600, 1.5); toronja, 40 (400, .2); y otros, 2,762. Además, hay sembradas 189,230 palmas de coco que produjeron 1,880 toneladas de copra ($3.9 millones).

No existen obras de irrigación; sólo se riegan 300 hectáreas de sorgo. Las unidades de producción agrícola-ganadera propiedad de particulares son 625, con 171,244 hectáreas; y los ejidos y comunidades, 132, con 1.868,816 hectáreas divididas en 8,952 parcelas; el número de ejidatarios y comuneros es de 10,463. Se dispone de 25 tractores.

Ganadería. El Estado dispone de 16,171 hectáreas de pastos naturales y de 20,327 de praderas. Sus inventarios en 1970 eran los siguientes: 16,286 cabezas de vacuno: 383 toros reproductores o sementales, 6,781 vacas de vientre, 1,361 toros o vacas destinados a la engorda mayores de 3 años, 2,323 novillonas y vaquillas, 990 novillos y toretes, 1,629 becerros de ambos sexos, 2,138 crías y 681 animales de trabajo; 27,848 de porcino: 491 marranos reproductores, 9,531 mayores de un año (4,662 machos y 4,869 hembras), 7,736 de 6 meses a un año y 10,090 crías; 1,812 cabezas de lanar:

969 borregos mayores de 2 años (279 machos y 690 hembras), 440 de 6 meses a 2 años y 403 crías; 491 de caprino: 325 mayores de 2 años (103 chivos y 222 chivas) y 166 menores de esa edad; 202 mil aves: 14 mil gallos, 95 mil gallinas, 72 mil pollos de ambos sexos, 18 mil guajolotes y 3 mil patos y gansos; y 17,363 colmenas: 11,458 modernas y 5,905 antiguas. Los principales productos animales son los siguientes: 3.038,000 litros de leche de vaca y 2 mil de cabra, 6.1 millones de huevos, 1,228 kilogramos de lana sucia y 212,907 litros de miel de abeja.

Silvicultura. Según el Inventario Nacional Forestal (v.Cámara Nacional de las Industrias Derivadas de la Silvicultura: *Memoria económica 1972-1973*), Quintana Roo tiene una superficie forestal de 3.650,622 hectáreas. En 1972 se tenían otorgados 11 permisos de aprovechamiento: 3 para más de 20 mil metros cúbicos, 5 por cantidades menores y 3 por una sola vez. La superficie explotable era de 219,022 hectáreas y el volumen de explotación de 237,358 metros cúbicos. La naturaleza y el número de los titulares de estos permisos y la superficie y el volumen autorizados se expresan a continuación: una unidad industrial, 151,264 y 35,500; 6 particulares, 8,316 y 127,981; y 4 ejidos, 59,442 y 73,877. En 1973 se produjeron 85,300 metros cúbicos maderables, entre ellos 17,731 de trozas para chapa, con valor de $48 y $13.5 millones respectivamente; y 1,038 toneladas

QUINTANA ROO
Sistema educativo
Número de escuelas y maestros
Año escolar: 1974-1975

Niveles de educación y tipos de enseñanza	Total		Sector Público								Iniciativa privada	
			Suma		Federal		Estatal		Universidad			
	Escuelas	Maestros	Escuelas	Maestros	Escuelas	Maestros	Escuelas	Maestros	Escuelas	Maestros	Escuelas	Maestros
ELEMENTAL	244	769	243	762	243	762	-	-	-	-	1	-
Preescolar	26	52	26	52	26	52	-	-	-	-	-	-
Primaria	218	717	217	710	217	710	-	-	-	-	1	-
MEDIO	26	388	25	369	25	369	-	-	-	-	1	19
Ciclo Básico	21	284	20	265	20	265	-	-	-	-	1	19
Secundaria	19	262	19	262	19	262	-	-	-	-	-	-
Técnica, Ind. y Com.	2	22	1	3	1	3	-	-	-	-	1	19
Ciclo Superior	5	104	5	104	5	104	-	-	-	-	-	-
Preparatoria	4	81	4	81	4	81	-	-	-	-	-	-
Normal	1	23	1	23	1	23	-	-	-	-	-	-
Total	270	1,157	268	1,131	268	1,131	-	-	-	-	2	26

Número de alumnos

Niveles de educación y tipos de enseñanza	Total	Sector Público				Iniciativa privada
		Suma	Federal	Estatal	Universidad	
ELEMENTAL	30,032	29,742	29,742	-	-	290
Preescolar	1,885	1,885	1,885	-	-	-
Primaria	28,147	27,857	27,857	-	-	290
MEDIO	5,886	5,736	5,736	-	-	150
Ciclo Básico	4,406	4,256	4,256	-	-	150
Secundaria	4,198	4,198	4,198	-	-	-
Técnica, Ind. y Com.	208	58	58	-	-	150
Ciclo Superior	1,480	1,480	1,480	-	-	-
Preparatoria	939	939	939	-	-	-
Normal	541	541	541	-	-	-
Total	35,918	35,478	35,478	-	-	440

5

Selva de Quintana Roo, a menudo cubriendo montículos arqueológicos

de productos no maderables, de las cuales 698 fueron de chicle (11.6 millones). Las principales empresas eran Maderas Industrializadas de Quintana Roo, fabricante de triplay (tableros contrachapados) y chapa; Compañía Industrial Maderera y Bosques de Quintana Roo, productores de madera aserrada de latifoliadas.

Industria. En 1970 el entonces Territorio tenía 307 establecimientos industriales que daban ocupación a 2,143 personas, quienes recibían $13.9 millones de remuneraciones al año. El capital invertido era de $69.4 millones (el menor entre las entidades del país) y la producción bruta total de $80.7 millones (v.Cuadro). Destacan en esta actividad los aserraderos y fabricantes de triplay y similares, que representan el 83% del total; y adicionalmente la conservación y empacado de pescados y mariscos, y la elaboración de refrescos.

Electricidad. Quintana Roo, al igual que Campeche y Yucatán, pertenece a la División Peninsular de la Comisión Federal de Electricidad, que en conjunto dispone de 164,434 kw instalados. En el Estado sólo hay 3 plantas, todas de combustión interna, cuya capacidad se indica entre paréntesis: Isla Mujeres (1,500), Cozumel (5,772) y Payo Obispo (9,080).

Comercio. Según Jorge Quintana (citado por *Excélsior,* 25 de febrero de 1976), esta actividad está controlada en Chetumal por 12 familias, cuyos establecimientos se indican entre paréntesis: Amar (Casa Amar), Eljure (El Correo Francés, Byblos, Eljure, Cid Campeador y Eat), Jáuregui (El Faraón

y La Pirámide), Villanueva (Casa Villanueva y agencia Ford), Song Llanes (Canada, Gigante, hotel El Dorado y los bares Capri y Laguna Encantada), Farah Wejebe (Luey, Farah y Phillips), Salazar (El Cielo, El Cielo Colonial, Don Fede y El Mayoreo), Duck (Casa Duck), Aguilar (La Fortuna, El Emporio, La Universal y el hotel Jacarandas), García (El Paso y Ultrafeme), Handall Marzuca (Casa Handall, Motos Honda y gasolinerías) y Conde Medina (El Samurai, La Casa de Té y El Dragón de Oro), todas ellas dedicadas a la importación, al amparo de la zona libre.

Turismo. Durante la Segunda Guerra Mundial la aviación norteamericana, con permiso del gobierno de México, construyó un aeropuerto en la isla de Cozumel, como parte de las defensas del canal de Panamá. Estas instalaciones servirían después al turismo. En 1959 el Club de Exploraciones y Deportes Acuáticos de México (CEDAM), fundado ese año por Pablo Bush Romero, tomó esa isla como base para sus actividades, tratando de conseguir material arqueológico procedente de los barcos hundidos. La primera expedición fue a Punta Matanceros, 30 kilómetros al sur, sobre la costa de la península. Ahí encontraron, en el fondo del mar, los restos del barco *Nuestra Señora de los Milagros,* construido en Matanzas, Cuba, y hundido en 1740, al parecer por la flota del almirante Vernon, que había impuesto un severo bloqueo a la navegación comercial española. Se rescataron miles de objetos (crucifijos, cruces, hebillas, monedas, medallas, cuentas de vidrio, botellas y otros), suficientes para

5

Quintana Roo: Xel-há

considerar ese pecio como el más importante y rico de todos los explorados hasta entonces en los litorales de América. Ese hecho y los siguientes descubrimientos del mismo género en el arrecife de Cancún originaron una vasta publicidad que estimuló el flujo de visitantes a Cozumel. En el curso de sus exploraciones, los miembros del CEDAM acamparon en las playas de Acumal, cuyos terrenos adyacentes, sembrados de palma de coco, compró Bush para iniciar un desarrollo turístico. En varios sitios de las costas e islas quintanarroenses habían adquirido propiedades, con semejante propósito, Aníbal de Iturbide, José de Jesús Lima y otras personas, y en los medios gubernamentales se empezaba a formular un proyecto para Cancún. Los modernos servicios para el turismo, en el litoral, se iniciaron con el Club de Yates, la Villa Maya y el Museo Arqueológico de Acumal. En 1972 siguió Cancún, cuya población pasó de sólo 20 a 40 mil personas en 4 años. El aeropuerto internacional y las obras de infraestructura y aun los hoteles fueron promovidos por el Banco de México con fondos del gobierno Federal y préstamos del Banco Interamericano de Desarrollo (v.CANCÚN y HOTELES). En Chetumal y en las islas de Cozumel y Mujeres había, a principios de 1974, 28 hoteles con 937 cuartos, 1,792 camas y 1916 baños.

QUINTANILLA, LUIS, n. en París, Francia, en 1900. Estudió en las universidades Sorbona de París y Johns Hopkins de Baltimore. Es licenciado en letras y doctor en filosofía y ciencias políticas. Fue inspector general de idiomas en las escuelas técnicas y elementales. De 1920 a 1959 trabajó en el servicio exterior. Ha sido embajador en la Unión Soviética y en Colombia, y ante la ONU y la OEA. Ha enseñado materias de su especialidad en las universidades de Harvard, Cambridge, George Washington y Nacional Autónoma de México. Dirigió el Instituto Nacional de la Vivienda. Presidió la Academia Mexicána de Derecho Internacional. Ha publicado, entre otras obras, las siguientes: *Democracia y panamericanismo, A Latin American Speaks, Bergsonismo y política, Teatro mexicano, Murciélago, avión y radio*; y en colaboración con otros autores: *The Caribbean, Contemporany Trends* y *The control of foreign relations in modern Nations.* Es colaborador del periódico *Novedades.*

QUINTANILLA EVIA Y VALDÉZ, FRANCISCO, n. en Oviedo, Asturias, España. Perteneció a la Orden de San Benito. En 1640, en Madrid, fue consagrado tercer Obispo de Durango. Durante su mandato pretendió desplazar de las misiones a los religiosos, especialmente a los jesuitas, y sustituirlos por clérigos, medida que le acarreó dificultades con los indígenas que veían en aquéllos a sus defensores. El gobernador Diego Fejardo apoyó a los religiosos y desterró al obispo, quien lo había excomulgado. La Audiencia de Guadalajara intervino para poner fin a la disputa. Fue promovido al obispado de Oaxaca en enero de 1654. Realizó largos viajes visitando a los fieles de su dilatada diócesis.

QUINTERO ÁLVAREZ, ALBERTO, n. en Acámbaro, Gto., en 1914; m. en la Ciudad de México en 1944. Estudió en la Universidad de Guadalajara. En la capital de la República ingresó al grupo literario "Taller", que recibió la herencia de los "Contemporáneos". Trabajó como argumentista y adaptador de filmes. Son obras suyas: *Saludos de Alba* (1936); y "Semblanza del llanto", en *Tres ensayos de amistad lírica para Garcilaso* (1936). La recopilación de sus poesías, escritas entre 1936 y 1942, apareció en 1942 bajo el título de *Nuevos cantares y otros poemas.*

QUINTEROS, ADOLFO, n. en Chihuahua, Chih., en 1928. Estudió en la Escuela Nacional de Artes Plásticas (1950-1956). Grabador, expuso por vez primera en 1957, en el Taller de Gráfica Popular. En 1962 obtuvo el primer premio en el IV Salón del Grabado; ese mismo año, la presea *Al mejor grabador latinoamericano*, en Checoslovaquia; por su obra *Bahía de Cochinos*; y en 1965, medalla de oro en la Exposición Internacional de Grabado en Leipzig, Alemania. Ha dicho de él Antonio Luna Arroyo: "Sus grabados en linóleo, metal y madera demuestran a las claras el fino dibujo, el dominio del claroscuro, la fuerza de expresión y la emoción sentimental que proyecta en su trabajo".

QUIRARTE, JACINTO, n. en Jerame, Arizona, Estados Unidos, en 1931. Bachiller de artes en el Colegio del Estado de San Francisco (1954), maestro de artes (1958), doctorado en filosofía y letras en la Universidad Nacional Autónoma de México (1964) y profesor asociado de historia de las artes en la Universidad de Texas (1967), es autor de: "Diferencias Arquitectónicas en dos ciudades mayas: Uxmal y Chichén-Itzá", en *Boletín de la Universidad Central de Venezuela* (1966); y traductor de: *Selden Códex by Alfonso Caso* (1964).

QUIRARTE RUIZ, MARTÍN, n. en Guadalajara, Jal., en 1923. Maestro en historia (1952) por la Facultad de Filosofía y Letras de la UNAM, llevó cursos de especialización en el Instituto de Cultura Hispánica de Madrid (1952) y estudió en París metodología histórica y la influencia de Francia en América (1953-1955). Ha sido profesor en la Facultad de Filosofía y Letras Israelita, en la Universidad Iberoamericana y en la UNAM. Trabajó como investigador en el Instituto Nacional de Antropología e Historia y lo es actualmente en el Instituto de Investigaciones Históricas de la UNAM. Participó en el Congreso de Historiadores México-norteamericanos en 1968, en representación de la Secretaría de Relaciones Exteriores, en la cual fue subdirector del Archivo Histórico. Es autor de: *Don Carlos Pereyra, caballero andante de la historia* (1952), *Francisco Alonso de Bulnes* (1963), *Visión panorámica de la historia de México* (1965), *El problema religioso en México* (1967), *Gabino Barreda, Justo Sierra y el Ateneo de la Juventud* (1970), *Historiografía sobre el Imperio de Maximiliano* (1970), y *Relaciones entre Juárez y el Congreso* (1973). Es coautor de: *Hernán Cortés ante la juventud* (1949) y *A cien años del triunfo de la República* (1967). Ha prologado: *Revistas históricas sobre la Intervención Francesa en México* de José María Iglesias (1966), *México desde 1808 hasta 1867* de Francisco de Paula Arrangoiz (1968), *Hernán Cortés* de Carlos Pereyra (1970), *Juárez, su obra y su tiempo* de Justo Sierra (1973), *Anales mexicanos sobre la Reforma y el Segundo Imperio* de Agustín Rivera (1972), *Juárez discutido como dictador y estadista* de Carlos Pereyra (1972) y *Ex-*

pedición a México de Emilio Ollivier (1972).

Ha publicado trabajos de investigación y crítica en "Diorama de la Cultura" de *Excélsior* (1961: IV-26, V-29, VI-4 y 18, VII-9, 21 y 30, IX-3, 10 y 17, X-8, 15 y 22, XI-12 y 19, y XII-10; 1962: I-28, II-18, III-11, IV-1, V-4 y 20, VI-3, 17 y 24, VII-22, VIII-5 y 26, IX-9, 15 y 30, X-28, XI-11 y 22; 1963: I-19 y 27, III-3 y 24, IV-7, 14 y 28, V-19, VI-2, 16 y 30, VII-14 y 28, IX-4, 8, 13, 18 y 21, X-6, 20 y 27, XI-10, XII-1 y 8; 1964: I-1 y 26, III-29, IV-19, V-10, VI-13 y 21, VII-12, IX-6, X-25, XII-6; 1965: I-10, II-28, III-28, XII-24; 1966: II-24, V-15, VI-5, VI-15, X-2, 16 y 30; 1967: I-29, VI-4, 18 y 23), *Revista de Historia de América* (1961, 1962 y 1963), *Anuario de Historia* de la Facultad de Filosofía y Letras (1962) e *Historia Mexicana* (58-59).

QUIRK, ROBERT E., n. en Akron, Ohio, Estados Unidos, en 1918. Profesor de historia en la Universidad de Indiana, es autor de: *The Mexican Revolution 1914-1915* (1960), *An affair of honor; Woodrow Wilson and the Occupation of Veracruz* (1962) y *The Mexican Revolution and the Catholic Church* (1964).

QUIROGA (Cocupao). Poblado del Estado de Michoacán, con 7,129 habitantes en 1970. Durante la época prehispánica y los siglos XVI y XVII nada se sabe de este lugar, situado en la margen sureste del lago de Pátzcuaro y en la falda del Tzirate, elevación montañosa de 3,340 metros sobre el nivel del mar. Cocupao no aparece en las relaciones geográficas de los conquistadores y primeros colonos de la región, tal vez por haber sido solamente un barrio de Tzintzuntzan, y no haber tenido relieve alguno en los hechos históricos de los dos primeros siglos coloniales. Sin embargo, ya tenía cierta importancia a finales del siglo XVIII y aparece como municipio y curato secular en el *Análisis estadístico* de Lejarza (1824). Tenía entonces como pueblos de su demarcación: San Gerónimo Purenchécuaro, San Andrés Ziróndaro y Santa Fe de la Laguna, lugar éste donde fundó un hospital Vasco de Quiroga. Decaídas las fundaciones del obispo, Cocupao, que llegó a oponerse violentamente a los proyectos quiroguianos, predominó sobre Santa Fe, situación que conserva hasta hoy. A pesar de esto, la huella de don Vasco se conserva en la artesanía que enseñó a sus moradores: la fabricación y decorado de objetos de madera, que a la fecha es la fuente principal de sus ingresos. El 3 de septiembre de 1852 el Congreso del Estado aprobó el decreto enviado por el gobernador Melchor Ocampo, en

Quiroga, Mich.

que se daba al poblado el rango de villa y se le ponía el nombre de Quiroga, en homenaje al ilustre benefactor de los indios. Actualmente es municipio (16,004 habitantes) y de él dependen 10 ranchos (Atzimbo, Caríngaro, Chupícuaro, Icuacato, Irauco, San Miguel de las Palmas, Sanambo, La Tirimicua, Las Trojes y Tzirandangatzio) y 3 pueblos (San Andrés Ziróndaro, San Gerónimo Purenchécuaro y Santa Fe de la Laguna). Por la cabecera del municipio pasa la carretera federal que une a las ciudades de México y Guadalajara, con un ramal que va de ahí a Pátzcuaro. Es un centro comercial y turístico; destacan el mercado indígena (tianguis), la venta de pescado blanco, un templo antiguo que data de la época del primer obispo y el amplio comercio de comestibles y artesanías. Sus habitantes viven de la agricultura, la pesca y el comercio.

QUIROGA, ISMAEL S., n. en Baviácora, Son., en 1845; m. en Guaymas, Son., en 1890. Fue secretario particular del gobernador Ignacio Pesqueira, diputado federal en dos ocasiones y magistrado del Supremo Tribunal de Justicia. Formó parte del cuerpo de redactores de los periódicos *El Pueblo de Sonora, La Estrella de Occidente* y *El Eco del Valle* (v.QUIJADA, ENRIQUE). Promovió la comunicación ferroviaria Guaymas-Nogales y las primeras líneas telegráficas del Estado. Fundó en Ures la Escuela Lancasteriana Nocturna para varones adultos.

QUIROGA, VASCO DE, n. en Madrigal de las Altas Torres, Avila, España, en 1470, según Juan Jo-

seph Moreno (1766); pero recientes investigaciones han puesto en duda esa fecha: el padre Fintan B.Warren propone el año 1478, y el padre Francisco Miranda Godínez el de 1488. Mucho antes, el padre Félix M.Martínez señaló 1479, aunque bien puede ser una errata de imprenta. Se menciona el 3 de febrero como día de su nacimiento, así como los nombres de Blasio o Blasco con que fue bautizado; pero nada puede asegurarse mientras no se descubran documentos que arrojen luz definitiva. El pretendido origen americano de Vasco de Quiroga (Jesús García Tapia afirmó que era hijo de Tangáxoan II, último emperador de los michoacanos) ha sido rectificado definitivamente por Pablo G.Macías. Se conocen los nombres de sus progenitores: Vasco Vázquez de Quiroga y María Alonso de la Cárcel, así como de sus hermanos y parientes más cercanos. Nicolás León mencionó entre sus antepasados a Gonzalo de Quiroga (caballero de la Orden de San Juan de Malta, de la que fuera prior), Gaspar de Quiroga (arzobispo primado de Toledo, gran inquisidor, cardenal, consejero de Felipe II), Rodrigo de Quiroga (capitán general, conquistador, gobernador y adelantado de Chile), Rodrigo López de Quiroga (maestre de campo y gobernador de Milán) y Alvaro Rodríguez de Quiroga (cardenal, Arzobispo de Toledo y gran canciller de España). La nobleza de su origen está demostrada en el escudo nobiliario que usó y que es el mismo que tuvo el Colegio Primitivo y Nacional de San Nicolás de Hidalgo y que ahora tiene la Universidad Michoacana; en el primer cuartel aparecen 6 dados que representan la casa de Braganza; en el segundo, 5 estacas de oro calzadas de hierro, del apellido Valcárcel o De la Cárcel; el tercero, 5 estacas de plata, que pertenecen a la casa Vázquez de Quiroga; y en el cuarto, una encina, de la casa de Quiroga. El escudo universitario ha sustituido los símbolos del cuartel segundo por una cruz, tomado seguramente del que figura en un antiguo retrato de don Vasco y no del que se halla grabado en piedra en el templo de Santa Fe de la Ciudad de México.

Existen dudas acerca del lugar donde Quiroga hizo sus estudios universitarios, aunque la mayoría de los investigadores se inclina por Salamanca. Se supone que concluyó su carrera de abogado hacia 1515. Los datos son más precisos a partir de 1525, en que se le designa juez de residencia en Orán, posesión española en Africa del Norte; se presenta allí el 1° de febrero para residenciar al corregidor Alonso Páez de Rivera y a su lugarteniente Liminiana. Sin abandonar esta comisión, fue designado, junto con Pedro de Godoy, para negociar la paz con el rey moro de Tremecín, con quien firmaron un pacto el 23 de junio. A fines de ese mismo año regresó a Granada. Hay testimonios de que gozaba del apoyo de encumbrados personajes de la corte y que el emperador Carlos V le tenía un especial afecto.

En 1530 el licenciado Quiroga desempeñaba una comisión en Murcia cuando recibió una comunicación del monarca designándolo miembro de la Audiencia de México. Ese nombramiento resultó del trabajo de una comisión formada por el Arzobispo de Santiago, Juan Tavera (presidente del Consejo de Castilla), el conde de Osorno y los miembros de los consejos de Indias y de Hacienda, previa consulta al presidente de la Audiencia de Valladolid y a los obispos de Badajoz y Granada, pues había hecho crisis la empresa colonizadora en México por las iniquidades de la primera Audiencia. Las quejas y denuncias de tales arbitrariedades habían llegado a la corte y el rey había ordenado el juicio de residencia y la sustitución de los oidores Guzmán, Matienzo y Delgadillo. Se propuso la designación de un virrey, pero el conde de Oropeza se excusó, Antonio de Mendoza pidió tiempo para decidirse y el mariscal de Frómista pedía un alto salario, de modo que el virreinato quedó pendiente y se procedió a formar la segunda Audiencia, que presidiría Sebastián Ramírez de Fuenleal, Obispo de Santo Domingo, y de la que formarían parte, además de Quiroga, los licenciados Alonso Maldonado, Francisco Ceynos y Juan de Salmerón. Cada uno recibiría un salario de 2 mil ducados anuales.

El mismo año de su designación, partieron de Sevilla el 16 de septiembre, con excepción del presidente, quien lo hizo más tarde; llegaron a Veracruz a mediados o fines de diciembre, y el 9 de enero de 1531 tomaron posesión en la Ciudad de México. Su primera medida fue abrir juicio de residencia contra Nuño Beltrán de Guzmán, Juan Ortiz de Matienzo y Diego Delgadillo (los otros oidores, Alonso de Parada y Francisco Maldonado, habían fallecido); declarados culpables, se les envió presos a España. El mal trato que habían dado a los indígenas, y sobre todo el asesinato del jefe de la nación tarasca, Tangáxoan, perpetrado por Nuño de Guzmán (4 de febrero de 1530), provocaron la rebelión de los michoacanos. La segunda Audiencia envió a Juan de Villaseñor Orozco a pacificar la zona (1532). Mientras tanto, el oidor Quiroga daba muestras de su interés social y religioso por los vencidos, al fundar en los suburbios de México un hospital-pueblo, con iglesia y colegio; llamado de Santa Fe, en él agrupó 120 jefes de familia nahoas

Monumento a Vasco de Quiroga en Morelia

y otomíes. El hospital-pueblo era una institución de vida comunitaria en que se advierten las huellas de la formación humanística de Quiroga, nutrido de las ideas de la *Utopía* de Tomás Moro, de los *Ejercicios* de San Ignacio de Loyola y de las repúblicas ideales de Platón y Luciano. En 1531 propuso al monarca la fundación de pueblos para indígenas, "donde, trabajando y rompiendo la tierra, de su trabajo se mantengan y estén ordenados"; quería evangelizar con el ejemplo, respetando la dignidad de los indígenas, en los que veía arcilla blanda para una reconstrucción nacional con base en el trabajo libre de los antiguos pobladores; y creía necesario "poner y plantar un género de cristianos a las derechas, como primitiva iglesia", aunque para ello tuviera que enfrentarse a los encomenderos, que "tienen odio a los religiosos" porque los frenaban en sus abusos.

Fracasada la misión pacificadora de Villaseñor, los indígenas de Michoacán continuaban en rebeldía, y aumentaba el descontento por los desaciertos del corregidor de Tzintzuntzan, Pedro de Arellano, y sus sucesores en el cargo, Cristóbal Benavente y Juan Alvarez de Castañeda. Quiroga fue a residenciarlos en 1532, visitó la región y al año siguiente fundó en las márgenes del lago el hospital-

Vasco de Quiroga

1

pueblo al que llamó Santa Fe de la Laguna, con 200 familias. Este centro —"verdadera república cristiana" le llama Moreno— contribuyó a la pacificación de los indígenas. Los hospitales eran, según el mismo autor, lugares donde "hacían a la verdad un género de vida que imitaba las costumbres de los primeros cristianos: vivían de bienes comunes, que eran aquellas tierras que les había comprado su fundador y que cultivaban ellos mismos con aquel orden que suele haber en una familia bien regulada".

Carlos V había prohibido a sus súbditos que esclavizasen a los indios; pero en 1534 derogó esa disposición. Al saberlo, Quiroga envió al monarca su célebre *Información en derecho* (1535), en la que condena enérgicamente a los encomenderos, hombres perversos a quienes no conviene que los nativos "sean tenidos por hombres, sino por bestias", y defiende apasionadamente a los indios, que no merecen perder la libertad. "Callar la verdad —advierte— yo no sé si es de prudentes y discretos, pero cierto sé que no es de mi condición ni cosa que, callando, yo haya de disimular, aprobar ni consentir, mientras a hablar me obligare el cargo".

La necesidad de repartir las tareas eclesiásticas y atender con mayor esmero la evangelización in-

fluyó para que el Papa Paulo III, en su bula *Illius fulciti praesidio*, creara, de acuerdo con el monarca español, las diócesis de Antequera (Oaxaca) y Michoacán. Se propuso para obispo de ésta a fray Luis de Fuensalida, quien humildemente renunció, y entonces fue designado Vasco de Quiroga. Antes (1535) el rey había ordenado un juicio de residencia a los miembros de la segunda Audiencia; el de Quiroga se inició en febrero de 1536; declararon 39 testigos de gran valía como los frailes Fuensalida, Francisco Jiménez, Francisco de Soto, Juan de Zumárraga, Francisco de Bolonia y Juan de San Miguel, y todos hicieron grandes elogios de don Vasco por su rectitud y por la organización de las comunidades indígenas.

El mismo año de su designación como obispo (1537), Quiroga recibió de la reina un donativo de 300 pesos oro para ornamentos litúrgicos, y el virrey Antonio de Mendoza le dio tierras, entre otras las de Chupícuaro, para el sostenimiento del hospital de Santa Fe de la Laguna. Todavía con su carácter de oidor, recibió la comisión de hacer la cuenta de los súbditos del marqués del Valle, hecho lo cual partió en seguida para Tzintzuntzan: tomó posesión del obispado el 6 de agosto de 1538; declaró que no estaría allí la sede, y al día siguiente la trasladó a Pátzcuaro, que era entonces un barrio de la antigua capital indígena. Pero, en tanto se construían los edificios correspondientes, el obispo, los clérigos y los estudiantes que había llevado de Santa Fe de México, se establecieron en Tzintzuntzan, donde existían, aunque muy humildes, capilla y monasterio franciscanos. A fines del año, en la catedral de México y de manos del arzobispo Zumárraga, recibió, en un solo acto, todas las órdenes sacerdotales y fue consagrado Obispo de Michoacán. Los límites de la diócesis no quedaron claros, pero su territorio abarcaba lo que hoy son los estados de Michoacán, Colima y Guanajuato, y partes de Jalisco, Guerrero y San Luis Potosí. En 1539 comenzó la obra pastoral en la sede (v.PÁTZCUARO). A causa de que las construcciones y los servicios demandaban fuertes erogaciones, la corona dio a don Vasco grandes extensiones de tierra en Huaniqueo, para cultivos agrícolas y cría de ganado (mayor en Jaripeto y Jaripetío, y menor en Cuzaro), molinos y batanes para el Colegio (1545) y unos cerros para vides y olivos (1552).

Los encomenderos, que no descansaban en su campaña contra Quiroga, lograron atraerse al virrey y fundaron cerca de Guayangareo una Nueva Ciudad de Michoacán (1541), con la pretensión de que allá se trasladara la catedral, y se quejaron de que el

Fragmento de un mural de Juan O'Gorman en Pátzcuaro

obispo les cobraba diezmos y no les daba ningún servicio religioso ni educativo. Por otra parte, la imprecisión de los límites del obispado le trajo disgustos con el Arzobispo de México y con el Obispo de Nueva Galicia. Además, los franciscanos y los agustinos estaban inconformes con la distribución de las iglesias, y afirmaban que Quiroga se proponía colocar en los mejores lugares a los seculares egresados del Colegio de San Nicolás. Y aun los indios de Tzintzuntzan manifestaban agravios, resentidos por el cambio de la sede episcopal. Frente a todos se defendió el obispo con energía, pero como entre sus enemigos estaban el virrey, el arzobispo y otras personas de valimiento, decidió marchar a España. Manifestó su deseo de representar a los obispos de Indias en el Concilio de Trento, pero el barco en que viajaba se dañó y volvió a tierra (1545) y hasta 1547 pudo llegar a su país natal, cuando ya la primera fase del concilio había concluido. Allá permaneció hasta 1554. Llevó con él un buen número de indios para presentarlos en la corte. En España consiguió mercedes reales para sus hospitales-pueblos y para el Colegio de San Nicolás, escudo de armas a la Ciudad de Michoacán (Pátzcuaro) y la confirmación pontificia para el traslado de la sede episcopal (1550; bula *Exponi*

nobis de Julio III). Se le mencionó para ocupar el arzobispado de México y el obispado de Puebla. Reclamó el dinero del pleito sobre diezmos ganado al difunto Zumárraga; imprimió el *Manual de doctrina cristiana* de Gutiérrez-González, capellán de San Andrés de Jaén (Sevilla, 1553); escribió *De Debellandis Indis*, y quizá un texto sobre matrimonios (Moreno); y emprendió el viaje de regreso a la Nueva España (1554). De paso por Santo Domingo obtuvo unas plantas de plátano que, según la tradición, sembró en Ziracuaretiro.

De nuevo en su obispado, Quiroga procedió a la erección de la catedral (1554) y tomó parte en el I Concilio Provincial Mexicano (1555); a él se debió seguramente el Capítulo 70 aprobado en esa asamblea, que establece la necesidad de que haya un hospital en cada iglesia (en su obispado hubo, en el siglo XVI, 92 hospitales). Discutió con el arzobispo Montúfar por la posesión de Querétaro. En 1561 advierte cómo, a pesar de sus esfuerzos por atraer a los indios, había encomenderos que los retenían y esclavizaban, por lo cual se quejó ante el rey. En 1562 enfermó gravemente y se recluyó en el hospital de Santa Fe de México; pero apenas sintió algún alivio, emprendió una visita a su diócesis por el rumbo de la sierra de Uruapan, montado en una mula y con un solo ayudante; según la tradición, al pasar cerca de Paracho puso su planta en el lodo y quedó grabada la huella de su pie; desde entonces, todos los que por allí transitan hacen lo propio para que su huella no se pierda. En Pátzcuaro, antes de salir, había elaborado su testamento, ejemplo de sencillez y de humildad; no dejó bienes materiales, pero sí encargos y recomendaciones acerca de sus obras y de los indios. Murió en Uruapan el 14 de marzo de 1565, según Moreno. El padre Larrea dice que murió en la ciudad de Pátzcuaro, el 20 de febrero del mismo año. Sus restos fueron sepultados en la sede de su obispado, primero en el templo de la Compañía, que fuera su primera catedral, en una urna de madera policromada de hechura indígena, bajo una gran lápida de mármol con una inscripción latina, que traducida por Nambo dice: "A Dios óptimo máximo. A don Vasco de Quiroga. Varón santísimo por su calidad apostólica y por sus demás excelentes virtudes, padre verdadero de nuestra patria, quien desempeñando íntegra y ejemplarmente el cargo de Real Orden y después consagrado Obispo de Michoacán, abrió con inspirado acierto, para la verdad de Cristo, estas abruptas regiones, y quien no sólo ablandó con ley de humanidad a los duros terrígenas, amándolos con singular benevolencia, aun para sus artes mecánicas, y hecha muy sabiamente por él mismo la distribución de ellas, dio admirables ordenanzas que, guardando la memoria de tan gran maestro, son todavía observadas fielmente por los indios de los pueblos". Posteriormente, sus restos fueron trasladados a una cripta detrás del altar mayor de la basílica, donde ahora reposan. Nicolás León tomó fotografías de ellos e hizo su descripción y estudio en su obra sobre el obispo, a quien los indios llaman aún *Tata Vasco* (Padre Vasco). Los artesanos siguen elaborando los objetos que él les enseñó: guitarras en Paracho; artículos de cobre en Santa Clara; sombreros y redes o chinchorros en Erongarícuaro y Jarácuaro; herrería y cerrajería en San Felipe; tejidos de lana en Nurío, Capacuaro y Aranza; curtido de pieles y fabricación de zapatos y huaraches en Teremendo; alfarería de Tzintzuntzan, Patamban, Santa Fe, Capula, Piñícuaro, Guango (Villa Morelos) y Guanajuato; metates en Oponguio; y lacas en Quiroga y Uruapan. Han desaparecido el arte plumario de Pátzcuaro y la fabricación de colchas en San Juan Parangaricutiro, sepultado bajo las cenizas del Paricutín. *R.C.A.*

Bibl.: Rafael Aguayo Spencer: *Don Vasco de Quiroga* (Documentos, 1940) y *Don Vasco de Quiroga. Taumaturgo de la organización social* (1970); Antonio Arriaga Ochoa: *Organización social de los tarascos* (1938); Miguel Arroyo de la Parra: *Don Vasco nos llama a la pelea* (s.f.); Miguel Bernal Jiménez: *Tata Vasco* (1941) e *Impromptu en altamar* (1951); Paul L.Callens: *Tata Vasco, un gran reformador del siglo XVI* (1959); Enrique Cárdenas de la Peña: *Vasco de Quiroga, precursor de la seguridad social* (1968); Isidro Castillo: *Vasco de Quiroga y los hospitales-pueblos* (1968); Mariano Cuevas: *Historia de la Iglesia en México* (tomo I, 1946); Antonio Chávez Sámano: *Homenaje a don Vasco de Quiroga* (1965); Nicolás León: recopilación de *Documentos Inéditos referentes al Ilustrísimo Sr. D.Vasco de Quiroga* (1940) y *El Ilmo. Sr. D.Vasco de Quiroga. Grandeza de su persona y de su obra. Primer obispo de Michoacán* (1903); Jesús Isáis Reyes: *Don Vasco de Quiroga* (1955; 2a. ed., 1969); Benjamín Jarnés: *Vasco de Quiroga, obispo de Utopía* (1942); Pablo G.Macías: *D.Vasco de Quiroga en su V Centenario, aclaraciones y rectificaciones históricas* (1970); Félix M.Martínez: *Compendio de la vida del Ilmo. Sr. D.Vasco de Quiroga* (1899); J.Medal: *Narraciones* (1899); Francisco Miranda Godínez: *Don Vasco de Quiroga y su Colegio de San Nicolás* (1972); Manuel Germán Parra: *Vasco de Quiroga y la enseñanza religiosa* (1941); Juan Joseph Moreno: *Vida y virtudes del Ilmo. Sr. D.Vasco de Quiroga* (1766); Antonio Salas León: *Síntesis de la vida de los hospitales en la ciudad de Pátzcuaro* (1943) y *Pátzcuaro. Cosas de antaño y hogaño* (1965); Alfonso Trueba: *Don Vasco* (2a. ed., 1958); Varios: *D.Vasco de Quiroga y el arzobispado de Morelia* (1965); José Zavala Paz: *Vasco de Quiroga* (1964); Silvio A.Zavala: *La Utopía de Tomás Moro en la Nueva España* (1937) y *El ideario de Vasco de Quiroga* (1941); y Fintan B.Warren: *Vasco de Quiroga and his Pueblo-Hospital of Santa Fe* (1963).

QUIROGA ESCAMILLA, PABLO, n. en Ciénega de Flores, N.L., en 1875; m. en la Ciudad de México en 1948. Luchó en el bando maderista. Peleó con Obregón frente a Villa en 1915. En la Secretaría de Guerra y Marina ocupó los cargos de oficial mayor, subsecretario y secretario, este último del 28 de junio de 1933 al 30 de noviembre de 1934, y del 1º de diciembre de 1934 al 15 de junio de 1935. Había ascendido a divisionario en 1933.

QUIROGA GUEROLA, MOISÉS, n. en Veracruz, Ver., en 1908. Médico, catedrático de materias de su especialidad y director de la Facultad de Odontología en la Universidad Veracruzana, es autor de: *Fecundación de las fanerógamas, Deficiencias de alimentación en nuestro pueblo, Origen e importancia de los vegetales, Reseña del plankton y Curiosidades del mar.*

QUIRÓS RODILES, ADRIÁN, n. en Atlixco, Pue., en 1880; m. en la Ciudad de México en 1948. Doctor (1905) por la Escuela de Medicina de México, llegó a ser jefe de la sala de maternidad y administrador general (desde 1912) del Hospital Morelos. Enseñó clínica obstétrica durante 25 años. Publicó: "Una historia clínica del siglo XVI", en *Revista*

Jorge Quiroz: **Autorretrato**

1

Pasteur (1932); *Breve historia del Hospital Morelos* (1933), *Clínica obstétrica* y "Breve historia de la obstetricia en México" (Buenos Aires, 1945-1946).

QUIROZ, CARLOS, n. en Apan, Hgo.; m. en 1940. Fundó y dirigió el semanario *Ratas y Mamarrachos*; trabajó en el cuerpo de redactores de *El Imparcial* y *El Universal*; escribió crónicas taurinas con el seudónimo de *Monosabio*; y fundó, junto con Alejandro Aguilar (*Fray Nano*), el periódico deportivo *La Afición* (1930).

QUIROZ, ELEUTERIO, n. en San Luis Potosí, S.L.P., en 1825; m. en Querétaro, Qro., en 1849. Se levantó en armas contra el gobernador Julián de los Reyes al frente de un millar de indígenas de la Sierra Gorda (1848). Combatió y ganó en la hacienda de El Jabalí y en Río Verde. El 13 de marzo de 1849 lanzó un manifiesto agrarista que llamó *Plan Político*, uno de cuyos ejemplares hizo llegar al comandante de las fuerzas militares Anastasio Bustamante, quien a su vez reexpidió el documento al presidente José Joaquín Herrera. Este ordenó que se negociara un acuerdo pacífico, que no llegó a firmarse. v.AGRARISMO.

QUIROZ, MANUEL MARÍA, n. en Andalucía, España; m. en Jalapa, Ver., en 1870. Fue un probo empleado de Hacienda. Por largos años administró las aduanas de Veracruz y Tampico. Antes de ocupar esos puestos había sido vocal de la junta encargada de las obras del camino de México a Jalapa, ejecutado por el Consulado hasta Perote. En 1805 fue nombrado secretario del Consulado; en 1810, secretario de la Real Junta del Préstamo Patriótico, radicando en la Ciudad de México, puesto al que renunció para volver a su puesto en Veracruz; vocal de la Diputación Provincial, al restablecerse en 1820 la Constitución Española de 1812, y en 1822, su secretario. Perteneció al regimiento urbano de Veracruz con el grado de capitán. Más tarde fue intendente de Guerra y Marina, diputado a la Legislatura del Estado de Veracruz, y representante ante el Congreso General; senador, consejero, miembro de la Junta de Crédito Público y jefe superior de Hacienda de Veracruz. Se distinguió en el campo de la economía, de cuya ciencia fue precursor. Bajo su inmediata intervención se hicieron las *Balanzas del comercio marítimo de Veracruz a partir de 1805*. Las *Balanzas* se confeccionaron desde 1797 y se encuentran manuscritas (1797-1801). De 1802 a 1808 se publicaron en gran formato, y de 1809 a 1824, año en que dejó de existir el Consulado, se imprimieron en folleto. Las *Memorias* de ese organismo, junto con las *Balanzas*, constituyen documentos fundamentales dentro de la historia económica de fines del siglo XVIII y principios del XIX. El barón de Humboldt usó ampliamente estas *Balanzas*, en su *Essai Politique sur la Novelle Espagne* (París, 1808), dando la impresión de ser suyos los datos expuestos. Quiroz escribió: *Voz imperiosa de la verdad y desengaños políticos contra preocupaciones vulgares* (1810), *Ideas de la riqueza que daban a la masa circulante de Nueva España sus naturales producciones en los años de tranquilidad y su abatimiento en las presentes conmociones* (Veracruz, 1817) y *Reflexiones sobre el comercio libre de las Américas* (Guatemala, 1949). Este último trabajo lo reprodujo Manuel Carrera Stampa en el *Boletín del Archivo General de la Nación* (México, 1948). v.*Archivo Histórico de Hacienda. Colección de documentos publicados bajo la dirección de Jesús Silva Herzog* (3 vols., 1944).

QUIROZ, JORGE, n. en 1931 en La Piedad, Mich. Estudió por breve tiempo en la Escuela Nacional de Artes Plásticas (1945). Expuso por vez primera, de modo individual, en 1949. Tienen obras suyas las colecciones Edward Sieeswyk Van Ingen, en Holanda; Day Joyce, en Londres; y Adolfo Langenscheid y Robert Metzner, en México. De técnica muy depurada, a menudo prefiere los temas fantásticos y surrealistas.

QUIROZ GUTIÉRREZ, FERNANDO, n. en Santa Cruz Ayotusco, Huixquilucan, Estado de México, en 1889; m. en la Ciudad de México en 1966. Doctor en medicina, se especializó en urología y en investigaciones anatómicas. Enseñó anatomía humana en la Escuela de Medicina de la UNAM desde 1911. Dio clase a 50 generaciones de médicos. Recibió la medalla "Justo Sierra" y el presidente López Mateos le impuso la insignia "Andrés Vesalio". Presidió la Sociedad Mexicana de Anatomía. Publicó: *Anatomía Humana* (1943) y *Patología médica y quirúrgica de la boca y anexos.*

QUIROZZ HERNÁNDEZ, ALBERTO, n. en León Gto., en 1907. En esa ciudad fundó en 1927, junto con Wigberto Jiménez Moreno, el semanario *El Cóndor,* y en 1932, la Sociedad de Escritores y Artistas; en México, en 1953, la Unidad Mexicana de Escritores. Dirigió la revista *El Libro y el Pueblo* (1954-1959). Es autor de guiones cinematográficos y de las siguientes obras: *Zigzag novelesco* (1929), *Esquema del heroísmo* (1931), *Situación de la literatura mexicana* (1934), *Carne y poesía* (1936), *Tu gloria, camarada* (1938), *El proyecto de Julia* (1938), *Nociones de estética cinematográfica* (1942), *Poesía y teatro infantil* (1944-1945), *Chifladuras de Sóstenes Irucha* (1945), *Una mujer decente* (Buenos Aires, 1946), *Júbilo del río* (1947), *Los ladrones* (1950), *Paraíso-Wesston* (1950), *Cristo Rey o la persecución* (relato personal acerca de los acontecimientos ocurridos en León durante el movimiento cristero, 1952), *El profesor Mentoláthum* (1954), *Magia silvestre* (1954), *Las Kúkaras* (1955), *Lupe fusiles* (1957), *Serpientes* (1959), *Odisea de la Virgen Morena. Historia política* (1961), *Biografía de Norteamérica. Retratos literarios de personajes y lugares de los Estados Unidos* (1963), *Historia para Oscar Lewis. El reverso de los hijos de Sánchez* (1966), *Diario mágico* (1966), *Un papa mexicano* (1969), *100 años de juventud* (1970), *Los magos de la Revolución. Una historia para el Señor Presidente* (1972) y *Diálogos frente al año 2000* (1976).

RAAT, WILLIAM DIRK, n. en Ogden, Utah, Estados Unidos, en 1934. Doctor en filosofía y letras por la Universidad de Utah (1967), director de Estudios Latinoamericanos del *Moorhead State College* y profesor asociado de la Universidad del Estado de Nueva York (1967-1970), es autor de: *"Leopoldo Zea and Mexican Positivism: A Reappraisal"*, en *Hispanic America Historical Review* (1968); "Leopoldo Zea y el positivismo: una revaluación", en *Latinoamerica* (1969); y *"Agustín Aragón and Mexico Religion of Humanity"*, en *Journal of Inter-American Studies* (1969).

RABADILLA ESCARLATA. *Ramphocelus passerini.* Ave de la familia *Thraupidae.* Mide de 13 a 15 centímetros. El macho es casi totalmente negro y presenta la parte inferior de la espalda y la superior de las plumas de la cola, de color rojo escarlata brillante y el pico gris azuloso. La hembra tiene la cabeza y el cuello pardo grisáceo, las alas y la cola negras y el resto naranja oliváceo, más brillante en la rabadilla y en el pecho. Se le encuentra en Tabasco, Veracruz y Chiapas, en los claros de los bosques de las zonas húmedas, en las ramas superiores de algunos arbustos o en las inferiores de los árboles.

RÁBANO. *Raphanus sativus* L. Planta herbácea, anual o bienal, de la familia de las crucíferas, originaria de las regiones templadas de Asia oriental. Es un cultígeno derivado de *R.raphanistrum* L., hierba silvestre de flores amarillentas, denominada *rábano cimarrón* en México, ampliamente distribuida en todo el país. La raíz, comestible en crudo, es gruesa y carnosa, pivotante y polimorfa, generalmente de 3 a 4 centímetros de diámetro en las formas globosas, y de 4 a 5 de ancho por 10 a 15 de largo en las napiformes, subcilíndricas o cónicas; su color casi siempre es rojo brillante en la superficie, la cual constituye un delgado tegumento; y blanco o ligeramente rosado en el interior. El tallo es corto o largo, erecto, grueso y ramificado, y alcanza hasta un metro de altura. Las hojas son pecioladas, lisas o con pelos setosos; unas, de 10 a 15 centímetros de ancho por 25 a 40 de largo, se disponen en roseta

Rábano, del género **Raphanos**

basal, sobre la raíz, y son lirado-pinatífidas con lóbulos desiguales de borde irregularmente dentado y limbo algo decurrente; y otras, las que salen del tallo, en particular las superiores, son menos lobuladas y de borde poco dentado. Las flores son blancas, violáceas o lilas; tienen generalmente venas oscuras y se agrupan en inflorescencias cimosas, alargadas, con pedicelos ascendentes; el cáliz está constituido por 4 sépalos, 2 de ellos, los laterales, saculiformes; la corola tiene 4 pétalos que miden 2 centímetros de largo; el androceo está representado por 6 estambres (4 largos y 2 cortos); el ovario es súpero, bicarpelar, superpuesto por un estilo delgado que termina en un estigma ligeramente lobulado. El fruto es seco, esponjoso, indehiscente, en su mayor parte constituido por el crecimiento del estilo, de 3 a 8 centímetros de largo, puntiagudo, más o menos constreñido entre las semillas; y éstas se desarrollan en número de una a 14, son de color castaño claro, finamente reticuladas, subglobosas u obovales y poco comprimidas, de 2 a 3 milímetros de ancho por 3 o 4 de largo. Las variedades cultivadas de esta planta son numerosas, entre ellas las agrupadas en *R.sativus* var. *longipinnatus* Bailey, hortaliza robusta con hojas radicales muy largas y angostas, que llegan a medir hasta 60 centímetros de largo con 8 a 12 pares de pinas; su raíz es larga y dura; puede resistir bajas temperaturas, por lo cual medra en lugares de clima templado con estaciones bien definidas. En ella se incluyen los rábanos chinos y japoneses, que también se consumen en México, aunque en menor proporción que las formas de la variedad típica, en particular la de raíces globosas, pequeñas o medianas (*rabanito*).

RABASA, EMILIO O., n. en la Ciudad de México en 1925. Abogado, durante 15 años impartió la cátedra de derecho internacional público en la UNAM. Fue asesor jurídico del jefe del Departamento Agrario y de los secretarios de Agricultura y Ganadería, y de Salubridad y Asistencia. Dirigió la Afianzadora Mexicana y el Banco Cinematográfico. En 1970 fue nombrado embajador de México en Estados Unidos y a partir del 1º de diciembre de ese año, secretario de Relaciones Exteriores, puesto al que renunció en diciembre de 1975. En 1976 era profesor en la UNAM.

RABASA ESTEBANELL, EMILIO, n. en Ocozocuautla, Chis., en 1856; m. en la Ciudad de México en 1930. Hizo sus estudios primarios en su pueblo natal y los de licenciado en derecho en el Instituto de Ciencias y Artes de Oaxaca, titulándose en 1878. Inició su carrera política como síndico del Ayuntamiento de Tuxtla, diputado a la Legislatura local de Chiapas (1881) y director del Instituto del Estado (1882). En Oaxaca fue juez de lo civil, secretario del gobernador Mier y Terán y diputado local. En 1886 pasó a la Ciudad de México, donde desempeñó sucesivamente los puestos de defensor de oficio, agente del Ministerio Público y juez de lo penal. Fue más tarde gobernador de Chiapas y senador de la República. Representó al gobierno del presidente Victoriano Huerta en las Conferencias de Niagara Falls, Ontario, Canadá (del 20 de mayo al 15 de julio de 1914), al lado de Luis Elguero y Agustín Rodríguez. Concurrieron también a esa reunión, por parte del Primer Jefe del Ejército Constitucionalista, Luis Cabrera, José Vasconcelos y Fernando Iglesias Calderón, y los agentes diplo-

máticos de Argentina, Brasil, Chile y Estados Unidos, para discutir la crisis internacional provocada por el incidente de Tampico y la ocupación de Veracruz por los norteamericanos. Al renunciar Huerta al poder (15 de julio de 1914) y negarse Carranza a aceptar la intervención extranjera en los asuntos internos de México, las conferencias se suspendieron. Desde entonces se exilió Rabasa en Estados Unidos, radicado en Nueva York (1914-1921). Miembro de la Academia Mexicana de la Lengua correspondiente de la Española y de la Mexicana de Jurisprudencia, enseñó derecho constitucional y llegó a ser director de la Escuela Libre de Derecho. Escribió los libros siguientes: *La gran ciencia* (1887; 1919; 1948), *La bola* (1887; 1888; 1919; 1948), *El cuarto poder* (1888; 1919; 1948), *Moneda falsa* (1888; 1919; 1948) y *La Guerra de Tres Años* (1931). Firmó sus novelas con el seudónimo de Sancho Polo. Dentro de ese género, es el iniciador del realismo en México. Publicó también: *La Constitución y la Dictadura. Estudio sobre la organización y la política de México* (1912; 1917; 1956; 1971), *La evolución política de México* (1920), *El Artículo 14. Orígenes, teoría y extensión* (1920; 1955) y *La libertad de trabajo* (1922). v.Alberto María Carreño: *La obra personal de los miembros de la Academia Mexicana Correspondiente de la Española* (1946); y J.Agripino Gutiérrez: *La literatura chiapaneca* (Tuxtla Gutiérrez, 1953).

RABEL, FANNY, n. en Polonia en 1924. Reside en México desde 1938. Estudió en las escuelas Nocturna de Arte Núm. 1, de Pintura y Escultura La Esmeralda y en la de Artes del Libro. Fue ayudante de Diego Rivera en 1948, cuando éste pintaba en Palacio Nacional. En 1950 ingresó al Taller de la Gráfica Popular y al Salón de la Plástica Mexicana. Ha hecho por sí misma los murales del Centro Deportivo Israelita (125 metros cuadrados), del Pabellón de la Revolución Mexicana en la VI Feria del Libro (1960) y el titulado *Ronda del Tiempo* (50 metros cuadrados) en la sección escolar del Museo Nacional de Antropología (1964). Expuso por vez primera en México en 1951 y desde entonces en Tel Aviv, Montreal, Santiago de Chile, Sao Paulo, París, Varsovia y Pekín. Existen obras suyas en el Museo de Arte Moderno de Nueva York, en la Biblioteca Nacional de París y en la Real Academia de Dinamarca. Enrique F.Gual escribió *La Pintura de Fanny Rabel* (1968). Dice de ella Alaíde Foppa: "Formada dentro del realismo mexicano, y vinculada al Taller de la Gráfica Popular —es decir, a quienes agotaron agresivamente la bandera del realismo

8

Obra de Fanny Rabel

4

Emilio Rabasa Estebanell

socialista—, ha logrado escapar casi siempre a las expresiones demasiado dogmáticas de la escuela a través de la vena lírica que alimenta su pintura''.

RABELL, MALKAH (Regina Rabinowitz), n. en Varsovia, Polonia, en 1921. Llegó a México en 1937. Estudió en la Facultad de Filosofía y Letras de la UNAM y se recibió de maestra de literatura francesa en Argentina. Volvió al país en 1958. Ha ejercido la cátedra y es crítica de teatro. Ha publicado: *En el umbral de los ghettos* (1945), *Tormenta sobre el Plata* (1965), *Ensayos sobre el teatro judío moderno* (1965) y *Luz y sombra del anti-teatro* (1970). Ha traducido *Sociología y destino del teatro* de J.R. Bloch, *Vida y teatro* de N.Evreinoff y *Demencia y muerte del teatro* de R.Giraudon.

RABIA. Enfermedad infecciosa causada por un virus altamente neurotrópico, también llamada hidrofobia (y derrengue o mal de cadera en el ganado), es una zoonosis que afecta accidentalmente al hombre. La infección se localiza principalmente en el sistema nervioso central, y de modo secundario en las glándulas salivales y lagrimales, así como en el riñón y el páncreas.

El hombre contrae la enfermedad por mordeduras de animales rabiosos, pues la herida en la piel permite el ingreso del virus al organismo. El padecimiento tiene tres fases: de incubación, prodrómica y de excitación. Durante la primera ocurre la migración del agente causal a través de las estructuras nerviosas; la duración de esta etapa depende del lugar, la extensión y la profundidad de la herida, en

términos generales, pues mientras más cerca del encéfalo haya sido la lesión más corto será el tiempo; se considera, sin embargo, un período de incubación de 10 a 60 días. La fase prodrómica dura de 2 a 4 días; se caracteriza por trastornos de la sensibilidad en el sitio de la herida, excitación por el roce de la ropa en la piel, una marcada ansiedad y manifestaciones inespecíficas tales como náusea, vómito, anorexia, decaimiento, cefalea y fiebre. En la etapa de excitación hay un agravamiento de la sintomatología de la fase prodrómica: la ansiedad se torna intolerable; se presentan crisis convulsivas, alteraciones en la conducta, hidrofobia, aerofobia, intolerancia al ruido y a la luz, conciencia de estar gravemente enfermo y alucinaciones visuales, auditivas y olfatorias; la salivación y el lagrimeo aumentan al grado de que la saliva escurre por la boca; se produce una encefalitis; el ataque al bulbo raquídeo origina espasmos laringo-faríngeos que acarrean trastornos en la deglución y la voz se torna ronca. Iniciadas las manifestaciones clínicas, la muerte deviene en un plazo de 14 días. La cuarta parte de los pacientes afectados presenta fenómenos paralíticos ascendentes.

Las principales fuentes de infección, que también funcionan como reservorios, son: en el medio urbano, los perros (95%) y los gatos (4%); en el medio rural, estos mismos animales y el burro, el coyote, el tejón y el zorrillo; y en el medio silvestre, los murciélagos. Los perros pueden trasmitir la rabia 3 a 5 días antes de que presenten manifestaciones de la enfermedad y a lo largo de ella. La susceptibilidad es universal. El diagnóstico es esencialmente clínico; postmortem, el aislamiento del virus y su inoculación a ratones es de utilidad. Para la prevención es importante el tratamiento local de la herida con lavados repetidos con agua y jabón, y si es en el cuello debe administrarse suero antirrábico. Se cuenta con varios tipos de vacunas que se aplican 14 o 21 veces, dependiendo del tipo de herida. Puede sumarse la utilización de suero hiperinmune. Los productos inmunizantes, sin embargo, no están exentos de complicaciones.

En México, aproximadamente el 80% de los casos ocurre en el medio urbano; de 70 a 80 mil personas son heridas por animales potencialmente rábicos cada año; unas 70 mil se someten al tratamiento de vacunación y entre 50 y 80 mueren. La morbilidad, que prácticamente equivale a la mortalidad, ha sido en los últimos 6 años de 0.1 por 100 mil habitantes. Los casos se distribuyen por todo el país, excepto en Quintana Roo, donde en los últimos 30 años no ha ocurrido un solo caso. Las entidades más afectadas son el Distrito Federal, Puebla, México, Veracruz, Guanajuato y Jalisco. La población canina del país es de 5 millones, de los cuales 800 mil viven en el Distrito Federal. Entre el 20 y el 30% de los perros capturados (1958) están infectados de rabia. El control de canes extraviados es deficiente y el número de los vacunados muy reducido. En 1880 se realizó en México el primer estudio para la profilaxis de la enfermedad, planteándose la necesidad de matar perros vagabundos. El 23 de abril de 1888 se fundó el Instituto Antirrábico y ese día los doctores Liceaga y Reyes aplicaron la primera inyección preventiva contra la rabia. El 31 de mayo de 1900 el Presidente de la República aprobó el Reglamento del Instituto Antirrábico, en el cual se establecía el tratamiento preventivo con inyecciones preparadas con los métodos de Pasteur.

RABIJUNCO PIQUIRROJO. *Phaëthon aetherus mesonauta.* Ave marina de la familia *Phaëthantidae.* Mide de 65 centímetros a un metro. El adulto es blanco, aunque presenta la punta de las alas negra, una raya muy notable de este color en los ojos, la espalda y la rabadilla finamente barradas de negro, las plumas centrales de la cola muy largas y el pico rojo coral. En las formas inmaduras el barrado es más intenso y el pico de color naranja. Se distribuye principalmente en las costas del Golfo de California y en el litoral del Pacífico, hasta Guerrero. Se le ha observado con frecuencia en las Islas Revillagigedo y alrededor de algunas otras cercanas a la costa, las cuales utiliza para formar pequeñas colonias en la época de reproducción. Su vuelo es alto y regular, pero se zambulle en el agua para alimentarse de peces.

RABIRRUBIA. *Paranthias furcifer.* Pez de la familia *Serranidae.* Mide de 30 a 35 centímetros de longitud. Presenta el cuerpo elevado, la boca oblicua, la mandíbula inferior sobresaliente, los dientes pequeños, el preopérculo aserrado, la aleta dorsal baja (con 9 espinas y 30 radios), la anal corta (con 3 espinas y 10 radios) y la caudal muy bifurcada. Salvo el vientre (rojo intenso), tiene un color pardo uniforme. Se le encuentra desde Cabo San Lucas hasta el Perú. Es comestible y apreciado localmente en toda la costa del Pacífico. Se pesca en pequeñas cantidades.

RABO DE IGUANA. Se aplica este nombre a varias especies de los géneros *Acacia* Mill. y *Mimosa* L., de la familia de las leguminosas; a *Dioscorea* L., de la familia de las dioscoreáceas; a *Fouquieria* Kunth., de la familia de las fouquieriáceas; y a *Solanum* L., de la familia de las solanáceas, aunque en particular a las siguientes: *Acacia riparia* H.B.K., arbusto trepador, de espinas curvas y hojas compuestas, bipinadas, con folíolos casi lisos, delgados, oblongos u oblongo-lineares, de un milímetro de ancho por 5 a 7 de largo. Las flores son blanco-amarillentas, sésiles o casi sésiles; presentan numerosos estambres salientes y están dispuestas en cabezuelas. El fruto es una vaina pedunculada, lisa y aplanada, con las valvas delgadas, verde o verdeazulosas, de 2 centímetros de ancho por 9 de largo. Está distribuida desde Sinaloa hasta Guerrero y en San Luis Potosí y Yucatán. Recibe también los nombres de *gatuño blanco* (Sinaloa), *tlahuilol* (San Luis Potosí) y *yaxcatzim* (Yucatán). *A.iguana* Micheli en un árbol de 12 a 15 metros de altura, con pequeñas espinas curvas, hojas bipinadas y flores blanco-amarillentas dispuestas en espigas cortas o largas; se encuentra en Guerrero y Michoacán, igual que *A.paniculata* Willd., arbusto espinoso, de hojas bipinadas y flores blancas dispuestas en cabezuelas, que vive desde Michoacán hasta Oaxaca; en esta última entidad recibe el nombre de *rabo de lagarto.* *Mimosa eurycarpa* Rob., arbusto espinoso que alcanza 6 metros de altura, con hojas bipinadas y flores blancas dispuestas en cabezuelas; el fruto es una vaina delgada, ancha, provista de espinitas dispersas sobre las valvas; prospera desde Sinaloa hasta Oaxaca; en esta última entidad se le denomina *uña de gato.* *M.velloziana* Mart., del mismo género, es una planta trepadora espinosa de flores rosadas dispuestas en cabezuelas globosas y vainas oblongas, lisas o algo espinosas, de 0.8 centímetros de ancho por 1.5 a 2.5 de largo. *Dioscorea remotiflora* Kunth. es una planta trepadora con hojas de pecíolo largo, cordado-orbiculares, hasta de 9 centímetros de largo. Las flores son pequeñas, dioicas (las masculinas brotan en una planta y las femeninas en otra); y el fruto, una cápsula oblonga, ancha, redondeada en la base y aguda en el ápice, de 1.5 centímetros de largo. Se le encuentra en Sonora, Sinaloa, San Luis Potosí, Morelos, Oaxaca, Guerrero, Michoacán y Colima. *Fouquieria formosa* H.B.K. y *F.ochoterenae* Miranda son arbustos espinosos de hojas caedizas y flores tubulosas, rojas, dispuestas en espigas; el primero vive de Jalisco a Oaxaca y en México, Puebla y Morelos; y el segundo es conocido sólo en Puebla (región de Matamoros). Reciben también el nombre de *ocotillo. Solanum rostratum* Dun. es una mata espinosa de 50 a 80 centímetros de altura, que se desarrolla como maleza en los terrenos baldíos o a la orilla de los caminos; tiene las hojas lobuladas, las flores gamopétalas y amarillas, y los frutos globosos. v.DURAZNILLO.

RADIN, PAUL, n. en Lodz, Polonia, en 1883; m. en Ottawa, Canadá, en 1959. Fue bachiller en artes (1902) y doctor en filosofía y letras por la Universidad de Nueva York (1911). Etnólogo, enseñó en la Universidad Internacional de Arqueología y Etnología Americanas de México (1912-1913) y en las universidades de Columbia y Ottawa. Escribió mucho, y con referencia a México, lo siguiente: *"The Peyote Cult of the Winnebago"* (1913), *"The Folk tales from Mexico"* (1915), *"Mixe tests"* (1933) y *"The nature and problems of Mexican Indian Mythology"* (1944), en *Journal of American Folklore*; "El Folklore de Oaxaca", en *Anales de la Escuela Internacional de Arqueología y Etnología Americanas* (1917); *"The relationship of huave and mixe"* (1919), *"The relationship of maya to zoque-huave"* (1924) y *"The distribution and phonetics of the zapotec dialects"* (1925), en *Journal de la Société des Américanistes de París*; *"The source and authenticity of the history of ancient Mexicans"* (1920) y *"Mexican kinship terms"* (1931), en *Publications in American Archaeology and Ethnology. University of California*; *"The glory that was maya"*, en *Mexican Life*; *"Maya, nahuatl and tarascan kinship terms"*, en *American Anthropologist* (1925); y *"Preliminary sketch of the zapotecan language"*, en *Language* (1930).

RADIODIFUSIÓN. Guillermo Marconi inventó a fines del siglo XIX el primer telégrafo sin hilos, el cual consistía en un sistema de aparatos de laboratorio que podía enviar y recibir mensajes en código Morse por medio de las ondas hertzianas. Este hecho representó un considerable avance en el desarrollo de la radio como medio de comunicación instantánea a larga distancia. Muchos otros científicos se dedicaron a mejorar la seguridad, potencia, alcance y claridad de los mensajes inalámbricos. En 1906 Reginald A.Fessenden diseñó un aparato que permitía emitir señales más complejas y posteriormente Lee De Forest hizo posible la radiodifusión. En México, en octubre de 1921, el ingeniero Constantino de Tárnava consiguió trasmitir de Monterrey a la capital de la República lo que se ha considerado el primer programa de radio, captado solamente por un fabricante de acumuladores y el gerente del Banco Regional de aquella ciudad. También en 1921 José R. de la Herrán y el general Fernando Ramírez montaron una estación experimental, la J-H, bajo los auspicios de la Secretaría de Guerra. El 6 de junio de 1922 los radioexperimentadores se agruparon en la Liga Nacional de Radio, posteriormente transformada en el Club Central de Radiotelefonía, y más adelante, en marzo de 1923, en la Liga Central Mexicana de Radio. Por esas fechas ya existían aparatos denominados de galena, pues funcionaban a base de un trozo de ese mineral de azufre y plomo, capaz de detectar las ondas sonoras. Su precio era de $12 y se vendían principalmente en La Casa del Radio propiedad de Raúl Azcárraga, aunque también podían fabricarse en casa. El 8 de mayo de 1923 se inauguró una estación de 50 watts de potencia, instalada por el periódico *El Universal* y La Casa del Radio; y el 14 de septiembre de ese año, con motivo de la pelea Firpo-Dempsey, se anunció otra de la misma sociedad, la CYL, con 500 watts de potencia, inaugurada el día 18 con un concierto de música clásica. Esta, además, empezó a difundir noticias de manera regular. El 14 de agosto de 1923 entró en servicio la estación difusora del periódico *El Mundo*, dirigido por Martín Luis Guzmán. A través de sus micrófonos dictaron conferencias José Vasconcelos, secretario de Educación Pública; Antonio Caso, rector de la Universidad Nacional; el poeta Carlos Pellicer y el compositor Manuel M.Ponce. En ese momento había 5 mil casas con aparatos receptores. Esta empresa estableció, el 23 de agosto del mismo año, un departamento que mediante una módica suma prestaba asistencia técnica a los aficionados. También en 1923,. el 15 de septiembre,

12

José R. de la Herrán

inició sus actividades la CYB, de 500 watts, propiedad de la compañía de cigarros El Buen Tono. En el acto inaugural se trasmitió el Grito de Independencia dado por el presidente Alvaro Obregón. Esta empresa, para incrementar el número de receptores, regalaba aparatos de radio a cambio de una determinada cantidad de cajetillas de cigarros vacías. Manuel Zetina González emprendió sus experimentos como aficionado desde la planta XIO. Funcionaban ya las estaciones privadas CYL y CYB y las oficiales de la Secretaría de Guerra y otras dependencias. El 14 de marzo de 1924 empezó a trabajar la CYX del periódico *Excélsior* y la compañía Parker, con el doble propósito de difundir la cultura y las noticias más importantes de todo el mundo. En octubre apareció la CYZ, de la Secretaría de Educación Pública, dirigida por Joaquín Beristáin. Radio Mundial se fundó en 1925, instalada por la *General Electric* en la Colonia del Valle. En 1925 operaban 11 estaciones radiodifusoras: 7 en la capital y 4 en la provincia (Mazatlán, Monterrey, Oaxaca y Mérida); en 1928 funcionaban ya otras en Veracruz, Guadalajara, Ciudad Juárez, Tampico y San Luis Potosí; y en 1929 eran 17 las comerciales y 2 las culturales, todas en onda larga. En esta primera etapa la radio promovió compositores, in-

terpretes, actores y cantantes que más tarde adquirieron renombre internacional. Se trasmitían también anuncios comerciales. Las actividades de radiodifusión eran materia de autorización oficial mediante permisos por un solo año, sujetos a renovarse por un plazo igual, que en ocasiones se negaba. En mayo de 1923 la Liga Central Mexicana de Radio propuso al presidente Obregón un reglamento sobre radio y el 23 de abril de 1926 se expidió la Ley de Comunicaciones Eléctricas. Hacia 1930 el gobierno consideró conveniente sustituir el régimen de permisos por el de concesiones, la primera de las cuales se otorgó a la XEW. Un poco antes México se adhirió a los acuerdos de la Conferencia Internacional de Telecomunicaciones celebrada en Washington, habiéndole correspondido los indicativos nominales XE y XF.

Emilio Azcárraga fundó el 18 de septiembre de 1930 la XEW, La Voz de la América Latina desde México, con 5 mil watts de potencia, cuya instalación estuvo a cargo del ingeniero De la Herrán. También en 1930 se estableció la XEFZ (250 watts) en la Fábrica La Luz, propiedad de Manuel Zetina González, para anunciar el jabón Castillo; y más adelante la XE, luego XEFO, del Partido Nacional Revolucionario, para alternar la propaganda política con la publicidad comercial. Esta estación fue la primera en transmitir el desarrollo de una campaña política, la del general Lázaro Cárdenas a la Presidencia de la República. En 1932 se instalaron 10 nuevas estaciones comerciales en el Distrito Federal, 6 en Tijuana, 5 en Ciudad Juárez, 3 en Mexicali, 3 en Nuevo Laredo, 2 en Matamoros y una en Piedras Negras. La XEWW, filial de la XEW, de onda corta y 10 kc. de potencia, surgió en 1937. El 31 de octubre de 1938 Emilio Azcárraga fundó, junto con Enrique Contel y Emilio Balli, la XEQ. Radio Metropolitana, XELA, inició sus transmisiones el 5 de julio de 1940 para difundir música clásica. En 1941 Azcárraga formó una cadena de estaciones en todo el territorio nacional bajo el nombre de Radio Programas de México, que al año siguiente contaba con 60 difusoras afiliadas a las redes de XEW y XEQ y con la representación exclusiva de la *National Broadcasting Company* y la *National Broadcasting System*, cuyos programas en español se distribuían por ese medio. En los años 40 se consolidaron la XEW y la XEQ; ambas ganaron el interés del público e hicieron fuertes inversiones. En la XEW se formaron como locutores Manuel Bernal, Pedro de Lille, Guillermo Núñez, Carlos Amador y Alvaro Gálvez y Fuentes, y cobraron fama artistas como Alfonso Ortiz Tirado, Pedro

1.Enrique Contel. 2.Emilio Balli. 3.Clemente Serna Martínez. 4.Pedro de Lille. 5.Alonso Sordo Noriega. 6.Carlos Pickering.
7.Ramiro Gamboa. 8.Juan Lobo y Lobo

Vargas, Agustín Lara, las hermanas Aguila, Jorge Negrete, Pedro Infante, Lucha Reyes, Guty Cárdenas, Gonzalo Curiel, Los Panchos y Toña la Negra. En la XEQ trabajaban Carlos Pickering, Humberto G.Tamayo, Ramiro Gamboa, Rafael J.Rubio y Rogelio González, y actuaban como artistas exclusivos Irma González, Ramón Vinay, María Luisa y Avelina Landín, Nicolás Urcelay, Consuelito Velázquez, Panseco y Ferrusquilla.

En 1942 existían 125 estaciones radiodifusoras en la República, 34 de ellas en el Distrito Federal y algunas de 50 mil y hasta 100 mil watts de potencia. Ya funcionaban la XEDF, Radio Gobernación, de carácter cultural; la XEUN, Radio Universidad (860 kc.); la XEQK, Radio Exacta; y la XEFO y la XEUZ, Cadena Radio Nacional. En marzo de ese año se instaló la XEOY, Radio Mil; y en noviembre, la XEQR y la XERQ (onda larga y corta), que encabezaban la Cadena Radio Continental, con 25 estaciones en todo el país. El 30 de octubre de 1947 la XEX, la Voz de México, con 730 kc. y 250 mil watts de potencia, puso en servicio el primer transmisor de frecuencia modulada, gracias a la iniciativa de Alonso Sordo Noriega, pionero de la radiodifusión. El 1º de junio de 1948 apareció Radio Cadena Nacional. El 14 de marzo de 1952 inició

sus actividades la XEMX, Radio Femenina, primera emisora en el mundo manejada totalmente por mujeres: locutoras, operadoras, productoras de programas y vendedoras de tiempo, todas bajo la dirección técnica, artística y administrativa de la actriz Cuca Escobar de Perrín. En enero de 1956 se fundó la Cadena Independiente de Radio, con 25 estaciones foráneas; y en julio la Red México, con 3 emisoras en el Distrito Federal (XEB, XEHP y XEMX) y 23 asociadas en provincia.

Los radioaficionados registrados eran 400 en 1952 y 3 mil en 1962: 2,800 regulares y 200 principiantes. A menudo las labores de éstos trascienden la simple afición y se convierten en importantes auxiliares en tareas de índole social, de modo especial en casos de desastre. En este sentido ha sido notable, durante muchos años, la contribución oportuna, eficiente y desinteresada de Juan Lobo y Lobo, quien llegara a ser campeón mundial de radiodifusión.

Radio Programas de México se fundó en 1941 y en los años posteriores fue creando una serie de compañías en los campos adyacentes de la publicidad, la información y la comercialización de aparatos, entre otras Programex, para producir radionovelas y radiominutos, y Audimex, para importar y vender equipos. En 1966, dirigida por Clemente Serna Martínez, estableció una estación de habla inglesa, la XEVIP, que transmite diariamente 76 noticieros. En 1973 inició la integración de su red en los aspectos de ventas y programación en toda la República.

Las principales cadenas nacionales en 1975 eran las siguientes, cuyo número de estaciones se indica entre paréntesis: Radiodifusoras Unidas Mexicanas (87 AM y 9 FM), Red Radio Programas de México (73 AM y una FM), Radio Ventas de Provincia (50 AM y 8 FM), Radiodifusoras Asociadas (44 AM y una FM), Grupo ACIR (43 AM y 6 FM), Radio Visión Activa (30 AM y 3 FM), Radio Cadena Nacional (30 AM y una FM) y Corporación Mexicana de Radiodifusión (30 AM). Ese mismo año funcionaban en el país 763 estaciones de radiodifusión: 29 eran culturales, 13 en banda normal, 4 en FM, 10 en onda corta, 2 de televisión y 723 comerciales. De éstas, a su vez, 553 operaban en la banda normal, 89 en la de FM y 14 en onda corta, y 78 eran de televisión.

El 27 de febrero de 1937 se constituyó la Asociación de Estaciones Radiofónicas Comerciales (AMERC), como una sección en la Cámara Nacional de Comunicaciones y Transportes. El 12 de enero de 1942 obtuvo su registro la Cámara de la Industria de la Radio y Televisión (CIRT). En febrero de 1942 el presidente Manuel Avila Camacho promulgó el Reglamento de las Estaciones Radiodifusoras Comerciales, Culturales, de Experimentación Científica y de Aficionados, que sustituyó al del 23 de diciembre de 1936. El 8 de enero de 1960 entró en vigor la Ley Federal de Radio y Televisión, la cual estableció las bases legales de la relación entre el Estado y los particulares en esa materia. El 31 de diciembre de 1968 se creó el impuesto del 25% sobre los ingresos que recibían las empresas en pago de servicios prestados al amparo de concesiones federales de radio y televisión; pero el 1º de julio de 1969 un acuerdo presidencial autorizó a los concesionarios a pagar ese 25% en efectivo o con el 12.5% del tiempo de su producción diaria; y el 21 de agosto de ese año se formó la Comisión Intersecretarial en materia de Radio y Televisión, para manejar el 12.5% de la producción comercial. El 10 de febrero de 1971 inició sus actividades la Comisión de Radiodifusión, creada por acuerdo presidencial desde el 27 de junio de 1969 y cuya función consiste en producir programas para utilizar el 12.5% del tiempo que corresponde al Estado. El 19 de abril de 1973 entró en vigor el Reglamento de la Ley Federal de Radio y Televi-

sión: consta de 58 artículos; norma las facultades, obligaciones y responsabilidades de los concesionarios de las estaciones de radio y televisión en todo el territorio nacional; señala las modalidades a que deben sujetarse los programas y crea el Consejo Nacional de Radio y Televisión, órgano consultivo integrado por autoridades, concesionarios y trabajadores, encargado de evaluar el nivel cultural, social y artístico de las transmisiones.

La radio es el medio informativo más extendido, más utilizado, de más fácil comprensión y manejo, y el más rápido en la comunicación de noticias. La simultaneidad del medio, su ubicuidad, el costo limitado de la infraestructura técnica, el bajo precio de los receptores, la calidad sonora cada día mejor y la posibilidad de recibir los mensajes sin disponer de formación técnica ni cultural previa, lo ha convertido en vehículo para los más variados fines, sean noticiosos, comerciales, políticos, educativos o propagandísticos. *I.L.G.*

RAEL, JUAN B., n. en Arroyo Hondo, Nuevo México, Estados Unidos, en 1900. Profesor de español en la Universidad de Stanford y codirector de la Escuela *Guadalajara Summer* de la Universidad de Arizona, es autor de: *An annotated bibliography of New Mexican Spanish folklore* (1950), *The New Mexican Alabado* (1951) y *Cuentos de Colorado y Nuevo México* (1959).

RAFAEL, RAFAEL DE, n. en Barcelona en 1817; m. en Cuba en 1882. Tipógrafo, xilógrafo y burilista, radicó en México 8 años. Hizo su aprendizaje en la imprenta de la calle de los Rebeldes 2, bajo la guía de Ignacio Cumplido. Las entregas de *El Mosaico Mexicano* de 1837 aparecieron con estampas litográficas suyas. Más tarde estableció su propio taller, en Cadena 10, de cuyas prensas, y grabadas por él, salieron, entre otras obras: *El Sermón de Munguía* (1850); *El Espectador* (1851), revista con un frontispicio litografiado a 5 tintas; y *Obras poéticas* de Francisco Manuel Sánchez de Tagle, con preciosa portada, una miscelánea de tipos que se ajustan con propiedad al estilo filipense y un excelente retrato del escritor ejecutado en la casa de Hipólito Salazar. Como impresor, Rafael es comparable a Ignacio Cumplido y a José Mariano Lara. v.Enrique Fernández Ledesma: *Historia crítica de la tipografía en la Ciudad de México. Impresos del siglo XIX* (1934-1935).

RAÍZ DE JENGIBRE. Se aplica este nombre a *Zingiber officinale* Rose, planta herbácea, perene, de la familia de las zingiberáceas, así como a su rizoma, que a veces se confunde con una raíz. Es originaria del sureste de Asia y se cultiva en algunos lugares cálidos y húmedos de México. Mide hasta un metro de altura. El rizoma es grueso y escamoso, y se ramifica dígitamente. Las hojas son alternas, grandes, lanceoladas, de nervaduras paralelas, envainadoras, dispuestas en un plano. Las flores son amarillas, vistosas, de simetría bilateral, con el labio superior grande, purpúreo, y aparecen agrupadas en espigas con brácteas amarillentas; el cáliz está constituido por 3 sépalos unidos, y la corola por 3 pétalos libres; el androceo tiene 3 estambres fértiles de aspecto petaloide y ocupa, junto con el estilo, la parte opuesta del labio superior de la corola; el ovario es ínfero, tricarpelar, contiene numerosos óvulos y está superpuesto por un estilo que termina en un estigma dividido en sentido radial. El fruto es una cápsula con numerosas semillas generalmente estériles, razón por la cual la planta se reproduce en forma vegetativa mediante los rizomas o sus fragmentos. El rizoma ha sido objeto de activo comercio desde tiempos remotos en el oriente de Asia, posteriormente en Europa y desde el siglo XVI en América; por lo general se hierve en agua para matarlo, y se le conserva después en seco o en solución azucarada, ya sea con la corteza o sin ella, de modo que puede distinguirse el jengibre cubierto y el descortezado o fragmentado; contiene un aceite volátil, aromático, y una substancia amarga y picante, llamada zingerona, que le da un sabor característico. En México se usa fresco, como condimento, en la preparación de alimentos, bebidas y encurtidos. Es estimulante enérgico y agente aromático, y se emplea como medicamento carminativo y estimulante de la digestión, bien sea en forma de cocimiento o de tintura.

RAÍZ DEL GATO. Nombre que se aplica a varias especies de hierbas del género *Valeriana* L., de la familia de las valerianáceas, en particular a *V.edulis* Nutt. subsp. *procera* Meyer (=*V.procera* H.B.K.) y *V.sorbifolia* H.B.K. (=*V.tolucana* DC.), ambas con raíz gruesa, de olor especial y desagradable, de la que gustan los gatos. También se les denomina *valeriana*.

V.edulis procera mide de 70 a 80 centímetros de altura; su raíz es napiforme y sus hojas opuestas, simples, oblongas o espatuladas, de 10 a 18 centímetros de largo. Sus flores son pequeñas, cigomorfas (de simetría bilateral), y están agrupadas en cimas dicotómicas corimbiformes o umbeliformes; el cáliz está debajo del ovario, es reducido, pero crece junto con el fruto, transformándose en vilano plu-

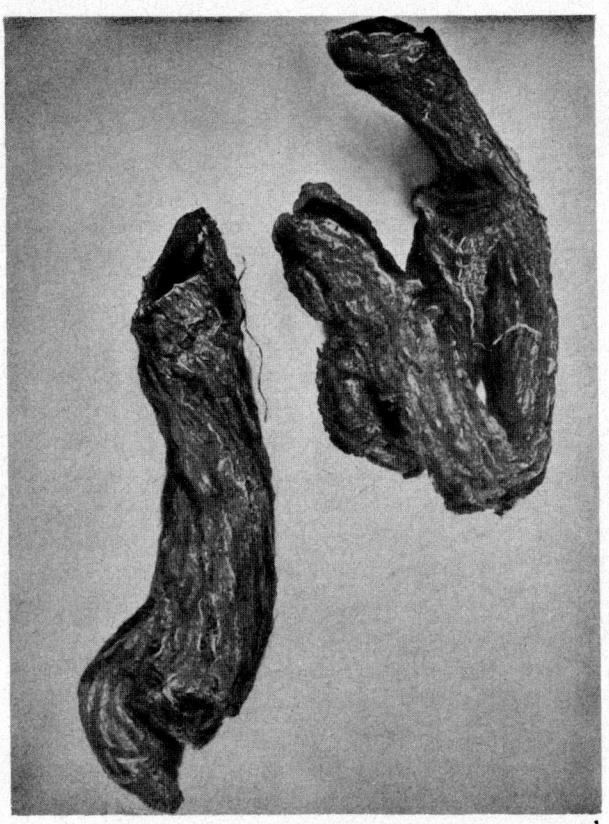

1

Raíz de gato del género **Valeriana L.**

moso durante la fructificación; la corola es gamopétala, tubular; el androceo está constituido por 3 estambres salientes; el ovario es ínfero, tricarpelar, trilocular, pero dos de los lóculos se reducen, de manera que en apariencia es unilocular, con un óvulo situado en el ápice de la cavidad. El fruto es un aquenio superpuesto por el cáliz transformado en un penachito plumoso (vilano). Está distribuida en Chihuahua, Durango, Hidalgo, México, el Distrito Federal, Michoacán, Morelos y Puebla. Su cocimiento se usa como calmante nervioso.

V.ceratophylla es una hierba baja que presenta hojas opuestas, pinatífidas, generalmente trífidas. Las flores son blancas o rosadas, con 3 estambres salientes, dispuestos en cimas dicotómicas. El fruto es un aquenio comprimido, de costillas marcadas, superpuesto por un vilano plumoso. Prospera en Hidalgo, Puebla, México y Michoacán. Con la raíz, de olor característico desagradable, que se conserva aun cuando está seca, se prepara un cocimiento usado como calmante nervioso y antiespasmódico; en polvo, se usa en cataplasmas para resolución de tumores y para curar algunas enfermedades de los ojos. Recibe también los nombre de *mazatanes* y *raíz del oso*.

V.Sorbifolia (*V.tolucana*) es una hierba que alcanza 70 centímetros de altura, tiene raíz gruesa, fétida, y hojas pinadas o partidas en unos 7 segmentos aserrados o subcrenados. Las flores están agrupadas en panículas amplias. Medra en casi todo el país: Baja California, Sonora, Jalisco, Michoacán, México, Hidalgo, Distrito Federal, Morelos, Puebla, Veracruz y San Luis Potosí. En Michoacán le dan el nombre de *ucuares*. Tiene usos semejantes a los indicados para las especies anteriores.

RAMBAL, ENRIQUE, n. en Madrid, España, en 1924; m. en la Ciudad de México en 1971. Su padre, Enrique Rambal, lo inició en el teatro. Actuó por vez primera, en un papel importante, en *Drácula*, estrenada el 6 de julio de 1943; y en plan estelar, en *Rebeca*, alternando con su hermana Enriqueta (1944). Se consagró en México. Aquí trabajó: en teatro, en *El mártir del Calvario, Bandera Negra* (monólogo de Horacio Ruiz de la Fuente), *Caviar y lentejas, Los grandes Sebastiani, Los prodigiosos* y otras; en cine, en *El mártir del Calvario, Las Leandras* y muchas otras; en televisión, en *Arsenio Lupin, Doña Macabra, Los caudillos* y *Dos y su show*; y en el radio, en la serie *Vale la pena vivir*. Grabó los discos: *Cartas a mi hijo* y *Gustavo Adolfo Bécquer*.

RAMÍREZ, CÓDICE. El original se encuentra en la Biblioteca Nacional de Antropología e Historia. Fue llamado así por Manuel Orozco y Berra en honor de José Fernando Ramírez, quien lo descubrió en el convento grande de San Francisco de México en 1856. Es un manuscrito pictográfico náhuatl posthispánico, que conserva la técnica indígena. La versión castellana es del jesuita Juan de Tovar (1541-1626), a quien se le atribuye el documento, que parece ser una síntesis hábil de la obra de fray Diego Durán. Está dividido en 4 manuscritos: el primero, *Relación del origen de los indios que habitan esta Nueva España según sus historias*, trata desde la salida de éstos de Chicomoztoc hasta su asentamiento en el valle de México, de la llegada de los españoles y la huida de Cortés en la Noche Triste, y de los bailes de los mexicanos; el segundo, *Tratado de los ritos y ceremonias y dioses que en su gentilidad usaban los indios desta Nueva España*, se refiere a las deidades, órdenes, dignidades, sacerdotes y calendario de los aztecas; y el tercero y cuarto, *Fragmentos*, narran el reinado de Moctezuma Ilhuicamina, uno, y el otro la conquista, desde la llegada de Cortés a Texcoco hasta la toma de uno de los templos del centro de Tenochtitlan. El *Códice Ramírez* es una de dos versiones manuscritas del mismo texto; la otra está en la Biblioteca John Carter Brown, en Providence, Rhode Island (v.TOVAR, JUAN DE). Se ha publicado varias veces. La reproducción más moderna es la hecha por Editorial Leyenda con el título *Códice Ramírez. Relación del origen de los indios que habitan esta Nueva España según sus historias. Examinado con un anexo de cronología por el Lic. Manuel Orozco y Berra* (1944). v.George Kubler y Charles Gibson: *The Tovar Calendar. An Ilustrated Mexican Manuscript of Ca. 1585* (New Haven, 1951).

RAMÍREZ F., FILIBERTO, n. en Chihuahua, Chih., en 1920. Estudió en la Escuela Nacional de Música bajo la dirección de Estanislao Mejía. Es autor, entre otras obras, de *Sinfonía festival*, en 4 movimientos: el primero en forma de sonata, cuyo tema ejecutan sucesivamente el clarinete, las maderas y las cuerdas, con cambios de tono y de compás; el segundo, un *scherzo*, iniciado por las cuerdas; el tercero, un canto con ritmo ternario, en compás de 7/8 con final de dos temas; y el cuarto, un rondó clásico enunciado por la trompeta y seguido por toda la orquesta. La coda final está compuesta con fragmentos del mismo tema y termina en un acorde extraño a la tonalidad.

RAMÍREZ, GUADALUPE, n. en la Ciudad de México en 1885; m. en Xochimilco, D.F., en 1948. Nieta de Ignacio Ramírez, se graduó de farmacéutica, profesión que no llegó a ejercer; hizo también la carrera de comercio y enseñó economía doméstica en la Escuela de Artes y Oficios para Mujeres. En Los Angeles, Cal., Estados Unidos, se especializó en trabajo social. Asistió a la Convención Internacional de Asociaciones Femeniles en Han Chow, China. Fundó la Comisión Voluntaria de Asistencia Infantil Juan María Rodríguez y estimuló la creación de guarderías. El 22 de febrero de 1947 fue designada delegada del Departamento del Distrito Federal en Xochimilco, siendo la primera mujer que ocupó un puesto de esa naturaleza.

RAMÍREZ, IGNACIO, n. en San Miguel el Grande (hoy de Allende), Gto., el 22 de junio de 1818; m. en la Ciudad de México el 15 de julio de 1879. Su padre, Lino Ramírez, fue miembro destacado del Partido Federalista formado para apoyar la Constitución de 1824 y desempeñó el cargo de vicegobernador de Querétaro hasta 1835. Ese año la familia se estableció en la Ciudad de México. Ignacio fue inscrito en el Colegio de San Gregorio, en el Curso de Artes; posteriormente estudió jurisprudencia hasta concluir, de modo sobresaliente, la carrera de abogado. Aparte su preparación jurídica, emprendió estudios de ciencias naturales, filología y teología escolástica. Por sus amplios conocimientos y su concepción revolucionaria del saber, compañeros y maestros le llamaron el *Voltaire de México*. Joven aún ocupó un puesto de número en la Academia de San Juan de Letrán. En su discurso de ingreso desarrolló la siguiente tesis: "No hay Dios; los seres de la naturaleza se sostienen por sí mismos." Estas ideas provocaron reacciones adversas, provenientes de una sociedad hasta entonces dominada por el pensamiento teológico cristiano. En 1845, en unión de otros jóvenes, fundó un periódico de contenido político: *Don Simplicio*, en cuyo primer número publicó un editorial titulado "A los Viejos", en el que censuró todas las Constituciones que habían estado vigentes y abogó por una completa reforma política, religiosa y económica del país. A partir de esa publicación adoptó el seudónimo *El Nigromante*. Las ideas expuestas en la prensa fueron también divulgadas por Ramírez en el Club Popular fundado en 1846, siendo las mismas que, según Francisco Sosa, "algunos años después quedaron consignadas en la Constitución y en las Leyes de Reforma". En 1846 el presidente Paredes y Arrillaga concibió el proyecto de establecer en México una monarquía y para propagar esa idea sostuvo el periódico *El Tiempo*, con el cual polemizó *Don Simplicio* (v.PERIODISMO), pero la presión del gobierno hizo que el último número de éste apareciera en blanco. Todos sus colaboradores fueron encarcelados.

El 22 de agosto de 1846 fue restablecida la Constitución Federal. Coincidiendo con este hecho, el gobernador del Estado de México, Francisco Modesto de Olaguíbel, nombró a Ramírez secretario de Guerra y de Hacienda, y lo llevó a Toluca en unión de un grupo de jóvenes liberales con quienes formó su Consejo. En el desempeño de su cargo, asistió, al lado de Olaguíbel, a la acción bélica de Padierna. No obstante la precaria situación del erario, emprendió importantes reformas materiales; inspiró la promulgación de diversas leyes, destacando aquélla que consagra la autonomía del municipio; impulsó la fundación del Instituto Literario de Toluca, y proveyó una ley para que cada municipio del Estado de México enviara al alumno más apto a cursar sus estudios en ese plantel, con la condición de que los seleccionados fueron pobres y de raza indígena. En Toluca casó con la joven Soledad Mateos, con quien procreó 5 hijos. Ocupada la capital de la República por los norteamericanos, éstos se dirigieron a Toluca el 7 de enero de 1848 y el gobierno de la entidad se disgregó. Con el propó-

1

Ignacio Ramírez

sito de que promoviera la lucha contra la intervención, el gobierno lo designó jefe superior político del Territorio del Tlaxcala, comisión que desempeñó por breve tiempo, pues prefirió renunciar antes que ceder a las exigencias de los tlaxcaltecas, quienes, indiferentes a la invasión, insistían en realizar la procesión anual de la Virgen de Ocotlán.

De 1848 a 1851 vivió nuevamente en Toluca, dedicado al ejercicio de su profesión, así como a impartir las cátedras de derecho y bella literatura en el Instituto fundado por él. Las ideas liberales y reformistas que expuso en ese lapso influyeron poderosamente en sus discípulos. Fundó y dirigió el periódico *Themis y Deucalión*, en cuyas columnas publicó el artículo *A los Indios*, que provocó su enjuiciamiento instruido por supuestos delitos de imprenta. El jurado lo absolvió, pese a la consigna recibida para que dictase sentencia condenatoria; pero el gobierno y los grupos conservadores del Estado de México lo retiraron de sus cátedras. En 1852, Plácido Vega, gobernador de Sinaloa, lo designó secretario de Gobierno; después fue electo diputado por la propia entidad y con tal carácter pasó a la Ciudad de México justo en los días en que el Congreso fue disuelto por un golpe de estado. Después se trasladó a Baja California, donde realizó

Estatua de Ignacio Ramírez en el Paseo de la Reforma

investigaciones científicas. Al principiar la dictadura de Santa Anna en 1853, regresó a la Ciudad de México y se dedicó a sus trabajos literarios y de propaganda política; pero Santa Anna, receloso de sus ideas, mandó encarcelarlo en la prisión de Tlatelolco, incomunicado y cargado de grilletes. Ahí permaneció hasta la fuga del dictador, ocasión en que el pueblo lo puso en libertad. Retornó a Sinaloa, donde Ignacio Comonfort le confió su secretaría, pero al advertir que éste se apartaba de los principios liberales, se reintegró a la Ciudad de México y aceptó el cargo de juez civil. En 1856 y 1857 formó parte del Congreso Constituyente.

Con apoyo en la nueva Constitución se convocaron elecciones para renovar los poderes federal y locales; por esos días *El Nigromante* fundó el periódico *El Clamor Progresista*, en el que sostuvo la candidatura de Miguel Lerdo para Presidente de la República. Comonfort desacató los principios constitucionales, disolvió el Congreso y mandó encarcelar a Ramírez; éste, disfrazado, escapó de la prisión y se dirigió al interior, pero en el camino de Querétaro fue hecho prisionero por las fuerzas de Tomás Mejía, quien estuvo a punto de fusilarlo, remitiéndolo finalmente a la prisión de Tlatelolco, donde permaneció hasta diciembre de 1858. Reco-

brada su libertad, se unió a Juárez en Veracruz. En 1861, al volver el gobierno liberal a la Ciudad de México, Ramírez fue nombrado ministro de Justicia e Instrucción Pública (21 de enero al 9 de mayo) y de Fomento (19 de marzo al 3 de abril). Al frente de aquel ministerio, aplicó rigurosamente las leyes de Reforma; innovó los planes de estudio, abrogando los de estructura colonial; suprimió la Universidad y el Colegio de abogados; ordenó la formación de la Biblioteca Nacional; implementó adecuadamente la Escuela de Minas y formó una pinacoteca con las obras de artistas mexicanos; y como responsable de éste, renovó el contrato para la construcción del ferrocarril de Veracruz. Más tarde fue electo diputado al tercer Congreso constitucional, que se reunió en abril de 1863, cuando ya las fuerzas francesas ponían sitio a la ciudad de Puebla. Ocupada esta plaza por el ejército francés, se dirigió a Toluca y después a Sinaloa, donde prestó importantes servicios a la causa republicana. Tras un corto viaje a San Francisco, California, regresó a Mazatlán y presenció la defensa del puerto organizada por el general Sánchez Ochoa. En Sonora redactó un periódico de contenido patriótico al que denominó *La Insurrección*, desde cuyas columnas sostuvo una polémica con el tribuno español Emilio Castelar en la que éste se declaró vencido. Expedida la ley del 3 de octubre de 1864, regresó a Sinaloa y se ocupó en la defensa de quienes quedaron comprendidos en ella. Por esa razón fue desterrado a San Francisco, de donde regresó poco antes de la caída de Maximiliano, pero se le condujo a San Juan de Ulúa y después a Yucatán.

Cancelado su destierro por las autoridades imperiales, radicó en la Ciudad de México, aunque vigilado por la policía, hasta el triunfo de la República en julio de 1867. Entonces colaboró con su discípulo Ignacio M. Altamirano en la redacción del periódico *El Correo de México*, en el que censuró la política reeleccionista del presidente Juárez. Contra la voluntad de éste, el Congreso lo nombró magistrado de la Suprema Corte, cargo que desempeñó durante 12 años. En 1876, al ocurrir la reelección de Lerdo de Tejada, consideró, junto con otros ministros, que las elecciones de los magistrados de la Suprema Corte estaban viciadas de nulidad; y por esta causa fue encerrado en uno de los calabozos de la Diputación, de donde lo sacó la triunfante revolución de Tuxtepec. El presidente Porfirio Díaz lo nombró ministro de Justicia e Instrucción Pública (17 de febrero al 23 de mayo de 1877), pero cuando se reorganizó la Suprema Corte se reincorporó a ella. La muerte de su esposa, acaecida en 1874, lo abatió profundamente. En 1879, sintiéndose enfermo, pidió licencia a la Corte, se retiró a su casa y falleció tres días después. El gobierno y el pueblo organizaron imponentes funerales.

Ignacio Ramírez escribió numerosos trabajos políticos, científicos y literarios. Entre los primeros, destacan sus colaboraciones en los periódicos que fundó y sus trabajos en el Congreso Constituyente de 1856-1857, reproducidos éstos en la historia de esa asamblea escrita por Francisco Zarco. Entre los segundos figuran su *Ensayo sobre las sensaciones* (1848), los estudios sobre Baja California incluidos en *Cartas del Nigromante a Fidel* (1863, 1864, 1865), el discurso sobre *La lluvia de azogue* (1873) y las *Observaciones de meteorología marina*. De sus trabajos literarios dan testimonio un tomo de poesías —ajustado a formas clásicas— y los discursos pronunciados en tres aniversarios de la independencia mexicana (1861, 1863, 1867), en dos de la Constitución de 1857 (1863, 1864) y la arenga a los habitantes de Mazatlán evocando la victoria del general Zaragoza (1864). Escribió, además, *Lecturas de historia política de México* (1871), y el proyecto para la enseñanza primaria que consta de dos libros: *Rudimental* y *Progresivo* (1873). En 1889 se publicaron, en 2 tomos, las *Obras de Ignacio Ramírez*, precedidas de una biografía escrita por Ignacio Manuel Altamirano. *A.H.H.*

RAMÍREZ, JOAQUÍN, n. y m. en la Ciudad de México (1834-1866). Alumno de la Academia de Bellas Artes de San Carlos, su aplicación le valió una beca del gobierno (1854 a 1858). Discípulo preferido de Pelegrín Clavé, participó con él en la decoración del templo de La Profesa (obra ya desaparecida). Pintó grandes telas con temas bíblicos, entre otras: *El Arca de Noé, Los hebreos cautivos de Babilonia, Moisés en el monte de Oreb* y *La adoración de los pastores*. Hizo un *Hidalgo* por encargo del emperador Maximiliano y una copia del retrato de éste pintado por Santiago Rebull, antes de que el original se mandara al castillo de Miramar. El duplicado se conserva en el Museo Nacional de Historia (Chapultepec).

RAMÍREZ, JOSÉ, n. y m. en la Ciudad de México (1852-1904). Médico, hijo de Ignacio Ramírez (*El Nigromante*), dirigió la sección de Historia Natural del Instituto Médico Nacional y escribió la obra *Regiones botánico-geográficas de México*.

RAMÍREZ, JOSÉ MARÍA, n. y m. en la Ciudad de México (1834-1892). Estudió en el Colegio de San Ildefonso y en el Seminario Palafoxiano de Puebla. Electo diputado al Congreso de la Unión en 1861, abandonó la carrera de abogado y se dedicó a la política. Se afilió al partido liberal y combatió, con el grado de mayor, contra la Intervención Francesa. Triunfante la República, fue subdirector del Departamento Administrativo de la Secretaría de Hacienda, administrador de mercados y recaudador de rentas. Colaboró en *El Diario de Avisos, El Horóscopo* y *El Crepúsculo*, y dirigió temporalmente *La Orquesta*. Escribió varias novelas de corte sentimental y con trasfondo histórico: *Ellas y nosotros* (1862), *Gabriela* (1862) y *Una rosa y un harapo* (1868); y varios libros de poesías: *Celeste* (1861), *Avelina* (1864) y *Mi frac* (1868), de estilo romántico.

RAMÍREZ, JUAN, n. en Murillo, Rioja, España; m. en San Salvador, Centroamérica, en 1609. Ingresó a la Orquesta de Santo Domingo en Logroño. Se doctoró en teología en la Universidad de Salamanca. Llegó a Nueva España hacia 1560 y se radicó en el convento de su regla en la ciudad de Oaxaca. Predicó en la Mixteca y conoció bien esa lengua. Pasó a la Ciudad de México, donde enseñó teología durante 24 años. Enviado como procurador a la metrópoli, fue apresado por piratas ingleses en alta mar y llevado a Inglaterra. Al cabo de muchas dificultades pudo trasladarse a España. Ya en Madrid, el rey Felipe III lo propuso en 1595 para Obispo de Guatemala. En 1600, al celebrarse el jubileo del Año Santo en Roma, fue a esa ciudad a pie desde Madrid y regresó de la misma manera. En 1602 llegó a Guatemala para encargarse de su diócesis. Dejo escrito: *Campo Florido. Ejemplos de Santos para exhortar a la virtud con su imitación y ejemplo* (1580) y *Parecer del padre maestro Fr. Juan Ramírez... sobre el servicio personal de los indios* (Madrid, 1595). A este fraile se le ha confundido con otro Juan Ramírez, a quien fray Gil González Dávila, en su *Theatro eclesiástico de la Primitiva Iglesia de las Indias Occidentales* (2 vols.; Madrid, 1649-1655), le atribuyó erróneamente haber escrito en 1537 una *Doctrina Cristiana* en lengua mexicana para la enseñanza de los indios, confusión en la que cayeron los bibliotecarios Quetit y Echard, el bibliógrafo Beristáin y Sousa y otros, y que despejó Joaquín García Icazbalceta en su *Bibliografía mexicana del siglo XVI* (ed. Millares Carlo, 1954).

RAMÍREZ, MARGARITO, n. en Atotonilco el Alto, Jal., en 1891. Ingresó al servicio de los Ferrocarriles Nacionales en 1908. Fue garrotero, conductor (1911), jefe de trenes (1916) y superintendente de división (1919). El 13 de abril de 1920 ayudó a escapar de la Ciudad de México, en un tren, al general Alvaro Obregón, candidato presidencial perseguido por el gobierno de Carranza. Fue gobernador interino de Jalisco de 1927 a 1929 (v.JALISCO, ESTADO DE), senador de la República (1932-1936), director del Penal de las Islas Marías (1937-1940), diputado al Congreso de la Unión, gerente de los Ferrocarriles Nacionales (1942-1943) y gobernador del Territorio de Quintana Roo (1944-1959). v.QUINTANA ROO, ESTADO DE.

RAMÍREZ, PEDRO. Pintor activo en el siglo XVII. Su padre, Juan Ramírez, decoró la catedral y el arzobispado de Sevilla, España. Llegó a México hacia 1650, donde fue discípulo de Arteaga y López de Herrera. En 1653 pintó *San Pedro y el Angel* y un retrato del arzobispo de Bohórquez; y en 1656, *Jesús atendido por los ángeles*, en la iglesia de San Miguel. Son suyos los cuadros de la capilla de la Soledad de la catedral metropolitana y un *Jesús azotado* que se conserva en Guadalajara.

RAMÍREZ, RAFAEL, n. Las Vigas, Ver.; m. en la Ciudad de México en 1959. Profesor (1905) por la Escuela Normal de Jalapa, recibió la influencia de Enrique C.Rébsamen, a quien conoció en los últimos años de su vida. Trabajó como maestro rural y participó en la Revolución. Fue jefe de Misiones Culturales (1923 y 1924) y del Departamento de Escuelas Rurales (1935) de la Secretaría de Educación Pública. Publicó: *La enseñanza de la lectura* (y de una serie de materias: escritura, ortografía, lenguaje, cuento y dramatización, aritmética, historia y civismo), *Curso de educación rural, Técnica de la enseñanza, Curso breve de psicología educativa, La educación industrial, Cómo dar a todo México un idioma, Formación y capacidad de los maestros rurales para hacer eficaz la acción de la escuela en los pueblos indígenas, La enseñanza por la acción dentro de la escuela rural, La escuela proletaria, Los nuevos rumbos de la didáctica, La educación normal y la formación de los maestros rurales que México necesita, Supervisión de la educación rural, La educación en los Estados Unidos, La visita a Chile, Libros de lectura (I, II, III y IV) para escuelas rurales, Plan sexenal para el ciclo inferior de las escuelas rurales* (y otro para el ciclo intermedio), *Los grandes problemas nacionales y las tareas sociales, El interés mundial por la educación de los grupos sociales retrasados* y *El servicio de higiene escolar.* El gobierno del Estado de Veracruz editó sus *Obras completas* en 11 tomos (1966-1968). Por decreto

del gobierno de la República, en 1976 fueron trasladados sus restos a la Rotonda de los Hombres Ilustres del Panteón Civil de Dolores.

RAMÍREZ, RODOLFO RAFAEL, n. en Valle de Santiago, Gto., en 1874; m. en la Ciudad de México en 1954. Se recibió de médico en el Colegio del Estado de Guanajuato. En 1910, a la muerte del científico francés Alfredo Augusto Dugés, ocupó su cátedra en esa institución. Fue diputado al Congreso local (1914), director de la Escuela Normal del Estado, senador de la República (1924) y director general de Educación en Guanajuato y en Querétaro. En su entidad natal implantó por vez primera la campaña de alfabetización y fundó la Casa del Estudiante Indígena. Los últimos años de su vida estuvo a cargo de la biblioteca de la Suprema Corte de Justicia. Escribió: *Ligeras consideraciones sobre la teoría atómica* (1901).

RAMÍREZ, SANTIAGO, n. en la Ciudad de México en 1841; m. en Azcapotzalco, D.F., en 1922. Ingeniero minero, es autor de: *Noticia histórica de la riqueza minera de México y de su actual estado de explotación* (1884), *Litología. Introducción al estudio de las rocas* (1886), *Exploración de los terrenos carboníferos de Puebla y Oaxaca. Datos para la historia del Colegio de Minería* (1890), *Biografía del Sr. D.Andrés Manuel del Río, primer catedrático de Minerología del Colegio de Minería* (1891) y *Estudio biográfico del Sr. Ing. D.José Joaquín Arriaga* (1900).

RAMÍREZ, SANTIAGO, n. y m. en la Ciudad de México (1885-1945). En 1907 ingresó a la Escuela Nacional de Medicina, pero la muerte de su padre, el matemático Manuel Ramírez, lo obligó a trabajar como periodista en *El País* y la *Revista Moderna.* Se graduó en 1913 y al año siguiente se incorporó al Cuerpo Médico Militar con el grado de mayor. Trabajó en los institutos Antirrábico y Médico Nacional, en el lazareto de San Joaquín, en el Sanatorio de Enfermedades Infectocontagiosas de Tlalpan y en el Sanatorio Español, donde fue jefe del Servicio de Enfermedades Nerviosas. Enseñó anatomía y fisiología en la Preparatoria y patología general en su Facultad. Fue miembro de la Academia Nacional de Medicina. Aparte varios artículos en revistas especializadas, escribió: *Manual de patología nerviosa* y *Bosquejo sintético de patología general.*

RAMÍREZ AGUILAR, ABEL, n. en la Ciudad de México en 1943. Estudió dibujo y grabado en la Escuela de Iniciación de Artes Plásticas Núm. 3; esmaltes y vitrales, en la Escuela de Diseño y Arte-

9

José Fernando Ramírez

sanías (1958-1963), y pintura y escultura en La Esmeralda. Después ha sido profesor de cerámica y metales en el Centro de Capacitación para el Trabajo Industrial Núm. 8 de la SEP, en Puebla y en el Centro de Artes Plásticas y Artesanías Independencia del IMSS. Expuso por primera vez su obra escultórica en Puebla (1965). Para la escultura en metales, ha desarrollado una nueva técnica que él denomina "de rechazo manual".

RAMÍREZ ALTAMIRANO, ALFONSO, n. en Acapulco, Gro., en 1906. Profesor (1928) por la Escuela Nacional de Maestros, ha sido misionero, profesor de grupo, director de escuela, inspector y jefe de misión cultural; dirigente de la Federación Mexicana de Trabajadores de la Enseñanza, del Sindicato Nacional de Trabajadores de la Educación y de la Confederación Americana del Magisterio; rector de la Universidad Autónoma de Guerrero, presidente de la Comisión Nacional de Escalafón y, a partir de 1974, director del Centro de Mejoramiento del Personal Administrativo de la Secretaría de Educación Pública.

RAMÍREZ ALTAMIRANO, JOSÉ AGUSTÍN, n. en Acapulco, Gro., en 1903; m. en la Ciudad de México en 1957. Alternó sus estudios primarios con el aprendizaje del violín y la guitarra; más tar-

de empezó a tocar el piano en Tecpan de Galeana y a los 12 años, de vuelta en Acapulco, tomó clases de solfeo y armonía. A los 13 se hizo cargo de la Oficina de Telégrafos de Atoyac, con el grado de teniente. Fue ayudante de la Escuela Primaria Miguel Hidalgo y Costilla; pasó a la Ciudad de México, becado por el director de Educación del Estado, y en 1924 se graduó de profesor, a tiempo que terminaba su carrera de pianista en la Academia del maestro Sierra Magaña. Fue delegado de Cultura Estética de la Secretaría de Educación Pública; fundó el grupo Trovadores Tamaulipecos, que recorrió el continente; grabó discos con melodías propias y ajenas; se hizo cargo de la Dirección General de Acción Social y Cultura Estética del Departamento Central y fundó los Centros Culturales Populares (1929); dirigió la Escuela Normal y Preparatoria de Guerrero; y formó el Quinteto de Cancioneros Guerrerenses. Es autor de los himnos *A la Madre, A Zapata, A los Centros Culturales, A los Niños Héroes, A la Región Lagunera, A Monterrey, A los Tres Juanes, Al Agrarista* y *Al Hospital Militar*; de una extensa colección de coros y canciones escolares: *La Milpa, Mazorquita, Arroyito,* entre otras; y de una abundante producción de canciones: *Acapulqueña, La Callejera, Ometepec, Azoyú, Al regresar a tus brazos, Vida plena, El toro rabón, Misa de once, Manos santas, Nochecita de octubre, Mi tesoro, Diamante azul, Caleta, Playa de Hornos, Canción de amores, Ojos de almendra* y muchas más. Recibió, de manos del gobernador de Guerrero, Alejandro Gómez Maganda, la Medalla Adolfo Cienfuegos y Camus; una de las calles de Acapulco lleva su nombre.

RAMÍREZ ÁLVAREZ, JOSÉ FERNANDO, n. en Hidalgo del Parral (Chihuahua), en 1804; m. en Bonn, Alemania, en 1871. Estudió en el Colegio del Estado en Durango y en el de San Luis Gonzaga en Zacatecas, graduándose de abogado en 1832. En 1826, siendo estudiante, fundó la primera logia del rito yorquino, llamada Apoteosis de Hidalgo Núm. 5, de la cual fue venerable maestro; y participó en la organización de la Sociedad Patriótica Amigos de Hidalgo, primera en su género, creada para fomentar el culto a la memoria del Padre de la Patria. Fue fiscal del Tribunal Superior de Justicia del Estado de Chihuahua (1828-1830), miembro del Consejo de Gobierno (1833), fiscal del Tribunal de Justicia (1833), secretario de Gobierno (1835), director del Instituto de Ciencias y Artes (1837), rector del Colegio de Abogados (1837-1839), presidente del Tribunal Mercantil (1841) y de la Junta de Industria

(1844) y de Fomento (1846), y ministro del Tribunal de Justicia del Estado de Durango (1848); director y conservador del Museo Nacional (1852); ministro de la Suprema Corte de Justicia de la Nación (1856); rector del Colegio de Abogados (1856) y presidente de la Junta Directiva de la Academia de Bellas Artes (1856). En 1834 había sido diputado por Durango al Congreso de la Unión. En 1840 se le encargó redactar el *Proyecto de reforma de las leyes constitucionales de la República Mexicana*, que no llegó a discutirse por haber sido disuelto el Congreso. Formó parte de la Junta de Notables (6 de enero a 12 de julio de 1843) que formuló y expidió la Constitución llamada de las *Bases Orgánicas*. Senador en 1845-1846 y 1847-1848, concurrió al Congreso reunido en la ciudad de Querétaro y fue miembro de la comisión que aprobó el Tratado de Paz con Estados Unidos (2 de febrero de 1848). Fue secretario de Relaciones Interiores y Exteriores en dos ocasiones: del 24 de diciembre de 1846 al 27 de enero de 1847, en el gabinete de Valentín Gómez Farías; y del 11 de septiembre de 1851 al 3 de marzo de 1852, en el gobierno del general Mariano Arista; y ministro de Negocios Extranjeros, del 21 de junio de 1864 al 6 de octubre de 1865, durante el Imperio de Maximiliano. En 1854 fue partidario del *Plan de Ayutla*, por cuya causa fue desterrado a Europa (1855-1856). Durante la Intervención Francesa rehusó formar parte de la Junta de Notables (1863), pero más tarde aceptó un alto puesto en el gobierno imperial. En 1866, previendo el fin de Maximiliano, partió a Europa y recorrió de nuevo bibliotecas, museos y galerías de arte.

En diferentes épocas enseñó derecho en la Academia Teórico-Práctica de Jurisprudencia de la capital de la República. Fue miembro de las academias españolas de la Lengua y de la Historia, del Ateneo Mexicano y de la Imperial de Ciencias y Literatura, que llegó a presidir. Publicó y redactó los primeros periódicos que hubo en la ciudad de Chihuahua: *El Centinela, El Trompeta, Antorcha Federal, El Indio de Chavíscar* y *Patrimonio Manifiesto*, entre 1828 y 1830; y en la ciudad de Durango: *El Imperio de la Ley* (1831), *El Fénix* y el *Periódico Oficial* (1844), habiendo colaborado en *La Opinión* (1833) y en otros muchos periódicos de la época, particularmente *El Museo Mexicano*. Como historiador, publicó: *Diario de las operaciones militares de la División que al mando del general José Urrea hizo la campaña de Tejas* (Victoria de Durango, 1838); *Notas y esclarecimientos a la Historia de la Conquista de México del Sr. Prescott*

(2 vols., 1845-1846); *Proceso de residencia contra Pedro de Alvarado* (1847); *Noticias históricas y estadísticas de Durango (1846-1850)* (1851); *Memorias, negociaciones y documentos para servir a la historia de las diferencias que han suscitado entre México y los Estados Unidos, los tenedores del antiguo privilegio concedido para la comunicación de los mares Atlántico y Pacífico por el Istmo de Tehuantepec* (1853); "Cuadro histórico geográfico de la peregrinación de las tribus aztecas que poblaron el Valle de México. Acompañado de algunas explicaciones para su inteligencia", en *Atlas geográfico, estadístico e histórico de la República Mexicana* de Antonio García Cubas (1853); *Descripción de algunos objetos del Museo Nacional de Antigüedades de México* (1857); *Noticias de la vida y escritos de fray Toribio de Benavente o Motolinia* (1859) e *Historia de las Indias de Nueva España y Islas de Tierra Firme por fray Diego Durán* (1867), cuya obra completa, en 2 tomos, la publicó Alfredo Chavero en 1880. Escribió también: *Adiciones y correcciones a la Biblioteca-Americana Septentrional del Dr. D.J. Mariano de Beristáin y Souza* (1898). Erudito bibliófilo, formó una importante biblioteca, que sus herederos vendieron a Alfredo Chavero y éste a Manuel Fernández del Castillo, quien a instancias del padre Agustín Fischer la mandó a Londres, donde se remató en 1880. Compiló infinidad de documentos que con el título de *Opúsculos históricos* (2 vols.) se conservan en la Biblioteca Nacional de Antropología e Historia. v.Luis González Obregón: "Vida y obras de don José Fernando Ramírez", en *Cronistas e historiadores* (1936).

RAMÍREZ ARRIAGA, MANUEL, n. en la ciudad de San Luis Potosí en 1900. Abogado (1932) por la Universidad Autónoma de su Estado, antes de recibirse fue perseguido por Saturnino Cedillo y se refugió en Michoacán, donde trabajó como maestro rural en el rancho La Mohonera. Allí practicó la primera vacunación antivariolosa y levantó un censo de población. De regreso a San Luis, enseñó historia y derecho administrativo y fue escribiente en un juzgado, oficial mayor del Congreso y secretario de la Junta de Conciliación. Llegó a ser presidente de la Sociedad Mexicana de Geografía y Estadística. Entre sus obras históricas, destacan: *El artículo 11 de la Constitución y el alcance de sus limitaciones ante el derecho internacional, El significado del Congreso Constituyente de 1856, Ponciano Arriaga, el desconocido, Dos libros sobre México, Derecho burocrático, Génesis ideológica del Dr. Mora* y *Contribución potosina al Plan de Ayu-*

tla; y entre las poéticas: *No resta decir nada, Sembradores, Las dos lanzas, Las manos, Canto a Bolívar* y *Las voces de Querétaro*.

RAMÍREZ CABAÑAS, JOAQUÍN, n. en Coatepec, Ver., en 1886; m. en la Ciudad de México en 1945. Estudió en la escuela cantonal Benito Juárez, en el Liceo Fournier y en la Escuela Nacional Preparatoria. Escribió para varios periódicos y revistas (*Nosotros, Revista Moderna, El Heraldo, Revista de Revistas* y *El Universal*); colaboró en el Archivo Histórico de Hacienda, fue auxiliar del Departamento de Publicaciones del Museo Nacional de Arqueología, Historia y Etnología; planeó la formación de la Sociedad de Bibliófilos Mexicanos; impulsó el desarrollo de las cooperativas; y enseñó historia de México, previsión social y español en las escuelas nacionales Preparatoria y de Economía, y en la Facultad de Filosofía y Letras de la UNAM. Preparó para varias editoriales e instituciones la edición de las siguientes obras: *La grandeza mexicana* de Bernardo de Balbuena (1927), *Viaje a la Nueva España* de Juan Francisco Gemelli Carreri (1927), *Crónica de la Merced de México* de Cristóbal de Aldana (1927), *Carlos de Sigüenza y Góngora* (1928), *Poemas inéditos de Fray Manuel de Navarrete* (1929), *Descripción de los reinos de Galicia, Nueva Vizcaya y León* de Alonso de la Mota y Escobar (1931), *Memorial y noticias sacras y reales del imperio de las Indias Occidentales* de Juan Díez de la Calle (1932), *Historia de las cosas de la Nueva España* de fray Bernardino de Sahagún (1938), *Historia verdadera de la conquista de la Nueva España* de Bernal Díaz del Castillo (1939), *Los señores de la Nueva España* de fray Alonso de Zorita (1942), *Antología de cuentos mexicanos* (1875-1910) (Espasa-Calpe, 1943), *Historia de la conquista de México* de López de Gómara (1943), *Poesías líricas* de Sor Juana Inés de la Cruz (1944), *Obras históricas* de Carlos de Sigüenza y Góngora (1944), *Los parientes ricos* de Rafael Delgado (1944), *Vida de Motolinía* de José Fernando Ramírez (1944) e *Historia de México* de Francisco Javier Clavijero (4 vols., 1944-1945); los volúmenes 2, 3, 4 y 5 del Archivo Histórico de Hacienda y los volúmenes 27, 33 y 38 del Archivo Histórico Diplomático Mexicano. Es autor de: *Cooperativismo* (1935), *La sociedad cooperativa en México* (1936), *Gastón de Raousset, conquistador de Sonora* (1941) y *La ciudad de Veracruz en el siglo XVI* (1943). Otros trabajos suyos de investigación y crítica constan en: *Revista Universitaria de México* (III-16), *Estudios Históricos* (1935), *Revista de Estudios Universitarios* (I-1),

Tiempo (I-1), *Divulgación Histórica* (I-6), *Filosofía y Letras* (I-2, II-3, 5-29 y 7-14), *C.A.* (1 y 5), *Educación Nacional* (I-5) y *Homenaje a Francisco Gamoneda* (1946). Su producción literaria comprende: *La sombra de los días* (poemas, 1918), *La fruta del cercado ajeno* (novela, 1921), *Remanso del silencio* (poemas, 1922), *Esparcimiento* (poemas, 1925) y otras piezas publicadas en *Nosotros* (Núm. 10, 1914), *La Voz de la Revolución* (11 de junio de 1917), *El Demócrata* (16 de noviembre de 1919 y 27 de enero de 1924), *El Heraldo* (24 de septiembre de 1922), *Repertorio Americano* (San José de Costa Rica, 6-18) y *El Universal Ilustrado* (15 de marzo de 1928).

RAMÍREZ DE AGUILAR, ALBERTO, n. y m. en la Ciudad de México (1928-1970). Abogado por la UNAM, en 1947 entró como reportero al vespertino *Ultimas Noticias*, y más tarde a *Excélsior*, donde escribió la columna "Siguiendo pistas", especializada en noticias policíacas. En 1965 se le nombró director de la segunda edición de *Ultimas Noticias*, en 1968 subdirector de *Excélsior*, y en marzo de 1969 gerente general de esa casa editorial. Hizo un programa de entrevistas para la televisión, escribió varios guiones cinematográficos y es autor de 3 novelas: *Camino a la nada, Noche de sábado* y *Falsos héroes*.

RAMÍREZ DE AGUILAR, FERNANDO, n. en Oaxaca, Oax., en 1887; m. en la Ciudad de México en 1953. Estudió en el Instituto de Ciencias y Artes del Estado. En 1907 entró como mecanógrafo a *El Imparcial*. Escribió para *El País, El Demócrata* y *El Independiente*. En 1910 fue corresponsal de guerra. A partir de 1920 trabajó en *El Universal*, donde llegó a ser jefe de información y secretario general del Sindicato de Redactores de la Prensa. Publicó: *Oaxaca. Sus Historias y sus Leyendas* (1922), *Las fiestas guadalupanas. Otras crónicas* (1922), *Desde el Tren Amarillo* (1924), *La pinopicia* (1924), *Cómo vi yo la toma de la Ciudad de Puebla* (1923), *Las aventuras de Pico de Oro* (1923), *La odisea de los restos de nuestros Libertadores* (1925), *Supersticiones, antaño y hogaño, en algunas regiones de Oaxaca* (1925), *La Tona: escena de la vida regional para Teatro Sintético Mexicano* (1925), *El canto de la victoria: escena chinaca en 1867* (1927), *Nicolás Romero: un año de su vida 1864-1865* (1929), *Visiones de la guerra de independencia* (1929), *Estampas de México* (1930), *Don Vicente Guerrero. Síntesis de su vida* (1931), *Los funerales de don Vicente Guerrero, hace un siglo* (1931), *El charro símbolo* (1932), *Monteal-*

ban, mosaico oaxaqueño (1933), *Cariño a Oaxaca* (1938), *La vida canta* y *La pillita* (cuentos).

RAMÍREZ DE ARELLANO, MANUEL, n. en 1831; m. en Italia en 1877. Estudiaba en el Colegio Militar de Chapultepec, cuando estalló la guerra con Estados Unidos. Tomó parte en la defensa de la capital. Siendo ya general fue partidario de la intervención francesa y dirigió la artillería del Imperio durante el sitio de Querétaro. Publicó *Ultimas horas del Imperio*. Pasó sus últimos días en Europa y murió en el hospital de Rimini, Italia.

RAMÍREZ GARRIDO, JOSÉ DOMINGO, n. en Macuspana, Tab.; m. en la Ciudad de México en 1958. Correligionario de los hermanos Flores Magón, colaboró en los periódicos *El Hijo del Ahuizote* y *Regeneración*. Se afilió al Partido Antirreeleccionista y alcanzó el grado de general durante la Revolución. Fue director de Educación en Yucatán, subsecretario de Gobierno en Tabasco, inspector general de Policía en la Ciudad de México, diputado federal en dos ocasiones y, en 1923, director del Colegio Militar. Participó en la rebelión delahuertista y fue desterrado. A su regreso al país, se reintegró al ejército. Estuvo al mando de la zona militar en Tabasco. Publicó: *Al correr de la pluma* (1915), *Ardentia Verba* (1918), *El porvenir de América Latina* (1912), *La esclavitud en Tabasco* (1915) y *Reseña y Crítica* (1925). Al morir era director del Archivo de Historia (cancelados) de la Secretaría de la Defensa.

RAMÍREZ LAGUNA, ANTONIO, n. y m. en la Ciudad de México (1903-1966). Licenciado en filosofía por la UNAM, enseñó materias de su especialidad en la Escuela Nacional Preparatoria durante 42 años. Fundó la Unión Nacional de Exploradores de México y la Preparatoria de Tula (1960). Inventó el juego del *bolon*, de inspiración prehispánica. Es autor de: *Plantas textiles de México* (1932), *Los agaves de México* (1932), *Una excursión científica a Ixtapan de la Sal* (1934) y *Manual de los exploradores mexicanos* (1950). En colaboración con los profesores Larios, Nieto Roaro y Oronoz, escribió *Prácticas de biología*, *Prácticas de zoología* y *Prácticas de botánica*. Colaboró en los *Anales del Instituto de Biología*.

RAMÍREZ LÓPEZ, IGNACIO, n. en San Felipe y m. en Salamanca, ambas de Guanajuato (1885-1965). Profesor (1899) por el Colegio del Estado, participó en la lucha armada durante la Revolución. Fue jefe del Departamento de Escuelas Rurales de la Secretaría de Educación Pública

1

Enrique Ramírez y Ramírez

(1922), delegado de Educación Federal en Guanajuato (1923) y jefe de Direcciones de Educación en la República (1925). Con este carácter elaboró un *Plan de Trabajo para las escuelas rurales*. Hacia el final de su vida dirigió un centro cultural en Salamanca. Escribió varios libros de texto para niños y de consulta para maestros: *El niño campesino* (1940), *Geografía del Estado de Guanajuato, Sociedades cooperativas en la escuela rural, Las misiones culturales, Papel social del maestro rural, La escuela rural* y *Tres biografías: Fray Pedro de Gante, Fray Alonso de la Veracruz y Fray Juan Bautista Moya* (1948).

RAMÍREZ Y RAMÍREZ, ENRIQUE, n. en la Ciudad de México en 1915. Estudió en esta capital y en Morelia. Se inició en el periodismo a los 14 años de edad. Ha militado en el Partido Comunista (1932-1943), en el Popular (1944-1958) y en el Revolucionario Institucional (desde 1964). Ha sido miembro de la Confederación de Trabajadores de México (desde sus inicios) y dirigente del Sindicato Industrial de Trabajadores de Artes Gráficas; auxiliar y secretario político de Vicente Lombardo Toledano (1935-1955); editorialista y ayudante de la dirección del diario *El Popular* (1938-1946); dirigente de Juventudes Socialistas Unificadas de México (1939) y de la Confederación de Jóvenes Mexicanos; miembro del Consejo Directivo de la Universidad Obrera de México (1945) y secretario general del Centro Mexicano de Estudios Ricardo Flores Magón; fundador y director de *El Día* (1962-); y dos veces diputado federal por la Ciudad de México (1964-1967 y 1976-1979). Un discurso suyo en la Cámara provocó la renuncia del jefe del Departamento del Distrito Federal, el licenciado Ernesto P.Uruchurtu (14 de septiembre de 1966). Ha sido también asesor del Comité Ejecutivo Nacional del PRI (1967-1970), profesor del Instituto de Capacitación Política (desde 1971) y miembro del Consejo del IEPES y de la Comisión Nacional Consultiva de Ideología y Programa (desde 1972). En 1975 presidió la octava comisión para el estudio del *Plan Básico de Gobierno* (1976-1982). Sus trabajos se han publicado en las revistas *Futuro* y *Cultura Moderna*, los periódicos *ABC, La Prensa, Diario de México* (en diferentes épocas) y *El Día*.

RAMÍREZ TERRAZAS, AMBROSIO, n. en Valle de San Francisco (hoy Villa de Reyes), S.L.P., en 1857; m. en la ciudad de San Luis Potosí en 1913. Estudió en el Seminario Conciliar y en el Instituto Científico y Literario de San Luis Potosí; se recibió de abogado en 1894. Fue juez de primera instancia en Ciudad del Maíz, Venado y la capital del Estado; agente del Ministerio Público y secretario del Tribunal Superior; diputado local y secretario particular del gobernador de Morelos, coronel Manuel Alarcón (1896-1912). Junto con el licenciado Primo Feliciano Velázquez, fundó el periódico bisemanal informativo *El Estandarte* (18 de enero de 1885), después convertido en diario (1890-1911). Tradujo al español, en verso, numerosas odas y sátiras de Horacio. Escribió: *Oda al trabajo* (1884) y *Manuel José Othón, ensayo crítico de sus obras poéticas y de sus escritos en prosa* (s.f.). Otros textos suyos quedaron dispersos. v.Alberto María Carreño: *La obra personal de los miembros de la Academia Mexicana de la Lengua, correspondiente de la Española* (2 vols., 1945-1946).

RAMÍREZ ULLOA, ELISEO, n. en Guadalajara, Jal., en 1888; m. en la Ciudad de México en 1940. Doctor (1914) por la Escuela Nacional de Medicina, fue jefe de clínica médica y quirúrgica en la ENM, donde impartió además varias cátedras; interno del Hospital Juárez; profesor de patología general en la Escuela Médico Militar (1919-1931), con el grado de teniente coronel; director de Sanidad del Departamento de Salubridad Pública

1

Pedro Ramírez Vázquez

(1924-1926); y director del Instituto de Higiene (1930). En 1935 trabajó en la campaña antivenérea y a sus trabajos se debe la supresión de la prostitución reglamentada. Dirigió el Instituto de Enfermedades Tropicales desde 1939 hasta su muerte.. Fue miembro de las academias de Ciencias y de Medicina. Publicó: *Elementos de patología general*.

RAMÍREZ VÁZQUEZ, PEDRO, n. en la Ciudad de México en 1919. Arquitecto por la UNAM, ha sido: profesor de composición y urbanismo en la Escuela Nacional de Arquitectura (1942-1958), jefe de zona del CAPFCE en Tabasco (1944-1947), jefe de Conservación de Edificios de la SEP (1947-1958), presidente del Colegio Nacional y de la Sociedad de Arquitectos de México (1953-1959), fundador y director de la Unidad Artística y Cultural del Bosque (1953-1965), gerente general del CAPFCE (1958-1964), director de la Comisión de Construcciones Escolares de la Unión Internacional de Arquitectos (1962-1970), fundador y director técnico del Centro Regional de Construcciones Escolares para América Latina de la UNESCO (1964-1966), vicepresidente de Construcciones (1964-1966) y presidente del Comité Organizador de los Juegos de la XIX Olimpiada

2

Pedro Ramírez Vázquez: museos nacionales de Antropología y de Arte Moderno

(1966-1970), coordinador general de obras del Estado de México (1971-1973), presidente del Comité Olímpico Mexicano (1971-1974), rector de la Universidad Autónoma Metropolitana (1974), secretario de prensa y propaganda del Comité Ejecutivo Nacional del PRI (1975-1976) y secretario de Asentamientos Humanos y Obras Públicas (1976-) Ha realizado las siguientes obras: 35 mil aulas construidas bajo su dirección (1944-1964), cuyo modelo prefabricado se propagó a otros países; Escuela Nacional de Medicina (en colaboración con Alvarez Espinosa, Torres y Velázquez, 1953), Secretaría del Trabajo y Previsión Social (1954), 15 mercados en la Ciudad de México (1955-1957), Pabellón de México en la Feria de Bruselas (1958), Instituto Nacional de Protección a la Infancia (1960), Galería de Historia en Chapultepec (1960); Junta Central de Conciliación y Arbitraje, Pabellón de México en la Feria de Seattle y Museo Fronterizo en Ciudad Juárez (1962); museos de la Ciudad de México y Nacional de Antropología (1963-1964), Pabellón de México en la Feria de Nueva York (1964); Secretaría de Relaciones Exteriores y Estadio Azteca (1965), Confederación Nacional de Cámaras de Comercio (1968), Casa Hogar y Hospital Infantil de la IMAN (1970), Museo de Arte Africano en Dakar, Senegal (1972); escuela secundaria en Chicago, Estados Unidos (1974-1975); embajada de Japón en México (en colaboración con Tange y Rosen) y Basílica de Santa María de Guadalupe (1975-1976); Fertilizantes de Centro América (San José, Costa Rica), clínica y centro social (Monte-

rrey) y Liceo Mexicano-Japonés (1976). Ha sido asesor del plan de mercados de San Salvador (1971), del Centro Internacional de Comercio de Marsella (1972), de los museos nacionales de Antropología de Tegucigalpa (1973) y Lima (1976) y de la urbanización de Dodoma (nueva capital de Tanzania, 1975). Ha diseñado los logotipos o programas de identidad de los Juegos de la XIX Olimpiada, IMAN, Televisa, Face, Seguros Azteca, Federación de Colegios de Ingenieros Civiles, Universidad Autónoma Metropolitana, Dinámica, Casa Aries, Secretaría de Recursos Hidráulicos, Grupo Financiero del Atlántico, Siderúrgica Lázaro Cárdenas-Las Truchas, Universidad La Salle y Grupo Financiero Bancam. Ha diseñado también: muebles para López Morton, objetos de servicio y ornato para *Cristal Art*, la pieza de vidrio *La paz ausente* para Daum & Cie. (París) y artículos de talabartería para la Casa Aries. Ha publicado: *4,000 años de arquitectura mexicana* (1956) y *El Museo Nacional de Antropología* (1968). Prologó *La arquitectura maya* de Henri Stierlin (1964). Ha recibido los primeros premios de la XII Trienal de Milán, por su escuela rural prefabricada (1960); de la VII Bienal de Arte de Sao Paulo, por el Museo de Antropología (1965); y el Nacional de Artes (1973).

RAMOS, GUILLERMO, n. en Colima, Col., en 1869; m. en Chihuahua, Chih., en 1952. Radicado en la ciudad de Chihuahua desde muy joven, fundó junto con sus hermanos la Casa Mexicana de Música, dedicada a la enseñanza de todos los instrumentos musicales. Compuso la canción *Desde que te vi venir*, la zarzuela *La muda* y las revistas *Allende el Bravo* y *Las estaciones*.

RAMOS, JOSÉ, n. en San Luis Potosí, S.L.P., en 1859; m. en la Ciudad de México en 1909. Médico (1881) por la Escuela Nacional de Medicina, enseñó física en el Instituto Científico y Literario de Toluca (1881) y fue miembro del Consejo de Salubridad del Estado y regidor del Ayuntamiento de la capital. En 1886 viajó a París y estudió en la clínica oftalmológica del doctor Galezowuiski; volvió a México en 1888, escribió una tesis sobre *La importancia de algunos fenómenos oculares en el diagnóstico del sistema nervioso* y en 1889 fundó la clase de clínica oftalmológica en la Escuela Nacional de Medicina. Fue senador de la República. Dirigió el Instituto Médico Nacional. Perteneció a la Academia de Medicina.

RAMOS, LEOPOLDO, n. en El Triunfo, B.C., en 1898; m. en el Estado de México en 1957. Se inició como periodista en *La Gaceta* de Guaymas, Son. Escribió para varias publicaciones, en especial para *Excélsior*. Su obra poética comprende: *Urbe, Campiña y Mar* (1932), *Presencias* (1934), *Un hombre en la calle* (1939), *Bauprés* (1942), *Sobretarde y un soneto a la luna* (1947) y *El mantel divino* (1950).

RAMOS ARIZPE, JOSÉ MIGUEL RAFAEL NEPOMUCENO, n. en Valle de las Labores (San Nicolás de la Capellanía y después Ramos Arizpe), Coah.; m. en Puebla, Pue., en 1843. Fueron sus padres Ignacio Ramos de Aguillón y María Arizpe. Estudió en Saltillo y en Monterrey. En esta ciudad fue colegial fundador del Seminario. Recibió de manos del obispo de Linares las sagradas órdenes del presbiterado. Fue promotor fiscal eclesiástico, defensor general de Obras Pías, profesor de derecho canónico y provisor, juez y canónigo doctoral de la catedral de Monterrey; aunque por desavenencias con el obispo se le desterró como cura a Santa María de Agüayo y más tarde como vicario a Güemes de Padilla. Ahí enseñó a un mismo tiempo la doctrina cristiana y las normas civiles (1805). La Real Universidad de Guadalajara le otorgó los grados de licenciado (1807) y doctor en cánones (1808). Tras de atender una parroquia en la diócesis de Monterrey, pasó a México, cursó jurisprudencia y se recibió de abogado en 1810. La Audiencia de Nueva España le otorgó el título de doctor en leyes. Miembro del Ayuntamiento de Saltillo, se le nombró diputado por Coahuila a las Cortes de Cádiz (v.CONSTITUCIONES). El 10 de no-

Miguel Ramos Arizpe

viembre de 1811 presentó a esa asamblea una *Memoria* sobre el estado natural, político y civil de su provincia y las del Nuevo Reyno de León, Nuevo Santander y los Texas. Trata en ese documento de la geografía, la producción, el clima, la enseñanza, el sistema de gobierno, la población y el intercambio mercantil; expone sus ideas federalistas y se pronuncia por el municipio libre; exalta el libre comercio; propone la colonización y el establecimiento de una universidad en la sede de la diócesis y un colegio real en Saltillo; pide la creación de una nueva intendencia (Coahuila, Nuevo León y Texas) y la elevación de Saltillo, Parras, Monclova y el Real de Borbón al rango de ciudades; y defiende la libertad de imprenta. Se opuso a la creación de gobiernos en América confiados a una rama de la dinastía y rechazó la mitra de Puebla que le ofreció Fernando VII: "Yo no he salido de mi tierra —dijo— a mendigar favores del despotismo; la misión que se me confió es de honor y no de granjería". Por esta actitud se le confiaron los intereses de Puerto Rico, Caracas, las Californias y las Provincias Internas de Occidente ante las Cortes. En 1814 se le privó de la libertad, junto con otros miembros de la diputación, y se le mantuvo incomunicado 17 meses, acusado de estimular las insurrecciones de

Chile, Buenos Aires, Caracas, Santa Fe, Quito y México. Se le confinó después 4 años en la Cartuja de Aracheresti, en Valencia. Al restablecerse la Constitución, fue liberado y se radicó en Madrid. Otra vez diputado, influyó para que se enviara como virrey de Nueva España al general Juan de O'Donojú, amigo y compañero suyo. Este, a su vez, lo animó a regresar a México, después de 11 años de ausencia. En 1821 fue electo diputado por Coahuila al Primer Congreso Constituyente, y en 1823 presidió la comisión que formuló el proyecto de Constitución Federal. Fue ministro de Justicia y Negocios Eclesiásticos en el gobierno del presidente Guadalupe Victoria, del 30 de noviembre de 1825 al 7 de marzo de 1828. En 1830 viajó a Santiago para negociar un tratado de amistad y comercio con la República de Chile y en 1831 se le nombró deán de la catedral de Puebla. Volvió a ser ministro de Justicia (26 de diciembre de 1832 al 1º de abril de 1833) y de Hacienda (5 de enero a 1º de febrero de 1833) en el gabinete del presidente Manuel Gómez Pedraza. A su fallecimiento, el Congreso de la Unión lo declaró Benemérito de la Patria. Su nombre se halla inscrito con letras de oro en el salón de sesiones de la Cámara de Diputados. v.Vito Alessio Robles: *Memorias e informes de Miguel Ramos Arizpe* (UNAM, 1942).

RAMOS Y DUARTE, FÉLIX, n. en San José de los Ramos, La Habana, Cuba. Emigró a Yucatán en 1868. Se recibió de profesor en el Instituto Literario de Mérida, donde después dio clases. Pasó más tarde a la Ciudad de México. Publicó: *Diccionario de mexicanismos. Colección de locuciones y frases viciosas* (1895), *Colección de curiosidades históricas* (1899) y "Origen del nombre de Yucatán", en *Actas del Congreso de Americanistas* (1897). Regresó a Cuba al independizarse ésta de España y fue nombrado inspector de escuelas primarias.

RAMOS MAGAÑA, SAMUEL, n. en Zitácuaro, Mich., en 1897; m. en la Ciudad de México en 1959. En 1909 ingresó al Colegio de San Nicolás de Hidalgo. Allí publicó sus primeras páginas, en la revista estudiantil *Flor de Loto*. En 1915 empezó a estudiar filosofía, bajo la inspiración de su maestro el doctor José Torres. Cursó el primer año de la carrera de medicina en Morelia y en 1917 pasó a la Ciudad de México, donde llevó el segundo y el tercero en la Escuela Médico Militar. En 1919 se mudó a la Facultad de Altos Estudios. Enseñó introducción a la filosofía en la Escuela Nacional Preparatoria y lógica y ética en la Nacional de Maestros. Se especializó en la Sorbona, en el Colegio de Fran-

1

Samuel Ramos

cia y en la Universidad de Roma. A su regreso continuó sus labores docentes y fue jefe de Extensión Universitaria, director de Cooperación Intelectual y oficial mayor de la Secretaría de Educación Pública. Doctor en filosofía (1944) por la UNAM, dirigió la Facultad de Filosofía y Letras (1944-1952) y fue coordinador de Humanidades y maestro de carrera. Fue miembro de El Colegio Nacional. Suscitó las preocupaciones sobre la ontología del mexicano y consagró preferente atención a los temas relacionados con la estética. Destacan entre sus obras: *Hipótesis* (1928), *El caso Stravinsky* (1929), *El perfil del hombre y la cultura en México* (1934), *Ensayo sobre Diego Rivera* (1935), *Más allá de la moral de Kant* (1938), *Hacia un nuevo humanismo* (1940), *Veinte años de educación en México* (1951), *La filosofía de la vida artística* (1955), *El problema del a priori y la experiencia y las relaciones entre la filosofía y la ciencia* (1955) y *Nuevo ensayo sobre Diego Rivera* (1958).

RAMOS MARTÍNEZ, ALFREDO, n. en Monterrey, N.L., en 1875; m. en Los Angeles, Cal., Estados Unidos, en 1946. Estudió en la Academia de San Carlos. Pensionado por la señora Phoebe Apperson a partir de 1900, se familiarizó en París con el impresionismo, que más tarde habría de dar a conocer en México, y se perfeccionó en la técnica del pastel. En 1904 recibió una medalla de oro en el Salón Anual de Pintura. De esa época data su notable óleo *La Primavera*. Expuso en Londres en 1907 y en 1910 regresó al país, mostrando en la academia sus óleos, pasteles, acuarelas y dibujos. En 1911 fue nombrado director de ese plantel y en 1913 fundó las Escuelas de Pintura al Aire Libre. En 1929 se radicó en Los Angeles, Cal., y pintó murales en residencias particulares (San Diego y San Francisco) y en las capillas de Santa Bárbara y de *Mary Star of the Sea* de La Joya. Tras una estancia en México, durante la cual hizo otra obra de este tipo (ya desaparecida) en la Escuela Normal para Señoritas, volvió a Los Angeles en 1944. Realizó entonces 2 vitrales para la *Saint John Catholic Church* y varios murales para el *Scrips College* de Claramont. A su muerte, dejó otros inconclusos. En su obra son frecuentes los temas bucólicos, las plegarias y los retratos. Publicó: *Escuelas de pintura al aire libre* (1926).

RAMOS MILLÁN, GABRIEL, n. en Ayapango, Estado de México, en 1903; m. en un accidente aéreo en 1949. Fue electo diputado en 1943 y senador en 1946. En 1947, por encargo del presidente Alemán, fundó la Comisión Nacional del Maíz, la cual introdujo en México, con gran éxito, el uso de semillas híbridas y mejoradas. Promovió el fraccionamiento de extensos terrenos al oeste de la Ciudad de México y previó la expansión urbana hacia el sur, a la cual contribuyó trasladando la estructura de fierro del antiguo Toreo a la zona de Cuatro Caminos. Auxiliado por Andrés Henestrosa, formó una rica biblioteca. Fue mecenas de artistas y escritores.

RAMOS PEDRUEZA, RAFAEL, n. y m. en la Ciudad de México (1897-1943). Profesor autodidacta, fue diputado a la XXIX Legislatura y catedrático de geografía económica e historia de México en la UNAM y de literatura en el Conservatorio Nacional. Publicó: *Excelsitud del Arte, Estudios históricos, sociales y literarios, La estrella roja, 12 años de vida soviética* (traducida al ruso), *La lucha de clases a través de la historia de México, Sugerencias revolucionarias para la enseñanza de la historia, Emiliano Zapata y el agrarismo nacional, José María Morelos y Pavón, precursor del socialismo en México y Javier Mina, representativo de la lucha clasista en Europa y América*.

RAMOS SANTOS, MATÍAS, n. en San Salvador,

Alfredo Ramos Martínez: **Retrato de una dama inglesa**

Zac., en 1891; m. en la Ciudad de México en 1962. Ingresó al ejército en 1911 y estuvo activo durante 51 años. Combatió contra Huerta (1913-1914) y contra Villa (1916). En Cusihuiriachi, Chih., fue gravemente herido. Defendió al gobierno frente al delahuertismo (1923) y el escobarismo (1929). Fue jefe de operaciones militares en varios estados, diputado federal (1918), gobernador de Zacatecas (1932-1936), presidente del Partido Nacional Revolucionario (1934) y secretario de la Defensa Nacional (1952-1958).

RAMUSIO, GIOVANNI BATTISTA, n. en Trento y m. en Padua, ambas de Italia (1485-1557). Secretario del Senado de Venecia (1515) y luego del Consejo de los Diez (1533), viajó por varios países europeos en delicadas comisiones de la República Veneciana. Amigo de Andrea Navagero, del cardenal Pietro Bembo, del humanista Girolamo Frascatoro y del cartógrafo Giacomo Gastaldi, quienes influyeron en él en su formación humanística, tuvo correspondencia con Gonzalo Fernández de Oviedo y Valdés, Sebastián Caboto, Américo Vespuccio y otros navegantes y exploradores distinguidos, de tal suerte que se interesó por los estudios geográficos, emprendiendo la tarea de compilar diarios y documentos sobre descubrimientos, exploraciones y viajes. Editó la célebre colección *Delle Navigationi e Viaggi...* El tomo I se refiere a Africa, el II a Asia y el III a América. El II es el único en que aparece su nombre. Fueron impresos por Giunti en Venecia y se reimprimieron con aumentos en 1606 y 1613.

En esta colección aparecen las únicas versiones originales conocidas de la relación llamada *El Conquistador Anónimo*, sobre la conquista de México, el viaje de Marco Polo y la *Descrittione dell' Africa*. v.S.Grande: *"Le relazioni geografiche fisa P. Bembo, G. Frascatoro, G.B.Ramusio e G.Gastaldi"*, en *Memorie della societá geografica italiana* (Roma, 1905).

RANA. Nombre que se aplica a varios anfibios pertenecientes a diversas familias. En seguida se describen los más frecuentes en México:

Rana arbórea. *Smlisca baudinii*, de la familia *Hylidae*. Mide de 4 a 6 centímetros. Presenta el cuerpo esbelto; discos adhesivos en la punta de los dedos; el tímpano más pequeño que el ojo; la piel del dorso finamente granular, de color verde oliva a grisáceo, con una serie de marcas subsimétricas pardo oscuras que van desde la punta del hocico, a través del ojo, hasta un punto negro abajo del brazo; y la superficie ventral, blanca o blancuzca. Se distribuye prácticamente en todas las zonas costeras de la República. Se alimenta de insectos. Es de hábitos nocturnos, aunque en el día se le encuentra entre las hojas y tallos de los plátanos y otras plantas tropicales.

Rana común. *Rana montezumae*, de la familia *Ranidae*, abundante en el Distrito Federal, donde también se le conoce con los nombres de rana negra y rana de Moctezuma. Mide de 10 a 14 centímetros. Presenta el dorso de color pardo verduzco, con pequeñas papilas; el vientre, liso y blancuzco; las patas y las manos, cortas; el cuerpo, rechoncho; el hocico, redondeado; 2 pliegues glandulares dorsolaterales que corren desde el tímpano hasta la región sacra; y una membrana interdigital en las patas traseras. Se distribuye en la región central de México, desde Guanajuato hasta Tabasco y desde Jalisco hasta Oaxaca. Su carne es apreciada como alimento y se vende en los mercados de la Ciudad de México, procedente principalmente de Xochimilco, Michoacán y Guanajuato.

Rana pinta. *Rana pipiens*, de la familia *Ranidae*, cuyo tamaño varía entre 5 y 10 centímetros. Es de color pardo verduzco o verde, con 2 franjas sobresalientes que se extienden hacia atrás desde los ojos. Entre estos 2 pliegues dorsolaterales presenta 2 o 3 hileras de manchas oscuras, bordeadas de blanco brillante, y por lo regular una mancha oscura sobre la punta de cada párpado, al igual que una línea brillante a lo largo de la mandíbula, abajo del oído y sobre la pata delantera, subrayada por una línea oscura. Las patas tienen barras negras con bordes brillantes y las del vientre son blancas o amarillentas, con una mancha irregular de color naranja. Esta especie se encuentra en toda la República, salvo en Quintana Roo. El croar de esta rana se caracteriza por una larga y baja nota gutural. No se conoce con exactitud su época de reproducción, pero en Norteamérica es de abril a mayo. La hembra pone sus huevos entre la vegetación sumergida, aunque a veces lo hace en lugares abiertos. Por regla general se reúnen gran número de hembras para ovopositar al mismo tiempo. Se alimentan de insectos y crustáceos y viven siempre cerca del agua. Su carne es apreciada como alimento, principalmente las ancas.

Rana de roca. *Eleutherodactylus latrans*, de la familia *Leptodactylidae*. Mide de 5 a 9 centímetros. Recibe también los nombres de rana labradora o rana de bolsa. Presenta cabeza amplia y plana, ojos grandes, tímpano redondeado y bien desarrollado, tronco corto, miembros largos y vigorosos, dedos algo dilatados en la punta y piel lisa de color grisáceo, con algunas manchas oscuras en el dorso. Su croar se asemeja al ladrido de un perro, de donde procede uno de sus nombres vernáculos. Es de hábitos crepusculares y nocturnos. Se alimenta de insectos. Se distribuye principalmente en el norte: Coahuila, Chihuahua, Sonora y aun San Luis Potosí.

Rana tarahumara. *Rana tarahumarae*, de la familia *Ranidae*. En Estados Unidos se conoce como "rana mexicana". Mide entre 5 y 11 centímetros. Es de color verde oliva oscuro, con algunos puntos negros en el dorso y bandas y puntos negros en las patas traseras. Tiene el cuerpo relativamente corto y el hocico redondeado. Se distribuye principalmente en la Sierra Tarahumara, Ioquiro y la Barranca del Cobre, en Chihuahua, y en algunas regiones de Arizona y Nuevo México. Vive en las cercanías de los pozos llenos de agua que existen en los cañones de la Sierra, donde forma grupos más o menos numerosos. Se reproduce a principio de julio, cuando empiezan las lluvias de verano.

Rana toro. *Rana catesbiana*, de la familia *Ranidae*. Mide de 8 a 20 centímetros. Presenta la cabeza estrecha, el cuerpo ancho, el dorso de color verduzco, el vientre blancoamarillento, la piel con pequeños tubérculos y las patas posteriores con puntos oscuros. No tiene pliegues laterales, excepto uno corto arriba y abajo del tímpano. El macho tiene sacos vocales internos y los tímpanos más grandes que los ojos. Su croar es fuerte y sonoro, en notas bajas que recuerdan el mugido de un toro. De hábitos completamente acuáticos, se alimenta de insec-

Rana montezumae

Rana pipiens

tos y pequeños crustáceos. En Norteamérica se reproduce en junio o julio, y en México probablemente en enero o febrero. Esta especie se ha registrado en Nuevo León, Tamaulipas, Sonora y Sinaloa. Los ejemplares procedentes de esta última entidad se reproducen en criaderos para utilizarlos como alimento. Las ancas se consideran un platillo de primera calidad.

Rana de labios blancos. *Leptodactylus labialis.* Mide unos 5 centímetros de largo. También recibe el nombre de rana de dedos largos. Pertenece a la familia *Leptodactylidae*. Se caracteriza por su tronco alargado y su hocico aguzado, más prominente que los labios. Tiene la piel lisa, unas cuantas verrugas y 2 crestas rectas que van a los lados del dorso, desde el ojo hasta la ingle, y otras 2 que descienden del tímpano hacia la axila. Presenta el dorso gris oliváceo, con manchas pardas dispuestas irregularmente; el margen de los labios, claro, casi blanco; y bandas oscuras transversales sobre las manos y las patas. Vive en prados húmedos, cerca del agua. Es de hábitos nocturnos y se alimenta de insectos. Se distribuye de Tamaulipas a Yucatán y de Morelos a Chiapas.

RANDALL, CARLOS, n. en Guaymas, Son., en 1862; m. en Tucson, Arizona, Estados Unidos, en 1929. Minero y comerciante en San Marcial, en 1910 se afilió al Partido Antirreeleccionista y fue vocal de la Junta Revolucionaria de Nogales. Al triunfo de Madero formó con otros un grupo político de gran influencia local. Fue gobernador interino por 40 días (1911), tesorero y diputado federal (1912). Combatió al huertismo. En enero de 1914 sustituyó al gobernador Maytorena, pero en marzo fue expulsado de la entidad. Regresó más tarde, reasumió la Tesorería, autorizó la emisión de papel moneda y en octubre de 1915 se hizo cargo de la gubernatura por órdenes de Francisco Villa. Perseguido, se expatrió a Estados Unidos. Volvió en 1920 y fue tesorero municipal de Guaymas, puesto que perdió al suscitarse una nueva revuelta.

RANDS, ROBERT LAWRENCE, n. en Washington, Estados Unidos, en 1922. Profesor y director de los laboratorios de investigación de antropología en la Universidad de North Carolina, es autor de *"The water lily in Maya art: a complex of alleged asiatic origin"*, en *Bulletin Bureau of American Ethnology* (1953); *Artistic connections between the Chichen-Itza toltec and the classic Maya* (1954); *Some manifestations of water in Mesoamerica* (1955); *"The ceramic position of Palenque, Chiapas"*, en *The American Antiquity* (1957); *"Diffusion and discontinuous distribution"*, en *The American Anthropologist* (1958); *The ceramic history of Palenque, Chiapas, Mexico* (1960) y *The incensario complex of Palenque, Chiapas* (1960).

RANERA. Nombre que se aplica a varias serpientes del género *Leptophis* y la familia *Colubridae. L.mexicanus* (ranera bronceada) presenta el dorso bronceado; el vientre, blanco; la cabeza, verde, con las escamas labiales amarillas; una franja negra de la nariz a la cola, cuyas escamas, salvo en la cabeza, llevan al centro una mancha verde; dos líneas paralelas a la franja, una verde y otra gris; el vientre blanco; y el iris, amarillo. Mide 2 metros de largo. Es arborícola y se alimenta de ranas trepadoras. Es inofensiva para el hombre. Se distribuye desde el sur de Tamaulipas hasta el norte de Yucatán, y de Nayarit a Chiapas. *L.diplotropis* (ranera de gargantilla) es de color verde, con una franja negra desde el ojo hasta el cuarto anterior del cuerpo, después del cual se fragmenta y desaparece. Presenta los escudos labiales blancos; una mancha amarilla muy notable a los lados del cuello; dos líneas negras paralelas inscritas en una franja amarilla, en la región vertebral; y el iris, amarillo. Según Alvarez del Toro, esta serpiente vive entre el ramaje de los árboles y se alimenta principalmente de ranas arborícolas. Es inofensiva, pero se defiende con furiosas mordeduras. Se distribuye desde Nayarit hasta el Istmo de Tehuantepec, pero se ha encontrado también en Sinaloa y Sonora. *L.occidentalis* (ranera verde) mide 2.5 metros de largo. Presenta el cuerpo verde; la cabeza azulada; el vientre, blanco amarillento; los ojos, amarillos; y el interior de la boca, azul. De hábitos arborícolas, se alimenta de ranas. Es completamente inofensiva. Vive al sur de Guerrero y de Veracruz, hasta Honduras.

RANGEL, JOSÉ MARÍA, n. en San Luis de la Paz, Gto., en 1836; m. en la Ciudad de México en 1896. Fue el capitán de las fuerzas republicanas durante el sitio de Querétaro (1867) que recibió al coronel imperialista Miguel López, cuando éste iba a concertar la entrega del Convento de la Cruz con el general Mariano Escobedo. Siendo ya coronel, en 1872 se le comisionó a Guaymas, Son., para sostener en sus puestos al administrador de la Aduana Marítima y a los empleados federales que habían sido separados por el gobernador Pesqueira. En 1874 se le declaró ciudadano sonorense. En 1887 combatió a los rebeldes Ramírez Terrón y Márquez de León. Ascendido a general, fue nombrado jefe político y comandante militar del Territorio de Baja California. Al dividirse éste, quedó al mando de la porción sur, con residencia en La Paz, hasta 1889. Pasó como jefe a la segunda zona de Chihuahua y en 1891 reprimió a los indígenas de Tomochic.

RANGEL, MARIO, n. en 1938. Estudió en el Taller Infantil de Artes Plásticas que dirigiera Roberto Pérez Rangel (1952-1954) y en las escuelas de Pintura y Escultura La Esmeralda, donde obtuvo el primer premio de dibujo en 1963, y en la Nacional de Artes Plásticas. Ha hecho escenografía para teatro *guignol* y un mural al fresco en la Biblioteca

José María Rangel

1

Cervantes de la Ciudad de México (*Quema de Códices*). Colaboró en el mural *Mesoamérica* del Museo Nacional de Antropología. Expuso por primera vez en 1954. Dice de él Alaíde Foppa: "Los cuadros son de pequeñas dimensiones; los colores son tenues y matizados; los temas, enigmáticos; y los personajes —se trata de hombrecillos enanos, de escarabajos, de puerco espines o de gatos—, delicados y extraños. Su caligrafía recuerda los dibujos de Durero".

RANGEL, NICOLÁS, n. en León, Gto., en 1864; m. en Cuernavaca, Mor., en 1935. Por un tiempo se dedicó al comercio como agente viajero y más adelante al magisterio. Solía reunirse con el grupo bohemio de literatos y artistas formado a principios de este siglo por Jesús E.Valenzuela, Julio Ruelas, José Juan Tablada, Jesús Urueta, Balbino Dávalos, Jesús Luján, Efrén Rebolledo, Rubén M.Campos, Jesús Contreras y Ernesto Elorduy, cuya presencia habitual hizo famosos el café *Salón Bach*, la cervecería *Salón del Comercio* y el restorán *Maison Doré*. Ocasionalmente escribió para la *Revista Moderna*, expresión del grupo. Autodidacta, se consagró a la literatura; se encargó del *Boletín de la Biblioteca Nacional* (1910) y partici-

pó, al lado de Luis G.Urbina y Pedro Henríquez Ureña, en la redacción de la *Antología del Centenario*
(2 vols., 1910). En 1916 ingresó como profesor a la
Escuela Nacional Preparatoria, donde enseñó historia de México hasta 1934. Fue miembro fundador
de la Academia Mexicana de la Historia, correspondiente de la Real de Madrid (1919). En 1920 se le
nombró investigador del Archivo General de la Nación, en cuyo *Boletín* publicó numerosos artículos.
Son también obra suya: "Datos biográficos sobre
Juan Ruiz de Alarcón", en *Boletín de la Biblioteca
Nacional* (1913-1915); *Historia del Toreo en México. Epoca colonial* (1924), *Bibliografía de Juan
Ruiz de Alarcón* (1927), *Nuevos datos para la biografía de José María Heredia* (La Habana, 1930) y
*Los precursores ideológicos de la Guerra de Inde-
pendencia* (1932); en colaboración con Ramón Mena: *Churubusco-Huitzilopochco* (1921), y con Pedro de Alba: *Primer centenario de la Constitución
de 1824* (1924). Editó, paleografiada, la versión
manuscrita de Cristóbal Bernardo de la Plaza Jaén:
*Crónica de la Real y Pontificia Universidad de Mé-
xico* (1931). Perteneció Rangel a la escuela de la
historia erudita escrita cabalmente a base de documentos fidedignos. v.Rubén M.Campos: *El folclor
literario en México* (1936).

RANGEL FRÍAS, RAÚL, n. en Monterrey, N.L.,
el 15 de marzo de 1913. Estudió en el Colegio
Civil, de cuya sociedad de alumnos fue presidente.
Formó parte del Grupo Alfonso Reyes. En 1929
triunfó en el certamen de oratoria patrocinado por
El Universal. Dirigió el periódico *Rumbo*. Inició su
carrera profesional en Nuevo León y la concluyó
en la Universidad Nacional. Como estudiante fue
miembro del Consejo Universitario y amigo de la
generación literaria del Grupo Barandal, formado
por Octavio Paz, Rafael López Malo, Salvador Toscano, José Alvarado y otros. Obtuvo título de abogado en 1938. Enseñó materias de su especialidad
en la Escuela Nacional de Jurisprudencia y en los
Centros Obreros de Extensión Universitaria. En
Monterrey ha sido profesor de la Facultad de Derecho, de la Escuela Nocturna de Bachilleres y de la
preparatoria del Instituto Laurens. Siendo jefe del
Departamento de Acción Social Universitaria, en
1944 fundó y dirigió las revistas *Armas y Letras*
(mensual) y *Universidad* (semestral). Creó la Escuela de Verano y la Facultad de Filosofía y Letras, de
la cual fue director. Fue jefe del Departamento de
Prensa y Publicidad y oficial mayor del gobierno
del Estado; y rector de la Universidad de Nuevo
León en 1949-1952, reelecto para el período

6

Raúl Rangel Frías

1952-1955. Inició la construcción de la Ciudad
Universitaria y asistió en 1953 a las celebraciones
del VII Centenario de la Universidad de Salamanca.
Electo gobernador constitucional de Nuevo León
(1955-1961), impulsó la cultura en todos los órdenes: terminó la Ciudad Universitaria y creó el Museo Regional de Nuevo León, la Biblioteca Universitaria Alfonso Reyes y el Archivo General del Estado; contribuyó a la transformación urbana de
Monterrey y construyó la carretera Linares-Galea-
na. Filósofo, historiador y orador, ha colaborado
en numerosas publicaciones, particularmente en *El
Porvenir* y *Vida Universitaria*. Sus principales obras
son: *Testimonios* (1961), *Gerónimo Treviño.
Héroes y epónimos* (1967), *Cosas nuestras* (1971),
El Reyno. Un libro de relatos (1972) y 6 informes
de gobierno. *I.C.G.*

RANGEL GUERRA, ALFONSO, n. en Monterrey,
N.L., en 1928. Abogado (1953) por la Escuela de
Derecho y Ciencias Sociales de la Universidad de
Nuevo León, estudió literatura francesa en la Universidad de París (1958-1959). Ha sido profesor,
director de la Preparatoria Núm. 1 y de la Facultad
de Filosofía y Letras, oficial mayor, secretario general y rector de la Universidad de Nuevo León

Alejandro Rangel Hidalgo: tarjeta de Navidad

(1955-1964); presidente del Instituto Internacional de Literatura Iberoamericana (1963-1965) y secretario general ejecutivo de la Asociación Nacional de Universidades e Institutos de Educación Superior (ANUIES). Es miembro del Seminario de Cultura Mexicana (Corresponsalía en Monterrey). Ha colaborado en diversas revistas literarias en México y en el extranjero. Ha publicado: *Imagen de la novela* (Monterrey, 1964) e *Historia de la literatura española* (Monterrey, 1965).

RANGEL HIDALGO, ALEJANDRO, n. en Colima, Col., en 1923. Fue ayudante de José Clemente Orozco en Guadalajara; de él aprendió el uso del color y se inició en el retrato. En 1947 viajó a España con el músico michoacano Miguel Bernal Jiménez, quien estrenó en Madrid su ópera *Tata Vasco*, con escenografía y vestuario de Rangel Hidalgo. Vivió en Altamira, Santander, para estudiar la pintura rupestre, "arte —según él— sin los prejuicios de la cultura". A su regreso al país, hacia 1950, decoró el restorán La Copa de Leche de Guadalajara, donde consagró un nuevo estilo, a la vez moderno y tradicional. Ha hecho diseño, pintura y escenografía de aliento mexicanista, equilibrando las raíces indígenas y españolas. Su estilo, intelectualmente *naif*, se ha expresado y multiplicado en

tarjetas —especialmente navideñas—, portadas y carteles. Entre éstos destacan los de la Feria del Maíz (Jalisco, 1956). Proyectó la escenografía para *Los tres galanes de Juana*, también de Bernal Jiménez. Radicado en Comala, Col., se dedicó a pintar y al diseño de muebles. Allí fundó una escuela de artesanías con talleres de carpintería, talabartería, dorado en madera, forja de hierro, flores artificiales y latonería, donde dirige, enseña y crea desde 1970.

RANITA VERDE. *Hyla eximia.* Rana de la familia *Hylidae*. Mide de 2 a 3 centímetros de largo. De color verde, se caracteriza por una línea oscura que va de la punta del hocico al ojo, y de éste, en diagonal, por los lados del cuerpo hasta el extremo posterior. Generalmente esta marca aparece bordeada, arriba y abajo, por otra línea blanca o amarilla brillante. Puede presentar también manchas irregulares oscuras en el dorso. Los dedos terminan en pequeños discos, y entre aquéllos existe un vestigio de membrana interdigital. De hábitos más bien terrestres que arbóreos, vive en lugares cercanos al agua. Se encuentran desde Durango y Zacatecas hasta Puebla.

RAOUSSET-BOULBON, GASTÓN RAÚL, n. en Avignon, Francia, en 1817; m. fusilado en Guaymas, Son., en 1854. Huérfano de madre desde la cuna, pasó a la tutela de su abuela residente en Gascuña. Estaba educándose con los jesuitas de esa provincia cuando huyó a París, a los 19 años de edad, para empezar desde entonces su azarosa carrera. Muerto su padre, miembro de una noble familia de Provenza, heredó el título de conde y cierta fortuna que despilfarró liberalmente. En 1845 partió a Argel, donde inició trabajos de colonización bajo la guía del mariscal Bugeaud. Sin embargo, la revolución de febrero contra Luis Felipe y la proclamación de la República lo arruinaron. Regresó a Francia en 1850 y decidió pasar a América, atraído por los descubrimientos auríferos en la Alta California. Viajó de Southampton a Panamá en el vapor *Avon* y del istmo a San Francisco en *El Ecuador* (17 de mayo al 22 de agosto). No pudiendo enriquecerse rápidamente, volvió sus ojos a México, que 2 años antes había firmado la paz con Estados Unidos. Primero por conducto del cónsul francés en San Francisco, M. Dillón, y luego por una carta del ministro Levasseur, entró en contacto con la empresa bancaria Jecker, de la Torre y Cía.; viajó a México, formó con la ayuda de esos negociantes la Compañía Restauradora de las Minas de

Arizona y obtuvo del gobierno del presidente Mariano Arista, el 17 de febrero de 1852, una concesión para desembarcar en Guaymas al frente de un grupo de 150 hombres bien pertrechados y municionados, que le brindarían protección contra los indios yaquis y apaches. Un agente de la Restauradora debía esperarlo en ese puerto para acompañarlo en la exploración del territorio de La Mesilla, en Arizona, y formar posesión de los yacimientos de oro a nombre de la Compañía. Esta costearía todos los gastos de la expedición, le enviaría a Guaymas más víveres y municiones, y a la antigua misión de El Saric, 30 mil raciones. El conde obtendría la mitad de los terrenos o placeres auríferos que descubriera. Entre los miembros fundadores de la Sociedad Restauradora figuraban M.Levasseur, ministro de Francia en México, y José de Aguilar, gobernador de Sonora. Raousset viajó a San Francisco, reunió una compañía de 250 hombres, en su mayoría aventureros franceses, y el 1º de junio de 1852 se presentó en Guaymas.

Mientras tanto, en la Ciudad de México había surgido una empresa rival de la Restauradora, que le disputaba la posesión de las minas de Sonora y Arizona. Formaban parte de ella la firma Barrón, el general Miguel Blanco (comandante militar del Estado), el gobernador interino Fernando Cubillas y el vicecónsul francés en Guaymas, señor Calvo. Habiéndose internado la expedición de Raousset, armada hasta con pequeñas piezas de artillería, hasta más allá de Hermosillo, Cubillas le hizo saber que los expedicionarios extranjeros debían renunciar a su nacionalidad y convertirse en soldados mexicanos o de lo contratio serían obligados a reembarcarse. En respuesta, el 30 de septiembre de 1852, encontrándose en La Magdalena, Raousset persuadió a los jefes políticos de la región de que se pronunciaran en contra de esa disposición y en favor de una inmigración de franceses y otros extranjeros. El gobernador envió un correo al conde, ordenándole rendir sus armas al general Blanco, pues de otro modo quedaría fuera de la ley y sería tratado como pirata. Raousset proclamó entonces la independencia de Sonora, regresó al sur con su gente y en Hermosillo rompió las hostilidades contra Blanco, a quien derrotó al cabo de un violento combate. El 29 de octubre, estando a sólo 3 leguas de distancia de Guaymas, enfermó de disentería y partió hacia Mazatlán y luego a San Francisco. Sus oficiales y tropa capitularon y se reembarcaron. Su triunfo militar, en cuanto fue conocido, le creó muy buen ambiente político y financiero en Estados Unidos.

Vuelto el general Antonio López de Santa Anna a la Presidencia de la República en abril de 1853, Raousset regresó a México y consiguió del dictador la promesa de una reparación de daños, que incluía un adelanto de 250 mil francos y abonos de 90 mil mensuales. El, a su vez, se comprometía a pacificar el norte, exterminando a las tribus salvajes. En Europa, el suizo Jecker había sumado a su extensa lista de reclamaciones el asunto de la Restauradora. Posteriormente Santa Anna decidió no formalizar lo tratado y Raousset, deseoso de vengarse, retornó a San Francisco. Allí organizó otra expedición con 300 aventureros, en su mayoría franceses, con el propósito de "civilizar un pueblo que no tiene hoy el derecho de dejar sus campos estériles, sus minas sin explotar y sus fronteras amuralladas, pues es necesario marchar con los siglos o perecer", según escribió en una de sus cartas. Al cabo de 35 días de navegación, el 28 de junio de 1854 desembarcó a unas cuantas leguas de Guaymas y se acuarteló en una caverna. Más tarde se entrevistó con el general José María Yáñez, nuevo comandante militar, y trató de inducirlo a rebelarse contra Santa Anna, igual que lo había hecho Juan Alvarez en el sur. Yañez se mantuvo reservado y dejó aparentemente en paz a los tilibusteros. Pronto, sin embargo, empezaron éstos a reñir con los soldados mexicanos, hasta que al fin, el 31 de julio, se produjo un combate general que duró más de 3 horas y en el que los franceses tuvieron 100 bajas. Pactada la rendición incondicional, Raousset fue hecho prisionero y juzgado por una corte marcial que lo condenó a ser pasado por las armas, bajo los cargos de "conspirador y rebelde". Puesto en capilla, lo asistió el cura del lugar, y a las 6 de la mañana del 12 de agosto de 1854, fue fusilado en la Plaza de la Mole, cuando contaba 36 años de edad. La noticia de su muerte causó estupor en la prensa de Francia y Estados Unidos. v.Henry de la Madelence: *Le compte Gastón de Raousset-Boulbon. Sa vie et ses aventures (D'apres ses papiers, et sa correspondance)* (París, 1859 y 1876); Joaquín Ramírez Cabañas: *Gastón de Raousset, conquistador de Sonora* (1941); y Ernesto de Vignaux: *Viaje a México* (introducción de Leopoldo Orendáin; Guadalajara, 1950).

RASCÓN. Nombre que se aplica a varias especies de aves de la familia *Rallidae* y del género *Rallus*.

Rascón de agua. *Rallus limicola*. Mide de 20 a 25 centímetros. Los adultos presentan el dorso gris parduzco, aunque con rayas oscuras de color olivo; las partes superiores de las coberteras del ala, pardo rojizas; una línea pálida arriba de los ojos; los lados de la cabeza, grises; la garganta, blanca; el cuello, el pecho y la parte superior del abdomen, leonados; las partes inferiores, negras, barradas con blanco; el iris, rojo brillante; y el pico largo, negruzco por arriba y rojizo por debajo. Los inmaduros son pardo negruzcos, aunque rayados de pardo amarillento, y tienen las coberteras de las alas rojizas y el pecho y el abdomen blancos. Se distribuye en Baja California y probablemente en la costa de Sonora, donde anida. Hay una colonia permanente en el Distrito Federal. En invierno se le encuentra en Chiapas. En esta entidad se le llama *kidica*; según Alvarez del Toro, llega en septiembre y emigra hacia el norte en febrero. Habita a la orilla de los ríos de corriente lenta y entre la vegetación de las ciénegas.

Rascón real. *Rallus elegans.* Visitante esporádico o accidental de México, se ha registrado únicamente en Guanajuato y Veracruz. Presenta las plumas de la región dorsal de color leonado canela, con rayas oscuras; la cabeza, el cuello y el pecho, pardos; la garganta, blanca; las partes inferiores más claras, barradas de blanco; el iris, pardo rojizo; y el pico largo, con la mandíbula inferior de rojiza a naranja. A esta gallineta se la ha observado en los pantanos con vegetación flotante.

Rascón picudo. *Rallus longirostris.* Mide de 30 a 40 centímetros. Los adultos presentan el dorso de color pardo grisáceo, con rayas oscuras; una línea blanca arriba del ojo; la garganta, blanca; el pecho, la parte inferior del cuello y el área malar, gris parduzco, barradas con blanco; el iris, de pardo rojizo a amarillo pálido; y el pico largo, con la mandíbula inferior amarillenta. Es más o menos abundante en las costas del Pacífico, incluyendo Baja California; se le ha registrado también en el Distrito Federal, Tlaxcala, Yucatán y Quintana Roo. Vive en esteros, manglares y ciénegas de aguas someras, rara vez en tierra.

RATA. Nombre que se aplica a varios roedores pertenecientes a diversas familias. En seguida se describen los más frecuentes en México:

Rata almizclera. *Ondatra zibethicus,* de la familia *Cricetiae.* Mide de 24 a 30 centímetros y de 42 a 52 incluyendo la cola. Presenta las patas delanteras delgadas y cortas; las traseras, más grandes y fuertes, con dedos largos y una membrana incipiente; los ojos y las orejas, pequeñas; y la cola, larga y comprimida, cubierta de escamas y con pelos escasos. Es pardo negruzca por el dorso, y más clara

10

Rascón picudo, Rallus longirostris

por los lados y el vientre. Su olor característico se debe a la presencia de glándulas especiales de secreción situadas en la región perianal. Se encuentra en el delta del río Colorado, en las corrientes del noreste de Sonora y en el norte de Coahuila, cerca del Bravo. Es más estrictamente acuática que el castor y se alimenta principalmente de las hojas, tallos y raíces de las plantas que crecen a la orilla de los ríos. Se reproduce en cualquier época del año; la gestación dura 30 días y las camadas comprenden de 3 a 9 hijuelos. Cada hembra pare 2 o 3 veces al año si el alimento es abundante. A su vez es atacada e ingerida por aves de presa, carnívoros y serpientes. En Estados Unidos su piel se cotiza a buen precio, pues es muy fina, pero en México nunca ha tenido importancia económica porque es una especie limitada a unas cuantas localidades. En el comercio se conoce su piel con el nombre de "foca eléctrica". Es destructora de diques a lo largo de los ríos, pero cuando ha llegado a afectar seriamente los sistemas de irrigación, ha sido controlada.

Rata canguro. *Dipodomys phillipsii,* de la familia *Heteromydae,* también llamado *rata canguro mexicana* y *sacarriochi.* Se caracteriza por tener las patas posteriores mucho más largas que las anteriores. Presenta el cuerpo robusto, la cabeza grande, los ojos relativamente grandes, las orejas redondeadas y la cola mayor que el cuerpo, delgada, terminada en un mechón de pelos en forma de pincel. La planta de las patas posteriores y de los dedos está cubierta de pelo. Tiene el dorso de color pardo oscuro, los flancos pardo claros, los carrillos grises y la región ventral, las patas anteriores y la parte superior de las posteriores, blancas, lo mismo que el borde posterior de la oreja. Es de hábitos nocturnos. Se desplaza saltando. Es muy ágil. Fue muy abundante hace algunos años en el valle de México, pero actualmente se ha extinguido (Villa). Poco se sabe de su biología, pero se supone que se alimenta de granos y de hierbas tiernas, los cuales almacena en sus bolsas o abazones. A su vez es ingerida por lechuzas y otros animales carnívoros. Existen varias especies y subespecies en México que se domestican con cierta facilidad y pueden vivir en cautiverio cerca de 3 años.

Rata espinosa. *Liomys irroratus*, de la familia *Heretomydae*. Mide unos 25 centímetros incluyendo la cola. Se caracteriza por su pelo áspero, compuesto de cerdas tiesas, aplanadas y acanaladas longitudinalmente. Presenta el dorso de color gris oscuro, los costados más claros, la superficie ventral blanca, los brazos grises por arriba, las manos blancas, las patas blancas por arriba y oscuras en la planta, y la cola oscura, aunque clara por abajo. Se encuentra en el valle de México. Prefiere los terrenos rocosos, cerca de los cultivos. De hábitos nocturnos, se alimenta principalmente de semillas. Según Villa, se reproduce todo el año. Las camadas son de 3 a 5 individuos.

Rata gris. *Rattus norvegicus*, de la familia *Muridae*, también conocida con los nombres de *rata de casa* y *rata noruega*. Es cosmopolita. Se distingue de la rata negra *Rattus rattus alexandrinus* por su mayor tamaño y porque la hembra tiene 6 pares de mamas. Abunda en el drenaje de la Ciudad de México. Cuando se han hecho campañas de desratización, el 96% de los animales muertos corresponde a esta especie. Causa daños en bodegas, almacenes y rastros. Es hospedera de las pulgas trasmisoras del tifo, producido por *Rickettsia typhi*, y de la peste provocada por *Pasteurella pestis*. Se la considera, además, uno de los portadores más importantes de la triquina en México, proveniente de *Trichinella spiralis*.

Rata de monte. *Neotoma torquata*. Esta especie es la más grande de las que viven en el valle de México, pues mide unos 35 centímetros. Presenta el dorso de color negruzco; los costados, pardo os-

curos; y la región ventral y las patas, blancas, aunque esta coloración, al decir del doctor Villa, varía con la edad. Vive en las regiones boscosas y elevadas que rodean el valle, en los huecos de las rocas, donde construye sus nidos. Se sabe que la hembra tiene dos o más partos durante el año.

Rata negra. *Rattus rattus alexandrinus*, de la familia *Muridae*. Es cosmopolita. Menos abundante en la Ciudad de México y de menor tamaño que la rata gris, se distingue de ésta porque presenta 5 pares de mamas, 2 de las cuales son pectorales. Parece ser que en muchas regiones ha sido desplazada por la rata gris, mejor adaptada. En las campañas de desratización apenas alcanza el 4% de las víctimas. También sus pulgas trasmiten el tifo, la peste bubónica y otras enfermedades.

RATÓN. Nombre que se aplica a varios roedores pertenecientes a diversas familias. En seguida se describen los más frecuentes en México:

Ratón común. *Mus musculus*, de la familia *Muridae*. Es de menor tamaño que las ratas negras o grises. Presenta el dorso ocre, con tonalidades oscuras; la región ventral, pardo clara; y la cola, parda por arriba, pálido por abajo y con la punta negra. La hembra tiene 5 pares de mamas, de los cuales 3 son pectorales y 2 abdominales. Su rostro corto lo distingue de otras especies. Abunda en todo el valle de México, especialmente en los alrededores de las casas y en los campos cultivados. Sigue en importancia a las ratas por el daño que causa, especialmente en cocinas, bibliotecas, almacenes, bodegas y rastros. Es de hábitos omnívoros y de gran fecundidad. Según Villa, las hembras tienen varios partos al año y en cada uno de 5 a 10 hijuelos. El período de gestación es de 18 a 20 días. Construye su nido en cualquier lugar protegido, utilizando para ello papel, trapo y otros materiales, de tal manera que en esa tarea causa tantos o más perjuicios que al buscar su alimento.

Ratón dorado. *Reithrodontomys chrysopsis*. Mide de 15 a 17 centímetros, incluyendo la cola. Presenta el pelaje suave y sedoso, de coloración casi naranja en el dorso, canela rojizo en los costados y más clara en el vientre; las orejas, negruzcas; y la cola, pardo oscura por arriba y blanca por abajo. Se distribuye en la parte central de México. Es relativamente abundante entre la vegetación baja de bosques de pinos, en las vertientes de las zonas montañosas que rodean al valle de México. Poco se sabe de su biología. El doctor Villa menciona que los ejemplares hembras examinados por él en primavera e invierno no tenían embriones.

Ratón orejudo. *Reithrodontomys megalotis*, de la familia *Cricetidae*. Mide de 15 a 23 centímetros incluyendo la cola. De forma grácil, presenta el dorso de color ante oscuro, los lados más claros, el vientre gris, las orejas grandes y oscuras, y la cola parda por arriba y blanca por abajo. Se caracteriza por un surco acanalado longitudinal en la superficie externa de los incisivos superiores. Se distribuye ampliamente en toda la República. Vive de preferencia en las zonas cercanas a los cultivos. Hace sus nidos de pasto seco, en hoyos y grietas. La hembra tiene de 3 a 7 hijuelos en cada camada, dos veces al año (Davis y Villa).

Ratón de patas blancas. *Peromyscus maniculatus*. De tamaño mediano, presenta la cola larga; el pelaje, corto y fino; los ojos, grandes; y la planta de los pies, cubierta de pelo y con 6 tubérculos. Es de color leonado, más intenso en la espalda, aunque tiene la cola parda por arriba y blancuzca por debajo, y las 4 patas blancas. Se distribuye en casi toda la República, incluyendo el valle de México. Es de hábitos nocturnos. Otras especies y subespecies de este género son: *P.m. labecula, P.melanotis, P.hylocetes, P.truei gratus, P.difficilis amplus* y *P.difficilis felipensis*.

Ratón pigmeo. *Baiomys taylori*. De tamaño pequeño, presenta la cola relativamente corta; las orejas, breves y redondeadas; el dorso, color sepia oscuro; los costados, más claros; el vientre, gris; las patas, oscuras; y la cola, clara por abajo. Es relativamente abundante en la región centro-oeste de la República y en el valle de México. Poco se sabe de su biología. No causa daño y, de acuerdo con el doctor Villa, puede usarse en laboratorio en sustitución de los ratones blancos, pues es proclive a vivir en cautiverio.

Ratón de los volcanes. *Neotomodon alstoni*, de la familia *Cricetidae*, acaso el mayor que vive en el valle de México, a excepción de los del género *Neotoma*. Mide entre 20 y 22 centímetros. Presenta el dorso oscuro; los costados, de color sepia; las partes inferiores, blancas; y el pelaje, suave y denso. Se halla restringido a las zonas más elevadas de la República, entre los 2,660 y los 4,500 metros de altitud, especialmente en los bosques de pino-encino y pino-abeto. Vive entre el zacatón, donde cava sus madrigueras. Algunos autores (Davis y Villa) han señalado que la época de reproducción de ésta va de principios de julio a mediados de agosto. Las camadas son de 3 o 4 hijuelos.

RATÓN. *Polydactylus opercularis*. Pez de la familia *Polynemidae*. Mide de 40 a 45 centímetros de largo. Su aleta pectoral está formada por varios filamentos (de 6 a 9) que los pescadores llaman "bigotes". También se le conoce con los nombres de *aleta de hebra, barbudo* y *boca dulce*. Tiene la cabeza cubierta de escamas, el hocico cónico sobresaliente, el preopérculo aserrado y los ojos grandes, con un párpado adiposo característico. Tiene 2 aletas dorsales muy separadas, la primera con 8 espinas; la caudal muy bifurcada, las pélvicas en posición abdominal y las pectorales formadas por dos porciones (la inferior con 9 finamentos y las superior normal). De color gris, presenta el vientre más pálido que el dorso, con una mancha oscura en el opérculo. Se distribuye desde el Golfo de California hasta el Perú. Es comestible y apreciado localmente. Rara vez llega a los mercados del interior. Es relativamente abundante y se le emplea también como carnada para la pesca del atún. *Polydactylus approximans* se distribuye un poco más al norte, hasta San Diego, California; se distingue de la especie anterior en que tiene sólo 6 filamentos, rara vez 5, en la aleta pectoral, que es blanca.

RATÓN TLACUACHE. *Marmosa mexicana*. Marsupial de la familia *Didelphidae*. Francisco Hernández le da el nombre de *coyopolin*; en algunas regiones de Tabasco lo llaman *zorro platanero*; y en Yucatán, *bokiloch*, que según Gaumer significa "zorro chocolatero". De figura esbelta, su cuerpo mide entre 8 y 18 centímetros, y su cola de 9 a 20. Presenta el pelaje suave, lanoso y muy fino, de color variable, de gris a pardo oscuro en el dorso, más pálido en los costados, y de blanco a amarillento en el vientre. El hocico es agudo y las orejas redondeadas y desnudas. Casi todos los ejemplares tienen una máscara de color oscuro alrededor del ojo. La cola es extraordinariamente prensil y está desnuda en su mayor parte. Es de hábitos nocturnos. La hembra carece de bolsa. Se alimenta de insectos, frutas, huevos de pájaros, pequeños roedores y lagartijas. La hembra se reproduce en todas la épocas y parece que tiene uno o dos partos durante el año. Se distribuye desde el norte de México (Tamaulipas), por toda la República, hasta Brasil.

RATONERA. *Elaphe triaspis*. Serpiente de la familia *Colubridae*. Mide de 95 a 100 centímetros de largo. Presenta el dorso color oliváceo amarillento; el vientre, blanco; y, la cola grisácea. Se alimenta exclusivamente de ratones y ratas, a los que constriñe a la manera de las boas. Vive entre los matorrales cercanos a los sembradíos. Se distribuye en la península de Yucatán y hacia el sur hasta Honduras. *E.flaviruta* (ratonera manchada), de la misma familia, mide 120 centímetros. Presenta el dorso de color leonado, con una hilera de manchas pardas, marginadas de negro. En algunos ejemplares las manchas son transversales y van alternadas con las opuestas, formando una banda en zig-zag. Tiene dos bandas curvas transversales en el hocico; unas marcas simétricas en el centro de la cabeza; y dos rayas longitudinales en la nuca (según Alvarez del Toro). Vive entre los matorrales cercanos a los cultivos y se alimenta casi exclusivamente de ratones. Se distribuye desde la parte central de Tamaulipas hasta Guatemala y del Istmo de Tehuantepec a Chiapas.

RAUDÓN FERNÁNDEZ, JUAN NEPOMUCENO, n. en la Ciudad de Puebla en 1788; m. en Tehuacán, Pue., en 1843. Estudió en el Colegio de San Luis y en el Seminario Conciliar Palafoxiano, de donde salió con el grado de bachiller en artes. Llevó cursos con el cirujano José González, en el Hospital de San Pedro, en Puebla, y se tituló de doctor en 1810 en la Real Escuela de Cirujía de México. De regreso a Puebla, fue comisionado para escribir, junto con Manuel Méndez y Mariano Escalante, una monografía sobre las enfermedades contagiosas, particularmente la que azotó la región en 1824: *Trimestre de las enfermedades constitucionales que reynaron en la estación del Estadio de este presente año* (Puebla, 1825). En Tehuacán hizo frente a la epidemia de cólera morbo de 1833. En 1841 profesó como sacerdote y se le nombró capellán de la capilla del Calvario, donde está enterrado. v.José Joaquín Izquierdo: *Raudón, cirujano poblano de 1810* (1949).

RAVICZ, ROBERT, n. en Mineapolis, Minesota, Estados Unidos, en 1921. Antropólogo, bachiller de artes por la Universidad de Texas (1942), maestro en artes (1953) y doctor en filosofía (1959) por la Harvard y profesor de antropología en el Colegio del Estado del Valle de San Fernando (1964), es autor de: *La Mixteca en el estudio comparativo del hongo alucinante* (1961); y "Compadrinazgo" y "Mixtec", en *Handbook Middle American Indians* (1965).

RAYA. Nombre que se aplica a varios elasmobranquios pertenecientes a diversas familias. En seguida se describen los más frecuentes en aguas mexicanas:

Raya. *Raja texana,* de la familia *Rajidae.* Mide unos 50 centímetros. Presenta el disco ligeramente más largo que ancho; las pectorales separadas del

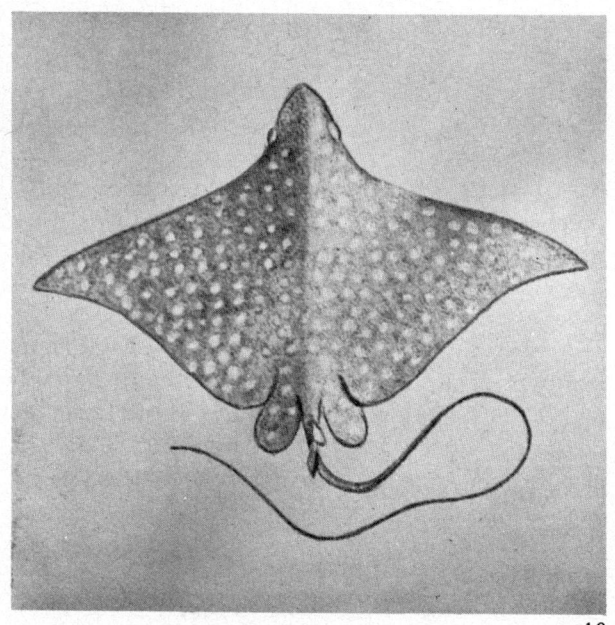

10

Raya pinta, Aëtobatus narinari

hocico; éste prolongado y redondeado en el extremo anterior; los ojos pequeños; los espiráculos atrás de los ojos; la boca ligeramente transversa, en arco, con numerosos dientes en varias filas; una hilera de aguijones fuertes en la región media dorsal; 5 hileras de espinas en la cola, que se prolongan hasta el nacimiento de la aleta caudal; y las aletas pélvicas profundamente divididas, de modo de formar 2 lóbulos, uno anterior y otro posterior. Tiene el dorso de color pardo claro, con variaciones hasta tonos oscuros. La caracterizan 2 ocelos, uno en cada aleta pectoral, formados por un anillo de color amarillo rodeado por otro negro. La superficie ventral es blanca o rosa. Es ovípara. La hembra pone huevos de naturaleza córnea, cuadrados, con filamentos en los extremos. La fecundación es interna. Se alimenta de varios tipos de invertebrados y de peces pequeños. Según Castro Aguirre, cae sobre sus víctimas y cierra rápidamente sus aletas pectorales para evitar que escapen. Se distribuye por todo el Golfo de México, desde Florida hasta Campeche. Otra especie semejante es *Raja ecuatorialis,* más pequeña, propia del Pacífico, desde Mazatlán hasta Colombia, incluyendo las Islas Galápagos. Se distingue por su coloración pardo oscura, con varias manchas simétricas a ambos lados de las pectorales, y un par de ocelos elípticos con varias manchas agrupadas en torno a un óvalo amarillo.

Raya blanca. *Dasyatis sabina,* de la familia *Dasyatidae.* Mide de 60 a 62 centímetros. Presenta el disco subcircular en forma de diamente, más ancho que largo, el cual se prolonga en un hocico pequeño. Los márgenes anteriores de las aletas pectorales son rectos, y los posteriores redondeados. Las aletas pélvicas cubren la mitad de las pectorales. Los ojos, grandes, son mayores que los espiráculos y éstos no llevan rebordes ni pliegues. Tiene numerosos poros mucosos en la región cefálica; boca transversa, con varias hileras de dientes aplanados; cola larga, casi dos veces mayor que el disco, delgada, con una o dos espinas aserradas caudales; piel rugosa, con un par de aguijones a los lados de la cintura escapular; y una hilera medio dorsal de aguijones que se extiende desde la región nucal hasta la espina caudal. La coloración del dorso es pardo amarillenta o gris, y la del vientre blanquecina. Es ovovípara. Se alimenta de invertebrados y peces pequeños. Se distribuye en todo el Golfo de México. Existen varias especies afines: *Dasyatis say*, en la misma región y hasta el sur del Brasil; *D.brevis*, desde San Diego, California, hasta el Perú, en el Pacífico; y *D.longus*, desde el Golfo de California hasta las Galápagos.

Raya cola de rata. *Gymnura micrura*, de la familia *Gymnuridae*. Mide de 1 a 1.2 metros. Presenta el disco más ancho que largo y de forma romboidal, con el hocico apuntado; los márgenes anteriores, ligeramente cóncavos hacia los extremos, y los posteriores algo convexos; los ojos, pequeños; y los espiráculos más grandes, de forma cuadrangular, sin pliegues ni rebordes; la boca transversa, algo semicircular, con dientes en varios peines; las aletas pélvicas, alargadas con márgenes laterales casi rectos y los posteriores redondeados; la cola muy pequeña, con 2 quillas dérmicas, una superior y otra inferior; y la aleta caudal y la piel, totalmente lisas. La coloración varía de gris a verde claro o ligeramente púrpura en el dorso, y de blanca a grisácea en la región ventral. Es ovovípara y se alimenta de cangrejos, moluscos y peces pequeños. Vive en fondos arenosos, desde Nueva York hasta el Brasil.

Raya diablo. *Platyrhinoidis triseriatus*, de la familia *Rhinobatidae*. Mide de 60 a 90 centímetros. Presenta el cuerpo ovalado, más ancho que largo; las aletas pectorales muy anchas a nivel de la cintura escapular; el hocico chato, corto y ancho; los ojos pequeños y los espiráculos cerca de la órbita ocular, pero no unidos y sin pliegues; 4 espinas perioculares fuertes; la boca ancha, con varios peines de dientes; los márgenes de los pectorales, con varias series de aguijones fuertes y recurvados; las aberturas branquiales, angostas; la línea media dorsal, con una serie de espinas fuertes, que se extienden desde la región nucal hasta la segunda aleta dorsal; y la cola más larga que el cuerpo. Este apa-

rece cubierto por dentículos dérmicos. Tiene el dorso de color pardo olivo, y el vientre rosa o blanco. Es ovovívipara y se alimenta principalmente de pequeños peces. Se distribuyen desde California hasta Punta Concepción, en México.

Raya eléctrica. *Narcine brasiliensis*, de la familia *Torpedinidae*. Mide de 40 a 45 centímetros. Tiene la capacidad de producir descargas eléctricas de 37 a 40 voltios, suficientes para capturar a sus presas o para rechazar a sus enemigos. Presenta el cuerpo medianamente circular; el hocico, redondeado; los ojos, normales, y los espiráculos bien desarrollados, con los bordes externos papilosos; numerosos poros mucosos en la cabeza; la boca pequeña, protráctil, formando un tubo; y la cola gruesa en su base, que va disminuyendo progresivamente, y de menor tamaño que el disco. Los órganos eléctricos son visibles en la superficie ventral de las aletas pectorales. Es de color gris o pardo grisáceo, con pequeños círculos de color más oscuro en el dorso, y la región ventral rosa o crema. Se alimenta principalmente de peces, aunque ingiere de modo ocasional gusanos y otros invertebrados. Es ovovíviparo. La hembra es capaz de poner entre 4 y 15 embriones. Se distribuye desde Charleston y el Golfo de México hasta el Río de la Plata. Otra especie muy semejante, llamada *Narcine entemedor*, es de mayor tamaño y se distribuye desde el Golfo de California hasta Panamá. *Narcine vermiculatus*, a su vez, presenta numerosas manchas blancas vermiculadas sobre fondo pardo oscuro y se distribuye de California a El Salvador. Se supone que ambas especies tienen la misma capacidad eléctrica que *N. brasiliensis*.

Raya de espina. *Urolophus jamaicensis*, de la familia *Urolophidae*. Mide de 60 a 65 centímetros. En general, presenta el disco ovoide; la cola más corta; la piel del dorso con numerosos aguijones recurvados que se prolongan hasta la porción orbital; los ojos de mayor tamaño que los espiráculos, con una pequeña proyección en el margen interior; y la boca ligeramente recta. Carece de aletas dorsales. Es de color pardo, con manchas amarillas rodeadas por un anillo oscuro. Se alimenta de crustáceos, moluscos, gusanos y peces. Se distribuye desde Florida, por todo el Golfo de México, hasta el Caribe. Otra especie semejante es *Urolopus halleri*, común en aguas del Pacífico, que se distingue de aquélla por ser completamente lisa.

Raya gavilán. *Rhinoptera steindachneri*, de la familia *Myliobatidae*. Mide 70 centímetros de punta a punta de los pectorales. Presenta la cabeza libre y ancha; los ojos relativamente grandes, pero meno-

10

Raya blanca, Dasyatis sabina

res que los espiráculos, los cuales son de forma oval; la boca, transversa y recta, con dientes aplanados hexagonales, dispuestos a manera de pavimento; las aberturas branquiales, grandes; las aletas pélvicas, alargadas; la piel, totalmente lisa; la cola, moderadamente gruesa en su base y luego delgada, en forma de látigo, con longitud 2 veces mayor que la del cuerpo; y una sola aleta dorsal seguida de una o 2 espinas aserradas. El color de la superficie dorsal es gris oscuro, pardo o negro, y el de la ventral crema o blanco amarillento. Es ovovivípara y se alimenta principalmente de moluscos bivalvos, langostas, cangrejos y peces. Se distribuye desde el Golfo de California, por toda la costa del Pacífico mexicano, hasta las Islas Galápagos. Otra especie de este género es *Rhinoptera bonasus*, que se encuentra en el Golfo de México, desde Nueva Inglaterra hasta Brasil.

Raya manchada. *Urolophus maculatus*, de la familia *Urolophidae*. Mide de 40 a 42 centímetros. Presenta el disco redondeado, con el tope ligeramente prolongado; los ojos más pequeños que los espiráculos, sin rebordes ni repliegues; la boca ligeramente transversa y semicircular; la cola, más corta que el disco, sin aletas dorsales; una espina fuertemente aserrada en la mitad de la cola; y la piel

totalmente lisa. Es de color pardo claro a grisáceo, con manchas oscuras distribuidas simétricamente en el dorso. Tiene a ambos lados de la cola pequeñas manchas oscuras. La superficie ventral es pálida, rosa o crema. Es ovovivípara y se alimenta de pequeños crustáceos y gusanos. Se le conoce solamente en el Golfo de California.

Raya mariposa. *Gymnura marmorata*, de la familia *Gymnuridae*. Mide de 1.40 a 1.50 metros, de punta a punta de las aletas. Presenta el disco más ancho que largo, de forma romboidal; el hocico, pequeño; los márgenes anteriores de las pectorales, cóncavos hacia los extremos, y los posteriores redondeados; los ojos, pequeños; los espiráculos, casi del mismo tamaño que los ojos; un cierto número de poros mucosos sobre la superficie del disco; la boca transversa, semicircular, con varias hileras de dientes funcionales; las aberturas branquiales, pequeñas; las aletas pectorales, dispuestas sobre la mitad de las pélvicas; éstas, alargadas, con márgenes casi rectos; la cola, pequeña, con 2 quillas; y en ocasiones una o 2 espinas caudales. La coloración del dorso es parda uniforme, aunque puede tener manchas pálidas o de color oscuro o amarillento. La parte ventral es crema, rosada o blanca. Es ovovivípara. Se alimenta de crustáceos, moluscos y peces. Se distribuye desde California hasta el Perú y es frecuente en el Golfo de Cortés.

Raya pinta. *Aëtobatus narinari*, de la familia *Myliobatidae*. Mide de 3 a 3.30 metros de largo y hasta 2.28 de punta a punta de las aletas pectorales. Según Castro Aguirre, también recibe los nombres de *chucho* y *cubanita*. El disco es casi el doble de ancho que de largo y tiene forma romboidal. Las aletas pectorales no forman un conjunto con la cabeza. Esta no destaca del resto del cuerpo. El hocico se proyecta como pico. Tiene ojos pequeños; espiráculos mayores, de forma oval, sin repliegues; y boca transversa, con dientes modificados a placas, en una sola hilera en cada mandíbula. Las aletas pectorales no cubren a las pélvicas. Estas son alargadas. Detrás de la aleta dorsal, bien desarrollada, aparecen de una a 5 espinas aserradas. La cola parece un látigo y tiene una longitud de 4 a 5 veces el cuerpo. Presenta el dorso de color negro o pardo, con numerosas manchas blancas o grises; y la superficie ventral, blanca o rosa. Es ovovivípara y se alimenta principalmente de moluscos bivavos (almejas), aunque también de peces y pulpos. Es frecuente en el Golfo de México y, en el Pacífico, de Baja California a las Islas Galápagos.

RAYADOR. *Rynchops nigra nigra.* Ave marina de

la familia *Rynchopidae*. Mide unos 40 centímetros. Presenta el dorso de color negro; las puntas de las plumas secundarias y primarias, blancas; la cola, blanca, moderadamente bifurcada; la parte anterior de la cabeza, los lados de ésta y las partes inferiores, inmaculadamente blancos; y el pico, en forma de navaja (la mandíbula inferior más larga que la superior), rojo brillante en la base y negruzco hacia la punta. Se le encuentra en ambas costas, de Sonora a Chiapas y de Tamaulipas a Yucatán. Vuela al ras del agua, con su mandíbula inferior tocando la superficie, para capturar su alimento, lo cual le ha valido su nombre vernáculo.

RAYMOND, JOSEPH B., n. en Portales, Nuevo México, Estados Unidos, en 1917. Director de lenguas extranjeras del Colegio Calvillo, es autor de: *"Mexican Proverbs"* (1953) y *"Tensions in Proverbs: more light on international understanding"* (1956), en *Western Folklore* (1956). Es coautor de *Rodeo Gramatical* (1951).

REA, ALONSO DE LA, n. en Querétaro en la primera década del siglo XVII. Mozo aún, tomó el hábito de la Orden de San Francisco, en la cual llegó a desempeñar elevados puestos, entre otros los de lector de filosofía y teología, definidor capitular y cronista (1637). Fue el primer mexicano que resultó electo para ese cargo (Capítulo de Tzintzuntzan, 1649). Escribió *Chrónica de la Orden de N.Seráphico P.S. Francisco. Provincia de S. Pedro de Mechoacan en la Nueva España* (1643), hoy muy rara. Una segunda edición la imprimió el periódico *La Voz de México* en 1882 y otra se hizo en Querétaro en 1945. Es la primera crónica franciscana de Michoacán y una de las más completas con relación a los sucesos que trata.

REAL, JUAN B., n. en Arroyo Hondo, Nuevo México, Estados Unidos, en 1900. Maestro en artes (1929) por la Universidad de California (Berkeley), doctor en filosofía y letras (1965) por la de Stanford y codirector del Colegio de Verano de Guadalajara y de la Universidad de Arizona, es autor de: *The New Mexican Alabado* (1951), *Cuentos de Colorado y de Nuevo México* (1957) y *Sources and Diffusion of the Mexican Shepherds Plays* (1965).

REAL DÍAZ, JOSÉ JOAQUÍN, n. en Sevilla, España, en 1935. Vicesecretario de publicaciones de la Escuela de Estudios Hispano-Americanos, es autor de: *Las ferias de Jalapa* (Sevilla, 1959).

REALH DE LEÓN, ROBERTO, n. en la Ciudad de México en 1950. Asistió ocasionalmente al Estudio

1

Rafael Rebollar

Internacional de Arte y a la Escuela Nacional de Artes Plásticas. Se considera autodidacta. Expuso sus cuadros por vez primera en San Antonio, Texas (1970). Ha dicho de él Jorge Alberto Manrique: "No sólo sus formas son planas y plenas, sin ninguna textura, sino que los colores que emplea también subrayan la serenidad y pasividad de las obras".

REBOLLAR, RAFAEL, n. y m. en la Ciudad de México (1847-1915). Se recibió de abogado en 1871. Fue prefecto y profesor de la Escuela de Jurisprudencia, director del *Diario Oficial*, magistrado del Tribunal de Casación y juez de lo Penal; oficial mayor, secretario y gobernador del Distrito Federal; procurador general de la República, director de la Deuda Pública, redactor de la Ley de Jurados y miembro de la Comisión Revisora del Código de Procedimientos Penales. Colaboró en *El Renacimiento* y *El Anáhuac*. Escribió sobre medicina legal en *El Foro* y en *La Gaceta Médica*. Fundó la Sociedad Literaria Nezahualcóyotl. En 1897 presentó a los congresos jurídicos de Madrid y Londres el estudio: *Abordajes y auxilios en alta mar, entre buques de distintas naciones. Legislación, competencia y procedimiento para hacer efectivas las consecuencias jurídicas de estos hechos.*

REBOLLEDO, EFRÉN, n. en Actopan, Hgo., en 1877; m. en Madrid, España, en 1929. Abogado, fue diputado federal a la XXVII Legislatura y luego ingresó al servicio diplomático. Fue secretario de legación en Japón y Guatemala; comisionado para estudiar el establecimiento de relaciones económicas con Noruega; consejero de legación en Cuba y Chile, y jefe del Protocolo de la Secretaría de Relaciones Exteriores. Durante una de sus estancias en la Ciudad de México fue catedrático en la Escuela Nacional Preparatoria. Inició su carrera literaria en la *Revista Moderna.* La mayor parte de su obra fue escrita en el extranjero: *Cuarzos* (Guatemala, 1902), *Hilo de corales* (Guatemala, 1904) y *Más allá de las nubes* (Guatemala, 1903), reunidos en *Joyeles* (París, 1907); *Estela* (1907), *Rimas japonesas* (Tokio, 1909), *Nikko* (Tokio, 1910), *Hoja de bambú* (Tokio, 1910), *Libro del loco amor* (1916), *Desencanto de Dulcinea* (1916), *El águila que cae* (1916), *Salamandra* (1919), *La saga de Sigfrida la blonda* (Cristiania, Noruega, 1922) y *Joyelero* (Cristiania, 1922; compilación de su obra poética). Tradujo a Oscar Wilde, Mauricio Maeterlink y Rudyard Kipling.

REBOLLEDO, MIGUEL, n. en Perote, Ver., en 1868; m. en la Ciudad de México cn 1962. Estudió en el Colegio Militar y se especializó en Francia, en la Escuela de Ingenieros Navales. Funcionario de la Secretaría de Guerra y Marina, realizó varias obras portuarias. Junto con el contralmirante Angel Ortiz Monasterio, introdujo en México, en 1902, el cemento armado y construyó con esa técnica varios edificios, entre otros el del diario *Excélsior.*

RÉBSAMEN, ENRIQUE CONRADO, n. en Kreuzlingen-Egelshofen, del cantón de Turgovia, Suiza, en 1857; m. en Jalapa, Ver., en 1904. Estudió en la Escuela Normal para Maestros de Kreuzlingen, a orillas del lago de Constanza, plantel que dirigió su padre durante casi medio siglo. Recibido el 12 de abril de 1876, pasó a la Universidad de Lausanne, donde cursó francés, inglés, geología, paleontología y botánica; y después a la de Zurich, donde llevó filosofía, literatura francesa e inglesa, historia y pedagogía. Con esos estudios obtuvo en 1877 su título de profesor de escuelas secundarias. Dirigía un plantel de este tipo en Lichtenfels, Alemania, cuando leyó en el *Diario General de Viena* un artículo de Carlos von Gagern intitulado "Quetzalcóatl", que lo movió a entablar correspondencia con su autor. Este había vivido en México a partir de 1853; fue testigo y actor de las guerras de Reforma y contra la Intervención Francesa; se afilió al ejérci-

Enrique Conrado Rébsamen

to liberal y llegó a coronel; y a la caída del Imperio regresó a Europa y publicó en Berlín, en 1884, *Toudte und Lebende* (*Muertos y vivos*), uno de cuyos ejemplares envió a Rébsamen, con una dedicatoria en que lo llamó "fiel camarada en ideas". Este libro indujo al profesor suizo a marchar a México. Primero trabajó como preceptor particular de una familia en León, Gto., y luego pasó a Orizaba para observar de cerca los ensayos de educación moderna implantados por el alemán Enrique Laubscher. Juntos establecieron una Academia Normal de Profesores (1885-1886), pero hubieron de separarse para fundar: Laubscher, la Escuela Normal de México (1887), y Rébsamen la de Jalapa (1886). Muerto el primero en 1890, toda la tarea quedó a cargo del segundo. Cinco años más tarde saldrían de estos planteles las primeras generaciones de maestros renovadores de la enseñanza mexicana. A ritmo de sus actividades docentes, Rébsamen escribía artículos y libros, como la *Guía metodológica para la enseñanza de la historia* (1890), que originó una polémica con Guillermo Prieto. Otras obras suyas fueron: la adaptación del *Atlas* de Volckmar (1888), el *Método de escritura y lectura en el primer año escolar* (1899) y la *Guía metodológica para maestros y alumnos* (1901).

Santiago Rebull: **Maximiliano, Carlota y el Papa**; *retrato del artista*

Fundó la revista pedagógica *México intelectual*. Participó en los Congresos Pedagógicos de 1889 y 1890 y elaboró el cuestionario de esas reuniones, donde se discutieron, entre otros, los temas de educación preescolar, escuelas rurales, maestros ambulantes, colonias infantiles, escuelas nocturnas para analfabetas adultos, trabajos manuales en los diferentes grados escolares, provisión de locales escolares y bases para el pago del personal. Reorganizó la educación primaria en los estados de Oaxaca, Jalisco y Guanajuato, donde además fundó las escuelas normales y sus correspondientes planteles experimentales; discípulos suyos marcharon con idénticos fines a Chihuahua, Sonora, Sinaloa y Coahuila; otros se esparcieron por el resto de la República, y así se generalizó en el país su doctrina. En 1901 el presidente Díaz lo nombró director general de Enseñanza Normal en el Distrito Federal. v.Edwin Zollinger: *Enrique C.Rébsamen* (1935); René Avilés: *Enrique C.Rébsamen* (1967); Ramón García Ruiz: *Enrique C.Rébsamen* (1968) y *Rébsamen y su obra en Jalisco*; Raúl Arreola Cortés: *La influencia del maestro Rébsamen en Michoacán* (Morelia, 1962); Fidel López Carrasco. *Rébsamen... su influencia en Oaxaca*; J.A.Ortega y Medina: *Polémicas y ensayos mexicanos en torno a la historia* (1970); *Memorias de los Congresos Nacionales de Educación* (1889, 1890); y *Del maestro y el discípulo* (Rébsamen y Gildario F.Avilés).

REBULL, SANTIAGO, n. en alta mar, en el Atlántico, en 1829; m. en la Ciudad de México en 1902. Ingresó a la Academia de Bellas Artes en 1846. Su primer cuadro fue *Cristo en Agonía*. Con *La muerte de Abel* ganó una beca para Roma en 1852. Volvió en 1859 y se le dio la cátedra de dibujo natural. Dirigió la Academia en 1860. Pintó los retratos de Maximiliano y Carlota y los de muchos otros personajes, entre ellos Juárez y Altamirano. Otros cuadros suyos son: *El Sacrificio de Abraham, Moisés* y *La Muerte de Marat.*

REDENCIÓN DE CAUTIVOS (Orden de Santa María de la Merced para ese propósito). Sobre todo en el siglo XII fueron muy numerosas las fundaciones de Ordenes que se dedicaban como obligación peculiar de su vida religiosa, caracterizada por los tres votos de pobreza, castidad y obediencia, a otra actividad necesaria o muy útil para aquellos tiempos. Así nacieron las órdenes militares, para luchar en las Cruzadas; las hospitalarias, para atender a los enfermos; y las destinadas a redimir cautivos cristianos que estaban o en mazmorras o en esclavitud en tierras infieles, muy particularmente en los dominios sarracenos. De éstas, la más antigua fue la de la Santísima Trinidad, fundada en Francia, que nunca llegó a establecerse en México. En cambio, sí tuvo desde los comienzos de la evangelización mucha parte un religioso de la Orden de Santa María de la Merced o mercedario, fray Bartolomé de Olmedo (véase). En los siglos XVII y XVIII la Orden se propagó mucho en la Nueva España y construyó magníficas iglesias y conventos.

Había comenzado en Cataluña como orden militar, con 13 caballeros a quienes el Obispo de Barcelona concedió el hábito blanco que llevaba como insignia —por la protección especial que les dio el rey Jaime I de Aragón— un escudo en cuya mitad superior campeaban una cruz blanca sobre fondo rojo y en la inferior las cuatro barras rojas en campo de oro, emblema de Aragón. En 1235 el Papa Gregorio IX la aprobó como orden religiosa militar. El gran maestro no podía ser sacerdote, pero debía tener a uno, miembro de la orden, como asesor. En capítulo general se señalaba cada año a los que tenían que salir a redimir cautivos, mientras los demás se ocupaban en recoger limosnas y, si eran sacerdotes, en ministerios dentro de su conventos, gobernados por un comendador.

El maestro general Amer les hizo las primeras Constituciones, basadas en la regla de San Agustín, en 1272. Desde 1317, el superior general, por disposición pontificia, tenía que ser sacerdote, así como los provinciales y todos los comendadores. Así se asemejaron a las grandes órdenes mendicantes, aunque el voto de pobreza era tan sólo del individuo, pues la Orden también se dedicaba a reunir dinero para redimir cautivos. La gratitud de muchos de ellos contribuyó a que construyeran iglesias y aun conventos muy ricos, sobre todo después de la conquista de América. Ya en el segundo viaje de Colón, a lo que parece, venía algún mercedario y para 1514 había cuatro en un único convento. De él salió Bartolomé de Olmedo para ser capellán de Cortés, al saber que en Yucatán había algunos españoles cautivos de los mayas. En efecto, Cortés libró a Jerónimo de Aguilar, quien le sirvió de intérprete con los indios hasta Tabasco. Allí tropezaron ya con la dificultad del náhuatl y la Malintzin colaboró, pues sabía ambas lenguas.

Con justicia se considera a fray Bartolomé como el primer evangelizador de México, pues aunque venía también el sacerdote Juan Díaz con él, siempre aparece como mero auxiliar, mientras el mercedario aconsejó a Cortés, refrenó su excesivo celo en derribar ídolos y querer levantar altares, y tomó la dirección cuando hubo que preparar indígenas para el bautismo. Después de la caída de Tenochtitlan, se quedó para proteger a los indígenas y dirigir los esfuerzos restauradores. Murió en 1524 y su desaparición fue muy llorada por los indios. No logró que vinieran otros frailes de su Orden, quienes sólo muchos años después obtuvieron permiso real para establecerse en las tierras conquistadas por Pedro de Alvarado y que constituirían la Capitanía General de Guatemala, incluyendo Chiapas. Consta que para 1545 ya tenían una casita en Chiapa (hoy de Corzo), en la que vivían cuatro frailes, y poco después también en Tuxtla. De estos conventos salían para adoctrinar a los indios de los alrededores, pero atendían más bien a la población española. En la Nueva España les impidieron establecerse, pues el territorio incorporado a la Corona ya estaba dividido entre las tres grandes órdenes. Como prosperaban mucho en la América Central, acabaron por obtener permiso real para tener en México jóvenes religiosos que estudiaran en la Universidad, y por fin abrieron un conventillo junto a San Hipólito en 1574. Por la lejanía de la Universidad, obtuvieron permiso de construir una iglesia chica y una casa para los pocos estudiantes en el Barrio de San Lázaro, en 1589. Sólo hasta 1593 el virrey Luis de Velasco, el segundo, dio permiso para que construyeran un convento para 12 estudiantes, con tal que no se siguiera perjuicio a las otras órdenes. Sólo hasta 1594 dio el rey amplia autorización para que tuvieran iglesia y convento para los fines de su Orden. Pronto pudieron adquirir un buen terreno en donde edificaron templo y convento ya en mejores condiciones. En 1600 tenía 42 religiosos, 3 predicadores, varios maestros de gramática, artes (filosofía) y teología, e iglesia muy concurrida por los españoles. En 1614 uno de ellos obtuvo cátedra de teología en la Pontificia Real Universidad y fue el primero de muchos que seguirían después. De ahí que los mercedarios de México se dedicaron sobre todo a la predicación y a los estudios sagrados, pues no tuvieron misiones de indios.

Consiguieron también, muy pronto, permiso regio para abrir un convento en Puebla, en 1598, y otro en Oaxaca, en 1600, para que sirviera de paso a los religiosos que iban a la América Central. Sin embargo, gracias a sus bienhechores, levantaron una hermosa iglesia en Puebla en 1654 y más tarde también en Oaxaca. Dada la aceptación que tenían sus ministerios y a que también en la Nueva España se interesaban por rescatar cautivos de piratas y corsarios, fueron extendiendo sus fundaciones y en 1604 se establecieron en Valladolid (hoy Morelia). Obtuvieron permiso de tener una casa con huerta cerca de Tacuba (hoy Merced de las Huertas) en 1607 para 8 religiosos; y en Colima, Veracruz y Atlixco, en 1613. El maestro y general, Francisco de Ribera, decidió constituir una Provincia de la Orden en 1715, en que había 6 maestros y 12 presentados. Se dedicarían, sobre todo, a ministerios sacerdotales con la población española y criolla y a recoger limosnas para redimir cautivos. En la capital fundó, en la salida para Chapultepec, el convento de Belén con 6 o 5 religiosos. En San Luis Potosí uno mayor en 1628 y él mismo, ya Obispo de

1

Convento de la Merced en la Ciudad de México (litografía de J.Phillips)

Guadalajara, fundó el de aquella ciudad en 1629 para que estudiaran en él filosofía, teología y moral quienes deseaban ser sacerdotes, pues no había seminario. Todavía siguieron abriendo conventos de pocos religiosos en Córdoba, Aguscalientes (con estudios de gramática), Lagos (1685), Zacatecas, Querétaro (1734), Celaya, Toluca (1742) y Teocaltiche (1750), que pronto se incorporó al de Aguascalientes. En Guanajuato los dueños de la mina de Mellano les encargaron la capilla y dieron una vivienda para 3 religiosos. Abrieron un hospital en Valle de Santiago con uno o dos religiosos en 1762. La Orden de la Merced, en su máximo desarrollo durante el siglo XVIII, no llegó a tener 25 conventos en la actual República Mexicana, y dado que en la mayoría eran pocos los religiosos, puede calcularse que no pasaron nunca de 300. Tuvieron, sin embargo, mucho ascendiente con la población española y criolla. Doctrinas con indios no tuvieron. Esto explica también por qué al finalizar el siglo XVIII empieza su declive, que se precipita con la Independencia y que casi acaba con la Orden al darse a mediados del siglo XIX las leyes de desamortización. Entre sus iglesias hubo algunas verdaderamente suntuosas, y entre todas sobresalió la muy artística que levantaron en la capital entre 1630 y 1654. Costó 100 mil pesos, que obtuvo el provincial fray Juan de Herrera, reuniendo 100 patronos que contribuyeron con mil pesos cada uno. Era de tres naves, cubierta con techo de preciosas maderas, muy bien labradas y muy artísticamente entrelazadas, todo recubierto con tejas de plomo,

que a mediados del siglo pasado fueron causa de su ruina, pues para aprovechar el metal derribaron el templo, Junto a él levantaron un gran convento, cuyo claustro mudéjar de dos pisos se conserva, restaurado estos últimos años. En 1646 servía de habitación a 120 religiosos, de ellos 16 graduados en la Universidad, otros sacerdotes dedicados a los ministerios en la iglesia y la mayor parte estudiantes. En este convento vivieron muchos de los mercedarios que publicaron libros y que enseñaron en la Real y Pontificia Universidad de México.

En la Nueva España hubo 5 obispos que pertenecieron a esta Orden. De los primeros nombrados para la República Mexicana, el designado para Chiapas era nativo de Comitán (1763) y fue obispo desde 1831 hasta su muerte en 1834: Luis García Guillén. Para la segunda mitad del siglo XIX casi se extinguió la Orden en México, pero renovada por el Papa Pío X y consagrada a las misiones, ha tenido un resurgimiento estos últimos años.

Dado el fin que tenía la Orden de redimir cautivos, se comprende que al cambiar las condiciones del mundo en el siglo XVIII, perdiera terreno y empezara a declinar, Sin embargo, todavía en 1785 asegura J.M. Dávila que entregaron en las cajas reales de México 100 mil pesos para ese fin. El mismo recuerda la solemne función que celebraba la Orden en el templo de la Merced, en la cual participaban, como muestra de gratitud de haber sido liberados por ella, militares españoles, eclesiáticos y religiosos, llevando el escapulario de la Merced como rescatados de manos de piratas. A causa de que en la Nueva España la mayoría eran españoles, con la Independencia y el cambio completo de vida consiguiente, la Orden empezó a declinar y ya estaba en franca decadencia cuando las leyes de desamortización la privaron de muchos de sus recursos; así, para mediados del siglo XIX eran poquísimos los religiosos que quedaban en los conventos y aun ésos acabaron por extinguirse. Para fines del siglo XIX, por voluntad del Papa, la Orden se dedicó a las misiones y también resurgió en México, en donde se dedicaba a la evangelización y otros ministerios sacerdotales en no pocas iglesias que tiene en el centro de la República.

No hay una buena historia de la Orden para México; sólo se conocen dos crónicas: la de fray Cristóbal Aldana: *Crónica de la Merced de México* (segunda edición facsimilar; 1929); y la de fray Francisco Pareja: *Crónica de la Provincia de la Visitación de N.Sra. de la Merced, Redención de cautivos, de la Nueva España*, escrita en 1688, pero publicada sólo hasta 1882 en 2 tomos. También es muy útil el artículo "Mercedarios (Provincia de México)" de J.M. Dávila, en el *Diccionario Universal de Historia y Geografía* (tomo V., 1854). D.O.

REDFIELD, ROBERT, n. en Chicago, y m. en Clenview, ambas de Estados Unidos (1897-1958). Catedrático de antropología en la Universidad de Chicago e investigador de la Institución Carnegie de Washington comisionado en Yucatán y Guatemala (1930-1948), es autor, entre otras obras, de: *Tepoztlan. A Mexican Village* (1930), *Chan Kon, a Maya Village* (con Alfonso Villa Rojas, 1934), *The Folk Culture of Yucatan* (1941), *A Village that Chose Progress* (1950), *The Primitive World and its transformations* (1953), *The Little Community* (1955) y *Peasant Society and Culture* (1956).

REED, ALMA, n. en San Francisco, Cal., Estados Unidos, en 1894: m. en la Ciudad de México en 1966. Su verdadero nombre fue Alma María Sullivan. Estudió en la escuela parroquial de su barrio y en la Universidad de California. En su condición de trabajadora social, defendió y salvó a un joven mexicano condenado a muerte. Gracias a su empeño se aprobó una ley que abolió la pena capital para los menores de 18 años. Estudió historia antigua en la Universidad de Nápoles y literatura clásica en la de Atenas. A su regreso de Europa, trabajó como articulista para *The New York Times,* periódico que la envió a Yucatán para que escribiera sobre las ruinas mayas. Allí conoció al gobernador del Estado, Felipe Carrillo Puerto, con quien tuvo una larga relación afectuosa. Este le dedicó la canción *Peregrina* (v.PALMERÍN, RICARDO). Más tarde fue editora del *San Francisco Call Bulletin*, y durante 5 años directora cultural de la *Mobile Press Register.* Fundó y dirigió el *Delphic Studies*, centro de investigación del arte mexicano e hispanoamericano. Escribió artículos en las revistas *Creative Art and Archeology, International Studies y Gourmet.* Es autora de *Dedication* (1928), *Cumal* (1930), *José Clemente Orozco* (1932; la. ed. en español, 1955; 1956), *Mexican Muralist* (1960) y *Ten Leading Mexican Mural Painters* (1966). Dejó sin terminar una bibliografía sobre Carrillo Puerto. La iglesia ortodoxa y el gobierno griego le concedieron la Orden del Santo Sepulcro; la República de Líbano, la Medalla del Mérito; y el gobierno mexicano, la Orden del Aguila Azteca (1961).

REED JOHN, n. en Portland, Oregon, Estados Unidos, en 1887; m. en Moscú en 1920. Periodista (1910) por la Universidad de Harvard; viajó a México en 1911 como corresponsal del periódico *Metro-*

Alma Reed

politan. Participó activamente en los acontecimientos políticos y militares de la Revolución y tuvo oportunidad de conocer a sus caudillos. Escribió *Insurgent Mexico* (Nueva York, 1914), obra que contiene entrevistas e impresiones personales. En 1913 trabajó para la revista *Masses.* Fue reportero en Europa durante la primera Guerra Mundial y asistió a la revolución socialista soviética de 1917. Ese año participó en la organización del Partido Comunista de Estados Unidos. En 1918 fue procesado por sedición, pero quedó absuelto. A su regreso a la URSS, trabajó en la Oficina de Propaganda y fue nombrado cónsul soviético en Nueva York, cargo que objetó el goberno norteamericano. En 1919 escribió *Ten Days that Shook the World* (*Diez días que conmovieron al mundo*), crónica de la toma del poder por los bolcheviques. Sus restos se encuentran sepultados en el Kremlin.

REFORMA. La Revolución o Guerra de Reforma en México fue la culminación de un conflicto permanente (económico, político, social y en ciertos aspectos religioso) que se venía gestando en la sociedad mexicana desde los tiempos mismos del coloniaje español. En el seno de toda comunidad humana, cualquiera que sea el grado de su diferenciación política o cultural, existe una tendencia que propende a conservar las formas tradicionales de vida. Frente a esta tendencia conservadora actúan las fuerzas encaminadas a la transformación de las instituciones sociales existentes, en un sentido de mejoramiento y progreso. La lucha por la Independencia fue fundamentalmente un movimiento político-social orientado a emancipar al país del dominio español; pero a la vez llevaba implícito el afán de alcanzar una mayor igualdad interna que aminorara las barreras y diferencias sociales prevalencientes entre las diversas clases que formaban la incipiente estructura económico-social; por un lado se erguía la élite privilegiada: el clero, los potentados y la casta militar; por otro, en condiciones de desamparo y abandono, la gran masa paupérrima de los desposeídos, indios y mestizos analfabetas e ignorantes, carentes de toda posibilidad de mejoramiento individual o colectivo, sobre la que gravitaba toda la carga de la explotación económica; todo el peso de las injusticias sociales y la discriminación política, jurídica y racial. Al decir de Justo Sierra, "cuando la nación mexicana dejó de ser la Nueva España, no dejó de ser por eso colonial; el vínculo roto se retrajo, se contrajo y el gobierno dejó de ser exterior; pero la organización (económica y social) fue la misma".

A partir del movimiento de Independencia iniciado por el cura Miguel Hidalgo y Costilla el 15 de septiembre de 1810 en el pueblo de Dolores (Estado de Guanajuato), el proceso político de México osciló entre dos posiciones contrastantes: la primera identificaba a la nueva nacionalidad como heredera legítima de todo lo que simbolizaba la tradición hispánica y propugnaba la continuidad de las instituciones sociales imperantes en la época colonial; abogaba por el mantenimiento de los nexos que vinculaban al Estado con la Iglesia Católica; reconocía al catolicismo como la única religión que podría practicarse en el país y garantizaba al clero y al ejército el goce y disfrute de todos los fueros y privilegios de que estas clases estaban investidas; y la segunda, a tono con las corrientes renovadoras del pensamiento universal y particularmente con las tendencias liberales de la Constitución Española promulgada por las Cortes de Cádiz en 1812, se caracterizaba por su oposición ideológica a los principios arcaicos en que se sustentaba la estructura económica, política y social del México virreinal, en el pasado inmediato. Su actitud era liberal, democrática y de lucha en contra del absolutismo, de la opresión, de la centralización del poder político; y por la abolición de los privilegios y fueros de las

clases que detentaban el poder y la riqueza en los más altos niveles del estrato social: el clero y el ejército.

Las ideas reformistas respondían a un programa de vastos alcances en cuya elaboración participaban hombres nuevos, imbuidos en el enciclopedismo y en las ideas de la Revolución Francesa; fueron en buen número legistas aventajados y ávidos escudriñadores de la ciencia económica, a la vez que hombres de acción que anhelaban transformar a fondo la estructura social del país. Esta generación de mexicanos reformistas con mentalidad moderna estaba formada por una pléyade valiosa de pensadores y por políticos egresados de los institutos científicos de las provincias, recién establecidos, y por sacerdotes progresistas educados en los antiguos seminarios conciliares. Ya desde 1833 este grupo impulsor de las corrientes renovadoras, bajo la jefatura de Valentín Gómez Farías y del doctor José María Luis Mora, inició la aplicación de un programa reformista de gobierno que era, a la vez, un credo político de contenido liberal, cuyos puntos capitales eran: abolición de los fueros e inmunidades del clero y la milicia; desamortización de la propiedad territorial acaparada por la Iglesia, para facilitar la circulación de este ramo de la riqueza; destrucción del monopolio que ejercía el clero en el campo educativo y consolidación de la igualdad política y social ante la ley de todos los ciudadanos.

El 17 de agosto de 1833 el gobierno reformista del vicepresidente Gómez Farías ordenó la secularización de los bienes de las misiones de las Californias; el 14 de octubre del mismo año fue clausurado el Colegio de Santa María de Todos los Santos y sus bienes se aplicaron a la instrucción pública; en el mismo mes se suprimió la Real y Pontificia Universidad y se organizó la educación pública sobre bases científicas, creando la Dirección de Instrucción Pública conforme a un plan que eliminaba a la Iglesia de toda ingerencia en el ramo educativo. La Ley del 23 del propio mes de octubre abolió el cobro coactivo de los diezmos que se pagaban a la Iglesia y finalmente se suprimió la coacción civil para exigir el cumplimiento de los votos religiosos, declarándose la absoluta libertad de los profesantes de ambos sexos para continuar o no, según su voluntad, en la clausura y obediencia de su prelados. Consternada por el avance de las ideas radicales de los reformistas, la reacción maniobró para que el presidente Antonio López de Santa Anna destruyera la obra legislativa de Gómez Farías, y así ocurrió cuando aquél, vuelto nuevamente al poder, dejó sin

Valentín Gómez Farías   *José María Gutiérrez de Estrada*   *José María Luis Mora*

efecto las reformas, llamando a gobernar a un gabinete conservador.

La lucha contra el clero fue predominantemente de carácter económico y social, no religioso, pues jamás los progresistas enderezaron sus ataques en contra de los dogmas, ya que la mayoría de los que integraban el grupo liberal eran practicantes de la religión católica; pero los altos dignatarios de la Iglesia, ante la amenaza que representaban las ideas reformistas para sus cuantiosos intereses materiales, no vacilaron en alzar la bandera religiosa, cuantas veces lo juzgaron necesario, para impedir que el gobierno civil conquistara la independencia de acción y la plenitud de facultades que constituye la esencia misma de la soberanía. La pugna con el ejército revestía un aspecto primordialmente político; al ejército se le señalaba como responsable de todos los males que aquejaban a México; él era el autor de las asonadas y pronunciamientos que mantenían al país en estado de crisis permanente, bajo el mando autocrático de jefes y caudillos militares ambiciosos, de los que era prototipo el general Santa Anna. El desastre militar que significó para México la derrota infligida por los invasores norteamericanos en la guerra de 1847 sumió a la República en un período de abatimiento que trascendió a todos los aspectos de la convivencia social. En el campo de las ideologías esta situación dio lugar a una actitud de examen autocrítico de la problemática nacional, y propició la renovada búsqueda de soluciones viables para los quebrantos que aquejaban al país. Esta fue la época en que el talento de Lucas

Alamán hizo sentir su decidida influencia en el panorama histórico de México. Alamán se propuso enmendar los rumbos de la política de entonces, postulando la vuelta a lo tradicional y abogando por la conservación de las instituciones y de los modos de coexistencia que se habían heredado del pasado español. En torno a estas ideas suyas surgió con fuerza abrumadora un partido conservador, oposicionista y militante. Los conservadores encaminaron su ofensiva ideológica a refutar todo lo que representaba la doctrina liberal y republicana, a pretexto de salvar al país de la anarquía y de la ruina a la que según su criterio estaba llegando la Nación. Atribuían esta situación al hecho de que el México independiente había roto con su pasado histórico para adoptar sistemas de gobierno fundados en principios e instituciones copiados de modelos extranjeros; postulaban que los mexicanos deberían afanarse por orientar sus esfuerzos hacia la reconstrucción del país, inspirados en sentimientos de respeto a la autoridad, a la religión y a la propiedad, y en el reconocimiento de los privilegios y de los fueros de las clases acaudaladas; y llegaban al grado de proclamar a la monarquía como la única fórmula de salvación. "La experiencia nos ha enseñado —decía Gutiérrez Estrada— la imposibilidad de imponer las instituciones republicanas. Los Estados Unidos no pueden ser nuestro modelo, aunque hemos intentado que lo sea. Todo en México es monárquico". Lucas Alamán, en el periódico *El Tiempo*, respaldaba las tesis monarquistas de Gutiérrez Estrada, pugnaba por el respeto a las jerarquías militares y a la aristocracia del mérito y la opulencia, y proponía mantener "el culto católico de nuestros padres", todo lo cual debía ser preservado por una monarquía representativa. Mientras el plan para importar un monarca extranjero maduraba, los conservadores volvían su mirada al exiliado general Santa Anna, a quien Alamán pretendió imponer todo un programa de gobierno encaminado a instituir en México un régimen eminentemente conservador.

El reto de los conservadores dio pábulo para revivir y dar bríos a un nuevo y vigoroso programa liberal que no era sino la trasposición ideológica del esbozado y tentativamente puesto en práctica con anterioridad por Valentín Gómez Farías y el doctor José María Luis Mora. El pensamiento liberal del primer tercio del siglo XIX fue claramente expuesto por Mora en su *Programa de los Principios Políticos del Partido del Progreso*, cuyos puntos esenciales eran los siguientes: "1.Libertad absoluta de opiniones; supresión de las leyes represivas de la prensa. 2.Abolición de los privilegios del clero y la milicia. 3.Supresión de las instituciones monásticas y de todas las leyes que atribuyen al clero el conocimiento de negocios civiles. 4.Reconocimiento, clasificación y consolidación de la deuda pública; designación de fondos para pagar su renta y de hipotecas para su amortización. 5.Medidas para hacer cesar la bancarrota de la propiedad territorial; para aumentar el número de propietarios territoriales, fomentar la circulación de este ramo de la riqueza pública y facilitar medios de subsistir y adelantar a las clases indigentes, sin afectar los derechos de los particulares. 6.Difundir la educación entre las clases populares eliminando el monopolio del clero en este ramo. 7.Abolición de la pena de muerte para los delitos políticos. 8.Garantizar la integridad del territorio".

Hacia 1850 empezó a circular un documento que contiene los postulados del Partido Republicano, Puro o Democrático, aceptados y propagados posteriormente por los hombres de Ayutla. Este importante documento que obra como anexo en la causa seguida por el delito de conspiración contra el régimen santannista a varios individuos aprehendidos y juzgados en Chilpancingo (Estado de Guerrero), a raíz del pronunciamiento de Ayutla, comprende los siguientes principios revolucionarios, de contenido reformista: "1.La libertad civil en toda su plenitud y por consiguiente la de conciencia. 2.La ampliación del fuero común y la limitación estricta de los fueros privilegiados a sólo los casos facultativos y privativos de las clases aforadas. 3.El Partido reconoce la necesidad del culto católico y sostiene que debe ser éste el culto nacional; pero al mismo tiempo desea el desarme del clero como potencia civil, y espera establecer al fin que los clérigos, a imitación de su Divino Maestro y de los Apóstoles, no podrán tomar ningún participio en los negocios políticos. 4.La intervención de la autoridad civil en los matrimonios, divorcios, bautismos y entierros; y prohibición de que la autoridad eclesiástica proceda a estos actos sin el visto bueno de la civil. 5.El Partido reconoce, como una de las cargas del Estado, el sostenimiento del culto y de sus ministros, a quienes designará una congrua proporcional, decente y con toda puntualidad satisfecha. El clero, en consecuencia, no puede contar con más rentas propias que las susodichas congruas, y los presupuestos del culto religiosamente pagados; y todos los bienes que vienen al clero, ora sea de fincas rústicas o urbanas, ora de títulos o ya, finalmente, de diezmos, mandas, limosnas, derechos parroquiales y obvenciones de todo género, pertenecerán al Estado, el cual será dueño de bajar la cuota de estas últimas, o de suprimirlas del todo, según lo juzgue conveniente. 6.Se procurará establecer gratuitamente la asistencia del párroco a los casamientos, bautismos y entierros y si, bajo el nombre de limosna u ofrenda (la cual sólo se recordará a los pudientes), quedará establecida alguna oblación módica y voluntaria, el rendimiento de ella no podrá tener otro destino que el de ayudar al gobierno a cubrir el presupuesto del culto y el de fundar hospitales y hospicios donde asistir y proporcionar trabajo a los pobres, a fin de extinguir la mendicidad en la República. 7.El Partido desea una Ley Agraria que arregle la propiedad territorial y dé por resultado la cómoda división y adquisición de ésta". El programa liberal, reestructurado a raíz de una época de crisis por hombres nuevos que habían sufrido los azares y aprendido las dolorosas enseñanzas de la guerra extranjera, enfatizaba la apremiante necesidad de liberar a México del régimen de privilegios corporativos heredados de la Colonia y se pronunciaba por emancipar a los mexicanos de todas las taxativas y limitaciones a que estuvieron sujetos durante la vigencia de la dominación española. Era inaplazable garantizar al individuo, como tal, el goce y disfrute de todas sus libertades: de pensamiento, de expresión, de creencia y de trabajo, así como el derecho de apropiación del producto de su actividad. El derecho de propiedad y la libertad económica debían ser protegidos por un régimen gubernamental respetuoso de la persona humana, organizado sobre bases federalistas y de repre-

Mariano Arista　　　　*Antonio López de Santa Anna*　　　　*Juan B.Ceballos*

sentación demócratica; laico e independiente de toda tutela eclesiástica, como corresponde a los tributos esenciales del poder público de un Estado soberano.

La dicotomía planteada por la pugna sostenida entre liberales y conservadores podría sintetizarse en una fórmula integrada por dos tesis contradictorias entre sí: de un lado la libertad y la igualdad; del lado opuesto, los privilegios y las desigualdades sociales. Esta pugna ideológica constituye el antecedente inmediato de la ulterior guerra civil que se inició con la Revolución de Ayutla y concluyó con el triunfo de la República sobre la Intervención Francesa. La lucha reformista no fue uno de tantos movimientos armados denotativos de la inconformidad prevaleciente en contra de determinados regímenes políticos, sino una verdadera revolución social encaminada a establecer una nueva estructura y nuevas formas constitucionales de organización política y social. Al decir del historiador Antonio Pompa y Pompa, con la guerra de Reforma no se pretendió simplemente cambiar un gobierno por otro, sino establecer un nuevo orden constitucional que afirmara la igualdad republicana mediante la abolición de los privilegios y reivindicara a favor del Estado liberal el principio de la soberanía; de allí la explicación de las Leyes de Reforma proclamando formalmente la separación de la Iglesia y del Estado.

Gobernaba en México hacia 1852 el Presidente de la República general Mariano Arista, liberal moderado simpatizante del sistema federalista, que encaraba el problema de un faccionalismo creciente, aunado a la falta de apoyo de las fuerzas políticas militantes y a la penuria crónica de la hacienda pública. La caída del régimen de Arista se produjo a resultas de un pronunciamiento militar que estalló en Guadalajara a mediados de ese año, enarbolando como bandera el *Plan del Hospicio*. El presidente no opuso resistencia a la revuelta, la cual se propagó rápidamente; entregó el cargo al presidente de la Suprema Corte de Justicia de la Nación, licenciado Juan B.Ceballos, y se retiró a la vida privada. Llamado por los directores del movimiento triunfante, el general Santa Anna, que se encontraba expatriado en la población de Turbaco, Nueva Granada, desde 1847, hizo su reaparición en la escena política asumiendo, con carácter de interino, la Presidencia de la República, entre tanto se reorganizaba el país sobre bases constitucionales. Santa Anna, con violación ostensible de los compromisos que contrajo al asumir el mando supremo del país, apenas tomó posesión del poder hizo a un lado a los partidos políticos, anuló la Constitución entonces vigente y maniobró para transformar su mandato en dictadura personal. Por decreto del 16 de diciembre de 1853 se declaró que el presidente continuaría gobernando con facultades omnímodas por todo el tiempo que lo juzgara necesario; que para el caso de fallecimiento, o imposibilidad física o moral, podía escoger sucesor, y que el tratamiento oficial que debería dársele, como anexo a su cargo, sería el de Alteza Serenísima. Desató el dictador una ola de persecuciones en contra de los que comprobadamente o por mera suspicacia se estimaba que eran desafectos o enemigos del régimen. Al igual que en todas las dictaduras, en la de Santa Anna, al decir de Francisco Bulnes: "al que no baja los ojos se le tacha de levantisco; el que algo censura es traidor de la Patria, porque el gobierno representa a la Nación y desprestigiar al primero es mancillar a la segunda; el que guarda silencio es un sospechoso; el que no quema cohetes, un conspirador; el que no adora, un regicida". Conforme al *Plan del Hospicio*, el interinato de Santa Anna no había de durar más de un año y el dictador se había entronizado en el poder tiempo indefinido; su gobierno tenía que respetar la integridad del territorio nacional y esta condición había sido quebrantada con la venta de La Mesilla a los Estados Unidos; tenía que salvaguardar las garantías individuales y había procedido a decretar confinamientos, destierros y aun la pena de muerte en contra de los enemigos de su régimen, sin sujeción a las formalidades esenciales de carácter legal. La amnistía ofrecida por el *Plan del Hospicio* a los reos políticos nunca llegó a cumplirse y, por el contrario, los considerados desafectos al nuevo orden de cosas sufrieron persecuciones y fueron excluidos del desempeño de los cargos públicos. Para hacer frente a los apremios económicos originados por el aumento desconsiderado de las fuerzas armadas, cuyos cuadros inferiores se reclutaban periódicamente mediante el procedimiento de la leva, se reestablecieron las alcabalas y se agudizaron las exacciones fiscales de modo exorbitante, imponiéndose contribuciones a la propiedad y al trabajo, y creándose tributos tan extravagantes e impopulares como los que gravaban a los ciudadanos por el número de puertas, ventanas o perros que tuvieran. La tiranía del general Santa Anna, sostenida por medio de la agresión constante a la libertad individual y a la integridad de las entidades federativas, contaba con el apoyo incondicional del ejército y de los conservadores.

A la muerte de Alamán, jefe de gabinete de Santa Anna, cesó la influencia del partido reaccionario; el tirano quedó libre de trabas y pudo ejercer con facultades irrestrictas un poder autocrático que habría de concitar un movimiento generalizado de inconformidad y de protesta en todos los ámbitos del territorio nacional. Alamán, cabeza visible del grupo conservador, había soñado con someter a Santa Anna a la observancia de un programa de gobierno basado en los siguientes puntos principales: 1.Intolerancia religiosa absoluta, por ser la religión el único lazo que existía entre los mexicanos,

y conservación de los fueros y privilegios. 2.Un gobierno fuerte, pero sujeto a ciertos principios y a ciertas responsabilidades. 3.Extinción completa del sistema federal y de todo lo que se llama elección popular. 4.Organización de un ejército adecuado a las necesidades del país y con fuerza militar suficiente para proteger el orden implantado. 5.Supresión del Congreso y de toda actividad parlamentaria.

A mediados de 1853 un grupo selecto de liberales conspiraba activamente en Nueva Orleans en contra de la tiranía: Melchor Ocampo, Benito Juárez, José María Mata, Ponciano Arriaga, Juan José de la Garza, Manuel Gómez y otros. Trabajaron asiduamente en la formulación del programa del partido liberal, en el que habría de inspirarse, años después, la Constitución de 1857. Los puntos sobresalientes de la doctrina que sustentaba este puñado de precursores eran los siguientes: la emancipación completa del poder civil con respecto al poder religioso; la supresión de los fueros y de las comunidades religiosas; la nacionalización de los bienes del clero; la abolición de las alcabalas; y el afianzamiento de la libertad de conciencia y demás garantías individuales y derechos del hombre que la Constitución, a su tiempo, debería reconocer y proclamar.

Mientras tanto, en Ayutla, humilde población del Estado de Guerrero, estalló el 1º de marzo de 1854 un nuevo pronunciamiento contra la dictadura de Santa Anna, que aparentemente no era sino otro más de los cientos que habían ocurrido en el país. Sin embargo, las ideas reformistas que agitaban a la conciencia nacional y el unánime repudio al absolutismo santannista se polarizaron, aunando su vivencia al esfuerzo de los pronunciados, para aportar al movimiento militar un contenido ideológico y convertirlo en una verdadera revolución social. El movimiento nacido en Ayutla, dice Justo Sierra, convirtiéndose en guerra de reforma y luego en lucha contra una monarquía exótica apoyada en el extranjero, constituye la segunda revolución mexicana, después de la de Independencia. Los principales puntos del *Plan de Ayutla*, proclamado por el coronel Florencio Villarreal y apoyado por el general Juan Alvarez (antiguo insurgente que militó bajo el mando del libertador José María Morelos y Pavón), el general guanajuatense Tomás Moreno y el entonces coronel Ignacio Comonfort, eran los siguientes: 1.Cesan en el ejercicio del poder público Antonio López de Santa Anna y los demás funcionarios que, como él, hayan desmerecido la confianza de los pueblos o se opusieren al presente plan.

Luis de la Rosa   *José María Lafragua*   *José María Mata*

2.Cuando éste haya sido adoptado por la mayoría de la nación, el general en jefe de las fuerzas que lo sostengan convocará un representante por cada Estado y Territorio, para que reunidos en el lugar que estime conveniente, elijan al Presidente Interino de la República y le sirvan de Consejo durante el corto período de su encargo. 3.El Presidente Interino quedará desde luego investido de amplias facultades para atender a la seguridad e independencia del territorio nacional y a los demás ramos de la administración pública. 5.A los quince días de haber entrado en funciones el Presidente Interino convocará al Congreso extraordinario conforme a las bases de la Ley que fue expedida con igual objeto en 1841, el cual se ocupe exclusivamente de constituir a la Nación bajo la forma de República representativa y popular, y de revisar los actos del Ejecutivo Provisional de que se habla en el artículo 2. El *plan de Ayutla* fue adicionado en Acapulco a sugerencia de Ignacio Comonfort, en el sentido de añadir al artículo 5 el siguiente párrafo: "Este Congreso Constituyente deberá reunirse a los cuatro meses de expedida la convocatoria"; y con otras ligeras modificaciones y variantes, fue ratificado por la guarnición de la plaza.

Durante 1854 y 1855 cundió la revolución por diversos rumbos del territorio nacional, principalmente por los estados de Michoacán, Colima, Jalisco, San Luis Potosí, Tamaulipas y Nuevo León. Para mediados de 1855 se encontraban levantados en armas, secundando el *Plan de Ayutla*, Epitacio Huerta, Manuel García Pueblita, Juan José de la Garza, Santos Degollado, Santiago Vidaurri, de la Vega, Ignacio de la Llave y muchos otros jefes; y habían abrazado la causa los dirigentes más notables del grupo liberal: Luis de la Rosa, Ezequiel Montes, José María Lafragua, Manuel Doblado, Benito Juárez, Melchor Ocampo, Guillermo Prieto, Ponciano Arriaga, Francisco Zarco y José María Mata. Para combatir a sus opositores, Santa Anna puso en práctica todo género de atropellos y arbitrariedades: hizo expedir la ley de conspiradores del 1º de agosto de 1853; estableció cortes marciales que sin formación de causa decretaban el fusilamiento de quienes eran considerados culpables de actos hostiles al régimen dictatorial; incendió poblados; ordenó el destierro o el confinamiento de cientos de ciudadanos y encarceló a los desafectos al gobierno. Todo ello provocó, al decir de Bulnes, una tácita y formidable coalición de los diversos factores políticos de la Nación en contra de un hombre que había llegado a centralizar en su persona los poderes más absolutos. "La Revolución de Ayutla no fue un movimiento a favor de determinado partido, fue un sacudimiento brusco, potente, irresistible, de todo un pueblo sojuzgado en contra de un régimen autocrático y avasallador". Ante el empuje incontenible de la revolución, y habiendo fracasado en todos sus intentos para contrarrestarla, Santa Anna renunció a la presidencia y se ausentó de la República en agosto de 1855.

Al triunfo de la revolución, el país vivió un momento de incertidumbre, porque el ejército santanista estaba derrotado pero no había sido vencido;

el clero permanecía a la expectativa y el elemento conservador maniobraba para capitalizar a favor suyo la victoria de los pronunciados. Los tratos diplomáticos de Comonfort con Manuel Doblado, de Guanajuato, y Antonio Haro y Tamariz, de San Luis Potosí, salvaron la situación después de los arreglos concertados en Lagos de Moreno, Jal., según los cuales los dos últimos se adherían al *Plan de Ayutla* y reconocían la jefatura del general Juan Alvarez. Reconocido por todas las facciones el general Alvarez como jefe supremo de la revolución, nombró en Iguala, el 24 de septiembre de 1855, a los representantes de los Departamentos que debían elegir al presidente provisional, conforme a lo dispuesto por el *Plan de Ayutla*; y acordó que se reunieran en Cuernavaca el 4 de octubre siguiente para cumplir su encargo, marchando él mismo a esa ciudad al frente de su división. Los representantes eligieron al propio general Juan Alvarez Presidente Interino de la República, con encargo de organizar el gobierno. El nuevo presidente procedió a formar su gabinete, que quedó integrado en la siguiente forma: Relaciones, Melchor Ocampo; Justicia, Negocios Eclesiásticos e Instrucción Pública, Benito Juárez; Gobernación, J.Miguel Arrioja; Hacienda, Guillermo Prieto; Fomento, Ponciano Arriaga; y Guerra, Ignacio Comonfort. Las figuras predominantes de este gabinete eran destacados elementos radicales de tendencias reformistas, resueltos a llevar adelante los principios de su ideología liberal y progresista.

El 16 de octubre de 1855 Juan Alvarez expidió la convocatoria para la integración del Congreso Constituyente que debería organizar al país sobre nuevas bases. En ese documento se fijó el plazo de un año para que el Congreso concluyera sus trabajos. La opinión nacional observaba con expectación el curso de los acontecimientos; el ejército mostraba inquietud porque presentía que sus intereses iban a verse afectados con la inminente abolición de los fueros. y privilegios de que disfrutaba; el clero, por lo pronto, asumió una actitud cautelosa, pero estaba también convencido de que a corto plazo serían afectados sus cuantiosos intereses materiales. Los elementos liberales moderados, que no participaban de las ideas radicales de los ultrarreformistas, se mostraron inquietos y pidieron la salida del gabinete de aquellos a quienes consideraban extremistas, pugnando además por la sustitución del general Alvarez, según ellos incapacitado para gobernar por su edad avanzada, su quebrantada salud y su incultura, abogando porque lo sustituyera el general Ignacio Comonfort. Los radicales, a su vez, no estaban

conformes con la política de aplazamientos y transacciones que recomendaba Comonfort, para contemporizar con los descontentos. Todo ello determinó la renuncia del general Alvarez como Presidente de la República y la de los ministros Melchor Ocampo, Benito Juárez y Guillermo Prieto. Para suplir al general Alvarez fue designado el general Comonfort, con el carácter de presidente sustituto, de acuerdo con lo establecido por el Decreto del 8 de diciembre de 1855: "1.Se deroga el decreto dado el 7 de octubre del presente año, por el que se facultó al Consejo de Gobierno para nombrar Presidente Sustituto de la República en cualquier caso en que faltare el Presidente Interino. 2.En uso de las facultades que me concede el *Plan de Ayutla*, nombro Presidente Sustituto de la República, por mi separación temporal del gobierno, al ciudadano general Ignacio Comonfort. Firmado: Juan Alvarez". Entre tanto, y como primera clarinada del ataque reformista, el 23 de noviembre se expidió la Ley sobre administración de justicia conocida con el nombre de Ley Juárez, que declaró la supresión de los Tribunales Especiales que conocían con jurisdicción privativa de los asuntos del clero y del ejército, aboliendo los fueros de que disfrutaban en tal sentido los miembros de ambas instituciones.

El nuevo presidente procedió a reorganizar el gabinete, el cual quedó integrado en la siguiente forma: Relaciones, Luis de la Rosa; Justicia, Negocios Eclesiásticos e Instrucción Pública, Ezequiel Montes; Gobernación, José María Lafragua; Hacienda, Manuel Payno; Fomento, Manuel Siliceo; y Guerra, José María Yáñez. La composición de este gabinete, formado por elementos moderados, correspondía al carácter contemporizador de Comonfort y desentonaba con el clima de efervescencia política que prevalecía en el país, ya que los reaccionarios, empujados por el clero, incitaban a su vez a los militares para que se lanzaran a la guerra civil, en tanto que los radicales, dispuestos a llevar adelante las reformas sociales al amparo de la Constitución que estaba elaborándose, se mostraban opuestos a la política contemplativa del gobierno. En 1856 el gobierno del general Comonfort tuvo que enfrentarse a serios levantamientos militares ocurridos en el Estado de Puebla, en los que participaron numerosos contingentes del ejército permanente, de extracción santanista, al mando de distinguidos jefes y oficiales de carrera, enemigos acérrimos de los nuevos militares, emanados del pueblo, que habían llevado al triunfo al movimiento de Ayutla, y desafectos irreconciliables al régimen ins-

Melchor Ocampo   *Juan Alvarez*   *Benito Juárez*

taurado por la propia revolución. Tras de rudas campañas, el gobierno sometió a los rebeldes y logró la pacificación total de la entidad, liquidando la asonada con la ocupación de la ciudad de Puebla y la capitulación de los pronunciados, a los que se impusieron humillantes condiciones de rendición.

Para asegurar el control de la inestable situación política, el gobierno creyó necesario asumir una actitud más enérgica, y en el mes de mayo decretó, sin la intervención del Congreso Constituyente que ya estaba reunido, un Estatuto Orgánico Provisional que debía regir a la Nación, mientras el Congreso daba término a la nueva carta. Este instrumento público, de tendencias centralistas y en algunos aspectos proclive a la dictadura, expedido por Comonfort, a quien se investía de un poder discrecional, era la expresión, en cierta medida, del pensamiento político de ese mandatario y revelaba el alcance limitado del programa de reformas que el grupo liberal moderado, en esos momentos dueño del poder, creía posible y estaba dispuesto a realizar. Ajustando su acción a este pensamiento rector, el régimen procedió a la expedición de diversos ordenamientos de carácter reformista, encaminados a satisfacer las apremiantes exigencias de la opinión que simpatizaba con el ideario de los progresistas. Se decretó la desamortización y nacionalización de los bienes del clero de la diócesis de Puebla, a fin de compensar a la República de los gastos hechos para reprimir la sublevación militar y para el pago de pensiones e indemnizaciones a los afectados. Se confirmó la Ley Juárez sobre abolición de los fue-

ros; se puso en vigor la ley que declaraba libres de la coacción del Estado para exigir su cumplimiento, a los que hubieran hecho votos monásticos; se declaró extinguida la Compañía de Jesús y se ordenó la expulsión de los jesuitas; se redujo de 40 mil a 10 mil el número de elementos que integraban el ejército permanente; se disolvió la comunidad religiosa de los franciscanos en la Ciudad de México; sus bienes fueron nacionalizados y se fijó el término de 15 días para que se iniciara la apertura de una calle que debería pasar a través del convento, a la que se daría el nombre de La Independencia; se abolió el cobro coactivo de los derechos y obvenciones parroquiales, que debían ser considerados únicamente como limosnas sujetas a la pura devoción discrecional de los donantes; se ordenó el establecimiento del Registro Civil; se secularizaron los cementerios y se expidió la llamada Ley Lerdo que decretaba la desamortización de los bienes del clero en todo el país; y se prohibió que las corporaciones civiles o eclesiásticas pudieran adquirir bienes raíces. Los fundamentos de esta ley aparecían primordialmente como de carácter financiero y económico; pero su objeto principal era movilizar la riqueza territorial amortizada en manos del clero; aliviar el estado del tesoro con los derechos que se causarían por las enajenaciones que la propia ley prescribía, y dar oportunidad a los nuevos adquirientes (arrendatarios y adjudicatarios) para constituir un patrimonio que diera estabilidad económica a ellos y a sus familias, creando así una incipiente clase social de propietarios de bienes rústicos y urbanos presumiblemente adictos a la causa reformista. Como las corporaciones religiosas eran dueñas de la mayor parte de la riqueza territorial de la República, la Iglesia levantó una protesta unánime y enérgica contra esta ley. A partir de este enfrentamiento inicial quedó formalmente planteada la inminencia de la guerra entre el Estado civil laico y el poder eclesiástico.

Entre tanto, los constituyentes continuaban sus arduas tareas encaminadas a dar, en el código supremo que estaban elaborando, formalidad política y jurídica a las tesis reformistas. El 17 de febrero de 1856 se había instalado en la Ciudad de México el Congreso Constituyente para iniciar sus trabajos legislativos: predominaba en él una mayoría de liberales de ideas moderadas; pero los radicales, conocidos también con la denominación de "puros", aunque en número menor, maniobraban con inteligencia y habilidad para imponer sus ideas. Los moderados ocupaban una posición intermedia entre los conservadores y los radicales. El partido conservador era confesional, enemigo de la democracia, simpatizante del clero y refractario a esta idea de progreso. Los liberales exaltados o radicales eran reformistas, pugnaban por una Constitución que proclamara el dogma de la soberanía popular; por el federalismo, por la supremacía del poder civil sobre la Iglesia y por la transformación, en un sentido progresista, de las instituciones sociales. Los moderados eran también liberales, simpatizantes de la democracia y de la reforma social; pero discrepaban de los radicales en los procedimientos y en las tácticas de lucha que habrían de seguirse para la realización del programa y del ideario reformista; su actitud era de indecisión, de cautela y de aplazamiento, y en ocasiones de obstrucción y sabotaje. El enfrentamiento entre ambos grupos se hizo notable al conocerse el texto del artículo 15 del proyecto de Constitución, relativo a la libertad de creencias religiosas, en torno al cual se entabló una enconada discusión; las tesis eran totalmente contradictorias, desde la que pugnaba porque se mantuviera la religión católica como religión de Estado y única permitida en el país, hasta la que postulaba como garantía constitucional el derecho de todo individuo a profesar la religión que mejor se aviniera a sus sentimientos y a sus creencias. Este último era el sentido del texto original que propuso la comisión respectiva, el cual, para la mayoría, significaba un atentado a los dogmas de la Iglesia y una herejía, por lo que no fue aprobado y recibió el trámite de que la comisión propusiera un nuevo texto, aplazándose la discusión del artículo *sine die*. Esta ya no tuvo lugar porque el Congreso, consultado al respecto, acordó en sesión del 26 de enero de 1857 que se retirara en definitiva el artículo 15. De tal suerte, por no haberse encontrado la fórmula constitucional adecuada, quedó abierta la brecha para un conflicto religioso que ensombreció el cuadro de las luchas sostenidas por los dos bandos antagónicos que a lo largo de la historia de México han pugnado por la hegemonía política y social.

Puede afirmarse que en el Constituyente de 1857, más que intereses económicos o sociales en concreto, estaban representados, en abstracto, intereses políticos. Los líderes del grupo moderado eran hombres eminentes e ilustrados, a la par que eruditos y honorables, entre otros Luis de la Rosa, José María Lafragua, Antonio de la Fuente, José Eligio Muñoz, Ignacio L. Vallarta, Joaquín Cordero, Antonio Martínez de Castro, Pedro Escudero y Echánove, Mariano Núñez y Justino Fernández. Los exaltados tenían al frente a distinguidas personalidades que destacaban por su talento, espíritu revolucionario y genio político; entre ellos Valentín Gómez Farías, Melchor Ocampo, Francisco Zarco, Ponciano Arriaga, Ignacio Ramírez, Guillermo Prieto, Félix Romero, José María Castillo Velasco, Santos Degollado, José María Mata, José María Cortés Esparza, León Guzmán e Isidoro Olvera.

La Constitución Política de 1857 fue heredera de la filosofía especulativa rusoniana que proclamaba como dogma la libertad y la igualdad absoluta del hombre, atribuyendo a estos principios la calidad de derechos naturales inalienables e intangibles. En tal sentido, la Constitución es un compendio de las garantías, las libertades y los derechos que el poder público reconoce y sanciona en favor de la persona humana, del individuo en particular, considerado como la base fundamental de las instituciones sociales. Partiendo de estas premisas, el código político de 1857 establecía y consagraba, entre otras: la libertad de pensamiento, la libertad de enseñanza, la libertad de tránsito, la libertad de trabajo, la libertad de asociación y todo un conjunto de garantías en favor de los mexicanos, con miras a protegerlos en contra de las arbitrariedades y atropellos de autoridades despóticas, abusivas e irresponsables. Destacan el derecho de petición, la abolición de la prisión por deudas, la abolición de la pena de muerte, la abolición de las costas judiciales, el establecimiento de las formalidades legales que deben de observarse en los juicios penales y civiles; el pago de la justa y previa indemnización en caso de expropiaciones, motivadas por causas de

Isidoro Olvera   *Francisco Zarco*   *Ignacio Ramírez*

utilidad pública; la prohibición de los estancos, acaparamientos y monopolios; la abolición de los fueros y títulos nobiliarios; pero sobre todo la creación de la suprema garantía, o sea el juicio de amparo. Observadores acuciosos de la realidad social, los constituyentes introdujeron en la Carta Magna las genuinas innovaciones nacionalistas de carácter revolucionario demandadas por el grado de evolución que había alcanzado México; establecieron el sistema del sufragio universal; acordaron la supresión de los fueros y la desamortización de los bienes de la Iglesia, confirmando la prohibición a las corporaciones religiosas y civiles de adquirir bienes raíces; y consagraron en definitiva al federalismo como la forma de organización que adoptaba políticamente la República, a la que se atribuyó, además, el carácter de representativa y popular. La obra del Constituyente de 1857 marcó un avance en las instituciones del país y creó las condiciones indispensables para la ulterior expedición de las Leyes de Reforma. La Constitución de 1857, en suma, fue una fórmula de integración nacional que elevó a la condición de ley suprema los principios fundamentales del credo democrático, del federalismo y las aspiraciones del partido liberal. v.CONSTITUCIONES.

La Constitución representaba para las fuerzas tradicionalistas una amenaza mortal, pues afectaba los intereses económicos del clero y los privilegios de la milicia, desplazaba a los antiguos detentadores del poder y la riqueza, y postulaba la igualdad jurídica y la libertad dentro de la ley para todos los

mexicanos. En tales circunstancias, su promulgación se llevó a cabo el 5 de febrero de 1857, en medio de una gran efervescencia política. El episcopado mexicano, siguiendo los lineamientos marcados por el Papa Pío IX, fulminó excomuniones y exigió la retractación de todos los que hubieren jurado obediencia a los mandatos de la Constitución. El partido reformista vio venir la guerra civil y quiso evitarla: considerando que el mismo Comonfort estaba inclinado a encabezar un movimiento en contra de la ley suprema, como efectivamente aconteció, invitó a los oposicionistas a participar en las elecciones para la integración del Primer Congreso Constitucional Ordinario; pero la invitación fue desdeñada y la guerra civil se hizo inevitable.

En las elecciones efectuadas para reorganizar la administración pública conforme a las prevenciones de la Carta Magna, fue electo Presidente Constitucional el general Ignacio Comonfort, quien asumió el cargo sin contar con los poderes que las circunstancias del país demandaban, porque el Congreso Constituyente había reservado al Poder Legislativo una plenitud abrumadora de facultades que limitaban al máximo la libertad de acción del Poder Ejecutivo. El licenciado Benito Juárez, secretario de Gobernación, resultó electo presidente de la Suprema Corte de Justicia, lo que automáticamente le confería el carácter de Presidente Sustituto de la República para el caso de falta del Constitucional, según lo que disponía al respecto la Constitución recién promulgada, cuya fiel observancia acababa de jurar Comonfort. Convencido el presidente de que no podía gobernar con la Constitución, presionado por un cúmulo de circunstancias adversas, sin confianza en el ejército y sin un peso en las arcas del erario público, creyó ineludible acudir al golpe de estado para salvar la crisis. Con el apoyo del clero y de todos los sectores afectados por las reformas sociales y políticas que introducía la Carta Magna, se fraguó una conspiración en la que estaban inodados, con la adquiescencia del presidente y un buen número de sus colaboradores, elementos de todos los partidos y banderías; pero en particular miembros del ejército, políticos del grupo conservador y algunos moderados. El general Félix Zuloaga, jefe de la brigada que guarnecía la plaza y hombre de las confianzas de Comonfort, se pronunció el 17 de diciembre de 1857, proclamando el *Plan de Tacubaya*, que en esencia contenía tres puntos: 1.Se anulaba la Constitución, 2.Se investía a Comonfort de facultades omnímodas y 3.Se convocaba a un congreso extraordinario que tendría el encargo de "formar una Constitución que sea conforme con la voluntad nacional y garantice los verdaderos intereses de los pueblos". Reunidos los diputados que integraban el Primer Congreso Constitucional el mismo día 17, protestaron contra la traición de Comonfort y el pronunciamiento de Zuloaga y condenaron el plan. El día 19 Comonfort expidió un manifiesto a la Nación reconociendo y adhiriéndose al *Plan de Tacubaya*. El licenciado Benito Juárez, presidente de la Suprema Corte de Justicia y Presidente Sustituto de la República por ministerio de ley, fue reducido a prisión junto con algunos diputados.

Comonfort procedió a reorganizar su gobierno, dando entrada en el consejo que debía formarse, según lo dispuesto por el *Plan de Tacubaya*, a elementos de filiación antirreformista. Zuloaga y la oficialidad que se agrupaba en torno de él exigían del presidente la inmediata supresión de todas las medidas revolucionarias que se habían puesto en vigor desde el triunfo del *Plan de Ayutla*, en especial la Ley de Desamortización de Lerdo y la de Juárez sobre la abolición de los fueros del clero y del ejército. Ante la actitud intransigente de los conservadores, Comonfort se convenció del error político que había cometido, agravado con la disolución del Congreso y una serie de indecisiones y titubeos le acarrearon el recelo de los moderados, la abominación de los radicales y la hostilidad de los conservadores. Abandonado por todos, se disponía a salir a campaña para combatir los brotes rebeldes que surgían en diversas regiones del país;

pero un nuevo levantamiento, ocurrido en la capital, esta vez en su contra, se lo impidió. El general José de la Parra se pronunció el 11 de enero de 1858 (*Plan de la Ciudadela*) exigiendo la eliminación de Comonfort como presidente. Se entabló la lucha; pero ante la defección de sus tropas, Comonfort pidió a los pronunciados que le permitieran abandonar la capital, de donde salió el 21 de enero. Antes había puesto en libertad al licenciado Benito Juárez, quien se dirigió a la ciudad de Guanajuato para encabezar la lucha que allí iban a emprender los defensores de la Constitución, contando para ello con el amparo del gobierno y del pueblo de la entidad guanajuatense. Comonfort se dirigió a Veracruz, a donde llegó el 2 de febrero, y en ese puerto, el 7 del mismo mes, se embarcó rumbo a Nueva Orleans.

Dueños del poder los sublevados de la capital de la República, integraron una Junta de 27 miembros, entre los que figuraban militares, legistas, canónigos, obispos y aristócratas que se calificaban a sí mismos como "representantes de los Departamentos", y quienes designaron Presidente Interino al general Félix Zuloaga. Este procedió desde luego a derogar la Constitución y las leyes que habían expedido los reformistas. Apoyaban a Zuloaga los militares supervivientes del santannismo y un conjunto de jefes y oficiales noveles que se habían fogueado en las batallas sostenidas contra Comonfort, entre los que destacaban Osollo, Miramón, Márquez, Tomás Mejía, Cobos y otros; su ideal era reconquistar los fueros y privilegios de que habían sido privados y apoderarse de la República.

En cuanto se conoció el golpe de estado de Comonfort, a iniciativa del general Anastasio Parrodi, gobernador de Jalisco, se formó una Coalición de Estados para sostener la causa de la legalidad dimanada de la vigencia de la Constitución. Formaron esa coalición, además de Parrodi, los gobernadores de Guanajuato, Manuel Doblado; de Querétaro, José María Arteaga; de Michoacán, Santos Degollado; de Colima, Silverio Núñez; y de Zacatecas y Aguascalientes. Se adhirieron después los de Veracruz, Oaxaca, Nuevo León y Guerrero. Los mandatarios coaligados se obligaban a que tan luego se presentara en el territorio de cualquiera de esos Estados el licenciado Benito Juárez, presidente de la Suprema Corte, se le reconocería como Presidente Interino de la República por ministerio de la Ley. Así ocurrió; al llegar Juárez a la ciudad de Guanajuato, el 19 de enero de 1858, el gobernador Doblado se puso a sus órdenes.

Juárez organizó su gabinete en la siguiente for-

Miguel Lerdo de Tejada *Guillermo Prieto* *Manuel Ruiz*

ma: Relaciones y Guerra, Melchor Ocampo; Gobernación, Santos Degollado; Justicia, Negocios Eclesiásticos e Instrucción Pública, Manuel Ruiz; Hacienda, Guillermo Prieto; y Fomento, León Guzmán. El primer acto de Juárez, en su calidad de Presidente Constitucional, fue lanzar un manifiesto a la Nación en el que hacía saber a los habitantes del país que había asumido el mando supremo y que el orden legal quedaba restablecido, y notificaba las medidas gubernativas que se proponía adoptar entre tanto se reunía el Congreso de la Unión que había sido disuelto. "Mexicanos —decía—, la causa que sostenemos es justa; prestadme vuestra cooperación y confiemos en que la Divina Providencia nos seguirá protegiendo como hasta aquí". Sabedor Juárez de que avanzaban hacia el Bajío tropas adictas al régimen de Zuloaga, al mando de Osollo, para combatir a las fuerzas de la coalición, abandonó la ciudad de Guanajuato y marchó a Guadalajara, a donde llegó el 14 de febrero e instaló su gobierno.

El 10 de marzo ocurrió en Salamanca, Estado de Guanajuato, la acción de guerra en la que el general Osollo, al frente de 5,400 hombres, destrozó a los coaligados, quienes se retiraron hacia Guadalajara. Al mando de Osollo combatieron los generales Miramón, Mejía, Casanova y José María Blancarte, entre otros. Por la Coalición, cuyo ejército jefaturaba el general Parrodi, participaron Leandro Valle, Doblado, Mariano Moret y otros generales.

La Batalla de Salamanca marca en realidad el principio de la Guerra de Tres Años, también conocida como la Guerra de Reforma. Cuatro períodos pueden señalarse en el desarrollo puramente militar del conflicto: el primero se inició con un movimiento arrollador de las tropas del bando conservador, a partir de marzo de 1858, después de la batalla de Salamanca; el segundo fue de un equilibrio dinámico, con triunfos y derrotas alternativos de uno y otro bando, hasta junio de 1860; el tercero fue de franco predominio de las fuerzas liberales y terminó el 1º de enero de 1861 con la ocupación de la capital de la República por las tropas del general Jesús González Ortega; y el cuarto fue una prolongación de la lucha, conectada con la intervención de los franceses en apoyo del Imperio de Maximiliano.

Después de la derrota del ejército de la Coalición en Salamanca, las grandes operaciones militares en la Guerra de Reforma fueron las siguientes:

1858. Paso o Puerto Carretas, lugar situado en el municipio de Ahualulco de Pinos, San Luis Potosí: acción de guerra ganada por el general Miramón al general Juan Zuazua y sus subalternos general José Silvestre Aramberri y coronel Francisco Naranjo (17 de abril). Toma de Zacatecas por el general Zuazua (27 de abril). Primer sitio de Guadalajara y retirada de las tropas liberales al mando del general Santos Degollado (13 de junio). Toma de San Luis Potosí por el general Zuazua (30 de junio). Barranca de Atenquique, en el municipio de Ciudad Guzmán, Jal.: acción librada entre las tropas liberales comandadas por los generales Degollado, Miguel Blanco y Leandro Valle, y las conservadoras jefaturadas por Miramón y sus subalternos generales Francisco Vélez, Ruelas y otros; la victoria quedó indecisa (2 de julio). Batalla de Cuevitas, lugar cercano a Techalutla, en Jalisco, ganada por Degollado al general conservador Casanova (21 de septiembre). Batalla de Ahualulco de Pinos, ganada por Miramón y sus subalternos Márquez, Mejía y Cobos, a Vidaurri y sus segundos Zuazua, Aramberri y Naranjo (29 de septiembre). Toma de Guadalajara por Degollado; el defensor de la plaza, general Blancarte, capituló (28 de octubre). Acción de San Miguel, rancho distante una legua de Poncitlán, Jalisco, ganada por Miramón, Márquez y Cobos a Degollado, Ogazón y Contreras; el mismo día entraron a Guadalajara con sus tropas Miramón y Márquez (14 de diciembre). Acción de San Joaquín, ranchería distante cinco leguas de Colima, ganada por Miramón a Degollado (20 de diciembre).

1859. Primer ataque de Miramón a Veracruz (se retiró a fines de marzo). Acción de Tacubaya, ganada por Márquez a Degollado (11 de abril). Acción de Estancia de Vacas, rancho distante 2 leguas de Querétaro, ganada por Miramón a Degollado, Arteaga y Manuel Doblado (13 de noviembre). Acción de Tonila, llamada también de Albarrada, en Colima, ganada por Miramón al general Juan Rocha (24 de diciembre).

1860. Segundo ataque de Miramón a Veracruz; después de 16 días de asedio infructuoso levantó el sitio y regresó a México el 21 de marzo. Acción de Peñuelas, hacienda del Estado de Aguascalientes, ganada por González Ortega al general conservador Silverio Ramírez (junio 15). Salida de Miramón de Guadalajara (27 de junio) rumbo a Lagos y el Bajío; en la ciudad de León el general Zuloaga, que lo acompañaba en calidad de detenido, se escapó hacia la Ciudad de México, donde quiso hacer valer sus derechos a la Presidencia de la República, pero el Consejo resolvió que el cargo correspondía a Miramón. Batalla de Silao de la Victoria, Guanajuato, ganada por González Ortega a Miramón, que abrió el camino para el triunfo ulterior de Calpulalpan (10 de agosto). Sitio de Guadalajara (empezó el 26 de septiembre) y ocupación de la plaza por las tropas liberales al mando de González Ortega, Zaragoza, Doblado, Leandro Valle, Ogazón, Berriozábal y otros generales (3 de noviembre). Y batalla de Calpulalpan, que puso punto final a la resistencia organizada y a la capacidad de combate del ejército conservador; González Ortega fue el general vencedor y Miramón el vencido (22 de diciembre).

El gobierno del presidente Juárez se estableció en Guadalajara en febrero de 1858, donde permaneció poco tiempo, pues a resultas de la derrota sufrida por las fuerzas de la Coalición en Salamanca, la situación militar se hizo insostenible. En medio de un motín de la soldadesca, el presidente y sus colaboradores fueron capturados y estuvieron a punto de sucumbir, de no haber sido por la intervención de Guillermo Prieto, cuya elocuencia frente a los militares que formaban el pelotón de fusilamiento indujo a los soldados a bajar sus fusiles, salvando así la vida de Juárez y de los demás representantes de la legalidad (v.JALISCO, ESTADO DE). Juárez y su gabinete se vieron obligados a abandonar la zona de peligro ante la proximidad del general Osollo, que avanzaba con sus fuerzas desde Salamanca a Guadalajara, plaza que ocupó el 23 de marzo de 1858 en virtud de la capitulación celebrada con Parrodi. Osollo iba acompañado por el general Miramón y otros jefes. Juárez salió de la capital de Jalisco días antes de que la ocuparan las tropas conservadoras y se dirigió a la ciudad de Colima, de donde partió el 7 de abril para el puerto de Manzanillo; el día 11 se embarcó rumbo al Istmo de Panamá, acompañado de los señores Ocampo, Ruiz, Prieto y León Guzmán. El 18 llegó a Panamá, el 22 a La Habana y el 28 a Nueva Orleans. El 4 de mayo siguiente hizo su entrada al Puerto de Veracruz, donde estableció el Gobierno de la República al amparo de la protección que le brindó el gobernador del Estado, general Manuel Gutiérrez Zamora. En Veracruz se encontraban ya Miguel Lerdo de Tejada, Ignacio de la Llave, Ignacio Ramírez, Ponciano Arriaga y otros destacados radicales. Antes de salir del país, Juárez designó a su secretario de Gobernación, Santos Degollado, general en jefe de las Fuerzas liberales, delegando en él facultades omnímodas en todos los ramos de la administración. Nombró también a José María Mata enviado extraordinario y ministro plenipotenciario de México ante el Gobierno de los Estados Unidos.

Muerto el general Osollo por causa de enfermedad en la ciudad de San Luis Potosí el 18 de junio de 1858, quedó el general Miguel Miramón como primer jefe de las fuerzas armadas del bando conservador. La acción militar de éste se enfocó primordialmente hacia tres objetivos: 1.Contener el avance de las tropas liberales norteñas, comandadas por el general Santiago Vidaurri, las cuales, provenientes de Nuevo León y Coahuila, marchaban hacia el sur amagando las plazas de San Luis Potosí y Zacatecas, en su intento de unirse con los contingentes que jefaturaba Degollado en Colima, Michoacán y Jalisco. 2.Atacar a las fuerzas de Degollado que amenazaban la ciudad de Guadalajara,

Ignacio Comonfort

Miguel Miramón

Félix Zuloaga

hasta conseguir su total aniquilamiento. Y 3.logrado lo anterior, volverse contra Veracruz, donde el gobierno de Juárez se había establecido. Miramón se propuso acabar primero con Degollado; pero no lo logró, pues vencido éste en ocasiones, surgía de la derrota con nuevas y reorganizadas fuerzas, de modo que el sur de Jalisco, Michoacán y Colima siguieron dominados por los liberales. Mejor éxito tuvo su ofensiva contra Vidaurri y los suyos; pero no logró impedir que los norteños se mantuvieran en acción bélica durante toda la Guerra de Reforma y que, a la postre, con González Ortega, Zaragoza, Blanco, Escobedo y otros jefes, decidieran el triunfo de la causa liberal. La ofensiva contra el puerto de Veracruz, intentada en tres ocasiones, fracasó asimismo: la primera se frustró por los pronunciamientos de los generales reaccionarios Miguel María Echegaray, en Ayotla, Estado de México, y Robles Pezuela en la capital (*Plan de Navidad*), al suspender aquél su marcha sobre Veracruz. Los graves acontecimientos políticos suscitados con motivo de estos pronunciamientos imposibilitaron a Miramón para llevar adelante sus planes de guerra en contra del puerto jarocho. La pretensión de los generales sublevados era buscar una fórmula de avenimiento entre los partidos contendientes, constituyendo un tercer partido que reconciliara a los otros dos. Las fuerzas sublevadas se apoderaron de la capital a fines de diciembre de 1858; derrocaron a Zuloaga y una junta de notables nombró presidente a Miramón, en los primeros días de enero de 1859; éste no aceptó y restituyó en la Presidencia a Zuloaga, quien, con-

servando su cargo en calidad de interino, designó a su vez sustituto a Miramón, el 31 de enero de 1859.

La segunda vez que Miramón fracasó en su propósito de tomar el puerto se debió al amago del general Degollado sobre la Ciudad de México, que dio lugar a la acción de Tacubaya del 11 de abril de 1859, ganada por Márquez, pero que obligó a Miramón a acudir en auxilio de la capital, suspendiendo el ataque a Veracruz. La tercera frustración obedeció al fracaso del asedio al puerto como consecuencia de la captura de las fragatas *El Miramón* y *Marqués de la Habana*, que habían sido adquiridas por el gobierno conservador para establecer el bloqueo. Las naves fueron declaradas piratas por el gobierno de Juárez y en consecuencia podían ser capturadas por cualquier buque armado nacional o extranjero, como efectivamente aconteció al ser apresadas por la corbeta de guerra *Saratoga*, de los Estados Unidos, el 6 de marzo de 1860. Miramón levantó el sitio y regresó a la capital del país.

A partir de ese momento el fracaso de la causa reaccionaria era evidente y el triunfo de los liberales era cuestión sólo de tiempo, porque todas las circunstancias tanto internas como externas les eran ya favorables. La reacción quedó condenada a mantenerse en la contienda a base de triunfos militares efímeros, victorias nunca decisivas que podían surtir efecto apenas el tiempo necesario para consumir los dineros del clero que financiaba las campañas del bando conservador. *M.M.M.*

Operaciones militares durante la Guerra de Reforma. Cuando Juárez dejó las playas del Pacífico para establecer su gobierno en el puerto de Veracruz, no quedó en poder de los liberales de Jalisco y Michoacán ningún recurso valioso; pero sí lo había en la frontera norte del país, sobre todo en la región noroeste donde sus habitantes siempre se manifestaron adictos a la Reforma, porque el clero no tenía allí una gran influencia y porque los rancheros de aquellos Estados semidesérticos de Nuevo León, Coahuila y parte de Tamaulipas, eran partidarios del sistema federal y anticonservador; las fuerzas armadas fronterizas eran temibles por su valor, y por su resistencia a la fatiga, a la que estaban acostumbrados por su lucha contra la incursión de los salvajes. En los Estados citados, todos los militares reconocían como jefe al gobernador Santiago Vidaurri; pero los verdaderos caudillos eran Juan Zuazua, José Silvestre Aramberri y Miguel Blanco; en menor escala se distinguían Mariano Escobedo e Ignacio Zaragoza.

En los meses que siguieron a la rendición de Parrodi en Guadalajara, plaza que fue ocupada por los reaccionarios, las huestes fronterizas amenazaron San Luis Potosí, Zacatecas y Aguascalientes, con objeto de adueñarse del Bajío en combinación con los grandes grupos reformistas que organizaba Degollado en el sur de Jalisco y Michoacán. Zuazua logró apoderarse de Zacatecas, que Miramón había dejado bien guarnecida, para acudir en auxilio de San Luis Potosí; entre los prisioneros que cayeron en poder del general fronterizo se encontraron el coronel Landa, el conservador que estuvo a punto de capturar y asesinar a Juárez, y ordenó su fusilamiento, así como el de su jefe Manero y otros compañeros suyos; acto que produjo el recrudecimiento de la guerra civil.

Degollado y Ogazón, que habían organizado la primera división del ejército liberal, atacaron Guadalajara durante los últimos días de abril de 1858, siendo rechazados por los generales reaccionarios Casanova y Blancarte; se internaron nuevamente al sur de Jalisco ante la amenaza de Miramón, que Osollo había enviado desde San Luis Potosí, donde se encontraba el cuartel general de los conservadores, en auxilio de la capital tapatía. Osollo y Miramón preparaban una gran maniobra contra las fuerzas fronterizas, cuando el primero enfermó de tifo y murió en San Luis Potosí. Lo reemplazó Miramón como general en jefe de las fuerzas reaccionarias, a las que ya se habían unido los desterrados que habían vuelto, como Leonardo Márquez, Antonio Corona, Adrián Wool y Severo del Castillo. Las operaciones militares entrarían en gran actividad y violencia.

Miramón, que se encontraba en Guadalajara, consideró que Márquez y Mejía podrían resistir, por lo pronto, a los fronterizos, mientras él con sus fuerzas tendría tiempo de aniquilar a Degollado y Ogazón, y se lanzó sobre ellos rumbo a Sayula y les dio alcance, tras jornadas rápidas y muy fatigosas, en las barrancas de Atenquique, trabándose en el fondo de ellas una batalla muy reñida y de éxito dudoso, por lo que el resultado de su maniobra fue nulo. Muerto Osollo, se disputaban el prestigio militar Miramón y Márquez; el recelo del primero, al ser derrotado el segundo por Vidaurri en San Luis Potosí, creció al comprender que si Márquez sufría otra derrota por parte de los fronterizos, equivaldría a la pérdida del interior y al fin del gobierno eclesiástico-militar; y si por el contrario Márquez vencía, podía significar el fin del mando de Miramón. Para asegurar la victoria y el puesto, Miramón necesitaba ir rápidamente sobre los fronterizos; y recogiendo a Márquez y su ejército, localizar a Vidaurri y derrotarlo. La suerte le sirvió otra vez, y en Ahualulco y de los Pinos, a corta distancia de San Luis Potosí, en donde había tomado posiciones el ejército constitucionalista, lo derrotó gracias al movimiento envolvente que condujo Márquez, y a la carga impetuosa de Miramón sobre el centro enemigo debilitado; la derrota fue completa, y toda la zona que habían ganado en su avance los lugartenientes de Vidaurri quedó perdida para ellos. Márquez se atribuyó la victoria, pero el triunfo correspondió a Miramón, como general en jefe. El recelo entre estos jefes reaccionarios aumentó después de esta gran acción de armas.

El prestigio de Miramón se incrementó con esta hazaña, pero no pudo salir inmediatamente para Guadalajara, plaza que era embestida con redoblado brío por Degollado, Ogazón y Núñez, precisamente en los días en que celebraba el triunfo de Ahualulco. En los combates de la capital tapatía sucumbió Núñez, pero los liberales fueron reforzados finalmente por Sánchez Román y Coronado. Miramón, carente de fondos, no pudo pagar los haberes a los vencedores de Ahualulco ni pertrechar sus tropas para continuar las operaciones, debido a lo cual estuvo inmovilizado en San Luis Potosí durante septiembre y octubre o sea los meses en que Santos Degollado arrojó a los conservadores de Guadalajara, apoderándose de la plaza mediante un violento asalto ejecutado con temeraria bravura, mientras el general fronterizo Miguel Blanco se movilizaba de Morelia al valle de Toluca y aparecía de

Tomás Mejía   *Luis G. Osollo*   *Leonardo Márquez*

improviso frente a la plaza de México, la cual asaltó sin resultados y se retiró hacia Michoacán. En este primer ataque a la capital se distinguió el general Leandro Valle, quien al frente de una columna logró penetrar a la ciudad por el rumbo de San Antonio Abad y ocupar las iglesias de San Pablo y de la Merced, en cuyas acciones de armas resultó herido, y sustituyéndolo en el mando el general José Justo Alvarez. Hasta diciembre pudo Miramón abandonar su inmovilidad forzada y se dirigió desde San Luis Potosí en auxilio de la plaza de México, atacada por Blanco; pero como éste había desistido de su empeño, Miramón y Márquez marcharon sobre Guadalajara. En el camino se encontraron a Degollado, en Puente de Tolotlán, Jal., punto que había sido fortificado. Miramón fue detenido, pero pasó el río Santiago cerca de Poncitlán, atacó a las fuerzas liberales por el flanco y éstas retrocedieron por el camino de Colima. Esto ocurrió al mismo tiempo que otra columna a las órdenes de Sánchez Román, que marchaba a ocupar Tepic, Nay., era destrozada por Lozada.

Esta era la situación en los primeros meses de 1859, segundo año de la Guerra de Reforma. Ninguna batalla decisiva se había librado. Santos Degollado organizaba e instruía en forma elemental nuevos contingentes y seguía sufriendo derrotas, pero con fe inquebrantable continuaba la misión de organizar un ejército eficiente y moralmente fuerte. Miramón expresaba claramente su desconsuelo a Zuloaga después del triunfo de Ahualulco: "Vaya Ud. a mandar el ejército —le decía—, yo no puedo hacerlo sin dinero y sin soldados". Los hogares estaban divididos por la guerra civil; las guerrillas que pululaban en el Bajío y los estados circunvecinos sembraban el terror y la violencia; los campos no se cultivaban, las rancherías habían sido destruidas y los pequeños poblados estaban abandonados por temor a la leva. El 24 de diciembre de 1858 el general Robles Pezuela se sumó en la capital de la República al *Plan de Navidad*, que reconocía como Presidente del bando conservador a Miguel Miramón. Convertido en dictador el general en jefe de las fuerzas reaccionarias, advirtió que el objetivo principal de la campaña consistía en arrojar a Juárez de Veracruz; antes, sin embargo, era indispensable aniquilar a las fuerzas liberales de Degollado que se reorganizaban en Guadalajara, pues sólo de ese modo su base de operaciones en México quedaría asegurada contra cualquier ataque enemigo. Se dirigió, pues, sobre la capital de Jalisco; Degollado, a su vez, evacuó la plaza, se retiró hacia Colima y ocupó en el trayecto la posición de San Joaquín, donde sufrió una grave derrota y perdió todos sus elementos de combate. Sin embargo, tres meses después pudo atacar México, en marzo de 1859, hecho que confirmó su mote de *El Colmenero*, por la rapidez con que reconstituía sus fuerzas, igual que las abejas sus panales. Miramón regresó a la capital y empleó mucho tiempo en allegarse recursos para emprender la campaña contra Veracruz. Cuando al fin lo consiguió, el invierno había transcurrido y los soldados de las zonas templadas y frías eran fácil presa de la fiebre amarilla en la tierra caliente. Durante el sitio al puerto, recibió la noticia del reconocimiento del gobierno de Juárez por los Estados Unidos, lo cual paralizó de pronto toda expectativa de intervención española. Miramón trató de regresar a México antes de que Márquez lo hiciera, pues su fracaso en Veracruz había disminuido su prestigio y le urgía un resonante triunfo.

Degollado, después del desastre de San Joaquín, reconcentró sus fuerzas en el Bajío. Ocupó a sangre y fuego las ciudades de León (18 de febrero) y Guanajuato (1° de marzo) y por Querétaro se dirigió hacia México. Al mismo tiempo las fuerzas reaccionarias de los generales Callejo y Mejía seguían una ruta paralela para reforzar la guarnición de la capital. Esto condujo a que chocaran en terrenos de la hacienda de Calamanda, al sur de Querétaro, en cuyo encuentro los lanceros de Tomás Mejía destrozaron a la división liberal del general Arteaga. Los conservadores continuaron su viaje sin pretender cerrar a las fuerzas de Degollado su progresión al sur; y los liberales igualmente avanzaron por el mismo rumbo. El 22 de marzo éstos se presentaron frente a la capital, ocuparon Tacubaya y Chapultepec, y amenazaron a la guarnición que mandaba el general Antonio Corona, fuerte en 4 mil hombres, en tanto que el ejército constitucionalista se componía de más de 6 mil. Sin embargo, la defensa contaba con la rápida concentración de las columnas de los generales Callejo y Mejía, y posteriormente con las fuerzas del general Márquez, cuya suma superaría al número de sitiadores, si éstos no atacaban de inmediato. Además, la organización defensiva de la plaza había sido muy bien realizada por el general Ignacio Mora y Villamil. Degollado no ordenó ningún ataque formal sino hasta el 2 de abril, en que intentó el asalto por el rumbo de la Tlaxpana y San Cosme, siendo rechazado. Días después se incorporó a los conservadores el general Leonardo Márquez, al frente del Primer Cuerpo del Ejército, y los defensores pasaron a la ofensiva. Los días 10 y 11 de abril de 1859 se libró la batalla de Tacubaya, que ganó Márquez contra Degollado. Las fuerzas de éste, dispersas, tomaron el rumbo del sur de Jalisco y Michoacán. Esta acción de armas fue un triunfo táctico de Márquez que le mereció los máximos honores por parte de la Iglesia. Los liberales, en cambio, aunque derrotados en el combate, capitalizaron ante la opinión pública de todo el país el desprestigio de la causa reaccionaria, pues Márquez mandó fusilar no sólo a jefes y oficiales prisioneros, según era costumbre en esa contienda, sino también a civiles no

combatientes, como fueron los médicos y ayudantes que atendían a los heridos. Esta acción le valió el sobrenombre de *El Tigre de Tacubaya*. Degollado organizó nuevas fuerzas en el sur de Jalisco, las dejó al mando del general Pedro Ogazón y marchó a Veracruz para entrevistarse con el presidente Juárez. Allá influyó decisivamente en la promulgación de las Leyes de Reforma.

De abril a noviembre de 1859 la actividad militar se concentró en el noroeste del país, donde el general Ignacio Pesqueira derrotó al reaccionario José Juanzo en Mazatlán; y en el sur, donde el general conservador Cobos tomó Oaxaca. Durante esos 6 meses las cancillerías y agentes diplomáticos de uno y otro bandos actuaron sin descanso para lograr: los conservadores, el apoyo de España, Francia e Inglaterra, cuyos buques de guerra se encontraban anclados en Sacrificios, frente a Veracruz; y los liberales, el reconocimiento y la ayuda de los Estados Unidos. Estas actividades influirían en la reanudación de las grandes operaciones militares. En la segunda mitad de 1859 la expedición de las Leyes de Reforma exacerbó la lucha. Woll derrotó en León a Degollado, Hinojosa y Quiroga, y con ellos a las tropas fronterizas. Vidaurri ordenó a éstas que se reconcentrasen en Nuevo León, pero Degollado destituyó a Vidaurri y nombró en su lugar a Aramberri, continuando a sus órdenes Escobedo y Zaragoza, dueños de Monterrey. En las postrimerías de ese año, gracias a la actividad del general José Justo Alvarez, quien se había incorporado a Degollado en el Istmo de Tehuantepec, al paso de éste rumbo a Veracruz, el Estado de Guanajuato había sido desocupado por las fuerzas reaccionarias. Así, y aprovechando la reincorporación del general Manuel Doblado, Degollado pudo reunir unos 7 mil hombres de los contingentes de San Luis Potosí, Aguascalientes, Zacatecas, Guanajuato y Querétaro y parte de las fuerzas fronterizas, a las órdenes de Doblado, Arteaga, Lemberg, Tapia, Blanco y otros. Miramón aceptó la propuesta de Degollado para celebrar conversaciones de paz en la hacienda de Calera; ganó tiempo, reunió sus tropas y una vez rotas las pláticas, el 13 de noviembre de 1859 atacó al ejército liberal en la Estancia de las Vacas, cerca de Querétaro. La primera fase de la batalla fue favorable a los constitucionalistas; en la segunda, indecisa y sangrienta, Degollado retrocedió a posiciones de antemano escogidas; y en la tercera Miramón avanzó de modo irresistible y los liberales se retiraron en desbandada. El caudillo conservador quedó otra vez dueño del Bajío, pero al igual que en Salamanca, Ahualulco, San Joaquín

Jesús González Ortega

Santos Degollado

Manuel Doblado

y Tacubaya, esta victoria sólo le significó nuevos laureles, pues no tuvo ningún efecto decisivo para la causa reaccionaria. Miramón pasó a Guadalajara; relevó del mando a Márquez, a quien mandó preso a México, por haberse apoderado de los caudales de una conducta; dejó en su lugar al general Woll; se dirigió sobre Colima y tomó la plaza; y derrotó después en la Albarrada, cerca de Tonila, a los generales Ogazón, Valle, Pueblita y Rocha, gracias a la traición de éste, quien poco después murió asesinado. Volvió triunfante a Guadalajara y a México (principios de 1860) y preparó su plan de campaña contra Veracruz. El 8 de febrero, ya sin el temor de que su base de operaciones fuera amenazada por Degollado o sus subordinados, salió de la capital con sus más conspicuos generales (excepto Márquez, que se hallaba procesado) y sus mejores soldados y elementos de guerra, confiado en la cooperación de la flotilla del contralmirante Tomás Marín, que había organizado en La Habana, con el apoyo del gobierno español, para bloquear y bombardear el puerto. En su marcha a Veracruz, el ejército conservador fue hostilizado por las guerrillas liberales, las cuales, antes de concentrarse en el puerto, fueron destruyendo cuanto encontraban a su paso. El 6 de marzo, cuando el dispositivo de ataque quedó terminado desde Veracruz hasta Antón Lizardo, apareció la flotilla de Marín navegando de barlovento a sotavento, muy cerca del fondeadero de Sacrificios, en pleno día y en ruta hacia la costa. Al pasar a la vista de San Juan de Ulúa,

fue requerida para que mostrara su pabellón, pero Marín simuló no advertirlo y pasó sin bandera. El buque *General Miramón* debió mostrar al tope la bandera mexicana, y el *Marqués de la Habana* la española, pero al no hacerlo se les consideró piratas. Esta circunstancia facilitó la decisión del comandante Turner, quien a bordo de la corbeta norteamericana *Saratoga* enfiló rumbo a Antón Lizardo para batirlos y rendirlos. Los barcos fueron llevados a Veracruz y sus tripulantes y su comandante desembarcados en el puerto, quedando todo a disposición de los norteamericanos, inclusive los pertrechos de guerra (mil bombas, 2 morteros y 4 mil fusiles). Miramón bombardeó entonces Veracruz hasta que consumió todas sus municiones; y sin haber logrado ningún designio militar, tomó la vuelta a México, a donde llegó a principios de abril.

En Zacatecas, San Luis Potosí, Jalisco, Oaxaca y Nayarit, entidades que habían dominado hasta entonces los conservadores, la preponderancia de las armas liberales comenzaba a ser manifiesta. Sólo en los estados de México y Puebla y en el Distrito Federal privaban los reaccionarios, aunque acosados por las guerrillas. La selección hecha por Miramón para organizar el mejor cuerpo de ejército posible y operar sobre Veracruz había dejado el Bajío y las ciudades circunvecinas en poder de reclutas, circunstancia que permitió a los liberales aumentar sus fuerzas y reorganizarse. La decisión de Juárez de mantener vigentes la Constitución y las Leyes de Reforma impedía cualquier avenimiento con el gobierno emanado del *Plan de Tacubaya*. Los jefes constitucionalistas (Degollado y González Ortega, y detrás de ellos Doblado, López Uraga y otros) titubeaban ante el sacrificio de sus tropas y el anhelo generalizado de paz. El general José López Uraga, quien regresaba de Europa y gozaba de cierto prestigio, se incorporó por esos días al ejército constitucionalista. Degollado lo aceptó por recomendación del general Manuel Doblado y le confió la misión de organizar el Ejército del Centro. López Uraga reunió los contingentes de Zacatecas, Aguascalientes, Guanajuato y Michoacán, estos dos últimos al mando de Antillón y Régules, quienes se pusieron a sus órdenes. Con estas fuerzas libró la batalla de Loma Alta, en San Luis Potosí, derrotó a los generales reaccionarios Díaz de la Vega y Calvo, les hizo mil prisioneros y les quito 18 piezas de artillería, carros de municiones y pertrechos, y bajo su responsabilidad, no sólo perdonó la vida de los jefes, en un acto inusitado, sino que los puso en libertad absoluta. Degollado recibió la noticia con emoción y en Veracruz dudaron de su eficacia. López Uraga alcanzó gran prestigio, pues parecía ser el esperado caudillo militar que vencería a los generales de 28 años que mandaban el viejo ejército permanente, sostén de los conservadores. Degollado, quien después de la victoria de Loma Alta ocupó San Luis Potosí, aprobó el plan de López Uraga en el sentido de atacar Guadalajara. Este marchó hacia la capital tapatía y mandó citar a Ogazón, que dominaba casi todo Jalisco, para atacar juntos la plaza.

Miramón reorganizó sus fuerzas en México e incorporó a ellas a muchos de los oficiales perdonados en Loma Alta; avanzó por el Bajío y se pronunció contra Zuloaga y lo puso preso en un furgón de campaña, para "enseñarle cómo se gana la presidencia". Frente a este hecho, el ministro inglés Mathews convocó a sus colegas acreditados en México, los ministros de Francia, Guatemala, El Salvador y Prusia, y en común acordaron declarar que no había gobierno legalmente constituido con quien entenderse, por lo cual se limiterían a proteger, oficiosamente, los intereses de sus nacionales. Miramón prosiguió su marcha a Guadalajara, en auxilio del general Woll, comandante de la plaza, y decidió abandonar todas las plazas del norte y concentrar sus fuerzas en la capital de Jalisco. En cumplimiento de esta orden, el general Ramírez, comandante de la guarnición de Durango, evacuó la ciudad al frente de 3 mil hombres.

López Uraga, mientras tanto, atacó Guadalajara y pidió la rendición al general Woll, viejo oficial francés que había prestado sus servicios en el ejérci-

to permanente y era antiguo compañero de armas de su ocasional adversario. Rechazada la instancia, se emprendió el ataque, durante el cual brilló el general Leandro Valle, cuartel maestre de la división de Jalisco. Al caer herido el general en jefe, que quedó prisionero, los liberales se retiraron al sur del Estado, bajo las órdenes de Zaragoza y Valle. Miramón llegó tarde, pero a principios de junio salió con 6 mil hombres a perseguir a los constitucionalistas, ya reforzados con las guerrillas de Rojas y las columnas del general Plácido Vega y el coronel Ramón Corona. Estos 5 mil hombres se atrincheraron en la Cresta de Zapotlán (Ciudad Guzmán) y de Sayula; Miramón, al reconocer el sitio, desistió de desalojarlos y regresó a Guadalajara sin combatir.

La última etapa de la Guerra de Reforma comenzó con la batalla de Peñuelas, en Aguascalientes, donde Jesús González Ortega derrotó al general conservador Silverio Ramírez, quien con 3 mil hombres marchaba rumbo a Guadalajara para incorporarse a Miramón. Esta victoria produjo la toma de Aguascalientes por los liberales y les abrió el camino hacia el Bajío, para combinar sus operaciones con el ejército del Centro. Miramón, al conocer esta noticia, salió rumbo a México; dejó en Guadalajara una guarnición de 5 mil hombres, a las órdenes del general Severo del Castillo, militar de carrera, seguramente con la idea de proteger a la ciudad frente a los *hacheros* (chinacos) de Rojas; y estableció su cuartel general en Lagos. Todo julio se ocuparon Ogazón y Zaragoza en cerrar el camino hacia Manzanillo a las huestes reaccionarias derrotadas en Sinaloa, mientras Miramón permanecía inactivo en Lagos. Este pasó a León, en julio, ante la proximidad de Zaragoza, cuya división se desprendió del grueso de las fuerzas que atacaban a Guadalajara y a marchas forzadas se reunió con González Ortega. Mientras tanto, Ogazón, Valle y Vega eludieron el combate frente a la capital tapatía y se reconcentraron en Santa Ana Acatlán, en espera de los acontecimientos que pronto se desarrollarían en el Bajío. A principios de agosto ya se habían reunido 10 mil hombres de González Ortega, Zaragoza, Berriozábal y Doblado. Miramón se retiró rumbo a Querétaro, pero el día 10 tuvo que presentarles combate en Silao, por primera vez sin un plan preconcebido. La batalla fue rápida, ruda y sangrienta; después de 3 horas la infantería conservadora quedó diezmada, dejando en poder de los liberales los bagajes, las municiones, los pertrechos y toda la artillería. La caballería constitucionalista, al mando de Carbajal, batió a los lanceros de Mejía. Miramón

Leandro Valle

Felipe Berriozábal

Pedro Ogazón

escapó con su escolta y se incorporó a una partida de jinetes que huían rumbo a Querétaro, hasta donde llegó la persecución de los liberales. Ortega, que tuvo como lugarteniente a Ignacio Zaragoza e Ignacio Alatorre, puso en libertad a los oficiales prisioneros, a pesar de que algunos de ellos habían sido perdonados en Loma Alta y Peñuelas. Degollado, que había renunciado al ministerio de Relaciones Exteriores para reasumir la jefatura del ejército liberal, previno a González Ortega de que en lo sucesivo todos los generales, jefes y oficiales reincidentes deberían ser pasados por las armas.

El ejército liberal emprendió su marcha sobre México, pero al llegar a Querétaro volvió hacia Guadalajara, por órdenes de Degollado, pues era preferible derrotar primero al ejército conservador que guarnecía Guadalajara, y luego atacar la capital, que no podría resistir un largo sitio. Sin embargo, los constitucionalistas no disponían de fondos para mantener y pertrechar a la tropa, que hacía tres meses marchaba y combatía rudamente desde Zacatecas hasta Querétaro, y esta vez tendría que transitar nuevamente por el Bajío, en plena temporada de lluvias, por campos convertidos en lodazales. Para remediar esta situación, el general Manuel Doblado, con el consentimiento de Degollado, decidió apoderarse de los valores que el general liberal Ignacio Echegaray llevaba por cuenta de unos comerciantes a Tampico. A este acto, que violaba el honor del ejército reformista, siguió la devolución de casi medio millón de pesos al ministro británico Mathews, distinción que reprocharon a Degollado

sus propios generales, y un plan de éste para lograr la paz, a base de desconocer a Juárez y establecer una nueva Constitución con ingerencia de los miembros del cuerpo diplomático. Destituido como jefe del ejército y procesado por el presidente Juárez, recibió la desaprobación de sus antiguos subordinados: Leandro Valle y Guillermo Prieto, con frases compasivas; González Ortega y Doblado, con severidad; e Ignacio L. Vallarta, con violencia. Fue relevado por Jesús González Ortega. Los fondos de la conducta de Laguna Seca permitieron a los liberales contramarchar sobre Guadalajara, a donde llegaron el 22 de septiembre de 1860, reforzados en San Pedro Tlaquepaque por las fuerzas de Jalisco a las órdenes de Ogazón; eran en total 20 mil hombres, con 125 piezas de artillería. El sitio se prolongó hasta fines de octubre. La defensa, encarnizada, estuvo dirigida por el general Severo del Castillo, al frente de 5 mil soldados de línea y varios grupos de voluntarios (como el batallón Blancarte), fanatizados por las prédicas clericales. De hecho dirigió las acciones el joven general fronterizo Ignacio Zaragoza, pues González Ortega estaba gravemente enfermo. Zaragoza propuso condiciones honrosas a los sitiados, que éstos se apresuraron a aceptar. Márquez, que estaba en las goteras de Guadalajara, intentó parlamentar, pero fue derrotado en Zapotlanejo, con pérdido de 3 mil prisioneros y 18 cañones. Miramón se apoderó de Toluca el 8 de diciembre e hizo prisioneros a los generales Berriozábal y Degollado. Este último, mientras se le abría proceso, anduvo de su acompañante. El caudillo conservador contaba con los oficiales y soldados del antiguo ejército santannista que no habían muerto en los tres años de lucha, pero no disponía de dinero. Para adquirirlo, el jefe de la policía de México, Lagarde, allanó la casa de Mr.Barton y se apoderó de $630 mil pertenecientes a la legación inglesa, destinados a los tenedores de bonos de esa nacionalidad. Pudo así equiparse el ejército que salió a enfrentarse a González Ortega, ya en marcha hacia México. Los contendientes se encontraron en Calpulalpan. La táctica del caudillo reaccionario, bien conocida por los jefes liberales, consistía en aplicar el máximo esfuerzo sobre un punto del adversario, para romper su unidad, aprovechar rápidamente ese efecto y consumar la victoria. Para contrarrestar ese método, Leandro Valle y José Justo Alvarez propusieron al general Zaragoza que la infantería constitucionalista retrocediera paso a paso, disputando el terreno al enemigo de manera de atraer sus refuerzos, hasta el momento en que, empeñado el adversario en esa forma y dirección, las reservas liberales, muy superiores en número, atacaran los flancos del dispositivo contrario. Aprobada la idea la víspera de la batalla, González Ortega, ya repuesto de sus males, se dispuso a dirigir las operaciones. El 22 de diciembre de 1860 la victoria liberal fue completa; no quedaron del enemigo más que grupos en fuga, algunos dispuestos a continuar la guerra civil, como lo hicieron Márquez, Cobos y Mejía, quienes buscaron refugio en la Sierra Gorda. Miramón llegó a México y permaneció en la ciudad sólo el tiempo para escribir una carta al general Leandro Valle, su antiguo compañero de colegio, recomendándole a su familia; confió el gobierno al Ayuntamiento y dejó encargado del orden al general Berriozábal, a quien previamente puso en libertad. Protegido por sus enemigos íntimos, viajó a Veracruz, se ocultó en la casa de Villa Hermosa y a principios de enero logró embarcarse en un navío de guerra español.

El 25 de diciembre hizo su entrada triunfal a la capital de la República el ejército de la Reforma, entre vítores y aclamaciones de la multitud. El 1º de enero de 1861 llegó a México el presidente Benito Juárez y fue recibido por el pueblo con igual entusiasmo. Su nuevo ministerio quedó formado por Francisco Zarco (relaciones), Ignacio Ramírez (Justicia, Instrucción Pública y Fomento), Jesús González Ortega (Guerra y Marina) y Guillermo Prieto (Hacienda). *T.S.H.*

Noticias adicionales. Hubo proposiciones para suspender las hostilidades en noviembre de 1859 y en marzo, septiembre y octubre de 1860. La víspera de la batalla de Estancia de Vacas, Miramón y Degollado se entrevistaron en la Calera; éste planteó como solución del conflicto el reconocimiento por parte de los conservadores del orden constitucional, pero aquél no aceptó. En marzo de 1860, a raíz del sitio de Veracruz, Miramón propuso la paz; se reunió una comisión mixta integrada por los conservadores Isidro Díaz y Robles Pezuela, y por los liberales general Santos Degollado y José Emparán; la base propuesta para el arreglo consistió en que el cuerpo diplomático acreditado en México arbitrara en el conflicto; Juárez rechazó la propuesta, por considerarla indecorosa para la dignidad nacional y contrapropuso que se hiciera una consulta al pueblo por medio del Congreso constituido conforme a la Carta Magna de 1857; Miramón rechazó la iniciativa del gobierno liberal. En septiembre de 1860 González Ortega ofreció la paz al general conservador Severo del Castillo, en ocasión del sitio de Guadalajara, sugiriendo reformas constitucionales y la eliminación de Juárez, aunque todo ello con observancia de lo establecido por la Constitución al respecto. En octubre siguiente Degollado insistió, en carta dirigida al encargado de negocios de Inglaterra, M.Mathew, en la intervención del cuerpo diplomático para la pacificación del país.

El 6 de abril de 1859 el senador Robert Mc Lane, nombrado embajador de los Estados Unidos ante el gobierno de Juárez, presentó en Veracruz sus cartas credenciales e hizo votos por el triunfo de los principios liberales. Esto causó en el bando conservador un hondo impacto y aumentó considerablemente la fuerza moral del partido reformista. El reconocimiento norteamericano al régimen constitucional compensó el apoyo que desde el inicio de la lucha prestaron las potencias europeas, y en particular el gobierno de España, al bando conservador.

El presidente Juárez nacionalizó los bienes del clero; Márquez, quien fue enjuiciado por ello, se apoderó de $600 mil de una conducta que se encaminaba al puerto de San Blás; Miramón celebró una ruinosa operación de agio con la casa Jacker, que originó posteriores reclamaciones diplomáticas precursoras de la intervención extranjera. Y el general Degollado, en Laguna Seca, se apoderó de $1.127,414, valor de una remesa de plata perteneciente a particulares, la mayoría de ellos extranjeros; la conducta había salido de Zacatecas con dirección a Tampico; Degollado la hizo retroceder a Lagos y por la intervención del cónsul inglés se devolvieron $400 mil a los connacionales de éste. El presidente Juárez desautorizó ese comportamiento.

Batalla de Calpulalpan *(litografía de Casimiro Castro)*

Los tratados internacionales propalados por uno y otro bando, el *Mon-Almonte* con España por los conservadores y el *Mc Lane-Ocampo* con los Estados Unidos, por los liberales, que no pasaron del terreno de las negociaciones porque jamás llegaron a ratificarse, no fueron sino arbitrios desesperados a que acudieron ambos partidos para procurarse fondos y apoyo, aún a riesgo de comprometer con ello la integridad del territorio y la soberanía nacional.

Los conservadores restablecieron el orden jurídico prevaleciente hasta antes del triunfo del movimiento de Ayutla, derogando las disposiciones reformistas que lo habían vulnerado. Los liberales extremaron el proceso de cambio expidiendo en Veracruz un cuerpo de disposiciones denominadas Leyes de Reforma, culminación ideológica y doctrinaria del movimiento liberal. Gracias a ellas se consumó en México la separación de la Iglesia y el Estado; éste adquirió una fisonomía moderna y afirmó su personalidad autónoma frente a las demás naciones de la comunidad internacional. La lucha del pueblo mexicano por emanciparse de la influencia clerical, condujo a la secularización de las instituciones nacionales, pues el objetivo esencial del movimiento de reforma fue la emanci-

pación del Estado de la tutela de la Iglesia y el funcionamiento de una Iglesia libre, dentro de una sociedad laica.

En julio de 1859, en Veracruz, el gobierno de Juárez lanzó un manifiesto a la Nación en el que anunciaba la próxima expedición de diversas leyes encaminadas a dar unidad y vigencia al ideario de la causa reformista. Decía ese documento: "Para poner un término definitivo a esta guerra sangrienta y fraticida, que una parte del clero está fomentando hace tanto tiempo en la Nación, por sólo conservar los intereses y prerrogativas que heredó del sistema colonial, abusando escandalosamente de la influencia que le dan las riquezas que ha tenido en sus manos y del ejercicio de su sagrado ministerio, y despojar de una vez a esta clase de los elementos que sirven de apoyo a su funesto dominio, cree indispensable (el Gobierno): 1.Adoptar como regla invariable, la más perfecta independencia entre los negocios del Estado y los puramente eclesiásticos. 2.Suprimir todas las corporaciones de regulares del sexo masculino, sin excepción alguna, secularizándose los sacerdotes que actualmente haya en éllas. 3.Extinguir igualmente las cofradías, archicofradías, hermandades y en general todas la corporaciones o congregaciones que existan de esta naturaleza.

4. Cerrar los noviciados en los conventos de monjas, conservándose las que actualmente existen en ellos, con los capitales o dotes que cada una haya introducido y con las asignaciones de lo necesario para el servicio del culto en sus respectivos templos. 5. Declarar que han sido y son propiedad de la Nación todos los bienes que hoy administra el clero secular y regular con diversos títulos, así como el excedente que tengan los conventos de monjas, deduciendo el monto de sus dotes, y enajenar dichos bienes, admitiendo en pago de una parte de su valor, títulos de la deuda pública y de capitalización de empleos. 6. Declarar, por último, que la remuneración que dan los fieles a los sacerdotes, así por la administración de los sacramentos, como por todos los demás servicios eclesiásticos y cuyo producto anual, bien distribuido, basta para atender ampliamente al sostenimiento del culto y de sus ministros, es objeto de convenios libres entre unos y otros, sin que para nada intervenga en ellos la autoridad civil". El 12 de julio se dio a conocer profusamente el manifiesto y ese mismo día se expidió la Ley sobre Nacionalización de los Bienes del Clero y Separación de la Iglesia y del Estado; el 23 de julio, la del Matrimonio Civil; el 31, la de Secularización de Cementerios; el 11 de agosto, la que fija el Calendario de Fiestas Laicas; y el 4 de diciembre de 1860, la de Libertad de Cultos. Los sectores reaccionarios se sintieron lesionados en sus intereses por la nueva legislación. La guerra civil se exacerbó. El episcopado formuló una protesta, desconociendo todo derecho al gobierno liberal para decretar afectaciones a los bienes del clero. Las Leyes de Reforma afirmaron asimismo el ánimo combativo de los liberales y su confianza en la victoria final. El resultado práctico de la nueva legislación consistió en agrupar en torno al gobierno constitucional, con el señuelo de la nacionalización y venta de los bienes del clero, a fuertes intereses económicos, los cuales, con miras al futuro se solidarizaron estrechamente con el destino de la causa liberal. Concluida la Guerra de Reforma, el gobierno de Juárez se instaló en la capital de la República en enero de 1861. Una de las primeras medidas que adoptó fue expulsar del país al arzobispo Lázaro de la Garza; a los obispos Clemente de Jesús Munguía, Joaquín Madrid, Pedro Espinosa y Pedro Barajas Díaz, así como al embajador de España, Joaquín Francisco Pacheco, y al nuncio apostólico Luis Clementi.

Más tarde se planteó el problema de determinar el grado de validez constitucional de las Leyes de Reforma en su conjunto, pues fueron expedidas sin contar con el concurso del órgano legislativo competente, aunque tuvieron vigencia y fueron sancionadas desde el principio por la opinión nacional y posteriormente por el Congreso, cuando éste estuvo en aptitud de volver a funcionar. En 1873 fueron elevadas al rango de normas constitucionales y quedaron incorporadas a la Constitución de 1857 en calidad de adiciones y reformas. El texto definitivo que se dio a dichas modificaciones, fue el siguiente: "Artículo 1º. El Estado y la Iglesia son independientes entre sí. El Congreso no puede dictar leyes estableciendo o prohibiendo religión alguna. Artículo 2º. El matrimonio es un contrato civil. Este y los demás actos del estado civil de las personas son de la exclusiva competencia de los funcionarios y autoridades del orden civil, en los términos prevenidos por las Leyes, y tendrán la fuerza y la validez que las mismas les atribuyan. Artículo 3º. Ninguna institución religiosa puede adquirir bienes raíces, ni capitales impuestos sobre éstos, con la sola excepción establecida en el artículo 27 de la Constitución. Artículo 4º. La simple promesa de decir verdad y de cumplir las obligaciones que se contraen, sustituirá al juramento religioso, con sus efectos y penas. Artículo 5º. Nadie puede ser obligado a prestar trabajos personales sin la justa retribución y sin su pleno consentimiento. El Estado no puede permitir que se lleve a efecto ningún contrato, pacto o convenio que tenga por objeto el menoscabo, la pérdida o el irrevocable sacrificio de la libertad del hombre, ya sea por causa de trabajo, de educación o de voto religioso. La Ley, en consecuencia, no reconoce órdenes monásticas, ni puede permitir su establecimiento, cualquiera que sea la denominación u objeto con que pretendan erigirse. Tampoco puede admitir convenio en que el hombre pacte su proscripción o destierro".

Debido al triunfo de los principios reformistas, la Iglesia quedó supeditada, en lo temporal, a las normas jurídicas emanadas del Estado, y su acción, que desbordaba a terrenos ajenos a su misión puramente espiritual, se vio restringida a los justos límites que le impone, en la esfera civil, la supremacía del poder regulador estatal; en lo económico, la desamortización y nacionalización de los bienes del clero produjeron el efecto de restituir al patrimonio de la nación la enorme riqueza que representaban las propiedades y capitales impuestos que la Iglesia mantenía segregados del torrente circulatorio de los bienes cuyo intercambio da fuerza al comercio, a la industria y en general a la actividad económica de los pueblos; en lo político, la libertad individual y la igualdad ante la Ley reemplazaron a los sistemas de discriminación social, sustentados en razones de estirpe, de casta o de posición económica privilegiada. La Reforma, pues, marca el tránsito de un antiguo régimen de autoridad absolutista y de privilegios, a un nuevo orden de libertad y de igualdad ante la ley para todos los mexicanos. *M.M.M.*

REFORMA AGRARIA. v.AGRARISMO, CONSTITUCIONES y DERECHO AGRARIO.

REGADERA DE LAS ANTILLAS. *Euplectella jovis.* Esponja de la clase *Hyalospongiae,* también conocida como *hexactinélida, regadera de Júpiter* y *esponja de vidrio.* Su esqueleto, de gran belleza, está formado por espículas de sílice de 6 radios, que parten de 3 ejes cortados en un punto y perpendiculares entre sí. Cada espícula se une a otras 6 por los extremos de sus radios. Es característica de los fondos fangosos del Golfo de México y del Mar Caribe. Aunque su esqueleto es menos delicado, es de mayor tamaño que la *regadera de Filipinas, Euplectella aspergillum.*

REGATO, JOSÉ MARÍA, n. y m. en Durango, Dgo. (1800-1856). Hizo la carrera de ingeniero en la Ciudad de México. Fue tres veces gobernador de su Estado: en 1835, en sustitución de Basilio Mendarózqueta; del 1° de enero al 14 de abril de 1852, en que se sublevó la guarnición de la plaza contra la administración del presidente Arista; y del 30 de agosto de 1855 al 9 de marzo de 1856, coincidiendo con el triunfo de la revolución de Ayutla. En este período propuso sin éxito que los derechos de las obras pías se redujeran a la mitad del censo establecido. Fue el primer rector del Instituto Civil, inaugurado el 16 de agosto de 1856.

REGIL ESTRADA, JOSÉ MARÍA, n. y m. en Campeche, Camp. (1812-1867). Estudió en el Seminario Clerical de San Miguel Estrada, fundado por un tío suyo, y en el Colegio de San Ildefonso. Se recibió de abogado en 1832. En campeche impartió clases de derecho. Fue alcalde fiscal de imprenta y promotor fiscal, y en 1865 rector del Instituto Campechano. Partidario del Imperio, recibió de Maximiliano la cruz de la Orden de Guadalupe. Aparte varios ensayos sobre legislación, escribió, junto con Alonso Manuel de Peón, *Estadística de Yucatán,* primer trabajo de esa índole hecho en la península.

REGIL Y DE LA PUENTE, PEDRO MANUEL, n. en Arredondo, Santander, España, en 1774; m. en Campeche en 1855. Pasó a Nueva España y se dedi-

có al comercio, primero en Veracruz y después en Campeche. Electo diputado por Yucatán a las Cortes Españolas (1812), no pudo viajar a Cádiz por razones de salud. En 1820, junto con el Ayuntamiento de Campeche, obligó al gobernador de Yucatán, Castro y Ataos, a jurar la restablecida Constitución. En 1823 presidió el primer Congreso yucateco. Escribió: *Memoria instructiva sobre el comercio general de Yucatán y en particular de Campeche* (Madrid, 1812) e *Instrucciones que la diputación provincial de Yucatán dio a los señores diputados que eligió para concurrir a las Cortes Generales y Ordinarias de la Monarquía Española en los años de 1821-1822.* Justo Sierra O'Reilly publicó estos trabajos en *El Fénix* (Campeche, 1848).

REGUERA ESCUDERO, JUAN, n. en Acapulco, Gro., en 1890; m. en Aguacatillo, Rayón, S.L.P., en 1923. Estudió en el *Saint Mary's College* de California, Estados Unidos, y se estableció en Acapulco, donde fundó la Liga de Trabajadores a Bordo de los Barcos. En la ciudad de México entró en contacto con la Casa del Obrero Mundial y en 1919 organizó el Partido Obrero de Acapulco y publicó el periódico magonista *Regeneración.* Fue electo presidente municipal del puerto, pero el 11 de mayo la policía asaltó el palacio y Reguera quedó malherido e inválido. Una vez recuperado, reanudó su actividad política y triunfó nuevamente en las elecciones municipales (1922). En 1923, al estallar la rebelión delahuertista, fue aprehendido y asesinado junto con su hermano.

RÉGULES, NICOLÁS DE, n. en Quintanilla—Sopena, Burgos, España, en 1826; m. en la Ciudad de México en 1895. Estudió por breve tiempo en Segovia y en Alcalá de Henares, alistándose muy joven en el ejército popular que combatía a los carlistas; fue miembro del estado mayor del guerrillero *El Espartero* y alcanzó el grado de capitán. Se trasladó a La Habana y allí conoció al general Antonio López de Santa Anna en 1846. El 17 de octubre de ese año se incorporó al ejército mexicano con el grado de capitán de caballería. Al año siguiente combatió contra la invasión norteamericana, distinguiéndose en las batallas de La Angostura, Lomas de Contreras, Molino del Rey y Chapultepec. Se retiró del ejército en 1848; pero tomó de nuevo las armas en 1855, del lado de los liberales que defendían el *Plan de Ayutla.* Se le ascendió a comandante de escuadrón. En 1858 se le concedieron los grados de teniente coronel y coronel, y ese mismo año casó con Soledad Solórzano, de padres michoacanos. En 1860 obtuvo el despacho de general

Nicolás de Régules

4

de brigada y en 1861 un diploma de honor por su comportamiento en la Guerra de Tres Años. En 1865 recibió la banda de general de división, la Cruz de Honor por su comportamiento en el sitio de Puebla y la Espada de Honor del gobierno de Michoacán. Durante la intervención francesa, cuando se aprestaba a atacar Tacámbaro, en poder de los belgas, éstos pusieron a su esposa y a sus hijos, que estaban prisioneros, frente a las trincheras, tratando de disuadir al general; pero éste avanzó con mayor denuedo, salvó a su familia, derrotó a los imperiales y tomó gran número de prisioneros, que esperaban ser pasados por las armas; Régules, sin embargo, reprimió todo impulso de venganza y los trasladó a un lugar seguro en Zirándaro. Posteriormente, otro jefe liberal, el general Vicente Riva Palacio, negoció el canje de prisioneros. Régules se retiró del activo del ejército en 1882. v.*Corona fúnebre de los redactores de "El republicano" al C. General Nicolás de Régules* (Morelia, 1895), donde se incluye la hoja de servicios y otras constancias expedidas por la Secretaría de Guerra y Marina de 1846 a 1882.

REICHE, KARL FRIEDRICH, n. en Alemania en 1860; m. en la Ciudad de México en 1932. Fue profesor en el Instituto Agronómico e investigador del Museo Nacional de Santiago de Chile. A principios del siglo emigró a México, donde trabajó en la Universidad Nacional y en el Instituto Médico. Estudioso de la flora, escribió: *Lectura botánica* (1918), *La vegetación de los alrededores de la capital de México* (1924), *Flora excursoria en el Valle central de México. Claves analíticas y descripciones de las familias y géneros fanerogámicos* (1926), *Lecturas biológicas* (1928), *Elementos de botánica para la enseñanza agrícola forestal* (1929) y *Kreuz und Quer durch Mexiko* (Leipzig, 1930).

REIMERS FENOCHIO, GUILLERMO, n. y m. en Oaxaca (1901–1962). Estudioso de la historia, particularmente del período colonial, fundó una biblioteca, escribió artículos sobre arte virreinal en periódicos locales y publicó: *Breves apuntes sobre bibliografía oaxaqueña del siglo XVI* (1934).

REINA, RODOLFO, n. en Veracruz, Ver., en 1906. Estudió violín con el maestro Agustín Pazos. En 1926 pasó a la Ciudad de México, donde aprendió saxofón y clarinete. De 1929 a 1938 formó parte de un conjunto, en gira por el norte de la República. Volvió a la capital y tocó en varias orquestas. Dedicado a componer música popular, es autor, entre otras obras, de *Carnaval*, *Fíjate qué suave* y los pasodobles *Canta claro*, *Capetillo* y *Toreros mexicanos*

REINA, RUBENE, n. en Córdoba, Argentina, en 1924. Maestro en artes por la Universidad del Estado de Michigan (1951), doctor en filosofía y letras por la Universidad de Carolina del Norte (1957) y profesor de antropología y conservador del Museo de la Universidad de Filadelfia (1967–), es autor de: "*The Law of the Saints: Pakomam Pueblo and its Community Culture*" (1966) y "*Town, Community and Multicommunity*", en *Estudios de Cultura Maya* (1965); y "*Milpas and Milperos: Implications of Prehistoric Times*", en *American Anthropology* (1967).

REINA DE LA NOCHE, *Selenicereus grandiflorus* (L.) Britton Rose. Planta trepadora de la familia de las cactáceas, con tallo angosto, de 2 a 2.5 centímetros de ancho, color amarillento o verde azuloso, provisto de raíces aéreas; presenta de 5 a 8 costillas bien marcadas o redondeadas, que tienen areolas de cerca de un centímetro de diámetro, las cuales producen fieltro y lana blancos, y de 7 a 11 espinas cortas, hasta de un centímetro de largo, de color entre amarillento y gris; sus flores tienen de 15 a 30 centímetros de largo, son nocturnas, cierran como a las 10 horas y en el proceso exhalan perfume; el ovario es tuberculado, recubierto de podarios con areolas escamosas, que presentan espinas setosas hasta de un centímetro de largo y numerosos pelos de color gris oscuro; los segmentos exteriores del perianto son angostos, de color amarillo anaranjado; y los interiores blancos; el androceo tiene numerosos estambres blancos y anteras de color amarillo—oro, y el gineceo estelo grueso, blanco en la parte inferior y amarillo en la superior, terminando en 10 o 12 lóbulos del estigma de color amarillo. Su fruto es ovoide y mide 5 a 8 centímetros de diámetro, es de color blanco amarillento con tintes rojizos y tiene numerosos tubérculos, con areolas sin escamas provistas de fieltro oscuro, cerdas blancas y espinas caducas. Esta especie es nativa de las Antillas y se cultiva en México. Las flores y los tallos contienen sustancias medicinales, probablemente un alcaloide y un glucósido, que actúan como la digitalina, por lo cual es muy empleada para curar el reumatismo y algunas enfermedades del corazón. En Veracruz hay otra reina de la noche: *Selenicereus coniflorus* (Weing.) Br. & R., que tiene el mismo uso y, según Maximino Martínez, se exporta a Estados Unidos. *Selenicereus grandiflorus* es una de las especies más idóneas para reproducir los híbridos de *Epiphyllum*; uno de éstos, entre *Selenicereus grandiflorus* y *Epiphyllum crenatum*, produce flores amarillentas. *Epiphyllum oxipetalum* (D.C.) Haworth es otra reina de la noche, también cultivada en México, de flores blancas y muy fragantes.

REINITA. *Cyanerpes cyaneus.* Pájaro de la familia *Coerebidae*. Mide de 10 a 12 centímetros. El macho presenta la corona azul turquesa; la espalda, las alas y la cola, negras brillantes; una mancha alrededor del ojo; la parte interna de las alas, amarillo brillante; el pico, negro, delgado y ligeramente curvado; el iris, pardo oscuro; y las patas, rojizas. La hembra tiene el dorso verde olivo, las partes inferiores amarillentas, vagamente manchadas de verde, y las patas rojizas. Se considera uno de los pájaros residentes más bellos de México. Alvarez del Toro le llama también *reinita azul*. Se alimenta de néctar y jugos de frutas, así como de insectos pequeños. Se distribuye en Chiapas y desde San Luis Potosí hasta Quintana Roo.

REINO UNIDO. Su nombre oficial es Reino Unido de Gran Bretaña e Irlanda del Norte. La isla de Gran Bretaña se localiza frente a la costa noroccidental de Europa y está formada por Inglaterra, Escocia y Gales. Está separada del continente europeo por el Mar del Norte, el Estrecho de Dover y el Canal de la Mancha. Al oeste, el Mar de Irlanda y el Canal del Norte de por medio, se encuentra la isla de Irlanda, cuyos seis condados septentrionales constituyen Irlanda del Norte o Ulster. Esta provincia limita al sur y al oeste con la República Independiente de Irlanda. El Reino Unido tiene una superficie de 244,035 kilómetros cuadrados y una población de 56 millones de habitantes (1974). Su capital es Londres (7.420,000) y sus principales ciudades: Birmingham (1.013,000), Glasgow (897,850), Liverpool (606,850), Manchester (541,450) y Edimburgo (449 mil). Los ríos más importantes son el Severn (356 kilómetros), el Wye (209), el Támesis (330), el Ouse (98) y el Trent (273), que forman el estuario de Humber; el Tees (112) y el Tyne (128), en Inglaterra; y el Tweed (154), el Tay (193) y el Clyde (170), en Escocia. El inglés es el idioma oficial, pero en algunas partes de Escocia y de Irlanda del Norte se habla el gáelico, y en Gales el galés. La mayor parte de la población es protestante y pertenece a la Iglesia de Inglaterra, que es anglicana episcopal, y a la de Escocia, que es presbiteriana. En Irlanda del Norte la mayoría es protestante en las ciudades y católica en el campo. Hay minorías de metodistas, judíos, budistas y musulmanes, entre otros. La unidad monetaria es la libra esterlina, dividida en 100 peniques.

Inglaterra está dividida por montañas en el norte, oeste y suroeste, y por planicies en el este y sureste. En el extremo norte, los montes Cheviot separan a Inglaterra de Escocia. La cadena de los Peninos se extiende hacia el sur. Escocia tiene tres divisiones topográficas naturales: las tierras altas del sur, las bajas del centro y las montañas del norte, entre ellas el Ben Nevis (1,330 metros de altura), el pico más elevado de Gran Bretaña. Gales es montañoso e Irlanda del Norte tiene algunas planicies. El hombre prehistórico vivió en el este y sur de Inglaterra. A fines de la Edad de Bronce aparecieron los goidels, a quienes en la Edad de Hierro sometieron los britanos, ambos pueblos celtas. Julio César invadió la isla en 55 a.de C. y la llamó Britania, de donde viene el gentilicio británico. Los romanos ocuparon el territorio hasta principios del siglo V, en cuyo lapso introdujeron el cristianismo (203); se retiraron en 410 y grupos de pictos, escotos, sajones, anglos y jutos, todos teutónicos, se lanzaron sobre Inglaterra. Los britanos fueron confinados hacia Gales. A los invasores los sometieron los daneses (siglo XI), cuyo rey Canuto gobernó una Inglaterra unida en 1016. Ese mismo año, Guillermo el Conquistador encabezó a los ejércitos normandos y logró unificar toda la región en un reino. Enrique II transformó a Inglaterra en potencia imperial. En 1215 el rey Juan firmó la Carta Magna, que establece la supremacía de la ley sobre el rey y sienta las bases para un gobierno parlamentario; y en 1258 se firmaron los estatutos de Oxford, origen de las instituciones liberales que aún rigen en Inglaterra. Eduardo I anexó Gales y se coronó en Escocia en 1296. Durante el reinado de Eduardo III empezó la Guerra de los Cien Años (1338-1453), que terminó con la derrota de los ingleses y la pérdida de casi todo el territorio inglés en Francia. Las casas de York y Lancaster libraron la Guerra de las Rosas (1455-1485) por el trono; triunfó Enrique Tudor, quien inició la dinastía de este nombre. En 1534 Enrique VIII rompió con Roma y se declaró cabeza de la Iglesia de Inglaterra. De 1558 a 1603 la reina Isabel I convirtió a Inglaterra en una gran potencia marítima, dominó a Irlanda y derrotó a la Armada Invencible de Felipe II de España. Carlos I propició una guerra civil (1642 a 1649) contra el Parlamento, pero fue decapitado (1649) y surgió un grupo de comunes encabezado por Oliverio Cromwell. En 1660 se restableció la monarquía bajo Carlos II. En el siglo XVIII se inició la revolución industrial, se extendió el imperio a Canadá y la India y se perdieron las colonias americanas (1775-1783). En 1815 el ejército del duque de Wellington derrotó a Napoleón en Waterloo. Gran Bretaña estableció relaciones diplomáticas con México en 1823. Bajo el reinado de Victoria (1837-1901), el Reino Unido consolidó su papel de gran potencia. En la Primera Guerra Mundial (1914-1918), Gran Bretaña quedó del lado de los vencedores contra Alemania, victoria que se repitió en el segundo conflicto (1939-1945). En 1924 Ramsay MacDonald formó el primer gabinete laborista, pero fue reemplazado en noviembre de ese año por el conservador S.Baldwin. A partir de esa fecha han gobernado el país, indistintamente, los partidos Conservador y Laborista. Eduardo VIII abdicó en 1936; Jorge VI reinó hasta 1952 e Isabel II ascendió al trono el 6 de febrero de ese año. Bajo el gobierno del conservador Anthony Eden, Gran Bretaña se unió a Francia e Israel e invadió Egipto después de la nacionalización del Canal de Suez (1956). En 1964 los laboristas, al mando de Harold Wilson, regresaron al poder. Se enviaron tropas a Irlanda del Norte (1969) a causa de la sangrienta lucha entre católicos y protestantes, conflicto que aún continúa (1977). En 1970 Wilson fue derrotado por el conservador Edward Hearth, pero regresó al poder en 1974, renunció en marzo de 1976 y fue sucedido por James Callaghan. En 1973 Gran Bretaña ingresó al Mercado Común Europeo. El Reino Unido es una monarquía. La reina es el jefe del Estado, pero la nación está regida, en su nombre, por el gobierno, integrado por un grupo de ministros responsables ante el Parlamento, el cual consta de la Cámara de los Lores y la Cámara de los Comunes.

Relaciones bilaterales. Patricio Mackie, en 1823, y Lionel Hervey, en 1824, fueron comisionados para gestionar el establecimiento de relaciones con México; y a partir de 1825, con el carácter de enviados extraordinarios y ministros plenipotenciarios o de encargados de negocios (e.n.), han sido representantes: James Morier, Henry George Ward (e.n.), Richard Pakenhem, Charles Ashburham (e.n.), Charles Bean-Head, Percy W.Doyle (primero como e.n.), Edward Thorton (e.n.), William G.Lettson (e.n.), Charles L.Otway, George Mathew (e.n.), Charles Lenox Wyke (v.INTERVENCION FRANCESA E IMPERIO), Spencer Saint John (primero como enviado especial para la reanudación de relaciones, 1883), Lionel Edward Greesley Garden, Francis Dennys (e.n.), Geofrey Bland (e.n.), Henry Le Poer Franc Power, Henry Dering Nevill Bart, Faifrax Cartsight (e.n.), George Greville, Arthur Cuningham (e.n.), Max Müller (e.n.), Reginald Thomas Tower, Ronald Mac-Ley (e.n.), Francis William Stronge, Thomas Beumont Kohler (e.n.), T.Ribollier (e.n.), Edward William Thurston Pagel (e.n.), H.A. Cunard Cummins (e.n.), Esmond Ovey, David Victor Kelly (e.n.), Ogilvie Gorbes (e.n.), Edmund Saint-John Debonaire, John Monson, H.L. Farquardh (e.n.), John Murray, Ornay A.Gallop (e.n.) y Owen Saint-Clair O'Malley. En 1938 quedó como encargado de la legación británica el ministro de Dinamarca, Fin Lund. Charles Harold Bateman se acreditó como embajador el 17 de marzo de 1944; lo sucedieron Thomas Cecil Rapp, Reginald Mitchel Hodow (e.n.), John M.Fischer (e.n.), John William Taylor, Riversdale Garland Stone (e.n.), William John Sullivan, Andrew Napier Noble, Bernard Christopher Allen Cook (e.n.), Peter Garram Isham, Hildyar Thoroton (e.n.), Nicolás John Alexander Cheetham, Charles Peter Hope y a partir de 1972, John Edgard Galsworthy. La representación de México en Londres estuvo primero a cargo de Francisco de Borja Migoni (agente confidencial) y José Mariano Michelena; y a partir de 1824, de los ministros o encargados de negocios Vicente Rocafuerte (e.n.), Manuel Eduardo de Gorostiza, Máximo Garro, Juan N.Almonte, Miguel Santa María, Agustín de Iturbide Huarte (e.n.), José María Gu-

Castillo de Windsor

Londres. El Parlamento

tiérrez Estrada, Thomas Murphy, José María Mendoza (e.n.), José María Luis Mora, Manuel Payno Bustamante (e.n.), Melchor Ocampo, José Manuel Durán (durante la Intervención Francesa), Ignacio Mariscal (1883, al reanudarse las relaciones), Francisco Martínez del Campo (e.n.), Francisco Zacarías Mena, Benito Gómez Farías, Manuel Iturbe, Cayetano Romero (e.n.), Sebastián B. de Mier, Miguel Béistegui y Septién, Alfonso Lancaster Jones, Pedro Rincón Gallardo, Balbino Dávalos (e.n.), Miguel Covarrubias, Alfredo Barrón (e.n.), Bartolomé Carvajal y Rosas, Alfonso Acosta (e.n.), Juan Sánchez Azcona (e.n.), Juan F.Urquidi (e.n.) y Alberto Mascareñas. En 1923 Luis P.Fernández, cónsul de Argentina, quedó como encargado de los archivos de la legación. En 1925 se reanudaron las relaciones y fueron ministros Gilberto Valenzuela, Manuel I.Denegri (e.n.), Salvador Martínez de Alva (e.n.), Leopoldo Ortiz, Fernando Matty (e.n.), Javier Sánchez Mejorada, José Rendón (e.n.), Leonides Andrew Almazán, Narciso Bassols y Alfonso Rosenzweig Díaz. Este se acreditó como embajador el 1⁰ de septiembre de 1945; lo sucedieron Federico Jiménez O'Farril, Eduardo Luquín (e.n.), Anselmo Mena (e.n.), Carlos Francisco Chapoy Vidaurri (e.n.), Francisco Alvarez de Icaza, Enrique Llano Arce (e.n.), Gustavo Luders Denegri (e.n.), Pablo Campos Ortiz, Carlos González Parrodi (e.n.), Antonio Armendariz Cárdenas, Rubén González Sosa (e.n.), Antonio Cárdenas Rodríguez (e.n.), Eduardo Suárez Aranzolo, Antonio González de León (e.n.), Vicente Sánchez Gavito, Hugo B.Margain

Gleason y, a partir de 1976, Manuel Tello Macías. El 3 de abril de 1973 el presidente Luis Echeverría realizó una visita oficial al Reino Unido; y del 24 al 29 de febrero de 1975 hicieron lo propio en México, la reina Isabel II y el príncipe Felipe. Desde 1944 funciona en México el Instituto Anglo-Mexicano de Cultura. En la Ciudad de México 2 calles llevan el nombre de Inglaterra, 3 el de Londres y una el de Río Támesis. Una escuela primaria se llama Reino Unido de la Gran Bretaña y otra Londres.

Los instrumentos bilaterales firmados por los gobiernos de México y el Reino Unido son los siguientes: Tratado de amistad, comercio y navegación (1826), Tratado para cooperar a la extinción total del tráfico bárbaro de esclavos (1841), Convenio sobre pago de reclamaciones de súbditos británicos contra el gobierno mexicano (1842), Convenio sobre reclamaciones (1851), Arreglo preliminar para el restablecimiento de relaciones diplomáticas (1884), Tratado sobre extradición (1886), Tratado de amistad, comercio y navegación (1888), Convención para el intercambio de paquetes postales (1889 modificada en 1897 y 1908), Tratado sobre límites con Honduras Británicas (1893), Convención para el cambio de giros postales (1904), Convención para facilitar la comunicación telegráfica con Honduras Británica (1910), Convenio para el cambio de giros postales con la Colonia Británica de las Bahamas (1910), Convención para el cambio regular de giros postales con Honduras Británica (1911 y 1925), Convenio para el intercambio de valijas diplomáticas (1922), Convención de reclamaciones pecuniarias (1926, prorrogada en 1930), Convenio sobre exención recíproca del servicio militar obligatorio (1943), Convenio sobre indemnización a los súbditos británicos por actos de expropiación (1946), Convenio para la transmisión de correspondencia diplomática (1946), Convenio para el establecimiento de los servicios de telecomunicaciones con Honduras Británica (1952), Convención consular (1954), Acuerdo sobre abolición de visas (1959, ampliado en 1963) y Memorandum de entendimiento sobre cooperación técnica (1970).

Las exportaciones de México al Reino Unido ascendieron a Dls. 8.304,000 en 1971, Dls. 14.155,000 en 1972 y Dls. 14.513,000 en 1973. Los principales artículos vendidos en este último año, cuyo valor en miles de dólares se indica entre paréntesis, fueron: azufre (3,967), hormonas naturales o sintéticas (2,153), bismuto en barras (1,495), aceites y extractos esenciales (945), conservas alimenticias (751), miel de abeja (656), mercurio metálico (458), productos químicos diversos (378), pasta de madera (273) y café (237). Las importaciones, a su vez, ascendieron a Dls. 67.542,000 en 1971, Dls. 92.879,000 en 1972 y Dls. 90.604,000 en 1973. Los principales artículos comprados al Reino Unido en este último año, cuyo valor en miles de dólares se indica entre paréntesis, fueron: tractores agrícolas (7,136), licores y aguardientes (7,077), partes y piezas para maquinaria (5,750), productos químicos (5,435), maquinaria para la industria textil (5,344), partes y piezas de refacción para automóviles (5,171), medicamentos (3,472), papel (2 mil), butadieno (1831) y pinturas, barnices y lacas (1,777).

REJANO, JUAN, n. en Puente Genil, Córdoba, España, en 1903; m. en la Ciudad de México en 1976. Residió en México desde 1939 y se nacionalizó en 1941. Fundó y dirigió las revistas *Romance, Litoral* y *Ultramar*; dirigió la *Revista Mexicana de Cultura*, suplemento de *El Nacional* (1947-1957) y en este mismo diario escribió la columna "Cuadernillo de señales". Enseñó literatura española en la Universidad de Nuevo León (1952-1953). Publicó poesía: *Fidelidad del sueño* (1943), *Noche adentro* (1949), *Canción de paz* (1955), *El río y la paloma* (1961) y *El libro de los homenajes* (1961); y ensayos: *El modernismo, El poeta y su pueblo* (1944), *La esfinge mestiza* (1944) y *Ensayo de Retratos* (1946). En 1975 la Universidad Nacional Autónoma publicó su poesía reunida en *Alas de Tierra* (1943-1973).

REJÓN, MANUEL CRECENCIO, n. en Bolonchenticul, Yuc., en 1799; m. en la Ciudad de México en 1849. Estudió en el Seminario Conciliar de San Ildefonso, en Mérida, en el cual concluyó sus estudios de filosofía en febrero de 1819. Al año siguiente apareció en Campeche redactando textos en favor de la Independencia, y al proclamarse ésta en la península (15 de septiembre de 1821) fue electo diputado al Congreso General Constituyente. Hizo la oposición al emperador Agustín I desde la tribuna parlamentaria, hasta la disolución de ese cuerpo el 31 de octubre de 1822. Antes había propuesto la independencia de Tabasco respecto de Yucatán y la abolición de pensiones y encomiendas a los descendientes de los conquistadores. En 1823 conspiró en Puebla y volvió al Congreso al reestablecerse la asamblea. Propuso entonces la creación de una universidad en Mérida (para cubrir el vacío que habían dejado los jesuitas) y formó parte de la comisión que redactó el proyecto de Constitución Federal en 1824. En 1827 fue otra vez diputado e impidió junto con Quintana Roo y Espinosa, que se firmara cualquier tratado con Estados Unidos antes de ratificar los límites pactados entre Adams y Onis en 1819 (v.FRONTERA CON ESTADOS UNIDOS). Durante el primer período centralista fue hostilizado. En julio de 1840 participó en el levantamiento que promovió el Rito Mexicano contra el presidente Bustamante y por 13 días fue ministro del Interior en un régimen que no llegó a gobernar. Habiendo capitulado los insurrectos, se exilió a Yucatán, entonces separado de la República, "hasta que se restableciese el régimen federal" Electo diputado al Congreso local, el gobierno le confió, junto con Pedro C.Pérez y Darío Escalante, que redactara un proyecto de reformas a la Constitución de 1825. El, sin embargo, propuso una nueva carta, cuyas novedades eran las siguientes: elección popular directa, establecimiento del jurado popular, libertad de cultos y de prensa, supresión de fueros civiles y militares e institución del juicio de amparo. En este último punto dejó establecido, por primera vez en México, que el Poder Judicial tendría la facultad de amparar en el goce de sus derechos a todos los que fueran atacados por leyes o actos anticonstitucionales de cualquier autoridad. Sobre estas bases, la Constitución yucateca se aprobó el 31 de marzo de 1841 y entró en vigor el 16 de mayo siguiente. Rejón fue, pues, el creador del juicio de amparo, aunque la reincorporación posterior de ese Estado a la República, difirió hasta 1857 la consagración nacional de su iniciativa. Tras una breve estancia en Tabasco, pasó a La Habana y

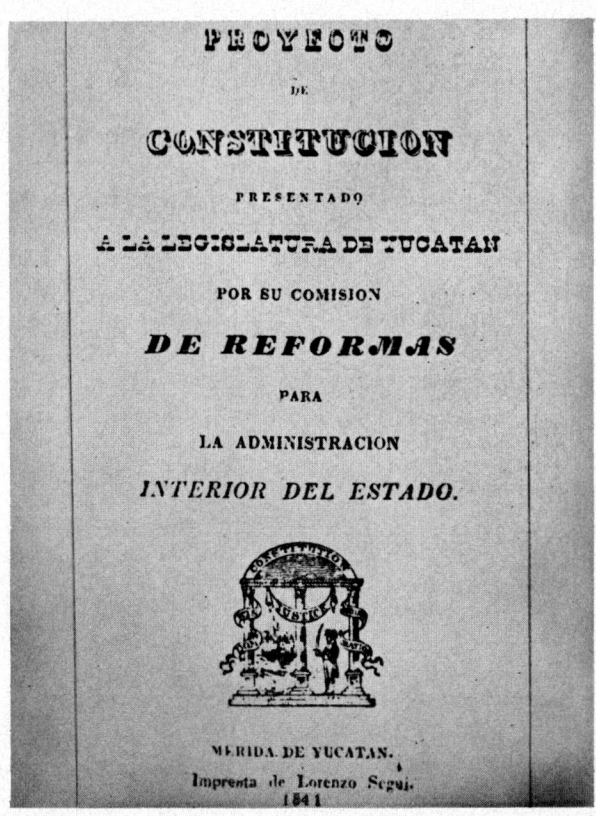

PROYECTO
DE
CONSTITUCION
PRESENTADO
A LA LEGISLATURA DE YUCATAN
POR SU COMISION
DE REFORMAS
PARA
LA ADMINISTRACION
INTERIOR DEL ESTADO.

MERIDA DE YUCATAN.
Imprenta de Lorenzo Segui.
1841

Proyecto de Constitución *por Manuel Crecencio Rejón*

de ahí a Veracruz, con destino a México, donde el presidente Santa Anna le confió la misión de establecer vínculos diplomáticos con las naciones de Suramérica y promover la celebración de una asamblea general americana, aunque sin la presencia de Estados Unidos. Llegó a Caracas en 1843 y entrevistó al presidente José Antonio Páez, pero los proyectos de unidad hispanoamericana no prosperaron. En octubre de ese año, de regreso a México, formó parte del Consejo de Gobierno. Fue ministro de Relaciones Interiores y Exteriores de los presidentes Antonio López de Santa Anna, José Joaquín de Herrera y Valentín Canalizo (del 19 de agosto al 6 de diciembre de 1844), ya en vísperas del conflicto con Estados Unidos; y después, en plena guerra, en el gabinete de Mariano Salas (del 27 de agosto al 20 de octubre de 1846). Restablecido el federalismo, salió electo diputado al Constituyente de 1846-1847; junto con Fernando Agreda y José María Del Río, presentó el *Programa de la mayoría de diputados del Distrito Federal* proponiendo reformas a la Constitución de 1824 que en parte fueron recogidas por Mariano Otero en su *Voto particular* (v.CONSTITUCIONES); y ya en Querétaro, cuando los norteamericanos habían tomado la Ciudad de México, se opuso a la enajena-

ción del territorio. El último año de su vida trabajó en un proyecto de ley para regular y fomentar la navegación. v.Carlos A.Echánove Trujillo: *La vida pasional e inquieta de don Crecencio Rejón* (1941).

REKO BLAS, PABLO, n. en Prendau, Austria, en 1876; m. en Oaxaca, en 1953. Médico (1901) por la Universidad de Viena, en 1903 se radicó en Chicago de donde pasó a Guayaqùil (1907) y después a México (1911). En un segundo viaje estuvo en Guadalajara (1922), Monterrey y la Ciudad de México (1923), y finalmente se estableció en Oaxaca, donde trabajó 15 años como médico de una compañía minera, a tiempo que estudiaba la flora indígena y su importancia medicinal. A sus estudios se debe la clasificación del hongo narcótico *Paneolus campanulatus* del *teonanócatl* y del peyote. Con otros estudiosos de ciencias naturales, fundó la Sociedad Alemana Mexicanista, en cuya revista publicó: "De los nombres botánicos aztecas", "Introducción a la astromitología comparada", *"The Royal Stars of the Hebrews, the Aztecs and the Quiches"*, *"Star-Names of the Chilam Balam de Chumayel"*, *"Das Mexicanische Rauschgilt Cololuiqui"*, "Disquisición sobre varios narcóticos indios" y *"The Death Watch of Quetzalcoatl"*. En la revista *Atlantis* (VII, 1932) escribio *"Ein Kaktus (Peyotl in Mexico) des gespenster ruft"*; y en *American Anthropologist* (XLII, 1940), *"Teonanócatl, the narcotic mushroom"*. Es autor del libro: *Mitolobotánica zapoteca* (Tacubaya, 1945).

RELACIÓN DE MICHOACÁN. El original se conserva en la biblioteca de El Escorial, España. La dictaron "los viejos de la Ciudad de Michoacán" en lengua tarasca. Trata de asuntos históricos, religiosos, legales y de costumbres del señorío del gran tariácuri Caltzontzin. Contiene casi todos los datos que se conocen de los tarascos, desde su llegada a Pátzcuaro hasta la muerte de aquel soberano a manos de la hueste del conquistador Nuño de Guzmán. Se ignora quien la escribió. Federico Gómez de Orozco supone, basado en la primera lámina en que aparece un religioso, que el compilador fue fray Martín de Jesús o de la Coruña, y que el documento se redactó en Tzintzuntzan en 1538 y 1539. Según Paul Kirchoff, se hizo en 1541. Se trata, pues, de una de las más antiguas e importantes fuentes históricas de ese pueblo. Persiste en ella la técnica indígena y sus dibujos coloreados tienen una gran belleza artística. Se ha publicado varias veces; la edición más moderna y mejor reproducida es la hecha por José Tudela: *Relación de las ceremonias y ritos y población y gobierno de los indios*

La **Historia** de Antonio de Remesal

de la provincia de Michoacán (1541). Reproducción facsímil del Ms. c. IV, 5 de El Escorial, con revisión de las voces tarascas por José Corona Núñez y un estudio preliminar ("La Relación de Michoacán como fuente para la historia de la sociedad y cultura tarasca") de Paul Kirchoff (Madrid, 1956).

REMBAO DE TREJO, SILVINA, n. en el Mineral de Morelos, Chih., en 1853; y m. en la capital de ese Estado en 1940. Magonista, en 1907 fundó junto con su esposo el Centro Revolucionario de Chihuahua, que funcionó hasta 1913. Luchó después contra el huertismo y llegó a ser nombrada "Matrona de la Revolución". Varias veces sufrió prisión. Combatió al caciquismo y escribió varios artículos contra los latifundios de Terrazas.

REMESAL, ANTONIO DE, n. en Allariz, Galicia, España, hacia 1573; m. en Madrid en 1619. Profesó en la Orden de Predicadores en 1593, en Salamanca. Pasó a Guatemala con Alonso de Galdo, Obispo de Comayagua, en 1613. Hurgó en archivos y bibliotecas de los conventos dominicanos de San Vicente de Chiapa y de Guatemala. Publicó, a pesar de la oposición de sus superiores, la *Historia de la Provincia de San Vicente de Chiapa y Guatemala*

de la Orden de Nuestro Glorioso Padre Santo Domingo (Madrid, 1619), obra que empezó en 1615 y terminó dos años más tarde. Tiene el mérito de haber estudiado los hechos en documentos auténticos, muchos de ellos hoy desaparecidos, pertenecientes a la época que narra. Fue el primero que se dedicó exclusivamente a la historia civil y religiosa de Centro América. Condena, sin distinción alguna, leyes, personas e instituciones de los conquistadores, en defensa de los naturales. Se atrajo odio y persecuciones por haber tomado el partido de Bartolomé de las Casas. Su *Historia* fue mandada recoger por el Real Consejo de las Indias. La Sociedad de Geografía y Estadística de Guatemala, en su ya célebre colección "Biblioteca Goathemala", publicó una segunda edición en 1904. El historiador español Carmelo Sáenz de Santa María, S.J., la publicó de nuevo en Madrid (1964-1965). v.Francisco Fernández del Castillo: "Fray Antonio de Remesal, discurso de recepción en la Academia Mexicana de la Historia de México", en *Anales de la Sociedad de Geografía e Historia de Guatemala* (1933); Andrés Mesanza: "El Padre Antonio de Remesal", en los mismos *Anales* (1944); y Carmelo Sáenz de Santa María: *Fray Antonio de Remesal, O.P. Historiador de la conquista espiritual de Guatemala* (Madrid, 1963).

RÉMORA. *Echeneis naucrates.* Pez de la familia *Echeneidae.* Mide unos 90 centímetros de largo. Presenta el cuerpo relativamente alargado y esbelto, los lados comprimidos, la cabeza alargada, un disco adhesivo oval con 20 a 28 pares de láminas transversales, la mandíbula proyectada mas allá de la maxila, los ojos pequeños y redondeados, la aleta dorsal alargada y decreciente hacia atrás, la anal semejante a ésta, la caudal larga y convexa, las pectorales y abdominales grandes, el dorso pardo oscuro con un tono violáceo, una línea negra lateral del hocico a la caudal y el vientre grisáceo. Nada velozmente. Sus hospederos favoritos son los tiburones y las tortugas. Se distribuye en todos los mares tropicales. En México se le llama *pega* y se le usa con frecuencia para la pesca de tortugas, especialmente en la Sonda de Campeche. Una especie semejante es *Remora albescens*, del Golfo de California.

RENDÓN, SERAPIO, n. en Mérida Yuc., en 1867; m. asesinado en Tlalnepantla, Estado de México, en 1913. Abogado, llegó a la capital de la República a principios del siglo. Cobró notoriedad por la brillante defensa que hizo del general Gustavo Mass.

Amigo de José María Pino Suárez, apoyó con entusiasmo la candidatura de éste a la vicepresidencia de la República. Resultó electo diputado a la XXVI Legislatura. Hacia el final de la Decena Trágica, horas antes de que Madero y Pino Suárez fueran asesinados, recibió de éste una carta anunciándole el peligro en que se hallaba y haciéndole algunos encargos personales. Rendón denunció el crimen ante el Congreso y censuró con violencia a la dictadura. La noche del 13 de agosto de 1913 fue aprehendido por orden del doctor Aureliano Urrutia, conducido a Tlalnepantla y asesinado, al parecer por mano del coronel A.Fortuño Miramón. En 1914 sus restos fueron exhumados y reinhumados en el Panteón Francés.

REPÚBLICA ÁRABE UNIDA. Constituida el 1º de febrero de 1958 por Egipto y Siria, se disolvió el 28 de septiembre de 1961. A partir de 1959 y durante el lapso en el que estuvo integrada, sus representantes diplomáticos en México con el rango de embajadores fueron Anwar Hatem, El—Shafie Asbas y Hassan Salar El Din Gohar. La representación mexicana, con igual carácter, la desempeñaron Alejandro Carrillo y Eduardo Espinosa Prieto. En la Ciudad de México una escuela primaria lleva el nombre de República Arabe Unida. v.EGIPTO.

REPÚBLICA DEMOCRÁTICA DE ALEMANIA. Las relaciones diplomáticas entre México y este país fueron establecidas en junio de 1973. Han sido embajadores Rodolfo Navarrete Tejero y Guillermo Corona Muñoz; y de la RDA en México, Gerhard Korth. Los instrumentos bilaterales firmados por los dos gobiernos son los siguientes: Convenio comercial (22 de mayo de 1974) y Convenio de cooperación económica e industrial (4 de febrero de 1976).

REPÚBLICA DOMINICANA. Ocupa la parte oriental de la isla Española, segunda en tamaño de las Antillas, después de Cuba. Limita al oeste con Haití, al norte con el Océano Atlántico, al este con el canal de la Mona, que la separa de Puerto Rico, y al sur con el Mar Caribe. Forman parte de su territorio las islas de Saona, Alto Velo, Alto Velito, Beata, Catalina y Catalinita. Tiene una superficie de 48,442 kilómetros cuadrados, 1,576 de litoral, 430 de este a oeste y 268 de norte a sur. Los 310 kilómetros de frontera con Haití son también una línea divisoria cultural y etnológica. Los dominicanos son esencialmente de tradición española y de orígenes raciales mixtos, mientras que los haitianos

13

República Democrática de Alemania: zona central de Berlín

son de tradición francesa y de origen negro. La población ascienda a 5.118,000 habitantes (1975). El 35% es urbana. La capital, Santo Domingo (llamada Ciudad Trujillo de 1936 a 1961), es el puerto principal de la nación y tiene 671,402 habitantes. Otras ciudades importantes son Santiago de los Caballeros (200 mil), San Francisco de Macorís (45 mil), La Romana (45 mil) y San Pedro de Macorís (43 mil). La lengua oficial y mayoritaria es el español; y la religión, la católica. Hay 80 mil protestantes y 400 judíos.

La isla Española es montañosa y tiene agua abundante. La Cordillera Central cruza el territorio de la Dominicana de noroeste a sureste, originando las máximas alturas de las Antillas: Pico Duarte (3,175 metros), La Peona (3,150), La Rucilla (3,050), Tina (2,640), Bandera (2,280) y Mijo (2,220). La Cordillera Septentrional corre de este a oeste; en ella sobresalen los montes Diego de Ocampo (1,250), El Peñón (1,100), Murazgo (1,025) y la Cumbre (670). La Sierra de Bahoruco se halla al suroeste. Las dos primeras flanquean la fértil región del Cibao o Valle de la Vega Real. Otros valles importantes son los de San Juan y Neiba, al oeste del país, separados por la Sierra de Neiba; y la llanura Oriental, de 180 kilómetros de largo por 80 de ancho, en la costa del Caribe, cortada por la Cordillera Oriental. Los principales ríos, cuya longitud en kilómetros se indica entre paréntesis, con el Yaque del Norte (400), que desemboca cerca de Montecristi; el Yaque del Sur (380), que desagua en el Caribe; al Artibonito (321), que vierte al Golfo de Ganave, en Haití; el Ozama (104), que recibe al Isabela y escurre al Caribe; y el Yuna (380), que termina en la Bahía de Samaná. Al sur de la Sierra de Neiba se encuentra una notable planicie sin salida que fue un brazo de mar; allí está el Lago de Enriquillo (antes Xarama), de aguas saladas, 40 metros abajo del nivel del mar. Otras lagunas son la de Rincón, Oviedo y Trujín. Los Tres Ojos de Agua, cerca de Santo Domingo, tienen lagos subterráneos. El clima tropical del país se atempera con las brisas marinas y las corrientes oceánicas. Las temperaturas máximas son de 27.5° en Azua y de 25 en Puerto Plata. El clima de la costa sur es más templado. Las lluvias ocurren de mayo a junio y de septiembre a noviembre. En Samaná también llueve en julio y agosto.

Antes del descubrimiento de América, los indígenas lucayos, taínos, ciguayos y caribes habitaban la isla, y la llamaban Quisqueya, "madre de todas las tierras". Los lucayos, pescadores y navegantes procedentes de las islas Lucayas, fueron los pobladores originales. Los taínos y ciguayos, de la cultura arauaca, eran pacíficos, agricultores, pescadores y cazadores. Los caribes, nómadas y guerreros. El 5 de diciembre de 1492 Cristóbal Colón descubrió la isla Quisqueya, la llamó Española y tomó posesión de ella en nombre de los reyes católicos. El 27 de noviembre de 1493 fundó la ciudad de La Isabela, al este de la actual Montecristi. Desde allí envió dos expediciones en busca de oro. Al año siguiente, los españoles ocuparon toda la región del Cibao y fundaron Santiago de los Caballeros. En 1496 Colón regresó a la península y dejó a su hermano Bartolomé como gobernador de la colonia. Fue éste quien fundó Nueva Isabela, hoy Santo Domingo. En ausencia de Colón, los colonos se sublevaron. A su regreso, el almirante les concedió vastas extensiones de tierra, junto con los indios que residían en ellas. La corona mandó a Francisco de Bobadilla a corregir la situación. Colón, su hijo Diego y su hermano Bartolomé fueron apresados y remitidos a España. Fray Nicolás de Ovando reemplazó a Bobadilla. Fue él, en 1502, quien trasladó Nueva Isabela a su sitio actual, después de que fue arrasada por un huracán. De ahí salió Hernán Cortés a Cuba y a México. En Santo Domingo se establecieron la primera Audiencia de América (1511), el primer hospital, el primer convento franciscano, el primer obispado (1504), la primera biblioteca y la primera universidad (1538). Y en su suelo se cultivó, por vez primera, la caña de azúcar, llevada por Colón. En esa época el caudillo indígena Enriquillo continuaba la lucha contra los españoles, hasta que Carlos V lo reconoció como cacique de la isla. En 1586 el pirata inglés Francis Drake saqueó e incendió Santo Domingo. Hacia 1630 los piratas franceses, holandeses e ingleses se apoderaron de la isla Tortuga, al noroeste. Desde ahí los franceses iniciaron la penetración de la porción occidental de la isla. En 1697 España cedió a Francia ese territorio, y en 1795 toda la isla. Los haitianos obtuvieron su independencia de Francia en 1804. Santo Domingo continuó bajo el gobierno francés hasta 1809, cuando el dominicano Juan Sánchez Ramírez restauró la soberanía española. El 30 de noviembre de 1821, los dominicanos, encabezados por José Núñez de Cáceres, exrector de la universidad, proclamaron su independencia, sin derramamiento de sangre, y se llamaron Estado Independiente de Haití Español. El nuevo estado formaría parte de la república de Colombia. En 1822, Juan Pedro Boyer, presidente de Haití, invadió el territorio dominicano y lo anexó a su país. La dominación haitiana duró 22 años. El 27 de febrero de 1844 los revolucionarios dominicanos proclamaron la segunda independencia y se estableció la República Dominicana, con Pedro Santana como primer presidente. La agitación interna duró muchos años. En 1861 Santana, vuelto al poder, obtuvo la anexión de Santo Domingo a España y quedó él como gobernador. La rebelión estalló en 1863. En 1865 se restableció la independencia. Continuó el encarnizamiento de la lucha política. En 1869 el presidente Buenaventura Báez quiso anexar el país a los Estados Unidos. El presidente Ulises Heureaux (1882-1899) repitió el intento. El presidente Morales Languaso, en 1905, logró que Estados Unidos administrara la renta de las aduanas. Los desórdenes administrativos, los levantamientos militares y los asesinatos políticos provocaron la ocupación norteamericana en 1912. En 1914, bajo el Plan Wilson, los Estados Unidos establecieron un gobierno provisional. En 1916, ante otra amenaza de golpe de estado, tropas estadunidenses tomaron varios puertos y quisieron imponer condiciones que rechazó el presidente Francisco Henríquez Carvajal. En noviembre de 1916 los Estados Unidos impusieron a Santo Domingo un régimen militar, con poderes virtualmente dictatoriales. La ocupación duró hasta 1924, pero el control de las aduanas se prolongó hasta 1941. En 1930 fue elegido presidente Rafael Leónidas Trujillo, quien gobernó directa o indirectamente, hasta 1961. El país logró la estabilidad administrativa y liquidó sus deudas al exterior, pero vivió sin libertades. Trujillo fue asesinado en ma-

14

Ciudad de Santo Domingo

14

Asiento de la primera Universidad de América

yo de 1961 y, en julio, cayó Balaguer, quien en 1960 había sucedido a Héctor Bienvenido, hermano del dictador. En diciembre de 1962, Juan Bosch, de regreso de un exilio de 25 años, ganó las elecciones, pero fue derrocado por un golpe militar en 1963, y una junta gobernó hasta abril de 1965, cuando fue desplazada por un movimiento armado en favor de Bosch. Surgieron dos gobiernos rivales. La infantería de marina de los Estados Unidos volvió a desembarcar en La Dominicana. Luego se formó una fuerza interamericana, compuesta por unidades de Brasil, Costa Rica, El Salvador, Honduras, Nicaragua y Estados Unidos, bajo el control de la OEA. México se opuso a esa acción intervencionista. Héctor García Godoy fue aceptado como presidente provisional. En 1966 fue electo Joaquín Balaguer, reelecto en 1970 y 1974.

Relaciones bilaterales. Los representantes diplomáticos de la República Dominicana en México, con el carácter de enviados extraordinarios y ministros plenipotenciarios o de encargados de negocios (e.n.), han sido: Francisco de la Fuente Ruiz, Rafael Damirón (e.n.), Enrique Jiménez, Julio M.Cestero, Teódulo Pina Chavalier, Max Henríquez Ureña y Gustavo Julio Henríquez, quien el 22 de julio de 1943 se acreditó como embajador. Lo sucedieron con ese carácter: Pedro Troncoso Sánchez, Héctor Incháustegui Cabral (en dos ocasiones), Ramón Brea Messina (en dos ocasiones), José Mariano Sanz Lajara, Luis R.Mercado, Marcial Martínez Larré, José Antonio Fernández Caminero y, a partir del 27 de septiembre de 1966, Gustavo E.Gómez

Ceara. La representación diplomática de México ha estado a cargo de los ministros Carlos Trejo y Lerdo de Tejada, Alfonso Herrera Salcedo (e.n.), Francisco Navarro (e.n.), Adolfo Cienfuegos y Camus, Salvador Pardo Bolland (e.n.), José Pérez Gil y Ortiz, Rodolfo Ramírez (e.n.), Juan Manuel Alvarez del Castillo, José Arjonilla (e.n.), Salvador R.Guzmán (e.n.), Juan Manuel Alcaraz Tornel (e.n.), Salvador Navarro Aceves (e.n.) y José María Gurría; y a partir del 22 de septiembre de 1943, de los embajadores Gurría, Germán L.Rennow (e.n.), Enrique A.González, Pedro Cerisola, José de J.Núñez y Domínguez, Alfonso Teja Zabre, Renato Irigoyen Alonso (e.n.), Francisco del Río Cañedo, Ignacio Otero Pablos, Ramón Ruiz Vasconcelos, Mauro Gómez Peralta y, desde 1969, Francisco E.García Estrada. En 1929 el presidente Emilio Portes Gil estableció las relaciones diplomáticas directas con la República Dominicana. En 1960, de acuerdo con la VI Reunión de Cancilleres Americanos convocada por Venezuela y realizada en San José de Costa Rica, México suspendió sus relaciones diplomáticas con la República Dominicana, las cuales se reanudaron en 1962, al levantarse el veto impuesto por la Organización de Estados Americanos. En 1964 nuevamente México suspendió sus relaciones, que se reanudaron en 1966. En 1944 México envió una embajada extraordinaria a la celebración del centenario de la independencia dominicana y ese mismo año se inauguró el servicio telegráfico entre ambos países. En 1948 México cubrió su cuota, según acuerdo celebrado por las repúblicas americanas, para la erección, en la República Dominicana, del monumento al descubridor de América: el Faro a Colón. México asistió en 1956, en Santo Domingo, a la III Reunión del Consejo Interamericano de Jurisconsultos a la Feria del Libro Americano y entregó un busto del Benemérito de las Américas Benito Juárez para ser colocado en el Parque de Ciudad Trujillo. En 1964 el Presidente de la República Dominicana visitó oficialmente México. En 1968 la República Dominicana ratificó, por declaración optativa, el Tratado para la proscripción de armas nucleares en América Latina, propuesto por México. En la Ciudad de México 2 de sus calles y una escuela primaria se llaman República Dominicana y 4 calles y una plaza llevan el nombre de Santo Domingo.

Los instrumentos bilaterales firmados por los gobiernos de México y la República Dominicana, son los siguientes: Tratado de amistad, comercio y navegación (1890), Arreglo relativo a ciertos puntos del tratado de amistad, comercio y navegación del 20 de marzo de 1890 (1934), Convenio sobre la visa gratuita de pasaportes (1943), Convenio para el establecimiento de comunicaciones radiotelegráficas (1944), Acuerdo de Ayuda (1965) y Convenio de intercambio cultural (1970).

Las exportaciones de México a la República Dominicana ascendieron a Dls. 1.935,000 en 1971, Dls. 4.327,000 en 1972 y Dls. 7.163,000 en 1973. Los principales artículos vendidos a ese país en el último año, cuyo valor en miles de dólares se indica entre paréntesis, fueron los siguientes: automóviles (1,330), medicamentos (484), botellas y frascos de vidrio (391), camiones (386), cápsulas y pastillas con sustancias medicinales (329), estructuras de hierro o acero (310), cinc afinado (224), óxido de plomo (216), hilazas o hilos de algodón (208) y barras de acero (185). Las importaciones, a su vez, ascendieron a Dls. 511 en 1971, Dls. 12 mil en 1972 y Dls. 6 mil en 1973. Los artículos comprados a la Dominicana en este último año, cuyo valor en miles de dólares se indica entre paréntesis, fueron: equipos telegráficos (5), carretes de urdido (2), pieles de caprino (1), cintas magnéticas (1) y no seleccionados (1).

REPÚBLICA FEDERAL DE ALEMANIA. Con anterioridad a la constitución de la República Federal (1949), la representación diplomática de Alemania, a partir de 1829 (con sus denominaciones de Prusia, Ciudades Anseáticas, Confederación Germánica y Alemania del Norte), ha estado a cargo de los siguientes enviados extraordinarios y ministros plenipotenciarios o encargados de negocios (e.n.): Ludwig Zulzer (agente confidencial), Federico Gerolt, Fernando Schneider (e.n.), Fernando von Steiffart, barón von Richthofen, Carlos Preschel (e.n.), Esteban Benecke (e.n.), vizconde Alexis de Gabriac (siendo ministro de Francia), barón E. de Wagner (retirado a petición de México el 27 de octubre de 1862), Kurd von Schlözer (e.n.), conde Gustavo de Enzenberg, barón Enrique de Bogoulawski (e.n.), Rodolfo Le Maistre, Donato Chapeaurouge (e.n.), barón de Waecker Gotter, Pablo Kosidowski (e.n.), barón de Zedtwitz, Egmont von Winckler, barón Clemens von Ketteler, A. von Prolius (e.n.), barón von Hayking, Adolfo von Flockherr (e.n.), barón von Wangenheim, conde von Bressler, W. von Radowitz (e.n.), Karl Bunz, barón Hartmann von Richthofen (e.n.), Paul von Hintze, Rudolf von Kardorf (e.n.), Federico C.Rieloff (e.n.), Arthur Gustav von Magnus (e.n.), Heinrich von Eckardt, barón de Schon (e.n.), conde Adolfo de Mongelas, Otto Koecher (e.n.), Alexander Fuerth (e.n.), Eugen Will, Erwin Poensgen (e.n.), George Ahrens (e.n.), Walther Zechlin, barón Rudt von Collenberg, Heinrich Northe (e.n.) y Joaquín Kuhn (e.n.). El 11 de diciembre de 1941 se rompieron las relaciones diplomáticas con motivo de la Segunda Guerra Mundial y el 1º de septiembre de 1952 se restablecieron con la República Federal de Alemania a nivel de embajadas. Han sido embajadores: Fritz Twardowski, Walther von Gerhardt, Richard Hess, Kurt von Graevenitz, Gunter Seeliger, Kurth von Tannstein, Hans H.Marre (e.n.), Hans Schwarzmann, Hermann Huber (e.n.) y, a partir del 6 de abril de 1976, Norman Dencker. Los representantes de México, a su vez, han sido, a partir de 1832: los ministros Tomás Murphy (en Prusia y Sajonia), (e.n.), José Ignacio Basadre (en la Confederación Germánica), Sabás Sánchez Hidalgo (e.n.), Luis Gonzaga Cuevas (e.n.), Fernando Mangino (e.n.), José López Uraga, José Francisco Rus (e.n.), José Basilio Guerra, Angel María Arrioja (sin efecto por el cambio de gobierno en 1856), Francisco Serapio Mora, Tomás Murphy hijo, Gregorio Barandiarán, Rafael Benavides (a quien el gobierno alemán declaró no grato en 1874), Angel Núñez Ortega (e.n.), Alberto García Granados (e.n.), Francisco Z.Mena, Platón Roa (e.n.), Hipólito Ramírez (e.n.), Gabino Barreda, Adrián Segura (e.n.), Miguel Covarrubias (e.n.), Federico Larráinzar (e.n.), Julius Samelson (e.n.), Francisco Romero Vargas, Juan Iturbe, Mario Alemán Chavero (e.n.), Pedro Rincón Gallardo, Manuel I. de Lizardi (e.n.), Francisco A. de Icaza (acreditado embajador espe-

15

Berlín occidental

15

El Rhin en Dusseldorf

cial en 1911), Manuel A.Barreiro (e.n.), Fidel Rodríguez Parra (e.n.), Miguel de Béistegui, Rafael Zubarán Capmany, José Almaraz (e.n.), Leopoldo Ortiz, Isidro Fabela, Balbino Dávalos, Alfredo Caturegli (acreditado embajador especial en 1922), Juan Manuel Alvarez del Castillo, Salvador R.Guzmán (e.n.), Pascual Ortiz Rubio, Miguel Fernández de la Regata (e.n.), Ramón P.Denegri, Fernando Matty (e.n.), Primo Villa Michel, Mariano Armendáriz del Castillo (e.n.), Juan B.Saldaña (e.n.), Octavio Mendoza González, Javier Sánchez Mejorada, José G.Moreno (e.n.), Jorge Daesle Segura (e.n.), Francisco A. de Icaza y León (e.n.), Leónides Andrew Almazán, Juan F.Azcárate, Luis Chico Goerne y Francisco Navarro (e.n.). El 24 de diciembre de 1941 se rompieron las relaciones diplomáticas y el 22 de mayo de 1942 se cerró la legación. A partir de la vinculación formal con la República Federal de Alemania, en 1952, han sido embajadores: Waldo Romo Castro, Alfonso Guerra, Manuel Cabrera Maciá, Antonio Ruiz Galindo, Ulises Schmill Ordóñez y, desde febrero de 1977, Raúl Valdés Aguilar. En 1964 el presidente Adolfo López Mateos hizo una visita oficial a la República Federal de Alemania y, por su parte, el presidente Heinrich Luebke visitó México en 1966. En febrero de 1974 el presidente Luis Echeverría se entrevistó en Bonn con el presidente Gustav Heinemann; y en 1976 realizó una visita a México el exprimer ministro alemán Willy Brandt. En 1970 Alemania Federal obsequió a México el barco *Alexander von Humboldt*, para exploraciones biológicas y pesqueras.

Los instrumentos bilaterales concertados entre los dos gobiernos antes de 1949, son los siguientes: Tratado de amistad, comercio y navegación (1827, con Hannover), Tratado de amistad, navegación y comercio (1832, con las ciudades Anseáticas), Tratado de amistad, navegación y comercio (1855, 1869 y 1882), Convención para el cambio regular de paquetes postales sin valor declarado (1892, reformada en 1894 y 1908), Tratado para la protección de marcas de fábrica (1898), Convención de reclamaciones pecuniarias (1925, prorrogada en 1927, 1928 y 1929) y Acuerdo para simplificar el procedimiento en las visitas de buques de guerra a los puertos de ambas partes (1933); y a partir de la constitución de la República Federal de Alemania: Convenio de pagos (1950, adicionado en 1952), Convenio para la protección de los derechos de autor de las obras musicales de sus nacionales (1954), Canje de notas relativo a reciprocidad en materia de asistencia jurídica (1956), Acuerdo sobre abolición de visas (1959), Acuerdo de asistencia técnica para la realización de diversos proyectos de programación industrial (1965, adicionado y prorrogado en 1967 y 1968), Acuerdo para la instalación y funcionamiento de un centro de preparación técnica en México (1966, adicionado en 1967 y modificado en 1970 y 1972), Convenio sobre transportes aéreos (1967), Acuerdo sobre cooperación para el desarrollo de la región del río Balsas (1967). En la Ciudad de México dos escuelas llevan el nombre de Alexander von Humboldt, una el de Albert Einstein, una el de Juan Wolfgang Goethe y una el de

Carlos Marx; y 2 calles se denominan Alemania, 3 Berlín, 3 Hamburgo, una Río Rhin, 2 Ludwig van Beethoven y una Richard Wagner. v.GUERRA MUNDIAL, PRIMERA; GUERRA MUNDIAL, SEGUNDA; HONOR NACIONAL y HUERTA, VICTORIANO.

La exportación de mercancías de México a la República Federal de Alemania ascendió a Dls. 26.956,000 en 1971, Dls. 38.130,000 en 1972 y Dls. 59.134,000 en 1973. Los principales artículos vendidos este último año, cuyo valor en miles de dólares se indica entre paréntesis, fueron los siguientes: miel de abeja (10,576), café (10,419), piezas sueltas para automóviles (9,211), hormonas naturales o sintéticas (5,145), tabaco en rama (3,907), cinc en minerales concentrados (3,826), brea o colofonia (2,076), algodón en rama (1,188) e hilados de algodón (1,005). Las importaciones, a su vez, montaron a Dls. 205.228,000 en 1971, Dls. 263.621,000 en 1972 y Dls. 278.464,000 en 1973. Los principales artículos comprados en este último año, cuyo valor en miles de dólares se indica entre paréntesis, fueron: automóviles armados en el país (43,264), maquinaria para la industria textil (24,385), productos químicos (24,039), máquinas y herramienta para la industria metálica (13,524), mezclas y preparados para uso industrial (10,369), láminas y tiras de metales (9,596), partes y piezas para maquinaria (9,565), piezas y refacciones para automóviles (6,236), aparatos científicos o de análisis (6,093) y pinturas, barnices y lacas (7,776).

REPÚBLICA POPULAR CHINA. Situada al este de Asia, sobre la costa occidental del Océano Pacífico, limita al este con Corea; al noreste, noroeste y oeste, con la URSS; al norte, con Mongolia; al suroeste y oeste, con Afganistán, Pakistán, India, Nepal, Sikkin y Bután; y al sur, con Birmania, Laos y Viet Nam. Tiene una superficie de 9.600,000 kilómetro cuadrados y más de 20 mil kilómetros de frontera territorial. Su longitud máxima es de 5 mil kilómetros de este a oeste y de 5,500 de norte a sur. Tiene una población de 800 millones de habitantes. Cuando desde la orilla del río Wusuli, al noreste del país, se ve levantarse el sol, en la meseta del Pamir todavía reina la noche; mientras el norte, en invierno, está cubierto aún por la nieve, en la isla de Jainán, al sur, entra la primavera; y en los arrecifes Tsengmu, cerca del Ecuador, el calor es intenso todo el año. Pekín, la capital desde hace más de 800 años, está situada al noroeste de la planicie del norte; es una antigua y hermosa ciudad que guarda muchos testimonios de la milenaria his-

toria del país; fue construida en 937 y viven en ella 8 millones de personas.

El país comprende altas montañas que sobrepasan las nubes, grandes y pequeñas cuencas, extensas mesetas accidentadas y vastas llanuras bajas; en el noroeste hay enormes desiertos y en la cuenca media e inferior del río Yangtsé dilatadas planicies. Desde la meseta Chingjai-Tibet, a 4 mil metros sobre el nivel del mar, el territorio desciende hacia el norte y el este, pasando por las cordilleras Kunlun, Chilien y Jengtuán, hasta regiones de 2 mil metros de altitud, y más hacia el este, hasta colinas y llanuras entre esta última costa y el litoral. Estos tres niveles constituyen la configuración topográfica del país. Algunas zonas están pobladas de vegetación todo el año, pero en otras, donde el invierno es más largo que el verano, la temporada de cultivo es muy breve; sin embargo, la mayor parte se encuentra en el área templada septentrional, donde se distinguen muy claramente las cuatro estaciones y las altas temperaturas del verano se combinan con abundantes lluvias. Al este del país, en el invierno, sopla a menudo, del continente hacia el océano, el viento del noroeste, seco y frío; y en el verano, del mar hacia tierra, el viento del sureste, húmedo y cálido. En el noroeste, en la zona seca de Sinchiang, la temperatura tiene fuertes variaciones en un sólo día; y en el mismo paralelo, a causa de la altitud, hay diferencias sensibles de temperatura: en Lhasa, capital de la región autónoma del Tibet, se registran $15°$ y en Jangchou, capital de la provincia de Chechiang, $28°$, ambas en julio.

China limita al este y al sur con 4 mares: el Pojai, el Amarillo y los del Este y el Sur. El primero es interior y los otros se unen al Océano Pacífico; en esas aguas tiene más de 5 mil islas e islotes; Taiwán (Formosa) y Jainán son las mayores. Entre la desembocadura del río Yalú, fronterizo entre China y Corea, y la del río Peilun, que marca el límite con Viet Nam, hay 14 mil kilómetros de riberas zigzagueantes y numerosos puertos naturales. Las grandes mesetas son 4: Chingjai-Tibet, Tunnán-Guichou, Mongolia Interior y Loess. La primera tiene una altura de más de 4 mil metros y se conoce como "el techo del mundo"; el Comolangma Feng, en el Himalaya, sobre la frontera con Nepal, se eleva 8,848 metros y es "la cima del mundo". Las tierras planas comprenden un millón de kilómetros cuadrados y las planicies principales son las del noreste y el norte y las de los cursos medio e inferior del Yangtsé. Este es el río más largo, con una longitud de 5,800 kilómetros; le sigue el Amarillo, de 5,464, en cuya cuenca nació y se desarro-

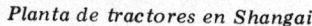

Planta de tractores en Shangai   16

Trabajos edafológicos en Houlu, Hopei   16

lló la cultura nacional. El país tiene unos 370 lagos. En el sur se produce arroz; en el norte y oeste, trigo, cebada, mijo y maíz; y en el noreste, soya, sorgo y trigo. El algodón es el principal cultivo industrial. Hay yacimientos de carbón, hierro, petróleo, cobre, aluminio, tungsteno, antimonio, molibdeno, estaño, manganeso, plomo, zinc y mercurio. La pesca es muy abundante. La ganadería incluye todas las especies y la producción industrial comprende tractores, automóviles, buques cargueros, locomotoras y aviones. China ha logrado ya fabricar bombas atómicas y manejar la energía nuclear.

Es un país unificado y multinacional. La nacionalidad *jan* comprende el 94% de la población; el resto está constituido por 54 minorías, entre ellas las mongola, jui, tibetana, uigur, miao, yi, chuang, puyi, coreana, manchú y kaoschan. Hay 22 provincias (Anhué, Chansí, Chantung, Chekiang, Chensí, Chinghai, Fukién, Heilunghiang, Honán, Hopeh, Hunán, Hupeh, Kansú, Kiangsí, Kiangsú, Kirín, Kuangtung, Kueicheú, Liaoning, Sechuén, Taiwán y Yunnán), 5 regiones autónomas (Mongolia Interior, Kuangsí Chuang, Sinkiang Uigur, Tibet y Ningsia) y 3 distritos dependientes del poder central (Pekín, Shanghai y Tienstin). Aparte Pekín, las mayores ciudades son las siguientes, cuyo número de habitantes se indica entre paréntesis: Shanghai (9 millones), Tientsín (3 millones) y Cantón (2 millones); les siguen Jangchou, Dairen, Nanking, Shenyang, Kharbín, Chungking y Chengtú.

Hace 400 o 500 mil años, el primitivo Hombre de Pekín vivía en Choukodían, a 48 kilómetros al suroeste de esa capital. En 1963 y 1964 se descubrieron en Lantian (Shansí) cráneos y mandíbulas de otro ser humano que existió 600 mil años atrás. China tiene una historia escrita de aproximadamente 4 mil años. Tres siglos a.de C. los diversos estados feudales se unificaron y China construyó la Muralla, cerca de la frontera norte, para contener a los bárbaros; esta obra, considerada una de las maravillas del mundo antiguo, tenía 2,400 kilómetros de largo, de 4.5 a 9.5 metros de alto y de 3.6 a 6 de ancho. Aún quedan grandes tramos de ella. La paz, el comercio, las artes, la literatura y otras manifestaciones culturales florecieron durante el reinado de las dinastías Hay y Tang, de 1202 a.de C. al año 906 de esta era. Los mongoles de Genhis-Kan invadieron el país a principios del siglo XIII, dominaron por más de medio siglo una vasta porción del territorio y fundaron la dinastía Yuán (1279 a 1368). De 1369 a 1644 gobernó la dinastía Ming; se construyó entonces la Ciudad Prohibida de Peiping (Pekín), se elaboraba la pólvora que se propagó a Europa, se publicaban libros y se trabajaban el jade y el marfil. En el siglo XVII los guerreros de Manchuria impusieron la dinastía Ching (1644), que sólo fue derrocada hasta el triunfo de la República, en 1911, cuando ya habían penetrado las influencias de Occidente. Los ingleses habían llevado el opio a China y esto provocó la guerra de ese nombre (1840): China tuvo que ceder a Inglaterra el comercio de los puertos de Shanghai, Cantón, Amoy, Fucheú y Ningpó, así como la isla

17   16

Los presidentes Mao Tse-Tung y Luis Echeverría; el Templo del Cielo en Pekín

de Hong Kong y parte de Shanghai para la colonización británica. Años después hubo rebeliones. El Japón conquistó Taiwán y Corea. Alemania, Francia y Estados Unidos ganaron privilegios. En 1911 el doctor Sun Yat-Sen inició una revolución que culminó con el establecimiento de la República en 1912. Estalló la guerra civil y en 1924 el Kuomintang celebró su primer congreso en Cantón. Sun Yat Sen murió en 1925 y el general Chiang Kai-Sek asumió la dirección. Mientras tanto, el Partido Comunista de China, creado en julio de 1921 por Mao Tse-Tung, consolidaba su fuerza. Japón ocupó Manchuria en 1931 e instaló en el poder al manchú Henry Po-Yi. Al término de la Segunda Guerra Mundial, los comunistas reconquistaron Manchuria y al cabo de una ardua campaña, que duró hasta 1949, derrotaron en todos los frentes a los nacionalistas. Ese año se creó la República Popular China, con Mao Tse-Tung como presidente del Partido Comunista, y Chou En-Lai en el cargo de primer ministro. Ambos líderes fallecieron en 1976. La Constitución define al país como un estado socialista; sus dirigentes consideran a China como nación en desarrollo perteneciente al Tercer Mundo.

Chiang Kai-Shek se refugió en la isla de Formosa (Taiwán) en 1949, con la esperanza de poder intentar desde allí, con el apoyo de las potencias occidentales, una operación militar de reconquista. Formosa tiene 35,965 kilómetros cuadrados y 15 millones de habitantes. La capital de la provincia es Taipei. A 160 kilómetros de China continental, tiene alturas hasta de 4,100 metros y llanuras fértiles, de clima tropical. La mitad del territorio está cubierto de bosques y dispone de carbón, oro, petróleo, mármol y plata. El arroz es el principal cultivo. Otras ciudades importantes son Taichung, Tainán, Keelung y Kaohsiung. Los primeros pobladores fueron malayos. Unos 150 mil de ellos aún viven en las montañas. Los portugueses ocuparon la isla en 1590; después, los españoles, los portugueses, los manchúes y los japoneses (1895). En 1945 fue reintegrada a China.

Relaciones bilaterales. Los representantes diplomáticos de China, con el carácter de enviados extraordinarios y ministros plenipotenciarios o de encargos de negocios (e.n.), a partir de 1904 en que fueron establecidas las relaciones, han sido: Chengtung Liang-Cheng, Liang Sung (e.n.), Tam-Pui Shun (e.n.), Li Ching Hsu (e.n.), Chi Shan (e.n.), Shung Ai Sung (e.n.), Chang Yin Tang, Woo Cheng Feu, Cheng Ping Hu (e.n.), Tseng Kuang Ki, It Chew (e.n.), S.C. Shu (e.n.), Soule Lay Hsiao-Min (e.n.), Samuel Sung Young, Chang Tien Yuen, Yuen Sung Wong y Ku Chiang Fien, a quien en 1943, al elevarse el rango de la misión, pasó a ser embajador. Lo sucedieron, con ese carácter, Chien Chieh, ChinhTsing Feng, doctor Shih Shun Lin, doctor FengShan Ho y Chih-Ping Chen. El 1º de octubre de 1949 se constituyó la República Popular China, pero México continuó sus relaciones diplomáticas con Formosa o Taiwán, y permaneció acreditado Feng. El 15 de noviembre de 1971 se terminaron los vínculos diplomáticos con el gobierno de Chiang Kai-Shek y se establecieron con la República Popular China, cuyo primer embajador fue Hsiung Hsiang-Hui. Los representantes de México, a su vez, han sido los ministros: Mauricio Wollheim, Carlos Américo Lara, Pablo Herrera de Huerta (e.n.), Ignacio Altamira (e.n.), Ramón G.Pacheco (embajador especial para asistir a los funerales de los emperadores chinos y, en diciembre de 1910, para agradecer el envío de la misión a las fiestas del centenario de la iniciación de la Independencia), Alfonso Acosta (e.n.), Leopoldo Blázquez, Luis G.Pardo, Manuel C.Téllez (e.n.), Manuel Pérez Romero, Luis Pastor (e.n., siendo ministro de España), Juan B.Rojo, Gilberto Valenzuela, Francisco Castillo Nájera, Luis Ruvalcaba, Ricardo Huerta (e.n.), Juan B.Saldaña (e.n.), Justo Garrido (e.n., siendo ministro de España), Joaquín Mesa (e.n.), Carlos J.Puig Casauran, Miguel Alonso Romero, Armando G.Amador (e.n.), Francisco J.Aguilar, Primo Villa Michel, Eduardo Espinosa Prieto (e.n.); y los embajadores: Miguel Angel Menéndez, Alfonso Castro Valle (e.n.), José Gómez Esparza, Heliodoro Escalante Ramírez, Francisco J.Aguilar, Joaquín Barrera Aceves (e.n.), Francisco A. de Icaza e ingeniero Julián Rodríguez Adame. Al establecerse las relaciones diplomáticas con la República Popular China el 9 de febrero de 1972, se acreditó como embajador Eugenio Anguiano Roch y, a partir de 1974, Omar Martínez Legorreta. En 1921, en ocasión del primer centenario de la consumación de la Independencia, se inauguró el reloj donado por China y ubicado en la calle de Bucareli de la Ciudad de México. El 20 de abril de 1973 el presidente Luis Echeverría Alvarez visitó oficialmente la República Popular China y se entrevistó en Pekín con el presidente Mao Tse-Tung y con el primer ministro Chou En-Lai. En la Ciudad de México una de sus calles se llama China y una escuela primaria lleva el nombre de República Popular China.

Los instrumentos bilaterales firmados con el gobierno de China son los siguientes: Tratado de Amistad, comercio y navegación (1899, modificado en 1921), Protocolo sobre indemnización a súbditos chinos (1911), Tratado de amistad (1944) y Convenio comercial (1973).

REQUENA LEGARRETA, PEDRO, n. en la Ciudad de México en 1893; m. en Nueva York en 1918. Abogado, se dedicó al periodismo en Nueva York, principalmente como traductor de textos extranjeros. En aquella ciudad publicó: *El cancionero de la gran guerra* (3 vol., 1918), *Plegaria* (1914),

Invocación a la muerte (1914), *Rembrandt* (1914), *Donde la fuente lleva* (1914), *Himno de guerra* (1914), *Anacreóntica* (1916). *Al gran literato francés Anatole France, al alistarse como voluntario* (1916), *Rabindranath Tagore en Nueva York* (1916) y *Atado Prometeo a la roca implacable* (1921); en San Juan de Puerto Rico: *Los pétalos caían lentamente* (1915) y *Sinfonía griega* (1917); y en México: *La obsesión, La merienda, Su compañero* y *Tengo una cita con la muerte* (1918), *Antología de poetas muertos en la guerra* (1919), *Antología* (1921), *La copa de cristal, Entre las sombras, Púrpura y miel* (1922) y *Poesías líricas, rústicas, rimas, paganas y diversas* (1930).

RESEDA. *Reseda odorata* L. Planta herbácea ornamental, anual o perene, originaria de la cuenca del Mediterráneo (norte de Africa), de tallo muy ramificado, erecto, algo rastrero, y hasta de 60 centímetros de altura. Las hojas son espatuladas, oblanceoladas o elíptico—oblongas, enteras, un poco sinuosas o lobuladas, generalmente obtusas. Las flores son verde—rosadas, anaranjadas o rojas amarillentas, pequeñas, muy aromáticas; están dispuestas en densos racimos terminales que al transcurrir el tiempo se extienden; tienen un perianto biseriado, tetrámero, con las anteras amarillo—doradas, y el pistilo súpero, tricarpelar. El fruto es una cápsula de un centímetro de largo, dehiscente en el ápice. También se le denomina *resedán*.

En México crece, en forma espontánea, *Reseda luteola* L., conocida en el valle de México con el nombre de *gualda*. Es una hierba anual, cosmopolita, también originaria de la región mediterránea (sur de Europa); se cultivó en México en la época colonial con el objeto de extraer un colorante amarillo, pero en la actualidad se ha vuelto silvestre y llega a constituir una maleza invasora. Mide de 60 a 80 centímetros de altura. Presenta tallos ramosos, erectos, lisos. Las hojas son alternas, enteras, elípticas, angostas, de margen ondulado y hasta de 15 centímetros de largo; y las flores, pequeñas, cigomorfas, hermafroditas, tetrámeras, agrupadas en densos racimos largos, verde amarillentos, con aspecto de espigas; el cáliz tiene 4 divisiones agudas; la corola es blanquecina, de 4 pétalos desiguales; el androceo está formado por numerosos estambres libres; el pistilo es súpero, tricarpelar, con los carpelos libres desde la base. El fruto es capsular y está rodeado por el cáliz persistente; se abre en el ápice, aun antes de madurar las semillas.

Lawsonia inermis L., arbusto o arbolillo de la familia de las litráceas, originario de Asia y del norte de Africa, se cultiva en lugares cálidos de Sinaloa, Tamaulipas, Oaxaca, Chiapas y Yucatán. En esta última entidad lo denominan *reseda francesa*. Presenta las hojas opuestas, oblongas o aovadas, de 1 a 2.5 centímetros; flores blancas o rosadas, aromáticas, tetrámeras, con 8 estambres; y fruto globoso, indehiscente. Las hojas producen un tinte rojo o pardo obscuro muy firme. En Tehuantepec, Oax., le llaman *resedón*.

RETAMA. Se aplica este nombre a varios árboles y arbustos del género *Cassia* L., de la familia de las leguminosas, en particular a *C. emarginata* L. (v.HEDIONDILLO), que alcanza de 4 a 8 metros de altura. La misma denominación corresponde a *C. laevigata* Willd., arbusto de 2 a 3 metros de altura, de hojas pinadas, pubescentes en la superficie inferior; flores amarillas, dialipétalas, cigomorfas, pentámeras, con 10 estambres (3 estériles); y fruto comprimido, o sea una vaina de 6 a 10 centímetros de longitud. Común en el valle de México (Pedregal de San Angel y Cañada de Contreras), desde Sinaloa hasta Tamaulipas, y en México, Morelos, Veracruz y Chiapas, recibe también los nombres de *duerme de noche* (Durango) y *retamo* o *café del país* (Veracruz); en Morelos le llaman *yahcapaztzin* o *yerba del aire* y se usa en fricciones para enfriamientos, macerada en alcohol. *C. tomentosa* L., también llamada *retama de tierra caliente* en el valle de México, es un arbusto de 2 a 4.5 metros de altura, con hojas pinadas y densamente tomentosas; flores vistosas, amarillas y grandes; y fruto en forma de vaina subcilíndrica, tomentosa, de 10 a 12 centímetros de largo. Es frecuente en el valle de México (Sierra de Guadalupe, Milpa Alta) y en los estados de México, Hidalgo, Querétaro, Morelos, Puebla, Guerrero y Oaxaca.

Igual denominación reciben otras leguminosas: *Spartium junceum* L., arbusto originario de la región mediterránea e Islas Canarias; de 2 a 3 metros de altura, con las ramas delgadas, verdes y cilíndricas; hojas escasas, alternas, simples, enteras, verde-azulosas, lineares u oblanceoladas, de 1 a 3 centímetros de largo; flores amarillas, aromáticas, amariposadas, vistosas, de 2 a 3 centímetros, dispuestas en racimos terminales flojos; y vainas lineares, aplanadas, pubescentes, de 5 a 10 centímetros de largo. Se cultiva en los jardines, como planta ornamental; se le llama también *retamo*. En Tamaulipas el nombre se aplica al arbolillo espinoso *Cercidium floridum* Benth., así como al arbusto *Diphysa minutifolia* Rose. En Tamaulipas, Nuevo León y Sinaloa, se llama así el árbol o arbusto espinoso conocido

Manuel Gustavo Revilla

también como *retama de cerda* en Tamaulipas, y *retama china* en Guerrero: *Parkinsonia aculeata* L., distribuido desde el norte de México hasta Oaxaca. En algunos lugares de Guanajuato y Michoacán se aplica la misma denominación al arbusto *Tecoma stans* Juss., de la familia de las bignoniáceas, más ampliamente conocido con los nombres de *tronadora*, *hierba de San Nicolás* o *flor de San Pedro*. v.FLOR DE SAN PEDRO.

REVILLA, MANUEL GUSTAVO. n. y m. en la Ciudad de México (1863–1924). Estudió en las escuelas nacionales Preparatoria y de Jurisprudencia; se recibió de licenciado en derecho en 1887, pero se consagró al magisterio. Enseñó historia del arte en la Academia de San Carlos (1892–1902) y luego fue secretario de la institución (1903), gracias a lo cual pudo formar, al lado del pintor José Salomé Pina, el *Catálogo* razonado de las obras que se conservaban en las galerías del plantel. Dio clases de lengua nacional en la Preparatoria (1905) y de literatura comparada en la Escuela de Altos Estudios de la Universidad Nacional (1911). Fue cónsul de México en varios países de América y de Europa. Miembro de la Academia Mexicana de la Lengua, correspondiente de la Española, dejó escritos, entre otras, las siguientes obras: *De la división del poder público* (1887), *El Arte en México en la época antigua y durante el gobierno virreinal* (1893; 1923); *Cánovas y las letras* (1898), *Las obras literarias de don Joaquín Baranda* (1900), *Santiago Rebull* (1902), *Biografías de artistas mexicanos* (1908), *El paisajista don José María Velasco* (1911), *En pro del casticismo, Filología y crítica literaria* (1917), *Las urracas académicas y el bulbul modernista, o los deslices gramaticales de don Francisco Villaespesa* (1917), *El lenguaje popular y el erudito* (1921) y numerosos artículos en revistas. v.Alberto María Carreño: *La obra personal de los miembros de la Academia, correspondiente de la Española* (2 vols., 1945-1946); y Justino Fernández: *Coatlicue. Estética del arte indígena antiguo* (1959) y *El retablo de los reyes. Estética del arte de la Nueva España* (1959).

REVOLUCIÓN MEXICANA. Para los antecedentes, v.:AGRARISMO; ANARQUISMO; DÍAZ MORY, PORFIRIO; FLORES MAGÓN, RICARDO; HACIENDAS; HUELGAS; PARTIDOS POLÍTICOS; PERIODISMO y SINDICALISMO. Para el período armado (1910–1920), v.:GABINETES; CONSTITUCIONES; MADERO, FRANCISCO IGNACIO; HUERTA, VICTORIANO; CARRANZA, VENUSTIANO; HONOR NACIONAL; OBREGÓN, ALVARO; OROZCO, PASCUAL; VILLA, FRANCISCO; ZAPATA, EMILIANO y los encabezados correspondientes a las entidades de la República. Para su desarrollo posterior: HUERTA, ADOLFO DE LA; OBREGÓN ÁLVARO; CALLES, PLUTARCO ELÍAS; GUERRA CIVIL; PORTES GIL, EMILIO; ORTIZ RUBIO, PASCUAL; RODRÍGUEZ, ABELARDO L.; CÁRDENAS, LÁZARO; ÁVILA CAMACHO, MANUEL; ALEMÁN VALDÉS, MIGUEL; RUIZ CORTINES, ADOLFO; LOPEZ MATEOS, ADOLFO; DÍAZ ORDAZ, GUSTAVO; ECHEVERRÍA ÁLVAREZ, LUIS; y LÓPEZ PORTILLO, JOSÉ, y para especialidades: ACERO; AGRICULTURA; BANCOS; CAMINOS; DERECHO AGRARIO; DERECHO DEL TRABAJO; EDUCACIÓN; ELECTRICIDAD; FERROCARRILES; GANADERÍA; HIERRO; INDUSTRIA; IRRIGACIÓN; MINERÍA y PETRÓLEO.

REVUELTAS, FERMÍN, n. en Santiago Papasquiaro, Dgo., en 1903; m. en la Ciudad de México en 1935. Estudió pintura en Chicago y volvió al país en 1919. Fue director de la Escuela de Pintura al Aire Libre de la Villa de Guadalupe. En 1922 ingresó al Sindicato de Pintores y Escultores organizado por Siqueiros y Rivera. Pintó un mural a la encáus-

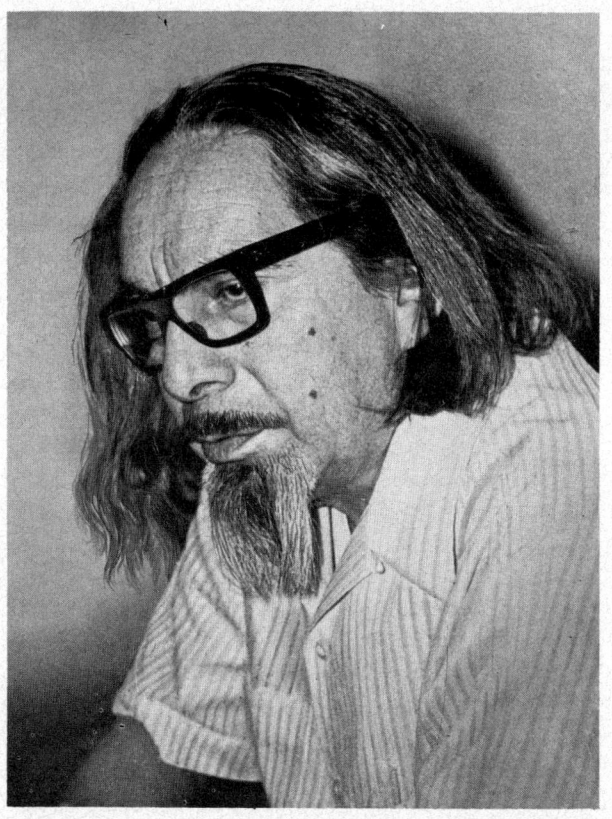

6

José Revueltas

tica en el cubo de la entrada al patio principal de la Escuela Nacional Preparatoria (*Alegoría de la Virgen de Guadalupe*, 1922); otro en el edificio del periódico *El Nacional* (*Símbolos del Trabajo*, 1922, desaparecido), y un tercero en el Banco Nacional Hipotecario (*Alegoría de la Producción*, 1933). Diseñó también los vitrales para el Centro Escolar Revolución y para una organización campesina en Hermosillo. Conservan óleos y acuarelas suyos el Museo de Arte Moderno y las colecciones Margarita V. de Revueltas, Francine de Leal y Manuel Maples Arce. Su obra estuvo fuertemente influida por el sintetismo de Diego Rivera. Murió prematuramente.

REVUELTAS, JOSÉ, n. en Santiago Papasquiaro, Dgo., en 1914; m. en la Ciudad de México en 1976. A los 14 años de edad ingresó a la organización Socorro Rojo Internacional. En 1931 formó parte del personal docente del Dormitorio para Niños del Cuadrante de la Soledad, dependiente de la Beneficencia Pública del Distrito Federal. En 1932 se afilió al Partido Comunista Mexicano y se dedicó a organizar la Federación de Juventudes Comunistas; posteriormente, cuando prestaba asistencia política a los trabajadores huelguistas de la fábrica El Buen

Tono, fue detenido y enviado al penal de las Islas Marías, donde permaneció 5 meses y escribió su novela *Los muros de agua*. Recobró su libertad gracias a la intervención del general Francisco J. Múgica, director de la prisión, quien dijo que el recluso era menor de edad. A su regreso a México se incorporó a la Confederación Sindical Unitaria de México, con el cargo de secretario juvenil. Promovió una huelga en Ciudad Anáhuac, N.L., y nuevamente fue confinado sin proceso a las Islas Marías; 10 meses estuvo sometido a trabajos forzados, hasta que fue liberado por el régimen del presidente Cárdenas (1934). En 1943 fue expulsado del Partido Comunista por discrepancias con el secretario general Dionisio Encinas. Trabajó entonces como redactor en el diario *El Popular*, órgano del Partido Popular, recién fundado por Vicente Lombardo Toledano; y como argumentista de cine y adaptador de cuentos y novelas. Escribió cerca de 50 guiones cinematrográficos. Fundó la Liga Comunista Espartaco, de la que fue expulsado al producirse una escisión entre sus dirigentes. Participó destacadamente en el movimiento estudiantil de 1968 y otra vez fue aprehendido a raíz de los sucesos de Tlatelolco. Es autor de las novelas *Los muros de agua* (1941), *El luto humano* (1943 traducida al inglés, italiano y húngaro), *Los días terrenales* (1949), *En algún valle de lágrimas* (1956), *Los motivos de Caín* (1957) y *Los errores* (1964); de los libros de cuentos *Dios en la tierra* (1944) y *Dormir en tierra* (1960); de las obras de teatro *Israel* (1947), *La otra* (1949, en colaboración con Roberto Gavaldón), *El cuadrante de la Soledad* y *Pito Pérez* (1950); de los ensayos *México, una democracia bárbara* (1958), *Ensayo sobre un proletariado sin cabeza* (1962), *El conocimiento cinematrográfico y sus problemas* (1965), *Apuntes para una semblanza de Silvestre Revueltas* (1966) y *Cartas íntimas y escritos de Silvestre Revueltas* (1966). El último libro que publicó, *Material de los sueños*, es una antología de cuentos; y su última novela corta, *El apando*, fue escrita en la Penitenciaría de Lecumberri, durante su reclusión con motivo de los acontecimientos de 1968. Cuando murió trabajaba en dos obras de ficción: *Hegel y yo* y *El tiempo y el número*. Fue miembro de una distinguida familia de artistas: Silvestre, compositor; Fermín, pintor; Consuelo, pintora; y Rosaura, actriz. En su sepelio el Secretario de Educación Pública pronunció una oración fúnebre y el Presidente de la República, en un mensaje luctuoso a los familiares, expresó: "La muerte de José Revueltas representa una dolorosa pérdida para nuestra sociedad. Su vida, en la pala-

1

Rosaura Revueltas

bra y en la acción, estuvo siempre ligada a la actividad pública, y su tarea, fecunda en las letras, alimentó invariablemente sus convicciones por las que luchó con honestidad y perseverancia ejemplares. México pierde con él a un gran escritor, que fue en el desempeño de su oficio y fuera de él, un militante al servicio de sus ideales y por ello un ciudadano cabal".

REVUELTAS, ROSAURA, n. en Ciudad Lerdo, Dgo., en 1920. Actriz, ha participado en luchas sociales, al igual que sus hermanos Silvestre y José. Ha actuado, entre otras, en las siguientes películas: *Islas Marías* (1950), *Muchachas de uniforme* (1950), *Rebozo de soledad* (1952), *Morir para vivir* (1954), *La fuerza de los humildes* (1954) y *La sal de la tierra* (1955). Trabajó en Alemania en el teatro de Brecht y en Cuba durante 2 años. En 1977 vivía en Cuernavaca, pintaba y escribía sus memorias.

REVUELTAS, SILVESTRE, n. en Santiago Papasquiaro, Dgo., en 1899; m. en la Ciudad de México en 1940. A los 3 años de edad oyó música por vez primera (una orquesta de pueblo) y después imitó con la voz las melodías; a los 7 estudió solfeo y a los 8 tocaba aires inventados por él en una flauta de carrizo. Organizó y dirigió una orquesta de niños, a quienes daba en pago dulces de la tienda de su padre. Llevó cursos de violín en Colima y a los 11 años actuó en el Teatro Degollado de Guadalajara. Pasó a México y tuvo varios maestros, los

Silvestre Revueltas

mejores, según él, sin título. En 1917 fue a estudiar a Chicago y allí escribió su primera composición, con un estilo debussyano, aun cuando no conocía la música del maestro del impresionismo francés. En 1920 escribió: "Sueño con una música para la cual no existan caracteres gráficos, pues los conocidos no alcanzan a expresarla. La música tiene que ser color, luz y movimiento." Cuando en 1928 Carlos Chávez fundó la Orquesta Sinfónica de México, Revueltas fue nombrado subdirector. En 1937 marchó a España con un grupo de artistas y escritores mexicanos, y a su regreso se dedicó a componer música propia. Sus obras son las siguientes: *Cuauhnáhuac* (1930), poema sinfónico descriptivo de la vida de un pueblo mexicano; *Esquinas* (1930), inspirado en los gritos de los vendedores ambulantes de México; *Tres Cuartetos de Cuerda* (1930 y 1931); *Dúo para Pato y Canario* y las canciones *Ranas* y *El Tecolote* (1931), el primero para pequeña orquesta y voz; *Ventanas* (1931); *Feria y Alcancías* (1932); *Tocata, 8 por radio* y *Colorines* (1933), poema sinfónico, este último, que evoca los árboles de ese nombre y los collares hechos con sus semillas; *Planos* (1934); *Redes* (1935), alusivo a la lucha de los humildes; *Caminos, Homenaje a García Lorca, El Renacuajo Paseador, Vámonos con Pancho Villa* y *Janitzio* (1936); *Dos canciones* (1937); *Siete Canciones* (basadas en poemas de García Lorca), *Sensemayá* (sobre un poema de Nicolás Guillén), *El Indio* (tema para una película), *Música para charlas* y *Ferrocarriles de Baja California* (fondo para una película) (1938); *La noche de*

los mayas y *Bajo el signo de la muerte* (tema para una película) (1939); *Los de Abajo* y el ballet *La Coronela* (1940).

REY, VENUSTIANO, n. en Ciudad Mendoza, Ver., el 30 de diciembre de 1916. Huérfano a los 13 años de edad, trabajó en la fábrica textil de su pueblo, a tiempo que estudiaba solfeo y trompeta con el maestro Hermenegildo García. Pensionado por sus compañeros, pasó a la Ciudad de México en 1937 para estudiar en la Escuela Superior de Música y en el Conservatorio Nacional. Presidió la Sociedad de Alumnos de esta institución y se recibió de maestro de música y trombonista. Salvador Ordóñez Ochoa, director del plantel, consiguió para él sendas becas del gobierno del Estado de Veracruz y de la Secretaría de Educación Pública, gracias a lo cual llevó cursos de instrumentos de aliento y de dirección de orquesta en la *Juillard School* y en *Columbia University*. Ernest Clark quiso que se quedara en Estados Unidos, pero regresó a México en 1946. El 24 de septiembre de ese año se presentó como director de la Orquesta Sinfónica de Bellas Artes, dirigiendo obras de Mozart, Beethoven y Revueltas. Aunque tuvo mucho éxito, formó después su propia orquesta y se dedicó a la música popular, tocando en bailes y festivales. Cobró gran fama como trombonista. Se ha distinguido como líder sindical. En 1977 era diputado federal.

REY DE CABRERA, MARÍA RAMONA, n. en La Habana, Cuba, en 1921. Hacia 1925 pasó con sus padres a la Ciudad de México, donde cursó la maestría en letras en la UNAM. Más tarde se doctoró en la Sorbona de París (1958). Reside en Holanda al lado de su esposo, Manuel Cabrera Macía, embajador de México. Integrante del grupo fundador de la revista *Rueca*, ha escrito cuento, poesía y ensayo. Tres son sus libros principales: *El Conde Lucanor, La gran dialéctica* y *Díaz Mirón o la exploración de la rebeldía*. En éste expone su tesis del filiarcado, etapa que sustituye al matriarcado y al patriarcado, y el cual caracteriza al mundo contemporáneo.

REYES, ALICIA, n. en la Ciudad de México en 1940. Estudió en el Liceo Franco-Mexicano y en la Universidad Femenina, donde se recibió de laboratorista médica. Llevó cursos de microbiología en el Instituto Pasteur y de letras francesas en la Sorbona de París. A su regreso, trabajó en el Instituto Nacional de Cardiología, mientras estudiaba letras españolas y latinoamericanas. Es profesora de la Alianza Francesa y, desde 1965, directora de la Capilla Alfonsina, que fuera la biblioteca de Alfonso Reyes, convertida en centro de investigación. En 1973 creó los talleres literarios y, en colaboración con Francisco Zendejas, instituyó el premio internacional "Alfonso Reyes" y fundó la Sociedad Alfonsina Internacional. Es administradora del premio "Xavier Villaurrutia" y secretaria general de la Unión Femenina de Periodistas y Escritores. Ha colaborado en los suplementos de *Excélsior* y *Novedades* y en las revistas *Diálogos, Revista de la UNAM, Historium* y *Nueva Era*, estas dos últimas argentinas. Es autora de: *Poésies* (1965), *Poesías* (1965), *Y en la sombra viva* (1968), *A solas...* (1974), *Diario poético* (1974), *Genio y figura de Alfonso Reyes* (en prensa) y *Fetiche*, novela inédita. Ha escrito más de 30 artículos sobre la personalidad y la obra de su abuelo Alfonso Reyes.

REYES, ANTONIO DE LOS, n. en Zamora, España; m. en Oaxaca, México, en 1603. Estudió en la Universidad de Salamanca y tomó el hábito de la Orden de Santo Domingo en el convento de San Esteban. En 1555 pasó a la provincia dominica de Santiago (Oaxaca) de la Nueva España, donde permaneció 48 años, hasta su muerte en el convento de Teposcolula, del cual era vicario. Escribió: *Arte en lengua mixteca* (1593; 2a. ed., Puebla, 1750). En el prólogo habla de las diferencias de los varios dialectos del mixteco, mas no de la historia y mitología de los mixtecos como se ha dicho y repetido. v.Joaquín García Icazbalceta: *Bibliografía mexicana del siglo XVI* (ed. Millares Carlo, 1953).

REYES, ANTONIO MARÍA DE LOS, n. en Aspe, Orihuela, España, en 1729; m. en Real de Alamos, Son., en 1787. Estudió en el Colegio Apostólico de Cohegin, Murcia. Vistió el hábito franciscano en 1762. Enviado a la Nueva España, se le comisionó a las misiones de Sonora en 1767. Llegó a ser visitador y procurador de Misiones. A su regreso a España, Carlos III lo promovió para el recién creado obispado de Sonora, cuyo nombramiento le fue confirmado por Pío VI en 1780. Fue consagrado en México en 1783. Gobernó la diócesis con sede en el Mineral del Rosario. A él se debe la construcción de la iglesia de Alamos, Son.

REYES, AURORA, n. en Hidalgo de Parral, Chih. Sus padres la llevaron a vivir a Jiménez. "Probablemente —dice— el origen de mi amor por los colores fue el espectáculo diario que de pequeña me ofrecía el desierto". Después pasó a la Ciudad de México, donde habitó muchos años frente a La Lagunilla, en una vecindad misérrima. Estudió a la vez en las escuelas nacionales Preparatoria y de Artes Plás-

Bernardo Reyes

ticas. Afiliada a la escuela realista mexicana, fue la primera mujer que pintó un mural en el país, en el Centro Escolar Revolución (1936). Allí dejó constancia de su protesta contra los atentados a los maestros rurales, entre los cuales hubo varias mujeres sacrificadas. Ejerció el magisterio y fue secretaria de Acción Femenil del Sindicato Nacional de Trabajadores de la Enseñanza. Fundó entonces varias guarderías infantiles en el Distrito Federal. Militó en la Confederación Nacional Campesina y luchó por obtener la emancipación femenina. Antes de jubilarse, pintó 4 murales en el Auditorio 15 de Mayo del SNTE, en las calles de Belisario Domínguez. Ha publicado, entre otras obras: *Hombre de México* (1948), *Humanos paisajes* y *3 poetas mexicanos*. Presidió la Peña Juan Bautista Villaseca.

REYES, BERNARDO, n. en Guadalajara, Jal., el 30 de agosto de 1850; m. en la Ciudad de México el 9 de febrero de 1913. Militar desde los 15 años de edad, participó en varias batallas durante la Intervención Francesa. Ascendió a coronel en 1878 y fue comandante militar de San Luis Potosí. Nombrado gobernador provisional de Nuevo León, sustituyó a Genaro García en 1885, gobernó hasta octubre de 1887 y entregó el mando a Lázaro Garza Ayala. Electo nuevamente para ese cargo, dirigió la administración hasta 1901, en que fue designado secretario de Guerra y Marina. En 1903 volvió a hacerse cargo del gobierno de Nuevo León, hasta 1909. El historiador Roel le califica de "hábil, inteligente, activo y autoritario". Bajo su guía, la industria y la cultura tuvieron en Nuevo León auge notable; otorgó facilidades y franquicias a capitales nacionales y extranjeros, invertidos en Monterrey; creó la congregación de Colombia, en 1892, para que Nuevo León fuese estado fronterizo con Estados Unidos; amplió considerablemente los servicios de agua, drenaje y teléfonos; estimuló el crédito y la urbanización; y legisló sobre accidentes de trabajo (1906). Postulado para la Presidencia de la República, rechazó la candidatura y partió a Europa. Vuelto a México, intentó postularse contra Madero. Aprehendido en Linares, lo libertó Félix Díaz. Murió frente al Palacio Nacional, en el inicio de la Decena Trágica. Además de sus informes y memorias de gobierno, publicó: *Ensayo sobre un nuevo sistema de reclutamiento...* (1885), *El ejército mexicano* (1901), *El general Porfirio Díaz* (1903) y *Conversaciones militares* (1907). *I.C.G.*

REYES, LUCHA (Luz Flores Aceves), n. en Guadalajara, Jal.; m. en 1942. En 1919 empezó a interpretar canciones rancheras y corridos de la Revolución en una carpa del barrio de San Sebastián, en la Ciudad de México. Pronto figuró al lado de José Limón, los hermanos Acevedo y Amelia Wilhelmy. En 1920 marchó a Los Angeles, en Estados Unidos, donde tuvo gran éxito. A su regreso actuó en los teatros Lírico e Iris. El empresario José Campillo formó con ella el trío Reyes-Ascencio. Más tarde, al trabajar sola, adoptó el apellido de su padrastro y se hizo llamar Lucha Reyes. Cantando en los tablados y en las estaciones de radio, creó una escuela nueva en la interpretación de la canción vernácula mexicana. Se distinguió interpretando *La tequilera*, *El herradero*, *Atotonilco*, *La mujer ladina* y *La Panchita*. Su estilo estuvo animado por un sentimiento mixto de alegría, reto, angustia y llanto. Se privó de la vida.

REYES, MARIO, n. en la Ciudad de México en 1929. Estudió en la Escuela de Pintura y Escultura La Esmeralda (1950-1956). Es profesor en su propio Taller Libre de Grabado, fundado por él en 1965. Ha realizado también piezas escultóricas en madera, bronce y terracota, y experimentado en cristal. Su primera exposición de pintura ocurrió en 1953. En 1970 mereció el premio nacional de grabado del Salón de la Plástica Mexicana.

REYES FERREIRA, JESÚS, n. en Guadalajara, Jal., en 1882. Tomó clases de dibujo en el Liceo de Varones de su ciudad natal y fue más tarde aprendiz en la Litografía e Imprenta de Loreto y Aneira. Gustó desde joven del arte popular: concurría con

frecuencia a la fábrica de cohetes El Rincón del Diablo a ver decorar con anilinas de colores chillantes los carrizos y los "judas". Dio en decorar papeles de China para envoltura con ágiles figuras policromas. En 1927 se trasladó a la Ciudad de México; pero hasta 1967 presentó su primera exposición individual en el Palacio de Bellas Artes, aun cuando ya algunas galerías habían puesto sus obras a la venta. En 1972 se hizo una exhibición de sus trabajos en la Galería Pecanins de Barcelona. De su mundo de gallos, cirqueros, ángeles, caballos, flores y cristos —todos al óleo en papel de china— ha escrito Ida Rodríguez: "Si de la raíz de la obra compleja de José Guadalupe Posada, profundamente enclavada en las vivencias interiores y exteriores de México, surgieron dos corrientes: la del mensaje social e ideológico y aquella lírica, reflejo del alma romántica del pueblo, en Jesús Reyes Ferreira se presenta esta última como exclusiva". Y Paul Westheim: "Un indudable parentesco con el arte plu-

1

Pintura de Jesús Reyes Ferreira

Jesús Reyes Heroles

6

mario de los mexicanos clásicos refuerza la riqueza objetiva de este gran artista. Sangrante, el papel de China soporta —quién sabe cómo— en su fragilidad, la imagen terrible de Nuestro Señor Martirizado. Ya estos papeles tienen fama universal. Se diría que el artista, en un gesto de orgullo, escogió para trabajar material tan deleznable". Y Elías Nandino: "En el atrevimiento del manejo del color radica su mayor éxito. Doma a los que tienen acción detonante y les da un especial acomodo en el que cumplen su oficio plástico, sin predominar ni lesionar la armonía". Y Picasso, cuando tenía 70 años, dijo de Reyes Ferreira, que estaba ya a punto de cumplirlos: " ¡Qué frescura!, debe ser un artista muy joven".

REYES HEROLES, JESÚS, n. en Tuxpan, Ver., en 1921. Abogado (1944) por la Facultad de Derecho de la UNAM, llevó cursos de postgrado en las universidades de Buenos Aires y La Plata y en el Colegio Libre de Estudios Superiores de Buenos Aires (1945). Enseñó teoría general del Estado en la Facultad de Derecho (1946-1963) y economía superior en la Escuela de Comercio y Administración (1948-1952). De 1964 a 1967 fue vocal del Patronato para el Fomento de las Actividades de Alta Especialización Docente del Instituto Politécnico

Nacional. En 1967 ingresó a la Academia Mexicana de Historia y en 1969 a la de Madrid. Ha ocupado los siguientes cargos públicos: asesor de la Secretaría del Trabajo y Previsión Social (1944), presidente sustituto del Grupo Especial Núm. 1 de la Junta Federal de Conciliación y Arbitraje (1946), secretario general del Instituto Mexicano del Libro (1949-1953), asesor de la Presidencia de la República (1952-1958), jefe de Estudios Económicos de los Ferrocarriles Nacionales de México (1953-1958), subdirector general técnico del Instituto Mexicano del Seguro Social (1958-1964); director general de Petróleos Mexicanos (1964-1970), Diesel Nacional (1970-1972), Constructora Nacional de Carros de Ferrocarril (1970-1972), Siderúrgica Nacional (1970-1972), el Instituto Mexicano del Seguro Social (1975-1976); y secretario de Gobernación en el gabinete del presidente José López Portillo (1976-). En el orden político ha sido: diputado a la XLV Legislatura del Congreso de la Unión (1961-1964) y presidente del Comité Ejecutivo Nacional del Partido Revolucionario Institucional (1972-1975). Ha asistido, como asesor o delegado, a las conferencias Latinoamericanas de la Organización Internacional del Trabajo (México, 1945) y de Comercio y Empleo (La Habana, 1947-1948), y a las reuniones del Consejo Interamericano de Comercio y Producción (Chicago, 1948; y Santos, Brasil, 1951) y VI (México, 1960) y VII (Asunción, 1964) de la Conferencia Interamericana de Seguridad Social; y a la Segunda (Santiago de Chile, 1961) y Tercera (Guanajuato, 1963) Conferencia Interparlamentaria Americana. Fue presidente del VII Congreso Mundial del Petróleo (México, 1967). Ha escrito *Tendencias actuales del Estado* (1945), *La Carta de La Habana* (1948), *El liberalismo mexicano* (T. I, "Los orígenes", 1957; T. II, "La sociedad fluctuante", 1958; y T. III, "La integración de las ideas", 1961) y una recopilación, selección, comentarios y estudio preliminar de las *Obras de Mariano Otero* (1967). Entre sus ensayos destacan: *La idea del Estado de Derecho* (1946), *La Carta de La Habana y el Acuerdo Arancelario General. Actualidad y perspectivas* (1950), *La industria de transformación y sus perspectivas* (1951), *Comentarios a la revolución industrial en México* (1951), *Bajo el signo de la inflación* (1951), *Restauración, revisión y tercer camino* (1952), *El papel de los aranceles en el desarrollo económico* (1953), *Continuidad del liberalismo mexicano* (1954), *La Iglesia y el Estado* (1960), *El liberalismo social de Ignacio Ramírez* (1961), *Las ideas democráticas en México* (1961), *Rousseau y*

1

José Reyes Meza: Retablo con vitrales en la iglesia de Santa María de los apóstoles

el liberalismo mexicano (1962) y *Breve incursión en la industria petrolera mexicana* (1967). Ha dictado varios cursos y conferencias.

REYES DE LA MAZA, LUIS, n. en San Luis Potosí, S.L.P., en 1932. Estudió la carrera de letras en la UNAM. Desde 1956 es investigador del Instituto de Investigaciones Estéticas. Ha colaborado en *El Nacional, Excélsior, Novedades, Letras Potosinas* y *Cuadrante*. Es autor de: *El teatro en México* (1956), *El teatro en México entre la Reforma y el Imperio (1858-1861)* (1958), *El teatro en México en la época de Juárez (1868-1872)* (1961), *El teatro en México con Lerdo y Díaz (1873-1879)* (1963) y *El teatro en México durante el porfirismo. I: 1880-1887* (1964) y *II: 1888-1899* (1965).

REYES MEZA, JOSÉ, n. en Tampico, Tamps., en 1924. En 1938 ingresó a la Escuela Nacional de Artes Plásticas y en 1942 a la Escuela Nacional de Antropología e Historia, donde en compañía de otros jóvenes fundó el Teatro Estudiantil Autónomo (TEA) e inició una intensa actividad como diseñador y escenógrafo, luego ejercida en los siguientes conjuntos: Ballet de la Academia de la Danza Mexicana (INBA, 1952-1956), Teatro Clásico de México (1952-1960), Ballet de la Universidad Nacional (1954), Compañía Locura Sana (Landeta y Cardona, 1955-1959), Compañía Enrique Rambal (Teatro del Músico, 1958-1966) y Teatro de Revista Can-Can (1958-1968). En 1957 ganó el premio de la Agrupación de Críticos por el montaje de *Bodas de Sangre*. Como pintor ha presentado 8 ex-

posiciones individuales y participado en varias colectivas; concurrió a las Bienales Panamericanas de 1958 y 1960. Entre sus obras de mayor magnitud, destacan las siguientes: mural en la Central de Refrigeración de México (1956); varios frescos en el Casino de la Selva en Cuernavaca (1959-1962); murales en mosaico para la fachada del *Pan American National Bank* de los Angeles (1965-1966); sendos murales para la Escuela de Medicina Veterinaria, en Ciudad Victoria, y el edificio administrativo, en Tampico, de la Universidad de Tamaulipas (1967); *La rendición de Maximiliano*, para el Museo Nacional de Historia (1968); mural en la Central Benavides, en Monterrey (1969); mural en las oficinas del Registro Público de la Propiedad y el Comercio, en Tlalnepantla (1971); mural en el edificio de la Comisión Nacional de Fruticultura, en Palo Alto, D.F. (1974); y colección de paisajes del Estado de México (1974-1975). De 1963 a 1973 fue ilustrador de *El Día*; en 1964 colaboró con Federico Canessi en el gran mural tallado en roca (260 metros de longitud por 30 de altura) de la Presa Nezahualcóyotl, en Malpaso; y en 1967 diseñó el escudo de la Universidad de Baja California. A partir de 1967 ha ejecutado trabajos de integración plástica en edificios eclesiásticos de la Ciudad de México. En la iglesia de Nuestra Señora de Guadalupe (Colonia del Rosedal), diseñó el retablo de madera (15 metros de alto por 10 de base) compuesto por piezas verticales, cuyo ancho y tono de color van disminuyendo hacia el centro, con salientes y cortes en los puntos áureos, de manera que forman una aureola alrededor del crucifijo; la parte baja está hecha con pequeños cubos que integran una cruz y enmarcan el sagrario; y éste tiene una puertecita modelada en bronce con la representación de fragmentos de oraciones. La obra es una sabia estilización de los altares barrocos. En la iglesia de Santa María de los Apóstoles (Coscomate 120, en Tlalpan) diseñó varios vitrales: las dalas horizontales de concreto de los vanos laterales le sirvieron como tetragrama para alojar el *introito* del rito de Pentecostés, en cuadretes verdes, según la técnica Saint-Gobain, y en el resto de la composición utilizó los colores rojo (las 12 flamas de los apóstoles), azul (la Virgen María), blanco (el Espíritu Santo), morado (la Pasión) y rosa (la alegría efímera); tras el altar aparecen, simplificados o sugeridos, la Virgen María, el Espíritu Santo y los apóstoles, con predominio del rojo; en el bautisterio, símbolos de pureza, en azul; y en la linternilla, una sugerencia de manos que arrojan flores rojas sobre el altar. En la iglesia de San Antonio de Padua (división del Norte y Museo Diego Rivera) diseñó la fachada, el altar, el ambón y la sede en cerámica al alto fuego (producida por Graciella Díaz de León), los vitrales emplomados, las celosías de metal, la puerta en bronce del Sagrario, y dos pinturas al óleo (*San Felipe Neri en éxtasis* y *Angel custodio*); la fachada tiene como motivos centrales las flamas de los apóstoles, rodeadas de todas las cruces de la cristiandad y apoyadas en monogramas antiguos y tradicionales, y una cruz translúcida; los vitrales de los lados están hechos en colores simbólicos, de modo que subrayen la intención ascendente de las formas del edificio; el altar lleva representaciones de los evangelistas, del septebrario y de Cristo, y dos ángeles, uno en oración y otro pidiendo silencio, en alusión a la cripta que se halla debajo; y el ambón está decorado con la espada, alegoría de la palabra de Dios.

REYES NEVARES, BEATRIZ PRUNEDA DE, n. en la Ciudad de México en 1936. Cursó el bachillerato y a muy temprana edad se inició como periodista en *México en la Cultura*, suplemento de *Novedades*. Pasó después a colaborar (1964) en *La Cultura en México*, suplemento de la revista *Siempre!* Ha publicado: *Desnutrición del mexicano* (1974), *De médicos* (1975), *Trece directores del cine mexicano* (1974; traducida al inglés en 1976) y *La historia de las prisiones en México* (1976). Tiene inéditas las biografías de Rosario Castellanos y Angela Peralta.

REYES NEVARES, SALVADOR, n. en Durango, Dgo., en 1922. Estudió derecho en la UNAM. Ha

Alfonso Reyes

sido: abogado del Departamento Agrario, de la Comisión Nacional de Seguros y de la Editorial Labor Mexicana; profesor de la Escuela Nacional de Jurisprudencia; fundador de la editorial *Los Epígrafes* y crítico literario de *Tiras de Colores, Cuadernos de Bellas Artes, Estaciones, UNAM, Novedades* y *Siempre!* Es autor de: *Relaciones entre el existencialismo y el derecho* (tesis, 1950), *El amor en tres poetas* (1952), *El amor y la amistad del mexicano* (1952), *Frontera indecisa* (1955). *Proyecciones del existencialismo en el derecho* (1959) e *Historia de las ideas colonialistas* (1975). Prologó las *Obras Literarias Completas* de Ignacio Manuel Altamirano (1959), y una antología de cuentos de Rafael F.Muñoz (1976). En 1976 era director de la Comisión Editorial del PRI y de *La República*, órgano de este partido, y diputado federal a la L Legislatura. En 1977 fue nombrado Director de la Biblioteca del Congreso.

REYES OCHOA, ALFONSO, n. en Monterrey, N.L., el 17 de mayo de 1889; m. en la Ciudad de México en 1959. Hijo del general Bernardo Reyes y de Aurelia Ochoa de Reyes, inició los estudios primarios en la escuela de Manuela G. viuda de Sada, el Instituto de Varones de Jesús Loreto y el Colegio Bolívar, y los terminó en el *Licée Français du Mexique*, en la capital de la República. Presentó examen de admisión para la Escuela Nacional Preparatoria, pero inició este ciclo en el Colegio Civil de Nuevo León y lo concluyó, dos años después, en México. Se inscribió en la Facultad de Derecho y sin interrumpir sus estudios contrajo matrimonio con Manuela Mota; el 15 de noviembre de 1912 nació su único hijo, Alfonso. El 16 de julio de 1913 obtuvo el título profesional de abogado. Del 28 de agosto de 1912 al 28 de febrero de 1913 fue secretario de la Escuela Nacional de Altos Estudios, antecesora de la Facultad de Filosofía y Letras de la UNAM. Fundó ahí la cátedra de historia de la lengua y literatura española. Formó parte del Ateneo de la Juventud, junto con Pedro Henríquez Ureña, Antonio Caso y José Vasconcelos, entre otros. De esa época da cuenta en su ensayo *Pasado inmediato*. Entre 1908 y 1910 escribió *Cuestiones estéticas* (París, 1911), ensayos de crítica literaria. De los mismos años son los textos imaginativos publicados más tarde en Madrid (1920) con el título de *El plano oblicuo*, que incluye "La primera confesión", "La entrevista", "Los restos del incendio" y "La Cena", este último escrito en 1912, precursor de la corriente suprarrealista de los años 20 en Europa y el realismo mágico en Hispanoamérica. Anteriores a 1913 son también sus estudios sobre los escritores ingleses Stevenson y Chesterton, recogidos en *Grata compañía*, y las traducciones y notas literarias que publicó en diarios y revistas de México y La Habana (desde 1907). Meses después de la muerte violenta de su padre (v.REYES, BERNARDO), viajó a París (agosto de 1913) como segundo Secretario de la legación en Francia. De aquel suceso dejó constancias en su *Diario* (1911-1930) y en *Parentalia*. Su primera estancia en Francia y la breve etapa de su vida entre México y Madrid, las comentó en la *Historia documental de mis libros*. *El cazador*, basado en sus experiencias en París, es un ejemplo del don para transformar la crónica literaria en creación poética. A causa de la Primera Guerra Mundial, pasó a España a fines de 1914. Sus primeras impresiones las relató en *Las vísperas de España*. Consagrado a la literatura y el periodismo, trabajó en el Centro de Estudios Históricos de Madrid, bajo la dirección de Ramón Menéndez Pidal y en compañía de Américo Castro, Federico de Onís, Tomás Navarro Tomás, Antonio G.Solalinde y otros. Convivió con los escritores de 98, a cuya generación aportó un matiz mexicano. En su *Visión de Anáhuac*, firmada en 1915 y publicada por vez primera en 1917, propuso una nueva síntesis que no se detiene en las raíces españolas e indígenas de la nacionalidad, sino que anticipa la investigación filosófica y sociológica sobre el carácter del mexicano. Enrique Díaz-Canedo le puso en contacto con los escritores de *La Lectura*, y Juan Ramón Jiménez, con la Editorial Saturnino Calleja;

Ortega y Gasset lo llamó a colaborar en el semanario *España* y *El Imparcial*; en la *Revista de Filología Española* publicó 35 reseñas bibliográficas. En 1920 recibió el nombramiento de segundo secretario de la legación en Madrid. Antes de regresar a México, en 1924, era ya encargado de negocios plenipotenciario para suscribir el Convenio de Propiedad Literaria, Científica y Artística entre los dos gobiernos. Fue después ministro en Francia (1924-1927) y embajador en Argentina (1927-1930 y 1936-1937) y en Brasil (1930-1936). De su etapa suramericana son sus libros *Palabras sobre la nación argentina, Salutación al Brasil* y *El Brasil en una castaña*, eco de *México en una nuez*, en el cual evocó a su patria desde ahí. Mantuvo, por medio de su correo literario *Monterrey*, comunicación constante con sus amigos de todo el mundo. Regresó a México en 1939. Presidió la Casa de España en México (v.EL COLEGIO DE MÉXICO). Se entregó a sus estudios en su biblioteca, llamada Capilla Alfonsina por Enrique Díez-Canedo. Fue, miembro fundador del El Colegio Nacional (1943), dirigió seminarios en el Colegio de San Nicolás de Morelia y en la Universidad Nacional; y presidió la Academia Mexicana de la Lengua (1957-1959). De esta época proceden sus trabajos científico-culturales y helenísticos, que se han clasificado provisionalmente conforme a los siguientes temas: 1.Teoría de la literatura: *La experiencia literaria, El deslinde (Prolegómenos a la teoría literaria), Apuntes para la teoría literaria* y *Al Yunque*. 2.América (su sentido en la historia universal y en la cultura): *Ultima Tule* y *Tentativas y orientaciones*. 3.Cultura antigua: *La crítica en la edad ateniense, La antigua retórica, La religión griega, Mitología griega, Junta de sombras*. En 1945 recibió el Premio Nacional de Literatura. El Fondo de Cultura Económica, a partir de 1955, ha venido publicando sus *Obras Completas*; en diciembre de 1976 llevaba 19 tomos: I, *Cuestiones estéticas. Capítulos de literatura mexicana* y *Varia* (1955); II, *Visión de Anáhuac, Las vísperas de España,* y *Calendario* (1956); III, *El plano oblicuo, El cazador, El suicida, Aquellos días* y *Retratos reales e imaginarios* (1956); IV, *Simpatías y diferencias, Los dos caminos, Reloj de sol* y *Páginas adicionales* (1956); V, *Historia de un siglo* y *Las mesas de plomo* (1957); VI, *Capítulos de literatura española* (1957); VII, *Cuestiones gongorinas* (1958); VIII, *Tránsito de Amado Nervo, De viva voz, A lápiz, Tren de ondas* y *Varia* (1958); IX, *Norte y sur, Los trabajos y los días* e *Historia natural das laranjeiras* (1959); X, *Constancia poética* (1959); XI, *Ultima Tule, Tentativas y orientaciones* y *No hay tal lugar...* (1960); XII, *Grata compañía, Pasado inmediato* y *Letras de la Nueva España* (1960); XIII, *La crítica en la edad ateniense* y *La antigua retórica* (1961); XIV, *La experiencia literaria, Tres puntos de exegética literaria* y *Páginas adicionales* (1962); XV, *El deslinde* (1963); XVI, *Religión griega* y *Mitología griega* (1964); XVII, *Los héroes* y *Junta de sombras* (1965); XVIII, *Estudios Helénicos, El Triángulo Egeo, La jornada aquea, Geógrafos del mundo antiguo, Algo más sobre los historiadores alejandrinos* (1966) y XIX, *Los poemas homéricos, La Ilíada, La afición de Grecia* (1968).

REYES OCHOA, RODOLFO, n. en Guadalajara, Jal. en 1878; m. en Madrid, España, en 1954. Fue hijo del general Bernardo Reyes. Cuando era estudiante atacó al porfirismo por medio del periódico *La Protesta.* Dio clases de derecho. Conspiró contra Madero y fue ministro de Justicia en el gobierno de Victoriano Huerta, del 19 de febrero al 11 de septiembre de 1913. Representó a Jalisco en el Congreso (1913). Desterrado a España (1914), pasó allá la mayor parte de su vida. Fue miembro de la Real Academia de Jurisprudencia de Madrid. Escribió: *De mi vida* (1929).

REYES RUIZ, JESÚS. Nació en Aguascalientes, Ags., en 1908. Estudió derecho en la UNAM. Ha sido: vicepresidente y secretario general del Seminario de Cultura Mexicana, profesor en la UNAM y en la SEP, y director de la Escuela de Iniciación Artística del INBA. Ingresó al servicio diplomático en 1948 y ha sido embajador en Bolivia, Honduras, Ghana, Senegal y Guinea, representante en las reuniones México-norteamericanas para tratar los problemas de los trabajadores migratorios y delegado a la XII Conferencia General de la UNESCO. Ha publicado: *Llanto en la nube* (suplemento de *Tierra Nueva*), *Romance de Alfonso Ramírez, Raíz y voz del libro, Discurso para un héroe, Tres epístolas para hablar de tu ausencia, Arbol de soledad, El problema del derecho natural, su planteamiento en la filosofía de los valores, La época literaria de Sor Juana Inés de la Cruz, Casa en el recuerdo* (premio de poesía Presidente Ruiz Cortines), *Trinidad del hombre, Réquiem en silencio mayor* y *El centauro* (Premio Olímpico de Poesía (1968).

REYES SPÍNDOLA, RAFAEL, n. en Tlaxiaco, Oax., en 1860; m. en la Ciudad de México en 1922. Estudió en el Seminario y en el Instituto de Ciencias y Artes de Oaxaca, donde se graduó de aboga-

do. Fue secretario de gobierno en Michoacán (1885). Editó los periódicos *Don Manuel, El Universal* (1888), *El Mundo Ilustrado* y *El Imparcial* (1896). Es autor de: *Geografía de Michoacán.*

REYES ZAVALA, VENTURA, n. en Atotonilco el Alto y m. en Guadalajara, ambas de Jalisco (1837-1911). Abogado (1862) por la Universidad de Guadalajara, fue profesor de historia en el Liceo de Varones (desde 1867) y director del Liceo Católico (1879-1889). Escribió: *Las bellas artes en Jalisco. Apuntes para formar un catálogo de los artistas que o han nacido en el Estado o han vivido en él dejando obras de sus manos* (Guadalajara, 1882) y *Apuntes para formar unos prolegómenos de la clase de historia* (Guadalajara, 1886).

REYEZUELO. *Regulus satrapa.* Pájaro de 8 a 9 centímetros, habitante de los bosques de pino y encino. El macho presenta una corona de color naranja, bordeada por una franja amarilla, a su vez rodeada por otra negra; la frente y la zona superciliar, blancas; los lados de la cabeza y las partes inferiores, blanquizcas; el pecho y los costados, oliváceos; las alas, casi negras, con dos barras blancas, al igual que las plumas de la cola, aunque con las puntas blancas o blanco amarillentas; el pico, pequeño y negro; el iris pardo oscuro; y las patas, parduzcas. La hembra es semejante al macho, sólo que tiene la corona amarilla, bordeada de negro. Se distribuye desde Alaska hasta Guatemala; y en México, de Michoacán e Hidalgo hasta Chiapas. No es muy común, pero se le observa entre las ramas altas de los pinos y encinos, donde muestra gran actividad.

REYGADAS, FERMÍN n. en la Ciudad de México en 1916. Odontólogo graduado en la UNAM, es también pintor y escultor. Expuso por vez primera sus cuadros durante la Asamblea Nacional de Cirujanos de 1964; y sus composiciones en volumen, en 1959. Estas, de piedra, madera, barro y metales, se mueven a impulso de su propia fuerza magnética. Es creador, además, del sistema de auto-traducción simultánea, a base de grabaciones previas, utilizado en el Congreso Mundial de Filosofía celebrado en Bulgaria en 1973. El doctor Ignacio Sierra Macedo ha dicho que "la magnetoescultura presenta cualidades estéticas y proporciona placer; pero, además, tiene una importante aplicación en la psicología normal y patológica".

REYNOLDS, CLARK WINSTON, n. en Chicago, Illinois, Estados Unidos, en 1934. Maestro en artes y doctor en filosofía y letras (1962) por la Universidad de California Berkeley y profesor de la Universidad de Stanford (1968-), es autor de: *The Mexican Economy: Twentieth Century Structure and Growth* (1970); y "*Domestic Consequences of Export Instability*", en *American Economic Review* (1963).

RIAÑO Y BÁRCENA, JUAN ANTONIO, n. en Santander, España, en 1757; m. en Guanajuato, Gto., en 1810. Pasó a Nueva España como capitán de fragata. Participó en la expedición del conde de Gálvez a la Florida y en la toma de Panzacola (1781). En Nueva Orleans se casó con la hermana política de Bernardo de Gálvez, la francesa Victoria Saint Maxent. Simpatizó con las corrientes filosóficas de la Ilustración francesa. En 1792 fue nombrado intendente de la ciudad de Guanajuato, puesto que ocupó hasta su muerte, ocurrida el 28 de septiembre de 1810 cuando la ciudad fue atacada por las fuerzas de Miguel Hidalgo. Tuvo muy buena formación matemática, astronómica, literaria y artística. Gracias a su iniciativa se construyeron en Guanajuato la Alhóndiga de Granaditas y en Celaya el puente sobre el río de la Laja y la iglesia del Carmen. Fundó varias empresas y compañías para el desarrollo de las antiguas minas. De éstas fue particularmente famosa la de Mellado, donde trabajó la familia de Lucas Alamán.

RIBADENEYRA BARRIENTOS Y PADILLA, ANTONIO JOAQUÍN GASPAR, n. en Puebla, Pue., en 1710; m. en la Ciudad de México en 1773. Estudió en San Ildefonso y en el Colegio Mayor de Todos Santos. Fue abogado de la Audiencia y de los presos de la Inquisición, fiscal de la Audiencia de México y asistente real al IV Concilio Provincial Mexicano. Escribió: *El pasatiempo* (poema, 1752), *Manual compendio del Regio Patronato Indiano* (1755) y *Viaje de la marquesa de las Amarillas* (en verso).

RIBERA FLOREZ, DIONISIO DE, n. en España y m. en la Ciudad de México. Llegó a Nueva España en 1560. Cura de la catedral de México, fue promotor fiscal del Tercer Concilio Provincial Mexicano (1585). Se graduó de licenciado en cánones el 17 de septiembre de 1584 y de doctor el 7 de octubre siguiente. En 1591 tomó posesión como canónigo de la catedral metropolitana. Fue consultor del Tribunal del Santo Oficio de la Inquisición. Por mandato del inquisidor apostólico, se le encomendó disponer el túmulo y aparato funeral que levantó el Tribunal para honrar la memoria de Felipe II. Escribió: *Relación historiada de las exequias funerales de la magestad del rey D.Philippo Segundo* (1600). v.Joaquín García Icazbalceta: *Bibliografía mexicana del siglo XVI* (ed. Millares Carlo, 1953).

RICALDE GAMBOA, GRACIANO, n. en Hoctún y m. en Mérida, ambas de Yucatán (1873-1942). A los 12 años de edad ingresó a la Escuela Normal del Estado becado por el gobierno, y terminó su carrera de profesor a los 16 años, teniéndose que expedir un decreto especial para que pudiera presentar su examen recepcional. Estudió matemáticas en el Internado Literario. Su primer cálculo fue el del peso de una gran campana de la catedral, lo cual le valió la cátedra de aritmética razonada. Fue contador público y colaborador de *L'Intermédiare des Mathematiecien* de París. Tuvo correspondencia con Laplace, Serret y Cauchy. Llegó a ser director y catedrático de la Escuela de Ingeniería. En 1910 observó y precisó el recorrido del cometa Halley y en 1923 calculó el eclipse total de sol observado en Champotón. Su mayor mérito consistió en resolver la ecuación general de quinto grado por medio de funciones elípticas.

RICALDE MOGUEL, DOMINGO M., n. en Hoctún y m. en Mérida, ambas de Yucatán (1848-1932). Violinista, fue director musical del Liceo de Mérida. Perfeccionó sus estudios en Italia. Compuso las óperas *Lucía*, con libreto de Camarano (1894); y *la Cabeza* de Uconor (1898) y *Un amor de Hernán Cortés*, con libretos de José Peón Contreras.

RICO, CARMEN DE, n. en el mineral La Colorada, Son., en 1911. Secretaria privada con estudios de Normal Superior y letras, ha escrito para *El Informador* de Guadalajara y las revistas *La mujer de hoy, Renováción, Sendero* y *Boletín de la Unión Femenina Iberoamericana*. Ha publicado *Trazo en la nieve* (1958), *Sí...* (1959), *Amapa* (1961), *Sonetos a la Virgen* (1965) y *Reflexiones mínimas sobre Gabriela Mistral* (1974). En 1961 y 1962 se incluyeron poemas suyos en el *Anuario de poesía mexicana* del INBA. En 1956 mereció la medalla Sixto Osuna de los Juegos Florales de Mazatlán y en 1961 el Premio Jalisco en la rama de poesía.

RICO CANO, TOMÁS, n. en Uruapan, Mich., en 1916. Profesor por la Normal Regional de la Universidad Michoacana y abogado por la Escuela de Derecho y Ciencias Sociales, enseña economía, civismo y lengua y literatura españolas. Ha sido colaborador de *La Voz de Michoacán, Pliego, Cen, Voces, El Nacional* y *El Popular*. Ha escrito los siguientes libros de poemas; *Esta niebla encendida,*

De amor, Quince sonetos, Amando a tres ciudades y *Un retablo purépecha*.

RICO GALÁN, VÍCTOR, n. en el Ferrol, Galicia, España, en 1928; m. en la Ciudad de México en 1974. Llegó al país, junto con su familia, en 1940, como refugiado político. Se nacionalizó mexicano. Maestro en filosofía (1952) por la Facultad de Filosofía y Letras de la UNAM, se inició como escritor político en la revista *Impacto*. Colaboró también en el *Diario de México, Sucesos* y *Política* y en 1958 empezó a publicar la columna "Notas de Estar y de Leer", en la revista *Siempre!*. Viajó a Cuba en 1962, 1963 y 1966. Hizo para *Siempre!* una serie de reportajes y entrevistas en Centro y Suramérica (1963). El 12 de agosto de 1966 fue detenido, acusado de incitación a la rebelión, acopio de armas y conspiración. Estuvo preso 5 años en la Cárcel Preventiva de la Ciudad de México, donde organizó varios grupos de estudio. Recobró su libertad el 2 de marzo de 1972. Enseñó marxismo y metodología, y dirigió un seminario sobre *El Capital* en la Escuela Nacional de Economía. Dictó innumerables conferencias a obreros y a estudiantes. Se dedicó hasta su muerte a promover la organización de un partido obrero. Los artículos escritos desde la cárcel estaban encaminados a este objeto, incluyendo las dos cartas que envió a los estudiantes durante el movimiento de 1968. Sus compañeros de prisión publicaron estos materiales en el folleto: *El Partido Obrero y el Frente Nacional Antimperialista* (Ediciones Solidaridad, 1974). El resto de su obra permanece dispersa.

RICHMAN, IRVING BERDINE, n. y m. en Muscatine, Lusiana, Estados Unidos (1861-1938). Abogado y diplomático, escribió: *California under Spain and México 1535-1847* (1911), *The spanish conquerors, a chronicle of the dawn of empire overseas* (2 vols., 1919), e *Ioway to Iowa* (1930).

RIESGO, JUAN MIGUEL, n. en San Miguel de Horcasitas, Son.,; m. en 1834. Fue contador de Azogues y visitador de Aduanas, oficial mayor de la primera Secretaría de Estado (1821), diputado al Congreso Constituyente (1822) y miembro de la Junta Nacional Instituyente; intendente de Hacienda en el Noroeste (a la caída del Imperio), jefe político de Sinaloa (abril a junio de 1824) y primer gobernador del Estado de Occidente (septiembre a octubre de 1824); comisario general con residencia en el Mineral del Rosario, presidente municipal de San Miguel de Horcasitas y diputado local. En el curso de su carrera política, votó por la coronación de Iturbide, publicó *Memoria estadística del Estado de Occidente* (en colaboración con Antonio J.Valdéz, 1828), intercedió para que regresaran los jesuitas y se opuso a que la capital de aquella entidad se cambiara a Hermosillo.

RIESTRA, ERNESTO, n. en Monterrey, N.L., en 1901. Estudió piano con el maestro Escamilla y llegó a ser un buen ejecutante de los clásicos. A los 18 años de edad marchó a Nueva York, aprendió a tocar otros instrumentos, se convirtió en director de orquesta y fundó una banda en compañía de Alfredo Núñez de Borbón, violinista mexicano. Juntos recorrieron Estados Unidos tocando los ritmos de moda. En 1933 regresó a México y en los años siguientes, hasta 1950, dirigió uno de los conjuntos más famosos de la capital. Compuso las canciones *La boda de don Refugio, La escuela, Hay pasteles, Un pelón en la televisión, No señor* (éxito de María Luisa Landín), *Chinito en Hong Kong, El monje loco, La Azucena envenenada, Falditas de organdí, La copa* y *Eres la mujer de mis sueños*, entre otras. Grabó los discos *El tartamudo* y *Riestra torero*.

RIESTRA, GLORIA, n. en Tampico, Tamps., en 1929. Estudió comercio. Se ha dedicado al periodismo desde muy joven. Colaboró en la Cadena de Periódicos García Valseca y es miembro de la Asociación Nacional de Periodistas, Escritores, Libreros y Editores Católicos (ANPELEC). Escribe en *Abside, La Nación* y *Señal*. Ha publicado los siguientes libros de poesías: *La soledad sonora* (1950), *Celeste anhelo* (1952), *Al aire de su vuelo* (1954) y *La noche sosegada* (1960); y en prosa: *Según tu palabra* (1961). Se ha distinguido como polemista en temas religiosos.

RINCÓN, ANTONIO DEL, n. en Texcoco (Estado de México) en 1556; m. en las cercanías de Puebla en 1601. Descendía de los antiguos reyes tecpanecas. Profesó el 25 de agosto de 1573 en Tepozotlán, un año después de la venida de la Compañía de Jesús. Consagró su vida a la enseñanza y catequización de los indios del obispado de Puebla. Conoció desde su infancia la lengua náhuatl. Escribió: *Arte mexicana* (1595; 2a. ed., A.Peñafiel, 1885; 3a., Museo Nacional, 1888), libro que sirvió a los jesuitas para estudiar la lengua mexicana, hasta que en 1645 su discípulo Horacio Corochi escribió otra gramática. v.Joaquín García Icazbalceta: *Bibliografía mexicana del siglo XVI* (ed. Millares Carlo, 1953).

RINCÓN COUTIÑO, VALENTÍN, n. en Tuxtla Gutiérrez, Chis., en 1901; m. en la Ciudad de México en 1968. Fue fundador del Frente Socialista de Abogados, juez de Primera Instancia, presidente del Tribunal Superior de Justicia del Estado de Veracruz y del Tribunal Superior del Distrito y Territorios Federales, diputado a la XII Legislatura del Congreso de la Unión, profesor de la Universidad de Jalapa, coautor del Código de Procedimientos Civiles para el Estado de Veracruz, gran maestro de la Logia Valle de México y presidente de la Sociedad Mexicana de Geografía y Estadística (1966-1967). Publicó: *Ignacio Ramírez, el Nigromante, Chiapas, entre Guatemala y México, injusto motivo de discordia, La batalla del 21 de octubre, Angel Albino Corzo* y *Cárdenas ante el pensamiento revolucionario* .

RINCÓN GALLARDO Y ROMERO DE TERREROS, CARLOS, n. y m. en la Ciudad de México (1874-1950). Duque de Regla, marqués de Guadalupe y de Villahermosa de Alfaro, fue secretario de Agricultura en el gabinete del general Victoriano Huerta, del 10 al 14 de julio de 1914. Tuvo grado de general de división. Se distinguió como charro. Fue juez honorario del *International Jockey Club* de México y presidente del Jurado de Honor de la Sociedad Hípica Nacional, de la Comisión de Carreras y de la *Stud Book* del *Jockey Club* y del *Polo Club* de México. Escribió: *Diccionario ecuestre, El charro mexicano, Manganas y pialas* y *Comentario sobre algunas suertes ecuestres.*

RINCÓN PIÑA, AGAPITO, n. en Tacubaya, D.F., en 1897; m. en la Ciudad de México en 1973. Ingresó en 1911 a la Academia de San Carlos. En 1924 expuso por vez primera en la Feria de la Flor, obteniendo el primer premio de pintura. Más tarde estudió grabado con Carlos Alvarado Lang (1931-1933). El Museo Nacional de La Habana conserva una colección de sus grabados; y el Instituto de Arte de México, otra de sus acuarelas.

RÍO, ANDRÉS MANUEL DEL, n. en Madrid, España, en 1764; m. en la Ciudad de México en 1849. A los 10 años de edad leía a la perfección las obras de los clásicos griegos y latinos. Siendo aún niño se graduó de bachiller en la Universidad de Alcalá de Henares, en 1780, y ante selecto auditorio defendió el curso de física experimental en junio de 1782. Gracias a lo brillante de su actuación, el gobierno le dio una beca para la Real Academia de Almadén, donde demostró grandes aptitudes para las matemáticas, la física, la química, la mineralo-

18
Andrés Manuel del Río

gía y la geología. Por su interés manifesto en estas disciplinas se le pensionó para que perfeccionase sus estudios en Francia, Alemania e Inglaterra. En Francia estudió medicina y se hizo amigo de los químicos Juan Darcet y Antonio Lorenzo Lavoisier, este último creador de la química moderna. En Freiberg, Alemania, estudió los procedimientos más adelantados para la extracción y beneficio de los metales, y bajo la dirección del sabio Gotlob Werner, célebre fundador de la doctrina "de los signos característicos y las descripciones mineralógicas", hizo serios estudios en geognosia. En la Academia de Minas de esa ciudad conoció a Leopoldo von Buch, a Alejandro von Humboldt, a Seasure y a Weaber, con quienes hizo amistad. La Revolución Francesa le sorprendió en París en 1794, y siendo notoria su estrecha amistad con Lavoisier, a quien habían encarcelado, tuvo que esconderse y disfrazarse, y con grandes peligros huyó a Inglaterra. Por gestiones de sus amigos de Madrid, en octubre de 1794 salió de Cádiz rumbo a Veracruz. Llegó a la Ciudad de México en la flor de la edad y penetrado de las ideas científicas más adelantadas de su época. Se le instaló en la cátedra de mineralogía, en el recien creado Colegio de Minería. El 17 de abril de 1795 abrió el primer curso de esa especialidad que se dio en México. Con el tiempo llegó a ser un gran catedrático, laboratorista e investigador acucioso. Dejó una pléyade de alumnos distinguidos: Valencia, Chovell, Cotero y Ruiz de Tejada, entre otros. Nombrado diputado a las Cortes de Cádiz en 1820, fue a España, regresando al año siguiente. Expulsado del país en 1829, junto con todos los demás españoles residentes, partió a Estados Unidos y radicó en Filadelfia, donde fue objeto de grandes honores. En 1835 regreso a la que consideraba su patria, y a su cátedra de mineralogía y geología, a la que se dedicó hasta su muerte.

En 1797 denunció la mina de Morán y anexos en Real del Monte. En 1805 estableció una ferrería en Coalcomán y logró producir, después de un sinnúmero de contratiempos, el primer hierro mexicano, el 29 de abril de 1807. Cuatro años más tarde los realistas destruyeron la instalación. Las almadanetas y barras que se fundían allí resultaron superiores en calidad a las afamadas vizcaynas importadas. El trabajo que lo hizo inmortal fue el descubrimiento de un nuevo elemento que llamó *pancromo*, por la universalidad de los colores de sus óxidos, disoluciones, sales o precipitados; y después, *eritrono*, por formar con los álcalis y las tierras, sales que se tornaban rojas al fuego. Procedía de una extraña piedra que le enviaron de la mina de la Purísima del Cardenal de Zimapán. Estando en la capital Alejandro von Humboldt en 1803, Andrés Manuel del Río le comunicó el hallazgo y otros descubrimientos. El barón examinó el metal y le indicó que, en su concepto, el cuerpo aislado era cromo, elemento químico recientemente descubierto en Siberia por Vanquelin. Persuadido de que era un cromato de plomo lo que había encontrado, Del Río lo dejó asentado así en una nota a las *Tablas mineralógicas de Kársten* (1804). Cuando partió Humboldt para Estados Unidos y Europa, Del Río le dio una descripción de sus experimentos, pero el barón no volvió a ocuparse del notable trabajo analítico de su antiguo amigo. En 1830 el sueco Septroem anunció que había descubierto un metal nuevo: el vanadio. Poco después, el profesor Wochler demostró que el vanadio era el mismo elemento que el eritrono aislado por Del Río en 1800. El profesor norteamericano Featherstonhaugh propuso que el nuevo metal se llamara *rionio* en honor de Del Río, su primer descubridor; pero la denominación no tuvo fortuna. Se desencadenó entonces una tormenta de acusaciones y reproches contra Humboldt.

Los últimos días de Del Río, de quien dijera el inquieto viajero Michel Cevalier cuando le visitó "...que bien podría haber enseñado en la Escuela Politécnica de París", fueron muy amargos. Murió el sabio mineralogista en la pobreza. Dejó a su familia un apellido ilustre, muchas deudas y algunos ejemplares de sus *Elementos de Orictognosia* (México, 1804), que no habían podido venderse. v. Santiago E.Ramírez: *Biografía del Sr. Andrés Manuel del Río. Primer catedrático de mineralogía del Colegio de Minería* (1891); Emilio Wittich: "El descubrimiento del vanadio", en *Boletín Minero* (1922); Vito Alessio Robles: *El ilustre maestro Andrés del Río* (1937); Arturo Arnáiz y Freg: "Don Andrés del Río, descubridor del eritrono (vanadio)", en *Revista de Historia de América* (1948); Manuel Carrera Stampa: "Andrés Manuel del Río. Descubridor del eritrono (vanadio) 1764-1849", en *Gacetas históricas. Congreso Geológico Internacional, XX Sesión* (1959).

RÍO, ANTONIO DEL. Militar al servicio de la Capitanía General de Guatemala, exploró las ruinas de Palenque en 1787. Su informe se publicó hasta 1822 en Londres, bajo el título de: *Description of the ruins of an ancient city discovered near Palenque*; y en 1837 en *El mosaico Mexicano*, en español, y más tarde en el T.I del Apéndice al *Diccionario Universal...* de Orozco y Berra (1855).

RÍO, DOLORES DEL, n. en Durango, Dgo., en 1906. Sus padres, Jesús L.Asúnsulo —director del Banco de Durango— y Antonia López Negrete de Asúnsulo —prima de Francisco I.Madero—, se vieron obligados a salir de Durango en 1910. Radicada la familia en la Ciudad de México, Dolores se inscribió en el convento de Saint Joseph, donde aprendió francés. A los 7 años estudió danza española con Felipa López. En 1921 —a la edad de 15 años— se casó con Jaime Martínez del Río, rico hacendado, quien le llevaba 18 años; juntos viajaron a Londres, París, Madrid y Roma. En 1922, en Madrid, bailó para los heridos de guerra de Melilla, siendo felicitada por los reyes de España. De regreso a México, el matrimonio se relacionó con los intelectuales de la época. El pintor Adolfo Best Maugard llevó a casa de ella al director norteamericano Edwin Carewe, quien la inició en el cine silencioso en 1925, con *Joanna*, realizada en Hollywood, donde vivió desde entonces. En 1926 filmó *El precio de la gloria*; y después *Resurrección* (1927) y *Ramona* (1928), que la consagró internacionalmente. Hizo presentaciones personales en los estrenos de ésta en varias ciudades de Estados Unidos y Europa. Su primer film sonoro fue *El malo* (1930). En 1936 hizo en Londres *Acusada*. Regresó a México

Dolores del Río

en 1942 y filmó en 1943 *Flor Silvestre* y *María Candelaria*, ambas dirigidas por Emilio Fernández, y al año siguiente *Las abandonadas* y *Bugambilia*. En 1948 realizó *Historia de una mala mujer*, versión de *El abanico de Lady Windermere* de Oscar Wilde, en Buenos Aires. Con esta obra debutó en el teatro en México (1958), y luego en toda la República (1959) y en Buenos Aires (1961). Actuó para la televisión en Estados Unidos (1951 y 1958) y filmó en Madrid *La dama del alba* (1965). Ha sido premiada en varias ocasiones con el *Ariel*: en 1946, por *Las abandonadas*; en 1952, por *Doña Perfecta*; y en 1954, por *El niño y la niebla*.

RÍO, MARCELA DEL, n. en la Ciudad de México en 1932. En 1965 fue becada por el Centro Mexicano de Escritores para escribir la obra de teatro *La tercera cara de la luna*. Ha enseñado arte dramático, español superior, crítica y teatro mexicano en el Instituto Cultural Sahagún, el INBA y la UNAM (1959-1972). En 1972 expuso el tema: *El teatro mexicano en el centenario de Benito Juárez*, en el Instituto de Estudios Hispánicos de la Sorbona, en París. Ha colaborado en periódicos y revistas, y ha escrito libretos para televisión y cine. Sus obras se han traducido al inglés, al checo y al francés. Ha

actuado como jurado en concursos de obras de crítica y de teatro. Ha publicado: *Fraude a la tierra* (monólogo en un acto, 1957), *3 conceptos de la crítica teatral* (con prólogo de Francisco Monterde, 1962), "Pidiendo posada", cuento, en *Cuadernos de Bellas Artes* (Núm.12, 1964); *Miraldina, El hijo de trapo, Claudia y Arnot* (piezas de teatro, 1964); *¿Qué pasa con el teatro en México?* (colaboración, 1967); "Libra", cuento, en *Revista de Bellas Artes* (Núm.22, 1968); *Trece cielos* (poemas, 1970; Premio Olímpico 1968), *Cuentos arcaicos para el año 3,000* (Monterrey, 1972), *Antología de cuentos* (Premio León Felipe, 1972) y *Proceso a Faubritten* (ciencia ficción, 1976). Fue directora de la Sala de Arte del Organismo de Promoción Internacional de Cultura (1964-1965). Desde 1972 es segunda secretaria y agregada cultural en la embajada de México en Checoslovaquia. Manuel Enríquez compuso su *Cantata Ego* sobre poemas de *Miraldina*.

RÍO DE LA LOZA, LEOPOLDO, n. y m. en la Ciudad de México (1807-1876). En 1820 ingresó al Colegio de San Ildefonso y en 1822 a la Escuela de Cirugía del Hospital Real. Siguió los cursos de botánica que impartía Vicente Cervantes en el Jardín Botánico y los de química Manuel Cotero en la Escuela de Minas. Poco después fue practicante en los hospitales de San Andrés y de Jesús. En 1827 obtuvo el grado de cirujano y en 1833 el de médico y farmacéutico, coincidiendo con una epidemia de cólera morbus, de modo que prestó grandes servicios en el Hospital de San Lucas. Heredó de su padre una farmacia y una pequeña industria de productos químicos. Logró obtener oxígeno, anhídrido carbónico, nitrógeno y otros varios elementos por vez primera en México. Fue inspector de boticas y medicinas (1835) y de establecimientos industriales (1838); miembro del Consejo Superior de Salubridad (1846); maestro de química en el Colegio de San Gregorio y en las escuelas de Agricultura de San Jacinto, Nacional de Medicina, Bellas Artes y Nacional Preparatoria (1867); y profesor de análisis químicos (1868) y director de la Escuela de Medicina (1873). A sus esfuerzos se debieron la introducción a la docencia de nuevos aparatos y técnicas; y la instalación de la primera fábrica de ácidos que hubo en México (sulfúrico, nítrico y otros), montada en el barrio de La Concepción Tlaxcoaque, al suroeste de la Ciudad de México. Trabajó arduamente en la formación de la primera *Farmacopea Mexicana* y analizó las aguas medicinales de los manantiales más famosos del país. Durante la guerra de invasión (1847-1848) ingresó al ejército en defensa de la patria. Miembro

1

Leopoldo Río de la Loza

de la Academia Mexicana de Medicina (1866), publicó numerosos estudios en la *Gaceta Médica de México* y en otras revistas, entre ellos: "Introducción al estudio de la química", "La goma archipin", "El origen del tequesquite en el Lago de Texcoco", "Azufre y salitre", "Drogas medicinales. Agenjo", "Sobre vegigatorios", "Un vistazo al Lago de Texcoco", "Aguas potables de México", "Tabla analítica de las aguas más usadas en la Ciudad de México", "Apuntes relativos a los pozos artesianos", "Tabla analítica de las nueve fuentes brotantes abiertas por D.Sebastián Pane en la Ciudad de México el año de 1863" y "La agricultura y la veterinaria en la República Mexicana", los cuales fueron reunidos en un volumen con el título: *Escritos de Leopoldo Río de la Loza compilados por el señor farmacéutico Juan Manuel Noriega y publicados por la Secretaría de Instrucción Pública y Bellas Artes en conmemoración del Primer Centenario del Nacimiento de Río de la Loza* (1911). v."Rasgos biográficos del ilustre naturalista mexicano Dr. Leopoldo Río de la Loza", en *Gaceta Médica Mexicana* (1876).

RÍO ESCALANTE, GUSTAVO, n. y m. en Mérida, Yuc. (1880-1963). Estudió violín en su ciudad y en el Conservatorio Nacional (1898-1901), y canto y composición en París y en la Real Academia de Santa Cecilia en Roma. A su regreso, participó en la fundación del Conservatorio de Música de Yucatán (1911), creó la Asociación Artística (1921) y fue director de Cultura Estética del Estado (1926-1930 y 1935-1938). Entre sus obras, figuran: *Lereya* (pieza lírica), *Collar de Zafiros* (zarzuela dramática), *La tarde del pastor* y *Aluxes* (poemas sinfónicos) y las óperas con temas mayas *Kinchí* y *Xtabay*. En 1960 el Gobierno de Yucatán le otorgó la medalla Eligio Ancona.

RÍO VERDE, S.L.P, Cabecera del municipio de su nombre, se encuentra a 21°58' de latitud norte, 99°59' de latitud oeste del meridiano de Greenwich y a 987 metros sobre el nivel del mar. El municipio, ubicado entre la Sierra Madre Oriental y la Altiplanicie, tiene una extensión de 3,242.90 kilómetros cuadrados (5.16% del total de la entidad). Aunque comprende la gran llanura de Río Verde, en su suelo se definen dos regiones: una, montañosa, formada por las derivaciones de la Sierra Gorda al sur y al oeste; y otra que ocupa parte del centro y del norte, baja y pantanosa, la cual se eleva poco a poco hacia el este. Colinda al noreste con el municipio de Ciudad del Maíz, al este con los de Alaquines, Cárdenas y Rayón, al sureste con el de San Ciro, al sur con el Estado de Guanajuato, al suroeste con el municipio de Santa María del Río y al este con los de Zaragoza, San Nicolás y Villa Juárez. Según el censo de 1970, el municipio contaba con 57,099 habitantes (4.44% del total del Estado) y tenía una densidad de 17.61 habitantes por kilómetro cuadrado.

La hidrología del municipio es muy variada. Riegan el territorio los ríos Verde —de donde toma el nombre—, Bagres, Bielma y Pastora, con sus numerosos afluentes. Abundan los manantiales y fuentes termales; entre los primeros destaca el de La Media Luna, cuyo caudal se emplea en el riego de huertas y ejidos; están, además, los de Agua Salada, Azufrosa, Palma Larga, San Diego, Boquilla y Ojo Caliente. En la región norte se encuentra la Laguna de Mojarras. Tiene una temperatura media anual de 20.8° y una precipitación pluvial de 494 milímetros. Su clima es templado, subhúmedo, con abundancia de ciénegas y pantanos.

Sus principales fuentes económicas son la agricultura —especialmente la naranja, la caña de azúcar y el algodón— y la ganadería. El ferrocarril San Luis Potosí-Tampico atraviesa la parte norte del municipio; en la Estación San Bartolo (Km. 132) hace conexión con el ramal San Bartolo-Río Verde, con un recorrido de 42 kilómetros, y pasa por Angostura, Pastora y Cirio. La carretera San Luis Potosí-Tampico recorre el municipio de oeste a este; de Río Verde parte la carretera a San Ciro, Arroyo Seco y Jalpa, Qro. El municipio comprende la ciudad de Río Verde, centro agrícola y comercial, con 17 mil habitantes y 103 localidades.

Historia. *Epoca prehispánica.* La cerámica encontrada en la Media Luna, así como la descubierta en los abundantísimos cues de la región, revela que fueron distintos los pueblos que habitaron esa zona: los huastecos; gente no identificada aún, hacia 650; y, a la llegada de los españoles, los guachichiles y los pames, bárbaros y nómadas. De los primeros hay muchísimos restos tanto de cerámica como de piedra y algunas construcciones que a menudo forman núcleos diversos. De los últimos, como nada dejaron, nada queda.

Descubrimiento y conquista. Desde que los huastecos les dejaron el campo libre, y como recuerdo multitud de cues y de cerámica fragmentada, vagaban en la región de Río Verde los guachichiles, gente dividida en muchas parcialidades, las más con dialecto y nombre propios, cazadores y recolectores, salvajes y belicosos, que vivían, al decir de un cronista, "sin casa ni sementera". Casi desnudos, su única pertenencia estimable eran el arco y el manojo de flechas. Carecían de toda organización y asiento fijo. Fray Juan de San Miguel, entonces (hacia 1542) en Acámbaro, tuvo noticia de estos naturales. Venía desde las remotas tierras tarascas juntando a los indios que vivían por los montes como manadas sin pastor (según La Rea), fundando y organizando pueblos, "sin dejar gruta, peña ni monte donde no penetrasen los rayos de su apostolado... Sus palabras convirtieron tantas almas como pinos tiene la montaña". En 1542 fundó San Miguel el Grande. En Acámbaro recibió "la noticia de la guachichila e tierra de guerra". Pasó a Xichú y de allí, por 1543 o 1544, "salió con algunos indios ya grandes, y fue al Río Verde y anduvo toda la tierra adentro". Desgraciadamente el guachichil no respondió como el tarasco, y fray Juan no pudo hacer en Río Verde lo que hizo en Uruapan. Sin poder ni siquiera juntar a los aborígenes en algún aduar, tuvo que volver a su convento de San Miguel el Grande a concluir la fundación de esa ciudad. Mas su exploración no fue inútil. Tras la huella fresca de fray Juan, unos 7 años después llegó fray Bernardo Cossín. Luego de aquél, le tocó a éste ser guardián del convento de San Miguel el Grande, y habiéndolo labrado "entró fray Bernardo al Río

Verde y su comarca, y con él por intérprete Alonso Carava y Juan Guarcheche, y bautizó mucha gente... y de aquí corrió la tierra, y nunca más volvió, porque dicen lo mataron los indios de guerra". A la zaga de los anteriores, poco después, fray Juan de Cárdenas, insigne maestro de la lengua otomita, se introdujo firmemente con la predicación por todas las naciones y pueblos de este idioma, hasta llegar al Río Verde. El sentó las bases de este convento, que luego fue la cabecera de la extensa y extinta Custodia de Santa Catarina Virgen y Mártir del Río Verde. Para entonces, por obra de los franciscanos de Zacatecas, ya se había fundado el convento de San Miguel Mexquitic y se andaban descubriendo las minas del Cerro de San Pedro y la misma capital del Estado. Sea porque llegaron noticias de las andanzas de fray Juan de Cárdenas, sea porque los guachichiles del Altiplano colindantes con la Pamería lo hayan dicho, el caso es que, por 1591 o 1592, al clamor de la fertilidad de la tierra, de la abundancia de pescado en las aguas del río y de los excelentes pastos, salió del pueblo de San Luis una expedición para el Río Verde. En 1597 "se hizo cierta información en razón del asiento de la paz de los indios chichimecas". Uno de los declarantes fue el capitán Gabriel Ortiz de Fuenmayor, y por él se sabe que "el capitán Miguel Caldera salió de este pueblo (San Luis) con muchos hombres españoles, que fueron más de cincuenta personas, e yo en su compañía, e fuimos al Río Verde e más adelante a visitar la tierra y los indios que había en ella a traellos de paz"; les habló, les dio regalos, y quedaron "debajo del amparo y jurisdicción del dicho capitán". "Y ahora (en 1597) yo les volví a visitar y les dí ropa y bastimentos y llevé un fraile a doctrinallos". Por esta declaración se advierte, primero, que la labor de fray Juan de Cárdenas había rendido fruto, y magnífico; los indios ya estaban bien dispuestos para la evangelización y la aculturación; y segundo, que las autoridades de San Luis Potosí, ante las invasiones de los vecinos de Querétaro, afianzaban su jurisdicción. Con todo, la comarca del Río Verde seguía pagana y salvaje. No se sabe quién haya sido el misionero que llevó el capitán Ortiz de Fuenmayor. Los demás testigos en la citada declaración confirman el dicho, pero no dan el nombre del religioso. Debió de ser del convento de San Luis o del de Mexquitic, ambos de la provincia franciscana de Zacatecas. Por ese tiempo, además, en la Mitra de México hacía gestiones muy activas el chantre doctor Alonso Larios de Bonilla, que andaba en la administración de los diezmos de Querétaro, para que al Río Verde "se enviase persona que a nombre del señor arzobispo aprendiese posesión de aquella población". La idea encontró apoyo: el Cabildo, por añadidura, pedía se nombrase un ministro, lo que se consiguió a fines de 1598. Así, pues, no sólo los religiosos entraron, sino también uno que otro clérigo diocesano. Y en 1601 (enero y febrero) fray Lucas de los Angeles, uno de los misioneros radicados en Xichú, se internó en las sierras de Río Verde y de la Huasteca. Como tiró al oriente, no anduvo gran cosa en esta cabecera. Pero ya para 1597 habían llegado a la región varios colonizadores del rumbo de Querétaro a poblar con ganado la comarca. Al empezar el siglo XVII ya era bastante conocida esta jurisdicción. Sólo que el trabajo, como lo habían demostrado los esfuerzos aislados de los anteriores misioneros, resultaba arduo en extremo, y como ninguno de ellos estuvo de asiento ni traían papeles autorizados para fundar conventos y pueblo, su trabajo debe considerarse como una roturación de la tierra y no más. "Apenas el siervo de Dios fray Juan Bautista Mollinedo (dice La Rea) oyó las nuevas de la conversión, cuando se le levantó en el alma un incendio que no le dejaba sosegar, y como era tan grande ministro en la lengua... partióse más veloz que el viento". Esto sucedió en 1607, y por encargo del provincial. Lo acompañaba el padre fray Juan de Cárdenas. Juntos, sin más que la escarcela con algo de maíz tostado, sus báculos de romeros y lo necesario para conferir los sacramentos, llegaron al ya explorado puesto del Río Verde. "En este lugar —añade el cronista— tuvo noticia de la multitud de naciones que como fieras silvestres habitaban en aquellas serranías, y enternecido su piadoso corazón, se resolvió a entrarse por aquellos páramos a recoger tantas ovejas perdidas". Encaminaron sus pasos, primero, a Pinihuan, después a Lagunillas y Gamotes, levantando en ellos capillas de paja; y prosiguiendo, llegaron al Valle del Maíz, y allí dejaron formados "un pequeño convento e iglesia, aunque todo como de casa pajiza"; después pasaron al puesto de Tula; regresaron al Río Verde, para tomar a poco, otra vez, el rumbo del norte, hasta llegar al Nuevo Reino de León. Dondequiera catequizaron, bautizaron y fundaron iglesias. Entre las naciones descubiertas, "tigres en la fiereza y lobos en el apetito", estaban los alaquines, pames, mascorros, caisanes, coyotes, cuachichiles, negritos, pisones, lemagues y muchos más. A los franciscanos fray Juan de Cárdenas y fray Juan Bautista Mollinedo deben la vida no sólo Río Verde sino todos los pueblos que formaban la inicial Custodia de Santa Catarina Virgen y Mártir. En el descubrimiento y evangelización de estas villas no se menciona ningún capitán, ningún poblador fuera de los misioneros citados y de los intérpretes y acompañantes que pudieron llevar: los dos fueron sus descubridores, conquistadores y fundadores. El padre Mollinedo planificó la Custodia, batalló para conseguir misioneros que trabajasen en ella y dio estabilidad a sus conversiones; el padre Cárdenas, después de tender la cabeza de puente en Río Verde, ya en una ya en otra de las conversiones, consolidó la empresa. En esa su primer entrada advirtió fray Juan de Mollinedo que las nuevas conversiones no podrían prosperar sin una atención bien ordenada e inmediata. Para ello pensó en la creación de la Custodia, con ministros y administración propia. Expuso su idea a sus superiores y éstos, dice La Rea, "oyéronle con atención igual a la satisfacción que tenían a su santidad y persona, le dieron autoridad y comisión para que él en persona escogiese los ministros más idóneos y suficientes que hallase. Discurrió por toda la provincia (de Michoacán) exhortando a unos y rogando a otros, pero como los religiosos eran pocos, se recrecieron algunos inconvenientes que dilataron los empleos de este apostólico varón". Uno de esos inconvenientes era la falta de licencia real. Parece que el mismo padre fue a España a conseguir la autorización y los ministros. La real cédula tiene fecha del 5 de marzo de 1612, y en ella se previene al marqués de Guadalcázar haga lo necesario para la conversión de los bárbaros de la comarca de Río Verde. Como se precisaban ciertos informes, en espera de ellos fray Mollinedo se detuvo en Xichú, desde 1613 hasta 1616, año en que fue guardián de ese convento. Al siguiente año llegó la licencia y entonces hizo las fundaciones que a él se deben. De acuerdo con las diligencias practicadas, el virrey marqués de Guadalcázar, usando del patronazgo real, dispuso que se fundara un convento y su iglesia en el Río Verde, con el costo de 3 a 4 mil pesos, cuya fábrica remitió desde luego a Juan de Porras y Ulloa, capitán y alcalde mayor de las minas de Xichú, que tenía noticia de estos indios. Conforme al modelo que daría el factor Juan de Cervantes Casaus, la fundación debería ser asistida por dos religiosos de la provincia de franciscanos de Michoacán, cada uno de los cuales recibirá por avío 150 pesos de oro común y 75 fanegas de maíz, más objetos de altar. A fin de que empezaran a poblar y beneficiar las tierras, ordenó dar a los indios por una sola vez 200 fanegas de maíz y hasta 2 docenas de bueyes, 4 docenas de rejas de arar, 50 vacas y toros, 200 ovejas con sus padres, 100 cabras, 24 cebones y 4 machos de este ganado para criar; advirtiendo que se encargarían del reparto Porras y Ulloa y el padre Mollinedo, para que se hiciera con igualdad. En la mañana del 1º de julio de 1617 y en el lugar llamado Santa Elena, concluida la misa en una iglesia de vahareque, fundó el padre Mollinedo la Misión de Santa Catarina Virgen y Mártir de Río Verde, ante Diego Vázquez, capitán de todas las naciones de la comarca, alaquines, coyotes, mascorros y guascamá, que estaban congregados con varios españoles. Tomada la posesión del lugar, se fijaron los límites de la Misión, y de todo dio fe el secretario fray Juan de Cárdenas. En ese mes y en el siguiente, prosiguió el padre Mollinedo la fundación de 12 misiones más. Mientras el padre Cárdenas se quedó en Río Verde, aumentando el pueblo, cuyo convento fundó, para regresar luego a Tzintzuntzan, donde falleció a poco, víctima de la peste, cuando curaba a los tarascos. El padre Mollinedo pasó a España en 1618 a promover la erección de la Custodia y a conseguir más misioneros. Allá lo sorprendió la muerte. Pero obtuvo lo primero, pues en 1621 se erigió la Custodia, con cabecera en Río Verde, la cual encontró en fray Martín de Herrán, a fines del siglo, un digno sucesor del fundador.

Fray Martín, desde que llegó de España, por más de 20 años trabajó en defender y convertir a los chichimecas. Con él no sólo floreció la obra misional sino que también aumentó la Custodia con nuevas fundaciones y ensanchó sus límites. En su tiempo llegó a tener unas 10 mil almas. Su lucha por proteger a los naturales de las usurpaciones de tierras de que venían siendo víctimas, dio ocasión para que los españoles, apartándose de los indios, fundaran el pueblo de Santa Elena, a media legua de Río Verde y en el lugar donde originalmente se fundó éste. El virrey dio su licencia el 9 de enero de 1694, aunque no por eso se acabaron los pleitos por las tierras. Hacia 1734 Río Verde tenía 757 habitantes agrupados en 78 familias de indios otomíes (726) y 5 de españoles (31). La villa de Santa Elena o del Dulce Nombre tenía 30 familias de españoles o sea 580 personas. Además, a distancia de una legua por cada viento había 100 familias de castas, con un total de 848 individuos. En 1753, con la eficaz ayuda del capitán Francisco Mora, José de Escandón determinó fundar la Misión de la Divina Pastora, con el fin de asentar en ella a los indios pames que vagaban en los montes de Río Verde. La fundación se llevó a cabo el 2 de marzo de 1757 con 218 familias que daban 933 personas. La primitiva ermita de Río Verde, levantada por fray Juan de Cárdenas, cedió el lugar a la nueva

fábrica parroquial, cuya construcción se ordenó en 1617; y la cual ya estaba casi concluida para 1627, aunque era de jacal. Esta, a su vez, desapareció para levantar la actual, que ya en 1762 tenía acabado el techo del crucero y en 1771 también la cúpula. La actual torre se empezó en febrero de 1888 y se acabó el 19 de marzo de 1889.

Época independiente. En febrero de 1811, huyendo de Calleja que regresaba victorioso a San Luis Potosí, emprendió el lego Herrera, uno de los cabecillas insurgentes, su retirada a Río Verde, en compañía del brigadier Blancas, 2,500 hombres de a caballo y 500 de infantería, 15 cañones y algunos españoles cautivos. Así llegó la guerra de Independencia a Río Verde, aunque sin mayor trascendencia por entonces, pues Herrera, ante el acoso realista, huyó luego a Ciudad del Maíz, donde fue totalmente desbaratado su ejército. El 16 de febrero de 1812 cayó sobre la población de Río Verde una partida insurgente. Después de derrotar en Plazuela a los realistas de Manuel Bengoa, los insurgentes entraron en el pueblo y saquearon varias casas y en El Jabalí dejaron casi desnuda a la familia del capitán Miguel Ormaechea. El realista capitán Sanz, enviado a perseguir a los revolucionarios, rescató la plaza el día 23 siguiente, y aunque no pudo alcanzar a los insurgentes, Arredondo los desbarató y les quitó los cañones y persiguió al coronel Landaverde, titulado "gobernador de la Sierra Gorda", quien, para salvarse, abandonó armas y caballo y se echó a un precipicio. Después vino un largo período de calma en todo San Luis Potosí. Se rompió con el paso de Francisco Javier Mina en 1817. A cortarle su marcha arrolladora, salió a Peotillos la división de Armiñán, en la que iban los realistas de Río Verde en número de 600 de a caballo; al trabarse la lucha, ésta fue la primera en huir ante la embestida de Mina; la caballería cayó en desorden sobre la infantería, que se desordenó a su vez y emprendió la fuga. El teniente Piedras, que mandaba a los jinetes, no paró hasta Río Verde, y de él no se supo en muchos días. El 23 de mayo de 1821 el brigadier Juan José Zenón Fernández proclamó la Independencia secundando el *Plan de Iguala* en Río Verde, sin más recursos que los contingentes de voluntarios de ese partido y del de Ciudad del Maíz, que se apresuraron a tomar las armas formando en breve una división de más de mil hombres, con los que derrotó a las fuerzas de José Castro, yerno del brigadier Arredondo, en Tula; y por sus órdenes, el capitán José María Díaz se apoderó de la Huasteca proclamando la Independencia en los 17 pueblos de su comprensión. Al formarse, en

1824, el actual Estado de San Luis Potosí, Río Verde pasó a ser uno de los municipios integrantes de la entidad. Las azarosas guerras civiles empezaron allí cuando, en abril de 1834, el comandante García Ugarte, habiéndose rebelado en San Luis Potosí, fue a invitar al general Esteban Moctezuma, quien residía en Río Verde, para que secundara su movimiento. Moctezuma salió con la gente que pudo levantar en la población, pero en la vecina Ciudad Fernández (antes Santa Elena) lo derrotó el general Paredes, el día 26, y el mismo Moctezuma cayó muerto. Después de dos siglos y medio de labor misional y civilizadora por parte de los franciscanos, el 3 de diciembre de 1845 se expidió el decreto por el cual desapareció la Custodia de Santa Catarina Virgen y Mártir, y la Misión de Río Verde quedó dividida en varias parroquias, una de ellas la de la cabecera, que pasó a manos del clero diocesano. En 1849, en franca rebeldía contra el gobierno local, se constituyó en Río Verde un Directorio, el cual reconoció por jefe a Eleuterio Quiroz, revolucionario de la Sierra Gorda, cuyo plan, de tendencias socialistas, había sido redactado por el rioverdense Manuel Verástegui. Como esta rebelión se difundió, el gobierno del centro mandó al general Bustamante a perseguir a Quiroz. Este se encerró en Río Verde, donde fue derrotado el 10 de junio, pero logró salvarse. Perseguido más tarde por el comandante Tomás Mejía, fue aprehendido y fusilado el 6 de diciembre del mismo año. Este Directorio le hizo la guerra al gobernador Julián de los Reyes, lo desconoció en diciembre de 1852 y se adhirió al *Plan de Tampico*; contrató los servicios de unos bandoleros para secuestrar al gobernador y conducirlo a Río Verde, mas en vez de eso lo asesinaron el 8 de enero de 1853 (v.AGRARISMO). El 17 de enero de 1861, estando de guarnición en Río Verde el general Mariano Escobedo con 400 hombres, el general Tomás Mejía atacó la plaza y la ocupó. Durante la Intervención Francesa hubo algunas escaramuzas por parte de las guerrillas. Con la paz porfiriana llegó una época de florecimiento para la región: se cambió el mercado al atrio de la parroquia, al hacerse el jardín de la Plaza (1890); y se inauguraron el Teatro Díez Gutiérrez (12 de diciembre de 1890), el Hospital de Jesús (1891), el ferrocarril San Luis Potosí-Tampico, el ramal San Bartolo-Río Verde (25 de mayo de 1902) y el alumbrado eléctrico (2 de abril); y se adquirió la casa de María de Jesús Verástegui para convertirla en Palacio Municipal (1904). En la hacienda de Angostura se establecieron tres fábricas de aceite de algodón (1902). La

Pilar Rioja

Revolución interrumpió la marcha ascendente de Río Verde, con la consiguiente emigración. En la actualidad, abierta la carretera San Luis Potosí-Tampico, se han intensificado el comercio y la agricultura. En los límites con Guanajuato se explota la fluorita, que sale por Río Verde. En los alrededores de la población hay muchas bellezas naturales: el célebre manantial de La Media Luna, la Planta y las grutas de Catedral. *R.M.y A.*

RIOJA, PILAR, n. en Torreón, Coah., en 1932. Hija de españoles, estudió danza con Oscar Tarriba en México, y con Regla Ortega, Pericet, Estampío y Manolo Vargas en España; y coreografía en la escuela del *Carnegie Hall*. Domina toda la gama de los estilos dancísticos: bailes regionales y folclóricos; flamencos (andaluces y gitanos) en sus formas ritual, dramática y simbolista; los de júbilo, con las variaciones del zapateado; y los clásicos, combinados con la seguidilla, la tirana, el polo y el fandango antiguos. Es creadora, en colaboración con el musicólogo español Domingo José Samperio, del "Nuevo arte del danzado con castañuelas en concierto". Su primer recital fue en homenaje al poeta español León Felipe. Ha diseñado coreografías al estilo bolero español, para interpretar música de autores italianos y alemanes del siglo XVIII. Ha bailado en México, Estados Unidos, Canadá, España (1969), Centroamérica y la Unión Soviética (1975). Recibió el Premio de Danza 1965, otorgado por la Unión Mexicana de Cronistas de Teatro y Música. La ciudad de Torreón la declaró "Hija predilecta".

RIOJA LOBLANCO, ENRIQUE, n. en Santander, España, en 1895; m. en la Ciudad de México en 1963. Doctor en biología (1917) por la Universidad Central de Madrid, llegó a México en 1940. Fue jefe del Departamento de Hidrología del Instituto de Biología de la UNAM, presidente de la Sociedad Mexicana de Hidrología y profesor en el Instituto Politécnico Nacional. Es autor de: *Estudio de los poliquetos de la Península Ibérica, La vida en el mar, El libro de la vida, El mar, acuario del mundo, Estudio crítico sobre las esponjas de Xochimilco, Contribución al conocimiento de las costas mexicanas del Pacífico* y *Los crustáceos cavernícolas de México.*

RÍOS. v.COMISIONES DE ESTUDIO DE CUENCAS HIDROLÓGICAS, COMISIONES EJECUTIVAS DE CUENCAS HIDROLÓGICAS, GEOGRAFÍA y, en particular, los artículos relativos a los Estados de la República.

RÍOS, JUAN JOSÉ, n. en Fresnillo, Zac., en 1882; m. en la Ciudad de México en 1958. Fue uno de los dirigentes de la huelga de Cananea en 1906, por cuya causa se le confinó a San Juan de Ulúa, condenado a 15 años de prisión. Liberado en 1911, al triunfo de la revolución maderista, se afilió en 1913 al constitucionalismo. Militó en el Cuerpo de Ejército del Noroeste. Fue gobernador y comandante militar de Colima del 15 de noviembre de 1914 al 27 de enero de 1915, en que tuvo que incorporarse a las campañas de Nayarit y Guanajuato, y del 10 de mayo de 1915 al 30 de junio de 1917. En este segundo período, estableció el salario mínimo de un peso en todo el Estado, repartió ejidos, creó la Junta Central de Conciliación y Arbitraje, restableció la Normal, construyó una escuela de artes y oficios, levantó un monumento a Juárez y destinó su sueldo de comandante a pagar mejoras materiales. Fue después oficial mayor de la Secretaría de Guerra y Marina, director de la Industria Militar, jefe del Estado Mayor Presidencial y secretario de Gobernación del presidente Pascual Ortiz Rubio (20 de enero al 2 de septiembre de 1932). Alcanzó el grado de general de división. v.COLIMA, ESTADO DE.

RIPPY, NOBLE MERRILL, n. en Fort Worth, Texas, Estados Unidos, en 1917. Maestro en artes (1939) y doctor en filosofía y letras por la Universidad de Texas (1950) y profesor de historia en la *Ball State University* (1959), es autor de: *El petróleo y la Revolución Mexicana* (1954); *"The Mexican Oil Industry"*, en *Essays in Mexican History* (1958); y *"Theory of History: Twelve Mexicans"*, en *The Americas* (1961).

RIUS, LUIS, n. en Tarancón, España, en 1930. Radica en México desde 1939. Maestro en letras españolas (1954) por la UNAM, ha sido editor de las revistas *Clavileño* (1950) y *Segrel*, jefe del Departamento de Letras y secretario de la Facultad de Filosofía y Letras de la Universidad de Guanajuato, y profesor de tiempo completo en la Facultad de Filosofía y Letras de la UNAM. Ha publicado: en verso, *Canciones de vela* (1951), *Canciones de ausencia* (1954) y *Canciones de amor y sombra* (1965); y en prosa: *El mundo amoroso de Cervantes y sus personajes* (1954) y ensayos sobre Carlos Pellicer y León Felipe.

RIUS FACIUS, ANTONIO, n. en la Ciudad de México en 1918. Hijo de españoles, fue dirigente de la Acción Católica de Jóvenes Mexicanos (desde 1940), candidato a diputado federal por el Partido Acción Nacional y miembro del comité ejecutivo (1964) de este organismo. Fundó la Asociación de Comerciantes del Centro de la Ciudad de México y la Sección del Centro de la Cámara Nacional de Comercio. Promovió la remodelación del primer cuadro de la capital. Ha colaborado en *Ser, El Hogar, Lectura* y *Rutas* de Monterrey, en *La Voz de Chihuahua* y el *Boletín* de la Sociedad Chihuahuense de Estudios Históricos, en *Excélsior, El Universal Gráfico, El Sol de México* y *La Nación*. Fundó y dirigió la revista *Norte*, en Chihuahua, la *Revista del Club España* y *Juventud Católica*. Es autor de: *Ilusiones* (poesía, 1938), *Horizontes interiores* (poesía, 1959), *Palestra espiritual* (1965), *Con la prosa de la Nueva España* (1968), *Lanza en ristre frente a los ataques del progresismo marxista* (1968), *Bernardo Bergoend S.J. Guía y maestro de la juventud mexicana* (1972), *Los demoledores de la Iglesia en México. Historia de la ACJM. 1910-1925* (1958), *La Juventud católica y la revolución mexicana* (1963), *Historia de la ACJM 1925-1931. Méjico Cristero* (1960) y *Un joven sin historia* (1973).

RIVA PALACIO, CARLOS, n. en Toluca, Estado de México, en 1892; m. en San José de Costa Rica en 1936. Fue diputado federal; gobernador del Estado de México (1925-1929); secretario de Gobernación en el gabinete del presidente Emilio Portes Gil, del 29 de abril de 1929 al 5 de febrero de 1930, en cuyo lapso creó el *Boletín del Archivo General de la Nación*; senador de la República y presidente del Partido Nacional Revolucionario (1933-1934); y embajador en Chile. Escribió: *La cuestión agraria mexicana* (1934).

RIVA PALACIO, MARIANO, n. y m. en la Ciudad de México (1803-1880). En el Seminario cursó materias de la carrera de derecho, pero no llegó a recibirse. Fue regidor del Ayuntamiento de la capital de la República (1829-1830), varias veces miembro del Congreso, ministro de Hacienda en el gabinete del presidente José Joaquín de Herrera (3 de junio a 20 de agosto de 1848) y gobernador del Estado de México, del 31 de agosto de 1849 al 2 de mayo de 1852. En este lapso organizó la receptoría de rentas, fundó una caja de ahorros y una casa de beneficencia, persiguió el bandolerismo y construyó en Toluca un mercado, la cárcel pública y el monumento a Hidalgo. En 1856 fue diputado al Congreso Constituyente y de enero a julio de 1857 volvió a hacerse cargo del poder ejecutivo local: hizo jurar la nueva Constitución, desecó la laguna de Lerma, construyó el Palacio de Justicia y fomentó la instrucción pública. Se negó a formar parte de la Junta de Notables, en ocasión de la Intervención Francesa, y se retiró a la vida privada; pero en 1867 aceptó ser defensor de Maximiliano, por cuya vida luchó sin éxito. Al triunfo de la República, presidió el Ayuntamiento de México y la Cámara de Diputados (1868) y volvió a gobernar su Estado, del 26 de septiembre de 1869 al 29 de abril de 1870. En 1876 fue designado director del Nacional Monte de Piedad.

RIVA PALACIO, VICENTE, n. en la Ciudad de México en 1832; m. en Madrid, España, en 1896. Fue hijo del abogado Mariano Riva Palacio y de Dolores Guerrero, hija de Vicente Guerrero, consumador de la Independencia. Inició sus estudios en el Instituto Literario de Toluca, en el Estado de México, gobernado entonces por su padre. Más tarde se inscribió en el Colegio de San Gregorio, donde se tituló de abogado en 1854. Participó en la revolución de Ayutla y, al triunfo de ésta, se le designo secretario del Ayuntamiento de la Ciudad de México (1856), a tiempo que resultaba electo diputado suplente al Congreso Constituyente. A causa de sus ideas liberales, fue encarcelado por los presidentes Zuloaga y Miramón (1858-1859). Dipu-

Vicente Riva Palacio

tado en 1861, al triunfo de la Guerra de Reforma, rehusó la cartera de Hacienda que le ofreció el presidente Juárez, y prefirió hacer periodismo, en las páginas de *La Orquesta*, y continuar su labor literaria como autor teatral. Tomó las armas contra la intervención extranjera y se distinguió en numerosos combates; en plena guerra redactó periódicos como *El Monarca* y *El Pito Real*; fue comandante militar y gobernador de los estados de México y Michoacán; y por el fusilamiento del general José María Arteaga (1865), ocupó la jefatura del Ejército del Centro. Fue generoso con sus enemigos: en 1865, cuando aún estaba fresca la sangre de los Mártires de Uruapan, tenía en su poder más de 200 prisioneros, entre ellos un centenar de jefes y oficiales belgas del Regimiento Imperial, pero en vez de seguir el camino de la venganza, negoció con el mariscal Bazaine el canje que se llevó a cabo el 5 de diciembre de 1865 en Acuitzio, Michoacán. Compuso los versos de *Adios, mamá Carlota*. Concluida la invasión, se separó del ejército y se dedicó a escribir. En 1867 fue nombrado magistrado de la Suprema Corte de Justicia, cargo al que renunció en 1870. Marchó luego a Europa y regresó 2 años más tarde. Se le postuló para la presidencia de la Suprema Corte de Justicia y perdió la elección. Se

Mariano Riva Palacio

enemistó con Sebastián Lerdo de Tejada, cuyo gobierno combatió desde los periódicos, y mucho contribuyó a la caída del régimen y al ascenso del general Díaz al poder. Se le designó ministro de Fomento, Colonización, Industria y Comercio en el nuevo gobierno, pero se separó del cargo por no haberse aceptado sus proyectos. Sostuvo la candidatura del general Manuel González para suceder al general Díaz, a la vez que presentaba la suya como diputado. En 1883, desde la Cámara, se opuso al presidente González y fue encarcelado. En la prisión escribió el tomo II de *México a través de los siglos*, que él dirigía. De vuelta al poder, el general Díaz prefirió alejarlo del país y lo nombró ministro plenipotenciario en los reinos de España y Portugal. En Madrid, donde falleció, desarrolló una gran labor de acercamiento con los intelectuales y políticos españoles. Sus restos permanecieron en España hasta mayo de 1936, en que, por acuerdo del gobierno mexicano, fueron trasladados a su patria y depositados en la Rotonda de los Hombres Ilustres. Su obra literaria es muy vasta. Destacan en ella: 1.Novelas: *Calvario y tabor* (1868), *Monja y casada, virgen y mártir* (1868), *Martín Garatuza* (1868), *Las dos emparedadas* (1869), *Los piratas del Golfo* (1869), *La vuelta de los muertos* (1870),

Memorias de un impostor, don Guillén de Lampart, rey de México (1872) y *Un secreto que mata*. 2. Libros de poemas: *Flores del alma* (1875), con el seudónimo de *Rosa Espino*, que dio lugar a regocijadas confusiones; *Páginas en verso* (1885) y *Mis Versos* (1893). 3.Obras teatrales, todas en colaboración, habiendo publicado solamente: *Las liras hermanas* (1871). 4.Historia y crítica: *Historia de la administración de don Sebastián Lerdo de Tejada* (1875); *Los ceros*, galería de contemporáneos (1882); y la monumental obra *México a través de los siglos*, que se publicó bajo su dirección y de la cual escribió el segundo tomo: "El virreinato. Historia de la dominación española desde 1521 a 1808" (1884-1889); y colaboración en *El libro rojo* (con Manuel Payno, Juan A.Mateos y Rafael Martínez de la Torre) (1870). 5.Cuentos, tradiciones y leyendas: *Cuentos de un loco* (1874), *Cuentos del general* (1896) y *Tradiciones y leyendas mexicanas*, en colaboración con Juan de Dios Peza (1922). v.Estudios de Clementina Díaz y de Ovando en *Cuentos del general* (1968); testimonios de las campañas de Riva Palacio contra la intervención francesa, en *Historia de la guerra de intervención en Michoacán* (1896); y *Memorándum de los documentos y piezas relativas al canje de prisioneros del ejército republicano del Centro, verificado en Acuizeo el día 5 de diciembre de 1865* (Tacámbaro, Impr. del Cuartel General, 1865).

RIVAS, CANDELARIO, n. en Fresnillo, Zac., en 1860; m. en Pachuca, Hgo., en 1916. Desde joven tocaba en bandas militares. En 1888 recibió una mención honorífica por su polka de concierto *Risas y fuego*. En 1890 fue subdirector de la Banda del 10° Regimiento, y en 1892 viajó a España con la del 8° Regimiento. A su regreso dirigió la Banda de Rurales de Pachuca (1901-1906) y la del Parque Luna, en la Ciudad de México (1907), que ganó el primer premio en el concurso nacional de ese año, compitiendo con la de Policía de Velino M.Presa y la de Artillería de Ricardo E.Pacheco. En 1908 regresó a Zacatecas para dirigir la Banda del Estado. El 10 de marzo de 1910 volvió a ganar un primer premio nacional. Para las fiestas del Centenario, escribió *Fantasía heroica 1910*, estrenada en el Teatro Calderón de Zacatecas. Volvió a Pachuca a dirigir la Banda de Rurales (1911-1914), después de haber triunfado con su *Himno a Hidalgo*. v.Jesús C.Romero: *La música en Zacatecas y los músicos zacatecanos* (1963).

RIVAS CHERIF, CIPRIANO, n. en España en 1891; m. en la Ciudad de México en 1967. Escritor, usó el seudónimo de *Tito Laviano*. En 1931 recibió el Premio Nacional de Literatura de España. Vino a México por primera vez como director artístico de la compañía de Margarita Xirgu, hacia 1936. Fue cónsul de España en Ginebra (1936-1939) y jefe de Ceremonial del Ministerio de Estado (1939). Detenido en Francia en 1940, fue llevado a España y condenado a muerte; la pena le fue conmutada y permaneció en prisión hasta 1946. Volvió a México como emigrado político en 1948. Fundó el grupo Teatro Español de México, con el que presentó una temporada con obras de Cervantes: *El viejo celoso*, que protagonizaba el veterano actor Ernesto Vilchis, y *La guardia cuidadosa*, con Miguel Maciá, a quien Rivas Cherif conoció en una cárcel. Hizo otra temporada en el Teatro Virginia Fábregas con *La vida es sueño* de Calderón de la Barca. Fue catedrático en la UNAM y en la Escuela de Teatro de la Universidad de las Américas. Dictó conferencias, escribió crítica teatral y dirigió varios grupos. Es autor de: *Versos de abril, Los cuernos de la Luna* y *Un camarada más*. Tradujo a Dante, Papini, La Rochefoucauld, Casanova y otros.

RIVAS GUILLÉN, GENOVEVO, n. en Rayón y m. en Potrero de Pará, ambos de San Luis Potosí (1886-1947). Abandonó la escuela primaria, en Tampico, para dedicarse a la fotografía y al comercio de abarrotes. Su padre, Francisco Rivas, fue asesinado por los huertistas el 17 de junio de 1913, y él se alistó en las filas constitucionalistas, como soldado raso, el 8 de diciembre del mismo año, bajo las órdenes del general Alberto Carrera Torres. El 21 de junio de 1916, siendo ya teniente coronel, se distinguió en la batalla de El Carrizal en Chihuahua, contra la expedición punitiva del general John L.Pershing, pues habiendo muerto el general Félix U.Gómez, tomó el mando del ejército mexicano y detuvo el avance de los norteamericanos. Por este hecho se le concedió la Condecoración del Valor Heroico. De 1926 a 1928 combatió a los cristeros en el Estado de Jalisco. Fue gobernador interino del Estado de San Luis Potosí. En 1928 ascendió a general de brigada y en 1933 a general de división. En 1938 participó en la campaña contra el general Saturnino Cedillo. Más tarde fue comandante militar de Querétaro, Oaxaca y Sonora. Al retirarse del servicio militar, se dedicó a las actividades agrícolas.

RIVAS MERCADO, ANTONIETA, n. en la Ciudad de México en 1898; m. en París en 1931. En 1928

Antonieta Rivas Mercado

fundó el Teatro Ulises, de carácter experimental, donde un grupo de literatos y artistas, dirigidos por Julio Jiménez Rueda, Gilberto Owen, Xavier Villaurrutia y Celestino Gorostiza, representaron obras de Cocteau, Shaw, O'Neill y Vildrac. Escribió la *Crónica de la campaña política* de José Vasconcelos (1928-1929), que éste publicó en *El Proconsulado* (1958) y *La Flama* (1959), bajo el nombre de Valeria; y tradujo —con Villaurrutia— *La escuela de las mujeres* de André Gide. Su labor de mecenas no se limitó al sostenimiento del *Ulises*. Publicó *Dama de corazones* de Xavier Villaurrutia, *Novela como nube* de Owen y *Los hombres que dispersó la danza* de Andrés Henestrosa. Como Valeria Mercado, publicó artículos sobre el teatro lírico y la plástica mexicana, durante su exilio en los Estados Unidos, después de la derrota electoral de Vasconcelos, de quien fue devota partidaria. En Nueva York conoció a García Lorca, con quien llevó una amistad íntima. Volvió brevemente a México en busca de su hijo, cuya tutoría le había sido arrebatada en su juicio de divorcio. Partió de nuevo a Francia, donde vivió en la miseria durante varios meses. Una mañana de 1931 entró en la catedral de Notre Dame y se dio un balazo en la sien. De su diario se conserva solamente la parte final, que Vasconcelos rescató en *La Flama*. Al parecer, los esbozos y fragmentos de novela —que menciona repetidamente en sus cartas— fueron quemados por su exmarido, a quien se le entregaron las pertenencias personales de la muerta. Quedan las cartas al pintor Manuel Rodríguez Lozano escritas en el período 1927-1930, editadas por Isaac Rojas Rosillo (1975), y una famosa escultura de Guillermo Ruiz. Aunque sus escritos se perdieron, su nombre pertenece a la historia de la literatura mexicana, por su labor de difusión y modernización de la cultura nacional. Además, algunos de sus artículos norteamericanos son antecedente del feminismo y la historia de la mujer en México.

RIVERA, COLUMBA, n. en Mineral del Chico, Hgo., en 1870; m. en la Ciudad de México en 1943. Profesora (1887) por la Escuela Normal de Pachuca y médica cirujana (1900) por la Escuela Nacional de Medicina, promovió los servicios de inspección médica; enseñó clínica obstétrica, anatomía, fisiología e higiene; trabajó en el Departamento de Salubridad Pública; fue secretaria de la Sociedad Protectora de Mujeres; fundó la revista *La Mujer Mexicana*, colaboró en *El Mundo Ilustrado* y escribió poesías y obras teatrales, entre ellas *Cerebro y Corazón* y *Sombra y luz*.

RIVERA, DIEGO, n. en Guanajuato, Gto., en 1886; m. en la Ciudad de México en 1957. Pasó con su familia a México (1892) y estudió en la Academia de San Carlos (1896-1902), la cual abandonó a los 16 años de edad (1902), inconforme con el sistema de enseñanza de la pintura, entonces dirigido a la reproducción fiel de los objetos. De esa etapa son algunos dibujos al modo académico y los cuadros *La Castañeda, Paisaje de Mixcoac* y *La era*, influidos en cierto modo por Velasco y en parte modernistas. En 1907, presentó su primera exposición y ganó una beca a Europa. Trabajó en la Academia de San Fernando de Madrid, al lado de Chicharro. De ese año son *Iglesia de Leiquetic, La Puerta de Avila* y *La casona*; y del siguiente *El Picador* y las obras impresionistas (*Nuestra Señora de París* y *La casa sobre el puente*), que le inspiró su viaje a Francia. Volvió a México en octubre de 1910 y regresó a París en julio de 1911. Tras una breve incursión en el puntillismo, de 1912 a 1917 se afilió a la escuela del cubismo (*Visita de Toledo, Puente de Toledo, El viaducto, Hombre del cigarrillo* y muchos otros), hasta mostrar un franca originalidad en *El Guerrillero*. De 1918 es su *Autorretrato* a lápiz. Completó su período de formación con un viaje a Italia y el estudio de los grandes maestros. Se reintegró al país en septiembre de 1921.

Al año siguiente pintó a la encáustica el nicho y el muro de fondo del Anfiteatro Bolívar de la Escuela Nacional Preparatoria; en aquél, a partir de la célula original, representó el árbol de la vida y los símbolos —el león, el querube, el águila y el toro— de los redactores de la doctrina de Jesús, de cuyo conjunto, que abraza al órgano, brotan el hombre y

Diego Rivera

la mujer; y en los muros del escenario: al centro, la energía; al lado derecho del espectador, el conocimiento, la fábula, la tradición, la poesía erótica, la tragedia, la prudencia, la justicia, la fortaleza, la continencia y la ciencia; y del izquierdo, la danza, la música, el canto, la comedia, la fe, la esperanza, la caridad y la sapiencia. El conjunto, en cuyas figuras aparecen ya rasgos mexicanos, constituye una alegoría de *La Creación*.

De 1923 a 1928 pintó al fresco los muros de los corredores del recién estrenado edificio de la Secretaría de Educación Pública. En general, los del patio anterior están destinados a escenas del trabajo (planta baja), las ciencias (primer piso) y las artes (segundo); y los del posterior, a las fiestas, a los escudos de las entidades de la República y a otros temas como *La repartición de tierras*, *La celebración del 1° de mayo* y *El mercado*. En aquel conjunto destacan los tableros que representan *La liberación del peón* y *La maestra rural*. En el vestíbulo de los elevadores exaltó a las *Mujeres de Tehuantepec* y en el cubo de la escalera desarrolló una gran visión de México. En esta monumental composición privan, como novedades, los tipos, las escenas y las costumbres nacionales; la franca difusión de los avances e ideales revolucionarios; y la contraposición de la trinidad positiva —obrero, campesino y soldado— ante los símbolos del capitalismo, el clericalismo y el militarismo.

En 1926 y 1927 interrumpió su trabajo en la Secretaría para decorar al fresco el Salón de Actos de la Escuela Nacional de Agricultura, antigua capilla de la exhacienda de Chapingo, en el Estado de México. En los muros del vestíbulo, abajo del coro, representó, según interpretación de Justino Fernández, *La muerte que fecunda la vida* y *La semilla de la Revolución*; en la nave, del lado derecho, *La evolución natural* (serie de desnudos femeninos de inspiración poética) y del izquierdo, *La transformación social*. Los temas en que uno y otro órdenes se expresan, en figuras o escenas acotadas por las pilastras y cornisas, son complementarios: *Las fuerzas del subsuelo* y *Las fuerzas espirituales internas*, *La germinación* y *La Revolución*, *La floración* y *La muerte*, *La fructificación* y *La trinidad positiva*. En la pared del fondo aparecen *El hombre y la naturaleza*, presididos por *La madre tierra*; y en el tablero que cierra el coro, *La tierra dormida*, "uno de los grandes desnudos de la historia del arte". Las bóvedas llevan alegorías agrícolas y revolucionarias. En la escalera de uno de los grandes edificios de la Escuela realizó otras pinturas, entre ellas sendos retratos de Manuel Avila Camacho y Marte R.Gómez.

En 1929 y 1930 decoró el Salón del Consejo del Departamento de Salubridad, a base de manos y desnudos muy estilizados, símbolos de la vida y la salud; y la logia del Palacio de Cortés en Cuernavaca, donde desarrolló algunos aspectos infamantes de la conquista, dejó constancia de las hazañas de los españoles (el paso de la barranca de Amanalco) y sublimó las figuras de Morelos y Zapata. Esta obra la hizo bajo el patrocinio del embajador norteamericano W.Morrow. En 1930 expuso su obra de caballete en el Palacio de la Legión de Honor de California, en Estados Unidos, y al año siguiente pintó en el *Luncheon Club* del *San Francisco Stock Exchange* un figura que simboliza el esfuerzo humano por controlar los recursos naturales; en la residencia Stern, el trabajo en una huerta; y en la *California School of Fine Arts*, los empeños de la técnica para crear la industria. En 1931 expuso en el Museo de Arte Moderno de Nueva York, en 1932 hizo la escenografía para el ballet H.P. de Carlos Chávez, (representado en Filadelfia bajo la dirección de Stokowsky) y pintó el retrato de una ciudad industrial en el *Detroit Institute of Fine Arts*, acaso la primera visión plástica del mundo mecanizado y deshumanizado, en el cual la ciencia juega el papel redentor que el cristianismo atribuye a los santos nombres; y en 1933 trabajó en el *Rockefeller Center* de Nueva York, en un mural que fue destruido, pero que reproduciría después en México, y en 21 tableros transportables, con el tema común de *Retrato de América*, para la *New Worker's School*.

Al terminarse el Palacio de las Bellas Artes, Rivera ejecutó en el primer piso del foyer (1934) el mural que no se le permitió terminar en Nueva York; en esencia, representa al técnico controlador de la naturaleza y a la sociedad dividida en dos mundos: el socialista y el capitalista, con su secuela de igualdad y creación, aquél, y de injusticia y guerra, éste. En 1929 había iniciado la decoración del cubo de la escalera del Palacio Nacional; la terminó en 1935, al cabo de varias interrupciones. El muro de la derecha lo destinó al pasado indígena; el central, al período de 400 años que va de la conquista a la Revolución; y la pared izquierda, a temas del presente y al futuro socialista; la obra consta de más de 400 figuras, buena parte de ellas retratos; y la composición, organizada en planos, parte de un eje central sobre el cual se inscriben, de abajo a arriba, un conquistador español y un sacerdote indígena, el escudo nacional, la espada empuñada por Guerrero, el plan libertador de Iturbide, la mano de Morelos, el rostro de Hidalgo y la bandera de *Tierra*

1

Diego Rivera: Salón de Actos de la Escuela Nacional de Agricultura

1

Diego Rivera: Sueño de una tarde dominical en la Alameda Central, *mural en el Hotel del Prado*

y *Libertad* sostenida por Zapata y un obrero. Este resumen simbólico de la historia de México está desarrollado con profusión de detalles en el resto de los muros.

En 1936 pintó 4 tableros para el Hotel Reforma, con temas sólo en apariencia folclóricos, en los que hizo sátira de personajes de ese tiempo, razón por la cual fueron llevados a otro sitio. Hasta 1940 no hizo sino pintura de caballete, género que nunca dejó de practicar. De ese período, entre muchísimos otros cuadros, son el *Retrato de Lupe Marín* (1938) y *Bailarina en reposo* y *Danza de la Tierra* (1939). En 1940 pintó un mural para la *Golden Gate International Exposition* de San Francisco, en el què trató de combinar personajes y motivos históricos de México y Estados Unidos. En 1943 decoró el cabaret Ciro's del Hotel Reforma e inició 2 tableros para el Instituto Nacional de Cardiología, que terminó al año siguiente. El tema de éstos es la historia de la medicina, con énfasis en la cardiología. En 1944 reemprendió la decoración de Palacio Nacional, ahora en los corredores del primer piso del patio central. La serie de tableros que realizó en varias etapas, hasta 1951, reconstruyen los principales aspectos del mundo indígena (el mercado de Tlatelolco, las artes, las industrias), hasta la con-

quista, o sintetizan la vida y costumbres de algunos pueblos aborígenes (los totonacos, por ejemplo). En 1947 y 1948, bajo el título de *Sueño de una tarde dominical en la Alameda Central*, volvió a resumir la historia de México, esta vez a partir de anécdotas, en un largo tablero dispuesto en el comedor del Hotel del Prado. Sobresalen en él las escenas del auto de fe a Violante de Carvajal, la frase que pronunció Ignacio Ramírez ("Dios no existe") al ingresar a la Academia de Letrán, el contraste entre la gente decente y la plebe, los motivos predilectos de su inspiración (Frida, Posada y *La calavera catrina*), el recorrido de Madero a Palacio durante la Decena Trágica y algunas muestras recientes de corrupción. Los árboles que sirven de fondo al conjunto expresan, en su quietud o movimiento, la seguridad o las convulsiones de cada época. A causa de la frase atea, en junio de 1948 el arzobispo Luis María Martínez se negó a bendecir el edificio, un sector de la prensa llamó a la acción directa y el viernes 4, treinta estudiantes irrumpieron en el hotel y con un cuchillo rasparon las palabras "no existe". La noche de ese día, en la Fonda Santa Anita, distante 2 cuadras del lugar donde se cometió aquel atentado, se reunió todo el mundo artístico de la capital en un homenaje a

Fernando Gamboa, quien hacía poco había rescatado en Bogotá, a riesgo de su vida, el tesoro de pintura que México envió a la Exposición Interamericana. Cerca de las 12 de la noche, a proposición de David Alfaro Siqueiros, unas 100 personas se trasladaron al hotel; iban a la cabeza del grupo, además del promotor, el propio Rivera, José Clemente Orozco, el *Dr. Atl*, Gabriel Fernández Ledezma, Leopoldo Méndez, Juan O'Gorman, María Asúnsolo, Frida Kahlo, Raúl Anguiano y José Chávez Morado. Entraron al comedor al grito de " ¡Muera el imperialismo! "; calló la orquesta y se alarmaron los comensales, entre ellos, en mesas distintas, Aarón Sáenz, Rafael P.Gamboa y Rodolfo Reyes. Rivera subió entonces en una silla y con un lápiz restauró la frase. Después de estos acontecimientos se puso una mampara al mural y varios años más tarde se trasladó la obra al foyer del propio establecimiento, donde está expuesto al público. De esa época data el mural transportable *Sueño de paz y pesadilla de guerra*, que se envió a Polonia y posteriormente a China Popular.

En 1951 pintó con polistereno el cárcamo de Dolores, destinado a recibir el agua del sistema del alto Lerma. Representó ahí sus ideas sobre el origen de la vida y de la especie humana; registró la hazaña técnica de la construcción del túnel, como un homenaje a los ingenieros; y diseñó unas grandes manos que entregan el líquido al pueblo. En un espacio exterior, frontero a la caja de Distribución, proyectó la Fuente de Tláloc. Un año antes se había presentado en el Palacio de Bellas Artes una gran exposición retrospectiva del artista. En los últimos años de su vida realizó en mosaico el frontis del Estadio de la Ciudad Universitaria y la fachada del Teatro de los Insurgentes; viajó a la URSS por segunda vez —la primera había sido en 1927-1928—; organizó una nueva exposición con temática soviética; viajó a Guadalajara y prometió hacer allí un mural si se cambiaba el nombre a Ciudad Guzmán por el de Zapotlán de Orozco; y ya muy enfermo pasó un temporada en Acapulco, donde pintó una serie de crepúsculos. A su muerte fue sepultado en la Rotonda de los Hombres Ilustres. v.Justino Fernández: *Arte moderno y contemporáneo de México* (1952).

En agosto de 1955, Rivera constituyó un fideicomiso en el Banco de México por el cual cedió, en beneficio del pueblo, todos los bienes que formarían su herencia: 1.La casa de Frida Kahlo en Coyoacán, con 2 mil metros cuadrados de terreno (actual Museo Frida Kahlo, inaugurado el 12 de julio de 1958). 2.Una colección de obras de arte popu-

Diego Rivera (1957)

lar, instalada en esa casa. 3.Pinturas, dibujos y el *Diario* de Frida Kahlo. 4.Dibujos, proyectos y bocetos suyos (de Rivera) que le sirvieron para el estudio y la composición de sus pinturas murales y de caballete. 5.El Anahuacalli o Museo Diego Rivera, con una superficie de 46 mil metros cuadrados (v.ANAHUACALLI). 6.Una colección de 59,400 piezas prehispánicas de varios materiales. 7.Los derechos de reproducción de todas las obras suyas y de Frida Kahlo. Y 8.El archivo y correspondencia de ambos. Preside el comité técnico de este fideicomiso la señora Dolores Olmedo.

RIVERA, FELIPE, n. y m. en Zinapécuaro, Mich. (1852-1920). Se recibió de abogado en Morelia en 1882. Ejerció la profesión en su ciudad natal. Fue electo diputado local de 1900 a 1910, y federal de 1910 a 1913, hasta que fue disuelta la Cámara por Victoriano Huerta. Regresó a su pueblo, donde alternó la actividad forense con la afición a la astronomía. Descubrió un astro en la Constelación de Perseo, que desde entonces se conoce como Estrella Rivera. A iniciativa suya se honró en Morelia al matemático francés Leverrier por sus aportaciones al estudio de los cuerpos celestes; en esa ocasión (11 de marzo de 1911) pronunció una conferencia, la cual fue publicada, junto con su retrato, en la revista *Flor de Loto* (t.II, Núm.10). Escribió también unos *Rasgos biográficos del Sr.Cura D.Juan Bautista Figueroa* (Morelia, 1905), sacerdote jalisciense benefactor de Zinapécuaro. En honor de éste, esa población se llama de Figueroa.

RIVERA, FRANCISCO, n. en Alcalá de Henares, España; m. en Valladolid (Morelia, Michoacán) en 1637. En 1589 profesó en Madrid en la Orden de la Merced. En 1607 el general de la Orden, el queretano fray Alonso de Monroy, lo nombró visitador para la Nueva España. Durante su visita fundó los conventos de Valladolid (Morelia), Colima y Tacuba, y amplió el de la Ciudad de México. A su regreso a la península recibió el mismo cargo para las provincias de Aragón, Cataluña y Castilla. Fue electo provincial de esta última en 1614, y general de la Orden el 15 de junio de 1615. En agosto de 1617 el rey Felipe III le promovió décimotercer Obispo de Guadalajara; en enero de 1618 fue preconizado, llegó a su sede en noviembre de 1619 y en 1620 lo consagró en la Ciudad de México, el arzobispo Juan Pérez de la Serna. Durante su prelatura, decretó el primer arancel de curatos; fundó el convento de Santa María de la Merced y reparó el de Santa María de Gracia; estableció varias escuelas; y extirpó la costumbre de los indios de Taquipatlan y Tonalá de hacer guerrillas en los días festivos, lo cual causaba muchos muertos. En 1630 fue electo Obispo de Michoacán, donde adelantó la obra de la catedral y benefició a varios hospitales.

RIVERA, PEDRO DE, n. en Antequera, provincia de Málaga; m. en la Ciudad de México en 1744. No se conocen los detalles de su llegada a Nueva España. En 1711 era gobernador interino del presidio de Veracruz; en 1713 desalojó a unos corsarios de la isla del Carmen, en 1719 era gobernador de armas de Yucatán y en 1724 gobernador de Tlaxcala. En este año recibió órdenes de pasar a México, dándole el virrey instrucciones precisas y secretas para hacer una delicada inspección a los presidios fronterizos del norte. Salió de la ciudad el 21 de noviembre de 1724 y regresó el 21 de junio de 1728. Su itinerario duró 3 años, 6 meses y 28 días, recorriendo 3,028 leguas (12,912 kilómetros y medio) por regiones pobladas de tribus hostiles y pernoctando muchas veces a cielo abierto en parajes despoblados. Atravesó los actuales estados de México, Querétaro, Zacatecas, Aguascalientes, Nayarit, Durango, Chihuahua, Nuevo México y Sonora. Volvió sobre sus pasos a Chihuahua, rumbo a Texas, y regresó por Monterrey, Saltillo, San Luis Potosí, Querétaro y Toluca. Cuidando de llevar un minucioso *Diario*, levantó planos y ordenó la fijación de linderos entre las provincias; formó juicios de residencia a cada uno de los comandantes militares y castigó a algunos, cuya culpabilidad comprobó, y exoneró a otros. Fijó, antes que nadie, las coordenadas geográficas de 29 poblaciones y tomó noticias geográficas y etnográficas sobre los pueblos aborígenes, anotando los recursos naturales y las misiones de los frailes. Hay una edición rara del *Diario* hecha en Guatemala en 1736. La segunda la publicó Guillermo Porras, con una introducción, textos y notas de su hijo Guillermo Porras Muñoz (1945), bajo el título de *Diario y Derrotero de Lo Caminado, Visto y Observado en el Discurso de la visita general de presidios situados en las provincias internas de Nueva España que de orden de su magestad executó D.Pedro de Rivera, Brigadier de los Reales Exércitos. Haviendo transitado por los reinos del Nuevo Toledo, el de la Nueva Galicia, el de la Nueva Vizcaya, el de la Nueva Extremadura, el de las Nuevas Philipinas, el del Nuevo León, las provincias de Sonora, Ostimuri, Sinaloa y Guasteca. 1724-1728.* Lo volvió a publicar Vito Alessio Robles (1946). Como premio a tan dilatada, peligrosa y delicada comisión, se le nombró mariscal de campo. En 1731 era castellano del Castillo de San Juan de Ulúa y gobernador de la ciudad y puerto de Veracruz, y de 1732 a 1734 capitán general del reino de Guatemala.

RIVERA CAMBAS, MANUEL, n. en Jalapa, Ver., en 1840; m. en la Ciudad de México en 1917. Realizó sus primeros estudios en su ciudad natal y se graduó de ingeniero de minas y beneficiador de metales en la Escuela de Minería de la Ciudad de México en 1864. Enseñó mecánica racional en la misma escuela (1863). Combatió, junto con otros condiscípulos, contra la Intervención Francesa. Más tarde fue profesor de química y de matemáticas en aquel plantel. Fundó, redactó y dirigió el periódico *El Combate* (30 de enero de 1876 a 3 de octubre de 1880), desde cuyas columnas atacó con violencia a los presidentes Lerdo de Tejada, Manuel González y Porfirio Díaz. Al mismo tiempo ejercía su profesión y se dedicaba a escribir de historia, geografía y costumbrismo: *Memoria sobre el Mineral de Pachuca* (1864); *Historia Antigua y moderna de Xalapa y de las revoluciones de Veracruz* (5 vols., 1869-1871), *Los gobernantes de México. Galería de biografías y retratos de los virreyes, emperadores, presidentes y otros gobernantes que ha te-*

1

Portada de una obra de Manuel Rivera Cambas

nido México, desde Hernán Cortés hasta don Benito Juárez (2 vols., 1873), *Cartilla de Historia de México* (1875), *Historia de la Intervención Europea y Norteamericana en México y del Imperio de Maximiliano* (2 vols., 1875), *Biografías de los jefes principales de la Revolución de Tuxtepec* (1876), con retratos en litografías de los personajes biografiados; *Atlas y catecismo de geografía y estadística de la República Mexicana; Album Veracruzano,* ilustrado con 48 vistas y planos; *México pintoresco, artístico y monumental* (3 vols., 1880-1883); y el libro en contra de Díaz y Manuel González: *Episodios de la Guerra de Reforma* (1880). Dentro de la historiografía mexicana, las obras de Rivera Cambas son ya clásicas: han sido copiadas, extractadas y mutiladas. v.Rubén García: "Escritores mexicanos del siglo XIX. Libros que desvían la ruta de Rivera Cambas", en *Boletín Bibliográfico de la Secretaría de Hacienda y Crédito Público* (1959).

RIVERA MALEBEHAR, FERMÍN, n. en San Luis Potosí, S.L.P., en 1918. Estudió en los colegios Inglés y Juárez de su ciudad. En 1931 pasó a la Ciudad de México y se adiestró en el arte del toreo bajo la dirección de Alberto Cosío *El Petatero*. Se presentó en El Toreo el 5 de noviembre de 1933, y al año siguiente alternó con Alejandro del Hierro y Miguel González *El Temerario*. El 8 de diciembre de 1935 tomó la alternativa de manos de Fermín Espinosa *Armillita*. En 1941 ganó la "Oreja de Oro" alternando con *Carnicerito*, Eduardo Solórzano, Lorenzo Garza, Paco Gorráez y *El Calesero*. En 1944 actuó en Lima, Lisboa y Aranjuez, en esta última junto con Luis Gómez *El Estudiante* y Manuel Rodríguez *Manolete*. El 8 de julio de 1945 le fue confirmada la alternativa en Madrid; su padrino fue Manuel Alvarez *El Andaluz* y su testigo Manuel Escudero. De regreso a México, participó en las temporadas 1951, 1954, 1955 y 1956. Se retiró el 24 de febrero de 1957, alternando en la Plaza México con Manuel Capetillo y *Chamaco*.

RIVERA MARÍN, GUADALUPE, n. en la Ciudad de México. Hija del pintor Diego Rivera, es licenciada (1947) y doctora (1952) en derecho por la UNAM. Ha trabajado en las secretarías de Bienes Nacionales y de Hacienda, y en la Nacional Financiera y en el Departamento del Distrito Federal. Fue la primera mujer que obtuvo el Premio Nacional de Economía por su libro *El mercado del trabajo* (1955). Representó a México ante la Conferencia Internacional del Trabajo (Ginebra, 1955). Desde 1956 es catedrática en la Facultad de Derecho. Fue diputada federal (v.FEMINISMO). Es autora del capítulo "Movimiento obrero de México", en *México. Cincuenta años de Revolución* (1.II, 1960).

RIVERA MARÍN, RUTH, n. en Mixcalco, D.F., en 1927; m. en la Ciudad de México en 1969. Hija del pintor Diego Rivera, fue la primera mujer que se recibió de arquitecta en el Instituto Politécnico Nacional. Llevó también cursos de antropología y literatura. Trabajó en los proyectos del Centro Médico Nacional. Colaboró con el arquitecto Pedro Ramírez Vázquez en el Museo de Arte Moderno. Ejerció la docencia, desde 1946, en escuelas secundarias, en la Normal Superior y en las de Pintura y Escultura, Diseño y Artesanías, y Superior de Ingeniería y Arquitectura del IPN. Fue jefa del Departamento de Arquitectura del INBA. Organizó la exposición "El Objeto Cotidiano en el Arte", en el Museo de Arte Moderno. Presidió la Unión Internacional Femenina de Arquitectos, fue secretaria general de la *Unión Internationale des Femmes Architectes* y formó parte del Subcomité de Museos de la UNESCO. Publicó varios libros, entre ellos: *Meditaciones ante una crisis formal de la arquitectura, Treinta años de funcionalismo en la ESIA, Urbanismo y* *planificación en México, Anahuacalli* y *Arquitectura viva japonesa.*

RIVERA PÉREZ CAMPOS, JOSÉ, n. en Celaya, Gto., en 1907. Licenciado (1931) y doctor en derecho (1951) por la UNAM, ha sido catedrático (1929-1948) y secretario general de esta casa de estudios (1946); profesor (1936) y secretario encargado de la dirección del Colegio del Estado de Guanajuato; secretario y juez de Paz en Tacubaya; abogado consultor en las secretarías de Agricultura y de Hacienda; magistrado del Supremo Tribunal de Guanajuato; oficial mayor del Departamento Autónomo de Prensa y Publicidad y del entonces Departamento del Trabajo (1934-1940); jefe de los departamentos legales de Ferrocarriles Nacionales de México y Petróleos Mexicanos; ministro de la Suprema Corte de Justicia (1952-1970); y senador de la República (1970-1976). Participó en las conferencias de la *Asociation Internationale des Avocats* (París, 1956) y de la *International Bar Association* (San José de Costa Rica, 1967; y Dublin, 1968). Formó parte de la comisión redactora de los códigos Civil, Penal y de Procedimientos Penales del Estado de Morelos. Entre sus obras: *La justificación del Estado* (tesis de licenciatura), *La angustia por el derecho* (tesis doctoral), *La filosofía del marxismo* y *La libertad, valor de lo político.*

RIVERA Y SAN ROMÁN, AGUSTÍN, n. en Lagos, Jal., en 1824; m. en León, Gto., en 1916. A los 10 años de edad ingresó al Seminario de Morelia como pensionista (1834-1835). Allí fue discípulo del teólogo y canonista Clemente de Jesús Munguía, después obispo de Michoacán, y compañero de cuarto de Pelagio Antonio de Labastida y Dávalos, más adelante obispo de Puebla y arzobispo de México. Huérfano de padre, Rivera hubo de suspender sus estudios durante casi un año, pero en 1837 se inscribió en el Seminario Conciliar de Guadalajara, donde cursó la carrera eclesiástica. Estudió derecho en la Universidad tapatía, bajo la dirección del jurisconsulto conservador Cipriano del Castillo, y se tituló en 1847. Volvió al Seminario, y ese mismo año recibió las sagradas órdenes del presbiteriado, a tiempo que impartía la cátedra de mínimos (1º de latín) en ese plantel. En 1849 y 1850 fue profesor de medianos (sintaxis latina) y mayores (prosodia, métrica y retórica latina) y en 1850 de lógica. Cura interino de Toluquilla (1850) y a poco profesor de derecho civil y romano en el Seminario y segundo promotor fiscal de la curia eclesiástica, logró despertar tal entusiasmo en la juventud que muchos

Agustín Rivera y San Román

estudiantes dejaron las aulas de la Universidad para asistir a aquéllas. Discípulos suyos, entre otros, fueron José María Armas, Obispo de Tulancingo; Joaquín Escoto, asesor del Consejo de Guerra que condenó a muerte a Maximiliano; Luis Gutierrez Otero y el historiador Emilio Castillo Negrete. En 1852 obtuvo el doctorado de derecho y ocupó diversos curatos, hasta 1854 en que fue nombrado promotor fiscal de la mitra. Víctima de varios atropellos durante y después de la dictadura de Santa Anna, vendió en 1860 su magnífica biblioteca y liquidó todos sus bienes para realizar un viaje a Europa, que no pudo hacer entonces por los azares de la guerra. Permaneció como capellán en la hacienda del Salto en Zurita y en Lagos. En 1866 se trasladó a Europa, recorrió Inglaterra, Francia, Alemania y Rusia y regresó al país en 1868, estableciéndose en Lagos como capellán del convento de Capuchinas (1868-1882) y catedrático del Liceo del padre Guerra, recién fundado. Escribió más de 200 títulos, en cuya publicación gastó su modesta fortuna, pues repartía gratuitamente a centenares de personas sus libros y folletos. Ganó fama de escritor veraz, claro y vigoroso. El 10 de diciembre de 1901 el Congreso de la Unión le otorgó una pensión que más tarde se hizo vitalicia ($150 mensuales). Se le tributaron en vida numerosos homenajes: en Lagos de Moreno se le puso su nombre a una calle y a una biblioteca; en 1910, al inaugurarse la Universidad Nacional de México, el claustro lo nombró doctor *honoris causa*; y el 15 de septiembre se le pidió que pronunciara la oración fúnebre ante los restos de los héroes de la Independencia, en la solemnidad dispuesta en el patio central del Palacio Nacional. En 1911 regresó a Lagos y en 1913 cambió su domicilio a León, a tiempo que dejaba de pagársele la pensión de que disfrutaba. Ingenioso y chispeante, su obra tuvo gran influencia en su tiempo. Combatió el fanatismo y las supersticiones populares y despertó el sentimiento patriótico. Escribió mucho sobre ciencias eclesiáticas, derecho civil y canónico, filosofía, oratoria, literatura e historia de México, y entabló polémicas. Sobresalen entre sus obras: *Viaje a las ruinas de Chicomoztoc, Viaje a las ruinas del Fuerte del Sombrero, Compendio de la historia antigua de México, Principios críticos sobre el Virreinato de la Nueva España, Principios críticos sobre la Revolución de Independencia, Anales mexicanos* y *La Reforma y el Segundo Imperio.* v.Agustín Rivera: *Despedida de Agustín Rivera de Guadalajara* (Lagos de Moreno, 1902); Rafael Muñoz Moreno: *Rasgos biográficos del señor doctor don Agustín Rivera y San Román* (Guadalajara, 1907); Alfonso Toro y Juan B.Iguíñiz: *El Dr. Dn. Agustín Rivera y San Román* (1917); y Mariano Azuela: *El Padre D. Agustín Rivera* (1942).

RIVET, PAUL, n. en una pequeña aldea de las Ardenas, Francia, en 1876; m. en París en 1958. Se graduó de médico en la *Ecole de la Santé Militaire* de Lyon. En 1901 partió al Ecuador, donde permaneció 6 años y descubrió su vocación de antropólogo. De regreso a Francia trabajó en el Museo de Historia Natural de París, donde fue nombrado, en 1908, director adjunto del Laboratorio de Antropología. Capitán durante la primera Guerra Mundial (1914-1918), peleó en el Ejército de Oriente, organizando los servicios médicos en Verdún y en el oriente de Francia. Secretario general del Instituto de Etnología de la Sorbona en 1919 y, después, director del Museo de Antropología, centralizó las diversas colecciones francesas de esas especialidades y las bibliotecas americanistas, africanistas y oceanistas en un centro de enseñanza superior y popular de vastos alcances internacionales: el Museo del Hombre, célebre en todo el mundo. Durante la Segunda Guerra Mundial (1939-1945) fundó el primer periódico de la resistencia. Denunciado, huyó a La Paz, Bolivia, donde creó el Instituto de Etno-

logía. El general De Gaulle, jefe de la Francia Libre, le nombró consejero cultural para la América Latina. Fundó entonces, en la Ciudad de México, el *Institut Français d'Amerique Latine* (IFAL) y la Librería Francesa. Terminada la guerra, regresó a su puesto de director del Museo del Hombre. Diputado por París, fue presidente del Consejo Superior de la Radiodifusión y Televisión, al mismo tiempo que de la Comisión Nacional de Francia ante la UNESCO. Mucho escribió Rivet de 1901 a 1957. Gran parte de su producción sobre lingüística, etnología y antropología de diversos países de América del Sur está en revistas especializadas: *Bulletins & Mémoires de la Societé d'Antropologie, Journal de la Societé des Américanistes* y *L'Antropologie,* todas de París. Su obra más conocida es *Les origines de l'Homme Américain* (Montreal, 1943; París, 1957), traducida al español (México, 1943). Con relación a México escribió: *"Les Indies du Texas et les expedition francais de 1720 et 1721. Baie de Saint Bernard"*, en *Journal de la Societé des Américanistes* (París, 1918); *"Etude sur l'archeologie mexicaine"*, en *Comptes rendus de l'Académie des Inscriptions & Belles Lettres* (París, 1921); y *"Nouvelle sur la métallurgie mexicaine"*, en *L'Antropologie* (París, 1923). v.Francois Chevalier: *"Paul Rivet (1876-1958). Bibliographie de Paul Rivet"*, en *Revista de Historia de América* (1958); y *Miscellania Paul Rivet. Octogenario Dicata* (2 vols., 1958-1959).

RIVIÉRE, EDUARDO. Escritor y dibujante francés radicado en la Ciudad de México entre 1850 y 1855. Publicó: *Antonino y Anita, o los Nuevos Misterios de México. Novela religiosa y moral, escrita en francés en esta capital e ilustrada por él mismo con hermosos dibujos* (litografiados por Casimiro Castro), traducida al castellano por Carlos H.Serán y editada por Navarro y Decaen en 1851; y *San Felipe de Jesús, Patrón de México, novela histórica religiosa adornada con estampas litográficas, compuestas y dibujadas por el autor* (1853). Poco se sabe de su vida. Excelente artista y fino observador de los valores plásticos del arte novohispano, a él se debe el conocimiento de tres casas del México colonial: la Del Judío, la de la Mariscala y un patio en la calle de San Felipe Neri, hoy República del Salvador. v.Francisco de la Maza: *"Biblioteca Mexicana del Siglo XIX"*, en *Artes de México*, Núm. 168.

ROA BÁRCENA, JOSÉ MARÍA, n. en Jalapa, Ver., en 1827; m. en la Ciudad de México en 1908. Se dedicó al comercio y a la literatura. En sus días

Portada de la novela de Eduardo Riviére y uno de sus dibujos, litografiado por Casimiro Castro

juveniles tomó parte en la política, afiliado al partido conservador; mostró su espíritu polémico y crítico en los artículos que publicó en *La Cruz, La Sociedad* y *El Universal.* Radicado en la capital de la República desde 1853, presidió los homenajes con que los literatos mexicanos recibieron en 1856 al dramaturgo y poeta español José Zorrilla. Administrador de los bienes de la millonaria casa Viuda de José de Teresa e Hijas, estableció en su oficina, por más de 20 años, una tertulia literaria que frecuentaban José Joaquín Pesado, Anselmo de la Portilla, Alejandro Arango y Escandón, Joaquín García Icazbalceta, Manuel Peredo y otros. Fue miembro de la Junta de Notables (1863) que votó por la monarquía en México. Formó parte de la Academia Imperial de Ciencias y Literatura que fundó Maximiliano. Restaurada la República, sufrió prisión durante varios meses en el ex-convento de la Enseñanza. En 1869 colaboró con Ignacio Manuel Altamirano en *El Renacimiento*, con el seudónimo de *Antenor.* En 1875 fue de los fundadores de la Academia Mexicana de la Lengua, correspondiente de la Española, de la cual fue tesorero. Apartado de la política, se consagró al cuidado de sus intereses personales, siendo además consejero del Banco Nacional de México. Poeta, geógrafo e historiador, dejó una vasta obra, en la que sobresalen: *Poesías líricas* (1859), *Ultimas poesías* (1888), *Obras poéticas* (1913, publicadas por sus hijas), *Leyendas mexicanas, cuentos y baladas de Europa y algunos otros ensayos políticos* (1862), *Lanchitas* (cuento, 1878), *Varios cuentos* (1883) y *Novelas cortas* (1910); las obras históricas *Catecismo elemental de la historia de México desde su fundación hasta mediados del siglo XIX* (1858 y 5 ediciones más), *Ensayo de una historia anecdótica de México* (1962) y *Recuerdos de la invación norteamericana, 1847-1848* (3 vols., 1883; 1947); y las semblanzas: "Datos y apuntamientos para la biografía de don Manuel Eduardo Gorostiza" y "Don Manuel Carpio", en *Memorias de la Academia Mexicana de la Lengua, correspondiente de la Española* (1876 y 1877). Se le considera como el primero que dio al cuento una orientación definida dentro de la literatura mexicana. v.Ignacio Montes de Oca: *Introducción a obras poéticas de D. José María Roa Bárcena* (1913); Antonio Castro Leal: *Prólogo* a los *Recuerdos de la invación norteamericana* (1947); Alberto María Carreño: *La obra personal de los miembros de la Academia Mexicana, correspondiente de la española* (2 vols., 1945-1946); y Elvira López Aparicio: *José María Roa Bárcena* (1957).

ROA BÁRCENA, RAFAEL, n. en Jalapa, Ver., en 1832; m. en Veracruz, Ver., en 1863. Estudió en Puebla y se recibió de abogado en 1857. Practicó en México al lado del jurisconsulto Rodríguez de San Miguel. En 1858 fue regidor del Ayuntamiento de México y posteriormente síndico; en Veracruz, juez de primera instancia de lo civil y comercio. Atacado por el vómito, le sorprendió la muerte a temprana edad. Entre sus obras de derecho, se cuentan: *Manual razonado de práctica civil forense mexicano, Manual teórico-práctico de obligaciones y contra-*

tos en México, Manual de práctica criminal y médico-legal, Manual de testamento en México y Manual de derecho canónico mexicano; y entre las literarias: *Cartas a Josefina*. Dejó inédito un *Curso de lógica*. Después de su muerte se publicó *Reminiscencias del Colegio* (1869).

ROBALO. Nombre que se aplica a varias especies de peces de la familia *Centropomidae* y del género *Centropomus*.

Robalo de aletas amarillas. *Centropomus robalito*, característico de las aguas mexicanas del Pacífico. Mide entre 25 y 30 centímetros de largo, cuando adulto presenta el cuerpo alargado, el hocico largo, la boca grande y horizontal, 2 aletas dorsales (la primera con 8 espinas y la segunda con una y 10 radios), la aleta anal con 3 espinas y 6 radios, y la caudal bifurcada. Tiene el dorso azul grisáceo, el vientre plateado, la línea lateral negra y las aletas grises. Se distribuye hasta Panamá. Es de las especies más abundantes, comestible y de consumo local.

Robalo blanco. *Centropomus undecimalis*. Mide de 15 a 50 centímetros. Presenta el cuerpo alargado, el hocico largo, la boca grande y horizontal, 2 aletas dorsales (la primera con 3 espinas y la segunda con una y 10 radios) y la anal con 3 espinas y 6 radios. Tiene la región dorsal de color oliváceo; los lados, plateados, con finas puntuaciones oscuras; el vientre, plateado; la línea lateral con una banda ancha negra muy marcada; y las aletas, amarillas, con puntos negros. Por su gran talla y relativa abundancia en algunas épocas del año, tiene considerable importancia económica. Su carne es blanca y de excelente sabor. Se distribuye en la desembocadura de los ríos, esteros y lagunas costeras del Golfo de México, principalmente en Tamiahua, Alvarado y Términos.

Robalo prieto. *Centropomus nigrescens*. Llega a medir 60 centímetros. Presenta el cuerpo alargado, los ojos pequeños, el hocico largo, el perfil anterior recto, la boca grande casi horizontal, la línea lateral negra y bien marcada, dos aletas dorsales (la segunda con una espina y 8 radios), y la anal con 3 espinas y 6 radios. Tiene el dorso color gris azulado, el vientre plateado, los costados punteados y las aletas grises. Según Julio Berdegue, se distribuye desde Baja California hasta el Ecuador. Su nombre vulgar se debe al color de su carne. Tiene importancia comercial y es comestible, aunque de consumo local. Otra especie que recibe el mismo nombre es *Centropomus poeyi*; se le encuentra en los esteros y lagunas costeras del Golfo de México.

José María Roa Bárcena

ROBBINS, FRANK ERNEST, n. en Elmira, Nueva York, Estados Unidos, en 1926. Traductor del Instituto de Lingüística (México) es autor de: *"Quiotepec Chinantec syllable patterning"*, en *International Journal of American Linguistics* (1961).

ROBELO, CECILIO A., n. en territorio del actual Estado de Morelos, en 1839; m. en Cuernavaca, de la misma entidad, en 1916. Estudió en el Real y Pontificio Seminario de la Ciudad de México, donde fue uno de los alumnos más distinguidos; formó parte del grupo que integraba Ignacio Montes de Oca, Joaquín Arcadio Pagaza y Rafael Angel de la Peña. Se recibió de abogado en 1866. Fue diputado local en el Estado de Morelos cuando se creó éste en 1869; después, juez, y por más de 30 años magistrado del Tribunal Superior de Justicia. Ocupó interinamente el cargo de gobernador. En 1913 se le nombró director del Museo Nacional de Arqueología, Historia y Etnografía. Profundo conocedor del náhuatl, adquirió gran renombre por sus estudios lingüísticos y filológicos. De su gran producción sobresalen las siguientes obras: 1.Legislación: *Colección de leyes y decretos del Estado de Morelos* (Cuernavaca, 1887) y *La Constitución del Estado de Morelos puesta en forma de diccionario* (Cuernavaca, 1888); 2.Literatura: *Azor y sus ami-*

gos. Historia de un perro (Cuernavaca, s.f.), *Los oráculos de la Sibila mexicana* (Cuernavaca, 1904) y *Arte de jugar albures* (Cuernavaca, 1904); 3.Filología y lingüística: *Vocabulario comparativo castellano y náhuatl* (Cuernavaca, 1889), *Nombres geográficos indígenas del Estado de Morelos* (Cuernavaca, 1897), *Nombres geográficos mexicanos del Distrito Federal* (Cuernavaca, 1900), *Nombres geográficos indígenas del Estado de México* (Cuernavaca, 1900), *Diccionario de aztequismos* (Cuernavaca, 1904), *Aztlán, cuna de los indios mexicanos, no se sabe dónde está* (Cuernavaca, 1910), *Nociones del idioma náhuatl* (Cuernavaca, 1912) y *Toponimia maya-hispano-nahua* (Cuernavaca, 1913); 4.Arqueología: *El lagarto de San Antón* (Cuernavaca, 1898), *Ruinas de Xochicalco* (Cuernavaca, 1902) y *Teotihuacan* (1910); 5.Historia: *Efemérides de Cristóbal Colón. Album conmemorativo del Cuarto Centenario del Descubrimiento de América* (Cuernavaca, 1892), *Benito Juárez. Efemérides* (Cuernavaca, s.f.) y *Bosquejo biográfico del señor gobernador del Estado de Morelos general Jesús H.Preciado* (Cuernavaca, 1886). Al lado de Faustino Galicia Chimalpopoca, fue Robelo precursor, en el siglo XIX, de los estudios del idioma y cultura nahuas. v.Alberto María Carreño: *La obra personal de los miembros de la Academia Mexicana de la Lengua, correspondiente de la Española* (2 vols., 1945-1946).

ROBERTSON, DONALD, n. en Elizabeth, Nueva Jersey, Estados Unidos, en 1919. Maestro en artes (1944) y doctor en filosofía y letras (1956) por la Universidad de Yale y profesor de historia del arte en *New Comb College,* Tulane University, Nueva Orleans (1957-), es autor de: *Art of the Aztec Empire* (1959); "The Relaciones geograficas of Mexico", en *Actas del Congreso Internacional de Americanistas* (San José de Costa Rica; 1959); *Mexican manuscript painting of the Early Colonial Period: The Metropolitan Schools* (1959); *Pre-Columbian Architecture* (1963); y "The Mixtec Religious Manuscripts", en *Ancient Discoveries in Mexican Archaeology and History* por John Paddock (1966). Con Byron Mc Afee, tradujo: "The Techealoyan Codex of Tepotzotlan", en *Bulletin of the John Rylands Library* (Manchester, 1960).

ROBERTSON, JAMES ALEXANDER, n. en Corry, Filadelfia, Estados Unidos, en 1873; m. en Annapolis, Maryland, en 1939. Hurgó en archivos de España, Portugal, Francia, Italia, Inglaterra y Estados Unidos. Archivista del *Hall of Records* de

Annapolis, fue editor de *The Hispanic American Historical Review* (Durham, N.C.), *Interamerican Historical Series. Bibliography of the Philippine Islands* (1908), y *Florida State Historical Society of a History of Florida* (por Carolina Brerard, 1924-1925). Reeditó: *Relaçaon Verdadeira* (Evora, 1557; 2 vols., 1932-1933); y con Emma H.Blair: *The Philippine Islands 1492-1898* (55 vols., 1903-1909), colección de documentos y libros raros sobre las islas, algunos en conexión con Nueva España. Escribió: *List of Documents in Spanish Archivs Relating to The History of the United States* (1910); *Louisiana Under the Rule of Spain, France and the United States* (2 vols., 1911) y "*Bibliography of Early Spanish-Japanese Relations*", en *Trans-Asiatic Society of Japan* (1915). Colaboró con Stephens y Bolton en: *The Pacific Ocean in History* (1917); y con C.O. Paulin, en: *Atlas of the Historical Geography of the United States* (1932).

ROBINIA. *Robinia pseudoacacia* L. Arbol o arbusto de la familia de las leguminosas, originario de la región oriental de Estados Unidos, cultivado en México con fines ornamentales en parques y jardines. Alcanza de 20 a 24 metros de altura. Su corteza es de color moreno oscuro, profundamente agrietada; tiene las ramas espinosas y el follaje extendido. Las hojas son pinadas, compuestas por un número de 7 a 19 hojuelas ovales o elípticas, de 2 a 5 centímetros de largo, redondeadas o truncadas y mucronadas en el ápice, las cuales se pliegan durante la noche. Las flores son blancas, aromáticas, en forma de mariposa, de 1.5 a 2 centímetros de largo; y se disponen en racimos pubescentes, colgantes, de 10 a 20 centímetros. El fruto es una vaina linearoblonga, morena-rojiza, lisa, persistente, de 7 a 10 centímetros de largo; contiene varias semillas y es dehiscente. *R.pseudoacacia* var. *bessoniana* Nichols tiene las ramas delgadas y sin espinas. *R.decaisneana* Carr. presenta las flores de color ligeramente rosado. Otras especies del mismo género son *R.híspida* L., arbusto de flores color rosado y pedúnculos, ramitas y frutos con numerosos pelos rígidos; y *R.viscosa* Vent., árbol de flores rosadas, pedúnculos y ramitas granduloso-viscosos, y frutos granduloso-híspidos.

ROBINSON, WILLIAM DAVIS, n. en Filadelfia, Estados Unidos en 1774; m. hacia 1830. Dedicado al comercio marítimo, en 1815 publicó el folleto *A Cursory View of Spanish America,* con opiniones favorables a la independencia de las colonias españolas. Desde Nueva Orleans ayudó a los insurgentes mexicanos. En 1816 desembarcó en Veracruz, se entrevistó con Guadalupe Victoria, pasó a Tehuacán y en un combate cayó prisionero de los realistas, pero logró fugarse. Es autor de: *Memoirs of the mexican Revolution, including a Narrative of the Expedition of General Xavier Mina* (Londres, 1821) y *Mis Aventuras* (traducida en México en 1939).

ROBINSON WICKE, CHARLES, n. en Roamoke, Virginia, Estados Unidos, en 1928. Profesor de antropología en la Universidad de Las Américas, es autor de: *Los murales de Tepantitla y el arte campesino* (1945); *"The ball court at Yagul, Oaxaca: A comparative study"*, en *Mesoamerica Notes* (1957); y "Así comían los aztecas", en *Esplendor del México Antiguo* (1959).

ROBINSON, DOW FREDERICK, n. en Weymouth, Masachusets, Estados Unidos, en 1928. Profesor en el Instituto de Lingüística de México, es autor de: *Field notes of Coatlan Zapotec* (1960).

ROBLES, FERNANDO, n. en Guanajuato y m. en Silao, ambas de Guanajuato (1897-1974). Estudió en las escuelas Nacional Preparatoria y de Altos Estudios de la Universidad de México; llevó cursos de filosofía y letras en la Sorbona de París y en el *King's College* de Londres, de arte en Roma y de ciencias sociales en la Universidad de Columbia. Radicó varios años en Buenos Aires. Fue editorialista de *International Comunications Review* de Nueva York. Colaboró en los periódicos *La Nación* y *Crítica* de Buenos Aires y en la revista *Lectura* de la Ciudad de México. Dejó escritas las novelas: *A la sombra de Alá, La Virgen de los Cristeros, El amor es así, La Argentina también es México, Cuando el águila perdió sus alas, La estrella que no quiso vivir, Sucedió ayer* y *Flor Silvestre*; las obras de teatro *Cuando llega la tarde* y *Sangre al amanecer*; y la biografía *El Santo que asesinó*. Tres de sus novelas han sido llevadas al cine.

ROBLES, JOSÉ ISABEL, n. en Jalpa, Zac., hacia 1891; m. en Oaxaca en 1917. Profesor de enseñanza primaria, se levantó en armas contra Victoriano Huerta. Fue constitucionalista y más tarde villista, y secretario de Guerra y Marina (6 de noviembre de 1914 al 16 de enero de 1915) en el primer gobierno de la Convención. Siguió al presidente Eulalio Gutiérrez en su escapatoria de la capital y se rindió en abril de 1915. Volvió de nuevo al lado de Venustiano Carranza, quien le reconoció el grado de

José Isabel Robles

general, pero otra vez se alzó en su contra y fue capturado y fusilado en Oaxaca.

ROBLES DOMÍNGUEZ, ALFREDO, n. en Guanajuato, Gto., en 1876; m. en la Ciudad de México en 1928. Estudió la carrera de arquitectura e ingeniería en una escuela de Estados Unidos. Construyó un edificio comercial en el centro de la Ciudad de México, el cual prestó para que se celebrasen en él las sesiones del Partido Democrático, del Club Reyista, del Partido Nacionalista Democrático y del Club Antireeleccionista. Proyectó también los edificios de La Palestina y La Mexicana. Interesado en la aviación, construyó un avión que hizo volar algunos metros, y publicó un folleto con el título de *Tratado sobre locomoción aérea*. Hizo la oposición al régimen porfirista y escribió un artículo en *México Nuevo*. En 1913 y 1914 luchó contra el gobierno de Victoriano Huerta. Durante el interinato de Carvajal (14 de julio a 13 de agosto de 1914) representó a Carranza en la Ciudad de México y concurrió a la firma de los *Tratados de Teoloyucan*. Fue gobernador del Distrito Federal a raíz de la entrada del Ejército Constitucionalista, cargo que desempeñó hasta septiembre de 1914. Al año siguiente fue designado director de Obras Públicas;

y más tarde, diputado al Congreso de la Unión en la XXVII legislatura y candidato a la Presidencia de la República en 1920, postulado por el Partido Católico en contra de Alvaro Obregón.

ROBLES GIL, EMETERIO, n. en Guadalajara, Jal., en 1831; m. en 1906. Abogado en 1855, fue diputado al Congreso Constituyente de Jalisco en 1857, a otras legislaturas locales y al VII Congreso de la Unión. Impartió cátedras y colaboró en varios periódicos de Guadalajara y México. Ocupó la gubernatura de Jalisco en 1868. Como escritor se le conocen dos comedias: *Al mejor postor* (1856) y *Episodios conyugales*, esta última estrenada en el Teatro Degollado en 1868. También redactó algunas páginas costumbristas para la revista *La Alianza Literaria*: "El gozo en el pozo" y "¿Quién de ustedes es Perico?"

ROBLES OCHOA, OSWALDO, n. en Monterrey, N.L., en 1905; m. en la Ciudad de México en 1969. Bachiller en ciencias biológicas (1923), maestro (1935) y doctor en filosofía (1936) y maestro en psicología (1958) por la UNAM, fue también doctor *Honoris causa* en ciencias sociales por la Universidad Autónoma de Guadalajara (1954). Fue jefe de los departamentos de Filosofía (1940-1944), de Universidades Incorporadas (1941) y Escolar (1942-1944) de la UNAM. Impartió cátedra en el Centro de Cultura Católica de Buenos Aires (1949); en la Universidad Católica de Milán (1950); en la Universidad Central y en el Consejo Superior de Investigaciones Científicas de Madrid (1951); en la Universidad Nacional de Santo Domingo (1953) y en la de Colombia (1954). En México enseñó disciplinas filosóficas (1936) y psicológicas (1942), en la facultad de Filosofía y Letras; y lógica e introducción a la filosofía en la Escuela Nacional Preparatoria. Publicó: *El alma y el cuerpo* (1936), *La teoría de la idea en Malenbranche y la tradición filosófica* (1937), *Esquema de antropología filosófica* (1942) y *Propedeútica filosófica* (1943). Hizo la introducción, la versión y las notas de: *Fray Alonso de la Veracruz. Los Libros del Alma. Libros I y II* (1942) y *Estudios escogidos de J.Diez de Sollano y Dávalos* (1944). Otras obras suyas son: *The main Problems of Philosophy* (Wisconsin, 1946), *Introducción a la psicología científica* (1948), *Filósofos mexicanos del siglo XVI* (1950), *Freud a distancia* (1955), *Símbolo y deseo* (1956) y *La doctrina jasperiana de la angustia* (1958); "¿Qué es y que no es la psicología experimental?", en *Revista de Estudios Universitarios* (I-1940); "Noética del contingente y metafísica

existencial", en *Actas del Congreso internacional de Filosofía de Barcelona* (Instituto Luis Vives de Filosofía); y "Reflexiones ontológicas sobre el miedo y la angustia".

ROBLES SOLER, ANTONIO, n. en Madrid, España, en 1897; m. en la Ciudad de México. Estudió las carreras de abogado y de ingeniero de montes. Llegó a México como refugiado político en 1939. Especializado en temas de literatura infantil, escribió en *Excélsior, El Nacional, Cuadernos de Bellas Artes* y *Revista de Revistas*; dio clases en las escuelas normales Nacional, Oral y Manuel Acosta; y publicó: *Cuentos de juguetes vivos, Cuentos de las cosas de Navidad, Ocho cuentos de niñas y muñecas, Mis 10 compañeros, Rompetacones y Azulita, Botón Rompetacones o la doble vuelta al mundo, Hermanos monigotes, Aleluya de Rompetacones* (20 vols.), *Un gorrión en la guerra de las fieras, Un cuento diario, Albéniz, genio de Iberia, Granados, Teatro de Chapulín, Las mil y una noches* (adaptación), *La fauna se columpia, La bruja doña Paz, Ocho estrellas y ocho cenzontles, El niño de la naranja, Rompetacones y 100 cuentos más,* la novela *El refugiado Centauro Flores* y la comedia *El toro a escena.*

ROCABRUNA, JOSÉ, n. en Barcelona, España, en 1879; m. en la Ciudad de México en 1957. Estudió música en la escolanía de Nuestra Señora de la Merced y en el Conservatorio del Liceo. A los 21 años de edad ocupó el puesto de violín concertino en el Teatro de la Opera del Liceo y en los conciertos sinfónicos, bajo la dirección de Camilo Saint-Saéns, Vicente D'Indy y Richard Strauss. Figuró en el Cuarteto Clásico de la Asociación de Música de Cámara, y en los de Pablo Casals y Enrique Granados. En 1901 pasó a formar parte del Octeto Español, que actuaba en Estados Unidos. Fue el único solista capaz de interpretar el poema sinfónico *Una vida de Héroe*, compuesto por Strauss en 1899. A fines de 1902 actuó en México como primer violinista de aquel conjunto. Al año siguiente, gracias a las gestiones de Carlos J.Meneses y Gustavo E.Campa, el maestro Justo Sierra lo invitó a radicarse en el país y le concedió la cátedra de violín en el Conservatorio Nacional, a la cual añadió después la de música de cámara y la dirección de conjuntos orquestales. Por varios años sostuvo su propio cuarteto y a lo largo de 20 fue el principal animador de la Sociedad de Música de Cámara. De 1926 a 1928 dirigió la Orquesta Sinfónica del Sindicato de Filarmónicos y la Orquesta Alemana. En 1927, en ocasión del centenario de la muerte de Beethoven, dirigió en el Teatro Iris el ciclo de las 9 sinfonías. En 1938 formó la Orquesta Sinfónica de la Universidad Nacional, cuyos conciertos populares en el Anfiteatro Bolívar de la Escuela Nacional Preparatoria tuvieron un gran éxito. Dirigió la Escuela Nacional de Música 7 años y enseñó violín en ese plantel y en el Conservatorio Nacional durante 48.

ROCABRUNA ESCOBAR, EUGENIA, n. en la Ciudad de México, en 1913. Hija de José Rocabruna, director de orquesta y violinista, y de María Luisa Escobar, cantante de ópera, se distinguió como pianista, pero al fin prefirió el canto. Ganó en la radio el concurso "Música sin Fronteras". debutó en 1939 con la ópera *El Murciélago* de Strauss. Después ha interpretado, aparte obras de este género, operetas, romanzas, canciones mexicanas y lieder.

ROCAFUERTE, VICENTE, n. y m. en Guayaquil, Ecuador (1773-1847). Fue diputado a las Cortes españolas en 1812. Pasó a Estados Unidos en 1819. En Filadelfia publicó varios textos políticos, entre ellos la *Destrucción de las Indias* de fray Bartolomé de las Casas (1821) y *Bosquejo ligerísimo de la revolución de México desde el grito de Iguala hasta la proclamación imperial de Iturbide* (1822). Viajó a México en 1824 y el 22 de febrero el Supremo Poder Ejecutivo lo nombró secretario de la legación en Londres. En 1826, con el carácter de encargado de negocios, dio instrucciones a la Casa Barclay, Herring y Cía., para que entregara al ministro de Colombia, Manuel José Hurtado, 63 mil libras esterlinas que éste abonó a la deuda de su país con Inglaterra. Aun cuando nunca fue autorizado para otorgar ese empréstito, continuó en su puesto y conservó la confianza del presidente Guadalupe Victoria. En 1827 volvió a México para entregar el tratado con la Gran Bretaña y una tercera vez en 1830, cuando ya había dejado la legación. En esta ocasión propuso al Ayuntamiento la adquisición de un aparato para la fabricación de gas. En 1833 se reintegró a su país, donde se le eligió diputado, jefe supremo después del derrocamiento del general Flores y Presidente de la República para el período 1835-1839.

ROCES SUÁREZ, WENCESLAO, n. en Soto de Sobrescopio, Oviedo, España, en 1897. Se graduó como licenciado en derecho, con premio extraordinario en la Universidad de Oviedo; su doctorado, con la misma calificación, lo hizo en la Universidad de Madrid. En 1923 fue designado, por oposición,

catedrático titular de derecho romano en la Universidad de Salamanca. En 1931 fundó en Madrid la Editorial Cenit. Fue subsecretario del Ministerio de Instrucción Pública (1936-1939). Al terminar la guerra civil, salió al destierro y dio clases y conferencias en las universidades de Santiago de Chile y La Habana. Desde 1948 es profesor de filosofía e historia en la Facultad de Filosofía y Letras de la UNAM. Doctor *honoris causa* por la Universidad de Morelia, ha traducido del alemán, entre otras obras, *El Capital* y *Teoría crítica de la plusvalía* de Carlos Marx y *Anti-Dühring* de Federico Engels.

ROCHA, ANTONIO, n. en la ciudad de San Luis Potosí en 1912. Abogado (1935) por la Escuela de Leyes de la Universidad Autónoma de San Luis Potosí, ha sido: procurador general de Justicia del Estado (1943-1945), secretario general de Justicia de Tamaulipas (1947-1948), diputado al Congreso de la Unión (1949-1952), senador de la República (1952-1958), procurador general de Justicia de la República (1° de diciembre de 1964 al 15 de marzo de 1967), gobernador del Estado de San Luis Potosí (26 de septiembre de 1967 al 25 de septiembre de 1973) y ministro de la Suprema Corte de Justicia (1974-). Durante su administración en San Luis Potosí, se suprimió la pena de muerte; se construyeron la Escuela de Bellas Artes, la Casa de la Cultura, el Palacio de Justicia y numerosas plazas públicas; y se pavimentaron 400 kilómetros de carretera.

ROCHA, SÓSTENES, n. en el mineral de Marfil, Gto., en 1831; m. en la Ciudad de México en 1897. Egresó del Colegio Militar en 1853, con el grado de teniente del Batallón de Ingenieros. Sus primeras acciones de armas las libró contra los liberales que proclamaron el *Plan de Ayutla* (1854). Estuvo también con los conservadores que tomaron Puebla en 1856; pronto, sin embargo, hizo suyos los ideales del liberalismo; en 1857 se distanció del general Calvo en San Luis Potosí y emprendió la lucha en favor de la legalidad que representaba Juárez. Triunfó en Sierra Gorda (1857) y en Salamanca (1858), y estuvo con el general Degollado en la toma de Guadalajara. Militó un tiempo al lado de Miramón, durante la Guerra de Tres Años, pero en 1860 se fugó de Tacubaya y volvió al campo liberal. Luchó contra la intervención extranjera y el Imperio. Prisionero de los franceses, se escapó en Orizaba y fue a reunirse con Juárez en San Luis Potosí; escoltó a éste hasta Paso del Norte, y junto con el general Escobedo defendió aquella región. Tomó parte en el sitio de Querétaro; por su com-

Sóstenes Rocha

portamiento heroico se le otorgó la banda de general de brigada. Derrotó a quienes se levantaron en armas contra el presidente Juárez: primero el general Trinidad García de la Cadena, en Lo de Ovejo (1870); y luego al general Porfirio Díaz (1871). Ascendió por ello a divisionario. Al llegar Díaz a la Presidencia de la República, lo envió a realizar estudios militares en el extranjero (1876-1880) y más tarde lo nombró director del Colegio Militar (1880-1886). Dirigió el periódico *El Combate* y escribió algunas obras de carácter castrense, entre ellas: *Ayuda de memoria del oficial mexicano en campaña, La ciencia de la guerra* y *Enquiridión para cabos y sargentos*. Sus restos reposan en la Rotonda de los Hombres Ilustres del Panteón Civil de Dolores.

RODADORES. *Simuliun ochraceum* y otras especies, dípteros (mosquitos) de la familia *Simulidae*, son trasmisores de la oncocercosis en México. Aquella especie mide entre 1.5 y 2 milímetros de largo, presenta el tórax amarillo rojizo, el abdomen amarillo y las patas negras; tiene la probóscide muy gruesa y pica durante el día. La hembra pone entre 200 y 500 huevos sobre la superficie de piedras húmedas, hojas o tallos de plantas que crecen a la orilla de ríos y arroyos de corriente rápida. Las larvas aparecen en un lapso de 3 a 10 días, se transforman en pupas en 4 a 6 días y éstas originan los adultos, que viven hasta un mes. Las hembras adultas son hematófagas y por lo tanto las trasmisoras de la oncocercosis. En México han sido estudiadas por Luis Vargas, del Instituto de Salubridad y Enfermedades Tropicales, quien publicó varios trabajos. El simúlido, además de actuar como trasmisor de los microfilarias de la *Onchocerca volvulus*, interviene como hospedero intermediario, pues es en los músculos torácicos de éste donde se originan las formas metacíclicas, que son las infectantes. Al contrario de lo que sucede en otros transmisores, más de 5 microfilarias matan al mosquito, que así operan como reguladores ecológicos de la trasmisión.

RODAS, ANSELMO, n. en San Cristóbal Las Casas, Chis., en 1840; m. en 1909. Aprendió pintura con el maestro Higinio Liévano. De su obra, dispersa en diferentes poblaciones de Chiapas, se conservan 4 cuadros en el Palacio Municipal de San Cristóbal: uno representa el asalto a los fuertes de Loreto y Guadalupe, el 5 de mayo de 1862 (pintado en 1876); otro, el momento en que Hidalgo proclama la Independencia de México (pintado en 1897); y los dos restantes, de tamaño mediano, a Minerva y a la Justicia (1892). Pintó también una *Santísima Trinidad* y a Pasteur aplicando la inyección antirrábica a un paciente. Este fue encargo del doctor Bernardo Martínez Baca, quien lo tuvo expuesto en su botica y después lo llevó consigo a Tuxtla Gutiérrez. En la sala capitular de la catedral de San Cristóbal hay varios retratos de obispos hechos por Rodas; y en poder de particulares, otros de personas de su época. Dejó discípulos distinguidos, entre ellos José Domingo Santiago, Benjamín Crocker (notable acuarelista) y José Inés Tovilla.

RODI, MARCELO, n. en la Ciudad de México en 1947. Estudió arquitectura en la Universidad Iberoamericana y arte en la *Texas Western University*. Se ha especializado en escultura en vidrio, cuyo tratamiento aprendió del italiano Nag Arnoldi. Ha expuesto en México, Lima, Barcelona y Pomona. El Museo de Arte Moderno de México conserva su pieza *Estrella eterna*. Trabaja el vidrio mediante la evaporación de hidrocarburos a altas temperaturas, lo cual permite alcanzar carbonizaciones del material inicial. Según Antonio Luna Arroyo, "pertenece a la corriente de los constructivistas...; es un escultor abstracto que se alimenta de las formas vitales de nuestro tiempo".

Abelardo L. Rodríguez

RODRÍGUEZ, ABELARDO L., n. el 12 de mayo de 1889 en Guaymas, Son.; m. el 13 de febrero de 1967 en La Jolla, Cal., Estados Unidos. Junto con sus padres, el comerciante Nicolás Rodríguez y Petra Luján, se trasladó a Nogales y allí curso la primaria en una escuela particular. Después sería autodidacta. Trabajó para ganarse la vida. En Durango se dedicó a diversos trabajos manuales. En 1906 emigró a Estados Unidos, donde residió 7 años, desempeñando modestos quehaceres. En 1913 regresó al país y se incorporó al Ejército Constitucionalista con el grado de teniente. Tomó parte en varias acciones de armas y ascendió a mayor. Con este grado militó a las órdenes del general Benjamín Hill en su avance desde Sonora a la Ciudad de México (1914-1915), donde combatió a los zapatistas. En 1915 asistió a las batallas de Celaya, contra Francisco Villa. Ascendido a teniente coronel, se le encargó pacificar a los indios yaquis sublevados. El 21 de mayo de 1920 se le impuso el águila de general brigadier y se le confió la expedición militar que persiguió a Esteban Cortés, sublevado contra el presidente interino Adolfo de la Huerta. Fue jefe de operaciones en varias zonas, hasta el 16 de octubre de 1923 en que pasó con ese cargo al Territorio de Baja California Norte, donde a poco tiempo recibió el nombramiento de gobernador. En esta función (1923-1929) puso a flote las finanzas públicas y renunció al subsidio de $900 mil que le otorgaba el gobierno federal; impulsó la educación; protegió la industria y la agricultura; fomentó la propiedad privada de la tierra; construyó caminos y canales de irrigación; impuso a los empleadores la obligación de utilizar mano de obra mexicana en un 50% por lo menos, pues los empresarios chinos establecidos en el territorio fomentaban la inmigración asiática; hostilizó a éstos, prohibió la entrada a los orientales y aplicó el artículo 33 constitucional a muchas personas de ese origen; fomentó el sindicalismo, inspirado en las *trade unions*, formó las Juntas de Conciliación y estableció el salario mínimo para los braceros; dio impulso a la construcción de aviones y estimuló la carrera de aeronáutica. El 23 de diciembre de 1929 renunció a la gubernatura para poder estudiar en varios países de Europa, durante 7 meses, las nuevas técnicas industriales y de aviación. A su regreso a México, fue nombrado subsecretario de Guerra, al lado del general Plutarco Elías Calles, titular de esa dependencia; pero 3 meses después, el 22 de enero de 1932, se le designó secretario de Industria, Comercio y Trabajo. Desde ese puesto protegió a la industria y trató de moderar las demandas obreras: arbitró en contra de la Alianza de Tranviarios (que reclamaba el pago extra de la media hora excedente de los turnos mixtos y nocturnos), redujo los días no laborables estipulados en el contrato colectivo del Sindicato Mexicano de Electricistas y propuso la creación de una empresa estatal dedicada a la explotación del petróleo. Fue el primero en condenar el movimiento obrero de inspiración comunista, al que acusó de adoptar "ideas exóticas".

La crisis política que culminó con la renuncia a la Presidencia del ingeniero Pascual Ortiz Rubio fue solucionada por la elección unánime del Congreso en favor de Abelardo L. Rodríguez como jefe del Poder Ejecutivo. Era la época en que el general Plutarco Elías Calles era tenido como "jefe máximo" de la Revolución; su influencia en el gobierno era decisiva. Desde un principio se observó la estrecha unión entre éste y el nuevo presidente. El nuevo mandatario hubo de enfrentarse al conflicto religioso, el cual, aunque aparentemente solucionado por el convenio de julio de 1929, todavía estaba vigente por la animadversión recíproca entre la Iglesia y el Estado. En Tabasco y Jalisco se perseguía al clero y en los demás estados se reglamentaba la Ley de Cultos en forma que hacía casi imposible su ejercicio. Con este motivo, el Papa Pío XI expidió la encíclica *Acerba Animi*, en la cual aludía amargamente al caso de México. El gobierno consideró ofensivo a la nación este documento y condenó sus propósitos de intromisión en los asuntos internos mexicanos. En esta coyuntura, el presidente expulsó del país al delegado apostólico de la Santa Sede, el obispo mexicano Leopoldo Ruiz y Flores. El licenciado Narciso Bassols, secretario de Educación Pública, propuso la implantación de la educación sexual en las escuelas, lo cual provocó una airada protesta por parte de los fieles católicos, especialmente las mujeres, quienes organizaron manifestaciones, algunas disueltas por la fuerza. El 10 de octubre de 1934 se aprobaron las reformas al artículo 3º de la Constitución propuestas por el Ejecutivo, por las cuales empezó a regir la educación socialista. El viraje al socialismo en materia educativa iba en contradicción con la política de franco estímulo a la empresa privada; a ésta se oponían también las demandas obreras. La industrialización, sin embargo, requería de la paz social, de suerte que el 5 de enero de 1934 se decretó el salario mínimo, cuyas tarifas señaló el presidente para el Distrito Federal y los estados de la República. Expidió también la Ley del Servicio Civil, que amparaba a los trabajadores del gobierno y aseguraba su estabilidad en el empleo. De modo simultáneo, en varias declaraciones públicas se opuso a la participación de los líderes y de los sindicatos obreros en la política del país.

Al asumir la presidencia, la nación padecía una grave recesión económica, reflejo de la mundial, y la moneda perdía sensiblemente su valor adquisitivo. El oro llegó a tener un valor 300% superior al de la plata, y todavía en 1934, último año de su gobierno, había 300 mil desempleados. Fundó la Nacional Financiera, con capital de $50 millones, de los cuales 20 fueron aportados por el gobierno; y a causa de que las empresas petroleras se negaban a proseguir la explotación y la exploración de ese recurso, el presidente creó el organismo estatal Petróleos México (Petromex) y decretó la ampliación de las fronteras litorales en 50 kilómetros, para aumentar las reservas de hidrocarburos. En todas estas operaciones no estuvo ausente el general Plutarco Elías Calles, secretario de Hacienda en ese tiempo. Al final de su mandato Rodríguez puso su nombre a varias de las obras materiales de su régimen, entre otras a una presa en Aguascalientes y al mercado que inauguró en el Distrito Federal, entonces el más amplio y moderno. Efectuadas las elecciones presidenciales, resultó electo para la primera magistratura el general Lázaro Cárde-

nas, a quien entregó el mando el 1º de diciembre de 1934.

Posteriormente se dedicó a la vida privada, a excepción de los años de 1943 a 1947, en que ocupó por segunda vez la gubernatura de su Estado natal. Su gran habilidad le permitió acrecentar notablemente el capital obtenido en su carrera política, y se convirtió en uno de los empresarios más prósperos y eficaces de México. Fue autor de los libros *Notas de mi viaje a Rusia* (1938) y *Autobiografía* (1962).

RODRÍGUEZ, AGUSTÍN, n. en Niebla, Andalucía, España, en el siglo XVI. Pasó a Nueva España y sirvió como lego en el convento de San Francisco de México. Fue enviado a evangelizar en Zacatecas y en 1580 abrió la ruta del Paso del Norte y descubrió la región que llamó Nuevo México. Regresó a informar al virrey y obtuvo su autorización para que le acompañasen en su misión 10 soldados y los frailes Francisco López y Juan Santamaría. Detuviéronse en un sitio denominado Santa María de Carretas (municipio de Janos) y fueron muertos por un grupo de indios rebeldes. Una expedición al mando del capitán Antonio de Espejo localizó lo restos de los religiosos y los trasladó al convento del valle de Allende. v.ESPEJO, ANTONIO y NUEVO MÉXICO.

RODRÍGUEZ, ANTONIO, n. y m. en la Ciudad de México, sin conocerse en qué fechas. Se sabe que fue discípulo del pintor José Juárez, con cuya hija Antonia contrajo nupcias en 1659 y de quien tuvo dos hijos, Antonio y Juan Rodríguez Juárez, quienes llegaron a ser famosos artistas. Se conservan de él: *Santo Tomás de Aquino* y *Santo Tomás de Villanueva* (1665), en el Museo de San Carlos; *San Agustín* en la Pinacoteca Virreinal de San Diego; *Animas del Purgatorio*, en la sacristía de la iglesia del antiguo convento de Churubusco; un *San Antonio*, en la parroquia de Coyoacán; y otras telas en el templo de la Profesa. Fue pintor severo, de dibujo preciso y de construcción cuidadosa. v.Manuel Toussaint: *Arte Colonial en México* (1962); y Abelardo Carrillo y Gariel: *Técnica de la pintura colonial*.

RODRÍGUEZ, ANTONIO, n. en Portugal en 1908. De 1928 a 1938 se opuso desde la prensa a la dictadura de Oliveira Salazar. Residió en Francia y en la URSS por algún tiempo, donde estudió historia del arte y problemas de estética. Llegó a México desterrado e hizo amistad con Diego Rivera, David Alfaro Siqueiros, el *Dr. Atl* y Frida Kahlo, entre otros artistas. Ha trabajado como articulista, reportero y crítico en *El Nacional, El Día, El Universal, El Diario de México, Hoy, Mañana* y *Siempre!*. Dirigió el Departamento de Difusión Cultural del Instituto Politécnico Nacional, donde fundó y dirigió la revista *I.P.N.: Ciencia, Arte, Cultura*; y el Museo Tecnológico de la Comisión Federal de Electricidad. Ha dictado cursos en la Escuela de Pintura y Escultura La Esmeralda. Promovió la colección "Clásicos del Periodismo", editada por el Club de Periodistas de México. Es autor de los siguientes libros: *El Quijote, mensaje oportuno, La nube estéril, drama del Mezquital* (1952, traducida al checo, al ruso y al alemán), *El rescate del petróleo. Epopeya de un pueblo* (1958), *El henequén, una planta calumniada* (1967), *A history of mural painting* (Londres y Nueva York, 1969; traducida al alemán y al italiano) y *El hombre en llamas* (Londres, 1970). Con otros autores: *Diego Rivera, 50 años de su labor artística* (1951) y *Kunst Windersrand im Malerei, Graphik, Plastik 1922-1945* (1968). Otras obras suyas son: *La Revolución Francesa, síntesis histórica* (1947), *Diego Rivera, pintor del pueblo mexicano* (1948), *Declaración de Amor a Praga* (1959), *Le Corbusier, paladín y profeta de los tiempos nuevos* (1967), *Elegancia, optimismo y buen gusto de la pintura francesa* (1967) y *Dr. Atl* (1969). En 1977 tenía en prensa: *Posada, el artista que retrató una época* y *Benito Messeguer*.

RODRÍGUEZ, DIONISIO, n. y m. en Guadalajara, Jal. (1810-1877). Abogado, heredero de una regular fortuna, ayudó al establecimiento de las Hermanas de la Caridad y a la instalación de los hospitales de esa orden, promovió la fundación de la Escuela de Artes y Oficios, contribuyó a la construcción de la Penitenciaría del Estado, sufragó otras obras pías y difundió la cultura por medio de una imprenta de su propiedad.

RODRÍGUEZ, GUILLERMO HÉCTOR. Originario del Estado de Veracruz, desde muy joven se dedicó a estudiar la filosofía kantiana, en particular la escuela neokantiana de Marburgo (Cihen, Natorp, Cassirer). Bajo la influencia de estos pensadores, escribió la tesis *Etica y jurisprudencia* para obtener el grado de licenciado en derecho. Profesor de las facultades de Derecho y de Filosofía y Letras de la UNAM, difundió el neokantismo y las teorías jurídicas de Hans Kelsen. Fueron discípulos suyos Juan Manuel Terán Mata, Leandro Azuara, Ulises Schmill, Fausto Vadallo Berrón, Fausto Terrazas, Ariel Peralta y Armando Morones. Dirigió la publi-

cación del *Archivo metodológico*, bajo el patrocinio del Colegio de Ciencias de Veracruz.

RODRÍGUEZ, JOSÉ GUADALUPE, n. y m. en el Estado de Durango (-1929). Ejerció el magisterio rural en Vicente Guerrero, Dgo., hacia 1920. Líder agrarista de tendencias comunistas, influyó en la acción de los campesinos de los llanos de Tapona y activó la dotación de ejidos. Se opuso a la rebelión escobarista, organizó algunas fuerzas y apoyó al gobierno. Hizo una incursión por el Mezquital, se apoderó de una partida de caballos, a los que herró con el fierro de la hoz y el martillo, y cometió varios actos de indisciplina. El jefe de las Operaciones Militares del Estado, general Manuel Madinaveytia, ordenó su aprehensión y su fusilamiento. Algunas comunidades agrarias duranguenses llevan su nombre.

RODRÍGUEZ, JOSÉ JULIO, n. en Querétaro, Qro., en 1918. Estudió dibujo en la Academia de Bellas Artes de aquella ciudad y grabado en la Escuela de Artes del Libro en México, donde enseña esa especialidad desde 1947. En 1940 expuso por primera vez. En 1945 fundó la Academia de Artes Plásticas del Estado de Guanajuato. En 1958 obtuvo el premio nacional de grabado del Salón de la Plástica Mexicana.

RODRÍGUEZ, LORENZO, n. en Guadix, Andalucía, España, en 1704; m. en la Ciudad de México en 1774. Hijo del maestro mayor de Reales Alcázares y Fábrica del Obispado de Guadix, se familiarizó desde niño con planos y proyectos: "Desde que nací —dice— estoy viendo y ejerciendo en primores, con el agregado de la matemática, de la montea y cortes de cantería... teniendo en Cádiz, al tiempo de embarcarme, el empleo de aparejador en la fábrica suntuosa de su catedral". Debió llegar a México antes de 1730 o en ese año, pues en 1731 trabajaba ya en la Casa de la Moneda, para la cual hizo las grandes puertas. En 1740 se examinó de arquitecto en el Ayuntamiento de la Ciudad de México, ante Luis Diez Navarro, maestro mayor de los Reales Alcázares y Santa Iglesia Metropolitana, y los veedores Miguel Custodio Durán y Manuel Alvarez. En 1742 ganó la postura para construir la casa llamada Palacio de los Virreyes, en Huehuetoca; y en 1744 concursó de nuevo para el proyecto del Sagrario Metropolitano, y ganó la obra. Ya para entonces era veedor del gremio de Arquitectura, pues hacía ya tiempo que las *Ordenanzas* de esa especialidad (1737) habían sido aprobadas por el Cabildo. El Sagrario se empezó en 1749 y se termi-

Portada de una capilla de la antigua Universidad, obra de Lorenzo Rodríguez

nó en 1768. Este edificio está considerado como la obra maestra de la arquitectura churrigueresca o ultrabarroca mexicana, tan rica en construcciones de gran calidad. Maestro mayor de la Catedral, del .Real Palacio y de la Inquisición (1758), construyó también las portadas de la Real y Pontificia Universidad; destruido este edificio, se conserva la portada de una capilla en la Secundaria Núm. 6, en la calle de San Ildefonso Núm. 60, y otra en el foro de la Escuela Normal, en Popotla, arriba de la cual pintó un gran mural José Clemente Orozco. En 1763 y 1764 construyó la casa del conde de Xala (Calle de Capuchinas, hoy Venustiano Carranza); y en 1786, la portada de la capilla del Colegio de Las Vizcaínas. Parece que el edificio de La Acordada, cárcel del tribunal del mismo nombre hoy desaparecido (esquina de Juárez y Balderas), fue comenzado en 1775 bajo su dirección; y que son obra suya las fachadas del templo de San Felipe Neri (salón de lectura de la Biblioteca Miguel Lerdo de Tejada), la de San Francisco, la de Santa Catalina y la de la Santísima Trinidad, en la Ciudad de México; la de San Francisco, en San Miguel Allende; la de San Martín, en el ex-seminario de Tepotzotlán; y la antigua capilla de la tercera orden en el convento de Santo Domingo (hoy desaparecida). Si

bien el arquitecto Jerónimo de Balbás introdujo la pilastra estípite (soporte de sección cuadrada o rectangular, formado por una sucesión de pirámides, prismas truncados, medallones, festones, guirnaldas, frutos, ángeles y ramajes) en el Altar de los Reyes de la Catedral metropolitana, fue Lorenzo Rodríguez quien consagró ese estilo en arquitectura, al transportarlo al Sagrario en piedra, la cual hizo labrar como si fuera madera. El ejemplo se propagó muy pronto a toda la Nueva España, particularmente al Bajío. v.ARQUITECTURA; *Dr. Atl* y otros: *Iglesias de México. IV* (6 vols., 1924-1927); Manuel Romero de Terreros: "La carta de examen de Lorenzo Rodríguez", en *Anales del Instituto de Investigaciones Estéticas* (1947); Gonzalo Obregón Jr.: *El Real Colegio de San Ignacio de México (Las Vizcaínas)* (1949); y Manuel Toussaint: *La Catedral de México y el Sagrario Metropolitano* (1954) y *Arte colonial en México* (1962).

RODRÍGUEZ, MARÍA TERESA, n. en Pachuca, Hidalgo, en 1923. Ya radicada en México, estudió piano en la academia de Antonio Gómezanda; a los 14 años de edad recibió el título de concertista. Llevó cursos de perfeccionamiento con Alejandro Barowsby. Desde 1940 ha dado conciertos sola y con orquesta.

RODRÍGUEZ, OSCAR, n. en la Ciudad de México en 1943. Estudió en las escuelas de Artes Decorativas de la Ciudad de México (1961-1962) y en la de Pintura y Escultura del INBA (1965-1967) y en el *Pratt Graphic Center* de Nueva York (1972). Pintor, expuso por vez primera en la Galería Heitler (1967). Después lo ha hecho en Montreal, Dallas y Filadelfia y, cada año, en la Galería Misrachi. Hay obras suyas en las colecciones de la *Simon Fraser University* de Vancouver, en la Casa de los Once Patios de Pátzcuaro y en la Universidad Benito Juárez de Oaxaca. Usa poco el color; privan en su pintura la línea y el espacio.

RODRÍGUEZ, PEDRO, n. en la Ciudad de México en 1940; m. en Nurenberg, Alemania, en 1971. Estudió en el *Western Military College* de Alton, Illinois, Estados Unidos. En 1951 y en 1952 ganó el Campeonato Nacional Infantil de Ciclismo y más tarde el de motociclismo. En 1958 se inició en las carreras de automóviles. Alcanzó notoriedad cuando triunfó en los 1000 kilómetros de París. Posteriormente obtuvo el primer lugar en Suráfrica (en 1967, con Cooper); en 1970, el Gran Premio de Bélgica, las 24 horas de Daytona, los 1000 kilómetros de Brands Hatch, las 6 horas de Watkins Gleen y los 1000 kilómetros de Monza y en 1971, en Daytona, Monza y los 1000 kilómetros de Francorchamp y de Austria. En la carrera de las 200 millas de Alemania sufrió un accidente que le ocasionó la muerte.

RODRÍGUEZ, RICARDO, n. y m. en la Ciudad de México (1942-1962). Ganó una carrera infantil de ciclismo. En 1955 se inició en el motociclismo y en 1956 obtuvo el campeonato nacional de esa especialidad. En mayo de ese año, en Puebla, empezó a tomar parte en competencias automovilísticas y cuando sólo contaba 15 años de edad obtuvo el primer premio de las carreras de Riverside, Cal., Estados Unidos (1957). Haciendo pareja con su hermano Pedro, también corredor de autos, compitió en varias justas internacionales. Murió en el autódromo de la Ciudad Deportiva de la Magdalena Mixhuca, al estrellarse el vehículo que conducía, durante las pruebas de clasificación para el Gran Premio de México.

RODRÍGUEZ AGUILAR, MANUEL, n. en Culiacán, Sin., en 1909; m. en la Ciudad de México en 1956. Fue el primer ingeniero geólogo egresado de la Facultad de Ingeniería de la Universidad Nacional. Trabajó en el Departamento de Explotación de la Compañía Mexicana de Petróleo El Aguila, subsidiaria de la *Royal Dutch Shell*. Estuvo al servicio de esta empresa en Holanda y América del Sur. Cuando se expropiaron en México (1938) los bienes de las compañías petroleras, fue fundador de la Gerencia de Exploración de Petróleos Mexicanos. Dirigió trabajos de esa índole en diversas regiones, especialmente en Baja California, Veracruz y Tabasco, donde se hallaron nuevos yacimientos. Fundó también y presidió la Asociación Mexicana de Geólogos Petroleros. Escribió varias obras sobre temas de su especialidad.

RODRÍGUEZ ARANGOITY, EMILIO, n. y m. en la Ciudad de México (1833-1891). Estudió en el Colegio de Minería, en el antiguo Colegio Militar de Chapultepec y en la Academia Nacional de San Carlos. Formó parte del Cuerpo de Ingenieros. Hizo trabajos de fortificación en diversos puntos de la República. Levantó planos y preparó itinerarios para diferentes campañas. De 1856 a 1860, asistió a la batalla de Ocotlán, al sitio de Puebla (donde fue condecorado), a las expediciones de San Andrés Chalchicomula y Toluca, a la campaña de Ixtlahuaca, a los combates de la Loma de la Esperanza y de Salamanca, al sitio de Perote, a las campañas de Veracruz y a la acción de Tlacolula. Fortificó los cerros de Loreto y Guadalupe, en Puebla, y tuvo a su mando la artillería durante la batalla del 5 de mayo de 1862. Volvió a defender la plaza en 1863, pero fue hecho prisionero por los franceses, en el fuerte de San Javier, y conducido a Tours, Francia. Regresó a México en 1864 y dos años después se incorporó al ejército republicano. Concurrió al sitio de Perote y en enero de 1867 forzó la evacuación de los imperiales en la Fortaleza de San Carlos. Asistió en julio siguiente al sitio de México, hasta que la capital fue ocupada por las tropas nacionales. El presidente Benito Juárez le extendió un diploma por sus leales servicios a la Patria. v.H. Ayuntamiento de Puebla: "Un héroe del 5 de mayo de 1862", en *5 de Mayo, sus proyecciones históricas... su aspecto cultural..., en el I Centenario. 1862-1962* Puebla, 1963).

RODRÍGUEZ ARANGOITY, JUAN MARÍA, n. y m. en la Ciudad de México (1828-1894). Graduado (1855) en la Escuela de Medicina de México, se especializó en obstetricia, y adaptó las técnicas extranjeras. Enseñó química en la Escuela Nacional Preparatoria y clínica obstétrica en la de Medicina, sustituyendo al doctor Ortega. Prestó sus servicios en el Departamento de Partos Clandestinos del Hospital de Pobres y de la Casa de Maternidad. Dominó 5 idiomas, tradujo el latín y el griego, y gustó de la música y de las bellas artes. Presidió la Asociación Nacional de Medicina en 1884. Escribió muchos trabajos de su especialidad, algunos en la *Gaceta Médica de México*. Es autor de *Breves consideraciones sobre las condiciones higiénicas de las maternidades, Cuadro sinóptico de obstetricia* y *Manual del arte de los partos.*

RODRÍGUEZ ARANGOITY, RAMÓN, n. y m. en la Ciudad de México (1830-1882). Estudiaba en el Colegio Militar de Chapultepec cuando ocurrió la intervención norteamericana de 1847. Fue herido en defensa de esa institución. En 1855 se graduó de doctor en matemáticas en Roma, Italia. Regresó a México como primer arquitecto imperial y transformó el Castillo de Chapultepec en Alcázar. Realizó muchas otras obras, entre ellas el Hotel Gillow y el Monumento a los Niños Héroes, en México; la iglesia de San José Iturbide, en Guanajuato; y el Palacio de Gobierno (ya desaparecido), en Toluca.

RODRÍGUEZ BELTRÁN, CAYETANO, n. en Tlacotalpan, Ver., en 1866; m. en Jalapa, del mismo Estado, en 1939. Estudió teneduría de libros y enseñó gramática castellana, geografía de México,

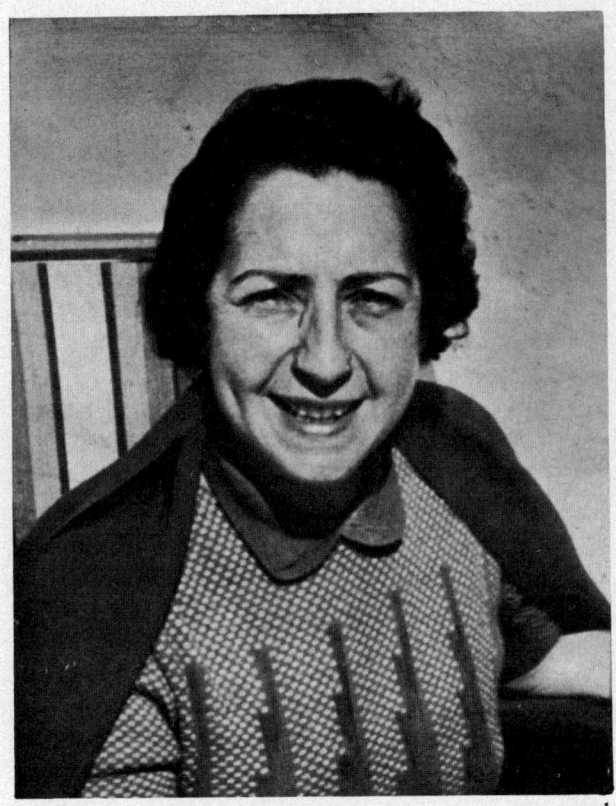
-1

Matilde Rodríguez Cabo

geometría, dibujo y legislación fiscal en las escuelas Juan Enríquez y Especial de Comercio de la capital veracruzana. Más tarde fue director de Educación Federal en el Estado, inspector de la Secretaría de Educación Pública y director de la Escuela Secundaria y Preparatoria de Jalapa. Desde joven colaboró en los periódicos *El Correo de Sotavento, México Intelectual, El Mundo Ilustrado, Don Quijote* y *El Mundo* de La Habana. Dirigió *La Idea Liberal,* órgano del Partido Gómez Farías. Usó con frecuencia el seudónimo de *Licenciado Vidriera* y el anagrama *Onateyac.* Miembro de la Academia Mexicana de la Lengua, correspondiente de la Española, es autor de las siguientes obras: *Una docena de cuentos* (1900), *Perfiles del terruño* (1902), *Cuentos costeños* (1905), *Pajarito* (1905; 1908), *Cuentos y tipos callejeros* (1922) y *Un ingenio* (1923). Como crítico literario, en *Atrevimientos ¿literarios?* (1904) expone los temas y finalidades de la novela realista, y en *Por mi heredad* (1906) recoge ensayos de crítica literaria y pictórica. v.Alberto María Carreño: *La obra personal de los miembros de la Academia Mexicana de la Lengua, correspondiente de la Española* (2 vols., 1945-1946).

RODRÍGUEZ CABO, MATILDE, n. en Ciudad de las Palmas, S.L.P., en 1902; m. en la Ciudad de México en 1967. Doctora (1929) por la Facultad de Medicina de la UNAM, la Sociedad Alexander von Humboldt le concedió una beca para especializarse en psiquiatría en la Universidad de Berlín (1929-1930). En Alemania fue comisionada para observar el desarrollo de las guarderías infantiles en la URSS. A su regreso a México, se la nombró magistrado del Consejo Supremo de Prevención Social, del cual fue jefa cuando se convirtió en Departamento. Estuvieron también bajo su cuidado los niños retrasados mentales del manicomio La Castañeda. Organizó los primeros desayunos escolares gratuitos. Fue directora de Asistencia a la Niñez e inspectora de las escuelas de enfermería por la UNAM. Perteneció al Frente Unico Pro Derechos de la Mujer. Contrajo nupcias con el general Francisco J.Múgica. Entre los muchos trabajos que escribió, destacan: 1.Salud y nutrición: *La organización soviética de protección a la madre y al niño* (1929), *Esquema de la protección a la madre y al niño en la Unión Soviética* (1929), *La lucha contra la prostitución en la URSS* (1937) e *Higiene mental de la adolescente. Características físicas y psicológicas* (1938). 2.Familia: *La prostitución en México* y *Estabilidad económica de la familia y servicio social para los niños bajo las condiciones creadas por la guerra* (1942). 3.Trabajo: *La mujer trabajadora* (1938) y *La situación de las obreras en México*; 4.Población y demografía: *El control de la natalidad* (1937). 5.Ciencia: *Tonicidad gástrica y gastrotonometría* (1928), *Los procedimientos de medición mental en su aplicación* y *La eutanasia en los anormales* (1935). 6.Previsión social: *Estudios sobre delincuencia e infancia abandonada* (1931), *Los tribunales para menores en el Distrito Federal y sus instituciones auxiliares* (1936) y "El problema sexual de las mujeres menores y su repercusión en la delincuencia juvenil femenina", en *Criminalia* (1940). 7.Condición jurídica y social de la mujer: *Normas generales para la ejecución de sanciones* (1936), *Cómo debe ser la nueva cárcel* y *Breve informe sobre la situación actual de la mujer mexicana* (1959).

RODRÍGUEZ CABRILLO, JUAN, se ignora el lugar y fecha de su nacimiento; m. en la isla de San Miguel, California, en 1543. De origen portugués y marino de profesión, llegó a Nueva España con la expedición de Pánfilo de Narváez (1520). Capturado éste por Cortés, se unió a su hueste, participando en la expedición de Orozco en Oaxaca y en la Conquista de Guatemala con Pedro de Alvarado (1523). El virrey Antonio de Mendoza le confió la expedición al norte que debió hacer Alvarado, muerto en la guerra contra los caxcanes. El 27 de junio de 1542 zarpó de Navidad al mando de los navíos *San Salvador* y *Victoria*, llevando como piloto a Bartolomé Ferrelo o Ferrer, nativo de Levante. Llegaron a California el 3 de julio, a la Bahía de Magdalena el 19 y a la isla de Cedros el 5 de agosto. Desembarcaron y tomaron posesión del puerto de San Quintín el 22 de agosto, y el 28 de septiembre descubrieron la Bahía de San Diego y la isla de Santa Catalina, el canal de Santa Bárbara y la isla de San Miguel. Allí resbaló y cayó Rodríguez Cabrillo, rompiéndose una pierna. Después de un corto descanso, continuó su navegación y divisó las Montañas de Santa Lucía y el Punto Reyes. Regresó y descubrió la Bahía de Monterrey, y ya muy grave de su pierna, desembarcó en San Miguel y allí murió. Ferrelo tomó el mando de la expedición y continuó al norte bordeando la costa hasta los 42° 30' de latitud, cerca de la boca del Río Rogue, en Oregon, según George Davidson. Henry R.Wagner piensa que llegó cerca del paralelo 42. El 14 de abril de 1543, la expedición tocó de regreso el puerto de Navidad.

El *Diario* de Juan Rodríguez Cabrillo se atribuye falsamente a Juan Páez; está publicado por Buckinham Smith: *Colección de varios documentos para la historia de la Florida y tierra adyacente* (Londres, 1830-1831); y por Joaquín F.Pacheco y otros: *Colección de documentos inéditos relativos al descubrimiento, conquista y organización de las antiguas posesiones españolas de América y Oceanía* (43 vols., Madrid, 1864-1884). Ha sido traducido al inglés por Richard Stuart Evans, en George M.Wheler: *Report upon U.S. Geographical Surveys West of Hundredth Meridian* (Washington, 1879); George Davidson, en *Report of the Superintendent of U.S. Geodetic Survey: Documents No. 40, 49. Congress 2 series* (Washington, 1879); Herbert E.Bolton: *Spanish explorations in the Southwest* (1916-1925); y Henry R.Wagner: *"Rodríguez Cabrillo's travel"*, en *California Historical Society Quarterly* (1929).

RODRÍGUEZ CARNERO, JOSÉ, n. en la Ciudad de México, probablemente en la primera mitad del siglo XVII; m. en Puebla, Pue., en 1725. Hijo del pintor Nicolás Rodríguez Carnero de Aguilar, del que tan sólo se conocen el nombre y algunos detalles de su vida, fue el autor, junto con Antonio de Alvarado, del arco que se levantó en 1680 a la entrada del virrey Conde de Paredes. Casó tres veces —la segunda en 1682— y dejó 13 hijos. Llegó a

José Rodríguez Carnero: Glorificación de la Virgen del Rosario

viejo ejerciendo el oficio de pintor. Amortajado con el hábito de los franciscanos, se le enterró en el templo de la Compañía de Jesús en Puebla. De él se conservan: en Puebla, el retrato del *Ilustrísimo Señor don Manuel Fernández de Santa Cruz*, en la galería del Cabildo; *Triunfo o apoteosis de la Compañía de Jesús, Santa Margarita* y *Santa Bárbara*, en la sacristía de La Compañía; 9 lienzos en la Capilla del Rosario del templo de Santo Domingo: 6 en la nave, con pasajes de la *Vida de la Virgen María; La Ascensión* y *La Coronación* en el crucero y *La Glorificación de la Virgen* en el ábside (1690); y *San José* y una *Dolorosa* en el templo de La Concordia (1693). En la parroquia de Cholula hay una *Crucifixión* firmada por él. A nombre de todos los pintores de Puebla pidió al Ayuntamiento que se expidieran nuevas *Ordenanzas*, las que se promulgaron en 1681. Carlos de Sigüenza y Góngora dijo de él que sólo era inferior a los antiguos en edad y que a los retratos salidos de su mano no faltó quien los saludara como a vivos. v.Manuel Toussaint: *Arte colonial en México* (1962); y Francisco Pérez Salazar: *Historia de la pintura en Puebla* (1963).

RODRÍGUEZ GALVÁN, IGNACIO, n. en Tizayuca, Méx., en 1816; m. en La Habana, Cuba, en 1842. Hijo de campesinos, pasó muy joven a la capital para trabajar en la librería de su tío Mariano Galván Rivera, a cuyo lado estudió francés, italiano y literatura. Francisco Ortega lo introdujo al conocimiento de los clásicos latinos. En septiembre de 1838 se representó su drama *Muñoz, visitador de México*. Fue socio de la Academia de Letrán. El ministro de Guerra, José María Tornel, le encargó la redacción de la parte literaria del *Diario del Gobierno*. Más tarde fue enviado en misión diplomática a la América del Sur, pero murió en La Habana. Tradujo a los clásicos y a poetas franceses e italianos. Creó, según Menéndez y Pelayo, "la obra maestra del romanticismo mexicano". Escribió: *El Precito, La Capilla, Muñoz, visitador de México, El privado del virrey, La hija del oidor, La procesión, Manolito el pisaverde* y *Tras un mal nos vienen ciento*. Publicó una serie de volúmenes con título de *El Año Nuevo*, de 1837 a 1840.

RODRÍGUEZ JUÁREZ, JUAN, n. y m. en la Ciudad de México (1675-1728). Fue hijo de José Rodríguez, nieto de José Juárez y hermano menor de Nicolás, todos pintores. Desde adolescente trabajó en el taller paterno; a los 17 años de edad firmó el lienzo *San Francisco Javier* (1693) y al año siguiente *La Virgen de San Juan*. Hizo para el Ayuntamiento de la Ciudad de México un retrato para la jura de Felipe V en 1701. Con su hermano Nicolás y el pintor Antonio de Torres, intervino en la inspección de la tela original de Nuestra Señora de Guadalupe (1721-1722) y formuló avalúos de pinturas en 1726 y 1727. Está enterrado en la catedral. Destacan en su obra: 1.Retratos: *Juan de Escalante y Colombres* (1697); el *Arzobispo José de Lanciego y Aguilar* (1714), que se conserva en la catedral; y los virreyes *Marqués de Casafuerte*, en el Museo Nacional de Historia, y *Duque de Linares*, en la Pinacoteca Virreinal de San Diego, ambos sin fecha. 2.Temas religiosos: *La Educación de la Virgen* (1720), en el Museo Regional de Guadalajara; la *Asunción* y probablemente *Transfiguración* y *Tempestad en la barca* (1720), en el templo de la Profesa de la ciudad de México; un *San José* (1724), en la capilla de Nuestra Señora de la Antigua; los cuadros del Altar de los Reyes (*La Asunción, La Adoración de los Reyes, San José, Santa Teresa*) y todos los pequeños óleos de los retablos laterales de la catedral metropolitana (1726-1728); un *San Juan de Dios*, en la Pinacoteca Virreinal; la serie de *La vida de la Virgen*, en la iglesia de Tepotzotlán; *San Francisco* y *San Antonio de Padua*, en la iglesia de San Francisco, y la *Vida de San Pedro*, en La Congregación de Querétaro; *Santa Lucía*, en

Ignacio Rodríguez Galván

la catedral de San Luis Potosí; y dos cuadros con escenas de la *Vida de San Ignacio de Loyola*, en la catedral de Puebla. Se le atribuyen varias pinturas que se conservan en la sacristía de la parroquia de San Miguel de Allende y otras que se hallan en las iglesias de El Oratorio, San Francisco y la Concepción. Su *Autorretrato* está en el Museo Nacional de Artes Plásticas. Autor fecundísimo, sus obras son desiguales, pues trabajó con dos estilos: en uno empleó tonos oscuros y sombríos, y en el otro una paleta de colores brillantes. v.*45 autorretratos de pintores mexicanos. Siglos XVIII al XX* (1947); Agustín Velázquez Chávez: *Tres siglos de pintura colonial* (1939); Manuel Toussaint: *Arte Colonial en México* (1962); Francisco Pérez Salazar: *Historia de la pintura de Puebla* (1963); Abelardo Carrillo y Gariel: *Técnica de la pintura en Nueva España*; y Justino Fernández: *El Retablo de los Reyes. Estética del arte en Nueva España* (1959).

RODRÍGUEZ JUÁREZ, NICOLÁS, n. y m. en la Ciudad de México (1667-1734). Al igual que su hermano Juan, fue hijo del pintor José Rodríguez y de Antonia Juárez, nieto de José Juárez y bisnieto de Luis Juárez, todos pintores, este último discípulo predilecto de Baltasar Echave Orio. Formó parte, pues, de una dinastía de artistas que brilló en Nueva España desde principios del siglo XVII hasta la tercera década del siglo XVIII. Trabajó desde niño en el taller de su padre. Casó a los 21 años y tuvo una hija; viudo hacia 1721, se ordenó sacerdote. En 1699 formuló el avalúo de los cuadros que habían pertenecido a Francisco Antonio Morantes Guerrero y en 1722 los de la testamentaría de Domingo de Cuevas y Sandoval. En 1721 o 1722 inspeccionó, al lado de su hermano y del pintor Antonio de Torres, la tela original de Nuestra Señora de Guadalupe. En 1732 diseñó el carro alegórico de los cereros, confiteros y tintoreros para las festividades con motivo de la captura de Orán por los españoles. Se le enterró en el templo de San Agustín. En 1690 pintó un *Profeta Isaías* para la iglesia de La Profesa y una *Santa Gertrudis* que existió en las antiguas Galerías de Pintura, según dejó escrito Bernardo Couto. De 1692 es la *Transverberación de Santa Teresa* (Museo Nacional de Historia); de 1694, *La Adoración de los Reyes* (Universidad de Guanajuato); y de 1695, *El Triunfo de la Iglesia* (sotocoro del Carmen de Celaya). Todas estas pinturas pertenecen a su primera modalidad: sobria, adusta, con fondos oscuros y tonalidades sombrías; de su segundo estilo, de tonos claros y luminosos, debido a la imitación de las obras de Juan Correa y de Cristóbal de Villalpando, son los retratos de los virreyes *Ortega Montañés* y *Segundo Duque de Alburquerque*, y el de *Pedro Gutiérrez de Pisa* (Museo Nacional de Historia); una *Magdalena penitente* (1718) y un *San Cristobalón* (1722), en el antiguo Colegio de Guadalupe, cercano a Zacatecas; *Nacimiento de la Virgen* y *Presentación en el Templo*, en la capilla de Nuestra Señora de la Antigua, y los retratos del *Papa Benedicto VIII*, el *Arzobispo Vizarrón* y *Felipe V*, todos realizados de 1720 a 1730. Otras telas suyas sin fecha, son: *San Miguel Arcángel* y *Anunciación a Santa Ana*, en el ex convento de Santo Domingo de Azcapotzalco; *San Nicolás de Bari*, en la catedral de San Luis Potosí; *San Felipe de Jesús*, en la sacristía de la iglesia de San Diego, en Aguascalientes; *San Sebastián* y *San Mateo*, en el Museo Regional de Guadalajara; y *Virgen del Rosario, Imagen de la Virgen, Santo Niño* y *San Gil Abad*, en colecciones particulares. Desapareció un cuadro que representaba el bautismo del señor Maxiscatzin, de Tlaxcala, por el padre Olmedo, y que existía en el antiguo convento de la Merced. Otro lienzo suyo, *La Huida a Egipto*, se conserva en el Museo de Arte de Colorado Springs, Estados Unidos. v.Agustín Velásquez Chávez: *Tres siglos de pintura en Nueva España*

1

Nicolás Rodríguez Juárez: Don Joaquín Martínez de Santacruz

(1939); y Manuel Toussaint: *Arte Colonial en México* (1962).

RODRÍGUEZ LOZANO, MANUEL, n. y m. en la Ciudad de México (1897-1971). Estudió en la Academia de San Carlos. Se perfeccionó en París (1914-1921). Fundó el Grupo de Intelectuales Contemporáneos (1930). Pintó su primer mural en la residencia de Francisco I.Iturbe (retablos con el tema de la muerte, 1933). Fue director de la Escuela Nacional de Artes Plásticas (1939) y fundó la revista de ese plantel. Otros dos murales suyos son *Holocausto*, en Isabel La Católica No. 30 (1942) y *La piedad en el desierto*, pintado originalmente para la cárcel de Lecumberri y trasladado después al Palacio de Bellas Artes (1967). Entre sus cuadros de caballete, destacan los retratos de Alfonso Reyes (1915), Andrés Henestrosa (1924), Daniel Cosío Villegas (1926), Diana Subervielle (1933), Nefero (1942) y Rodolfo Usigli (1953). Ilustró los libros *Escultura tarasca* e *Imaginería Colonial*. Rodolfo Usigli ha dicho que la gama fría —el azul, el blanco, el gris, el verde y el falso negro— sirvieron a Rodríguez Lozano "para revelar la frialdad, la soledad, la desesperación internas del mexicano".

RODRÍGUEZ LUNA, ANTONIO, n. en Montoro,

Córdoba, España, en 1910. Estudió pintura en la Escuela de Bellas Artes de Sevilla. Llegó a México en 1937, en calidad de exiliado político. Expuso por vez primera en el país en 1940. Disfrutó sendas becas del Colegio de México y de la Fundación Gunggenheim. Desde 1943 enseña en la Escuela Nacional de Artes Plásticas. El INBAL hizo una exposición retrospectiva de su obra en 1959. Ha publicado: *Diez aguafuertes* y *Danza de los Concheros en San Miguel de Allende* (1940), con textos de Justino Fernández.

RODRÍGUEZ PUEBLA, JUAN, n. y m. en la Ciudad de México (1798-1848). Indio puro y de condición muy humilde, estudió latín y filosofía en el Colegio de San Gregorio, y derecho en el de San Ildefonso, graduándose de abogado en 1824. De ideas liberales, publicó en 1820 el periódico *El Indio Constitucional.* Sus compañeros le llamaban *Cuauhtli* (águila). En 4 ocasiones fue electo diputado federal y en dos senador por el Estado de México. Fue magistrado del Tribunal Superior de Justicia de Durango y en 1838 (del 13 al 16 de diciembre) formó parte del famoso Ministerio de los tres días, encargándose de la cartera del Interior. Rector del Colegio de San Gregorio desde 1829 hasta su muerte, reemplazó los textos escolásticos por otros de autores modernos, introdujo las cátedras de física y ciencias naturales, fundó el primer curso de agricultura teórica y práctica que hubo en el país, instituyó una academia de profesores para el estudio de las antigüedades mexicanas, formó una biblioteca de carácter popular, estableció la primera clase de gimnasia que hubo en México, creó las academias de literatura y música y pidió un cuartel al ministro de Guerra, José María Tornell, para convertirlo en escuela. En 1847, al ocurrir la invasión norteamericana, al frente de sus alumnos fortificó y defendió el punto del Peñón.

RODRÍGUEZ y RODRÍGUEZ, JOAQUÍN, n. en Alhama, Almería, España, en 1910; m. en la Ciudad de México en 1949. Doctor en derecho por la Universidad de Madrid, enseñó derecho mercantil en la Escuela Libre de Derecho, en el Instituto Tecnológico de Monterrey y en la UNAM. En ésta fundó el Seminario de Derecho Privado (1940) y dirigió el de Derecho Mercantil. Es autor de: *Concepto de los agentes de comercio* (Madrid, 1933), *Datos para el estudio de las adquisiciones de un no titular, según el derecho mercantil español* (1939), *Concepto de los agentes de comercio en el derecho comparado* (1939), *El contrato de compra-venta* (1940), *La empresa mercantil* (1941), *Las sociedades irregulares* (1942), *Ley de quiebras y suspensión de pagos* (1943), *Derecho bancario* (1944), *Documentación mercantil* (1946), *Curso de derecho mercantil* (5a. ed., 1964), *Tratado de sociedades mercantiles* (2a. ed., 1959) y *La separación de bienes en la quiebra* (1951).

RODRÍGUEZ DE SAN MIGUEL, JUAN, n. en Puebla, Pue., en 1808; m. en la Ciudad de México en 1877. Estudió en el Seminario Palafoxiano y en Toluca, y se recibió de abogado en México (1832). Al cursar su segundo año de leyes, fue declarado ciudadano honorario del Estado de México. En 1827 ingresó a la Academia de Legislación y Economía Política. En 1832 enseñó prima de cánones. Fue oficial mayor de la secretaría del Ayuntamiento de México, miembro de la Junta de Intrucción Pública, magistrado de la Corte Marcial, ministro del Tribunal Superior del Departamento, diputado por Puebla (1840), senador de la República (hasta 1853), individuo del Consejo de Gobierno surgido del *Plan de Tacubaya*, y miembro de la Junta de Notables y magistrado del Supremo Tribunal de Justicia durante el Imperio. Escribió: *Diccionario de legislación y pandectas hispano-mexicanas* y *La República Mexicana en 1846, o sea directorio general de los supremos poderes y de las principales autoridades, corporaciones y oficinas de la nación* (1845).

RODRÍGUEZ SEGURA, ESPERANZA, n. en Oaxaca, Oax., en 1892. Aprendió a tocar piano al lado de su padre. Pasó a México y entró al Conservatorio Libre de Música a la edad de 9 años. Estudió bajo la dirección de José Parches Enríquez y se especializó con los maestros Rafael J.Tello, Luis G.Saloma, José Rocabruna y Sante Lopriore. Acompañó a grandes cantantes y actuó como concertista. Años más tarde se dedicó por entero a la enseñanza, estableció su academia en la Avenida Hidalgo, cerca de la Plaza de San Fernando. Entre sus discípulos sobresalió Miguel García Mora. En 1976 aún impartía clases de piano.

RODRÍGUEZ DEL TORO DE LAZARÍN, MARIANA, n. en la Ciudad de México hacia 1775; m. hacia 1821. Ella y su esposo, Manuel Lazarín, ayudaban a los insurgentes. Cuando en la noche del lunes santo de 1811 llegó a México la noticia de la prisión del cura Hidalgo y de sus principales compañeros, Mariana exclamó ante un grupo de amigos que se reunían en su casa: "Hemos de aprehender al virrey y ahorcarlo" y a partir de ese momento se fraguó una conspiración que tenía como fin convocar al pueblo a las armas, apoderarse del virrey, entregarlo a las fuerzas revolucionarias de Ignacio López Rayón y proclamar la independencia. Denunciada la conjura, los esposos Lazarín fueron detenidos y puestos en prisión hasta 1820, año en que recobraron su libertad.

RODRÍGUEZ TRIANA, PEDRO, n. en San Pedro, Coah., a fines del siglo XIX; m. en 1960. Se incorporó a la Revolución en 1912, en las fuerzas de Orozco; más tarde militó en la División del Norte y fue jefe del estado mayor de Benjamín Argumedo (1915). Se unió a la rebelión aguaprietista y en 1922 combatió en Durango a Francisco Murguía. En 1929 fue candidato del Partido Comunista a la Presidencia de la República, en oposición al ingeniero Pascual Ortiz Rubio, y de 1938 a 1942 gobernador de Coahuila.

RODRÍGUEZ DE VELASCO Y OSORIO BARBA, MARÍA IGNACIA, n. y m. en la Ciudad de México (1778-1851). Conocida en la historia como la *Güera Rodríguez*, por intercesión del virrey conde de Revillagigedo casó con José Jerónimo López de Peralta de Villar Villamil en septiembre de 1794, enviudando 11 años después. Fue partidaria de la Independencia y compareció ante el Tribunal de la Inquisición, después de cuyo proceso el virrey Lizana y Beaumont la desterró por un corto plazo a Querétaro. Tuvo gran amistad con Iturbide y fue admirada por Humboldt. Contrajo segundas nupcias con Mariano de Briones, y terceras con Manuel Elizalde, quien a la muerte de ella se ordenó sacerdote. Los últimos años de su vida los dedicó a actividades piadosas, dentro de la Tercera Orden de San Francisco. Artemio del Valle Arizpe escribió una biografía novelada: *La Güera Rodríguez* (1949). v.Manuel Romero de Terreros: *Bocetos de la vida social en Nueva España* (1944).

ROEDER, RALPH, n. en Nueva York, de padre alemán y madre francesa; m. en 1969. Periodista e investigador, se especializó en temas del Renacimiento europeo. Escribió: *Savonarola, The man of the Renaissance, Four Lawgivers* (del que formó parte el anterior trabajo), *Machiavelli, Castiglione y Aretino* y *Catherine de Medici and the lost Revolution*. En 1947 la *Viking Press* de Nueva York le publicó *Juárez and his Mexico, a biographical history* que él mismo tradujo al español y cuya versión se imprimió en 1952 con el título de *Juárez y su México*. Estaba revisando un nuevo libro, *Hacia el México moderno*, en cierto modo continuación del anterior, cuando fue víctima de una perturba-

1

María Ignacia Rodríguez de Velasco y Osorio Barba, La Güera Rodríguez

ción que lo condujo al suicidio. El gobierno de México le había concedido la condecoración del Aguila Azteca.

ROGERS, PAUL, n. en Snohonish, Washington, Estados Unidos, en 1900. Profesor de lenguas romances en el Colegio Oberlin, es autor de: *English wards in the Spanish of Mexico* (1932) y "*A Galdosian Parallel for part of Martín Luis Guzmán's El Aguila y la Serpiente*", en *The Hispanic Review* (1950). Es editor de *Escritores contemporáneos de México* (1949).

ROEL, SANTIAGO, n. y m. en Monterrey, N.L. (1885-1957). Intervino en el movimiento antirreyista de 1903. Combatió al régimen desde las columnas de *Redención*, semanario estudiantil. Como historiador, empezó a escribir en *Renacimiento*, en 1904. Obtuvo título de abogado en 1907. Fue síndico del Ayuntamiento de Monterrey (1912), diputado al Congreso local constituyente (1917), diputado federal y senador suplente. Miembro de numerosas sociedades, en 1948 le fueron otorgadas las Palmas Académicas. Escribió en *El Porvenir* la sección "Conozca Nuevo León". Cuidó siempre del patrimonio documental y fue un celoso conservador de las tradiciones nacionales. Sus principales libros son: *Correspondencia... Juárez-Vidaurri* (1946), *Malinchismo nacional* (1955) y *Nuevo León. Apuntes históricos* (1957). *I.G.G.*

ROJAS, ANTONIO, n. en el rancho de El Buey, Tepatitlán, y m. en la hacienda de Potrerillos, ambos de Jalisco (1818-1865). Apareció a principios de 1858, al frente de una guerrilla, incorporado a la 1a. División del Ejército Federal que formaron los liberales en Zapotlán, en abril de ese año, después de la caída de Guadalajara en poder de los conservadores. Cuando éstos recuperaron la plaza (octubre), Rojas mató por su propia mano al general José María Blancarte. Por este acto, el general Santos Degollado lo puso fuera de la ley, pero logró escapar y continuó, al margen del ejército, sus operaciones militares. Cuando en 1859 Pedro Ogazón penetró a Jalisco, lo reincorporó a sus fuerzas, con el permiso de Degollado. Hostilizó a Márquez y a Miramón e hizo la brillante campaña hacia San Juan del Teul, Aguascalientes, Zacatecas y Fresnillo (enero y febrero de 1860), volviendo otra vez al sur. En abril fue en auxilio del general Plácido Vega, que le proponía tomar Tepic, pero en el camino se encontró con Manuel Lozada y tuvo un encuentro personal con él, hiriéndolo con una lanza. En mayo participó en el ataque a Guadalajara y en octubre en la toma de esta plaza. Sus jinetes persiguieron a los conservadores dispersos y dejaron el camino a Paredones lleno de cadáveres. En enero de 1861 salió a batir a Remigio Tovar, que se había apoderado de Mascota, lo desalojó de la plaza y luego incendió la población. Ese mismo año, al mando de una división especialmente formada para pacificar Nayarit, hizo la campaña contra Manuel Lozada, la cual tuvo que suspenderse por el desembarco de las potencias aliadas en Veracruz. En 1862 desconoció la autoridad del general López Uraga, encargado de organizar la defensa contra los franceses. A principios de 1864 sólo su guerrilla y las de *El Chino* y Simón Gutiérrez ofrecían en Jalisco resistencia a los invasores. El 13 de diciembre de ese año se reunieron en Zacate Grullo, cerca de Autlán, los jefes republicanos sobrevivientes y Rojas; él hizo firmar a todos el compromiso de luchar hasta morir, y el de pasar por las armas a quienes no firmaran el pacto, a los infidentes y a los prisioneros de guerra, debiendo incendiar las poblaciones hostiles y considerar los bienes particulares como propiedad de los republicanos en armas. Murió en combate contra las fuerzas del capitán Berthelin el 28 de enero de 1865.

ROJAS, BASILIO, n. en la finca Regadío, jurisdicción de Santo Domingo Coatlán, Oax., en 1893. Estudió en el colegio católico del Espíritu Santo, en Oaxaca; con el profesor Delfino Alcázar, en México y en la Escuela de Agricultura de San Jacinto. Fue diputado al Congreso Constituyente de Oaxaca (1920), el cual fue disuelto por medio de las armas; y después por Miahuatlán (1922) a la XXIX Legislatura, que acabó rebelándose contra el gobierno de Obregón. Como había tomado las armas, tuvo que abandonar tierra y patrimonio. Ingresó a la Sociedad Mexicana de Geografía y Estadística con el trabajo *El problema agrario de México.* Organizó después las corresponsalías de este organismo en Oaxaca y Guanajuato. Esta última la presidió por algunos años. Ha investigado en el Archivo General de la Nación y en las de Simancas, Valladolid y Sevilla, de España. Ha publicado las siguientes obras: *Miahuatlán, un pueblo de México* (3 vols.), *El café, La batalla de Miahuatlán del 3 de octubre de 1866, Efemérides oaxaqueñas, Un chinaco anónimo, La rebelión de Tehuantepec, Fray Bartolomé de las Casas, La Soberana Convención de Aguascalientes, Un gran rebelde, Valle, corazón del Bajío* y *El maestro de mi pueblo.* Es autor, además, de *Gritan del Monte* (cuento) y de la serie de artículos "A Europa de Bordón". Es colaborador de la *Enciclopedia de México.*

ROJAS, HÉCTOR, n. en Comonfort, Gto., en 1942. Pasó a México en 1951. Estudió piano con Humberto Basurto, en la Facultad de Música (1957-1960) y con el maestro Carlos Vázquez (1961-1966). Se perfeccionó en la Academia de Música de Viena (1966-1969), bajo la dirección de Hans Graf. Antes había obtenido los primeros lugares en los concursos Chopin (1960) y Debussy (1962); y después ganó el Manuel M.Ponce (1973). Se ha presentado en recitales de piano solo y en conciertos de música de cámara, en la capital y en el interior de la República. En 1971, invitado por el *Comunity Concert's* de Bismark-Mandan, actuó en Dakota del Norte. Ha tocado bajo la batuta de Francisco Savín, Rodríguez Frausto, Eduardo Mata y Keneth Klein. En enero de 1975, en unión de la violinista Rasma Lielmane y el violoncellista Víctor M.Cortés, fundó el Trío Clásico Manuel M.Ponce.

ROJAS, LUIS MANUEL, n. en Ahualulco, Jal., en 1871; m. en la Ciudad de México en 1949. Hizo la carrera de leyes en Guadalajara y en la capital de la República. Dirigió la *Gaceta de Guadalajara* y fue de los fundadores de *Revista de Revistas.* Diputado federal a la XXVI Legislatura, fue uno de los 5

172

Luis Manuel Rojas

José Rojas Garcidueñas

únicos legisladores (él, Francisco Escudero, Román Morales, Alfredo Ortega y Leopoldo Hurtado y Escudero) que no aceptaron las renuncias del presidente Madero y el vicepresidente Pino Suárez el 18 de febrero de 1913, cuya dimisión les fue arrancada por la fuerza mientras se hallaban prisioneros. Una vez asesinados los mandatarios, escribió su *Yo acuso a Mr. Henry Lane Wilson*, recogido más tarde en sus libros: *México pide justicia. ¡Yo acuso al embajador Lane Wilson! Su enjuiciamiento criminal para decidir si hubo difamación contra el embajador americano, y alta traición a la Patria* (1926) y *La culpa de Henry Lane Wilson en el gran desastre de México* (1928). Tras un breve encarcelamiento, se unió al constitucionalismo, y electo nuevamente diputado, presidió el Congreso Constituyente de 1916-1917. Fue después director del Departamento de Bellas Artes y de la Biblioteca Nacional, ministro en Guatemala, magistrado del Tribunal Militar y profesor de derecho constitucional en la Universidad Nacional.

ROJAS GARCIDUEÑAS, JOSÉ, n. en Salamanca, Gto., en 1912. Licenciado en derecho (1938) y maestro en letras (*Magna cum Laude*, 1954) por la UNAM, dio clases de historia universal, de México y

del arte, y de literatura española, hispanoamericana y mexicana, en las escuelas universitarias de Artes Plásticas y de Música, en la Normal de Maestras, en la Academia de Danza y los colegios Francés, de México y *Mexico City* (1939-1952). En 1948-1949 enseñó literatura en *The Pennsylvania State College*. Dirigió la Escuela de Filosofía y Letras de la Universidad de Guanajuato (1953 y 1954) y fue profesor de la Facultad de Humanidades en San Luis Potosí (1955). De 1941 a 1952 y de 1955 a 1965 sirvió cátedras en la Facultad de Filosofía y Letras de la UNAM. Ha sido: abogado del Departamento Jurídico de la Secretaría de Asistencia Pública (1938-1939), gerente de la Orquesta Sinfónica de México (1944-1947), jefe del Departamento de Información para el Extranjero de la Secretaría de Relaciones Exteriores (1947-1948), investigador del Instituto de Investigaciones Estéticas de la UNAM (desde 1939) y abogado consultor de la Dirección General de Límites y Aguas Internacionales (desde 1956). Ha publicado: *El teatro de Nueva España en el siglo XVI* (1935), *Vitoria y el problema de la conquista en derecho internacional* (1938), *Don Carlos de Sigüenza y Góngora, erudito barroco* (1945), *El antiguo Colegio de San Ildefonso* (1951), *Anécdotas, cuentos y relatos* (1956),

Vicente Rojo

Bernardo de Balbuena. La vida y la obra (1958), *Breve historia de la novela mexicana* (1959), *El mar territorial y las aguas internacionales* (1960), *Genaro Fernández Mac Gregor, escritor e internacionalista* (1962), *Don José Bernardo Couto, jurista, diplomático y escritor* (1964) y *Presencias de Don Quijote en las artes de México* (1968). Es miembro de la Academia Mexicana de la Lengua.

ROJAS GONZÁLEZ, FRANCISCO, n. y m. en Guadalajara, Jal. (1903-1951). En la capital de la República estudió comercio y más tarde etnografía, al lado de Miguel Othón de Mendizábal. Fue canciller en Guatemala y cónsul en Salt Lake City. En 1934 ingresó al Instituto de Investigaciones Sociales de la UNAM. Colaboró en varias obras de etnografía y lingüística. Escritor, son obra suya: *Historia de un frac* (1930), *Y otros cuentos* (1931), *El Pajareador* (1934), *Sed. Pequeñas novelas* (1937), *Chirrín y la celda 18* (1944), *Cuentos de ayer y hoy* (1947) y *El Diosero* (1952); y las novelas: *La Negra Angustias* (1944) y *Lola Casanova* (1947).

ROJO, VICENTE, n. en Barcelona, España, 1932. Llevó clases de escultura y de cerámica en la Escuela Elemental del Trabajo. En 1949 llegó a México

para reunirse con su padre, quien residía en el país como refugiado político. En 1950 fue ayudante de Miguel Prieto en la oficina técnica de ediciones del INBA la cual dirigió de 1953 a 1954. Asistió 6 meses a la Escuela de La Esmeralda. Fundó con Miguel Salas Anzures la revista *Artes de México*, de la que fue director artístico hasta 1963. Luego se incorporó al taller de pintura de Arturo Souto. En 1954 fue diseñador tipográfico de la Dirección de Difusión Cultural de la UNAM (hasta 1956) y jefe de anuncios para cine de Teleproducciones, S.A. (hasta 1955). En 1956 se encargó de la dirección artística de *México en la Cultura*, suplemento cultural de *Novedades*, y expuso su pintura por vez primera en forma individual, en la Galería Proteo (1958). Un año después intervino en la constitución de Ediciones Era, de cuyo consejo es miembro y de la cual es director artístico. Se encargó también del diseño de *La Cultura en México*, suplemento de la revista *Siempre!*; dirige las ediciones de Imprenta Madero. Ha hecho escenografías para teatro (*Divinas Palabras* de Valle Inclán, *Historia de Vasco* de Georges Schehadé, *Mudarse por mejorarse* de Juan Ruiz de Alarcón, *Sócrates* de Enrique Lovet y Adolfo Marsillach y *Leonce y Lena* de Buchner, entre otras) y ha diseñado las revistas *Diálogos*, *Universidad de México* y *Plural*, ésta en colaboración con Kasuya Sakai. Ha expuesto en Bogotá (1967), Oaxaca, Guadalajara (1973) y participado en muestras colectivas en París (1958), Phoenix (1965), Nueva Delhi (1968), La Habana (1970) y Medellín (1972). Juan José Gurrola filmó el cortometraje *Rojo* (1966). v.Juan García Ponce: *La aparición de lo invisible* (1968) y *Vicente Rojo* (1971); Octavio Paz: *Discos visuales* (dibujos de Vicente Rojo, 1968); Juan García Ponce: *Nueve pintores mexicanos* (1968); Salvador Elizondo: *Cuaderno de escritura* (1969); Vicente Rojo: *Negaciones* (1973); Damián Bayón: *Aventura plástica en Hispanoamérica* (1974); y Luis Cardoza y Aragón: *Pintura contemporánea de México* (1974).

ROLDÁN, EMMA, n. en San Luis Potosí, S.L.P., en 1893. Se inició en el teatro a la edad de 28 años, en la compañía Virginia Fábregas. Pasó después a la de Zarzuela de Alfredo de Diestro, su esposo, donde trabajó 5 años. Estuvo en Hollywood y regresó a México en 1931 para filmar *Una vida por otra*. Desde entonces ha hecho 328 películas (hasta 1973). Le han sido otorgados diversos premios: "Placa de Plata" de la Academia de Artes y Ciencias, por *La casa del ogro* (1939); diploma de *El Cine Gráfico* a la mejor actriz de carácter (1936);

"Copa de Plata" de *Excélsior* a la mejor actriz femenina (1944); medalla y diploma de PECIME (1949); diploma de la Academia de Artes y Ciencias por *Vino el viento y nos alevantó* (1950); diploma de PECIME-ANDA (1955); medalla "Chapultepec" de AMPEC, por los 20 años de la película *Allá en el Rancho Grande* (1956); medalla de la ANDA por sus 43 años de servir al arte escénico (1958) y diploma del Centro Deportivo Israelita por *La edad de la inocencia* (1963). Ha recibido otras distinciones en Apatzingán (1960), Uruapan (1960) y San Luis Potosí (1963). Ha hecho también 15 telenovelas.

ROLÓN, JOSÉ, n. en Zapotlán el Grande (Ciudad Guzmán), Jal., en 1883; m. en la Ciudad de México en 1945. Aprendió a tocar varios instrumentos de cuerda al lado de su padre, Feliciano Rollon, que fuera compositor de música popular y religiosa. Más tarde estudió órgano y piano con Arnulfo Cárdenas, en Zapotlán; composición con Francisco Godínez y Benigno de la Torre, en Guadalajara; y armonía, formas musicales, alta teoría y pedagogía con Moritz Moskowsky y André Gédalde, en París (1903). Vuelto a la capital de Jalisco, el 1° de diciembre de 1907 inauguró la Escuela de Música, que habría de dirigir durante 20 años. En 1911 agregó a ese plantel una academia de piano. Entre una y otra llegaron a tener 1,300 alumnos. En 1920 concluyó su primera obra sinfónica para gran orquesta, que tituló *Obertura de concierto*, estrenada en el Teatro Arbeu de la Ciudad de México por Julián Carrillo. Dos años después, en el Teatro Iris, se tocó su *Obertura melancólica*, bajo la batuta de Gaetano Bavagnioli. El mismo dirigió en junio de 1923, en el Teatro Degollado de Guadalajara, su *Sinfonía en mi menor*. En 1911 había fundado el Cuarteto Clásico de Guadalajara, que presentó su *Cuarteto Op. 16*. En 1916 creó la Orquesta Sinfónica de Jalisco y en 1923 el Orfeón de Voces Mixtas. En 1925 terminó su poema sinfónico *El festín de los enanos*, primer premio de un concurso en 1927. De este año y hasta 1930, estuvo nuevamente en París, perfeccionándose en contrapunto y armonía con Nadia Boulanger y en orquestación y fuga con Paul Dukas. Allá compuso el poema épico *Cuauhtémoc*, que tocó la Orquesta Filarmónica de Berlín, dirigida por Bruno Seidler. A su época parisina pertenecen *Piezas para canto y piano, Scherzo sinfónico*, la suite sinfónica *Zapotlán, Danzas jaliscienses*, el *Concierto en mi menor para piano y orquesta* y la *Sinfonía en mi menor*. El sentido nacionalista de las composiciones de su primera época se acrecentó en la segunda y más aún a su

regreso. Dictó varias cátedras en el Conservatorio Nacional y fue jefe de la Sección de Música del Departamento de Bellas Artes. Escribió algunos tratados y muchos artículos, la mayoría de los cuales permanecen inéditos. Su origen campesino, las tradiciones provincianas, la contemplación del paisaje, el contacto con la naturaleza y su carácter retraído, le comunicaron a su obra un sentido profundamente mexicano. Dejó inéditas al morir: *Suite alla antica* y *Fuga y canon para piano*.

ROMANO GUILLEMÍN, FRANCISCO, n..en Tlapa, Gro., en 1884; m. en Cuautla, Mor., en 1950. Fue uno de los discípulos más aventajados del pintor español José Arpa, radicado en Puebla. Estudió en la Academia de San Carlos con Antonio Fabrés y Germán Gedovius. Más tarde fue a Europa y se afilió al movimiento post-impresionista que se funda en la descomposición de los colores (puntillismo). Cuatro de sus mejores cuadros se encuentran en la Galería de Pintura del Palacio de las Bellas Artes: *Campo de coles, El Beso, Naturaleza muerta* y *Patrono del atrio de la iglesia de San Miguel de Analco*. v.José María González de Mendoza: *Los paisajes mexicanos del pintor Romano Guillemín*; y Guillermo Jiménez: *Fichas para la historia de la pintura en México* (1937).

ROMANO MUÑOZ, JOSÉ, n. en Villa de Cos, Zacatecas, en 1890; m. en la Ciudad de México en 1967. Maestro y doctor en filosofía por la UNAM, fue director de la Escuela Nacional de Música y Arte Teatral (1915-1917), subdirector de Dibujo y Trabajos Manuales en la SEP (1925-1927), jefe de la Sección de Preparatoria de la Universidad (1924-1930), fundador y jefe de la Comisión Investigadora de la Situación de la Mujer y de los Menores Trabajadores (1936-1938); y miembro de la Comisión Revisora y Coordinadora de Planes de Estudio y Textos Escolares (1944-1948), jefe del Departamento de Cooperación Intelectual (1949-1952) y director general de Enseñanza Superior e Investigación Científica de la SEP (1952-1953). En esta época tuvo a su cargo el Archivo General de la Nación. Enseñó lógica, psicología, ética e historia de las doctrinas filosóficas en varias escuelas universitarias (desde 1918). Junto con Leopoldo Ancona y Eduardo Hornedo, redactó el manifiesto y el proyecto de ley sobre la reforma universitaria (1928). Publicó: *El secreto del bien y del mal, Etica valorativa* (1933) y *Hacia una filosofía existencial* (1948). Difundió la filosofía axiológica.

ROMERITO (S). *Suaeda diffusa* Wats. Planta herbácea de la familia de las quenopodiáceas, de 40 a 60 centímetros de altura, de hojas alternas, cilíndricas, lineares, carnosas, de sabor salado y de un centímetro de largo. Las flores son verdosas, muy pequeñas, y están agrupadas en glomérulos axilares. El fruto es utricular; está incluido en el perigonio persistente y pentapartido. Se desarrolla de modo espontáneo en zonas semiáridas del valle de México, cerca de las aguas salobres (Ixtapalapa y Texcoco). También se cultiva con fines de consumo, pues tiene mucha demanda, especialmente en los meses de marzo y abril, cuando se prepara un platillo de abstinencia (romeritos), en el cual la planta se mezcla con camarones, papas, ajonjolí y salsa de chiles pasilla, ancho y mulato, además de los condimentos habituales.

ROMERO. *Rosmarinus officinalis* L. Arbusto de la familia de las labiadas, de 1 a 2 metros de altura, originario del sur de Europa y cultivado en huertos y jardines de México. Las hojas son aromáticas, sésiles, lineares o linear-oblongas, lisas, opuestas, gruesas, coriáceas, obtusas, con el borde doblado y una coloración blanquecina en la superficie inferior. Las flores son gamopétalas, bilabiadas, de color lila o azuloso, con el ovario súpero, bicarpelar, tetralocular, superpuesto por un estilo que termina en un estigma bífido. El fruto se divide en 4 porciones en forma de nueces pequeñas. Las hojas, de fuerte y agradable olor alcanforado, se usan en infusión o cocimiento como estomáquico, astringente y estimulante de la digestión difícil; el aceite esencial que contiene se emplea con el mismo fin, de acuerdo con las especificaciones de la farmacología; el cocimiento de la planta se recomienda también para lavados vaginales, y la maceración alcohólica de la misma, aplicada en fricciones, se utiliza contra la caída del pelo. Es una de las hierbas medicinales más comunes en los mercados de México.

En el norte de Baja California se aplica igual denominación a *Trichostema parishii* Vasey, pequeño arbusto de la familia de las labiadas, de hojas tomentosas en la superficie inferior y flores tubulosas y bilabiadas, con 4 estambres que sobresalen del borde de la corola. En Jalisco se llama *romero del país* a *T.lanatus* Benth., planta herbácea del mismo género que también presenta las hojas opuestas y las flores bilabiadas.

ROMERO, JESÚS C., n. y m. en la Ciudad de México (1893-1958). Médico, cirujano y partero (1917) por la Escuela Nacional de Medicina, se especializó en obstetricia. Dejó escritas sobre esta materia: *En-*

19

Jesús C. Romero

sayo de una nueva nomenclatura obstétrica y su aprovechamiento en la clínica (1924) e *Instrucciones para antes y después del parto con una serie de indicaciones para el cuidado y aseo del niño* (1926); y otras obras, entre ellas: *México carece de tintura oficial de Yodo* (1928) y *La angiosperma en el tratamiento de la Corea de Sydenham* (1928). De joven se dedicó al canto y estudió armonía con el tratadista Juan B.Fuentes. En 1914 empezó a vincularse con los músicos mexicanos en la Unión filarmónica, de la que fue secretario. En 1921 intervino en la organización de los conciertos del Centenario de la Consumación de la Independencia de México, dirigidos por Gaetano Bavagnoli. Ese grupo dio a conocer la música de Igor Stravinsky en México, y convocó al Primero y Segundo Congresos de Música. Enseñó historia de la música en el Conservatorio Nacional y después en la Escuela Nacional de Música de la UNAM, de la que era su director al morir, igual que del Museo Pedagógico Nacional de la Secretaría de Educación Pública. Impugnó en *El Universal* al maestro Julián Carrillo, por su teoría del Sonido 13, y al Grupo de los Siete (Estanislao Mejía, Alba Herrera y Ogazón, Ignacio Montiel y López, Manuel Barajas, Luis A.Delgadillo, Ernesto Enríquez Jr. y Pascual H.Toral y Romero). Distinguió el folclore del arte popular. Escritor fecundo, dejó numerosas obras, varias de ellas inconclusas y otras inéditas. De las publicadas, sobresalen: *José Mariano Elízaga. Fundador en México del primer conservatorio de América e introductor entre nosotros de la imprenta de música profana* (1934), *Músicos yucatecos distinguidos* (1943), *Historia de la música de Yucatán* (1944), *Ricardo Mimenza Castilla. El hombre* (1944), *La ópera en Yucatán* (1945), *La ópera en México* (1946), *Historia del Conservatorio Nacional. 1a. Parte. Epoca subvencionada por el Imperio (1866-1867)* (1947), *Bosquejo histórico de la Escuela Universitaria de Música* (1947), *La ópera nacional en México y su génesis* (1947); "El folklore en México", en *Boletín de la Sociedad Mexicana de Geografía y Estadística* (1947); "Música Precortesiana", en *Boletín del Museo Nacional de Antropología* (1947); *Durango en la Evolución Musical de México* (1949), *Efemérides biográficas y bibliográficas de Manuel M. Ponce* (1950), Chopin en México (1950); "El Camino de Bach", en *Historia Mexicana* (1952) y *La música en Zacatecas y los músicos zacatecanos* (1963). Escribió también obras históricas: *El estudio de nuestra prehistoria como factor en la especulación folklórica de México* (1928), *Compendio de historia universal* (1933), *Alfas de geografía histórica. Cuaderno I. El antiguo Oriente* (1937) y *Cuauhtémoc. Bosquejo biográfico* (1950); numerosos prólogos a libros de poetas y diversas traducciones de trabajos médicos. Fue un gran animador, asiduo, versátil y sapiente de las 9 reuniones que de 1937 a 1958 celebró el extinto Congreso Mexicano de Historia.

ROMERO, JOSÉ RUBÉN, n. en Cotija de la Paz, Mich., en 1890; m. en la Ciudad de México en 1952. Vivió de niño en la capital de la República y en Ario de Rosales, donde su padre, Melesio Romero, desempeñó el cargo de prefecto del Distrito. Sus primeros versos los publicó en un periódico que editaba en compañía de Luis Murguía Guillén. Ingresó a una sociedad literaria de Morelia y allí conoció a los poetas de la capital michoacana. Su familia pasó a Pátzcuaro y después a Sahuayo; en esta población dio a las prensas su primer cuaderno de poemas, *Fantasías* (1908), del que no se conserva ningún ejemplar. En Santa Clara del Cobre fue empleado de la Receptoría de Rentas, a cargo de su padre. En Tacámbaro publicó el libro *La musa heroica* (1912), que lo acreditó como inspirado poeta provinciano. Junto con don Melesio, tomó parte en el levantamiento armado en favor de la Revolución,

José Rubén Romero

encabezado por el subprefecto del Distrito, Salvador Escalante, quien convertido en el principal caudillo del Estado, dio su apoyo al doctor Miguel Silva González para el gobierno de Michoacán. José Rubén Romero fue nombrado receptor de Rentas en Santa Clara, pero el doctor Silva lo llamó a su despacho como ayudante. A la caída del régimen maderista, Romero continuó en su cargo al lado de los generales Alberto Dorantes y Alberto Yarza, del 20 de mayo al 30 de junio de 1913; pero el general Jesús Garza González, gobernante designado por Victoriano Huerta, lo destituyó, ordenó su aprehensión y a punto estuvo de fusilarlo. Huyó a México, regresó a Michoacán en 1914 y se estableció en Tacámbaro, dedicado al comercio en una tienda de abarrotes llamada La Fama. En esa ciudad siguió escribiendo poemas, los cuales leía en la tertulia y en las ceremonias cívicas. De entonces data *Cuentos rurales* (Tacámbaro, 1915). En 1917 publicó en Morelia *La musa loca*, "un libro serio" con prólogo de Agustín Aragón. Además escribía notas y apuntes de lo que veía y sufría como consecuencia del vandalismo que siguió a la Revolución: Tacámbaro fue asaltada y saqueada por el bandolero Inés Chávez García; la tienda de Romero, destruida; y su familia, atropellada. Emigró a

Morelia y el ingeniero Pascual Ortiz Rubio, gobernador del Estado, lo nombró secretario particular y más tarde su representante en la Ciudad de México. En ésta reanudó su tarea de escritor: *Sentimental* (1919). Designado Ortiz Rubio secretario de Comunicaciones, nombró a Romero inspector general (1920). Al año siguiente éste ingresó en la Secretaría de Relaciones Exteriores, primero como jefe del Departamento de Publicidad y luego del Administrativo. En 1921 publicó el libro *Mis amigos, mis enemigos*; y para responder a un reto y demostrar que podía escribir *hai-kais*, según la moda introducida por José Juan Tablada, escribió *Tacámbaro* (1922), con prólogo de Genaro Estrada. En 1930 el presidente Ortiz Rubio lo nombró cónsul general en Barcelona. Allá surgió su primer libro en prosa: *Apuntes de un lugareño* (1932). De regreso a México en 1933, fue director del Registro Civil en la capital, en tanto aumentaba su fama literaria con *Desbandada* (1934), una narración a la vez risueña y amarga de su vida en Tacámbaro. En 1935 volvió a Barcelona como cónsul general, mientras aparecía su novela *El pueblo inocente* (1935), de carácter autobiográfico, por cuyo mérito fue electo miembro correspondiente de la Academia Mexicana de la Lengua. Participó en un volumen colectivo: *Alvaro Obregón. Aspectos de su vida* (1935). En Barcelona publicó *Mi caballo, mi perro y mi rifle* (1936), prologó *Amor y luz* (1936) de Manuel Berrondo y se imprimió *Rubén Romero y sus novelas populares* de Pedro de Alba (1936). Regresó a México para asistir al homenaje que le rindió la Liga de Escritores y Artistas Revolucionarios (LEAR), el 19 de abril de 1937. Ese año publicó su último libro de poemas: *Versos viejos*, que agrupa gran parte de su producción juvenil, y marchó a Río de Janeiro como embajador en Brasil, donde escribió *La vida inútil de Pito Pérez* (1938), famosa por su profundo sentido popular. En París se publicó *La evolución literaria de Rubén Romero* (1938). Transferido a la embajada de Cuba, se publicó en México otra novela suya: *Anticipación a la muerte* (1939); y en la imprenta La Verónica, de Manuel Altolaguirre, en La Habana, se imprimieron: *Novelistas de la Revolución Mexicana. José Rubén Romero* (1940) de Ernest Richard Moore y *Rubén Romero, el hombre que supo ver* (1940) de Gilberto González y Contreras. El 21 de agosto de 1941 leyó su discurso de ingreso a la Academia Mexicana de la Lengua, editado ese mismo año con el nombre de *Semblanza de una mujer* (retrato de su madre). Otros dos libros aumentaron su bibliografía en 1942: *Una vez fui rico* y *Rostros*; este último recoge la

"Breve historia de mis libros", conferencia pronunciada en La Habana en ese año; su discurso académico, otro sobre Alvaro Obregón (1938), y 4 más pronunciados en Cuba (1942). Mientras tanto, John Frederick Koons publicaba en México *Garbo y donaire de Rubén Romero*. En ocasión de la segunda Guerra Mundial, Romero, Enrique González Martínez, Genaro Fernández Mac Gregor y el presidente Manuel Avila Camacho publicaron el folleto *La inteligencia de México está con México* (1942). Al iniciarse 1943 la Universidad de Michoacán entró en conflicto; los bandos aceptaron el arbitraje del Presidente de la República y éste designó rector a Romero. Ese año se publicaron en La Habana el folleto *Alusiones a la guerra* (4 discursos suyos) y *Tres discursos americanos*, entre ellos uno del embajador mexicano. En 1944 puso prólogo al libro *Estas cosas* de Salvador Calvillo Madrigal. En 1945 volvió a México y publicó *Algunas cosillas de Pito Pérez que se me quedaron en el tintero* (1945); y al año siguiente, su última novela: *Rosenda* (1946). Ese año fue mantenedor de los Juegos Florales de Mazatlán, y escribió *Viaje a Mazatlán*. Para conmemorar el cuarto centenario del nacimiento de Cervantes y por encargo de la Academia, redactó el ensayo: *Cómo leemos el Quijote*. Por esos años escribía semanariamente en la revista *Hoy* y daba charlas por radio sobre recuerdos y anécdotas de su vida. En 1948 escribió sendos prólogos a los libros *Senderos de pasión* de Dina Rico y *Juegos de agua* de Jorge Castillo Toledo. *Mis andanzas académicas* contiene su discurso del 14 de junio de 1950 en la Academia de la Lengua y la respuesta de Alejandro Quijano. Promovió el Congreso de Academias, del 23 de abril al 6 de mayo de 1951. Prologó *Renglones de Sevilla* de Francisco Orozco Muñoz (1950) y *Pueblo olvidado* de Patricia Cox (1951). Pronunció un discurso en Aguascalientes el 25 de abril de 1952 y murió repentinamente el 4 de julio siguiente. Se han editado en México sus *Obras* completas. William O. Cord publicó: *José Rubén Romero. Cuentos y poesías inéditos* (1964); y como estudio de carácter general, la Universidad de Columbia, Nueva York, publicó: *José Rubén Romero, vida y obra* (1946), por Raúl Arreola Cortés, reproducido parcialmente por Casa de las Américas de La Habana (1975).

ROMERO, MARÍA, n. en la Ciudad de México en 1903; m. en 1975. Estudió canto con Roberto Marín, Alejandro Cuevas y Sofía Camacho. En 1918 fue elogiada por Georgio Polacco. Se consagró en 1924, cantando *Bohemia* de Puccini. En 1932, al

Matías Romero

cabo de un concierto en el Teatro Iris, dijo de ella Carlos Chávez: "Su voz se me antoja sobrehumana; es un instrumento"; y Guido Picco, al presentarla a Mascherini: "Enzo, aquí tienes la voz de mujer más semejante a un stradivarius". En 1938 cantó *Traviata* en Bellas Artes, sin ensayos y sin director de escena; y más tarde, en el Teatro Arbeu, *Bohemia* y *Fausto*, junto con Carlo Moreli y Armando Tokatian. Este comentó: "En quince años que llevo cantando en el *Metropolitan de Nueva York*, nunca había oído una voz tan inigualable". En efecto, la voz de María Romero igual registraba el si bemol grave de *Desdémona* o *Aída*, que el mi bemol sobreagudo de *Traviata*.

ROMERO, MATÍAS, n. en Oaxaca, Oax., en 1837; m. en Nueva York, Estados Unidos, en 1898. Estudió en el Seminario de su ciudad natal y en el Instituto de Ciencias y Artes del Estado, donde cursó la carrera de abogado, habiéndose recibido en la Ciudad de México en 1857. Al estallar la Guerra de Tres años, acompañó al presidente Juárez como empleado del Ministerio de Relaciones Exteriores; fue secretario de Melchor Ocampo en Veracruz y asistió a las negociaciones del tratado con MacLane. En diciembre de 1859 se le nombró secretario de la legación en Estados Unidos; y en mayo de 1862,

embajador y ministro plenipotenciario ante el mismo gobierno. Al año siguiente regresó a México, ya invadido por los franceses, tomó las armas y alcanzó el grado de coronel. El 3 de septiembre fue nombrado nuevamente embajador en Washington. Desde ese puesto contribuyó al triunfo de la causa nacional. Regresó en octubre de 1867 y en enero del año siguiente se hizo cargo del Ministerio de Hacienda, aunque por poco tiempo, pues en mayo volvió a Estados Unidos para concluir, entre otros asuntos pendientes, el arreglo de las reclamaciones mutuas. En 1868 desempeñó nuevamente la cartera de Hacienda, hasta mayo de 1872, en que se retiró a Chiapas para dedicarse a las labores agrícolas. En 1875 fue electo senador suplente por ese Estado, y en 1876 diputado federal por Oaxaca. Mantuvo una actitud legalista ante la rebelión de Tuxtepec, y sólo dio su apoyo al general Porfirio Díaz cuando éste triunfó en elecciones libres; mientras tanto viajó por el país y tomó notas para escribir artículos y libros donde predomina su interés por los problemas económicos. Fue secretario de Hacienda por tercera vez, del 24 de mayo de 1877 al 4 de abril de 1879, en que renunció por motivos de salud. Recorrió Oaxaca y Veracruz, observó los cultivos de café y escribió una monografía sobre este tema. Promovió una empresa ferrocarrilera en el Istmo de Tehuantepec, de la cual fue socio el general Grant; pero se separó de la gerencia para volver como embajador a Washington. Por cuarta vez fue secretario de Hacienda (1° de enero de 1892 a 7 de mayo de 1893) y representante diplomático en Estados Unidos. Falleció en Nueva York el 30 de diciembre de 1898. Su cadáver fue traído a México el 16 de enero del año siguiente y sepultado con grandes honores.

ROMERO, SALVADOR, n. en Dolores, Hidalgo, Gto., en 1936. Estudió en las escuelas Nacional de Artes Plásticas (1959-1961) y La Esmeralda (1961-1962). Expuso por vez primera en la Universidad Obrera de México (1959). Sus grabados y pinturas han sido expuestas en Berlín (1970) y en las bienales del Grabado Latinoamericano en Puerto Rico (1972, 1974 y 1976). Miembro del Taller de la Gráfica Popular, desde 1966 ha ejercido la docencia en el INBA y otras instituciones. Junto con Francisco Luna realizó 5 murales con el tema de *La educación en México* para la Dirección Núm. 1 de Educación Primaria en la Ciudad de México.

ROMERO, VENTURA, n. en la ciudad de Chihuahua en 1915. Allí estudió secundaria, comercio y

Jesús Romero Flores

6

aviación, mientras aprendía a tocar el violín y la guitarra. En 1932 empezó a cantar en la radiodifusora XEFI. En 1935 pasó a la Ciudad de México y en 1936 triunfó en un concurso de canciones convocado por Pepe Guízar. Ingresó entonces al Teatro Follies y empezó a componer canciones populares; las primeras, *El norteño* y *Peregrino*, no se popularizaron. En 1941 tocaba en los programas de Radio Mil; más tarde formó un grupo y pasó a la XEQ; se incorporó al Cuarteto Metropolitano y después al trío Tamaulipeco. En 1945 triunfó como compositor, con la canción *La burrita*. En 1949 tenía ya sus propios programas en la XEW e interpretó un papel estelar en la película *Norteña de mis amores*. A partir de entonces compuso: *El gavilán pollero*, *Madrigal*, *Tu castigo*, *El sapito*, *El panadero*, *Soy infeliz* y *Senderito de amor*, todas de éxito.

ROMERO FLORES, JESÚS, n. en La Piedad de Cabadas, Mich., en 1885. Cursó preparatoria en el Colegio Seminario de Morelia. En 1903 escribía para *El Bien Social* y *La Libertad*. Se recibió de profesor en el Colegio de San Nicolás el 7 de octubre de 1905. Ese año apareció su primer libro de poemas: *Celajes*; al siguiente fundó en La Piedad el Colegio León XIII (1906-1908) y los semanarios

Don Quijote (1906) y *El Distrito* (1907); y en 1909, el Instituto Hidalgo, de corta vida. En 1910 pasó a Tangancícuaro como director de la Escuela de Niños. En 1911 ganó el primer premio de los Juegos Florales de la Colonia Española con el trabajo *Don Vasco de Quiroga, su vida y sus obras*, que fue impreso en La Piedad ese mismo año. Nombrado director de la Escuela Oficial de esta ciudad, propuso al gobernador maderista Miguel Silva un proyecto de reformas a la educación del Estado, con cuyo motivo fue comisionado para estudiar pedagogía en la Ciudad de México. A su regreso a Morelia se le nombró inspector general de Escuelas Oficiales y Particulares (1913), pero a la caída del gobierno maderista huyó del Estado, para regresar a su cargo en 1914: organizó la Junta de Educación y Beneficencia, y redactó leyes y reglamentos para la enseñanza preescolar, primaria y normal: la estadística escolar; las escuelas superiores de comercio, ingeniería, medicina, odontología y enfermería; el Museo Michoacano; las escuelas para obreros y la Academia de Bellas Artes. Bajo el gobierno del general Alfredo Elizondo (1915), fue director general de Instrucción Pública: organizó las escuelas normales para maestros, dirigió una de ellas, enseñó historia patria y geografía, y editó la revista *Cultura*. En 1916 fue electo diputado al Congreso Constituyente de Querétaro. Ese año aparecieron sus libros *Labor de raza* (discursos, artículos y poemas) y *La obra cultural de la Revolución*, impresos en Morelia. Tras una breve estancia en la capital michoacana, se trasladó a la Ciudad de México, presidió el Ateneo Nezahualcóyotl y publicó, con el sello de esta institución, *El rosal romántico* (versos). En 1920 dirigió la escuela primaria El Pensador Mexicano. Electo diputado local, concurrió al Tercer Congreso Pedagógico Nacional en Guadalajara, donde propuso la creación de las escuelas normales regionales, que más tarde se fundaron en La Piedad, Ciudad Hidalgo, Huetamo, Tacámbaro y Uruapan. Publicó por ese tiempo el semanario pedagógico *La Escuela del Trabajo*, en La Piedad, y sus libros *Páginas de historia* y *El Estado de Michoacán*, resumen geográfico para niños; propuso varios proyectos de leyes sobre educación y tomó parte en el traslado de la Biblioteca Pública, del Palacio de Gobierno a un salón de la Cámara de Diputados. En 1923 publicó una antología de poetas de la entidad, con el título de *Literatura michoacana*. En 1924 fue electo diputado federal, se trasladó a la capital del país y publicó su *Historia de la civilización mexicana*. Ese mismo año inició su colaboración en los *Anales del Museo Nacional*. Su estudio sobre *Los gobernantes de Michoacán durante un siglo* apareció en 1925, como parte de los trabajos conmemorativos del primer centenario de la Constitución Federal. En 1926 regresó a su Estado como director de la Escuela Normal y catedrático del Colegio de San Nicolás. En 1928 ocupó el cargo de director general de Bibliotecas de Michoacán y publicó la *Historia de la ciudad de Morelia*, a la que añadió, un año más tarde, la *Nomenclatura*. En 1930 el gobernador Lázaro Cárdenas lo designó director de Educación Primaria: editó la revista *Orientación*, trasladó nuevamente la Biblioteca a su actual recinto (el extemplo de La Compañía) y colaboró en la redacción de la Ley de Educación. Mientras tanto, en México aparecían su libros: *Geografía del Estado de Michoacán* (1932) y *Apuntes para una bibliografía geográfico-histórica de Michoacán* (1932). Concurrió en 1933 al Primer Congreso Mexicano de Historia, reunido en Oaxaca, donde presentó un trabajo sobre *El gobernador de Michoacán, Gral. Mariano Jiménez*, editado en Morelia el mismo año, así como los 4 tomos de un libro popular de lectura destinado a los niños. De 1935 a 1945 fue jefe del Departamento de Historia del Museo Nacional y profesor en una escuela secundaria. En ese lapso produjo: *Michoacán histórico y legendario* (1936), *Historia de la Escuela de Medicina de Michoacán* (1937), *Gertrudis Bocanegra de Lazo de la Vega* (1938), *Leyendas y cuentos michoacanos* (2 tomos, 1938), *Anales históricos de la Revolución Mexicana* (4 tomos, 1939), *Tacámbaro en acción y en sentimiento* (1939). *Nomenclatura geográfica de Michoacán* (1939), *Iconografía colonial* (1940), *Corridos de la Revolución Mexicana* (1941), *Historia de Michoacán* (preparada para niños, 1941), *Documentos para la biografía del historiador Clavijero* (1941), *Conquistadores y misioneros de la Nueva España* (presentado al V Congreso de Historia; Guadalajara, 1942), *La correspondencia entre don Melchor Ocampo y don José María Mata* (presentado al VI Congreso de Historia; Jalapa, 1943) y *La imprenta en Michoacán* (1943). En 1943 se hizo cargo de la rectoría de la Universidad Michoacana, en circunstancias críticas. En los años siguientes publicó *Don Melchor Ocampo, el filósofo de la Reforma* (1944), *Don Miguel Hidalgo, padre de la Independencia mexicana* (1945), *Historial de banderas heroicas* (presentado al VII Congreso de Historia; Guanajuato, 1945), *El porfirismo en Zacatecas* (presentado al VIII Congreso de Historia; Zacatecas, 1948), *Historia de Michoacán* (2 tomos, 1946), *Chapultepec*

en la historia de México (1947), *México. Historia de una gran ciudad* (3 tomos; El Nacional, 1948), *Diccionario biográfico mexicano* (El Nacional, 1950), *Historia de la educación en el Estado de Michoacán* (1950), *El plan de Ayutla* (1954), *Discursos cívicos* (1955), *Comentarios a la historia de México* (1958), *Banderas históricas mexicanas* (1958), *Correspondencia privada del doctor José María Mata con don Melchor Ocampo* (1959), *Aspectos de la historia piedadense* (1959), *La Constitución de 1917 y los primeros gobiernos revolucionarios* (1960), *La obra constructiva de la Revolución Mexicana* (1960), *Diccionario michoacano de historia y geografía* (1960), *Historia de la cultura mexicana* (1963), *La Revolución como nosotros la vimos* (1963), *Una vida al servicio de México* (testimonios, 1964), *Mármoles y bronces* (1968), *El libertador Miguel Hidalgo y su Colegio de San Nicolás* (1969), *Antología literaria de los diputados constituyentes* (1969), *Anales de la vida del generalísimo don José María Morelos* (1969), *Mis seis años en el Senado* (1970), *Iturbide, pro y contra* (Morelia, 1971), *Michoacán en la Revolución* (1971), *Lic. Benito Juárez, benemérito de las Américas* (1972), *Lázaro Cárdenas, biografía de un gran mexicano* (1972), *La reforma escolar en Michoacán* (1972) y *Maestros y amigos* (1972). Recibió la medalla "Maestro Altamirano" por 50 años de labor docente (1951); es doctor *Honoris causa* de la Universidad Michoacana (1952); el Ayuntamiento de Morelia le otorgó la condecoración "Generalísimo Morelos" (1955) y fue miembro del Senado de la República (1964-1970), de cuya biblioteca era director en 1977.

ROMERO GIL, HILARIÓN, n. en Mascota y m. en Guadalajara, ambas de Jalisco (1822-1899). Abogado (1846) por la Universidad de Guadalajara, fue profesor en la Escuela Católica de Jurisprudencia, consejero del gobierno de Jalisco, auditor de Guerra, magistrado del Supremo Tribunal de Justicia y fundador y presidente (hasta su muerte) del Nacional Monte de Piedad en Guadalajara. Publicó: *Prontuarios de la legislación y práctica* (1853), *Lecciones de economía y política* (Guadalajara, 1877), *Cuadro general de la historia sagrada, antigua y moderna* (Guadalajara, 1885) y *Filosofía de las leyes o criterio del derecho* (1894). Su fortuna se destinó, después de su muerte, a la fundación de hospitales (Mascota, Ameca y Teuchitlán) y sus libros pasaron a la Biblioteca Pública de Guadalajara.

ROMERO MALPICA, MANUEL, n. y m. en Puebla, Pue. (1874-1939). Estudió canto bajo la direc-

Manuel Romero Rubio   *Hilarión Romero Gil*   *Manuel Romero de Terreros*

ción del maestro Carnelli y debutó en el Teatro Guerrero de su ciudad con la ópera *El trovador*. En 1906 marchó a Estados Unidos. Actuó para las compañías de ópera de Boston. Siendo barítono, podía sustituir a los tenores. De regreso a México, cantó con todas las grandes compañías que visitaron el país entre 1915 y 1925. En 1938 actuó por última vez, junto con Evangelina Magaña, representando *Rigoletto* en el Palacio de Bellas Artes. Sus más grandes éxitos los obtuvo interpretando *Pescadores de Perlas, La Gioconda, Baile de máscaras* y *Payaso*. Grabó canciones para la Columbia, entre otras *Las violetas* y *Perjura* de Miguel Lerdo de Tejada.

ROMERO RUBIO, MANUEL, n. y m. en la Ciudad de México (1828-1895). De ideas liberales, fue juez, secretario de la Suprema Corte y diputado al Congreso Constituyente de 1856-1857. Durante la Guerra de Tres Años (1858-1860), sufrió prisión en la capital y sirvió al gobierno en las Huastecas, San Luis Potosí, Tamaulipas y Veracruz. En 1863 siguió al presidente Juárez a San Luis Potosí, pero volvió a la Ciudad de México y fue detenido y desterrado por los imperiales. Volvió de Europa a México por Tampico. Al triunfo de la República, fue electo diputado y más tarde desempeñó la cartera de Relaciones Exteriores en el gabinete del presidente Sebastián Lerdo de Tejada (del 31 de agosto al 20 de noviembre de 1876). A la caída de éste, se exilió con otros lerdistas en Nueva York. Vuelto al país, fue senador por Tabasco y secreta-

rio de Gobernación del presidente Porfirio Díaz (del 1º de diciembre de 1884 hasta el día de su muerte, el 3 de octubre de 1895). Su hija Carmen contrajo nupcias con el general Díaz en 1881.

ROMERO DE TERREROS, MANUEL, n. y m. en la Ciudad de México (1880-1968). Estudió en el Colegio de Stonyhurst · y en las universidades de Oxford y Cambridge, Inglaterra. Fue patrono del Nacional Monte de Piedad, fundado en 1775 por su ascendiente Pedro Romero de Terreros. En 1920 ingresó a la Escuela de Altos Estudios de la Universidad Nacional como profesor de economía política; y al Museo Nacional de Arqueología, Historia y Etnografía, para enseñar artes menores de México y España. Impartió también cátedra (en la Facultad de Filosofía y Letras y en las escuelas de Verano y Nacional Preparatoria) de historia general y patria, geografía, cultura artística, tecnicismos y neologismos, literaturas castellana e inglesa, historia de la cultura artística en América y España, y español, inglés y francés. En 1946 se le nombró investigador del Instituto de Investigaciones Estéticas de la UNAM y desde 1955 fue curador del Museo Numismático del Banco de México. Fue miembro de las academias mexicanas de la Lengua y de la Historia y director de ésta (1962-1968); y formó parte de la Academia de Bellas Artes de San Fernando y de los Arcades de Roma, con el nombre de *Gliconte Tirio*. Durante 62 años (1905-1967) no dejó de escribir; publicó más de 500 trabajos, dedicados en su mayor parte al arte de la Nueva España y del siglo XIX mexicano. Tradujo del inglés *La bella dama sin piedad* de John Keats, *Los hijos de la luna* de Richard Middleton, *El ruiseñor* de Andersen y *Los enemigos de la reina* de Lord Dunsany. Entre su vasta producción, destacan: 1.Literatura: *El estilo epistolar en Nueva España* (1919), *Nociones de literatura castellana* (1926), *A Brief Anthology of Mexican Prose. Notas Biográficas de Autores* (Stanford, California, 1928); *Tradiciones y leyendas mexicanas* por Vicente Riva Palacio y Juan de Dios Peza (con S.L. Milard Rosemberg; Nueva York, (1927) y *La puerta de bronce y otros cuentos* (1957). 2.Narraciones costumbristas: *Ex-Antiquis* (Guadalajara, 1919), reimpreso con el título *Bocetos de la vida social en Nueva España* (1944), y *Cosas que fueron* (1937), colección de artículos publicados anteriormente en *El País, Excélsior* y otros periódicos. 3.Arte: *Arte Colonial. Apuntes* (3 vols., 1916-1921), *Residencias coloniales de la Ciudad de México* (1918), *Los jardines de la Nueva España* (1919; 1945), *Historia sintética del arte colonial de México (1521-1821)* (1922), *Artes industriales en la Nueva España* (1923), *Breves apuntes sobre la escultura colonial de los siglos XVII y XVIII* (1930), *El pintor Alonso López de Herrera* (1934), *Paisajistas mexicanos del siglo XIX* (1943), *Encuadernaciones artísticas mexicanas. Siglos XVI al XIX* (1932; 2a.ed, 1943), *Grabados y grabadores en la Nueva España* (1917; 1948), *Acueductos de México en la historia y en el arte* (1949), *La biblioteca de Luis Lagarto* (1950), *La iglesia y convento de San Agustín* (1951), *El arte en México durante el virreinato. Resumen histórico* (1951), *Atlatlauhcan* (1956) y *Ayotzingo* (1959). 4.Biografía y genealogía: *(1909), Hernán Cortés, sus hijos y nietos, caballeros de las órdenes militares* (1919), *Don Pedro Romero de Terreros, primer conde de Regla, caballero de Calatrava y fundador del Monte de Piedad de Animas* (álbum conmemorativo, 1933) y *Pedro de Terreros, el primer español que pisó el Continente Americano*. 5.Heráldica: *Sinopsis del blasón* (1906). 6.Numismática: *Los tlacos coloniales* (1935) y *Medallas relativas a la antigua Universidad de México* (1945). 7.Historia: *Relación del conquistador Bernardino Vázquez de Tapia* (1939) y *Apostillas históricas* (1945). Editó otras obras: *Relaciones históricas* de Carlos de Sigüenza y Góngora y *Poliantea* del Conde de la Cortina (1940); *Samuel Stradano. Imagen de la Virgen Nuestra Señora de Guadalupe* (1948), *La Ciudad de México en 1749. Reproducción de un plano de la época* (1949) y *Diario. 1648-1664* de Martín de Guijo (1953). v."Bibliografía de los Investigadores", en *Suplemento Núm. 2 del Núm. 30 de los Anales del Instituto de Investigaciones Estéticas* (1961); y Justino Fernández y otros: "Manuel Romero de Terreros y Vinent (1880-1968) y su obra", en *Anales del Instituto de Investigaciones Estéticas* (1969).

ROMERO DE TERREROS, PEDRO, n. en Cortegana, Huelva, España, en 1710; m. en la hacienda de San Miguel Regla (Hidalgo) en 1781. Interrumpió sus estudios en la Universidad de Salamanca para viajar a Nueva España y atender la testamentaría de su hermano José, muerto en México. Se trasladó después a Querétaro, donde residía Juan Vásquez de Terreros, tío suyo que se encontraba enfermo y al borde de la ruina, y de cuyos negocios se hizo cargo con éxito. En esa ciudad llegó a ser alcalde ordinario (1742) y posteriormente alférez real y alguacil mayor. Muerto su tío, heredó la fortuna que le permitió asociarse con José Alejandro Bustamante en la explotación de las minas de Real del Monte. Después de 13 años de esfuerzos y dificultades, cuando ya sólo él manejaba la empresa, logró llegar a la veta La Vizcaína, al término de una excavación de 2,820 varas de longitud. La bonanza de metales que se suscitó con ello lo convirtió en pocos años en uno de los hombres más acaudalados del país. En posesión de cuantiosos medios, costeó el establecimiento de una misión franciscana entre los apaches (1756-1758), que no tuvo éxito; fundó un Monte Pío de Animas (hoy Nacional Monte de Piedad), cuyos servicios empezaron a prestarse el 25 de febrero de 1775, previa licencia de Carlos III otorgada el año anterior; dio generosas limosnas a los colegios de *propaganda fide* de Santa Cruz de Querétaro, San Francisco de Pachuca y San Fernando de México, al cual donó, además el colateral mayor y el órgano de la iglesia; otorgó una dote a fray Antonio de Jesús Sacedón cuando le consagró primer obispo de Linares; financió a los conventos de San Pablo y Corpus Christi, y contribuyó a la fundación del de Capuchinas en la Villa de Guadalupe; ayudó a los hospicios de Pobres de México y Pachuca, y abrió amplio crédito al gobierno virreinal: en 1771 le prestó al virrey de Croix 400 mil pesos y otros tantos en 1773, que le fueron pagados un año más tarde por la Casa de Moneda. En 1776 obsequió al monarca español un navío de guerra con 80 cañones, *El Conde de Regla*, construido y botado al agua en 1786 en el astillero real de La Habana, y el cual participó en la batalla de Trafalgar en 1805 contra la flota inglesa. Por sus relevantes servicios prestados a la monarquía, Carlos III le confirió el título de conde de Santa María de Regla (1768) y expidió para sus hijos segundo y tercero y sus sucesores, los títulos de marqueses de San Francisco y de San Cristóbal, respectivamente (1776). v.HACIENDAS; HIDALGO, ESTADO DE; MINERÍA; PACHUCA y Manuel Romero de Terreros: *Los condes de Regla. Apuntes biográficos* (1909).

ROMERO DE VALLE, EMILIA, n. en Lima, Perú, en 1903; m. en la Ciudad de México en 1968. Esposa de Rafael Heliodoro Valle, donó a la Biblioteca Nacional de México el repositorio bibliográfico formado por éste e instituyó un premio de $100 mil cada dos años para estimular la producción literaria latinoamericana. Es autora de: *Corpancho, un amigo de México* (1949), *Fray Melchor de Talamantes, precursor y protomártir* (1961), *México en la poesía y en la vida de Chocano* (1965) y *Un estudiante hondureño en el México de 1908 a 1911* (1966). Recopiló parte de la obra poética de su esposo en *La Rosa Intemporal* (1964) y publicó dos libros de homenaje a Heliodoro Valle (1958 y 1963).

ROMO, JOSÉ. Cacique apodado *El canito*, quien encabezó la rebelión de los indios pimas en 1686. Antonio de Barba Figueroa, alcalde mayor de Sonora, logró sofocar el movimiento y sentenció a la horca a Romo, pero el defensor del jefe indígena, García de Terán, alegó que la confesión del reo, en el sentido de haber traicionado al rey de España, no tenía validez porque se le arrancó con el tormento. La pena capital le fue conmutada por la de 2 años de destierro.

RONCACHO. *Roncador stearnsi.* Pez de la familia *Scianidae.* Mide unos 40 centímetros de longitud. Presenta el cuerpo elevado, el hocico achatado, la boca pequeña, la mandíbula inferior más corta que la superior, los dientes viliformes, el margen opercular aserrado, la aleta dorsal muy escotada (cuya primera porción está formada por 10 espinas), la dorsal más larga (con una espina y 24 radios) y las pectorales más grandes que las pélvicas. Es de color gris plateado con lustres azules, pero tiene en el vientre bandas oscuras a lo largo de las hileras de escamas y una gran mancha oscura en la base de la aleta pectoral. Se distribuye desde el norte de la Baja California hasta Guaymas. Es comestible y bien aceptado en el mercado local. Su nombre vulgar se debe a que emite sonidos parecidos al croar de las ranas, lo cual ocurre al expulsar el aire de la vejiga natatoria.

RONCADOR. *Umbrina roncador.* Pez de la familia *Scianidae.* Mide unos 40 centímetros de longitud. Presenta la cabeza cónica, la boca horizontal, la mandíbula inferior más corta que la superior, una barbilla gruesa y corta, el preopérculo con el borde finamente aserrado, los dientes viliformes, la aleta dorsal muy escotada y con 10 espinas, la anal con 2 gruesas y fuertes, la caudal lunada o truncada, y las pectorales cortas, pues generalmente no llegan hasta la punta de las pélvicas. Es de color pardo verdoso o plateado, con reflejos metálicos en el dorso; pero tiene líneas onduladas a lo largo de las hileras de escamas y las aletas son amarillas. Se distribuye desde los mares de California, donde es muy abundante, hasta Ecuador. Es comestible y se consume localmente. El género agrupa a otras especies de importancia comercial, como *Umbrina xanti* y *U.sinaloae.*

RONCADOR BLANCO. *Gonyonemus lineatus.* Pez de la familia *Scianidae.* Se le llama también *curina blanca* y *pez del rey* (*Kingfish*). Mide unos 30 centímetros. Presenta un cuerpo alargado, la boca grande y ligeramente oblicua, la mandíbula inferior más corta que la superior y con barbillas, pequeños dientes viliformes, la aleta dorsal larga y escotada (cuya primera porción está formada por 13 espinas), la caudal ligeramente lunada y las pectorales mayores que las pélvicas. El dorso es de color plateado, con puntaciones negras a lo largo de las hileras de escamas; las aletas, amarillas; y la axila, manchada de negro. En aguas de la Baja California forma cardúmenes. No es apreciado como pez deportivo, pero se le usa como carnada. Su carne, blanca y blanda, tiene fama injustificada de estar siempre parasitada.

ROÑO. *Urosaurus bicarinatus.* Iguánido, mide entre 9 y 10 centímetros de largo y presenta el dorso de color gris parduzco, con vermiculaciones y jaspes oscuros; el vientre, blancuzco; y la garganta, amarillenta. Tiene pequeñas escamas entremezcladas con otras mayores, formando pequeños tubérculos. De hábitos arborícolas, se alimenta principalmente de insectos. Según Alvarez del Toro, su actividad la desarrolla en el día. En junio la hembra baja a la tierra, excava un hoyo y deposita sus huevos. Se distribuye desde Guerrero hasta Chiapas.

ROSA o ROSAL. Se aplica este nombre a más de 100 especies de arbustos ornamentales, erguidos, sarmentosos o treparadores y provistos de aguijones, pertenecientes al género *Rosa* L. y procedentes de las regiones templadas y subtropicales del hemis-

Rosales, del género Rosa L.

ferio norte. Aunque en la parte central de México crece silvestre *R.montezumae* Red., la llamada *rosa de Moctezuma, garambullo* o *agabanzo* (arbusto de 1 a 2 metros de altura, flor de pétalos rosados y fruto rojo), los rosales cultivados en este país con fines ornamentales proceden de Asia y de Europa, y son variedades seleccionadas por la abundancia, el tamaño, el aroma y la belleza de las flores que producen. Además del gran número de especies silvestres y cultivadas, existen muchísimos híbridos entre las variedades y formas domésticas, lo cual produce una gama enorme de colores, tamaños y aromas en las flores de los rosales. Las plantas del género *Rosa* se caracterizan por presentar hojas alternas, compuestas, trifoliadas o imparipinnadas, con estípulas adheridas al pecíolo. Las flores llamadas comúnmente rosas son medianas o grandes, actinomorfas, hermafroditas, simples (con 5 pétalos) o dobles (con numerosos pétalos), solitarias, paniculadas o corimbosas; su eje floral es hueco y se transforma en un receptáculo en forma de cántaro; el cáliz tiene 5 sépalos enteros o laciniados, foliáceos, extendidos o reflejos, unidos en la base donde forman un tubo que se confunde con el eje floral para construir una estructura llamada hipantío, en cuyo borde se insertan los pétalos y los estambres;

la corola es dialipétala (de pétalos libres) y está formada por pétalos anchos, generalmente redondeados en el extremo; el androceo está constituido por numerosos estambres libres que parcialmente se transforman en pétalos en las variedades cultivadas de flores dobles o semidobles; los carpelos del ovario son libres, de manera que hay numerosos pistilos dispuestos en el interior del receptáculo, los cuales tienen sendos estilos, libres o unidos en una columna, inclusos o salientes, en relación con la garganta del cáliz. El llamado fruto es una estructura carnosa que resulta de la maduración del hipantio o receptáculo; es generalmente coloreado, inerme o espinoso, y semeja una baya; contiene numerosos aquenios pequeños y peludos (que son los verdaderos frutos), los cuales se confunden con las semillas. La propagación de la planta puede hacerse mediante estacas, injertos o semillas. La mayor parte de los rosales cultivados pertenecen a las siguientes especies, de las cuales se han obtenido numerosos híbridos, por lo que a veces resulta difícil su identificación:

R.multiflora Thunb., arbusto de ramas largas, sarmentosas o trepadoras y con aguijones en forma de gancho; sus hojas tienen de 5 a 11 folíolos elípticos (generalmente 9), aovados, obtusos, agudos o

1

Rosales, del género Rosa L.

acuminados, aserrados, pubescentes, de 1.5 a 3.5 centímetros de largo; las flores son blancas, rojizas o rosadas, fragantes; miden de 1.5 a 3 centímetros de diámetro y llegan a ser 100 o más, dispuestas en largos corimbos o en panículas multifloras; y el fruto es subgloboso o elipsoideo, rojo-moreno, y mide de 5 a 7 milímetros de diámetro. *R. multiflora platyphylla* Thory es una de las más comúnmente cultivadas; presenta las flores dobles, de color rosado intenso; originaria de Japón, muchos autores denominan *R. multiflora japonica* a la forma de cultivo más importante de la especie; se le llama también *rosa enredadera* por su hábito trepador.

R. odorata Sweet, arbusto siempre verde de ramas vigorosas, sarmentosas o trepadoras, provistas de aguijones rojos, cortos y curvos; las hojas están compuestas de 5 a 7 folíolos elípticos, aovados u oblongo-aovados, aserrados, lisos, agudos o acuminados, de 2 a 7 centímetros de largo; las flores son fragantes, solitarias o están dispuestas en grupos de 2 a 3, y miden de 5 a 8 centímetros de diámetro; el fruto es globoso, liso y rojo. *R. odorata* var. *gigantea* (Coll.) Rehd. et Wils., se caracteriza por sus flores simples, blancas o amarillentas, de 10 a 15 centímetros de diámetro. *R. odorata* var. *pseudoincaica* (Lindl.) Rehd. produce flores dobles, amari-

llo-salmón, con la parte exterior roja, de 7 a 10 centímetros de diámetro; es originaria del oeste de China y se le llama *rosa té*, por el aroma de sus flores.

R. chinensis Jacq., arbusto erguido, provisto a veces de aguijones rojos y curvos; las hojas están compuestas de 3 a 5 folíolos anchamente aovados o aovado-oblongos, de 2 a 6 centímetros de largo, acuminados, aserrados, verde oscuros y lustrosos en la cara superior, y lisos y más pálidos en la inferior; las flores, solitarias o agrupadas, miden de 4 a 6 centímetros de diámetro, son rojas, rosadas o casi blancas y están dispuestas sobre pedúnculos lisos o piloso-glandulosos; el fruto conserva en el ápice los sépalos enteros o pinatífidos, es moreno o rojo y tiene forma de trompo, de 1.5 a 2 centímetros de largo. A esta especie, la *rosa de china*, corresponden muchas de las variedades cultivadas en el país: *R. chinensis* var. *minima* (Sims.) Voss, arbusto enano de ramas cortas y flores pequeñas, simples o dobles, rosadas, con los pétalos agudos o acuminados; *R. chinensis* var. *semperflorens* (Curtis) Koehne, de hojas con un ligero tinte rojizo, especialmente en los márgenes, y flores generalmente solitarias, simples o dobles, rojas o rojizas; y *R. noissetiana* Thory, de flores simples o semidobles, blancas, amarillas, rojas o rojizas, dispuestas en corimbos plurifloros, resultante del cruzamiento entre *R.chinensis* y *R.moschata* Herrm. Esta última especie es un arbusto de ramas arqueadas, sarmentosas, con flores blancas de aroma característico, de 3 a 6 centímetros de diámetro, dispuestas en corimbos plurifloros, y fruto pequeño, con los sépalos caedizos; es originaria de la cuenca del Mediterráneo y tiene una variedad de flores dobles: *R.moschata* var. *plena* West. El híbrido *R.borboniana* Desp., de flores dobles o semidobles, generalmente purpúreas, solitarias o dispuestas en corimbos, procede de *R.chinensis* y *R.gallica* L. Esta última, originaria de Europa y Asia, es un arbusto erguido, de 0.5 a 1.50 metros de altura, con las ramas cubiertas de aristas y pequeños aguijones curvos y desiguales; flores generalmente solitarias, rosadas o rojizas, de 4 a 6 centímetros de diámetro; y fruto rojo, ovoide o subgloboso. *R.gallica* var. *versicolor* Thory tiene los pétalos jaspeados de rosa y blanco.

Según Miranda, a *R.chinensis* pertenece una gran parte de las rosas cultivadas en Chiapas; esta especie, junto con *R.multiflora* se ha vuelto silvestre en muchas regiones de México. En Chiapas también se cultiva *R.roxbourghii* var. *plena* Rehd., arbusto muy ramificado, con folíolos pequeños (7 a 15, de 1 a 2 centímetros de largo), receptáculo en forma de copa, cubierto de aguijones largos y rectos, igual que el pedúnculo; otros aguijones, dispuestos por pares, en la base de los pecíolos de las hojas; flores solitarias, rosadas, de 4 a 6 centímetros de diámetro; y fruto deprimido, globoso, de 3 a 4 centímetros de diámetro. La especie es originaria de China y Japón.

R.multiflora y *R.canina* L. (esta última llamada *rosa de Jericó*, originaria de Europa, con flores rosadas o blanquesinas) son las especies más usadas como patrones para injertos de las variedades finas.

R.centifolia L. es un arbusto erguido, de 1 a 2 metros de altura, con aguijones poco densos y casi rectos; hojas compuestas por 5 a 7 folíolos aovados, glandulosos en el margen y pubescentes; flores generalmente solitarias, de 2 a 6 centímetros de diámetro, rosadas, fragantes, inclinadas o colgantes, dobles (con numerosos pétalos imbricados y erectos), sostenidas por pedúnculos largos, delgados y glandulosos; y fruto elipsoideo o subgloboso, con los sépalos persistentes. Esta especie, denominada en México *rosa de castilla*, es originaria del Cáucaso; se cultiva como planta ornamental y se le atribuyen propiedades medicinales: el cocimiento de los pétalos frescos sirve como purgante ligero, sobre todo en los niños y para curar las heridas y llagas.

ROSA, JUAN MANUEL DE LA, n. en Sierra Hermosa, Zac., en 1945. Estudió en la Escuela de Pintura y Escultura La Esmeralda (1968-1972). En 1969 obtuvo el primer premio nacional de grabado del INBAL. Ha practicado también la acuarela y el óleo. Trabaja a base de líneas escuetas y puras.

ROSA, LUIS DE LA, n. en el Mineral de Pinos, Zac., en 1804; m. en la Ciudad de México en 1856. Estudió en el Colegio de San Juan Bautista de Guadalajara. Allí fundó, con otros estudiantes de ideas liberales, el periódico *La Estrella Polar*, al que le sucedió *El Fantasma.* Uno y otro le acarrearon disgusto y dificultades. Colaboró con el gobernador Francisco García Salinas en Zacatecas (1828-1834); fue diputado local y combatió al general Santa Anna, defendiendo el sistema federal contra el centralismo. En 1841 pasó a la Ciudad de México, donde escribió para *El Siglo XIX, El Gallo Pitagórico* y *El Museo Mexicano.* Organizó la oposición contra la constitución centralista de las *Bases Orgánicas* (12 de junio de 1843), movimiento que acabó por derribar a Santa Anna de la Presidencia (6 de diciembre de 1844). Fue ministro de Hacienda del presidente José Joaquín de Herrera (del 11 de marzo al 10 de agosto de 1845) y trató de librar a los estados del vasallaje fiscal. Dejó ese cargo cuando la revuelta del general Mariano Paredes y Arrillaga derrocó al gobierno del que formaba parte. Fue ministro de Justicia y Negocios Eclesiásticos en los gabinetes del presidente Pedro María Anaya (del 16 al 19 de mayo de 1847 y del 14 de noviembre de 1847 al 8 de enero de 1848, de todos los ramos en el primer gobierno del presidente Manuel de la Peña y Peña (26 de septiembre al 13 de noviembre de 1847) y de Relaciones Interiores y Exteriores en el segundo (del 8 de enero al 3 de junio de 1848). Vuelto Santa Anna al poder en 1853, De la Rosa, casi moribundo, fue arrancado de su lecho de enfermo por los esbirros oficiales y llevado a su pueblo natal con su familia, después de haber estado algún tiempo en la cárcel de la antigua Acordada. Antes de 1851, hallándose en Puebla, fue candidato a la Presidencia de la República contra el general Mariano Arista. En agosto de 1855 apoyó al general Martín Carrera y en septiembre, cuando el general Rómulo Díaz de la Vega subió al poder, se declaró abiertamente a favor del triunfante *Plan de Ayutla.* Fue otra vez ministro de Relaciones Exteriores en el gabinete del presidente Ignacio Comonfort (del 13 de diciembre de 1855 al 29 de agosto de 1856). Redactó el programa de esa administración, y dirigió con tino las negociaciones con España e Inglaterra. Fue además un elocuente orador y un distinguido escritor político; dejó numerosos artículos periodísticos y los libros siguientes: *Cultivo del maíz en México* (1846), *Miscelánea de estudios descriptivos* (1848) e *Impresiones de un viaje de México a Washington en octubre y noviembre de 1848* (1848). v.Enrique de los Ríos y otros: *Liberales ilustres mexicanos de la Reforma y la Intervención* (1890).

ROSA, MARÍA DE JESÚS DE LA (*La Coronela*), n. en Parras, Coah., en la última década del siglo XIX; m. en 1958, quemada viva en el incendio de su casa en Nuevo Laredo, Tamps. Se distinguió por su valor durante el combate de Palo Alto (1913): cuando cayó el abanderado de un batallón de coahuilenses, rescató la bandera en medio de las balas. Siguió combatiendo hasta 1918, en que radicó en Nuevo Laredo. Conservó la costumbre de llevar debajo de las enaguas dos pistolas cargadas. Inspiró el corrido *Jesusita en Chihuahua* y el ballet *La Coronela* (Waldeen, 1940).

ROSADO VEGA, LUIS, n. en Chemax y m. en Mérida, ambas de Yucatán (1873-1958). Trabajó en el Colegio Normalista de Mérida; colaboró en *Diario Yucateco, El Ateneo de Mérida, Revista de Revistas, Revista de Mérida* y otras publicaciones; y dirigió el Museo Histórico y Arqueológico de Yucatán y el Ateneo de Ciencias y Artes de Tlaxcala. Compuso el poema *La Peregrina*, al que puso música Ricardo Palmerín por encargo del gobernador Felipe Carrillo Puerto (v.REED, ALMA). Escribió los libros: *Sensaciones* (1902), *Alma y sangre* (Mérida, 1906), *Libro de ensueño y de dolor* (Mérida, 1907), *Vaso Espiritual* (La Habana, 1919), *El sueño de Chichén* (poema, 1929), *El alma misteriosa del Mayab* (1934), *En los jardines que encantó la muerte* (1936) y *El poema de la selva trágica* (Chetumal, 1937); las novelas: *María Clemencia* (1912) y *Claudio Martín. Vida de un chiclero* (1938); y las obras de folclore: *El alma misteriosa del Mayab. Tradiciones, leyenda y consejas* (1934), *Amerindmaya* (1938) y *Lo que ya pasó y aún vive. Entraña yucateca* (1947).

ROSALDO, RENATO IGNACIO, n. en Minatitlán, México, en 1912. Maestro en artes (1939) y doctor en filosofía y letras (1942) por la Universidad de Illinois, es profesor de la Escuela de Verano de Guadalajara, director de lenguas romances de la Universidad de Arizona (1958-) y autor de: *Flores de Varia poesía* (1952); "*A Decade of Mexican Literature 1950-1960*", en *Arizona Quarterly* (1960);

Antonio Rosales

y "*The Legacy of Literature and Arts*", en *Six Faces of Mexico* (1966). Es editor de: *Amigos* (1968-).

ROSALES, ANTONIO, n. en Juchipila, Zac., en 1822; m. en Alamos, Son., en 1865. Estudió en el Seminario Conciliar de Guadalajara. En 1846 se alistó como soldado raso en la Guardia Nacional para combatir a los invasores norteamericanos. Asistió a las batallas de Palo Alto (8 de mayo de 1846), la Resaca de Guerrero (9 de mayo), Monterrey (18 de mayo al 24 de septiembre) y la Angostura (22 de febrero de 1847), ya con el grado de teniente. Firmado el tratado de paz en 1848, radicó en Guadalajara. En 1851 fundó el periódico *El Cantarito*, para oponerse a los conservadores, lo cual le valió persecuciones y cárcel. Radicado en Culiacán, fue secretario de Gobierno en Sinaloa (1856-1857) y tomó el mando del 2º Batallón Ligero de Sinaloa; en Escuinapa fue sitiado por las fuerzas de Manuel Lozada, pero rompió el cerco mientras ardía la villa (diciembre de 1859) y luego derrotó en Santiago Ixcuintla (8 de febrero de 1860) al jefe lozadista Calatayud, quien murió en la acción. En julio de ese año se le desterró del Estado por secundar la rebelión del coronel Meza.

En octubre concurrió a la batalla de El Espinal, en la que fue vencido Domingo Cajén, gobernador de Durango que pretendía invadir Sinaloa. Pocos días después se le nombró jefe de una escuadrilla para recuperar el puerto de San Blas. Adversario del gobernador Jesús García Morales, huyó temporalmente de Sinaloa para salvar su vida, pero en octubre de 1864 se sublevó en Rosario, asaltó Mazatlán junto con el general Ramón Corona, tomó preso al gobernador y lo sustituyó con el carácter de interino (19 de octubre). Bombardeado y asaltado ese puerto por los franceses (12 y 13 de noviembre), se replegó hacia Culiacán y en el pueblo de San Pedro derrotó a las fuerzas francesas del capitán de fragata Grazielle y a las argelinas de Bel Kassam ben Mohamed (21 y 22 de diciembre), a quienes tomó 85 prisioneros franceses, entre ellos el capitán y 7 oficiales, 100 mexicanos imperialistas, 2 cañones, parque y banderas. Por este triunfo fue ascendido a general por el presidente Benito Juárez, quien se hallaba en Chihuahua. Al ser nombrado gobernador del Estado el coronel de ingenieros Gaspar Sánchez Ochoa, entregó el mando el 9 de marzo de 1865, pero volvió a recibirlo 5 días más tarde, legalizando así el gobierno emanado del pronunciamiento que derribó a García Morales. Poco después dimitió a consecuencia del pronunciamiento del Batallón Hidalgo, al mando del comandante Correa. Se mantuvo fiel al general Corona ante la inminencia del ataque francés a Guaymas y el alzamiento de los indios yaquis y mayos, e inició la campaña de Sonora partiendo de Culiacán el 2 de agosto. Impuso la paz en la región del Mayo a los indios sublevados y pasó a Alamos, en donde entró el 23 de septiembre de 1865. Al día siguiente las tropas imperialistas de José María Ahumada atacaron la población y Rosales murió en su defensa. Sus restos descansan desde 1923 en la Rotonda de los Hombres Ilustres del Cementerio Civil de Dolores, en el Distrito Federal. Tiene una estatua en el Paseo de la Reforma de la Ciudad de México, erigida por el Estado de Sinaloa, cuya capital llámase ahora Culiacán de Rosales. Además de militar, fue periodista de combate y poeta de numen byroniano. Publicó algunos de sus poemas en el periódico *La Aurora Poética de Jalisco* (1851). v.Enrique de los Ríos y otros: *Liberales ilustres mexicanos de la Reforma y la Intervención* (1890).

ROSALES, DIEGO, n. en San Pablo Tepetlapa, Coyoacán, D.F., en 1927. Estudió en la Escuela de Pintura y Escultura La Esmeralda, Miembro del equipo de ayudantes de Diego Rivera, colaboró en

Víctor Rosales

los murales del Palacio Nacional, el Palacio de Bellas Artes y el Cárcamo de Dolores. Ha expuesto sus cuadros en el Hotel del Prado y en la Galería José María Velasco. Se distingue como restaurador de pintura mural. En 1960 pintó un mural sobre el tormento de Cuauhtémoc en el edificio de la Delegación de Coyoacán. Es jefe del taller de dibujo y pintura del Centro Cultural de Belem de las Flores.

ROSALES, VÍCTOR, n. en Zacatecas, Zac., en 1776; m. en Ario, Mich., en 1817. No terminó la carrera de leyes y se dedicó al comercio. En 1810 el capitán Ignacio Allende lo invitó a tomar parte en la guerra de Independencia. Entró en acción el 29 de septiembre, en Valladolid, contra una fuerza española. En 1811 luchó al lado de Ignacio López Rayón en el Puerto de Piñones, el Maguey y Zacatecas, donde cubrió a su jefe la retirada. Combatió en Uruapan bajo el mando de Verduzco y concurrió con su división al ataque de Valladolid, tocándole amagar la garita de Santa Catarina (enero de 1813). Después del desastre de Puruarán, volvió a Zacatecas, tuvo un encuentro con las fuerzas realistas en Ciénega de Gallardo y no pudo tomar Aguascalientes por falta de municiones. En 1814 estuvo en Valle de Santiago y operó en la provincia de

Guanajuato. Con el grado de mariscal de campo fue comandante general de las provincias de Zacatecas y Michoacán, pero como sus antiguos compañeros de armas Muñiz y Barragán se negaran a reconocer su autoridad, salió a batirlos, pero murió en acción contra ellos en el rancho de La Campana, en Ario. El 19 de julio de 1823 fue declarado "uno de los trece héroes de la Patria"; y al año siguiente, "benemérito en grado heroico". El Congreso de la Unión ordenó escribir su nombre con letras de oro en las paredes de la Cámara de Diputados. Desde 1853 la población en donde nació lleva en su honor el nombre de Ario de Rosales.

ROSALES ARAIZA, NABOR, n. y m. en Copala, Jal., (1877-1940). Compuso cerca de 80 sones, entre otros: *El Camino Real de Colima, Zacoalpaneca, La Amapolita, La Margarita, La Pancha, Severiana, La Zamba, La Loba, El Huaco, El Calero, El Tejero, El Tildío, El Gavilancillo* y *El Cangrejo.*

ROSAS, FERNANDO, n. en el Mineral de Xichú, Gto., en 1789; m. en San Luis Potosí, S.L.P., en 1815. Adolescente aún, sentó plaza en el Batallón de Guanajuato. En 1810, comprometido por los sargentos Domínguez y Navarro para tomar parte en la insurgencia, fue puesto en prisión por el intendente Riaño. Libertado a la entrada de Hidalgo (28 de septiembre), fue ascendido a capitán e incorporado como ayudante al estado mayor del generalísimo, encargado de despachar la correspondencia. Acompañó al caudillo insurgente a Valladolid (Morelia), Las Cruces, Guadalajara, Puente de Calderón y la hacienda de El Pabellón. En Acatita de Baján (21 de marzo de 1811) escapó de caer prisionero, gracias a que iba en la retaguardia. Se unió sucesivamente a las fuerzas de Iriarte, Ignacio López Rayón y Albino García; se salvó cuando éste cayó en poder de Iturbide; se incorporó a la guerrilla de Tomás Baltierra Salmerón y continuó la campaña en Guanajuato. En 1814, al lado de José María Liceaga, instruyó y disciplinó a la infantería insurgente; persiguió a las partidas de bandoleros que se hacían pasar por revolucionarios; y acompañó al doctor Cos, como su secretario, a la instalación del Congreso de Chilpancingo (14 de septiembre de 1813). Vuelto a Guanajuato, quedó como comandante militar con el grado de brigadier cargo que desempeñó después en San Luis Potosí. Allí logró disciplinar a los grupos insurgentes de Encarnación Ortiz, Pedro Moreno y Rosales. Los realistas lo persiguieron tenazmente; derrotado a la cabeza de su bien organizado Batallón de Dolores, en Rincón de Ortiz (24 de julio de 1815), fue aprehendido en el Rancho del Redondo (14 de agosto), junto con tres oficiales y 20 soldados, y conducido a San Luis Potosí. Procesado, se le condenó a muerte; fue ejecutado en la Plaza Mayor de San Luis Potosí (22 de agosto). v.Alejandro Villaseñor y Villaseñor: *Biografías de los héroes y caudillos de la Independencia* (2 vols., 1962).

ROSAS, IGNACIO, n. en Orizaba, Ver., en 1880; m. en la Ciudad de México en 1950. Alumno de la Academia de Bellas Artes de México, triunfó en un concurso celebrado en 1905 con el cuadro *La vuelta del soldado.* Fue pensionado por el gobierno para continuar sus estudios en París. En el Museo de Louvre ejecutó varias copias de lienzos de Rembrandt, las cuales se encuentran en las Galerías del Palacio de Bellas Artes, y el retrato del pintor Santiago Rebull. Regresó en 1911 con marcada influencia de Renoir. Ese mismo año fue nombrado profesor de la Academia. Hizo, entre otros, los retratos de Nahui Ollin y de la esposa de Guillermo Jiménez. v.Justino Fernández: *Arte moderno y contemporáneo de México* (1952); y Guillermo Jiménez: *Fichas para la historia de la pintura en México* (1937).

ROSAS, JUVENTINO, n. en Guanajuato, Gto., en 1868; m. en el Surgidero de Batabanó, cerca de La Habana, Cuba, en 1894. Su padre lo enseñó a tocar violín. Junto con sus hermanos formó un trío que cobró fama. Pasaron a la Ciudad de México y vivieron en la Calle de la Amargura. Juventino trabajó como campanero en la iglesia del barrio de Tepito, donde después de llamar a misa, bajaba a cantar en el coro. Por ese tiempo estudió en el Conservatorio. Hacia 1885 ya había compuesto *Te volví a ver, Seductora, Sueño de las Flores* y *Ensueño*; en 1888 escribió la marcha guerrera *Cuauhtémoc*, algunas romanzas con letra de Manuel Gutiérrez Nájera, y el vals *Sobre las Olas*, que le inspiró el murmullo de los manantiales de Contreras. Por este último, famoso en todo el mundo, sólo recibió 17 pesos, que le fueron pagados por la Casa Wagner. Después compuso el vals *Carmen*, en homenaje a la primera dama de México. Unido a una compañía de zarzuela, se embarcó para Cuba, donde murió víctima de un mal hepático. En 1909 sus restos fueron traídos a México y depositados en la Rotonda de los Hombres Ilustres, en el Panteón de Dolores.

ROSAS BENÍTEZ, ALBERTO, n. en Guadalajara, Jal., en 1926. Abogado por la Universidad de Guadalajara, ha enseñado historia universal, de España y del derecho en esa casa de estudios (desde 1950).

Ha sido: paleógrafo y catalogador de la Biblioteca Pública del Estado, secretario del Instituto de Bibliotecas, director de la Preparatoria Núm. 3, secretario general de la Universidad, secretario de la Segunda Sala del Supremo Tribunal de Justicia, subdirector del Registro Público de la Propiedad y secretario general de Gobierno (1971-1977). Es autor de: *Especialidad del derecho indiano, Introducción a la historia del derecho, Historia del derecho* y *Hojas sueltas* (ensayos).

ROSAS MORENO, JOSÉ, n. y m. en Lagos, Jal. (1838-1883). Estudió en León, Gto., y en el Colegio de San Gregorio en la Ciudad de México. Fue perseguido por sus ideas liberales, pero después del triunfo de la República (1867), fue varias veces diputado federal. Fundó en León los periódicos *El Tío Canillitas, La Madre Celestina, La Educación* y *El Album Literario*; y en la capital de la República, *La Edad Infantil* y *Los Chiquitines*. Poeta apacible y meláncolico, en 1891 se publicaron algunas de sus composiciones en *Ramo de Violetas*. Escribió el drama *Sor Juna Inés de la Cruz; El año nuevo*, primer ensayo de teatro infantil en México; *Una Lección de Geografía* y *Amor filial* (1874). Se le considera un fabulista. Varias comedias suyas llegaron a representarse.

20

José Rosas Moreno, *óleo de Ignacio Portugal*

ROSAS DE OQUENDO, MATEO, n. en Sevilla, España, en 1559; se desconoce el lugar y fecha de su muerte. Soldado de espíritu aventurero, se trasladó a América, según parece, con el gobernador Juan Ramírez de Velasco, y se radicó en Tucumán, Argentina, a fines del siglo XVI, donde se inició en la nigromancia. Fue uno de los fundadores de la ciudad de Rojas (1591) y encomendadero de indios en Camiquín y Canchanga (1593). Sirvió como criado al virrey García Hurtado de Mendoza, en el Perú, y se cree que de ese lugar pasó a México en 1598. En Nueva España adoptó el nombre de Juan Sánchez. Joaquín García Icazbalceta hizo mención de su nombre y de algunas de sus obras en 1883, a partir de los datos que obtuvo en el manuscrito *Sumaria relación de las cosas de la Nueva España* de Baltasar Dorantes de Carranza (1604). En 1906 Paz y Meliá examinó la *Sátira de Oquendo* en la Biblioteca Nacional de Madrid (1906), de cuyo texto se conoce una parte. Poeta satírico y comentarista mordaz, recogió en su obra la pugna existente a fines del siglo XVI entre criollos y peninsulares; se le atribuyen: *Soneto a Lima del Perú* (que comienza: "Minas sin plata, sin verdad mineros", incluido en la *Sumaria relación*), *Romance en alabanza de la provincia de Yucatán en Campeche, Yndia-*

no *volcán famoso* y *Montañas de Guadalupe*. Escribió una *Memoria de las cosas notables y memorias que han sucedido en la ciudad de México en la Nueva España, desde el año de 1611 hasta hoy cinco del mes de mayo de 1612.*

ROSELL OCAMPO, LAURO ELÍAS, n. y m. en la Ciudad de México (1885-1973). Inició la carrera de jurisprudencia. Empleado federal de la Secretaría de Comunicaciones y Transportes, llegó a ser ayudante del director general de Correos. Más tarde trabajó en la Dirección de Monumentos Coloniales del Instituto Nacional de Antropología e Historia. Escribió para *Excélsior*, desde 1916, la columna "Hace 50 Años". Publicó: *Catálogo de monumentos coloniales* (1939), *México y la Guadalupana* (1931), *México en el tiempo. Fisonomía de una ciudad* (1945), *Iglesias y conventos coloniales de México* (1946) e *Historia de Tlaxcala de Muñoz Camargo (Cotejo de un manuscrito de Alfredo Chavero)* (1947).

ROSEMBERG, ROSA, n. en Lemberg, Polonia, en 1921. Llegó a México a la edad de 2 años. Estudió en los talleres de Pintura de Rolando Belfay, José Enrique Tebolledo y Arnold Belkin. Expuso por vez primera en 1967. Poseen obras suyas las colec-

1

Arturo Rosenblueth

21

Rosa Rosenberg: **Ambivalencia**

ciones Teresa Haas, en Atlanta (Estados Unidos), y Benito Albarrán, en Guadalajara. Practica el género surrealista.

ROSENBLUETH, ARTURO, n. en Chihuahua, Chih., en 1900. Estudió en las escuelas de Medicina de México (1918-1921) y Berlín (1923) y se graduó en la de París (1927). Ha sido profesor de fisiología en la UNAM (1927-1930), jefe del Laboratorio de Fisiología del Instituto Nacional de Cardiología (1944-1960) y jefe del Departamento de Fisiología y director del Centro de Investigación Científica y Estudios Superiores del Instituto Politécnico Nacional. Ha estudiado el mecanismo químico de la trasmisión de los impulsos nerviosos y ha elaborado, con Walter B. Cannon, la teoría de las dos simpatinas, única que explica los fenómenos de inhibición de los efectos autónomos; ha contribuido a establecer la noción de la acción específica de la acetilcolina liberada, como causa inmediata de la trasmisión de los impulsos nerviosos en los músculos estriados; ha estudiado los problemas del músculo cardíaco y las leyes que rigen el *flutter* y la fibrilación de la aurícula, e intenta poner las bases de una matemática biológica. Es maestro de un grupo selecto de discípulos, entre los que se cuentan Efrén del Pozo y García Ramos. Es autor, en colaboración con Walter Cannon, de *Fisiología del sistema nervioso autónomo* (1937), *The Supersensitivy of Denervated Structures, A Law of Denervation* (1949) y *Transmission of Nerve Impulses at Autonomic Neuro-Juntions and Peripheral Sy-*

napses (1950). v.Ignacio Chávez: *México en la Cultura Médica* (1947); Francisco Fernández del Castillo: *Bibliografía general de la Academia Nacional de Medicina. 1836-1956* (1959); *Gaceta Médica de México* (t.75, 1945); y Elí de Gortari: *La ciencia en la historia de México* (1963).

ROSENBLUETH, EMILIO, n. en la Ciudad de México en 1926. Ingeniero civil (1948) por la Facultad de Ingeniería de la UNAM, y maestro (1949) y doctor en ingeniería (1951) por la Universiad de Illinois, ha sido: coordinador de Investigación Científica, investigador y profesor de estructuras y especialista en ingeniería sísmica de la UNAM. Ha trabajado para la empresa Ingenieros Civiles Asociados (ICA) y la Secretaría de Recursos Hidráulicos. Es autor de múltiples trabajos científicos y artículos de divulgación, propios y en colaboración, publicados desde 1950, entre los que destacan: *Consideraciones sobre el diseño sísmico, On Earthquake-resistant design, Presión hidrodinámica en presas debida a aceleración vertical con refracción de fondo* y *Torsiones sísmicas en edificios de un piso.*

ROSENKRANZ, JORGE, n. en Budapest, Hungría, en 1916. Se graduó de ingeniero químico y de doctor en ciencias técnicas en el Instituto Federal de Tecnología de Suiza (1939) y estudió psicología con Carl Jung. Fue ayudante de Leopoldo Ruzicka, profesor de la Universidad de Zurich y Premio Nobel por sus investigaciones en esteroides. Trabajó en Cuba y en 1944 pasó a México, llamado a colaborar en Syntex, empresa que procesa el barbasco para obtener las hormonas sintéticas (testosterona, progesterona, cortisona). Ahí logró, entre otros avances, reducir el precio de la progesterona de mil pesos el gramo a solamente 200. Impulsó, además, la fundación del Instituto Nacional de Química, primera institución que otorga el doctorado en esa especialidad en la República. Syntex tiene subsidiarias en Estados Unidos, España, Inglaterra, Brasil, Canadá, Suiza e Italia.

ROSENZWEIG, CARMEN, n. en Toluca, Estado de México, en 1926. Autodidacta, en 1957 fue becaria del Centro Mexicano de Escritores y en 1962, auspiciada por la Alianza Francesa, llevó cursos literarios en La Sorbona. Fundó y dirigió la revista *El rehilete* (1961-1971). Ha colaborado en los *Anuarios* del INBA, en la revista *Estaciones* y en los suplementos culturales de *Excélsior, El Nacional* y *Novedades*. Ha publicado: *El Reloj* (cuentos, 1956), *Mi pueblo* (1957), *1956* (novela, 1958), *Recuento para el recuerdo* (prosa, 1967), *Van Gogh y la juventud* (ensayo, 1970) y *Esta cárdena vida* (prosa, 1974).

ROSENZWEIG DÍAZ, ALFONSO, n. en Toluca, Estado de México, en 1886; m. en la Ciudad de México en 1963. Trabajó 52 años en el servicio exterior. Fue secretario de legación en China, Guatemala y Brasil; cónsul general en Guatemala, consejero en Brasil y encargado de negocios en Colombia, los Países Bajos y el Reino Unido; jefe de Protocolo (1927); ministro en El Salvador, Suecia, Paraguay, Panamá y Venezuela (1931 a 1943); y embajador en el Reino Unido, Francia, Yugoslavia, ante los gobiernos exiliados de Polonia, Noruega y Bélgica en Londres, y en Nicaragua (1948) y la Unión Soviética (1953-1960). Representó a México ante la I Asamblea de las Naciones Unidas, la I Reunión del Consejo de Seguridad de la ONU, la sesión de la UNRRA en Londres (1945) y la Conferencia de Paz en París (1946). Escribió: *Mexicanidades de México* (3 vols.; Oxford, 1955, 1957 y 1959).

ROSS, MARÍA LUISA, n. en Tulancingo, Hgo.; m. en la Ciudad de México en 1945. Profesora por la Escuela Normal para Maestras, llevó cursos en la Escuela de Altos Estudios. Inició su carrera periodística en *El Mundo Ilustrado* (1903) y más tarde escribió en *El Imparcial, Revista de Revistas, El Universal* y *El Universal Ilustrado*. Fue directora de esta última publicación, profesora de la Escuela Normal y del Conservatorio, presidenta de la Sociedad de Autores Didácticos Mexicanos y directora de la Biblioteca del Museo Nacional. Fundó la estación de radio de la Secretaría de Educación Pública y la Unión Feminista Iberoamericana. Durante el gobierno de Adolfo de la Huerta fue enviada a España como representante de México en misión cultural. Es autora de: *Cuentos sentimentales, Rosas de Amor* (poemas), *El mundo de los niños, Memorias de una niña, Lecturas selectas* y *Así conquista España*. Está considerada como la musa del poeta Luis G. Urbina, a quien inspiró "Metamorfosis".

ROSS, PATRICIA FENT DE, n. en Kansas, Misuri, Estados Unidos, en 1899. Profesora del *Mexico City College*, es autora de: *In Mexico they say* (1946), *Made in Mexico* (1948), *The Magic Forest* (1949), *Historia de las artes y artesanías* (1952) y *The Hungry Moon: Mexican Nursery Tales* (1960)

ROSSAINS, JUAN NEPOMUCENO, n. en San Juan de los Llanos en 1782; m. en Puebla, Pue., en 1830. Abogado (1808) por la Real y Pontificia Universidad, poco o nada ejerció su profesión, dedicándose a administrar su hacienda llamada La Rinconada. En 1812 reclutó 700 hombres de los pueblos de Nopalucan, Quechula y Tepeyahualco y al frente de ellos abrazó la causa insurgente. Por un malentendido entre los grupos de guerrilleros que operaban por ese rumbo, fue hecho prisionero por un tal Machorro, de cuyas manos escapó, aunque sin poder evitar que su hacienda fuese totalmente saqueada; y más tarde por el cura Tarelo, quien lo remitió a Tepeaca, de donde salió libre gracias a la intervención de Morelos. Este lo nombró auditor de guerra y luego su secretario. Acompañó al caudillo en la campaña de las Cumbres y de las Villas, a la toma de Oaxaca (12 y 13 de octubre de 1812) y al sitio de Acapulco (6 de abril a 20 de agosto de 1813). Se ocupó de arreglar lo necesario para la reunión del Congreso de Chilpancingo, el cual se inauguró el 14 de septiembre de 1813. Por indicaciones de Morelos, trató de encauzar las discusiones, sin conseguirlo, y redactó el manifiesto que con el título de *Sentimientos de la Nación* leyó aquél el día de la instalación. Durante la expedición a Valladolid quedó al lado del Congreso y no tardó en entrar en pugna con algunos diputados. El 1° de febrero de 1814 Morelos lo nombró su segundo, con el grado de teniente general, hecho que molestó a los militares. Derrotado Morelos en Puruarán (5 de enero de 1814) y fusilado Mariano Matamoros en Valladolid (3 de febrero de 1814), el diputado doctor Herrera persuadió a Morelos de que dejara el mando ejecutivo al Congreso, lo cual hizo en Tlacotepec, quedando la asamblea como autoridad suprema de las filas insurgentes, con Rossains a la cabeza (v.MORELOS Y PAVÓN, JOSÉ MARÍA). Derrotado Rossains en Chichicualco, Gro. (18 de febrero), apenas pudo ponerse a salvo junto con Guadalupe Victoria. Pidió licencia al Congreso para operar en el oriente y obtuvo el nombramiento de comandante general de Puebla, Veracruz, Oaxaca y norte de México. Tuvo grandes dificultades con los jefes guerrilleros Ignacio López Rayón y José Antonio Martínez, que no reconocían su autoridad. Batidas sus fuerzas en San Hipólito por el realista Hevia, se retiró a Tehuacán, donde se suscitó una violenta pugna con Rayón; el Congreso intervino y dio el mando al brigadier Arroyave. Mal visto por los jefes insurgentes de la región, quienes no lo obedecían, fue derrotado en Huamantla (22 de enero de 1815) y en la Barranca de Tamapa (marzo); y al fin fue detenido por Manuel Mier y Terán. Este disolvió el Congreso instalado en Tehuacán y envió a Rossains, preso, a Guadalupe Victoria, quien a su vez lo remitió a José Francisco Osorno; pero logró escaparse y se refugió en el curato de Ixtapaluca, donde solicitó el indulto (10 de octubre de 1815). Pasó a la capital, rindió al virrey un informe detallado de la revolución y se estableció en Puebla. Años después Iturbide rechazó sus servicios, y en 1823 la Junta de Recompensas le asignó una pensión de 4 mil pesos al año. En 1824 fue electo senador por Puebla. Enemigo del *Plan de Jalapa* (4 de diciembre de 1829), que destituyó al presidente Vicente Guerrero, fue encarcelado en el castillo de San Carlos de Perote. Puesto en libertad, hizo matar a un oficial y conspiró con un hermano de Victoria contra el gobierno de Bustamante; preso y juzgado, se le fusiló en Puebla, Pue., el 27 de septiembre de 1830. Escribió una *Relación* de su historia como insurgente, la cual refutó Mier y Terán. La Ciudad de Puebla le erigió en 1833 una estatua en la Plaza de San José, que aún subsiste; y el 7 de junio de ese año el Congreso de la Unión lo declaró "benemérito de la Patria". v.Alejandro Villaseñor y Villaseñor: *Biografías de los héroes y caudillos de la Independencia* (2 vols., 1962).

ROTONDA DE LOS HOMBRES ILUSTRES. En 1872, el Presidente de la República, licenciado Sebastián Lerdo de Tejada, dispuso que en el Panteón de Dolores de la Ciudad de México (hoy Panteón Civil) se destinara un espacio para honrar, a su muerte, a todos lo mexicanos que se hubieran distinguido dando prestigio a la Patria, ya fuese en los campos de batalla, en las ciencias o en las artes. Así, el 21 de marzo de 1876, sin que se realizara ninguna ceremonia especial, se inhumó al primero, el teniente coronel Pedro Letechipía; y un siglo después, el 23 de marzo de 1976, por decreto presidencial publicado el día 12 anterior, se colocaron ahí los restos, previamente exhumados, del compositor Silvestre Revueltas y del maestro Rafael Ramírez. En el curso de esos 100 años han sido 86 los personajes (83 hombres y 3 mujeres) a quienes la nación ha homenajeado de ese modo. Tres de ellos, sin embargo, ante el deterioro que sufrieron sus tumbas al ser removidas, fueron trasladados a las criptas que se encuentran en la capilla central del panteón. La relación en orden alfabético de apellidos, de quienes han sido inhumados en la Rotonda de los Hombres Ilustres es la siguiente, con indicación de los años de su nacimiento y muerte, y una referencia convencional para la localización de sus tumbas (v.croquis: D, derecha; e I, izquierda, a partir de la entrada):

I-43	David Alfaro Siqueiros	1896-1974
I-9	Ignacio Manuel Altamirano	1834-1893
D-13	Gral. Juan Alvarez	1790-1867
D-18	Lic. Eligio Ancona	1835-1893
D-10	Ing. Agustín Aragón	1870-1954
D-8	Gral. Mariano Arista	1802-1855
I-18	Lic. Ponciano Arriaga	1811-1865
I-13	Lic. y Tte. Corl. Manuel de Aspiroz	1836-1905
I-15	Dr. Mariano Azuela	1873-1952
D-5	Prof. Basilio Badillo	1885-1935
I-37	Dr. Gabino Barreda	1818-1881
I-22	Gral. Felipe B.Berriozábal	1829-1900
D-32	Gral. Calixto Bravo	1786-1878
I-20	P.A. Emilio Carranza	1905-1928
I-47	Dr. Nabor Carrillo Flores	1911-1967
I-46	Julián Carrillo Trujillo	1875-1965
I-40	Lic. Alfonso Caso	1896-1970
I-34	Lic. Antonio Caso	1883-1946
I-45	Rosario Castellanos Aguirre	1925-1974
D-20	Gral. José Ceballos	1831-1893
I-38	Francisco Javier Clavijero	1731-1787
I-28	Gral. Diódoro Corella	1838-1876
I-31	Gral. Santos Degollado	1811-1861
D-24	Lic. y Gral. Juan José de la Garza	1828-1895
I-30	Ing. Francisco Díaz Covarrubias	1833-1899
D-7	Salvador Díaz Mirón	1833-1928
I-16	Gral. Mariano Escobedo	1826-1902
C	Lic. Juan José Espinosa de los Monteros	1768-1840
D-28	Virginia Fábregas	1871-1950
I-11	Ricardo Flores Magón	1874-1922
I-5	Lic. Valentín Gómez Farías	1781-1858
D-22	Gral. Manuel González	1833-1893
D-26	Francisco González Bocanegra	1824-1861
I-42	Dr. Ignacio González Guzmán	1898-1972

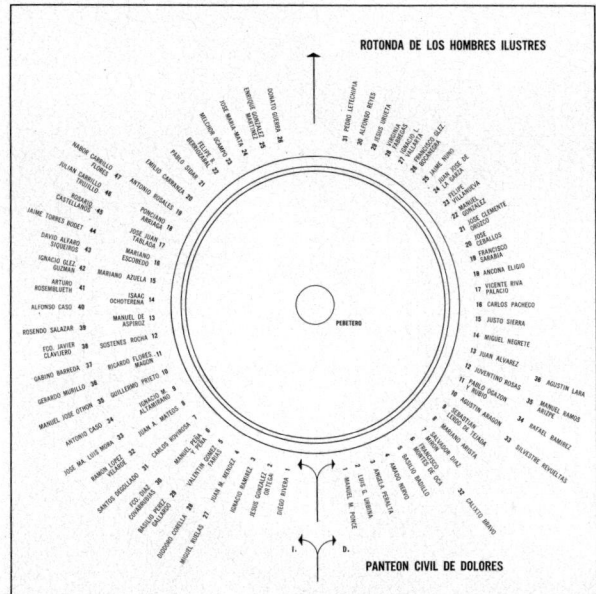

Rotonda de los hombres Ilustres. *Croquis de localización*

I-25	Dr. Enrique González Martínez	1871-1952
I-2	Gral. Jesús González Ortega	1822-1881
I-26	Gral. Donato Guerra	1832-1876
D-36	Agustín Lara Aguirre	1877-1970
D-9	Lic. Sebastián Lerdo de Tejada	1827-1889
D-31	Tte. Corl. Pedro Letechipía	1832-1876
I-32	Ramón López Velarde	1888-1921
I-24	Dr. José María Mata	1819-1895
I-8	Juan A.Mateos	1831-1913
C	Gral. Ignacio Mejía	1814-1906
I-4	Gral. Juan N.Méndez	1820-1894
C	Gral. José Vicente Miñón	1802-1878
D-6	Dr. y Gral. Francisco Montes de Oca	1837-1885
I-33	Dr. José María Luis Mora	1794-1850
I-36	Gerardo Murillo (*Dr. Atl*)	1857-1964
D-14	Gral. Miguel Negrete	1824-1897
D-4	Amado Nervo	1870-1919
D-25	Jaime Nunó	1824-1908
I-23	Melchor Ocampo	1814-1861
I-14	Dr. Isaac Ochoterena	1885-1950
D-11	Lic. y Gral. Pablo Ogazón y Rubio	1824-1890
D-21	José Clemente Orozco	1883-1949
I-35	Manuel José Othón	1858-1906
D-16	Gral. Carlos Pacheco	1839-189.1
I-6	Lic. Manuel Peña y Peña	1789-1850
D-3	Angela Peralta	1845-1883
I-29	Basilio Pérez Gallardo	1833-1889
D-1	Manuel M.Ponce	1882-1948
I-10	Guillermo Prieto	1818-1897
I-3	Ignacio Ramírez	1818-1879
D-33	Prof. Rafael Ramírez	1885-1959
D-35	Dr. Manuel Ramos Arizpe	1775-1843
D-34	Silvestre Revueltas	1899-1940
D-30	Alfonso Reyes	1889-1959

D-17	Lic. y Gral. Vicente Riva Palacio	1832-1896
I-1	Diego Rivera	1886-1957
I-12	Gral. Sóstenes Rocha	1831-1897
I-19	Gral. Antonio Rosales	1822-1865
D-12	Juventino Rosas	1868-1894
I-41	Dr. Arturo Rosemblueth	1900-1970
I-7	P.A. Carlos Rovirosa	1901-1930
I-27	Lic. Miguel Ruelas	1838-1880
I-39	Rosendo Salazar Alamo	1888-1971
D-19	P.A. Francisco Sarabia Tinoco	1900-1939
I-21	P.A. Pablo Sidar	1898-1930
D-15	Justo Sierra Méndez	1848-1912
I-17	José Juan Tablada	1871-1945
I-44	Jaime Torres Bodet	1902-1974
D-2	Luis G.Urbina	1868-1934
D-29	Jesús Urrueta	1868-1920
D-27	Ignacio L.Vallarta	1830-1893
D-23	Felipe Villanueva	1862-1893

Entre los epitafios inscritos en los monumentos, destacan los de Manuel M.Ponce: "Consideró un deber de todo compositor mexicano ennoblecer la música de su Patria, dándole forma artística, revistiéndola con el ropaje de la polifonía y conservando amorosamente las melodías populares que son la expresión del alma nacional"; de Luis G.Urbina: "Era un cautivo beso enamorado / de una mano de nieve que tenía / la apariencia de un lirio desmayado / y el palpitar de un ave en agonía"; de Angela Peralta: "El Ruiseñor Mexicano. Cantó como nadie ha cantado en el mundo y fue nuestra conspicua embajadora en los más altos emporios del arte musical"; de Amado Nervo: "El Uruguay a Amado Nervo"; de Salvador Díaz Mirón: "Lloro por más que la razón me advierta / que un cadáver no es trono demolido / ni roto altar, sino prisión desierta"; de Juventino Rosas: "Creador del inmortal vals Sobre las olas"; de Justo Sierra: "Maestro de América"; de Vicente Riva Palacio "Al benefactor de los mexicanos"; de Francisco Sarabia: "En junio 7 de 1939 halló la muerte gloriosa de los elegidos cuando la nación mexicana acariciaba sus proezas de bizarría y valor al poner en noble práctica el escudo simbólico de sus más gallardas esperanzas: por la grandeza de mi Patria triunfaré"; de Manuel González: "Era un brazo nomás, pero de. bronce; una mano nomás, pero de amigo"; de Francisco González Bocanegra y Jaime Nunó: "Monterrey a los autores del Himno Nacional"; de Alfonso Reyes: "Viajero: has llegado a la región más transparente del aire"; de Pedro Letechipía: "La Asociación Permanente Fraterno Militar de la Guarnición de la Plaza de México consagra este monumento al C. Teniente Coronel P.Letechipía que sucumbió heroicamente el 19 de marzo de 1876 en el punto llamado La Rinconada del Estado de Puebla. Gloria al valor. Honor al Mérito. Nació en Zacatecas en 1832. Murió combatiendo con 42 zapadores contra 250 enemigos. Vive para el Ejército"; de Donato Guerra: "Soldado esclarecido consagró su vida a la defensa de las instituciones liberales y mereció bien de la Patria"; de Melchor Ocampo: "Muero creyendo que he hecho por el bien de mi país cuanto he creído en conciencia que era bueno"; de Antonio Rosales: "Combatió contra los norteamericanos en 1847. Fue poeta y periodista distinguido. Venció a los franceses en la memorable batalla de San Pedro, Sinaloa, el 22 de diciembre de 1864. Murió el 24 de septiembre de 1865 combatiendo a los imperialistas"; de Mariano Azuela: "El gran novelista de la Revolución"; de Ricardo Flores Magón: "Campesino, cuando estéis en posesión de la tierra, tendréis libertad, tendréis justicia; porque la libertad y la justicia no se decretan, son el resultado de la independencia económica, esto es, de aprovechar para los suyos el producto íntegro de su trabajo"; de Manuel Peña y Peña: "Al sabio comentador de nuestras prácticas forenses. Al magistrado integérrimo que venció las pasiones políticas con el arma de la Ley. Al ciudadano insigne que presidió con dignidad el duelo de la Patria"; de Diego Rivera: "Orientador del arte y del contenido ideológico de la pintura, cuyo genio arquitectónico creó el Museo que donó a la Nación con el *atado de años* aquí reproducido y que nos enlaza a las raíces de nuestras antiguas culturas en el simbolismo de la unión eterna de nosotros dos y en el amor de la tierra mexicana"; de David Alfaro Siqueiros: "*El Prometeo*, dios mitológico que con el fuego anuncia una nueva sociedad"; y de Jaime Torres Bodet: "Esta piedad profunda es tierra mía; aquí, si avanzo, lo que toco es Patria; presencia donde siento a cada instante el acuerdo del cuerpo con el alma".

(Los restos de los Héroes de la Independencia reposan en la Columna de ese nombre en el Paseo de la Reforma; los de Vicente Guerrero y de Benito Juárez, en el Panteón de San Fernando; los de los Niños Héroes, en el Monumento que les fue erigido en el Bosque de Chapultepec; y los de los presidentes Francisco I. Madero, Venustiano Carranza, Plutarco Elías Calles y Lázaro Cárdenas, en el Monumento a la Revolución, igual que los del general Francisco Villa. Los constituyentes de 1917 tienen un lote especial en el Panteón de Dolores).

Por decreto del presidente José López Portillo, fueron inhumados en la Rotonda los restos del poeta Carlos Pellicer (3 de marzo de 1977) y del inter-

Pastor Rouaix

nacionalista Genaro Estrada (13 de abril de 1977). *M.H.M.*

ROUAIX, PASTOR, n. en Tehuacán, Pue., en 1874; m. en la Ciudad de México en 1949. Ingeniero topógrafo (1897) por la Escuela Nacional de Ingeniería, se trasladó a Durango en 1898. Allí levantó los planos de numerosas haciendas y por más de 10 años tuvo oportunidad de conocer la situación de miseria y servidumbre de los peones acasillados. Al lado del ingeniero Carlos Patoni, levantó la *Carta Geográfica del Estado de Durango*. Al iniciarse la Revolución se adhirió al maderismo, a cuyo triunfo se le designó jefe político de la capital del Estado (1911). Fue diputado local (1912) y otra vez jefe político, cargo al que renunció al ocurrir el cuartelazo de Victoriano Huerta. Gobernó Durango, con el carácter de provisional, del 4 de julio de 1913 al 25 de agosto de 1914. En ese lapso emitió $4 millones en papel moneda, garantizados con los impuestos locales; impulsó las industrias; expidió la primera Ley Agraria del país (3 de octubre de 1913) y con base en esa disposición, fundó en la Estación Gabriel un poblado que se llamó Villa Madero (20 de noviembre de 1913); y decretó la expropiación de los bienes de la Iglesia. Con la

División del Norte, estuvo en los combates que precedieron a la toma de Ciudad Lerdo (23 de marzo de 1914), Gómez Palacio (2 de marzo) y Torreón (3 de abril). El primer jefe Venustiano Carranza lo nombró oficial mayor encargado del despacho de Fomento y Colonización y más tarde de Industria y Comercio (del 26 de agosto de 1914 al 1º de mayo de 1917). Trató entonces de rescatar para la nación la propiedad del subsuelo, perdida desde 1884 a causa de onerosas concesiones, y exigió a los extranjeros usufructuarios de derechos de uso y dominio de tierras y aguas que renunciaran expresamente a la protección de sus gobiernos. En esta labor colaboraron con él los licenciados José Inés Novelo, Salvador Gómez y Marco López Jiménez. La Convención de Aguascalientes le ofreció la cartera de Fomento, que no aceptó, yendo a unirse con Carranza al puerto de Veracruz. Allí se promulgó la Ley Agraria del 6 de enero de 1915, cuyo autor fue el licenciado Luis Cabrera, y se fundó la Comisión Nacional Agraria, que repartió los primeros ejidos. Electo diputado por el distrito de Tehuacán de las Granadas al Congreso Constituyente de Querétaro (1916-1917), fue uno de los iniciadores y redactores de los artículos 27 y 123, que dieron origen a la reforma agraria, el primero, y a la reglamentación del trabajo, el segundo. Fue secretario de Agricultura y Ganadería a partir del 2 de mayo de 1917. En 1920 acompañó a Carranza rumbo a Veracruz y estuvo presente en los trágicos acontecimientos de Tlaxcalantongo (mayo). Posteriormente fue diputado federal (1924-1925 y 1925-1926), senador de la República (1927), secretario de Gobïerno (1928-1930) y gobernador provisional de Durango (septiembre de 1931 a septiembre de 1932). Es autor de: *El fraccionamiento de la propiedad en los estados fronterizos* (Durango, 1922), *Estudios sobre la cuestión agraria. Proyecto de ley* (Veracruz, 1914), *Génesis de los artículos 27 y 123 de la Constitución Política de 1917* (1923; 2a. ed., 1959), *Consideraciones generales sobre el estado social de la nación mexicana antes de la Revolución. Régimen político del Estado de Durango durante la Administración porfirista* (Durango, 1927), *Durango anterior a 1910* (Durango, 1927), *La influencia azteca en la República Mexicana* (1929), *Geografía del Estado de Durango* (Tacubaya, 1929) y *Diccionario geográfico, histórico y biográfico del Estado de Durango* (Tacubaya, 1939). Junto con Gerard Decorme y Atanacio G.Saravia publicó: *Manual de historia de Durango* (1952). En 1917 fundó el extinto Museo de Historia Natural del Chopo y donó a la Dirección de Geografía de la Secretaría de Agricultura una importante colección de mapas que lleva su nombre. v.Salvador Cruz: *Semblanza de Pastor Ronaix* (1967).

ROUGMAGNAC, CARLOS, n. hacia 1875 y m. en 1937 en la Ciudad de México. Periodista, redactó los artículos geográficos del *Diccionario de geografía, historia y biografía mexicanas* (París y México, 1910), obra que publicó junto con Alberto Leduc y Luis Lara Pardo. Escribió, además, *Elementos de policía científica* (1923) y tradujo *La sabiduría y el destino* de M.Maeterlinck (1935).

ROVIROSA, JOSÉ NARCISO, n. en Macuspana, Tab., en 1849; m. en la Ciudad de México en 1901. Ingeniero y naturalista, es autor de: *Nombres geográficos del Estado de Tabasco. Estudio etimológico* (1888), *Ensayo histórico sobre el río Grijalva* (1897) y *Pteridografía del sur de México* (1909, ed.póstuma).

ROVIROSA PÉREZ, CARLOS, n. en Villahermosa, Tab., en 1904; m. en Puerto Limón, Costa Rica, en 1930. Teniente piloto aviador (1927) por el Colegio Militar y la Escuela Militar de Aviación, combatió a los cristeros en Jalisco (1927) y a los rebeldes escobaristas (1929). El 11 de marzo de 1930, junto con Pablo L.Sidar, partió de Cerro Loco, Oax., con destino a Buenos Aires, en un vuelo sin escalas, pero su aparato, roto por una tempestad, cayó al mar frente a Puerto Limón, Costa Rica.

ROVIROSA PÉREZ, GUSTAVO ADOLFO, n. en Tabasco en 1900; m. en la Ciudad de México en 1970. Médico cirujano, prestó sus servicios en la Organización Mundial de la Salud y fue jefe de Salubridad y Asistencia Social ante el gobierno de Corea (1950-1957), presidente del Comité de Amigos de México y Corea y senador de la República (1964-1970).

ROVIROSA WADE, LEANDRO, n. en Villahermosa, Tab., en 1920. Ingeniero civil, ha sido jefe del Plano Regulador y Planificación del Departamento del Distrito Federal, director de Obras Portuarias de la Secretaría de Marina, presidente de la Cámara Nacional de la Industria de la Construcción, director de obras de la Presa Nezahualcóyotl, secretario de Recursos Hidráulicos (1970-1976) y gobernador del Estado de Tabasco (1976-).

ROZO, RÓMULO, n. en Bogotá, Colombia, en 1899; m. en Mérida, Yuc., en 1964. Estudió en la Escuela Nacional de Bellas Artes y en el Instituto Téc-

Rómulo Rozo

nico Central de su ciudad natal; en la Academia de San Fernando y en la Escuela de Arte, Artistas y Artesanos de Madrid (1923-1925); y en la Escuela de Bellas Artes y en las academias Julián, Colarossi y de la Grande Chaumiere de París (1925-1928). Enseñó escultura y dibujo en su país (1921-1923); dirigió la construcción y decoración del pabellón de Colombia en la Exposición Iberoamericana de Sevilla (1928-1929); pasó a México como agregado a la legación colombiana (1931); fue profesor de la Escuela Nacional de Artes Plásticas (desde 1933); diseñó la ornamentación del Hospital Morelos y de la Escuela Belisario Domínguez en Chetumal, recreando motivos mayas prehispánicos (1937-1938); dio clases de talla directa en la Escuela de Bellas Artes de Mérida (1946-1964) y en esa época realizó los monumentos a la Patria (1946-1957) y a la Canción (1958) en la capital yucateca, y a las Leyes de Reforma (1959-1960) en el puerto de Veracruz. Su mayor y mejor obra es el Monumento a la Patria, que ocupa en planta un cuarto de hectárea; dispuesto en semicírculo, presenta al frente una figura de 14 metros de altura, compuesta y orlada por motivos prehispánicos alegóricos, de la cual parten, a los lados, sendas franjas donde por medio de 400 personajes de la historia de México reconstruye to-

das las etapas de la vida del país. En la fachada posterior representó la ceiba sagrada, origen de la humanidad según los mayas. Entre sus esculturas de taller destaca *El Pensamiento* (un indígena sentado en el piso con la cabeza oculta bajo el sombrero), obra singular por su fuerte carga de sugerencias y extensamente reproducida después, con otro sentido, por los falsificadores.

RUBEL, ARTHUR J., n. en Shanghai, China, en 1924. Profesor de antropología en la Universidad de Carolina, del Norte, es autor de: *Economic Bases and Development Systems in Mesoamerica* (1956); *Epidemiology of a folk illness: susto* (1960); "*Concepts of disease in Mexican-American Culture*", en *The American Anthropologist* (1960); y "*Health and social relations*", en *Handbook of middle American Indians* (1960).

RUBEOLA. Conocida también como sarampión alemán, es una enfermedad exantemática de etiología viral. La enfermedad es frecuentemente subclínica en la infección postnatal, no así en la prenatal o congénita que origina serias malformaciones. El virus responsable de la infección es del grupo de los paramixovirus. La fuente de infección la constituyen las secreciones nasofaríngeas, la orina, la sangre y las heces de enfermos o casos subclínicos. El mecanismo de transmisión es por contacto directo o bien por medio de objetos contaminados. El período de incubación es de 2 a 3 semanas y el de transmisibilidad desde una semana antes de la aparición del exantema hasta 7 días después; sin embargo, los niños con rubeola congénita eliminan el virus por la faringe durante meses o años. Cuando la infección se adquiere después del nacimiento, el virus penetra por las vías respiratorias y se disemina ampliamente; el cuadro clínico está caracterizado por crecimiento ganglionar, exantema cutáneo, fiebre, cefalea, rinorrea y en casos excepcionales hay artralgias o manifestaciones de encefalitis. El exantema consiste en una erupción máculo-papular de color rosado que se inicia en la cara y después se generaliza a todo el cuerpo; no dura más de 3 días y desaparece sin dejar manchas. La infección produce inmunidad permanente. Cuando una mujer adquiere rubeola durante las 13 primeras semanas del embarazo, el virus puede atravesar la placenta, y ser causa de aborto en el 10 a 15% de los casos, o de malformaciones congénitas como cataratas, ceguera, sordera, retraso psicomotor y parálisis, en el 40% de los productos de madres infectadas. En los niños que adquieren la infección se debe hacer diagnóstico diferencial con sarampión y otras enfermedades exantemáticas como la escarlatina. En los casos de rubeola congénita el virus puede aislarse de la faringe y de la orina, así como de los órganos afectados, y se establece la diferenciación con toxoplasmosis, sífilis y septicemia; para ello se recurre a las pruebas específicas de laboratorio. El tratamiento es exclusivamente sintómático, o bien de rehabilitación en los casos de rubeola congénita. Para la prevención existen varias vacunas, a base de virus atenuados; en México no se producen, pues el problema de rubeola congénita es poco importante, ya que la mayoría de las mujeres adultas están inmunes. Por ello no existe una campaña de vacunación y la vacuna se administra únicamente a mujeres susceptibles. La rubeola es endémica, con elevación a principios de año; tiene una elevada incidencia en los niños, especialmente durante la edad escolar. En una encuesta serológica del Centro Médico Nacional en la Ciudad de México, se encontró que el 95% de los adultos tenían anticuerpos séricos, lo que probablemente significa que padecieron la enfermedad durante la infancia. Las tasas de morbilidad han sido de 10.1 por 100 mil habitantes en 1967, de 10.1 en 1968, de 6.2 en 1969, de 7.0 en 1970, de 9.7 en 1971 y de 6.8 en 1972. En 1971 hubo 17 defunciones por esta causa. La incidencia en los niños de la Ciudad de México es mayor que en otras partes del mundo, lo cual se relaciona con el hacinamiento y las malas condiciones de higiene.

RUBIALES CALVO, FRANCISCO (*Paco Malgesto*), n. en la Ciudad de México en 1916. Estudió en el Instituto Guadalupano. Huérfano de padre, trabajó desde los 9 años. Estudió taquimecanografía y ganó el premio Remington. Era vendedor de seguros cuando conoció al gerente de la XEQ, Enrique Contel. Se inició como cronista taurino el 9 de junio de 1940, en la plaza El Toreo. Ha continuado desarrollando esa actividad durante 36 años. Es comentarista de box desde 1945. La suya fue la primera voz que salió al aire en XEW Televisión Canal 2, en 1951. A partir de entonces es entrevistador y animador de toda clase de programas. Ha grabado programas en Europa y ocupado diferentes puestos en Televisa. Es fundador y miembro del Sindicato de Trabajadores de la Televisión.

RUBÍN DE LA BORBOLLA, DANIEL FERNANDO, n. en 1907. Estudió en Puebla, en Evanston, Ill., Estados Unidos, y en la UNAM. Recibió su título de antropólogo de la Secretaría de Educación Pública. Hizo cursos de especialización en el *U.S. National Museum*, bajo la dirección de Ales

34

Daniel F. Rubín de la Borbolla

Hrdlicka, y en la Facultad de Filosofía y Letras de la UNAM. Ha sido profesor de antropología física en el Museo Nacional de Arqueología, Historia y Etnografía y en la Facultad de Filosofía y Letras; de biología antropológica en la Escuela Nacional Preparatoria, y de otras materias en el Instituto Nacional de Antropología e Historia y en las universidades de Florida, San Marcos de Lima y Central de Caracas. Ha sido jefe del Departamento de Antropología Física del Museo Nacional, encargado de las exploraciones antropológicas en Monte Albán y Michoacán, director interino del Instituto de Investigaciones Sociales, director de la Escuela Nacional de Antropología, consejero de la Presidencia ante el Departamento de Asuntos Indígenas, secretario de El Colegio de México, director del Museo Nacional de Antropología, representante del Comité Organizador de los Juegos de la XIX Olimpiada en Africa, Europa Oriental y Centro y Suramérica, y jefe de Museos del Estado de México. En 1976, por encargo de la Organización de Estados Americanos, estaba organizando en Cuenca, Ecuador, el Centro Latinoamericano de Artesanías. Es autor de: *Informe de la 4a. temporada de exploraciones en Monte Albán, Oax.* (1934), *Exploraciones en Mitla* (en colaboración, 1935), *Indice bi-*

bliográfico del American Journal of Physical Anthropology (2 vols.; en colaboración, 1942), El arte indígena de Norteamérica (en colaboración, 1945), Los tarascos (1946), Obras maestras del arte indígena de México (Nuevo León, 1947), Las castas y las costumbres de México a través de su pintura (en colaboración; Nuevo León, 1949), Arte popular mexicano (Nuevo León, 1950), La cultura y el arte en las épocas precolombina y colonial (1951), Indumentaria indígena de la Sierra de Puebla (1951), México. Monumentos históricos y arqueológicos (2 vols., 1952), Guatemala. Monumentos históricos y arqueológicos (en colaboración, 1952), Honduras. Monumentos históricos y arqueológicos (en colaboración, 1952), Platería popular mexicana (1952), La charrería en México (1954), Posadas, Navidad y Reyes (1954), Los huicholes (1954), Las artes populares en el Estado de México (1957), La medicina en México (1959), Arte popular mexicano (La Habana, 1961), Las artes populares guanajuatenses (Guanajuato, 1961), Los tesoros artísticos del Perú (1962), Arte precolombino de Guerrero (1964) y L'Art Populaire. Le Mexique (1970). Otros trabajos suyos se han publicado en: Anales del Museo Nacional... (1932), American Journal of Physical Anthropology (1936), Revista Mexicana de Estudios Antropológicos (1937, 1938 y 1946), Anales del INAH (1938 y 1954), Cuadernos Americanos (1942), América Indígena (1955), Fundamental and Adult Education (1959), Nouvelles du Mexique (París, 1962), Homenaje a William C. Towsend (1963), Artes de México (1963), El libro y el pueblo (1965), Revista de Occidente (España, 1966), Boletín Olímpico (1966), Anales del Museo Michoacano (1969), American Antiquity (1969) y El tesoro de Monte Albán (1969).

RUBIO, DARÍO, n. en el Mineral de la Luz, Gto., en 1878; m. en la Ciudad de México en 1952. Cursó la preparatoria en la capital del Estado. Publicó un periódico dedicado a los mineros y más tarde fundó El Correo de Guanajuato. Radicado en la Ciudad de México, fue regidor del Ayuntamiento, jefe del Departamento Administrativo y director de varias sucursales del Nacional Monte de Piedad. Miembro de la Academia Mexicana de la Lengua, tuvo el cargo de secretario perpetuo de esa institución. Usó el seudónimo Ricardo del Castillo. Escribió: Ligeras reflexiones acerca de nuestro teatro nacional (1912), Los llamados mexicanismos de la Real Academia Española (1917), La anarquía del lenguaje en la América Española (1925), El lenguaje popular mexicano. Discurso (1927), Refranes,

proverbios, dichos y dicharachos mexicanos (1937) y El Nacional Monte de Piedad, conferencia ante el Primer Congreso Nacional de Asistencia (1943). v. Alberto María Carreño: La obra personal de los miembros de la Academia Mexicana correspondiente de la Española (1946).

RUBIO GORDÓN, JOSÉ LUIS. Dirige Documentación Iberoamericana. Ha publicado: Iberoamérica: libertad y revolución, La rebelión mestiza, La lucha sindical de Iberoamérica, Europa como evasión, Evolución sindical de Iberoamérica, La Alianza para el Progreso y Proyecto de integración iberoamericana.

RUBIO MANÉ, JORGE IGNACIO, n. en Mérida Yuc., en 1904. Estudió en Nueva Orleans y en la capital yucateca. Aprendió historiografía bajo la dirección del licenciado Juan Molina Solís. A los 20 años de edad comenzó a publicar trabajos históricos en los periódicos locales. En 1933 entró a formar parte del cuerpo de investigadores de la Institución Carnegie de Washington y durante 8 años trabajó en diversos archivos de Yucatán, Campeche y la Ciudad de México, al lado de los doctores Sylvanus G. Morley y France V. Scholes. Desde 1936 trabajó asiduamente en el Archivo General de la Nación. En 1937 estuvo becado en la Universidad de Harvard. Ha sido investigador del AGN (1944), profesor de historia en la Facultad de Filosofía y Letras, de la cual es decano (1944), becario de los archivos de Madrid y el General de Indias de Sevilla (1946), comisionado del Instituto Panamericano de Geografía e Historia ante la UNESCO para investigar los orígenes de la Independencia de América en los archivos de París, Londres, Madrid, Sevilla, Génova, Turín, Roma, Nápoles y Palermo (1956-1958), y director del Archivo General de la Nación (hasta 1976). Es miembro y exsecretario de la Academia Mexicana de la Historia, correspondiente de la Real de Madrid. Es autor de: Biografía sobre los Montejos, Monografía de los Montejos (Mérida, 1930); "Historia de la Escuela de Medicina y Cirugía de Yucatán, en Revista Médica de Yucatán (Mérida, 1934); Los piratas Lafitte (1938); "El Archivo General de la Nación" (1940) y "Apuntes para la biografía de don Luis Velasco el Viejo" (1941), en Revista de Historia de América; La casa de los Montejo en Mérida de Yucatán (1941), Alcaldes de Mérida de Yucatán (1941), Archivo de la historia de Yucatán, Campeche y Tabasco (I, II, III; 1942); "Reseña Histórica de Yucatán", en Catálogo de construcciones religiosas del Estado de Yucatán (1945); Juan (Emilio) Gustavo

Julio Ruelas: La crítica y Retrato de mujer

Nordingh de Witt. Emisario del Ministro Miguel José de Azanza, al servicio de José Bonaparte, que llegó a Yucatán el año de 1810 (1946), *Don Luis de Velasco, el virrey popular* (1946), *Movimiento marítimo entre Veracruz y Campeche, 1801-1810* (1954), e *Introducción al estudio de los virreyes de Nueva España, 1535-1746* (3 vols., 1955-1960). Puso notas y acotaciones a la *Historia de Yucatán* de fray Diego López de Cogolludo.

RUDA. *Ruta graveolens* L. Planta herbácea o arbustiva, fétida, amarga y glandulosa, de la familia de las rutáceas, originaria de Europa y cultivada en México en pequeña escala. Las hojas son glaucas o azuloso-cenicientas, lisas y con numerosos puntos transparentes, y están compuestas por 2 o 3 segmentos u ojuelas ovales, de borde entero o ligeramente crenado. Las flores son amarillas, actinomorfas, hermafroditas; el cáliz está formado por 4 sépalos persistentes; la corola es de 5 pétalos con el borde irregular; el androceo consta de 10 estambres un poco más cortos que los pétalos; y el gineceo es pentacarpelar, con el ovario súpero y superpuesto por un estilo corto. El fruto es capsular, dehiscente, con varias semillas en cada lóculo. El cocimiento de las hojas de esta planta se emplea como medicamento contra el dolor de cabeza; también como emenagogo y abortivo; pero su uso es peligroso, pues en dosis altas provoca gastroenteritis y envenenamientos graves.

En Tehuantepec, Oaxaca, denominan de igual manera a *Zanthoxylum procerum* Donn. Smith, ár-

bol hasta de 15 metros de altura, también de la familia de las rutáceas, con las hojas compuestas y las flores blancas, dispuestas en corimbos terminales; se le encuentra en Puebla, Oaxaca y Chiapas. En Quintana Roo llaman ruda a *Alvaradoa amorphoides* Liebm., árbol hasta de 20 metros de altura, de la familia de las simarubáceas, con las hojas compuestas y las flores blanco amarillentas o verdosas; prospera desde el sur de Chihuahua hasta Jalisco, y en Chiapas, Campeche, Yucatán y Quintana Roo.

RUELAS, JULIO, n. en Zacatecas, Zac., en 1870; m. en París, Francia, en 1907. Pasó a la capital de la República, junto con sus padres, en 1875. Fue alumno del Colegio Militar, pero a causa de un pasquín ilustrado, que sacaba manuscrito junto con José Juan Tablada, ambos fueron expulsados de la institución. Ingresó en la Academia de San Carlos, donde fue alumno de Rafael Flores. Muerto su padre, su madre lo envió a Europa en 1891. En la Escuela de Arte de la Universidad de Karlruhe, Alemania, estudió bajo la dirección de los pintores Mayerbeer, Klinger y Stuck, y recibió la influencia, para él decisiva, del pintor suizo-alemán Arnold Boklin (1891-1895). De regreso a México, se dio a conocer en la Exposición de la Academia de San Carlos de 1898. Ese año fundó, junto con Jesús E.Valenzuela, Amado Nervo, Rubén M.Campos, José Juan Tablada, José Manuel Othón, Balbino Dávalos y otros, la *Revista Moderna* órgano de difusión del pensamiento modernista (1898-1911).

Desde entonces se dedicó al género de la ilustración. En 1898, a plana entera, publicó en la revista *El Centauro en agonía* al que siguieron multitud de dibujos al carbón y a la pluma, orlas, *exlibris*, viñetas e ilustraciones —a menudo inspiradas en los encajes y en la orfebrería, tan poco comunes en el arte mexicano— que acompañan los nombres de Nervo, Olaguíbel, Othón, Tablada, Campos, Lugones, Darío, González Martínez, López y Urbina. A fines de 1904 embarcó para Europa, vía Nueva York, pensionado por la Academia para ir a reafirmar sus conocimientos. Salvo un viaje sentimental de recuerdo a Alemania (Baden, Berlín, Munich) y a Bélgica (Amsterdam, Ostende, Bruselas), radicó en París, donde bajo la dirección de J.María Cazin aprendió el arte del grabado al aguafuerte, su postrera y brillante especialidad plástica. Maestro consumado, hizo dibujos macabros, dolorosos y pavorosos, tratados siempre con un sentimiento poético dosificado por el agónico romanticismo germánico. De esta etapa son sus pequeños cuadros al pastel: *El sátiro ahogado, El Duelo* y *Paleta*. Atisbos de una nueva ruta, la del pintor inspirado en la realidad mexicana, tan prontamente abandonada por él, son sus óleos *Ahuehuetes de Chapultepec* (1896), *Estudio de un árbol* (1899), *Huerta de Durango* (1899) y diversas marinas y costas de Saint Malo (1906). Sobresalientes, empero, son sus retratos, en los que la verdad y la sinceridad son lo característico: *El papelero* (1896) y sus variantes; *El caballero con sombrero de copa* (1899), el de la señora Larquet (1899), los dos de su hermana (1897), la pequeña tela de su madre muerta (1901), *El general Rocha y su estado mayor* (1901), el retrato de Rubén M.Campos (1902) y *Don Jesús Luján entrando a la Revista Moderna* (1904). Cuadros pequeños, la mayoría, en que se encuentra la nota acabada del miniaturista. La última época de su vida artística la llena su obra de grabador al aguafuerte. Dejó sólo 9 obras producidas entre 1906 y 1907 en París: *La escalera del dragón, La muerte, La esfinge, La caridad, Fuegos fatuos, La Medusa, El suplicio de la reina mora, El murciélago* y *La crítica* (autorretrato). Trató de representar la conciencia de lo frustrado. "Previó su juventud traicionada, y aun cuando esta obsesión es parte de su tributo al romanticismo de su época —un fin de siglo Werthiano y neurótico—, en él fue problema hondo, sincero", dice Salvador Toscano. Espíritu de angustia del que sólo la mujer y cierto erotismo eran el bálsamo. En sus dibujos es constante la presencia de la muerte, a veces trágica. v.*Revista Moderna* (director Jesús E.Valenzuela, 1898-1903; y Amado Nervo, 1903-1911); Justino

1

Enrique Ruelas Espinosa

Fernández: *Arte moderno y contemporáneo de México* (1952); Salvador Toscano: "Homenaje a Julio Ruelas, 1870-1907", y José Miguel Quintana: "Fichas para la bibliografía de Julio Ruelas", en *Boletín Bibliográfico de la Secretaría de Hacienda y Crédito Público* y en el *Suplemento* (1957; núms. 117 y 118); Jorge Juan Crespo de la Serna: *Julio Ruelas* (1967); Teresa del Conde: *Julio Ruelas* (1976).

RUELAS ESPINOSA, ENRIQUE, n. en Pachuca, Hgo., en 1913. Abogado (1943) por la Universidad de Guanajuato, ha sido profesor en esta casa de estudios y en la UNAM; representante del Departamento de Cooperación Intelectual de la SEP, en la rama de teatro y cine, ante la UNESCO (1947-1949); secretario del Centro Mexicano de Teatro (1949-1963); subdirector del Instituto de Cultura Cinematográfica de la Universidad Iberoamericana (1957-1960), director del Teatro de la Televisión (Canal 4, 1951), director de la televisión (Canal 8, 1969), jefe del Departamento de Actividades Estéticas de la Escuela Nacional Preparatoria y de Literatura Dramática y Teatro de la Facultad de Filosofía y Letras (1976). Es el creador de las representaciones de los *Entremeses* cervantinos en la ciudad de Guanajuato, puestos en escena todos los años, bajo su dirección y al aire libre, desde 1953. Otras obras puestas por él en escena, son: *Don Juan Tenorio* (1943), *Arsénico y encaje* de Joseph Kesserly (1952 y 1953), *Pasos* (1955), *La soga* de Patrick Hamilton (1959), *El Tiempo es un*

22

Juan Mauricio Rugendas: **Tortilleras poblanas en un portal** y **Entretenimiento musical**

sueño de H.R. Lennormand (1948 y 1950), *El emperador Jones* de E. O'Neill (1949-1950), *Saber morir* de W.Cantón (1951), *Retablillo jovial* (desde 1958), *El Caballero de Olmedo* de Lope de Vega (1962-1968), *Yerma* de Federico García Lorca (desde 1963) y *Estampas del Quijote* (desde 1972).

RUGENDAS, JUAN MAURICIO, n. en Ausburgo, Alemania, en 1802. Descendiente de una familia de connotados grabadores y pintores desde el siglo XVI e hijo de Juan Lorenzo Rugendas, director de la Academia de Arte de Ausburgo, estudió pintura en Munich. Visitó América por vez primera en 1821, acompañando al barón de Langsdorff, cónsul de Rusia en Brasil, en donde viajó febrilmente y pintó con avidez (1821-1825). Reproducidas en litografías, 25 de esas obras se publicaron en *Viaje pintoresco a Brasil* (París 1827-1835), con texto de E.Huber en alemán y francés. Después visitó Francia, Italia e Inglaterra (1825-1830) y regresó al Nuevo Mundo (1831). Recorrió Haití (1831), México (1831-1834), Chile (1834-1840), Perú (1841-1844) y Uruguay, Argentina y Brasil (1845-1846). Desde Pernambuco regresó a Europa después de 15 años, no sin antes haber ejecutado un retrato de Pedro II. Fruto de sus andanzas por la República Mexicana (estados de Veracruz, Puebla, Hidalgo, México, Guerrero, Michoacán, Jalisco y Colima) fue una colección de 1,600 pequeños cuadros con los paisajes y escenas más característicos de cada una de las regiones que visitó. Pintó, además retratos de mujeres y hombres, algunos

aborígenes, monumentos arqueológicos, coloniales y artísticos. Un grupo de 18 de sus pinturas mexicanas fueron reproducidas en litografías a color por Christian Sartorius en *México. Landschaftshilder und Skrizzen ans dem Volkslchen* (Berlín, 1855), traducido al inglés en Londres (1858) y en Nueva York (1860) con el título de *México, Landscapes and Popular sketches*. En 1925 el antiguo Museo Nacional de Arqueología, Historia y Etnografía obtuvo en canje, del Museo Etnográfico de Berlín, 37 pinturas al óleo de Rugendas, parte de las cuales se exhiben en la galería del siglo XIX del Museo Nacional de Historia (Chapultepec). De ellas, 12 son retratos de damas y caballeros de Jalapa, Córdoba y Veracruz, de gran fidelidad, destacando el de *Doña Luisa C. de Jiménez*; 7 son representaciones de tipos étnicos de ese Estado, sobresaliendo *Salteador de diligencias* y *Poblanas y tortilleras a la entrada de una casa*; 8 escenas costumbristas; y el resto, vistas diversas, como *Interior de una casa en Jalapa, Trapiche de Tyzamapa, Alameda en México*, tal vez las ·mejores; y *Entrada a Jalapa con el Cofre de Perote, Bosque sagrado en Chapultepec* y *Barranca de Jamapa*. Mauricio (Moritz en alemán) Rugendas se identificó en tal forma con las costumbres y problemas mexicanos, que pronto se vio mezclado en una conspiración contra el presidente Anastasio Bustamante; preso por unos meses, se le expulsó del país y marchó a Chile, donde produjo lo mejor de su gran obra pictórica documental. Desde el punto de vista artístico, se anticipó a la corriente

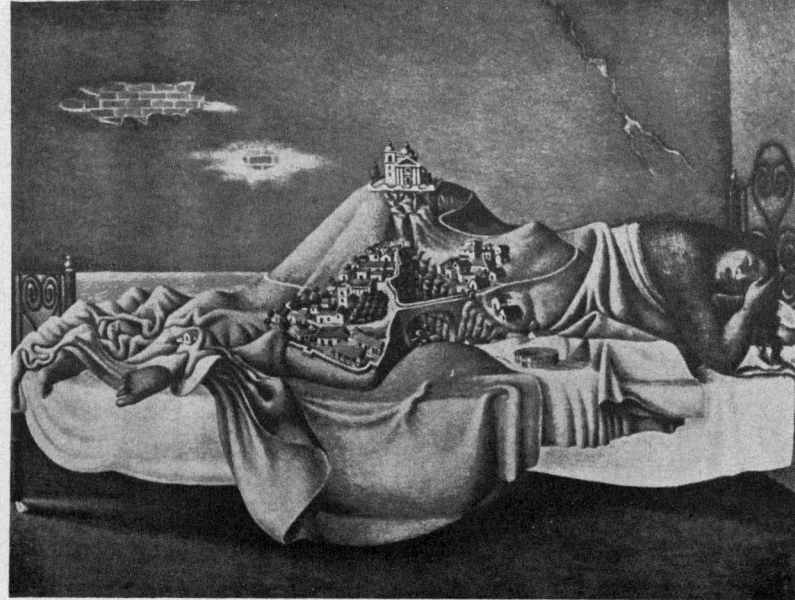

1

Antonio M.Ruiz: Autorretrato y La Malinche

costumbrista de Estrada, Serrano, Miranda y Arrieta. v.Luis Alvarez Urquieta: "El pintor Juan Mauricio Rugendas", en *Boletín de la Academia Chilena de la Historia* (Santiago de Chile, 1940); Federico Hernández Serrano: "Juan Moritz Rugendas y su colección de pinturas costumbristas", en *Anales del INAH* (1947); y J.M. Rugendas. 1802-1855. Exposición en México. 1959.

RUIZ, ANTONIO M., n. y m. en la Ciudad de México (1897-1964). Cursó la preparatoria en Morelia y en 1916 ingresó a la Escuela Nacional de Bellas Artes (antigua Academia de San Carlos). Enseñó dibujo en las escuelas primarias (desde 1923), construcción de maquetas técnicas en el Instituto Politécnico Nacional (desde 1932) y escenografía y perspectiva en la UNAM (desde 1938). En 1942 se le nombró director de la Escuela de Pintura y Escultura La Esmeralda, cargo que desempeñó hasta 1954. Expuso su obra pictórica por vez primera en Buenos Aires (1927) y después en Sevilla, Bruselas y varias ciudades de Estados Unidos. Un mural suyo, pintado en 1935 en el edificio del Sindicato de Trabajadores de la Industria Cinematográfica, fue destruido en 1943. En San Francisco, California, colaboró en 4 grandes murales portátiles en *The Pacific House*. Su obra de caballete está formada por óleos y gouaches de pequeñas dimensiones, pero de honda raíz popular y profundo valor humano, a menudo satírico. En la Compañía Cinematográfica Latino Americana (CLASA) dirigió la construcción de escenarios. Proyectó los decorados para varias piezas de teatro (*Diferente* de O'Neill y *El Gesticulador* de Usigli, entre otras) e hizo la escenografía y el vestuario para algunas representaciones de las compañías de Ana Sokolov y Nelly Campobello. Dijo de él Diego Rivera que era el pintor "más maduro, fuerte, tierno, irónico y familiarmente mexicano".

RUIZ, GABRIEL, n. en Guadalajara, Jal, en 1915. Tocó el piano a los 5 años de edad; y a los 20, cuando cursaba la carrera de medicina, se dedicó por entero a la música. Becado por la Secretaría de Educación Pública, se recibió de concertista en el Conservatorio Nacional. Fue profesor 3 años en el Instituto Nacional de Bellas Artes. En 1935 presentó por la radiodifusora XEW sus canciones *Un día soñé, Buenas noches mi amor* y *Entre tú y yo*; y a partir de entonces hizo lo propio con otras series periódicamente, hasta sobrepasar las 300 composiciones, habitualmente interpretadas por Gloria Luz y José Luis Caballero. Su primer disco lo hizo con la canción *Amor, amor*, grabada después en otros 10 idiomas; y la segunda con *Mar*. En 1949 compuso *La parranda*, muy popular en Estados Unidos. Entre sus mejores obras se cuentan: *Desesperadamente, Un minuto, La cita, Usted* y *Condición*. Las letras son de Ricardo López Méndez, el *Chamaco* Sandoval, José Antonio Zorrilla y Gabriel Luna de la Fuente. En 1945 hizo en Hollywood la música para la película *Mexicana*.

RUIZ, LEOBARDO, n. en la hacienda de Santiago, Zac., en 1894; m. en la Ciudad de México en 1965.

Muy joven pasó a la capital de la República, entró a trabajar en los Ferrocarriles y llegó a ser secretario de la Unión de Aprendices Mecánicos. En 1910 ingresó al Colegio Militar y 4 años después militaba en las filas revolucionarias al lado de Venustiano Carranza. Fue subjefe de las fuerzas de seguridad de los Ferrocarriles Constitucionalistas, en cuyo carácter organizó el Cuerpo de Resguardo del Ferrocarril Mexicano; comandante y subdirector de la Maestranza de Artillería; profesor de equitación en el Colegio Militar, becado a Europa en 1926 para perfeccionarse; subjefe del Departamento de Caballería de la Secretaría de Guerra y Marina; y subdirector (1931) y director (1954) Del Colegio Militar. Miembro del servicio exterior, fue cónsul en Holanda (1935), encargado de negocios (1937) y ministro consejero en Francia, agregado militar en Washington y en Canadá y embajador plenipotenciario en Perú (1952). Alcanzó el grado de general de división (1946). Es autor de: *Veinte discursos.*

RUIZ, MANUEL, n. en Oaxaca, Oax., en 1822; m. en la Ciudad de México en 1871. Abogado (1845) por el Instituto de Ciencias y Artes del Estado, fue secretario general de Gobierno en 8 administraciones liberales (v.OAXACA, ESTADO DE). Santa Anna lo deportó a Atlixco, pero al triunfo de la revolución de Ayutla fue electo diputado al Congreso de la Unión y el Presidente Comonfort lo nombró ministro de Justicia, Negocios Eclesiásticos e Instrucción Pública (20 de septiembre al 16 de diciembre de 1857). Fue ministro universal del presidente Juárez el primer día de la administración de éste (19 a 20 de enero de 1858) y de Justicia durante toda la Guerra de Tres Años (hasta el 20 de enero de 1861). Se le atribuye haber redactado las leyes del 12 y el 23 de julio de 1859 sobre nacionalización de los bienes del clero secular y regular, una, y sobre el matrimonio civil, la otra. La primera, además, dispuso "la perfecta independencia entre los negocios del Estado y los puramente eclesiásticos" y la supresión en toda la República de las órdenes de regulares y los noviciados de religiosas. La segunda, cuyo artículo 1º señala que "el matrimonio es un contrato civil que se contrae lícita y válidamente ante la autoridad civil", pudiendo después los casados recibir las bendiciones de los ministros de su culto, contiene en el artículo 15 el texto que debe leérseles a los contrayentes y que comúnmente se conoce como *La epístola de Ocampo.* Fue éste y no Ruiz, en efecto, quien escribió esa exhortación. Ruiz, en cambio, escribió las circulares con que el ministerio acompañó los ejemplares de las leyes enviadas a los gobernadores. Fue después diputado federal, ministro de la Suprema Corte y gobernador nominal de Tamaulipas, pues cayó prisionero de los imperiales (1863). Puesto en libertad, combatió a los invasores, se distanció de Juárez y murió siendo director del Registro Público de la Propiedad en la Ciudad de México.

RUIZ, MARIANO N., n. en San Cristóbal de Las Casas, Chis., en 1857; m. en 1945. Recibió las órdenes menores en el Seminario Conciliar de su ciudad; donde además estudió leyes y escribió una gramática que se tomó como texto. Enfermo de la vista, dejó sus estudios y viajó a Estados Unidos; cursó odontología y compuso *Calendario perpetuo de cartera* (1883). Sin titularse, volvió a su tierra (1884) y poco después se estableció en Comitán. Publicó: *La dentadura natural y artificial* (1894), destinada al pueblo, en la que el autor, anticipándose a su época, supone que la fluorina es "la que proporciona la dureza del esmalte de los dientes"; *Nueva teoría cósmica* (1925) y otras obras.

RUIZ, RAMÓN EDUARDO, n. en Pacific Beach, California, Estados Unidos, en 1921. Maestro en artes por el Colegio Claremont (1948), doctor en filosofía y letras por la Universidad de California (Berkeley, 1954), y profesor en las universidades de Nuevo León (1965-1966), California y San Diego (1970), es autor de: *Out from Under: Benito Juárez and México's Struggle for Independence* (1969), *South by Southwest: The Mexican American and his Heritage* (1969) e *Interpreting Latin American History* (1970).

RUIZ ARMENGOL, MARIO, n. en el puerto de Veracruz en 1911. Su padre era director de orquesta y su madre, cantante. Pasó con su familia a México e ingresó a una escuela de música, donde aprendió a tocar todos los instrumentos de aliento. En el Conservatorio Nacional hizo estudios de piano. Tocaba en teatros y cines cuando tenía 17 años de edad. Roberto Soto le entregó la batuta de su padre, que había salido de gira, para que dirigiera las funciones en el Teatro Lírico. En 1931 fue contratado por la radiodifusora XEW. Hizo arreglos y empezó a componer música; formó su propia orquesta y fue acompañante de Jorge Negrete, Luis G.Roldán y Pedro Vargas. Sus más conocidas melodías son: *Tengo miedo, Ausencia, Estoy enamorado, Por qué llorar, Aun cuando tú no me quieras* y *¿Por qué te vas?* Instrumentó la música de varias películas y grabó sus canciones en discos; su mayor éxito fue *Muchachita.*

RUIZ CORTINES, ADOLFO, n. y m. en Veracruz, Ver. (30 de diciembre de 1890-3 de diciembre de 1973). Fueron sus padres Adolfo Ruiz Tejeda, quien murió 2 meses antes de que el naciera, y María Cortines, que consagró su viudez al cuidado y educación de sus hijos María y Adolfo. Estudió primaria en la escuela anexa al templo de la Pastora e inició el bachillerato en el Instituto Veracruzano, pero al cuarto año abandonó las aulas y se empleó como ayudante de contador en la casa comercial del español Julián Aragón. Seis años permaneció en ese empleo y a los 22 de su edad se mudó a la Ciudad de México (1912). Hizo amistad con el ingeniero Alfredo Robles Domínguez; y cuando ocurrió el asesinato del presidente Madero (febrero de 1913), se unió a aquél en su lucha contra el usurpador. Pronto se convirtió en un activo agente del carrancismo en la capital de la República. En agosto de 1914 el ejército federal se rindió a los revolucionarios, Victoriano Huerta abandonó el país, Venustiano Carranza ocupó la plaza y Robles Domínguez fue nombrado gobernador del Distrito Federal (día 16). Ruiz Cortines permaneció a su lado, auxiliándolo en labores administrativas, y un mes más tarde continuó en esa tarea cerca del general Heriberto Jara. A fines de 1914 éste se encargó de retomar gradualmente los puntos que iban siendo desalojados por los norteamericanos en el puerto de Veracruz, invadido desde el 21 de abril de 1913. Ruiz Cortinez lo acompañó en esa misión, con el grado de capitán segundo, hasta el 23 de noviembre en que las fuerzas de Estados Unidos entregaron formalmente la ciudad al general Cándido Aguilar. En 1915 y 1916, ya ascendido a capitán primero, desempeñó las funciones de civil adjunto y pagador de la Brigada Muriel, en las fuerzas al mando del general Jara. Estuvo con él en el Estado de Guerrero, cuando fue nombrado gobernador, y en El Ebano, al ser atacado por los villistas. Triunfante la revolución constitucionalista, sirvió varios empleos, y en 1920, al ocurrir la sublevación de Agua Prieta, se puso al lado de los rebeldes. Después de las acciones de Rinconada y Algibes, se le encargó hacer el inventario del tesoro capturado a los carrancistas, tarea en la que cobró notoriedad por la absoluta honradez de que dio muestra. Ese mismo año fue secretario particular del general Jacinto B. Treviño, ministro de Industria y Comercio. En 1921 se le dio un puesto de funcionario menor en el recién creado Departamento de Estadística, donde permaneció 14 años. En 1935 se le nombró oficial mayor del Departamento del Distrito Federal. Conoció al joven abogado Miguel Alemán e inició su carrera

política: en 1937 fue electo diputado por el Distrito de Tuxpan a la Legislatura de Veracruz y en 1939 se le nombró secretario general de Gobierno. En 1945 el licenciado Alemán asumió la jefatura de la campaña presidencial del general Manuel Avila Camacho y Ruiz Cortines la tesorería. Aquél, en 1946, fue nombrado secretario de gobernación, y éste a su vez, oficial mayor de esa dependencia, cargo que desempeñó durante 3 años, hasta 1944, en que fue electo gobernador de Veracruz. Su administración no tuvo aspectos relevantes, salvo el haber instituido las Juntas de Mejoramiento Moral, Cívico y Material, por medio de las cuales se dio participación en esos aspectos del gobierno a todos los sectores sociales. Rechazó todo formalismo y solemnidad, y como cualquier ciudadano concurría a tomar café en La Parroquia y a jugar al dominó. Dos años después el licenciado Alemán tomó posesión de la Presidencia de la República y nombró secretario de Gobernación al doctor e historiador Héctor Pérez Martínez, quien murió el 12 de febrero de 1948 a consecuencia de un mal cardiaco. Para sustituirlo, fue llamado Ruiz Cortines, quien renunció a la gubernatura y el 30 de junio asumió el ministerio, del cual habría de salir en 1951 para emprender, a su vez, su campaña como candidato presidencial. La sucesión del presidente Alemán ofrecía graves dificultades, pues la precandidatura del general Miguel Henríquez Guzmán implicaba el retorno al poder de los militares, y el alemanismo ortodoxo el peligro de acabar con las conquistas sociales obtenidas en tiempos del general Cárdenas. Ruiz Cortines fue la fórmula conciliatoria, pues no obstante su amistad con Alemán, era bien conocido su criterio de socialista moderado, su patriotismo y su honorabilidad; el ejército no lo veía con hostilidad y su elección afirmaría el civilismo presidencial. Se le postuló, pues, candidato del Partido Revolucionario Institucional, resultó electo y asumió la presidencia el 1° de diciembre de 1952. Durante la campaña hubo frecuentes enfrentamientos con los henriquistas.

Su acceso a la primera magistratura ocurrió en un ambiente tenso. El gobierno de su antecesor, sin duda gran impulsor de la industrialización, estaba sin embargo manchado por la corrupción de sus funcionarios y una grave inflación se había generalizado en virtud del considerable aumento del dinero circulante. Ruiz Cortinez anunció que sus propósitos eran la unificación nacional, un gobierno honesto y la disminución del costo de la vida, todo lo cual se lograría con la aplicación al "trabajo fecundo y creador". Como los alemanistas dieran muestras de

Adolfo Ruiz Cortines

hostilidad, propició la creación de un Bloque de Unidad Obrera (BUO), que por un tiempo logró reunir centrales y sindicatos hasta entonces muy distanciados entre sí. En impresionantes concentraciones masivas el BUO manifestó públicamente su apoyo al presidente. Empeñado en abaratar el costo de la vida, sobre todo en el renglón de alimentos, el gobierno cuidó de atender la producción en el campo; mantuvo en armonía los sistemas ejidal y de pequeña propiedad; observó fielmente las reformas al artículo 27 constitucional realizadas por su antecesor, cuya intención fue proteger a los pequeños propietarios, pero no suspendió el reparto de tierras a los campesinos desposeídos. En comparación con las dos administraciones inmediatamente anteriores, fue la que menos dotaciones otorgó: de 1940 a 1946, se repartieron 6.6 millones de hectáreas; de 1946 a 1952, 5.4; y de 1952 a 1958, 3.5. En su mensaje final al Congreso (1958), advirtió que ya no restaban muchos terrenos afectables. Se expropiaron sin embargo, los latifundios propiedad de extranjeros de Cananea, San José Cloete y Bavícora, ubicados en Sonora, Coahuila y Chihuahua, respectivamente, para lo cual entró en arreglos satisfactorios con sus dueños en materia de indemnizaciones. Fue, a cambio, el presidente que en rela-

ción con sus antecesores, realizó mayor volumen de obras de riego. Desde 1926, en que el gobierno federal inició la política de irrigación, hasta 1952, habían sido beneficiadas 1.482,000 hectáreas, mientras su administración, en 6 años, irrigó una extensión adicional de 1.128,000 hectáreas, en las cuales se invirtieron $3,056 millones. De 1952 a 1958 la Secretaría de Recursos Hidráulicos gastó $1,542 millones en trabajos de mejoramiento de tierras a grande y mediana escala, y los estados y municipios $400 millones más, por lo cual los gastos en ese ramo, incluyendo la contención y previsión de inundaciones, ascendieron a cerca de $2 mil millones. En el conjunto de estas obras destaca la Presa Falcón, proyecto internacional en beneficio de las tierras de ambas márgenes del bajo río Bravo. Su nombre se debe a la memoria del capitán Elías María de la Garza Falcón, quien en 1750 pretendió sin conseguirlo canalizar los ríos tributarios del Bravo para irrigar las áreas ahora beneficiadas, entonces todas pertenecientes al territorio de Nueva España. Fue inaugurada el 19 de octubre de 1953 por los presidentes de Estados Unidos y México, Dwight D.Eisenhower y Adolfo Ruiz Cortines, y ello dio ocasión a que uno y otro expresaran las buenas relaciones entre ambos países, base de la política internacional mexicana. Además, fomentó y mantuvo en actividad las comisiones del Papaloapan, Tepalcatepec, Río Fuerte, Valle de México, Yaqui y Grijalva-Usumacinta, en cuyos trabajos invirtió $1,500 millones. En la Comisión del Valle de México gastó $112 millones para el control de inundaciones y el abastecimiento de agua potable al área metropolitana, cuya demanda era cada vez mayor. Los bancos Agrícola y Ejidal otorgaron $6,355 millones de crédito a los campesinos. Estableció los precios de garantía para las cosechas y el Seguro Agrícola, y otorgó subsidios a los comerciantes de productos básicos alimenticios. Con estas medidas logró un aumento en la producción agrícola de 6% anual promedio y que los precios se estabilizaran. Sin embargo, no se logró la autosuficiencia en la producción de alimentos y hubo que recurrir a la importación.

Puso atención a los recursos marítimos y formuló un Programa de Progreso Marítimo, que la publicidad sintetizó como Marcha al Mar. Comprendía la creación y mejoramiento de 70 puertos, comunicaciones interoceánicas y enlaces del altiplano a las costas. Los litorales, de antiguo insalubres, fueron saneados en coordinación con uno de los organismos de las Naciones Unidas; la Campaña Nacional para la Erradicación del Paludismo, mal endémico

El presidente Ruiz Cortines con el general Lázaro Cárdenas

Los presidentes Eisenhower y Ruiz Cortines

en esas regiones, tuvo un costo de $250 millones, de los cuales México aportó 150. La marcha al mar se inició en 1953 y aún perdura.

Fomentó la industria y prosiguió la política desarrollista de su antecesor. El Banco de México fue generoso en el otorgamiento de créditos para fortalecer esa actividad y fomentar la creación de nuevas fuentes de trabajo. Se logró un aumento de la producción industrial de un 8% como promedio anual. Sin embargo, la inversión privada se mostró reticente. Otra preocupación del gobierno fue la extensión de las comunicaciones terrestres. Se invirtieron $4,495 millones en la operación, construcción, rehabilitación y mejoramiento general de vías, equipos y fuerza de tracción de los Ferrocarriles; y se construyó una planta constructora de carros de ferrocarril. La red de caminos federales y estatales casi se duplicó en el sexenio. No importó tanto la calidad de estas vías como su número y longitud, pues importaba ante todo comunicar, y la mayoría se hicieron con especificaciones mínimas, aunque transitables en todo tiempo. Para afrontar esos gastos, el gobierno prefirió recurrir a los bancos Mundial y de Exportaciones e Importaciones, y no al aumento de los impuestos.

La explotación del petróleo fue materia de un plan sexenal (1952-1958), para aprovecharlo no solamente como materia prima de exportación, según se había acostumbrado hasta entonces, sino tambien para obtener de este hidrocarburo productos que anteriormente se importaban. En el sexenio se instalaron refinerías, plantas auxiliares y una red de almacenamiento y distribución para el consumo doméstico. Empezaron a producir las plantas refinadoras de Azcapotzalco y Ciudad Pemex. El financiamiento no provino de inversiones o créditos extranjeros, ni del alza de precio de los combustibles, sino de la emisión de bonos estabilizados conforme a un plan exclusivamente mexicano. Se logró así un aumento en la producción de casi el 50% y las exploraciones aumentaron en mil millones de barriles las reservas de petróleo. Por decreto del 29 de noviembre de 1958, se asignaron a Petróleos Mexicanos los terrenos comprendidos en las concesiones otorgadas de acuerdo con la legislación de 1925 y 1928; y se derogaron las de almacenamiento y transporte, cuyos beneficiarios pasaron a ser contratistas de Pemex. La Comisión Federal de Electricidad incorporó al sistema a 627 localidades. La producción de las empresas eléctricas extranjeras aumentó también, aunque su generación era por medio de plantas termoeléctricas, a muy alto costo y grandes cantidades de petróleo usado como combustible.

En abril de 1954 se decretó la devaluación del peso frente al dólar norteamericano, cuya paridad pasó de 8.65 a 12.50. Esta medida se adoptó ante el fuerte desnivel de la balanza comercial (Dls.87 millones en 1953), aun cuando era menor que el de 1951 (Dls.101 millones). Las reservas de divisas del Banco de México mermaron en Dls.44 millones durante los primeros meses de 1954, mientras que en los 3 años anteriores sólo habían disminuido en Dls.55 millones. El secretario de Hacienda, Antonio Carrillo Flores, estimó que una devaluación tan severa aseguraría la estabilidad del peso durante largo tiempo, como en efecto sucedió en la práctica, pues no se registró otra sino hasta 1976, 22 años después. La medida se criticó duramente, pues a pesar de la fuga de capitales, las reservas del Banco de México no se habían agotado. El gobierno, a su vez, señaló que las consecuencias serían "la reducción de importaciones de artículos no indispensables, el aumento de las exportaciones y de la inversión privada, especialmente la extranjera, y el mayor ingreso de divisas por la vía del turismo extranjero". México•hubo de someterse a la aprobación del Fondo Monetario Internacional, del cual formaba parte; y efectuó consultas con Estados Unidos en cumplimiento del convenio de estabilización firmado con ese país.

Se respetaron las posiciones políticas que tradicionalmente habían tenido las organizaciones obreras y a los trabajadores se les otorgaron aumentos bianuales de salarios; los sindicatos, aceptaron las fórmulas conciliatorias; y aun concedieron a los patrones mayor libertad administrativa, como en el caso del Sindicato Mexicano de Electricistas, que cedió a la Compañía de Luz y Fuerza buen número de empleos de confianza. Las remuneraciones a los trabajadores al servicio del Estado aumentaron en promedio de $300 millones en cada ejercicio presupuestal, ya incluido el aguinaldo, que se estableció desde 1954. El secretario de Trabajo, licenciado Adolfo López Mateos, se conquistó la simpatía de los obreros y patrones, gracias a lo cual de los 62,191 conflictos que le fueron planteados, sólo 13 culminaron en la huelga. Un problema insoluble fue la emigración masiva de trabajadores mexicanos a los Estados Unidos, en busca de empleos mejor pagados, aunque a cambio, muy a menudo, de un trato denigrante. Este se evitó en cierta medida por medio de convenios que se concertaron con el gobierno norteamericano. Los servicios y beneficios del Instituto Mexicano del Seguro Social se extendieron a todos los estados de la República, y aun a pequeños grupos de campesinos, con lo cual se duplicó el número de los derechohabientes.

En el Distrito Federal se realizaron profundos cambios, introducidos por el régente Ernesto P.Uruchurtu. Se construyeron vías periféricas, se emprendieron grandes obras de captación y distribución de agua potable y se instalaron nuevos mercados, entre ellos el de La Merced. En materia educativa se incrementó modestamente lo conseguido por los regímenes anteriores. Se abrieron numero-

sas escuelas particulares, por lo general confesionales, cuyos servicios se ofrecían de preferencia a los sectores económicamente pudientes. El gobierno mantuvo relaciones cordiales con la Iglesia. La señora María Izaguirre de Ruiz Cortines fue la madrina de las obras de mejoramiento que el clero emprendió en la Basílica de Guadalupe. En el orden político, la mujer se convirtió en ciudadana con plenos derechos cuando en 1953 se le concedió el derecho a votar y ser votada (v.FEMINISMO). Se fundaron clubes y casas para aseguradas en que se les impartía instrucción práctica. Al terminar su mandato, Ruiz Cortines se retiró por completo a la vida privada.

RUIZ DE ALARCÓN, HERNANDO, n. en Tasco (Guerrero) en la segunda mitad del siglo XVI; no hay datos precisos acerca de su muerte. Era hermano del dramaturgo Juan Ruiz de Alarcón y Mendoza. Hizo estudios en la Universidad Real y Pontificia de México y llegó a ser cura en diversas parroquias. A raíz de una orden de su prelatura, emprendió en la zona del actual Estado de Guerrero la recopilación de testimonios de la cultura indígena, entre ellos casi 100 "conjuros" (así llamados por él mismo), o sea himnos de la antigüedad precolombina, que se conservaban entre los indígenas por tradición oral. El manuscrito de esa pesquisa se perdió durante mucho tiempo, y sólo se tuvieron a mano copias de dudosa fidelidad, hasta que Francisco del Paso y Troncoso lo dio a conocer en los *Anales del Museo Nacional* (1892, t.VI) con el siguiente título: *Tratado de las Supersticiones de los Naturales de esta Nueva España, escrito en 1629* (2a. ed., 1953). La importancia de la obra radica en su valor histórico, etnográfico y lingüístico. En Alemania se ha traducido y editado.

RUIZ DE ALARCÓN Y MENDOZA, JUAN, n. en 1580 o a principios de 1581, probablemente en la capital de Nueva España (aunque se ha especulado si en Tasco); m. en Madrid, España, en 1639. Según Baltasar de Medina, sus ascendientes, nobles, provenían "de la pequeña villa de Alarcón, perteneciente a la Provincia y Obispado de Cuenca"; por la rama de los Mendoza, tenía varios antepasados de notables méritos en lo militar, político y diplomático. Estudió derecho canónico y civil en la Universidad Real y Pontificia de la Ciudad de México; en 1600 viajó, en la flota de Juan Gutiérrez de Garibay, rumbo a Salamanca, en cuya Universidad estudió durante 5 años y se graduó (1602). Ejerció la abogacía en Sevilla (1606-1608), bajo la protección de su pariente Gaspar Ruiz de Montoya. Es posible

Juan Ruiz de Alarcón y Mendoza

que ahí surgiera su intenso interés por el teatro, acaso en la asistencia frecuente a los corrales sevillanos: el de *Don Juan* y el de *Doña Elvira*. También en 1606, participó en una fiesta en el día de San Lorenzo, en San Juan de Alfarache, de cuyo certamen poético fueron secretario Miguel de Cervantes Saavedra y mantenedor el comediógrafo Diego de Enciso. En 1608 volvió a México en el Barco *Diego Garcés*, de la flota de Lope Díez de Aux y Armendáriz. El navío conducía también al arzobispo virrey fray García Guerra, dedicatario de la tesis de Alarcón para optar a la licenciatura. Obtuvo en la Universidad mexicana el título de licenciado en leyes, a raíz de lo cual aspiró —sin éxito— a las cátedras de instituta, decreto y código en la Universidad. Intervino profesionalmente en litigios; auxilió al corregidor de la Ciudad de México en causas incoadas por la venta del pulque; y, como juez, instruyó en Veracruz el proceso al uxoricida Ginés Alonso, escribano. Quizás en esos días terminara *La cueva de Salamanca* (sobre la universidad de aquella ciudad, en la tradición de las comedias de magia) y escribiera *El semejante a sí mismo*. Regresó a Madrid en 1614; ahí radicó hasta su muerte, alternando su vida entre la Corte y la vida mundana. En Madrid escribió prácticamente toda

su obra dramática y los breves fragmentos puramente líricos que la complementan. Empezó a escribir comedias y buscó empleo infructuosamente; por fin, y gracias a los buenos oficios de Ramiro Felipe de Guzmán, duque de Medina de las Torres, en 1626 fue nombrado relator interino del Consejo de Indias (el puesto en propiedad lo obtuvo en definitiva hasta 1633). Ya había estrenado algunas de sus comedias: dos de ellas, *Las paredes oyen* y *La verdad sospechosa* (puestas en escena en 1617 y hacia 1624, respectivamente), le dieron lugar de privilegio entre los dramaturgos de la época (es decir, los grandes maestros del Siglo de Oro español: Lope de Vega, Francisco de Quevedo, Luis de Góngora y Argote). Su notoria malformación física (era jorobado) y sus apellidos lo hicieron objeto de crueles burlas por parte de los ingenios del ambiente literario madrileño; con casi todos ellos se enemistó en uno u otro momento, y ellos con él: Mira de Amescua, Luis Vélez de Guevara, Juan Pérez de Montealbán y Tirso de Molina —además de Lope, Quevedo y Góngora— se mofaron de él y lo escarnecieron con sangriento humor. Baste un ejemplo, entre los innumerables, de hecho y por escrito, de los actos agresivos que se le infligieron: en el estreno de su obra teológica *El AntiCristo* (1623), alguien (se dice que fue el propio "Fénix de los ingenios", Lope de Vega) saboteó la representación colocando sustancias malolientes en el local donde se desarrollaba la puesta en escena. No obstante todo ello, Ruiz de Alarcón supo allegarse la admiración, el reconocimiento y el respeto del exigente público madrileño.

En 1628 y 1634, respectivamente, aparecieron las dos partes de sus obras teatrales, dedicadas en conjunto al duque de Medina de las Torres, su favorecedor y amigo. Los impresores Juan González (de Madrid) y Sebastián de Cormellas (de Barcelona) las dieron a la luz pública. La primera parte de la obra alarconiana contiene las siguientes comedias: *Los favores del mundo, La industria y la suerte, Las paredes oyen, El semejante a sí mismo, La cueva de Salamanca, Mudarse por mejorarse, Todo es ventura, El desdichado en fingir* y *Los empeños de un engaño*; la segunda parte contiene las piezas: *El dueño de las estrellas, La amistad castigada, La manganilla de Melilla, Ganar amigos, El AntiCristo, La verdad sospechosa, El tejedor de Segovia, Los pechos privilegiados, La prueba de las promesas, La crueldad por el honor* y *El examen de maridos*. Por lo demás, se le atribuyen las siguientes comedias: *La culpa busca la pena y el agravio la venganza, Quien mal anda mal acaba, No hay mal que por bien no venga, Quién engaña más a quién* y *Siempre ayuda la verdad.* Escribió las escenas iniciales del segundo acto de *Algunas hazañas de las muchas de don García Hurtado de Mendoza, marqués de Cañete.* Su obra estrictamente poética es poco interesante junto a la magnitud e importancia de su tarea dramática, en la que consiguió, al decir de la crítica y de los estudiosos, un gran rigor en el análisis moral y psicológico de las conductas. Pedro Henríquez Ureña le atribuye "las virtudes que pueden llamarse lógicas: la sinceridad, la lealtad, la gratitud, así como la regla práctica que debe complementarlas; la discreción. Y por último, hay una virtud de tercer orden que estimaba en mucho: la cortesía"; el mismo Henríquez Ureña, en su conferencia titulada "Don Juan Ruiz de Alarcón" (1914), apunta la singularidad de éste en su momento histórico y más allá de él, y la razón de su influencia en los dramaturgos que lo leyeron y estudiaron (entre ellos los franceses Corneille y Molière, y el italiano Carlo Goldoni): su capacidad de observación de la experiencia humana y su habilidad extrema para trasmutar elementos morales en elementos estéticos. El discutido problema de la mexicanidad de Ruiz de Alarcón fue despejado por Antonio Alatorre cuando afirmó que no importa su nacionalidad "sino sus valores intrínsecos como dramaturgo"; mexicano por nacimiento, su obra se inscribe en la corriente universal que en ese momento se producía en y desde España. Tanto es así, que por lo menos tres de sus comedias (*La verdad sospechosa, Ganar amigos* y *El examen de maridos*) se atribuyeron a Lope de Vega. La naturaleza reflexiva de la dramaturgia alarconiana no excluía la agilidad en el tratamiento de las situaciones: en este sentido es un precursor, "el clásico de un teatro romántico (a semejanza de Ben Jonson en Inglaterra)" (Menéndez y Pelayo). En su *Historia de la literatura mexicana,* Julio Jiménez Rueda describe así la dramaturgia alarconiana: "Los sentimientos que animan el teatro de Alarcón: el honor superior a toda categoría social, preocupación primera del hombre; la piedad que perdona el agravio y dignifica la conducta humana; la cortesía; la amistad preferible al amor, dan, todos ellos, caracteres de nobleza y elevación al teatro de Alarcón y crean una categoría nueva en el drama de su tiempo: el de caracteres." Alfonso Reyes, en su ensayo "Las letras patrias" (en *México y la cultura* 1946), perfila la imagen de Juan Ruiz de Alarcón y Mendoza con estas palabras: "Aquel rostro de barbitaheño meditabundo, palidecido en afanes y pesares, no ha dejado de sonreír. Los contratiempos, las injurias, no han logrado vencer su confianza en la naturaleza humana, ni su confianza en la razón. Niega, con el arquetipo, los azares de la contingencia. Quiere al hombre humano, al que se emancipa del arrebato y reduce, en suave cortesía, los bajos estímulos animales; al que no se entrega a la casualidad, al que impone, en su acción y en su pensamiento, el sello de su querer consciente y libre. Tal es el consejo que nos ha dejado en herencia aquella flor de mexicanos." v.*Obras completas de Juan Ruiz de Alarcón* (introducción de Alfonso Reyes, prólogo y notas de Agustín Millares Carlo; México-Buenos Aires, 1957 y 1959); Antonio Castro Leal: *Juan Ruiz de Alarcón, su vida y su obra* (1943); Julio Jiménez Rueda: *Juan Ruiz de Alarcón y su tiempo* (1939); y W.Poesse: *Ensayo de una bibliografía de Juan Ruiz de Alarcón y Mendoza* (Valencia, 1964).

RUIZ ESPARZA, CARMEN, n. en Silao, Gto., en 1912. Hija de Alfredo Ruiz Esparza, violinista, y de Clementina Madera, pianista, uno y otra la iniciaron en la música. Decidida por el canto, estudió en la academia de José Pierson. El 19 de enero de 1928 debutó en el Teatro Nacional con el *Figlio del Sol* de la ópera *La Africana* de Meyerbeer. El 29 de marzo de 1940 tomó parte en el homenaje que se rindió al maestro Pierson, fundador de la Impulsora de la Opera. Ha actuado en las radiodifusoras XEW y XEB, con la Orquesta Sinfónica y en varias temporadas de ópera. En 1977 estaba dedicada a la dirección de su academia de piano.

RUIZ Y FLORES, LEOPOLDO, n. en Amealco, Querétaro, en 1865; m. en Morelia, Mich., en 1941. Estudió en el Colegio Josefino de la Ciudad de México y en el Pontificio Colegio Pío Latino Americano de Roma, donde obtuvo el doctorado en filosofía, teología y derecho canónigo, y el dominio de las lenguas clásicas y modernas. Antes de cumplir los 24 años, con dispensa de edad, se ordenó sacerdote (1888). Regresó a México en 1891. Fue párroco en la capital del país, secretario del V Concilio Mexicano, notario del Concilio Plenario de la América Latina y canónigo penitenciario y abad de la Colegiata de Santa María de Guadalupe. El 1º de octubre de 1900 fue electo obispo de León; en 1907, de Monterrey; y en 1911, de Michoacán, de cuya sede tomó posesión el 12 de enero del año siguiente. Debido a las circunstancias políticas del país, tres veces fue desterrado (1914, 1926 y 1932), de modo que sólo 13 años estuvo en su arquidiócesis. En ese tiempo creó el obispado sufragáneo de Tacámbaro (1920), introdujo algunas órdenes religiosas y elevó al rango de basílica el templo de la Virgen de la Salud en Pátzcuaro. Intervino, por encargo del Papa, en el arreglo del conflicto religioso (1929).

RUIZ SOLÓRZANO, FERNANDO, n. en Pátzcuaro, Mich., en 1903; m. en el mar, cuando viajaba de Nueva York a Nápoles en el trasatlántico *Michel Angelo*, en 1969. Estudió en el Colegio del Sagrado Corazón de Jesús de su ciudad natal y en el Seminario de Morelia, donde fue profesor de filosofía y teología, vicerrector y rector. Se ordenó sacerdote en 1928. Diez años después fue nombrado prosecretario del arzobispado de Michoacán y más tarde canónigo de la catedral de Morelia. El 22 de enero de 1944 fue electo segundo Arzobispo de Yucatán, de cuya sede tomó posesión el 14 de abril. Representó las nuevas tendencias de la Iglesia Católica, anticipándose inclusive a las resoluciones del II Concilio Vaticano (v.ECUMENISMO). El 20 de julio de 1944 la ciudad de Pátzcuaro lo declaró hijo predilecto.

RULFO, JUAN, n. en Sayula, Jal., en 1918. Su nombre completo es Juan Nepomuceno Carlos Pérez Rulfo Vizcaíno. Su niñez transcurrió en su pueblo natal y en San Gabriel (hoy ciudad Venustiano Carranza), donde hizo los primeros estudios y fue testigo de violentos episodios de la rebelión cristera (1926-1929; v.GUERRA CIVIL). Vivió ahí hasta los 10 años de edad, en compañía de su abuela, y luego fue a un orfanatorio, donde permaneció 4 años. Hacia los 8 se despertó en él la vocación literaria: a causa de la constante amenaza que significaba la guerra cristera, el sacerdote del pueblo dejó encargada, en casa de la abuela de Rulfo, la biblioteca del curato, y Juan leyó todos aquellos libros. A los 16 años intentó ingresar en la Universidad de Guadalajara, pero una prolongada huelga estudiantil —de casi un año y medio de duración— se lo impidió. En la capital tapatía hizo sus primeras apariciones literarias, en la revista *Pan*, dirigida por Juan José Arreola y Antonio Alatorre. Poco después se trasladó a la Ciudad de México, donde, desde entonces, reside permanentemente. Debido a que su abuelo era abogado, la familia quiso que Rulfo estudiara leyes, pero no pasó los exámenes requeridos y tuvo que trabajar. Entró como agente de inmigración, a los 18 años de edad, en la Secretaría de Gobernación. En ese empleo se dedicaba a la localización de extranjeros fuera de la ley; primero laboró en la Ciudad de México, luego en Tampico y en Guadalajara, y más tarde recorrió, por 2 o 3

6

Juan Rulfo

años, grandes zonas del país, lo cual le permitió compenetrarse con los usos dialectales, las hablas, los comportamientos y la psicología de diversos núcleos de la población mexicana. Esta experiencia habría de dar, posteriormente, sustento y arraigo a su obra literaria. Más adelante trabajó, dentro de la misma dependencia, en el archivo de Migración; y después en una compañía fabricante de llantas de hule y en algunas empresas privadas y extranjeras. Desde hace varios años, Rulfo ha dirigido y coordinado diversas tareas en el Departamento Editorial del Instituto Nacional Indigenista (INI); ha sido becario del Centro Mexicano de Escritores, en los inicios de esa institución, y luego asesor literario de la misma, casi ininterrumpidamente. Su obra literaria le ha valido un extenso reconocimiento en todo el mundo de habla española y en los demás países; sus libros se han traducido a los siguientes idiomas: inglés, francés, italiano, polaco, sueco, holandés, danés, noruego y alemán. En 1970 recibió el Premio Nacional de Letras.

La obra de Rulfo consta de sólo dos libros: una novela, *Pedro Páramo* (1955); y un libro de cuentos, *El llano en llamas* (1953), el cual incluye las siguientes 17 narraciones, cada una de ellas una verdadera joya en el género cuentístico, no sólo dentro de la tradición de la literatura mexicana e hispanoamericana, sino incluso mundial: "Macario", "Nos han dado la tierra", "La Cuesta de las Comadres", "Es que somos muy pobres", "El hombre", "En la madrugada", "Talpa", "El llano en llamas", "¡Díles que no me maten! ", "Luvina", "La noche que lo dejaron solo", "Acuérdate", "No oyes ladrar los perros", "Paso del Norte", "Anacleto Morones", "La herencia de Matilde Arcángel" y "El día del derrumbe". La novela *Pedro Páramo*, escrita laboriosamente por Rulfo durante varios años, rehaciendo y desechando morosamente páginas y páginas, es una compleja (para algunos críticos, "confusa") narración donde se mezclan los mitos, las obsesiones y los fantasmas del caciquismo mexicano; la áspera, cruel, tierna y desolada existencia pueblerina; las pasiones oscuras y soterradas —el amor, la muerte— de una vida provinciana regida por los signos y las opresiones de un poder devastador, el del cacique omnipotente y presente, con su hipnótico sentido de la posesión, en la vida y el quehacer de las personas a su servicio. Cada personaje de esta narración —el cacique Pedro Páramo, Susana San Juan, Fulgor Sedano y otros— es una figura de rasgos inolvidables, por la intensidad y el inquietante ardor humano que los anima. Pero el personaje central de *Pedro Páramo* —una especie de campo de fuerza donde se fecundan y apagan los impulsos de mujeres y hombres, de los vivos y de los muertos—, actor y escenario, a un tiempo, del drama, es el pueblo donde ocurre la enigmática historia: Comala, "lugar sobre las brasas". La interminable serie de interpretaciones de *Pedro Páramo* ha desentrañado una cantidad enorme de significaciones en el cuerpo vivo de la obra; los críticos la han interrogado una y otra vez, incesantemente, y acaso será así por mucho tiempo. Rulfo se ha limitado a comentar: "En realidad es la historia de un pueblo que va muriendo por sí mismo. No lo mata nada. No lo mata nadie".

Los cuentos de *El llano en llamas* están, todos, dedicados a la vida rural mexicana, lo cual los unifica temáticamente. Breves, concisos, repletos de una deslumbrante y concentrada poesía, recogen escenas e historias de una densa dramaticidad; no es el menor de sus méritos el registro, reelaboración y recreación, del habla mexicana del campo. Esta atención a la provincia ha hecho que se califique a Rulfo de "escritor regionalista", pero a juicio de R.Roffé: "Se ha tildado muchas veces a Guimaraes Rosa, a Arguedas y a Rulfo de escritores regionalistas sin entender que los tres responden a una expresión distinta y geográficamente perceptible, la de

un mundo originario, nativo, nuevo". Cada una de las historias de *El llano en llamas* resume y comenta, desde diferentes ángulos, los temas esenciales de la narrativa rulfiana: la soledad, la violencia, la muerte, la naturaleza inscrita en el lenguaje humano, el amor sombrío, el aislamiento, la devoción, los lutos, los mecanismos secretos de la vida en el mundo recóndito de los pueblos y los enigmas de sus habitantes. Desde 1955 en que se editó *Pedro Páramo*, Rulfo no ha dado a la luz pública ningún otro texto; aunque, en épocas diferentes, ha anunciado la preparación e inminente aparición de un libro de relatos: *Días sin floresta*, y de una novela: *La cordillera*, que vendría a ser la historia de una región de México (a medias ficticia, a medias verdadera, como todos los sitios rulfianos) llamada "Pueblos de Martín Monje", desde el siglo XVI.

La formación literaria de Rulfo es de una gran riqueza y diversidad y su influencia es incalculable, sobre todo en la literatura latinoamericana de los últimos 20 años, desde Gabriel García Márquez hasta los más jóvenes narradores y escritores. Rulfo asimiló concientemente buena parte de la literatura escandinava moderna (Selma Lagerlöf, Knut Hamsun, Bjornson y, sobre todo, Halldor Laxness), de la suiza (C.F. Ramuz), de la rusa y de la norteamericana. Su maestría narrativa es el fruto acabado de una sensibilidad nutrida en el conocimiento literario.

Textos de Rulfo han aparecido incidentalmente en algunas revistas: en septiembre de 1959, la *Revista Mexicana de Literatura* (Nueva época; dirigida por Antonio Alatorre y Tomás Segovia) publicó un fragmento del relato (¿novela?) con tema urbano "Un pedazo de noche"; y en marzo de 1976, el suplemento cultural de la revista *Siempre!* dio a conocer dos textos inéditos de Rulfo, escritos para el cine (con una nota de presentación, transcripción y anotaciones de Jorge Ayala Blanco): el cuento "El despojo" y el poema "La fórmula secreta". Innumerables artículos, ensayos, notas críticas y libros hay sobre Rulfo y su obra; asimismo, varias entrevistas, entre las que destacan las que sostuvo con el investigador y profesor norteamericano Joseph Sommers. La filmografía de Juan Rulfo cuenta con los títulos de obras cinematográficas enlistados a continuación: *Talpa* (1955), película dirigida por Alfredo B.Crevenna: adaptada del cuento homónimo de Rulfo por Edmundo Báez; *El despojo* (1960), dirigida por Antonio Reynoso: sobre un cuento improvisado por Rulfo en el curso de la filmación; *Paloma herida* (1963), dirigida por Emilio "Indio" Fernández: argumento de Juan Rulfo;

El gallo de oro (1964), dirigida por Roberto Gavaldón: sobre un argumento original de Rulfo, adaptado por Carlos Fuentes, Gabriel García Márquez y Roberto Gavaldón; *La fórmula secreta* (1965), dirigida por Rubén Gámez: guión de éste sobre un cuento de Rulfo (texto leído como fondo por el poeta Jaime Sabines); *Pedro Páramo* (1966), dirigida por Carlos Velo: adaptada de la novela homónima de Rulfo por Carlos Fuentes, Carlos Velo y Manuel Barbachano Ponce; *El rincón de las vírgenes* (1972), dirigida y adaptada por Alberto Isaac, sobre dos cuentos de *El llano en llamas* ("El día del derrumbe" y "Anacleto Morones"); *No oyes ladrar los perros* (1975), dirigida por François Reinchenbach: adaptada del cuento homónimo por Carlos Fuentes; *La media luna* (1976; no estrenada aún en mayo de 1977), dirigida y adaptada por José Bolaños: segunda versión cinematográfica de la novela *Pedro Páramo*.

Las ediciones de los dos libros de Rulfo (publicados por el Fondo de Cultura Económica), primeramente aparecidas en la prestigiada colección Letras Mexicanas, pasaron posteriormente a formar parte de la Colección Popular del mismo FCE, donde han alcanzado a la fecha cuantiosas tiradas y varias decenas de reimpresiones. v.Reine Roffé: *Juan Rulfo / Autobiografía armada* (Buenos Aires, 1973); *Recopilación de textos sobre Juan Rulfo* (Serie Valoración Múltiple) (La Habana, 1969); *La narrativa de Juan Rulfo (interpretaciones críticas)* (México, 1974); y el capítulo sobre Rulfo en: Luis Harss: *Los nuestros* (Buenos Aires, 1966).

RUMANIA. Situada en el sureste de Europa, al norte de la península Balcánica, limita al oeste con Hungría, al este y al norte con la URSS, al oeste y al suroeste con Yugoslavia y al sur con Bulgaria, donde en gran parte el río Danubio (Dunare) le sirve de frontera natural. Tiene una superficie de 237,500 kilómetros cuadrados y una población de 22 millones de habitantes. La capital actual es Bucarest, pues antes, cuando estuvo dividida en 3 principados, Transilvania, Moldavia y Muntenia, cada uno tuvo la suya: Cluj (hoy Cluj-Napoca), Iasi y Bucarest, ahora importantes centros industriales y culturales. Otros son Timisoara, Craiova, Brasov, Constanta y Arad. En el centro del territorio se encuentran los montes Cárpatos, con alturas de 2,543 metros, valles profundos y suaves colinas. El clima es templado continental, con temperatura media anual de 11° en el sur y de 8.5° en el norte. En la zona carpática nacen numerosos ríos: el Olt, Somes, las Tirnaves y el Mures, entre otros. Hay

2,300 lagos. El subsuelo aloja zinc, cobre, oro, plata y petróleo (cuarto lugar en el mundo, aunque primero por su pureza). Son notables los centenares de fuentes de aguas sulfurosas, ferruginosas, saladas, yodadas, carbonadas y radioactivas con propiedades curativas.

Por los descubrimientos arqueológicos se cree que Rumania estaba ya habitada hace un millón de años. A los antiguos pobladores se les conoció con el nombre de tracios (getos para los griegos y dacios para los romanos). Herodoto los registra en sus escritos como "bravos y justos". En la primera mitad del siglo I a.de C., Ac Burebista organizó las tribus (82-44) y a la muerte de éste, el Estado Dacio fue consolidado por Decebalo (87-106 d.de C.), quien erigió importantes ciudadelas, únicas en su género por la técnica de construcción. La capital era Sarmizegetusa. Los romanos y los dacios se hicieron la guerra en 102, 105 y 106. Al cabo de la última campaña, dirigida por Trajano, Rumania se convirtió en provincia de Roma. Se impuso entonces el latín como idioma oficial. Al retirarse los romanos, el territorio fue recorrido por olas sucesivas de tribus germánicas, eslavas y turanias, aunque los dacios no dejaron de practicar la agricultura y la ganadería. Durante el siglo IX aparecieron formas incipientes de organización política que originaron los Estados Feudales Romanos, luego conquistados por los húngaros e incorporados al reino Magiar. La región de Transilvania y más tarde las de Valaquia o Muntenia y Moldova fueron sometidas por los sultanes turcos y los zares rusos. En la lucha contra la invasión extranjera figuran los príncipes Mircea el Viejo, Esteban el Grande y Miguel el Bravo. Valaquia, Moldava y Transilvania, aunque separadas en el orden político mantuvieron vínculos idiomáticos, culturales y económicos y desarrollaron una conciencia común de lucha contra los invasores. Durante siglos los principados rumanos se opusieron a la opresión. Las ideas de la Revolución Francesa se propagaron en el país y en 1821, en Valaquia, Tudor Vladimirescu enunció la idea de unidad nacional, precursora de la revolución de los Principados Rumanos de 1848, cuya figura principal fue Nicolae Balcéscu. En 1859 se unieron los dos principados (Muntenia y Moldova) y en 1862 adoptaron el nombre de Rumania, bajo el gobierno del príncipe Alexandru lon Cuza, quien secularizó los bienes de los monasterios, implantó la reforma agraria, creó el ejército y organizó la enseñanza. Accedió después al trono Carol de Hohenzollern, un rey extranjero; se consolidaron las clases dominantes, se constituyeron los partidos políticos

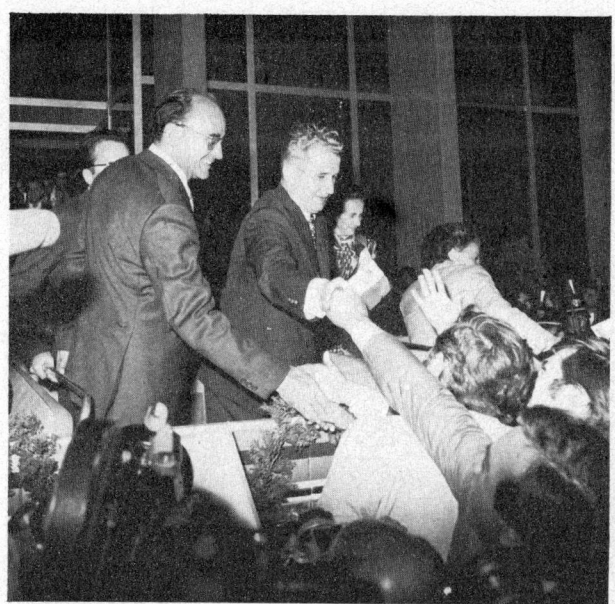

Los presidentes Luis Echeverría y Nicolae Ceausescu en México

Bucarest: el Ateneo Rumano

(conservador y liberal) y se introdujo el sistema parlamentario. El ideal de la independencia se logró al término de la guerra de liberación de 1877-1878 contra la puerta ottomana. A partir de entonces se intensificaron el comercio, la industria, los ferrocarriles y el sistema bancario. En 1893 se creó el Partido Socialdemócrata y en 1906 se organizó nacionalmente el movimiento obrero. El 8 de mayo de 1921 se creó el Partido Comunista Rumano. En vísperas de la Primera Guerra Mundial, Rumania continuaba siendo un país fundamentalmente agrario. Tras mantenerse neutral dos años, el país entró a la guerra en el bando de los aliados. El pueblo luchó contra la ocupación alemana y por recuperar Transilvania, que se hallaba en poder del imperio austro-húngaro. El 1° de diciembre de 1918 la Gran Asamblea Popular de Alba Julia proclamó la unión de esa región a Rumania. Una vez conseguida la unificación nacional, siguió un período de reivindicaciones populares, unificación legislativa, reconstrucción económica y reformas electoral y agraria. En ocasión de la crisis de 1929-1933, cerraron algunas empresas industriales, aumentó el desempleo, se perdieron los mercados exteriores y penetró el capital extranjero. Por medio del dictado de Viena de 1940, Alemania e Italia impusieron a Rumania la cesión a Hungría de la porción norte del territorio de Transilvania (43,500 kilómetros cuadrados), instauraron una dictadura militar-fascista en el país y lo arrastraron a la guerra antisoviética; pero el 23 de agosto de 1944 tuvo lugar la insurrección nacional, organizada y conducida por el Partido Comunista Rumano. El ejército rumano atacó a las tropas de Alemania nazi y junto con las formaciones de patriotas liberó la capital y recuperó los centros regionales y los campos petroleros. Todo el ejército rumano participó, al lado de la coalición antihitlerista, en la guerra hasta el derrumbamiento de la Alemania nazi. La República Popular se proclamó el 30 de diciembre de 1947. Conforme a la Constitución de 1965, la Asamblea Nacional es el supremo órgano del Estado, la cual elige un Consejo de 18 miembros y designa a los ministros. La Constitución de 1965 consigna la denominación de República Socialista de Rumania. En 1976, por la modificación de la misma Constitución, se creó el cargo de Presidente de la República, que desde entonces desempeña Nicolae Ceausescu, y al mismo tiempo éste es secretario general del Partido Comunista Rumano. *R.L.S.*

Relaciones bilaterales. Los representantes diplomáticos de Rumania en México con el carácter de enviados extraordinarios y ministros plenipotenciarios o de encargados de negocios (e.n.), han sido: F.F. Nano (e.n.), Demetrio Draghisesco, Frederick M.Mees (e.n.), y Vintila Patala (e.n.), hasta el 1° de diciembre de 1941 en que se suspendieron las relaciones; se reanudaron el 20 de marzo de 1973 y a partir de 1974 ha sido embajador Dumitru C.Mihail. La representación de México ha estado a cargo de los ministros Vicente Veloz González y Francisco Vázquez Treserra (e.n.); y del embajador Armando Cantú Medina. En 1974 México asistió a la Conferencia Internacional de Población celebrada

2

Alberto Ruz Lhuillier y el Templo de las Inscripciones

en Bucarest. En junio de 1975 visitó oficialmente México el presidente Nicolae Ceausescu. En la Ciudad de México una de las calles y una escuela llevan el nombre de Rumania. Los instrumentos bilaterales firmados por ambos gobiernos son los siguientes: la Declaración solemne conjunta de los presidentes de México y Rumania (1975); Acuerdo comercial (1974); Acuerdo cultural y de cooperación técnica y científica (1974); Acuerdo de cooperación turística (1975); Convenio de cooperación económica e industrial (1975). Las exportaciones rumanas a México ascendieron en 1972 a Dls.78 mil; en 1973 a Dls.400 mil; en 1974 a Dls.3.495,000; en 1975 a Dls.3.817,000 y en 1976 a Dls.4.280,000. Las importaciones rumanas de México fueron en 1974 de 85 mil dólares; en 1975 de 94 mil; y en 1976 de 3.787,000.

RUMEU DE ARMAS, ANTONIO, n. en Santa Cruz de Tenerife. Catedrático en la Facultad de Filosofía y Letras de la Universidad de Madrid, director del Instituto Jerónimo de Zurita del Consejo Superior de Investigaciones Científicas, dirige *Hispania* y *Anuario de Estudios Atlánticos* y es autor de: *Piraterías y ataques navales entre las Islas Canarias* (Madrid, 1945), *Los viajes de John Hawkins a América* (Sevilla, 1947), *Código del trabajo indígena americano* (Madrid, 1953), *España en el Africa Atlántica* (Madrid, 1956) y *El Obispado de Telde* (Madrid, 1960).

RUVALCABA, HIGINIO, n. en Yahualica, Jal., en 1905; m. en la Ciudad de México en 1976. Hijo de un miembro de la banda de música de su pueblo, empezó a pulsar el violín cuando tenía 4 años de edad; a los 5 debutó en el Teatro Degollado de Guadalajara y a los 12 compuso las canciones *Chapultepec, Juventud* y *Mi primer amor*. Autodidacta, sólo recibió lecciones del maestro Peredo. Llegó a dominar todos los instrumentos de cuerda, el piano y las percusiones. Fue violín primero y concertino de las orquestas Sinfónica de México y Filarmónica de la Ciudad de México; y miembro del Cuarteto Lener, considerado el mejor del mundo, junto con Joseph Smilovitz, Sandor Roth e Imre Hartman. Tocó en las principales capitales de ambos continentes. Casado con la pianista Carmen Castillo Betancourt, formó con ella un dúo de violín y piano. Fue también un destacado compositor; entre sus obras sobresalen 22 cuartetos, de los cuales sólo el Núm. 6 se ha tocado en México; 4 valses, piezas para orquesta y un quinteto. Hizo las transcripciones para violín y piano de los 24 caprichos de Paganini que originalmente fueron escritos para violín solo. Se cree que es el único trabajo de este tipo realizado hasta ahora. El día de su muerte se le rindió homenaje en el Palacio de Bellas Artes.

RUZ LHUILLIER, ALBERTO, n. en París, Francia, en 1906. Se naturalizó mexicano. Arqueólogo por la Escuela Nacional de Antropología y maestro (1945) y doctor (1965) por la UNAM, ha sido: jefe de la Zona Maya (1949-1958), director de exploraciones arqueológicas en Campeche, Yucatán y Palenque (1943-1958), arqueólogo del Instituto Nacional de Antropología e Historia (desde 1940), profesor de la Facultad de Filosofía y Letras y director del Centro de Estudios Mayas de la UNAM; y director del Museo Nacional de Antropología (1977-). Es miembro de la Sociedad Mexicana de Antropología, de la *Société des Américanistes*, de la *Société Suisse des Américanistes* y de la *Society of American Archaeology*. Sus principales obras son las siguientes: *Campeche en la arqueología maya* (1945), *Guía arqueológica de Tula* (1945), *Guía oficial de Chichén-Itzá* (1955), *Guía oficial de Uxmal* (1956), *La civilización de los antiguos mayas* (en varios idiomas, 1957 a 1974), *Guía oficial de Palenque* (1959), *Guía oficial de Tulum* (1959), *Los mayas* (1964), *Costumbres funerarias de los antiguos mayas* (1968), *La costa de Campeche en los tiempos prehispánicos* (1969), *El Templo de las Inscripciones, Palenque* (1973), *Los mayas de las tierras bajas* (1974) y *La Tumba de Palenque* (1974). Es el descubridor de la tumba del Templo de las Inscripciones, en Palenque (1952), que revolucionó todo cuanto se sabía sobre las pirámides del mundo mesoamericano. Otros trabajos suyos se han publicado en: *El Reproductor Campechano* (1 y 4), *Acta Antropológica* (1-2-3), *Boletín Bibliográfico de Antropología Americana* (XII-1, XIII-1 XIV-1 y XVIII), *México en el Arte* (9), Anales del INAH (IV, V, VI, X y XIV), Tlatoani (I-34 y I-5-6), *Journal de la Société des Américanistes* (XLI), *Encyclopedia Year Book* (Crolier; 1953), *Archaeology* (VI-1), *American Antiquity* (XXII-2 y XXV-2), *Revista Mexicana de Estudios Antropológicos* (XV y XIX), *Estudios de Cultura Maya* (II, III, VII, IX y X), *Estudios de cultura náhuatl* (IV), *Anales de Antropología* (I y III) y *Cuarenta siglos de plástica mexicana* (1969). Hizo además los guiones para las películas *Palenque* (1972) y *Piedras serán la comida* (1973) y para un programa audiovisual en Cancún (1976).

RYDJORD, JOHN, n. en Webster, Dakota del Sur, Estados Unidos, en 1893. Doctor en Historia, es autor de: *Foreign interest in the independence of New Spain* (1935); "*French Revolution and Mexico*", en *The Hispanic American Historical Review* (1929); y *Spanish defeat of the Napoleonic Confederation* (1944).

S

SAAVEDRA GUZMÁN, ANTONIO DE, n. en México, en la segunda mitad del siglo XVI. Su padre fue de los primeros pobladores de la Nueva España. Obtuvo el cargo de corregidor de Zacatecas y visitador de Texcoco. A fines del siglo XVI pasó a España, sin que se tenga noticia de su regreso. Durante los 70 días de travesía, Saavedra escribió en octavas reales las hazañas de Hernán Cortés, desde su salida de Cuba hasta la prisión de Cuauhtémoc. El poema se intituló *El Peregrino Indiano.* Fue publicado en Madrid por Pedro Madrigal en 1599 y reimpreso por Icazbalceta en 1880.

SABACCHÉ. Ciudad maya de la región Puuc (serranía), cuyos edificios en ruinas tienen muros lisos en la parte baja, coronados por frisos profusamente adornados, de acuerdo con el estilo regional. El principal es El Palacio; la cornisa está formada por ataduras, un tablero vertical con grecas de piedras incrustadas a manera de mosaico en cuadrícula, rematado por otra moldura en bisel, y mascarones de Chaac en las esquinas, donde sobresalen las narices serpentinas de esta deidad de la lluvia.

SÁBALO. *Tarpon atlanticus.* Pez de la familia *Elopidae.* Mide de 1.60 a 2.00 metros y pesa de 30 a 120 kilos. De cuerpo alargado, más o menos comprimido, está cubierto por grandes escamas plateadas de tipo cicloide. Presenta la boca amplia, con la mandíbula inferior prominente; los ojos, con un párpado adiposo; el filamento posterior de la aleta dorsal, más largo que la cabeza; ésta, con 12 espinas; y la aleta caudal, bifurcada. Las escamas se usan como ornamento. Se distribuye en aguas del Atlántico, desde Estados Unidos (Nueva Escocia) hasta Brasil. Con frecuencia entra a los ríos del Golfo. Se alimenta de peces pequeños y cangrejos. Su carne, aunque comestible, no es muy apreciada. Tiene más importancia como pez deportivo, pues debido a su gran tamaño y a la resistencia que opone cuando muerde el anzuelo, la lucha puede prolongarse varias horas. No es raro que los pescadores inexpertos caigan de la lancha arrastrados por el sábalo, que salta varios metros fuera del agua con gran ímpetu. No son raros los casos de personas heridas gravemente durante su captura. Desde hace varios años se realizan competencias internacionales de pesca de esta especie en el río Pánuco; se premian la pieza de mayor peso, y el mayor número de ejemplares cobrados.

SABALOTE. *Chanos chanos.* Pez de la familia *Chanidae.* Mide hasta 1.5 metros de largo. Presenta el cuerpo alargado y comprimido; el hocico, deprimido; la boca, pequeña, sin dientes; el ojo, con un párpado adiposo; la línea lateral bien desarrollada; la aleta dorsal, elevada, formada por 2 espinas y 12 radios, con escamas en la base; la caudal, bifurcada, la anal, con una vaina escamosa (2 espinas y 9 radios) y las pectorales y pélvicas, pequeñas. Es de color verdoso por el dorso y plateado por los lados y el vientre. Se encuentra en el Pacífico tropical. Según Berdegue, la especie fue llevada de Hawai a San Francisco en 1877 y de ahí se propagó al sur. En la actualidad abunda en las costas de Baja California. Es comestible y de buena aceptación, especialmente en Guaymas y Mazatlán.

SABANERA. *Conophis pulcher.* Serpiente opostoglifa de la familia *Colubridae.* Mide de 80 a 100 centímetros de largo. De color pardo amarillento, presenta 3 o 4 líneas longitudinales de tono más o menos intenso marginadas de negro; los escudos labiales y la barbilla, grises; las escamas de la primera fila, con puntas negras, cuyo conjunto forma una línea punteada; y el vientre, blanco amarillento. Se alimenta de lagartijas. Es ponzoñosa, aunque su mordedura no es mortal. De hábitos diurnos, habita en los campos cubiertos de pastizales. Muerde a sus víctimas en diferentes partes, les inocula un veneno que las paraliza y luego las engulle fácilmente. Se le encuentra únicamente en Chiapas y acaso en Guatemala.

SABINES, JAIME, n. en Tuxtla Gutiérrez, Chis., el 25 de marzo de 1926. Estudió secundaria y preparatoria en el Instituto de Ciencias y Artes de Chiapas (ICACH). Posteriormente pasó a México e in-

35

Jaime Sabines

gresó en la Escuela Nacional de Medicina (1945). Estudio ahí 3 años (1945-1947 inclusive), abandonó la carrera y se reintegró a su Estado. Volvió a la capital de la República para cursar la licenciatura en lengua y literatura castellana en la Facultad de Filosofía y Letras de la UNAM (1949), y aún llevó materias de la maestría y el doctorado, pero no llegó a acceder a ningun grado académico. De 1952 a 1959 radicó nuevamente en Chiapas, dedicado el primer año a actividades políticas y los otros 7 restantes a vender telas y ropa confeccionada en una tienda de Tuxtla Gutiérrez. En 1959 obtuvo el premio literario que otorga el gobierno del Estado de Chiapas y se mudó por tercera vez a México. En 1964 y 1965 fue becario especial del Centro Mexicano de Escritores. En 1965 viajó a La Habana, invitado a formar parte del jurado que otorga anualmente el Premio Casa de las Américas. Ese mismo año el Consejo Consultivo de *Voz Viva de México* (Roberto L.Mantilla Molina, Antonio Alatorre, Rosario Castellanos, Mario de la Cueva, Alí Chumacero, Jaime García Terrés, Antonio Gómez Robledo y Luis Villoro) acordó grabar un disco --voz del autor-- con una antologia poética de Sa-

bines. El cuaderno de presentación lo escribió Ramón Xirau. En 1972 le fue otorgado el premio Xavier Villaurrutia. En 1977 era diputado federal por el Estado de Chiapas.

La obra de Sabines, poco difundida, consta de los siguientes libros: *Horal* (1950), *La señal* (1951), *Tarumba* (1956), *Diario semanario y poemas en prosa* (1961), *Recuento de poemas* (contiene "Horal", "La señal", "Adán y Eva", "Tarumba", "Diario semanario y poemas en prosa" y "Poemas sueltos"; 1962), *Yuria* (1967), *Maltiempo* (1972), *Algo sobre la muerte del mayor Sabines* (1973) y *Recuento de poemas* (contiene íntegra la primera edición de "Recuento de poemas", recoge "Yuria" y "Maltiempo" e incluye la segunda parte de "Algo sobre la muerte del mayor Sabines"; 1977). De su poesía escribió en 1966 Carlos Monsiváis, quien lo caracterizó como el "generoso inadaptado de que está urgido la literatura nacional": "Jaime Sabines es la espontaneidad y el talento desmedido, el estallido de una literatura de contención, el mal gusto que se vuelve elemento poético, la torpeza que consigue inusitados efectos dramáticos". Una década después la crítica literaria continuaba ocupándose de su obra poética. José Joaquín Blanco escribió (1977): "Sabines representa, pero sobre todo es un bardo popular que habla en la cantina, un poco o demasiado alucinado por los alcoholes, o en los momentos de mayor pasión, del amor exasperado o tiernísimo y de la muerte de los padres. Sabines grita, llora, echa bronca, llama putos a los soldados y quinceañeras a los intelectuales, se emborracha, odia, mira a veces quietamente, se desespera o ama con la más perfecta ternura". v.*La poesía mexicana del siglo XX*, antología de Carlos Monsiváis; *Poesía en movimiento*, selecciones y notas de Octavio Paz, Alí Chumacero, José Emilio Pacheco y Homero Aridjis; y *Crónica de la poesía mexicana* de José Joaquín Blanco.

SABINO. *Taxodium mucronatum* Ten. (v.AHUEHUETE y ÁRBOL DE SANTA MARÍA DEL TULE). En varios lugares de Hidalgo (Apulco y Tulancingo) aplican el mismo nombre a *Cupressus benthamii* Endl. (v.CIPRÉS).

SABLOFF JEREMY ARAC, n. en Nueva York, Estados Unidos, en 1944. Maestro en artes y doctor en filosofía y letras por la Universidad de Harvard (1969) y profesor asistente de antropología en esa casa de estudios (1969-), es autor de: "*The Collapse of Maya Civilization in the Southern Lowlands: A Consideration of History and Process*", en *Southwestern Journal of Anthropology* (1967).

SACA ESPINAS. *Pedilanthus tithymaloides* (L.) Poit. Arbusto de la familia de las euforbiáceas, de 1 a 2 metros de altura, con las ramas carnosas y abundante jugo lechoso. Las hojas son alternas, caducas, lisas, aovadas u oblongas, cuneadas en la base y de ápice acuminado; miden hasta 7.5 centímetros de largo. Las flores son pequeñas, con el perianto nulo o muy reducido, unisexuales, monoicas (o sea que las masculinas y las femeninas se encuentran en la misma planta); tienen los invólucros petaloides, oblicuos, irregulares, en forma de zapato, de color púrpura; las flores masculinas presentan pedicelos pubescentes, y las femeninas, lisos. Las inflorescencias están formadas por flores de ambos sexos, delimitadas por un invólucro. Los frutos son capsulares, de 9 milímetros de ancho. Se le encuentra en Tamaulipas, Veracruz, Guerrero, Oaxaca y Chiapas, Centroamérica, Colombia, Venezuela y Cuba. El jugo lechoso (látex) es cáustico, irritante y emético, por lo cual es un purgante muy peligroso; en algunas regiones se usa exteriormente contra ciertas enfermedades venéreas. La planta se cultiva a veces con fines ornamentales. Recibe también el nombre de *candelilla* (Tamaulipas). En Cuba le llaman *gallito colorado* por la forma y el color de las inflorescencias; este mismo nombre se aplica en varios lugares de México a diversas especies del género *Pedilanthus*.

SACA MANTECA. En Sinaloa se aplica este nombre a varias especies de plantas arbustivas del género *Solanum* L., de la familia de las solanáceas, en particular a *S.verbascifolium* (v.GALANTEA), *S. amazonium* Ker., *S.bicolor* Willd. y *S.diversifolium* Schl.

S.amazonium es una especie pubescente y espinosa, con las hojas aovadas u oblongas, enteras, sinuadas o lobuladas (las de color azul o violeta miden de 4 a 5 centímetros); los frutos son bayas de 1.5 centímetros. Se encuentra desde Sonora y Chihuahua hasta Zacatecas, y en Oaxaca, Campeche y Yucatán. En Sinaloa la llaman *mala mujer* y *berenjena silvestre*; y en Yucatán, *xkon yakik* (lengua maya).

S.bicolor tiene las ramas pubescentes; las hojas elípticas u oblongo-lanceoladas, agudas en el ápice y adelgazadas en la base; las flores, gamopétalas, blancas, de unos 7 milímetros; y el fruto amarillo, globoso, de 8 milímetros. Se le encuentra desde Sinaloa hasta Chiapas y Yucatán.

S.diversifolium presenta las ramas tomentosas y espinosas; las hojas, aovadas y anchas o aovado-oblongas, son sinuado-lobuladas y tomentosas, de 18 centímetros de largo; las flores son blancas o azulosas, gamopétalas; y el fruto es globoso, amarillo, hasta de 1.5 centímetros de diámetro. Se le conoce en Baja California, Tamaulipas, Veracruz y Oaxaca. En Sinaloa recibe también el nombre de *berenjena*, y en Tamaulipas el de *salvadora*. En esta última entidad, el fruto se emplea para envenenar ratas.

SACERDOTES PARA EL PUEBLO. El Movimiento Mexicano de Sacerdotes para el Pueblo nació en la Semana de Pascua de 1972 en la ciudad de San Luis Potosí. Un grupo de sacerdotes católicos y de pastores protestantes discutieron la responsabilidad social de la Iglesia Cristiana. Antes, en Querétaro (diciembre de 1971), se había formado un grupo ecuménico de clérigos dispuestos a luchar al lado del pueblo y en contra de quienes lo oprimen y explotan. He aquí un resumen de la declaración formulada en la capital potosina: "Una de las responsabilidades proféticas de la Iglesia es denunciar injusticias. Debe ser la voz de los silenciados... Nuestro propósito es hacer eficazmente presente a la Iglesia, misterio de salvación liberadora para todo hombre, especialmente para el pobre y el oprimido, en las luchas por la construcción de una sociedad nueva...Como creyentes en Cristo Jesús y proclamadores del Evangelio, nos oponemos radicalmente al capitalismo porque: asegura el poder de la clase dominante a través de la economía organizada en función del lucro; considera el trabajo como una mercancía; divide fatalmente la sociedad en opresores y oprimidos y origina la dependencia imperialista que sufren los países subdesarrollados...Entendemos por pueblo las clases explotadas y marginadas del goce de los bienes sociales: los campesinos y los indígenas, los obreros industriales y de servicios, los empleados de comercio, los desempleados y sub-empleados que pueblan las ciudades de miseria...Afirmamos la intención de ser servidores del Evangelio para el pueblo...Queremos hablar con acciones más que con palabras y luchar en plena solidaridad con los oprimidos en sus acciones liberadoras... Queremos provocar a partir de nosotros mismos los cambios necesarios en el ambiente eclesiástico". Después hubo 6 asambleas nacionales: dos en el Distrito Federal y otras en Manzanillo, Cuernavaca, San Cristóbal de las Casas y Zongolica. En esta última (abril de 1975) se cambió el nombre del movimiento por el de Iglesia Solidaria, a efecto de que participaran los legos. De 1972 a 1975 el movimiento creció de 20 a 350 miembros. El documento base sigue siendo el suscrito en octubre de 1972 que en resumen dice: "La distancia entre ricos y pobres, en lugar de disminuir, se acrecienta día a día. Las clases explotadas y marginadas se encuentran oprimidas por estructuras que no les permiten ninguna participación en los tres niveles: económico, político y cultural...Tal situación, desafío para la conciencia cristiana, es el fruto de un sistema de dependencia organizado por la sociedad capitalista...Cabe rechazar el mito de la economía mixta, una forma de tercerismo (cuya fórmula es: ni capitalismo, ni socialismo), que motiva particularmente en nuestro país las estructuras de explotación...El deseo de una sociedad más justa, más humana, más fraternal, se encuentra como dibujado y proyectado en las fórmulas socialistas, pues el socialismo es ante todo la voluntad de construir un mundo nuevo, menos inhumano que el que nos ofrece el capitalismo...Creemos que los pueblos latinoamericanos, nuestro pueblo mexicano en particular, son capaces, y poseen la creatividad necesaria para construir un socialismo "con cara humana" que corrija los errores totalitarios de ciertos regímenes... Nos ligamos así a las aspiraciones profundas que tuvo el pueblo mexicano al iniciar la Revolución en 1910 y que permanece básicamente insatisfecho. La desalienación es el fin primero del socialismo; su proyecto responde a las características siguientes: en lo económico, 1.apropiación colectiva de los medios de producción, 2.autogestión de las empresas por los trabajadores, 3.reparto equitativo de los beneficios de la producción y 4.planeación de la producción en función de las necesidades de la mayoría; en lo sociopolítico, 1.organización de grupos autónomos o cuerpos intermedios que tomen parte en las decisiones, y 2.mecanismos de participación democrática directa del pueblo trabajador en la elección de quienes ocupen los puestos públicos; y en lo cultural, educación en función de la creación de un hombre nuevo, liberado del afán del lucro, capaz de solidaridad, capacitado para afrontar los problemas técnicos de la producción y organización social".

Entre los dirigentes del Movimiento en su primera etapa, destacan Sergio Méndez Arceo, Obispo de Cuernavaca, y los padres Mario Padilla, Baltazar López, Xavier Massimi, César Pérez, Alex Morelli, José S.Quintana y Luis del Valle. Este grupo forma parte del Movimiento Latinoamericano en el que también colaboran los Sacerdotes para el Tercer Mundo, de Argentina; los Sacerdotes por el Socialismo, de Chile; el Movimiento Sacerdotal Onis, de Perú; y el Movimiento de Reflexión Sacerdotal, de Ecuador. Los dirigentes de estos organismos se reunieron por primera vez en Lima en febrero en 1973, donde redactaron el documento que dice en síntesis: "El cristiano debe ante todo insertarse en la praxis revolucionaria, percibir la globalidad de lo político e ingresar a un mundo cultural diferente...El Evangelio y la vida eclesial no sean neutros políticamente; encubrir su dimensión política ha servido para reforzar los regímenes y las culturas opresoras...Nuestra condición de sacerdotes da características propias a nuestro compromiso revolucionario: 1.ratificación de lo ideológico como campo propio de la acción política, pues nuestros grupos, por ser de Iglesia, no se orientan a detentar el poder; 2.recuperación o incorporación de sectores cristianos al proceso revolucionario; 3.denuncia de los elementos religiosos que sirven de apoyo a la ideología dominante; 4.crítica de las contradicciones que se generan en el proceso revolucionario; 5.preocupación evangélica por los menos favorecidos; 6.contribución a la unidad de los grupos políticos de izquierda; y 7.relación con otros grupos sacerdotales del continente y del Tercer Mundo...Reconocemos que la realidad de cada país es diferente la una de la otra y condiciona las formas de compromiso y acción políticos de los sacerdotes y de los movimientos sacerdotales. Se advierten las siguientes coincidencias: 1.hay una opción socialista global de nuestros movimientos, así como la convicción de la tendencia del proceso revolucionario latinoamericano hacia una sociedad de tipo socialista; 2.cada país puede tener vías propias hacia la construcción del socialismo; y 3.se reconoce la importancia del marxismo como un intento de racionalidad científica de la historia ligada a una práxis transformadora, pero hay en él elementos que crean dificultades y problemas que importa aclarar en servicio de la liberación latinoamericana...Nuestros movimientos son una expresión a nivel sacerdotal de una corriente más amplia de cristianos comprometidos que existe actualmente en nuestras iglesias...El compromiso de los cristianos en el proceso revolucionario latinoamericano significa la entrada en un mundo cultural distinto que postula, a su vez, la exigencia de una relación de nuestra fe a partir de esa nueva experiencia. Deseamos participar en la construcción de la Iglesia del futuro. No se trata de crear otra Iglesia, ni una contra-Iglesia, sino de forjar una Iglesia nueva que permita al proletariado, a la clase social hoy oprimida y marginada, tener en ella su voz propia. Las prioridades de nuestros movimientos son: lucha contra el imperialismo y los regímenes represivos que destruyen y desfiguran la acción revolucionaria, ayuda a la lucha sindical y unificación de las izquierdas". *R.M.*

SÁENZ, AARÓN, n. en Monterrey, N.L., el 1º de junio de 1891. Estudió en el Colegio Civil y en el Ateneo Fuente de Saltillo. Es abogado por la Universidad de México. Se afilió a la Revolución en 1913, en Piedras Negras, a raíz de la Decena Trágica. Como teniente de estado mayor de Obregón hizo con éste las campañas contra Huerta en Sonora, Sinaloa, Jalisco, Colima, Michoacán, Guanajuato, Tepic, Querétaro, Hidalgo y el Distrito Federal; contra Zapata y los convencionistas, en Veracruz, Tlaxcala y Puebla; contra Villa, en Querétaro, Guanajuato, Jalisco, Aguascalientes, Zacatecas, San Luis Potosí y Coahuila; y contra el maytorenismo y el villismo, en Sinaloa y Sonora. Participó en muchas acciones de armas, entre ellas las de Celaya y Trinidad. Ha sido jefe de estado mayor del general Manuel M.Diéguez; secretario particular y jefe de estado mayor de Obregón, cuando éste fue ministro de la Guerra; diputado a la XXVII Legislatura federal; enviado extraordinario y ministro plenipotenciario en Brasil (1918); secretario de Relaciones Exteriores (1921-1922); jefe de la campaña política para la reelección de Obregón (1928); gobernador de Nuevo León (1927-1930), durante cuya gestión construyó el Palacio Federal y la Escuela Industrial; secretario de Educación Pública (1930) y de Industria, Comercio y Trabajo (1931); jefe del Departamento del Distrito Federal (1932-1934) y presidente de la Asociación Azucarera Nacional, del Banco Azucarero y de la Asociación de Productores de Alcohol. Aparte sus informes, ha publicado: *La política internacional del presidente Obregón* (1960) y *La política internacional de la Revolución* (1961). *I.C.G.*

SÁENZ, JUAN DE, n. en la segunda mitad del siglo XVIII. Pintor, fue discípulo de Jimeno. Colaboró con éste en la decoración de la cúpula de la Catedral Metropolitana, en el grupo de San Miguel y los ángeles rebeldes. Obras suyas se encuentran en el Museo de Pintura de Zacatecas (antiguo Colegio de Guadalupe); en México, en el Templo de la Soledad (dos grandes óleos sobre la *Invención de la Cruz por Santa Elena*); en el Santuario de Tepalcingo, Mor. (varios murales sobre tela), y en colecciones particulares.

SÁENZ, VICENTE, n. en San José de Costa Rica, en 1896; m. en la Ciudad de México en 1963. Dirigió los periódicos *Patria* de Tegucigalpa, Honduras, y *La Opinión, Diario del Comercio* y *Liberación*, de San José, Costa Rica. Desde 1929 radicó en México, dedicado a enseñar historia de América en la Escuela Normal Superior y a dirigir la Editorial América Nueva. Asistió como voluntario a la Guerra Civil Española (1936-1939), en defensa de la República. Sobresalen en su obra: *Traidores y déspotas de Centroamérica, Cartas a Morazán, La Doctrina Monroe frente a los nazis de América, Hispano América contra el coloniaje, Norteamericanización de Centroamérica, El Canal de Nicaragua, Nuestras vías interoceánicas, Raíz y ala* (ensayo sobre Martí), *Guión de Historia de América* y *Rompiendo Cadenas*. Promovió la Unión de Centroamérica y participó en varias conferencias interamericanas en pro de la democracia y la cultura.

SÁENZ GARZA, MOISÉS, n. en El Mezquital, municipio Apodaca, N.L., el 16 de febrero de 1888; m. en Lima, Perú, el 24 de octubre de 1941. Estudió en el Colegio Civil de Monterrey y en la preparatoria de la Escuela Presbiteriana de Coyoacán. Maestro por la Escuela Normal de Jalapa y doctor en ciencias y en filosofía por la Universidad de Columbia, fue director de Educación en Guanajuato y en el Distrito Federal; director de la Escuela Nacional Preparatoria y de la Escuela de Verano de la UNAM; catedrático de filosofía de la Escuela Nacional de Maestros; oficial mayor, subsecretario y secretario de Educación Pública; director general de la Beneficencia Pública, presidente del Comite de Investigaciones Indígenas y ministro de México en Dinamarca, Ecuador y Perú. Organizó las escuelas rurales y las misiones culturales. Fue el principal organizador del Primer Congreso Indigenista, reunido en Pátzcuaro (1940), director del Instituto Indigenista Interamericano y autor de un programa para la creación del Departamento de Asuntos Indígenas y para la protección legal del indio mexicano. Estableció bibliotecas ambulantes. Creó la educación secundaria. Muchos de sus trabajos de investigación científica sobre problemas indígenas, están inéditos. Publicó, entre otros, los libros siguientes: *Some mexican problems* (1926), *El sistema de escuelas rurales en México* (1927), *Sobre el indio peruano y su incorporación al medio nacional* (1933), *Carapan. Bosquejo de una experiencia* (1936), *México íntegro* (1939) y *Perú. Joyas, telas, cerámica* (1947). *I.C.G.*

SÁENZ DE SANTAMARÍA, CARMELO, jesuita, n. en Vitoria, España, en 1913. Decano de la Facultad de Filosofía y Letras de la Universidad de Deusto, en Bilbao, ha publicado: *Diccionario Cakchiquel-Español* (Guatemala, 1940), *Doctrina cristiana en lengua cakchiquel* (Guatemala, 1940), *Historia de la cátedra de filosofía en la Universidad de San Carlos* (Guatemala, 1940), *Historia verdadera de la conquista de la Nueva España por Bernal Díaz del Castillo* (estudios aparecidos en *Revista de Indias* de 1951 a 1966), *Studies of the organization of philosophical studies in Guatemala* (Washington, 1951), *Obras completas del inca Garcilaso de la Vega. Estudio preliminar y edición* (Madrid, 1953), *Fray Antonio Remesal O.P. Historiador de la conquista espiritual de Guatemala* (Madrid, 1963) y *El licenciado don Francisco Marroquín, primer obispo de Guatemala. Vida y escritos* (Madrid, 1964).

SAÉTA, FRANCISCO JAVIER, n. en Piazza Armerina, Sicilia, Italia, en 1664; m. en Caborca, Son., en 1695. A los 15 años de edad comenzó su noviciado con los jesuitas en Palermo. Después de 11 de estudios, solicitó permiso para misionar en Nueva España o Filipinas. Con esa idea, estudió español y, obtenida la autorización en 1692, zarpó de Cádiz. Una vez en México, continuó sus estudios en el Colegio Máximo de San Pedro y San Pablo, y luego en el del Espíritu Santo en Puebla. Destinado a Sonora, llegó en el verano de 1694 a Mitape, pero como el visitador general de las misiones, Juan Muñoz de Burgos, no se encontraba allí, fue a buscarlo a la misión de Dolores, donde conoció al padre Eusebio Francisco Kino. Asignado a la recién fundada misión de Caborca (La Concepción), tomó posesión de ella el 21 de octubre de 1694, bajo el patrocinio de Kino, quien liberalmente le proporcionó simientes, herramientas, mulas y ganado. La extrema pobreza de los caborqueños lo obligó a trabajar con sus propias manos en la fábrica de la casa cural y a sembrar hortalizas y trigo. Carecía de sayal, frazadas, chomite (estambre o chaquira) y piciete (tabaco) y se valía de espinas, a falta de plumas de aves, para escribir a sus superiores. El 2 de abril de 1692, indios pimas alzados le dieron muerte a él y a 4 indios ópatas, sus sirvientes. Días después sus cuerpos fueron incinerados y los restos del padre Saéta sepultados en la iglesia de Cucurpe. El asesinato de Caborca dio motivo a la matanza de El Tupo, consumada por los españoles y a que los indios pimas, en represalia, se alzaran e incendiaran San Ignacio de Caburica y San José de los Imuris. La paz con los pimas se firmó hasta el 7 de agosto de 1795, pero el resabio de odio de la matanza de El Tupo, trasmitido de generación en generación, perduró entre la tribu hasta mediados del siglo XVIII. v. "Anónimo. Notas sobre Sonora. Caborca. Francisco Javier Saéta, S.J. La Matanza de El Tupo", en *Memorias de la Academia Mexicana de la Historia, correspondiente de la Real de Madrid* (1970).

Ramón Sagredo: Vicente Guerrero

SAGREDO, RAMÓN, n. en Real del Monte, Hgo., en 1834; m. en la Ciudad de México en 1873. De 1854 a 1859 estudió en la Academia de San Carlos. Fue discípulo de Pelegrín Clavé. Presentó en las exposiciones de la propia Academia: en 1856, *El Bautista mostrando a dos apóstoles al Salvador* e *Ismael en el desierto* (segundo premio, hoy en el Museo de Querétaro); en 1857, *Los discípulos de Emaús,* cuadro que se consideró el "más bello de la escuela de Clavé"; y en 1858, *La muerte de Sócrates* (tercer premio). Estas dos últimas pinturas se conservan en el Museo Nacional de Artes Plásticas. Colaboró en la decoración de la cúpula de La Profesa. En las paredes de las galerías de San Carlos pintó medias figuras de artistas antiguos y modernos, inspirándose en el hemiciclo de Paul Delaroche en París. Por encomienda de Maximiliano y bajo la dirección de Rebull, hizo en 1865 el retrato de Vicente Guerrero, que ahora se encuentra en el Palacio Nacional. Sin esperar mucho de la pintura instaló un taller de fotografía. Entregado a la vida bohemia, se quitó la vida. En opinión de Altamirano, pudo ser el primero de los pintores de su época.

SAGUARO. *Carnegiea gigantea* (Engelman) Britton et Rose. Organo de la familia de las cactáceas, es

10

Saguaro, **Carnegiea gigantea**

una especie arbórea que mide de 15 a 30 metros de altura y de 40 a 75 centímetros de diámetro, sin ramificaciones durante algunos años y después con una, 5 y a veces hasta 20 ramas mesótonas (que salen cerca del centro de la principal), encorvadas en la base y ascendentes después, a menudo con nuevas ramificaciones; tiene de 12 a 30 costillas prominentes; areolas distantes de 2 a 2.5 centímetros entre sí en la parte mediana del tallo, pero coalescentes (contiguas) en la parte superior, provistas de abundante fieltro de color café y de 15 a 30 espinas grisáceas o con tintes rosados, sabuladas, la central más robusta; ésta llega a medir 7 centímetros de largo en la porción inferior del tronco viejo; en la superior las espinas son divergentes, de 2.5 a 3.8 centímetros de largo, aciculares, y en los tallos jóvenes son aplanadas o anguladas, de color café amarillento. Las flores son nocturno-matutinas, gruesas, de 10 a 12 centímetros de largo por 9 a 12 de ancho, polinizadas por murciélagos, con segmentos exteriores blanco-verdodos e interiores blancos, obovados ondulados, con el ápice redondeado; las escamas del pericarpelo y del tubo de la flor son anchas y cortas, lisas, de forma obovoide a elipsoide, con axilas lanosas, estambres blancos y numerosos, estilo grueso (de 5 a 6 centímetros de

largo) que termina en los lóbulos (12 a 18) del estigma; éstos son lineales, emergentes y convergentes, hasta tocarse en los extremos. Florea en julio. El fruto es carnoso, rojo o púrpura, de 6 a 9 centímetros de largo, cubierto de escamas poco desarrolladas, obovoide o elipsoide, dehiscente por medio de 3 hendiduras longitudinales que exponen los punículos abundantes y rojos, que caen cuando se secan. Las semillas son negras, y miden cerca de un milímetro de largo. Esta especie da un aspecto muy peculiar a las zonas áridas donde vive. Forma verdaderos bosques con miles de individuos. Evita el desecamiento total del ambiente, pues un solo ejemplar acumula algunas toneladas de agua en su tallo. Los frutos, ligeramente azucarados, son comestibles por hombres y pájaros, y se recolectan antes de que se sequen; se consumen crudos o en conserva; del jugo se hacen refrescos y una miel semejante a la de tuna. Las semillas contienen aceite y con ellas se prepara una especie de pinole que comen pollos y aves. Con la madera se fabrican chozas, abrigos, corrales, muebles modernos y baratijas; sirve también como combustible. Según estudios realizados recientemente, el saguaro contiene diversos antibióticos y antihemorrágicos. Los indígenas mexicanos emplean tajadas del tallo para detener hemorragias y evitar infecciones. Se dice que el jugo de esta planta también forma parte de una mezcla que utilizan los mayos para curar el cáncer y ciertos tipos de úlceras. Esta especie se encuentra en el desierto de Sonora, Chihuahua, Baja California, Arizona y Colorado. Según Lyman Benson, en el territorio norteamericano se encuentra siempre en pendientes orientadas hacia el sur para protegerse de los vientos que soplan del norte; pero en México, más cálido, se halla invariablemente en declives orientados hacia el norte, como sucede con muchas otras especies del hemisferio. En el extremo septentrional de su habitat, donde es menor la altitud, la temperatura no es un factor crítico para su supervivencia, pues los individuos se encuentran siempre en lugares donde hay algo de agua. En Tucson, Arizona, se ha creado el parque *Saguaro National Monument*.

SAHAGÚN, BERNARDINO DE, n. en Sahagún, reino de León, España, entre 1499 y 1500; m. en la Ciudad de México en 1590. Su apellido era Ribeira y lo trocó por el de su villa natal. Estudió en Salamanca y vino a la Nueva España en 1529 con el fraile Antonio de Ciudad Rodrigo y 19 frailes más de la Orden de San Francisco. Era de muy buena presencia, por lo cual dice fray Juan de Torquemada que "lo escondían los religiosos ancianos a la vista de las mujeres". Los primeros años de su residencia los pasó en Tlalmanalco (1530-1532) y luego fue guardián del convento de Xochimilco y, por lo que se conjetura, su fundador (1535). Enseñó latinidad en el Colegio de la Santa Cruz de Tlatelolco durante 5 años a partir de su fundación, el 6 de enero de 1536; y en 1539 era lector en el convento anexo a la escuela. Entregado a varios menesteres de su Orden, anduvo por el valle de Puebla y la región de los Volcanes (1540-1545). Vuelto a Tlatelolco, permaneció en el convento de 1545 a 1550. Estuvo en Tula en 1550 y 1557. Fue definidor provincial (1552) y visitador de la Custodia del Santo Evangelio, en Michoacán (1558). Trasladado al pueblo de Tepepulco en 1558, permaneció allí hasta 1560, pasando en 1561 de nueva cuenta a Tlatelolco. Allí duró hasta 1585, año en que fue a residir al convento Grande de San Francisco de la Ciudad de México, donde permaneció hasta 1571 para regresar otra vez a Tlatelolco. En 1573 predicó en Tlalmanalco. Fue de nuevo definidor provincial de 1585 a 1589. Falleció a los 90 o poco más años, en el convento Grande de San Francisco de México, auroleado con la fama de hombre sano, fuerte, gran trabajador, sobrio, prudente y amoroso con los indios. Dos notas parecen esenciales en su carácter: la tenacidad, demostrada en 12 lustros de pródigo esfuerzo en favor de sus ideas y de su obra; y el pesimismo, que ensombrece con amargas reflexiones el fondo de su escenario histórico.

Vivió en una época de transición de dos culturas, y pudo percatarse que la mexica iba a desaparecer absorbida por la europea. Se adentró con singular tesón, comedimiento e inteligencia en las complejidades del mundo indígena. Movíale en ello su celo de evangelizador, pues en posesión de ese conocimiento pretendía combatir mejor la religión pagana autóctona y convertir más fácilmente a los indígenas en la fe de Cristo. A sus trabajos escritos como evangelizador, historiador y lingüista, les dio diversas formas, corrigiéndolos, ampliándolos y redactándolos como libros distintos. Escribió en náhuatl, idioma que poseyó a la perfección, y en castellano, agregándole latín. Desde 1547 empezó a investigar y recopilar datos acerca de la cultura, creencias, artes y costumbres de los antiguos mexicanos. Para llevar a cabo su tarea con éxito, inventó y puso en marcha un método moderno de investigación, a saber: hizo cuestionarios en náhuatl, valiéndose para elaborarlos de los estudiantes del Colegio de la Santa Cruz de Tlatelolco, avanzados en "romance", esto es, en latín y castellano, al tiempo

Bernardino de Sahagún

1

que eran peritos en náhuatl, su lengua materna. Esos cuestionarios los llevó a los indios que encabezaban los barrios o parcialidades, quienes le mandaron indígenas ancianos que le prestaron tan inapreciable ayuda, que se les conoce como los *informantes de Sahagún*. Estos fueron de tres lugares: a) Tepepulco (1558-1560), quienes elaboraron los *Primeros Memoriales*; b) Tlatelolco (1564-1565), quienes hicieron los *Memoriales con escolios* (a ambas versiones se les identifica con los llamados *Códices Matritenses*); y c) la Ciudad de México (1566-1571), en donde realizó Sahagún una nueva versión, mucho más completa que las anteriores, ayudado siempre por su equipo de estudiantes de Tlatelolco. Este tercer texto definitivo es la *Historia General de las Cosas de Nueva España*. En 1570, por razones económicas, paralizó su obra, viéndose obligado a redactar un *Sumario* de su *Historia* que envió al Consejo de Indias. Este texto está perdido. Otra síntesis se envió al Papa Pío V, y se conserva en el Archivo Secreto Vaticano. Se intitula: *Breve compendio de los Soles idolátricos que los indios desta Nueva España usaban en tiempos de su infidelidad*. Por intrigas de los frailes de su misma Orden, el Rey Felipe II mandó recoger en 1577, todas las versiones y copias de la obra de Sahagún, ante el temor de que los indígenas siguiesen apegados a sus creencias si éstas se conservaban en su lengua. Cumpliendo esta orden terminante, Sahagún entregó a su superior, fray Rodrigo de Sequera, una versión en lengua castellana y mexicana. Esta versión la llevó a Europa el padre Sequera en 1580, por lo que se conoce con el nombre de *Manuscrito o copia de Sequera* y se identifica con el *Códice Florentino*. Su equipo de estudiantes trilingües (latín, castellano y náhuatl) lo formaron Antonio Valeriano, de Azcapotzalco; Martín Jacobita, del barrio de Santa Ana o de Tlatelolco; Pedro de San Buenaventura, de Cuauhtitlan; y Andrés Leonardo. Sus copistas o pendolistas fueron Diego de Grado, del barrio de San Martín; Mateo Severino, del barrio de Utlac, en Xochimilco; y Bonifacio Maximiliano, de Tlatelolco, y quizá otros más, cuyos nombres se han perdido.

Fue Sahagún creador de un método riguroso de investigación científica, si no el primero, puesto que fray Andrés de Olmos se le adelantó en tiempo de sus indagaciones, sí el más científico, por lo que se le considera el padre de la investigación etnohistórica y social americana, anticipándose dos siglos y medio al padre Lafitan, generalmente considerado por su estudio de los iroqueses como el primer gran etnólogo. Logró reunir un extraordinario arsenal de noticias de boca de sus informantes, relativas a la cultura *mexícatl*. Las tres categorías: lo divino, lo humano y lo mundano, de honda tradición medieval dentro de la concepción histórica, encuéntranse en la obra de Sahagún. De ahí que exista una estrecha relación en el modo de concebir y escribir su *Historia* con la obra de Bartholomeus Anglicus intitulada *De propietatibus Rerum... en Romance* (Toledo, 1529), libro muy en boga en su época, lo mismo que con las obras de Plinio el Viejo y Alberto el Magno.

Su *Historia*, que es una enciclopedia de tipo medieval, modificada por los conocimientos renacentistas y los de la cultura náhuatl, presenta la labor de varias manos y varios estilos, ya que intervino en ella su equipo de estudiantes desde 1558, por lo menos, hasta 1585. En ella se percibe con claridad meridiana su filiación, con tendencia pictográfica, a la llamada Escuela de México-Tenochtitlan, de mediados del siglo XVI, con el estilo "azteca revivido", así como con el movimiento de europeización de las figuras.

Toda esta abundante y magnífica información permanecía en el olvido, hasta que Francisco del Paso y Troncoso —profundo conocedor del náhuatl y gran historiador— publicó lo originales conserva-

dos en Madrid y en Florencia con el título de *Historia General de las Cosas de Nueva España*. *Edición parcial en facsimile de los Códices Matritenses* (5 vols., Madrid, 1905-1907). El tomo quinto, primero de la serie, trae las 157 láminas de los XII libros del *Códice Florentino* que se conserva en la Biblioteca Laurentiana de Florencia. De una copia de la *Historia de Sahagún*, que se encontraba en el convento de San Francisco de Tolosa, España, proceden las ediciones que hicieron Carlos María de Bustamante (3 vols., 1825-1839), Irineo Paz (4 vols., 1890-1895) y Joaquín Ramírez Cabañas (5 vols., 1938). La edición más cumplida en castellano es la del padre Angel María Garibay K., con el título *Historia de las cosas de Nueva España, escrita por Bernardino de Sahagún y fundada en la documentación en lengua mexicana recogida por los naturales* (5 vols., 1956). El historiador español Manuel Ballesteros Gaibrois ha dado a la estampa los *Códices Matritenses de la Historia General de las Cosas de la Nueva España* (2 vols., Madrid, 1964). Ha sido también publicada y hay traducciones en latín, por Biondelli; al alemán, por Smidt, Schultze Jena, Seler y Shams; al francés, por Jourdanet y Simeón; y al inglés por Bandelier, Cornyn y Charles E.Dibble y Arthur J.O. Anderson: *The Florentine Codex. General History of the things of New Spain* (12 vols., Santa Fe, New Mexico, 1950-1965). Hay también numerosas selecciones de la extensa obra sahaguntiana. v.José Fernando Ramírez: "Códices mejicanos de Fr. Bernardino de Sahagún", en *Anales del Museo Nacional de Arqueología, Historia y Etnología* (1903); Alfredo Chavero: *Sahagún* (1877); Joaquín García Icazbalceta: *Biografías. Obras* (1896); Wigberto Jiménez Moreno: *Fray Bernardino Sahagún y su obra* (1939); Edgard L.Hewett: "*Fray Bernardino de Sahagún and the Great Florentine Codex*", en *Papers of the School of American Research, Archaeological Institute of America* (Washington, 1944); Angel María Garibay K.: "Versiones discutibles del texto náhuatl de Sahagún", en *Tlalocan* (1952), y "Fray Bernardino de Sahagún, relación de los textos que no aprovechó en su obra. Su método de Investigación", en *Aportaciones a la investigación folklórica* (Colecciones de Cultura Mexicana, 1955); Nicolau D'Olwer: *Historiadores de América. Fray Bernardino de Sahagún* (1952); Donald Robertson: "*The manuscripts of Sahagun*", en *Mexican Manuscripts Painting on the Early Colonial Period. The Metropolitan Schools* (New Haven, 1959); Manuel Ballesteros Gaibrois: "Los manuscritos matritenses de Sahagún", en *Akten des 34 Internationalen Amerika-*

24

Luis Sahagún: **Autorretrato**

nisten Kongress Wien 1960 (Wien, 1962); Manuel Carrera Stampa: "Fuentes para el estudio del mundo indígena. Culturas del Altiplano. I. Anales, relaciones, crónicas e historias", en *Memorias de la Academia Mexicana de la Historia, correspondiente de la Real de Madrid* (1963).

SAHAGÚN, LUIS, n. en Sahuayo, Mich., en 1900. Inició sus estudios de pintura y dibujo con el maestro José Vizcarra, en Guadalajara, y los concluyó en la Academia Libre del Desnudo y en el Círculo de Bellas Artes de Roma. Volvió a México en 1932. Pintó por encargo de Lázaro Cárdenas una serie de personajes y de paisajes de Michoacán. En 1939 fundó el Círculo de Bellas Artes y organizó una galería. Enseñó pintura y dibujo durante 30 años. Entre sus más destacados discípulos figuran Martha Chapa, Luis Nishizawa, Nicolás Moreno y Froylán Ojeda. Buena parte de sus apuntes tomados en Roma fueron recogidos en un volumen (*Intimidad del paisaje*, 1973), con introducción de Francisco Cabrera. Sahagún ha dicho de sí mismo: "En la composición, me acerco a los barbizonianos que la definían como aquello que imaginamos, después de haber tomado lo más posible de las cosas exteriores. La composición como la forma, es intuitiva en su origen y es parte de nosotros".

SAHAGÚN DE ARÉVALO LADRÓN DE GUEVARA, JUAN FRANCISCO, n. en la capital de Nueva España en fecha que se ignora; m. en la propia ciudad en 1761. Se graduó de bachiller en las facultades de filosofía y de teología de la Universidad de México. Fue presbítero domiciliario del arzobispado y capellán de las franciscanas descalzas del monasterio de Corpus Christi. Investigó con gran dedicación y conoció "las noticias curinas y peregrinas de los acasos y sucesos más notables" ocurridos en la ciudad. Continuó la publicación de la *Gaceta de México* (iniciada por Castorena y Ursúa en 1722. v.GACETAS), desde el año de 1728 al de 1742 —157 números— con propósito de "recomendar a la prosperidad los casos y sucesos loables de este reino para excitar con nobles impulsos a su imitación". Logró, por sus trabajos, que el marqués de Casa-Fuerte expidiera en su favor, el 3 de agosto de 1733, el título de "Primer y General cronista e Historiador" de la Ciudad de México, tareas que atendió durante 15 años. Fue sepultado en el Hospital de Jesús.

SAKAI, KASUYA, n. en Buenos Aires, Argentina, en 1938. Vivió en Japón y Estados Unidos. Llegó a México en 1965. Pintor, ha incursionado también en la literatura. Expuso por vez primera en 1958. Tienen obras suyas el Museo Nacional de Bellas Artes y la Fundación *Torcuato di Tella* de Buenos Aires, el Museo de Arte Moderno de Tokio, la Colección *Lee Ault* de Nueva York y el Colegio de México Ganó una medalla de oro en la Exposición Universal de Bruselas (1958) y el primer premio del Salón de la Pintura Actual de Buenos Aires (1961). Juan García Ponce dice de la pintura de este artista, que es "metafísica, en tanto que trata de ir más allá de las apariencias y adentrarse en el terreno de los fines últimos".

SAL. El cloruro de sodio cristalizado (NaCl), conocido como sal común, es un compuesto mineral de extraordinaria abundancia. Se encuentra en dos formas: sólida, como sal de roca, y en solución, como salmuera. Es transparente, higroscópica y altamente diatérmica. Su color varía: blanco, cuando está finamente dividida, y gris si se halla en grandes masas. Las coloraciones amarilla, anaranjada, café, rosa o roja, que se observan en la sal, se deben al contenido de óxidos de fierro. Es muy importante en la dieta del hombre, en virtud de que sus derivados intervienen directa o indirectamente en la preparación o procesamiento de todo alimento o bebida. El 97% de la producción mundial tiene ese des-

25

Panes de sal en un tianguis de Chiapas

tino. Sus reservas son incalculables, pues a los depósitos minerales conocidos se suman las salmueras existentes en manantiales, lagos y océanos. Los yacimientos naturales, formados principalmente por la evaporación de aguas marinas, contienen, además del cloruro de sodio, sulfatos de calcio, magnesio y sodio, cloruros de magnesio y potasio, bicarbonato de calcio y bromuro de magnesio, e impurezas naturales, según el caso, como limos, arcillas y hierro. De acuerdo con los usos a que se destina, la sal se acondiciona con aditivos que hacen las veces de rellenos y secadores, originando los diversos tipos: común en grano, lavada, refinada y especiales. La sal se emplea en la industria química para producir cloro, sodio, sosa cáustica, carbonato de sodio y cloratos; en metalurgia, para la fundición y refinación de minerales y metales; en la industria de transformación, para preparar y conservar alimentos, jabón, tintes, detergentes, emulsiones, cementos y explosivos; para el tratamiento de aguas y lacas, y el blanqueo de pulpa para fabricar papel; en cerámica, para esmaltes y vitrificantes; en farmacia, para producir medicamentos; en textiles, como blanqueador y fijador de colores en telas estampadas; y en la ganadería y la agricultura, como alimento para ganado, fertilizantes, insecticidas y fungicidas. Además, es un excelente agente de refrigeración. Compiten con este mineral gran número de productos, pero a causa del bajo costo, la posibilidad de sustituirla es más teórica que práctica. Algunas sustancias químicas pueden reemplazarla en la limpieza de hielo y nieve en las vías de comunica-

ción. El cloruro de potasio y los extractos artificiales la sustituyen en la mesa. En los digestores de la industria papelera suele utilizarse en su lugar una mezcla de carbonato de sodio y azufre. La sosa cáustica puede hacer sus veces en el tratamiento de la bauxita para obtener alúmina. Se conocen tres métodos para producir sal: Evaporación solar, que consiste en aprovechar la acción combinada de los rayos del sol y los vientos secos en el tratamiento de las aguas marinas, lacustres o salmueras de cualquier naturaleza; este sistema se usa con frecuencia por su sencillez y economía, y consiste en hacer llegar las salmueras a una serie de estanques de circulación y a uno de cristalización, de gran tamaño y pequeña profundidad, donde se forman costras salinas sucesivas al evaporarse el agua por el calor. *Minero*, semejante al de las minas de carbón de piedra, llamado "de salones y pilares", aplicado en formaciones situadas a distintas profundidades, por medio del cual se obtiene la sal en trozos. Y *por solución*, o sea disolviendo con agua la sal de las formaciones o domos y bombeando estas salmueras artificiales a la superficie, para someterlas a un proceso de evaporación o cristalización. El método que más se emplea en México es el de evaporación solar. En 1964 se produjeron 1.796,330 toneladas de sal, en 1968, 3.597,780; y en 1972, 5 millones. La mayor parte procede de la zona de Guerrero Negro, en terrenos adyacentes a la Bahía de Sebastián Vizcaíno. En un principio la concesión se otorgó a la Compañía Exportadora de Sal, filial de la *National Bulk Carriers*, pero en 1973 se transfirió a una empresa de capital japonés (v.BAJA CALIFORNIA SUR, ESTADO DE). En 1972 se exportaron 4.968,747 toneladas de sal común, con un valor de $194 millones. Los países de destino y el número de toneladas vendidas a cada uno, entre paréntesis, fueron los siguientes: Australia (31,853), Barbados (84), Canadá (350,400), Corea del Sur (25,017), Estados Unidos (1.179,740), Japón (3.350,821), Nicaragua (26,442) y Panamá (1,350). El consumo doméstico fue de unas 500 mil toneladas. La producción mundial asciende a 140 mil toneladas.

SALADO ÁLVAREZ, VICTORIANO, n. en Teocaltiche, Jal., en 1867; m. en la Ciudad de México en 1931. Pasó a Guadalajara a los 10 años de edad. Estudió en el Liceo de Varones y en la Escuela de Leyes; obtuvo su título de abogado en 1890. Antes, en 1888, había comenzado su carrera de periodista como gacetillero en el *Diario de Jalisco* y en el *Correo de Jalisco*. Desempeñó algunos cargos ju-

Victoriano Salado Alvarez

diciales. Trató localmente a hombres de letras como Puga y Acal, los López Portillo, Gilberto Laso y los Pérez Verdía. *De mi cosecha* (1898) es su primer libro. A los 32 años se trasladó, con su esposa y sus hijos, a la Ciudad de México. Colaboró en *El Imparcial* y en *El Mundo Ilustrado*. En 1901 publicó *De autos*, que reúne cuentos y sucedidos. Santiago Ballescá editó en Barcelona, España, *De santa Anna a la Reforma* (1902) y *La Intervención* (1903), obras en que Salado Alvarez relató "en forma novelesca los episodios del gran movimiento reformista que cambió la paz de la República Mexicana". En 1945 se reeditó en México con el título de *Episodios Nacionales*. Ocupó por oposición la cátedra de literatura en la Escuela Nacional Preparatoria. De 1902 a 1906 fue diputado y después senador. En este último año pasó a ser, en la administración de Enrique C.Creel, secretario de gobierno en el Estado de Chihuahua. *La conjura de Sarús Burr y las primeras tentativas de conquista de México por americanos del Oeste* apareció en 1908. Ese año, al lado del mismo Creel, viajó a Washington como primer secretario de la embajada. En 1909 fue encargado de negocios; en 1910 asistió a la Cuarta Conferencia Panamericana, en Buenos Aires, como presidente de la delegación mexicana; y en 1911 se le nombró subsecretario de Relaciones Exteriores y quedó al frente de esa dependencia del 26 de mayo al 26 de junio. Solicitó al presidente Madero salir del país. Sirvió, como ministro plenipotenciario, en Guatemala, El Salvador y Brasil (1911-1915). Debido a su antagonismo con Ca-

rranza, se trasladó entonces a Europa y vivió 5 años en España. Pasó después a San Francisco, en Estados Unidos, y siguió viviendo de su pluma por el resto de su vida. Escribió para los diarios norteamericanos *La Prensa*, de San Antonio, y *La Opinión*, de Los Angeles. También lo hizo para *Excélsior* y *El Universal*, de la Ciudad de México; *El Informador*, de Guadalajara; *El Diario de Yucatán* y otros periódicos mexicanos y extranjeros. En 1924 circuló su libro *México Peregrino* y el opúsculo *Mexicanismos supervivientes en el inglés de Norte-América*. Desde 1908 perteneció a la Academia Mexicana de la Lengua, de la que fue secretario perpetuo a partir de 1925. Después de su muerte se publicaron varios de sus escritos: *La vida azarosa y romántica de Carlos María de Bustamante* (Madrid, 1933); *Memorias*: Tomo I, *Tiempo viejo*, y Tomo II, *Tiempo nuevo* (1946); *Minucias del lenguaje* (1957) y *Rocalla de la Historia* (1958). Eventualmente usó el seudónimo de *Don Querubín de la Ronda*.

SALAMANDRA DORADA. *Psendoerycea leprosa*, anfibio de la familia *Plethodontidae*. Mide unos 14 centímetros, de los cuales 6 corresponden a la cola. Vive debajo de troncos o piedras, siempre en lugares muy húmedos y a un altitud de 3 mil metros. Presenta 4 dedos en las patas delanteras y 5 en las traseras. Es de color parduzco purpúreo, con manchas cremosas irregulares en el dorso y a los lados. Al igual que los demás miembros de esta familia, carece de pulmones, por lo cual su respiración es cutánea. Muestra húmeda la piel, protegida por una secreción mucosa ricamente vascularizada. Se le encuentra en los alrededores del valle de México. *Psendoerycea altamontana* vive en las lagunas de Zempoala, a uno 3 mil metros de altitud; mide entre 9 y 10 centímetros de largo, de los cuales 4.8 corresponden a la cola; su cuerpo es purpúreo, con manchas irregulares de color cremoso en los costados; tiene el vientre violáceo y los párpados inferiores, grises.

SALARIOS MÍNIMOS. El artículo 123 constitucional, en su fracción VI, establece: "Los salarios mínimos que deberán disfrutar los trabajadores serán generales o profesionales. Los primeros regirán en una o en varias zonas económicas; los segundos se aplicarán en ramas determinadas de la industria o del comercio o en profesiones, oficios o trabajos especiales. Los salarios mínimos generales deberán ser suficientes para satisfacer las necesidades normales de un jefe de familia, en el orden material, social o cultural, y para proveer a la educación obligatoria de los hijos. Los salarios mínimos profesionales se fijarán considerando, además, las condiciones de las distintas actividades industriales y comerciales. Los trabajadores del campo disfrutarán de un salario mínimo adecuado a sus necesidades. Los salarios mínimos se fijarán por Comisiones Regionales, integradas con representantes de los trabajadores, de los patronos y del gobierno y serán sometidos a una Comisión Nacional que se integrará en la misma forma prevista para las Comisiones Regionales". En el texto original de la Constitución de 1917 se hacía referencia a los salarios mínimos en las siguientes fracciones del artículo 123: VI ("El salario mínimo que deberá disfrutar el trabajador será el que se considere suficiente, atendiendo a las condiciones de cada región, para satisfacer las necesidades normales de la vida del obrero, su educación y sus placeres honestos, considerándolo como jefe de familia. En toda empresa agrícola, comercial, fabril o minera, los trabajadores tendrán derecho a una participación en las utilidades que será regulada como indica la fracción IX"), VII ("El salario mínimo quedará exento de embargo, compensación o descuento") y IX ("La fijación del salario mínimo y de la participación en las utilidades a que se refiere la fracción VI, se hará por Comisiones Especiales que se formarán en cada municipio, subordinadas a la Junta Central de Conciliación y Arbitraje que se establecerá en cada Estado. En defecto de esas comisiones, el salario mínimo será fijado por la Junta Central de Conciliación y Arbitraje respectiva"). La fracción VIII se conserva como en su texto original y todo cuanto concierne a la participación en las utilidades quedó establecido en la fracción IX del propio ordenamiento.

Con motivo de la aplicación de la Ley Federal del Trabajo, promulgada en 1932 como reglamentaria del artículo 123, las Juntas Centrales de Conciliación y Arbitraje quedaron encargadas de fijar los salarios mínimos a partir del bienio 1934-1935; pero desde 1964-1965 esta tarea quedó a cargo de la Comisión Nacional, con el auxilio de las Comisiones Regionales. Así, en 1934 se establecieron salarios mínimos generales para los trabajadores de la ciudad y el campo y especialmente para los mineros, salineros, cafetaleros, plataneros, pesqueros, cañeros, albañiles, carpinteros y obreros calificados. El 1º de enero de 1943 entró en vigor la Ley de Compensaciones de Emergencia al Salario Insuficiente, que las estableció, en la ciudad, para montos menores de $10 diarios. El presidente Adolfo López Mateos inició las reformas al artículo 123 y a la Ley Federal del Trabajo en lo relativo al repar-

to de utilidades de las empresas entre los trabajadores (fracción IX) y a los salarios mínimos (fracción VI). Aprobadas éstas en 1962, entraron en vigor al iniciarse 1963, dieron nuevas bases al sistema de cálculo y crearon los salarios mínimos profesionales, o sea aquéllos que postulan una remuneración equitativa tomando en cuenta la capacidad y destreza del trabajador.

Las tarifas que se habían fijado hasta entonces revelaron que la división municipal no guarda generalmente relación con el grado de desarrollo económico ni con los problemas del trabajo y que, por tanto, no podía servir de fundamento a los salarios mínimos. Las comisiones especiales, a su vez, subordinadas a las Juntas Centrales de Conciliación y Arbitraje, resultaban anacrónicas e incongruentes con el carácter federal de la legislación. La fijación, pues, de los salarios mínimos, debía hacerse por zonas económicas y a juicio de una Comisión Nacional. Los salarios mínimos con vigencia del 1º de enero al 31 de diciembre de 1977, se fijaron para sólo 90 de las 111 zonas económicas originales, pues 21 se fusionaron en otras; sin embargo, las que subsisten conservaron sus números: 1.Baja California Norte. 2.Baja California Sur. 5.Sonora Costa. 6.Sonora Sierra. 7.Sonora Nogales. 9.Chihuahua Ciudad Juárez. 10.Chihuahua Sierra. 11.Chihuahua Noreste. 12.Chihuahua Guerrero. 13.Chihuahua Chihuahua. 14.Chihuahua Jiménez. 17.Coahuila Norte. 18.Coahuila Monclova. 19.Comarca Lagunera. 20.Coahuila Oeste. 21.Coahuila Saltillo. 22.Tamaulipas Norte. 23.Nuevo León Sabinas Hidalgo. 24.Nuevo León Norte. 25.Monterrey Area Metropolitana. 26.Nuevo León Montemorelos. 27.Nuevo León Sur. 29.Tamaulipas Centro. 30.Tamaulipas Mante. 31.Tamaulipas Tampico Madero Altamira. 32.Sinaloa Norte. 32A. Sinaloa Noreste 33.Sinaloa Sur. 34.Durango Norte Oeste Sur. 35.Durango Centro. 36.Durango Este. 37.Zacatecas (Resto del Estado). 38.Zacatecas Centro. 39.Aguascalientes 40.San Luis Potosí Norte. 41.San Luis Potosí Sur Huastecas. 44.Veracruz Poza Rica Tuxpan. 45.Nayarit. 46.Jalisco Bolaños Los Altos. 47.Guadalajara Area Metropolitana. 48.Jalisco Ocotlán. 49.Jalisco Centro Costa. 52.Colima. 53.Guanajuato Norte. 54.Guanajuato Centro. 55.Guanajuato Michoacán Bajío. 56.Querétaro Norte. 57.Querétaro Querétaro. 58.Querétaro Sur. 59.Michoacán Ciénega de Chapala. 61.Michoacán Morelia. 62.Michoacán Zitácuaro. 63.Michoacán Meseta Tarasca. 64.Michoacán Centro. 66.Michoacán Costa. 67.Hidalgo. 68.Estado de México Norte. 69.Estado de México Centro Sur. 70.Estado de México Toluca. 72.Estado de México Noreste. 73.Estado de México Este. 74.Distrito Federal Area Metropolitana. 75.Morelos. 76.Tlaxcala. 77.Puebla Sierra. 78.Puebla Area Metropolitana. 79.Puebla Centro Sur. 82.Veracruz Centro. 84.Veracruz Minatitlán Coatzacoalcos. 85.Guerrero Centro. 86.Guerrero Chilpancingo Costa Grande. 89. Guerrero Acapulco. 90.Guerrero Oaxaca La Costa. 91.Oaxaca Tuxtepec. 93.Oaxaca Guerrero Mixteca. 95.Oaxaca Centro. 97.Oaxaca Istmo. 98.Chiapas Norte Pichucalco. 99.Chiapas Palenque. 100.Chiapas Centro. 101.Chiapas La Costa Tuxtla Chico. 102.Chiapas Tapachula. 104.Tabasco. 105.Campeche Carmen. 106.Campeche Centro. 107.Campeche Norte. 108.Yucatán Mérida Progreso. 110.Yucatán Agrícola Forestal. 111.Quintana Roo.

Hasta 1941 el Departamento del Trabajo concentró la información nacional de los salarios mínimos en la Dirección General de Estadística; después se encargó de difundirlos la Dirección General de Relaciones, Publicaciones e Información de la Secretaría del Trabajo y Previsión Social. Fueron titulares de esta Dirección el licenciado Xavier Icaza y el señor Raimundo Mancisidor. Al crearse la Comisión Nacional de los Salarios Mínimos (1963) se designó presidente al licenciado Gilberto Loyo, quien la desempeñó hasta su muerte (1973). Fue sustituido por el licenciado Javier Bonilla García, a quien correspondió presidirla a partir del bienio 1974-1975 y durante 1976. Los salarios mínimos de 1977 se aprobaron bajo la presidencia del licenciado Manuel Uribe Castañón.

En el cuadro siguiente se registra el promedio nacional de los salarios mínimos, generales y del campo, desde el bienio 1934-1935, en que fueron establecidos.

SALARIOS MÍNIMOS EN MÉXICO (1)

	General	Del campo	Promedio
1934-1935	$ 1.15	$ 1.09	$ 1.12
1936-1937	1.31	1.21	1.26
1938-1939	1.46	1.31	1.39
1940-1941	1.52	1.30	1.41
1942-1943	1.87	1.58	1.73
1944-1945	2.30	1.93	2.12
1946-1947	2.98	2.41	2.70
1948-1949	3.62	2.88	3.25
1950-1951	4.15	3.22	3.69
1952-1953	5.44	4.46	4.95
1954-1955	6.42	5.40	5.91
1956-1957	8.30	6.99	7.65
1958-1959	9.81	8.20	9.01
1960-1961	10.76	9.30	10.03
1962-1963	13.03	10.82	11.93
1964-1965	15.80	13.56	14.68
1966-1967	18.44	15.79	17.12
1968-1969	21.29	18.37	19.83
1970-1971	24.59	21.20	22.90
1972-1973	29.14	25.17	27.16
1974-1975	38.53	33.57	36.05
1976 (2)			
(hasta 31 ago.)	58.68	49.87	54.28
1976 (sep-dic.)	72.17	61.34	66.76
1977 (3)	79.36	67.45	73.41

(1) De 1934 a 1963 fueron fijados por Comisiones Especiales Municipales relacionadas con las Juntas Centrales de Conciliación y Arbitraje en cada entidad federativa; y desde 1964, por la Comisión Nacional de los Salarios Mínimos con el auxilio de Comisiones Regionales. En el bienio 1966-1967 los salarios mínimos profesionales se fijaron para 11 actividades en 39 zonas; en 1968-1969, para 24 de aquéllas en 47 de éstas; en 1970-1971, para 39 en 59; en 1972-1973, para 48 en 87; en 1974-1975, para 65 en 91; y en 1976 y 1977, para 80 trabajos especializados en todo el país. (2) A partir de este año los salarios mínimos generales, del campo y profesionales se determinan cada año. (3) Los salarios mínimos generales, y del campo y profesionales para el período del 1º de enero al 31 de diciembre de 1977 fueron establecidos elevando los que estuvieron vigentes hasta el 31 de diciembre de 1976, en los siguientes porcentajes: 9% en las zonas cuyos salarios mínimos generales y del campo eran superiores a $100 y 10% en aquellas otras donde eran inferiores a esa cantidad.

En seguida se anotan los oficios y trabajos especiales a los que se fijaron salarios mínimos profesionales en 1977 (los números entre paréntesis corresponden al orden en el que aparecen en los listados oficiales): archivista clasificador en oficina (48), auxiliar de laboratorios de análisis clínicos (23), auxiliar práctico de enfermería (32), ayudante de contador (50), cajero en máquina registradora (10), cantinero preparador de bebidas (20), carpintero de obra negra (31), costurero en confección de ropa en talleres o fábricas (5), costurero en confección de ropa en trabajo a domicilio (21), cocinero (mayor) en restaurantes, fondas y demás establecimientos de preparación y venta de alimentos (74), chofer acomodador de automóviles en estacionamientos (34), chofer de camión de servicio público de carga (75), chofer distribuidor de tanques de gas licuado (64), chofer operador de vehículos con grúa (42), dependiente de mostrador en boticas, farmacias y droguerías (4), dependiente de mostrador en ferreterías y tlapalerías (25), dependiente de mostrador en refaccionarias de automóviles y camiones (18), empleado góndola, anaquel o sección en tiendas de autoservicio (3), encargado de bodega o almacén (17), enfermero con título (80), fierrero en construcción (51), fogonero de calderas de vapor (47), lubricador de automóviles, camiones y otros vehículos de motor (12) maestro en escuelas primarias particulares (78), manejador de gallineros (1), mecánico operador de rectificadora (56), mecanógrafo (9), moldero en fundición de metales

(43), oficial cajista de imprenta (37), oficial carpintero en fabricación y reparación de muebles (61), oficial colocador de mosaicos y azulejos (58), oficial cortador en talleres y fábricas de manufactura de calzado (16), oficial de herrería (53), oficial de niquelado y cromado de artículos y piezas de metal (36), oficial ebanista en fabricación y reparación de muebles (66), oficial electricista en la reparación de automóviles y camiones (63), oficial electricista instalador y reparador de instalaciones eléctricas (59), oficial electricista reparador de motores y generadores en talleres de servicio (39), oficial en albañilería (67), oficial en fabricación y reparación de colchones (24), oficial gasolinero (6), oficial hojalatero en la reparación de automóviles y camiones (60), oficial hornero fundidor de metales (72), oficial joyero-platero (29), oficial joyero-platero en trabajo a domicilio (55); oficial linotipista (77); oficial mecánico en reparación de automóviles y camiones (76), oficial mecánico fresador (73), oficial mecánico tornero (57), oficial montador en talleres y fábricas de calzado (15), oficial operador de máquinas para madera en general (46), oficial pintor de automóviles y camiones (52), oficial pintor de casas, edificios y construcciones en general (45), oficial plomero en instalaciones sanitarias (49), oficial prensista (28), oficial radiotécnico reparador de aparatos eléctricos y electrónicos (65), oficial reparador de aparatos eléctricos para el hogar (38), oficial de sastrería en trabajo a domicilio (71), oficial talabartero en la manufactura y reparación de artículos de piel (27), oficial tapicero de vestiduras de automóviles (41), oficial tapicero en reparación de muebles (40), oficial zapatero en talleres de reparación de calzado (14), operador de camión de carga de volteo (54), operador de cepilladora (44), operador de maquinaria agrícola (70), operador de máquinas de troquelado en trabajos de metal (19), operador de máquinas para soldar plástico (7), operador de prensa offset multicolor (68), peinador y manicurista (30), planchador a máquina en tintorerías, lavanderías y establecimientos similares (11), recamarera en hoteles, moteles y otros establecimientos de hospedaje (2), recepcionista en general (13), repostero o pastelero en panaderías y pastelerías (69), soldador con soplete o con arco eléctrico (62), tablajero o carnicero en mostrador (33), taquimecanógrafo en español (35), trabajadora social (79), velador (8), vendedor de piso de aparatos de uso doméstico (22), y yesero en construcción de edificios y casas habitación (26). *M.H.M.*

SALAS, JOSÉ MARIANO, n. y m. en la Ciudad de México (1797-1867). Comenzó su carrera militar en 1813 como cadete del Regimiento de Infantes de Puebla. Logró sus primeros ascensos peleando contra los insurgentes. Tomó Jalapa junto con Santa Anna y estuvo en el sitio de Veracruz. Fue defensor del gobierno cuando se proclamó el *Plan de Montaño* (1826). Combatió en Tampico la invasión del español Barradas. Ascendió a teniente coronel en 1832. Mandó una de las columnas de ataque en el asalto del Fuerte del Alamo y en la acción del Llano Perdido. Cubrió la retirada del ejército hasta Matamoros. El 15 de julio de 1840 tomó parte en el rechazo de los sublevados que asaltaron el Palacio Nacional. En 1844 fue jefe de la plana mayor del ejército. El 4 de agosto de 1846 se pronunció en la Ciudadela de la Ciudad de México, arrojó del poder al general Paredes y proclamó el restablecimiento del régimen federalista. Ejerció la Presidencia de la República del 5 de agosto al 23 de diciembre de ese año. Puso en vigor la Constitución de 1824, convocó a un nuevo Congreso y entregó el poder a Santa Anna (presidente) y Gómez Farías (vicepresidente). En 1847 fue ascendido a general de división. Segundo jefe del Ejército del Norte, luchó contra los norteamericanos, pero cayó prisionero en Padierna. Estuvo encargado del poder ejecutivo, en espera del regreso del general Miramón, del 21 de enero al 2 de febrero de 1859. Junto con Almonte y el arzobispo Labastida y Dávalos, formó parte del Poder Ejecutivo y de la Regencia del Imperio Mexicano (1863-1864).

SALAS PORTUGAL, ARMANDO, n. en Monterrey, N.L., en 1916. A los 5 años de edad llegó a la Ciudad de México en compañía de sus padres. Cursó en ella los estudios primarios y secundarios. El campo lo atrajo desde niño. Hacía excursiones en zonas cercanas al Distrito Federal y a los estados de México e Hidalgo. Estableció una relación singular con la naturaleza. Adolescente, formalizó su inclinación y logró inscribirse en un grupo expedicionario de gente adulta, perteneciente al Club Deportivo Internacional. A los 16 años viajó a los Estados Unidos para estudiar química. Regresó en 1938 y desde 1946 su actividad principal ha sido la fotografía. La búsqueda infantil y juvenil cuajó en una vivencia esencial del paisaje, aumentada por crecientes experiencias plásticas en sierras, litorales y pueblos poco conocidos. Ha alcanzado en sus fotografías un alto grado de perfección confirmado por la crítica. El equilibrio entre luz, sombra, instante y medio ambiente, anima sus paisajes, en un en-

Armando Salas Portugal y una de sus fotografías: Cráter del Citlaltépetl, sección sureste

cuentro singular con la belleza. El *Dr. Atl* lo consideró entre los 5 mejores fotógrafos del mundo, capaces de captar "el sentido profundo del paisaje". Hasta mayo de 1977 había realizado 56 exposiciones individuales, entre ellas varias en Estados Unidos, 2 en Europa y otras en Guatemala, Honduras y Venezuela. En 1976 presentó la obra del arquitecto Luis Barragán en el Museo de Arte Moderno de Nueva York, algunas de cuyas fotografías fueron recogidas por esta institución en un libro.

SALAZAR, ADOLFO, n. en Madrid, España, en 1890; m. en la Ciudad de México en 1958. Escritor y musicólogo, colaboró en *El Sol* de Madrid. En 1939 pasó a México como exiliado político. Impulsó los estudios musicales, en especial de la crítica. Aparte su labor docente en la Escuela Nacional de Música y en la Casa de España, impartió conferencias y cursillos de divulgación. Es autor de: *Música y músicos de hoy, El siglo romántico, La música actual en Europa y sus problemas* y *El problema de lo moderno.*

SALAZAR, CARLOS, n. en Matamoros, Tamps., en 1829; m. en Uruapan, Mich., en 1865. Ingresó al Colegio Militar en 1842. Combatió a los norteamericanos con el grado de subteniente (1847); a Santa Anna, durante la revolución de Ayutla (1854); a los conservadores, en la Guerra de Tres Años (1858-1860); y a los franceses, bajo el mando del general Zaragoza, en Puebla (1862). Obtuvo el grado de general de brigada en 1863 y acompañó a Juárez al norte del país. Gobernó Michoacán en dos ocasiones (1864 y 1865), pero capturado por los imperialistas se le fusiló en Uruapan junto con el general Arteaga y otros oficiales. v.MICHOACÁN, ESTADO DE.

SALAZAR DE ALARCÓN, EUGENIO, n. y m. en Madrid, España (1530-1602). Estudió en las universidades de Alcalá y Salamanca, y se graduó de licenciado en leyes en la de Sigüenza. Fue fiscal en la Audiencia de Galicia, gobernador de las islas de Tenerife y Palma, en las Canarias (1567-1572), y oidor en Santo Domingo (1573-1580). En esa ciudad antillana hizo los jeroglifos y las letras del túmulo a la reina Ana de Austria. Pasó a la Ciudad de México con el mismo cargo de fiscal y luego fue oidor hasta 1598. Se graduó de doctor en derecho en la Real y Pontificia Universidad (1591), de la cual llegó a ser rector (1592-1593). En 1600 Felipe III lo nombró ministro del Consejo de Indias. Hombre de ingenio agudo y festivo, sus escritos permanecen en parte inéditos, pero fueron conocidos por numerosas personas de su época. "Con él aparece en Nueva España —dice Alfonso Méndez Plancarte— la primera manifestación de la poesía descriptiva que más adelante tendría expresión perfecta en Landívar y en Bello". Así lo demuestran sus octavas reales: "Descripción de la laguna de México" y "Epístola al insigne Hernando de Herrera en que se refiere el estado de la ilustre Ciudad de México", en tercetos. v.Joaquín García Icazbalceta: *Bibliografía mexicana del Siglo XVI* (ed. Millares Carlo, 1953); y Alfonso Méndez Plancarte: *Poetas novohispanos (1521-1621)* (1942).

SALAZAR ILARREGUI, JOSÉ, n. en Hermosillo, Son., en 1823; m. en la Ciudad de México en 1892. Ingeniero por el Colegio de Minería, estuvo comisionado para trazar los límites entre México y Estados Unidos, conforme a los *Tratados de Guadalupe-Hidalgo*. Tomó parte en la venta del territorio de La Mesilla. Durante la Intervención Francesa, representó a Chihuahua en la comisión que ofreció la corona a Maximiliano; y bajo el Imperio, fue subsecretario de Fomento (1863), ministro interino de Estado (1866) y comisario imperial de Yucatán (1867). Publicó: *Datos de los trabajos astronómicos y topográficos dispuestos en forma de diario, practicados durante el año de 1849 y principios de 1850 por la Comisión de Límites en la Línea que divide esta República de la de los Estados Unidos* (1850).

SALDÍVAR, JAIME, n. y m. en la Ciudad de México en (1926-1974). Llevó cursos en las escuelas Nacional de Artes Plásticas y de Pintura y Escultura La Esmeralda. Ha expuesto en Perú (1961), México (1962, por primera vez) y España (1967). Su obra se inspira en la pintura popular y costumbrista mexicana del siglo XIX. Toby Joysmith ha dicho que "maneja la anécdota al estilo del retablo, con gran ingenuidad de expresión". Es notable su versión plástica de *La Suave Patria*, en la residencia presidencial de Los Pinos.

SALDÍVAR Y SILVA, GABRIEL, n. en Jiménez, Tamps., en 1909. Cursó hasta el quinto año de la carrera de medicina, la cual abandonó para dedicarse a la investigación histórica y musical. En 1934 publicó la *Historia de la música en México*, épocas precortesiana y colonial; después "El Jarabe, baile popular mexicano", en los *Anales del Museo Nacional de Arqueología, Historia y Etnografía* de 1935 y en edición aparte en 1937, con prólogo de Manuel M.Ponce; y en 1942, *Mariano Elízaga y las canciones de la Independencia*, en separata del *Boletín de la Sociedad Mexicana de Geografía y Estadística*. Por encargo que se le hizo en 1936, entregó al Instituto de Investigaciones Estéticas de la UNAM: *La música en el Valle del Mezquital y Pintura mural otomí*. Además ha escrito para revistas especializadas: *Un códice musical del siglo XVIII, Sor Juana Inés de la Cruz y la música de su tiempo, Biografía de Mariano Elízaga* y otros ensayos. Ha reunido una biblioteca musical formada por más de 15 mil partituras mexicanas o impresas en México en el siglo XIX; más de 2,500 libros y folletos de musicología mexicana, y una colección de recortes de publicaciones periódicas de febrero

Gabriel Saldívar y Silva

de 1912 a diciembre de 1960; con esos materiales elaboró la *Bibliografía de musicología y musicografía mexicanas* (mimeográfica, 1952), que inicia en 1556 y lleva al corriente en 1977. En esa biblioteca figuran cuatro tablaturas para laúd, cítara y vihuela de los siglos XVI, XVII y XVIII, que con otra que se conserva en la Biblioteca Nacional de México son las únicas que se conocen en América. En las investigaciones de historia de México hizo, entre otros, dos grandes hallazgos: la *Real Cédula sobre los privilegios a los herederos de Cromberger* (1542), que imprimió Echániz en un volumen miniatura (1954); y la *Vista de ojos a las tierras de doña María Moctezuma* señora de Tula, documento que sirvió para localizar en 1939 el asiento de la Tollan prehispánica. Localizó y reeditó en facsímil (1947) el *Rosario de Quince Misterios a los dolores de la Virgen* por Sor Juana Inés de la Cruz, que pasaba como anónimo; y recopiló la *Bibliografía de la Secretaría de Relaciones Exteriores* (1943) y la *Bibliografía agrícola y agraria de México*, ésta en colaboración con Luis Castillo Ledón y Rita Martínez (1943). En la Segunda Serie del Archivo Histórico Diplomático Mexicano, de muchos de cuyos volúmenes fue editor, se incluyó su estudio sobre *La misión confidencial de don Jesús Terán en Eu-*

ropa, personaje que mucho influyó para el retiro de las tropas francesas de México; y como sólo se había publicado una parte del contrato de Cromberger con Juan Pablos para traer a México la primera imprenta de América en 1539, hizo la versión paleográfica completa, que publicó Stolz en Los Angeles, Cal., en 1954. A Tamaulipas le ha dedicado, hasta 1977, 18 libros y folletos, entre los que destacan: *La rebelión de Catarina Garza en la frontera de Tamaulipas y sur de Texas* (1944); *Historia compendiada de Tamaulipas* (1945); *Los indios de Tamaulipas* (1947), publicación Núm. 70 del Instituto Panamericano de Geografía e Historia; y *Archivo de la historia de Tamaulipas* (10 vols. 1947). El y su esposa han colaborado mutuamente, en particular en las obras de musicología. Ella es Elisa Osorio Bolio de Saldívar; n. en Pachuca, Hgo., en 1906; pianista, es autora de los libros: *En el Valle del Mezquital* (1944), *Técnica de cantos y juegos para el jardín de niños* (1952), *Diez personalidades del jardín de niños mexicano* (1975) y *Ritmos, cantos y juegos* (1976). En la biblioteca de Saldívar la sección de Revolución Mexicana comprende unos 15 mil títulos, y la de Tamaulipas mil publicaciones. Fue historiador de la Secretaría de Relaciones Exteriores; jefe de Prensa y Publicidad de la Secretaría de Agricultura y Fomento; profesor de historia universal, de México y de Tamaulipas, en la Escuela Normal y Preparatoria del Estado; director de seminarios de historia de la Revolución Méxicana, y catedrático de historia de México y de la cultura en la Escuela Nacional Preparatoria. Ha dictado cursos de verano en las escuelas de Ciencias Políticas y de Filosofía y Letras, y fue profesor de musicología mexicana en la de Graduados, todas de la UNAM. Se jubiló en 1972.

SALER, BENSON, n. en Filadelfia, Estados Unidos, en 1930. Profesor de antropología en la Universidad de Brandeis, es autor de: *"Migration and Ceremonial Ties Among the Maya"*, en *Southwestern Journal of Antropology* (1962); y *Nagual witch and sorcerer in a Quiché Village* (1964).

SALGÓ, ANDRÉS, n. en Mezotúr, Hungría, en 1909. Estudió pintura en la Escuela Superior de Bellas Artes de París. Expuso por primera vez en México en 1943, dos años después de haberse nacionalizado mexicano. Ha hecho murales en el Seminario de Lille (1933), en la Casa del Alentejo, en Lisboa (1940), en la Casa de Gobierno de Puerto Rico (1961), en el *Montreal Trust Company Building*, en esa ciudad de Canadá (1963) y en la embajada de Indonesia en México (1973). Su obra de caballete ha viajado a París (1932), Nueva York (1947) y varias ciudades de Canadá (1958), Europa (1965 y 1967), Africa (1968) y Asia (1970). Hay cuadros suyos en las colecciones Dwight D. Eisenhower, Achmed Sukarno, Pablo Casals y Felipe de Edimburgo, en el Museo de Angola y en la Casa de la Cultura en Mozambique.

SALIDO BELTRÁN, ROBERTO, n. en Alamos, Son., en 1912. Hijo del general de división Conrado C. Salido, siguió la tradición familiar e ingresó al Colegio Militar en 1929, donde obtuvo el grado de oficial táctico de artillería. En la Escuela Militar de Aviación recibió posteriormente las alas de piloto aviador y el grado de teniente de aeronáutica. En el extranjero se especializó en aviación de transporte. Catedrático de la Escuela Superior de Guerra, inició en ella el curso de Estado Mayor Aéreo. Participó en la Segunda Guerra Mundial, como miembro del Escuadrón 201, sirviendo de enlace con la Fuerza Aérea de Estados Unidos. En 1947 se le ascendió a teniente coronel, en 1950 a coronel y en 1952 a general brigadier. Ha sido director de la Escuela Militar de Aviación (1959), subjefe de la Fuerza Aérea Mexicana y fundador del Colegio del Aire; agregado militar en Washington y comandante de la Fuerza Aérea Mexicana (1971-1976). Entre las condecoraciones que ha merecido, figuran: *Legión de Honor, Merito técnico militar, Liberación de Filipinas* (Filipinas), *Medalla de la Victoria* (Aliados) y *Orden Nacional de Miguel Larraynaga* (Nicaragua). Es autor de: *Campaña de Morelos en 1812* y de varios artículos publicados en las revistas *Defensa, Ejército, Kukulcán* y *Aguilas*.

SALINAS, MIGUEL, n. en Toluca, Méx., en 1858; m. en la Ciudad de México en 1938. Una vez terminados sus estudios preparatorios, pasó al Estado de Morelos, donde el gobernador Quaglia le confió la dirección de una escuela en Tlaltizapán y otra en Tlalquitenango. Fundó un plantel particular en Cuernavaca. A partir de 1912 se radicó en México. Continuó en la docencia y cultivó la historia. Fue secretario de la Escuela Nacional Preparatoria y del Museo Nacional de Antropología e Historia. Miembro de la Academia Mexicana de la Lengua, es autor, entre otras obras, de: *Gramática inductiva de la lengua castellana* (1902), *Ejercicios lexicológicos para el aprendizaje de la lengua española* (1912), *Historia y paisajes morelenses* (1924) y *Datos para la historia de Toluca* (1927).

SALINAS CAMINA, GUSTAVO, n. y m. en Cuatro Ciénegas, Coah. (1893-1964). Sobrino de Venustiano Carranza, estudió aviación en la *Moisant Aviation School* de Garden City, Nueva York. Ofreció sus servicios al presidente Madero y estuvo a las órdenes del general González Salas, como piloto aviador. Fue quien primero utilizó en México la aviación como arma de guerra. Combatió al régimen de Huerta y bombardeó el barco *Guerrero* en el Golfo de California. Fue el primer general de división que tuvo la Fuerza Aérea Mexicana. Sirvió al país como agregado militar en Francia, Inglaterra y Bélgica; dirigió la Fundición Nacional de Artillería; desempeñó la Dirección General de Aeronáutica Civil durante la Segunda Guerra Mundial; participó en la organización del Escuadrón 201 que combatió en Filipinas; ganó el campeonato nacional de tiro con pistola y rifle; y recibió condecoraciones de los cuerpos de aviación de Francia, Estados Unidos y Perú.

SALINAS LOZANO, RAÚL, n. en Monterrey, N.L., en 1917. Licenciado (1943) por la Escuela Nacional de Economía y maestro en administración (1945) por la *American University*, y en economía (1946) por la de Harvard, ha enseñado materias de su especialidad en la UNAM y en las universidades Iberoamericana y de San Salvador. Ha sido: jefe (1948-1950) y director (1952-1954) de Estudios Económicos de la Secretaría de Hacienda, asesor fiscal del gobierno de Honduras (1950-1952), director de la Comisión de Inversiones de la Secretaría de la Presidencia (1954-1958), secretario de Industria y Comercio en el gabinete del presidente Adolfo López Mateos (1958-1964) y asesor de organismos públicos y privados (1965-1976). Ha sido delegado de México ante el Fondo Monetario Internacional y el Banco Mundial de Desarrollo y presidente de los consejos de la Comisión Federal de Electricidad y de los bancos nacionales de Comercio Exterior y de Fomento Cooperativo. Ha dirigido los siguientes estudios: *Caminos y mano de obra* (1976), *La descentralización industrial de México* (1976) y *La industria automotriz*. Otros trabajos suyos se han publicado en la *Revista de Economía, Trimestre Económico* y *Revista de Administración Pública*.

SALISBURY, STEPHEN. Arquéologo norteamericano egresado de la Universidad de Harvard, publicó los siguientes trabajos: *Dr. Le Plongeon in Yucatan and the discovery of a statue called Chac-Mool* (1877), *The Mayas. The Sources of their History* (1877), *The Mayas. Discoveries in Yucatan* (1877-1878), *Terra Cotte Figure from Isla Mujeres* (1879) y *Copies of Maya Potteries and Implements* (1889-1890).

SALMERÓN RUIZ, FERNANDO, n. en Córdoba, Ver., en 1925. Abogado (1948) por la Universidad Veracruzana y maestro y doctor en filosofía por la UNAM, fundó y dirigió la Facultad de Filosofía y la Biblioteca Central de la Universidad Veracruzana, de la cual fue secretario general y rector en dos ocasiones. En la UNAM es director del Instituto de Investigaciones Filosóficas desde 1966, investigador y catedrático de la Facultad de Filosofía y Letras, miembro de los consejos Universitario y Técnico de Humanidades y presidente de la Comisión de Incorporación y Revalidación de Estudios. Forma parte de El Colegio Nacional. Es autor de: *Las mocedades de Ortega y Gasset* (1959), *La doctrina del ser ideal en tres filósofos contemporáneos: Husserl, Hartman y Heidegger* (1965) y *La filosofía y las actitudes morales* (1971). Otros trabajos suyos se han publicado en las revistas: *Filosofía y Letras* (41, 46, 51-52, 53, 54), *Cuadernos Americanos* (1952: 2 y 3; 1953: 6; 1954: 2; 1956: 2; y 1969: 5), *La Palabra y el Hombre* (1964 a 1974), *Diánoia* (6, 7, 11, 12, 14, 15 y 20) y *Mensaje* (1, 2, 4, 7, 8 y 9); y en los libros: *Estudios de historia de la filosofía en México* (1963) y *La filosofía y las matemáticas. Su papel en el desarrollo* (1968).

SALOMA, ALICIA, n. en Moroleón, Gto., en 1924. Gracias a una beca que otorgó Ernesto García Cabral, estudió en la Escuela Nacional de Artes Plásticas (1938-1940) y en La Esmeralda (1960-1966). Recibió enseñanzas de Fernando Castro Pacheco y Nicolás Moreno. En 1967 expuso en forma individual en la Galería Chapultepec del INBA. Obtuvo el primer premio de la *Seventh Anual Art Exhibition Foreing Friends* de Acapulco. Ha mostrado su obra en el Instituto Francés de la América Latina (1960 y 1963), en la *Caribe Art Gallery* de Nueva York (1967 y 1970), en Niza (1969), en Kansas y Pitsburgh (1972). Sus cuadros figuran en las colecciones del *Pacific National Bank* de Los Angeles y en los museos de Arte Moderno de Santiago de Chile y de Morelia. Ha pintado al óleo con acrílicos y a la encáustica; y grabado en madera y linóleo. También ha hecho escultura bajo la dirección de Rosa Castillo y murales, guiada por Armando López Carmona. Su obra pertenece al estilo constructivista neorrealista.

SALOMA, LUIS G., n. en Huejotzingo, Pue., en 1866, m. en la Ciudad de México en 1956. En 1878 comenzó a estudiar violín y armonía. En 1888 pasó a la Ciudad de México e ingresó en el

Conservatorio Nacional, donde fue alumno de José Rivas (violín), Carlos J.Meneses (piano) y Melesio Morales (armonía). En 1892 terminó la carrera de violinista. En 1896 fundó el Cuarteto Saloma, primer conjunto de música de cámara que hubo en México. Dio a conocer a Debussy, Ravel y Scriabine. Reunió una orquesta de 150 violinistas que tuvo gran éxito. Becado por el gobierno mexicano en 1904, llevó cursos de perfeccionamiento en Alemania. Tocó como solista en el Cuarteto Bruselas, en compañía de Fritz Kreiwrster y Joseph Hoffmann. Investigó el desarrollo de la música para violín desde 1693 e interpretó obras desde Corelli hasta Hubay. En 1920 dirigió la Orquesta Sinfónica Nacional y organizó la Orquesta Femenina Haydn-Beethoven. También fue director permanente de la Orquesta de Música de Cámara de la Universidad Nacional. De esta agrupación surgieron Hermilo Novelo, Irma González, Julieta Araya y, anterior a ellos, Samuel B.Zárate, que obtuvo un primer premio en Polonia en 1938. En 1956 la ciudad de Puebla le tributó un homenaje y en la capital mexicana se le concedió la Medalla al Mérito Artístico, al cumplir 50 años de maestro.

SALTA BREÑA. *Henicorhina leucophrys.* Pájaro de la familia *Troglodytidae.* Mide unos 9 centímetros. El adulto presenta la corona y el cuello pardo oscuros; el resto de las partes superiores, pardo rojizo; la región superciliar, blanca; los lados de la cabeza y el cuello, rayados de negro y blanco; las alas y la cola, barradas; las partes inferiores, gris pálido, con los costados y la región del abdomen canela oscuro; y el pico, el iris y las patas pardos. Se distribuye desde el sur de México hasta Bolivia. Vive en los bosques densos y húmedos de las zonas montañosas, generalmente en parejas. Alvarez del Toro indica que se mueve continuamente. Se identifica con facilidad debido a su notable ceja blanca.

SALTACERCA. *Troglodytes musculus.* Pájaro de la familia *Troglodytidae.* Mide unos 10 centímetros. El adulto es de color pardo amarillento, con la espalda tenuemente barrada de oscuro, especialmente en las alas y en la cola; y presenta los lados de la cabeza pardo grisáceos, con una línea amarillenta sobre la ceja; y las inferiores, gris pálido, con una banda pardo negruzca en el crisum. Se distribuye desde el sur de México hasta la Tierra del Fuego. Aunque es un pájaro común, no es fácilmente observable, pues se oculta en los matorrales a campo abierto de las zonas templadas. Algunos autores le llaman *matraquita común.*

Armas de la ciudad de Saltillo

SALTILLO, CIUDAD DE. Cabecera del municipio del mismo nombre y capital del Estado de Coahuila de Zaragoza, se encuentra situada a los 101° de longitud oeste del meridiano de Greenwich, a los 25°26'30" de latitud norte y a 1,590 metros de altura sobre el nivel del mar. El municipio de Saltillo, uno de los 38 en que se divide el Estado de Coahuila, ocupa el extremo sureste de un extenso valle y tiene una superficie de 6,837 kilómetros cuadrados (4.51% del territorio de la entidad); colinda por el sur con el Estado de Zacatecas, por el sureste con el de Nuevo León, por el noreste y norte con los municipios de Arteaga y Ramos Arizpe; y por el oeste con los de General Cepeda y Parras. Su suelo está cruzado en todas direcciones por contrafuertes, cadenas montañosas y lomeríos que se desprenden del Nudo Saltillense y que dejan entre sí numerosos valles arreicos y endorreicos. Llanuras y montañas están constituidas principalmente por depósitos del período Cretácico que forman sinclinales y anticlinales de calizas, lutitas, margas y conglomerados mixtos. Surcan el territorio numerosos cauces de torrentes, secos la mayor parte del año; son permanentes, en cambio, el Río de los Nogales o de San Juan, afluente del Río de Patos, el sur del municipio; y el de Saltillo o del

26

Vista general aérea de la ciudad de Saltillo

Pueblo, que nace al sur de Encantada, pasa al poniente de Saltillo y se une más adelante al Salinas. La precipitación pluvial es escasa, entre 300 y 400 milímetros anuales. La región se considera semiárida, templada y con humedad deficiente en todas las estaciones (*D B' d* en la clasificación de Tornthwite). La vegetación, nada abundante, es de tipo xerofítico; en ella predominan huizachez, mezquites, espinos, agaves y plantas como la gobernadora, la candelilla y el guayule; sólo en las montañas se encuentran encinos y algunas especies de coníferas. Sus montañas contienen plata, plomo, zinc, barita y fluorita, minerales que son explotados por numerosas empresas mineras. La población campesina tiene como base de sustentación la agricultura y la ganadería; se producen cereales, hortalizas y frutas; el mejoramiento de los ovinos, caprinos y porcinos, seleccionados para la región, ha dado buen rendimiento.

En medio de la zona árida surge como un oasis el fértil valle de Saltillo, con una extensión de más de 150 kilómetros cuadrados. Rodeado totalmente de montañas, termina al sur en la sierra de Encantada; al oriente, en las de Zapalinamé y Arteaga; al norte, en la de las Vallas y el cerro de Guanajuato; y al poniente, en la sierra Colorada y el Cerro de Tlaxcala o del Pueblo. En su parte meridional hay una meseta de poca altura, formada por conglomerados calcáreos casi sin vegetación: la Mesa de Arizpe, que ocupa la tercera parte del Valle, en cuya falda norte, festonada por numerosos torrentes, se encuentra la ciudad de Saltillo, extendida por la llanura. La fertilidad del valle se debe a la excelente calidad y cuerpo de sus tierras y a la gran cantidad de manantiales que las irrigan (más de 665, según fray Agustín Morfi). Los suelos son arcillo-arenosos y de gran espesor.

La villa de Santiago del Saltillo fue fundada en 1577 por el capitán Alberto del Canto, comisionado para ello por Martín López de Ibarra, gobernador de la Nueva Vizcaya. En 1591 el capitán Francisco de Urdiñola, por instrucciones del virrey Luiz de Velasco, fundó la colonia de San Esteban de Nueva Tlaxcala, aledaña a la villa. El 30 de abril de 1828 la villa y el Pueblo, según se llamaba a la colonia tlaxcalteca, ya unidos, fueron elevados a la categoría de ciudad.

Historia prehispánica. El valle de Saltillo, en el corazón de las Chichimecas, estaba densamente poblado de naturales y era punto de contacto entre dos de las principales naciones: por el sur y el poniente, los huachichiles, que desde las faldas de la

Mesa de Arizpe se extendían hasta el Río Lerma; y por el oriente y norte, los borrados o rayados, parcialidad de los coahuiltecos, distribuidos por Nuevo León, el centro y el norte de Coahuila y Texas. Sus caracteres físicos eran muy semejantes; de sus restos se deduce que tenían una estatura entre 1.65 y 1.75 metros, gran capacidad torácica, miembros largos y bien musculados, cráneo dolicocéfalo, capacidad craneal de 72.85, piel oscura y facciones no mongoloides; se distinguían por su tocado y el modo de pintarse el cuerpo y la cara. Sus lenguas eran el huachichil y el coahuilteco, no nahualoides y ya totalmente desaparecidas. Sin asentamiento fijo, vivían de la recolección de frutos, tallos y raíces, y de la caza y la pesca. Tenían dos clases de campamentos: unos fijos, en las riberas de los arroyos y ciénegas, a los que regresaban después de sus expediciones, y otros temporales, que improvisaban durante sus viajes. Sus viviendas eran simples chozas cónicas de estacas, cubiertas de pieles, barro y zacate, agrupadas en semicíriculo alrededor de una plazoleta que usaban para sus ceremonias. De sus frágiles campamentos sólo han quedado los círculos de piedras en que encendían el hogar dentro de la choza, llamados "chimeneas"; los pozos en que cocían sus alimentos, denominados "mezcaleros"; y los restos de los talleres en que labraban sus utensilios de piedra: metates, molcajetes y una extensa variedad de puntas de flecha y de lanza, cuchillos, navajas y raspadores. En las cuevas, que también usaban como habitación o para depositar despojos mortuorios, se han encontrado artefactos de hueso, madera y piel, y algunos tejidos de fibras, tallos y hojas. Los restos de cerámica son muy escasos y rudimentarios. En los lugares rocosos se encuentran gran variedad de petroglifos y algunas pinturas rupestres. Los pueblos chichimecas fueron muy belicosos; opusieron pertinaz resistencia a los conquistadores y nunca fueron dominados. Las causas de su extinción total fueron la guerra, la esclavitud y las enfermedades traídas por los españoles, especialmente la viruela y la peste.

Fundación de Saltillo. A raíz del descubrimiento del mineral de San Gregorio en 1573, por Luis Carvajal y de la Cueva, el gobernador de la Nueva Vizcaya nombró al capitán Alberto del Canto alcalde mayor de ese sitio, cercano al actual Cerralvo. En sus frecuentes viajes a Durango, de cuya gobernación dependía, debió pasar por el valle que más tarde sería de Saltillo, el cual estaba situado en el camino natural entre los dos puntos, haciendo una encrucijada con la ruta a Mazapil y Zacatecas. De esa favorable situación nació la idea de fundar ahí un poblado que fuera, a la vez que lugar de descanso, estación de aprovisionamiento en el largo y peligroso viaje. De acuerdo con ello, Martín López de Ibarra, gobernador de la Nueva Vizcaya, autorizó la puebla en 1577. Así, Alberto del Canto, en compañía del franciscano Baldo Cortés y de 18 colonos, procedió a la fundación de la villa de Santiago del Saltillo del Ojo de Agua y, en su calidad de primer alcalde mayor, hizo las mercedes de tierras y aguas a los pobladores, las cuales fueron confirmadas por el gobernador en 1580. Una vez plantada la cruz de la fundación en lo que hoy es la Plaza de San Francisco, se señalaron lugares para la iglesia, el convento, las casas reales, el camposanto y las calles; se abrió un acequia para llevar el agua por gravedad desde el Ojo de Agua Mayor hasta el nuevo poblado y se inició la construcción de las casas. Los primitivos colonos se dedicaron a la ganadería y de modo secundario a la agricultura, pues a pesar de las inmejorables condiciones del suelo y la abundancia de agua, sólo cultivaban lo indispensable para su propio consumo. Su principal fuente de ingresos, sin embargo, era la captura y venta de esclavos con destino a los numerosos minerales del norte de la Nueva España. El acoso de los huachichiles y borrados contra la naciente villa era constante; el campo y las estancias sufrían frecuentes robos y daños; y algunos colonos encontraron la muerte a manos de los naturales. Fray Lorenzo Gavira, quien en 1582 había construido un convento franciscano

5

Saltillo, desde la Mesa de Arizpe

27

Saltillo: antiguo templo de San Francisco

al poniente de la villa, lo vio arrasado en una de las incursiones, teniendo que refugiarse en Topia con sus religiosos. En 1580 hubo un levantamiento general de indígenas, al fin sofocado por las fuerzas unidas de los capitanes Francisco de Urdiñola y Diego de Aguirre; y en 1586 otro, encabezado por los caudillos Zapalinamé y Cilavan, a quienes derrotó Urdiñola. Los indios pachos, al suroeste del Saltillo, nunca se sometieron, hasta que el propio capitán los asentó en poblados, sin efusión de sangre.

La población de la villa no aumentaba; todavía en 1606 había en ella sólo 20 jefes de familia, en parte por el peligro que representaba vivir en ella y en parte por que sus habitantes intervenían en otras fundaciones, tales como los Ojos de Santa Lucía (Monterrey), Nuevo Almadén y otras. En 1589 el general Rodrigo de Río Loza, gracias a la influencia del capitán Miguel Caldera, de origen huachichil, logró concertar un trtatado de paz con los chichimecas, a cambio de proveerlos de alimentos y ropa, pero no fue sino hasta 1591 cuando el virrey Luis de Velasco entabló negociaciones con Gregorio Nanciaceno, jefe de la República de Tlaxcala, para que le proporcionara 400 familias tlaxcaltecas con las cuales formar colonias aledañas a las poblaciones amenazadas. El general Agustín de

Hinojosa y Villa Vicencio recibió a los nuevos colonos en un lugar cercano a Tlaxcala; procedentes de los 4 señoríos, tocaron al Saltillo los de Tizatlán, quienes se ufanaban de ser descendientes de Xicoténcatl. Una vez llegados a su destino, el 13 de septiembre de 1591 el capitán Francisco de Urdiñola fundó junto a la villa de Santiago del Saltillo, con sólo una calle de por medio, el poblado que se denominó San Esteban de Nueva Tlaxcala, dotando de tierras y aguas a 71 indios casados y a 16 solteros. La presencia de los tlaxcaltecas, tradicionalmente buenos agricultores y artesanos, cambió con rapidez el panorama económico del Saltillo. Las fértiles tierras, antes sólo dedicadas a la ganadería, pronto se vieron sembradas de cereales, hortalizas y frutales; y las abundantes cosechas de trigo obligaron a la instalación de molinos que abastecieron de harina de superior calidad a todo el norte de la Nueva España. Se mejoraron las especies ganaderas y se inició el aprovechamiento de todos sus productos: lana, pieles, carne y grasas; se establecieron tenerías y talleres para curtir y beneficiar las pieles; y batanes, obrajes y telares para hilar, teñir y tejer la lana. En ellos se hicieron los afamados jorongos y sarapes saltilleros, paños de excelente calidad y sombreros de fieltro. Se plantaron viñedos y se produjeron excelentes vinos; se sembró el algodón y se le industrializó en productivos talleres. Los artesanos tlaxcaltecas labraron la cantera y la piedra, contribuyeron a erigir los innumerables templos del norte y tallaron en madera la mayor parte de las imágenes que se veneran en ellos. Prosperó la economía y los excedentes de la producción fueron tales, que de todas las provincias del norte acudían a la villa para proveerse de lo necesario, circunstancia que dio origen a la Feria del Saltillo, que en volumen de transacciones comerciales superaba a las de Acapulco y Jalapa.

La villa del Saltillo y la colonia de San Esteban estaban políticamente separados: la primera dependía de la Nueva Vizcaya en lo político y de la Real Audiencia de Guadalajara en lo religioso y judicial, y la segunda directamente del virreinato; ambas tenían sus propias autoridades, pero la unión entre una y otra se fue haciendo cada vez mayor, hasta fundirse totalmente al consumarse la Independencia.

El franciscano fray Juan de Terrones, quien desde Tlaxcala había acompañado a los colonos como director espiritual, erigió en el lugar donde estuvo el convento destruido del padre Gavira, el templo de San Esteban; la villa, por su parte, remozó el primitivo templo de San Francisco de Asís en el

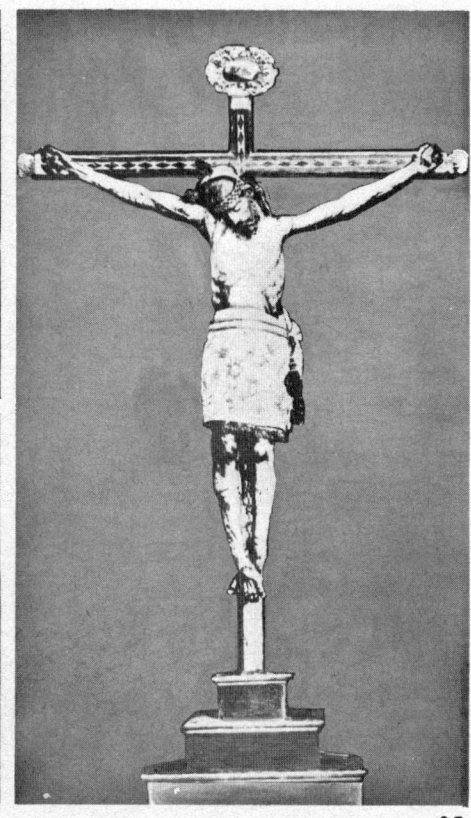

27

Ruinas de los molinos de Juan Alonso (arriba) y Bethlem de Santo Rojo (abajo) y Cristo de la Capilla

lugar de la fundación. En 1607, Santo Rojo, colono vasco, propietario del molino de Bethlem, viajó por negocios a Jalapa y en esa ciudad adquirió una hermosa imagen de Cristo Crucificado, de 2 varas de altura; y a su regreso al Saltillo la colocó en una capillita que había construido de su peculio, llamada de las Animas, por ser éstas de su devoción; posteriormente, con donaciones de Josefa Báez de Treviño y de los mineros de la Iguana, que cedían toda la plata extraída los sábados, se erigió la Capilla del Santo Cristo, a la que fue trasladada la imagen en 1762. Desde su llegada al Saltillo, el Santo Cristo de la Capilla fue sustituyendo en la fe popular al patrono Santiago Apóstol, considerándosele actualmente como titular de la ciudad. A su festividad, el 6 de agosto, acuden multitud de peregrinos de toda la República, principalmente del norte.

En 1673 llegó al Saltillo el franciscano fray Juan Larios, a quien se considera como el evangelizador, pacificador y fundador de la Provincia de Coahuila, por la intensa labor que desarrolló en el centro y norte del Estado. Niño de Tabora, corregidor de Zacatecas, y Echeverz y Subiza obstaculizaron su obra, de suerte que regresó a Guadalajara acompañado de Antonio Balcárcel y un grupo de nativos, y consiguió que fray Francisco Treviño, comisario general de las provincias de Nueva España y Filipinas, le extendiera nombramiento de misionero de la gentilidad de Coahuila; fray Juan Mohedano, ministro provincial de Xalisco, licencia para continuar sus trabajos; y el Obispo de Guadalajara, patente de cura, vicario y juez eclesiástico de la Provincia de Coahuila. Después del largo y penoso viaje, el padre Larios, acompañado por los frailes Francisco Peñasco de Lozano y Manuel de la Cruz, llegó a San Esteban de Nueva Tlaxcala el 28 de septiembre de 1673; presentó al teniente capitán, protector de esa frontera, las provisiones que llevaba y le pidió su cumplimiento. De este modo, en los primeros días de 1674 inició su cruzada. Defendió a los indios de la explotación y la esclavitud; procuró mejorar sus condiciones de vida, los congregó en poblados, los enseñó a cultivar la tierra y a aprovechar sus productos, y los catequizó y educó. Por todo ello se le ha considerado "el verdadero fundador de Coahuila". Gravemente enfermo, se recluyó en el convento de San Francisco, en Santiago de la Monclova, donde murió el 7 de septiembre de 1676.

Hacia fines del siglo XVII los huachichiles y borrados de la jurisdicción de Saltillo se habían extinguido; los que no murieron víctimas de la viruela o la peste, huyeron a las sierras, temerosos del conta-

5

Catedral de Saltillo, anexa a la Capilla del Santo Cristo

gio. En 1673 el teniente de capitán Francisco Bar-barigo decía en un informe: "En esta frontera no se hallan ni hay más de cinco indios chicos y grandes de la nación huachichiles, por haberse muerto los más que había de las enfermedades y principalmente de las viruelas".

En 1745 Felipe Suárez, cura párroco del Saltillo, inició la construcción del templo que posteriormente sería la Catedral, contiguo a la Capilla del Santo Cristo. El proyecto avanzó lentamente, pues fray Agustín Morfi, quien visitó la parroquia en 1777 e hizo una excelente descripción del Santillo

y el Pueblo de San Esteban, la vio "en bóvedas y con poca esperanza de terminarla". La concluyó en 1800 el bachiller Pedro Fuentes, primer cronista del Saltillo, salvo la torre mayor, que quedó en el primer cuerpo hasta que el obispo Zambrano acabó de erigirla.

Como parte de un proyecto de reorganización administrativa, el marqués de Rubí y el ingeniero Nicolás Lafora hicieron un recorrido por el norte del país en 1767, del que resultó la creación de la Comandancia y Gobierno de las Provincias Internas, que hubo de subdividirse en Coahuila y Texas,

Nuevo León y Nuevo Santander. Saltillo, Santa María de las Parras y Patos, que desde su fundación habían pertenecido a la Nueva Vizcaya, pasaron a depender de Coahuila en 1787. Ese mismo año se inició la construcción del convento franciscano de San José, en el lugar que originalmente le fue asignado. En 1794 se creó la Oficina de las Cajas Reales, siendo su titular Manuel Royuela. En 1810 se eligió diputado a las Cortes de Cádiz, por la Provincia de Coahuila, a Miguel Ramos Arizpe; la vehemencia con que expuso y defendió su *Memoria*, fustigando los vicios del gobierno colonial, le valieron ser encarcelado y posteriormente desterrado. Al regresar a su patria, insistió con la misma convicción en el sistema republicano, por lo cual se le ha llamado "Padre del Federalismo".

La Guerra de Independencia. En septiembre de 1810, con motivo de la feria, había en Saltillo multitud de visitantes, entre ellos Antonio Cordero y Bustamante, gobernador de la Provincia; el Obispo de Linares, con un numeroso séquito; y buen número de jefes, oficiales y soldados de las milicias proviciales de Nuevo Santander, Nuevo León y Coahuila. Cordero recibió de Calleja el informe directo sobre la rebelión de Hidalgo y de inmediato ordenó a las tropas que salieran hacia San Luis para unirse con aquel jefe realista. Enterado poco más tarde de la caída de esta plaza y de que los insurgentes se dirigían a Saltillo, situó sus fuerzas en la Hacienda de Agua Nueva y en San Juan de la Vaquería, para impedir su llegada. El 7 de enero de 1811 se avistaron ambos ejércitos, mas los realistas, sin disparar un solo tiro, corrieron a unirse con los insurgentes. El 8 de enero hicieron su entrada a Saltillo los independientes, al mando de Jiménez y en medio del entusiasmo popular. Sabiendo éste que Ochoa se dirigía a marchas forzadas desde Durango, situó su ejército en el Puerto de Carneros, donde derrotó totalmente al enemigo. Allende llegó el 24 de febrero al frente del principal núcleo insurgente; y el 5 de marzo, Hidalgo, quien renuncio al mando del ejército; aquél fue nombrado jefe supremo y éste conservó su título de generalísimo. El 17 de marzo salieron hacia el norte en busca de parque y armas en la frontera con Estados Unidos, pero en el trayecto cayeron prisioneros en la celada que les había tendido Elizondo en Baján, el día 21 siguiente. Rayón y Liceaga, que habían quedado de guarnición en Saltillo, al enterarse del desastre y de la proximidad de numerosas fuerzas realistas, organizaron la retirada hacia el sur, donde Morelos acaudillaba la causa de la Independencia. Sus tropas tuvieron que librar numerosos combates: pri-

5

Ruinas del fortín Los Americanos

mero en la propia mesa del Ojo de Agua, luego en Agua Nueva, después en el Puerto de Carneros y más tarde en el de Piñones, donde derrotaron definitivamente a las fuerzas de Ochoa. De ahí se dirigieron a Zacatecas, de cuya plaza expulsaron a los realistas, y de esa ciudad a Michoacán. Al salir las fuerzas insurgentes de Saltillo, el pueblo, capitaneado por Juan Pablo de Anaya, desarmó a los realistas que aún quedaban en la villa.

En 1821, cuando Arredondo, comandante de las Provincias Internas de Oriente, supo que Saltillo secundaba el *Plan de Iguala*, envió desde Monterrey las compañías de granaderos, infantería y artillería del Regimiento Fijo de Veracruz, las cuales acamparon en Los Muertos, al noroeste de la villa. Ya entonces Marcelino González había formado una fuerza, integrada por los vecinos, en apoyo de la Independencia. Simultáneamente Nicolás del Moral y Pedro Lemus procuraban atraer a la causa a los oficiales y soldados del Fijo de Veracruz. Así, el 1º de julio, a las 12 de la noche y ante los miembros del Ayuntamiento, el pueblo y los granaderos proclamaron la Independencia, al mismo tiempo que en el campamento de Los Muerto 70 vecinos, encabezados por Lemus, se apoderaban de la artillería y avanzaban junto con los soldados rumbo a Saltillo.

La Guerra de Texas. Habiendo organizado Santa Anna una expedición para rescatar Texas, pasó por Saltillo el 23 de febrero de 1836, ocupó San Antonio de Béjar sin combatir y luego cayó prisionero en la batalla de San Jacinto; luego, por salvar la vida, reconoció la independencia de esa provincia.

5

Monumento a Ignacio Zaragoza

México perdió esa porción de su territorio y Coahuila más de la mitad del suyo.

Invasión norteamericana. Con el pretexto de que México había atacado a los texanos, los Estados Unidos desencadenaron la invasión en 1846. El ejército norteamericano avanzó desde el sureste de Texas al mando de Zacarías Taylor; llegó a Saltillo, que había sido abandonado, el 16 de noviembre; y José María Aguirre, gobernador interino del Estado, mudó su gobierno a la estancia de la Pastora, donde lanzó un manifiesto de protesta. Advertido Taylor de que Santa Anna se dirigía a su encuentro con un ejército de 16 mil hombres, ordenó a sus tropas parapetarse en la hacienda de Agua Nueva y el Puerto de Carneros, pero después las pasó al Cañón de la Angostura, un poco más al norte, donde se hicieron fuertes. El 22 de febrero ambas fuerzas se avistaron y por la tarde ocurrió el primer encuentro. El general Lane fue desalojado de sus posiciones por el general Ampudia, después de una reñida lucha de varias horas. Al amanecer del 23 se reanudaron las hostilidades, que duraron todo el día, al término del cual el campo estaba en poder de los mexicanos. Inexplicablemente, durante la noche se dio la orden de retirada y la victoria quedó indecisa. La batalla de la Angostura ha sido muy discutida, tanto por los historiadores mexicanos como norteamericanos; pero por lo menos tuvo el efecto de haber detenido la invasión por el noreste. Como recuerdo de esa época, quedan al borde de la Mesa de Arizpe, en un sitio que domina la ciudad, las ruinas de un fuerte denominado de los Americanos.

Anexión de Coahuila a Nuevo León. El general Santiago Vidaurri, caudillo político y militar del Estado de Nuevo León, logró en 1857 que el Congreso convirtiera en un solo Estado a Nuevo León y Coahuila. Saltillo y Ramos Arizpe nunca aceptaron esa anexión y mantuvieron sus autoridades y representantes ante las cámaras federales. Uno de ellos, el licenciado Juan Antonio de la Fuente, rebatió la proposición de los vidaurristas, pero la anexión se había consumado de hecho por la fuerza de las armas desde 1855. El 23 de septiembre de 1856 José María Aguirre, seguido por la ciudadanía, se pronunció en Saltillo contra la agregación, pues para entonces ya los ayuntamientos de Saltillo (22 de febrero de ese año) y de Ramos Arizpe habían desconocido al gobierno de Vidaurri, cuyo control se limitaba al centro y norte de la entidad. La anexión duró de 1855-1864. Durante ese período crítico, fueron gobernadores del Estado Libre y Soberano de Coahuila: Miguel Gómez Cárdenas, el licenciado Juan Antonio de la Fuente y el general Andrés S.Viesca, este último nombrado jefe militar y gobernador del Estado por el presidente Juárez, para contrarrestar la influencia de Vidaurri.

Intervención e Imperio. Las Leyes de Reforma provocaron una serie de levantamientos contra el gobierno de Benito Juárez, quien tuvo que hacer frente a los conservadores, a los clericales, a los caciques y a los invasores franceses. La muerte de Zaragoza, la caída de Puebla, la amenaza a la capital y la falta de recursos para sostener la campaña, hicieron que el presidente abandonara la Ciudad de México y estableciera su gobierno en San Luis Potosí, primero, y luego en Saltillo. El 9 de enero de 1864 se le tributó una apoteótica recepción y se le alojó en el Obispado, donde numerosos ciudadanos fueron a brindarle su apoyo. Se le pidió que libertara a Coahuila del yugo de Vidaurri, pero contestó que antes tendría que ir a Monterrey para tratar el asunto con el gobernador de Nuevo León. El 20 de enero recibió a Juan Ortiz Carreaga y al general Nicolás Medina, quienes a nombre del general Doblado le sugirieron dejar el poder para evitar mayores daños a la nación. Al parecer, esa instancia fue sugerida por González Ortega, quien por ese medio esperaba llegar a la presidencia. Juárez manifestó a los comisionados que cualesquiera que fueran las circunstancias, no abandonaría el puesto que por voluntad popular desempeñaba. La carta que con ese motivo dirigió a Doblado, desde Saltillo, es una de las más notables páginas de la historia patria. Vidaurri, a su vez, se negó a entrevistarse con Juárez y al presentarse éste en Monterrey, se encerró

Retablo en el crucero de la catedral   *Monumento a Manuel Acuña*

en la Ciudadela, amenazando con atacar si no se retiraba el ejército. Al regresar a Saltillo, enfermó el presidente, a pesar de su fortaleza; pero una vez recuperado, nombró a Andrés S.Viesca gobernador y jefe militar del Estado de Coahuila. El 25 de febrero, sabiendo el pueblo que Juárez se encontraba en la casa de José María Arizpe, se reunió frente a ella, ocupó totalmente la Plaza de Armas, el atrio de catedral y los portales, y pidió su presencia; Francisco Zarco pronunció una brillante arenga y la multitud contestó con el grito de " ¡Armas, armas! ", formándose ahí mismo un cuerpo de ejército al que se denominó *Los Gorras Prietas*, que puesto al mando de Victoriano Cepeda, se distinguió en la guerra contra el Imperio. El 26 de febrero de 1864 el presidente expidió un decreto declarando que Coahuila recuperaba su soberanía y libertad (el cual sería ratificado por el Congreso de la Unión el 20 de noviembre de 1868). El 17 de agosto de aquel año el ejército franco-mexicano, al mando de Castagny, tomó Saltillo; y el 3 de octubre de 1866, después de la batalla de Santa Isabel, abandonaron la plaza, perseguidos por el ejército republicano a las órdenes del general Gerónimo Treviño. El 9 de junio de 1867 fue para Saltillo un día de luto por la muerte del licenciado Juan Antonio de la Fuente, en su honor el Instituto de Educación Superior; creado por Andrés S.Viesca el 1º de noviembre de 1867, recibió el nombre de Ateneo Fuente.

Revolución. A causa del asesinato del presidente Madero y del vicepresidente Pino Suárez, el gober-

nador de Coahuila, Venustiano Carranza, apoyado por el Congreso local, desconoció al usurpador Victoriano Huerta el 19 de febrero de 1913, iniciándose así la revolución constitucionalista. Después de atacar la ciudad, que estaba en poder de los federales, los días 21, 22 y 23 de marzo, los revolucionarios se retiraron a la Hacienda de Guadalupe, donde el día 26 proclamaron, el *Plan de Guadalupe*, a cuyo triunfo Carranza asumió la Presidencia de la República. v.CARRANZA, VENUSTIANO.

Arquitectura. A pesar de su gran desarrollo, Saltillo continúa siendo en su aspecto y sus costumbres una ciudad provinciana, de calles estrechas y torcidas, en las cuales contrastan los edificios modernos y la frecuente congestión del tránsito. De la época colonial quedan los templos de San Francisco y de San Esteban, la capilla del Santo Cristo, la catedral, las ruinas de los viejos molinos (de Juan Navarro, de Juan Alonso y de Bethlem) y numerosas casonas. Entre las plazas y espacios verdes destaca la Alameda, uno de los parques más hermosos del país; y en ella sobresalen la artística alegoría de Manuel Acuña, obra del escultor Jesús Contreras, junto al lago de la República, y una estatua ecuestre de Zaragoza, vaciada en bronce, del mismo artista. El más caro orgullo local, sin embargo, son los edificios escolares: el Ateneo Fuente, la Escuela Normal para Maestros, el Tecnológico, la Universidad Agrícola y las escuelas de Ciencias Químicas, Jurisprudencia y Enfermería y Obstetricia.

Servicios. Cuenta la población con una excelente red de distribución de agua y alcantarillado (doméstico y pluvial), calles pavimentadas, energía eléctrica y tubería de gas industrial y domiciliario. El consumo de éste, en 1974, fue de 11.243,801 litros. En 1973, en los 35 hoteles y moteles de la ciudad, se alojaron 133,529 turistas, de los cuales 84,138 fueron nacionales y 49,391 extranjeros. Se dispone de 5 estaciones de radio y 2 de televisión; 3 oficinas de telégrafo y 11,704 aparatos telefónicos. Prestan sus servicios 11 establecimientos de salud, algunos de ellos dotados de los más modernos elementos, con un total de 453 camas y atendidos por 172 médicos y 308 auxiliares.

Transportes. La línea ferroviaria México-Laredo toca la ciudad y de ésta parten las que van a Concepción del Oro y Zacatecas, a Torreón y a Piedras Negras. La carretera central comunica a Saltillo con Nuevo Laredo y con México; hacia Monterrey hay una autopista de 4 carriles y de la ciudad parten la Interoceánica (Matamoros-Mazatlán) y las que van a Piedras Negras y a Zacatecas y Guadalajara. Se dispone asimismo de un campo de aterrizaje.

Industria. Se fabrican desde jorongos, sarapes y cajetas, hasta ropa para la exportación, motores, loza, monoblocks, motocicletas y tractores. La producción importó $2,099.6 millones en 1974, con una inversión de $1,908.6 millones. El personal ocupado fue de 19,690 trabajadores. El salario mínimo en 1976 era de $51.30. La minería produjo en 1973: 62 toneladas de plata, 26 de plomo y 15,192 de barita.

Educación. Durante la época colonial no hubo establecimientos educativos. Por lo común, las familias acomodadas pagaban los servicios de un preceptor que enseñara a sus hijos a leer y escribir, matemáticas elementales y catecismo cristiano; y luego los enviaban a México o a Guadalajara a continuar sus estudios. Según comenta Ramos Arizpe en su *Memoria*, "el pueblo estaba ansioso de educarse, pero carecía de medios para lograrlo". En el último tercio del siglo XVIII el presbítero Pedro José Quintín de Arizpe abrió, de su propio peculio, el primer colegio de que se tiene noticia; en él se enseñaban latinidad, filosofía y letras, pero en 1790, al abrirse el Seminario de Monterrey, el obispo de Linares, Ambrosio del Llano y Valdés, ordenó que se clausurase. En 1809 el Ayuntamiento fundó el Colegio Público, a cargo del presbítero Ignacio Nogueira, maestro examinado, quien impartió enseñanza a los pobres y huérfanos a cambio de un sueldo de $500 anuales. Al terminarse la construcción del convento franciscano de San José, la parte del edificio que quedó al sur de la Plaza Juárez se destinó al Colegio Josefino, donde floreció la educación académica al cerrarse el del padre Arizpe. En 1838 Francisco García Conde, gobernador del Estado, expidió el primer decreto sobre instrucción pública, pero hasta 1867 se promulgó la Ley de Educación, durante la administración de Andrés S.Viesca, quien basándose en ella dispuso la fundación del Ateneo Fuente como colegio de educación superior, el cual fue inaugurado el 1° de noviembre de 1867 en la casa número 2 de la Plaza

Instituto Tecnológico Regional

Escuela Normal Superior de Coahuila

Ateneo Fuente de Saltillo

2

Principal, en tanto se terminaba el acondicionamiento del antiguo Colegio Josefino. Ocuparon las cátedras los más connotados coahuilenses, según los principios establecidos por Gabino Barreda a instancias del Presidente Juárez: "La libertad, el orden y el progreso; la libertad como medio, el orden como base y el progreso como fin, encaminados a la búsqueda de la verdad científica". A fines del siglo XIX y principios del XX, las tendencias del grupo dominante fueron cambiando paulatinamente el sistema educativo, llegando hasta perder su nombre original el Colegio, al que se llamó Escuela Tecnológica y Comercial Juan Antonio de la Fuente, por haberse agregado al plan de estudios la carrera de comercio. En 1909 un decreto del Congreso local restituyó a la institución su nombre primitivo y mandó que se impartiesen, aparte la enseñanza preparatoria y comercial, las carreras de jurisprudencia, notaría, medicina, obstetricia, farmacia, ingeniería y agricultura. Posteriormente se le agregaron una Escuela de Pintura y una Academia Nocturna para Obreros; en 1943 nació la Escuela de Leyes y en 1946 la Facultad de Ciencias Químicas. Sobre estas bases, el 30 de octubre de 1957 se fundó la Universidad Autónoma de Coahuila, que además de las escuelas que sostiene en

Torreón, San Pedro, Monclova, Rosita y Parras, tiene otras 14 en la Unidad de Saltillo, con una población de 4,933 alumnos en el período 1974-1975 y un presupuesto global de $58 millones. La Escuela Superior de Agricultura Antonio Narro, que dependía de la Universidad de Coahuila, se convirtió en 1975 en Universidad Agrícola; en ella se imparte, además de la carrera de agrónomo, 10 especialidades en la Escuela de Postgraduados.

El Instituto Tecnológico Regional de Saltillo, primero entre las instituciones de su tipo, tiene 10 escuelas y una población de 2,098 alumnos. Hay 3 normales: una pre-escolar, con 53 estudiantes; una para profesores de primaria, con 370; y una superior, con 947. Los establecimientos particulares de tipo universitario son, entre otros, los institutos de Estudios Profesionales de Saltillo, de Filología Hispánica y de Ciencia y Cultura. Funcionan, además, 18 secundarias, con 8,617 alumnos; numerosas escuelas comerciales, una Industrial Femenil, otra de Artes y Oficios, una especializada para Niños de Lento Aprendizaje y 54 primarias, con 19 mil inscritos, todo lo cual arroja una cifra de 40 mil estudiantes. *J.J.D.A.*

El municipio de Saltillo tiene una población de 190,994 habitantes (17.13% del total del Estado):

247

5

Saltillo: Palacio de Gobierno

95,669 hombres y 95,325 mujeres. Su densidad es de 27.94 habitantes por kilómetro cuadrado. Está integrado por 178 localidades: una ciudad (la cabecera), 9 congregaciones, 2 haciendas, 80 ejidos, 2 granjas, 77 ranchos, 2 fábricas y 5 estaciones de ferrocarril; en 88 de ellas viven menos de 99 personas; en 76, de 100 a 499; en 13, de 500 a 2,499; y en una, Saltillo, más de 100 mil. El 65.1% de la población es menor de 24 años (124,307) y el 5.5% (10,592) corresponde a personas mayores de 60 años. El número de familias es de 35,393, de las cuales 30,476 (86.1%) están sostenidas por hombres y 4,917 (13.9%) por mujeres. Aparte los esposos o esposas (28,989) e hijos (113,898), viven en los hogares 7,951 parientes y 1,821 huéspedes o sirvientes. Viven solas 2,942 personas. El 13.4% de las familias (4,731) está constituido por 9 miembros o más. Los mayores de 12 años son 119,698: 50,657 solteros y 59,150 casados; los demás viven en unión libre (3,491), o son viudos (4,548), divorciados (601) o separados (1,281).

Entre las personas mayores de un año de edad (184,676), el 97.2% usa zapatos, el 1.8% huaraches o sandalias y el 1.% anda descalzo. Son católicos 185,485 (97.1%) habitantes del municipio; 4,113 (2.1%), protestantes o de otras confesiones; y 1,396 (.8%) no tienen ninguna religión. Son coahuilenses 163,959 (85.8%); nacieron en otras entidades 26,547 (13.9%) y 488 (.3%) son extranjeros. Del total de inmigrantes, 7,647 (27.1%) proceden de Nuevo León, 7,293 de Zacatecas, 5,333 de San Luis Potosí, 1,518 de Tamaulipas, 1,138 del Distri-

to Federal; el resto (4,673) de las demás entidades y 595 de otros países. Hablan alguna lengua indígena 104 personas, de las cuales 30 no hablan español. Entre los mayores de 10 años (130,182), 15,444 (11.9%) son analfabetas: 6,670 hombres y 8,774 mujeres. De los mayores de 6 años (153,280), 95,473 (62.3%) han tenido instrucción primaria, pero sólo 29,303 (19.1%) han cursado hasta el 6º año, 23,629 han recibido instrucción postprimaria y 34,103 (22.2%) no han tenido ninguna. Son profesionales de nivel superior 1,212 personas, el 2.2% de la población mayor de 30 años. Asisten a la escuela primaria 33,169 niños de 6 a 15 y más años de edad, de los cuales 6,718 lo hacen a 1º, 6,496 a 2º, 6,021 a 3º, 5,582 a 4º, 4,341 a 5º y 4,011 a 6º, lo cual supone un índice de 40.3% de deserción y de 91.1% de escolaridad. Asisten a cursos de capacitación 1,429 jóvenes; a la secundaria, 6,711; a la preparatoria o vocacional, 3,743; y a la profesional superior, 1,622. El promedio de escolaridad de la población es de 6 años o más es de 3.7 años.

Del total de mujeres del municipio mayores de 12 años (60,635), 32,786 han tenido 186,548 hijos, con promedio de 3.1; de éstas, 11,319 (34.5%) han procreado de uno a 3; 19,805 (60.4%), de 4 a 12; y 1,662 (5.1%) 13 o más.

Del total de la población, 119,698 (62.7%) son mayores de 12 años y, de éstos, 49,475 constituyen la población económicamente activa, con una tasa de participación del 41.3%: 40,093 hombres y 9,382 mujeres; y 70,223 la económicamente inactiva: 18,970 hombres y 51,253 mujeres, de los cuales el 59.4% (41,712) se ocupa en quehaceres domésticos, el 26.9% (18,890) son estudiantes y el 13.7% (9,621) tiene otras ocupaciones improductivas. Entre quienes sí trabajan, 7,629 (15.4%) se dedican a la agricultura, ganadería, silvicultura, pesca y caza; 17,325 (35%), a la industria; 5,759 (11.6%), al comercio; 2,576 (5.2%), a los transportes; 10,844 (21.9%), a los servicios; 1,690 (3.4%), a trabajos al servicio del gobierno; y 3,652 (7.5%), a quehaceres no especificados. De ese mismo total, 3,940 (8%) son profesionales y técnicos; 1,831 (3.7%), directivos; 5,405 (10.9%), empleados administrativos; 4,108 (8.3%), vendedores; 7,550 (15.2%), conductores de vehículos o trabajadores de otros servicios; 7,370 (14.9%), trabajadores agropecuarios; y 19,271 (39%), trabajadores no agrícolas o insuficientemente especificados. Desde el punto de vista de su posición en el trabajo, 3,795 (7.7%) son empresarios (3,029 hombres y 366 mujeres); 29,606 (59.8%), empleados u obreros; 5,668

27

Obispos de Saltillo: Santiago Garza Zambrano (1893-1898), José María de Jesús Portugal y Serratos (1899-1902), Jesús María Echavarría y Aguirre (1905-1955) y Luis Guízar Barragán (1955-)

(11.4%), jornaleros o peones; 6,156 (12.4%), trabajadores independientes; 2,215 (4.5%), ejidatarios; 2,035 (4.2%), personas que prestan sus servicios en un negocio familiar sin retribución. Sin embargo, hay 1,619 personas (3.3%) que sólo trabajan de uno a 3 meses durante el año; 2,633 (5.3%), de 4 a 6; 2,008 (4%), de 7 a 9; y 43,215 (87.4%), de 10 a 12. Declararon ingresos hasta de $499 mensuales, 12,834 personas (27.5%); de 500 a 999, 18,909 (40.5%); de mil a 2,499, 11,485 (24.6%); de 2,500 a 4,999, 2,202 (4.7%); y de 5 mil o más, 1,215 (2.7%).

Los habitantes del municipio se alojan en 30,615 viviendas (6.2 por vivienda en promedio): 15,723 (51.3%) propias y 14,892 (48.7%) alquiladas. El promedio de cuartos por vivienda es de 3. Del total de éstas, 23,151 (75.6%) tienen muros de adobe, 6,375 (20.8%) de ladrillo y 1,089 (3.6%) de madera u otros materiales. El concreto se emplea en el techo de 6,676 casas (21.8%); las demás son de teja (4.3%) madera (60.4%), palma (5.3%) u otros materiales (8.2%). En 7,065 (23.1%) casas el piso es de tierra. Disponen de agua entubada 25,351 (82.8%): 17,773 dentro de la vivienda, 3,547 fuera de ella y 4,031 en un hidrante público; pero 5,264 (17.2%), con 33,194 (17.4%) habitantes, no cuentan con ese servicio. Tienen drenaje sólo 16,109 (52.6%); energía eléctrica, 23,577 (77%); radio y televisión, 10,899 (35.6%); sólo radio, 16,029 (52.3%); sólo televisión, 576 (1.9%); baño con agua corriente, 13,709 (44.8%); y cocina independiente, 24,581 (80.3%). En 4,147 (13,5%) se usa leña o carbón para cocinar; en 9,222 (30.1%), petróleo o tractolina; y en 17,246 (56.4%), gas o electricidad.

No consumen carne 33,579 personas (17.6%); huevos, 27,024 (14.1%); leche, 44,130 (23.1%); pescado, 172,382 (90.2%); y pan de trigo, 56,564 (29.6%). Quienes sí consumen esos alimentos lo hacen, por el mismo orden, un promedio de 3.9, 5.9, 6.4, 2.6 y 6.1 días a la semana. v.*IX Censo General de Población 1970. Estado de Coahuila.* Según la Delegacion de Estadística del Estado, el municipio tenía, a fines de 1975, 232,509 habitantes: 116,471 hombres y 116,038 mujeres.

SALTÓN PICUDO. *Ramphocaenus rufiventris.* Pájaro de la familia *Sylviidae.* Mide de 12 a 15 centímetros. El adulto presenta el pico largo y estrecho, de casi 2.5 centímetros; la corona y el cuello, de color pardo amarillento a pardo-oliváceo brillante; las partes superiores, pardo grisáceas; las alas, pardo oscuras; la cola, negruzca, con las plumas externas terminadas en blanco; los lados de la cabeza, canela; la garganta, blancuzca, con puntos negros y blancos en el centro; y las partes inferiores, blancas. El joven es semejante, pero su color es pardo grisáceo por arriba y más pálido por abajo. Se le encuentra en el sur de México, hasta Colombia y Ecuador. Es súmamente activo. Por lo general, vive entre las ramas bajas de los árboles. Su canto es suave, con una serie de notas en la misma clave. Aunque algunos autores lo citan como raro, suele abundar en los chaparrales al norte de Mapastepec, en Chiapas.

SALTONES. Pajarillos del género *Atlapetes* de la familia *Fringillidae.* El más común es *Atlapetes pileatus,* conocido como *saltón hierbero* o *semillero grande.* Se caracteriza porque la corona y la nuca son de color pardo rojizo; las partes superiores, pardo oliváceo a pardo grisáceo; la región malar, negra; las auriculares y los lados del cuello, grises; la garganta y el abdomen, amarillos; y las otras partes inferiores, amarillas, aunque teñidas de pardo oliváceo. Esta especie es endémica de la plataforma mexicana, desde Chihuahua hasta Guerrero. Habita principalmente en los bosques de encino o de pino, en lugares altos, y es difícil de observar por su gran movilidad.

Saltón cerquero. Atlapetes albinucha, también llamado *saltón pechiblanco*. El adulto tiene la cabeza negra, con una línea blanca media muy notable; las partes superiores, gris oscuras, aunque por abajo amarillo oro brillantes; y los costados y las coberteras de la cola, teñidos de oliva. Vive por lo general oculto entre los matorrales del bosque. Se distribuye en las zonas altas de Veracruz, Puebla, Oaxaca y Chiapas.

Saltón Pecho gris. Atlapetes gutturalis, también llamado *saltón de raya-blanca* o *semillero de cola larga*. Es semejante al saltón cerquero, pero difiere de él en que tiene el pecho gris; vive en los bosques húmedos del sur de Chiapas.

Saltón collarejo. Atlapetes brunnei-nucha. El adulto tiene la frente y los lados de la cabeza de color negro, con 3 manchas blancas; la corona, castaño rojiza, con los márgenes laterales amarillos brillantes; las partes superiores, oliva verduzco oscuras; la garganta y las partes medias, blancas, excepto la banda pectoral que es negra; los lados, blancos; el crisum, oliva grisáceo; el pico, negro; el iris, pardo oscuro; y las patas, pardas. Se distribuye por todo el centro de México, hasta Ecuador y Perú. Vive en zonas de menor altitud que los otros saltones y anida en el suelo entre la maleza tupida.

Saltón de Tuxtla. Atlapetes apertus, también llamado *semillero coludo*. Esta especie es endémica de la sierra de Tuxtla, en Veracruz. Semejante al *saltón collarejo*, difiere de él en que carece de la mancha negra en el pecho. Presenta la cabeza rojiza, con los lados negros; y la garganta y el abdomen, blancos. Es verde oliváceo por arriba.

Saltón de cabeza verde. Atlapetes virenticeps, se caracteriza porque la cabeza, de color negro, muestra tres rayas amarillas. Presenta el dorso verde; la garganta y el abdomen, blancos; y un collar negro. Esta especie se considera rara por algunos especialistas. Vive en los bosques de pino y encino, en la parte central de la República, desde Durango hasta Morelos. Algunos autores lo consideran como una subespecie de *Atlapetes torquatus*.

SALVATIERRA, CIUDAD DE. Cabecera del municipio guanajuatense del mismo nombre, está situada a los 20°13' de latitud norte y 100°53' de longitud oeste de Greenwich, según la *Carta Topográfica* elaborada por la Comisión de Estudios del Territorio Nacional. La estación del ferrocarril se encuentra a 1,782 metros sobre el nivel del mar,

pero la altitud de la Plaza de Armas es de 1,749 metros. No hay datos sobre la presión barométrica. La temperatura media anual es de 19°2; la media más baja, en enero, de 15°4; y la media más alta, en mayo, de 22°1. La temperatura máxima extrema registrada ha sido de 42°, el 5 de agosto de 1940; y la mínima extrema, de -4°, el 12 de enero de 1956. La temporada de lluvias comprende de la segunda quincena de junio a la primera de octubre. El promedio de precipitación anual es de 750 milímetros; el valor máximo se obtuvo en 1958 (año en que hubo inundaciones, igual que en 1967) y fue de 1,217.3; y el mínimo, de 445.9, en 1957. La forma en que ha llovido en los últimos años hace temer que pueda establecerse una alteración más o menos regular de un año de sequía por otro de grandes excedentes. El promedio anual de granizadas es de 0.9; y el de heladas, de 12.7. Sólo se recuerda una nevada en 100 años. De febrero a agosto dominan los vientos del suroeste, y de septiembre a enero, del sureste; la cifra dominante anual es SW-8. No se producen temblores intensos. Estos datos climatológicos son resultado de la observación hecha durante 43 años por el personal de la Secretaría de Recursos Hidráulicos. La CETENAL, en su *Carta de Climas*, dio al de Salvatierra, conforme al sistema de Köppen, modificado por E.García, la clasificación de (A) C (w$_o$) (w) (a) g, el cual viene a ser "el más seco de los templados subhúmedos, con régimen de lluvias de verano".

El municipio colinda al norte con el de Cortazar, al noroeste con Jaral de Progreso, al este con Tarimoro, al sureste con Acámbaro, al suroeste con el Estado de Michoacán (municipio de Santa Ana Maya) y·al oeste con Yuriria y Santiago Maravatío. Tiene una extensión de 507.7 kilómetros cuadrados (1.66% del territorio del Estado) y la ciudad abarca, aproximadamente, 200 hectáreas.

Aspecto general orohidrográfico. La ciudad está sobre un lomerío que, prolongándose hacia el sureste, constituye una especie de balcón al valle de Guatzindeo, que es parte de la región del Bajío. Este valle de suelos aluviales ocupa casi la mitad del norte del municipio, en tanto que en la porción sur predomina la roca basáltica. Las más notables alturas limítrofes, de las cuales sólo parte de cada una pertenece al municipio, son: el Culiacán, al noroeste; la sierra de Pejo, al sur; y Parácuaro, al sureste; y en el interior, Cupareo, Tetillas y El Carmen. En los montes hay áreas, más o menos pequeñas, cubiertas de encino, casahuate, palo blanco y huizache. El río Lerma drena el municipio de sureste a noroeste, seccionando de paso el extremo

26

Vista general aérea de Salvatierra

oeste del perímetro urbano de la cabecera (la porción mayor de ésta queda en la margen derecha); su corriente es regulada aguas arriba por los vasos de Tepuxtepec y Solís. Ya en la Jurisdicción de Salvatierra, el Lerma recibe las aguas de los arroyos de Tarimoro y Culiacán, unidos en terrenos del ejido de San José del Carmen. En la congregación de El Sabino y de hecho sobre el lindero con el municipio de Jaral del Progreso, se encuentra la represa Lomo de Toro, de donde se deriva agua del Lerma para las unidades de riego de Cortazar, Salamanca, Jaral-Valle y Abasolo, y donde, asimismo, se canaliza una corriente tributaria de la laguna de Yuriria y se controlan los gastos que van río abajo. Existe en Salvatierra una red de canales de riego y drenes que datan en gran parte del tiempo de la Colonia (canales Ardillas y Gugorrones, entre otros). Todo el sistema es manejado por el Distrito de Riego número 11 (Alto Río Lerma) de la Secretaría de Recursos Hidráulicos. Hay más de una docena de buenos manantiales, pero entre ellos destacan el de aguas termales de Ballesteros y el de sulfurosas medicinales de San Juan (en términos del ejido de Urireo), ambos desaprovechados. Los yacimientos de piedra caliza del ejido de La Calera tienen una extensión de 70 mil metros cuadrados, una reserva estimada

de 32 millones de toneladas y un contenido del 80% de carbonato de calcio. Junto hay un depósito de pómez granulada, altamente cementante, pero uno y otro permanecen inexplotados.

Historia prehispánica. Prueban la ocupación tarasca de la zona muchos vocablos y topónimos: Cupareo, Urireo, Eménguaro, Pejo y Guatzindeo. Este último es el nombre del valle y de un pueblo indígena, que significa "lugar de montones de piedras", para algunos y para otros "amenidad del río", "lugar del hermoso monte" "lugar de hermosa vegetación" o "lugar de aves de hermoso plumaje". Lo mismo que otras localidades, Salvatierra fue frontera y encrucijada cultural para varias tribus rivales conocidas por el genérico de mecos, que solían llegar hasta la margen derecha del Lerma, obstáculo natural ante el cual muchas veces se detuvieron. Hay en el municipio varios sitios arqueológicos, en su mayoría pertenecientes a la cultura tarasca, pero las ruinas descubiertas en el poblado de La Quemada (margen derecha) corresponden, según opinión preliminar de los arqueólogos, a un templo a Ehécatl (dios del viento), lo que sugiere una prolongación de los puestos de avanzada de la cultura tolteca, tradicionalmente fijados en Querétaro y San Miguel Allende. La tradición señala que

28

La Virgen de la Luz

por esta comarca pasaron los aztecas en su peregrinación a Tenochtitlan. Buena parte de la cerámica encontrada en la jurisdicción de Salvatierra acusa la influencia de Chupícuaro.

Historia colonial. Durante los años en que subsistió a la conquista de Tenochtitlan, el cacicazgo o reino de Pátzcuaro, el valle de Guatzindeo siguió sujeto al pueblo de este nombre, el cual, junto con otras comunidades vecinas, reconocía a Yuriria por cabecera. Dice fray Matías de Escobar que Yuririapúndaro era una de las más crecidas poblaciones del Cazonci, pues "seis mil tributarios se empadronaban, sin las visitas, que se dilataban por más de veinticinco leguas en circuito". En 1523 Cortés repartió la tierra y le tocó a Juan de Villaseñor, *El Viejo*, ser encomendero de la vasta región de Huango (Villa Morelos, Mich.). No parece probable que en sus posesiones haya quedado el valle de Guatzindeo, pero si así fuera él envió esporádicamente a esas tierras un clérigo para que intentara la evangelización. En 1528 Nuño de Guzmán pretendió despojar a varios encomenderos de Michoacán. Esto dio motivo a que la Corona asumiera directamente el control de Yuririapúndaro y las localidades de su jurisdicción. Mientras tanto, algunos caciques indios, aliados de los españoles, iban realizando ex-

pediciones de conquista y fundación de pueblos. Así, los capitanes otomíes de Jilotepec, Nicolás de San Luis Montañés y Fernando de Tapia, después de haber conquistado Querétaro y Apaseo, fundaron Acámbaro en 1526, plaza que se convirtió en centro de operaciones para nuevas entradas al territorio del actual Estado de Guanajuato. Estos avances y la conversión al cristianismo del cacique de Yuririapúndaro, Alonso de Sosa, apodado *General de los Chichimecas*, propiciaron la evangelización de la zona, a cargo de los frailes franciscanos, primero en misiones periódicas y después establecidos en la Doctrina de San Buenaventura de Guatzindeo, cuya fundación, según el padre Juan B.Buitrón, se hizo en 1564. Los frailes instalaron en el mismo lugar un "hospitalillo" a la manera de las instituciones creadas por Vasco de Quiroga y fray Juan de San Miguel (v.HOSPITALES). En esa casa trabajó y murió el lego fray Juan Lozano, alias *Gallina*, cuya caridad para con los nativos es tan celebrada por el cronista La Rea; y allí mismo fue encontrada la imagen de la Virgen de la Luz, llamada así porque, según la tradición, en varias ocasiones despidió destellos milagrosos. Trátase de una pequeña escultura que data, al parecer, de mediados del siglo XVI, ligera, hecha con pulpa de caña de maíz, con las mismas características de las fabricadas por los indios de Pátzcuaro. Su culto ha tenido épocas de gran fervor: se menciona a la imagen (aunque con el nombre de Señora del Valle, que llevaba entonces) en la solicitud de fundación de la ciudad; en el siglo XVIII hubo un motín para evitar que retornara a la Hacienda de San Buenaventura; es patrona de la parroquia y el 24 de mayo de 1939 fue solemnemente coronada por el Arzobispo de Morelia, en nombre del Papa Pío XII. Además de la capilla y el hospital, desde el último tercio del siglo XVI se asentaron en el valle algunos colonizadores. Las tierras acabaron por fraccionarse en varias haciendas de gran extensión, entre ellas la de San Nicolás, que se formó con las donaciones de Alonso de Sosa y que más tarde fue propiedad, sucesivamente, de la comunidad agustina de Yuriria, de la casa provincial de la misma Orden y, por último, de particulares. Otros latifundistas fueron Juan de Ibáñez, Martín Hernández (*El Viejo*) Juan López de Zande, Gabriel López de Peralta, Francisco de Raya, Sebastián de Ancia y Antonio de Arizmendi Gugorrón, estos 4 últimos en el siglo XVII. Hacia 1630 el pueblo de Guatzindeo, casi vacío de indios, se había transformado en una comunidad de españoles. Existía ya un convento franciscano, con su iglesia, donde se administraban todos los sacramentos, pues de aquel año datan los primeros asientos de bautizos. Las inundaciones, sin embargo, obligaron al vecindario a mudarse a terrenos de la Hacienda de San Buenaventura y poco después a la congregación de San Andrés Chochones, otro decadente asiento de indios ubicado en la margen derecha del Lerma. Arraigado al fin, el grupo de europeos acordó solicitar la erección de una ciudad que funcionara independientemente de Celaya, a cuya jurisdicción pertenecían entonces. El virrey García Sarmiento de Sotomayor, conde de Salvatierra y marqués de Sobroso, recibió la petición escrita por Gabriel López de Peralta. Este rico terrateniente, heredero de uno de los mayorazgos fundados por su abuelo el conquistador Gerónimo López, ofrecía 50 sitios de estancia para ganado mayor "y diversas caballerías de tierra que le pertenecen a cada sitio, con el derecho de agua de Río Grande, zanjas, tomas y presas por merced", con valor, "a justa común estimación", de $500 mil, para que "en aquel puesto, en el paraje que llaman San Andrés Chochones, donde están congregados hasta cuarenta vecinos españoles, con sus mujeres, hijos, casas y familias, se funde una ciudad que se llame de San Andrés de Salvatierra, pues se ha de fundar en el tiempo del dichoso gobierno de Vuestra Excelencia". Casi simultáneamente, llegó a manos del gobernante novohispano otro ocurso, redactado y suscrito por Agustín de Carranza Salcedo, canciller y registrador de la Real Audiencia, escribano público en ejercicio y poderhabiente de los vecinos de San Andrés Chochones, apoyando a López de Peralta y precisando las capitulaciones. Así, el 9 de febrero de 1644 el virrey García Sarmiento expidió la cédula por la cual Salvatierra alcanzó el rango de ciudad antes que cualquiera otra de las poblaciones que hoy forman el Estado de Guanajuato.

Las *Noticias para formar la historia y estadística del Obispado de Michoacán*, escritas por el padre José Guadalupe Romero, oscurecieron el conocimiento de la historia salvaterrense, pues en ellas se afirma que la ciudad fue fundada el 1º de enero de 1643, a moción de un tal Andrés de Alderete, en terrenos que el mismo donó. La errónea especie fue copiada y difundida por otros historiadores. Peor aún es la información que da Galindo y Villa en su *Geografía de México*: "Salvatierra (en Guanajuato) fundada (1647) siendo virrey don García Sarmiento de Valladares (*sic*), Conde de Salvatierra".

Dos meses después de la orden del virrey, funcionaba ya el primer Cabildo, con oficios adquiridos a título oneroso según la costumbre de la época, e integrado de la siguiente manera: corregidor,

28

Salvatierra: la Parroquia

Gabriel López de Peralta; alcaldes ordinarios, Mateo de Aranda Paniagua y Juan Pérez de Figueroa; alguacil mayor, Agustín de Carranza Salcedo; regidores, Felipe Jiménez Larios, Hernando Luis de Saavedra, Cristóbal de Estrada Balbín, Miguel de Piña Molina, Rafael Baca, Francisco Bravo y Cristóbal Daza; depositario general, Francisco Méndez Tovar; escribano de Cabildo, Martín Lucio Negrete; juez mayor, Juan de Melgar; escribano público, Antonio Guerra; alférez real, Rafael Hernández; y provincial de la Hermandad, Baltasar López de Soria. Cada uno de estos puestos fueron otorgados mediante el pago a plazos, de hasta $2,500, o sea un total de $24,500, cantidad que afianzó Carranza Salcedo. Este quedó exento por su oficio y con derecho a que se le recompensara con honores y mercedes por haber gestionado la fundación. El cargo de corregidor y otros provechos le fueron revocados casi en seguida a López de Peralta, pues cuando se quiso realizar el deslinde y amojonamiento para la consecuente repartición de solares a los vecinos, nada pudo hacerse por las dificultades para identificar las tierras. Sin embargo, la heredera del mayorazgo, Francisca López de Peralta Sámano Turcios Luyando y Bermeo, obtuvo en 1707 una indemnización de $6 mil anuales, libres de todo cargo e impuesto, y el título de marquesa.

En 1643 había sido erigida la parroquia por el obispo fray Marcos Ramírez del Prado, la cual fue confiada a los franciscanos. Al año siguiente de la fundación de la ciudad, llegaron los carmelitas y el célebre hermano lego fray Andrés de San Miguel,

28

Puente de Batanes, obra de fray Andrés de San Miguel

"consultor universal de todo el reino en los ramos de arquitectura, mecánica e hidráulica", quien les hizo el convento y la correspondiente iglesia. La primera etapa de la construcción se concluyó ese mismo año; a una posterior debe referirse el propio San Miguel cuando escribe que "acabóse de cubrir y de perfeccionar, y el primer domingo después de la Candelaria (1646?) se dedicó a la iglesia". El templo y la casa quedaron cerca del río, en terreno bajo e inundable, por cuya razón tuvieron que cambiarse 200 metros más arriba, en donde ahora se encuentran, bajo la advocación de San Angelo mártir. Para que descansara, fray Andrés fue puesto a escribir un memorial acerca de las edificaciones en que había intervenido. Eduardo Báez Macías da testimonio de ese documento, fechado en Salvatierra el 8 de septiembre de 1646. Para entonces los padres del Carmen ya planeaban la siguiente obra: un puente sobre el caudaloso Río Grande (Lerma), para establecer una segura y permanente comunicación hacia los lugares de la margen opuesta. Trabajaron con celeridad, pues en 1652 instalaron sendas ermitas en los extremos del puente y empezaron a recaudar el derecho de pontaje en beneficio de la Orden. En la construcción del puente (por su ubicación llamado "de Batanes") brilló el genio de fray Andrés de San Miguel, quien lo planeó y dirigió en sus principios. Tiene 214 varas de largo, 5 de ancho, 14 ojos y 16 estribos, y originalmente estaba rematado por los dos torreones o ermitas, los cuales hermoseaban sus extremos; es todo de piedra y tan fuerte que ha resistido las poderosas cre-

cientes del río, cuyas aguas han llegado a cubrirlo. Se dice que los trabajos duraron en total 80 días (probablemente no consecutivos) y que costó cerca de $15 mil. San Miguel murió en Salvatierra en 1652. Poco tiempo les bastó a los moradores de Celaya para olvidar el resentimiento que en un principio les causó la fundación de la ciudad de San Andrés de Salvatierra, pues fueron advirtiendo que ésta no opacaría en forma alguna el esplendor y progreso de su villa. Ocurrió que algunos de los primeros regidores salvaterrenses no pudieron pagar la cantidad en que habían sido tasados sus oficios, ni se presentaron otras personas interesadas en comprar esos cargos, ni los demás que iban quedando vacantes, de tal suerte que la ciudad fue más adelante puesta de nuevo bajo la jurisdicción de Celaya. El alcalde mayor de ésta designaba a un teniente para que lo representara en Salvatierra. Carranza Salcedo sufrió mucho por las continuas cobranzas que le hacía el fisco real y hasta tuvo que huir a la Nueva Galicia, pero regresó al fin a Salvatierra, donde murió el 10 de agosto de 1688.

La esclavitud, las hambres, las pestes y los largos y escandalosos pleitos judiciales por móviles económicos, retrasaron el desarrollo de la ciudad. Además, casi media zona urbana cra de los religiosos carmelitas, que poseían también, extramuros, las tierras de la Cuadrilla, el potrero de San Elías y la vastísima hacienda de San José del Carmen. A menudo tuvieron dificultades con los indios, el ayuntamiento y sus colegas franciscanos.

Dos escritores salvaterrenses destacaron en el siglo XVIII: Manuel Antonio Luyando y Vermeo, teólogo maestro del Seminario de la Iglesia Metropolitana de México, autor de *El Hijo Propio de Cristo por Pontífice Supremo de su Universal Iglesia N.P. Señor San Pedro*; y Agustín Francisco Esquivel y Vargas, párroco que fue de La Piedad y quien compuso *El Fénix del Amor*.

En 1743 se obtuvo licencia para construir un templo a la Virgen de la Luz, que seguía obrando prodigios; pero deseoso el vecindario de tenerla más a la vista, se empezó el mismo año una capilla anexa, hoy conocida como Santuario de Guadalupe, que se terminó hacia 1750 y en cuya portada está esculpido el escudo de la ciudad. No se ha encontrado el documento que da fundamento al emblema y aún se piensa que no está concebido de manera ortodoxa, lo cual hace dudar de su legitimidad, pero su uso tradicional lo ha consagrado. Lleva en sus cuarteles primero y cuarto sendas cruces de San Andrés; en el segundo, unos haces de trigo; y en el tercero, el puente de Batanes. El templo grande a la

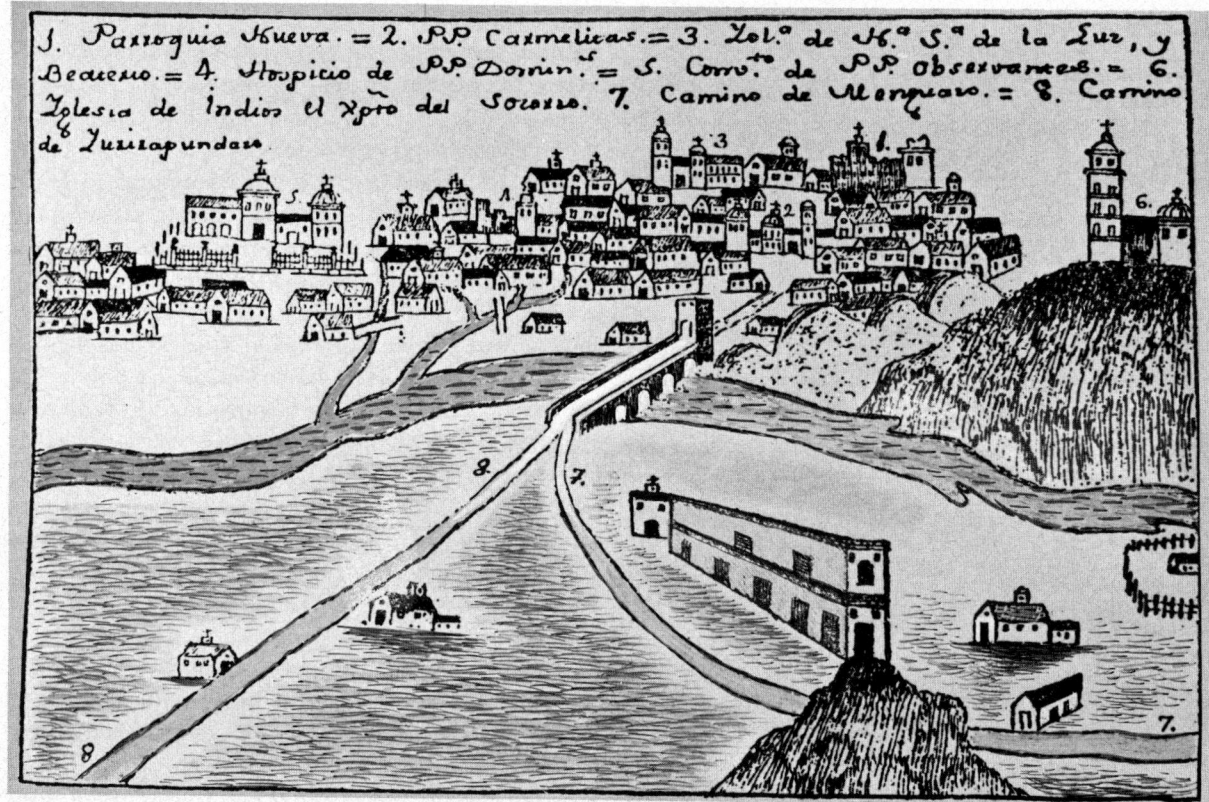

1. Parroquia Nueva. = 2. PP. Carmelitas. = 3. Col.º de N.ª S.ª de la Luz, y Beaterio. = 4. Hospicio de PP. Domin.ⁿ = 5. Conv.ᵗᵒ de PP. Observantes. = 6. Yglesia de Indios el Xᵖᵗᵒ del Socorro. 7. Camino de Menguaro. = 8. Camino de Yuriapundaro.

29

Los caminos de Menguaro y Yuriria al llegar a Salvatierra, según el Diario de Ajofrín (siglo XVIII)

Virgen de la Luz pasó a ser el parroquial (el curato había sido secularizado en 1767) y fue bendecido en 1808, cuando lo terminó el presbítero y humanista salvaterrense José Ignacio Basurto, autor de *Fábulas morales para la provechosa creación de los niños que cursan las escuelas de primeras letras.*

Los franciscanos concluyeron su templo de San Buenaventura hacia 1750 y antes (1740) habían rehabilitado el contiguo, llamado de San Antonio o Tercera Orden, que fue el primero que hubo en la ciudad cuando todavía era ésta el pueblo de San Andrés Chochones. De la misma centuria décimooctava datan: el templo de Santo Domingo (1740), el de San Juan (concluido también en 1740 y ubicado en el barrio indígena del mismo nombre) y el convento y templo de las Monjas Capuchinas (1798). Todos poseen pinturas o esculturas de estimable valor, cuando no artístico, piadoso.

Salvatierra fue políticamente incorporada a la Intendencia de Guanajuato en 1787, pero en lo religioso siguió dependiente (como hasta ahora) del Obispado de Michoacán, hoy Arzobispado de Morelia. El partido de Salvatierra fue por algún tiempo muy dilatado, pues comprendía, además de lo actual, algunos poblados que en 1977 pertenecen a los municipios de Cortazar, Tarimoro, Santiago Ma-

ravatío, Valle de Santiago y Jaral del Progreso.

Período nacional. El cura Miguel Hidalgo pasó por Salvatierra con su ejército, de paso para Valladolid, poco después de haber iniciado la lucha por la Independencia. En el proceso inquisitorial instruido en su contra, el presbítero Sebastián de la Fuente, capellán del convento de Capuchinas y comisario del Santo Oficio en el Distrito, acusó al caudillo de llevar en su compañía a una amasia apodada *Natera*, con quien habría llegado a Salvatierra (12 de octubre de 1810?) y la habría hecho hospedar en la casa del doctor Mariano Serbín de la Mora, mientras él pernoctaba en el mesón de la Luz. Los azares de la lucha armada tuvieron en constante alarma a los vecinos de la población y puntos circunvecinos, pues los bandos contendientes alternaban victorias y derrotas y ocupaban o cedían las plazas con las naturales consecuencias. No pocos hijos del Valle de Cuatzindeo tomaron parte en la guerra: el brigadier Miguel Sánchez, por ejemplo, originario de San Nicolás de los Agustinos, quien entre septiembre y octubre de 1810 tomó Huichapan y San Juan del Río y amagó Querétaro, antes de ser asesinado por Julián Villagrán; o el presbítero Mariano Abad y Cuadra, quien abrazó la causa insurgente cuando residía en Valladolid y

28
La Magdalena, en el río Lerma

fue capturado en la batalla de Aculco (1810), muriendo más tarde en la prisión de San Juan de Ulúa. El 16 de abril de 1813, viernes santo, el jefe insurgente Ramón Rayón, quien dos días antes había fortificado el puente de Batanes, fue batido por el oficial realista Agustín de Iturbide. Este dice en su informe que la pérdida de los rebeldes fue de "350 miserables excomulgados que descendieron a los profundos abismos", más 25 prisioneros, que fueron fusilados. Rayón negó que los ajusticiados fueran de su gente y los tilda de plebe saqueadora. El fusilamiento se hizo contra la pared norte del entonces Molino de Batanes. Los vecinos de las cercanías, basándose en los relatos recogidos de sus ascendientes, afirman que los sacrificados sí eran miembros del ejército popular libertador. La acción le valió a Iturbide el ascenso a coronel del regimiento de infantería de Celaya y la comandancia general de la Provincia de Guanajuato. A la tropa realista que lo acompañó en la batalla se le concedió un escudo con el lema: *"Venció en el puente de Salvatierra"*.

Mención especial merecen los salvaterrenses José María Pagola, designado intendente de la Provincia de Guanajuato por los insurgentes, enlace de éstos y a la vez interceptor de los correos realistas, quien murió fusilado cuando era presidente (el último) de la Junta de Jaujilla, en 1818; y José Manuel Zozaya Bermúdez, miembro del Ilustre y Real Colegio de Abogados de México, primer enviado extraordinario y ministro plenipotenciario del imperio iturbidista ante los Estados Unidos, denunciante de las ambiciones yanquis sobre la nación mexicana y fundador de la primera fábrica de papel en el país.

Instituido el Estado Libre y Soberano de Guanajuato en 1824, el partido de Salvatierra quedó agregado al distrito de Celaya. Las autoridades locales, sin recursos para sostener los servicios públicos y sin inmuebles propios, obligaron a los vecinos a servir en los cargos municipales. A causa de las luchas intestinas, la agricultura y el comercio quedaron arruinados, proliferaron los salteadores de caminos y surgieron facciones de todas clases. La mayoría del vecindario simpatizó con los liberales moderados en ocasión de las guerras de Ayutla, de Reforma y contra el Imperio. Entre los excesos que cometieron los bandos en la región, los mayores fueron los del general Manuel García Pueblita.

La desamortización de los bienes del clero sirvió para corregir la escandalosa opulencia de algunas órdenes; para que el Ayuntamiento obtuviera edificios para casa municipal, cárcel, hospital y rastro; y, para que algunos forasteros hicieran copiosas fortunas, como Francisco Llamosa, quien mediante poderosas influencias logró que se le adjudicara la hacienda de San José del Carmen, arrebatándosela a Manuel Godoy, el cual, a su vez, la había adquirido por denuncia.

Con categoría de subprefectura fue agregada Salvatierra al Departamento de Querétaro, por efectos de la ley sobre división territorial promulgada por Maximiliano el 3 de marzo de 1865. Manuel Orozco y Berra, al servicio del Imperio, concibió una repartición de municipalidades que iba ajustándose poco a poco cuando cayó ese régimen. De acuerdo con tal disposición, al territorio salvaterrense le hubieran sido segregados los pueblos, haciendas y ranchos que le pertenecían en la margen izquierda del río Lerma, y se le hubieran incorporado 16 localidades correspondientes a Acámbaro; pero con el triunfo del gobierno de Juárez las cosas volvieron a su estado anterior.

Después del triunfo de la República ocurrió la insurrección cristera contra Lerdo de Tejada, la cual dio motivo a una intensa actividad armada en la zona de Salvatierra. Pasado el conflicto, empezaron las labores constructivas: la introducción del telégrafo; años después, el ferrocarril; y la prosperidad de la industria textil, iniciada a mitad del siglo.

Funcionaban entonces las fábricas La Reforma, de Eusebio González, y Batanés, de los Argumedo. Estos introdujeron, ya en los albores del siglo XX, la energía eléctrica. Al estallar la Revolución de 1910, se levantaron contra el porfirismo, al mando de fuerzas populares, Catarino Guerrero y Moisés García Villagómez, ambos tempranamente sacrificados. Concurrió al Congreso Constituyente, como diputado por el distrito electoral de Salvatierra, el doctor Francisco Díaz Barriga, que había sido el primer jefe político local tras el derrumbe de la dictadura. Desde entonces cosechó lauros el humanista y poeta Federico Escobedo y Tinoco, árcade romano en 1907, individuo de número de la Academia Mexicana de la Lengua en 1914 y miembro correspondiente de la Española en 1918; destacó el ingeniero y maestro universitario Antonio Coria Maldonado, pionero de las obras de irrigación en la República; ingresó a la Academia el doctor Jesús Guisa y Azevedo (1956) y se dio a conocer nacionalmente la poetisa Ana María de López Tena (1967).

Población. Según el *IX Censo General de Población*, al 28 de enero de 1970 el municipio tenía 80,105 habitantes (3.53% del total de la entidad): 41,313 hombres y 38,792 mujeres; y la densidad de población era de 157.78 por kilómetro cuadrado. La entidad está integrada por 65 localidades: en 9 viven menos de 99 personas, en 22, de 100 a 499; en 14, de 600 a 999; en 13, de mil a 2,499; en 5, de 2,500 a 4,999; en una, de 5,000 a 9,999; y en otra, la cabecera, 18,975. Las autoridades municipales calcularon que en 1974 la cabecera tendría 32,600 habitentes, y estimaron que habría dos poblados, Urireo y San Nicolás de los Agustinos, con más de 10 mil pero menos de 19,999. El 66.2% de la población (53,075) es de 24 años o menos, y el 6.4% (5,147) corresponde a personas de 60 o más años. El número de familias es de 14,095. La población de 12 años o más es de 47,987: 19,856 solteros, 25,346 casados, 850 en unión libre, 1,555 viudos, 104 divorciados y 276 separados. De las personas de un año o más de edad, el 91.3% (70,959) usa zapatos, el 7.6% huaraches o sandalias y el 1.1% anda descalzo. Son católicos 78,612 (98.2%); protestantes o de otras confesiones, 0.7%; y 1.1% no tienen religión alguna. Nacieron en la entidad 78,101 (97.6%), en otras entidades 1,931 y 73 son extranjeros. Del total de inmigrantes el mayor porcentaje corresponde a los procedentes del Estado de Michoacán: 32% (709). Sólo 26 personas hablan alguna lengua indígena y 12 no conocen el español. Los de 10 y más años son 52,555; de ellos,

28

Río Lerma: El Salto, en Salvatierra

el 30.6% (16,068) no sabe leer ni escribir. Entre los mayores de 6 años (63,270), 31,575 (49.9%) han tenido instrucción primaria, pero sólo 7,987 han cursado hasta el 6°, incluyendo a 3,130 que han recibido instrucción postprimaria; 28,553 no han tenido ninguna. Concurren a la escuela primaria 13,215 alumnos.

Los 18,149 individuos que componen la población económicamente activa representan una tasa de participación del 37.8; de ellos, 11,779 (64.9%) se dedican a la agricultura, ganadería, silvicultura, pesca o caza; 6, a la industria del petróleo; 46, a la industria extractiva; 2,303 (12.7%), a la de transformación; 315, a la construcción; 18, a la generación y distribución de energía eléctrica; 1,161, al comercio; 267, al transporte; 1,218, a los servicios; 171, a trabajos para el gobierno; y 865, a quehaceres no especificados. Desde el punto de vista de su posición en el trabajo, 712 son patrones, empresarios o empleadores; 4,080, obreros o empleados; 7,414, jornaleros; 2,284, trabajadores independientes; 1,981, ejidatarios; y 1,678, personas que prestan sus servicios en un negocio familiar sin retribución. Declararon ingresos de hasta $199 mensuales, 3,384 personas; de $200 a 499, 6,955; de $500 a 999, 2,503; de mil a $1,499, 1,115; de $1,500 a 2,499, 810; de $2,500 a 4,999, 273; de $5,000 a 9,999, 93; y de $10,000 y más, 111. Buscaban trabajo 1,694 personas.

Hay 12,859 viviendas en el municipio (6.2 habitantes por vivienda en promedio): 10,142 propias y 2,717 alquiladas. En los muros de 5,855 viviendas predomina el adobe; en 5,881, el ladrillo; y en 1,123, otros materiales. Disponen de agua entubada 7,709 (59.9%): 4,505 dentro de la vivienda, 455 fuera de ella y 2,749 en un hidrante público; pero 5,150 (40.1%), con 31,791 (39.6%) habitantes, no disponen del servicio. Tienen drenaje sólo 4,472 (34.8%); energía eléctrica, 6,797 (52.9%); radio y televisión, 3,060 (23.8%); baño con agua corriente, 2,159 (16.8%); y cocina independiente, 9,897 (76.9%), en 6,747 (52.5%) se usa leña o carbón para cocinar; en 2,022 (15.7%), petróleo o tractolina; y en 4,090 (31.8%), gas o electricidad. No consumen carne 24,274 personas (30.3%), huevos, 36,943 (46.1%); leche, 39,975 (49.9%); pescado, 74,307 (92.7%); y pan de trigo, 22,880 (28.5%).

Economía. La actividad agrícola ha sido siempre la fundamental del municipio. Los principales productos son: maíz (46,500 toneladas de cosecha al año), jitomate (18 mil toneladas), frijol (13,800), sorgo (13 mil) y guayaba (400). Casi han desaparecido algunos cultivos tradicionales, como el cacahuate, el camote y la caña de azúcar. Un 82.5% de la tierra es ejidal y el 17.5% de pequeños propietarios, con promedio de 1.9 hectáreas por individuo en el primer caso y de 2.2 hectáreas en el segundo. De las 50,770 hectáreas que integran el territorio municipal, 15 mil se destinan a la explotación agrícola con riego sistematizado; unas 2 mil son de ciénega y llano y el resto de terrenos cerriles y de temporal, o está ocupado por los centros poblados. La maquinaria agrícola se usa todavía en bajo porcentaje. No se emplean métodos de conservación de suelos, por lo cual se ha venido reduciendo, aunque con lentitud, la potencialidad de la tierra. Existe una Asociación Local Agrícola de Pequeños Propietarios con 381 socios. Los 43 núcleos ejidales del municipio fundaron en 1974 la Unión de Ejidos de Producción Agropecuaria Emiliano Zapata. El 20% de la producción del campo se consume en el propio municipio y el resto se vende en otras plazas, principalmente en la Ciudad de México.

La actividad pecuaria es raquítica y está controlada por las asociaciones ganaderas locales, una de ellas de porcicultores. Hay 17,760 cabezas de ganado bovino, 15 mil de porcino, 9,800 de caprino y 273 de ovino. La avicultura casi no tiene importancia. La industria está representada por 3 establecimientos: Carolina y Reforma, fábrica de hilados, tejidos y estampados (1,200 obreros), en decadencia y con problemas financieros; Aceitera San Juan, productora de aceites comestibles; y celulosa del Bajío, que obtiene de la paja una pasta para fabri-

28

Salvatierra: vista parcial de la ciudad

car cartón. Las dos últimas empresas emplean, cada una, menos de 100 trabajadores. No hay artesanías, salvo las muy modestas de artículos de hierro forjado, cestería y dulces regionales. El comercio es exiguo. No se explota el turismo, aunque existen hermosos parajes en las márgenes del río, un atractivo balneario de propiedad particular y un buen número de monumentos coloniales. Las fiestas principales son las dedicadas a la Candelaria (2 de febrero) en la cabecera, y a la Asunción (15 de agosto) en Urireo.

Comunicaciones. Cruzan el municipio dos carreteras federales pavimentadas: la número 49 que comunica Salvatierra con Celaya, a un lado, y con Yuriria al otro; y la número 51, que conduce a Acámbaro. Un camino de terracería va a Cortazar y el suroeste está aislado. La vía férrea Uruapan-Escobedo toca el poblado de Eménguaro y la cabecera. Seis veces pasa el tren al día, unas con servicio mixto y otras transportando carga. Los autobuses cubren las rutas México-Morelia y Acámbaro-Celaya. No se cuenta con pista de aterrizaje. Tiene la ciudad servicio postal y telegráfico y 600 aparatos telefónicos. Un periódico local aparece quincenalmente. Funcionan dos radiodifusoras comerciales. Hay dos cines, una plaza de toros, un parque deportivo del sector privado y una unidad recreativa oficial.

Educación. Funcionan 3 jardines de niños (1 federal y 2 particulares), 59 escuelas primarias (45 federales, 11 estatales y 3 particulares, con 16,680 alumnos), 4 secundarias (una federal y 3 particulares), 2 preparatorias (una de la Universidad de Guanajuato y otra particular incorporada) y una escuela tecnológica agropecuaria (en el ejido de San Nicolás de los Agustinos).

Cultura y clubes de servicio. Tiene vida activa la corresponsalía del Seminario de Cultura Mexicana. Tres años lleva trabajando una misión cultural de la Secretaría de Educación Pública en Cupareo y poblados circunvecinos. Hay una biblioteca pública federal. El Club de Leones y el Consejo de Caballeros de Colón tiene más de 25 años de establecidos. Trabajan dos grupos *Scouts* y Club Juvenil.

Organización y servicios públicos. Integran el Ayuntamiento el presidente municipal, un síndico y 7 regidores. Los ingresos municipales los fija la Legislatura del Estado, la cual, además, debe aprobar los egresos que propone el Cabildo; en 1975, éstos ascendieron a $ 2.302,770.70. El gobierno municipal no administra el agua potable y, al igual que en el resto del Estado, no tiene a su cargo el Registro Civil. Hay un Centro de Salud B, con sanatorio, en la cabecera y varios de categoría C en el medio rural; una clínica-hospital del Instituto Mexicano del Seguro Social, 2 sanatorios particulares, una delegación de la Cruz Roja, 2 sucursales de bancos privados y una agencia del Banco Nacional de Crédito Ejidal. *J.J.G. y G.* v.Archivo Municipal de Salvatierra: varios expedientes; José Arvizu Vázquez Mellado: *Ensayo histórico del Estado de Guanajuato* (Celaya, 1971); Eduardo Báez Macías: *Obras de Fray Andrés de San Miguel* (introducción, notas y versión paleográfica; 1969) y "Tres mapas de los siglos XVII y XVIII sobre la ciudad de Salvatierra", en *Boletín del Archivo General de la Nación* (segunda serie, VI, Núm. 4, 1965); José Bravo Ugarte: *Historia sucinta de Michoacán* (tomos I y II); 1963; Juan B.Buitrón: *Apuntes para servir a la historia del Arzobispado de Michoacán* (1948); José Espinoza: *Apuntes históricos sobre la Imagen de Ntra. Sra. de la Luz, que se venera en Salvatierra, Gto.* (Salvatierra, 1937) y *Documentos históricos sobre la Sagrada Imagen de Ntra. Sra. de la Luz.* (Prólogo, transcripción y notas; Salvatierra 1939); Gilberto Farfán Orozco: "Monografías diocesanas. Parroquia de Salvatierra", en *Trento, periódico del Seminario de Morelia* (IX-2, Morelia febrero de 1952); José María Miguel y Verges: *Diccionario de Insurgentes* (1969); Roberto Rodríguez Laguna: "Algunas causas de bajos rendimientos en la Unidad Salvatierra y recomendaciones para su mejoramiento", en *El Bajío* (X, Núms. 7 y 8, 1971); J.Ig-

nacio Rubio Mañé: "Iturbide y sus relaciones con Estados Unidos de América", en *Boletín del Archivo General de la Nación* (Segunda Serie VI, Núm.4, 1965); Melchor Vera: *Guatzindeo Salvatierra. Apuntes para una historia local civil y religiosa reunidos y publicados por...* (1939) y *Salvatierra* (Guanajuato, 1944).

SALVATIERRA, JUAN MARÍA DE, n. en Milán Italia; m. en Guadalajara, Jal., en 1717. Estudió en los colegios de la Compañía de Jesús en Parma y de Génova, Italia. Pasó a Nueva España y estudió retórica en la Ciudad de México. Fue profesor de esa materia en Puebla. Deseoso de servir en las misiones, se le envió en 1680 a Chínipas, Chih., permaneciendo allí 10 años. En 1691 fue visitador de las misiones de la Provincia de Sonora, y más tarde rector de los colegios de Guadalajara y Tepozotlán. De 1697 a 1704 fundó las misiones de Baja California, que sin la decidida y heroica intervención del padre Juan de Ugarte, su compañero, hubieran sido una tercera vez abandonadas debido a la hostilidad de los indígenas. Tornó a Baja California en 1707, permaneciendo en la península hasta 1716, fecha en que el virrey lo llamó para conferenciar con él sobre una *Historia de California* que deseaba el rey Felipe V. Sin embargo, Salvatierra murió en el trayecto. Escribió *Copia De cuatro Cartas de El Padre Juan María de Salvatierra De la Compañía de Jesús para solicitar medios para la empresa de California* (1698). Las *Cartas* tienen las siguientes fechas: la primera, el 28 de noviembre; la segunda, el 26 de noviembre; y la tercera y la cuarta, el 27 de noviembre de 1697, todas puestas en el Real de Nuestra Señora de Loreto en California. La tercera es particularmente importante por las noticias que contiene de su viaje a California: cuenta las dificultades de la evangelización en parajes desolados, áridos y hostiles, y la falta de arbitrios. Las publicó Manuel Orozco y Berra: *Documentos para la Historia de México* (3 vols., 2a. serie, 1857). Un libro rarísimo, cuyo único ejemplar conocido se conserva en la Biblioteca Palafoxiana de la ciudad de Puebla, es *Copia de Cartas de California Escritas por el P.Juan María de Salvatierra y Francisco María Piccolo. Su fecha de 9 de julio deste año de 1699* (1699); contiene tres cartas, una con la fecha indicada y otras sin data. Se refieren a la necesidad de volver a establecer las misiones californianas destruidas por los indios y abandonadas por los jesuitas. v.Alberto María Carreño: "Los P.P. Salvatierra y Kino y la Península de California", en *Revista Mexicana de Geografía. Publicación del Instituto de Geografía de la UNAM* (1944).

SALVIA. Se aplica este nombre, principalmente, a los individuos del género *Salvia* L., de la familia de las labiadas. Son plantas herbáceas o arbustivas, de tallos cuadrangulares y hojas opuestas y aromáticas. Las flores son bilabiadas, gamosépalas y gamopétalas (con 5 sépalos y 5 pétalos unidos, respectivamente); presenta el cáliz tubuloso o acampanado, con el labio superior tridentado y el inferior bidentado; la corola es también tubular, con el labio superior erecto, generalmente cóncavo, bilobulado, y el inferior trilobulado, con el lóbulo medio más ancho, entero o escotado y los laterales redondeados; el androceo está representado por dos estambres, con los filamentos cortos, unidos por la base al tubo de la corola, y las anteras móviles a manera de balancín; el ovario está situado sobre un disco carnoso, es bicarpelar tetralocular, contiene un óvulo en cada lóculo y está superpuesto por un estilo cuyas dos ramas tienen longitud desigual. Las hojas aromáticas de varias especies se usan como condimento, principalmente las de la salvia europea, *S. officinalis* L. El nombre deriva del latín *salvare*, debido a las propiedades curativas que se han atribuido en el Viejo Mundo a la especie europea y otras afines, que a veces sustituyen al té, pues la infusión de sus hojas tiene un sabor semejante. Entre las especies más comunes en México figuran: *S. leucantha* Car., o *salvia real*, hierba de hasta un metro de altura, tomentosa, leñosa en la base, con las hojas elípticas, angostas, crenuladas, blanco tomentosas en el envés, de 5 a 16 centímetros de largo. Las flores están dispuestas en largos racimos de cáliz conspicuo, lanoso morado y corola blanco lanosa. Se encuentra desde Zacatecas hasta Puebla y en Morelos, Oaxaca y Veracruz. Se cultiva como planta ornamental. El cocimiento de sus flores se emplea contra los mareos. *S. cardinalis* H.B.K., o *salvia roja*, nombre que alude al color de su corola. Es un hierba que alcanza un metro de altura, abundante en los bosques húmedos del valle de México. El mismo nombre se aplica a *S. elegans* Vahl y *S. gesneraeflora* Lindl. & Paxton, especies también comunes en la misma área. *S. concolor* Lamb., *salvia azul* o *cahual*, arbusto con el tallo grueso, flexible, piloso y glanduloso; y flores azules. Tiene una distribución semejante a las tres especies anteriores. *S. mexicana* L., también de flores azules, común en el valle de México, principalmente en las partes abiertas de los bosques y en lugares pedregosos (Pedregal de San Angel). *S. chrysantha* Mart. et Gal., llamada *salvia serrana* en Oaxaca, de flores amarillas, dispuestas en racimos lanosos; prospera en Oaxaca, Puebla, Guerrero y Chiapas.

Reciben el mismo nombre algunas plantas de diferentes géneros: *Buddleia scordioides* H.B.K., de la familia de las loganiáceas (Durango); *B. wrightii* Rob. (Sinaloa); *Hyptis albida* H.B.K., de la familia de las labiadas (Sinaloa, Jalisco y Aguascalientes); *H. emoryi* Torr. (Sonora y Baja California); *H. seemanni* A. Gray (Sinaloa); *Lippia berlandieri* Schauer, de la familia de las verbenáceas (Puebla); y *Calea urticifolia* (Mill.) DC., de la familia de las compuestas, llamada *salvia de la sierra* (Sinaloa).

Además de *S. leucantha*, el pueblo usa varias plantas con el nombre de salvia: *Hyptis albida*, denominada en Guerrero *salvia real*, y en Sinaloa *orégano*, cuyas hojas se usan para combatir los dolores reumáticos y algunas enfermedades de los oídos; *H. laniflora* Benth., de Baja California, y *H. rhytidea* Benth, de Sinaloa, cuyas hojas se emplean, en cocimiento, como febrífugo; y *Lippia geminata* H.B.K., o *salvia betonica*, que se encuentra desde Sinaloa hasta Tamaulipas y en Veracruz y Oaxaca, que se usa contra los resfriados y como sudorífico, antiespasmódico, estomáquico y emenagogo.

SÁMANO, JUAN DE, n. en Santa Gadea, Rioja, Provincia de La Montaña, España, de familia noble, ignorándose el año. Un primo suyo fue el secretario del Rey de España. Se ignora asimismo cuándo y donde falleció. Luchó en España, al servicio de los monarcas, en contra de los comuneros y de los franceses. Pasó a Nueva España en 1522, con Francisco de Garay. Peleó al lado de Cortés en la expedición de las Hibueras, y de Nuño de Guzmán en el occidente y noroeste del país (Nueva Galicia), como capitán y factor de la hueste. Fue escribano mayor, regidor y alcalde de la Ciudad de México, y contador real. Escribió: *Relación de la Conquista de los Teules chichimecas*, publicada por Joaquín García Icazbalceta en *Colección de Documentos para la Historia de México* (3 vols., 1858-1866). Se volvió a reproducir en *Crónicas de la Conquista del Reino de Nueva Galicia* (Guadalajara, 1960) y *Crónicas de la Conquista del Reino de Nueva Galicia en territorio de la Nueva España* (Guadalajara, 1963).

SAN CRISTÓBAL DE LAS CASAS. Ciudad del Estado de Chiapas, está situada a los 16°33' de latitud, 92°38'17'' de longitud oeste y a 2,125 metros de altitud. Se encuentra en un valle de 72 kilómetros cuadrados, casi en el centro del Estado, a una distancia de 400 kilómetros de Guatemala, Campeche y Oaxaca, e igualmente equidistante de Salina Cruz, Frontera y Tapachula. De clima templado regular, tiene una temperatura promedio de

30

Vista parcial de San Cristóbal de Las Casas

15.8° y una precipitación anual de 1,622 milímetros. En torno al valle de San Cristóbal destacan, al
noroeste, el Tzontehuitz (2,858 metros de altura);
al norte de éste, las cumbres de Moshviquil (Onis,
Zaclamantón y Milpoleta); al oriente, las elevaciones de Chupajtic, La Quinta, Guadalupe, Santa
Cruz y Salsipuedes; al sur, las del Sumidero y la
Cebadilla; y al oeste, el cerro Huitepec (2,717) y
los de la Ventana, entre el anterior y las formaciones de Moshviquil, que llegan hasta cerca de Chamula. Dentro del valle nacen y corren 12 manantiales, entre ellos Peje de Oro y La Almolonga, cuyas
aguas han sido captadas y entubadas para surtir a la
ciudad. Por el noroeste llega el arroyo de Chamula
y por el noreste el Río Amarillo. Este, cuyo nombre alude al color de las tierras que arrastra, nace
en la laguna de Suncuzuyul (Tzajomzuyul para los
chamulas), recibe los torrentes que descienden del
Tzontehuitz, penetra en la cueva de Altamira, recorre una galería subterránea, entra al valle por la
cueva del Salvaje (a inmediaciones de Las Piedreci-
tas), corre de este a oeste hasta el puente de Mexicanos, tuerce hacia el sur, pasa bajo el puente Utrilla y la Carretera Panamericana, se precipita en el
depósito natural de Santa Rosa y otros sumideros,
sigue por un conducto subterráneo a lo largo de 24

kilómetros, brota en terrenos de la finca Chacam-
póm, se une al San Lucas, con cuyos caudales forma el río Frío, y más adelante vierte al Grande de
Chiapa, con destino al Golfo de México.

Historia. La entrada de Luis Marín a Chiapas
(1524) provocó la sublevación de los soctones y
ésta la expedición de Diego de Mazariegos, al
frente de 150 soldados españoles y algunos indígenas mexicanos y tlaxcaltecas. Vencidos los aborígenes, el capitán fundó Chiapa de los Indios, ascendió
al valle y el 31 de marzo de 1528 declaró establecida la Villa Real de San Cristóbal. En el acta correspondiente, levantada ante el escribano Jerónimo de Cáceres, firmaron como testigos Juan de
Orduña, Juan de Porras, Alonso de Estrada, Pedro
de Orozco, Pedro de Estrada y Francisco de Lintor-
ne. El lugar se escogió "por ser la tierra fría" y
haber en ella "río e fuente de muy buena agua, e
prados, e pastos e aires", según el parecer del médico Gerónimo Almanza, y no seguirse "ningún perjuicio a los naturales".

Se trazaron los sitios para la plaza principal, la
picota (al centro), la iglesia de la Anunciación (en
el costado norte), las Casas Consistoriales (en el
poniente) y los solares para unos 55 conquistadores. La horca se puso en un cerro (el de Guadalu-

31

Templos de los barrios: Santa Lucía, El Cerrillo y La Asunción (Mexicanos)

pe), al oriente. Fuera de la puebla española, al norte, quedó El Barrio, destinado a los indios aliados, aunque más tarde, a causa de una inundación, los aztecas pasaron a la margen izquierda del río Amarillo y se formaron así, corriente de por medio, los barrios de Mexicanos y de Tlaxcala. Por razones de seguridad, se reservó un espacio de 650 metros de largo entre estas localidades y la villa. Las primeras calles se llamaron del Sol, de la Luna, de la Fuente, Comitán, Santiago, del Río, de Cinacantlán, del Peñol, de la Carrera, de la Laguna, de la Ciénega. A mediados del siglo XVI, al oriente del convento de Santo Domingo, se formó el Barrio del Cerrillo con los esclavos manumitidos por el juez Gonzalo Hidalgo de Montemayor, en cumplimiento de una orden de la Audiencia de los Confines. El 9 de enero de 1555 fray Tomás Casillas pidió al Cabildo una extensión de los terrenos del monasterio, pues aquellos indios debían ser doctrinados. Otros tres barrios aparecieron en virtud de la inmigración de grupos indígenas: San Diego, de zapotecas; San Antonio, de mixtecas; y Cuxtitali, de quichés, aquéllos al sur de la traza y éste al oriente. Mazariegos prohibió que se tomaran hojas de maíz de las sementeras de los indios y autorizó a éstos a disponer de los cerdos que causaran perjuicios en sus sembradíos; y el 16 de noviembre de 1537 el Cabildo dispuso "que los naturales libremente pueden comprar y vender, tratar y contratar entre sí y con los españoles, y que sus amos o encomenderos no se los impidan". Con Mazariegos llegaron a Villa Real los sacerdotes Pedro González y Pedro Castellanos.

Aquél fue el primer cura, seguido en julio de 1532 por éste, según título que le expidió Pedro de Alvarado. En enero de 1533 el Cabildo ordenó que los vecinos que tuvieran indios los enviaran a trabajar en la obra de la iglesia los domingos y días festivos, a disposición del mayordomo Pedro de Estrada, de suerte que cuando en 1535 visitó la parroquia el clérigo Juan Reboyo, enviado por el obispo Garcés de Tlaxcala, a cuya jurisdicción pertenecía, pudo informar que los ornamentos de la iglesia de la Anunciación "no eran pocos ni deslucidos". En 1538 los vecinos españoles dieron $100 para que se hiciera una custodia y otra cantidad igual para la compra en México de unas campanas pequeñas.

Juan Méndez de Sotomayor informó al rey de España los pormenores de la conquista de Chiapas y le solicitó, en premio de los trabajos que ahí pasaron los fundadores de la villa, que le señalara armas a ésta; y el 1º de marzo de 1535 Carlos I le otorgó un escudo en el que aparecen: al centro, un río al fondo de dos escarpaduras; encima de una de éstas, a la derecha, un castillo de oro y un león rampante; y de la otra, a la izquierda, una palma verde con su fruta y otro león, en memoria de San Cristóbal, todo en campo colorado. Esta divisa se puso en el estandarte que se sacaba a la calle el 1º de julio, día dedicado a aquel santo. Al año siguiente la Corona le otorgó el título de Ciudad Real, con todas las preminencias, prerrogativas e inmunidades correspondientes a ese rango. Y el 19 de marzo de 1539 el Papa Paulo III, por bula *Inter multiplices*, erigió la Diócesis de Chiapas, con sede en San Cris-

31

Templos de los barrios: San Ramón, San Felipe y Cuxtitali

tóbal. La disposición pontificia fue ejecutada desde Sevilla por el obispo electo fray Juan de Arteaga y Avendaño, el 15 de enero de 1541; pero muerto en Puebla el 8 de septiembre de ese año, antes de llegar a su catedral, ocurrió que el primer prelado efectivo fue el religioso dominico Bartolomé de las Casas. Este entró a la ciudad hacia febrero de 1545 y hasta 1551, en que renunció, trabajó infatigablemente en favor de los indios. v.CASAS, Fr. BARTOLOMÉ DE LAS; y NUEVAS LEYES. Chiapas quedó sujeta a Guatemala en lo administrativo, de suerte que Ciudad Real, capital de la provincia, recibió la influencia de aquella capitanía general, especialmente en costumbres y en arquitectura.

En 1712 estalló la Guerra de Castas. El alcalde mayor era Pedro Gutiérrez; y el obispo, Juan Bautista Alvarez de Toledo. Los indígenas tzentales de 32 pueblos, asentados al oriente de la ciudad, se sublevaron bajo el mando de Juan García, originario de Cancuc; sorprendieron a los vecinos de Chilón dentro del templo; con hachas, luques y macanas exterminaron a los fieles y a los sacerdotes; a unos los arrojaron del campanario y los recibieron con las lanzas, hincadas en el suelo. De Guatemala se enviaron 100 hombres, dirigidos por Fernando Monge, que se situaron en Huistán, a 25 kilómetros de San Cristóbal; y de esta ciudad salió hacia el mismo punto Pedro Gutiérrez, al frente de 400, entre ellos una compañía de frailes dominicos. El combate, en los alrededores de aquel pueblo, fue arduo y sangriento. Monge salió de su fortificación y atacó la retaguardia indígena, mientras Gutiérrez

batía la vanguardia; cogidos a dos fuegos, los alzados se dieron a la fuga. El triunfo se atribuyó a la intervención de la Virgen de la Caridad, pues los prisioneros dijeron haber visto, parada en la torre del templo de San Nicolás, una señora de cuyas ropas salían balas y flechas hacia los escuadrones indígenas. Desde entonces la imagen tiene el grado de generala, indicado por el bastón que porta y por la banda que cruza su pecho. A fines de ese año renació la lucha, cuando llegaron 800 soldados al mando de Toribio de Cossío, capitán general de Guatemala. Juan García cayó prisionero en Cancuc y allí mismo fue juzgado y ahorcado.

En 1867 la pastora chamula Agustina Gómez Checheb encontró unas piedras de colores, las cuales llevó a su madre diciéndole que bajaron del cielo; ésta las entregó a Pedro Díaz Cuscat, fiscal del pueblo, quien propaló la versión de que los guijarros le hablaban, querían salir de la caja donde los guardaba y no la dejaban dormir. Poco después, en el paraje Tzajal-hemel, modeló una figura de barro que empezó a venerar como milagrosa; declaró santas a Agustina Gómez Checheb y a Manuela Pérez Jolcogtom, en cuyo honor se quemaba incienso; declaró que Jesucristo sólo protegía a los blancos (ladinos) y que los chamulas deberían tener un Cristo propio; y el viernes santo de 1868, en presencia de varios miles de indígenas, él y las santas crucificaron al niño Domingo Gómez Checheb. Algunos bebieron la sangre del sacrificado, cuando resbalaba por el madero de la cruz, mientras otros cantaban o ejecutaban bailes guerreros. Cuscat y las

31

Santo Domingo: fachada principal e interior de la nave

santas viajaron al pueblo Ixtapa; hechos prisioneros, se les remitió a San Cristóbal. Entonces el profesor Ignacio Fernández de Galindo y su esposa, en compañía del joven Benigno Trejo, fueron a Tzajal-hemel a conversar con la mujer de Cuscat; le dijeron que Ignacio era un enviado de Dios; su esposa, un ángel; Trejo, San Bartolomé; y la misión de los tres, salvar a Pedro Díaz Cuscat y a las santas. Galindo impartió instrucción militar a los chamulas, hizo asesinar a unos ladinos que fueron con el propósito de recoger los ídolos y el 17 de junio de 1869 se presentó ante San Cristóbal, al frente de 13 mil indios armados, para exigir la libertad de los tres prisioneros. Las autoridades consiguieron que él, su esposa y Trejo se quedaron como rehenes, a cambio de la excarcelación de Díaz Cuscat y las mujeres. El día 20, sin embargo, volvieron los indios y el 21, procedente de Chiapa, se presentó el gobernador del Estado, coronel Pantaleón Domínguez, con 500 soldados, se negó a transigir y se rompieron las hostilidades. Las fuerzas de Díaz Cuscat emprendieron la destrucción de los barrios. El 26, en la plaza principal, fueron fusilados Galindo y Trejo. El asedio se prolongó varios meses, pero al fin los defensores, con el auxilio de otros pueblos de la entidad, lograron alejar a los atacantes y luego diezmarlos en sus propias rancherías. A esta sublevación también se le ha llamado Guerra de Castas. v.CHIAPAS, ESTADO DE.

Edificios coloniales. El templo de Santo Domingo, al norte de la ciudad, junto a la Alameda Utrilla, es obra del siglo XVII. De la primitiva iglesia del XVI y de su convento, poco o nada queda. Se sabe que el obispo Marroquín puso la primera piedra en 1547, aunque la construcción debió haber sido pobre en extremo, por cuya causa fue sustituida. La fachada que ha perdurado es toda de argamasa y la más grande en su tipo que hay en el país. De estilo barroco salomónico, tiene 9 nichos con imágenes de santos: Vicente Ferrer y Jacinto de Polonia, en el primer cuerpo; Alberto Magno, Domingo de Guzmán y Tomás de Aquino, en el segundo; Catalina de Siena, la Virgen del Rosario y Rosa de Lima, en el tercero; y encima del arco de entrada, aunque bastante destruida, San Francisco. Entre los relieves, destacan: a ambos lados de la ventana de coro, sendas custodias y ángeles portando incensarios; flanqueando a Santo Domingo, las águilas bicéfalas de los Habsburgo; en el remate de la fachada, el escudo dominico, rodeado por las cuentas de un rosario de cuatro misterios; y abajo de la cornisa del tercer cuerpo, dos sirenas recostadas hacia su lado derecho. Los apoyos son columnas pareadas, salomónicas, con adornos vegetales o estrías. Las torres, ochavadas, alojan minúsculas esculturas en los espacios intercolumnios. De planta de cruz latina, el templo lleva techumbre de bóveda de cañón corrido y una cúpula de 14 metros de diámetro; y en el interior, los muros están cubiertos por retablos dorados; sobresalen un San Antonio estofado, con ojos de vidrio; en el lado opuesto, la escultura de San José y el Niño; las pinturas de *San Pedro Nolasco, San Raymundo de Peñafort, Santa Rosa* y *La aparición de Cristo a Santa Cata-*

32

Santo Domingo: púlpito

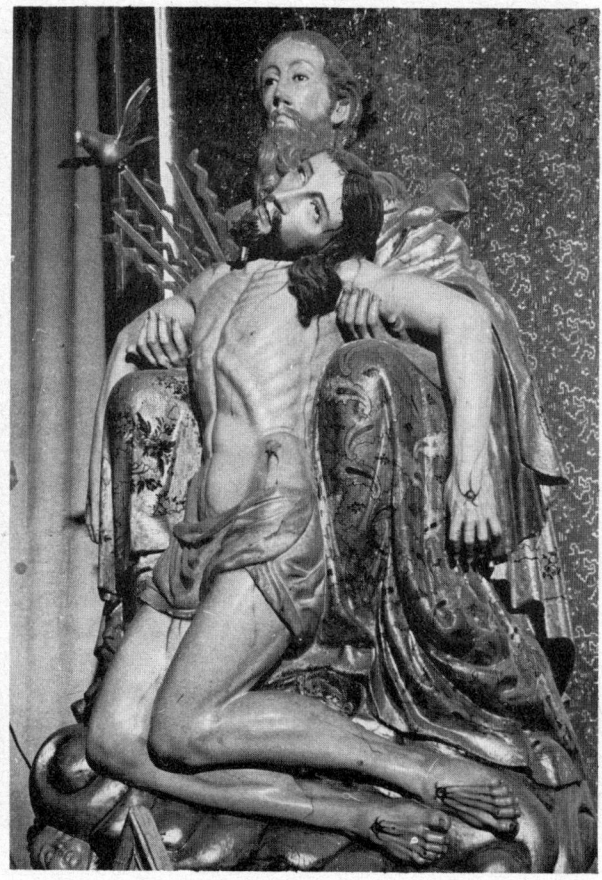

32

Santo Domingo: Santísima Trinidad

lina. El púlpito, considerado el mejor de América, tiene 10 tableros y está todo labrado y dorado, incluyendo el tornavoz. La Capilla del Rosario, en el brazo derecho de la nave, luce el retablo de la Pasión del Señor, con los cuadros de *La Ascensión, Jesucristo atado a la columna, La Flagelación, La lanzada de Longino* y *La Virgen entregando el rosario a Santo Domingo*; y al fondo, las imágenes de bulto de Santa Catalina de Siena y la Virgen del Rosario con el niño Dios dormido en sus brazos. En el retablo del Señor de la Buena Esperanza, a la izquierda de la capilla, las columnas llevan un fondo negro sobre el que realza, en contraste, el oro que cubre la talla, o bien están decoradas a la inversa. La cúpula ostenta en las pechinas a cuatro papas dominicos: Pedro de Tarantasia o Inocencio V (1276), Nicolás Bocaccino o Benedicto XI (1303-1304), Miguel Ghislei o Pío V (1566-1572) y Francisco Pedro Orsini o Benedicto XIII (1724-1730). Pero acaso la mejor obra que guarda el templo dominico sea la escultura de La Santísima Trinidad, de una sola pieza, ejemplo de la imaginería barroca.

El templo de la Caridad, situado a inmediacio-

nes de Santo Domingo, fue construido a principios del siglo XVIII para agradecer a la Virgen su milagrosa intervención en la guerra de 1712. La imagen que la representa es una magnífica talla entera, ricamente estofada, a cuyos pies solían depositar los generales, hasta bien entrado el siglo XIX, su "sombrero al dos", o sea el bicornio que correspondía a su rango. El retablo que conserva es de madera tallada y dorada con apoyos helicoidales. En una capilla se encuentra el Señor del Sótano, muy venerado por los descendientes de los fundadores de la ciudad; a los lados del altar principal, dos sofás forrados de piel, decorados con pintura e insignias reales; y en una sala intermedia, una noble mesa redonda para poner los vasos sagrados y tres tablillas con indulgencias grabadas.

El templo del Carmen es de fines del siglo XVI, aunque tiene al oriente una torre mudéjar, construida en 1677, y su fachada, con estípites de líneas curvas, terminada en una espadaña de tres claros, lleva la fecha de 1764. La nave tiene una singular planta en forma de L, de modo que en el único brazo del crucero se aloja una capilla tapizada con labores de madera y techada con un alfarje.

265

El Carmen: torre mudéjar   *San Francisco: retablo principal*

Allí se conservan la escultura de San Sebastián, notable por su fuerza dramática y la perfección anatómica del desnudo; la talla de Santa Ana y la Virgen Niña, en el nicho superior del retablo; la pintura de la Virgen del Rosario y una serie de lienzos sobre la Pasión (1762). La torre mudéjar comunica la plaza de la ciudad con la portería del convento, soportada en arcos "para que debajo quede paso".

El templo de San Francisco, construido en el siglo XVII, es de una sola nave; el retablo principal, de estilo churrigueresco, tiene 14 imágenes al óleo y 3 esculturas; y los laterales, las tallas de bulto de la Virgen de la Asunción (estofado del siglo XVI), San Juan Nepomuceno, San Salvador de Orta y San José.

La Catedral, según Salvador Toscano, "está concebida dentro de la modalidad barroca poco desenvuelta del siglo XVII: columnas ornamentales, nichos con santos en los intercolumnios y remate central sobre los dos cuerpos (dórico y jónico) de la fachada". La techumbre es un alfarje. En el interior y al fondo, se encuentran 3 retablos ornados con esculturas y pinturas; el de la izquierda (Altar del Perdón) tiene lienzos de Juan Correa y es salo-

mónico, al igual que el opuesto, de San José, mientras el central (de los Reyes) lleva pilastras estípites. En éste, arriba, hay una imagen estofada de San Cristóbal; y abajo, La Ascensión, de talla entera; las pinturas son obra del sancristobalense Eusebio de Aguilar (principios del siglo XVIII).

El retablo de San José ha sido reproducido en *Mexico in Sculpture 1521-1821*, por Elizabeth Wilder Weisman. Aislado, se conserva un cuadro anónimo de la Virgen de la Merced, con traje y fondo de hilos de plata. El púlpito, obra maestra de talla, se apoya sobre un águila con las alas abiertas, a su vez sostenida por una figura humana. En la sacristía se guardan una *Magdalena* pintada por Cabrera, un crucifijo de autor desconocido y muebles y ornamentos muy ricos; y en la sala capitular, la colección de retratos de los obispos.

La iglesia de San Nicolás (1618), adyacente a la Catedral, contiene una escultura del señor de las Misericordias; un cuadro de San Onofre, en la sacristía; y en los lados de la puerta, los lienzos *La Ultima Cena* y *La Matanza de los Santos Inocentes*, atribuidos al indígena Andrés Mazariegos. Anexo a la iglesia de La Merced existe un salón que tiene un arco de espesor desmesurado, sostenido por una columna salomónica al parecer innecesaria, con dos leones en la base, de cuyas fauces surgen fajas helicoidales de argamasa policromada, el sol, la luna, frutos, flores, rostros con penachos de plumas y águilas bicéfalas, todo de mano indígena. La ciudad tiene en total 17 iglesias; la de San Cristóbal en una loma, la de Guadalupe en el cerro de su nombre y las demás en el valle.

En la esquina sureste de la Plaza principal se encuentra la Casa de la Sirena, de estilo plateresco; construida hacia 1555, tiene fachada de piedra con casetones y portada de dos cuerpos, con columnas a los lados, superpuestas, separadas del muro; los capiteles de las superiores llevan figuras de leones puestos de frente; el dintel y las jambas de la ventana que va en lo alto de la fachada están decorados con arabescos; a los lados de ese vano se labraron dos águilas bicéfalas, enmarcadas por columnas candelabro; arriba de la puerta aparece un yelmo, ya desprovisto de atributos heráldicos; en una ventana lateral se representaron dos mujeres serpiente; y en el ángulo del edificio, la ninfa marina que le da nombre. En la calle paralela, hacia el poniente, se conserva otra casa del siglo XVI, con portada de piedra, en cuyas jambas se esculpieron flores de 8 pétalos y cruces de 4 aspas iguales.

En el siglo XIX y principios del XX, el ingeniero sancristobalense Carlos Z. Flores realizó en la ciudad algunas obras conforme a los modelos de Vig-

nola: sustituyó las pilastras antiguas de la Catedral por enormes columnas corintias; reconstruyó el Palacio Municipal y diseñó su propia residencia (hoy Escuela Normal La Enseñanza), una casa frente a San Francisco y la Escuela de Derecho. En estas dos últimas reprodujo las ventanas de la finca de campo y el Palacio Caprarola del Papa Julio III. Estos modelos fueron copiados, a su vez, por los albañiles.

La mayoría de las casas de San Cristóbal tienen aleros de teja; éstos consisten en vigas (tirantes) que descansan sobre los muros, sobresalen 60 centímetros en ángulo recto y reciben el "enreglado" de la techumbre. La extremidad visible de los tirantes presenta perfiles decorativos, de los cuales se han llegado a contar hasta 30 diferentes. Entre las piezas de arte que se han perdido se recuerda la Granada de Plata que regaló fray José Vital de Moctezuma y Tobar a la sede del obispo, a mediados del siglo XVIII; hecha por el artista sancristobalense Norberto Ballinas Farfán, pesaba 144 kilogramos y representaba una flor cuyos pétalos medían 1.40 metros de alto por 0.30 de ancho; se abría por medio de un mecanismo para exponer al Santísimo y descansaba sobre un pedestal cubierto con planchas también de plata. Se perdió en 1914, cuando por la fuerza la recogieron, seguramente para fundirla, los primeros constitucionalistas que llegaron a San Cristóbal.

Los barrios, en su mayoría, tienen la caracterís-

32

Catedral de San Cristóbal de Las Casas; escultura de San José y el Niño

31   32

Calle que conduce al templo de San Cristóbal Mártir; portada del siglo XVI

tica de que sus habitantes se dedican al mismo trabajo: de Mexicanos, a fabricar telas para enaguas; el Cerrillo, a la herrería, incluyendo pistolas y rifles de tipo antiguo; Cuxtitali, a la matanza de ganado porcino y a la venta de carne y grasa; Guadalupe, a la manufactura de juguetes; San Diego, a la arriería; Santa Lucía, a la construcción; San Antonio, a la pirotecnia; La Merced, a la producción de velas y dulces; y San Ramón, a la alfarería y a la explotación del ganado caprino y ovino. Carpinteros hay en toda la ciudad, algunos muy hábiles. La industria textil está representada por las fábricas San Cristóbal (200 obreros y maquinaria nueva) y La Segoviana. Esta reproduce en sus telas algunos motivos prehispánicos y mudéjares del siglo XVI. Se elaboran también jamones, embutidos y dulces, entre ellos el Chimbo, que se exporta hasta Panamá.

Educación y cultura. La enseñanza se inció en 1539, cuando las autoridades locales ordenaron a los encomenderos que impartieran la doctrina cristiana a los niños indígenas. En 1548 los frailes dominicos ya tenían una pequeña escuela. En 1670 María Alvarado viuda de Pérez donó la hacienda de Cacagüetal, en la provincia de los zoques, para que en ella se fundara el Colegio de los Padres Jesuitas, inaugurado en 1676; tenía la propiedad 70 mil árboles de cacao, 14 viviendas para mozos, 10 esclavos y la ermita de Nuestra Señora del Rosario, con su sacristía y ornamentos. El 19 de mayo de 1678 el obispo Marcos Bravo de la Cerna y Manrique fundó el Seminario de la Concepción de Ciudad Real, al cual cedió su palacio episcopal y su biblio-

teca; y a fines del siglo XVIII el obispo Francisco Javier de Olivares creó una escuela de primeras letras. Consumada la Independencia, el Congreso Constituyente, por decreto Núm. 59 del 8 de febrero de 1826, instituyó la Universidad Nacional del Estado Libre de las Chiapas, dándole por patrón y abogado a San Agustín. Continuación del Seminario, mantuvo las cátedras que se impartían en éste y en los conventos dominico y franciscano: mínimos y menores, medianos y mayores, filosofía, teología, moral, sagrada escritura, prima de cánones y de leyes, vísperas de derecho, medicina y cirugía.

Por decreto del 18 de marzo de 1828, el Congreso, de acuerdo con fray Matías de Córdova, dispuso la creación de la Escuela Normal de Enseñanza Primaria, la más temprana en América, conforme al método inventado por ese religioso. Se invitó a cada partido (distrito) para que enviase a ese plantel de 2 a 5 personas instruidas, las cuales serían becadas y más tarde nombradas profesores. A la inauguración, el 18 de mayo siguiente, asistieron las autoridades eclesiásticas y José Diego Lara, primer gobernador del Estado. En 1871, a iniciativa del obispo Germán A. Villalvaso, se abrió un colegio para niñas; y el 21 de septiembre de 1892, el Josefino de Santa María de Guadalupe, también para mujeres, patrocinado por Magdalena Ballesteros. En el curso del siglo XX se han establecido: el Colegio de Nuestra Señora de Guadalupe, de los Hermanos Maristas, bajo la protección del obispo Francisco Orozco y Jiménez (1903); el Liceo de Chiapas, promovido por Sóstenes Esponda (1904);

31

Palacio Episcopal y antiguo convento de San Agustín, hoy Facultad de Leyes

la escuela del maestro José María Santiago; la escuela normal La Enseñanza (agosto de 1915); la primaria José María Santiago y el Liceo Modelo, secundaria; la Escuela Prevocacional e Industrial, hoy Tecnológica, Industrial y Comercial Núm.28 (29 de abril de 1935); la Secundaria y Preparatoria José María Morelos y Pavón; la Normal Nocturna Lic. Manuel Larrainzar y la Escuela de Derecho de Chiapas.

La primera imprenta llegó a Chiapas en 1826, procedente de Guatemala y con destino a San Cristóbal. En esta ciudad se imprimió el periódico *El para-rayo*. Aparte las bibliotecas del Seminario Conciliar, la Municipal y la fray Bartolomé de Las Casas, tienen acervos bibliográficos el profesor Prudencio Moscoso Pastrana y las escuelas de Derecho de Chiapas, CECyT Núm. 28, Secundaria José María Morelos y Preparatoria Eduardo Seler. El Museo Na-Bolon, especializado en la cultura maya y fundado por el arqueólogo Frans Blom, está administrado por su viuda, Gertrudy Duby. La Sala Chiapas cuenta con antigüedades prehispánicas y de la Colonia, entre ellas el mecanismo con que se movía la Granada de Plata de la Catedral.

Servicios. Pasa por San Cristóbal la Carretera Panamericana, que comunica la Ciudad de México con América Central. El 12 de marzo de 1970 se inauguró la de San Cristóbal a Ocosingo y Yajalón, que une la capital con el oriente del Estado. Otra ruta llega hasta Palenque y varios ramales enlazan los poblados de Chamula, Zinacantan, San Andrés, Chenalhó, Mitontic, Pantelhó, Tenejapa, Huistán,

Amatenango y Aguacatenango. Hay registrados 700 automóviles, 552 camiones de carga y 11 autobuses. Los indígenas tienen 110 unidades que hacen el servicio regular a sus pueblos. El mercado tiene 460 puestos (carnicerías, granos, frutas, legumbres, quesos, dulces, telas) a donde concurren chamulas, zinacantecos, pedranos, migueleros, huixtecos, amatenangueros, aguacatenangueros, chenaleros y cancuqueros, unos de origen tzotzil y otros tzeltal; sus trajes, calzado y sombreros son diferentes. La calle Real de Guadalupe mide 1,175 metros de longitud y va del Parque Central a la Plazuela de Guadalupe; hay en ella 96 comercios de artículos de fabricación indígena. Todos los días cientos de aborígenes realizan allí sus compras o venden sus productos: sal de Ixtapa, flores, carbón y leña; "gruesas" de algodón (chamarras), canastas, cántaros, tinajas, metates, suelas de piel, sillas, mesas, lajas, tejamanil, madera labrada con hacha, tejidos, violines, guitarras y sombreros; borregos, cerdos, aves de corral, huevos, miel y, en época de lluvia, gran variedad de hongos.

Funciona en la ciudad el Instituto Mexicano de Oftalmología Tropical, dedicado a la investigación de la oncocercosis y el tracoma. Prestan servicios generales 3 hospitales, un asilo de ancianos, el IMSS, el ISSSTE, 2 sanatorios particulares y la Cruz Roja. Radica también en San Cristóbal el Programa de Desarrollo Socioeconómico de Los Altos de Chiapas (PRODESCH), que actúa en 21 municipios donde viven 280 mil indígenas.

Obras públicas. En el remoto pasado existió en

el valle un gran lago que tocaba las serranías del norte y el sur, y cuya profundidad sería de 100 metros, según lo sugieren los caracoles petrificados. Consumidos a través de los siglos, quedaron como indicios de su existencia las salinas naturales (sumideros) del extremo meridional. Las aguas, en proceso de extinción, originaron primero los pantanos y más tarde la tierra firme, surcada por algunos arroyos y cubierta de zacate pajón (*Epicampes macroura* Benth). Esta especie se llama *jovel* en tzotzil y *hueyzacatlan* en náhuatl, nombres que se aplicaron al propio valle. Cuando los 17 sumideros se han azolvado parcialmente, ocurren inundaciones, como las de 1921, 1932 y 1973. Esta última se inició la tarde del 19 de agosto al concurrir las aguas del río Amarillo, los arroyos de Chamula, Fogótico y San Felipe, y los manantiales. El día 23 comenzaron a evacuarse los barrios de San Ramón, La Merced, San Diego, Santa Lucía, Mexicanos y Tlaxcala; unas 800 familias afectadas fueron instaladas en albergues y por varias calles de la población circulaban canoas. El 3 de septiembre llegó a San Cristóbal el licenciado Luis Echeverría, Presidente de la República, quien dispuso que una vez pasada la emergencia se abriera un túnel de 5 kilómetros de longitud, a través de la montaña, para evitar todo riesgo semejante en el futuro. La ciudad tiene casi todas sus calles pavimentadas. Al sur se han construido unidades deportivas y al norte un nuevo mercado y el rastro.

San Cristóbal de Las Casas fue capital del Estado de Chiapas hasta 1892, en que siendo gobernador el licenciado Emilio Rabasa, se trasladaron los poderes a la ciudad de Tuxtla Gutiérrez.

Personas notables. Han nacido en San Cristóbal: José Felipe Flores (mediados del siglo XVIII), médico de cámara del rey de España, primero en aplicar la vacuna contra la viruela de brazo a brazo e inventor de figuras de cera para el estudio de la anatomía. Manuel Larrainzar, abogado diplomático e historiador, escribió 20 libros, entre ellos *Estudios sobre la historia de América, sus ruinas y antigüedades, comparadas con lo más notable que se conoce del otro Continente en los tiempos más remotos, y sobre el origen de sus habitantes*; fue ministro ante el gobierno de Washington (1852) y logró contener las ambiciones norteamericanas sobre el Istmo de Tehuantepec. Mariano N. Ruiz, autor de *La dentadura natural y artificial; manera de conservarla y de repararla; opúsculo dedicado a la instrucción del pueblo* (1894), *Nueva teoría cósmica, La afinación del piano por el sistema de las pulsaciones. Nuevo método para afinar el piano,*

órgano y armonium según las leyes del temperamento, y *Errores económicos del socialismo*. Mariano Aguilar (1828-1883), abogado, catedrático y gobernador del Estado. Antero Ballinas (m. en 1860), republicano centralista. Timoteo Flores Ruiz (m. en 1941), abogado, orador y político, autor de *La Guerra de Castas en 1869*. Francisco Guillén (m. en 1854), abogado, escribió un folleto sobre la tolerancia de cultos. Federico Larrainzar, ministro en Guatemala y Alemania, y autor de *La revolución en Chiapas* (1878). Jesús Martínez Rojas (m. en 1923), abogado, notario, director de la Escuela Regional Preparatoria, dirigió varios periódicos locales y fue diputado federal. Manuel María Mijangos (m. en 1928), abogado, agrimensor y catedrático. Felipe Navarro, fraile franciscano, rector de la Universidad de Chiapas y autor, junto con Eugenio Royo, del *Dictamen sobre el misterio de la Inmaculada Concepción de María Santísima* (1852). Flavio Antonio Paniagua (m. en 1911), abogado, notario y educador, escribió varias novelas históricas: *Una rosa y dos espinas, La cruz de San Andrés, Lágrimas del corazón* y *Florinda*; y *Documentos y datos para un Diccionario histórico y geográfico de Chiapas*. José Joaquín Peña (m. en 1918), abogado profesor y periodista. Emeterio Pineda (m. en 1850), abogado, autor de *Chiapas y Soconusco*. Vicente Pineda (m. en 1865), poeta, cuyas composiciones se publicaron en *El Espíritu del Siglo*, periódico del gobierno de Chiapas. Joaquín M. Ramírez (m. en 1903), director de escuela y juez de Distrito. Juan José Ramírez (m. en 1903), juez de Distrito, promotor fiscal y secretario general de Gobierno durante 6 períodos. Clemente Francisco Robles (m. en 1905), abogado. Mariano Robles (m. en 1832), diputado por Chiapas a las Cortes de Cadiz (1812); propuso a esa asamblea: establecer en Ciudad Real una diputación provincial y una Universidad, dotar al Seminario con 12 becas para estudiantes indígenas, construir un canal a través del Istmo de Tehuantepec y encargar a los mercedarios calzados de Guatemala la conversión de los lacandones; estuvo después encargado de todos los negocios eclesiásticos (1818) y fue varias veces diputado local y federal. Manuel José de Rojas, primer gobernador de Chiapas después de su federación a México (del 23 de enero de 1825 al 17 de abril de 1826), quien creó la Universidad, abrió un camino a Tabasco, compró la primera imprenta, mandó reconocer el Río Jataté y arregló los puentes. Nicolás Ruiz (m. en 1878), artesano que llegó a coronel y a gobernador. *P.M.P.*

SAN CRISTÓBAL DE LAS CASAS, DIÓCESIS DE. El primer contacto de la Iglesia con los aborígenes fue por medio de fray Juan Varillas, religioso mercedario que llegó con Luis Marín en 1524, como capellán de sus tropas. Con buenas razones trató de apaciguar a los chamulas levantados en armas, sin conseguirlo. No se conoce otra actividad suya. Con Diego de Mazariegos, el conquistador y fundador de la Villarreal de San Cristóbal (nombre primitivo de la población), y de la primera iglesia que hubo en Chiapas, vinieron dos sacerdotes seculares, Pedro Castellanos y Pedro González. Fundada la Villarreal, ambos ejercieron sucesivamente la cura de almas en esta primera parroquia de Nuestra Señora de la Anunciación; pero su trabajo fue sólo en favor de los habitantes de la cabecera, y a nadie satisfizo. Desde 1532 el territorio entró en la jurisdicción del obispado de Tlaxcala (hoy Puebla), y su primer obispo, fray Julián Garcés, envió en calidad de visitador al clérigo Juan Revollo, quien en 1535 sustituyó a los anteriores como párroco. Dos años después el Obispo de Guatemala, Francisco Marroquín, a cuya jurisdicción la provincia había sido agregada el año anterior, llevó dos religiosos mercedarios, Pedro Barrientos y Pedro Benítez de Lugo, quienes se ocuparon en los asuntos de su instituto. No tuvieron parroquia; pero a la llegada de los dominicos en 1545, el superior fray Alonso de Vitoria se autonombraba párroco sin título canónico. En 1540 Marroquín visitó varios pueblos en compañía del adelantado Francisco Montejo, entonces gobernador de Chiapa, proveyendo ambos, con gran prudencia, el bien común en todos los órdenes, y por tanto a la conveniente distribución de los clérigos, escasísimos entonces, a fin de que, en lo posible, los pueblos contaran con servicio espiritual. Infelizmente hubo de suspenderse esa visita, en todos sentidos fructuosa, por la catástrofe de Ciudad Vieja en Guatemala, que sepultó en su ruina a Beatriz de Alvarado, sucesora de su marido en el gobierno de aquel país.

Siglo XVI. En 1539, a 19 de marzo, Paulo III creó la diócesis de Chiapa, y su primer obispo fray Juan de Arteaga, hizo la erección canónica desde Sevilla, el 23 de abril de 1541, y nombró los primeros canónigos, Santiago Gómez maestrescuela, que actuó como notario en el acto de la erección, y los capitulares Gil Quintana y Juan Perera. Juntos emprendieron el viaje. El obispo murió en el camino antes de llegar a su diócesis. Los canónigos se encargaron de la catedral; pero los únicos beneficiarios de sus servicios fueron los españoles de la ciudad, que ya lo era desde 1536, y de nuevo el Papa le otorgó el título en su calidad de sede episcopal. En 1543 el maestrescuela murió y lo sucedió en el cargo de Quintana, que luego ascendió a deán. Quien entonces atendía la parroquia era el clérigo Galiano. Fray Bartolomé de las Casas, inmediato sucesor de Arteaga, llevó consigo 44 religiosos de su Orden; pero 4 se quedaron en la Española y en Boriquen (Puerto Rico), con ánimo de regresar a su patria. Nueve perecieron en un naufragio cerca de Champotón. He aquí sus nombres: Agustín Hinojosa, Jerónimo de Ciudad Rodrigo, Dionisio Bertabillo, Alonso Villasante, Miguel Duarte, Martín de la Fuente, Felipe del Castillo, Pedro de los Reyes y Juan Carrión. De 10 que se habían embarcado, sólo uno salvó la vida y fue gran apóstol, fray Francisco de Quezada. A los 29 restantes se unió fray Domingo de Medinilla, también dominico, que ya estaba en Chiapas por tener familiares allí; pero regresó pronto a España, lo mismo que otros tres que no se sintieron con arrestos para sobrellevar las penalidades. Otro pasó a Oaxaca por disposición de los superiores, Pedro Calvo; dos fueron enviados a Tierra de Guerra, hoy Verapaz, Domingo de Ascona y Domingo de Vico, quien fue martirizado por los lacandones. Fray Rodrigo de Ladrada era el compañero inseparable de Las Casas en todas sus correrías. Los 22 que descargaron la conciencia de fray Bartolomé y la del rey, como solía decirse en ese tiempo, fueron Tomás Casillas, prudente y sabio superior de todo el grupo, más tarde Obispo de Chiapa; Domingo de Ara, anciano y enfermo, trabajador incansable, peritísimo en lengua chiapaneca, autor de un *Arte* de la misma (no es cierto que haya sido nombrado obispo, pero sí provincial, cargo que rehusó entre lágrimas), Tomás de S.Juan, Jerónimo de San Vicente, Vicente Núñez, Juan Guerrero, Cristóbal Pardavé, Jorge de León (muerto a pocos meses de su estancia en Copanaguastla), Pedro de la Cruz, Diego Hernández, Diego Calderón (diácono, el primero ordenado en esta diócesis y en esta ciudad), Pedro Mártir (lego meritísimo que llenaba todos los oficios con admirable abnegación), Jordán del Piamonte, Luis de Cuenca, Tomás de la Torre (cronista de la expedición, más tarde provincial), Vicente Ferrer, Alonso de Villalva, Francisco de Quezada, Francisco Piña, Alonso de Noreña (diácono que se ordenó en Zinacantan y cantó su primera misa al inaugurarse el monasterio de Villarreal; a la muerte de Casillas fue vicario capitular durante 7 años, pero no fue obispo), Juan Guerrero y Juan Díaz (lego). De éstos, fueron enviados a Soconusco, aunque entonces era administrado por Guatemala, los padres Cuenca, Cabrera,

Guerrero, Piña y Díaz. Todos enfermaron seriamente y Cuenca falleció al poco tiempo. Esto motivó que los restantes se pasaran a Quezaltenango por disposición superior. Con los demás se fundaron, en primer lugar, el convento de Ciudad Real, en 1546; el de Chiapa, donde habían estado provisionalmente, en 1547, lo mismo que el de Copanaguastla; el de Tecpatán, en 1554; y el de Comitán, en 1560 o algo después. El de Zinacantan no tuvo efecto. Así comenzó la evangelización. Cada uno de los conventos tenía una serie de visitas o doctrinas a su cargo, y las recorrían dos religiosos constantemente, para doctrinar y atender a todas las necesidades espirituales. Casi todos sabían la lengua del lugar, y cuando alguno la ignoraba, el compañero le servía de intérprete.

Además de los conventos dominicos, y del mercedario que ya existía desde 1537, en 1577 se tuvo también un convento franciscano. El obispo Casillas deseaba que los padres de San Francisco fueran a colaborar en la evangelización; y en tiempos del sucesor fray Pedro de Feria, los disidios y malquerencias de la sociedad contra los dominicos, que no absolvían a los esclavistas y encomenderos, propiciaron la llegada de los primeros franciscanos, Juan de los Reyes y un compañero. Los dominicos, con Vitoria, Montesinos, Soto y varios otros teólogos, estuvieron siempre firmes en la defensa de la libertad de los indios y de sus derechos humanos. Y los conquistadores pensaron que hallarían en otros religiosos la condescendencia anhelada para su proceder. Quizá tenían noticia de las diferencias de criterio entre Motolinía y fray Bartolomé. Para la fundación del convento franciscano, que se llamó de San Antonio, Luis Mazariegos, hijo del fundador de la ciudad y regidor perpetuo, cedió 6 solares. Allí construyeron su morada los menores y el templo de San Francisco, todavía existente, aunque totalmente renovado. El obispo les encomendó poco después la doctrina de Huitiupan, al norte de la Diócesis, y la de San Felipe, con los nacientes barrios de San Diego y San Antonio y el pueblo de Totolapan. Alguna vez administraron otras parroquias, pero en forma transitoria. Como las doctrinas y parroquias estuvieron casi todas en manos de religiosos, fue común en los pueblos llamar convento a la casa parroquial hasta principios del siglo actual. En 1610 se fundó un convento de mujeres recoletas, único en los siglos pasados. Era de concepcionistas de la madre Beatriz de Silva. No poco contribuyó al bien de la juventud femenina: tenía un buen número de pupilas, a las que educó y amaestró en las artes propias de su sexo y condición.

Los frailes se desplazaban a pie, vestidos de pobreza y soportando las inclemencias del clima, la incomprensión y hostilidad de autoridades y encomenderos. Había pocas concentraciones que merecieran el nombre de pueblos; la mayoría de los habitantes vivían diseminados por todo el territorio en pequeñas aldeas y caseríos, lo que dificultaba la catequización. Los lugares más poblados eran visitados con más frecuencia; y mientras tanto, se procuraba juntar varios poblados en uno, a fin de hacer posible la vida social y religiosa. Así, conforme a la necesidad y posibilidad, se fueron estableciendo otras doctrinas: Tuxtla, Tecpatán, Jiquipilas, Copainalá, entre los zoques, reconocidos como muy inteligentes y hábiles; Comitán (en 1557), Zozocoltenango, Oxchuc y Pochutla, entre los tzeltales; Chamula, Chenalhó e Ixtapa, entre los tzotziles; y Cucuvitz o Tumbalá y Tila, entre los choles. Fuera de la población indígena había unos pocos centenares de familias españolas. Su influjo era enorme, pero incomprensible: aparecían como cristianos, pero su conducta estaba en desacuerdo con la de los frailes. Ejercían la autoridad y la encomienda, y aunque estaban obligados por disposición real a enseñar la doctrina cristiana a los hijos de sus encomendados, casi nunca llenaban esta obligación, viendo sólo por su interés y enriquecimiento. Este fue uno de los motivos de las grandes luchas de fray Bartolomé de las Casas. La obra pastoral de este admirable prelado, en Chiapas, consistió en conquistar, conducir y enviar a toda la extensión de su diócesis a ese puñado de religiosos, para que predicaran el Evangelio y la salvación. No pudo hacer más, porque las injurias y persecuciones se levantaron contra él; pero dejó a los continuadores de su obra y procuró que le sucediera en el cargo de pastor uno de aquellos mismos, el más fiel, intrépido y prudente, fray Tomás Casillas. Este fue el tercer obispo de Chiapa. Aprendió con grandes esfuerzos la lengua de los indígenas, por carecer de aptitudes. Organizó las doctrinas y procuró que se hiciera lo mismo con la vida cristiana, y visitó repetidas veces la diócesis y aun varias poblaciones de Tabasco. En 1552, apenas nombrado obispo, quiso visitar y convertir a los lacandones. Los indios no lo recibieron y aun mataron a los emisarios que anunciaban su llegada. Unos años después dieron muerte a fray Domingo de Vico y fran Andrés López, que desde Guatemala habían penetrado a la selva. Las expediciones militares emprendidas para la pacificación de aquellas gentes en varias tentativas, todas fracasaron. Fray Pedro Laurencio, el famoso fray Lorenzo de la Nada, como se apellidó a

Obispos de Chiapas (hoy de San Cristóbal de Las Casas): Juan de Arteaga y Avendaño. 1.Bartolomé de Las Casas. 2.Tomás Casillas. 3.Pedro de Feria. 4.Andrés de Ubilla. 5.Pedro González de Mendoza. 6.Tomás de Blanes. 7.Juan Zapata y Sandoval. 8.Bernardino Salazar y Frías. 9.Marcos Ramírez de Prado. 10.Cristóbal Pérez de Lazárraga. 11.Domingo de Villaescusa Ramírez de Arellano. 12.Mauro de Tovar. 13.Cristóbal Bernardo de Quiroz. 14.Marcos Bravo de la Serna y Manrique. 15.Francisco Núñez de la Vega

sí mismo, también penetró en Lacandonia y estuvo a punto de ser muerto por los indios; sin embargo, logró convertir a un grupo de los que habitaban en Pochutla o Pochuta, y con ellos y otros tzeltales fundó Ocosingo.

Fray Tomás de la Torre describe así el sitio en que se fundó el convento dominico de San Cristóbal: "El P. Vicario tomó posesión del solar para el convento, en la falda de un pequeñuelo cerro fuera de la ciudad, aunque bien cerca de la parte del norte; es muy alegrecito en gran manera y señorea toda la ciudad y el valle todo; tiene muy hermosas vistas y otras buenas propiedades; pero la principal es que está en comarca de indios del valle (los de Mexicanos y Tlaxcala, los barrios primitivos), y así finalmente acuden todos allí a misa, y esto fue lo que principalmente movió a tomar ese sitio, ayende de esperar el agua que se traía para la ciudad, que había de pasar por allí, con las razones dichas". El agua se introdujo en 1547 desde Cuxtitali, y a más de dar servicio al procomún, se hicieron taujías subterráneas que surtían primero al convento dominico, más tarde al franciscano y por fin al de La Encarnación (todavía en época reciente podía verse la que llegaba a los solares de S. Francisco, donde acaba de construirse el Centro Escolar José María Morelos y Pavón). Prosigue fray Tomás: "Sábado 13 de noviembre de 1546 entramos en la ciudad de Ciudad Real de Chiapa, y sabiendo que venían los religiosos, tañeron las campanas del nuevo monasterio (mercedario), y toda la ciudad y con ellos los dos religiosos que allí estaban salió toda la ciudad en procesión cantando la letanía y a la puerta cantaron la Salve y después entraron con una antífona de nuestro Padre y así se feneció el recibimiento, con mucho recogijo y alegría... Al día siguiente se cantó la misa (primera misa solemne de fray Alonso de Noreña, que había sido ordenado meses antes por Las Casas) con grande alegría de todo el pueblo. Fray Tomás de la Torre fue el padrino y fray Alonso de Villalva predicó y los vecinos dieron muchas limosnas y enviaron muchos presentes. Había una grande enemistad entre los principales, muy antigua, y los frailes procuraron apaciguarla. El día de santa Catarina Mártir, se consiguió; fueron todos a la iglesia y allí se abrazaron de corazón y acabó para siempre. En Santo Domingo había muchas misas y predicación dominical para españoles y para los indios en mejicano y en las tres lenguas de las tres provincias. Volviendo el señor Marroquín de la Junta de México, puso la primera piedra de la iglesia y bendijo todo a 9 de enero de 1547. Era alcalde Juan de Orduña".

Entre los apóstoles seglares de ese tiempo figuran Rodrigo López, que vino de España con los religiosos y trabajó mucho en favor de ellos y de los indios, tanto allí como en Verapaz; por fin se hizo clérigo y fue canónigo y provisor de Chiapa en 1548. Los otros fueron un señor Pesquera, que mucho sirvió también, como guía y como intérprete, a los frailes recién llegados, y un tercero, español también, de apellido Segovia, que fue víctima del naufragio, pero salvó la vida.

Los dominicos habían propiciado la formación de un nuevo barrio indígena en la ciudad, junto a su convento, cuando en 1549 el oidor Gonzalo Hidalgo de Montemayor llegó con órdenes expresas de manumitir a los esclavos. Enjuició a 17 encomenderos; y los indios libertos, unos volvieron a su lugar de origen, y otros optaron por gozar de la protección de los frailes; y poblaron el cerro en cuya falda estaba el convento, y los aledaños hacia el norte y el oriente; por eso se llama El Cerrillo. En la misma época se logró juntar varios pueblos: en Ixtapa se unieron 5; en Chamula, 3; en Tecpatán, 4; y así en otros lugares. Se fabricaron casas de adobe y se trazaron calles en un lapso de 7 u 8 años. En cada pueblo se levantó la respectiva iglesia, en algunas partes dos, generalmente de gran tamaño, aunque de una sola nave; se proveyeron de ornatos y vasos sagrados y se enseñó música, especialmente en San Cristóbal, Chiapa, Copanaguastla y Tecpatán. Los indios de los barrios de la ciudad, así preparados, ocupaban a principios del siglo XVII todos los cargos inferiores de la Catedral; de suerte que el maestro de capilla, los cantores, músicos de toda clase de instrumentos, según el uso de entonces, el sacristán los acólitos y el encargado del reloj público eran todos indios de los barrios. Enseñaron además el arte de cultivar las plantas importadas de España, como las nativas del lugar, y diversas artesanías e industrias y, por supuesto, primeras letras y nociones de aritmética. Cuando estos religiosos se aposentaron en lo que más tarde fue su convento no tenían para alojarse sino simples enramadas, una de las cuales estaba destinado a escuela de primeras letras.

Son dignos de especial recuerdo algunos de los religiosos que aportaron poco después, como fray Antonio de Pamplona (1554), que formó de varios pequeños los pueblos de ambas Jiquipilas y Tacuatzintepec, construyó el grandioso convento de Tecpatán, el mejor de toda la provincia, y durante 50 años enseñó cristianismo, letras y artes, especialmente música. Fray Pedro Laurencio llegó en 1560 y fue el evangelizador de la región noreste; además

Obispos de Chiapas (hoy de San Cristóbal de Las Casas): 16.Juan Bautista Alvarez de Toledo. 17.Jacinto Olivera Pardo. 18.José Cubero Ramírez de Arellano. 19.José Vidal Moctezuma. 20.Miguel Cilieza y Velasco. 21.Juan Manuel García de Vargas y Rivera. 22.Antonio Cabellero y Góngora. 23.Francisco Polanco. 24.José Martínez Palomino y López de Lorena. 25.Francisco Javier de Olivares y Benito. 26.Fermín José Fuero y Gómez Martínez. 27.Ambrosio de Llano. 28.Salvador de San Martín y Cuevas. 29.Luis García Guillén. 30.José María Luciano Becerra y Jiménez. 31.Carlos María Colina y Rubio.

de Ocosingo, que estableció en Yaxvité, fue también el fundador de Tumbalá, en Cucuvitz; de Yajalón, en Ocot; y de Palenque, donde murió en 1616. En esos pueblos enseñó, además de lo habitual, el arte de la cría, cuidado y aprovechamiento del ganado y sus productos; y al morir dejó consignadas por escrito todas las reglas que en la práctica había trasmitido, de manera que aquellos indios eran los más prósperos de toda la provincia. "Dios hizo con nosotros gran misericordia (dice el padre de la Torre) en saber tratar con los indios, darnos modo cómo, conocida su condición, como si fuésemos indios, les supiéramos traer a la fe... Lo segundo ha sido tratar con los indios con amor, caridad y blandura... Los indios son hombres, y como hombres se han de traer a la fe, y Cristo dijo a los predicadores que los enviaba como ovejas entre lobos y no al revés". Infelizmente hubo después otros religiosos que, ante la resistencia de algunos a la catequización y la reincidencia en las idolatrías, quisieron evangelizar con látigo; y obtuvieron para ello facultades del gobierno de entonces. Luego fueron acumulando tierras y ganados y molinos de caña y de trigo. Así, el siglo XVII estuvo lleno de problemas para los obispos: las parroquias muchas veces abandonadas, o al cuidado de alguien que no siendo el párroco no se juzgaba responsable, y mil disidios, quejas, oposiciones, procesos y excomuniones que entonces eran muy baratas. En Copanaguastla los indios habían escondido un ídolo detrás del retablo de la Virgen del Rosario (hoy en Zocoltenango), y aparentando dar culto a la imagen cristiana, lo daban a su antiguo icono. Algo semejante pasó en Oxchuc: allí el ídolo fue colocado en una de las trabes del templo. El señor Feria, obispo de 1574 a 1588, se lamentaba de la reincidencia en idolatrías; y aun en la actualidad es cosa sabida que, no obstante estar bautizados, idolatran en cuevas y montañas y en sus mismos pueblos y hogares; y no hace mucho tiempo tenían los de Aguacatenango un ídolo detrás del templo. Según el padre Francisco Ximénez (cap. 49) los sacrificios que los indios hacían eran a cada hora y a cada momento; por el nacimiento de un hijo, por su destete, al darle nombre, al darle mujer, al fabricar la casa, a la dolencia, al llover, al trueno, al río lleno, al sembrar, al salir a camino. Tenían muchas mujeres, y los que sólo tenían una, la dejaban y tomaban otra.

Siglo XVII. En los demás lugares de la Diócesis las doctrinas se iban multiplicando conforme a la necesidad y al personal disponible. Así, en el siglo XVI, además de Jiquipilas y Tacuatzín (1582), eran doctrina con sacerdotes: Zinacantan, Chiapa y Copanaguastla, en 1547; Comitán, en 1560; Aquespala (ya destruida), en 1570; Escuintenango, Coapa, Amatenango, Teopisca, Chilón y Ocosingo, desde 1554; Huehuetán, Soconusco, Mapastepec y Ayutla (hoy de Guatemala), desde 1580; y Chamula, Chapultenango, Ixtacomitán y Moyos, desde 1590. Todas estas doctrinas se convirtieron en parroquias a mediados del siglo XVII. El obispo fray Domingo Ramírez de Arellano convino con los religiosos, fundadores y tenedores de las doctrinas desde 1545, que a ellos les quedaran 15, las que ya como parroquias estarían sujetas al ordinario; y que en cada parroquia se pusieran ministros nombrados previo examen de suficiencia y de lengua. Esto era el 12 de diciembre de 1650. Fray Mauro de Tovar, que sucedió en el obispado a Ramírez, logró que las parroquias en manos de los dominicos fueran 26 con 11 ayudantes. Además fueron parroquias las 2 que administraban los franciscanos, y las demás que tenían a su cargo los sacerdotes seculares. En 1665 los clérigos tenían 10 parroquias, los dominicos 29 y los franciscanos las mismas 2. En 1778 los clérigos tenían 25 y los dominicos 15. Para entonces ya eran parroquias El Cerrillo, con los barrios de Mexicanos y Cuxtitali, en la ciudad episcopal; San Bartolomé y Soyatitán, Acala y Cintalapa en lugar de Tacuatzín, San Felipe Tizapa, Tuxtla Chico y Tonalá, Tapilula y Tapalapa, Jitotol y Cancuc. Se contaba con 66 sacerdotes seculares y otros tantos religiosos de Santo Domingo, 15 franciscanos, 8 mercedarios y tres de San Juan de Dios. Las concepcionistas eran 28. Más tarde hubo también sacerdotes residentes en otros pueblos, a manera de capellanes o vicarios fijos, pero sin este título. Finalmente los hubo en algunas haciendas de religiosos, como en Santa Catarina (hoy ciudad de Villaflores), en San Pedro (junto a la actual La Concordia) y en Jaltenango (hoy Angel Albino Corzo), que en la actualidad son parroquias también.

En 1818 la ciudad de Tapachula, hoy sede episcopal, se convirtió en cabecera parroquial, en vez de Huehuetán, entonces totalmente decaído. En la segunda mitad de este mismo siglo dos acontecimientos contribuyeron a un relativo mejoramiento: la fundación del Seminario en 1678, por el señor Marcos Bravo de la Serna, y la del colegio de la Compañía en 1681. La labor de los jesuitas en la enseñanza, en la predicación y en la dirección espiritual fue eficaz; pero no tenían parroquia alguna a su cargo; por lo mismo no contribuyeron directamente a la evanglización de los indígenas; y antes de cumplirse un siglo fueron expulsados por Carlos

Obispos de Chiapas (hoy de San Cristóbal de Las Casas): 33.Germán Ascención Villalvazo y Ramírez. 34.Ramón María de San José Moreno Castañeda. 35.Miguel Mariano Luque y Ayerdi. 36.Francisco Orozco y Jiménez. 37.Maximino Ruiz y Flores. 38.Gerardo Anaya y Diez de Bonilla. 39.Lucio Torreblanca y Tapia. 40.Samuel Ruiz García

III. El Seminario pronto dio buenos sacerdotes, y con tal aumento fue posible dar cumplimiento a las órdenes reales (desde 1582 Felipe II lo había decretado) en el sentido de que las parroquias fueran pasando de las manos de los religiosos a las del clero secular. El obispo fray Francisco Núñez de la Vega, colombiano, gobernó de 1684 a 1706. Su celo por la extirpación de la idolatría fue extraordinario, aunque optó por la represión: procesó hechiceros, encarceló brujos y destruyó ídolos, códices y otros preciosos monumentos y documentos de la historia antigua de Chiapas. Núñez de la Vega fue autor de las Constituciones Diocesanas del Obispado de Chiapa, ley extrasinodal a la que agregó una serie de cartas pastorales, en las que que completaba el conjunto de normas de vida cristiana para su diócesis. Contienen muchos datos históricos importantes, pero las fuentes están destruidas. En el Seminario entonces recién fundado estableció las cátedras de filosofía y teología dogmática, según la doctrina de Santo Tomás de Aquino, a quien se juró patrono de los estudios del plantel, dos siglos antes de que León XIII lo dispusiera para la Iglesia universal.

Siglo XVIII. En el primer cuarto de esta centuria, tres religiosos juaninos se hicieron cargo del Hospital de Nuestra Señora de la Caridad, fundado por el obispo fray Juan B.Alvarez de Toledo en 1710. Pronto se cambió el nombre del nosocomio por el de San Juan de Dios, mas extinguido el personal en 1806, no fue repuesto. Alvarez de Toledo fundó también una Casa de Recogidas de Santa Rosa de Vitervo, que al igual que el hospital estaba bien provista de edificio, mobiliario, capital para el sostenimiento y personal directivo. Gastó mucho en obras de beneficencia, tanto en Chiapas como en Guatemala, a donde fue trasladado en 1712. Años antes de morir renunció a la diócesis, viviendo y muriendo como pobre franciscano. El juramento del Patronato Guadalupano correspondió al obispo mercedario fray José Cubero y Ramírez, en 1737; acto que no poco contribuyó al acrecentamiento de la devoción a la Santísima Virgen en toda la diócesis. Un limeño, mercedario también, fray Juan Manuel García de Vargas, obispo de 1770 a 1774, encontró la diócesis, sumida en la miseria y el hambre por plagas de langosta que habían asolado gran parte del Estado. Su promesa en el momento de tomar posesión fue cumplida exactamente: "hijos míos, vuestra suerte será también la mía"; y puso manos a la obra de remediar aquella grande necesidad, allegando granos de dondequiera que los hubiese, pero dejando provisiones suficientes para los pueblos de donde los traía; finalmente los compró en Quetzantenango, y desde allí hizo venir una gran provisión, que distribuyó muchas veces personalmente a los pobres, gratis, y a los demás a precio de costo. Durante su gobierno tuvo cuidado de comprar año con año 300 fanegas de maíz para distribuirlas sin costo entre los pobres, y 40 más para los encarcelados. Le llegó la muerte durante la visita pastoral, en San Bartolomé, en 1774. Para redimir de la ignorancia y de la pobreza a sus feligreses, Gabriel de Olivares, obispo sucesor, estableció una escuela de niñas en San Cristóbal y una de hilados y tejidos en Teopisca, que favorecía el consumo del algodón de las tierras bajas, y enseñaba a las indígenas de Teopisca y Amatenango un nuevo arte y una manera de proveer más ampliamente a sus necesidades. El inmediato sucesor, José Fuero, propició el establecimiento de 3 escuelas en la ciudad episcopal, dirigidas por los religiosos dominicos, franciscanos y mercedarios. Cooperó económicamente a la evangelización de los lacandones cuando después de otros intentos infructuosos, el cura de Palenque, Manuel Calderón, logró tener trato con algunos de ellos. La amistad de éstos le trajo un grupo más numeroso, y después de catequizarlos, persuadidos de la conveniencia de vivir en sociedad, fundó con ellos el pueblo de San José de la Gracia Real, por 1796. El intendente de entonces, Agustín de las Quentas Zayas, uno de los pocos gobernantes que durante la colonia trabajaron por el bien común, también cooperó con su apoyo moral y económico. Terminado el ministerio del padre Calderón, del obispo y del intendente, el pueblo quedó abandonado.

El siglo XIX fue aciago. A partir de la Independencia, momento en que falleció el último obispo nombrado por el rey, Salvador Samartín y Cuevas (1821), Chiapas, como las demás diócesis de la República, permaneció en vacante hasta 1831. El obispo Samartín disminuyó cofradías y fiestas de precepto diocesanas, combatió la idolatría y promovió el culto divino; retiró las imágenes deformes, a que los indios son tan afectos, sustituyéndolas por otras artísticas y decorosas. Su episcopado fue breve, pues había sido nombrado en 1816. En 1831, elegido entre 6 chiapanecos que fueron propuestos a la Santa Sede, Luis García Guillén asumió el cargo episcopal. Gobernó sabia y prudentemente, pero en 1834 fue expulsado por no someterse a la Ley de Patronato dictada por Gómez Farías, y murió pronto en el destierro, el 19 de agosto del mismo año, apenas 5 meses después de salir de su sede. El nuevo prelado, Luciano Becerra, no llegó a la diócesis sino hasta 1849, y a los 3 de gobierno fue trasladado a Puebla. Lo sucedió Carlos María Colina en 1854; le tocó la crisis de la Reforma, y se mostró heroico, aunque no siempre prudente defensor de los derechos de la Iglesia; por lo cual en 1859 fue extrañado, y con él todos los canónigos y varios otros sacerdotes. Un mes antes todos los religiosos, dominicos, franciscanos y mercedarios, habían salido de la diócesis. El clero secular hubo de asumir la responsabilidad de todas las parroquias, y no podía atender a la multitud de ellas. Entonces los caminos no existían, los ríos eran los mismos y el territorio no había tenido un Juan Bautista que lo trocara de áspero y abrupto en llano y placentero. El nuevo prelado, José A. Villalvaso, consagrado en el Concilio Vaticano, llegó 11 años tarde, en 1871. Su pontificado fue de 8 años. Lo había antecedido Manuel Ladrón de Guevara, que murió en agosto de 1869, a las 3 semanas de haber llegado. Después fue promovido a Chiapas el vicario apostólico de Baja California, fray Ramón María Moreno, quien tomó posesión en 1880 y renunció en 1882. Mariano Luque y Ayerdi tomó posesión enfermo y así vivió hasta su muerte en mayo de 1901. Probablemente era diabético o varicoso: una caída del caballo, cuando iba de Tabasco a su sede, le causó una herida en la pierna, luego una úlcera y finalmente una infección que le provocó la muerte cuando se dirigía al norte del Estado, con la mira de ir hasta México en busca de un remedio. Un historiador poblano, mal informado, lanzó la especie, que no quiso rectificar, de que había muerto a manos de los salvajes.

En tales circunstancias, ¿cómo se conservó la fe?, pues había degeneración y la instrucción religiosa vino a menos. La fe no era ilustrada, sino meramente heredada o tradicional ("Así me lo enseñaron", "Esta es la fe de mis padres"). El método de catequización era formulista: se aprendía el texto de memoria y generalmente se creía que eso era suficiente. De ahí que los indígenas tuvieran una fe *sui generis*; la habían aceptado: 1.porque los bautizados gozaban de cierta consideración como cristianos, mientras los otros se sentían discriminados; 2.en muchos casos, también por presión física, pues a quien rehusaba la doctrina se le castigaba con azotes; y 3.porque la convicción a que llegaron generalmente con tal sistema, respecto de la religión católica, consistía en que Jesucristo es bueno: da lluvias, da salud, da fecundidad, protege, ayuda, igual que los dioses que ellos adoraban en su gentilidad. El bautismo lo tomaban como un amuleto para evitar castigos y obtener esos bienes. Así también el matrimonio, que muchas veces era impuesto en forma coercitiva por las mismas autoridades civiles a petición de algunos párrocos. La confesión, la comunión y los demás sacramentos se practicaban poco. En cambio, las fiestas "cristianas" gozaban de prestigio, pues eran ruidosas y daban ocasión a ingerir alcohol en abundancia y a comer carne. Así que se aunaban la devoción cristiana y la pagana, sin más cambio que el de un nuevo protector. En tales condiciones la devoción falsamente llamada fe se arraigaba profundamente; pero no era norma de vida cristiana, simplemente propiciaba un interés.

Siglo XX. En 1902, y todavía bajo la impresión de los terremotos que causó el volcán Santa María en su erupción de octubre, el obispo Francisco Orozco y Jiménez tomó posesión de la diócesis. Varios templos habían venido a tierra, y muchos otros estaban dañados, entre ellos la catedral, por lo cual la ceremonia fue en el templo de la Merced. Orozco reparó los daños de su catedral, impulsó el Seminario, impuso orden en todo lo que halló desviado, y por medio de las religiosas de la Providencia que trajo de Francia, catequizó el pueblo de Chamula, en donde un gran número de indígenas se hicieron fieles y cristianos prácticos. Con las mismas religiosas fundó colegios de niñas en San Cristóbal, Tuxtla, Comitán y Ocosingo; y uno para varones en su sede, dirigido por hermanos maristas. Nunca dejó de predicar en su catedral los domingos, celebró el primer Sínodo diocesano e hizo obras benéficas en toda la diócesis. Asuntos de política local, en los cuales no se mezcló, dieron ocasión a graves calumnias en su contra, las que coincidieron con su exaltación al arzobispado de Guadalajara, en 1912. El año siguiente lo sucedió Maximino Ruiz y Flores, quien en 1914 se vio obligado a buscar refugio en la arquidiócesis de Guatemala, a causa de la revolución carrancista. Con él se expatriaron los canónigos, menos el vicario general, que pemaneció siempre al frente del gobierno eclesiástico, y otro canónigo, que estuvo oculto. Varios párrocos y sacerdotes pasaron también a la vecina República. En 1918 regresó el prelado y al año siguiente renunció. En marzo de 1920 fue promovido a Chiapas el señor Gerardo Anaya. Tuvo un largo pontificado de más de 22 años. Fue hecho prisionero y deportado a México, y luego a los Estados Unidos con otros muchos prelados, en 1926; y sólo pudo volver a los 3 años, para ser de nuevo obligado a salir en 1934. Regresó a su diócesis en 1937, y de nuevo lo sacaron violentamente del Es-

tado. En 1939, pudo regresar en paz, y en 1942 la diócesis quedó en vacante durante 25 meses. Trabajó abnegadamente, pero sin suficiente colaboración, porque el clero desterrado no volvió pronto, y algunos se incardinaron *de iure* o *de facto* en otras diócesis. Cuando él fue trasladado a San Luis Potosí, en Chiapas no había sino 26 sacerdotes; y en los años anteriores sólo se permitía el ejercicio del culto a 4 ministros, aunque en cierta época a uno solo. El Seminario suspendió sus funciones en 1914 y las reanudó en 1919. De los antiguos alumnos, 3 llegaron al sacerdocio en 1918, 2 continuaron los estudios en otros planteles y también se ordenaron, y uno llegó al diaconado. Más tarde se logró algún otro. Nuevamente las autoridades clausuraron el Seminario en 1925; se reabrió luego, pero a los 2 años se tornó a impedir su funcionamiento. Entonces un grupo de alumnos de teología, 10 de 14 que había, hubo de expatriarse voluntariamente a Guatemala, para poder continuar los estudios. Todos alcanzaron la meta y han ejercido el ministerio. Vueltos en 1929 y reabierto el culto, otra vez en 1934 hubo de suspenderse; en esa etapa sólo 3 o 4 terminaron la carrera, uno en Roma, 2 en México y otro en Guatemala. Por fin, en 1939 se reabrió el Seminario y ha venido desarrollándose poco a poco hasta el presente.

El obispo Lucio Torreblanca tomó posesión en 1944. Su pontificado fue tranquilo y duró 13 años, en los cuales pudo mejorar el Seminario y aumentar el clero, inclusive con religiosos de la Compañía de Jesús, de los Misioneros del Espíritu Santo y del Sagrado Corazón de Jesús, congregación que patrocinó como lo había hecho también su antecesor el señor Anaya. Esta Congregación en cierto sentido es chiapaneca: su fundador, el padre Teodosio Martínez Ramos, es chiapaneco y se formó íntegramente en el Seminario local; todo el personal del instituto, mientras no tuvo autonomía, perteneció a la diócesis de Chiapas; y varios de sus miembros son también oriundos de la entidad, inclusive el actual superior general, el padre Isaac Robes, sobrino del fundador. Torreblanca contribuyó con la Santa Sede a la erección de la diócesis de Tapachula, aumentó las casas de religiosas en varias partes y comenzó y dejó bastante adelantada la construcción de la casa episcopal, pues la anterior, que había construido el obispo Villalva, fue incautada por el gobierno en 1914.

La diócesis de Chiapas ha tenido las siguientes variantes: al crearse la de Verapaz en Guatemala, en 1560, sus límites quedaron mejor definidos. La de Guatemala, sin embargo, se extendía de hecho hasta el Soconusco. Feria quiso que se reconociera como perteneciente a Chiapa, por razón de vecindad y más fácil administración. Esto se logró en tiempos de fray Andrés de Ubilla, en 1596, por cédula de Felipe II. Desde entonces los obispos se firmaban de Chiapa y Sonoconusco. En 1880 Tabasco también fue convertido en diócesis, y su prelado, Agustín Torres, solicitó que se le adjudicaran algunas parroquias de Chiapas para ayudarla a subsistir. El Obispo de Chiapas, por su parte, también deseaba lo mismo, por la distancia, falta de caminos y consiguiente dificultad de administración. Así pasaron Palenque y Pichucalco a aquella jurisdicción y se mantuvieron hasta 1964. En 1957 la Santa Sede elevó a la categoría de sede episcopal la ciudad de Tapachula, y para ello Chiapas contribuyó con la tercera parte de su territorio y de sus habitantes. Y al erigirse en 1964 la diócesis de Tuxtla, se hizo una nueva distribución. Chiapas cedió toda la región occidental, desde el norte hasta Cintalapa: la región zoque y algo de la tzotzil; Tapachula cedió a Tuxtla las parroquias de Villaflores y La Concordia, y devolvió a ésta, que comenzó a llamarse de San Cristóbal, los municipios de Comalapa y Chicomucelo, que se han convertido nuevamente en parroquia, pues hacía mucho tiempo que no podían tener titular. De este modo Tapachula tiene toda la región costera y Motozintla, con una extensión de 15,261 kilómetros cuadrados y cerca de 400 mil habitantes. Tabasco, por su parte, devolvió a San Cristóbal las parroquias de Palenque y la nuevamente provista de Sabanilla; y a Tuxtla pasó la de Pichucalco, que había sustituido desde hacía mucho tiempo a la de Ixtacomitán, que vino a menos. Hay además un sacerdote residente en Chapoltenango y otro en Jitotol. Tuxtla abarca una superficie de 22,629 kilómetros cuadrados, con una población semejante a la de Tapachula; y San Cristóbal, 36,525, con unos 600 mil habitantes. Tapachula no tiene ya indios; Tuxtla tiene apenas 10,700 monolingües; y San Cristóbal conserva la gran masa indígena, que se acerca a los 300 mil, con el problema de las diversas lenguas.

Hoy como en los siglos anteriores, los sacerdotes encargados de las parroquias indígenas se esfuerzan en poseer los respectivos idiomas de los nativos; varios son muy peritos y están desarrollando una buena labor. En otro tiempo (siglos XVII y XVIII) era título canónico de ordenación en la diócesis la lengua de cada tribu; y se escribieron gramáticas, sermonarios y catecismos para preparar a los neófitos a la recepción de los sacramentos; pero como manuscritos. no podían llegar a las manos de todos,

y el conocimiento ordinario se adquiría en el ámbito comercial, insuficiente para expresar los conceptos de la revelación. En la actualidad nuevamente trabajan religiosos dominicos, jesuitas, franciscanos y misioneros del Sagrado Corazón en la diócesis de San Cristóbal; en Tuxtla, del Espíritu Santo, dominicos y franciscanos; y en Tapachula, franciscanos y de la Divina Infantita. Hay en las 3 diócesis 114 sacerdotes y más de 20 hermanos maristas y de las Escuelas Cristianas; las religiosas pasan a 200 y unos y otras tienen a su cargo colegios, escuelas, hospitales y catequesis. En la diócesis de San Cristóbal existen unos 80 templos y 650 capillas y ermitas; en la de Tapachula, 139, entre iglesias y capillas; y en la de Tuxtla, un centenar. Los métodos de catequización se han ido transformando, de acuerdo con los postulados pedagógicos modernos: se han formado más de 1,400 catequistas indígenas, hombres y mujeres, en las diversas parroquias y, sobre todo, en las dos escuelas existentes en San Cristóbal: la que dirigen los hermanos maristas y la que tienen a su cargo las Esclavas del Divino Pastor. *Mons.E.F.R.*

SAN FRANCISCO DE LA CRUZ COHUATZIN-CATL, CÓDICE. El original se conserva en la Biblioteca Nacional de París, dentro de la Colección Aubin Goupil (Núm. 29). Hecho en papel de amate (53 por 41 centímetros), es nahua posthispánico y de carácter tributario judicial. Forma parte de un cuaderno de 25 hojas en folio, en papel europeo. En él aparece una gran construcción (Atlitoc), una pareja con 21 descendientes (cuyos nombres están escritos en caracteres latinos) y varios tributos (jarros con panes, chiles, canoas con piedras) y los jeroglifos de los pueblos Atecocolco, Acamolco y Huizitlanoa. Lo publicó Eugéne Boban con el título de: "*Piéce justificative d'un procés entre Fco. de la Cruz de Xochimilco et Joachim Tecoloatl relativement á des inmuebles, deschamps et des boyers, Mexico 13 Oct: 1571*", en *Documents pour servir a l'Histoire du Mexique. Catalogue raisonné de la Collection de M.E. Goupil* (2 vols.; París, 1891).

SAN LORENZO ACXOTLÁN Y SAN LUIS HUEXOTLA, CÓDICE DE. El original se conserva en la Biblioteca Nacional de Antropología e Historia. Proviene de la Colección Boturini. Es un biombo de 6 hojas formado por una tira de papel europeo que lleva añadida, en el margen inferior, otra de papel indígena. Mide 111.5 por 29 centímetros. El reverso está reforzado por papeles impresos en letra gótica, en uno de los cuales se lee la fecha 1700. Se refiere a los títulos de propiedad del barrio de San

Lorenzo Acxotlán, del pueblo de San Luis Obispo Huexotla; y representa casas, personas y caminos. Los textos en náhuatl van encerrados en rectángulos de diversos tamaños (1672). Lo publicó y estudió José María Arreola: "Códices y documentos en mexicano", en Manuel Gamio: *La población del valle de Teotihuacán* (2 vols., 1922).

SAN LORENZO TENOCHTITLAN. Centro ceremonial olmeca situado en la ribera izquierda del río Chiquito, afluente del río Coatzacoalcos, en Veracruz. Aquí se iniciaría la arquitectura religiosa olmeca, según opinión de los investigadores. Está a 30 metros sobre el nivel del mar, en la antigua hacienda de San Lorenzo, ahora comunidad indígena, cuyo maestro rural le agregó en 1936 el apellido de Tenochtitlan en vista de la cantidad e importancia de los montículos allí existentes. En 1945 el arqueólogo norteamericano Matthew Stirling hizo ahí exploraciones, atraído por el descubrimiento de monumentos de piedra. Producto de sus investigaciones fue el hallazgo del Altar 14, que muestra a un sacerdote emergiendo al parecer de las fauces de una serpiente —la boca de la tierra—, con un niño en sus brazos; la cabeza colosal Núm. 1, monolito

que mide cerca de 3 metros de altura; y la estatua de piedra de un dios jaguar sedente, con una hendidura en mitad de la cabeza —lo cual puede indicar un personaje doble, una dualidad— y la boca atigrada característica de la cultura olmeca. Posteriores exploraciones del grupo de la *Smithsonian Institution* dieron a luz 5 cabezas colosales más, y en Potrero Nuevo, zona adyacente, el altar monolítico Núm. 2, que tiene esculpidos dos chaneques, especie de niños que sin duda representan espíritus de las aguas, a manera de los tlaloques, los ayudantes de Tláloc, dios de la lluvia de los mexicas. Son pequeños atlantes que sostienen con sus brazos levantados, una lápida o mesa de altar que tiene labradas en su parte baja cuatro entalladuras como dientes de las fauces celestes. Las cabezas de estas esculturas sugieren que las cabezas colosales olmecas son representaciones de las de estos niños chaneques o espíritus de las aguas, y no cabezas de negroides como se ha llegado a decir. Otros investigadores mexicanos y extranjeros han continuado estudiando el sitio, cuyo centro ceremonial se encontraba rodeado de habitaciones colectivas e individuales, quizá también en patrón disperso de asentamiento.

Altares olmecas de San Lorenzo Tenochtitlan

26

Vista general aérea de San Luis Potosí

SAN LUIS POTOSÍ, CIUDAD DE. Es la capital del Estado, cabecera del municipio y sede de la diócesis homónimos. Está situada a los 22°09'10" de latitud norte, 100°58'38" de longitud oeste de Greenwich y 1,877 metros sobre el nivel del mar. El clima es templado. La temperatura media anual es de 17.6°; la máxima extrema, de 36°; y la mínima extrema, de -2.4°. La humedad media del aire es de 0.64. La lluvia es escasa, con un promedio de precipitación anual de 361 milímetros. Las heladas suelen caer entre noviembre y marzo. Excepcionalmente los ciclones que se abaten en el Golfo provocan inundaciones; las ha habido hacia 1924, en 1933 y dos en septiembre de 1955. De forma súmamente irregular, el municipio linda por el norte con el de Moctezuma; por el oriente, con los de Villa Hidalgo, Soledad Diez Gutiérrez, Cerro de San Pedro y Zaragoza; por el sur, con el de Villa de Reyes; y por el occidente, con los de Mexquitic, Ahualulco y Moctezuma. Tiene una extensión de 1,353.30 kilómetros cuadrados. El municipio ocupa una extensa faja del Valle de San Luis, en el que se asienta la capital. El valle está limitado, al sur, por las derivaciones de la Sierra de San Miguelito; al oeste, por la Sierra de Escalerillas y las lomas de la Presa de San José; y al norte, por la Sierra de Bocas. El clima es seco estepario, con lluvias escasas entre abril y septiembre. Las siembras son en su mayoría de temporal; en las huertas y granjas se extraen las aguas o de norias o de pozos profundos. Los ríos y arroyos son intermitentes: el de Santiago, en cuya cuenca se construyeron las presas de El Peaje y San José, arrastra las demasías de éstas; y al de Españita confluyen parte de las aguas broncas de la Sierra de San Miguelito. Aquél pasa por el norte de la ciudad y éste por el sur. Más al norte están los ríos de Mexquitic, que se derrama por Maravillas y Peñasco; el Paisanos y el Bocas, que riega las tierras del ejido de este nombre. En la capital, las presas y 30 pozos profundos proporcionan el servicio de agua. En los alrededeodres de la capital hay yacimientos de estaño, bismuto y estealita, que se explotan en mínima cantidad. En cambio, las diversas clases de piedra (cantera y adoquín, principalmente) se emplean con profusión en las construcciones y pisos de calles.

Arqueología e historia prehispánica. Al igual que en todo el Altiplano, fueron guachichiles los habitantes del municipio de la capital. Posiblemente se asentaron en esta región hacia el siglo XIII. Nómadas, cazadores-recolectores, no dejaron huellas apreciables de su cultura. Cerca de Peñasco y en los límites con el municipio de Zaragoza, se han encontrado huilanches y cerámica fragmentada, aunque es probable que tales restos provengan de otra cultura. En las lomas de la Presa de San José abundan las puntas de flecha. No hay ruinas de construcciones. Avanzadas de españoles y conquistadores, como el capitán otomí Diego de Tapia, llegaron hasta el Valle de San Francisco y el presidio de Ojuelos. El descubridor y pacificador de los guachichiles en el área de la actual capital, fue el lego franciscano fray Diego de la Magdalena. Hacia 1583 logró reunir un grupo de indígenas y asentarlos en el "puesto" de San Luis, exactamente donde ahora es la Plaza de los Fundadores, población que no fue estable en sus principios. En 1587 el capitán mestizo Miguel Caldera, un grupo de franciscanos y otros españoles llegaron hasta Mexquitic, al noroeste de la capital, donde al concertarse la paz chichimeca, sin el amago ya de los bárbaros, se fundó el convento. Por gestiones de fray Diego y del capitan Caldera, en 1571 el virrey permitió que 1,591 indígenas tlaxcaltecas fueran a poblar el norte de la Nueva España. Un buen número de éstos quedaron establecidos el 2 de noviembre de 1591 en el pueblo de San Luis; otro se asentó en Mexquitic, y los demás en distintos puntos del norte. En marzo de 1592 se descubrieron las ricas minas de San Pedro, y como no había agua en el cerro ni lugar a propósito para poblar, los mineros bajaron al valle, instalaron sus haciendas de beneficio y levantaron sus viviendas. En agosto siguiente el virrey nombró primer alcalde del nuevo descubrimiento a Juan de Oñate y así, después de una transacción con los naturales, en el sitio que estos vivían se fundó el pueblo de San Luis Mexquitic, el 3 de noviembre de 1592. Los indígenas, guachichiles y tlaxcaltecas, se pasaron a los actuales barrios de Santiago y Tlaxcala, hasta entonces ocupados por los colonizadores.

Historia colonial. Al descubrirse las minas —según narra Basalenque— "voló la fama, y acudieron de todas las cuidades y demás reales de minas, de suerte que en pocos días se vio una congregación de mucha gente". Juan de Oñate, con la ayuda del capitán Caldera, justicia mayor, levantó el plano de la nueva población, trazó calles, repartió solares para viviendas, haciendas de beneficio y huertas y organizó el gobierno de la nueva población. Designado Oñate por el virrey para hacer la entrada al Nuevo México, se nombró a Juan López del Riego segundo alcalde mayor, el 14 de octubre de 1593. Así se formó el pueblo de San Luis Potosí, con su parroquia, de la que fue primer cura Andrés Nieto, y con su convento de fran-

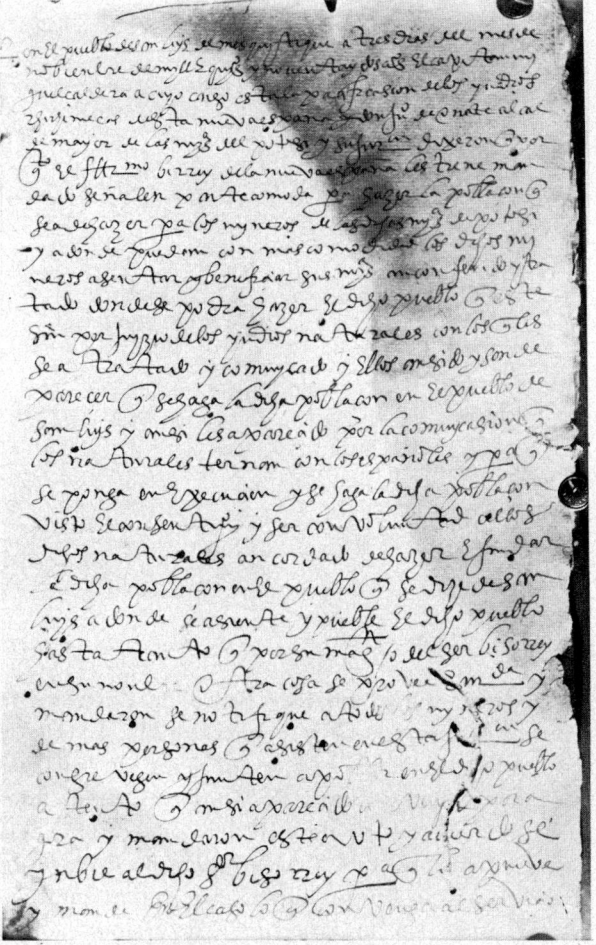

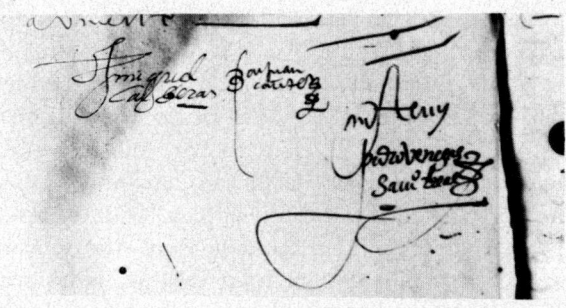

Acta de fundación de San Luis Potosí (3 de noviembre de 1592)

ciscanos. Estos atendían a los indígenas y aquél a los españoles. Pronto se formaron las otras villas: la de Tequisquiapan; y la de San Miguelito, en 1597, con indios tlaxcaltecas y tarascos; el Montecillo, en 1600, y San Sebastián, en 1603, con indios otomíes y de otras parcialidades. Las Casas Reales se empezaron a construir por orden del virrey conde de Monterrey dada el 14 de mayo de 1603, aunque nunca se concluyeron bien. Allí se instaló la cárcel. En 1609 se estableció la alhóndiga a un costado de lo que hoy es Palacio de Gobierno.

A la zaga de los franciscanos, en 1599 llegaron

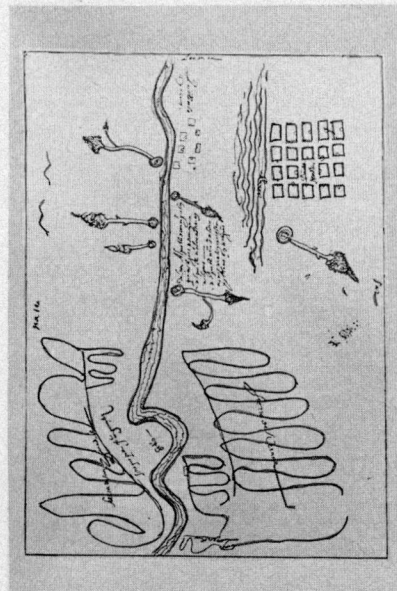 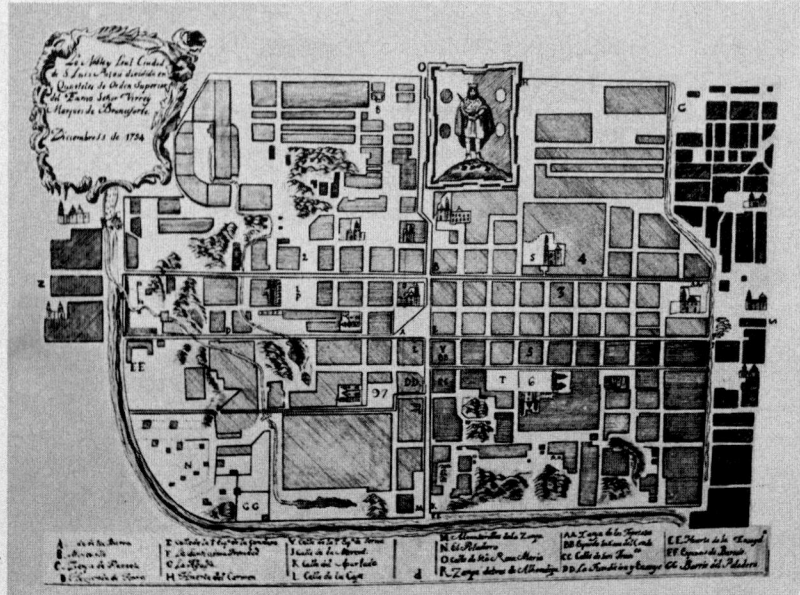

33

Planos de San Luis Potosí: 1593 y 1794

los agustinos. Ese año fray Pedro de Castroverde levantó la hospedería y primer capilla. El 19 de septiembre de 1603, con la oposición de los franciscanos, el virrey Conde de Monterrey, fundándose en una cédula de Felipe III, les concedió licencia para fundar convento. Este y el templo los levantó el cronista fray Diego Basalenque, quien también fue el primero en fundar estudios de gramática para niños españoles. Para 1623 estaba ya concluido el convento, de un solo piso y las capillas laterales de la iglesia. La esbelta torre barroca data de mediados del siglo XVIII. El 15 de abril de 1611 el virrey Luis de Velasco, de acuerdo con una real cédula confirmada en mayo del mismo año por el obispo de Michoacán, dio la licencia para la fundación del hospital de San Juan Bautista. Fray Alonso Pérez, de los hermanos de San Juan de Dios, había hecho las gestiones y Juan de Zavala proporcionó los medios. En seguida se levantó el templo de San Juan de Dios y el hospital anexo.

Hasta entonces las minas de San Pedro habían sido productivas pero hacia 1608 comenzaron a hundirse, de tal manera que para 1622 el mineral estaba casi desierto. Con todo, en 32 años las minas dieron a la Real Hacienda más de 16 millones de pesos. Al principio hubo una crisis económica, pero gracias al comercio y a las haciendas ganaderas que florecieron pronto, pudo rehacerse la ciudad. De ello dan fe las fundaciones religiosas. Por 1615 llegaron por primera vez a San Luis los mercedarios y luego pensaron en instalarse. En 1627 recibieron la ermita de San Lorenzo, que les cedió la viuda del capitán Ortiz de Fuenmayor; mas como no tenían licencia del rey, no pudieron levantar pronto su convento. Tuvieron que soportar por largos años la fuerte oposición de los franciscanos. Fue hasta 1680 cuando pudieron consolidar, con real cédula, su fundación. En el mismo año demolieron la ermita y en 1681 pusieron la "piedra fundamental" de la iglesia. Juan de Zavala Fanárraga legó en 1522 cincuenta mil pesos para la fundación del colegio de los jesuitas. Estos, con la licencia expedida en diciembre de 1623, pudieron construir colegio e iglesia. Para formar el patio de aquél fue necesario demoler la vieja ermita de la Vera Cruz, levantada por fray Diego y prestada a los negros y mulatos cuando se fundó la ciudad. El creador del colegio fue el padre Luis de Molina, sobrino del teólogo español del mismo nombre.

Hacia la mitad del siglo XVI el pueblo de San Luis Minas del Potosí había rehecho su economía gracias al descubrimiento de nuevos yacimientos de minerales y al progreso de la ganadería y la agricultura. Para 1656 la Real Hacienda había recibido ya más de 72 millones de pesos. San Luis, en 1631, era la tercera localidad del virreinato, después de México y Puebla, por su población e importancia. El mismo alcalde gozaba de especiales prerrogativas en las funciones de la Iglesia y tenía una amplísima jurisdicción como teniente de capitán general de las fronteras chichimecas. El título de ciudad se lo concedió el virrey Duque de Alburquerque el 30 de mayo de 1656 y fue confirmado por el rey Felipe IV el 17 de agosto de 1658. Quedó, además, facultada para nombrar ayuntamiento, tener ordenanzas y reales mazas, y escudo de armas. Las construcciones de este siglo no correspondían al auge económico de las minas. En 1656 el capitán Francisco de Castro y Mampaso construyó una ermita a la Guadalupana. Esta fábrica, como las demás, era de adobe. En el siglo XVIII fue cuando se reedificaron las iglesias y conventos y algunas mansiones en el centro de la ciudad. Frecuentes y prolongadas sequías castigaban a la población. En 1676 se formó otro barrio, el de San Juan de Guadalupe. Aunque crecía la población, de vez en cuando la diezmaban las epidemias, una de ellas el *matlazáhuatl*. De 1674 a 1678 fue alcalde mayor Martín Mendalde. Recorrió todo su territorio, dio normas para el buen gobierno y prohibió los juegos de naipes, dados y taba, a que tanto se entregaban los negros, mulatos, mestizos, indios y españoles, igual en los suburbios que en las calles; y como en 1674 hubo una gran hambre, ordenó la fundación del pósito en la alhóndiga. En 1672 y 1688 se inundó la ciudad y hubo derrumbes de casas y otros perjuicios. En la primera ocasión el alcalde quitó los lavaderos y montones de jales que impedían el paso de la corriente; y después de la segunda, el alcalde Iñiguez del Bayo, con su propio dinero, abrió una zanja de 2 mil varas de largo por 6 de ancho y 2.5 de hondo para defender la ciudad. Durante siglos se le conoció por la "corriente"; hoy es la calle de Reforma. Alonso Muñoz de Castiblanque, alcalde de 1690 a 1692, quiso resucitar el desaparecido esplendor de la minería, y para ello proyectó grandes obras en el Cerro de San Pedro. No se pudieron realizar, pero él, de su peculio, arregló el camino. Vivían entonces en la ciudad unas 2 mil personas y 24 mil en su jurisdicción.

A fines del siglo XVII y principios del XVIII se empezaron a reconstruir las iglesias y conventos y a realizarse otras obras nuevas de alta calidad barroca. En 1686 se inició la remodelación de las fábricas franciscanas: la enfermería y la escalera del convento se hicieron entre 1686 y 1689; la torre, en 1707; el altar mayor, en 1710; y la reparación general del templo y el monasterio, de 1710 a 1719. Por entonces se emprendió también la capilla de Aranzazú. El templo de la Tercera Orden se construyó en 1694. En 1700 se levantó la Capilla de Loreto, a tiempo que se trabajaba en la iglesia y el colegio de los jesuitas. En 1708 se empezó una nueva iglesia en la misión de San Sebastián, declarada pueblo ese mismo año; en 1728, fray José Arlegui inició la capilla de Nuestra Señora de los Remedios; y hacia 1730 los vecinos del pueblo de San

33

El Carmen: portada de los Angeles o del Camarín (en piedra)

Miguelito dieron principio a su nueva iglesia, diseñada, al parecer, por fray José Arlegui. En el mismo año hicieron lo propio los del Montecillo. En 1737 se bendijo la nueva parroquia de San Luis y en 1743 la capilla de Nuestra Señora de la Salud o del Rosario. En 1686 habían concluido su templo los mercedarios, aunque después lo fueron dotando de otros retablos barrocos sobredorados. Los carmelitas, gracias al cuantioso legado de Nicolás Fernando de Torres, empezaron su hospicio en 1743; en 1749 pusieron la primera piedra del convento y el templo se dedicó en 1764. Con los mismos fondos se terminó, hacia 1760, la construcción del Beaterio de San Nicolás y su iglesia barroca. Por entonces muchos de los antiguos altares cedieron el lugar a otros del más puro barroco estípite, al estilo de los del Carmen, únicos que sobrevivieron —excepto el mayor— a la destrucción neoclásica.

A mediados del XVIII la educación pública no había mejorado mucho. Impartía instrucción secundaria el colegio de los jesuitas; primaria, las escuelas informales de los conventos y algunas otras;

Capilla de Aranzazu

y especial para mujeres, el Beaterio o Colegio de Niñas Educandas de San Nicolás, fundado con personal llevado de Morelia, probablemente del conservatorio de Las Rosas. En el convento de San Francisco florecían las ciencias sagradas, de lo cual dan fe los manuscritos que se conservan en la Biblioteca de la Universidad Autónoma de San Luis Potosí. La oratoria barroca, rebuscada y recargada de sentencias y latines, brillaba también en boca de notables predicadores, uno de ellos fray José de Arlegui. Este, además de varios sermones impresos, dejó su *Crónica de la Provincia de N.S.P.S. Francisco de Zacatecas.* Designado cronista en el capítulo celebrado en Santa María del Río, concluyó esa obra en Tlaxcalilla, en 1736. Crónicas locales del convento del Carmen, las escribieron en la otra mitad del siglo los frailes Joaquín de la Concepción, Miguel de Santa Teresa y José de Santo Domingo. La de éste es la única publicada y no pasa de ser una versión ampliada y puesta al día de las anteriores.

El potosino Villaseñor y Sánchez describió la ciudad de San Luis Potosí a mediados del siglo XVIII. He aquí un resumen de su texto: debió su origen al descubrimiento de las minas del Cerro de San Pedro; en el beneficio de sus metales cifraba la

industria, y en la contratación de ellos, el comercio; eran muchas minas y en ninguna estorbaba el agua los trabajos; desde 1734 venían siendo bajas las leyes y los mineros no podían subvenir a los gastos del laboreo; en 1739 se obtuvo de lo más profundo de la mina de San Antonio gran cantidad de plata y oro; pero con esa sola excepción, hacía 10 años que la minería estaba en la ruina; los comerciantes se limitaban a mantener sus tiendas y a la matanza del ganado cabrío, cuyas pieles daban a curtir a las tenerías de los barrios; y la población se componía de 1,700 familias de españoles, mestizos, mulatos e indios. En el barrio de Tequixquiapan había 20 familias de mestizos y mulatos y 70 de indios versados en la lengua castellana, todos dedicados al cultivo de las huertas; en el de San Miguel, 53 de indios, tratantes en leña y carbón; en el de Nuestra Señora de Guadalupe, 28 de indios; en el de San Sebastián, que era república de aborígenes con gobernador, 166 proveedores de víveres; en el de San Cristóbal de Montecillo, 30 de indios y 8 de mestizos, de oficio tejedores, zapateros y sombrereros; en el de Tlaxcalilla, también república, 107, hortelanos, a quienes los religiosos franciscanos administraban en español y mexicano; y en el de Santiago, 65 de naturales. La población de San Luis y de barrios era, pues, de 2,147 familias, de las cuales 519 eran indígenas.

Entre mayo y julio de 1767 ocurrieron varios motines en la ciudad, a causa de las prohibiciones, impuestos, trabas y problemas para conseguir víveres. Estos hechos coincidieron con otros tumultos habidos en Venado (San Luis Potosí), Apatzingán, Pátzcuaro, Guanajuato, San Luis de la Paz y San Felipe. El 10 de mayo, con motivo de la extracción de un reo, se amotinaron los indios de la villa de San Sebastián y llegaron hasta apedrear la casa del alcalde mayor Andrés de Urbina; el 27, los mineros del Cerro de San Pedro, alegando injustas exacciones, invadieron la ciudad; mal aquietados y con el refuerzo de los de San Nicolás, Soledad y otros puntos, volvieron el 6 de junio, obligaron al alcalde a vaciar la cárcel, cometieron saqueos y en forma airada pidieron justicia. La noche del 24 al 25 de junio fueron aprehendidos en San Luis los 9 religiosos de la Compañía de Jesús que allí radicaban: 6 sacerdotes, 2 coadjutores y un escolar; la noticia cundió con suma rapidez y como el extrañamiento se difirió para el 26, se dio tiempo a la plebe para hacer el motín más feroz y sangriento de todos; los mineros del Cerro se unieron a los de San Nicolás, los Ranchos y las villas aledañas, excepto los de Tlaxcala, y capitaneados por un herrero de la Sole-

33

Plaza de Armas de San Luis Potosí hacia 1843

dad rescataron a los jesuitas y los devolvieron a su colegio. Ese día y los siguientes hicieron jirones la bandera real, destruyeron la cárcel y las casas reales, asaltaron la residencia del alcalde y se alzaron pidiendo la expulsión de los gachupines al grito de "Nuevo rey, nueva ley". El 10 de julio también se amotinaron los naturales de Venado y de La Hedionda. Para apaciguar a éstos salió el alcalde de Salinas, Charcas y Pinos, y para someter a aquéllos viajó desde su hacienda del Peñasco el capitán Francisco de Mora; en San Pedro batió a los revoltosos, les hizo 30 bajas entre muertos y heridos, y aprehendió a los cabecillas. Mientras tanto, el virrey dispuso que marchara sobre San Luis el visitador José de Gálvez, con 500 hombres de tropa. Partió éste de México el 9 de julio, se detuvo a su paso en San Luis de la Paz para aplacar a rebeldes locales y llegó a San Luis Potosí el día 24; expulsó sin miramiento alguno a los jesuitas, le siguió juicio a los amotinados y llevó un verdugo hábil de San Luis de la Paz para que ayudara en las ejecuciones: 32 ahorcados, 33 desterrados, 109 encarcelados de por vida, 21 por 10 años, 116 por 8, 22 por 6 y 1 a galeras; en total 334, más de un 10% de la población masculina, aunque varios huyeron y no fueron castigados.

El 2 de octubre de 1771, ante el amago de una extremada sequía, el Cabildo determinó jurar a la Virgen de Guadalupe como Patrona de Aguas, Minas y Comercio, lo cual se hizo con gran solemnidad el 13 de diciembre siguiente, con la participación de toda la ciudad y los barrios. Al año siguiente, a propósito de cierto legado a favor de la ermita, el Cabildo, como patrono de ella, decidió erigir un nuevo templo, grande y fastuoso, obtenidas las licencias, se bendijo y colocó la primera piedra el 27 de septiembre de 1772 y se encargó la fábrica al

tesorero de las Reales Cajas, Felipe Cleere, quien dejó la singular obra del Santuario de Nuestra Señora de Guadalupe, en el que se mezclan armoniosamente el barroco agonizante y el neoclásico naciente. Del mismo autor —arquitecto aficionado— es el magnífico edificio de las viejas Cajas Reales, construido entre 1764 y 1767, único ejemplar barroco de la arquitectura civil que se conserva. A causa de que la plebe dejó muy dañado este inmueble en 1767, el visitador Gálvez ordenó la construcción de otro en la manzana frontera, plaza de por medio; pero la aflictiva situación en que quedó la ciudad, más lo costoso de la obra, suscitó la resistencia del Cabildo y pasaron años sin que se hiciera nada. Los planos que hizo Francisco Bruno de Ureña fueron rechazados por la Academia en 1770. El virrey ordenó que el coronel de ingenieros Miguel Costanzó trazara otros, conforme a los cuales, en 1798, se empezó la construcción de las nuevas Casas Reales, hoy Palacio de Gobierno. Para la alhóndiga, que estaba en esa misma área, también se hizo un nuevo edificio entre 1771 y 1775; en sus bodegas, de techos de bóveda, cabían 100 mil fanegas de semilla. En 1913 el Ayuntamiento vendió este inmueble a un particular; hoy sólo se conserva intacta su elegante arquería.

El 4 de diciembre de 1786 el ministro José de Gálvez promulgó la Ordenanza de Intendentes y, de acuerdo con ella, la Nueva España quedó dividida en 12 intendencias que tomaron el nombre de sus capitales. La de San Luis Potosí se formó con los pueblos de la antigua alcaldía mayor y el agregado de Guadalcázar; los distritos de Charcas (que incluía Catorce, Matehuala y Venado), Ramos y Villa de los Valles; el Nuevo Reino de León, la colonia del Nuevo Santander y las provincias de Coahuila y Texas. Charcas y Ramos habían perte-

33

La Caja de Agua

Por un emisario de Hidalgo, aprehendido en Tierra Nueva, supo el brigadier Félix Calleja, comandante de las armas, la rebelión de Dolores. Obró rápidamente: mientras encarcelaba a los sospechosos, formó un ejército de 3 mil de a caballo, 600 infantes y 4 cañones, y el 24 de octubre salió a batir a los insurgentes. En su ausencia, los legos juaninos fray Luis Herrera y fray Juan Villerías, con el apoyo del carmelita fray Gregorio de la Concepción, comenzaron a tramar la insurrección de San Luis. Ganaron para su causa al capitán de lanceros Joaquín Sevilla y Olmedo y al oficial de dragones Francisco Lanzagorta. La revolución estalló la noche del 10 de noviembre; hubo encuentros y saqueos; el día 14 llegó Rafael Iriarte y hubo otro saqueo; Villerías huyó con 50 hombres rumbo a Guanajuato; después se fue Iriarte, llevando consigo buen número de españoles presos. En febrero regresó Herrera, pero salió hacia Río Verde al aproximarse Calleja, que volvía victorioso. El jefe realista ajustició a varios vecinos, entre ellos al licenciado Trellez. Puesta en paz la ciudad, el 4 de marzo de 1813 tomó posesión del virreinato el propio Calleja; su esposa, Francisca de la Gándara, era potosina y se convirtió en la única virreina mexicana. En el interior operaban algunas partidas de insurgentes. De vez en cuando había ejecuciones, como la de Fernando Rosas, en 1815. En vísperas del *Plan de Iguala* hubo otras aprehensiones y el 21 de marzo los capitanes Acosta y Márquez, al grito de "¡Viva la Independencia!", salieron de la ciudad llevándose 85 hombres. El 3 de julio se proclamó y juró en San Luis la Independencia de México.

En 1824, al adoptarse el sistema federal republicano, la Intendencia de San Luis Potosí se desmembró y con la antigua provincia se formó el Estado Libre y Soberano de San Luis Potosí, tras de elegir su Congreso y expedir, en 1826, la Constitución del Estado. La autonomía política, a pesar de las frecuentes guerras civiles, dio oportunidad para el progreso. En 1822 se clausuró la cátedra de latinidad que había en el excolegio de los jesuitas; mas en 1826 el presbítero doctor Manuel María de Gorriño y Arduengo, con el apoyo del gobernador, abrió el Colegio Guadalupano Josefino. A más tardar, en 1813 Alejo Infante instaló su imprenta en el Armadillo y en 1821 se establecieron dos en la ciudad: una, la de Francisco J. Estrada, con prensa y tipos que le vendió Infante, y otra la del Gobierno. Un hijo de Alejo Infante, José Tomás, descolló como el mejor grabador potosino. En 1827 los jua-

necido antes a la Nueva Galicia y Matehuala era disputada por el gobernador del Nuevo Reino de León. El 25 de octubre de 1787, tomó posesión de su cargo el primer intendente, Bruno Díaz de Salcedo.

En vísperas de la Independencia, según el Tribunal del Consulado, la Intendencia de San Luis Potosí tenía 616 leguas cuadradas y 686,503 habitantes. Sus cajas reales quintaban anualmente millón y medio de marcos de plata y las de Saltillo y Bolaños 40 mil marcos. San Luis Potosí, la capital, tenía 11 mil habitantes y estaban incorporados a ella, para el manejo de la real hacienda, los gobiernos militares del Nuevo Reino de León, Colonia del Nuevo Santander, Coahuila y Texas. Según Navarro y Noriega, en 1810 la Intendencia tenía 2,357 leguas cuadradas, 14 partidas, 23 curatos, 19 misiones, una ciudad, 2 villas, 49 pueblos, 15 reales de minas, 124 haciendas, 431 ranchos, 18 estancias de ganados y 173,651 habitantes: 22,609 españoles, 88,949 indios y 62,007 castas. Concluyó el siglo con la fastuosa dedicación del Santuario de Nuestra Señora de Guadalupe, el 8 de octubre de 1800, aunque no estaba del todo concluído aún, pues las veletas de las torres se colocaron el 6 y 8 de mayo de 1806.

Palacio de Gobierno (antiguas Casas Reales); al fondo, la Caja Real

ninos entregaron su hospital al Ayuntamiento junto con la iglesia y el convento. Tresguerras, en el mismo año, levantó el altar mayor del Carmen, para lo cual se destruyó el anterior, barroco sobredorado; construyó también el Teatro Alarcón y diseñó el primer monumento público que hubo en San Luis, la columna conmemorativa de la toma de San Juan de Ulúa, levantada en el centro de la Plaza de Armas. En casi todas las iglesias se derrumbaron los altares barrocos y se levantaron en su lugar los neoclásicos. En 1828 apareció el primer periódico de la entidad, intitulado *El Mexicano Libre Potosinense*. Para entonces casi quedó concluido el actual Palacio de Gobierno. En el Teatro Alarcón, en abril de 1828, se presentó la primera ópera puesta en San Luis, *Il pirata* de Bellini. El gobernador Ildefonso Díaz de León emprendió la gran obra del acueducto de la Cañada del Lobo, realizada por Juan N. Sanabria, con la preciosa Caja del Agua. Se inició también el trazo de la calzada de Guadalupe y la plantación de árboles a lo largo de esa vía. en 1838, con motivo de la "bajada" de ese año, o sea su llevada a la Parroquia, se quemó la antigua y venerada imagen de Nuestra Señora de Guadalupe, en cuyo honor se levantó una ermita en 1656 y el Santuario en 1772. El presidente Anastasio Bustamante —quien, como médico, se fue de San Luis con las tropas de Calleja a batir a los insurgentes— encomendó al pintor Jesús Corral la hechura de una nueva imagen, que llegó a San Luis en diciembre y fue solemnemente bendecida y colocada en su Santuario. En 1842 se instaló la Junta Lancaste-

riana, organismo que promovió notablemente la instrucción y en el cual descolló el profesor Pedro Vallejo. En 1844 se fundó, con excelentes resultados, una escuela nocturna y en 1850 la Normal. A

Primer periódico de San Luis Potosí

1

Catedral de San Luis Potosí

la serie de revoluciones y contrarrevoluciones vino a sumarse en 1846 el fundado temor de que San Luis padeciera la invasión norteamericana. Para contenerla, el Estado dio una gran cantidad de soldados, víveres y dinero, y en la ciudad empezó la construcción de dos ciudadelas. Fue tan extraordinario el esfuerzo de los potosinos, que la entidad mereció ser llamada "San Luis de la Patria".

Las gestiones iniciadas hacia 1770 para erigir el Obispado de San Luis Potosí, tuvieron éxito hasta 1854, cuando el Papa Pío IX nombró primer obispo al canónigo de la catedral de Guadalajara doctor Pedro Barajas: tomó posesión de su sede el 24 de abril de 1855; en agosto siguiente recibió el Colegio Guadalupano Josefino, que pasó a ser el Seminario Conciliar; y se aplicó a la transformación de la antigua parroquia para adecuarla a sus funciones de catedral.

De la Reforma a la Revolución. La noche del 21 de enero de 1858 se pronunció la guarnición de la ciudad al grito de "Religión y Fueros" y el Estado quedó en manos de los conservadores. Ante el amago de Vidaurri, Miramón fue en auxilio de la plaza. En mayo llegó el general Luis G.Osollo; cuando se preparaba para ir a Guadalajara, cayó enfermo de tifo y murió el 18 de junio. El día 30, después de

un brioso ataque, cayó la ciudad en poder de Zuazua, quien encarceló, impuso préstamos y ordenó destierros, entre ellos los del obispo y los religiosos de la Merced y San Francisco. El 13 de agosto llegó Vidaurri, pero al mes, ante la proximidad de Miramón, abandonó la plaza, no obstante su superioridad numérica, y en Ahualulco fue alcanzado y derrotado por éste. Al quedar de nuevo la ciudad en manos de los conservadores, volvieron muchos de los desterrados. Esta situación duró poco, pues regresaron los liberales y, con ellos, la exclaustración de religiosos, las confiscaciones, los préstamos y las levas. A fines de 1859 recuperaron la plaza los conservadores y otra vez la perdieron en abril de 1860. En enero de 1862 se presentó el general Jesús González Ortega y en marzo ordenó la demolición del templo de La Merced, joya de la arquitectura barroca. Mientras tanto, serias discrepancias dividían a los liberales; el gobernador Chico Sein, en parte por esto y en parte por un nuevo ataque de locura, fue depuesto. Murió el 10 de septiembre de 1863. Entre los bienes confiscados a la Iglesia estuvo el edificio del Seminario Conciliar Guadalupano Josefino. Chico Sein, ante lo inadecuado del convento de San Francisco, estableció en aquél el Instituto Científico Literario, que fundó por decreto del 1° de agosto de 1859, aunque su inauguración fue el 23 de mayo de 1861.

Juárez, no pudiendo mantenerse más en México, llegó a San Luis el 9 de junio de 1863 y la declaró capital de la República el 22 de diciembre. Partió pronto hacia Matehuala, para eludir a Mejía. Las fuerzas liberales evacuaron la ciudad la noche del 23, y aunque volvieron el 27 para atacarla, fueron derrotadas. El 4 de enero de 1864 San Luis proclamó su adhesión al imperio. El general Mejía llevó 6 hermanas de la Caridad para que atendieran a los heridos de la última batalla, pero a ruegos del vecindario allí se quedaron las religiosas. Bajo el Imperio se restableció la paz, alterada rara vez por alguna guerrilla. Aprovechando la tregua, se concluyeron las obras de la Catedral, cuya consagración se llevó a cabo el 20 de enero de 1866. el 1° de junio siguiente se inauguró la línea telegráfica de San Luis Potosí a México. En diciembre evacuaron la ciudad los franceses y en seguida la ocupó Juan Bustamante, nombrado gobernador por Juárez. En enero entró el general Escobedo y el 21 de febrero de 1867 volvió Juárez a establecer los poderes federales en San Luis. Desde allí denegó el indulto a Maximiliano, Miramón y Mejía.

El 1° de julio de 1867 partió Juárez para la capital de la República y dejó como gobernador del

Obispos de San Luis Potosí: 1.Pedro Barajas Moreno. 2.Manuel del Conde y Blanco. 3.J.Nicanor Corona Izarraraz. 4.J.Ignacio Montes de Oca y Obregón. 5.Miguel de la Mora y Mora. 6.Guillermo Tritschler y Córdoba. 7.Gerardo Anaya y Diez de Bonilla. 8.Luis Cabrera Cruz. 9.Estanislao Alcaraz

1

San Luis Potosí, desde la hacienda de Tenería (mediados del siglo XIX)

Estado a Juan Bustamante. Este aplicó las Leyes de Reforma, confiscó otros bienes de las corporaciones religiosas, clausuró el Colegio de Niñas y mandó destruir los altares barrocos del templo de esa institución. Fue depuesto y enjuiciado. Nuevas rebeliones volvieron a turbar la paz. El 30 de diciembre de 1868 falleció el primer obispo Pedro Barajas y el 25 de junio de l869 fue preconizado el potosino Manuel del Conde. Murió el 21 de junio de 1872.

En un ambiente de divisiones políticas e insurrecciones, en noviembre de 1867 entró a gobernar el general Mariano Escobedo. Aunque varias veces tuvo que dejar el puesto, logró hacer algunas obras: en la capital, se destinó para cárcel una parte del convento del Carmen y se mejoró la condición de los presos; se abrió un pozo profundo para el abastecimiento de agua y se fomentó el desarrollo del Instituto Científico, uno de cuyos maestros, Francisco Estrada Jr., se distinguió como inventor. Por entonces el célebre litógrafo Villasana, en compañía de José T.Cuéllar y José M.Flores Verdad, publicó *La Ilustración Potosina*. Empezaban a descollar varios literatos, encabezados por Manuel José Othón y Francisco de Asís Castro, quienes dieron a luz la revista *La Esmeralda* y otros impresos. También se atendió con esmero la salubridad pública. Al empezar 1891 se matricularon en las escuelas de la ciudad y de los barrios 2,395 alumnos. El comercio había prosperado y se inició el camino de San Luis a Río Verde, con el propósito de mejorar la comunicación a Tampico. En septiembre de 1874

se colocó la primera piedra del monumento a Hidalgo.

El 26 de diciembre de 1876, al mando de una fuerza tuxtepecana, ocupó la ciudad el general Carlos Diez Gutiérrez. El gobernador Pascual M.Hernández prefirió expatriarse. Empezaban a tenderse los ferrocarriles; el primero fue el de San Luis Potosí a Tampico, para cuya construcción se organizó en marzo de 1880 una compañía con accionistas potosinos en su mayoría. En 1881 se establecieron las escuelas de Artes y Oficios, una para mujeres y otra para hombres. Durante el período 1881-1884 gobernó Pedro Diez Gutiérrez, hermano de Carlos, quien volvió a la gubernatura en 1884. A fines de ese año se otorgó la concesión para los tranvías urbanos y suburbanos. En 1887 y 1888 dos fuertes inundaciones causaron estragos. El 23 de agosto de 1888 llegó el primer tren procedente del norte; el 15 de octubre se abrió al tráfico de carga la línea Nuevo Laredo-México; el 26 de junio de 1889 arribó el tren de Aguascalientes; el 16 de abril de 1890 se inauguró el ferrocarril San Luis Potosí-Tampico; el 4 de marzo del mismo año se abrió la nueva Penitenciaría y en marzo de 1892 empezó a trabajar la fundición de Morales. Ese mismo año la Casa de Moneda (se clausuraría en abril de 1893, después de 76 años de servicio) acuñó $1.300,000 y la exportación de plata ascendió a $3.400,000. En 1893 ocurrió una epidemia de tifo y culminó una sequía de 3 años. En 1894 en ocasión del II Congreso Médico Mexicano, se inauguró el Teatro de la Paz, obra del arquitecto José Noriega, con quien colaboró Jesús L.Sánchez. En 1896 los italianos Molina y Compiani decoraron la Catedral, que el obispo Ignacio Montes de Oca y Obregón enriqueció con obras de arte que importó de Europa. Los mismos artistas remodelaron el Palacio Solana y el Carmen. En lo que fue el convento de este nombre, el obispo levantó el edificio del Colegio del Sagrado Corazón, abierto en mayo de 1886. Montes de Oca, despues de haber sido primer obispo de Tamaulipas y de seguir a la diócesis de Monterrey, fue trasladado a San Luis en 1885. Al mes de su llegada bendijo y dedicó el templo de San José; prosiguió la obra del Seminario, el cual puso primero en manos de los jesuitas y después de los paulinos; en 1903 consagró el Santuario de Guadalupe; fundó la Escuela Católica de Artes y Oficios; y en 1892 compró al Ayuntamiento el viejo e inconcluso edificio de El Parián, lo concluyó y lo convirtió en palacio episcopal, donde reunió una rica colección de libros y obras de arte. Destacó, además, como orador y traductor de los clásicos.

Carlos Diez Gutiérrez murió el 21 de agosto de 1898. Ocupó su lugar en el gobierno del Estado el ingeniero Blas Escontría. En septiembre de 1903 se concluyó la Presa de San José. Los inversionistas potosinos fundaron el Banco de San Luis y promovieron la instalación de fundiciones, molinos de harina y fabricas de cigarros, clavos, muebles y cerillos. En la última década del siglo XIX destacaron el físico Francisco Javier Estrada, los médicos Miguel Otero, Antonio F.Alonso, Gustavo Pagensticher y Alberto López Hermosa, el farmacéutico Isidro Palacios, los ingenieros Pedro López Monroy y José María Gómez del Campo, los historiadores Francisco Peña, Primo Feliciano Velázquez y Manuel Muro, los músicos Zavala, Flavio F.Carlos y Julián Carrillo y los literatos Ignacio Montes de Oca y Obregón, Manuel José Othón, Ambrosio Ramírez, Francisco Pascual García y Manuel Ambriz Moctezuma. En arquitectura se distinguió Henry Guindon, franco-canadiense, cuyo maestro de obras Florentino Rico lo ayudó en la construcción del Palacio Monumental y el Palacio de Cristal. Otras obras de ese tiempo fueron la torre nueva de la Catedral, toda de cantera tallada; el Edificio Ipiña y el Teatro O'Farril. *El Estandarte*, el viejo periódico del licenciado Velázquez, marcó la transición del periodismo antiguo al moderno.

Al empezar el siglo XX, en ocasión de un discurso del obispo Montes de Oca pronunciado en el extranjero, empezaron los precursores de la Revolución (Camilo Arriaga, Juan Sarabia, Antonio Díaz Soto y Gama, Humberto Macías Valadez, Li-

33

Plaza de Armas hacia 1860

brado Rivera) a propagar sus ideas. Firmado por Arriaga, en agosto de 1900 apareció la "Invitación al Partido Liberal", cuyos seguidores fueron perseguidos, encarcelados y dispersados. En 1910 Francisco I.Madero fue llevado preso a la ciudad de San Luis Potosí; logró libertad bajo fianza, se puso en contacto con algunos simpatizantes y huyó a San Antonio, Texas, donde dio a conocer su *Plan de San Luis*, firmado el 5 de octubre de 1910, aunque no se redactó en esa fecha ni en la capital potosina. Cándido Navarro fue el primer revolucionario. El 26 de mayo de 1911, con más de 500 hombres, entró a San Luis Potosí. Al día siguiente renunció el gobernador José M.Espinosa y Cuevas. Lo reemplazó el doctor Rafael Cepeda, reducido a prisión al asumir Huerta el poder. Una serie de gobernadores, militares en su mayoría, siguieron después, con las consiguientes entradas y salidas de las fuerzas en contienda y la secuela de saqueos y asesinatos. Fue demolida la iglesia de Tequisquiapan, confiscados el Seminario y el Palacio Episcopal y robadas todas sus obras. El Hospital Diocesano de San Carlos Borromeo fue convertido en Hospital Civil. En esa época, además, el Ayuntamiento vendió el antiguo edificio de la Alhóndiga y destruyó el viejo panteón de la ciudad para que los Ferrocarriles ampliaran sus patios y talleres.

En agosto de 1921, cuando volvía al país después de 7 años de ausencia, murió en Nueva York el obispo Montes de Oca. Su cadáver fue llevado a San Luis Potosí e inhumado en su Catedral. Le sucedió en el gobierno de la mitra potosina Miguel

Teatro de la Paz

1

María de la Mora, quien organizó la deshecha diócesis y fundó El Colegio de San Luis, la Escuela para Papeleros, la Academia para Obreras y los Caballeros de Colón. En los años postrevolucionarios se suscitó una pugna cruenta entre manriquistas y prietistas. Hubo dos gobernadores, pero se reconoció al profesor Aurelio Manrique y fue ostensible el desorden administrativo. Luego, con Abel Cano, se entronizó el cacicazgo cedillista. Entonces ocurrió el conflicto religioso, con el fusilamiento del presbítero Antonio Mendez y algunos cristeros. La tolerancia de Saturnino Cedillo no provocó mayores represalias. El mismo, a la cabeza de sus agraristas, tomó parte en la campaña de Jalisco. En junio de 1930, al año de concluir el conflicto religioso, murió el obispo De la Mora. Lo sucedió el canónigo de la Catedral de México, doctor Guillermo Tritschler y Córdova. La tolerancia cedillista permitió, de una parte, la consecución de la autonomía para la Universidad; y, de la otra, la apertura de colegios católicos. Se empezó la carretera a Ciudad del Maíz. En septiembre de 1933 un ciclón y la ruptura de la represa de La Constancia provocaron una inundación que causó muertes y daños físicos en los barrios de Santiago y Tlaxcala y en la vecina población de Soledad. Cedillo fomentó la aviación: en los talleres de la Escuela Industrial Militar se construyeron varios aeroplanos, el primero *El Triunfo Potosino*, y en la Escuela de Aviación se formaron varios pilotos, entre ellos María Marcos Cedillo, la primera aviatriz mexicana, caída trágicamente el 6 de junio de 1933. El propio Cedillo no secundó la

política educativa de Lázaro Cárdenas y su paso por la Secretaría de Agricultura no dejó huella. En mayo de 1938 se lanzó a la rebelión. Nadie lo siguió fuera del Estado; dentro, lo abandonaron los suyos y no encontró eco. Al cabo de unos meses de huir por la sierra, acabó en una emboscada, el 11 de enero de 1939. Desconocidos los poderes, había sido depuesto el último gobernador cedillista coronel Mateo Hernández Netro. Ocupó su lugar el general Genovevo Rivas Guillén, y en 1939, el general Reynaldo Pérez Gallardo, removido también ante el clamor popular. Ascendió a la gubernatura el general Ramón Jiménez Delgado y entonces se reanudaron las obras públicas, principalmente escuelas y las carreteras a Antiguo Morelos y a Guadalajara. En seguida privó el cacicazgo de Gonzalo N.Santos, quien gobernó de 1943 a 1949; en su tiempo se construyó la presa de El Peaje, se renovó el Teatro de la Paz y se inició la carretera a Río Verde. Le siguieron en el gobierno Ismael Salas, en cuyo período ocurrió un movimiento sinarquista motivado por el secuestro de algunos líderes de esa organización, y Manuel Alvárez, depuesto en 1958, cuando el pueblo en masa se pronunció de manera pacífica, pero decidida, contra el cacicazgo y lo acabó. Salió electo presidente municipal el doctor Salvador Nava; y para suplir a Alvarez, el gobierno federal designó a Francisco Martínez de la Vega. El Ayuntamiento transformó la ciudad; pero al lanzar Nava su candidatura para gobernador, se desató la violencia e intervinieron granaderos llevados desde México, el ejército y la policía. Cientos de ciudadanos fueron encarcelados y muchos llevados al Campo Militar Núm. 1 del Distrito Federal. Se desconoció el triunfo de Nava y ascendió al poder el profesor Manuel López Dávila. Todo culminó con una matanza en la Plaza de Armas y con la entrada a la ciudad de tanques de guerra, artillería y miles de soldados. El diario *Tribuna* fue destruído. En el período 1967-1973 gobernó el licenciado Antonio Rocha, quien levantó buen número de escuelas; construyó el edificio del Instituto Potosino de Bellas Artes, el Palacio de Justicia, los asilos y las plazas López Velarde y España; fundó la Casa de la Cultura y el Centro de Estudios Ramón Alcorta; y concluyó el Palacio de Gobierno dándole la dimensión de toda una manzana. Apoyó su programa el presidente municipal Antonio Acebo. En 1973 entregó el gobierno al licenciado Guillermo Fonseca Alvarez.

Educación. El Municipio de San Luis Potosí, con una población de 190 mil habitantes, tiene un 27% de analfabetas. Sin embargo, en los años más

Plaza de Armas de San Luis Potosí

recientes ha crecido el número de escuelas primarias y secundarias y se han instalado algunos internados para estudiantes del interior del Estado y de la República. Según el Censo de 1970, asistían a las primarias 46,469 alumnos 23,767 niños y 22,702 niñas; y a las postprimarias (capacitación, secundaria y preparatoria o vocacional), 32,998. Cuenta la ciudad con varias preparatorias particulares y oficiales, una Escuela de Artes y Oficios, el Insituto Carlos Gómez, la Escuela Tecnológica Industrial y el Instituto Tecnológico Regional Núm. 18. La Universidad Autónoma de San Luis Potosí comprende las escuelas e institutos siguientes, con las carreras y el número de alumnos que se indican, entre paréntesis: 3 preparatorias (4,362), Ciencias Químicas (farmacología, ingeniería química y química industrial; 742), Comercio y Administración (contador público titulado y auditor y administrador de empresas; 1,026), Derecho (930), Economía (231), Enfermería y Obstetricia (174), Estomatología (444), Física (88), Ingeniería (agronomía, arquitectura, geología, ingeniería civil, ingeniería electromecánica, metalurgia y topografía; 2,201), Medicina, (599) y Psicología (264); y los institutos de Investigaciones de Zonas Desérticas, de Geología y Metalurgia, de Física y de Investigaciones Económicas. En total son 11,061 los estudiantes y 666 los profesores.

Arte potosino. Real de minas en sus principios, después población que vivió del comercio, la ganadería y la agricultura, San Luis Potosí tardó en formar su propio arte. De fuera, llegaron pronto pinturas, esculturas y objetos de orfebrería; dentro, los alarifes y los indios paulatinamente fueron asimilando la técnica de la construcción y del tallado de la cantera, que utilizaron en la arquitectura potosina. Se conservan los nombres de algunos pintores del siglo XIX: Mariano Borja, José Guerrero, José Tomás Infante, Antonio de P.Castilla, José Calderón y, más recientes, comprendiendo este siglo, los Vela, Germán Gedovius, José Jaime y Felipe Moreno, fallecidos todos. Hay hermosas esculturas anónimas como el Señor del Refugio y la Dolorosa, en la Soledad, y el San Cristóbal del Montecillo, de origen incierto. Los templos del siglo XVIII tuvieron muchas imágenes estofadas, pero la mayoría se ha perdido, igual que la noticia de sus autores. Lo mismo sucede con la orfebrería; en varias iglesias están las obras de J.P.Hurtado y Nicolás Julián o Guzmán, pero la mayor parte —cálices, copones, guiones— son anónimas. Firmadas, se encuentran muchas pinturas de Alcíbar, Arellano, Cabrera, Correa, Leal, Morlete, Rodríguez, Juárez, Sánchez, Torres, Vallejo y Villalpando; e identificadas, esculturas de Aguado, Arias, Muños y Perrusquía. La arquitectura está íntimamente ligada a la urbanística potosina. Excepto unas cuantas cuadras alrededor de la Plaza de Armas, que parecen tiradas a cordel, los conventos e iglesias variaron las dimensiones e impidieron la uniformidad de las manzanas; y los jales de las haciendas de beneficio y las corrientes de los manantiales, en torno al centro, torcieron el trazo original. San Luis Potosí no tiene una sola calle recta ni de la misma anchura de

Jardín Colón

principio a fin. En este sentido, presenta un carácter original y polifacético. La cantera, además, se empleó generosamente en construcciones y pisos.

Los primeros edificios fueron de adobe. En el siglo XVIII, a la par que se reconstruían iglesias y conventos, surgían las mansiones coloniales. De éstas, sólo la Real Caja se ha salvado, pues las demás cayeron, parcial o totalmente, en aras del neoclásico y de lo moderno. La casa potosina colonial es, en sus mejores ejemplos —escribió el doctor Francisco De la Maza— de muros de cantera, muy bien tallada y con una excelente estereotomía. Los vanos son adintelados, pero con ricos adornos en las claves y varias veces moldurados. En las esquinas o finales de fachada los sillares alternan de tamaño, saliendo unos más que otros para evitar la monotonía. Los patios son cuadrados con arcos sustentados por medio de pilares muy esbeltos, con sobrios adornos de líneas rehundidas, con el fuste y con las esquinas en redondo, esquivando así la dureza del ángulo. Mas la nota característica potosina es la de los balcones, en los cuales las repisas no son trivialmente cuadrangulares, sino mixtilíneas, con una sección circular que avanza en el centro, como una tribuna o medio púlpito, que le añade un señorío particular. Esta repisa alabeada lleva molduras en su grueso cuerpo decreciente y, a veces, relives con rostros de niños.

Destruidos los conventos, de arquitectura colonial barroca, sólo quedan los templos. En todos, excepto en el Carmen y en Loreto, desaparecieron los altares originales y en su lugar se levantaron otros neoclásicos. El primer edificio construido en este estilo es el Palacio de Gobierno, con planos de, Costanzó. Mucho después Tres guerras delineó el altar mayor del Carmen y el Teatro Alarcón; y Sanabria la hermosa Caja del Agua, la mejor obra neoclásica potosina. A estas formas, entre Tuxtepec y la Revolución, siguió el estilo porfiriano, el de las mejores construcciones del tiempo: Palacio Monumental, Palacio de Cristal, Palacio Federal y Teatro de la Paz. En seguida, tras unas décadas en que poco se registra, por los cuarentas apareció el estilo moderno, bien definido, con obra original en cines, edificios públicos, casas y escuelas.

Ayuntamientos de San Luis Potosí. Desde la vigencia de la Constitución Política de 1917, los Ayuntamientos de la Capital del Estado han sido los siguientes (sólo los regidores propietarios, con exclusión de los suplentes): 1917: presidente: Severiano Martínez; regidores: Antonio Vives, Tomás Medellín, Santiago Rincón Gallardo, Fernando Gómez Portugal, Alberto Puyou, Jesús García, Mariano Vildósola, Angel Guajardo, Eduardo Ruiz, Félix Guerra, Nicolás E.Romero, Francisco C.Rodríguez, Enrique Contreras, Manuel E.Araiza, Antonio O.Cervantes, Ernesto Espinosa; síndicos: Crispín Segura y José Rojas; secretario: Salvador Silva Monedero; tesorero: Manuel González (el Decreto Núm. 124 del 29 de octubre fijó para el Ayuntamiento de San Luis Potosí un presidente municipal, 8 regidores y 2 síndicos, por un período de 2 años). 1918: presidente: Severiano Martínez; regidores: Refugio T.Yáñez, Pedro Moctezuma, Antonio Morales, Ignacio Martínez, Genaro de la Torre, Angel Guajardo, Mariano Vildósola, Ignacio Alvarez; síndicos: Antonio Berúmen Sein y Aurelio Azuara; secretario: José Guadalupe Ramírez; tesorero: Manuel González. 1919: presidente: Refugio T.Yáñez; regidores: Pedro Moctezuma, Manuel E.Araiza, Antonio Morales, Genaro de la Torre, Angel Guajardo, Antonio Cervantes, Ignacio Alvarez; síndicos: Vicente Gómez y Aureliano Azuara; secretario: J.Betancourt. 1920: presidente: Pedro Moctezuma; regidores: José Gutiérrez Soberón, José Rodríguez, Mariano Niño, Antonio E.Urriza (cesó el 11 de mayo). 1920: Concejo Municipal (a partir del 15 de mayo): presidente: Tomás Medellín; regidores: Daniel González, Rosendo Muñoz Ledo, Martín Lara Castillo, Enrique Martínez Vargas, Timoteo González, Federico Hermoso, Nicolás T.Sánchez, Patricio Blanco. 1921: presidente: Antonio Humara Acebo; regidores: Daniel González (renunció), Alberto Puyou, Dionisio Zavala, Alfonso Farfán, Eligio Campos, José Calvillo Naranjo,

Tomás Estrada, Francisco E.López; síndicos: Manuel Rodríguez Martínez y Lorenzo Nieto. 1922: presidente: Urabo Pérez; regidores: Cresencio F.Palafox, Antonio E.Urriza, Dionisio Zavala, Juan Silios, Eligio Campos, Rosendo Muñoz Ledo, David Martínez, Isaías Noriega; síndicos: Manuel Rodríguez Martínez y José Hernández de la Garza. 1923: presidente: Urbano Pérez; regidores: Enrique Cabello, Antonio E.Urriza, Eduardo Hernández, Juan Silos, Leopoldo E.Pedroza, Rosendo Muñoz Ledo, Ramón F.Hernández, Isaias Noriega; síndicos: José T.Oviedo y José Hernández de la Garza (cesó el 11 de diciembre, según Decreto Núm.7 del XXVIII Congreso del Estado) 1923-1924: presidente: Pedro Hernández; regidores: Juan Martínez Ortíz, Jesús Castro, Eduardo Hernández, Ramón Cárdenas, Leopoldo E.Pedroza, J.Concepción Gaitán, Ramón F.Hernández, Wenceslao Rodríguez; síndicos: José Santos Alonso y Braulio Altamirano. 1925: presidente: Pedro Hernández; regidores: Juan Martínez Ortíz, Valentín Narváez, Martín Gutiérrez, Federico Monjaráz, Cecilio Leos, J.Concepción Gaitán, Emilio Alvarado, Wenceslao Rodríguez; síndicos: Leonardo Arizmendi y Braulio Altamiraro; secretario: Manuel F.Rodríguez (cesó el 11 de noviembre y en su lugar se instaló un Concejo Municipal). 1925: presidente: Antonio Trujillo Espinosa; regidores: Juan Antonio Oyarzun, Manuel Montante, Enedino Ortega, Ernesto Espinosa, Rafael N.Tristán, Cirilo Villegas, Baldomero Zapata, Manuel Vázquez; síndicos: Francisco Silva y Ernesto Martínez Macías; secretario: Filiberto Hernández Nava. 1926: presidente: Eugenio B.Jiménez; regidores: Juan Antonio Oyarzun, Patricio Blanco, Enedino Ortega, Alfredo S.Cuevas, Rafael N.Tristán, Ramón Díaz de León, Bladomero Zapata, Rafael Araiza; síndicos: José Tiburcio Medina y Ernesto Martínez Macías; secretario: Filiberto Hernández Nava. 1927: presidente: Eugenio B.Jiménez; regidores: Juan Antonio Oyarzón, Patricio Blanco, Adalberto G.López, Alfredo S.Cuevas, Enrique Barrios, Ramón Díaz de León, Manuel Vázquez, Rafael Araiza; síndicos: Crispín Segura y Tiburcio Medina; secretario: Luis Córdova Cantú. 1928: presidente: Marcelino Zúñiga; regidores: Juan Antonio Oyarzun, Ramón Díaz de León, Adalberto G.López, José F.Flores, Enrique Barrios, Juan C.Hernández, Manuel Vázquez, Hildebrando Soria Urías; secretario: Luis Córdova Cantú. 1929: presidente: Marcelino Zúñiga; regidores: Vicente Segura, Ramón Díaz de Léon, Patricio Blanco, José S.Flores, Pedro Escobar, Juan C.Hernández, Enrique Pedroza, Hildebrando Soria Urías; síndicos: Rafael Díaz de

La Alameda

Melitón Martínez, Enrique Pedroza, Lázaro Díaz; síndicos: Rafael Díaz de León y Vicente Gómez; secretario: Luis Córdova Cantú. 1931: presidente: Vicente Segura; regidores: José María Acevedo Jr., Enrique Barrios, Enrique Pedroza, Rafael N.Tristan, Gonzalo Uribe, Melitón Martínez, Juvenal Hernández Teruel, Lázaro Díaz; síndicos: Prudencio Sandoval Martínez y Vicente Gómez; secretario: Luis Cordova Cantú. 1932: presidente: Efrén González (m. el 22 de noviembre); regidores: José María Acevedo Jr., Rutilio Alamilla, Enrique Pedroza, Bernardino Sandoval, Gonzalo Uribe, Carlos G.Gutiérrez, Juvenal Hernández Teruel, Ireneo Blas Estrada; síndicos: Prudencio Sandoval Martínez y Antonio del Castillo; secretarios: Luis Cordova Cantú y Daniel Tello López. 1933: presidente: Rutilio Alamilla (sustituto); regidores: Braulio G.Cerda, Rutilio Alamilla, Santiago Rincón Gallardo, Bernardino Sandoval, Andrés Torres, Carlos G.Gutiérrez, Moisés Aguilar, C.J. de Blas Estrada; síndicos: Enrique López Monsiváis y Daniel Tello López; secretario: José María Acevedo Jr. 1934: presidente: Hipólito Cedillo; regidores: Braulio G.Cerda, Santiago Rincón Gallardo, Antonio Aguilar, Andrés Torres, Arnulfo López, Moisés Aguilar, Victor González; síndicos: Genaro Morales y Enrique López Monsiváis; secretario: José María Acevedo. 1935: presidente: Hipólito Cedillo; regidores: Santiago González, Félix R.Cura, Salvador Muñiz, An-

Monumento a Othón

tonio Aguilar, Ramón Maldonado, Arnulfo López, Fernando H.Velasco, Victor González; secretario: José María Acevedo Jr. 1936: presidente: mayor José García Zamora; regidores: Santiago González S., Felipe de Avila, Salvador Muñiz, Baldomero Hernández Teruel, Bibiano Puente, Ramón Díaz de León, Fernando H.Velasco, Alberto Z.Araujo; síndicos: Juan Soria Urías y Agustín Sánchez Pérez. 1937: presidente: mayor José García Zamora; regidores: Epigmenio Zermeño, Felipe de Avila, Arnulfo López, Baldomero Hernández Teruel, Francisco B.Reyes, Ramón Díaz de León, Miguel González, Alberto Z.Araujo; síndicos: Agustín Sánchez Puente y Genaro Morales; secretario: Rubén Sánchez G. 1938: presidente: Alberto Z.Araujo; regidores: Epigmenio Zermeño, Marcelino Zúñiga, Arnulfo López, Francisco Velázquez, Luis Vázquez, Manuel Amaya, Miguel González, Martín Martínez; síndicos: Fausto Sandoval Pro y Felipe Franco; secretario: Bibiano Puente (cesó el 26 de mayo, cuando se declararon desaparecidos los poderes del Estado). 1938: Concejo Municipal (a partir del 27 de mayo): presidente: Ernesto Huigera; regidores: Abundio Estrada, Roberto Maxemin, Manuel Arellano, Armando Alderete, Pedro Martínez, Josefina Franco, Francisco Sandoval Navarro; José de Jesús Gama y Alfonso Guerrero Briones; secretario: Enrique López Monsiváis (cesó el 25 de junio). 1939: presidente: Manuel Parra López; regidores: Plinio López Rascón, Natalio Ramos, Manuel de Lira, J.Paz Camacho, Gregorio Monsiváis, Tomás Rosales, Juan Chávez, Victoriano Moreno;

síndicos: Enrique López Monsiváis y Antonio Rocha; secretario: Felipe Cardiel Reyes. 1940: presidente: Manuel Parra López; regidores: Plinio López Rascón, Natalio Ramos, Manuel de Lira, J.Paz Camacho, Gregorio Monsiváis, Tomás Rosales, Juan Chávez, Victoriano Moreno; síndicos: Enrique López Monsiváis y Antonio Rocha; secretario: Alfonso Vega S. 1941: presidente: José L.Cerda; regidores: Juan Cervantes, Lucio Cervantes, Jesús Alvarez, Ernesto Dávila, Juan Castañedo, Candelario Lucio, Manuel Méndez López, Antonio Palomo; síndicos: Juan Puente Gómez y José Hernández Gómez (cesó el 4 de septiembre. Por acta levantada el 1º de enero, en sesión celebrada en una casa particular —Comonfort 11—, se declaró instalado, pero fue desconocido como ilegal, el Ayuntamiento integrado por Raymundo Cardona, Amador Turriboates, Armando Alderete, Candelario Lucio, Dámaso Rodríguez, José Guadalupe Espinosa, Antonio Palomo Gómez, Julio L.Liñán, Alfonso Vega S. y Manuel Romo Trujillo). 1941-1943: por decreto del gobernador provisional Ramón Jiménez Delgado, se nombró un Concejo Administrativo Municipal: presidente: Alfonso Viramontes; y vocales y síndicos: Jesús Mejía Viadero y Antonio Lozano M. 1944-1945: presidente: Ignacio Gómez del Campo; regidores: Antonio Garfias, Filiberto Herrera, Federico Compeán, J.Florencio Ruiz, Victor González, Jesús N.Noyola, Luis H.Vega, Alfonso Cornejo; síndicos: Eliseo Montes Guillén y Manuel Moreno; secretario: Jesús Mejía Viadero. 1946: pasó a ser presidente Antonio Garfias. 1947-1949: presidente: Arturo Medina (se retiró el 27 de septiembre de 1947); regidores: Federico Meade Elorduy, José María Reyna, José María Ocejo, Urbano Pérez, Antonio Loredo García, Francisco Rodríguez Castillo, Alfonso R.García, Juan Castañedo; síndicos: Jesús Mejía Viadero y Abel E.Elizondo; secretario: José Pantoja Gallardo. 1950-1951: presidente: Agustín Olivo Monsiváis; regidores: Antonio Hernández Guerra, Abel Cano, Edgardo Meade Elorduy, José Valentín Martínez, Demóstenes E.Acosta, Martín Guerrero, Jesús Gómez, Francisco Velázquez M.; síndicos: Eliseo Montes Guillén (falleció), Juan Puente Gómez, Salvador Muliz Moreno; secretario: José María Quijano Pitman. 1952: el 4 de enero el presidente Agustín Olivo Monsiváis obtuvo una licencia y pasó a ser presidente Antonio Hernández Guerra; regidores: Abel Cano, Edgardo Meade, José Valentín Hernández, Demóstenes E.Acosta, Martín Guerrero, Jesús Gómez, Francisco Vázquez M.; síndicos: Juan Puente Gómez; secretario: José María Quijano. 1953-1955: presidente: Nicolás Pérez Cerrillo (renunció el 27 de septiembre y lo suplió Socorro Blanc Ruiz); regidores: Leobardo M.González, Ignacio Aguiñaga Castañeda, Amador Turrubiartes, Manuel Vázquez Cerda, Felipe Saldaña, Manuel Romo Trujillo, Tomás Orta, Pascual Martínez Limón; síndicos: José Luis Vera y Miguel López Hoyuela; secretario: José María Quijano (desde este año aumentó a 9 el número de regidores). 1956-1958: presidente: Alfonso Viramontes Jr.; regidores: Matilde Cabrera Ipiña de Corsi, Alfonso R.García, Rafael J.Pérez, Pedro Cerino Ramos, José Moreno (falleció y lo suplió Francisco Chávez Cossío), José Torres Farfán, Joaquín Castillo, Adela Delgadillo, Enrique Villegas Montes, Genaro González Barajas, Jesús N.Noyola; síndicos: Lorenzo Alfaro Ríos y Francisco González Arellano; secretario: José Quijano Pitman (en este año se aumentó a 11 el número de regidores). 1959-1961: presidente: Salvador Nava Martínez; regidores: Mario Lozano González, Antonio Pizzuto Rubio, Antonio Benavente Zarzosa, Gregorio Vázquez Cortés, Francisco Viramontes, Alvaro Muñoz Rico, Aristeo Borjas Acevedo, René Olivares Martínez, Joaquín Rubio Jasso, Prisciliano Pérez A., Eugenio González; síndicos: José Francisco Pedraza y José Trinidad Tovar; secretario: José Francisco Pedraza (Nava renunció para lanzar su candidatura al gobierno del Estado y entregó al regidor Antonio Benavente el 30 de diciembre de 1960, pero el 16 de septiembre de 1961 el Ayuntamiento fue destituido y se nombró un Concejo Administrativo Municipal). 1961: presidente: Leonardo V.Hopper; regidores: J.Natividad Sánchez, José Hernández Hernández, Francisco Bárcena, Lino Cadena; síndico: Vicente Núñez Torres; secretario: Lorenzo Alfaro Ríos. 1962-1964: presidente: Javier Silva; regidores: Jorge Márquez Borjas, Jorge Villalba Rueda, Consuelo Chávez de Hernández, Virgilio Garza y Garza, Juan Rodríguez Soto, Juan Sánchez Lavín, Eduardo Guardiola Morán, Alfonso Serment Pérez, Dunstano Ceballos Ontiveros, Luis L.Garza, Valentín Grimaldo Gobea; síndicos: Abel E.Elizondo y Gustavo Barrera Hernández; secretario: Adalberto Noyola Vázquez. 1965-1967: presidente: Manuel Hernández Muro; regidores: Antonio Acebo Delgado, Jorge Reyes Velázquez, Angel Rubio Huerta, Alfonso R.García, J.Natividad Sánchez, Benjamín Castellanos, Guadalupe Cano de Moreno, Salvador Lara Méndez, Enrique Mercado Aguirre, Candelario Martínez, Pascual Guillermo Gilbert; síndicos: Ramiro Robledo Treviño y Adalberto Noyola Vázquez; secretario: Marum Kury Garza. 1968-1969: presidente: Guillermo Fonseca

Monumento a Hidalgo

Alvarez; regidores: Gabriel Echenique, Luis Tudón Hurtado, Vicente Ruiz Chiapetto, Juan Castillo Rodríguez, Porfirio Vega Sánchez, Pedro Ramírez Ramírez, María de Jesús Mena de Z., Jesús Zamarrón Mireles, Alfredo Mayagoitia C., Efraín Portales Berrones, Jesús González Urriza; síndicos: Miguel López Hoyuela y Juan Antonio Ledezma; secretario: Angel Rubio Huerta. 1970: presidente: Gabriel Echenique; regidores: Manuel García García, Lisandro Bravo Delgadillo, Vicente Ruiz Chiapetto, Juan Castillo Rodríguez, Porfirio Vega Sánchez, Pedro Ramírez Ramírez, María de Jesús Mena de Zavala Vallejo, Jesús Zamarrón Mireles, Alfredo Mayagoitia C., Efraín Portales Berrones, Jesús González Urriza; síndicos: Miguel López Hoyuela y Juan Antonio Ledesma; secretario: Angel Rubio Huerta. 1971-1973: presidente: Manuel Acebo Delgado; regidores: Salvador A.Lozano, Adolfo Cardona Muñoz, J.Guadalupe Rivera Altamirano, Julio Sergio Velázquez, Rodolfo Padilla, Marta Celestino Reyna, Gualberto Meléndez Cruz, Salvador Wong Ruiz, J.Jesús Villalobos Bustamante, Enrique Ress Saucedo, Francisco A.Salas; síndicos: Leopoldo A.Puente y Felipe Cardiel Reyes; secretario: Marum Kury Garza. *R.M.yA.*

Demografía. El Municipio de San Luis Potosí tiene una superficie de 1,353.30 kilómetros cuadrados (2.15% del territorio de la entidad) y una población de 267,951 habitantes (20.90% del total del Estado): 129,795 hombres y 138,156 mujeres. Su densidad demográfica es de 198 por kilómetro cuadrado. Está integrado por 87 localidades: una ciudad, 5 congregaciones, un fraccionamiento, 5 ejidos, 3 rancherías, 34 ranchos, una estación de ferrocarril, 5 colonias y 32 localidades insuficientemente definidas; en 23 de ellas viven menos de 99 personas; en 38, de 100 a 499; en 25, de 500 a 2,499; y en una, la cabecera, más de 100 mil. El 64.7% de la población es menor de 24 años (173,507) y el 6.2% (16,598) corresponde a personas mayores de 60. El número de familias es de 48,063, de las cuales 39,341 (81.8%) están sostenidas por hombres y 8,722 (18.2%) por mujeres. Aparte los esposos o esposas (37,274) e hijos (161,982), viven en los hogares 11,850 parientes y 3,299 huéspedes o sirvientes. Viven solas 5,483 personas. El 15.5% de las familias (7.484) está constituido por 9 miembros o más. Los mayores de 12 años son 168,975: 76,381 solteros y 77,326 casados; los demás viven en unión libre (5,386), o son viudos (7,305), divorciados (683) o separados (1,894).

Entre las personas mayores de un año de edad (258,988), el 96.6% usa zapatos, el 2.2% huaraches o sandalias y el 1.2% anda descalzo. Son católicos 263,519 (98.3%) habitantes del municipio; 2,756 (1.0%), protestantes o de otras confesiones; y 1,676 (.7%) no practican ninguna religión. Son potosinos 235,485 (87.9%); nacieron en otras entidades 31,647 (11.8%) y 819 (.3%) son extranjeros. Del total de inmigrantes, 6,167 (17.8%) proceden de Guanajuato, 5,723 de Zacatecas, 2,953 de Jalisco, 2,783 de Tamaulipas, 2,409 del Distrito Federal; el resto (13,531) de las demás entidades y 1,120 de otros países.

Del total de mujeres del municipio mayores de 12 años (89,185), 45,546 han tenido 261,748 hijos, con promedio de 2.9; y de éstas, 15,478 (34.0%) han procreado de 1 a 3; 27,634 (60.7%), de 4 a 12; y 2,434 (5.3%) 13 o más.

Del total de la población, 168,975 (63.1%) son mayores de 12 años y, de éstos, 68,624 constituyen la población económicamente activa, con una tasa de participación del 40.6%: 50,967 hombres y 17,657 mujeres; y 100,351 la económicamente inactiva: 28,823 hombres y 71,528 mujeres, de los cuales el 56.6% (56,798) se ocupa en quehaceres domésticos, el 27.7% (27,797) son estudiantes y el 15.7% (15,756) tiene otras ocupaciones improductivas. Entre quienes trabajan, 6,305 (9.2%) se dedican a la agricultura, ganadería, silvicultura, pesca y caza; 22,369 (32.6%), a la industria; 9,440 (13.7%), al comercio; 5,361 (7.8%), a los transportes; 17,246 (25.1%), a los servicios; 2,995 (4.4%), a trabajos al servicio del gobierno; y 4,908 (7.2%), a

quehaceres no especificados. De ese mismo total, 5,794 (8.4%) son profesionales y técnicos; 2,300 (3.3%), directivos; 7,884 (11.5%), empleados administrativos; 7,324 (10.7%), vendedores; 11,800 (17.2%), conductores de vehículos o trabajadores de otros servicios; 6,026 (8.8%), trabajadores agropecuarios; y 27,496 (40.1%), trabajadores no agrícolas o insuficientemente especificados. Desde el punto de vista de su posición en el trabajo, 7,901 (11.5%) son empresarios (5,979 hombres y 1,922 mujeres); 40,718 (59.3%), empleados u obreros; 6,971 (10.1%), jornaleros o peones; 9,500 (13.8%), trabajadores independientes; 697 (1.0%), ejidatarios; y 2,837 (4.3%), personas que prestan sus servicios en un negocio familiar sin retribución. Sin embargo, hay 2,818 personas (4.1%) que sólo trabajan de uno a 3 meses durante el año; 4,024 (5.9%), de 4 a 6; 3,016 (4.4%), de 7 a 9; y 58,766 (85.6%), de 10 a 12. Declararon ingresos hasta de $499 mensuales, 22,754 personas (35.8%); de 500 a 999, 21,925 (34.5%); de mil a 2,499, 13,880 (21.8%); de 2,500 a 4,999, 3,375 (5.3%); y de 5 mil o mas, 1,652 (2.6%).

Los habitantes del municipio se alojan en 41,423 viviendas (6.5 por cada una en promedio): 23,471 (56.6%) propias y 17,952 (43.4%) alquiladas. El promedio de cuartos por vivienda es de 3.2. Del total de éstas, 14,345 (34.6%) tienen muros de adobe; 25,284 (61.0%) de ladrillo y 1,794 (4.4%) de madera u otros materiales. El concreto se emplea en el techo de 28,945 casas (69.9%); las demás son de teja (2.8%), madera (4.4%), palma (4.4%) u otros materiales (18.5%). En 6,204 (15%) casas el piso es de tierra. Disponen de agua entubada 34,964 (84.4%): 28,339 dentro de la vivienda, 3,024 fuera de ella y 3,601 en un hidrante público; pero 6,459 (15.6%), con 42,402 (15.8%) habitantes, no disponen del servicio. Tienen drenaje sólo 31,847 (76.9%); energía eléctrica, 33,724 (81.4%); radio y televisión, 18,842 (45.5%); sólo radio, 16,606 (40.1%); sólo televisión, 882 (2.1%); baño con agua corriente, 23,827 (57.5%); y cocina independiente, 36,125 (87.2%). En 8,229 (19.9%) se usa leña o carbón para cocinar; en 7,505 (18.1%), petróleo o tractolina; y en 25,689 (62.0%), gas o electricidad.

No consumen carne 62,466 personas (23.3%); huevos, 58,344 (21.8%); leche, 63,944 (23.9%); pescado, 221,727 (82.7%); y pan de trigo, 59,963 (22.4%). Quienes sí consumen estos alimentos lo hacen, por el mismo orden, 4, 5.6, 6.5, 2.3 y 6.4 días en promedio a la semana. v.*IX Censo General de Población. Estado de San Luis Potosí. 1970.*

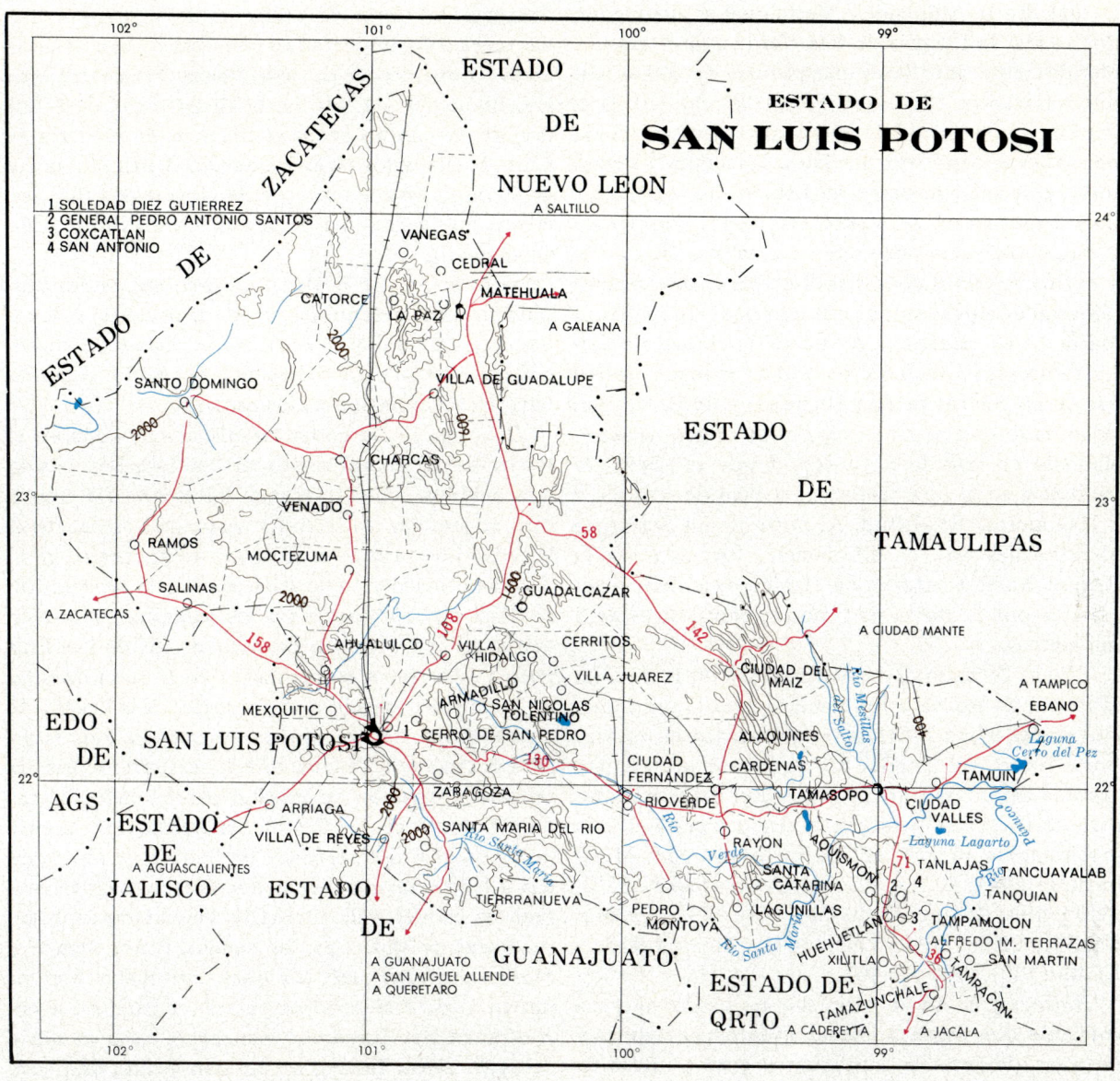

SAN LUIS POTOSÍ, ESTADO DE. Está situado en la porción central de la República Mexicana, entre los 24°33' y 21°10' de latitud norte y entre los 98°21' y 102°15' de longitud al oeste de Greenwich. El Trópico de Cáncer lo atraviesa en la zona septentrional. Su territorio, de forma muy irregular y angulosa, se extiende en más de dos terceras partes en el Altiplano; las otras fracciones corresponden a la Sierra Madre Oriental y a la planicie costera del Golfo de México. Tiene una superficie de 62,848 kilómetros cuadrados (3.2% del total nacional) y 1.281,996 habitantes (2.66% de la población del país), con una densidad demográfica de 20.4 personas por kilómetro cuadrado (Censo de 1970). Colinda al norte con Coahuila; al noreste, con Nuevo León y Tamaulipas; al este, con Veracruz; al sur, con Guanajuato, Querétaro e Hidalgo; al suroeste, con Jalisco; y al oeste, con Zacatecas. Su mayor longitud es de 430 kilómetros y su mayor anchura de 205.

Morfología. El Estado comprende zonas pertenecientes a diversas unidades geomorfológicas: Planicie Costera del Noreste, Sierra Madre Oriental y altiplanicie Meridional y Septentrional. Las dos primeras se encuentran en la Huasteca, la cual abarca la planicie propiamente dicha, de poca altitud, y la Sierra Madre, con elevaciones de 3 mil metros. En la primera, las margas y areniscas del Cretácico Superior y del Paleoceno constituyen la roca madre predominante; algunos cerros aislados de contornos cónicos son de naturaleza basáltica intrusiva o extrusiva. En la segunda predominan como substrato las calizas cretácicas y, en menor proporción, las margas del mismo período y las calizas jurásicas (en el sur). En la Altiplanicie Meridional se distinguen dos zonas: la Llanura de Río Verde y las Serranías Meridionales; aquélla es una planicie de origen desértico-lacustre, de unos 2 mil kilómetros cuadrados, a una altitud de 950 a mil metros, formada por gruesos depósitos aluviales. La segunda ocupa toda la sección suroeste del Estado; de topografía muy accidentada, pertenece a la cuenca del Pánuco y está constituida por materiales calizos cretácicos y extrusivos riolíticos o basálticos, con algunos amplios valles aluviales; por ella corren el río de Santa María y sus afluentes. Al sur de la ciudad de San Luis Potosí, se une con los grandes macizos riolíticos de las Sierras de San Miguelito y de Mezquitic; de un lado está el valle irregular de origen lacustre, alargado en sentido norte-sur, donde se asienta la capital; y en la otra vertiente, el Plan de Arriaga, a 2,100 metros de altitud. Al norte de las Serranías Meridionales está la Altiplanicie, formada por la Región Boreo-Central y la Planicie Occidental, separadas por la Sierra de Catorce, con alturas de 3 mil metros.

Clima. A causa de la fisiografía y de la distinta altitud —de los 68 a los 3 mil metros—, las condiciones del clima difieren notablemente en las distintas partes del Estado. En seguida se anotan para algunos sitios: la altura sobre el nivel del mar, entre paréntesis; la temperatura media, en grados; y la precipitación pluvial, en milímetros al año: Matehuala (1,851), 20.3 y 42; San Luis Potosí (1,877), 17.6 y 494; Río Verde (987), 20.8 y 494; Cárdenas (1,159), 22.3 y 613; Valles (87), 25.5 y 1,315; y Xilitla (700), 20.8 y 2,461.

Hidrografía. En el Altiplano no existe ninguna corriente que llegue a formar un río; hay lagunas y ciénegas de carácter periódico y gran número de cuencas de diversos tamaños en cuyas simas, inundables, aparecen embalses intermitentes. En las serranías del sur del Estado nace el río de Santa María; corre hacia el oriente y pasa a Guanajuato, donde se le une el Bagres. El Verde y el de Santa María tienen un caudal muy variable y aun llegan a secarse en algunos tramos, al principio de su recorrido; se unen al penetrar a la Huasteca y forman el río Tampico. A éste confluyen los ríos Frío o Gallinas, que nace en el extremo sureste de la Región Boreo-Central, y el Valles, suma a su vez de los caudales del Salto y el Mesillas. El Valles es afluente del Tampaón; juntos, originan el Tamuín. Este, al juntarse con el Moctezuma, que recorre la Huasteca, cambia su nombre por el de Pánuco. El río Salto, al norte del Naranjo, forma la cascada del Salto de Tanloquen, de 70 metros de altura; y el

Tampaón, al norte de Valles, la de Micos. Los manantiales más importantes del Estado son el de la Media Luna, cerca de Río Verde; los de los ríos Huichihuayán y Choy en la Huasteca; el de Lourdes, de excelentes aguas medicinales en la Sierra de Santa María; y los termales de Ojo Caliente al norte de la población anterior, y de Gogorrón (40°), en el Municipio de Villa de Reyes, en los límites con Guanajuato.

Vegetación. En la Huasteca predominan los bosques tropical perenifolio, tropical deciduo y de espinos; y en las demás regiones del Estado, el matorral de diversas clases: desértico microfilo, submontano, extra-desértico y crasicaule.

Historia. En la época prehispánica ocuparon el territorio del actual Estado de San Luis Potosí sólo dos pueblos: chichimecas y huastecas. De uno y otro se ignoran las fechas y las circunstancias de su llegada. Los primeros debieron de internarse en el Altiplano hacia el siglo XIII, cuando la destrucción de Tula o poco después; y los segundos, de origen maya, tal vez entraron primero al valle de San Luis Potosí y después se asentaron en la zona oriental de la entidad, donde aún perduran. A la llegada de los españoles los chichimecas ocupaban toda la región occidental. La Guachichila, la tierra dominada por ellos, dividida en muchas parcialidades, se extendía desde el río Grande, en Michoacán; seguía por Ayo el Chico, el Valle de Señora de los Arandas y las sierras de Comanjá y Villa de Lagos; comprendía las del Xale, Bernal y Tunal Grande, hasta las Bocas de Maticoya, las Salinas, Peñol Blanco y Mazapil; y por las Macolias confinaba con la provincia de Pánuco. Los pames, en cambio, se encontraban por Rayón y avanzaban hacia el norte desde la Sierra Gorda, según iban siendo desplazados gradualmente por los otomíes que habían llegado ya a los linderos del Estado. De la familia chichimeca, existían en San Luis Potosí las siguientes parcialidades: los guachichiles, en Salinas, Ramos, Charcas, Matehuala, Venado, Guanamé, Moctezuma, Bocas, Armadillo y San Luis Potosí; los guaxabanes, guamares y samuses, en Puginquia, Sichú, Valle de San Francisco y Concá; los caysanes, mascorros, coyotes, otomí-pames y guascamás, en Huascama; y los macolias, en Río Verde. Los guachichiles eran los más numerosos. Aunque la palabra guachichil es vocablo mexicano, su origen es incierto. En estado enteramente salvaje, eran cazadores-recolectores, nómadas, muy diestros en el manejo del arco y la fecha y crueles en extremo. Ellos fueron quienes, en la llamada Guerra Chichimeca (1554-1587), presentaron la más constan-

Caídas de Micos

Tamasopo: Puente de Dios

te y aguerrida resistencia a la penetración hispana. Dada su barbarie, no dejaron ningún monumento, y su lengua se perdió del todo. En la zona interme- dia entre la Huasteca y el Altiplano estaban los pames, divididos también en varias parcialidades. Ocupaban las áreas de Ciudad del Maíz, Alaquines, La Palma, Gamotes, Pinihuán, Lagunillas, Río Ver- de, Santa María Acapulco, Santa María del Río y Tierra Nueva. Entre ellos se asentaron también los otomíes, que ocuparon la región de Jilitla, en la Huasteca. La intrusión otomí es reciente. En la época prehispánica las tribus chichimeca-otomí-pa- me, según Soustelle, se podía dividir en dos grandes grupos: 1.agricultores: mazahuas y matlazincas; 2.nómadas o seminómadas: chichimecas y pa- mes-jonas. La batalla de la Media Luna librada en Querétaro, en la que José de Escandón venció a los pames, marcó el principio de la extinción de ellos, y hoy sólo subsisten en la Palma y en Lagunillas.

Los huastecos forman parte de una raza afín a la maya, que se llamaba a sí misma Tenec y habitaban en Cuextlan—del nombre náhuatl de su caudillo Cuextecatl— o Huaxtecapan, amplia zona que se extendía desde el río Soto la Marina hasta el Cazo- nes. De acuerdo con la versión de Sahagún, por el Pánuco entraron a México los primeros pobladores civilizados por Quetzalcóatl y se establecieron en el legendario Tamoanchan. Allí sobrevino una disper- sión y Cuextecatl, con una fracción de los olmecas vixtoli, regresó a la Huasteca. Eran de frente ancha y cabeza chata; practicaban la mutilación dentaria; se

adornaban orejas, narices, manos y pies con ricas joyas y vestían buenas ropas; alcanzaron un alto grado de perfección en la escultura y en la cerámica y aun levantaron construcciones de consideración. Carecían de un señor universal y así fueron fácil- mente subyugados por los mexicanos en tiempo de Moctezuma Ilhuicamina. Una rebelión posterior también fue aplacada sin dificultad y con la impo- sición de mayores tributos. Aún sobreviven nume- rosas comunidades indígenas huastecas en esta zo- na; e igualmente otras de mexicanos en los munici- pios de Axtla y Tancanhuitz, y de otomíes en la región de Jilitla. En alguna época los huastecos lle- garon a internarse hasta la región de Río Verde y más al poniente, según lo confirma la abundancia de vestigios descubiertos en las regiones de Guadal- cázar y Cerritos y en la ex-hacienda de Santa Cata- rina.

El descubrimiento y conquista del actual territo- rio potosino se hizo por tres rumbos, en distintas fechas y por diferentes expediciones. Después de la caída de la Gran Tenochtitlan (13 de agosto de 1521), Hernán Cortés quiso asegurar algunas entra- das y salidas por el mar y ampliar la dominación en las partes que quedaban entre la capital y la costa. Ya tenía noticias de los huastecos, por una parte; y, por otra, sabía que Francisco de Garay codiciaba la posesión de los pueblos vecinos a Pánuco. Hasta entonces éste había fracasado en sus intentos de desembarque. Sin embargo, tal propósito preocu- paba a Cortés, pues desde un principio, como él

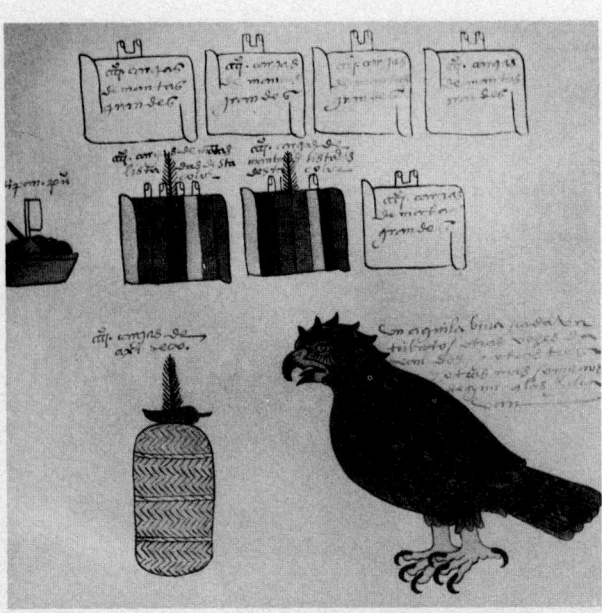

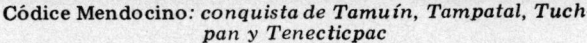

Códice Mendocino: *conquista de Tamuín, Tampatal, Tuch-pan y Tenecticpac*

Códice Mendocino: *tributos de Oxitipa a Moctezuma II*

dice, "señalé un capitán con ciertos compañeros para que fuesen al dicho río"; y más tarde, por las noticias que recibió de otra arribada que proyectaban sus enemigos y de que los indios habían matado a los españoles que dejó Garay, se decidió a ir él personalmente. El conquistador se encontraba entonces en Coyoacán y atendía la reconstrucción de la ciudad de México. Debió salir hacia la Huasteca, con un gran ejército, después de octubre de 1522. Cuenta Bernal Díaz que llevó 130 jinetes, 250 infantes y 10 mil mexicanos. Cortés, en cambio, dice que partió con 120 de a caballo, 300 peones, alguna artillería de 40 mil indios de la capital y su comarca, éstos a las órdenes de Ixtlixóchitl. Con esa gente conquistó y pacificó la Huasteca, y fundó Santiesteban del Puerto (Pánuco, Ver.), a fines de aquel año. Según las hipótesis de los historiadores modernos, pues ni él ni Bernal Díaz describen el derrotero, Cortés usó los viejos caminos de los aztecas: siguió el curso del Río Moctezuma, que entra a la Huasteca por Tamazunchale, donde lo llaman río Puerco; atravesó esa región por Coscatlán, Tancanhuitz y Tamuin, sin hallar mayor resistencia; pero según él mismo escribió al emperador "al llegar a la raya de su tierra" (Huaxtecapan) 25 leguas antes del puerto, en la población de Aintuscotaclán, le salió al camino mucha gente de guerra, contra la cual pelearon. La descripción de Bernal Díaz es mucho más prolija. Aintuscotaclán ha sido identificado por Francisco Antonio Lorenzana, en su edición de las *Cartas del Conquistador*, como el actual Coscatlán. Esta primera batalla fue de capital im-

portancia para la evangelización de Coscatlán y los pueblos limítrofes, entre ellos Tancanhuitz. Los conquistadores se detuvieron allí varios días (2 o 3 según Cortés; 8, al decir de Bernal Díaz) para enterrar a los muertos, atender a los heridos y parlamentar con los naturales. Tras de fundar la villa de Santisteban del Puerto, Cortés dejó 130 vecinos, creó otras tantas encomiendas y reservó para sí el señorío de Oxitipa, el cual le quitaron cuando marchó a las Hibueras. En mayo de 1524 Nuño Beltrán de Guzmán tomó posesión como gobernador de la provincia y río de Pánuco y Victoria Garayana; a falta de oro, se dedicó al tráfico de esclavos, lo cual provocó el despoblamiento de la Huasteca, y quitó las encomiendas a los partidarios de Cortés. Nombrado presidente de la Primera Audiencia de la Nueva Galicia, sin dejar de ser gobernador de Pánuco, partió a México y luego a la conquista de Jalisco. Más tarde, al pasar de Compostela a Pánuco, fundó la Villa de Santiago de los Valles Oxitipa, el 25 de julio de 1533, cuando ya se le había destituido de la gobernación. Por 1580 se nombró el primer alcalde mayor de la Villa de los Valles y entonces esta Alcaldía Mayor alcanzó su mayor extensión: por el norte, en forma imprecisa, incluía Tanchipa, Mesa de Llera y Jaumave; por el noroeste llegaba más allá de Matehuala y Guadalcázar; por el poniente lindaba con Río Verde; por el sur incluía la zona de Chapulhuacán y por el oriente colindaba con las alcaldías mayores de Pánuco, Tampico y Huejutla. La porción noroeste la perdió Valles al quedar Matehuala en el Nuevo Reino de León y al formarse, en 1616, la Alcaldía Mayor de Guadal-cázar. La evangelización, en los primeros años, no fue tan intensa ni tan efectiva como en la Nueva España, y no dejó de haber cruentas rebeliones. En 1529 Nuño de Guzmán trató de fundar un conven-to en Pánuco, pero no lo consiguió. Diez años des-pués, según Grijalva, fray Antonio de Roa y fray Juan de Sevilla evangelizaron "todo lo que llaman Guaxteca, hasta Pánuco, aunque en esta parte hi-cieron poco, porque como la lengua es extraña y la gente mucha, podía más asistencia de los minis-tros". La obra de los anteriores la prosiguió fray Juan Estacio: "Apóstol de la Guaxteca, por espacio de cinco años la convirtió toda. Era prior de la Villa de Pánuco". De las fundaciones de los religio-sos de San Agustín en la Huasteca Potosina sólo consta la de Jilitla, cuyo convento saquearon y quemaron los chichimecas hacia 1585. El principal evangelizador de la Huasteca fue fray Andrés de Olmos. Entró en esa región hacia 1550, precedido de bien ganada fama de misionero y políglota y después de haber trabajado entre mexicanos y toto-nacas. Conocedor de la lengua y antigüedades indí-genas, recorrió toda la Huasteca y advirtió la nece-sidad de crear en ella una custodia franciscana, con cierta suficiencia y autonomía propia, para em-prender su evangelización y aculturación. Después de fundar los conventos de Tampico, Tamuín y Tancuayalab, hacia 1555 logró su principal objeti-vo, o sea la creación de la Custodia del Salvador de Tampico, dependiente de la Provincia del Santo Evangelio de la Nueva España, con cabecera en el pueblo de San Luis Obispo de Tampico, base para la evangelización de la Huasteca, de donde saldrían, apoyándose en Valles y Tampasquín —como pensa-ba él— los misioneros. Esa custodia organizó la acti-vidad misionera en la Huasteca y aseguró la vida espiritual promoviendo la multiplicación de los conventos. Fray Andrés logró formar un arco de penetración que siguiendo los contornos del país huasteco, apuntaba desde Aquismón, Tampasquín, Tanzalle, Tammapul, Tanchipa y Tamaholipa hacia el poniente y el norte, teniendo como seguras bases los pueblos ya establecidos. Torquemada dice que al fundarse la custodia tenía 7 casas, las cuales, según Meade, eran Tampico, Valles, Tampamolón, Uzuluama, Tamuín, Tancuayalab y Tampaxquín. Un siglo después ya había 5 más; en 1690 eran 12; y en el siglo XVIII, 22. Vetancourt informa que a fines del XVII la cabecera de la Custodia estaba en Valles y que tenía, además, las siguientes misiones: Tampico, Uzuluama, Tamaholipa, Tamuín, Tan-cuayalab, Tampasquín, Tanlacu, Guayabos, Tami-

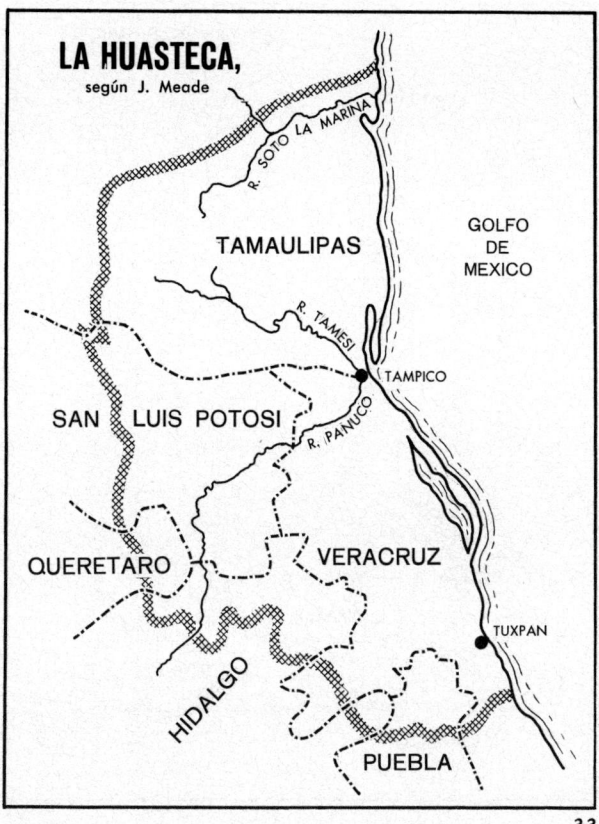

LA HUASTECA, según J. Meade

33

La Huasteca, según J. Meade

tas (fundada en 1647), Tamapichi o Tamquichu y Huehuetlán, "el primer convento por donde se en-tra de la Provincia en la Custodia". Olmos murió antes de octubre de 1571. Con la fundación de las misiones que integraron la Custodia del Salvador, se fundaron también varias poblaciones huastecas, algunas de ellas atendidas por el clero de la arqui-diócesis de México, tales como Coxoatlán, Tam-poal, Oxitipa, Pánuco, Tampico, Tampamolón y Tancanhuitz, de las últimas en fundarse. Toda la Huasteca pertenecía a la mitra de México, pero quedaba tan lejos de la metrópoli, que muy rara vez podían visitarla los arzobispos. Al parecer, du-rante toda la dominación española, sólo tres prela-dos se internaron en ella: Moya de Contreras, en 1578; Aguiar y Seijas, en 1683; y Lanciego, en 1722.

A los 20 años de la conquista de la Huasteca por Hernán Cortés y al mismo tiempo que fray Andrés de Olmos entraba a la región, o poco antes, los franciscanos de la Provincia de Michoacán llegaban hasta los linderos de la Guachichila. Fray Juan de San Miguel —el fundador de San Miguel el Grande, en 1542—, guardián del convento de Acámbaro, se encaminó a donde ahora es Querétaro y de allí a Izcuinapan; hizo una iglesia de jacal y, acompañado

305

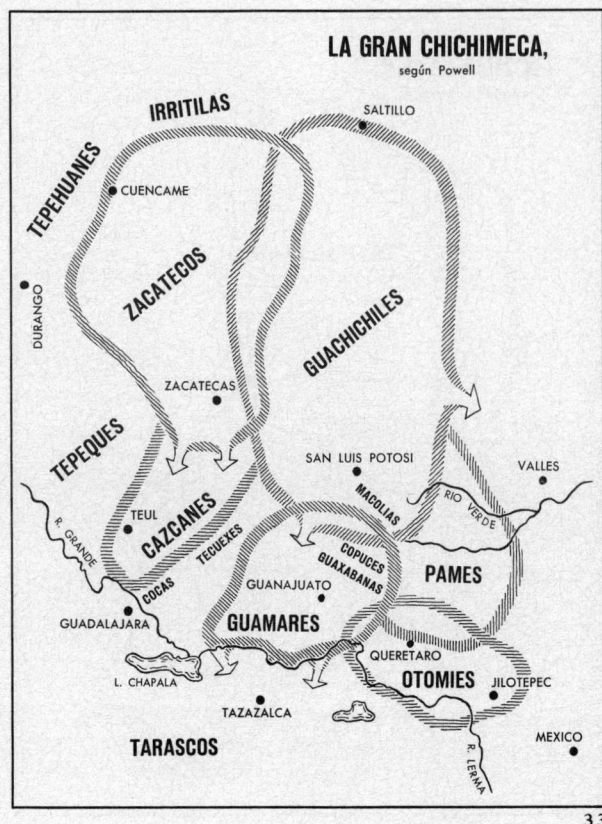

LA GRAN CHICHIMECA,
según Powell

33

La Gran Chichimeca, según Powell

de "algunos indios ya grandes, fue al Río Verde y anduvo toda la tierra adentro". Después, hacia 1560, quizá, fray Bernardo Cossin, también "entró al Río Verde y su comarca, y con él, por intérpretes, Alonso Carava y Juan Guarchechea, y bautizó mucha gente; y de allí a tiempo salió y volvió a su guardianía de San Miguel; y habiendo descansado algún tiempo, volvió a entrar a tierra adentro, y vino por este pueblo de Xichú, y de aquí corrió la tierra y nunca más volvió, porque dicen lo mataron los indios de guerra". Esta "tierra adentro", al parecer, no fue precisamente la zona intermedia entre la Huasteca y el Altiplano, sino, posiblemente, las Macolias y, más en concreto, la región suroeste del Estado, pero entrando por los límites con Querétaro. Quizá tanto fray Juan de San Miguel como fray Bernardo Cossin buscaban penetrar en la chichimeca. Del último se tienen otras noticias más: una, la de su martirio, hacia 1565, a manos de los zacatecos; otra, la de que en su viaje "Al Río Verde y su comarca", "en la gente del Xale hizo otra iglesia que llamó de Santa María (del Río ?). Y en las Macolias hizo otra iglesia junto a una laguna, que llamó San Lorenzo, y allí con los Macolias juntó otra gente del señor que decían Guazcamá", lo cual forma parte ahora del Municipio de Villa Juárez.

En estas exploraciones evangélicas, ya precediendo a los misioneros con la pacificación de los naturales, ya colaborando con ello, se distinguieron los capitanes otomíes Nicolás de San Luis Montáñez y Fernando de Tapia.

Al acercarse los españoles a la Gran Chichimeca provocaron la resistencia, larga y cruenta, de estos naturales, precisamente cuando los descubrimientos de las minas de Zacatecas (1546) y de Guanajuato (1552) atraían a los pobladores hacia el norte. En 1550 empezó la llamada Guerra Chichimeca que duraría cuatro décadas. Los bárbaros asolaban los caminos, asaltaban y mataban lo mismo a españoles que a indios pacificados, y penetraban en las nuevas colonias a cometer iguales tropelías. Al par que se fundaban nuevas poblaciones, desaparecían o decrecían otras. Esta guerra, tan sangrienta como costosa, frenó por años la conquista del Altiplano Potosino. Los bárbaros, sin más armas que sus grandes arcos, las flechas que cargaban en un carcaj de cuero y un brazalete del mismo material donde batía la cuerda, aparecían intempestivamente en los caminos. Peleaban en grupos, alejados unos de otros para ver mejor y guardarse; o bien, ocultos tras de peñas y matorrales, esperaban en los lugares desde donde pudiesen huir sin ser perseguidos por los jinetes. Al emparejar a los españoles, los acometían con gran estrépito, causando turbación en caballos y gente, más por conocerse su crueldad, que no respetaban ni a las mujeres; mataban a cuantos podían, desollaban las cabezas de las víctimas y lucían las cabelleras en sus bailes, donde era tenido por más valiente el que mayor número de ellas mostraba. Peleaban desnudos, traían la aljaba llena de flechas y cuatro o cinco en la mano para repetir mejor los tiros. Eran agilísimos tanto para pelear como para robar; sólo les interesaban las ropas, las armas y, si acaso, la plata labrada. Consumado el asalto se desbandaban para hacer inextricable su huella. También osaban entrar en las poblaciones menores y arrasarlas, como en el caso de Charcas, o merodear en los alrededores, haciéndolas inhabitables. La Guerra Chichimeca frenó la penetración hispana en el Altiplano Potosino. Gracias al apoyo de los otomíes de Querétaro se consolidó el puesto de Santa María del Río y aun Diego de Tapia, hijo de Fernando de Tapia, apoyándose en el presidio de San Felipe, se enseñoreó de Bledos y del Valle de San Francisco, pero ni los misioneros ni los soldados pasaron más al norte. Mientras tanto, con el fin de poder llegar al riñón de la Guachichila y de proteger los caminos de la plata, se iban fundando presidios en los límites de la Nueva España y de la

33

Nicolás de San Luis

netración en territorio potosino. De Zacatecas, cuando ardía la Guerra Chichimeca, se dirigieron los misioneros y los soldados hacia el oriente. Descubiertas las salinas de Santa María, en un ímpetu audaz, entraron al corazón de la Guachichila y a principios, quizá, de 1574, fundaron el Real de Santa María de las Charcas, que muy pronto, a los 2 años, fue desbaratado completamente por los bárbaros. Bajaron entonces con fray Diego a la cabeza, al Gran Tunal, en donde estaban los presidios de Ojuelos y las Bocas de Maticoya, para realizar, apoyados en éstos, la conquista del norte.

En el valle del actual San Luis Potosí y su comarca dominaban los guachichiles, divididos en muchas y aguerridas parcialidades. Por el sur, los guamares ocupaban las sierras del Xale, Bernal y Valle de San Francisco. Amigos y confederados de ellos eran los copuces, que se dividían en tres grupos: el del copuz viejo, al mando, hacia 1580, de un tal Domingo; el segundo, jefaturado por Alonso Guando, que se dio de paz en el Mezquital y había sido eficaz colaborador de los españoles contra los demás chichimecas; y el tercero, encabezado por un don Pedro. Con estos copuces estaban confederados los guaxabanes y sanzas, aunque eran de lengua guachichil. Los guachichiles ocupaban también las sierras del Xale, Bernal y Tunal Grande, por el límite de los guamanes, y Bocas de Maticoya, las Salinas, Peñol Blanco y Mazapil. Esos lugares concentraban la mayor parte de los chichimecas. La más afamada de las parcialidades, por los daños que causaba, era la de Maticoya, donde anduvo Lorencillo con su gente. Otro cacique fue Xale, que dominó la mayor parte del Tunal y a quien sucedió Bartolomillo. Macolia, señor también de una gran extensión, vivía con éste en San Francisco pero a los dos los ahorcó el doctor Sande. A Macolia el viejo le sucedió su hijo y a Bartolomillo, Antón Rayado. Había otros grupos capitaneados, cada uno, por Machiab, Guazcalo, Moquihamal y Guanaime, ya en los límites de Pánuco. Entre estos indígenas incursionó, pasando grandes trabajos, fray Diego de la Magdalena. Así se amplió y consolidó el cerco hispano y la penetración en la Guachichila. De 1583 en adelante, fray Diego recorrió San Luis de la Paz, Xichú, Armadillo y el Valle de San Luis Potosí. Al mismo tiempo trató de congregar a los bárbaros que se daban de paz. Así, en el mismo año, estableció el puesto de San Luis, con un hospicio franciscano en el que había sacerdotes para la atención y defensa de los indígenas, pues los insumisos asediaban por igual a los españoles y a los naturales pacificados.

Nueva Galicia; dentro de aquélla, San Felipe, en 1562, después Portezuelo, y dentro de ésta, en 1570, Ojuelos (Jal.) y las Bocas de Maticoya (al norte de la ciudad de San Luis Potosí) y un fuerte en el Valle de San Francisco (hoy Villa de Reyes). Con la fundación y crecimiento de Zacatecas vino a erigirse, en 1566, la custodia franciscana de este nombre. De ahí, por el oeste de la Guachichila, ascendieron los franciscanos de Jalisco, acompañando a los soldados y aventureros españoles hacia el norte. Así fundaron varios conventos: Nombre de Dios, Durango, San Bartolomé y otros, entre 1555 y 1567. Quedaba, en esta forma, un bolsón explorado a medias e irreductible, entre Zacatecas y la Huasteca. Por entonces llegó a tierra de chichimecas un humilde franciscano, natural de Extremadura, que "pasó a este reino muy niño. En México vistió las ropas seráficas y, al poco tiempo, al saber que los guachichiles, avilantados por los éxitos obtenidos, salían a los caminos a despojar de vida y bienes a los pasajeros, pidió licencia para ir a cristianar a la barbarie". De este modo él y un sacerdote anónimo "entraron en los términos y territorios de los guachichiles como corderos entre lobos". Así, viniendo del oeste, iniciaron los franciscanos de Zacatecas la tercera y más importante penetración en la Guachichila. De Zacatecas,

En el propio 1583 apareció el capitán mestizo Miguel Caldera. Con él se inició, una vez demostrado lo costoso e ineficaz de la guerra a sangre y fuego, una nueva política de pacificación de los bárbaros, a base de diplomacia y de regalos. Caldera reclutó soldados indios de la jurisdicción de Juchipila para combatir por más de 5 años a los guachichiles renuentes al asentamiento. Tiempo antes, en 1574, en un acto audaz por parte de los colonizadores y de celo misionero por parte de los religiosos, se fundó el real y convento de Charcas mas los bárbaros, a los dos años, destruyeron totalmente la población, que carecía de un apoyo próximo. Establecidos los puntos de Mexquitic y Bocas, ya pudo fray Diego extender su andanzas hacia el norte, a Venado y a Charcas, población ésta que se volvió a fundar en 1584. Poco después, en una incursión de los bárbaros, fue muerto a flechazos fray Juan del Río, hermano del capitán Rodrigo del Río y morador de ese convento. Para 1590, gracias a fray Diego y a Caldera, toda la región guachichila estaba ya pacificada. En ese año, en el pueblo de San Luis, ambos reunieron a los caciques indígenas para llevarlos a México. El virrey Luis de Velasco determinó que indios tlaxcaltecas ya plenamente evangelizados fueran a convivir con los guachichiles, para que entre ellos sirvieran de ejemplo y les enseñaran la cristiandad y las buenas costumbres y oficios. Por esta causa y no sin cierta oposición de los franciscanos del centro, que temían por la suerte de los inmigrantes, en 1591 se trasladaron 400 familias a territorio bárbaro y se fueron estableciendo en Mezquitic, San Luis, Venado y varios puntos al norte, hasta Saltillo.

En 1591 San Luis era solamente un puesto o paraje habitado por huachichiles. Junto a ellos, donde ahora es la Universidad, se asentaron los tlaxcaltecas. En marzo de 1592, informado Caldera de que en los cerros al oriente de aquel poblado indígena había plata y oro, envió a algunos de los suyos a catear. Salieron éstos de Mezquitic el día 4, exploraron y tomaron posesión de sus respectivas minas. Pedro de Anda le puso por nombre al lugar Cerro del Señor San Pedro y Minas del Potosí. Con el descubrimiento, dice Basalenque, "dióse el bramo y acudieron muchos españoles"; pero como en el cerro no había agua ni espacio para el laboreo de los metales, los nuevos mineros se vieron obligados a bajar al valle. Primero se establecieron a unos 2 kilómetros al norte del puesto de San Luis, donde ahora es el barrio de Tlaxcala; y después, por un arreglo con los indígenas, intercambiaron los sitios. Caldera tuvo que salir a apaciguar a los chichimecas

de San Andrés, faltó la autoridad en el real y sobrevino el desorden en la explotación de las minas. Para su expedición, Caldera llevó una tropa integrada por huachichiles de San Luis, Mezquitic y Venado. El 27 de agosto de 1592 el virrey nombró alcalde mayor de San Luis a Juan de Oñate, vecino de la ciudad de Nuestra Señora de Zacatecas, y tanto a él como a Caldera les dio instrucciones para señalar y repartir solares. En esta forma, el 3 de noviembre de ese año se fundó "el pueblo de San Luis de Mezquitic" o San Luis Potosí.

El descubrimiento de las minas, a la vez que consolidó la paz en esa porción del territorio potosino, propició que se hicieran exploraciones en la zona que se extiende hasta la Huasteca. Desde San Pedro, en 1592 partió Caldera para Río Verde; y después, acompañado de algunos franciscanos, fue varias veces el capitán Gabriel Ortiz de Fuenmayor. Pero ni los religiosos ni los españoles se quedaron allí y la conquista espiritual quedó trunca. Por 1597, procedentes de Querétaro, llegaron otros españoles a poblar la zona de Río Verde y fundar estancias de ganado. Con ellos entró fray Juan de Cárdenas, excelente conocedor de la lengua otomí, aunque no recogió por entonces ningún fruto. La colonización prosiguió hacia el norte. En 1593 se descubrieron las minas de Pinos y se fundó el convento de Mezquitic, al que siguió pronto el de Venado. Así, el real de Charcas, aislado en territorio guachichil, quedó unido por el sur con las anteriores poblaciones, y por el occidente con las Salinas y Zacatecas. De Charcas saldrían en seguida los misioneros hacia el norte, hasta las provincias de Nueva Vizcaya y Nuevo Reino de León a explorar, pacificar y fundar pueblos y misiones. A principios del XVII llegó fray Juan Bautista Mollinedo a la zona del Río Verde; después de grandes esfuerzos y laboriosas gestiones, entre julio y septiembre de 1617 fundó 13 misiones y después la custodia de Santa Catarina Virgen y Mártir del Río Verde. Las fundaciones fueron: en territorio potosino, Río Verde, Lagunillas, Pinihúan, Gamotes y Valle del Maíz; y fuera de él, Tula, Jaumave, Monte Alberne, Santa María Teotlán, Alpujarras y Villa de Cerro Gordo. Al mismo tiempo se descubrían las minas de San Pedro de Guadalcázar. En esta forma, a principios del XVII, todo el Estado estaba ya virtualmente descubierto, conquistado y en proceso de aculturación. Sin embargo, quedó repartido en varias jurisdicciones: en lo político, los actuales municipios de Ahualulco (entonces perteneciente a Pinos, Zac.), Moctezuma, Venado, Ramos, Salinas, Santo Domingo, Charcas, Villa de Guadalupe, Ca-

Mapa de Las Huastecas, por Ortellius (1612)

torce, Villa de la Paz, Matehuala, Vanegas y Cedral formaban parte de la Nueva Galicia (aunque el Nuevo Reino de León disputaba la jurisdicción de Matehuala); y en lo eclesiástico, del obispado de Guadalajara. Lo demás pertenecía a la Nueva España, y la Huasteca al arzobispado de México. Tanto la ciudad de San Luis Potosí como la zona de Río Verde y las otras parroquias del centro del Estado, correspondían a la Mitra de Michoacán. Sujetas a la Nueva España estaban las alcaldías mayores de Valles, Guadalcázar y San Luis Potosí; y a la Nueva Galicia, la de Charcas.

La tarea evangelizadora la iniciaron exclusivamente los franciscanos, y la prosiguieron hasta mediados del siglo XIX. Excepto los tanteos iniciales de los agustinos en la región huasteca y la fundación que hicieron en Jilitla, ningunos otros religiosos trabajaron en el Estado. Fray Andrés de Olmos organizó la custodia del Salvador de Tampico, que llevó una vida muy precaria después de muerto su fundador; en 1757 tenía 10 misiones en la Huasteca (Valles, Uzuluama, Huehuetlan, Tampico, Aquismón, Tancuayalab, Tanlajás, Tamuín, Tampax y Tamitad), 16 en Pamería (Tampasquin, La Palma, Santa María Acapulco, Tanlacú, Guajabos y San Francisco del Sauz, entre otras) y 4 en la Colonia del Nuevo Santander. En Valles también había cura diocesano, al igual que en Tampamolón, Tancanhuitz, Coxcatlán y Tamazunchale. No se sabe cuándo desapareció la custodia. Dependía de la Provincia Franciscana del Santo Evangelio de México. En la zona del Río Verde, perteneciente ya al obispado de Valladolid, los religiosos de la Provincia de San Pedro y San Pablo de Michoacán tuvieron mayor éxito en sus tareas evangelizadoras que sus hermanos de la Huasteca. La custodia de Santa Catarina Virgen y Mártir de Río Verde, fundada en 1621 por fray Juan Bautista Mollinedo, floreció en la última década del siglo XVII gracias al esfuerzo de fray Martín de Herrán y llegó a tener 20 casas

33

Real de Catorce: Casa de Moneda o De la Maza

en el XVIII. Esta custodia desapareció a mediados del XIX y el clero diocesano entró a ocupar el lugar de los misioneros. En el Altiplano potosino la labor misional les tocó a los franciscanos de la Provincia de Nuestro Padre Seráfico San Francisco de los Zacatecas, fundaron conventos en Santa María del Río, San Luis, Tlaxcalilla, San Miguel Mexquitic, Venado, Charcas y la Misión de Matehuala. A causa de la erección de nuevas parroquias desmembradas de los curatos franciscanos o por otras razones, en diversas fechas se fueron retirando estos religiosos, hasta quedarse únicamente con el convento de San Luis Potosí.

Antes del descubrimiento de las minas del Cerro de San Pedro, sólo se conocían las minas de Charcas, no muy abundantes, pues a principios del siglo XVII estaban ya casi abandonadas. Ricas, en cambio, fueron las de San Pedro, que pronto se convirtieron en una de las bases de la naciente economía potosina. Luego siguieron los hallazgos de minerales en la Sierra de Pinos, Ramos (1608) y Guadalcázar (1616). Pero las minas de San Luis, hacia 1608, empezaron a hundirse y provocaron un colapso económico. Sin embargo, en las tres primeras décadas rindieron a la Real Hacienda más de 16 millones de pesos y para 1656 pasaban de 62 los

beneficios. Aunque no tan rápidamente como las haciendas de beneficiar metales, se fueron formando varias estancias ganaderas: la Sauceda, Gogorrón, Peotillos y Pozo. Para los trabajos de las minas se llevaron esclavos negros y mulatos; y para la difusión de artesanías, además de los tlaxcaltecas, muchos indios de otras partes, principalmente tarascos. De acuerdo con la política iniciada por Caldera, se repartieron con cierta abundancia ganados, ropa, aperos, semillas y cartillas de leer entre los guachichiles pacificados, cuando menos entre 1590 y 1610. En ciertos lugares se asentaron soldados labradores para enseñar a los naturales. En algunas partes, como San Luis Potosí, Venado y el Valle del Maíz, cada parcialidad tenía jurisdicción, autoridades y capilla propias. Había, también, en muchos pueblos, un hospital para los indios, sostenido por ellos mismos.

Durante la dominación española San Luis Potosí tuvo tres características distintas según la región. En la Huasteca, a pesar de las encomiendas creadas por Cortés, no se crearon inicialmente grandes latifundios, debido al clima, a lo agreste del medio físico y a los asentamientos indígenas preexistentes; la economía se basó en la agricultura y el proceso de evangelización y aculturación fue deficiente y lento. En la zona intermedia (la Pamería, Valle del Maíz, Río Verde y los límites con la Sierra Gorda) hubo una intensa actividad agrícola y ganadera y se formaron enormes latifundios, como los del obispo Rojo y del Río y los Moctezuma, en el siglo XVIII florecieron Valle del Maíz y Alaquines; y en el orden religioso los misioneros de la custodia de Santa Catarina obtuvieron buenos frutos. En el Altiplano se formaron varios pueblos de indios, como Mexquitic, Santa María del Río, San Nicolás del Armadillo, Moctezuma y Venado, cuya vida se fincaba en la pequeña propiedad, y otras comunidades directa o indirectamente dependientes de las minas, como Armadillo, Real del Monte y Pozos, más los reales de Charcas, San Pedro, y hacia 1783, Catorce, el centro minero más progresista e importante de todo San Luis Potosí. Las Salinas del Peñol Blanco dieron vida, en una región de excelentes pastizales, a una amplia zona limítrofe del mineral de Ramos. Con el tiempo, consolidados los grandes latifundios como La Parada, Guanamé, Pozo del Carmen, Peotillos y Gogorrón, prosperó la ganadería. Frecuentes y prolongadas sequías frenaban no sólo el desarrollo de la agricultura y ganadería, sino que también afectaban fuertemente la minería y el comercio.

En 1767, en forma intempestiva y al mismo

Panorámica del Real de Catorce

9

tiempo que en otras partes (Apatzingán, Uruapan, Pátzcuaro, Guanajuato), estallaron en la ciudad de San Luis Potosí y en Venado una serie de sangrientos motines llamados "los tumultos" (v.SAN LUIS POTOSÍ, CIUDAD DE).

El 4 de diciembre de 1786 el ministro José de Gálvez promulgó la Ordenanza de Intendentes y, de acuerdo con ella, la Nueva España quedó repartida en 12 intendencias que tomaron el nombre de sus capitales. La de San Luis Potosí se formó con los pueblos de su antigua Alcaldía Mayor y el agregado de Guadalcázar; los distritos de Charcas (que incluía Catorce, Matehuala y Venado), Ramos y Villa de los Valles; el Nuevo Reino de León, la Colonia del Nuevo Santander y las provincias de Coahuila y Texas.

Por un emisario de Hidalgo que llegó a Tierra Nueva con el encargo de convocar a la rebelión, supo el portaguión del regimiento de San Luis, José Gabriel Armijo, lo acontecido en Dolores el 16 de septiembre de 1810. Este aprehendió al agente y lo llevó al subdelegado, de Santa María del Río, ante el cual confesó que él y otro hombre más que andaba por Peñasco tenían la misma comisión. Preso el cómplice, en sus declaraciones resultaron inodados el alférez Nicolás Zapata y el oficial de dragones Francisco Lanzagorta. Apenas supo las nuevas el intendente Manuel Jacinto de Acevedo, el día 18, lo comunicó al comandante de las armas, Félix Calleja, quien se encontraba en la hacienda de Bledos. Calleja se trasladó al Valle de San Francisco, comprobó las noticias, empezó a reclutar gente de las haciendas inmediatas y se dirigió a San Luis. Al mismo tiempo, encarceló a los sospechosos, concentró los cuerpos de la brigada a su mando y pidió voluntarios. Contó con suficiente dinero y muchos hombres; aunque no los pudo armar a todos. Dejó protegida la ciudad y otros puntos estratégicos y el 24 de octubre, al frente de 3 mil de a caballo, 600 infantes y 4 cañones, partió de su campamento, en la hacienda de La Pila, rumbo a Querétaro, donde se reunió con la tropa del conde de la Cadena. Así se formó un ejército de 7 mil hombres, con 8 cañones. El batallón ligero de Los Tamarindos, al mando de Juan Nepomuceno Oviedo (el célebre *Amo Oviedo* caído en el sitio de Cuautla), estuvo integrado con peones de las haciendas de Bocas y de Venado. En ausencia de Calleja se manifestó la simpatía por la causa insurgente mediante la publicación de pasquines; el autor de uno de ellos fue identificado, aprehendido y, al regreso del brigadier, ahorcado. Al mismo tiempo, en los claustros carmelitas y juaninos empezó a urdirse la insurrección; un lego juanino, fray Luis Herrera, después de servir transitoriamente a Hidalgo como cirujano, se separó de él para ir a San Luis; detenido en El Jaral, por sospechoso, fue remitido a la cárcel de la ciudad, pero no pudiendo sufrir los grillos, declaró ser fraile; así logró ser trasladado al convento del Carmen, donde ya había sediciosos encarcelados al partir Calleja y por orden de éste. De este modo llegó a formarse, después del 16 de septiembre, un foco revolucionario espontáneo alrededor de Herrera y del carmelita fray Gregorio de la Concepción,

9

Félix María Calleja

primero en el propio convento y después en el de San Juan de Dios, lugares donde estuvo preso el lego. Al parecer, fray Gregorio ya pensaba en la insurrección y vio en Herrera el posible caudillo; desde que el juanino llegó preso al convento del Carmen, lo visitaba y obsequiaba; y como en su calidad de procurador, tenía puerta franca a todos los calabozos, se convirtió en el enlace. Así, por su conducto, el también lego juanino Juan Villerías le ofreció sus servicios a Herrera. Villerías conquistó para la causa al capitán de lanceros Joaquín Sevilla y Olmedo, y fray Gregorio, al oficial de dragones Francisco Lanzagorta. En la fecha fijada, sábado 10 de noviembre en la noche, Sevilla y Olmedo, con dos patrullas, recogió en el convento de San Juan de Dios a los legos Herrera y Villerías; de allí se fueron al Carmen y liberaron a los carmelitas y luego a los demás presos y a los de la cárcel pública, y se apoderaron de los cuarteles y de los cañones. Hubo un encuentro con los soldados del comandante Cortina, con resultado de varios muertos, y Herrera acabó adueñándose de la ciudad. El 14 se les unió el cabo Leiton, que venía triunfante de Zacatecas a la cabeza de un grupo de indios; pero después de cuatro días de desórdenes, aprehendió a los cabecillas potosinos y entregó la ciudad al saqueo. Villerías logró huir con 50 de los suyos rumbo a Guanajuato. Leiton se marchó llevándose a Herrera y a un centenar de españoles presos. Restablecido el orden en la ciudad, volvió a alterarse a mediados de febrero, al regresar Herrera, quien en Santa María, en compañía de Blancas,

derrotó a una partida realista y asesinó a los españoles que iban en el grupo. A principios de marzo, ante el inminente regreso de Calleja Herrera y Blancas huyeron con 3 mil hombres y 15 cañones rumbo a Río Verde. Calleja envió tras ellos al coronel García Conde, quien les dio alcance en Ciudad del Maíz, y los derrotó por completo. Los insurgentes se desbandaron, pero en la Villa de Aguayo, mediante un ardid, fueron tomados presos; y los principales cabecillas, fusilados. Mariano Jiménez, potosino que no se manchó con sangre inocente, se distinguió a su paso por Venado, Charcas y Matehuala, por el sentido humanitario de su actuación. Villerías, después de huir del cabo Leiton (fusilado por Rayón después de la escapatoria de Baján) anduvo sucesivamente con Allende, Jiménez y Rayón; pasó al Nuevo Santander en busca de Herrera (quien ya había sido fusilado); merodeó por varias partes y cuando se le separó Sevilla y Olmedo, para seguir a Rayón, pasó a Matehuala, acosado por Arredondo; allí lo derrotó el cura Semper y al fin perdió la vida el 13 de mayo. Un mes después, por el mismo rumbo, apareció el jefe insurgente apodado El Huacal, quien también fue batido por Semper. Otra gavilla que operaba por Alaquines y Cárdenas fue también desbaratada en agosto por Arredondo. En febrero de 1812, en cambio, una partida de revolucionarios entró a Río Verde y saqueó la población, aunque inmediatamente la persiguió y desbandó Arredondo. Y en abril se rechazó a otro grupo que se presentó en Villela; a uno de los jefes, el coronel Gutiérrez, lo fusiló en San Luis el comandante Tovar. Así quedó pacificada la provincia por un largo tiempo. En 1817, al mes de haber desembarcado en Soto la Marina y de haberse apoderado de 700 caballos en la finca del Cojo, propiedad del coronel realista Cayetano Quintero, el español Francisco Javier Mina inició su brillante y fugaz campaña derrotando al coronel Villaseñor en Ciudad del Maíz, el 8 de junio. De allí pasó al interior; en Peotillos le dio alcance Armiñán, con una división de 2 mil hombres, pero a pesar de la inferioridad numérica de su tropa, pues sólo eran 300 los expedicionarios, Mina derrotó por completo a los realistas, el 15 de junio. Pasó luego a Moctezuma, Espíritu Santo y Pinos, en busca de los insurgentes que operaban en el interior; se unió a Pedro Moreno, que estaba en el fuerte del Sombrero, el 24 de ese mismo mes, y el 27 de octubre fue aprehendido y fusilado.

Destacaron en las tropas de Calleja, por su actuación en las principales batallas: Pedro Manero, Juan N. Oviedo (*El Amo*), Martín Matías de Agui-

33

Panorámica del Cerro de San Pedro

rre, José Gabriel de Arnujo y José Esteban Moctezuma; Miguel Barragán, Anastasio Bustamante y Manuel Gómez Pedraza, quienes llegaron a ser presidentes de la República; y los batallones Los Tamarindos y Fieles del Potosí, originarios de Bocas, Venado, Santa María del Río y Jaral. Después de 1811, o sea después de muertos los principales caudillos insurgentes, la provincia se mantuvo en paz. Aunque sólo hubo algunas escaramuzas en diversos lugares, ocurrieron en cambio muchas ejecuciones: en sólo 5 meses de 1814 se fusiló a 172 insurgentes. Entre los ajusticiados descuellan el licenciado Tréllez y el brigadier Fernando Rosas. La publicación en San Luis Potosí de la Constitución de Cádiz, en 1812, no tuvo, a lo menos inmediatamente, mayor trascendencia. Florencio Barragán, electo diputado en 1811, murió en México cuando se preparaba para el viaje; después fue designado Bernardo Villamil, que tampoco pudo viajar a España. Ocupó su lugar el potosino José María Vivero, canónigo de Monterrey. Sin embargo, en esa década, por las circunstancias del país, se fue operando un cambio en la ideología de los potosinos, cada vez más proclives a la emancipación. El párroco del Armadillo, Diego Bear, antecesor de Hidalgo en el curato de San Felipe y activísimo realista en un principio, que llegó a formar un batallón integrado por sus feligreses con el cual se enfrentó varias veces a los insurgentes, poco a poco fue cambiando sus convicciones por las opuestas, al punto de que en 1818 le disolvieron su batallón. En marzo de 1820 los capitanes Manuel Tovar, Nicolás Acosta y José Már

quez, al grito de " ¡Viva la Independencia! ¡Viva el coronel Iturbide! ", salieron de la ciudad con 85 hombres de la guarnición, se encaminaron al Valle de San Francisco donde públicamente proclamaron su adhesión al *Plan de Iguala*; continuaron hasta el Bajío y se incorporaron a las fuerzas de Anastasio Bustamante. El jefe de la guarnición nada hizo para perseguirlos, se tornó sospechoso y fue destituido. Mientras tanto, por orden directa del virrey fueron reducidos a prisión el padre Bear, capitán Moreno y otros, acusados de preparar una conspiración a favor de Iturbide. El coronel Pérez de San Julián, nuevo comandante de la plaza, salió a Querétaro con el batallón Zaragoza, a pesar de las protestas de algunos potosinos que veían cómo se quedaba la ciudad desprotegida. Así, sin dificultad, el 2 de julio ocupó la plaza el coronel José Antonio Echávarri, nombrado comandante general de San Luis por el caudillo de Iguala. Al día siguiente, en junta general de vecinos, corporaciones civiles y eclesiásticas y pueblos suburbanos, se acordó proclamar y jurar la Independencia de México. El 11 de diciembre siguiente el intendente y la diputación provincial reconocieron con solemne juramento a la Junta Provisional Gubernativa del Imperio Mexicano. Con esto hubo un cambio en la estructura política de la provincia: cesaron las funciones del intendente y en lo sucesivo, hasta la división de la República en estados, desempeñó tales funciones el jefe superior político, que era el comandante general de la plaza. Sin embargo, Manuel Jacinto de Acevedo siguió figurando como intendente y cuando él se retiró, el 2 de mayo de 1822, lo sucedió Ignacio López Rayón. El 29 de septiembre del mismo año se hizo "la jura de Agustín I, emperador de México".

Las revoluciones antiturbidistas de Santa Anna y de Casa Mata no encontraron apoyo en los potosinos. Zenón Fernández, invitado por Echavarría a secundar este plan, lo desaprobó y excitó a las autoridades a que hicieran lo mismo. No obstante, el 2 de marzo la guarnición se pronunció por el *Plan de Casa Mata* y destituyó al comandante Fernández. Santa Anna, entonces, partió de Veracruz para Tampico a fin de internarse en San Luis Potosí con una tropa de 550 hombres. Mal visto por la opinión local, cuando el 5 de junio proclamó la República, se rebeló parte de la guarnición y el pueblo, crecieron las riñas entre los soldados y se suscitaron diferencias entre éstos, la guarnición y los vecinos de las villas de Santiago y Tlaxcala. Próxima la brigada de Armijo, Santa Anna optó por retirarse de San Luis. Con la abdicación y destierro de Iturbide y la

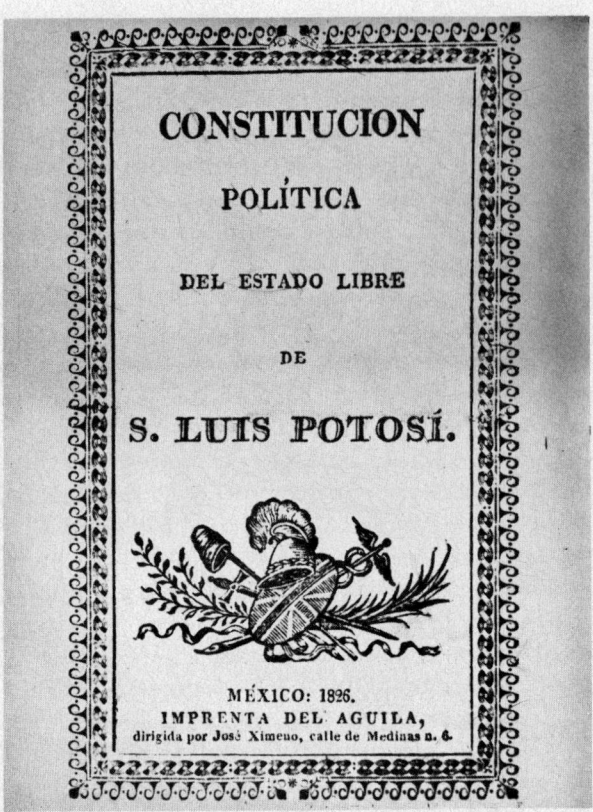

33

Primera Constitución del Estado

implantación del sistema federal republicano, la provincia de San Luis Potosí quedó constituida en Estado Libre e Independiente y se eligió el Congreso, en cuyo primer decreto, del 21 de abril de 1824, se designó como gobernador al entonces jefe político, Ildefonso Díaz de León, y se confirmó a las otras autoridades. El 26 de octubre de 1826 se juró la primera Constitución del Estado.

La agricultura, en el altiplano, además de que nunca fue muy próspera, siempre estuvo sujeta a los ciclos pluviales interrumpidos por temporadas de sequía; pero en la zona intermedia, en cambio, las grandes propiedades daban muestras de prosperidad. El gobernador Díaz de León proyectó repartirlas. Los minerales eran de baja ley en Charcas, Guadalcázar, Ramos y Cerro de San Pedro; y de buenos rendimientos en el Real Catorce, desde su descubrimiento en 1773, gracias a lo cual pudo instalarse equipo moderno, especialmente una máquina de vapor llevada de Inglaterra para el bombeo de la mina La Concepción. Catorce tuvo muy pronto un vecindario numeroso, cuya vida social y económica se organizó con un sentido progresista. Sin embargo, la Diputación de Minería pudo hacer bien poco y las artesanías se reducían a la fabricación de zapatos, mantas, rebozos, frazadas y herramienta.

Las otras poblaciones mineras, salvo Guadalcázar, no prosperaron sensiblemente. Las que vivían de la agricultura fuera del Altiplano, como Santa María, Villa de Reyes y Ciudad del Maíz, alcanzaron un mejor nivel de vida. Armadillo prosperó gracias al comercio; y la gran masa indígena frenó el desarrollo de la Huasteca. Ciudad del Maíz se distinguió por una clase —los descendientes de Moctezuma— económicamente fuerte y activa; y Armadillo, por haber sido la cuna del grabado y de la imprenta potosinos. Alejo Infante y sus hijos José Tomás y José María abrieron una tipografía, hecha por ellos mismos en 1812 o 1813. El impreso potosino más antiguo data de mediados de 1813, y el grabado mas temprano, de 1815. En 1830 murió Alejo, sus hijos cerraron la imprenta y se cambiaron a San Luis Potosí, aunque José Tomás regresó por algún tiempo a Armadillo y continuó haciendo láminas, quizá hasta 1855. En agosto de 1821, Francisco Javier Estrada, quien había comprado a Alejo Infante prensa, tipos y otros accesorios, abrió la primer tipografía que hubo en la capital del Estado. A fines del mismo año se instaló otra.

La instrucción primaria era deficiente: había muy pocas escuelas para niños y una sola para mujeres, la del Beaterío o Colegio de Niñas Educandas de San Nicolás, fundada con el cuantioso legado que dejó Nicolás Fernando de Torres, tanto para esta institución como para el convento e iglesia del Carmen. Con el extrañamiento de los jesuitas se cerró el único colegio de instrucción secundaria. En 1819 el presbítero doctor Manuel María de Gorriño y Arduengo solicitó al virrey el restablecimiento de ese plantel, pero no tuvo éxito. Al consumarse la Independencia y siendo el padre Gorriño miembro del Congreso Constituyente y autor del proyecto de Constitución del Estado, volvió a insistir, lo apoyó el gobernador Díaz de León y en junio de 1826 se abrió el Colegio Guadalupano Josefino, del que fue su primer rector. Aquel gobernante abolió la esclavitud, mandó construir el acueducto de la Cañada del Lobo y fundó la Casa de Moneda; durante su administración, además, José Guajardo, bajo la dirección de Tresguerras, edificó el primer teatro potosino, el Alarcón. Lo sucedió en el poder ejecutivo Vicente Romero, partidario incondicional de Santa Anna; expulsó, antes que en otras partes del país, a los españoles, entre ellos al padre de Francisco González Bocanegra, quien más tarde escribiría la letra del *Himno Nacional*; provocó discordias civiles y él mismo cayó en una de ellas, en 1830. A partir de entonces, una serie de revoluciones ensangrentaron a la entidad por varias décadas.

1

Guadalcázar: Palacio Municipal

24

Iglesia de Tancanhuitz

En 1835 San Luis Potosí dejó de ser Estado y se convirtió en Departamento. Ese año pasó Santa Anna por San Luis para batir a los rebeldes de Texas, y aumentó su ejército con 1,500 hombres que levantó en el Departamento. En 1839 llegó Arista, camino de Tampico, donde se había rebelado el general José Urrea, que andaba operando en territorio potosino. El general presidente reunió ahí las tropas y las engrosó con buen número de potosinos. En 1841 más de 400 bárbaros lipanes o comanches invadieron el norte de la entidad y dejaron una secuela de muertes y robos. Tras algunos otros conflictos, en agosto de 1846 volvió nuevamente San Luis Potosí a ser Estado Libre y Soberano.

La guerra con Estados Unidos y la amenaza de que los norteamericanos entraran a la capital del Estado, a la par que enardeció el patriotismo le significó graves sacrificios a la entidad: aparte de que allí se concentró el ejército, cooperó con 7,500 soldados y $800 mil para la campaña, y levantó dos fortificaciones en los puntos estratégicos de la ciudad. Cuando terminó la contienda, el gobernador Ramón Adame se rebeló contra el tratado de paz, pero el comandante de las armas, general Valentín Amador, lo sometió y lo depuso, instalando en su lugar a Julián de los Reyes. A éste le tocó enfrentarse a un grupo de rebeldes vinculados a Eleuterio Quiroz, el primero en proclamar un plan agrario en San Luis Potosí, quien fue batido en Río Verde, perseguido en la Sierra Gorda y fusilado el 6 de diciembre de 1849. En ese año cundió por todo el Estado el cólera morbo, que causó miles de muertes, entre otras la del profesor Pedro Vallejo. Reelecto para un nuevo período, De los Reyes murió el 8 de enero de 1853, asesinado por un bandolero cuya mano armaron los revolucionarios de Río Verde. Ese mismo mes San Luis se adhirió al *Plan de Guadalajara* y volvió a la gubernatura el licenciado Adame. El 16 de septiembre de 1855 se presentó el *Himno Nacional Mexicano* con letra del potosino Francisco González Bocanegra y música del español Jaime Nunó (v.HIMNO NACIONAL). La revolución de Ayutla tuvo efectos en San Luis, no sin que hubiera pronunciamientos antes y después. Durante la Guerra de Tres Años (1858-1860) el predominio de la entidad lo tuvieron alternativamente los conservadores y los liberales (v.SAN LUIS POTOSÍ, CIUDAD DE). Entre las acciones de armas, destaca la toma de Río Verde por el general Mejía, en la que capturó al coronel Mariano Escobedo. En enero de 1862 el presidente Juárez declaró la ciudad en estado de sitio y nombró comandante de la región al general Jesús González Ortega. El propio mandatario, tomada ya Puebla por los franceses, llegó a San Luis el 9 de junio de 1863 y allí estableció los poderes, hasta el 22 de diciembre, en que abandonó la plaza al aproximarse Mejía. Este entró pacíficamente en ella dos días después. El 4 de enero de 1864 la ciudad firmó el acta de adhesión al Imperio. Cuando a fines de 1866 se retiraron los invasores, la corta guarnición imperial se retiró a Querétaro y los republicanos ocuparon la ciudad el 27 de diciembre. Para el sitio de Querétaro el Estado contribuyó con 5 mil hombres y más de un millón de pesos. v.SAN LUIS POTOSÍ, CIUDAD DE.

Restablecido el orden, el gobernador Juan Bustamante fue hostilizado por la oposición y en julio de 1868, tras una acusación del Congreso, entregó el poder a Carlos Tovar. Después se alió con algunos pronunciados. Nuevas insurrecciones surgieron en los años siguientes; en 1870, para aplacar una de ellas, fue nombrado gobernador el general Escobedo: impuso la paz, e hizo importantes mejoras, pero él también dejó el gobierno por las rebeliones en contra de Juárez y por las disensiones entre los mismos liberales. La tranquilidad siguió al triunfo de los tuxtepecanos y a la llegada, en diciembre de 1876, del general Carlos Diez Gutiérrez, a quien entregó el gobierno el licenciado Pascual M. Hernández. Diez Gutiérrez dirigió la administración pública hasta 1881; lo sucedió su hermano Pedro, y en 1885 volvió a asumir el poder, que sólo dejó con su muerte en 1896. Aparte el desarrollo ferroviario que suscitó la dictadura porfiriana, empezaron a funcionar en San Luis el Monte de Piedad (septiembre de 1889), la Penitenciaría del Estado (marzo de 1890), la Fundación de Morales (marzo de 1892), el Teatro de la Paz (4 de noviembre de 1894), las obras de la Presa de San José (abril de 1895) y varias industrias: una fábrica de tejidos en Venado y la de casimires de San Felipe en Gogorrón; una planta hidroeléctrica y otra pasteurizadora. La minería resurgió, principalmente en el Real de Catorce, donde se abrió el Tunel de Ogarrio, de 2 kilómetros de longitud, por cuya influencia prosperaron Matehuala, con su fundición y sus minas de la Paz, y el comercio de Cedral. La ganadería también se extendió en beneficio de muchos pueblos. Hubo, sin embargo, prolongadas sequías que causaron estragos en la agricultura y una revolución agraria, en 1882, iniciada en Ciudad del Maíz por el cura Zavala y con ramificación en la Huasteca. Sucedió al general Diez Gutiérrez el ingeniero Blas Escontría (1898), más tarde nombrado Ministro de Fomento (1905). En esa época se inició en la Huasteca la exploración y explotación del petróleo, y los precursores intelectuales de la revolución (Díaz Soto y Gama, los Sarabia, Rivera, Arriaga y otros) abrieron el fuego contra la dictadura en el Primer Congreso Liberal inaugurado el 5 de febrero de 1901. También en ese tiempo se formaron en el Instituto Científico y Literario (inaugurado en mayo de 1861) y en el Seminario Conciliar Guadalupano Josefino un grupo de distinguidos intelectuales y artistas. Como traductor de los clásicos y orador, ganó fama el cuarto obispo de San Luis, Ignacio Montes de Oca y Obregón. Anónimos pintores y orfebres, aun en las poblaciones menores, dejaron buen testimonio de su destreza. De la cultura del tiempo dan fe las numerosas publicaciones de entonces; y del esplendor general, las grandes mansiones de la capital y de las haciendas de Gogorrón, Pozo del Carmen, La Labor, Jabalí y La Sauceda.

En 1910 Francisco I.Madero llegó preso a San Luis. Cuando le dieron la ciudad por cárcel se puso en contacto con el doctor Cepeda y otros simpatizantes, al mismo tiempo que en la Huasteca se formaba otro grupo revolucionario. Todo concluyó con la fuga del dirigente y la publicación, semanas después, del *Plan de San Luis*, con el cual empezó la Revolución. En la Huasteca se levantaron en armas Manuel Lárraga y Pedro A. de los Santos; en Ciudad del Maíz, Magdaleno, Cleofas y Saturnino Cedillo; en Tula, el profesor Alberto Carrera Torres; y en otras poblaciones, varios grupos de ciudadanos. El primero en caer fue De los Santos, fusilado en julio de 1913. En todas partes hubo encuentros, saqueos y asesinatos. El combate más violento ocurrió en Ebano, a donde marchó Tomás Urbina. En manos de éste estuvo un tiempo el gobierno de San Luis. Cuando dejó la plaza la ocupó el general Herminio Alvarez y en seguida el general Gavira, que se caracterizó por las confiscaciones y expulsiones que llevó a cabo. Aunque Cleofas murió en la batalla de Ebano, los Cedillo siguieron levantados; en noviembre de 1917 fue a someterlos Rentería Luviano; en el encuentro resultó malherido Magdaleno y falleció luego. Varios militares desempeñaron en esos años la gubernatura: Dávila, Chapoy, Breceda y Barragán. Por el *Plan de Agua Prieta* subió al poder Rafael Nieto, que había sido ministro de Hacienda; hizo varias reformas, publicó una ley agraria, empezó la presa de Mexquitic y en 1923 dio al Instituto Científico y Literario la categoría de Universidad. De las nuevas elecciones resultaron dos gobernadores: Jorge Prieto Laurens, en la capital; y Aurelio Manrique en la región de Cárdenas y Río Verde. Desconocido aquél, éste gobernó en 1924 y 1925, pero no concluyó su período, pues intervino Cedillo, quien por su adhesión al *Plan de Agua Prieta* había quedado en buenos términos con Obregón. Recibió la jefatura militar de San Luis e inició un largo cacicazgo. Impuso al doctor Cano, luego siguió él mismo de gobernador y a continuación los militares Turrubiartes y Netro, también parciales suyos. Acabó sublevándose en ocasión del conflicto petrolero, en mayo de 1938, y murió en enero siguiente. De 1938 a 1943 gober-

Panorámica de San Luis Potosí hacia el este

naron los militares: Rivas Guillén, Pérez Gallardo (destituido) y Jiménez Delgado, como preludio al encumbramiento de otro cacicazgo, el de Gonzalo N.Santos. Este impuso a Ismael Salas y a Manuel Alvarez, quien no terminó su período. Le sucedieron Francisco Martínez de la Vega, Manuel López Dávila, Antonio Rocha y Guillermo Fonseca Alvarez (1973-).

Gobernantes. *Epoca colonial.* Alcaldes mayores: 1592, Juan de Oñate; 1593, Juan López de Riego; 1596, Luis Valderrama Saavedra; 1599, Leonel de Cervantes; 1603, Juan de Frías Salazar; 1619, Alonso Guajardo Mejía; 1621, Alonso Tello de Guzmán; 1623, Juan Cerezo Salamanca; 1626, Diego de Astudillo Carrillo; 1626, Martín del Pozo y Aguiar; 1632, Pedro de Vértiz; 1636, Lope de Monsalve y Armendáriz; 1641, León de Alza; 1647, Nicolás de Bonilla Bastida; 1650, Alonso de Guzmán; 1652, Diego de Ulloa Pereira; 1654, Juan Antonio de Irurzun (en su tiempo, el 30 de mayo de 1656, el virrey duque de Alburquerque concedió a San Luis el título de ciudad, que Felipe II confirmó por cédula del 17 de agosto de 1658); 1657, Bernardo Pérez y Azpilcueta; 1659, Tristán de Luna y Arellano; 1661, Fernando de Torres y Avila; 1664, Pedro Sáenz Izquierdo; 1666, Bartolomé de Estrada y Valdés; 1668, Alvaro Alfonso Flores de Valdés; 1669, Juan Ruiz de Zavala y Lois; 1674, Martín de Mendalde; 1678, Pedro de Ullate y Ordóñez; 1683, Juan Camacho Jayna; 1685, Juan Bautista Ansaldo de Peralta; 1687, Bernardo Iñiguez del Bayo; 1690, Alonzo Muños de Castil-

blanque; 1692, Domingo Terán de los Ríos; 1694, Francisco Eusebio de Castillo y Saavedra; 1697, Antonio Fernández del Rivero; 1701, Juan Orejón de la Lama y Medrano; 1706, Andrés Alvarez Maldonado; 1709, Sebastián de Olorís; 1714, Francisco José Vélez de Escalante; 1716, Ventura de Zavalza y Balanza; 1718, Leonardo de Moya y Tores; 1721, Juan Leandro Pérez Serrano; 1723, Antonio Ruiz de Huidobro y Saravia; 1729, Fernando Manuel Monroy y Carrillo; 1731, Victoriano Oliván; 1734, Antonio Francisco de Medina y Calderón; 1736, Victoriano Oliván (segunda vez); 1739, Luis Vélez de las Cuevas Cabeza de Vaca; 1742, Miguel Yáñez; 1745, Julián Corsanigo; 1748, Juan Coutino de los Ríos; 1749, Luis Lasso de la Vega Ponce de León; 1753, José Javier Gatuno y Lemos; 1756, Tomás Costa y Uribe; 1759, Andrés de Urbina; 1771, Fernando Rubín de Celis Pariente y Noriega; 1774, Antonio Joaquín de Llano y Villaurrutia; 1776, Jacinto Pérez de Arroyo; 1780, Manuel Díaz Fernández; 1782, Juan Antonio Flores; y 1783, Josef de Castilla y Loaeza. *Intendentes* (el 4 de diciembre de 1786 se publicó la *Ordenanza de Intendentes* y en febrero siguiente Carlos III expidió nombramiento al primero de ellos; la provincia de San Luis Potosí alcanzó entonces su máxima extensión, pues comprendía inclusive el territorio de Texas): 1787, Bruno Díaz de Salcedo; 1787, Vicente Bernabeu (a la muerte del anterior lo suplió por ser teniente letrado y asesor ordinario); 1801, Onésimo Antonio Durán (interino); 1803, Manuel de Ampudia; 1804, José Ignacio Vélez (suplente

317

del anterior); 1809, José Ruiz de Aguirre (interino); y 1810, Manuel Jacinto de Acevedo. Proclamada la Independencia y ya con ciertos cambios en sus funciones, fue intendente Ignacio López Rayón. *Gobernadores*: 1824, José Ildefonso Díaz de León; 1828, José Eulogio de Esnaurrizar; 1828, Vicente Romero; 1830, José María Pulgar; 1830, Manuel Sánchez; 1831, José Guadalupe de los Reyes; 1832, Andrés de la Gándara (unos días); 1832, José María Pulgar; 1832, Vicente Romero; 1834, José Vicente Liñán (unos días); 1834, Juan José Domínguez; 1837, Ignacio Sepúlveda; 1837, Juan José Domínguez; 1837, Ignacio Sepúlveda; 1837, José María Terán; 1837, Ignacio Sepúlveda; 1839, Antonio Eduardo Valdés; 1839, José Ignacio Gutiérrez; 1843, Juan Valentín Amador; 1844, José María Flores; 1844, José María Rincón Gallardo; 1844, José María Rincón Gallardo; 1845, José María Otahegui; 1845, José María Flores; 1846, José María Otahegui; 1846, José María Flores; 1846, Manuel Avila; 1846, José María Otahegui; 1846, Manuel José Othón; 1846, José María Otahegui; 1846, Manuel José Othón; 1846, Ramón Adame; 1847, Tirso Vejo; 1847, Mariano Avila; 1847, Ramón Adame; 1848, Mariano Avila; 1848, Julián de los Reyes; 1848, José María Otahegui; 1849, Julián de los Reyes; 1849, Francisco Soberón; 1849, Julián de los Reyes; 1851, Silvestre López Portillo; 1851, Miguel Lazo; 1851, José Guadalupe de los Reyes; 1852, Julián de los Reyes; 1853, Anastasio Parrodi; 1855, Antonio Haro y Tamariz; 1855, Joaquín López Hermosa; 1856; Tomás Ortiz de Parada; 1856, Joaquín López Hermosa; 1856, Juan Othón; 1857, Crescencio María Gordoa; 1857, José María Aguirre; 1857, Eulalio Degollado; 1857, Mariano Morett; 1857, Nicolás Mascorro; 1858, José María Alfaro; 1858, Juan Othón; 1858, Juan Zuazua; 1858, Eulalio Degollado; 1858, Santiago Vidaurri; 1858, Miguel Miramón; 1858, Francisco A.Vélez; 1858, Nicolás de Icaza y Mora; 1859, Francisco A.Vélez; 1859, Manuel Hernández; 1859, Eulalio Degollado; 1859, Vicente Chico Sein; 1859, Manuel Díaz de la Vega; 1860, Vicente Chico Sein; 1860, Francisco de P.Villanueva; 1860, Sóstenes Escandón; 1862, Jesús González Ortega; 1862, Francisco Alatorre; 1862, José María Aguirre; 1862, Sóstenes Escandón; 1863, Ambrosio Espinosa; 1863, Vicente Chico Sein; 1863, Francisco Alcalde; 1864, José Castillo; 1864, Darío Reyes; 1867, Juan Bustamante; 1868, Carlos Tovar; 1869, Juan B.Barragán; 1870, Sóstenes Escandón; 1870, Mariano Irigoyen; 1870, Miguel María Esparza; 1870, Mariano Escobedo;

1871, Jesús Díaz de León; 1871, Diódoro Corella; 1872, Miguel Eguiluz, 1872, Mariano Escobedo; 1872, Pascual M.Hernández; 1873, Mariano Escobedo; 1873, Manuel Muro; 1874, Mariano Escobedo; 1874, Pascual M.Hernández; 1876, Buenaventura Ortiz; 1876, Angel Martínez; 1876, Manuel Sánchez Rivera; 1876, Juan Robles Linares; 1876, Carlos Díez Gutiérrez; 1881, Pedro Díez Gutiérrez; 1884, Carlos Díez Gutiérrez; 1898, Blas Escontría; 1906, José M.Espinosa y Cuevas; 1911, José Encarnación Ipiña; 1911, Rafael Cepeda; 1913, Agustín García; 1913, Francisco Romero; 1914, José Refugio Velasco; 1914, Ricardo Muñoz; 1914, Eulalio Gutiérrez; 1914, Herminio Alvarez; 1915, José Kasperowits; 1915, Adolfo Flores; 1915, Emiliano Sarabia; 1915, Herminio Alvarez; 1915, Gabriel Gavira; 1915, Vicente Dávila; 1916, Vicente Chapoy; 1917, Alfredo Breceda; 1917, Juan Barragán; 1918, Severino Martínez; 1919, Rafael Nieto; 1920, Paulino Guerrero; 1923, Jorge Prieto Laurens y Aurelio Manrique; 1923, Aurelio Manrique; 1925, Abel Cano; 1927, Saturnino Cedillo; 1931, Ildefonso Turrubiartes; 1935, Mateo Hernández Netro; 1938, Genovevo Rivas Guillen; 1939, Reynaldo Pérez Gallardo; 1942, Ramón Jiménez Delgado; 1943, Gonzalo N.Santos; 1949, Ismael Salas; 1955, Manuel Alvarez; 1959, Francisco Martínez de la Vega; 1961, Manuel López Dávila; 1967, Antonio Rocha; y 1973, Guillermo Fonseca. *R.M.yA.*
v.Francisco J.Alegre: *Historia de la Provincia de la Compañía de Jesús de Nueva España* (Roma, 1956-1960); Ramón Alcorta Guerrero y J.Francisco Pedraza: *Bibliografía histórica y geográfica del Estado de San Luis Potosí* (1941), *Primeras adiciones a la Bibliografía...* (1947) y *Segundas y terceras adiciones a la Bibliografía...* (Con introducción de Rafael Montejano y Aguiñaga; San Luis Potosí, 1972); Jesús R.Alderete y Vicente Rivera: *Geografía del Estado de San Luis Potosí*. (13a. ed., 1969); Eloísa Alemán: *Investigación socioeconómica directa de los ejidos de San Luis Potosí* (1969); Antonio Almazán Cadena: *Síntesis geográfica del Estado de San Luis Potosí* (San Luis Potosí, 1971); José Arlegui: *Crónica de la Provincia de N.S. P.S. Francisco de Zacatecas* (1851); Modesto Bargalló: *La minería y la metalurgia en la América Española durante la época colonial* (1955); Diego Basalenque: *Historia de la Provincia de San Nicolás Tolentino de Michoacán del Orden de N.P. S.Agustín* (1963); Julio Betancourt: *San Luis Potosí, sus plazas y sus calles; notas históricas* (San Luis Potosí, 1921); José Bravo Ugarte: *Diócesis y obispos de la Iglesia Mexicana (1519-1965).* (1965); Juan B.Bui-

trón: *Apuntes para servir a la historia del arzobispado de Morelia* (1948); Antonio Cabrera: *El Estado de San Luis Potosí* (San Luis Potosí, 1902); Octaviano Cabrera Ipiña: *San Luis Potosí* (San Luis Potosí, 1969); Pedro Carrasco Pizana: *Los otomíes. Cultura e historia prehispánicas de los pueblos mesoamericanos de habla otomiana* (1950); Rafael del Castillo: *Cuadro sinóptico del Estado de San Luis Potosí, con varios datos históricos, geográficos, estadísticos y administrativos* (1878); *Guía del viagero en S. Luis Potosí* (San Luis Potosí, 1891); James D.Cockroft: *Precursores intelectuales de la revolución mexicana* (1971); Comité de los 13 Pro-Julián Carrillo: *La fundación de San Luis Potosí. Datos históricos que la determinan* (San Luis Potosí, 1942); Conde de Revillagigedo: *Informe sobre las misiones -1793- e Instrucción reservada al Marqués de Branciforte -1794-* (1966); Mariano Cuevas: *Historia de la Iglesia en México* (1942); J.Ignacio Dávila Garibi: *Apuntes para la historia de la Iglesia en Guadalajara* (1957); Gerardo Decorme: *La obra de los jesuitas mexicanos durante la época colonia, 1572-1767* (1941); Wilfrido Du Solier: *Primer fresco mural huasteco* (1946); Isabel Eguiluz: *Los indios del nordeste de México en el siglo XVIII.* (Sevilla, 1965); Gordon F. Eckolm: *Excavations at Tampico and Pánuco in the Huasteca, Mexico* (New York, 1944); Isidro Félix Espinosa: *Crónica de la Provincia Franciscana de los Apóstoles San Pedro y San Pablo de Michoacán* (1945); Archivo General de la Nación: *Estado general de las fundaciones hechas por don José de Escandón en la colonia del Nuevo Santander* (1929); Albert S.Evans: *Our sister Republic* (San Francisco, Cal., 1873); Valentín F.Frías: *Grandezas queretanas. Conin. El ilustre indio don Fernando de Tapia.* (Querétaro, 1921); Vicenta Gálvez y otros: *Estudios Hidrogeológicos practicados en el Estado de San Luis Potosí* (1941); Antonio García Cubas: *Diccionario geográfico, histórico y biográfico de los Estados Unidos Mexicanos* (1888-1891); Jesús García Gutiérrez: *Apuntamientos de historia eclesiástica mexicana* (1922); Gil González Dávila: *Teatro eclesiástico de la primitiva Iglesia de las Indias Occidentales* (Madrid, 1649-1655); Juan de Grijalva: *Crónica de la Orden de N.P. S.Agustín en las provincias de la Nueva España* (1924); Eugenio del Hoyo: *Historia del Nuevo Reino de León* (Monterrey, 1972); Alejandro de Humboldt: *Ensayo político sobre el reino de la Nueva España* (París, 1836); Julio Jiménez Rueda: *Historia de la cultura en México* (1951); Pal Keleman: *Baroque and rococo in Latin America* (New York, 1951); Paul Kirch

33
Primo Feliciano Velázquez y Manuel José Othón

hoff: *Civilizing the chichimecas* (Austin, s.a.) y *Mesoamérica. Sus límites geográficos, composición étnica y caracteres culturales* (1967); Walter Krickeberg: *Las antiguas culturas mexicanas* (1961); Fidel Lejarza: *Conquista espiritual del Nuevo Santander* (Madrid, 1957); Leonhard Lemmens: *Geschichte der Franziskanermissionen* (Münster, 1929); Benito López Velarde López: *Expansión geográfica franciscana en el norte central y oriental de México* (1965); Alberto S.Luque: *Cartografía. Estado de San Luis Potosí* (3er año, s.a.); Francisco de la Maza: *La ruta del Padre de la Patria* (1960) y *El arte colonial en San Luis Potosí* (1969); Joaquín Meade: *Arqueología de San Luis Potosí* (1948), *Guía de la ciudad de San Luis Potosí* (1946), *Hemerografía potosina. Historia del periodismo en San Luis Potosí* (San Luis Potosí, 1956), *La Huasteca. Epoca antigua* (1942), *El Nobilísimo y Muy Ilustre Ayuntamiento de San Luis Potosí y los Consejos que le precedieron. 1592-1971* (San Luis Potosí, 1956), *San Luis Potosí* (1953) y *La vieja nomenclatura tradicional de las calles de San Luis Potosí* (San Luis Potosí, 1972); Mercedes Meade Esteva: *La intendencia de San Luis Potosí* (San Luis Potosí, 1956); Eutiquio Mendoza Vargas: *Gotitas de placer y chubascos de amargura. Memorias* de la revolución mexicana en las Huastecas (1960); Gabriel Antonio Menéndez: *Doheney el cruel. Valoración histórica de la lucha sangrienta por el petróleo mexicano* (1958); Hilario Menéndez Peña: *La Huasteca y su evolución social* (1955); Rafael Montejano y Aguiñaga: *Ensayo de estadística eclesiástica potosina* (San Luis Potosí, 1946), *Erección y bula de erección de la diócesis de San Luis Potosí* (San Luis Potosí, 1954), *La fundación de San Luis Potosí, opiniones sobre su fecha* (San Luis Potosí, 1955), *Guía de la ciudad de San Luis Potosí* (4a. ed., San Luis Potosí, 1974) y *El clero y la independencia en San Luis Potosí* (San Luis Potosí, 1971); Gisela Morazzini de Pérez Enciso: *La intendencia en España y en América* (Caracas, 1966); Manuel Muro: *Las ciencias, las letras y las artes potosinas en el siglo XIX* (San Luis Potosí, 1908), *Historia de la instrucción pública en San Luis Potosí* (San Luis Potosí, 1899), *Historia de San Luis Potosí* (San Luis Potosí, 1910) y *Miscelánea potosina. Biografías, artículos históricos y de costumbres, tradiciones y leyendas* (San Luis Potosí, 1903); Francisco Ocaranza: *Crónica de las Provincias Internas de la Nueva España* (1939) y *Capítulos de historia franciscana* (1933); Lorenzo Ochoa Salas: *Algunos aspectos de la Huaxteca en la época prehispánica* (1972); Edmundo O'Gorman: *Historia de las divisiones territoriales de México* (1966); Salvador Penilla: *Apuntes históricos de San Luis Potosí* (San Luis Potosí, 1942); Francisco Peña: *Documentos para la historia del obispado de San Luis Potosí* (Introducción, transcripción y notas de Rafael Montejano y Aguiñaga; San Luis Potosí, 1969); *Estudio histórico sobre San Luis Potosí* (San Luis Potosí, 1894); Andrés Pérez de Rivas: *Crónica y historia religiosa de la Provincia de la Compañía de Jesús en Nueva España* (1896) e *Historia de los triunfos de nuestra santa fe* (1944); Román Piña Chan: *Una visión del México prehispánico* (1967); Philip Wayne Powell: *Military administration on the chichimeca warfare in New Spain. 1550-1595* (California, 1941) y *Soldiers, indians and silver: The Nortward advance of New Spain. 1550-1600* (Berkeley-Los Angeles, 1952); Blas Rodríguez: *Culturas huaxteca y olmeca* (1948) y *Tampico. Datos para la historia de la Huasteca* (1932); Nereo Rodríguez Barragán: *Historia de San Luis Potosí* (1969); (San Luis Potosí, 1956); Jesús Rodríguez y Rodríguez: *La agricultura y la propiedad rural en el Estado de San Luis Potosí* (1939); J. Guadalupe Romero: *Michoacán y Guanajuato en 1860. Noticias estadísticas para formar la historia y la estadística del obispado de Michoacán* (ed. facsimilar, Morelia, 1972); Jorge Rzedowski: *Vegetación del Estado de San Luis Potosí* (San Luis Potosí, 1966); Sociedad Mexicana de Antropología: *Huastecos, totonacos y sus vecinos* (1954); *El norte de México y el sur de Estados Unidos* (1944); Jacques Soustelle: *La famille otomí-pame du Mexique Central* (París, 1937); José Sustaita: *San Luis Potosí. Sinopsis histórica, geográfica y estadística del Estado* (San Luis Potosí, 1907); Manuel Toussaint: *La conquista de Pánuco* (1948); Antonio Vázquez de Espinosa: *Compendio y descipción de las Indias Occidentales* (Washington, 1948); Agustín Vega Schiaffino: *Album político, mercantil, industrial, profesional, agrícola y minero del Estado de. San Luis Potosí* (San Luis Potosí, 1906); Primo Feliciano Velázquez: *Colección de documentos para la historia de San Luis Potosí* (San Luis Potosí, 1897-1899), *Historia de San Luis Potosí* (1946-1948) y "Bibliografía científica potosina", "Descubrimiento y conquista de San Luis Potosí", "San Luis Potosí durante la dominación española", e "Introducción a la historia eclesiástica potosina", en *Obras* (1901); Jorge Vera Estañol: *Historia de la revolución mexicana. Orígenes y resultados* (1967); José Antonio Villaseñor y Sánchez: *Theatro americano; descripción general de los reynos y provincias de la Nueva España y sus jurisdicciones* (1952); León Ybot: *La Iglesia y los eclesiásticos españoles en la empresa de Indias* (Barcelona, 1954); y Silvio Zavala: *Las instituciones jurídicas en la conquista de América* (Madrid, 1935).

Demografía. En el Estado de San Luis Potosí viven 645,655 hombres y 635,341 mujeres. La densidad de población es de 20.40 habitantes por kilómetro cuadrado. Está integrado por 55 municipios: 14 tienen hasta 10 mil habitantes; 37, más de 10 mil y hasta 50 mil; 3, más de 50 mil y hasta 100 mil; y 1, más de 100 mil. Los de mayor población son San Luis Potosí, Ciudad Valles, Tamazunchale y Río Verde. El de San Luis Potosí, donde se asienta la capital, tiene 267,951 habitantes, o sea el 20.9% del total. El número de localidades asciende a 3,642: en 1,786 viven menos de 99 personas; en 1,371, de 100 a 499; en 450, de 500 a 2,499; en 32, de 2,500 a 19,999; en 2, de 20 mil a 74,999; y en una, más de 75 mil. El 65% de la población es menor de 24 años (834 mil) y el 6.3% (81,466) corresponde a personas mayores de 60 años. El número de familias es de 241,006, de las cuales 209,094 (86.7%) están sostenidas por hombres y 31,912 (13.3%) por mujeres. Aparte los esposos o esposas (198,983) e hijos (768,518), viven en los hogares 48,503 parientes y 8,648 huéspedes o sirvientes. Viven solas 16,338 personas. El 12.6% de las familias (30,289) está constituido por 9 miembros o más. Los mayores de 12 años son 777,444: 306,188 solteros y 371,115 casados; los demás viven en unión libre (55,900), o son viudos (32,540), divorciados (2,543) o separados (9,158).

Entre las personas mayores de un año de edad (1.235,635), el 75.5% usa zapatos, el 16.4% huaraches o sandalias y el 8.1% anda descalzo. Son católicos 1.237,539 (96.6%) habitantes del Estado; 25,079 (1.9%), protestantes o de otras confesiones; y 19,378 (1.5%) no tienen ninguna religión. Son potosinos 1.196,713 (93.3%); nacieron en otras entidades 83,547 (6.5%) y 1,736 (.2%,) son extranjeros. Del total de inmigrantes, 13,197 (14.7%) proceden de Tamaulipas, 10,770 de Guanajuato, 9,256 de Zacatecas, 8,656 de Querétaro, 7,684 de Veracruz y 6,302 de Hidalgo; el resto (31,685) de las demás entidades y 2,222 de otros países. Hablan alguna lengua indígena 138,898 personas, de las cuales 25,953 no hablan español: 16,074 náhuatl, 8,651 huasteco y 1,318 otras lenguas indígenas. Entre los mayores de 10 años (849,745), 246,813 (29.0%) son analfabetas: 109,457 hombres y 137,356 mujeres. De los mayores de 6 años (1.012,465), 543,413 (53.7%) han tenido instrucción primaria, pero sólo 92,013 (9.1%) han cursado hasta el 6° año, 57,635 han recibido instrucción postprimaria y 411,417 (40.6%) no han tenido ninguna. Son profesionales de nivel superior 3,629 personas, el 4% de la población mayor de 30 años. Asisten a la escuela primaria 211,252 niños de 6 a 15 y más años de edad, de los cuales 59,034 lo hacen a 1°, 45,576 a 2°, 39,490 a 3°, 28,374 a 4°, 20,948 a 5°, y 17,830 a 6°, lo cual supone un índice de 69.8% de deserción y de 80% de escolaridad. Asisten a cursos de capacitación 4.024 jóvenes; a la secundaria, 20,844; a la preparatoria o vocacional, 8,208; y a la profesional superior, 4,000. El promedio de escolaridad de la población de 6 años o más es de 2.2 años.

Del total de mujeres del Estado mayores de 12 años (367,436), 223,707 han tenido 1.324,883 hijos, con promedio de 3.4; y de éstas, 70,880 (31.7%) han procreado de uno a 3; 141,656 (63.3%), de 4 a 12; y 11,171 (5.0%) 13 o más.

Del total de la población, 777,444 (60.6%) son mayores de 12 años y, de éstos, 228,541 constituyen la población económicamente activa, con una tasa de participación del 42.3%: 280,783 hombres y 47,758 mujeres; y 448,903 la económicamente inactiva: 109,225 hombres y 339,678 mujeres, de los cuales el 67.6% (303,458) se ocupa en quehace-

Quiosco de San Luis Potosí

res domésticos, el 17.9% (80,354) son estudiantes y el 14.5% (65,091) tiene otras ocupaciones improductivas. Entre quienes trabajan, 175,113 (53.3%) se dedican a la agricultura, ganadería, silvicultura, pesca y caza; 57,164 (17.4%), a la industria; 24,137 (7.3%), al comercio; 9,578 (2.9%), a los transportes; 36,279 (11.0%), a los servicios; 6.171 (1.9%), a trabajos al servicio del gobierno; y 20,099 (6.2%), a quehaceres no especificados. De ese mismo total, 12,176 (3.7%) son profesionales y técnicos; 4,639 (1.4%), directivos; 14,391 (4.4%), empleados administrativos; 19,835 (6%), vendedores; 27,511 (8.4%), conductores de vehículos o trabajadores de otros servicios; 169,859 (51.7%), trabajadores agropecuarios; y 80,130 (24.4%), trabajadores no agrícolas o insuficientemente especificados. Desde el punto de vista de su posición en el trabajo, 17,644 (5.4%) son empresarios (13,897 hombres y 3,747 mujeres); 94,126 (28.6%), empleados u obreros; 83,846 (25.5%), jornaleros o peones; 60,956 (18.6%), trabajadores independientes; 43,596 (13.3%), ejidatarios; y 28,373 (8.6%) personas que prestan sus servicios en un negocio familiar sin retribución. Sin embargo, hay 14,576 personas (4.4%) que sólo trabajan de 1 a 3 meses durante el año; 24,048 (7.4%), de 4 a 6; 20,119 (6.1%), de 7 a 9, y 269,798 (82.1%), de 10 a 12. Declararon ingresos hasta de $499 mensuales, 189,185 personas (66.7%); de 500 a 999, 53,772 (19.0%); de mil a 2,499,30,032 (10.6%); de 2,500 a 4,999, 6,839 (2.4%); y de 5 mil o mas, 3,678 (1.3%).

Los habitantes de la entidad se alojan en 216,461 viviendas (5.9 por cada una promedio): 163,143 (75.4%) propias y 53,318 (24.6%) alquiladas. El promedio de cuartos por vivienda es de 2.2. Del total de éstas, 83,350 (38.5%) tienen muros de adobe; 56,916 (26.3%) de ladrillo, y 76,195 (35.2%) de madera u otros materiales. El concreto se emplea en el techo de 60,051 casas (27.7%); las demás son de teja (5.1%), madera (8.6%), palma (38.9%) u otros materiales (19.7%). En 123,505 (57.0%) casas el piso es de tierra. Disponen de agua entubada 98,893 (45.7%): 60,778 dentro de la vivienda, 8,729 fuera de ella y 29,386 en un hidrante público; pero 117,568 (54.3%), con 681,541 (53.1%) habitantes, no disponen del servicio. Tienen drenaje sólo 61,995 (28.6%); energía eléctrica, 88,545 (40.9%); radio y televisión, 37,943 (17.5%); sólo radio, 110,483 (51.0%); sólo televisión, 1,848 (.8%); baño con agua corriente, 46,631 (21.5%); y cocina independiente, 156,450 (72.3%). En 143,816 (66.4%) se usa leña o carbón para cocinar; en 14,920 (6.9%), petróleo o tractolina; y en 57,725 (26.7%), gas o electricidad.

No consumen carne 559,195 personas (43.6%); huevos, 428,557 (33.4%); leche, 669,713 (52.2%), pescado, 1.143,298 (89.2%); y pan de trigo, 510,378 (39.8%). Quienes sí consumen estos alimentos lo hacen, por el mismo orden, 3, 4.9, 5.8, 2.4 y 5.1 días en promedio a la semana. v.*IX Censo General de Población. Estado de San Luis Potosí. 1970.*

Asistencia médica. En 1971 había en la entidad 136 unidades médicas: 44 de hospitalización (32 generales, 10 gineco-obstétricas, una psiquiátrica y una traumatológica) y 92 para pacientes externos (42 centros de salud, 9 clínicas, 3 puestos de socorro, 5 consultorios y 33 no especificadas); de ellas, 56 pertenecían al sistema de seguridad social (20 al IMSS, 18 al ISSSTE, 8 a PEMEX , 7 a los Ferroca· rriles Nacionales y 3 a la Secretaría de la Defensa Nacional), 53 a la Secretaría de Salubridad y Asistencia, 22 a particulares y 5 a otras instituciones. En conjunto tenían una capacidad de 1,553 camas. Había, además: 284 consultorios (144 del sistema de seguridad social, 94 de la SSyA, 41 de particulares y 5 de otras instituciones), 19 laboratorios de análisis clínicos (8, 4, 7 y 0, respectivamente), 27 gabinetes de radiología (8,7, 9 y 3), 41 quirófanos (17,6,17 y 1), 39 salas de expulsión (12, 13, 12 y 2), 6 bancos de sangre (5,0,1 y 0), 33 áreas de urgencias (17, 10, 6 y 0), 129 camas de primeros auxilios (21, 103, 0 y 5) y 286 cunas e incubadoras (157, 76, 52 y 1). Trabajan en la entidad 712 médi-

cos: 340 generales, 215 especialistas, 33 dentistas, 94 pasantes y 30 en otras labores. Del total, 405 (56.88%) prestaban sus servicios en el sistema de seguridad social; 170 (23.88%), en la SSyA; 120 (16.85%), como particulares; y 17 (2.39%) en otras instituciones. El personal auxiliar estaba constituido por 2,344 individuos. Se atendieron 17,955 partos, 26,602 urgencias, 142,025 análisis clínicos, 39,710 radiodiagnósticos y 13,269 intervenciones quirúrgicas. El promedio de días de estancia en los hospitales fue de 3.87, frente al promedio nacional de 4.22. Se concedieron 1.501,525 consultas externas, entre ellas 277,915 generales, 18,066 obstétricas, 56,988 pediátricas y 40,374 odontológicas de primera vez. En seguida se anotan el número de inmunizaciones: viruela, 57,798; poliomielitis, 62,189; DPT, 21,261; tétanos, 5,865; BCG, 4,308; sarampión, 3,437; rabia, 602; y otros padecimientos, 64. Las enfermedades que más inciden en la población son la gastroenteritis, la bronquitis y la tuberculosis en todas sus formas. *Fuente*: Dirección General de Estadística: *Estadísticas hospitalarias* (1975).

Agricultura. De la superficie total del Estado (62,848 kilómetros cuadrados) sólo se censaron en 1971 4.844,665.6 hectáreas: 711,369 de labor, 2.616,578.1 de pastos naturales (1.402,997 en cerros y 1.213,581.1 en llanuras), 501,722.9 de bosques (189,247.8 maderables y 312,475.1 no maderables) y 1.014,995.6 de tierras incultas productivas e improductivas. De las 3.829,670 utilizables (restando 1.014,995.6 incultas), 2.468,071.7 (64.45%) pertenecen a ejidos y comunidades agrarias, 1.346,750.1 (35.17%) a propietarios de áreas mayores de 5 hectáreas y 14,848.2 (0.38%) a pequeños propietarios. De las hectáreas laborables, 655,255.5 son de temporal, 18,569.5 de jugo o humedad y 37,544.0 de riego. De las de temporal, 422,799.7 (64.52%) son ejidales y de comunidades agrarias y 232,455.8 (35.48%) de grandes y pequeños agricultores; de las de jugo o humedad, 9,060.3 (48.79%) son ejidales y comunales y 9,509.2 (51.21%) de grandes y pequeños propietarios; y de las de riego, 19,893.5 (52.99%) corresponden a los primeros y 17,650.5 (47.01%) a los segundos. Los ejidatarios disponen de 1.647,631.6 (62.97%) hectáreas de pastos, 149,865.6 (79.19%) de bosques maderables y 203,120.1 (65.00%) de bosques no maderables.

En 1975 se cosecharon 458,786 hectáreas —393,707 (85.81%) de temporal y 65,079 (14.19%) de riego—, obteniéndose una producción de 62,722 toneladas con valor de $1,259.7 millo-

Estación del Ferrocarril en San Luis Potosí. Mural alegórico de la economía local

nes. En seguida se anotan las hectáreas cosechadas por cultivos y frutales y, entre paréntesis, la producción en toneladas: caña de azúcar, 23,590 (1.265,400); maíz, 293,886 (231,397); naranja, 12,443 (57.583); sorgo en grano, 16,900 (37,800); frijol, 42,994 (26.221); calabaza, 25 mil (10 mil); y café, 6,770 (2,850). La producción de maíz y caña de azúcar ocupa el 69.2% del área sembrada y aporta el 45.07% del valor de la producción agrícola del Estado. San Luis Potosí ocupa el segundo lugar en la producción de naranja (18.6% del total); el tercero en maguey para mezcal (17% del total) y el cuarto en maguey para aguamiel (5.2%). Por las características ecológicas de la entidad, la agricultura se divide en tres zonas: la Huasteca, la Zona Media y el Altiplano. La primera abarca el 17% de la superficie estatal y la integran 19 municipios; la actividad se realiza en zonas de temporal debido a sus óptimas condiciones, que hacen innecesaria la irrigación, así como al empleo de técnicas modernas y de alto rendimiento. La segunda representa el 33% de la superficie y la integran 20 municipios; cuenta con favorables condiciones climáticas y obras de riego. Y en la tercera se concentra casi la totalidad de las zonas áridas del estado; la actividad es de subsistencia; se usan técnicas atrasadas; la integran 17 municipios y representa el 50% de la superficie total. *Fuente*: Dirección General de Estadística: *V Censo Agrícola-Ganadero y Ejidal* 1970 (1975); y SAG, DGEA: *Información Agropecuaria* (1976).

Irrigación. Hasta 1973 se iniciaron tres proyectos en la región sur de la entidad, correspondientes a la cuenca del río Pánuco: Pujal-Coy, Las Animas y Chicayan, los cuales beneficiarán una superficie estimada de 700 mil hectáreas, distribuidas entre San Luis Potosí, Tamaulipas y Veracruz, o sea el distrito de riego más grande del país. Los trabajos de la primera etapa abarcan 137 mil hectáreas, de las cuales 72 mil corresponden al proyecto Pujal-Coy localizado en la entidad. Las obras realizadas y en proceso, durante el período 1975-1976 son los siguientes: instalación de la planta de bombeo El Porvenir, para elevar las aguas del río Tampaón y formar dos unidades de riego: Barrote; Ebano (49% de la superficie regable) y Tulillo-Chapacao (51%). En la primera van a roturarse 64 kilómetros de canales revestidos de concreto, 215 sin revestir y 294 de drenes; y en la segunda, 400 kilómetros de canales sin revestir, 503 de drenes, 2.4 de canales de llamada, una obra de toma y control, una planta de bombeo, y 73 kilómetros de caminos, para beneficiar 28,700 hectáreas. En 1975 la entidad contaba con 167 unidades de riego para el desarrollo rural aprovechadas por 22,692 usuarios. En el período 1975-1976 se continuaron las obras en 44 unidades y se iniciaron 16, de las cuales se terminaron 31 subterráneas, quedando 29 en construcción. Destacan la terminación de la presa de almacenamiento El Arenal, sobre el río Santa María, con capacidad de 2.3 millones de metros cúbicos, y las 10 unidades de riego por bombeo de Jesús María, en el municipio de Santo Domingo. *Fuentes*: Secretaría de Recursos Hidráulicos: *Ca-*

racterísticas de los Distritos de Riego (1976) e Informe de labores 1975-1976 (1976).

Ganadería. El Estado dispone de 2.775,164.4 hectáreas de pastizales: 2,616,240.1 (94.29%) naturales y 506,544 (5.71%) cultivados. Los inventarios en 1975, en número de cabezas, y su relación porcentual con los totales del país, entre paréntesis, eran los siguientes: bovinos, 837,289 (2.95%); porcinos, 264,725 (2.61%); ovinos, 520,673 (3.26%); caprinos, 614,393 (7.12%); caballar, 231,680 (3.57%); mular, 99,566 (3.02); asnal, 104,427 (3.15%); aves, 4.212,709 (2.91%) —gallos, 169,351 (2.31%); gallinas, 2.421,465 (4.37%); pollos, 1,407,466 (3.75%); guajolotes, 139,862 (3.58%); patos, 41,706 (3.13%); gansos, 5,898 (3.13%); y palomas, 26,961 (1.71%)—; y colmenas, 69,491 (3.37%). Ese año se sacrificaron 53,299 cabezas y se produjeron 8,831.6 toneladas de carne en canal de bovinos, 90,121 y 6,398.6 de porcinos, 19,565 y 225 de ovinos, 42,550 y 455.3 de caprinos y 371,826 y 466 de aves; 412 millones de huevos, 306 toneladas de lana, 1,646 de miel y 219 de cera. Además, se contaba con 297,122 cabezas de ganado lechero —48,541 (16.34%) de fino, 84,365 (28.39%) de cruzado y 164,216 (55.27%) de criollo—, de las cuales 85,413 se dedicaron a ordeña (5.54 litros de leche en promedio diario por vaca y año de 305 días), con una producción anual de 144.3 millones de litros de leche, 266 toneladas de queso, 16 de mantequilla y 955 kilogramos de crema; y 86,207 cabras lecheras en producción (4.6 millones de litros anuales). El Altiplano concentra el 70% del ganado caprino, especialmente en los municipios de Mexquitic, Charcas, Villa Hidalgo y Catorce; en la Huasteca se desarrolla la ganadería comercial con técnicas intensivas de explotación y pastos cultivados, destacando el ganado bovino con importantes volúmenes de razas finas (cebú, suizo, angus, charolais y hereford) en los municipios de Tamuín, San Vicente, Tancuayalab, Ciudad Valles y Ebano, que alojan el 40% del total de la población bovina; y en la Zona Media y el Altiplano se explota con preferencia el ganado lanar, en los municipios de Santo Domingo, Charcas, Mexquitic, Salinas de Hidalgo, Venado y Villa de Ramos, que representan el 73% de las existencias. El ganado porcino se distribuye en toda la entidad; pero los municipios de Mexquitic, Río Verde, Ciudad Fernández, Venegas y Tamazunchale reúnen el 59% de los haberes. Fuentes: Secretaría de Agricultura y Ganadería: Población y producción pecuaria. Quinquenio 1970-1974 y 1975 (1976) e Información Agropecuaria (1976); y Partido Revolucionario Institucional (IEPES): Monografía del Estado de San Luis Potosí (1976).

Silvicultura. En 1975 la entidad ocupaba el décimonoveno lugar nacional por el volumen de recursos forestales: 33.8 millones de metros cúbicos (1.09% del total); el décimotercero en superficie, con 4.664,600 hectáreas (3.41% del total): 765,800 arboladas, 3.637,800 arbustivas y 260,900 dedicadas a otros usos; el octavo en producción maderable: 213,200 metros cúbicos en rollo (3.08% del total); y el décimosexto en cuanto al valor de lo producido: $37.6 millones (0.97% del total). De la superficie arbolada, el 90% se localiza en climas templado-fríos, en las partes altas de la Sierra Madre Oriental, donde existen caoba y cedro, aunque también encino, palo escrito y algunas maderas tropicales; y el resto en climas cálido-húmedos. Más del 40% de la entidad lo constituyen matorrales, mezquites y chaparrales, donde predominan la yuca, la gobernadora, la candelilla, el huizache y el mezquite. De la producción forestal total, sólo se registraron 55 mil metros cúbicos de madera en rollo, 1,900 de madera aserrada (50%) y 33.3 millones de kilogramos de productos no maderables; por el mismo orden, correspondieron 35 mil, 500 y 29.7 millones a particulares y 20 mil, 1,400 y 3.6 millones a ejidatarios. En cuanto al valor, $23.4 millones corresponden a los productos maderables y $14.2 millones a los no maderables. Los municipios más importantes en esta actividad son: Tamuín (15,600 metros cúbicos de brazuelo), Tamasopo (5,200 metros cúbicos de leña en raja para combustible y 1,256 metros cúbicos de durmientes de encino), Ebano (29.5 millones de kilogramos de carbón) y Matehuala (600 mil kilogramos de lechuguilla y 400 mil de palma barreta). Se enviaron al Distrito Federal: 84 metros cúbicos de trozas de pino para chapa, 5 mil hojas de diversas especies y 18.6 millones de kilogramos de carbón. Funcionan 2 aserraderos en el municipio de Tamasopo, una planta beneficiadora de lechuguilla en la capital, y una planta procesadora de productos de palma y una fábrica de fibracel en Ciudad Valles. Prestan servicio a la silvicultura 147 vehículos, con capacidad de carga de 889 toneladas. Fuentes: Subsecretaría Forestal y de la Fauna: Inventario Nacional Forestal (1976) y Anuario de la producción forestal de México, 1975 (1976).

Minería y petróleo. La producción minera del Estado, en toneladas, y su participación porcentual en los totales del país en 1975, se indican en seguida: plata, 65 (5.25%); fluorita, 395,578 (36.33%, primer lugar nacional); cobre, 3,324 (4.18%); man-

San Luis Potosí: El Salto

ganeso, 1,798 (1.17%); plomo, 2,625 (1.62%); zinc, 19,024 (8.17%); y oro, 240 kilogramos (5.48%). Se explotan además los siguientes minerales: antimonio, yeso, barita, azufre, mercurio, sal, caolín, mármol, ónix y roca fosfórica. Destacan por su actividad minera los municipios de Catorce, Río Verde, Tamuín, Zaragoza (98.02% de la producción de fluorita), Charcas, Guadalcázar, Villa Juárez, Santo Domingo, La Paz, Ciudad Valles y Ahualulco, que en conjunto representan el 80% de la producción estatal. El personal empleado en las minas y plantas de beneficio (la mayoría de éstas en la capital) ascendía en 1970 a 3,085 trabajadores, quienes percibían $55.4 millones de pesos al año. El capital invertido era de $99.9 millones de pesos y las ventas netas ascendían a $180.6 millones. Se estima que la minería genera el 12% del producto industrial. En 1975 operaban 43 pozos petroleros con una producción de 111 mil barriles de crudo (0.04% del total nacional) y se contaba con almacenamientos de gasolina, diesel y kerosinas

con capacidad de 66, 84 y 23 mil barriles, respectivamente. *Fuentes*: Petróleos Mexicanos: *Anuario Estadístico 1976*; Partido Revolucionario Institucional (IEPES): *San Luis Potosí. Monografía del Estado* (1976); Consejo de Recursos Naturales no Renovables: *Anuario Estadístico de la Minería Mexicana 1975* (1976); y Comisión de Fomento Minero: *Producción por Entidades y Municipios 1974-1975* (1976).

Electricidad. En 1970, 630,349 habitantes (49.17% del total), distribuidos en 284 localidades, contaban con servicios de energía eléctrica; y en 1974, 812, 933 (57.20% de 1.421,100), correspondientes a 399 poblaciones. Carecían de él, sin embargo, 608,167 (42.80%). La energía proviene de 67 plantas (7 federales y 60 privadas) con capacidad instalada de 74,771 kw.: 20,490 (27.40%) de generación hidráulica, 22,895 (30.62%) de vapor y 31,386 (41.98%) de combustión interna. Los 47,959 kw. que suministra el gobierno federal proceden del Sistema Oriental Interconectado

Occidental (ORIOC), al que corresponden las plantas Camilo Arriaga (El Salto), Río Verde, Río Micos, Electroquímica, Matehuala y San Luis Potosí. La de Santo Domingo es independiente. *Fuente*: CFE: *Plantas generadoras y localidades con servicio* (1975).

Industria. En 1970 operaban en el Estado 4,468 establecimientos: 41 de la rama extractiva (extracción y beneficio de minerales metálicos y no metálicos, explotación de canteras, yacimientos de sal y extracción de grava, arena y arcillas) y 4,427 de la de transformación: 3,159 de productos alimenticios; 239 de calzado, prendas de vestir y artículos confeccionados con textiles; 28 de construcción, ensamble y reparación de equipos de transporte; 7 de productos eléctricos; 89 de madera y corcho; 117 de fabricación y reparación de muebles; 111 de textiles; 50 imprentas y editoriales; 34 de productos químicos; 51 de fabricación y reparación de productos de hule; 17 embotelladoras y 465 de otra índole. San Luis Potosí ocupa el décimocuarto lugar en la República por el capital invertido en industria ($1,688 millones) y el décimotercero por el valor de la producción ($2,710 millones). Esta actividad generó empleos para 33,534 personas: 23,461 (69.96%) obreros, 3,311 (9.87%) empleados y 6,762 (20.16%) no asalariados. Las remuneraciones al personal ascendieron a $392.3 millones ($11,699 en promedio individual al año). En 7 ramos (explotación de minas y beneficio de plantas, de minerales metálicos y no metálicos; productos de molino; embotelladoras; preparación, hilado, tejido y acabado de textiles; confección de prendas; fabricación de sustancias químicas; e industrias de metales no ferrosos), estaba concentrado el 63.71 (21,366) del personal. El sector aportó el 32.2% de la corriente de bienes y servicios generados en la entidad, con una aportación al producto interno bruto del país de 0.39%. Existe un parque industrial en la capital del Estado, en la cual funcionan 72 industrias, con una inversión de $20 mil millones y empleos para 7 mil trabajadores. En 1977 estaban en proceso de instalación o ya funcionando, una fábrica de acero inoxidable, una planta productora de máquinas herramientas (tornos, fresadoras, cepillos e implementos), una fundición de fierro y acero (con inversión de $2,500 millones), una destintadora de papel ($500 millones), una fábrica de llantas y la empresa Encajes Mexicanos. Se estima que el personal podrá ascender a 12 mil trabajadores. *Fuentes*: Dirección General de Estadística: *IX Censo Industrial 1971* (1973); y Cámara Nacional de la industria de Transformación: *Re-*

vista Transformación (julio de 1975).

Servicios. San Luis Potosí contaba en 1970 con 4,188 establecimientos de servicios, cuyo número (por tipo de actividad) y personal ocupado, entre paréntesis, se detallan a continuación: 991 (23.66%) de preparación y venta de alimentos (2,255); 580 (13.85%) de preparación y venta de bebidas (880); 507 (12.11%) de aseo y limpieza (932); 384 (9.17%) de reparación de automóviles, motocicletas y bicicletas (890); 374 (8.93%) de asistencia médica y social (1,074); 231 (5.52%) de esparcimiento (790); 207 (4.94%) de profesionistas (480); 149 (3.56%) de alojamiento temporal (782); 141 (3.37%) de reparación de maquinaria y aparatos eléctricos (233); y 624 (14.70%) de otra índole (2,116). En conjunto tuvieron ingresos por $313.2 millones y generaron un valor agregado de $217.9 millones con un capital invertido de $452.5 millones. *Fuente*: Dirección General de Estadística: *VI Censo de Servicios 1971* (1975).

Banca. En 1976 operaban en la entidad 16 instituciones de crédito: 3 oficiales (bancos Nacional de Crédito Rural y del Pequeño Comercio del D.F. y Nacional Monte de Piedad) y 13 privadas (bancos de Comercio de San Luis Potosí, del Centro, Mercantil de Monterrey, Nacional de México, del Interior, de Londres y México, de Comercio de las Huastecas, Comercial Mexicano e Internacional del Centro; Financiera Potosina, General Hipotecaria, Almacenes Generales y Unión de Crédito Agrícola y Ganadero de San Luis Potosí), con 80 oficinas en 19 localidades. Al 30 de agosto de 1975 la banca privada tenía, en conjunto, 327,332 cuentahabientes: 20,344 de cheques y 306,888 de ahorros; sus recursos montaban a $1,160.1 millones: 689.1 en depósitos a la vista, 390.7 en ahorros, 20.1 a plazos y 60.2 en capitales y reservas; y la cartera a $1,044.9 millones (décimotercer lugar nacional): 98 en acciones y valores, 38.5 en préstamos prendarios, 402.8 en descuentos y préstamos directos, 220.9 en aperturas y 284.6 en préstamos hipotecarios. El destino del financiamiento era el siguiente: a la agricultura, 40.2; a la ganadería, 188.5; a la minería, 8; a la industria, 302.9; y al comercio, 407.3. *Fuentes*: Asociación de Banqueros de México: *Boletín Financiero ABM* (1974); y *Memoria XLII Convención Bancaria* (1976).

Turismo. Los principales centros de atractivo turístico son San Luis Potosí y Real de Catorce; las zonas arqueológicas de Tamuín, Ciudad Valles y Ojo Caliente, y varios poblados indígenas. Gozan de prestigio los textiles de Santa María y la elaboración de queso de tuna. En 1974 habían en el Esta-

Club Deportivo Potosino

do 96 establecimientos de hospedaje, con el número de habitaciones que se indica entre paréntesis: 68 hoteles (2,192), 15 moteles (463) y 13 casas de huéspedes (145). En el municipio de San Luis Potosí prestaban servicio 35 hoteles (1,256), 5 moteles (232) y 12 casas de huéspedes (137); en el de Ciudad Valles, 10 hoteles (282) y 2 moteles (77); en el de Matehuala, 6 hoteles (215) y 4 moteles (106); y en el de Río Verde, 3 hoteles (94), un motel (12) y una casa de huéspedes (8). Funcionaban, además, 37 restoranes, un restorán-bar, 10 cafeterías, una fuente de sodas y 10 bares; una agencia de viajes, 550 automóviles y 710 autobuses de alquiler, y una empresa arrendadora de vehículos. En 1975 visitaron la entidad 777,417 personas: 624,803 (80.37%) nacionales y 152,614 (19.63%) extranjeros. *Fuente*: Secretaría de Turismo: *Estadísticas 1968-1974* (1975) y *Oferta de establecimientos de hospedaje 1974* (1975).

Comercio. En 1970 se dedicaban a esta actividad 21,129 personas: 12,436 (58.86%) vendían productos alimenticios en general; 4,687 (22.18%), artículos diversos para el hogar y de uso personal; 1,002 (4.74%), materiales para la construcción; 891 (4.22%), equipos de transporte, refacciones y accesorios; y 2,113 (10%), otras mercancías, principalmente combustibles y lubricantes. De los 10,347 establecimientos comerciales: 171 (1.65%) operaban en este último ramo; 7,907 (76.42%), en productos alimenticios; 1,712 (16.55%), y 79 (0.76%), en elaboración y venta de bebidas. Del total de comerciantes, 389 (3.76%) eran mayoristas y 9,958 (96.24%) minoristas. Vendían en conjunto $1,808 millones, generaban un valor agregado de $523 millones y tenían un capital invertido de $877 millones. Los centros comerciales más importantes son las ciudades de San Luis Potosí, Matehuala, Río Verde y Valles. *Fuente*: Dirección General de Estadística: *VI Censo Comercial, 1971* (1975).

Comunicaciones. En 1975 la entidad contaba con 1,169 kilómetros de vías férreas (quinto lugar nacional), correspondientes a las rutas que se mencionan en seguida y cuya longitud en territorio del Estado se indica entre paréntesis: México-Nuevo Laredo (384.3 kilómetros): se interna por el sur, en el municipio de Villa de Reyes, atraviesa la ciudad de San Luis Potosí, continúa hacia el norte por los municipios de Moctezuma, Venado, Charcas, Catorce y Venegas, adelante de la estación Lulú, límite con Zacatecas, y permite la comunicación con las ciudades de México, Querétaro, Saltillo, Monterrey y Nuevo Laredo; San Luis Potosí-Aguascalientes (135 kilómetros): se interna por el municipio de Salinas, sigue al sureste, toca los municipios de Salinas, Ahualulco, Mexquitic y San Luis Potosí, y enlaza con Zacatecas, Fresnillo, Durango y Torreón; y San Luis Potosí-Tampico (390 kilómetros): comunica los municipios de Soledad, Diez Gutiérrez, Hidalgo, Cerritos, Ciudad del Maíz, Alaquines, Cárdenas, Tamasopo, Ciudad Valles y Tamuín. Se han construido 12,209 kilómetros de caminos (décimoprimer lugar nacional): 1,568 federales (44 de terracería, 52 revestidos, 6 empedrados y 1,466 pavimentados), 877 estatales (68. 379, 11 y 419, respectivamente), y 9,763 de mano de obra y otros (6,831 de brechas, 157 de terracerías, 2,738 revestidos, 17 empedrados y 22 pavimentados). Las principales carreteras son: Tampico-Barra de Navidad, interoceánica, en la parte sur de la entidad, con dirección este-oeste, la cual cruza Ebano, Tamuín, Ciudad Valles, Río Verde, San Luis Potosí y Tepetates, hasta Villa de Arriaga, en los límites con Jalisco; México-Nuevo Laredo, al este de la entidad, con dirección sur a norte, atraviesa Tamazunchale, Terrazas y Ciudad Valles; y el Núm. 57, que parte de la Ciudad de México con destino a Piedras Negras, vía Santa María del Río, San Luis Potosí, San Gabriel y Matehuala. Hay 2 aeropuertos nacionales, uno en San Luis Potosí y otro en Tamuín; 15 pistas de aterrizaje y 14 aeródromos particulares de pequeño alcance; 19 estaciones de radio (17 comerciales y 2 culturales) concentradas en San Luis Potosí y Ciudad Valles; una central privada de télex, con capacidad de 40 líneas; una red de microndas (ruta Culiacán-Nuevo Laredo); 59 oficinas telegráficas y 2,309 kilómetros de líneas; 30,852 aparatos telefónicos, 20,233 suscriptores y 3,631 kilómetros de líneas; 56 equipos de radiotelefonía rural en la zona ixtlera (estados de San Luis Potosí, Coahuila, Tamaulipas, Nuevo León y Zacatecas, con una población de 492,565 habitantes); y 160 oficinas de correos que mueven 26.1 millones de piezas al año. *Fuentes*: Presidencia de la República: *Carta de México* (1974); Oficina de Información Económica de los Estados: *Cuestionario básico* (1970); y Secretaría de Comunicaciones y Transportes: *Revista C y T* (1976).

Finanzas Públicas. En 1974 el gobierno del Estado tuvo ingresos por $319.3 millones: 146.8 (45.98%) de impuestos, 3.4 (1.06%) de productos, 7.1 (2.22%) de aprovechamientos ·y 162.0 (50.74%) por otros conceptos; y se destinaron 126 (39.46%) a gastos administrativos, 61.5 (19.26%) a obras públicas, 89.6 (28.06%) a transferencias y 42.2 (13.22%) a otros conceptos. *Fuente*: Partido Revolucionario Institucional (IEPES): *La campaña presidencial en cifras* (1976).

SAN LUIS RÍO COLORADO. Municipio del Estado de Sonora, con una población de 102 mil habitantes en 1976. La cabecera, del mismo nombre, alojaba ese año a 76 mil personas. Hacia 1906 sólo habitaban allí, en los límites del río y el médano, 5 familias cuyos jefes eran Blas Yocupicio, Ramón Núñez, Cayetana Granados y dos más cuyo nombre no recogió la historia. Ese año arribó el matrimonio formado por Federico Brito y Francisca Yepiz; él era un periodista tabasqueño a quien perseguía el gobierno, por cuya causa cambiaba constantemente de domicilio; compró su tierra a Cayetana Granados, construyó su casa y se dedicó al cultivo de hortalizas, frijol y maíz; el 21 de junio de 1907 nació su tercer hijo, al que pusieron por nombre Luis, denominación que luego se propagó al rancho. El 15 de abril de 1917 llegó a ese lugar una expedición formada por 442 hombres al mando del capitán Carlos G.Calles; habían salido del puerto de Guaymas el 26 de marzo, por órdenes de Adolfo de la Huerta, gobernador de Sonora, para organizar una colonia militar en Puerto Isabel, en la desembocadura del Río Colorado; desembarcaron en las márgenes de esta corriente, caminaron por un sendero entre la orilla del río y la mesa arenosa hasta encontrar dos pequeños campos labrantíos (La Isleta, hoy Islita, y La Grulla) y al fin encontraron el campamento de San Luis, donde se asentaron. Al principio la localidad fue una comisaría dependiente de Caborca y en 1939, cuando ya tenía suficiente población, se le dio el rango de municipio. Tiene la entidad una superficie de 8,250 kilómetros cuadrados; linda al norte, a lo largo de 120 kilómetros, con los Estados Unidos; al sur, con el Estado de Baja California y el Golfo de Cortés; al este, con Puerto Peñazco; y al oeste con la cuenca del Río Colorado. La cabecera está situada a los 114°46'49" de longitud oeste, 32°29'02" de latitud norte y de 31 a 34 metros sobre el nivel del mar; tiene una extensión de 3,800 hectáreas, de las cuales 2,700 están fuera del fundo legal; el clima es extremoso, con temperatura mínima de -5° y máxima de 40°, seco, con vientos dominantes del noroeste en invierno y del sureste en verano. La precipitación pluvial es de 25 milímetros al año. El agua, de magnífica calidad, se obtiene mediante sistemas de bombeo. El suelo es arenoso (médano) hasta el nivel freático (20 metros), pero en algunos lugares se encuentran capas areno-arcillosas muy compactas. La estratigrafía general de la región corresponde al período paleozoico, producto del enfallamiento del área. Integran el municipio, aparte la cabecera, los ejidos de San Luis, La Islita, La Grullita, Pozas de Arvizu, Lagunitas, Monumentos, Mesa Rica y Nuevo Michoacán; y las colonias Azteca, Bojórquez, La Bolsa, Campillo, Coahuila, Esperanza, Hidalgo, Irrigación, Médano, Nuevo León y Sonora. Radican en la ciudad 4,200 inmigrantes, la visitan mensualmente 24 mil turistas extranjeros y 22,187 se internan al país. El número de cruces de la frontera asciende a 4.200,000 al año. Hay una

26

San Luis Río Colorado, Son.

capacidad instalada de generación eléctrica de 24 mil kw, para una demanda de 17 mil; 1,407 aparatos telefónicos; un consumo mensual de gasolina de 3.3 millones de litros; 1,002 establecimientos comerciales; 8,500 tomas de agua domiciliarias, 5 mil descargas de drenaje y 8 mil automóviles. Los bancos privados prestan al año $52 millones y los oficiales 200. Areas de cultivo 26 mil hectáreas. Funcionan 8 fábricas, 6 maquiladoras y 36 talleres, que dan ocupación a 546 personas y producen $22 millones. Trabajan 44 escuelas primarias (25 federales, 17 estatales y 2 particulares), con 464 maestros y 29,366 alumnos; 8 secundarias (3 federales, 2 estatales y 3 particulares) con 137 maestros y 2,772 alumnos; 2 preparatorias, una federal, el Centro de Estudios Científicos y Tecnológicos, con 48 maestros y 620 alumnos, y otra particular; y 2 academias comerciales. El Instituto Mexicano del Seguro Social sostiene un centro donde se imparten clases de inglés, cocina popular, pintura, dibujo, arte dramático, cultura física, bordado, corte, confección, juguetería y materias culturales. Se han formado grupos de baile y se realizan exposiciones de pintura. Hay una biblioteca pública y otras, más pequeñas, en los planteles educativos. Circulan en el municipio 12 periódicos, 5 locales y 7 de Baja California y Hermosillo. Operan 4 radiodifusoras locales y se ven 3 canales de televisión; uno local y los otros de Mexicali y la Ciudad de México.

Han sido presidentes municipales: Félix M. Contreras (1939-1941), Carlos A. Encinas (1941-1943), Alberto Veytia Powe (1943-1946), Heriberto R. Silva (1946-1949), J. Refugio del Río (1949-1952), Isidro Parra Olguín (1952-1955), Eulogio Medina H. (1955-1958), Mario Morua Johnson (1958-1961), Carlos Rodríguez Araiza (interino, del 23 de febrero al 16 de septiembre de 1961), Manuel Parra Peralta (1961-1964), Carlos Rodríguez Araiza (1964-1967), Rafael Leyva Castro (1967-1970), Dr. Jorge Flores Valdez (1970-1973) y Rubén Payan Serrano (1973-1976). El municipio tiene 32 mil hectáreas cultivables (13,608.90 ejidales y 13,061.90 de colonos), de las que se siembran 26,480: 17,477 de algodón, 3,908 de trigo, 1,869 de alfalfa, 405 de sorgo, 373 de maíz blanco y 2,448 de sandía, cebada, avena, zacate, vid y hortalizas. La producción agrícola en 1974, en toneladas, fue la siguiente: trigo, 17,551; maíz blanco, 559; cártamo, 951; sorgo, 17,551; y frijol, 15; más 65,412 pacas de algodón y 520 mil de alfalfa. *R.A.M. Fuente*: Administración municipal 1973-1976.

El Carmen de San Angel (siglo XIX y 1977), obra de fray Andrés de San Miguel

SAN MIGUEL, ANDRÉS DE (Andrés de Segura), n. en Medinasidonia, España, en 1577; m. en Salvatierra, Gto., en 1644. Estudió matemáticas. En 1592 pasó a Sevilla y en 1594 a la Nueva España, aunque ese mismo año decidió regresar a su patria. En el canal de Bahama naufragó la nave en que viajaba y al cabo de 12 días, a bordo de una lancha, recaló en la costa de Florida. Hizo entonces la promesa de entrar en la Orden de los Carmelitas si se salvaba. Una fragata del rey lo llevó a La Habana, aunque en el trayecto fue asaltada por los piratas. Volvió a Cádiz (1595) y tras nuevos percances se embarcó por segunda vez rumbo a México (1597). Tomó el hábito carmelita en el convento de Puebla (1598) y se dedicó a la arquitectura. Trabajó en el convento de Celaya, aunque no se sabe si restauró el viejo edificio o construyó uno nuevo; erigió el ermitorio del Desierto de los Leones (1606-1614), los conventos de San Angel, próximo a la Ciudad de México (1615-1617), de Salvatierra; y un puente sobre el río Lerma. Se le atribuyen los monasterios de Morelia y Puebla. Dejó un grueso volumen de manuscritos que se conservan en la Universidad de Austin, Texas, en el cual se hallan muy diversos trabajos, entre otros: *Qué cosa sea la arquitectura, De los cimientos de los edificios, Descripción del templo de Salomón, Fábrica de relojes horizontales, Algunos tratados de astronomía, Tratado de plantas y frutas de la huerta del Colegio de San Angel, Chimalistac* e *Informe acerca del desagüe de México.* Este último texto se publicó en *Anales del Museo Nacional* (1891). v.Manuel Toussaint: "Fray Andrés de San Miguel, arquitecto de la Nueva España", en *Anales del Instituto de Investigaciones Estéticas* (1945) y SALVATIERRA.

SAN MIGUEL IGLESIAS, ANTONIO DE, n. en Revilla, valle de Camargo, Santander, España, en 1726; m. en Valladolid (Morelia, Mich.), en 1804. A los 15 años de edad ingresó en el convento de los jerónimos en Santa Catalina de Montecorbán; recibió los hábitos y pasó al de Sigüenza, donde enseñó filosofía y teología, al igual que en el de Avila de los Caballeros, del que fue, además, prior y juez de oposiciones. Sustentó el acto mayor de la Universidad de Salamanca y en 1768 fue electo ministro general de la Orden y visitador en ambas Castillas. Hacia 1776 pasó al Nuevo Mundo como Obispo de Comayagua, Honduras, en la Capitanía General de Guatemala; y en 1783 fue designado por el Papa Pío VI Obispo de Valladolid, en la provincia de Michoacán. Entró al asiento de su nueva diócesis el 17 de diciembre de 1785. Ese año y los dos siguientes hubo sequía, "hambre gorda" y epidemias; el prelado, queriendo remediar la situación, estableció las primeras fábricas de hilados y tejidos de lana y algodón; inició la construcción de una calzada ornamental y emprendió la renovación del acueducto que surtía de agua a la ciudad. En una *carta-cordillera* recomendó a los curas aprovechar todos los recursos, y aun dar a los fieles recetas de cocina para que utilizaran mejor las pequeñas existencias de maíz, porque "La teología política caritativa —decía— es la que en las actuales críticas circunstancias de escasez de semillas debemos con toda preferencia enseñar los eclesiásticos, tanto con la obra como con la palabra". Sorteada la crisis, se dedicó a impulsar el estudio, labor en la que fue auxiliado por Manuel Abad y Queipo y José Pérez Calama, ambos personajes de la ilustración española en América y precursores de la Independencia mexicana (v.MICHOACÁN, ESTADO DE). Otros que trabajaron a su lado fueron Juan Antonio Riaño, Miguel Hidalgo y Costilla, José María Morelos y Manuel de la Torre Lloreda, así como quienes después conspiraron en Valladolid (1809). En una respuesta al virrey Iturrigaray sobre la creación de nuevos obispados, a lo cual se opuso, aprovechó la ocasión para hacer un análisis de la situación social del país, en el cual pueden encontrarse las razones que impulsaron la revolución de Independencia. Fue sepultado solemnemente en la catedral vallesoletana.

SAN NICOLÁS DE LOS GARZA. Municipio del Estado de Nuevo León, situado al norte de Monterrey, de cuya área metropolitana forma parte. En 1970 tenía 112,060 habitantes, mientras la concentración urbana a la cual está vinculada ascendía a 1.185,349, incluyendo la capital, Guadalupe, Garza García y Santa Catarina. Su rápido desarrollo (en 1960 vivían ahí 41 mil personas) se debe al desbordamiento de Monterrey por ese rumbo. En 1976 se habían formado 60 fraccionamientos, entre los cuales sobresalen la Colonia Cuauhtémoc, iniciado en 1957 por el sector privado, y las unidades I y II del INFONAVIT. Se han construido en su jurisdicción los principales edificios de la Universidad Autónoma, el Estadio Universitario (con capacidad para 47 mil espectadores) y las instalaciones de Hojalata y Lámina.

Historia. Una vez fundada la Ciudad Metropolitana de Nuestra Señora de Monterrey, el 5 de febrero de 1597 el escribano Diego Díaz de Berlanga solicitó y obtuvo, entre otras mercedes, 4 caballerías (más de 42 hectáreas) y un sitio de ganado mayor (1,755 hectáreas) al norte de la pueba. Se sabe que Diego de Montemayor concedió otras en la misma comarca. Pedro Iñigo obtuvo dos caballerías en 1596 y Domingo Manuel fundó una hacienda de labor nombrada Santo Domingo, donde murió asesinado por los indios en 1604 o 1605. Sus propiedades pasaron, sucesivamente, a manos de los capitanes Antonio Rodríguez y Pedro de la Garza. Este repobló el sitio y emprendió faenas agrícolas. Hacia 1630 le entregó a su hija Elena como dote, en ocasión del matrimonio de ésta con el

capitán Juan Cavazos, la mitad de la hacienda, con tierras, aguas e indios, 200 cabras y ovejas, 20 vacas corraleras, 10 yeguas y un caballo. En 1635, para compensar lo cedido, compró a la viuda Mariana Díaz 4 caballerías colindantes, donde se empezó a formar la hacienda de San Nicolás, conocida como la estancia de Pedro de la Garza; pero el 8 de febrero de 1639 éste fue asesinado por Mateo Monzón en el Valle de las Salinas. Al ocurrir su muerte, ejercía los cargos de regidor del Ayuntamiento de Monterrey y juez provincial de la Santa Hermandad. La hacienda de San Nicolás quedó bajo la administración de la viuda, Inés Rodríguez, y sus dos hijos varones, Pedro y José. El primero, conocido como *El Mozo*, consiguió del gobernador Martín de Zavala, en 1642, 2 sitios de ganado mayor y 2 de menor "en las demasías (tierras mostrencas entre propiedades) que hubiere" en la estancia que fue de su padre; y en 1655 el alcalde juan ce Abrego le confirmó la "quieta y pacífica posesión" de las tierras y aguas de la hacienda. Murió octogenario y heredó a su hijo del mismo nombre.

La hacienda de San Nicolás colindaba, al poniente, con las de Topo de los Ayalas y Topo de los González y, al oriente, con las de Santo Domingo y El Mezquital. De cómo eran dio cuenta el 11 de enero de 1735 el gobernador del Nuevo Reino de León, José Antonio Fernández de Jáuregui, al virrey y arzobispo de México, Juan antonio de Vizarrón y Eguiarreta: "Hay algunas estancias y labores muy buenas donde se coge maíz, frijol y caña dulce; críase también algún ganado mayor y menor, porque ha más de seis años que no los perjudican los enemigos (los indios) como lo ejecutaron en los años antecedentes". En 1760 se hicieron dos mediciones de la propiedad; en 1767 la visitó Nicolás de Lafora y en el *Diario de viaje* de la Comisión de Límites, presidida por Manuel Mier y Terán (1850), se la menciona, aunque con el nombre de "estancia de los Garzas".

El municipio. La antigua estancia del capitán Pedro de la Garza perteneció a la jurisdicción de Monterrey durante 2 siglos. La Legislatura del Estado, por decreto del 16 de diciembre de 1830, dispuso: "Para que las elecciones de la capital (Monterrey) sean menos incómodas y expuestas a desorden, se crea un nuevo distrito municipal, desmembrado del de la capital, cuya cabecera es la Estancia de los Garzas (Art.9)". Los límites del nuevo Ayuntamiento serían fijados por el gobierno del Estado (Art.11). El decreto formal de erección, sin embargo, no se conoce, pero debió darlo el Congreso en septiembre de 1835 (según José Eleuterio

González). Ese año se le concedió a San Nicolás un juez de Primera Instancia. El Ayuntamiento se formó a principios de enero de 1836: José Andrés Montemayor (alcalde primero), José Carlos Cantú (alcalde segundo), José Rafael Lozano, Juan José de la Garza y Cristóbal de Elizondo (regidores) y Francisco Cantú (síndico procurador). A la nueva jurisdicción se le siguió nombrando, en documentos públicos y privados, Estancia de San Nicolás de los Garzas o Estancia de los Garzas. El 1° de febrero se nombró secretario a José María Cantú, el 5 de mayo se dieron las tierras para los ejidos y a mediados de ese año se enviaron al Congreso local, para su aprobación, las *Ordenanzas Municipales*. El 1° de mayo de 1843 se midieron los terrenos cedidos por los vecinos para formar la villa; se localizaron los predios para la Casa de Cabildos, la iglesia, y la plaza; se adjudicaron los solares y se trazaron las calles y callejones. En 1848 había en la municipalidad 3,027 habitantes, igual número que en 1830, pues se le habían segregado las rancherías que se añadieron a San Francisco Apodaca. La población activa eran "muchos" labradores, 129 jornaleros, 20 carreteros, 7 zapateros, 6 criadores de ganado, 6 carpinteros, 5 músicos, 4 herreros, 3 obrajeros, 3 albañiles, 2 sastres y un panadero. Ese año se levantaron 70 cargas de piloncillo y 1,022 fanegas de maíz y 60 de frijol. Se disponía, además de 1,870 cabezas de ganado. Al concluir la invasión norteamericana, el gobierno de Nuevo León, que estaba en la mayor penuria, le asignó cuotas a los municipios para cubrir los gastos públicos. A San Nicolás de los Garzas se le fijó una aportación de 350 pesos al año, pero el 5 de enero de 1849 el Ayuntamiento solicitó la suspensión de ese decreto, pues el "miserable pueblo —decían los regidores— en verdad no forma sino una hacienda muy corta, sin comercio de ningún género, sin artes, sin edificios, expuesta a las incursiones de los bárbaros y reducida a la agricultura y labranza de la tierra, que sólo proporciona a sus moradores una escasa diminuta subsistencia" Al mediar el siglo XIX la fiesta titular de la villa era ya la Exaltación de la Santa Cruz, que atraía numerosos forasteros. A veces cundía la alarma, cuando acechaba alguna gavilla de hombres armados o grupos de indios tobosos o lipanes. La seguridad pública estaba a cargo de 2 soldados, reforzados en ocasiones especiales por vecinos montados y armados. Los caminos y veredas eran vigilados por 3 patrullas de jinetes. En 1849 el gobierno dispuso la construcción de un cuartel de la Guardia Nacional. En 1850 los habitantes habían disminuido a 2,924, pues los ranchos de San Martín pasaron a la ciudad de Monterrey; aún no se concluían las Casas Consistoriales; la cárcel pública era un cuarto de terrado de 8 varas de largo y la obra del camposanto estaba suspendida; funcionaban, sin embargo, 3 escuelas primarias: una en San Nicolás de los Garzas, otra en el Topo de los Ayalas y otra en el Topo de los González (Topo Chico), todas de adobe y techos de paja, sostenidos por particulares. En 1851 se nombró una comisión para impulsar el poblamiento de la villa, que más bien seguía teniendo el aspecto de una ranchería. Se obligó a los vecinos a cercar los solares y a construir casas y habitarlas. En esos días los municipios dejaron de percibir la tercera parte de la contribución directa que se pagaba al Estado, de modo que los ingresos del Ayuntamiento sólo procedían de los "carcelajes" o multas que pagaban los presos al quedar libres, del degüello de reses y del cobro de piso durante los días de función o feria, que eran el sábado y el domingo más próximos al día primero de todos los meses. Así, los impuestos no cubrían el monto anual de los gastos, los cuales ascendían a más de $400. La policía constaba de "un único hombre", pagado por los particulares; había 13 "cordilleros" (carteros) y la vigilancia en los caminos y el campo la desempeñaba la Guardia Sedentaria (40 hombres) y Móvil (64 jinetes), sin sueldo. Ya existían las Casas Municipales, con sala de sesiones y secretaría; la cárcel pública, el cuartel de la Guardia Nacional y los cementerios. La capilla, que se había iniciado en 1836, se hallaba "en soleras". En la jurisdicción municipal no había rancherías, pero sí 4 haciendas: San Nicolás de los Garzas, Topo de los Ayalas (General Escobedo), Santo Domingo (El Nogalar) y Topo de los González (Topo Chico). El número de habitantes ascendía a 2,837. En 1852 se cosecharon 5 mil fanegas de maíz y 30 de frijol, y 100 cargas de piloncillo. Los haberes ganaderos eran los siguientes: 300 cabezas de vacuno, mil de cabrío, 200 de lanar, 200 de caballar, 30 de mular, 140 burros y 300 cerdos. Sólo funcionaban 2 escuelas, pues estaba vacante la del Topo de los Ayalas. Los caminos más transitados en el municipio eran dos: uno hacia el oriente, que atravesaba la Hacienda de Santo Domingo (El Nogalar), y otro que cruzaba el centro de la municipalidad de norte a sur y comunicaba con Monterrey. En 1859 ya estaba terminada la capilla. Dos o 3 años antes había sido erigida canónicamente en viceparroquia. Los libros más antiguos de sacramentos (bautismos, casamientos y entierros) se inician a mediados de 1857. El 27 de abril de 1853 la hacienda del Topo de los González fue segregada del municipio nicolaíta y adscrita a la

36

San Nicolás de los Garza: Palacio Municipal y semáforos sincronizados por computadora

jurisdicción de Monterrey. En 1862 existían en el muncipio 3 haciendas: la contigua a la villa de San Nicolás, de este nombre, propiedad de 80 accionistas y dividida en las rancherías de Las Puentes, Los Lozanos y El Temporal; la del Topo de los Ayalas, 2 leguas al norte de la anterior, con 50 accionistas y 2 rancherías, las de ese nombre y la de San José de los Sauces; y la de Santo Domingo, tres cuartos de legua al oriente de la de San Nicolás, repartida entre 60 accionistas. El 24 de febrero de 1868 el Congreso dispuso que la hacienda del Topo de los Ayalas se independizara de San Nicolás de los Garza y pasara a formar, con los ranchos de San Miguel y San Martín y la hacienda de Mariano de la Garza, el nuevo municipio de General Escobedo. Por esta razón, al año siguiente la población bajó a 1,791 habitantes. Quedaron, pues, 354 casas, 4 sitios de ganado mayor, 4 de ganado menor, 30 caballerías y 2 sacas de agua. La riqueza agrícola consistía en 150 cargas de piloncillo y 2,400 fanegas de maíz. Existían ya 8 casas de abarrotes (7 en San Nicolás y una en Santo Domingo) y 5 establecimientos industriales (2 fraguas y 2 talleres de carpintería en San Nicolás y una fragua en Santo Domingo), éstos con 12 obreros.

La actualidad. El municipio, el de menor extensión de Nuevo León, tiene una superficie de 86.80 kilómetros cuadrados (0.13% del territorio de la entidad). La cabecera municipal se halla a una altura de 512 metros sobre el nivel del mar y su topografía es plana, con muy bajos lomeríos. Colinda al norte con los municipios de General Escobedo y Apodaca, al sur con Monterrey y Guadalupe, al oriente con Guadalupe y Apodaca, y al poniente con Monterrey. Un 60% de su territorio está poblado. En 1974 nacieron 5,872 nicolaítas y murieron 564. El número de matrimonios fue de 993. Cada familia tiene un promedio de 5.3 hijos. Para 1980 se espera que la población ascienda a 200 mil habitantes. Veintiocho de cada 100 nicolaítas son económicamente activos; de éstos, el 69.56% se dedican a la industria, el 6.75 al comercio, el 5.44 a los servicios, el 2.05 a los transportes y el 0.2 a la agricultura. Sólo un 5% de los mayores de 10 años son analfabetas; el 95%, católicos, y el resto metodistas, Testigos de Jehová y evangelistas. Hay 18,243 viviendas: 11,629 propias (63.1%) y 6,794 alquiladas (36.9%), de las cuales cuentan con agua entubada 17,501 (93.14%); con drenaje sanitario 13,752 (74.5%); con electricidad 16,523 (89.7%); y con radio y televisión, 11,462 (62.2%). Operan 88 escuelas (14 jardines de niños, 50 primarias, 19 secundarias, 3 de comercio y 2 preparatorias) y en su territorio están las principales instalaciones de la Universidad Autónoma de Nuevo León. En 1970 funcionaban 297 industrias, en las que trabajaban 21,974 personas; el capital invertido en ellas era de $2,563 millones y el valor de su producción, de $2,734 millones. Los establecimientos comerciales eran 905, con 2,131 empleados; y las empresas de servicios, 389 (1,717 personas). Sesenta y dos agricultores sembraban maíz y sorgo en 1,781 hectáreas; todos contabán con riego, electrificación y servicios públicos. Operan en el municipio 5 sucursales bancarias. Dos importantes carreteras cruzan el territorio de San Nicolás: la de México a Nuevo Laredo y la que va a Ciudad Miguel Alemán; mientras que 3 vías férreas lo enlazan con Torreón, México y Nuevo Laredo. Hay 16 rutas de transporte urbano y suburbano con 220 unidades. Hasta 1975 estaban registrados en el Departamento de Tránsito Municipal 8,092 automóviles y 2,841 camiones. Existen una oficina de Correos y otra de Telégrafos, y 8 mil aparatos telefónicos.

En el período 1974-1976, el Ayuntamiento elaboró y puso en práctica un manual de organización, preparó un instructivo para los jueces auxiliares y formó el inventario de los bienes inmuebles municipales: 150 predios con una extensión conjunta de 1.068,499 metros cuadrados; elevó los ingresos de 22 a 51 millones de pesos; reparó el mobiliario de 7 escuelas; introdujo o mejoró los servicios de agua, drenaje, luz mercurial, pavimentación, cordones y embanquetado en 10 colonias y varias calles y avenidas; adquirió 11 unidades para la recolección de basura; modernizó el rastro, reparó los panteones, instaló la central de bomberos (a iniciativa del Club Rotario), inauguró el Centro de Desarrollo de la Comunidad (15 de junio de 1976) y construyó los edificios de Policía y Tránsito, el IMPI, la Cruz Verde y el Sindicato, y varias instalaciones deportivas. Además, se mejoraron los servicios de Policía y Tránsito. El Instituto de Protección a la Infancia trabajó con 150 damas voluntarias. El escudo del municipio consta de un libro y un perfil industrial, símbolo de la unión del estudio (ciencia) y el trabajo (tecnología).

SAN PEDRO TLACOTEPEC, CÓDICE. Se conoce por una copia moderna que existe en la Biblioteca Nacional de Antropología e Historia. Mexica y posthispánico, tiene leyendas en español y es de carácter histórico. Muestra a Hernán Cortés, a Doña Marina y a Don Bartolomé (Xicoténcatl) en el área de San Pedro Tlacotepec (Veracruz). La fecha 1535 no parece ser correcta, pues hay algunos detalles que se le añadieron posteriormente. Lo estudió y publicó en tamaño reducido Charles Gibson, en *Tlaxcala in the Sixteenth Century* (New Haven, 1952).

SÁNCHEZ, CUCO, n. en Altamira, Tamps., en 1921. Desde muy niño escribía versos; después aprendió a tocar la guitarra y algo de música, y así sus poemas se convirtieron en canciones. A los 13 años de edad compuso su primera pieza, y a los 15, *Mi chata,* que constituyó un éxito. De su época más temprana se recuerdan: *¡Qué rechulo es que-*

rer!, Oigame, compadre y *Yo también soy mexicano.* En 1940 fue contratado por la radiodifusora XEW. Desde entonces ha compuesto más de 200 canciones, entre ellas *Anoche estuve llorando, ¡Qué manera de perder!, Hasta luego, Fallaste, corazón, Bolero indio* y *Anillo de compromiso*, tema musical de la película *El mil amores.* Ha intervenido en 20 filmes, componiendo o actuando; por ejemplo en *Yo maté a Rosita Alvírez, Los tres alegres compadres, Por qué peca esa mujer, Para que la cuña apriete, La vuelta del charro negro, Yo maté a Juan Charrasqueado, Guadalajara pues'n* y *El gallo giro.* Algunas de sus canciones gozan de popularidad internacional: *No soy monedita de oro, Buenas noches, mi amor, Con la misma moneda* y *La cama de piedra.*

SÁNCHEZ, GERTRUDIS G., n. en Saltillo, Coah., en 1882; m. fusilado en Huetamo, Mich., en 1915. Estudió en la Escuela Primaria anexa a la Normal y en ésta, pero no pudo terminar la carrera de maestro debido a la precaria situación económica de su familia. Pasó a trabajar a la hacienda de Agua Nueva, donde se ganó la confianza de los hermanos Francisco y Emilio Madero. Cuando el primero de éstos proclamó el *Plan de San Luis*, el joven campesino se lanzó al movimiento revolucionario. Después de la firma de los *Tratados de Ciudad Juárez*, se le dio el mando del 28° Cuerpo Rural y se le comisionó para combatir el salgadismo en Guerrero. En Coyuca de Catalán recibió la noticia del asesinato del presidente Madero. En guerra contra el usurpador Victoriano Huerta, reunió a las fuerzas de Cecilio García, José Rentería Luviano, Joaquín Amaro, Juan Espinosa y Córdoba, Francisco de la Hoya, Manuel L. Barranco y Alfredo Navarrete, y dirigió la toma de Tacámbaro, en cuya acción fue herido, retirándosele a Huetamo. Lisiado de una pierna, continuó la lucha: el 31 de julio de 1914 entró con su ejército en la ciudad de Morelia; el 2 de agosto asumió el gobierno provisional y la comandancia militar, y con base en el *Plan de Guadalupe* ejerció las funciones de los tres poderes del Estado. Impuso préstamos al clero y a los ricos; intervino edificios eclesiásticos y escuelas de todo tipo, para el establecimiento de oficinas públicas o planteles laicos; decretó la cancelación de los adeudos que tuviesen los peones con sus patrones (19 de septiembre de 1914); creó la Oficina de Inspección Escolar, antecedente de la Dirección de Educación; fundó el Hospital militar; organizó el Batallón de Guardia Civil Melchor Ocampo; reabrió la Escuela Industrial, quitándole el nombre de Porfirio Díaz; fundó la Junta de Beneficencia e Instrucción Pública; estableció el Departamento de Trabajo y la Junta Catastral; y expidió la Ley General de Educación Primaria y su reglamento, así como la Ley de Educación Normal para Maestros. Al sobrevenir la división de las facciones revolucionarias, abandonó Morelia e instaló su gobierno en Tacámbaro, ante la llegada de los villistas a la capital Michoacana, el 23 de febrero de 1915. Perseguido por sus enemigos, fue derrotado y herido en San Antonio de las Huertas. En camilla se le trasladó a Huetamo, donde fue fusilado por Alejo Mastache, su antiguo subordinado, el 25 de abril de 1915. v.*Recopilación de leyes del Estado de Michoacán. 1914-1915* (Morelia, 1924); Alberto Oviedo Mota: *El trágico fin del general Gertrudis G.Sánchez* (Morelia, 1939); Gabriel Ferrer de Mendiolea: "A medio siglo. General Gertrudis G.Sánchez", en *El Nacional* (25 de abril de 1965); y Jesús Romero Flores: *La reforma escolar en Michoacán (1914-1917)* (1971).

SÁNCHEZ, JOSÉ MARÍA. Sacerdote y lingüista, fue cura de la parroquia de Ocozocuautla, Chis., y autor de: *Vocabulario comparativo de las lenguas zoque de Tuxtla, tzotzil de San Bartolomé de los Llanos y chaneabal de Comitán. Con una exhortación para la confesión en lengua zoque y castellana* (manuscrito original con 710 palabras en zoque, 490 en tzotzil y 267 en chaneabal), *Fragmentos de unas exhortaciones para la observancia de los mandamientos del Decálogo en lengua zoque* (manuscrito, 1864), *Apuntes en lengua zapoteca, con añadiduras* (Tuxtla, 1870) y *Gramática de la lengua zoque. Para que sirva de texto en el Colegio Tridentino de la Diócesis de Chiapas. Explicaciones gramaticales para los sacerdotes católicos y toda clase de personas* (San Cristóbal de Las Casas, 1895).

SÁNCHEZ, PEDRO, n. en Valdeiglesias, Avila, España, en 1526; m. en la Ciudad de México en 1609. Catedrático de la Universidad de Alcalá y rector del Colegio Mayor de San Ildefonso, tomó el hábito de la Compañía de Jesús, enseñó teología en Valladolid y más tarde fue rector en Salamanca y Alcalá. San Francisco de Borja lo escogió para que pasara a México, en 1572, con un grupo de 15 jesuitas. Fundó el Colegio Máximo y después los de Pátzcuaro, Oaxaca, Puebla y Valladolid. Fue el primer provincial de la Compañía en México y, al terminar su período, consejero, prepósito de La Profesa y director espiritual del Colegio Máximo. Escribió: *Libro del Reino de Dios y del camino por do se alcanza* (Madrid, 1594).

Pedro Sánchez

SÁNCHEZ, PEDRO CELESTINO, n. en la villa de San Nicolás Obispo, partido del Nombre de Dios, Dgo., en 1871; m. en la Ciudad de México en 1956. Estudió en el Instituto Juárez de Durango y en la Escuela Nacional de Ingenieros, graduándose de ingeniero de minas y metalurgista. Explicó cátedras en la Universidad y en el Colegio Militar. Ocupó altos puestos técnicos en el Observatorio Nacional de Tacubaya, el Instituto Geológico Nacional, la Comisión Hidrográfica para el Estudio del Valle de México y la Comisión Geodésica. De 1929 a 1944 fue director del Instituto Panamericano de Geografía e Historia y consejero de ese organismo hasta su muerte. Representó a México en asambleas y congresos científicos internacionales. Inclinado por vocación al campo de la geografía, publicó numerosas obras, entre las que sobresalen: *Geografía física con aplicación a la República Mexicana* (1927), *Historia de la geodesia en México* (1928), *Estudio hidrológico de la República Mexicana* (1928), *Estudio orogénico de la República Mexicana* (1929), *Volcanismo* (1932), *Métodos geofísicos de prospección* (1933), *Importancia geográfica del Eje Volcánico* (1935), *La evolución de la geografía* (1935), *Enseñanzas fundamentales de la geografía humana* (1939), *Temblores de tierra o sismos y* *volcanes* (1939), *Figura y dimensiones de la Tierra* (1939), *Conferencias sobre teorías geográficas y geofísicas de México* (1942) y *La geodesia a través de la historia y la geodesia en México* (1945).

SÁNCHEZ, PRISCILIANO, n. en Ahuacatlán, Nueva Galicia (Estado de Nayarit), en 1783; m. en Guadalajara, Jal., en 1826. Quedó huérfano y con poca ayuda. Sin maestros, estudió en su pueblo la gramática latina y lo que tuvo a su alcance. A los 21 años se trasladó a Guadalajara. Solicitó examen en el Seminario Conciliar para estudiar filosofía. Lo sujetaron a prueba el presbítero Vázquez Ibáñez y los doctores Sánchez Rea y Jiménez de Castro; aprobado por unanimidad, entró como novicio al convento de San Francisco, pero sólo vistió el hábito 2 meses y 18 días, pues se le encontró "inconstante". En 1810 obtuvo el grado de bachiller en leyes. A causa de la revolución de Dolores, el Seminario estuvo cerrado hasta 1813, pero no obstante esta interrupción, que lo obligó a cambiar su residencia a Compostela, pudo más tarde sustentar el acto de estatuto en jurisprudencia. En Compostela vivió 12 años: al principio trabajó como dependiente para Santiago de Híjar; posteriormente, gracias al creciente respeto y estimación que suscitó en el vecindario, fue alcalde, regidor, síndico y director de anexos. Contrajo matrimonio con Guadalupe Durán, quien murió pronto, y más tarde con Guadalupe Cosío, fallecida en Guadalajara a fines de 1824. Partidario de la Independencia y autor de algunas cartas comprometedoras que cayeron en poder de las autoridades, rehusó acogerse al indulto que ofreció el general Cruz. En 1822 se le nombró representante al Primer Congreso Nacional. Enemigo de la monarquía, combatió a Iturbide. Con el título de *Nada vamos a arriesgar en esta experiencia*, el 29 de julio de ese mismo año dio a conocer el proyecto de una ley de hacienda, en el cual criticó la desproporción de las contribuciones, el abuso al administrarlas y el escaso fruto de su aplicación; y propuso la supresión de las alcabalas, para sustituirlas con impuestos directos sobre fincas rústicas y urbanas, capitales mercantiles y en giro, sueldos y pensiones anuales y sobre el producto de las profesiones facultativas. Sufrió la persecución del bando contrario y fue de los principales miembros del partido federalista. El 28 de julio de 1823 publicó su *Pacto federal de Anáhuac*. Firmó el *Acta Constitutiva de la Federación Mexicana*, promulgada el 31 de enero de 1824. Electo diputado a la primera Legislatura del Estado de Jalisco, dejó el Congreso General. Presidió la asamblea local y participó acti-

Prisciliano Sánchez

vamente en la redacción de la Constitución del Estado, aprobada el 18 de noviembre de 1824. Celebradas las elecciones, tomó posesión como primer gobernador del Estado de Jalisco el 8 de enero de 1825. Emprendió amplias reformas en la estructura y administración del gobierno: distribuyó una *Cartilla instructiva sobre el modo de hacer las elecciones populares con arreglo a la Constitución del Estado*, una *Instrucción a los Ayuntamientos sobre el modo en que deben formar y presentar las cuentas de sus fondos propios y arbitrios* y formularios para establecer reglamentos interiores y ordenanzas de policía y administración municipal; presentó y fue aprobada una nueva ley de hacienda que creó las contribuciones directas y suprimió las alcabalas; dividió la entidad en 8 cantones, a su vez distribuidos en "directorías políticas" y éstas en municipios; se opuso a los abusos del ejército federal y organizó una milicia cívica para contrarrestar esos malos efectos; promovió la Ley de Instrucción Pública (29 de marzo de 1826) que parceló la enseñanza en cuatro ramas: primaria, secundaria, matemáticas puras y profesional, (ésta exclusiva de un Instituto del Estado), son supresión de la Universidad, establecida en 1792; reestructuró el Poder Judicial; promulgó una nueva ley penal que suavizaba

Rafael Platón Sánchez

1

el trato a los delincuentes; prohibió sepultar cadáveres en las iglesias y fomentó los cementerios; dio impulso a la Beneficencia Pública; instaló una junta de socorros para combatir la epidemia de sarampión en 1825; dio de su peculio dinero para aumentar el número de camas en el Hospital; continuó la construcción del Hospicio iniciado por Cabañas; trató de establecer nosocomios en las cabeceras de los cantones; mejoró el Hospital de Belén y extendió la vacuna contra la viruela; y abrió al comercio el puerto de Navidad. Súbitamente, un padrastro infectado en un dedo desencadenó el gradual infortunio que le ocasionó la muerte, en sólo 24 días de enfermedad. Si su muerte originó sentimientos generalizados de pesar, sus despojos, inhumados y exhumados, ocultos para preservarlos, siguieron el curso de las luchas políticas de la primera mitad del siglo XIX. v.JALISCO, ESTADO DE.

SÁNCHEZ, RAFAEL PLATÓN, n. en la hacienda de Capadero (hoy Platón Sánchez), Ver., en 1835; m. en el rancho de Lobos, N.L., en 1867. Estudió en el Colegio Militar y se distinguió como artillero. Egresó como subteniente (3 de febrero de 1858). Combatió en Puebla contra los franceses el 5 de mayo de 1862; al año siguiente, al término del sitio que pusieron a esa plaza los invasores (16 de marzo al 17 de mayo), cayó prisionero, pero logró fugarse y se unió al presidente Juárez en San Luis Potosí. Ya con el grado de capitán, acompañó a éste en su retirada al norte. Llegó a Chihuahua en octubre de 1864 y se hizo cargo de la artillería. A principios de 1865 mandaba el 2° Batallón de la Guardia Nacional de Chihuahua. Peleó contra los franceses en Saltillo, Monterrey y Matamoros, y volvió a caer prisionero en Temosachic. Recuperada su libertad (fines de 1865), se reincorporó al gobierno republicano y más tarde asistió al sitio de Querétaro (14 de marzo al 15 de mayo de 1867). Ascendido a coronel, presidió el consejo de guerra que juzgó y condenó a muerte a Maximiliano, Miramón y Mejía. En noviembre de ese mismo año se encontraba en Nuevo León como jefe del Cuerpo de Cazadores. Fue asesinado por la tropa sublevada, que en parte procedía del Regimiento de la Emperatriz, cuerpo recién incorporado a las fuerzas de la República.

SÁNCHEZ, RAMÓN, n. en Yurécuaro, Mich.; m. a principios del siglo XX. Fue administrador de rentas en el distrito de Jiquilpan. Escribió un *Bosquejo estadístico e histórico del Distrito de Jiquilpan de Juárez* (Morelia, 1896).

SÁNCHEZ AZCONA, JUAN, n. y m. en la Ciudad de México (1876-1938). Estudió en el Real Gymnasium de Stuttgart y en las universidades de Heildelberg y la Sorbona. En París conoció a Francisco I.Madero. Regresó a México en 1892 y tras una incursión en la Escuela de Leyes, se dedicó al periodismo (1894). Escribió en *El Partido Liberal*, *El Nacional*, y *El Imparcial* y llegó a dirigir *El Diario* y *El Diario de la Tarde*. Siendo diputado federal (1904-1908) se le acusó de violar en su periódico secretos oficiales, pero fue absuelto por el Gran Jurado. En 1908 fundó *México Nuevo*. Participó en la campaña electoral de Madero y, en el exilio, en la redacción del *Plan de San Luis*, en San Antonio, Texas. Fue agente confidencial de Madero en Washington; se le detuvo a instancias del gobierno de México, pero las autoridades norteamericanas negaron su extradición. Asistió a la toma de Ciudad Juárez y llegó a la capital de la República acompañando al dirigente revolucionario. Diputado a la XXVI Legislatura, fundó y dirigió *Nueva Era*. A la muerte de Madero, fue aprehendido en Puebla. El general Huerta le ofreció un ministerio, que él aceptó sólo para recobrar su libertad, previo un viaje que pretextó a Europa. Detenido otra vez en Veracruz, logró escapar a La Habana, donde fundó una junta revolucionaria; de allí pasó a Nueva Orleans y luego a Piedras .Negras, para unirse a las fuerzas de Carranza. Enviado por éste, desempeñó la secretaría general del gobierno de Sonora. En 1914 viajó a Europa como representante del constitucionalismo, regresó en 1916 para intervenir en el proyecto de Constitución y ese mismo año fue ministro en España, Francia, Bélgica, Portugal e Italia. Fue secretario de Relaciones Exteriores del 1º al 15 de junio de 1920, en el gabinete de Adolfo de la Huerta; embajador en Madrid y consultor de la cancillería (1921-1924). Volvió a publicar *México Nuevo* (1922) y *El Diario* (1923) y a escribir en *El Universal* (desde 1925). De 1927 a 1930 estuvo exiliado en La Habana por su participación en la precampaña presidencial de Arnulfo R.Gómez. Los últimos años de su vida fue patrono de una institución de beneficencia.

SÁNCHEZ BAQUERO, JUAN, n. en Puerto Llano, España, en 1548; m. en 1619. A los 19 años de edad entró en la Compañía de Jesús y sin haberse ordenado formó parte de la expedición fundadora de la Orden de Nueva España. Recibió la unción sacerdotal en 1573 e hizo su profesión de votos en 1588. Consultor del colegio jesuita de México en 1592, se le comisionó al año siguiente para ir a predicar y confesar en Veracruz a los muchos españoles que llegaban en las flotas. En 1594 fue nombrado rector del Colegio de Oaxaca. En 1600 estaba radicado en la Casa Profesa y en 1608 era secretario de la Congregación Provincial. En 1619 pidió un sitio retirado para prepararse a morir, pasó a una casa en los suburbios de Oaxaca y falleció el último día de ese año. Fue muy entendido en matemáticas. Formó parte de la junta que por orden del virrey Luis de Velasco, atendió el grave problema de la ciudad anegada por la inundación de 1607, abandonada por 15 mil familias de españoles y en la que perecieron muchos indios. En unión de los padres Pedro Mercado y Bartolomé Santos, el doctor Villerino y Enrico Martínez, intervino en la solución del desagüe del valle de México. Enseñó todas las cátedras impuestas por los jesuitas y aun le quedaba tiempo para el estudio de ambos derechos, la medicina y la arquitectura. Escribió *La vida del Padre Francisco Bazan de la Compañía de Jesús* (inédita) y *Relación breve del principio y progreso de la Provincia de Nueva España de la Compañía de Jesús*, la cual permaneció inédita hasta que Mariano Cuevas la dio a la luz pública con un prólogo del padre Félix Ayuso, quien la tenía en su poder, con el título de *Fundación de la Com-*

1

Eduardo Sánchez Camacho

pañía de Jesús en la Nueva España, por el P.Juan Sánchez Baquero 1571-1580 (México, 1945). v.Gérard Decorme: *La obra de los Jesuitas mexicanos durante la época colonial* (2 vols., 1941).

SÁNCHEZ BELLA, ISMAEL, n. en Tordesilos, Guadalajara, España, en 1922. Catedrático de la Facultad de Derecho y vicerrector de la Universidad de Navarra y presidente del consejo de dirección de *Nuestros Tiempos*, ha publicado: *Edición y utilización de nuestras fuentes para el estudio de las instituciones indianas* (Madrid, 1947), *Los comentarios a las Leyes de Indias* (Madrid, 1959), *El gobierno del Perú 1556-1562* (Sevilla, 1960) y *La organización financiera de las Indias* (Sevilla, 1962).

SÁNCHEZ CAMACHO, EDUARDO, n. en Hermosillo, Son., en 1838; m. en Ciudad Victoria, Tamps., en 1920. Estudió en el Colegio Tridentino de Culiacán, en el Nacional de Sonora y en el Seminario Conciliar de Hermosillo. Fue ungido sacerdote en 1862 y se doctoró en cánones en la Universidad Pontificia de Guadalajara. En esta arquidiócesis fue catedrático del Seminario Mayor, capellán de las madres capuchinas y de las hermanas de María Inmaculada y secretario del V Cabildo. León XIII

Manuel Sánchez Mármol

lo promovió segundo Obispo de Tampico el 27 de febrero de 1880 y tomó posesión de su diócesis el 3 de diciembre siguiente; pero el 3 de octubre de 1896 fue separado por la Santa Sede y entregó el gobierno eclesiástico de su jurisdicción a Francisco M.Campos Angeles, canónigo de Tulancingo. Celebró 3 sínodos diocesanos (1882, 1883 y 1885) procurando adaptarlos a las Leyes de Reforma, se opuso (1887) a la coronación de la Virgen de Guadalupe y publicó la carta de Joaquín García Icazbalceta en la que este historiador refutaba la autenticidad de la imagen del Tepeyac. Murió en La Quinta del Olvido.

SÁNCHEZ MÁRMOL, MANUEL, n. en Cunduacán, Tab., en 1839; m. en la Ciudad de México en 1912. Estudió en el Seminario de San Ildefonso en Mérida, y en la Escuela de Derecho de Chiapas. Se recibió de abogado en 1865. En la capital yucateca organizó el círculo literario La Concordia, que editó el periódico *La Guirnalda*; y en compañía de José Peón Contreras y Manuel Roque Castellano, fundó el periódico satírico *La Burla*. Junto con Alonso de Regil y Peón, publicó el libro *Poetas yucatecos y tabasqueños* (Mérida, 1861). En Tabasco dirigió el semanario *El Aguila Azteca* (1862), de

orientación republicana, y fue diputado local, secretario particular de Gregorio Méndez, asesor de guerra y secretario general de gobierno. Al triunfo de la República, fundó *El Radical* en la Ciudad de México. Diputado federal de 1871 a 1876, se unió al movimiento legalista de José María Iglesias, en cuyo gabinete fue ministro de Justicia e Instrucción Pública, del 4 de noviembre al 1º de diciembre de 1876. De regreso a Tabasco, dirigió el Instituto Juárez (1879) y formó parte del Tribunal Superior de Justicia. En 1892 volvió a la capital de la República como diputado federal. Enseñó historia en la Escuela Nacional Preparatoria. Fue senador y miembro de la Academia Mexicana de la Lengua (1906). Es autor de: *Pocahontas* (sátira política, 1882); ¡*Ave Patria*! (1889); *Juanita Souza* (novela, 1892); "Las letras patrias" en *México, su evolución social* (1902); y las novelas *Antón Pérez* (1903) y *Previvida* (1906). Sus cenizas fueron depositadas en la Rotonda de los Hombres Ilustres del Panteón Civil de Dolores, en la Ciudad de México.

SÁNCHEZ MEDAL, LUIS, n. en Morelia, Mich., en 1919. Doctor en medicina por la UNAM (1943), llevó cursos de postgrado en el Instituto *Simpson Memorial* de la Universidad de Michigan (1944-1945), en el *Pratt Diagnostic Hospital* de Boston (1945), en la Universidad de Ohio (1945) y en la *Tumor Therapy Clinic* de Boston (1950-1951). Ha enseñado clínica médica y hematología en la Facultad Nacional de Medicina. Ha sido jefe de Médicos residentes (1946-1947), subjefe del Servicio Clínico y jefe del Laboratorio (1946-1959) y del Departamento de Hematología del Hospital de Enfermedades de la Nutrición (1960-). Desde 1965 dirige la División de Enseñanza del Instituto de esa especialidad. Ha presidido la Academia Nacional de Medicina (1969-1970) y la Agrupación Mexicana para el Estudio de la Hematología (1959-1960). Sus trabajos científicos constituyen una copiosa fuente de información. En 1972 obtuvo el Premio Nacional de Ciencias, que compartió con los doctores Isaac Costero y Antonio González Ochoa.

SÁNCHEZ DE MUNÓN, SANCHO, n. en España hacia 1530; m. en la Ciudad de México en 1601. Llegó a Nueva España en 1560 como maestrescuela de la catedral metropolitana. Fue cancelario de la Real y Pontificia Universidad de México, en la cual recibió el grado de doctor en teología (1561). Intervino en el descubrimiento de la conjura de Martín Cortés (1565-1566). A fines de 1568 o principios de 1569 se trasladó a la metrópoli. En 1573 se le otorgó una pensión anual vitalicia de 2 mil pesos de oro de *tepuzque*, por sus servicios al rey en ocasión de "la rebelión que se intentó en esa tierra". En 1575 regresó a México. Escribió: *Doctrina Cristiana* (1579), cuyo único ejemplar conocido se halla en la Biblioteca Huntington de California, Estados Unidos. v.Henry R.Wagner: *Mexican imprints, 1554-1600, in the Huntington Library* (San Marino, Calif., 1939); y Joaquín García Icazbalceta: *Bibliografía mexicana del siglo XVI* (ed. Millares Carlo, 1953).

SÁNCHEZ PONTÓN, LUIS, n. en Puebla, Pue., en 1895; m. en la Ciudad de México en 1969. Estudió derecho en la Universidad Nacional. Asistió al Congreso de Estudiantes que coincidió, en 1910, con el primer centenario de la Independencia y en el cual se pidió la renuncia al presidente Porfirio Díaz. Formó parte del Partido Liberal Constitucionalista (fundado en 1916), en cuyo seno se opuso a la candidatura presidencial de Venustiano Carranza, cuya continuidad en el poder significaba una reelección, hecho que reconoció la asamblea, aunque admitida la excepción por los méritos del Primer Jefe. Fue diputado al Congreso de la Unión (XXVII Legislatura) y senador por Puebla. Desempeñó la oficialía mayor de la Secretaría de Hacienda y Crédito Público y fue secretario de Educación del 1° de diciembre de 1940 al 12 de septiembre de 1941. Dio clases en las escuelas de Derecho y Economía de la UNAM. Representó a México en la VIII Conferencia Panamericana y ante la ONU y fue embajador en Ecuador, Suiza, Canadá, Uruguay y la URSS. Es autor de: *Hacia la escuela socialista, Las deudas públicas en el derecho internacional* y *Guerra y revolución.*

SÁNCHEZ SANTOS, TRINIDAD, n. en la hacienda de San Bernardino Tzitlatepec, Huamantla, Tlax., en 1859; m. en la Ciudad de México en 1912. Estudió en el Seminario Palafoxiano de Puebla. En 1880 se mudó a la capital de la República y se dedicó al periodismo. Escribió en *La Voz de España* y *El Tiempo*. Dirigió *El Nacional, El Heraldo* (1889-1891), *La Voz de México* (1892-1897) y *El País* (1899-1912). Fue perseguido y encarcelado por sus críticas a los gobiernos de Porfirio Díaz y Francisco I.Madero. Manuel León Sánchez compiló parte de sus escritos en *Editoriales de El País en 1910, 1911 y 1912* (1923) y Octaviano Márquez prologó y anotó sus *Obras selectas* (2 vols., 1962). v.PERIODISMO.

SÁNCHEZ SOLÍS, CÓDICE. El original se conservaba en el Museo Etnológico de Berlín. También se le conoce como *Códice Zapoteco* y *Códice Waecker Gotter*, nombre de su último poseedor. Perteneció al licenciado Felipe Sánchez Solís (1816-?). En 1883 lo adquirió el ministro plenipotenciario de Alemania en México, quien lo llevó a Berlín. Del original se hicieron varias copias en 1869; una de ellas por el pintor José María Velasco, ordenada en 1882 por Gumersindo Mendoza, director del Museo, la cual se conserva en la Biblioteca Nacional de Antropología e Historia. Otra la hizo Eduardo Seler y la llevó a Alemania. Es una pintura jeroglífica zapoteca posthispánica, obra por lo menos de dos manos distintas. Aparecen en ella figuras de mujer y de hombre, colocadas frente a frente, y notas en lengua zapoteca. Su carácter es probablemente histórico y genealógico. El doctor Antonio Peñafiel lo reprodujo con el título de "Códice Zapoteco" en *Monumentos de arte mexicano antiguo. Ornamentación, mitología, tributos y monumentos...* (Berlín, 1890). Esta edición está basada en una copia imperfecta a la que le faltan las notas en lengua zapoteca. v.Francisco del Paso y Troncoso: "Un códice indiano del señor Sánchez Solís", en *Anales del Museo Nacional* (1886); y *Walter Lehmann*: *"Les peintures mixteco zapoteques et quelques documents apparentés"*, en *Journal de la Societé des Américanistes de Paris* (Paris, 1905).

SÁNCHEZ TABOADA, RODOLFO, n. en el municipio de Acatzingo, Pue., en 1895; m. en la Ciudad de México en 1955. Estudió en el Colegio de San José, en el Hospicio de Puebla y en el Colegio del Estado. A la muerte del presidente Madero, se incorporó al movimiento revolucionario bajo las órdenes del general Fortunato Maycotte. El 10 de noviembre de 1914 se inscribió en el Colegio Militar como subteniente aspirante a ingresar al Cuerpo Médico. Combatió al zapatismo en el Estado de Morelos, incorporado a las fuerzas del coronel Jesús Guajardo. Por méritos en campaña fue ascendido hasta el grado de general de brigada (1° de noviembre de 1952). Gobernó el Territorio Norte de Baja California del 22 de febrero de 1937 al 31 de julio de 1944. Inició las gestiones para nacionalizar el latifundio de la *Colorado River Company*. Del 1° de agosto de 1944 al 15 de octubre de 1945 estuvo a disposición de la Presidencia de la República. Volvió al servicio activo, pero el 30 de noviembre de 1946 fue electo presidente del comité del Distrito Federal del Partido Revolucionario Institucional y el 5 de diciembre siguiente, del Comité

Ejecutivo Nacional, hasta el 4 de diciembre de 1952. Hacia el final de este período dirigió la campaña presidencial de Adolfo Ruiz Cortines. El 1º de diciembre de 1952 el Presidente de la República lo designó secretario de Marina, puesto que desempeñaba al morir. Fue benefactor del Pentathlón Universitario y maestro de una generación de jóvenes revolucionarios.

SÁNCHEZ DE TAGLE, FRANCISCO MANUEL, n. en Valladolid (Morelia, Mich.) en 1782; m. en la Ciudad de México en 1847. Estudió filosofía, teología y jursiprudencia en el Colegio de San Juan de Letrán de la Ciudad de México, graduándose con honores en 1801; enseñó filosofía en el mismo plantel, basando su curso en las ideas de Descartes, Newton y Leibnitz. Por su inclinación a las artes plásticas, en 1805 se le nombró miembro honorario de la Academia de San Carlos. Fue regidor perpetuo y secretario del Ayuntamiento; y diputado (1815), vocal de la Junta de Arbitrios y censor de las Cortes Españolas (1820). Participó en la redacción del *Acta de la Independencia Mexicana.* Fue miembro de la Soberana Junta Provisional Gubernativa, diputado al primer Congreso Nacional y vicegobernador del Estado de México. Rehusó el cargo de gobernador de Michoacán, pero aceptó el de senador por el mismo Estado. Volvió a la Cámara en varias legislaturas. Actuó como secretario del Supremo Poder Conservador. En 1836 se le nombró director del Monte de Piedad. Pedro Henríquez Ureña compiló la bibliografía de Sánchez de Tagle, la cual incluye algunas obras publicadas en ediciones sólo mencionadas en registros bibliográficos (*A Humboldt, A la gloria inmortal de los valientes españoles, En la coronación de Fernando VII, Sobre lo que exige de nosotros la religión en las críticas circunstancias del tiempo, A la Inmaculada Concepción de María* y *La infelicidad humana*) y traducciones de Metastasio (*El rompimiento, El estío* y *La palinodia*). La mayor parte de estas producciones fueron reunidas en dos volúmenes: *Obras poéticas del señor don Francisco Manuel Sánchez de Tagle, recogidas y ordenadas por su hijo don Agustín, quien las publica a nombre de todos sus hermanos* (1852). Fue el primer poeta que cantó la gloria de los héroes de la Independencia, Hidalgo y Morelos. De él se publicaron también algunas alocuciones: *Arenga cívica pronunciada en la Plaza Mayor de México, el 16 de septiembre de 1830* y *Discurso sobre la creación de un poder conservador, pronunciado el 15 de diciembre de 1835.* v.Cuadernos de Literatura Michoacana (director,

Francisco Manuel Sánchez de Tagle

Raúl Arreola Cortés): *Francisco Manuel Sánchez de Tagle.* (Selección y prólogo de Porfirio Martínez Peñaloza; Morelia, 1951).

SÁNCHEZ TAPIA, RAFAEL, n. en Aguililla, Mich., en 1887; m. en la Ciudad de México en 1946. Estudió en el Seminario de Zamora, pero abandonó la carrera en 1911 para incorporarse al movimiento revolucionario. Fue prefecto de Jiquilpan y Coalcomán. En 1915 ascendió a general brigadier, por su comportamiento al lado del Primer Jefe Venustiano Carranza. El 3 diciembre de 1934 el gobernador de Michoacán, general Benigno Serrato, pereció en un accidente, y el Congreso del Estado nombro para sucederlo a Sánchez Tapia. Gobernó hasta el 30 de junio de 1935, fecha en que fue nombrado secretario de la Economía Nacional en el gabinete del presidente Lázaro Cárdenas. Fue relevado de ese cargo el 31 de diciembre de 1937. Se le otorgó el grado de general de división en 1938. Tuvo después la concesión para explotar los yacimientos de hierro de Las Truchas, pero la enajenó a intereses extranjeros.

SÁNCHEZ DE VELASCO, ABRAHAM, n. en Huastla, Jal., en 1909. Estudió la primaria en el Internado Episcopal de Chilapa y en el Colegio

Abraham Sánchez de Velasco

Francés de México; y la secundaria, la preparatoria y la carrera de licenciado en economía en la Universidad Nacional de México, pero debido al cambio de su residencia, el título profesional le fue expedido por la Dirección General de Estudios Superiores del Gobierno de Jalisco (actual Universidad de Guadalajara). Ha sido jefe de los Archivos Económicos de la Secretaría de Hacienda (1934-1935), organizador de la estadística del Banco Regional de Crédito Agrícola de Jalisco (1935), asesor del Archivo General del Gobierno de Jalisco (1935-1936), catedrático de las facultades de Derecho, Economía y Comercio de la Universidad de Guadalajara (1935-1961), representante del Banco Nacional Obrero de Fomento Industrial en Jalisco y Michoacán (1937-1938); economista consultor (1939-1941), secretario general de Gobierno y presidente de la Comisión de Fomento Industrial del Estado de Jalisco (1942-1944); asesor de la Cámara de Comercio e Industria de Guadalajara (1939-1941); asesor de empresas industriales (1940-1955); nuevamente en la administración pública local, administrador y jefe de estudios económicos de la Comisión de Planeación de la Costa (1954-1959), director del Consejo de Planeación Económica y Social (1958-1959), director de Pro-

moción Económica (1959-1961), vocal ejecutivo de la CPCJ (1959-1964), jefe del Departamento de Economía y Hacienda (1961-1964) y presidente del Patronato de los Servicios de Agua y Alcantarillado de Guadalajara (1959-1964) y de la Asamblea Popular de Programación (1964); oficial mayor de la Secretaría de Agricultura y Ganadería (1964-1970), jefe del Departamento de Estadística del Instituto Mexicano del Seguro Social (1971-1974) y subjefe de Servicios de Personal del propio Instituto (1974 a la fecha). Ha escrito los siguientes libros y documentos: *Nuestra política fiscal* (1936); anteproyectos de Código Hacendario y de Leyes de Hacienda Municipal, Fomento Industrial y Urbanización del Estado de Jalisco (1939-1941); *Censo Regional de la Costa de Jalisco* (1954), *Estudio económico del proyecto de ferrocarril Tetitlán-Puerto Vallarta* (1955), *Programa federal para Jalisco* (1958), *Principios de economía* (1958), *Jalisco en el progreso de México* (1960-1964), *Guadalajara. Abastecimiento de agua potable* (1964) y *Política agropecuaria y forestal de México* (1976). Es autor, además, de los capítulos "Desarrollo industrial" y "Comunicaciones" del libro *Noticia de Jalisco* (1959).

SÁNCHEZ VILLASEÑOR, JOSÉ, n. en Morelia, Mich., en 1911; m. en 1961. En 1927 ingresó en la Compañía de Jesús. Doctor en filosofía (1941) por la UNAM, creó las carreras de relaciones industriales (1953) y de administración de empresas (1957) en la Universidad Iberoamericana y publicó: *El sistema filosófico de Vasconcelos* (1939), *Pensamiento y trayectoria de José Ortega y Gasset* (1943), *Gaos en Mascarones* (1945), *Introducción al pensamiento de Sartre* (1950) y *El drama de la metafísica.*

SANDI MENESES, LUIS, n. en la Ciudad de México en 1905. Violinista desde muy pequeño, cursó después composición y canto en el Conservatorio Nacional, institución de la que fue maestro y secretario (1927). Ha sido jefe de la Sección de Música del Departamento de Bellas Artes (1929), subdirector y director del Instituto Nacional de Bellas Artes (1931), fundador y director de los coros del Conservatorio y de Madrigalistas (1936), jefe del Departamento de Música del INBA (1947), presidente de Juventudes Musicales de México (1948) y del Comité Nacional del Consejo Internacional de la Música, fundador de la Liga de Compositores de Música de Concierto y vicepresidente de la Fundación Morales Esteves (1948), director general de Opera en el INBA (1959) y presidente del Consejo

Interamericano de Música (1965). Ha dirigido las orquestas sinfónicas de México y Nacional. Es el creador de los clubes corales y las orquestas rítmicas en las escuelas primarias, secundarias y normales. Ha compuesto las siguientes obras: 1.Para varios Instrumentos: *Sexteto, Sonatina* (violoncello y piano), *Cuatro momentos* (cuartero de cuerda), *Hoja de album* (violoncello y piano), *Aire antiguo* (violín y piano), *Canción exótica* (violín y piano), *Fátima* (suite para guitarra), *Concertino* (flauta y orquesta), *Suite Banal, Invención* (dos instrumentos), *Cuarteto de cuerda, Sonata* (violín solo), *La hoja de plata* y *Misa chamula* (conjunto instrumental y coro). 2.Opera: *Carlota* y *La señora en su balcón.* 3.Para canto: *El venado, Rubayats* (conjunto instrumental y voz), *Diez Hais-Kais, Poemas del amor y de la muerte, Canción de la vida profunda, Canción obscura, Destino, Madrigal, Los cuatro coroneles de la reina, Cuatro canciones de amor, Cinco poemas de Salvador Novo, Cinco poemas de Tu Fu* (voz y piano), *Paloma, ramo de sal, ¿Qué traerá la paloma?* (voz y guitarra), *Cántico de la creatura* (voz y orquesta) y *La vida pasa* (dos voces y piano). 4.Para coro: *Tres madrigales, Amanece, Silenciosamente, A la muerte de Madero, Quisiérate pedir, Cinco gacelas, Canto de amor y de muerte* (coro mixto a capella), *La Suave Patria* (coro y orquesta), *Mi corazón se amerita* (coro mixto y dos pianos), *Gloria a los Héroes* (coro mixto, orquesta y banda) y *Las troyanas* (coro e instrumentos); y 5.para orquesta: *Cyrano* (música de escena para la obra de Rostand), *Norte* (tema y variaciones), *Día de difuntos* (ballet), *La Angostura, América* (poema sinfónico), *Bonampak* (ballet), *Esbozos sinfónicos, Cuatro miniaturas, Cuatlicue* (ballet) y *Sonora. Cántico a la creatura* (mezzo y orquesta).

SANDÍA. *Citrullus vulgaris* Schrad. Planta herbácea, vellosa, anual, de la familia de las cucurbitáceas, con tallo rastrero, anguloso, muy ramificado, que alcanza 5 metros de longitud; tiene zarcillos ramificados (bífidos y trífidos) y serpentiformes, mediante los cuales se fija o se enreda a los objetos cercanos o a otras plantas. Las hojas son escabrosas, triangular-aovadas, u ovado-oblongas en contorno, cordadas en la base; están divididas en 3 o 4 pares de lóbulos anchos en el ápice, cada uno de los cuales, a su vez, es lobulado y dentado; miden de 10 a 18 centímetros de largo. Las flores son amarillas, de tamaño mediano, solitarias (en las axilas de las hojas), monoicas (las masculinas y femeninas en la misma planta), aunque también puede presentar flores hermafroditas y masculinas (andromonoi-

cas), las cuales presentan pedúnculos más cortos que las hojas; el cáliz está constituido por 5 sépalos pequeños; la corola es gamopétala, rotada, de 3 a 4 centímetros de diámetro, con 5 lóbulos obovados, obtusos en el ápice; las flores masculinas tienen 5 estambres cortos unidos por los filamentos y con las anteras libres; las flores femeninas tienen el ovario ínfero (debajo del cáliz y la corola), tricarpelar, provisto de tres placentas que sostienen numerosos óvulos, y superpuesto por un estilo corto que termina en un estigma trilobulado. El fruto es elíptico, oblongo o subgloboso, y a veces alcanza hasta 60 centímetros de largo y 20 kilogramos de peso; de superficie lisa, generalmente verde oscura, uniforme o estriada; la corteza es dura, de color blanco o verde pálido en la parte interior, y la pulpa (tejido placentario) por lo común roja o rosada, dulce y jugosa. Las semillas, muy numerosas, están diseminadas en la pulpa; son de color negro, amarillento o blanco, comprimidas, lisas de contorno ovoide, y miden de 0.5 a 1.3 centímetros de largo. Es originaria de Africa, muy apreciada y cultivada en México por sus frutos, cuya pulpa se consume fresca o se emplea para preparar refrescos y helados. Presenta numerosas variedades hortícolas que sólo prosperan en climas templados o cálidos libres de períodos largos de heladas, tanto en regiones húmedas como áridas (de preferencia en estas últimas) y en suelos neutros o ligeramente alcalinos y, principalmente, en los que son un poco ácidos. La planta se propaga por semillas, las cuales pueden ser sembradas directamente en pequeños surcos, en grupos de 2 a 5 cada 2.50 metros; o bien, en macetas, de donde se trasplanta una vez desarrollada. Una hectárea puede rendir entre 4 mil y 8 mil frutos.

SANDOVAL, GONZALO DE, n. en Medellín, Extremadura, España, en 1497; m. en el puerto de Palos, España, en 1528. Compañero de Hernán Cortés en la conquista de México, estuvo en todos los combates que se libraron desde Tabasco hasta la toma de México-Tenochtitlan. Tuvo a sus órdenes la armada de bergantines que puso sitio a Tenochtitlan y, junto con García Holguín, participó en la aprehensión de Cuauhtémoc. Fue enviado a pacificar y conquistar Colima, cuya cabecera fundó con el nombre de San Sebastián, en 1522 (v.COLIMA, ESTADO DE). Expedicionó a Salagua para reconocer las costas del Mar del Sur. Acompañó a Cortés en su expedición a las Hibueras. Una vez terminada la conquista, se sintió enfermo y partió a España, Cortés lo acompañó en sus últimos momentos.

Sangre de drago

SANGRE DE DRAGO. Nombre que se aplica a varios árboles y arbustos de cuyo tallo, cuando se hiere, escurre un líquido rojo; en particular *Croton draco* Schl. y otras euforbiáceas como *C.gossypifolium* Vahl., *C.panamensis* (Klotzch) Muell. Arg., y *J.spathulata* (Ortega) Muell. Arg (*J.dioica* Var *sessilifora* (H.B.K.) Mc Vaugh); así como las leguminosas *Pterocarpus acapulcensis* Rose, *P.officinalis* Jacq. y *P.orbiculatus* D.C.

C.draco es un arbusto o árbol hasta de 20 metros de alto, con el tronco recto, angosto (15 a 20 centímetros de diámetro), cuyas ramas horizontales forman una copa extendida; la corteza interna produce abundante exudado rojizo (látex) de sabor picante, que se oscurece al contacto del aire. Las hojas son alternas, grandes, de 6 a 15 centímetros de ancho por 9 a 25 de largo, anchamente aovadas u ovadocordadas, agudas o acuminadas en el ápice y con el borde entero o denticulado, densamente pilosas en la superficie inferior (envés) y poco pilosas en la superficie superior (haz); presentan largos pecíolos (hasta de 14 centímetros) provistos de dos o varias glandulitas anaranjadas en el ápice; al frotarlas emanan un olor acre característico; toman una coloración amarilla o rojiza cuando van a caer del árbol. Las flores son aromáticas, actinomorfas,

pequeñas, y se disponen en largos racimos (hasta de 45 centímetros), algo curvados hacia la punta; son monoicas o dioicas (las masculinas y las femeninas pueden estar en la misma planta o en plantas diferentes, respectivamente); las flores masculinas miden de 7 a 8 milímetros de diámetro; presentan 5 sépalos unidos en la base, 5 pétalos verde grisáceos alternos a los sépalos, y numerosos estambres sobresalientes; entre los pétalos y los estambres hay un nectario anular lobulado. Las flores femeninas miden de 4 a 5 milímetros de diámetro; presentan un perianto de 5 segmentos (no diferenciado en cáliz y corola) blanco-verdosos unidos en la base, un nectario anular lobulado, 5 estambres rudimentarios y un ovario súpero, trilocular o tetralocular, con un óvulo en cada lóculo; el ovario está superpuesto por 3 o 4 estilos muy cortos y cada uno de estos últimos termina en dos lóbulos o estigmas. Los frutos son cápsulas globosas, trilobadas, pubescentes, con los estigmas persistentes en el ápice. Las semillas (3 en cada fruto) son grisáceas, brillantes y miden de 3 a 4 milímetros de largo. Esta especie vive en las regiones cálidas y húmedas del país, desde Sinaloa hasta Chiapas y desde el sur de Tamaulipas hasta Yucatán. Aunque no tiene usos industriales, se le atribuyen propiedades para combatir las fiebres y endurecer las encías; es astringente y con su jugo color rojo sangre se hace una tintura. El jugo se emplea como remedio para curar enfermedades de los cascos de burros y caballos. Aparte sangre de drago, se le llama también *sangregado, sangregrado* y *tlachinole* (Veracruz, Chiapas, Oaxaca, Puebla y otros lugares); *cuate* y *palo muela* (Sinaloa); *llora sangre* o *chorro de sangre* (San Luis Potosí e Hidalgo); *sangre de perro* (Chiapas); *xixte* (San Luis Potosí, lengua huasteca); *chichbat* (Chiapas, tzotzil); *chichté* (Chiapas, lacandón); y *ezcuáhuitl* (que significa árbol de sangre en náhuatl).

C.gossypifolium es un arbusto o árbol hasta de 15 metros de altura que en México sólo se conoce procedente de Oaxaca. *C.panamensis* es un árbol que alcanza 35 metros de altura; crece en Veracruz, Puebla, Oaxaca y Chiapas. *J.spathulata* es un arbusto de tallos lisos, oscuros y correosos, que tiene diversos usos en medicina popular (v.GUALULO). *P.acapulcensis* es un árbol de 7 a 8 metros de alto, de hojas pinadas con pocos folíolos grandes, flores semejantes a mariposas amarillas, cuyo fruto es una vaina comprimida, pedunculada, indehiscente, de 5 a 6 centímetros de largo; se le encuentra en Guerrero, Oaxaca y Veracruz, y también se le llama *drago* o *sandrago*. *P.officinalis* es un árbol hasta de 24 metros de altura, hojas pinadas con 7 a 9 folíolos grandes, flores parecidas a mariposas amarillas o moreno-amarillentas, dispuestas en racimos, y fruto corto, ancho, comprimido, pedunculado, indehiscente; vive en Oaxaca y Yucatán; en la época colonial el jugo que escurre de su corteza, denominado *sangre de dragón*, que solidifica en forma de resina roja, se usó en medicina. *P.orbiculatus* es un árbol de 6 a 8 metros de alto, con la corteza blanca, las hojas pinadas, 3 a 7 folíolos grandes, las flores amarillas, amariposadas, dispuestas en racimos, y el fruto suborbicular, de 4 a 5 centímetros, con un borde ancho y delgado; se encuentra en Guerrero, Michoacán, Oaxaca y Veracruz, y recibe también los nombres de *llora-sangre* (Guerrero) y *guayabillo* (Michoacán).

SANGUIJUELAS. Gusanos que pertenecen a la clase *Hirudinea*, del *Phylum* annelida. Se caracterizan porque su cuerpo siempre presenta 33 metámeras o somitas divididas en un número de anillos que varía de 2 a 14, de tal manera que la segmentación externa no se corresponde con la interna. Los extremos están transformados en ventosas y presentan un clitelo entre los segmentos IX y XI. Son hermafroditas y el desarrollo es directo sin formación de larva trocófora. Se conocen aproximadamente unas 300 especies en todo el mundo. Existen en toda la República, donde se encuentran bien representados por varios géneros y cuando menos unas 30 especies. Fueron estudiados por Lauro María Jiménez en 1886, por Eugenio Dugés en 1888 y por el doctor Caballero de 1930 a 1960. La mayoría de las especies son predadoras y sólo un 15% se consideran hematófagas. Algunas sanguijuelas perforan el tegumento de los vertebrados con la trompa; otras lo hacen con sus mandíbulas y succionan la sangre de sus víctimas; algunas pueden absorber entre 3 y 10 veces su volumen en sangre; otras secretan substancias que impiden la coagulación. En México se usó por mucho tiempo la *Haementeri officinalis* para hacer sangrías en sustitución de *Hrudo medicinalis*, la sanguijuela europea que no existe en el país. La especie más grande que vive en México es *Macrobdella decora*, que se encuentra en los ríos de Tamaulipas y Nuevo León. Mide entre 10 y 15 centímetros de largo. La mayoría de las especies de sanguijuelas son ectoparásitas de vertebrados, pero algunas se alimentan también de la sangre de invertebrados como caracoles, crustáceos y otros gusanos, aunque no desprecian la carroña. Muchas son transmisores de parásitos, por sus hábitos hematófagos. Varias especies de *Trypanosoma*, parásitos de peces y anfibios, son transmitidas por sanguijue-

las y a su vez son hospederos intermediarios de tremátodos y de céstodos parásitos de aves. También son predadoras de lombrices de tierra; varias de ellas atacan al hombre y a los animales domésticos. El doctor Caballero describió por primera vez en México varias especies; de éstas, las más importantes son las siguientes: *Helobdella conchata, Oculobdella socimulcensis* (dedicada a Xochimilco, de donde es originaria), *Diestecostoma mexicanum* (Sanguijuela terrestre), *Limnobdella chiapensis, Limnobdella olivace, Limnobdella profundisulcata, Limnobdella tehuacanea* (descrita originalmente por L.M. Jiménez), *Pintobdella cajali* y *Erpobdella ochoterenai*. En conjunto, forman un grupo poco estudiado en México, cuya importancia reside en que algunas especies son indicadoras de contaminación en arroyos, ríos y lagos. En México se les conoce con el nombre náhuatl de *acucuyachin* o *acucuyachi*. v.GUSANOS.

SANSÓN FLORES, JESÚS, n. en Morelia, Mich., en 1909; m. en 1966. Estudió en el Colegio de San Nicolás de Hidalgo. Colaboró con el presidente Lázaro Cárdenas en la aplicación de la reforma agraria. En 1937 fue nombrado primer secretario de la embajada en España. Posteriormente dirigió los periódicos *Juventud* y *Redención* (órgano de la Confederación Michoacana de Trabajadores). Integrante del grupo de poetas inaugurado y presidido por Carlos Gutiérrez Cruz, participó, en opinión de los estudiosos, de "intereses que rebasan el dominio lírico para adentrarse en lo popular, en lo social y hasta en lo revolucionario". Publicó: *¡Clarinadas...!* (Morelia, 1928), *Puños en alto* (1932), *El niño proletario* (1936), *Canción del odio* (1938), *Bajo el sol de España* (1939), *Hampa* (1941) y *El camino perdido* (1954).

SANTA CRUZ TLAMAPA, CÓDICE DE. También llamado *Código de Tributos de Santa Cruz Tlamapa*, se conserva original en la Biblioteca Nacional de Antropología e Historia. Perteneció a Lorenzo Boturini. Es una tira de papel europeo, en forma de biombo, de 8 pliegos (383.5 por 31 centímetros), en la que están pintados cuadretes donde aparecen una iglesia, personas, medias lunas con rostros humanos (los meses cristianos), pequeños círculos, numerales indígenas, un escribano y un mayordomo, leyendas en español y las fechas 1564, 1568, 1573, 1575. De carácter fiscal, no se sabe si los tributos que registra se pagaban a la iglesia de Santa Cruz Tlamapa o a un encomendero; o si se trata de los gastos de la caja de comunidad o de los sueldos a los oficiales del pueblo de Tlamapa, localidad del Estado de México, al norte de Otumba, llamada Santa Cruz Tlamapa antes de 1817. v.John B.Glass: *Catálogo de la Colección de Códices* (1964).

SANTA ELENA POCO UINIC. Ciudad arqueológica maya situada en Chiapas, en la cuenca del río Usumacinta, construida sobre una gran explanada que contiene, al norte, tres construcciones piramidales en hilera y otra lateral conectadas por plataformas alargadas a manera de pasillos con muros en talud. Corre la plataforma de oriente a poniente con una longitud de 170 metros. Al este se encuentran otra pirámide cuya planta tiene 20 por 17 metros, y una más pequeña a un lado. El monumento mayor está al poniente, sobre un basamento piramidal de cuatro cuerpos escalonados, cuya base mide 110 por 80 metros, con una escalinata al oriente; en su cumbre hay restos de una construcción piramidal alargada y de otras tres pequeñas en torno, con escaleras hacia el mismo rumbo. Según Enrique Juan Palacios, explorador de estas ruinas, allí se abre la boca de una cripta.

SANTA ISABEL TOLÁ, CÓDICE DE. El original se encuentra en la Biblioteca Nacional de Berlín. Es copia de un documento en texto nahua y castellano, con figuras que expresan nombres de lugares y de personas. Se trata de los títulos de propiedad de esas tierras otorgados el 26 de septiembre de 1714 por el escribano Juan Francisco Neri, en los cuales se hace relación de otros procedentes de 1539 y de la posesión desde 1438. En el códice aparecen las figuras de los conquistadores que repartieron los terrenos y numerosas noticias sobre la historia cronológica nahua, la medida lineal usada por los indígenas y los barrios y poblaciones cercanos a México-Tenochtitlan.

SANTACILIA, PEDRO, n. en Santiago de Cuba, en 1826; m. en la Ciudad de México en 1910. A los 7 años de edad fue llevado a España; allá estudió y comenzó a escribir. Regresó a Cuba en 1845. Junto con otros escritores, fundó la revista *Ensayos literarios*. Estuvo preso por su actividad política y fue deportado (1853). Vivió en Sevilla, en Nueva York (1853) y en Nueva Orleans, donde conoció a Benito Juárez, entonces desterrado también. Más tarde contrajo matrimonio con Manuela, hija mayor del presidente Juárez, cuando era secretario particular de éste. Publicó: *El arpa del proscripto* (poemas; Nueva York, 1856), *El genio del mal* (1861), *Apólogos* (1867); *Del movimiento literario en México* (1868) y *Juárez y César Cantú* (1885).

Diego Santacruz

SANTACRUZ, DIEGO, n. en Guadalajara, Jal., en 1907. Abogado (1934) por la Universidad de Guadalajara, ha sido consultor, jefe del Departamento Jurídico y secretario del Consejo de Administración del Ferrocarril del Pacífico (desde 1935); jefe del Departamento Jurídico del Gobierno del Estado (1954-1957) y dos veces diputado al Congreso local (1957-1960 y 1977-1980), en cuyo carácter contestó el cuarto informe del gobernador Agustín Yáñez y el sexto de Alberto Orozco Romero; profesor de derecho industrial y obrero, teoría general del Estado y derechos constitucional y público, y jefe del departamento de Seminarios de Estudios Jurídicos de la Facultad de Jurisprudencia de la Universidad de Guadalajara; y miembro de la comisión redactora del proyecto de Código de Procedimientos Penales para el Estado (1956). Ha traducido 3 libros sobre temas de opinión pública y teoría política, para uso de los estudiantes de esas materias, y escrito ensayos sobre federalismo, derecho constitucional e historia.

SANTAMARÍA, FRANCISCO, n. en Cacaos, Tab., en 1886; m. en Veracruz, Ver., en 1963. Profesor normalista por la actual Universidad de Tabasco, enseñó allí mismo matemáticas. En México se graduó como abogado y formó parte de la judicatura. Gobernó su Estado de 1946 a 1952. Lexicógrafo, historiador y bibliógrafo, fue miembro de número de la Academia de la Lengua (desde 1954). Sobrevivió a los acontecimientos de Huitzilac, aventura que narra en *Mi escapatoria célebre de la tragedia de Cuernavaca.* Publicó, además: *El provincialismo tabasqueño* (1920), *Americanismo y barbarismo* (1921), *Glosa lexicográfica* (1926), *Bibliografía de Tabasco* (1930), *Las ruinas occidentales del viejo imperio maya. Notas de una excursión* (1933), *La poesía tabasqueña* (1940), *Ensayo de crítica del lenguaje* (1941), *Diccionario de americanismos* (1942), *El movimiento cultural en Tabasco* (1946) y *Diccionario de mexicanismos* (1959).

SANTA MARÍA, MIGUEL, n. en el puerto de Veracruz en 1789; m. en Suramérica en 1837. Estudió en el Colegio de Letrán y en el Seminario Conciliar de la Ciudad de México. Se recibió de abogado en España. Huyó de la península para no servir en el ejército. Desde Estados Unidos prestó ayuda a la expedición de Francisco Javier Mina. No pudo entrar al país y pasó a Jamaica, donde se reunió con Bolívar. Este lo nombró secretario del Almirantazgo. Fue secretario del Congreso Constituyente en Cúcuta. En 1821 Colombia lo nombró ministro plenipotenciario en México, pero hubo de retirarse por su oposición a Iturbide. Al instaurarse la República, renunció a su cargo para recobrar su ciudadanía. En 1829 marchó a París y en 1835 se hizo cargo de la legación en Londres. Negoció el *Tratado Santa María-Calatrava*, por el cual España reconoció la Independencia de México. Tradujo los *Discursos morales* de Blair y publicó: *Informe secreto al pueblo soberano* y *El Tratado de Paz.*

SANTA MARÍA, VICENTE, n. en Valladolid (Morelia, Mich.) hacia 1775; m. en Acapulco (Guerrero) en 1813. Profesó en la Orden de San Francisco, en el convento de Valladolid. En 1809 fue uno de los más destacados partidarios de la emancipación, aún en el púlpito, figurando en la conspiración de Valladolid al lado de Mariano Muñoz, José Mariano y José Nicolás Michelena, José María García Obeso, Ruperto Mier, Mariano Quevedo, el cura de Huango, Manuel Ruiz de Chávez y muchos otros. De todos ellos, era el teórico más lúcido. Su plan consistía en formar en Valladolid una junta que gobernase en nombre de Fernando VII, si España sucumbía ante la invasión de Napoleón, "lo que todos los habitantes de la Nueva España creían inevitable". Contaban los conspiradores con la fuerza de los oficiales comprometidos y con los indios, cuyos gobernadores estaban en comunicación con García Obeso y a quienes se prometería la exención del tributo. Así esperaban reunir 20 mil hombres. Denunciada la conspiración dos veces (14 y 27 de diciembre de 1809) por el cura del Sagrario, Francisco de la Concha, se aprehendió a los conjurados el 21, por orden del asesor intendente José Alonso de Terán. El arzobispo virrey Francisco Javier de Lizana y Beaumont fue benigno al disponer la suerte de los reos. Vicente de Santa María fue recluido en el convento del Carmen de la Ciudad de México, confinándosele más tarde a otros lugares. Pudo huir y se unió a las tropas de Morelos, pero en la toma del Castillo de San Diego, en Acapulco, perdió la vida. Escribió *Relación histórica de la colonia del Nuevo Santander y costa del seno mexicano*, que aparece incluida en el apéndice de la obra *Estado general de las fundaciones hechas por D. José Escandón en la Colonia del Nuevo Santander y Costa del Seno Mexicano. Documentos originales que contienen la inspiración de la Tienda del Cuervo, el Informe del mismo al Virrey y un Apéndice* (2 vols., México, 1929). Esta *Relación* debió escribirse entre 1787 y 1789. Para ello recorrió palmo a palmo la provincia que describe en plan de geógrafo y de poeta. Enumera el prolijo inventario de las riquezas naturales: distribución de salinas, minerales y tierras fértiles; pero en lo que el relato cobra máxima importancia, es en lo referente al número de tribus que la habitaban y de las que había desde tiempos antiguos; al estudio comparativo y ameno de los idiomas que menciona; a los sucesos acaecidos desde la primera empresa de su descubridor Escandón y a los progresos de su conquista, hasta su muerte. Santa María era un sabio y un filántropo: creyó en el mejoramiento social del indio y dejó traslucir las explotaciones que los agobiaban. Esta *Relación* se imprimió por vez primera en Ciudad Victoria, Tamaulipas, en el *Periódico Oficial del Estado* (tomo VII). El erudito bibliógrafo Nicolás León la reimprimió incompleta en su *Bibliografía mexicana del siglo XVIII* (8 vols., 1904-1908), con el título *Relación de la Colonia del Nuevo Santander y Costa del Seno Mexicano*. v. Nicolás Rangel: "Fray Vicente de Santa María y la Conjuración de Valladolid", en *Boletín del Archivo General de la Nación* (1931); Ernesto de la Torre Villar: *La Constitución de Apatzingán y los creadores del Estado Mexicano* (1964); "El constitucionalismo mexicano y su origen" de Jesús Castañón y otros, en *Estudios sobre el Decreto Constitucional de Apatzingán* (1964); y Ernesto Lemoine Villacaña: "Fray Vicente de Santa María, boceto de un insurgente olvidado", en *Estudios de historia moderna y contemporánea de México* (1965).

SANTA MARÍA INCHAURREGUI, ANTONIO, n. y m. en Puebla, Pue., desconociéndose las fechas. Maestro mayor de arquitectura por la Academia de San Carlos, toda su obra conocida la realizó en esa entidad: la reedificación de la iglesia de los Reyes, en Cholula (1758-), el obelisco en honor de Carlos III (en colaboración, 1760), la decoración (en ladrillo y azulejo) de los Colegios Palafoxianos y el Palacio Episcopal (1758-1763), la iglesia de la Compañía de Jesús (1767), el Parián (1801) y la traza del Paseo Bravo (1818). Se conservan planos hechos por él en el Archivo Municipal y en el Musco Regional. Se le atribuyen la Casa del Alfeñique y el Coliseo de Comedias (Teatro Principal).

SANTANDER Y LÓPEZ DE MENDIETA, VÍCTOR MANUEL, n. en la Ciudad de México en 1930. Médico por la UNAM, llevó cursos de radiobiología y aplicación de radioisótopos. Ha enseñado materias de su especialidad en la UNAM, en la Universidad de Coahuila, en la Comisión Nacional de Energía Nuclear y en el Centro Médico Nacional. Fue jefe del Departamento de Farmacología de la UNAM, del cual era investigador en 1977. Es autor o coautor de: *Manual de prácticas de farmacología* (1964), *Manual de prácticas de laboratorio* (1966) e *Indice farmacológico de prescripción* (1970).

SANTARÉN, HERNANDO, n. en la villa de Hueste, Castilla la Vieja, España, en 1567; m. asesinado por indios tepehuanes en Sinaloa, en 1616. A la edad de 15 años entró de novicio en el Villarejo de Fuentes, Provincia de Toledo. Estudió letras y filosofía en el Colegio de Belmonte en 1584. Llegó a Nueva España en 1588 y entró a estudiar con los jesuitas en el Colegio de San Pedro y San Pablo de la Ciudad de México. En 1592 recibió su consagración sacerdotal. En 1604 hizo su profesión solemne en la iglesia de San Francisco, en Durango. En 1609 fue rector del colegio jesuita de Sinaloa y visitador de las Misiones de Sinaloa en 1612. Desde 1592 trabajó en Sinaloa y Durango, en plena Sierra Madre Occidental (montañas de Topia, Girimoa, Guapixuxe, Xexoltima y Caruntapa): entre los indios guazares, tahues, sobaibos, acaxes y xiximes, subiendo y bajando las sierras a caballo o a pie, y vadeando ríos con el agua hasta el pecho. Varias veces rodó barranca abajo sufriendo peligrosas caídas, y las nieves y ventiscas lo dejaron aislado en cuevas solitarias. Edificó más de 100 iglesias y fundó 14 residencias de la Compañía de Jesús, todas con escuelas. Abrió los caminos de Agua Blanca, la Estancia, Bisimora, Zuquitatlán, San Jerónimo, Chacala, Huixupa y San Hipólito. "Siempre anduvo roto, con los zapatos de vaqueta, y él propio remendaba su vestido. Fue el hombre más amado de su siglo: entrando él por cualquiera población, todos, chicos y grandes, se alborotaban y alegraban y dejaban sus oficios para venirle a ver". Llegó a tener gran ascendiente entre misioneros, autoridades e indios. Murió asesinado por los tepehuanes en el camino de San Ignacio de Guapixuxe a Santiago Papasquiaro, quedando su cadáver varios días en el río. Ese fue el principio de la gran rebelión tepehuana de 1616. Santarén escribió una *Relación* acerca de la región de Topia y el pueblo acaxee: el canibalismo de sus habitantes, las guerras, el tratamiento que hacían a sus enemigos, las fiestas, los vicios, las supersticiones y los ayunos; la evangelización, los casos extraordinarios, las conversiones, la rebelión y la pacificación. Este documento fue dirigido al padre provincial Ildefonso de Castro, que recorrió la región con el capitán Diego de Avila, y que la remitió al general de la Compañía de Jesús en Roma, Gabriel Aquaviva. Esta *Relación* la copió Francisco Xavier Alegre, S.J., y la reprodujo en su *Historia de la Compañía de Jesús en Nueva España* (3 vols., 1834). Además, Santarén redactó otro ejemplar en 1601, más extenso y bien trabajado, y otro en 1602, más corto, con algunas noticias recientes, ambos inéditos en el Archivo de la Sociedad de Jesús en Roma. v.Anastasio G.Saravia: *Apuntes para la historia de la Nueva Vizcaya. Las sublevaciones* (1956); y José Gutiérrez Casillas, S.J.: *Santarén, conquistador pacífico* (Guadalajara, 1961; 2a. ed., 1964).

SANTIBÁÑEZ, ENRIQUE, n. en Oaxaca, Oax., en 1869; m. en 1931. Periodista y funcionario consular es autor de: *La República Mexicana. Reseña geográfica y estadística* (1911), *Chiapas. Reseña geográfica y estadística* (1911), *El Ejecutivo y su labor política* (1916), *México y sus relaciones internacionales* (1917), *Historia de la América Latina desde sus tiempos más remotos hasta nuestros días* (Nueva York, 1918), *Geografía comercial de las naciones latinoamericanas* (1919), *Geografía nacional de México* (1923), *Historia nacional de México* (1923) y *Ensayo acerca de la inmigración mexicana de los EUA* (1930) (San Antonio, Tex., 1930).

SANTILLÁN, MARÍA TERESA, n. y m. en la Ciudad de México (1893-1965). Estudió música y canto en el Conservatorio Nacional y con el maestro

Santos: Naturaleza muerta con dos botellas

José Pierson. Se casó con el maestro Angel H.Fe-
rreiro, director técnico de Solfeo y Orfeones. Actuó al lado de Enrico Caruso e Hipólito Lázaro.
Perteneció a la Compañía Impulsora de Opera y a
la Orquesta Femenina de Cantantes, esta última organizada por su esposo.

SANTOS (José Guadalupe Ramírez), n. en Santa
Fe Villaldama, N.L., en 1925. Estudió en el Taller
de Artes Plásticas de la Universidad de Nuevo León
(1950-1953) y en La Esmeralda (1956). De 1955 a
1961 fue catedrático, secretario y director, sucesivamente, de aquella institución. En esa época escribió artículos sobre arte en *El Porvenir* y *El Norte*
de Monterrey. Expuso su pintura por vez primera
en 1952. Se especializa en bodegones y escenas de
la vida cotidiana.

SANTOS CHOCANO, JOSÉ, n. en Perú, en 1875;
m. en Santiago de Chile en 1934. En 1912 pasó a
México, comisionado por el presidente de Guatemala, Estrada Cabrera, para establecer contacto
con Francisco I.Madero. Fue testigo de los acontecimientos de la Decena Trágica, que habrían de
inspirarle el poema *Sinfonía heroica*. Huerta lo expulsó del país en junio de 1913; pero regresó en
enero del año siguiente para unirse a Venustiano

Carranza, quien lo comisionó para difundir los
principios del movimiento constitucionalista en Estados Unidos. Escribió entonces varios folletos, entre ellos: *Interpretación sumaria del programa de la
Revolución Mexicana* y *El conflicto del día.* Al suscitarse la lucha de facciones prefirió la amistad de
Francisco Villa, a quien dedicó el poema *Ultima
rebelión.* En 1925 polemizó con José Vasconcelos;
éste publicó el artículo "Poetas y bufones" y aquél
contestó con otro titulado "Apóstoles y farsantes"
A consecuencia de esta disputa, Santos Chocano
mató en Lima al escritor Edwin Elmore Letts, que
había tomado el partido de Vasconcelos. En 1934
el poeta peruano murió asesinado en Santiago de
Chile, a manos de Martín Bruce Padilla.

SANTOSCOY, ALBERTO, n. y m. en Guadalajara,
Jal. (1857-1906). Periodista e historiador, dirigió la
Biblioteca Pública de Jalisco, enseñó historia en el
Liceo de Varones y fue jefe del Archivo Eclesiástico de la Sagrada Mitra. Escribió más de 100 artículos en la prensa local, especialmente en el *Diario de
Jalisco.* Es autor, además, de: *Apuntamientos históricos y biográficos jaliscienses* (1889), *Canon cronológico razonado de los gobernantes de Jalisco*
(1890), *Biografía de D.Manuel López Cotilla*
(1895), *Nayarit* (1899), *Báculo pastoral de la Iglesia de Guadalajara...* (1901) y *Los Cañedo. Apuntes
heráldicos y biográficos de una prominente familia
jalisciense* (1902), todos editados en Guadalajara.

SANTULLANO, LUIS A., n. en Oviedo, España,
en 1879; m. en la Ciudad de México en 1952. Cursó derecho en su ciudad natal y la carrera del magisterio en Madrid. Colaboró en *El Imparcial, El
Magisterio Español, La Esfera, Nuevo Mundo* y *El
Sol.* Participó en la organización escolar en la zona
española de Marruecos. Fue inspector de Primera
Enseñanza, vicesecretario general de la Junta para
Ampliación de Estudios e Investigación Científica,
profesor de pedagogía correccional en el Instituto
de Estudios Penales de Madrid y de literatura española en *Columbia University* (1939-1940), catedrático en el Instituto Politécnico de Puerto Rico
(1940-1944) y funcionario de El Colegio de México (1944-1952). Es autor de las siguientes novelas:
Carrocera, labrador (1926), publicada posteriormente con el título de *Don Felipe, o la candidez;
Paxarón, o la fatalidad* (1932), *Bartolo o la vocación* (1936) y *Tres novelas asturianas* (1945), donde recogió dos de las anteriores y *Telvá, o el puro
amor;* y de los artículos y ensayos: "Mirada al Caribe", en *Fricción de culturas en Puerto Rico*

(1945); *Padres, hijos y maestros. Antipedagogía* (1945), *El pensamiento vivo de Cossío* (1946), *Los estudiantes, Hacia una escuela mejor* y *De la escuela a la Universidad.* Preparó la edición de algunos clásicos castellanos: prólogo a *Teatro* de Pedro Calderón de la Barca (1945); prólogo, selección y notas para *El vergonzoso en Palacio, El burlador de Sevilla* y *El convidado de piedra* (1945); las mejores páginas de *El Quijote* (1948), precedidas de estudios y comentarios sobre la personalidad y la obra del autor, complementados por un vocabulario cervantino; y estudio y notas para el *Romancero Español, Obras completas de Santa Teresa, Místicos españoles* y *Jovellanos, siglo XVIII.* Tradujo "respetuosamente abreviadas" *La Eneida, La Ilíada* y *La Odisea*

SAPITO DE ESPUELAS. *Scaphiopus hammondii multiplicatus.* Es el único género representativo de la familia *Pelabotidae.* En México se encuentra esta especie y otras dos más. Mide de 4 a 5 centímetros en estado adulto. Se distingue por su cuerpo limpio. Su piel es verrugosa, de color verde olivo, con manchas negras por arriba y algunos tubérculos rojizos o naranja especialmente a los lados y en los hombros. Presenta un par de manchas supranales muy notables de color y, en la región ventral, una tonalidad variable, más clara que en el dorso. Lo caracteriza un par de tubérculos metacarpales esclerosados de color negro en las patas posteriores, de donde proviene el nombre vulgar de la especie. La pupila del ojo es vertical, como en los gatos. Es de hábitos nocturnos e hipogeos; pasa la mayor parte del año en sus agujeros y sólo sale en junio o julio a reproducirse. El tiempo que transcurre para que el huevo se transforme en renacuajo es de 30 días, aproximadamente. Se alimenta de insectos, larvas y lombrices de tierra. Se distribuye en todo el centro de la República, hasta el Distrito Federal. Otras especies semejantes que viven más al norte, son *Scaphiopus couchii* (Tamaulipas, Coahuila y San Luis Potosí hasta Nayarit) y *Scaphiopus bombifrons* (norte de Sonora, Coahuila, Chihuahua, Nuevo León y Tamaulipas).

SAPO. Nombre que se aplica a varias especies de batracios del género *Bufo* y la familia *Bufonidae.* Los principales en el país son los siguientes:

Sapo del Golfo. *Bufo valliceps.* Mide unos 10 centímetros y es uno de los más abundantes. Se caracteriza por las crestas que presenta en la cabeza, relativamente altas, especialmente la superior; el espacio interorbital profundamente cóncavo y las glándulas parótidas de forma subtriangular. Por arriba suele ser de un color amarillento tirando a gris pardusco, con manchas oscuras. Las formas de la especie en Veracruz, suelen ser pardo rojizas, con manchas oscuras; presenta una banda oscura en los flancos, marginada de blanco por arriba; otra vertical, clara; y varias transversales, oscuras, en las patas. Por abajo son grisáceas o ligeramente amarillentas, con puntos negros pequeños. Se reproducen de marzo a septiembre, aun cuando la época puede variar según las localidades. Se distribuye desde el sur de Estados Unidos, por toda la Costa del Golfo, hasta Honduras. Se alimenta principalmente de insectos.

Sapo marino. *Bufo marinus* =*Bifo horribilis.* Anfibio, es probablemente la especie más grande de los verdaderos sapos, pues llega a medir de 11 a 18 centímetros, aunque el más grande de los colectados alcanzó 22. Se caracteriza por su piel cubierta de papilas y por las glándulas paratiroides subtriangulares muy grandes situadas abajo de los lestados. Presenta la región interorbital lisa, con crestas craneales prominentes. Su coloración es variable; desde el pardo oscuro hasta el rojizo amarillento; las partes inferiores cambian también de un tono amarillo pálido a un blanco lechoso con puntos negros, a veces con una línea vertebral de color claro. Los machos viejos tienen numerosos tubérculos espinosos en la espalda. La especie se distribuye desde el Río Yaqui, en el sureste de Sonora, hasta la Patagonia, en Argentina. Es de hábitos nocturnos y se alimenta principalmente de insectos. Se protege debajo de los árboles caídos o piedras, siempre en la cercanía de ríos, lagos, lagunas y charcos. La época de reproducción varía según las diferentes regiones, pero puede empezar en febrero y prolongarse hasta julio. La hembra pone hasta 32 mil huevos, los cuales requieren 45 días de desarrollo hasta la forma adulta. La secreción venenosa de sus glándulas ha sido investigada por varios autores. Se sabe que en algunos animales (perros) causa parálisis, rigidez, y aumento de ritmo cardiaco y respiratorio; y si se prolonga la reacción, la muerte. Su piel en un tiempo fue utilizada para hacer zapatos, carteras, cinturones y otros objetos. En Hawai, Puerto Rico, Filipinas, Haití y Santo Domingo se le emplea en los cañaverales azucareros, pues es un gran devorador de insectos.

Sapo del Río Colorado. *Bufo alvarius.* Anfibio, mide de 12 a 16 centímetros. Es de color grisáceo o verde pardusco, más claro por arriba. Tiene la piel del vientre casi lisa, con pocas verrugas. A diferencia de otros sapos mexicanos, éste presenta una glándula venenosa oval en las patas anteriores y

10

Sapo de Sonora, Bufo compactilis

10

Sapo con espuelas, Scaphiopus couchi

varias pequeñas en las posteriores, que utiliza en su defensa. De hábitos semiacuáticos, vive siempre en la vecindad de ríos y arroyos. Se le encuentra en el norte de Sonora, en la parte baja del Río Colorado, y en el Valle Imperia. Su distribución geográfica está poco definida.

Sapo de Sonora. *Bufo compactilis.* Mide de 6 a 8 centímetros. Regordete, tiene color gris pardusco por arriba, con manchas oscuras irregulares, y una banda de color claro entre los ojos. No presenta crestas craneales. Las arótidas son pequeñas y ovales, en contacto anterior con el párpado superior. El tímpano es casi de la mitad del diámetro de la órbita y las verrugas del cuerpo son poco visibles. Se caracteriza por una notable callosidad palmar y por un tubérculo metatarsal muy desarrollado. Se distribuye desde el norte de México hasta Tabasco, aunque abunda más en Sonora, Chihuahua, Coahuila y Nuevo León. Se alimenta de insectos.

Sapito verde. *Bufo debilis.* Llega a medir 5 centímetros. No tiene crestas cefálicas. Es de color verde brillante, con verrugas oscuras o amarillentas y con bandas oscuras que le dan un aspecto reticulado por arriba. Las partidas son grandes y divergen posteriormente. Se distribuye desde el río Bravo hasta el sur de Tamaulipas, y hasta Nayarit en la vertiente del Pacífico. Prefiere el campo abierto y se alimenta principalmente de mosquitos. Se reproduce en abril y mayo.

SARABIA, FRANCISCO, n. en Ciudad Lerdo, Dgo., en 1901; m. en el río Potomac, Estados Uni-

dos, en 1939. Estudió ingeniería en Kansas City, con especialidad en mecánica de automóviles y aviones. A su regreso estableció un taller mecánico en Torreón. Se graduó de piloto aviador en 1926. Fundó una empresa de transportes aéreos en Tabasco, cuyas rutas extendió a Yucatán y Chiapas. Trabajó en el Servicio Postal Aéreo de Estados Unidos y en 1929 fundó en Monterrey, N.L., la primera escuela mexicana de aviación civil. En 1938 realizó un viaje sin escalas de Los Angeles, Cal., a México; y en 1939, voló de México a Nueva York en 10 horas y 48 minutos, a bordo de *El conquistador del cielo.* En el viaje de regreso (7 de junio) falló el motor de su aparato y cayó en el río Potomac, en Washington. Su cadáver fue trasladado a México y sepultado en la Rotonda de los Hombres Ilustres. v.AVIACIÓN.

SARABIA, JUAN, n. en San Luis Potosí, S.L.P., en 1882; m. en la Ciudad de México en 1920. Se recibió de abogado, pero abandonó el ejercicio de su profesión para luchar contra la dictadura porfirista. Dirigió en San Luis Potosí *El Demócrata, El Porvenir* y *El Hogar*; y colaboró en México en *El Hijo del Ahuizote, Regeneración, El Diario del Hogar* y *Excélsior.* Perseguido por el gobierno de Díaz, emigró a San Luis Misuri, Estados Unidos, donde ya estaban los hermanos Flores Magón, Antonio I.Villarreal y otros revolucionarios, quienes en 1906 constituyeron la Junta Organizadora del Partido Liberal Mexicano y formularon el *Programa* precursor de la Revolución. Al tratar de regresar al país, fue capturado en Ciudad Juárez, Chih., y enviado en 1908 a las "tinajas" de San Juan de Ulúa, donde permaneció hasta 1911. Formó parte de la XXVI Legislatura, cuyos integrantes fueron a prisión una vez disuelta la Cámara de Diputados por Victoriano Huerta en 1913. Siete años después fue electo senador por San Luis Potosí, cargo que ocupó sólo unos días.

SARAMPIÓN. Enfermedad infecciosa, de muy alta contagiosidad, causada por un virus del grupo de los mixovirus. Recibe en algunas regiones los nombres de *zahuatl, alfombrilla, granuja* y *tapetillo*, denominaciones que no siempre le corresponden, pues también son empleadas para otros padecimientos similares. Se distinguen tres etapas de la enfermedad. La primera, de incubación, se prolonga de 9 a 11 días y es totalmente asintomática. La segunda, prodrómica o preeruptiva, dura de 3 a 5 días y tiene como características malestar general, fiebre continua que puede alcanzar los 39 o 40 grados, catarro oculonasal, tos y, en los últimos días, la aparición en la mucosa bucal de pequeñas manchas blancas de 1 a 2 milímetros de diámetro, con un halo rojo en la periferia (manchas de Koplick), consideradas casi patognomónicas del sarampión. Y la tercera, eruptiva o exantemática, se caracteriza por la aparición de pequeñas manchas rojas de bordes irregulares, que se transforman al poco tiempo en pápulas y que, al cabo de 3 o 4 días, tras adquirir una coloración parduzca y luego descamarse, desaparecen en el mismo orden en que fueron surgiendo: primero por detrás de los pabellones auriculares, en la frente y en la cabeza, luego en el tronco y, finalmente, en las extremidades. La evolución es benigna en la mayoría de los casos, pero pueden presentarse complicaciones que van de la laringitis, la bronquitis, la neumonía y la otitis media, hasta los trastornos neurológicos por encefalitis. Esta última complicación deja secuelas en un 15% de los casos en que se presenta, y es letal en el mismo porcentaje. Esta enfermedad sólo afecta al hombre y a algunos monos. La fuente de infección está constituida fundamentalmente por las gotas exhaladas al estornudar, toser o hablar. El contacto con estas gotas o con objetos contaminados por secreciones establece el mecanismo de trasmisión. El padecimiento es trasmisible desde el final del período de incubación hasta los 3 primeros días del período eruptivo. La susceptibilidad es universal. La infección deja inmunidad permanente; y la vacuna, transitoria. Para el diagnóstico se consideran esencialmente los elementos clínicos, que permiten hacer la diferenciación con la escarla-

tina, la rubeola, el exantema súbito y manifestaciones alérgicas o de sensibilidad a drogas; se toman en cuenta también los antecedentes de vacunación y de haber padecido la enfermedad. El tratamiento es sintomático. El padecimiento tiene un carácter endémico-epidémico en regiones con una población mayor de 300 mil habitantes. Es epidémico cuando en una comunidad hay un 40% de individuos susceptibles. El mayor número de casos se presenta en la primavera, y cada 2 años. En México la enfermedad afecta principalmente a niños menores de 5 años: el 76% de los casos y el 84% de las muertes por sarampión ocurren en esa etapa de la vida. Entre las causas de muerte ocupa el 11° lugar en México (7,107 defunciones anuales), el 7° en menores de un año (1,467), el 3° en niños de 1 a 4 años (4,176), y el 4° en niños de 5 a 14 años (1,279). El promedio de mortalidad en el más reciente quinquenio ha sido de 13.7 por 100 mil habitantes. En 1970, en el Distrito Federal, la mortalidad fue de 12.4 por 100 mil, igual a la que hubo en 1910 en Nueva York, donde ahora es de 0.2. En 1968 la mortalidad en México fue de 21.2 por 100 mil habitantes, 200 veces más que en Suiza, donde fue de 0.1. La tasa de morbilidad oscila cada 2 años, entre 70 y 100 casos por 100 mil habitantes, siendo mayor en los años pares. La enfermedad es más grave en personas con defensas deficientes, lo cual ocurre, entre otras razones, por una desnutrición avanzada, condición característica de los países pobres. En áreas rurales las malas condiciones higiénicas y la falta de atención médica hacen más severa la enfermedad. El sarampión no existía en América a la llegada de los europeos. Se piensa que esto se debió a que las migraciones provenientes de Asia no tuvieron la suficiente magnitud de población para mantener la endemia. La segunda epidemia que atacó a los indios de la Nueva España en el siglo XVI fue la de sarampión, en 1531. La enfermedad recibió el nombre de *tepitonzahuatl*, que significaba "pequeña lepra". Se produjeron muchas muertes pero no tantas como en la epidemia de viruela que 11 años antes había causado estragos. Los enfermos ya no entraron a los *temazcalli* (baños), como lo habían hecho cuando se vieron afectados por la viruela en 1520. A fines de 1595 y principios de 1596, según refiere fray Gerónimo de Mendieta, apareció una epidemia mixta, de sarampión, paperas y tabardillo (tifo), que fue la última del siglo XVI. Fray Juan Baptista abrió entonces un hospital en San Antonio de Texcoco, al que acudieron los indios enfermos, quienes recibieron mejor atención que en las epidemias anteriores. Por

10

Sardina del Pacífico, Sardinops caerulea

su parte, el virrey Gaspar de Fonseca y Zúñiga mandó a los hombres más ricos que repartieran víveres entre los enfermos. *D.L.A.*

SARAVIA Y ARAGÓN, ATANASIO G., n. en Durango, Dgo., en 1888; m. en la Ciudad de México en 1969. Se inició en la banca como empleado y llegó a ser director y miembro del consejo administrativo del Banco Nacional de México. Su afición por las letras y la historia lo llevó a colaborar en publicaciones especializadas. Al igual que su padre, Enrique Saravia, dedicó especial interés a la investigación histórica de la Nueva Vizcaya y Durango. Fue miembro de la Academia Mexicana de la Historia y su presidente en funciones y vitalicio (a partir de 1959). Obtuvo del gobierno del presidente Miguel Alemán la donación del terreno para la Academia; y del Banco Nacional de México, la reconstrucción de su edificio. Es autor de: *Las tribus primitivas del Norte* (1916), *Los misioneros nuestros en el norte de la Nueva España* (1920; 2a. ed., 1943), *Ensayos históricos* (1937), *Apuntes para la historia de la Nueva Vizcaya* (tomo I, 1938; tomo II, 1941), *El indio Rafael* (1938), *¡Viva Madero!* (1940), *La ciudad de Durango, 1563-1821* (1941), *La dominación* (1942) y *Cuatro siglos de la vida de una hacienda* (1959). Otros trabajos suyos están publicados en las *Memorias de la Academia Mexicana de la Historia* (1942 a 1948, 1950 a 1952 y 1956 a 1959).

SARDANETA, JOSÉ MARIANO, n. y m. en Guanajuato, Gto. (1761-1835). Estudió en el colegio de San Ildefonso de México. Perteneció a una familia de tradición minera. Fue el segundo marqués de San Juan de Rayas. En Guanajuato fue regidor perpetuo, alcalde ordinario, diputado de la Territorial de Minería y administrador general de ese ramo. Quedó como apoderado del virrey Iturrigaray cuando éste fue remitido a España. Debió viajar a las Cortes de Cádiz, pero se opuso el gobierno virreinal por considerarlo sospechoso. Tuvo, en efecto, tratos con los caudillos insurgentes. Cuando se aprehendió a Morelos se le encontraron papeles que comprometían a Sardaneta. Este fue detenido el 18 de enero de 1816 y encerrado en la Ciudadela, pero quedó absuelto (1816) a condición de que saliera del país. Pretextando una enfermedad, estuvo en Veracruz hasta 1820, en que se le permitió volver a México. Fue uno de los firmantes del Acta de Independencia, miembro de la Junta Gubernativa del Imperio y diputado al Congreso Constituyente.

SARDINA DEL PACÍFICO. *Sardinops caerulea.* Pez de la familia *Clupeidae.* De cuerpo alargado, suele alcanzar hasta 30 centímetros de largo, aunque en general mide de 15 a 20. Presenta ojos grandes, con párpado adiposo; mandíbula ligeramente saliente; boca sin dientes; opérculo con el borde posterior recto; aleta dorsal pequeña (con 14 radios), caudal bifurcada, anal baja y larga (17 radios), las pélvicas en posición abdominal y pectorales pequeñas. Su coloración general es verde oscura, pero azul en el dorso, plateada en el vientre y los lados con varias hileras de manchas redondas oscuras, especialmente en los ejemplares jóvenes. Es una de las especies más importantes de peces comestibles, y la principal para el enlatado. Se distribuye desde el sur de Alaska hasta el sur de la Baja California y entra al Golfo de este nombre a la altura de Guaymas. Según Berdegue, hay una población mexicana de sardinas a la altura de la Bahía Sebastián Vizcaíno y la Isla de Cedros, formando cardúmenes hasta de cientos de toneladas. La época de reproducción es de febrero a agosto, con intensidad máxima entre abril y mayo. Cada hembra es capaz de poner 35 mil huevecillos y parece que lo hace varias veces al año. Se le usa también como carnada para la pesca de atún. En México se le usa casi exclusivamente para enlatado.

SARDINA MACHETE. *Opisthopterus lutipinnis,* de la familia *Clupeidae.* Su cuerpo es alargado y comprimido. Mide unos 20 centímetros. Su boca es grande y oblicua, con dientes fuertes y la mandíbula inferior sobresaliente. La aleta dorsal tiene 12 o 13 radios, la anal y las pectorales son largas, la caudal bifurcada y carece de pélvicas. El dorso es de color azul y los costados y el vientre plateados. Las aletas son amarillas. Abunda en toda la costa del Pacífico mexicano, especialmente en Mazatlán, donde se le pesca como carnada para el atún. Suele salir en grandes cantidades en los lances camaroneros, pero por lo general se le desperdicia.

SARIÑANA Y CUENCA, ISIDRO, n. en la Ciudad de México en 1631; m. en Oaxaca, Oax., en 1696. Estudió en el Colegio de San Pedro y San Pablo y en la Universidad Real y Pontificia, donde se doctoró en teología y enseñó Sagrada Escritura. Fue párroco y orador sagrado de la Santa Veracruz y el Sagrario; canónigo, chantre y arcediano de la catedral metropolitana; y Obispo de Antequera (Oaxaca) en 1683. Fundó varios colegios para niñas, persiguió la idolatría y organizó numerosos autos de fe. Es autor de: *Mitología Sacra* (1652), *Noticia de la... dedicación del Templo Metropolitano de México* (1668), *Oración fúnebre... de veintiún religiosos de... S.Francisco que murieron a manos de los indios apóstatas de la Nueva-México* (1681) y *Llanto del Occidente en el ocaso del más claro sol de las Españas.* En este último texto describe el Palacio Virreinal antes del incendio de 1692. Las noticias que aporta fueron comprobadas por las excavaciones arqueológicas que se realizaron con motivo de la reciente remodelación de ese inmueble (1972-1975). v.Sergio Saldívar: "Obras de restauración y arqueología", en *Palacio Nacional* (1976).

SARMIENTO, JUSTINO, n. en Tlacotepec, Ver., en 1885; m. en el puerto de Veracruz en 1937. Estudió en la Escuela Normal Veracruzana de Jalapa. Dirigió la Escuela José Miguel Macías de la ciudad de Veracruz y colaboró en *El Dictamen* y en *Revista de Revistas*, entregando poesía y cuento. Al igual que Cayetano Rodríguez Beltrán, su coterráneo, practicó el género de la novela costumbrista. La novela de Sarmiento —escribió José Rojas Garcidueñas, refiriéndose a *Las perras*— es más ágil y de trazos más enérgicos que *Pajarito* de Rodríguez Beltrán. Samiento es autor de los siguientes libros de cuentos: *Tierras patagónicas, Mi noche triste* y *El hijo del hombre.* Dejó inédita la novela *Bajo el sol veracruzano.*

SARMIENTO DE SOTOMAYOR, GARCÍA, conde de Salvatierra y marqués de Sobroso, n. en España a fines del siglo XVI; m. en Lima, Perú, en 1659. Décimonono virrey de la Nueva España (1642 a 1648). Sustituyó al marqués de Villena, de quien Felipe IV sospechaba que podía tener vinculaciones con los revolucionarios de Portugal. Durante su gobierno, ocurrió la inundación de la Ciudad de México (1645), se fundó la ciudad de Salvatierra (1647) que no tuvo éxito, se estableció el presidio de Cerro Gordo, en el camino de México al mineral de Parral, y se celebraron dos autos de fe (1647 y 1648). En mayo de 1648 pasó a encargarse del virreinato del Perú, que desempeñó hasta 1655. Se quedó a vivir en Lima, donde falleció.

SARMIENTO Y VALLADARES, JOSÉ, conde de Moctezuma y de Tula, n. en San Ramón de Sajamonde, Pontevedra, y m. en Madrid, ambas de España (1643-1708). Casó en primeras nupcias con la tercera condesa de Moctezuma, descendiente del último emperador azteca. Fue el trigésimo segundo virrey de la Nueva España (1696-1701). Durante su gobierno, salió la expedición de los padres Salvatierra y Kino a las Californias; se crearon las rondas nocturnas en la Ciudad de México para impedir el bandolerismo; se procuró atender al pueblo durante la hambruna de 1697; y se ordenó a la administración de Filipinas que adquiriera azogue y lo embarcara para Acapulco, con el fin de activar las minas de plata. A la muerte de Carlos II (ocurrida en 1700) fue enviado a España, pues era pública su simpatía por la casa de los Austria. Sin embargo, en la metrópoli se le dispensaron honores, entre ellos los títulos de duque de Atlixco y grande de España.

SARTORIO, JOSÉ MANUEL, n. y m. en la Ciudad de México (1746-1829). Cursó filosofía en el Colegio de San Ildefonso, el cual abandonó en 1767, al ser expulsados los religiosos de la Compañía. Se dedicó entonces al aprendizaje del latín y algunas lenguas vivas. Se ordenó sacerdote y logró distinguirse por su elocuencia. Se le nombró censor de obras teatrales, y de libros y periódicos; rector del Colegio de la Asunción de Niños Infantes, catedrático en el seminario correccional de Tepozotlán, prosecretario del Cabildo Metropolitano y presidente de las academias de Ciencias Morales de San Joaquín y de Humanidades y Bellas Letras de San Ildefonso. Se negó a predicar contra la revolución de Independencia. Al triunfo del movimiento libertario, se le designó vocal de la Junta Provisional Gubernativa y firmó el Acta de la Independen-

9   1   9

García Sarmiento de Sotomayor   *José Manuel Sartorio*   *José Sarmiento y Valladares*

cia el 28 de septiembre de 1821. Fue amigo de Iturbide; cuando cayó el Imperio estuvo a punto de ser desterrado. Su cadáver fue inhumado en la iglesia de Nuestra Señora de los Angeles.

SASTRECILLO OJINEGRO. *Psatriparus melanotis.* Pájaro de la familia *Paridae.* Mide 9 centímetros. El macho es de color gris pardusco por encima, gris blanquecino por abajo y tienen los lados de la cabeza, el pico y las patas, negros. La hembra es semejante al macho, aunque presenta los lados de la cabeza de color pardo. Se distribuye desde Sonora y Nuevo León hasta Chiapas. Alvarez del Toro dice que forma grupos a veces numerosos, y que construye un nido en forma de bolsa, con musgos, y con la entrada a un lado. Su alimento principal son los insectos.

Sastrecillo sencillo. *Psatriparus minimus,* de la misma familia. Mide unos 12 centímetros. El macho es gris por arriba y presenta la punta de la cabeza y la nuca, pardas; los lados de la cabeza, más pálidos; las partes inferiores, gris claras; la cola, larga; el iris, blanco. La hembra es semejante, aunque más pálida. Habita en los bosques de encino o pino-encino, donde demuestra gran actividad. No muy común, se distribuye en el norte de Baja California, Sonora y Chihuahua.

SATTERTHWAITE, LINTON Jr., n. en Trenton, Nueva Jersey, Estados Unidos, en 1897. Profesor de antropología en la Universidad de Filadelfia, es autor de: *A Pyramid without temple Ruins* (1936), *Recognizance in British Honduras* (1950), *Concepts and Structures of Maya Calendrical Arithmetics* (1947), *Piedras Negras Archaelogy: Architecture* (1943-1954), *Moon Ages and the Maya Inscriptions: The Problem of their Sevenday Range of Deviation from Calculated Mean Ages* (1951), *British Honduras Caracol* (1953) y *Scultured Monuments from Caracol, British Honduras* (1955).

SAUCE o SAUZ. Nombre que se aplica a las especies de árboles y arbustos del género *Salix* L., de la familia de las salicáceas, las cuales viven por lo general a la orilla de los ríos o de los lagos. Se caracterizan por las hojas alternas y simples, de pecíolo generalmente corto, a menudo con estípulas conspicuas, membranosas y caducas, o foliáceas y persistentes; el limbo de las hojas puede ser grande, mediano o pequeño, entero o aserrado, elíptico-lanceolado, oblongo-lanceolado o estrechamente elíptico, liso o piloso. Las flores se consideran desnudas porque carecen de cáliz y corola, aunque pueden presentar brácteas membranosas persistentes o caedizas; son unisexuales y dioicas (las masculinas y las femeninas en plantas diferentes); se agrupan en inflorescencias parecidas a espigas, llamadas amentos; la polinización la efectúan insectos. Las flores masculinas presentan generalmente de 2 a 3 estambres, aunque a veces hasta 12, sobresalientes, libres o unidos en la base, con las anteras biloculares. Las flores femeninas tienen el ovario súpero (en relación al receptáculo hinchado que forma un disco cupular), bicarpelar, unilocular, con varios

Sauce, del género **Salix L.**

óvulos de placentación parietal, sésil o raramente pedunculado, superpuesto por un estilo corto dividido en 2 o 4 estigmas. El fruto es una cápsula que se abre por medio de dos valvas; contiene numerosas semillas pequeñas que tienen pelillos algodonosos con los cuales se facilita su dispersión. La infusión de la corteza se ha usado empíricamente para combatir la fiebre y el reumatismo. Se cultivan como plantas ornamentales. Las ramillas de varias especies se usan en cestería. Entre las numerosas especies que existen en México, se cuentan las siguientes:

S.bonplandiana Kunth, que singulariza el paisaje en regiones lacustres como Xochimilco. v.AHUEJOTE.

S.lasiolepis Benth., árbol o arbusto hasta de 9 metros de altura, con el tronco delgado de color moreno rojizo; las hojas son lanceoladas, acuminadas y finamente aserradas, pilosas en la cara superior, blanco tomentosas en la inferior, de 6 a 10 centímetros de largo por 2 a 4 de ancho; los amentos masculinos miden aproximadamente un centímetro de largo y los femeninos de 2 a 3. Es frecuente en el valle de México (Desierto de los Leones y Cañada de Contreras); pero se halla desde Baja California, Chihuahua y Coahuila, hasta el centro del país. En Baja California le llaman *ahuejote.*

S.babylonica L. es un hermoso árbol cultivado con fines ornamentales originario de Asia, característico por su tronco grueso, copa amplia y largas vainas flexibles y colgantes cubiertas de hojas lam-

piñas, muy estrechas, lanceoladas o algo curvadas. Recibe el nombre de *sauce llorón* (por la disposición de sus ramas) o *sauce de Babilonia*, aun cuando es originario de China.

S.chilensis Mol. (=*S.humboldtiana* Wild.), árbol hasta de 20 metros de alto, con las hojas linear falcadas, finamente aserradas, puntiagudas, de 0.5 a 0.8 centímetros de ancho por 6 a 13 de longitud, muy frecuente a lo largo de los ríos y arroyos de las regiones calientes y templadas de Chiapas; su madera, blanquecina, fibrosa y resistente, se usa localmente para construcción. Su distribución geográfica abarca de Durango a Oaxaca y de Veracruz a Chiapas y Tabasco. En esta última entidad le denominan *sauce blanco.*

S.taxifolia H.B.K., arbusto o árbol de hojas lineares o lanceoladas, de 2 a 3 centímetros de largo, sedoso-plateadas; vive en casi todo el país, en lugares húmedos. Se piensa que el cocimiento de esta planta cura la locura precoz. Recibe también los nombres de *taray* o *taray de río* (México, Durango) y *tarais* (Chihuahua).

S.nigra Marsh., árbol de 20 a 25 metros de altura con las ramillas algo colgantes y las hojas hasta de 15 centímetros de largo; prospera desde Sinaloa y Nayarit hasta Coahuila y Tamaulipas; en Sinaloa recibe el nombre de *saúz serrano.*

S.cana Mart. et Gal., árbol de tronco oscuro negruzco con las hojas estrechas, obovadas u oblanceoladas, de ápice obtuso, base cuneada y borde ligeramente aserrado, pilosas en la superficie inferior (a lo largo de las nervaduras prominentes), que miden de 1 a 2 centímetros de ancho por 2 a 5 de largo. Es común en el valle de México (Desierto de los Leones), pero se encuentra en diversas entidades del país. La especie fue descrita a partir de ejemplares procedentes de las faldas del Pico de Orizaba.

SAUSSURE, ENRIQUE LUIS FEDERICO DE (1829-1905). Naturalista suizo que formó parte de una expedición científica a México en 1855. Desarrolló una intensa labor de investigación, cuyos resultados publicó en 4 obras fundamentales: *Le Mexique et L'Expedition Française* (Ginebra, 1865), *Scientifique du Mexique et de l'Amérique Centrale* (Ginebra, 1891), *Coup d'oeil sur l'Hydrologie du Mexique* (Ginebra, 1862) y *Carte du Mexique Representant Plateau de l'Anahuac et son versant oriental* (Ginebra, 1862). v.Manuel Orozco y Berra: *Apuntes para la historia de la geografía en México* (1881); y Elí de Gortari: *La ciencia en la historia de México* (1963).

SAVILLE, MARSHALL HOWARD, n. en Rockport, Masachusets, Estados Unidos, en 1867; m. en Nueva York en 1935. Exploró en Yucatán, Copán (1890) y Palenque (1897-1898); hizo cuatro expediciones a Mitla (1899-1902) y varios viajes a Perú, Colombia y Guatemala (1908-1910). Enseñó arqueología en la Universidad de Columbia. Escribió: *"Discovery of an Ancient city in Mexico"*, en *The American Antiquerian and Oriental Journal* (1897); *"Musical Bow in Ancient Mexico"* (1898) y *"Exploration of Zapotecan tombs in Southern Mexico"* (1899), en *American Anthropologist*; *"A votive Adze of Jadeita from Mexico"*, en *Records of the Post* (1902); *"Funeral Urns from Oaxaca"*, en *The American Museum Journal* (1904); *"The Goldsmiths art in Ancient Mexico"*, en *Memorias del Instituto Nacional Indigenista. México* (1920); *"The wood-carver's art in Ancient Mexico"* (1921) y *"Turquois Mosaic Art in Ancient Mexico"* (1922), en *Contributions. Museum of the American Indian*; *"A baton like object from Oaxaca"* (1924), *"Mosaic Decorated stone masks in Ancient Mexico"* (1926), *"Astronomical observations in Ancient Mexico"* (1929) y *"Votive axes from eastern Mexico"* (1929), en *Indian Notes. Museum of the American Indian.*

SAVÍN, FRANCISCO, n. en la Ciudad de México. Estudió música con Rodolfo Halffter, Herman Scherchen y Jean Giardino. Cursó también la carrera de filosofía. Ha impartido clases de estética e historia del arte en la Universidad de Veracruz. Fue director de la Escuela Popular de Bellas Artes de la Universidad de Michoacán. Enseña dirección de orquesta en el Conservatorio Nacional de Música. En 1955 obtuvo el primer premio nacional de piano; en 1957, el premio de la crítica como el mejor compositor; y en 1963 fue elegido como el más destacado director por la Unión Nacional de Críticos. Entre sus obras figuran: Para gran orquesta, *Quetzalcóatl* (grabada por la radio de Praga, bajo la dirección de Alois Klima) y *Metamorfosis* (grabada por la Orquesta Sinfónica de Jalapa); para orquesta de cámara, *Tres líricas* (percusión y voz), *Formas plásticas* y *Quinteto de aliento*; para orquesta, *Concrescencias* (órgano electrónico y orquesta), *Monología de las delicias* (orquesta y cuatro voces) y *Quasar* (órgano electrónico, cinta magnética y percusiones). Ha actuado con las orquestas de la Radio-Televisión Italiana y de la Televisión Francesa. Participó en la Olimpiada Cultural de 1968.

SAVIÑÓN, LUZ, n. en Puebla, Pue., en 1850; m. en la ciudad de México en 1902. Casada con Barto-

1

Luz Saviñón

lomé Saviñón y Rubín de Celis, no tuvo descendencia, por cuya causa dedicó la mayor parte de su fortuna a la beneficencia pública. Fundó el Colegio Luis Saviñón, en Tacubaya, D.F., y creó el Montepío del mismo nombre. Esta última institución fue inaugurada 3 meses después de su muerte, en 1902, por el presidente Porfirio Díaz, quien para darle simbolismo al acto, empeñó la cadena de su reloj en 35 pesos. El albacea de la señora Saviñón entregó la cantidad de 300 mil pesos para formar el capital inicial. Una calle de la Ciudad de México lleva su nombre.

SAYULA-ZACOALCO. Región arqueológica jalisciense a la orilla del lago casi seco de ese nombre. Consiste en grandes amontonamientos de fragmentos de cerámica, que forman altos montículos originados por la rotura intencional de las vasijas de barro para sacar los panes de sal en ellas fraguados. La mayoría de esas vasijas eran cajetes de bordes volteados hacia adentro. Junto a los montículos hay restos de fogones prehispánicos construidos en basamentos de piedra para hervir el agua salada de la laguna en las vasijas y precipitar la sal. En las inmediaciones de los fogones hay ruinas de un basamento piramidal que sin duda sostuvo un templo quizá dedicado a Uixtocíhuatl, diosa de la sal entre los mexicas. Además de los restos de esta factoría salinera, hay en los alrededores grandes cantidades de pequeñas salinas familiares hechas con piedrecillas y tepalcates que afectan la forma de ojos de llave; la parte trapezoidal es un plano inclinado por donde penetra el agua de la superficie del terreno hacia la parte redonda, cavidad semiesférica donde el agua estaba expuesta a los rayos del sol, por cuya acción se evaporaba aquélla y dejaba la sal como sedimento. En esta cavidad se encuentran fragmentos de carbón que servirían para clasificar la sal. La clave del significado de los montículos de tepalcates la dio el investigador Othón de Mendizábal, y los demás descubrimientos fueron hechos posteriormente por miembros de la Sociedad de Arqueología de la ciudad de Guadalajara, en especial por el ingeniero Luis Medina. Estas salinas fueron causa y escenario de las llamadas Guerras del Salitre, sostenidas contra los tarascos prehispánicos al tratar de posesionarse de ellas.

SCOTT, ROBERT E., n. en Chicago, Ilinois, Estados Unidos, en 1923. Profesor de ciencias sociales en la Universidad de Ilinois, es autor de: *Mexican Gobernment in Transition* (1959); *"Legislatures and Legislation"*, en *Government and Politics of Latin American* (1958); y *"Political Culture and Modernization in Mexico"*, en *Modern Political Culture* (1964).

SCHERER GARCÍA, JULIO, n. en la Ciudad de México en 1926. Hizo estudios de filosofía y derecho. Fue en el periódico *Excélsior*, sucesivamente, reportero de asuntos políticos, jefe de Información, auxiliar de la Dirección y director general, esto último de 1968 a 1976. Entre los personajes más relevantes a quienes entrevistó se encuentran Fidel Castro, Ernesto *Che* Guevara, Konrad Adenauer, Chou En Lai, Salvador Allende, John F. Kennedy y la casi totalidad de presidentes de América; a los intelectuales asesores del presidente Kennedy (McGeorge Bundy, Sorensen, Galbraith, Schlessinger); a Maurice Couve de Mourville, Shostakovitch, André Malraux, Picasso y Adolfo López Mateos. Algunos de sus más celebrados reportajes se refieren a la invasión de los *marines* a Santo Domingo, la visita del general Lázaro Cárdenas a La Habana y la situación política de Bangladesh, Uruguay y Argentina. Es autor del libro *La piel y la entraña* (ensayo biográfico de David Alfaro Siqueiros). Este libro fue publicado durante la última estancia del pintor en la cárcel. Desde noviembre de 1976 es director de la Agencia CISA y de la revista *Proceso*.

Imparte cátedra en la carrera de Ciencias de la Información de la Facultad de Ciencias Políticas y Sociales de la UNAM. Obtuvo el Premio Nacional de Periodismo por una serie de reportajes publicados cuando México rompió relaciones diplomáticas con Guatemala. En mayo de 1977 fue designado Periodista del año por la revista norteamericana *Atlas World Review*.

SCHMITT, KARL MICHAEL, n. en Louisville, Kentucky, Estados Unidos, en 1922. Profesor de ciencias políticas en la Universidad de Texas, es autor de: *Evolution and Chaos: Dynamics of Latin American Government and Politics* (1963); *"Communism in Mexico Today"*, en *Western Political Quarterly* (1962); y *"The Catholic Response to the Secular State: The Case of Mexico 1867-1911"*, en *The Catholic Historical Review* (1962).

SCHOENHALS, LOUISE CONETY, n. en Mountain Top, Pensilvania, Estados Unidos, en 1930. Maestra en artes por la Universidad de Texas (1963), e investigadora del Instituto Lingüístico de Verano (1956-), es autora de: *"Mexico's Experiments in Rural and Primary Education, 1921-1930"*, en *Hispanic American Historical Review* (1964); y coautora, con Alvin Schoenhals, de: *Vocabulario mixe de Totontepec* (1965).

SCHOLES FRANCE, VINTON, n. en Bradford, Ilinois, Estados Unidos, en 1897. Profesor de historia en la Universidad de Nuevo México, es autor de: *Church and State in New Mexico, 1610-1650* (1937) y *Troublous Times in New Mexico 1659-1670* (1942); y coautor, con Eleanor B. Adams, de: *"Books in New Mexico, 1598-1680"*, en *The New Mexico Historical Review*· (1942); y con Ralph Roys, de: *The Maya Chontal Indians of Acalan-Texchel: a contribution to the history and ethnology of Yucatan peninsula* (1945). v.Clifton B.Kroeber: *"La tradición de la historia latinoamericana en los Estados Unidos: apreciación preliminar"*, en *Revista de Historia de América* (1953).

SCHOLES, WALTER, V., n. en Bradford, Ilinois, Estados Unidos, en 1916. Profesor de historia en la Universidad de Misuri, es autor de: *Diego Ramírez Visita* (1946) y *Mexican Politics During the Juarez Regime* (1957); y editor de: *Mexico during the war with the United States* (1950) y *"A revolution falters: Mexico, 1856-1857"*, en *The Hispanic American Historical Review* (1952).

SCHOOTT, ARTURO (1840-1905). Geógrafo y artista alemán, elaboró varios planos del Caribe, in-

Arturo Schoot: Iglesia de la Mejorada en Mérida

cluyendo la península yucateca. Fue miembro del Instituto Científico de Washington y uno de los primeros colonos alemanes llevados a Yucatán por el comisario imperial José Salazar Ilarregui. En 1865 salió de Mérida rumbo a Ticul, para tomar posesión, junto con otros emigrados, de los terrenos que iban a cultivar (tal parece que el único que arraigó entonces fue el arqueólogo Teoberto Maler, quien estableció una fotografía en Ticul). Dejó grabados de las iglesias meridianas: La Catedral, La Mejorada, San Cristóbal y La Ermita, entre otras. Es autor de: *Die Küstenbildung des nördlichen Yukatan* (1866).

SCHROEDER, ALBERT HENRY, n. en Brooklyn, Nueva York, Estados Unidos, en 1914. Maestro en artes (1941) por la Universidad de Arizona y arqueólogo del *National Park Service* (1967), es autor de: *"Unregulated Diffusion from Mexico into the Southwest prior to A.D. 700",* en *American Antiquity* (1965); y *"Pattern Diffusion from Mexico into the Southwest after A.D. 600",* en *American Antiquity* (1966); y coautor de: *A Colony on the Move: Gaspar Castaño de Sosa's Journal 1590-1591* (1965).

SCHULTZ, ENRIQUE E., n. y m. en la Ciudad de México (1875-1938). Ingeniero de minas, se consagró al magisterio. Enseñó historia, geografía y mineralogía en el Instituto Científico y Literario de Toluca, en el Colegio Militar y en las escuelas Normal de Maestros, Nacional Preparatoria, Superior de Comercio y Nacional de Agricultura. En 1925 fundó la Escuela de Ingeniería Municipal. Dibujó una colección de mapas de la República Mexicana. Es autor de: *El porvenir de México y sus relaciones con EUA* (1914), *Biografía del general San Martín,* y varios textos para sus cursos.

SCHULTZ, MIGUEL E., n. y m. en la Ciudad de México (1851-1922). Estudió en la Academia de San Carlos y en la Escuela Nacional Preparatoria. Dio clases de enseñanza primaria e impartió cátedra de geografía, historia y cosmografía en la Preparatoria y en la Normal para profesores. Al fundarse la Universidad Nacional, se le otorgó el grado de doctor universitario *ex officio* y se le nombró rector interino y director de la Facultad de Altos Estudios. Fue miembro de la Academia Mexicana de la Lengua. Publicó: *Curso general de geografía* (1917).

SCHULTZE-JENA, LEONHARD, n. en Jena, Alemania, en 1872; m. en 1955. Estudió medicina y se especializó en antropogeografía. Realizó un viaje para estudiar las lenguas todavía en uso en los esta-

359

dos de Guerrero y Oaxaca (1929-1931); pasó a Guatemala y aprendió el maya y el pipil; y posteriormente se familiarizó con los manuscritos en náhuatl. Escribió sobre las creencias y lengua de los quichés (1933) y sobre sus mitos (1935); un estudio sobre los tlapanecos y aztecas; una versión del *Popol Vuh* (1944); y una serie de trabajos sobre la vida y la organización social y económica de los nahuas (1950-1952). En 1957 se publicó una versión suya, incompleta, de los *Cantares mexicanos*.

SCHWERIN, KARL HENRY, n. en Bertha, Minesota, Estados Unidos, en 1936. Doctor en filosofía y letras por la Universidad de California (Berkeley, 1965) y profesor de antropología en la Universidad de Nuevo México (1963-), es autor de: "*Ceremonies Concerned with Hail and Rain in Tlaxcala*", en *Journal of American Folklore* (1963); y "*Analysis of a Conflict Situation in a Small community in the State of Tlaxcala, Mexico*", en *Culture, Change and Stability* (1964).

SEBASTIÁN (Enrique Carbajal González), n. en Chihuahua, Chih., en 1947. Estudió en la Escuela Nacional de Artes Plásticas, donde recibió el primer premio de escultura en 1967. Interesado en las artes visuales, representó a México en el certamen de escultura ambiental en la IV Bienal de Jóvenes, en París (1969). También ha diseñado juguetes didácticos y escenografía y vestuario para ballet. Enseña diseño en la Escuela Nacional de Arquitectura y educación visual en la de Artes Plásticas. Ha expuesto en Méxcio y en el extranjero. Tienen obras suyas los museos Distel, en Alemania, y de Arte Moderno de Jerusalem.

SECTAS MODERNAS. Denominación bajo la cual la sociología moderna ha agrupado a los movimientos religiosos seudo cristianos que se originaron en el siglo XIX y proliferaron en el XX. Las sectas modernas más conocidas son las siguientes: Los Testigos de Jehová o Russellistas, La Iglesia de los Santos de los Ultimos Días o Mormones, Los Adventistas o Sabatistas, Los Unitarios, La Ciencia Cristiana, Los Espiritualistas y algunos movimientos inspirados en el pentecostalismo. Ha sido frecuente que a los Testigos de Jehová, o a los Mormones, o a otras iglesias de esta índole se les llame protestantes únicamente porque no son católicas, o porque censuran el empleo de imágenes en el templo, o porque insisten en el estudio y lectura de la *Biblia* y de otros libros que según ellos complementan la instrucción religiosa. Sin embargo, su origen

dudoso y sus doctrinas contrarias al evangelio de Jesús han hecho que los investigadores de la religión no los consideren evangélicos, aun cuando muchos de estos grupos hayan sido iniciados por hombres o mujeres separados de las denominaciones protestantes. Los caracteriza, en general, el fanatismo, el proselitismo, la interpretación literal de algunos pasajes de la *Biblia*, la discrepancia con las autoridades de las denominaciones históricas y el desacuerdo con las doctrinas fundamentales de éstas. Harvey Cox, teólogo y sociólogo norteamericano, maestro de la Universidad de Harvard, advierte que la sociedad en Estados Unidos y en los países que están bajo su dominio económico, cansada de consumir objetos, empieza a consumir emociones. Este fenómeno se expresa en la multiplicidad de sectas modernas, en los movimientos carismáticos dentro de las iglesias históricas, incluyendo la Católica Romana, y en las varias manifestaciones del culto a Satanás.

Testigos de Jehová. En 1870 Carlos Taze Russell, de 18 años de edad, descontento por lo que él consideraba fallas en la interpretación de la *Biblia*, inició en la ciudad de Pittsburgh un grupo de estudio de los libros proféticos, en especial los de Daniel y Ezequiel, empleando para ello los materiales preparados por Guillermo Miller, muy a pesar de que las predicciones de éste, en el sentido de que en 1844 ocurriría el fin del mundo, habían fallado. Los temas centrales de su predicación eran el fin del mundo, el infierno, el milenio y la batalla del Armagedón; ésta, según él, se efectuaría en 1914. Sus discípulos, convertidos en proselitistas, lo obedecían ciegamente. Los círculos de estudio se multiplicaron en Estados Unidos y en 1874 pudieron crear una gran cadena de publicaciones religiosas: *The Watchtower Press* (La Torre del Vigía). En 1879 fundaron el periódico *The Watchtower and Herald of Christ's Presence* (La Torre del Vigía y el heraldo de la presencia de Cristo), que en español se vende en México con el nombre de *Atalaya*. El nombre oficial, Testigos de Jehová, se adoptó en 1931, después de una asamblea nacional en Estados Unidos. Antes tuvieron otras denominaciones: La Sociedad de Publicaciones de la Torre del Vigía, La Asociación Internacional de Estudiantes de la Biblia, El Reino Teocrático, La Aurora Milenial, El Russellismo, Sociedad Bíblica de Publicaciones de la Torre del Vigía y Púlpito del Pueblo. La base de su método proselitista es la visita domiciliaria, para vender los libros y revistas de la secta y ayudar en su estudio a quienes los adquieren. Russell publicó

6 libros que llamó *Estudios en las Escrituras* y tuvo tal poder de convencimiento que hizo creer a sus seguidores que Cristo había venido en espíritu en 1874 y le había revelado muchas verdades; pero no acertó en sus predicciones. Varias veces fue acusado de fraude. Murió en 1916. Su sucesor fue el juez Joseph Rutherford.

Para los Testigos de Jehová la doctrina de la trinidad es politeísta o pagana, pues Dios es uno. Jehová es el verdadero nombre de Dios. Jesús no es Dios, pero aceptan llamarlo hijo de Dios; afirman que es el Arcángel Miguel, quien peleó contra el dragón (Revelación 12:7): "Nuestro redentor existió como espíritu antes de ser hecho carne y vivir entre los hombres. Fue conocido como el arcángel Miguel" (*Studies in the Scriptures*, vol.5). El Espíritu Santo no es una persona, es una emanación de Dios: "El Espíritu Santo de Jehová es su fuerza activa, invisible; no únicamente el poder que reside en sí mismo, sino una energía cuando se proyecta fuera de sí para cumplir su voluntad y propósito. Siendo invisible y poderoso se llama espíritu" (*Watchtower*, julio de 1961). La sangre es el alma, por lo cual prohiben las transfusiones, aun cuando con ellas pueda salvarse una vida. No comen la sangre de los animales. La segunda venida de Cristo ya se efectuó (1874 o 1914); con él resucitaron los salvos, quienes desde entonces actúan en el mundo aun cuando nadie los pueda ver. Sólo se salvan los que pertenecen a la secta y son fieles a ella. La muerte es un período de absoluta inexistencia. El espíritu resucitará el día final. Durante el milenio habrá oportunidad de arrepentimiento para los condenados. Tendrán 100 años para decidirse.

A los Testigos de Jehová se les llama en México "atalayas". Son muy activos; cada creyente es un ministro y por ende un misionero. No desmayan ante el desprecio o el rechazo de la gente. La secta ha crecido rápidamente y debe tener en el país unos 100 mil miembros (1976). No tienen templos ni pastores, pero en toda ciudad importante funciona un centro o salón de estudios en el que se reúnen. Los hogares son visitados por una pareja de misioneros. Los norteamericanos que iniciaron este trabajo se han preocupado por la formación de dirigentes nacionales. Sin embargo, toda la literatura sigue siendo preparada en Nueva York, sede de la *Torre del Vigía*.

La Iglesia de los Santos de los Ultimos Días (mormones). Esta secta fue fundada en 1830 por José Smith, un joven que no estaba conforme con las enseñanzas de las iglesias protestantes de Estados Unidos. Junto con 6 personas creó su propio grupo, inspirado en una serie de revelaciones que dijo haber tenido en 1823; en una de ellas se le presentó el ángel Moroni, quien había vivido en aquella zona hacía más de 1,400 años. Mormón, padre de Moroni, había esculpido en planchas de oro la historia de su pueblo, las cuales enterró en un cerro cerca de lo que hoy es Palmyra, Nueva York, cuando estaban a punto de ser exterminados por sus enemigos. El ángel le indicó a José el lugar en el que estaban enterradas y le dio unas piedras, como lentes, el Urim y el Thummin, gracias a las cuales pudo descifrar lo escrito. Después afirmó que las tablas estaban escritas en egipcio reformado y que una vez que dictó las traducciones a un amigo, regresó las tablas a Moroni. En 1829 publicó el *Libro del Mormón*, base de la fe y la conducta de la Iglesia de los Santos de los Ultimos Días. En este libro hay más de 18 mil citas textuales de la versión "King James" (1611) de la *Biblia*. A pesar de lo dudoso de su origen y de que muchas de sus doctrinas fueron consideradas heréticas, por lo cual se les persiguió y obligó por muchos años a llevar una vida nómada, su celo, su disciplina y su fidelidad a la secta les permitieron crear el estado norteamericano de Utah, que se ha significado como creador de riqueza, puntal del sistema capitalista y centro religioso de importancia. La catedral de Salt Lake City es impresionante por su tamaño, lujo y belleza arquitectónica; el coro del tabernáculo es uno de los mejores del mundo. Los mormones fueron perseguidos debido a la práctica de la poligamia, al fin prohibida por el gobierno federal en 1899. Smith la justificaba de este modo: "El alma humana existe antes de su encarnación como ser humano. Millones de estas almas, que son los hijos espirituales de los dioses, están en estado no nacido y esperan la felicidad de entrar en un cuerpo, nacer, oír la verdad, creer y formar parte del reino eterno. El deber de los fieles es proporcionar los cuerpos infantiles para que estas almas puedan nacer. Cuantos más hijos uno tenga, más almas pueden formar parte del Reino de Dios. La manera de cumplir con este deber sería tener muchas esposas. Además, es un oprobio para la mujer el no casarse y hacer su parte en la multiplicación de los súbditos para dicho reino". No fue Smith el que llevó a los mormones a Utah. El fundó la ciudad de Nauvoo, en Ilinois; fue encarcelado por fraude y lascivia, y muerto en prisión por unos fanáticos (1844). Su sucesor, Brigham Young, fundó el Estado Teocrático de Utah, gobernado por él como presidente y por 12 apóstoles. Al morir Smith, se dividió la secta: unos se quedaron en Misuri y formaron la Iglesia Reorganizada de Jesucristo de los Santos de los Ultimos Días; y otros en Bloomington, Ilinois, agrupados en la Iglesia de Cristo del Lote del Templo. Estos creen que el lugar en el que Cristo volverá a la tierra es Bloomington y no Palestina. La iglesia más fuerte es la de Utah.

Los mormones afirman que la Biblia está incompleta, pues no menciona a la tribu de Israel que pasó a América. Aun cuando en el libro de Mormón se enseña que existe un solo Dios, en otros escritos admiten que hay tres, negando la unidad del Padre, del Hijo y del Espíritu Santo. En la actualidad hacen hincapié en que todos los fieles lleguen a ser dioses, por lo cual han caído en el politeísmo. Todos los dioses, inclusive Jesucristo y su padre, tienen cuerpos gloriosos de carne y hueso. Están sujetos a las leyes que gobiernan a la materia. Unicamente el Espíritu Santo no tiene cuerpo y está presente en todo el universo. Los dioses han sido humanos, tuvieron esposas y procrearon hijos. Los hijos de estas uniones son almas que esperan nacer en el mundo. Si oyen la doctrina mormona, la aceptan y la cumplen, después de la muerte serán dioses. Adán es el dios de este mundo; Jesucristo fue el hijo de Adán y de María; no fue engendrado por el Espíritu Santo, sino naturalmente. Jesús tuvo varias esposas, entre otras Marta y María. Las Bodas de Canán fueron las suyas; por ello pudo ver su linaje antes de ser crucificado; José Smith era descendiente suyo. Adán desobedeció para cumplir su tarea de poblar la tierra. Cristo expió el pecado de su padre Dios Adán. Esto hizo posible la liberación de la humanidad de los efectos de la caída, pero no era suficiente para salvarla de los pecados individuales. La redención individual depende del esfuerzo de cada creyente. Unicamente se salvan los miembros de la Iglesia de los Santos de los Ultimos Días. Quienes han muerto sin bautizarse en ese credo tendrán la oportunidad de oír la verdad en el mundo de los espíritus, pero no podrán salvarse porque no será posible que se bauticen. Es por esto que los creyentes vivos son bautizados en lugar de cada difunto cuya conversión se desea. El sacerdocio de la iglesia es el gobierno de Dios en la tierra. Tienen obispos, consejeros y secretarios de barrio.

Se calcula que hay en México 135 mil miembros de esta iglesia. Tienen colonias de agricultores en el norte del país, especialmente en Chihuahua, creadas por concesiones que se les otorgaron durante el gobierno del presidente Obregón (v.CUAUH-TÉMOC, CHIH.). Los misioneros mormones trabajan de dos en dos, visitando las colectividades casa por casa. Visten pantalón azul marino, camisa blanca y corbata oscura. Para ellos un barrio es una congregación y más de 20 congregaciones forman una estaca. Una especie de conscripción los obliga a dedicar dos años de su vida al trabajo misionero. Los libros y revistas que venden les sirven para ganar el interés de muchos; y los centros sociales y de recreación, las becas que ofrecen y la enseñanza del idioma inglés, completan la obra. Tienen escuelas, internados y talleres en La Estaca, D.F.; Monterrey, Torreón, Ciudad Juárez y Mexicali. Destacan su bondad, espíritu de servicio, trabajo y disciplina. No fuman; no beben bebidas embriagantes, refrescos de cola ni café, y condenan el libertinaje sexual.

La Iglesia Adventista del Séptimo Día (sabatistas). Tanto los Testigos de Jehová como los Adventistas surgieron de las predicciones del pastor bautista Guillermo Miller, quien en 1818 llegó a la conclusión de que el versículo 14 del capítulo 8 del libro del profeta Daniel se refería a la segunda venida de Cristo: supuso que cada uno de los 2,300 días mencionados por Daniel representaba un año, tomó como punto de partida el regreso de Esdras y sus compatriotas a Jerusalén en 457 a.de C., y calculó que Cristo volvería para purificar su santuario el 21 de marzo de 1843. Fue tan intensa y apasionada su predicación, que muchos se dispusieron a esperar el día del Señor: vendieron sus propiedades o las regalaron y más de 100 mil se reunieron en un lugar del Estado de Nueva York; Jesús no llegó y Miller difirió la fecha un año; pero vencido el nuevo plazo el "día de la gran desilusión", el pastor renunció a enunciar otra profecía. Continuaron los trabajos iniciados por el maestro algunos de sus discípulos, especialmente Helen Harmon (después White), quien se convirtió en profetisa y por más de 50 años influyó en el desarrollo de la nueva secta de los adventistas. El legalismo judío (inspirado en el Antiguo Testamento), que les llevó a guardar el sábado en lugar del domingo y a no comer carne; la ubicación del Santuario Celestial, la constante corrección a los cálculos para fijar la fecha de la segunda venida y las revelaciones recibidas por medio de Helen White, fueron los elementos fundamentales de la constitución de la iglesia.

White escribió muchos libros, entre otros *El conflicto de los siglos*, *Profetas y reyes*, *El deseo de las edades* y *Principios y fundamentos*. Hoy los sabatistas tienen 44 editoriales y publican literatura en 220 idiomas, que se vende en mercados, plazas, calles y casa por casa. A México entraron por Tijuana, Mexicali, Nogales, Ciudad Juárez, Piedras Negras, Nuevo Laredo, Reynosa y Matamoros. Lo mismo que testigos y mormones, su crecimiento ha sido mucho más rápido que el de las denominaciones protestantes.

Los adventistas creen en la segunda venida de Cristo (de ahí su nombre), aunque ya no se preocupan por fijar la fecha; y en que Jesús entró al Santuario Celestial en 1844, como lo había dicho Miller; complementan con la *Biblia* los escritos de la señora White, quien también fue inspirada por Dios; guardan el sábado (de ahí su otro nombre); piensan que las almas duermen hasta el día del juicio final y la resurrección; y que la salud es un don de Dios y por eso hay que conservarla y cuidarla. En México sostienen hospitales —como el de Montemorelos—, clínicas, escuelas, lecciones bíblicas por correspondencia y conciertos de música coral. Son famosos los cuartetos Los Heraldos del Rey, que emplean para apoyar su esfuerzo proselitista. En Quito funciona la radiodifusora La voz de la esperanza y en México se trasmiten varios programas a base de música y predicaciones. Tienen su sede en Uxmal 365, en la capital de la República. Se trata de un templo grande y bien acondicionado, con oficinas anexas. Se han significado por su apoyo a la Sociedad Bíblica Mexicana: son los mayores aportantes y quienes más *Biblias* venden.

La Iglesia de la Ciencia Cristiana. En 1875 María Baker Eddy publicó el libro *Ciencia y salud con clave en las Escrituras*, que según ella le había sido inspirado por Dios. Más tarde se comprobó que reprodujo en ese texto cuando menos 33 páginas de un manuscrito del doctor Lieber que se conserva en la biblioteca del Seminario de la Universidad de Princeton. La señora Baker había fracasado en dos matrimonios, se sentía enferma y no la satisfacía ninguna experiencia religiosa. En ese estado conoció a Fineas Quimby, un predicador que anunciaba un nuevo método para curar: descubrir a los pacientes el verdadero origen de su mal y enseñarlos a sanar mediante el poder de la mente. Recuperada de sus dolencias, escribió el libro y fundó la iglesia. En 1879 formó la primera congregación, pero la secta no ha crecido tanto como los testigos, los mormones o los adventistas; en 1975 se calculó que tendría poco más de medio millón de fieles. María Baker Eddy fundó uno de los mejores periódicos del mundo, el *Christian Science Monitor*. En el culto de esta secta no hay predicación; se leen la *Biblia* y el libro *Ciencia y Salud*; se cantan algunos himnos, se reza, se presentan algunos testimonios y se insiste en la práctica de la curación por medio del poder de la mente. Los devotos de esta fe creen en la irrealidad de la materia y del pecado, en la inexistencia de la enfermedad y de la muerte, y en el poder de la mente para sanar y para destruir las ilusiones. Dios es un principio, no una persona. La trinidad es una forma de politeísmo. La Ciencia Cristiana es el Espíritu Santo. Jesús es el hombre y Cristo la idea divina; María madre concibió esta idea de Dios y dio a su ideal el nombre de Jesús. Los ángeles son los pensamientos puros de parte de Dios. La segunda venida es el despertar de un sueño engañoso para conocer la verdad. No hay infierno ni juicio. El cielo es la armonía con la mente de Dios.

En México hay pocos centros de la Ciencia Cristiana. El más conocido tiene su sede en Dante 21, en la colonia Anzures; sus congregaciones están formadas por extranjeros, principalmente norteamericanos. No han realizado trabajo proselitista ni parece preocuparles el crecimiento numérico. Sus libros y sus periódicos se venden bien y han influido en el desarrollo de grupos que guardan la salud por medio del poder de la mente. Los oficios son en inglés y en español. No hay pastores ni sacerdotes; todos son laicos, pero trabajan "practicistas" y "lectores"; de los primeros asisten 5 a sanatorios propios, hospitales y casas particulares; y los segundos, elegidos cada año, dirigen los cultos miércoles y domingos. Es una de las sectas más antiguas en México. Su primer oficio se celebró en la Navidad de 1898. Un hijo del doctor Guillermo Butler, fundador de la Iglesia Metodista en México, fue de los primeros miembros, pues su esposa fue sanada en 1895. Tienen un buen archivo.

La Iglesia de Sólo Jesús o Nueva Luz. La necesidad de encontrar una nueva luz o la luz verdadera, la búsqueda de una experiencia de conversión auténtica y el poder del Espíritu Santo, llevó a algunos, entre otros a Juan G.Sheppe, en 1913, a rescatar las enseñanzas de Sabelio, muy populares en el siglo III de la era cristiana. Según Sabelio, Jesús es el Dios o Yawé del Antiguo Testamento. Las expresiones Padre y Espíritu Santo se refieren a ciertos aspectos del carácter de Jesús y no a otras personas. Dios fue crucificado y no un supuesto hijo. Schappe, durante un retiro espiritual, tuvo una revelación acerca de que el verdadero bautismo tenía que ser en el solo nombre de Jesús y no en el nombre del Padre, del Hijo y del Espíritu Santo. Este movimiento ha penetrado en algunas denominaciones, sobre todo en las de origen pentecostal. Así nació la Iglesia Pentecostés Unida, una de las más fuertes entre las inspiradas en la doctrina de Sólo Jesús. Se le considera ortodoxa en todo menos en las doctrinas de la trinidad y del bautismo.

En México aparece en algunas iglesias pentecostales y en un movimiento aparte que lleva el nombre de Sólo Jesús. Sus miembros trabajan en barrios populares; hacen hincapié en la experiencia de conversión lograda por medio del bautismo en el solo nombre de Jesús y por inmersión. No tienen una obra asistencial que los caracterice. Son persistentes y suelen saludarse, como para afirmar la fe que tienen en sus doctrinas, diciendo "Sólo Jesús..." Siendo el sabelianismo una herejía condenada por las autoridades de la Iglesia, este movimiento es rechazado a pesar de su ortodoxia en otros aspectos de la religión cristiana. Es por esto que se le considera una secta moderna.

Espiritismo. Se le considera secta moderna en la proporción en que lo practican quienes se consideran cristianos, o quienes emplean cierta terminología propia de éstos para hacer trabajo proselitista dentro de las congregaciones que tienen a Cristo como el centro de su fe. Los espiritistas cristianos pertenecen a la Asamblea General Internacional de Espiritistas. Se acepta, a pesar de sus muchas formas, que el espiritismo moderno se originó en 1848. Las revelaciones, en este caso, son hechas por los espiritus a los hombres por medio de los médiums. Los escritos de A.J. Davis y Allan Kardec, y algunos pasajes de la *Biblia* cuidadosamente escogidos, son la fuente de autoridad. Este tipo de espiritistas atraen a los creyentes poniendo énfasis en la comunicación con los seres queridos que ya han fallecido, y curan enfermos por medio del poder espiritual. En 1847 Davis publicó el libro *Las revelaciones divinas de la naturaleza*, por el cual se le conoce como el Juan Bautista del espiritismo; pero fueron dos hermanas, Margarita y Kate Fox, quienes en su hogar en Hydesville, Nueva York, iniciaron en 1848 las prácticas espíritas modernas. A la casa que habitaron se le llama el Belén del Espiritismo. Cuarenta años después la hermana mayor confesó en una carta la falsedad de sus experiencias, pero a pesar de ello el movimiento siguió creciendo, especialmente durante las dos guerras mundiales, pues mucha gente anhelaba comunicarse con los familiares que habían muerto en los campos de batalla. En América Latina han influido mucho los textos de Allan Kardec, Arthur Conan Doyle y Stewart E.White. En 1893 se organizó en Chicago la Asociación Nacional Espiritista y en 1936 la Asociación Internacional.

En su libro *Probad los espíritus*, Alice Luce afirma que en la *Biblia* se mencionan siete formas de espiritismo; en el *A.B.C. del espiritismo*, que todo lo inspirado que hay en la *Biblia* se debe a la media-

ción, de suerte que las enseñanzas de Jesús y el espiritismo tienen las mismas bases. Los espiritistas creen en la inteligencia infinita, poder supremo impersonal presente en todas las formas organizadas de la materia; sostienen que Jesús ha sido el mejor maestro y médium, que es divino de la misma manera que lo son todos los hombres y que todos los grandes hombres han sido Cristos; afirman la responsabilidad moral del individuo, pues éste hace su propia felicidad o infelicidad en tanto obedece o desobedece las leyes físicas y espirituales de la naturaleza; piensan que el alma del hombre es su cuerpo astral, que alrededor de la Tierra existen 7 esferas espirituales (las más bajas corresponden a los espíritus que han llevado una vida mala, y las más altas a las almas puras, aun cuando algunas pueden pasar de una a otra, dependiendo de sus buenas obras) y que las almas pueden perfeccionarse mediante la reencarnación.

Los espiritistas trabajan discretamente. No hay estadísticas del número de creyentes en el país, pero son muchos más de los que generalmente se supone. El espiritismo cristiano ha provocado escisiones, sobre todo en algunas congregaciones cristianas del norte de la República.

Las sectas autóctonas han surgido en México de una extraña mezcla de judaísmo, cristianismo, espiritismo y prácticas consideradas paganas. No son el fruto del trabajo misionero de movimientos nacidos en Estados Unidos, ni reciben ayuda económica del extranjero. La Luz del Mundo tiene su sede en Guadalajara, donde sus miembros han formado una colonia que las autoridades municipales consideran ejemplar. Votan siempre por el Partido Revolucionario Institucional y se caracterizan por su honestidad, trabajo, disciplina, moralismo y disposición a reconocer en las autoridades una expresión de la voluntad de Dios. Son unos 35 mil. Su fundador y profeta fue Aarón Joaquín, sucedido, a su muerte, por Samuel Joaquín. Tienen templos en las principales ciudades; los más grandes son los de Guadalajara y México. No preparan a sus sacerdotes, pues según ellos toda instrucción viene de Dios. En el templo se sientan por separado hombres y mujeres; tienen un culto por la mañana y otro por la tarde; las mujeres visten de largo, no se maquillan, son recatadas y se les exige sumisión al marido; todos guardan el día del Señor, creen en la inspiración y en las revelaciones, se confiesan y dicen ser "la luz del mundo"; y han intentado rescatar los valores del sacerdocio tal como se describen en la *Biblia*. En agosto de todos los años se celebra una peregrinación a Guadalajara, el lugar santo, en la que participan unos 10 mil creyentes del país y el extranjero. El profeta preside las actividades santas; él nombra a los pastores y a las diaconisas, y es la máxima autoridad en la colonia. Lejos de ser fruto de un trabajo misionero, lo ha hecho en otros países: hay una congregación en Roma y otra en el sur de Estados Unidos.

Otra secta autóctona es la fundada en la colonia proletaria 20 de noviembre del Distrito Federal, por Leonardo Alcalá, quien se autonombraba Rey de Reyes, Espíritu Santo, Profeta del Altísimo y Maestro de Maestros. Construyó su templo únicamente con las ofrendas de los fieles; el edificio está construido sin orden aparente y pintado con colores brillantes; las paredes ostentan versículos bíblicos y frases de Alcalá; y en el presbiterio se mezclan símbolos de varias religiones. Esta secta no ha hecho trabajo proselitista más allá de las colonias limítrofes; hace incapié en la curación de los enfermos por medio de la oración y estimula la creencia en los milagros. *R.M.* v.Luisa Jetter de Waiker: *¿Cuál camino?* (1968); William C.Fisher: *¿Por qué soy evangélico?* (1961); Karl Barth: *Bosquejo de dogmática* (Buenos Aires, 1954); Carlos W.Turner: *La Biblia en América Latina* (Buenos Aires, 1951); W.S. Rycroff: *Religión y fe en América Latina* (Buenos Aires, 1962); Kevin y Dorothy Ranaghan: *Pentecostales católicos* (1971); Harvey Cox: *The Secular City* (1965); George Arbaugh: *The Mormon Story* (1957); Russell Spittler: *The Cults*; y J.K. Van Baalen: *Invasores de la cristiandad: caos de las sectas.*

SEGALE, ATENÓGENES; n. en Zamora, Mich.; m. en Toluca, Estado de México, en 1903. Estudió en los seminarios de Zamora y Conciliar de México. A la edad de 22 años, siendo todavía subdiácono, pronunció la oración latina en las honras fúnebres del arzobispo Labastida en la Catedral de México. En 1892, antes de ordenarse sacerdote, era profesor de literatura. Fue capellán del Colegio de las Vizcaínas y del Santuario de Nuestra Señora de los Remedios y cura de la parroquia de San Cosme, en la Ciudad de México. En adelante se radicó en Morelia, donde se dedicó a impartir cátedra en el Seminario. Escribió novelas (que publicaba por fragmentos en las páginas de *El Tiempo*), piezas dramáticas (algunas para representar en el Seminario Metropolitano), versos, traducciones del latín y el griego, y originales composiciones firmadas con el seudónimo de "*Eleio Turno de Zamora*". Es autor de las siguientes obras: 1. Novelas: *La estatua de Psiquis*, en *El Tiempo* (1892; 2a. ed., 1893); *Re-*

cuerdos del Cairo, La negrita, Flor de durazno (traducida al francés por C.Bernard y publicada en París en la *Revue de Revues*); *Del campo contrario* (1897; 2a.ed., 1903, que contiene: "Dedicatoria", "Rosa-Cruz", "Las educandas de San Amor", "Las dos hermanas", "La Monja", "Los pescadores de dotes", "Era un ángel" y "Oro y gules"); y *Auras de abril* 1898; originalmente escrita en 1892). 2. Poesía: *Preludios* (1893), *Sonetos* (1893), *Del fondo del alma* (1895), *Miniaturass, (1896), Versos perdidos* (1897), *Marinas* (1898), *Paisajes* (1898), *A la madre Santísima de la Luz en la coronación de su célebre imagen* (1902), *Obras completas* (1901, con una noticia bibliográfica del autor, por *Hermógenes*, seudónimo del padre Jesús García Gutiérrez) y traducciones de Horacio, Anacreonte, Píndaro, Teócrito y Bión. 3.Teatro: *Aureliano* (tragedia incluida en *Preludios* y estrenada en el Seminario Metropolitano de México el 9 de septiembre de 1890), *El príncipe de Viana* (tragedia en verso, 1894), *La púrpura del rey* (tragedia en verso, 1895) y las piezas inéditas: *Los Dióscuros, El último bretón, Lucha de tigres* y *El oculista.* y 4. otros trabajos: *La hora deliciosa a los pies de Jesús Sacramentado, meditaciones escritas sobre el plan de las que escribió en francés el P.Doublet con este título* (1899) y *Flor de nieve, vida de Santa Catalina de Suecia, hija de Santa Brígida y primera abadesa de Vastena* (1903).

SEGARRA, JOSÉ. Escritor y periodista valenciano, activo a fines del siglo XIX y principios del XX. Con Joaquín Juliá vino a México hacia 1906. Es autor de: *Cuba* (1906), *Costa Rica* (1907), *Por la patria y por la raza* (1909) y *La ruta de Hernán Cortés* (1910). Esta última obra fue patrocinada por la colonia española como homenaje a México en las fiestas del Primer Centenario de la Independencia.

SEGOVIA, TOMÁS, n. en Valencia, España, en 1927. De 1937 a 1940 vivió e hizo los primeros estudios en Francia y luego en Casablanca (Marruecos francés en aquélla época) y en ese último año pasó a México, donde desde entonces radica. Estudió en la Facultad de Filosofía y Letras de la Universidad Nacional, y en 1948 editó un pequeño pliego poético: *Hoja* (5 números). Ha sido: profesor de lengua francesa en el Instituto Francés para la América Latina (IFAL); becario de El Colegio de México, el Centro Mexicano de Escritores y las fundaciones Farfield y Guggenheim; investigador bajo la dirección de Raimundo Lida; editor en la Universidad Nacional (secretario de la colección Nuestros

Clásicos); codirector —y más tarde director— de la *Revista Mexicana de Literatura*; coordinador de la Casa del Lago; lector de la editorial Gallimard (en París); profesor e investigador en la Universidad de Princeton y en El Colegio de México; creador de un programa de enseñanza e investigación de la traducción en esta última institución educativa; secretario de redacción de la revista *Plural* (época de Julio Scherer), y colaborador de la revista *Vuelta*. Su obra literaria comprende los siguientes títulos: de poesía: *La luz provisional* (1950), *Siete poemas* (1955), *Apariciones* (1957), *Luz de aquí* (1958), *El sol y su eco* (1960), *Anagnórisis* (1967), *Historias y poemas* (1968) y *Terceto* (1972); de relato: *Primavera muda* (1954); de ficción: *Trizadero* (1974); de teatro: *Zamora bajo los astros* (1959); y de ensayo: *Actitudes* (1970) y *Contracorrientes* (1973). Ha hecho traducciones de Lefebvre, Ungaretti, Pavese, Hugo y otros.

SEGURA, JOSÉ SEBASTIÁN, n. en Córdoba, Ver., en 1822; m. en la Ciudad de México en 1889. Ingeniero (1844) por el Colegio de Minería, se sintió atraído por la literatura. Sus primeros textos constan en *La Aurora, El año nuevo* y *El presente amistoso*. Fue diputado al Congreso General de 1849 y miembro de la Asamblea de Notables. A la muerte de su esposa, abrazó el estado eclesiástico y se ordenó sacerdote el 25 de febrero de 1888. En su juventud escribió versos eróticos; en su madurez, poemas religiosos. Cuñado y discípulo de Pesado, participó en el grupo literario de éste; tradujo algunos salmos y fragmentos de los profetas, los cuales publicó en *La Cruz* y *La Sociedad Católica*. Vertió al castellano los tres primeros cantos de *La Divina Comedia*, algunas odas de Horacio, églogas de Virgilio (especialmente la IV, considerada sobresaliente), himnos guerreros de Tirteo, la Invocación de *El paraíso perdido* de Milton, poemas de Schiller ("Canción de la campana", "El buzo", "El guante", "El caballero de Toggenburgo", "La joven forastera" y "Fantasía fúnebre", en *El Renacimiento*, 1869) y parábolas de Krummacher ("Adam y el querubim", "El sueño de Caín", "La rosa musgo", "La rosa y el lirio", "Ossián", "Lamentos de Caín", "Las rosas de la tierra", y "Muerte y sueño", en *El Renacimiento*, 1869).

SEGUROS Y FIANZAS. Son contratos de servicios, en los cuales el bien o garantía que se otorga al beneficiario normalmente no está a su vista, sino que se actualiza cuando se consuma el riesgo o la responsabilidad que cubren. Más concretamente, el seguro es un contrato por el cual una empresa se obliga, mediante el pago de una prima, a resarcir un daño o a pagar una suma de dinero al ocurrir la eventualidad prevista. El seguro se opera en tres grandes grupos; el de vida, accidentes y enfermedades y daños (responsabilidad civil y riesgos profesionales, marítimo y transportes, incendio, agrícola, automóviles, créditos y diversos). La fianza es un contrato por el cual una persona se compromete con el acreedor a pagar por el deudor si éste no lo hace; pudiendo ser legal, judicial, convencional, gratuita o a título oneroso, según lo establece el Código Civil del Distrito Federal en los artículos 2,794 y 2,795. Sin embargo, a partir de la constitución de las instituciones especializadas quedó instituida la fianza de empresa, definida por el licenciado Efrén Cervantes Altamirano, director General de Afianzadora Mexicana, S.A., como "el contrato de garantía en virtud del cual una compañía afianzadora, mediante el pago de una prima, se compromete con el acreedor a cumplir por el afianzado en caso de que éste no lo haga". Las fianzas se dividen en cuatro grupos: de fidelidad, judiciales, administrativas y diversas. Las fianzas de crédito se encuentran prohibidas por la Secretaría de Hacienda y Crédito Público.

Antecedentes históricos. El seguro ya se practicaba en Babilonia, hacia 4000 a 3000 a.de C., aunque en la forma de "préstamo a la gruesa", medio de desplazar hacia otros el riesgo de pérdida o daño inherente al comercio marítimo. En la India era usual en 600 a.de C. En el siglo IV antes de esta era existía en Grecia la modalidad de que si la propiedad empeñada como garantía resultaba dañada o perdida en la aventura, el préstamo quedaba cancelado y sólo se cobraba el interés, aunque a una tasa más alta. En la antigua Roma se originaron las sociedades *Collegia Tenuiorum*, que pagaban un *funeraticum* o indemnización por muerte a los deudos cuando ocurría el fallecimiento de alguno de sus miembros. En la Edad Media las sociedades mutualistas, además de practicar la caridad y de sepultar a los muertos, tenían establecidos fondos de auxilio para sus socios. En la España del siglo XV se expidieron las primeras disposiciones que consideraron al seguro como un contrato especializado, cuyo objeto era garantizar los mayores beneficios, evitar fraudes e impedir tasas excesivas. Los seguros eran gestionados y colocados por corredores, quienes colaboraban con los comerciantes en la compra y venta de sus mercancías. A principios del siglo XVIII este negocio de corretaje, a falta de locales propios, se localizaba en los cafés, especialmente en el de Edward Lloyd, en la ciudad de Londres, don-

Compañías de seguros La Nacional y La Latinoamericana

de se concertaban operaciones de aseguramiento en materia de comercio y transporte marítimo exclusivamente. La primera empresa de seguros se estableció en Filadelfia en 1721, aunque limitada a ese último ramo. Aunque se tiene noticia de que la primera póliza de seguros sobre la vida se expidió en 1583 por la *Royal Exchange* de Londres, no fue sino hasta las postrimerías del siglo XVIII cuando se fijaron las bases de cálculo para su desarrollo. El incendio ocurrido en Londres el 2 de septiembre de 1666 movió al doctor Nicholas Barbon a fundar una negociación que en 1680 se fusionó con la *Fire Office* y se convirtió así en la primera sociedad anónima de seguros en ese ramo.

En 1789 varios comerciantes de Veracruz constituyeron la primera compañía de seguros que hubo en México; con un capital de $230 mil, cubría sólo riesgos marítimos y tuvo una corta vida, debido a la guerra entre España e Inglaterra. En 1802 se creó la Compañía de Seguros Marítimos Nueva España, con un capital de $400 mil, que tenía el mismo objeto que la anterior y operaba en toda América; el primer semestre de 1803 sus operaciones montaban a $740 mil. En la última década del siglo XIX vendían seguros sobre vida 2 compañías nacionales, La Mexicana y La Fraternal, y 7 norteamericanas; contra incendios, 14 agencias de compañías extranjeras, principalmente inglesas, las cua-

les organizaron en enero de 1897 la Asociación de Agentes de Seguros contra Incendios; y en el ramo de automóviles, la Compañía General de Seguros Anglo-Mexicana. En 1897 se formó también la Asociación Mexicana de Representantes de Compañías de Seguros, la cual contaba en diciembre de 1926 con 2 socios mexicanos y 52 extranjeros. A mediados de 1935 funcionaban las siguientes empresas en los grupos de vida y daños (salvo anotación expresa), creadas en las fechas que se indican y con los capitales, en millones de pesos, que se anotan entre paréntesis: La Nacional, 1901 (40); La Latinoamericana, 1906 (19); Compañía de Seguros Veracruzana, 1908 (incendio y transporte marítimo); Unión de Seguros, 6 de noviembre de 1924 (10); Seguros América Banamex, 11 de febrero de 1933 (100); Seguros Protección Mutua, 24 de julio de 1933 (6); Seguros Azteca 16 de agosto de 1933 (30); 2 sociedades mutualistas, una de ellas de carácter gremial; una sociedad fraternal y 47 agencias extranjeras.

El 26 de agosto de 1935 se promulgaron la Ley General de Instituciones de Seguros y la del Contrato de Seguro. La mayoría de las agencias extranjeras (excepto la *Sun Life Assurance Company of Canada*, que transfirió su cartera a Seguros de México, cuyo capital fue suscrito por el gobierno y más tarde, en 1949, vendida al sector privado) se negaron a acatar esas disposiciones y retiraron sus representantes en México. A partir de esa fecha e inicialmente gracias al interés de los antiguos agentes, se formaron las siguientes empresas, con los capitales que se indican entre paréntesis: en 1936, La Comercial (200), La Equitativa (20), La Provincial (40) y La Continental (8); en 1937, La Territorial (20) y Aseguradora Mexicana (150); en 1939, La Comercial del Norte (10); en 1940, La Peninsular (5), Reaseguradora Alianza (20), La Comercial de Occidente (10) y Pan American de México (12); en 1941, La Comercial de Chihuahua (20), Seguros Monterrey del Círculo Mercantil (4), La Atlántida (5), Seguros Atlas (20) y La Comercial de Puebla (6); en 1944, Aseguradora Cuauhtémoc, Seguros Tepeyac (20), Seguros Progreso (5) y La Libertad (20); en 1945, La Interamericana (15); en 1946, El Potosí (3) y Nueva Galicia (1); en 1947, Oriente de México (3); en 1950, Seguros Chapultepec (1); en 1951, La Ibero-Mexicana (10); en 1953, Reaseguradora Patria (10); en 1954, Seguros Independencia (30); en 1955, Aseguradora Universal (5); en 1958, Aseguradora Banpaís, antes Compañía Mexicana de Seguros (6); en 1961, Aseguradora Nacional Agrícola y Ganadera (25); en 1965, Seguros de México Bancomer (80), resultado de la fusión de Seguros de México y Aseguradora Bancomer; en 1966, Seguros La República (25); en 1970, Compañía Mexicana de Seguros de Crédito (20); y en 1973, Seguros Constitución (15). Aparte las anteriores, en 1977 funcionaban las siguientes, cuyos datos no se tuvieron a la mano: Seguros Monterrey Serfín (antes Monterrey, Compañía de Seguros), Aseguradora Hidalgo, El Fénix de México, General de Seguros, Seguros del Atlántico, Seguros del Centro, Seguros La Comercial del Noroeste, Seguros Internacional y Seguros del Pacífico; las sociedades El Agente Viajero, Mutualista de Seguros Sobre la Vida, Sociedad Mutualista de Seguros Agrícolas y de Incendio de Cajeme, El Fondo de Auxilio, Mutualidad de Seguros Agrícolas de La Laguna, Previsión Obrera, Mutualista de Seguros de Torreón y Confederación del Canadá, sucursal en liquidación de la *Confederation Life Association*.

El número de instituciones pasó de 66 en 1950 (15 de vida, 5 de vida y daños y 46 de daños) a 70 en 1960 (10, 17 y 43, respectivamente) y a 59 desde 1966, debido a la fusión de algunas. Por el origen de su capital, 8 son nacionales, 4 de ellas pertenecientes a los grupos financieros paraestatales Somex e Internacional; 42, privadas; 2, reaseguradoras profesionales; y 6, mutualistas. Por el ramo en que operan, 29 corresponden al grupo de vida y

30 al grupo de accidentes y enfermedades; pero cada una, a su vez, cubre varios daños, de modo que en conjunto ofrecen 244 opciones: 33 relativas a responsabilidad civil y riesgos profesionales, 36 al transporte (incluyendo el marítimo), 48 a incendio, 14 a la agricultura, 38 a los automóviles, 41 a crédito y 34 a diversos. Casi la mitad de las aseguradoras pertenecen a grandes grupos financieros: al Banco Nacional de México, América Banamex, La Peninsular, Del Pacífico y Veracruzana; a Serfín, La Provincial, La Nacional e Independencia; al Banco Comercial Mexicano, La Comercial y las Comerciales del Norte, de Occidente, de Chihuahua, de Puebla y del Noroeste; a la Sociedad Mexicana de Crédito Industrial (Somex), La Continental, La Latinoamericana y Aztlán; al Banco de Comercio, México Bancomer, Oriente de México y Protección Mutua; al Banco Internacional, La Internacional; al Banco del Atlántico, la del Atlántico; al Consorcio Atlas, Seguros Atlas; y al Banco de Cédulas Hipotecarias, La Equitativa.

La fianza, en su aspecto civil, se remonta al derecho primitivo de Grecia, donde constituía un elemento esencial de todos los contratos, pues era preciso que un tercero afianzase la ejecución del acto. En el derecho romano existían tres tipos de garantías personales, la *sponsio*, la *fidepromissio* y la *fideiussio*; de ellas, la tercera era un contrato por el cual una persona se obligaba a responder accesoriamente, con su propio crédito, de una deuda ajena. Sin embargo, las garantías personales pronto cayeron en desuso y fueron sustituidas por la garantía real, que aunque adolecía de tardanza al momento de cobrar la deuda, daba más seguridad al acreedor. Las *Siete Partidas* de Alfonso X *El Sabio* ya reglamentan y regulan la fianza sobre los mismos lineamientos del derecho romano, pero clasifican el contrato respectivo en convencional, judicial y legal. En México, el Código Civil de 1879 la define como la obligación que una persona contrae de pagar o cumplir por otra, señalando que puede ser gratuita o a título oneroso. Los códigos de 1884 y 1928 (vigente desde 1932) contienen preceptos similares. La fianza se utiliza en el comercio por la fluidez que confiere a los negocios, principalmente cuando se trata de otorgamiento de créditos o de cumplimiento de obligaciones futuras. El Código de Comercio español de 1829 establecía el carácter mercantil de la fianza, el derecho del fiador a recibir una retribución por otorgarla y la obligación de celebrar el contrato por escrito. Aunque el Código de Comercio mexicano de 1854 se inspiró en el anterior, establecía que la fianza era mercantil cuando tenía por objeto asegurar el cumplimiento de contratos de comercio y que el fiador no podía exigir a su fiado ninguna retribución salvo que así se hubiera pactado. El Código de Comercio de 1890 no reguló la fianza, pues su otorgamiento se consideraba ya como una actividad reservada a compañías especializadas. La fianza de empresa se había extendido a partir de la revolución industrial y se estableció definitivamente en 1840, con la organización de la Sociedad de Garantías de Londres. Las compañías afianzadoras tuvieron gran éxito en Estados Unidos y de ahí pasó el sistema a México. El decreto del 3 de junio de 1895 autorizó al Ejecutivo a concesionar a compañías la operación de cauciones para el desempeño de funcionarios y empleados públicos; y el día 19 siguiente se otorgó un contrato a los señores Guillermo Obregón y Zan L.Tidball para establecer la primera compañía de fianzas, como sucursal de la *American Surety Company of New York*, y se le concedió el monopolio de ese ramo. El 16 de abril de 1913 esa empresa fue reemplazada por su filial, la Compañía Mexicana de Garantías, aún en operación, cuyo capital actual es de $15 millones. A continuación se enumeran las instituciones de fianzas establecidas desde 1913, seguidas de la fecha de su constitución y de su capital social actual, en millones de pesos, entre paréntesis: Fianzas de México, 29 de julio de 1925 (50); Central de Fianzas, 13 de mayo de 1936 (15); Fianzas Atlas, 22 de junio de 1936

(10); Compañía de Fianzas Lotonal, 16 de diciembre de 1937 (7); Crédito Afianzador, 18 de diciembre de 1939 (15); Compañía de Fianzas Inter-Américas, 22 de julio de 1940 (5); La Guadiana, 12 de febrero de 1942 (15); Afianzadora Mexicana, 8 de diciembre de 1942 (40); Afianzadora Serfín, 28 de junio de 1943 (20); Afianzadora Cossío, 12 de enero de 1945 (10); Compañía Americana de Fianzas, 5 de abril de 1947 (10); Fianzas Modelo, 19 de mayo de 1954 (10); y Afianzadora Insurgentes, 24 de marzo de 1958 (10). La Ley Federal de Instituciones de Fianzas del 29 de diciembre de 1950, establece en su Art. 1° que tienen ese carácter aquellas sociedades anónimas autorizadas previamente por el Gobierno Federal para otorgar fianzas a título oneroso. Todas las instituciones en operación en 1977 eran privadas. De ellas, pertenecen al grupo Serfín, las de México y Serfín; Banco Comercial Mexicano, Crédito Afianzador; a Somex, La Lotonal; al Consorcio Financiero Atlas, Fianzas Atlas; y al Banco de Cédulas Hipotecarias, Central de Fianzas.

Características de operación. Los seguros del grupo de vida pueden contratarse en forma individual, colectiva o de grupo, con las modalidades siguientes: ordinario o de vida entera; temporal, por 1, 5, 10 y 15 años y hasta 60 o 65 de edad (éste y el anterior son los únicos renovables o convertibles); con períodos definidos (de 10 a 25 años) o indefinidos, dependiendo de la edad del asegurado,

	Vida[1]	Incendio	Transportes	Automoviles	Otros[2]	Total	Incremento
1895	2,205	561	30	-	149	2,945	-
1900	2,781	1,650	67	-	348	4,846	64.55
1905	6,431	2,824	178	-	570	10,003	106.42
1910	6,250	2,998	278	-	854	10,380	3.77
1920	1,884	4,742	2,171	-	38	8,835	14.88
1925	3,058	6,027	1,322	-	593	11,000	24.51
1930	10,842	6,986	1,052	-	808	19,688	78.98
1935	15,110	6,503	1,768	781	1,369	25,531	29.68
1940	27,516	12,757	2,828	4,531	3,307	50,939	99.52
1945	70,445	48,344	21,688	12,267	11,785	164,529	222.99
1950	137,423	143,432	39,585	40,006	25,410	385,856	134.52
1956	274,649	310,713	129,200	188,000	114,200	1.016,672	163.51
1960	402,114	438,551	191,863	261,585	137,305	1.431,408	40.78
1965	783,853	559,885	216,043	438,038	174,724	2.172,543	51.78
1970	1.539,581	884,158	441,455	895,139	222,568	3.982,908	83.33
1975	3.179,837	2.091,021	1.028,935	1.950,860	532,728	8.783,381	120.53

SEGUROS. PRIMAS COBRADAS, 1895-1975
(miles de pesos)

Elaborado con datos del Anuario Mexicano de Seguros, (1952) y Anuario Estadístico de Seguros, (1975)

1 Incluye las primas de los seguros de accidentes y enfermedades.
2 Incluye las primas de los seguros de responsabilidad civil y riesgos profesionales, agrícolas, de crédito, diversos y automóviles (período 1895-1930).

FIANZAS. PRIMAS COBRADAS, 1976[1]
(miles de pesos)

	Valor
Afianzadora Mexicana, S.A.	7,238
Afianzadora Serfin, S.A.	5,112
Compañía de Fianzas Mexico, S.A.	3,827
Compañía Mexicana de Garantías, S.A.	3,548
Crédito Afianzador, S.A.	3,181
La Guardiana, S.A., Compañía General de Fianzas	3,080
Fianzas Modelo, S.A.	2,711
Central de Fianzas, S.A.	2,207
Afianzadora Insurgentes, S.A.	1,503
Compañía Americana de Fianzas, S.A.	1,493
Fianzas Atlas, S.A.	1,142
Compañía de Fianzas Lotonal, S.A.	1,047
Afianzadora Cossio, S.A.	540
Fianzas Inter-Americanas, S.A.	196
Suma	36,825

Fuente: Asociación de Banqueros de México. Departamento de Estudios Económicos.

(1) Datos al 31 de enero.

y con goce del seguro a partir de su amortización; y dotal, con la misma periodicidad del anterior, aunque recuperable por el asegurado si éste sobrevive al término del contrato. El grupo de accidentes y enfermedades constituye generalmente una ampliación del de vida, mediante la inclusión de cláusulas específicas que cubren muerte accidental (doble indemnización), pérdida parcial o total de miembros y enfermedades que impidan al asegurado (por un mínimo de 6 meses) el desempeño habitual de su trabajo, aunque también puede contratarse en forma separada e independiente. En el grupo de daños destacan los siguientes: de incendio, que protege contra daños materiales causados a los bienes asegurados por incendio y/o rayo, así como por las medidas de salvamento que se efectúen al ocurrir el siniestro, pudiéndose ampliar a los conceptos especiales de explosión, huracán, granizo, ciclón, viento tempestuoso, caída de aviones, choque de vehículos, huelga, alboroto popular, conmoción civil, terremoto, erupción volcánica, derrame de equipo de protección, y combustión espontánea; de transportes (marítimo, terrestre, aéreo y en envío postal), que cubre los daños ordinarios de tránsito (hundimiento del barco, caída de un avión o colisión o descarrilamiento de transportes terrestres), y los de la carga y descarga del bien asegurado, pudiéndose ampliar a robo de bulto por entero, robo parcial, mojadura de agua dulce, de mar o de ambas, contacto con otras cargas, manchas, oxidación, rotura, mermas, derrame, barredura, huelgas, alborotos po-

pulares, conmoción civil, guerra y riesgos de bodega a bodega; de automóviles, que ampara normalmente 3 tipos de contingencias: pérdidas o daños materiales al vehículo (colisiones, incendios, robo), responsabilidad civil frente a terceros y gastos médicos a ocupantes del vehículo; y diversos, que agrupa, entre otros, los seguros contra robo en domicilio y de mercancías; rotura de cristales, rótulos, equipo, calderas y maquinaria; y pérdida de dinero en efectivo y valores, mientras se encuentran dentro del negocio del asegurado. La Aseguradora Nacional Agrícola y Ganadera tiene por objeto, en el primer ramo de su competencia, resarcir al agricultor de las inversiones necesarias y directas efectuadas en su cultivo para obtener una cosecha, cuando ésta se pierda total o parcialmente como consecuencia de sequía, helada, granizo, vientos huracanados, incendios, enfermedades, plagas, exceso de humedad e inundación; y en el segundo, de hacer lo propio cuando el ganado perezca, pierda su función específica o se enferme, como consecuencia de una alteración de la salud o un accidente. Las operaciones de una compañía de seguros son el aseguramiento, el reaseguro y el coaseguro. El primero consiste en garantizar al asegurado (individuo o grupo) o a terceras personas el riesgo previsto; el segundo, en que una empresa comparta con otra la prima cobrada y la parte proporcional del riesgo; y el tercero, en que dos o más compañías sean responsables individualmente ante una misma persona a la que garantizan un mismo riesgo.

Las fianzas de fidelidad se expiden en forma individual y colectiva, principalmente para agentes vendedores, cajeros, pagadores, tesoreros, ejecutores, empleados vendedores y depositarios; las judiciales se dividen en penales, civiles y laborales, y se expiden para condenas condicionales, libertad constitucional o caucional y preparatoria, albaceas judiciales, pensiones alimenticias e indemnizaciones obreras; y las administrativas son de migración, aduanales y de intereses fiscales, entre las que destacan las de agencias de turismo, guías de turistas, reapatrición, importación y exportación (temporal, especial o definitiva), multas aduaneras, contratos de obras oficiales, porteadores y multas; y entre las de género diverso están las de devolución de envases, rifas y sorteos, fletes, lotería nacional e inquilinarias. Las operaciones normales de una afianzadora son el afianzamiento, el reafianzamiento y el coafianzamiento.

Aspectos económicos. Las aseguradoras y afianzadoras tienen una finalidad de lucro, la cual persiguen mediante sus actividades específicas y la in-

Compañías de seguros La Provincial y La Interamericana

versión de sus reservas técnicas o legales y de capital. En 1975 las aseguradoras tuvieron ingresos por $15,562.7 millones, de los cuales 10,540.7 (67.73%) correspondieron a primas emitidas, 929 (5.97%) al producto de la inversión de reservas y 4,093 (26.30%) a comisiones de reaseguro, siniestros recuperados por reaseguro cedido y otros conceptos; y egresos y reservas por $15,197.8 millones, lo cual arroja una utilidad de $364.9 millones. La inversión de las reservas está sujeta a las siguientes disposiciones, según lo establecen los artículos 84 a 92 de la Ley General de Instituciones de Seguros: del 100% de los recursos a invertir, un mínimo del 25% deberá mantenerse en valores de Estado, cuyo rendimiento oscila entre el 5 y el 6% anual; un 5%, en bonos para la habitación popular emitidos por instituciones nacionales de créditos; y un 5% en la construcción de esas viviendas, mediante préstamos hipotecarios con interés no mayor del 7% anual, que podrán otorgarse hasta por un 65% del valor del inmueble. El 65% restante pueden las instituciones invertirlo libremente: hasta un 30% de modo individual y un 50% en conjunto, en inmuebles, préstamos, bonos y cédulas hipotecarias y certificados de participación inmobiliaria; hasta un 10%, en efectivo o en depósitos bancarios a la vista;

y hasta un 20% en acciones y obligaciones de empresas mexicanas que no sean mineras, petroleras o de seguros. De 1970-1975 el movimiento de primas directas creció un 124.24% ($4,595.70 millones), lo que representa un incremento medio anual de $919.14 millones; el grupo de vida aumentó 105.53%; el de accidentes y enfermedades, 124.08%; y el de daños, 137.68% (responsabilidad civil y riesgos profesionales, 111.66%; marítimo y de transportes, 146.46%; incendio, 148.77%; agrícola, 5.09%; automóviles 122.55%; crédito; 780.31% y diversos, 176.76%). En 1975 la suma asegurada ascendió a $1,639.337 millones; las reservas técnicas montaron a $12,007.4 millones. El régimen de inversión de las reservas de las afianzadoras está sujeto a los siguientes requisitos, según lo establecen los artículos 40 al 68 de la Ley Federal de Instituciones de Fianzas: del 100% a invertir, el 25% como mínimo deberá colocarse en depósitos a la vista y certificados de participación y bonos hipotecarios de instituciones nacionales de crédito; un 5% en bonos para la habitación popular; otro tanto en la construcción de viviendas y el resto en forma semejante a las aseguradoras. A continuación se indican las afianzadoras y su margen de operación, en miles de pesos, entre paréntesis:

Afianzadora Mexicana (4,113), Fianzas Monterrey (3,276), La Guadiana (2,859), Compañía Mexicana de Garantías (2,574), Compañía de Fianzas México (2,339), Crédito Afianzador (2,235), Central de Fianzas (2,030), Compañía Americana de Fianzas (1,524), Fianzas Modelo (1,233), Afianzadora Insurgentes (1,104), Afianzadora Cossío (1,062), Fianzas Atlas (1,060), Fianzas Inter-América (528) y Compañía de Fianzas Lotonal (225).

Legislación. Rigen a las empresas aseguradoras: la Ley General de Instituciones de Seguros, del 29 de diciembre de 1934, publicada en el *Diario Oficial* del 31 de agosto de 1935; la Ley sobre el contrato de seguro (cuarta parte del Código de Comercio), creada por decretos del 29 de diciembre de 1934 y 1° de enero de 1935, y publicada en el *Diario Oficial* del 31 de agosto de 1935; la Ley sobre el contrato de seguro (cuarta parte del Código de Comercio), creada por decretos del 29 de diciembre de 1934 y 1° de enero de 1935, y publicada en el *Diario Oficial* el 31 de agosto de 1935; la Ley del seguro agrícola integral, del 29 de diciembre de 1961, publicada en el Diario Oficial el día 30 siguiente; y por las siguientes disposiciones complementarias: Reglamento del seguro de grupo, Reglas de aplicación del seguro del viajero y Reglamento de la Ley del seguro agrícola integral. La vigilancia de las aseguradoras la ejerce la Secretaría de Hacienda y Crédito Público por conducto de la Comisión Nacional Bancaria y de Seguros. He aquí los antecedentes: en octubre de 1904 se creó el Departamento de Inspección General de Instituciones de Crédito y Compañías de Seguros; en 1910 se formó un departamento exclusivo para seguros, con facultades para aprobar y revisar las pólizas y tarifas, que más tarde pasó a depender de la Secretaría de Industria y Comercio y en 1932 de la Secretaría de Hacienda, adscrito a la Dirección General de Crédito y con denominación de Oficina de Seguros y Fianzas (actualmente Dirección de Bancos, Seguros y Valores, Departamento de Seguros y Fianzas). En 1944, ante el éxito de la Comisión Nacional Bancaria, se estableció la Comisión Nacional de Seguros, cuyo decreto no llegó a publicarse. Sin embargo, en 1945 operaba conforme a un reglamento publicado el año anterior. Posteriormente, en 1956 se expidió un nuevo reglamento que amplió sus facultades de inspección, entre ellas la de compobar si las inversiones realizadas por las instituciones de seguros estaban de acuerdo con la ley, y la de aprobar los avalúos de bienes raíces. El 29 de febrero de 1970 se fusionaron las comisiones nacionales Bancaria y de Seguros. El 10 de agosto

de 1971 se publicó en el *Diario Oficial* el reglamento sobre las funciones que en materia de seguros realiza la CNByS, destacando las siguientes: aprobar las tarifas de primas y los documentos relacionados con la contratación de seguros (1°, II); resolver las reclamaciones presentadas contra las instituciones de seguros (1°, III); actuar en los casos de intervención, disolución, liquidación, quiebra o suspensión de pago de las aseguradoras (1° IV); intervenir en las solicitudes para el establecimiento de nuevas instituciones, operaciones o ramos, o de sucursales o agencias en el país o en el extranjero (1°, V); aprobar los balances que deben presentar las aseguradoras (1°, VII); y proponer a la Secretaría de Hacienda la imposición de sanciones administrativas por violaciones a las leyes de la materia (1°, VIII).

Las afianzadoras se rigen por la Ley Federal de Instituciones de Fianzas, del 26 de diciembre de 1950, publicada en el *Diario Oficial* el día 29 siguiente; la Ley General de Instituciones de Crédito y Organizaciones Auxiliares y el Código Civil para el Distrito Federal. La inspección y vigilancia las realizó inicialmente el Departamento de Seguros y Fianzas de la Dirección General de Crédito, dependiente de la Secretaría de Hacienda y a partir de junio de 1972 son tareas de la CNByS. v.Colección Leyes y Códigos de México: *Seguros y Fianzas* (1977) y *Código Civil para el Distrito Federal* (1976); Comisión Nacional Bancaria y de Seguros: *Anuario estadístico de seguros* (1975); *Revista Mexicana de Fianzas* (Núm. 11, mayo de 1975 a septiembre de 1976); Pedro Oleo Elizalde: *La relación jurídica entre el beneficio y la empresa afianzadora* (1975); Santiago Pérez Corona: *Las compañías de fianzas en México y necesidad de una reafianzadora nacional* (1963); Asociación de Banqueros de México: *Anuario financiero de México 1975* (1976); y Salvador Gómez Arreola: *Los seguros privados en México* (1967).

SELDEN, CÓDICE. Se conserva original en el *Department of Western Manuscripts* de la *Bodleian Library* de la Universidad de Oxford, Inglaterra. Es una tira de piel de venado (550 por 27 centímetros), mixteca prehispánica, con 20 hojas en forma de biombo, cada una con 3 bandas de composición. Es un palimpsesto; su contenido es histórico y, principalmente, genealógico; se refiere a la historia dinástica de un reino de la Mixteca, cuyo nombre no ha podido determinarse. Relata una historia genealógica que abarca 782 años, de 794 a 1566. Su dibujo es limpio y bien trazado, de hermoso colorido y libertad en las figuras. Lleva el nombre de su antiguo poseedor, el abogado inglés John Selden (1584-1654), sabio orientalista y coleccionador de manuscritos y libros raros. Tres códices mexicanos le pertenecieron: el *Selden*, el llamado rollo *Selden* y el *Mendocino*. Donó su biblioteca a la Universidad de Oxford. Lo editó por primera vez lord Edward King Kinsborough: *"Codex Selden Facsimile of an original mexican painting preserved in the Selden Collection in the Bodleian Library of Oxford"*, en *Antiquities of Mexico* (Londres, 1831). v.Alfonso Caso: *Interpretación del Códice Selden 3135 (A.Z.)* (1964); y José Corona Núñez: "Códice Selden", en *Antigüedades de México basadas en la recopilación de Lord Kingsborough* (1965).

SELDEN II, ROLLO. Es un códice procedente de la Mixteca Alta, pintado en una tira de piel (3.35 metros de largo por 40 centímetros de ancho). Lleva el nombre de su último poseedor, el jurista inglés John Selden (1584-1654), quien a su muerte donó su rica biblioteca a la Universidad de Oxford; se encuentra en el *Department of Western Manuscripts of the Bodleian Library*. Su contenido es histórico y genealógico; se refiere al nacimiento, matrimonio, proezas y conquistas de los señores mixtecos de Tilantongo y Teozacoalco, y de un sitio cuyo jeroglifo es una montaña que arroja nubes: "Montaña que escupe", en Oaxaca, que no ha podido identificarse. La primera fecha que cita es 920 d.de C. y termina con 7 *pedernal* (1556). El dibujo de las primeras páginas es igual al *Códice Gómez de Orozco*. Este y el *Rollo Selden* parecen ser copia de otro documento que se desconoce. Está íntimamente ligado con los códices *Nutall* y *Bodley*, y repite la primera parte del *Lienzo de Antonio de León (Códice Rickards)*. Lo publicó por primera vez Lord Edward King Kingsborough: *Antiquities of Mexico* (8 vols.; Londres, 1831); y posteriormente, Cottie A.Burland: *The Selden Roll. Ancient Mexican picture manuscript in the Bodleian Library at Oxford* (Berlín, 1955); y José Corona Núñez: "Explicación del Códice Selden (Roll)", en *Antigüedades de México basadas en la recopilación de Lord Kingsborough* (1964).

SELENIO. Elemento de número atómico 34. Su símbolo es Se. Se encuentra ligado principalmente a los sulfuros de cobre y plomo. Existen alrededor de 25 minerales de selenio, pero todos ellos pueden considerarse muestras mineralógicas y no fuentes del metal. Se obtiene normalmente como subproducto de la afinación de barras impuras de cobre, plomo o de metales preciosos. Su manejo requiere

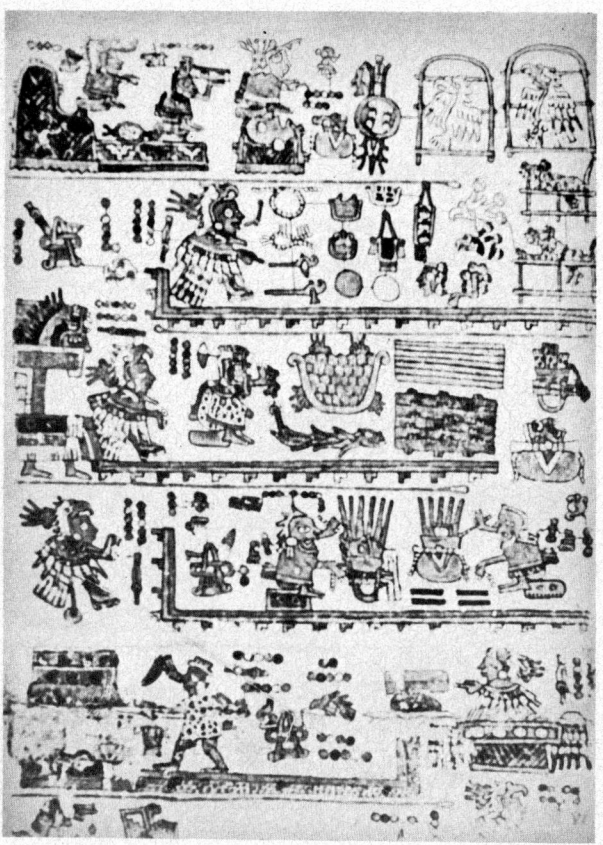

Códice Selden *(Lám. III y una fracción de la IV)*

precauciones especiales: por contacto directo con sus sales, produce dermatitis; y si se le aspira en vapores o se le traga, provoca desarreglos intestinales y efectos nocivos permanentes en pulmones, hígado y otros órganos. La concentración máxima tolerable en la atmósfera es de 0.10 partes por millón. El selenio metálico tiene aplicaciones en las industrias eléctrica y electrónica, como rectificador, y en celdas fotoeléctricas. En cantidades apreciables, se emplea en la producción de pigmentos, tintas, plásticos y cerámica; en las industrias del vidrio, hule y aceros inoxidables; en la destilación del petróleo y del carbón; y en la manufactura de fungicidas, insecticidas y yerbicidas. Los principales sustitutos del selenio son el germanio y el silicio, en la rama electrónica; y el azufre y el teluro, en las industrias química, del hule y del acero. En el período 1964-1968 la producción interna fue únicamente de 3 toneladas en promedio anual. Las compañías que lo producen son Metalúrgica Peñoles, en Torreón, y Minera del Cubo, en Guanajuato. Los escasos volúmenes que se obtienen se destinan al abastecimiento del mercado interno. Durante los últimos años el país no ha hecho compras ni ventas al exterior.

Eduard Georg Seler

9

SELER, EDUARD GEORG, n. en Grossen, Alemania (ahora Krosno Ordzañskie, Polonia), en 1849; m. en Berlín, Alemania, en 1922. Estudió ciencias naturales en la Universidad de Leipzig. Después se dedicó, sucesivamente, a la filología de los indios colorados y cayapa del Ecuador y a la de los mayas. Sobre éstos hizo su tesis de doctorado en la Universidad de Berlín: *Das Konjugations system der Maya-Sprachen* (1887). A partir de entonces se consagró al estudio de los códices mayas y mixtecos, principalmente. En 1887 viajó a México, recorrió la República y dejó un importante relato científico: *"Archäologische Reise in Mexiko"* en *Zeitschrift für Gesellschaft für Erdkunde* (Berlín, 1889). Posteriormente realizó varios viajes de exploración arqueológica, lingüística y etnológica por los estados de México, Veracruz, Oaxaca, Chiapas y Yucatán, y por Guatemala (1895-1897, 1904 y 1910-1911). Desde 1904 había sido nombrado director del Museo de Etnología de Berlín. En 1910 y 1911 fue director y cofundador del Instituto Internacional de Arqueología y Etnología, con sede en la Ciudad de México, donde impartió la cátedra de arqueología. Investigó en muchos campos del mundo indígena mesoamericano: mitología, religión, leyendas, mitos, costumbres, ceremonias, lite-

ratura, lenguaje e historia, a partir de la arqueología, los códices y los cronistas. Tradujo y editó algunos de los textos en náhuatl recogidos por fray Bernardino de Sahagún y de otras procedencias, y editó y estudió los códices: *Tonalámatl de Aubin* (Berlín, 1900), *Fejérvary-Mayer* (Berlín, 1901), *Vaticano Núm. 3773* (Berlín, 1902; y 1903, versión inglesa) y *Borgia* (Berlín, 1904; traducido al castellano por Mariana Frenk): *Comentarios al Códice Borgia* (1963). Publicó más de 265 trabajos entre libros, artículos, ensayos y críticas a obras ajenas, que fueron reunidos finalmente en esa enciclopedia de las culturas mesoamericanas que son sus famosas disertaciones: *Gesammelte Abaandlungen zur amerikanischen Sprach und Alterfums Kunde* (5 vols., Berlín, 1902-1903), todavía no traducidas al español. Sobresalientes en ese inmenso material son los siguientes estudios que muestran la cosmovisión náhuatl: la imagen mexicana del mundo: *Das Welthild der Mexikaner*; la aparición del mundo y de los hombres, el nacimiento del sol y de la luna: *Entstehung der Welt und der Menschen, Geburt von Sonne und Mond*; los primeros hombres y el mundo celeste: *Die ersten Menschen und die Sternwelt*; y el mito principal de las tribus mexicanas: *Der Hauptmythus der Mexikanische stamme*. Por sus comentarios al Códice Borgia mereció el Premio Angrand de París, en 1908. Se le considera como el fundador de la escuela alemana de investigadores de la antigua cultura mexicana, tarea que encontró continuadores como Walter Lehmann, Leonhard Schultze-Jena y Ernest Mengin. En México dejó claramente establecidos los lineamientos modernos de la arqueología en Mesoamérica, en sus clases de la Escuela Internacional de Arqueología y Etnología y con su folleto: *Bases y fines de la investigación arqueológica en el territorio de la República Mexicana y países colindantes* (1910). v.Walter Lehmann: *Seler-Tetschrift* (Stuttgart, 1922); "Sobretiro del tomo especial de homenaje consagrado a honrar la memoria del ilustre antropólogo Dr. Eduard Seler en el aniversario del centésimo año de su nacimiento, de diciembre de 1949", en *El México Antiguo* (1949).

SELVA, SALOMÓN DE LA, n. en León, Nicaragua en 1893; m. en París, Francia, en 1959. Obtuvo una beca para estudiar en Estados Unidos, donde sería profesor de literatura en la Universidad de Cornell. Su primera publicación fue una versión inglesa de la poesía de Rubén Darío. En 1918 escribió en inglés: *Tropical town and others poems.* Formó parte del ejército inglés durante la Primera

Guerra Mundial. Se trasladó a México y se naturalizó mexicano. En 1922 publicó *El soldado desconocido*. Desempeñó cátedras de idiomas, matemáticas y literatura. Fue fundador de la revista *Tiempo*. Viajó por las Antillas y Centroamérica. Sus trabajos los publicó con su nombre y usó también el seudónimo de *Juan del Camino*. Fue agregado cultural de la embajada de México en Estados Unidos (1950). Trabajó en varias publicaciones literarias, entre ellas *Letras de México*. Se le eligió miembro honorario de la Academia Mexicana de la Lengua en 1952. Otras de sus obras son las siguientes: *Evocación de Horacio, A soldier sings, La vida de San Adefesio, Las hijas de Erectheo, Romance que dice: ¡Qué abrileña que has llegado!, Tres poesías a la manera de Rubén Darío, Canto a la Independencia Nacional de México, Evocación de Píndaro, Acolmixtle Nezahualcóyotl* y la novela *La ilustre familia*. Murió en París cuando servía como diplomático al gobierno de Nicaragua.

SELVA ESCOTO, ROGERIO DE LA, n. en León, Nicaragua, en 1900; m. en la Ciudad de México en 1967. Estudió en la Escuela de los Hermanos Cristianos, en Managua, y en 1921 pasó becado a México. Abogado (1926) por la Escuela Libre de Derecho, estuvo exiliado en Nueva York hasta 1931. Trabajó, a su regreso, como agente del Ministerio Público y desde 1938 fue secretario particular del licenciado Miguel Alemán. Escribió: *En torno a México* (1951), *Un discurso de tres cartas* (1954), *Alegato mexicano* (1954) y *Lección Académica* (1963). Abrigó siempre el ideal de la unión de Centroamérica y México.

SEMINARIO DE CULTURA MEXICANA. Fue creado por acuerdo presidencial el 28 de febrero de 1942, con la finalidad de cooperar con la Secretaría de Educación Pública en el desarrollo de la cultura nacional. En la nómina siguiente (f) significa que fallecieron, (r) que renunciaron y (a) que estaban en ejercicio en 1975. Sus miembros fundadores, invitados por el secretario Octavio Véjar Vázquez, fueron: Fanny Anitúa, cantante (f); Mariano Azuela, novelista (f); Carlos Bracho, escultor (f); Julián Carrillo, músico (f); Luis Castillo Ledón, historiador (f); Esperanza Cruz, pianista (a); Francisco Díaz de León, grabador (f); Aurelio Fuentes, violinista (a); Mathilde Gómez, profesora (r); Frida Kahlo, pintora (f); Enrique González Martínez, poeta (f); Arnulfo Domínguez Bello, escultor (f); Gregorio López y Fuentes, novelista (f); Gabriel Méndez Plancarte, humanista (f); Manuel M.Ponce,

músico (f); Luis Ortiz Monasterio, escultor (a); Maximino Martínez, botánico (f); Antonio M.Ruiz, pintor (f); Angel Zárraga, pintor (f); Fernando Soler, cineasta (r); Alfredo Gómez de la Vega, actor (f); José Luis Cuevas, arquitecto (f); y Manuel Sandoval Vallarta, físico (r). Más tarde ingresaron como miembros titulares Vito Alessio Robles (f) y Miguel Bernal Jiménez (f), en 1943; Amalia González Caballero de Castillo Ledón (a), en 1944; Antonio Castro Leal (r), Carlos González Peña (f) y Francisco Orozco Muñoz (f), en 1945; Guillermina Llach (a), Pedro Daniel Martínez (a), Jesús Reyes Ruiz (a) y Wigberto Jiménez Moreno (a), en 1947; Juan D.Tercero (a) y Agustín Yáñez (a), en 1948; Carlos Graef Fernández (a) y Manuel Martínez Báez (r), en 1949; Dionisia Zamora (f) y Eduardo García Máynez (r), en 1950; Rodolfo Usigli (a) y Salvador Azuela (a) en 1951; Enrique del Moral (a) y Mauricio Magdaleno (a) en 1957; Salvador Aceves (a), en 1958; Francisco Monterde (a) en 1963; Antonio Acevedo Escobedo (a) en 1964; Jorge González Camarena (a), en 1965; Pablo Castellanos (a), en 1967; y José Rojas Garcidueñas (a) y Ernesto de la Torre Villar (a), en 1969. Las secciones del Seminario son Ciencias, Artes y Letras. En 1975 los miembros titulares estaban distribuidos de la siguiente manera: 6 en Ciencias (2 en medicina, 1 en física, 2 en historia y 1 en sociología); 9 en artes (1 en pintura, 1 en grabado, 1 en escultura, 1 en arquitectura, 4 en música y 1 en crítica de arte); y 8 en Letras (1 en poesía, 2 en crítica literaria, 2 en novela, 1 en ensayo y 2 en teatro).

La Ley Orgánica del Seminario fue promulgada durante el régimen del presidente Alemán, el 30 de diciembre de 1949; en ella se establece que es una institución al servicio de la cultura del país, dotada de personalidad jurídica; y que sus finalidades son: estimular la producción científica, filosófica y artística; difundir la cultura en todas sus manifestaciones nacionales y universales; mantener activo intercambio cultural con los Estados y con instituciones e individuos del extranjero interesados en la cultura mexicana; organizar trabajos de investigación y análisis en forma de seminario, ya sea con la colaboración unánime de sus miembros o por núcleos afines de los mismos; servir de órgano de consulta a la Secretaría de Educación Pública y colaborar con ella y con otras dependencias oficiales en actividades culturales. Está integrado por 25 miembros titulares, cuyo conjunto forma el Consejo, autoridad suprema. El puesto de miembro titular es vitalicio y se otorga a mexicanos por nacimiento que se hayan distinguido en labores de creación e investigación científica o artística y que hayan demostrado capacidad y empeño en trabajos de difusión cultural. El Consejo reside en la capital de la República. El Seminario puede nombrar miembros honorarios y correspondientes dentro y fuera del país y goza de franquicia postal y telegráfica.

Las 81 corresponsalías que el Seminario ha organizado en el país están distribuidas: una en Aguascalientes, 3 en Baja California, una en Baja California Sur, una en Campeche, 5 en Coahuila, una en Colima, 4 en Chiapas, 3 en Chihuahua, una en Durango, 7 en Guanajuato, 4 en Hidalgo, 9 en Jalisco, una en el Estado de México, 3 en Michoacán, una en Nayarit, 2 en Nuevo León, una en Oaxaca, 3 en Puebla, una en Querétaro, 2 en San Luis Potosí, 5 en Sinaloa, 4 en Sonora, 2 en Tabasco, 5 en Tamaulipas, una en Tlaxcala, 6 en Veracruz, una en Yucatán y 2 en Zacatecas. En el extranjero funcionan 3 en Estados Unidos (San Francisco, Laredo y Dallas) y una en Canadá (Quebec).

De 1942 a 1975 el Seminario había realizado 1,961 misiones culturales en diversas poblaciones de la República y 38 en poblaciones norteamericanas; independientemente de la realizada, del 9 de febrero al 26 de marzo de 1961, en las repúblicas de Guatemala, Honduras, El Salvador, Nicaragua, Costa Rica y Panamá. Se han celebrado 4 asambleas nacionales en Saltillo (1951 y 1967), Zacatecas (1955) y Guadalajara (1959), y 5 mesas redondas: la Primera y Segunda, con el tema "Defensa del patrimonio artístico-histórico nacional", en Guanajuato (1966) y Chapala (1968); la Tercera y Cuarta, con el tema "Transculturación", en La Paz (1970) y Ensenada (1973); y la Quinta, con el tema "Problemas socioculturales del norte de México, en Chihuahua (1975). En su nuevo local de Brasil 31, ha realizado 90 sesiones extraordinarias, la primera con asistencia del presidente López Mateos, el 26 de octubre de 1963. Con anterioridad a la creación de su Sala de Arte, el Seminario patrocinó 4 exposiciones plásticas, 3 de ellas en el salón que le asignó el Palacio de Bellas Artes y una, de terracotas policromadas, en Nueva York, en mayo de 1951. A partir de 1964 ha realizado otras 6 exposiciones: de Francisco Díaz de León (1964), de Francisco Sánchez Flores (1964), de Erasto Cortés Juárez (1966), de fotomurales de obras realizadas por los miembros titulares (conmemorativa del XXV aniversario, 1967), de Alfredo Zermeño (1970) y de Dora Gómez de Septién (1971). Del *Boletín del Seminario* se habían publicado, hasta diciembre de 1971, 80 números en 5 épocas: la 4 de la primera (1943-1945), 9 de la segunda

(1957-1961), 25 de la tercera (1961-1964), 24 de la cuarta (1965-1968) y 18 de la quinta (1969-1971). Francisco Díaz de León ha dirigido 42 folletos del Seminario, conteniendo conferencias y trabajos especializados de los miembros; y se han editado, además, 14 libros, las *Memorias* de 4 Asambleas Nacionales de Corresponsalías y la crónica de la Primera Mesa Redonda realizada en Guanajuato.

Han sido presidentes del SCM: Enrique González Martínez (28 de febrero de 1942 a 5 de junio de 1943), José Luis Cuevas (12 de junio de 1943 a 25 de marzo de 1944), Alfredo Gómez de la Vega (25 de marzo de 1944 a 14 de abril de 1945), Angel Zárraga (14 de abril de 1945 a 22 de septiembre de 1946), Antonio Castro Leal (19 de abril de 1947 a 2 de octubre de 1948), Gabriel Méndez Plancarte (2 de octubre de 1948 a 2 de abril de 1949), Agustín Yáñez (2 de abril de 1949 a 20 de diciembre de 1952), Carlos Graef Fernández (20 de diciembre de 1952 a 9 de enero de 1954), Pedro Daniel Martínez (9 de enero de 1954 a 8 de enero de 1955), Salvador Azuela (8 de enero de 1955 a 24 de octubre de 1959), Wigberto Jiménez Moreno (24 de octubre de 1959 a 5 de noviembre de 1960), Mauricio Magdaleno (5 de noviembre de 1960 a 27 de octubre de 1962), Salvador Azuela (27 de octubre de 1962 a 25 de noviembre de 1967), Enrique del Moral (25 de noviembre de 1967 a 25 de octubre de 1969), Luis Ortiz Monasterio (25 de octubre de 1969 a 23 de octubre de 1971) y Salvador Azuela (a partir del 23 de octubre de 1971). El primer local que ocupó el Seminario fue una sala de las oficinas del Secretario de Educación; luego, en 1943, una sala contigua al Departamento de Prensa y Publicidad; en 1944, un salón del Palacio de Bellas Artes; en 1945, un salón del entresuelo de la Secretaría de Educación; en 1956, una parte del Auditorio Nacional, donde dispuso de oficina, dos salas de conferencias y un amplio vestíbulo; y a partir de diciembre de 1963, parte del edificio de la ex Aduana de Santo Domingo (Brasil 31).

SEMILLERO. Nombre que se aplica a varios pájaros de la familia *Fringillidae*, especialmente a los siguientes: *Sicalis luteola*. Semillero amarillo. Mide de 10 a 12 centímetros. El macho es verde oliváceo por arriba y amarillo por abajo; presenta numerosas rayas oscuras en la corona y la espalda, y otra amarilla sobre los ojos; las partes inferiores, el pecho y los lados teñidos de verde olivo; el pico, pardo; el iris, pardo rojizo; y las patas, amarillentas. La hembra es semejante, aunque más pálida. Se distribuye por el sureste de México, hasta Argentina y Chile. Vive en los claros de los bosques y entre los chaparrales, casi sobre el suelo. Cuando menos se conocen 2 subespecies, una de Veracruz, hasta Chiapas, y otra de Morelos y Puebla.

Amaurospiza concolor. Semillero azul o barranquero. Mide unos 13 centímetros. El macho es de color pizarra negruzco, con cierto tinte azulado, presenta las alas y la cola negras marginadas de azul pizarra; el pico, negruzco; el iris, pardo oscuro; y las patas, negras. La hembra es parda, con tinte leonado o canela, más oscuro por arriba. Se distribuye desde Guerrero y Oaxaca hasta Colombia y Ecuador. Existe otra especie muy semejante, *Amaurospiza relictus*, endémica en Chilpancingo y en las cercanías de Omilteme, en el Estado de Guerrero. Este raro pájaro es uniformemente azul pardusco.

Spodiornis rusticus. Semillero pizarra, muy raro en México. El macho es de color gris pizarra oscuro, más claro por abajo. Presenta el pico negruzco por arriba y azulado en la base; el iris, pardo; y las patas, negras. La hembra es desconocida, pero algunos autores suponen que es pardo olivácea por arriba y pardusca por abajo. La única especie procede de Jalapa, en el Estado de Veracruz; y acaso una hembra haya sido colectada en el volcán de Tacaná, en Chiapas.

SENDER, RAMÓN J. Novelista, periodista y ensayista español que se radicó en México después de la caída de la República Española, en 1939. En 1928 publicó *El problema religioso en Méjico*, obra que trata de las relaciones entre los poderes civil y eclesiástico durante la época virreinal y el siglo XIX, y aborda con criterio anticlerical el conflicto agudizado durante el régimen de Calles. Es autor, además, de: *Epitalamio del Prieto Trinidad, Mexicayotl, Orden público, Crónica del alba* y *El rey y la reina*.

SENEGAL. Nación africana, limita al norte con Mauritania, al sur con la República de Guinea y con la Guinea Portuguesa, al este con Mali y al oeste con el Océano Atlántico. Tiene una extensión de 196,192 kilómetros cuadrados y una población de 4.5 millones de habitantes. Se hablan el francés y diversas lenguas regionales. El país comprende dunas y depresiones salinas. Al sureste hay una basta planicie que culmina, al suroeste, en el Macizo de Futa Fallon, y al este en Montes Mandé. Los ríos principales son el Senegal, de 1,689 kilómetros de longitud, el Falemé (500), el Gabia

17

Los presidentes Echeverría y Senghor, y la esposa de éste (México, mayo de 1975)

(300) y el Casamance. En la región del Lago Guiers las investigaciones antropológicas han registrado la presencia del hombre desde el paleolítico. Los primeros pobladores, en el siglo IX, fueron los tocolores. Los portugueses llegaron en 1444 y hacia el siglo XVI los franceses e ingleses se asentaron en Rufisque y Gambia. El cardenal Richelieu organizó desde entonces la Compañía Francesa del Senegal, que inició la conquista del Africa Ecuatorial. Este territorio de Ultramar se convirtió en República Autónoma, dentro de la comunidad francesa, el 25 de noviembre de 1958. Unida al Sudán Francés, formó parte de la Federación de Malı, de enero a agosto de 1959, y luego se proclamó República independiente. Es miembro de las Naciones Unidas desde 1960 y está asociada al Mercomún Europeo desde 1963. El Poder Ejecutivo lo ejerce un presidente electo por sufragio directo, quien dura en su cargo 5 años. Hay también un primer ministro y un Poder Legislativo que reside en una Asamblea General de 80 miembros. La población senegalesa es musulmana en su mayoría; se practican también el animismo y el cristianismo. La capital es Dakar. Otras ciudades importantes son Kaolack, Saint Louis y Siguinchor.

Relaciones bilaterales. A partir de 1962, la representación diplomática de Senegal en México ha estado a cargo de los embajadores Ousmene Soce Diop, Cheik Ibrahma Fall y André J.Coulbary (desde 1972). Los representantes de México han sido los embajadores Joaquín Bernal García Pimentel, Ernesto Madero Vázquez y Eduardo Solís Mayora

Sensitiva, Mimosa pudica *L.*

(e.n.) a partir de 1976). El 1º de septiembre de 1961 el presidente Adolfo López Mateos anunció que México estuvo presente en la proclamación de la independencia de Senegal y en 1962 se establecieron las relaciones diplomáticas entre ambos países. En mayo de 1975 el presidente de Senegal, Leopold Sedar Senghor, realizó una visita oficial a México y el 10 de julio de ese año, el presidente Luis Echeverría se entrevistó con él en la ciudad de Dakar (v.ÁFRICA). Los instrumentos bilaterales firmados por los dos gobiernos son los siguientes: Acuerdo de cooperación en materia de turismo (1975) y Acuerdo de coproducción cinematográfica (1975).

SENSABAUGH, LEÓN F., n. en Dublin, Texas, Estados Unidos, en 1903. Doctor en filosofía y letras por la Universidad Johns Hopkins (1928) y profesor de las universidades de Oklahoma (1929-1936) y Washington & Lee (1960-), es autor de: "*The Attitude of the United States toward Colombia-Costa Rica Arbitral Proceedings*" en *Hispanic American Historical Review* (1939); "*American Interest in the Mexico-Guatemalan Boundary Dispute*" en *Birmingham-Southern College Bulletin* (1940).

SENTÍES GÓMEZ, OCTAVIO, n. en Veracruz, Ver., en 1915. Abogado (1942) por la Facultad de Derecho y Ciencias Sociales de la UNAM, ha sido secretario particular del gobernador del Estado de México (1937-1941), diputado federal (1943-1946), abogado postulante especializado en autotransporte (1947-1970), profesor universitario (1958), diputado por segunda vez y presidente de la Gran Comisión de la Cámara de Diputados (1970-1971) y jefe del Departamento del Distrito Federal (1971-1976). En 1972 viajó a Munich para hacer entrega de la bandera Olímpica que permaneció bajo custodia de las autoridades de la Ciudad de México a partir de octubre de 1968; y en 1974 inauguró en la ciudad de Guadalajara, Jal., la Primera Reunión de Alcaldes de Latinoamérica y del Caribe.

SENSITIVA. *Mimosa pudica* L. Hierba espinosa, finamente pilosa, ramificada, extendida, de la familia de las leguminosas (mimosáceas), frecuente en praderas de las regiones calientes y húmedas de México; a veces se desarrolla como maleza. Alcanza una altura de 30 o 40 centímetros. Las hojas son pecioladas, largas, alternas, bipinadas; están constituidas por uno o dos pares de pinas, cada una de las cuales está formada por unos 20 pares de folíolos muy pequeños (de 6 a 8 milímetros de largo), linear-oblongos, con pelos en los bordes. Las flores son actinomorfas, muy pequeñas, rosadas, y se disponen en cabezuelas globosas o globoso-oblongas sostenidas por largos pedúnculos que se insertan en las axilas de las hojas; el cáliz es pequeño, con 4 o 5 sépalos delgados o rudimentarios; la corola está formada por 4 o 5 pétalos; el androceo consta de 10 estambres salientes y libres; el ovario es sésil o cortamente pedunculado, multiovulado y está superpuesto por un estilo filiforme. El fruto es una vaina cerdosa-híspida en el borde, linear, aplanada, articulada, pequeña (de 1 a 1.5 centímetros de largo), con 3 o 4 semillas. Abunda en Veracruz, Morelos, Puebla, Guerrero, Oaxaca, Tabasco, Chiapas y otros estados. A veces se cultiva en jardines o en invernaderos, como planta curiosa, por su propiedad de plegar rápidamente sus hojas y folíolos al menor contacto con cualquier objeto, circunstancia de la que deriva su nombre vernáculo, al igual que los de *vergüenza, vergonzosa* y *dormilona*.

Otra planta del mismo género, que tiene la misma propiedad, es, en Oaxaca, *M.albida* Humb. et Bonpl., arbusto espinoso de 1 a 3 metros de altura; con las hojas bipinadas, constituidas por un par de pinas, cada una de las cuales tiene dos pares de folíolos subelípticos, generalmente obtusos, pubescentes, grandes (de 3 a 8 centímetros de largo); sus flores son rosadas; y el fruto es una vaina híspida, de 5 milímetros de ancho por 2 o 3 centímetros de largo. Su distribución geográfica comprende gran parte del país, desde Sinaloa hasta San Luis Potosí, Tabasco y Chiapas. En Oaxaca le llaman *vergonzoso*.

SEÑORITA. En el valle de México se aplica este nombre a varias especies de hongos comestibles del género *Clitocybe* Fr., de la familia de las agaricáceas, en particular a *C.infundibuliformis* (Schaef. ex Fr.) Quél y *C.squamulosa* (Pers. ex Fr.) Quél (según Herrera y Guzmán).

C.infundibuliformis presenta el píleo (cabezuela o parte superior ensanchada) en forma de embudo, de 3 a 6 centímetros de diámetro, con la superficie ligeramente tomentosa, de color amarillento o moreno rojizo. En la superficie inferior tiene láminas blancas o amarillentas dispuestas radialmente, que van desde el borde del píleo hasta el estípite o tallito; éste es cilíndrico, elástico, del mismo color que el píleo y mide de 0.5 a un centímetro de ancho por 3 a 8 de largo. La carne es blanca o ligeramente rosada, de olor agradable, pero de sabor algo amargo, el cual se pierde con la cocción. Las esporas, o elementos de reproducción que funcionan como semillas, son blancas cuando están en masa (esporada) y miden de 3 a 5 micras de ancho por 5 a 8 de largo.

C.squamulosa es semejante a la especie anterior, pero el píleo, de 3 a 5 centímetros de diámetro, presenta la superficie escamosa, de color amarillo o pardusco oscuro. Las láminas son blancas o amarillentas, algo espaciadas entre sí. El estípite es de color ligeramente más oscuro que el píleo y mide de 3 a 5 milímetros de ancho por 1 a 4 centímetros de largo. La carne es blanca, de olor ligero y sabor semejante al de la harina. Las esporas son blancas en masa y miden de 3 a 4 micras de ancho por 6 a 8 de largo.

Ambas especies se venden mezcladas, procedentes de los bosques de coníferas, donde en época de lluvias se desarrollan las fructificaciones solitarias o en grupos (Desierto de los Leones, faldas del Popocatépetl y valle de Toluca y de México) y *corneta* y *oreja* (Amecameca, Méx.).

SEPTIÉN GARCÍA, CARLOS, n. en Querétaro, Qro., en 1915; m. en Mamulique, N.L., en 1953. A los 12 años de edad fundó el periódico *El Chinto* y a los 15 *El Escolapio*. Pasó a México y se recibió de abogado. Colaboró en *El Universal* bajo el seudóni-

Manuel Septién y Septién

mo de *Tío Carlos* y fundó en esa casa editorial el suplemento *Revista de la Semana*. En Querétaro editó las revistas *Provincia y Portal* y escribió para el órgano informativo del Círculo Queretano de México y en el *Heraldo de Navidad*, donde publicó su obra poética. Nuevamente radicado en la capital, dirigió la Escuela de Periodismo, que actualmente lleva su nombre, y fundó *La Nación*, órgano del Partido Acción Nacional. Murió en un accidente de aviación.

SEPTIÉN y SEPTIÉN, MANUEL, n. en Querétaro, Qro., en 1943. Abogado (1936) por la UNAM, durante 25 años prestó sus servicios en administración de justicia del Distrito Federal. En 1960 se retiró del ejercicio profesional y se dedicó de lleno a la actividad editorial y a la investigación histórica. En 1945 había fundado la Editorial Santiago y en 1958 dirigió la Colección Grandes Crónicas Mexicanas. Desde 1946 es miembro de la Academia Mexicana de Genealogía y Heráldica. Ha publicado, entre otras obras: *La Plaza Ignacio Mariano de las Casas* (1964), *Cartografía de Querétaro* (1965) e *Historia de Querétaro* (desde los tiempos prehistóricos hasta 1808). Es colaborador de la *Enciclopedia de México*.

SEPTIÉN Y RUAL DE RANGEL HIDALGO, MARGARITA, n. en la Ciudad de México en 1923. Estudió en los colegios Motolinía y Francés de San Cosme. Ha sido coordinadora y promotora de obras sociales en los planos parroquial, diocesano, nacional e internacional; y dirigente de la Juventud

Aquiles Serdán

Carmen Serdán

Católica Femenina Mexicana y del Movimiento Familiar Cristiano (1940 a 1965). Fundó la primera escuela de mejoradoras de la comunidad rural: La Labor, en Apasco, Gto., en 1952; la primera escuela de trabajo social rural: Vasco de Quiroga, en 1963; y el Centro de Capacitación para el Desarrollo Rural en Comala, Colima, en 1969.

SEPÚLVEDA VÁZQUEZ, LUIS, n. en Paracho, Mich., en 1916; m. en el camino de Morelia a México en 1957. Profesor (1934) por la Escuela Normal de Morelia, fue uno de los dirigentes de la huelga magisterial de 1935; director de las escuelas primarias Belisario Domínguez y Pascual Ortiz Rubio; y catedrático de la Escuela Normal Urbana, a cuya federalización contribuyó. Fundó en Morelia la Escuela Secundaria y Preparatoria Nocturna Melchor Ocampo, de la que fue director hasta su muerte.

SERDÁN, AQUILES, n. y m. en Puebla, Pue. (1876-1910). Abandonó sus estudios por falta de recursos. Se dedicó al comercio y en sus frecuentes viajes de negocios hizo amistad con obreros textiles de Puebla y Tlaxcala. En 1909 se afilió al Partido Antirreeleccionista. Perdida la lucha electoral, emigró con su hermana Carmen a Estados Unidos, donde se encontraron con Francisco I.Madero, que huyó por esos días de la cárcel de San Luis Potosí. El dirigente democrático les recomendó iniciar la revolución en Puebla, pero las autoridades porfiristas sospecharon la conspiración y decidieron catear la casa de la familia Serdán el 18 de noviembre de 1910. Amigos y familiares opusieron resistencia a los soldados federales. El tiroteo duró varias horas; algunos revolucionarios murieron y otros fueron encarcelados. Aquiles se escondió en un sótano, pero al fin fue descubierto y muerto, tras de 14 horas de encierro.

SERDÁN, CARMEN, n. y m. en Puebla, Pue. (1875-1948). Hermana de Aquiles Serdán, compartió las ideas revolucionarias de éste y abrazó la causa maderista. Estuvo en San Antonio, Texas, donde se entrevistó con Madero. De regreso a Puebla, su casa fue sitiada por la policía con intención de catearla. Desde el balcón arengó al pueblo al grito de " ¡Viva la no reelección! ". Cayó herida y luego prisionera. Junto con su madre y su cuñada, se le envió a la cárcel de La Merced y después al Hospital de San Pedro. Durante el constitucionalismo se dedicó a la enfermería y más tarde se retiró a su ciudad natal.

SERIS. Grupo indígena de la familia lingüística hokan-coahuilteca (Mason, 1959), semejante a los cocopas y cochimíes, ya extinguidos. Todos ellos habitaron en el norte de Sonora y Baja California y en territorio de Arizona. Se ha calculado que en 1600 habría unos 5 mil seris. Pérez de Rivas (1645) habló de esta tribu considerándola como un gran pueblo. En 1950 su número se estimó en 200 (Griffen, 1959) y en 1969 en 300 (Spicer, 1969). En 1974 se registraron 470 (*Excélsior*, febrero). El área que habitan está ubicada alrededor de la intersección del paralelo 29 con el meridiano 112, en jurisdicción de Sonora; consiste en una estrecha faja de costa y en las islas cercanas a ella, especialmente la de Tiburón, la mayor del Golfo de California. Sólo en años muy recientes estabilizaron 3 poblados en el continente: Desemboque, Punta Chueca y Quino-Viga (Acción Indigenista, 1974).

Probablemente el primer contacto hispánico con este grupo lo tuvo el fraile italiano Marcos de Niza en 1539, cuando viajó por ese rumbo explorando Sonora. En 1540, Rodrigo Maldonado, capitán de la expedición de Francisco Vázquez Coronado hacia las siete ciudades del Cíbola, hizo un viaje a la costa desde la recién fundada ciudad sonorense de San Gerónimo de los Corazones y regresó con un indio gigante, al que el más alto de los españoles sólo llegaba al pecho (los seris fueron el grupo aborigen más alto de la zona). Al final del mismo año, el capitán Melchor Díaz llevó una expedición de 25 hombres hasta la desembocadura del río Colorado; los indios gigantes se mostraron hostiles; y al regresar, Díaz murió a consecuencia de las heridas que recibió en el combate. Coronado envió entonces una compañía de castigo, que fue derrotada y perdió 17 hombres, asaetados con flechas envenenadas. En 1700 se organizó la primera invasión armada a su territorio, para perseguir a unos salineros (recolectores de sal marina), supuestos responsables de robos y asesinatos. Capturados algunos, fueron juzgados y ejecutados. Una segunda entrada de los españoles, para dispersar a los restantes, produjo 300 prisioneros, luego entregados al padre Melchor Baltimore, quien les dio tierra y maíz para que sembraran (Hernández, 1900). Un mes después, otro grupo de soldados desembarcó en la Isla Tiburón, asesinó a 9 guerreros nativos, "como ejemplo", y envió a otros a Populo, pueblo costero, planificado por los misioneros. En 1730 los seris mataron a 27 blancos y amenazaron a todos los pueblos de la región. El gobernador en turno mandó fundar una congregación indígena, de la que huyeron casi todos. En 1742 los jesuitas fundaron el pueblo de San Pedro de la Conquista, o pueblo de seris; pero en 1749 el gobernador Diego Ortiz Parilla quiso someter a un nuevo orden a indios, soldados y eclesiásticos, ante lo cual se inconformaron 80 familias seris, a la postre deportadas, algunas de ellas a Guatemala. A partir de entonces se desencadenó la guerra. Los seris pelearon aliados a los pimas que habían huido de las misiones debido a los malos tratos que recibían (Pfefferkorn, 1725); se amurallaron en la fortaleza natural de Cerro Prieto, y sólo varios años después se consiguió expulsarlos. Los seris regresaron a la Isla Tiburón. Después de la expulsión de los jesuitas en 1767, llegaron a la región los franciscanos del Colegio de Querétaro. El primero que entró a territorio seri en 1773, Juan Crisóstomo Gil de Bernabé, terminó asesinado a pedradas. En 1780 volvió a librarse otra gran batalla entre los indígenas (seris de varios grupos, bandas de apaches y pimas de Tubutama, Oquitoa y Caborca) y las tropas al mando del coronel Domingo Elizondo. Se dijo entonces que los seris se habían extinguido; pero en 1807 el gobernador Alejo García Conde tuvo que enviar mil soldados a la Isla Tiburón, porque los seris seguían mostrándose hostiles. Hubo expediciones semejantes en 1844, 1894 y a principios de este siglo.

A partir de 1930 los seris iniciaron una vida relativamente sedentaria; establecieron varios poblados y lograron pescar con cierto método, cuyos excedentes venden a intermediarios urbanos. Producen también objetos de artesanía que colocan directamente entre los turistas. Estas actividades las desempeñan hasta la fecha (Hinton, 1969). Tienen graves problemas de tipo fisiológico y ambiental, debido a los cuales van perdiendo su antigua fortaleza (*Acción Indigenista*, 1974). El abandono de sus hábitos de cazadores se debe a la extinción casi completa de las especies que antes les servían de sustento. En 1974, Felipe Cazals filmó una película sobre ellos: *Los que viven donde sopla el viento suave.* Aunque en este siglo el grupo seri ha ido perdiendo cohesión, aún conserva mucho de su solidez cultural y el orgullo tribal que ha heredado de una tradición muy rigurosa. Desde tiempos antiguos, los seris "se creen los más bellos, los más fuertes, los más nobles, los más ágiles y los más valientes del mundo. En su propio concepto, son casi semidioses; no hablan de ellos mismos sino en los términos más lisonjeros y encomiásticos, y desprecian, odian a los extraños"... El mayor crimen que podría cometer un seri consistiría en mezclar su sangre con la de otra "tribu" (Hernández, 1900). En efecto, tenían un cuidado extremo en

Territorio seri

seleccionar a los nacidos y controlar los matrimonios. Si el recién nacido presentaba deformidades, era eliminado, de la misma manera que lo eran los ancianos cuando ya no podían resistir el nomádico movimiento del grupo. Los matrimonios, si bien eran en la misma tribu, sólo se podían efectuar entre personas de diferentes grupos clánicos familiares (Hinton, 1969). Aunado a este orgullo grupal se presentaba —y se conserva— una fe exclusivamente zooteísta, de tal manera que, entre ellos, todo acto se relaciona con cierta potencia mística de un panteón de bestias-dioses y entes naturales, a los que, sin embargo, concedían muy limitados poderes: la tortuga y el pelícano, el sol y la luna, eran los más altos representantes del culto. La creación se debe, según ellos (Hernández, 1900), al primero de los pelícanos, un maravilloso pájaro mitológico dotado de sobrenatural sabiduría y melodioso canto, que hizo surgir, primero, la Isla Tassne —lugar habitado solamente por pelícanos en el Golfo de California—, después la del Tiburón, y por último el resto del mundo, sobre las aguas que primitivamente lo llenaban todo.

En la actualidad, los poblados seris son relativamente estables, pero sus viviendas son los jacales típicos de los mestizos más pobres de la zona, con paredes de barro y ramas. Fuera de esos poblados, de los que casi toda familia sale una o más veces al año, construyen campamentos provisionales, con enramadas de arbustos, como protección mínima contra el viento. Aparte la caza, la pesca y la producción de artesanía turística (canastería, escultu-

ras de "palo de fierro", bolsas y frazadas de piel de pelícano, y collares de conchas y objetos marinos), los seris no desarrollaron técnicas complicadas; pero a su tecnología raquítica añadieron una condición física notable. Hasta mediados de este siglo los seris dieron constantes muestras de un hábito pedestre sumamente arraigado; hombres, mujeres y niños eran diestros corredores y sus jacales o campamentos casi siempre estaban solos, pues ellos andaban cazando lejos de ellos. Las técnicas principales de captura eran: el pescado, con arpón; la tortuga, a mano, en la playa; el pelícano, en la isla, a golpes, de noche; y la caza menor, en tierra firme, a persecución libre. Era una distracción para los jóvenes perseguir a la pieza hasta cansarla y matarla con las manos, o a pedradas una vez extenuada. Entre los implementos que más utilizaban se encuentran: los arpones, primero de punta de hueso, y luego de metal; las leznas de hueso y de madera (para coser piel) y algunos artículos adquiridos comercialmente (clavos o puntas de metal y, a veces, armas de fuego). Nunca compraban cuchillos, pues al parecer no los necesitaban. Para navegar, construían con manos y dientes balsas de carrizos y fibras de maguey. Sus excursiones de cacería a la isla de los pelícanos, realizadas una vez al año, duraban varios días, durante los cuales esas balsas, en forma de canoa parecida al kayac esquimal, albergaban a dos o tres hombres, quienes remaban a mano libre, o con unas placas de madera semejantes a remos sin mango. El atuendo típico consistía en pieles de animales (sobre todo de pelícanos y águilas), que cosían con la pluma o el pelo hacia la parte interior del cuerpo. Para coser utilizaban fibra de maguey, con la punta sin recortar, lo cual equivalía a una aguja con su hilo pegado naturalmente. Las prendas se adornaban poco; en cambio, se pintaban el rostro, particularmente las mujeres. Para pintarse utilizaban ocre (tonos rojizos), yeso y dumortierita (mineral azul). Uno de los elementos más importantes de su cultura tradicional era el uso del arco y la flecha, en cuyo manejo fueron los más diestros de la región; arma de guerra y cacería, su eficiente utilización los convirtió en el pueblo más poderoso del noroeste. Además de su habilidad y resistencia física, tenían la peculiaridad de envenenar las puntas de las flechas con un veneno mortal, cuya fabricación seguía un ritual complejo.

Aunque actualmente la alimentación de los seris ya incluye el cocinado de alimentos, así como el uso de harina, leche y frijol, la dieta tradicional no era cocinada y tenía la característica de incluir la ingestión de fetos de animales y de excrementos humanos, estos últimos en épocas de escasez.

Hasta este siglo, la propiedad de la tierra no revestía importancia para los seris. Los objetos de uso común de cada grupo eran patrimonio familiar. Sólo las armas y adornos eran propiedad personal. El parentesco sigue regulando la jerarquización de la vida social, aunque a partir de un lugar preponderante de la mujer en el ordenamiento de la familia. La matrona era la figura de más poder en el grupo; ella construía los jacales, cargaba los objetos domésticos en las caminatas y a ella pertenecía la vivienda, que ni el marido podía ocupar indefinidamente, pues su lugar estaba a la entrada. La mujer más anciana del grupo definía dónde se asentaba el campamento; y cada una de las otras fijaba el sitio de su jacal. Los guerreros de la tribu contaban con un jefe, el cual era sustituido cuando mostraba incapacidad para sostenerse como el mejor y más resistente. Si había duda sobre quién era el mejor, se celebraba un duelo a muerte. En la actualidad ya se acepta el nombramiento de un delegado político por parte de las autoridades federales. Las ceremonias más importantes eran las de pubertad en las mujeres y la partida (muerte) de una persona; y las fiestas mayores, la maduración del fruto de los cactus y la época de cacería de los pelícanos.

El 10 de febrero de 1975 el gobierno federal dio respuesta a una petición que la tribu había formulado desde 1968: disponer de tierras y elementos para trabajar. El presidente Luis Echeverría firmó 3 resoluciones en favor de los seris: la primera les otorga las 120,756 hectáreas de la Isla Tiburón, en calidad de propiedad comunal; y la segunda, la exclusividad, por medio de .la Sociedad Cooperativa de Producción Pesquera, para realizar actos de captura marítima en la región de la Isla Tiburón; mientras la tercera crea la Comisión de Desarrollo de la Tribu Seri del Estado de Sonora. Este organismo ha iniciado ya las obras de una carretera desde Bahía Kino a El Desemboque, una planta congeladora y empacadora de pescado y otra desalinizadora de agua de mar (ambas en el pueblo de Punta Chueca), y ha cedido a la tribu 5 lanchas pesqueras (de 8 metros de eslora) propulsadas con motores de gasolina. v.*Accion Indigenista*, Boletín del Instituto Nacional Indigenista (junio de 1974); W. B. Griffen: *Notes on Seri Indian culture, Sonora, Mexico* (University of Florida, 1959); Fortunato Hernández: *Los grupos indígenas de Sonora y la Guerra del Yaqui* (1900). T. B. Hinton: *"Remnant Tribes of Sonora: Opata, Pima, Papago and Seri"*, en *Handbook of Middle American Indians* (vol. 8, 1969); A.L. Kroeber: *"The Seri SW"* (1931); J.A. Mason:

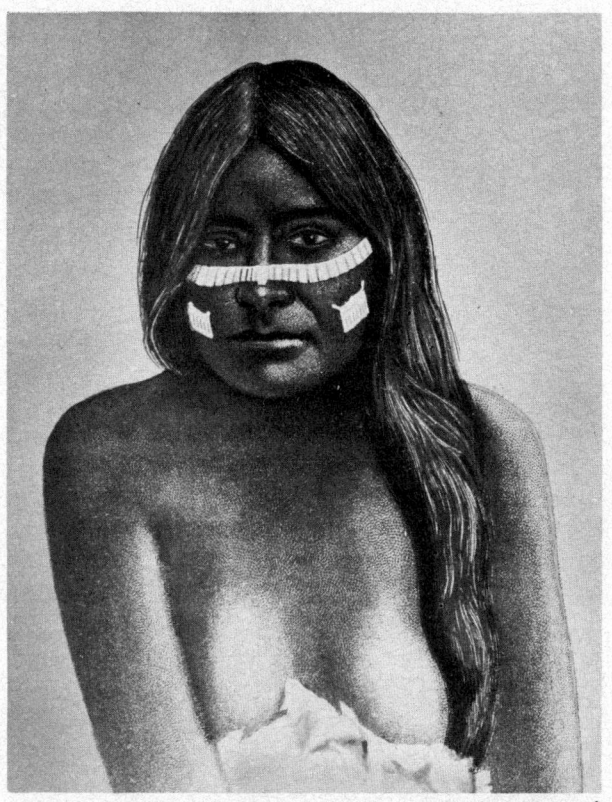

Mujer seri

"The native languages of Middle America", en *The maya and their neighbours* (1940); W.J. McGee: *"The Seri Indians"* (Smithsonian Institution. Bureau of American Ethnology report, 1898); E.Moser: *Vocabulario Seri-castellano, castellano-Seri.* (Instituto Lingüistico de Verano, 1961): E.Moser: *Bandas seris* (1961); Antonio Pérez de Ribas: *Historia de los triunfos de nuestra Santa Fe entre gentes las más bárbaras y fieras del nuevo orbe*(Madrid, 1645); Ignaz Pfefferkorn: *Sonora, a description of the province* (University of New Mexico Press, 1949); H.E.Spicer: *"Northwest Mexico"*, en *Handbook of Middle American Indians* (vol. 8, 1969); M.Swadesh: *Indian Linguistic groups of Mexico* (1959); y Alberto Chavira Serrano: *Ensayo socioeconómico y jurídico sobre la tribu seri en el Estado de Sonora* (Hermosillo, 1969).

SERNA, FRANCISCO, n. en la Ciénega y m. en Hermosillo, ambas de Sonora (1832-1895). Tomó las armas contra la Intervención y el Imperio: al lado del mayor Contreras, recuperó Hermosillo en octubre de 1865. Desempeñó la prefectura dos veces y la alcaldía. En 1875 se alzó en armas contra el gobernador Pesqueira, a causa de un fraude electoral. Fue depués coronel de la Guardia Nacional, vicegobernador en 1877 y gobernador sustituto de

San Fernando de México designó para ese trabajo a 12 frailes, bajo la dirección de Junípero Serra. Salieron de la capital del virreinato el 14 de julio de 1767. En 1769 Serra fundó las misiones de San Fernando, en Villicatá, y la de San Diego; en 1770, la de San Carlos, en la Nueva California; en 1771, las de San Antonio de Padua y San Luis Obispo de Tolosa. En 1773 y 1774 estuvo en México planeando con el virrey Antonio María de Bucareli la extensión de sus actividades. En 1776 creó la misión de San Juan Capistrano. Sus religiosos participaron en las expediciones militares que fundaron San Francisco y Los Angeles. v.BAJA CALIFORNIA.

SERRADEL, NARCISO, n. en Alvarado, Ver., en 1843; m. en la Ciudad de México en 1910. A los 20 años de edad ya había compuesto la canción *Las Golondrinas*, la cual entonaron él y otros prisioneros de los franceses, cuando al término del sitio de Puebla (mayo de 1863) fueron deportados a la prisión de Clermont-Ferrand. A su regreso del exilio, dio lecciones de música mientras estudiaba idiomas y medicina. Ejerció esta profesión en Tlalixcoyan, formó orquestas típicas y compuso mazurcas, danzas y polcas. En 1889 pasó a la Ciudad de México. *Las Golondrinas* es la melodía que se toca en el país en ocasión de las despedidas.

SERRANO. *Prinodes fasciatus.* Pez de la familia *Serranidae.* De cuerpo largo y robusto, mide unos 20 centímetros y presenta el perfil anterior convexo; la boca, amplia y oblicua; la mandíbula inferior, sobresaliente; el margen vertical del opérculo, aserrado; la aleta dorsal, formada por 10 espinas y 12 radios; la anal, con 3 espinas y 7 radios (los posteriores más largos); la caudal, truncada o ligeramente lunada; y el lóbulo superior, ligeramente más largo. Es de color pardo grisáceo por el dorso y más palido en el vientre; en éste y en los costados muestra manchas oscuras. Se distribuye desde el Golfo de California hasta las Galápagos. Según Berdegue, es comestible y tiene cierta importancia local.

SERRANO, FRANCISCO R., n. en Quilá, Sin., m. en Huitzilac, Mor., en 1927. Partidario de Madero, fue secretario particular de José María Maytorena, gobernador de Sonora (1912-1913). Se unió al general Obregón en su lucha contra Huerta (1914). Combatió contra la Convención Revolucionaria (1915). Fue diputado a la XXVIII Legislatura (1918) y general de división. Firmó el *Plan de Agua Prieta* (1920). Desempeñó la subsecretaría de Guerra y Marina (1920-1921) y después la secretaría

Junípero Serra

agosto a diciembre de ese mismo año. En el conflicto de 1878 apoyó al Poder Legislativo frente al Ejecutivo; se le llamó a ejercer el poder, reclutó y armó gente, tomó Alamos en febrero de 1879, ocupó la capital del Estado y gobernó Sonora hasta el 1° de septiembre de ese año, en que entregó la administración al coronel Luis E.Torres, cuyo cacicazgo duraría 32 años. En 1888 intervino en la medición de los ejidos y fundo legal de Santa Ana.

SERRA, JUNÍPERO, n. en la villa de Petra, Mallorca, España, en 1713; m. en San Carlos, Monterrey, Cal., en 1784. Estudió latín en el convento de San Bernardino, en su lugar natal; pasó luego a Palma, donde cursó filosofía, y en 1730 tomó el hábito franciscano. En 1732 se doctoró en teología en la Universidad Luliana. En 1749 se embarcó con destino a Veracruz y se trasladó a pie al convento de San Francisco de México. Fue destinado a las misiones de la Sierra Gorda y nombrado presidente de la misión de Jalpan (v.QUERÉTARO, ESTADO DE). Consumada la expulsión de los jesuitas (1767), el virrey marqués de Croix, de acuerdo con el visitador José de Gálvez, dispuso que los religiosos franciscanos se encargasen de atender las misiones de Baja California. El Colegio Apostólico de del ramo (del 2 de diciembre de 1921 al 30 de noviembre de 1924). En la administración del presidente Calles, fue gobernador del Distrito Federal (1926-1927). Figuró como candidato presidencial en oposición al reeleccionismo de Obregón. Pretendió levantarse en armas, fue capturado en Cuernavaca con un grupo de partidarios y fusilado en Huitzilac (3 de octubre), sin formación de causa.

SERVÍN, MANUEL PATRICIO, n. en El Paso, Texas, Estados Unidos en 1920. Maestro en artes (1954) y doctor en filosofía y letras (1959) por la *Southern California University*, es autor de: *"The Pre-World War II Mexican-American: An Interpretation"*, en *California Historical Society Quarterly* (1966); *The Apostolic Life of Fernando Consag: Missionary Explored of Lower California* (1968); y *Southern California and Its University: A History of U.S.C.* (1969).

SERRATOS, ENRIQUE, n. en Guadalajara, Jal., en 1929; m. en la Ciudad de México en 1960. Hijo de los pianistas Ramón Serratos y Aurora Garibay, se graduó de violinista en el *Curtis Institute of Music* de Filadelfia (1954), formó parte del *Curtis String Quartet*, dio clases en la *Philadelphia New School of Music* y en la Escuela de Música de Willminton, Pasadena, y en 1959 volvió a México para incorporarse al claustro del Conservatorio Nacional. Falleció víctima de un mal cardiaco a los 29 años de edad.

SERRATOS, RAMÓN, n. en Compostela, Nay., en 1895; m. en la Ciudad de México en 1973. A los 15 años de edad pasó a Guadalajara. Estudió música con el maestro José Rolón y el 17 de octubre de 1915, en un acto sin precedente, el Gobierno de Jalisco le expidió el título de pianista, primero de esa índole. En 1919 fundó su propia academia, que llegó a tener decisiva influencia en todo el Occidente del país. En 1921, 1922, 1923 y 1927 tomó cursos de especialización con Josef Levine. Bajo la dirección de Serratos se formaron, entre otros, Manuel Aréchiga, Aurora Garibay Heatley, Fausto García Medeles y José de Jesús Oropeza. En 1936 se mudó a la Ciudad de México; de 1938 a 1940 fue director de la Facultad de Música de la UNAM, y desde aquel año hasta 1960 impartió la clase de investigación pianística. La mayor parte de su obra de creación, especialmente para piano, fue escrita en los años veintes, pero aún no ha sido editada. Algunas composiciones fueron trascritas por él mismo para violín; existe la grabación de *Un estudio en octavas* hecha por Henryk Szaering.

SESTO, JULIO, n. en Pontevedra, España, en 1879; m. en la Ciudad de México en 1960. Radicó en México desde temprana edad. Fue catedrático de literatura en la UNAM. Colaboró en *El Imparcial* y *El Mundo*. Entre sus obras destacan: *La bohemia de la muerte, Biografías y anecdotario pintoresco de cien mexicanos célebres en el arte, muertos en la pobreza y el abandono y estudio crítico de sus obras* (1929) y el poema *Las Abandonadas.*

SGRUGGS, OTEY MATTHEW, n. en Vallejo, California, Estados Unidos, en 1929. Profesor de historia en la Universidad de California, es autor de: *"Mexican Farm Labor Agreement of 1942".* en *The Agricultural History* (1960); *"The United States, Mexico and the Wetbacks",* en *The Pacific Historical Review* (1961); y *"Mexican Farm Labor Program under the Farm Security Administration",* en *Labor History* (1962).

SHELTON, DAVID H., n. en Winana, Mississippi, Estados Unidos, en 1928. Profesor de economía en la Universidad de Delaware, es autor de: *The Economic Growth of Latin America: Motivations, Prospects and Problems* (1959); *"Mexico's Economic Growth: A Success of Diversified Developement",* en *Southwestern Social Science Quarterly* (1960); y *Money Credit and the Goal of Growth in Public Policy and Private Enterprise in Mexico* (1964).

Ramón Serratos

Siempreviva, Sedum dendroideum *Moc. et Sess.*

SICNER, JAMES, n. en La Grange, Illinois, Estados Unidos, en 1940. Estudió artes plásticas en Denver, Colorado. En 1957 llegó a México. Estudió en la Escuela Nacional de Artes Plásticas. Expuso por vez primera en el *Denver Art Museum* en 1962. En 1968 ejecutó un mural para el Club de Industriales de la Ciudad de México. Se ha especializado en *collages.*

SIDAR, PABLO, n. en España, en 1895; m. en Puerto Limón, Costa Rica, en 1930. Pasó a México y en 1920 ingresó como cadete en la Escuela Militar de Aviación, donde se graduó como teniente (1922). Comandó un escuadrón y luego fue jefe del Primer Regimiento Aéreo, en campaña contra los delahuertistas, los cristeros, los escobaristas (1923 a 1929). En 1929 alcanzó el grado de coronel y fue ayudante del secretario de Guerra y Marina, general Plutarco Elías Calles. Murió en compañía de Carlos Rovirosa, al intentar el vuelo sin escalas de Cerro Loco, Oax., a Buenos Aires. v.AVIACIÓN.

SIEMPREVIVA. *Sedum dendroideum* Moc. et Sess. Arbusto suculento de la familia de las crasuláceas, de 0.6 a 1 metro de alto, con las ramas quebradizas, erectas, colgantes, y la corteza morena grisácea. Las hojas son alternas, enteras, gruesas, carnosas, espatuladas, ampliamente redondeadas en el ápice, brillantes, de sabor astringente, de 2 a 6 centímetros de largo por 1 a 3.5 de ancho (en la parte superior), sésiles o de pecíolo corto. Las flores son amarillas, estrelladas, de 1.5 a 2 centímetros de diámetro, hermafroditas, cortamente pedunculadas o sésiles, y están agrupadas en cimas paniculadas; el cáliz está constituido por 4 a 5 sépalos persistentes; la corola presenta 5 pétalos libres, lanceolados, de 6 a 10 milímetros de largo, dispuestos a manera de estrella; el androceo está formado por 10 estambres, 5 alternos con los pétalos y 5 opuestos a ellos, con los filamentos delgados y las anteras conspicuas; el ovario es súpero, pentacarpelar, con muchos óvulos implantados en los ángulos internos. Los frutos son folículos membranosos, morenos, que miden de 3 a 6 milímetros. Abunda en los lugares pedregosos, principalmente del valle de México y de los estados de Hidalgo, México, Morelos, Puebla y Veracruz. Con frecuencia se cultiva en los jardines como planta ornamental. El jugo de la planta es astringente y se usa para endurecer las encías, contra el escorbuto y para combatir las hemorroides, la disentería y los sabañones. Vulgarmente se cree que las hojas, aplicadas en la frente, detienen las hemorragias nasales; y en las sienes, combaten el dolor de cabeza; para curar las quemaduras, se aplica la planta machacada, y el jugo de las hojas, se aplica en los ojos, para remediar la irritación y la conjuntivitis. En el Distrito Federal se le llama también *tetzmitl,* y en el Estado de México *texiote* o *texiotl.*

Otras plantas que reciben el mismo nombre de siempreviva son: 1.*Bryophyllum pinnatum* (Lam.) Kurz. (Chiapas), hierba de la familia de las crasuláceas, con las hojas suculentas, opuestas, y las flores rojizas; originaria de Africa, se ha naturalizado en los lugares cálidos-húmedos de México; si se coloca una hoja sobre tierra húmeda produce hijuelos, motivo por el cual recibe también el nombre de *Bruja.* 2.Varias especies de hierbas de la familia de las amarantáceas y del género *Gomphrena* L.: *G.decumbens* Jacq. (Chiapas), también llamada *cabezona* o *amorseco* (valle de México); *G.dispersa* Stand., que se encuentra desde Guanajuato hasta Chiapas y Yucatán; y *G.globosa* L., originaria de la India y cultivada como planta ornamental por sus flores rojas o de otros colores, persistentes e inmarcesibles (llamadas por eso *sempiternas*); todas se caracterizan por presentar hojas opuestas, flores hermafroditas dispuestas en cabezuelas con brácteas pajizas, perigonio de 5 divisiones o tépalos (no hay diferenciación en cáliz y corola), 5 estambres unidos en un tubo más o menos largo, ovario súpero, unilocular, uniovulado, con el estilo corto o nulo y el estigma bífido y frutos pequeños, utriculares, que permanecen envueltos por los perigonios.

SIERRA. *Scomberomorus sierra.* Pez de la familia *Cybiidae*, hasta de 70 centímetros de largo y 2 kilogramos de peso. Presenta la cabeza puntiaguda; la boca, ancha, ligeramente oblicua; la aleta dorsal, muy escotada, la primera porción con 17 espinas y la segunda con 15 radios; la anal, con 15 o 16 radios; entre la dorsal (amarilla en parte), y la anal, 8 o 9 pínulas; y la caudal, negra, bifurcada, con una quilla. Es de color plateado, con iridicencias azules; los costados muestran manchas redondas doradas. Típicamente mexicana, esta especie abunda en toda la costa del Pacífico. Es muy importante desde el punto de vista comercial, se consume localmente y por su abundancia y bajo precio, es accesible a las clases de pocos recursos.

SIERRA, CÓDICE. Se le conoce también con el nombre de *Santa Catalina de Texupan, Oax*. Se encuentra en el Museo o Academia de Pintura de Puebla. Es un códice mexica de carácter histórico-catastral; contiene una lista de gastos de aquel pueblo (hoy una ranchería cercana al pueblo de Tejupa o Villa de la Unión, Distrito de Tepozcolula) hechos entre 1560 y 1564. La tributación aparece en numerales indígenas, mientras que la redacción está en escritura castellana. Se notan en él dos manos diferentes: una hizo los jeroglifos y otra el texto en náhuatl en caracteres latinos. Los autores debieron ser chochones o popolocas, pues el texto náhuatl muestra muchas incorrecciones. Nicolás León mandó hacer una calca en 1905, que publicó con el título de *Fragmentos de una nómina de gastos del pueblo de Santa María Texúpan (Mixteca Baja, Estado de Oaxaca) en jeroglíficos popoloca y explicación en lengua náhuatl. 1550-1564*. Federico Gómez de Orozco rescató de sus descendientes la traducción del texto, hecha por Mariano J. Rojas, y la publicó junto con la pictografía: *Nicolás León. Códice Sierra. Traducción al español de su texto náhuatl y explicación de sus pinturas jeroglíficas* (1933).

SIERRA MAYORA, MANUEL J., n. y m. en la Ciudad de México (1882-1970). Hijo de Justo Sie-

Justo Sierra Méndez   1

rra Méndez, se recibió de abogado en Campeche y se doctoró en la UNAM, donde enseñó materias de su especialidad durante 30 años. Desempeñó varios cargos en las secretarías de Relaciones Exteriores y Hacienda y Crédito Público. En ésta llegó a ser oficial mayor. Colaboró en periódicos y revistas. En *El Universal* escribió editoriales y la columna "Veritas", con el seudónimo de *Ese Jota Emme*. Es autor de: *Tratado de derecho internacional público.*

SIERRA MÉNDEZ, JUSTO, n. en Campeche, Camp., en 1848; m. en Madrid, España, en 1912. Hijo de Justo Sierra O'Reilly, a la muerte de éste (1811) pasó con su familia a la Ciudad de México. Estudió en el Liceo Franco Mexicano y en el Colegio de San Ildefonso. Se recibió de abogado en 1871. Incorporado a los círculos literarios de la época, escribió "Conversaciones del domingo" en *El Monitor Republicano* (1868), más tarde reunidas en *Cuentos románticos*; y la novela "El ángel del porvenir", en *El Renacimiento*. Colaboró también en *El Domingo, El Siglo XIX, La Libertad* y *El Federalista.* Fue diputado suplente (1880) y propietario (1884) por Sinaloa y magistrado de la Suprema Corte de Justicia (1894). Los capítulos de

Justo Sierra O'Reilly

su libro *En tierra yankee* se publicaron originalmente en *El Mundo* (1897-1898). En 1901 fue
nombrado subsecretario de Instrucción Pública y
en 1905 ministro de ese ramo, puesto que desempeñó hasta 1911. Su interés por la educación culminó en 1910 con la fundación de la Universidad
Nacional. Al triunfo del maderismo, fue enviado a
España como ministro plenipotenciario. En 1948 la
UNAM lo declaró "Maestro de América" y editó
sus *Obras completas,* en 15 tomos, dirigidas por
Agustín Yáñez: I.Estudio general y poesías, II.Pro-
sa literaria, III.Crítica y artículos literarios, IV.Pe-
riodismo político, V.Discursos, VI.Viajes, VII.El
exterior, VIII.La educación nacional, IX.Ensayos y
textos elementales de historia, X.Historia de la antigüedad, XI.Historia general, XII.Evolución política del pueblo mexicano, XIII.Juárez, su obra y su
tiempo, XIV.Epistolario y papeles privados y
XV.Escritos diversos e índices. Sus cenizas fueron
trasladadas a la Rotonda de los Hombres Ilustres.

SIERRA MÉNDEZ, SANTIAGO, n. en Campeche,
Camp., en 1850; m. en Tlanepantla, Estado de México, en 1880. Hijo de Justo Sierra O'Reilly, estudió lenguas muertas y filosofía en Mérida. En 1863
pasó a Veracruz, se empleó en una casa de comer-

cio y en 1869 fundó, junto con Díaz Mirón, Zayas
Enríquez y Portilla, la publicación literaria *Violetas.* Establecido en México, colaboró en varios periódicos y fue jefe de redacción del *Distrito Federal*
y director de *La Ilustración Espírita.* Enseñó geografía en escuelas municipales. Al triunfo de la revolución de Tuxtepec (1876), fue oficial primero
del Senado y secretario y encargado de negocios de
la legación mexicana en Chile. Murió en duelo a
pistola contra Ireneo Paz, por diferencias políticas.
Escribió el poema *Canto a México* y las novelas
Flor de fuego (1870) y *Viajes por una oreja* (1869).

SIERRA O'REILLY, JUSTO, n. en Tixcacaltuyú y
m. en Mérida, ambas de Yucatán (1814-1861). Estudió en el Seminario Conciliar; pasó becado a México y se recibió de abogado en el Colegio de San
Ildefonso (1838); y de regreso a la península obtuvo el doctorado en ambos derechos en la Universidad Literaria de Yucatán. En 1841, cuando Yucatán estaba separado de México, fue comisionado
por el gobierno local para concertar una alianza
con Texas. Ese año fundó en Campeche el periódico *El Museo Yucateco,* que se publicó hasta mayo
de 1842. En 1843, junto con Joaquín García Rejón y Jerónimo del Castillo, firmó el pacto por el
cual Yucatán se incorporó a la República, aunque
en 1846 la Asamblea Departamental volvió a reasumir su soberanía. En 1845 fundó el *Registro Yucateco,* que se editó hasta 1849. En ocasión de la
Guerra de Castas (1847), negoció con Estados Unidos la desocupación de la Isla del Carmen (invadida
con motivo de la guerra ante la cual los yucatecos
eran neutrales) y aun ofreció la soberanía de la
península a cambio de ayuda para acabar con la
sublevación indígena. En 1848 fundó un tercer periódico, *El Fénix,* en Campeche, donde publicó su
novela *La hija del judío.* En 1851 pasó a México
como diputado, pero regresó al año siguiente, nombrado agente del Ministerio de Fomento y juez de
Hacienda. Publicó entonces *Diario de nuestro viaje
a los Estados Unidos de América y al Canadá* (4
vols. 1850-1851). En 1855 fundó *La Unión Liberal,* órgano oficial del gobierno de Yucatán y escribió unas *Lecciones de derecho marítimo internacional* por encargo de la Escuela Nacional de Comercio. En 1857, por motivos políticos, dejó Campeche y se refugió en Mérida, en el convento de La
Mejorada, donde formuló un proyecto de Código
Civil que le encomendó el gobierno liberal, entonces establecido en Veracruz. v.CAMPECHE, ESTA-
DO DE; GUERRA DE CASTAS y YUCATÁN, ES-
TADO DE.

SÍFILIS. Conocida también como lues, mal gálico o enfermedad de la sangre, es un padecimiento crónico, contagioso, producido por *Treponema pallidum*, microorganismo perteneciente al orden de las espiroquetas. Se transmite entre humanos principalmente por contacto sexual y algunas veces bucal, mediante una persona enferma que tenga lesiones activas en piel o mucosas, aunque también por transfusión de sangre con treponemas o a través de la placenta después del cuarto mes de embarazo. La enfermedad, que puede ser congénita o adquirida, pasa por tres estadios: primario, secundario y terciario. Al primero, que ocurre de 10 a 90 días después de la penetración del treponema, corresponde la lesión inicial en piel o mucosas, en el sitio de entrada. Se manifiesta en forma de pápula que luego origina una úlcera de bordes precisos (chancro duro o de inoculación), simultáneamente al crecimiento de los ganglios regionales. El chancro cura espontáneamente al cabo de 3 o 4 semanas. A dicha lesión sigue, 2 a 10 semanas después, la difusión del treponema. Esto origina lesiones diversas de tipo exantema máculo papular en todo el cuerpo, especialmente en la región anogenital, axilar y bucal. Este fenómeno constituye el período secundario, que también cura espontáneamente, en un período de 2 a 6 semanas. La infección permanece latente por un largo período (2 a 20 años). Una cuarta parte de las personas con infección sifilítica evoluciona hacia la recuperación total; otro 25% conserva la infección latente, pero no desarrolla signos ni síntomas; y el 50% restante llega al período terciario propiamente, en el que las lesiones obedecen más a alguna forma de hipersensibilidad que a la presencia de treponemas. El período terciario está caracterizado por los llamados gomas (lesiones de tipo granulomatoso) en piel, huesos e hígado; cambios degenerativos en el sistema nervioso (tabes dorsal, parálisis) y lesiones cardiovasculares (aneurismas). En el caso de la sífilis prenatal sin tratamiento, un 25% de los fetos mueren *in utero*, de un 25 a un 30% fallecen poco después del nacimiento y un 40% sufre sífilis sistémica tardía. El producto nace con lesiones secundarias y presenta las manifestaciones terciarias en un lapso que va de los 2 a los 30 años. Hay diversas cicatrices que son secuelas de sífiles congénitas. La sífilis es transmisible en los períodos primario y secundario y durante las recaídas ocurridas dentro de los primeros 4 años; y en el embarazo, a partir del cuarto mes. En México se ha adoptado la clasificación que divide a la sífilis en: a) adquirida, que puede ser reciente, ya sintomática o latente, cuando tiene hasta 4 años de evolución, o tardía, también sintomática o latente, cuando tiene más de ese lapso; y b) congénita, con las mismas subclases que la adquirida, pero con diferentes períodos: la reciente, hasta los dos años; y la tardía, después de ese tiempo. La susceptibilidad a la infección es universal y parece haber inmunidad adquirida. Para el diagnóstico se toman en cuenta las manifestaciones clínicas y datos de laboratorio como son la observación del treponema al microscopio, reacciones serológicas (principalmente V.D.R.L.) y, en casos más avanzados, análisis del líquido cefalorraquídeo y estudios radiológicos. El tratamiento se establece con penicilina, a un nivel suficiente durante 10 días y de no poderse emplear ese antibiótico, con eritromicina o tetraciclinas.

El número de casos de sífilis ha disminuido considerablemente desde el advenimiento de la penicilina; no obstante, se encuentra incrementado en grupos humanos con mayor movilidad, en períodos de guerra, en poblaciones social y económicamente desprotegidas y particularmente en prostitutas, en quienes la incidencia varía en distintos países entre el 10 y el 90%. En México el mayor número de casos se registra en las grandes ciudades, en los puertos y en las poblaciones fronterizas del norte. Es más frecuente entre los 15 y los 20 años de edad y tiene mayor incidencia en el sexo masculino. Las tasas de incidencia no son reales, pues entrañan el problema de la notificación de los casos. En México se reportaron 254 defunciones por sífilis y 11,210 casos de enfermedad en 1972, lo que representa la duodécima causa de morbilidad por padecimientos transmisibles, con una tasa de 21.3 por 100 mil habitantes. En 1960 la tasa fue de 66. La práctica de reacciones serológicas como requisito prenupcial y laboral, así como en embarazadas y donadores de sangre, ha permitido detectar un mayor número de casos. La educación higiénica en el sentido del aseo de los genitales después del coito y del empleo de preservativos es un factor importante de prevención. Todo caso debe ser notificado a la autoridad sanitaria y debe ser tratado de inmediato. Debe también realizarse una investigación epidemiológica de los contactos. Por muchos años se ha discutido apasionadamente, y aún no se ha dilucidado, el origen de la sífilis: si fue llevada de América a Europa o si existía desde el paleolítico en ambos mundos; pero subyacentes a los debates se mueven falsos principios doctrinarios de culpas y exoneraciones que alejan la controversia de la objetividad. Respecto al origen americano, que ya en

1526 afirmó Oviedo, cabe mencionar: 1.la existencia de restos esqueléticos precolombinos identificados por los paleopatólogos como sifilíticos (osteitis sifilítica en restos de la caverna de Paracas, 400 a.de C., y del Museo de Lima; ejemplares de la colección McCurdey procedentes del área de Macchu Picchu; restos de indios pecos y piezas del Museo de Antropología de México); 2.la virulencia de la enfermedad durante la epidemia de fines del siglo XV en Europa, propia de una crisis de adaptación a una población virgen, similar a lo ocurrido con otras infecciones introducidas a América por los europeos; 3.la ausencia de referencias en la literatura europea anteriores al regreso de Colón, y 4.la idea de que las treponemiasis tienen un tronco común, una vez que se ha demostrado el origen americano del mal del pinto. Por su parte, quienes sostienen el otro punto de vista arguyen: a.la insuficiencia de restos con sífilis congénita o infantil; b.la ausencia de sífilis etnológicas en poblaciones indígenas americanas actuales; c.la hipótesis de que la epidemia del siglo XV se debió a episodios bélicos, a las costumbres relajadas de la época y a la superposición del microorganismo americano al del viejo mundo; y d.la suposición de Hudson en el sentido de que los europeos confundían la sífilis con la lepra. Los diferentes nombres que ha recibido la enfermedad no contribuyen a esclarecer su origen (sarampión de las Indias, mal gálico, mal napolitano, escabia española, mal marránico o de los judíos, mal polaco), pues designaban exclusivamente su procedencia inmediata. Ocaranza menciona que los aztecas conocieron el chancro y le dieron el nombre de *Tlapalanaliztli*. Ha de recordarse, además, que en 1534 fray Juan de Zumárraga fundó el Hospital Real de las Bubas para la atención de los enfermos sifilíticos. *D.L.A.*

SIGÜENZA Y GÓNGORA, CARLOS DE, n. y m. en la Ciudad de México (1645-1700). Antes de los 15 años de edad ingresó al seminario de los jesuitas de Tepotzotlán. Hizo sus votos simples en 1662. Por razones que se ignoran y que han originado diversas y encontradas suposiciones, abandonó la Compañía de Jesús después de 7 años de pertenecer a ella. Poco tiempo después comenzó los cursos para el sacerdocio en la Real y Pontificia Universidad de México, así como los estudios de matemáticas en que fue sobresaliente. En 1680 fue a Querétaro con motivo de la dedicación solemne de la Iglesia de Guadalupe. A fines de 1681, con motivo de un brillante y hermoso cometa, que hizo concebir a las gentes horribles presagios, escribió un fo-

Carlos de Sigüenza y Góngora

lleto disipando temores, lo que le acarreó una enconada polémica en la que intervinieron un tal José Escobar Salmerón y Castro, doctor en medicina; Martín de la Torre, caballero flamenco, natural del Tirol, y el jesuita Eusebio Francisco Kino, recién llegado a México. De ella salió airoso Sigüenza y Góngora, traspasando su fama los linderos de la Nueva España. Fue capellán del Hospital del Amor a Dios y al mismo tiempo limosnero del arzobispo de México, Francisco de Aguiar y Seijas. Colaboró en estrecha amistad con el virrey Gaspar Silva y Mendoza, Conde de Galve (1688-1696), en el desarrollo de un plan sistemático para la defensa del litoral del Golfo de México frente a las incursiones francesas, para cuyo fin se fortificaron varios puertos, se practicaron reconocimientos geográficos, se levantaron planos y se fundaron puestos militares avanzados en la frontera nororiental de la Nueva España. Con el carácter de geógrafo de Su Majestad tomó parte en la expedición que al mando del capitán Andrés de Pes, reconoció en 1692 el litoral de la Bahía de Panzacola en el Golfo de México, o el Seno Mexicano como se llamaba entonces. Levantó el plano de la bahía y escribió un *Diario* de viaje. Ese mismo año ocurrió en la Ciudad de México un formidable motín en el que la plebe incendió el Palacio Nacional y el Ayuntamiento, salvando

menaje a Miguel de Cervantes Saavedra (1905). Perteneció a una generación de escritores michoacanos que asistieron al declinar del romanticismo y al surgimiento del modernismo.

SILVA Y ACEVES, MARIANO, n. en La Piedad de Cabadas, Mich., en 1886; m. en San Angel, D.F., en 1937. Estudió en el Seminario y en el Colegio de San Nicolás Hidalgo, en Morelia, y terminó en la Escuela Nacional de Jurisprudencia, titulándose de abogado hacia 1905. Hizo sus primeras armas literarias en el Ateneo de la Juventud (1910). Enseñó latín y español en la Escuela de Altos Estudios (después Facultad de Filosofía y Letras). Fue director de esta institución y rector de la Universidad Nacional de México. Con el librero español M.León Sánchez, proyectó y fundó en 1921 la Escuela de Verano para Extranjeros, de la que posteriormente se hizo cargo la UNAM. En 1933 fundó y dirigió el Instituto de Investigaciones Lingüísticas de esta casa de estudios. En 1937 creó dos carreras nuevas: lingüística románica y lingüística de idiomas indígenas de México. Se dio a conocer con *Arquilla de Marfil* (1916), libro al que siguieron: *Cara de Virgen Anímula* (novela, 1920), *Campanitas de plata* (con grabados de Díaz de León, 1925), *Calendario cívico mexicano* (1930), *Virgilio. Poeta mexicano. Estudio de formas del español en México* (1932), *Aventuras del Tío Coyote* (1932), *Muñecas de cuerda, Cuentos* (1936), y dos breves obras de teatro: *Entremés de las esquilas* y *Entremés de China.* En 1925 publicó una obra de inspiración patriótica: *Conozca a México* (8 números); y en 1925-1926: *La Revista. Quincena escolar,* con ilustraciones de José Clemente Orozco (14 números; con suplemento para maestros de español en los Estados Unidos); y en 1933 fundó y dirigió *Investigaciones lingüísticas. Organo del Instituto de Investigaciones Lingüísticas* (21 números en 5 tomos: 1933-1938). Escribió editoriales para *El Heraldo de México* (1921-1923) y *El Nacional* (1942-1946). Escritor castizo, diáfano, de una filosofía resignada, hecha de ironía y piedad, y también, a veces, de fino humorismo gustó de mezclar extrañamente lo absurdo con lo cotidiano. v.Julio Torri: "Mariano Silva y Aceves. El cuentista", en *Boletín Bibliográfico de la Secretaría de Hacienda y Crédito Público* (1937); *Homenaje de la Universidad de México al Dr. Mariano Silva y Aceves* (1938) y *Cuentos y poemas por Mariano Silva y Aceves* (1964, con un prólogo de Antonio Castro Leal).

SILVA CUGLIELMETTI, DAVID, n. y m. en la Ciudad de México (1917-1976). Estudió en las escuelas nacionales Preparatoria y de Jurisprudencia, pero abandonó la carrera para dedicarse a la actividad artística. Trabajó primero como locutor de las estaciones XEB, XEW y XEQ; y hacia 1939 empezó a actuar en el cine. Sus primeras películas fueron *Hombre del Aire, Café Concordia* y *Viviré otra vez.* (1940). Se consagró con el papel de un boxeador en *Campeón sin corona* (1946; trofeo *Ariel*). En 1957 el gobierno de Cuba le otorgó una mención honorífica por *Casta de roble,* filmada en la isla. En 1964 la Asociación Nacional de Actores le concedió la presea "Virginia Fábregas". De 1964 a 1967 fue secretario de organización y propaganda de esa Asociación. En 1971 sufrió un accidente automovilístico y en 1973, por razones circulatorias, perdió una pierna. Sin embargo, actuó en la comedia *Cinco bikinis para el sordo.* En 1976 se le hizo una segunda mutilación y falleció poco tiempo después. Filmó más de 100 películas, entre ellas: *Esquina bajan, Angeles del arrabal, Una familia de tantas, Espaldas mojadas, Hay lugar para dos, Rayito de Luna, El amor es ciego, Ventarrón, Manos de seda, La isla de la pasión* y *Humo en los ojos.*

SILVA GONZÁLEZ, MIGUEL, n. en Morelia, Mich., en 1857; m. en La Habana, Cuba, en 1916. Huérfano desde sus primeros años, estuvo a punto de abandonar sus estudios por la pobreza de su hogar, no obstante que su padre, Miguel Silva Macías, había sido gobernador de Michoacán. Gracias a una beca, terminó la carrera de medicina en la Ciudad de México y regresó a Morelia en 1883 para ejercer su profesión. Se dedicó a la atención de los necesitados. Hizo dos viajes de estudio a Europa (1894 y 1905). A su regreso, continuó su labor benefactora y en 1910, todavía bajo la dictadura, fue electo senador suplente, y luego, al estallar la Revolución, se le nombró gobernador provisional del Estado. Fue el abanderado de los revolucionarios. Ganó las elecciones de 1912, pero dejó el gobierno al ocurrir la usurpación de Huerta. Perseguido por éste, marchó al norte, para unirse al ejército constitucionalista. A causa de sus diferencias con Carranza, se unió a las fuerzas de Villa, distinguiéndose en la organización de los hospitales de sangre, como el que instaló en Chihuahua, a donde solían concurrir médicos norteamericanos para observarlo mientras operaba. Perdida su causa, se exilió en La Habana (1916). Sus restos fueron repatriados en 1948; reposan en un monumento frente al Hospital Civil que lleva su nombre. v.Alfredo Maillefert: *El doctor Miguel Silva* (1937);

1

Miguel Silva González

y Alberto Oviedo Mota: *Bosquejo histórico de silvismo* (Morelia, 1952).

SILVA HERZOG, JESÚS, n. en San Luis Potosí, S.L.P., en 1892. Estudió en el Seminario de su ciudad natal, el cual abandonó cuando cursaba secundaria por haber sufrido una aguda enfermedad en los ojos. De mayo de 1912 a febrero de 1914 vivió en Nueva York. Allí cursó algunas materias en la *Pain Up Town Business School.* De regreso a San Luis, escribió en los periódicos *El Demócrata* y *Redención.* En 1914 acompañó al general Eulalio Gutiérrez en una expedición al oriente del Estado y asistió con el carácter de corresponsal a la Convención de Aguascalientes. Al triunfo del constitucionalismo, estuvo a punto de ser pasado por las armas, pero se defendió personalmente ante un Consejo de Guerra; sin embargo, estuvo 4 meses en prisión. En mayo de 1917 fundó la revista *Proteo* y en diciembre se mudó a la Ciudad de México. De 1920 a 1922 estudió en la Escuela de Altos Estudios de la Universidad Nacional. De 1919 a 1924 enseñó inglés en la Escuela Normal Primaria para Profesores; de 1925 a 1928, economía política en la Nacional de Maestros; de 1925 a 1927, historia económica de México en la Escuela de Verano; y

de 1924 a 1938, economía y sociología en la Nacional de Agricultura. En 1928 fundó el Instituto Mexicano de Investigaciones Económicas y la *Revista Mexicana de Economía.*

Junto con Antonio Espinoza de los Monteros y Federico Bach, elaboró en enero de 1929 el primer proyecto de plan de estudios de la licenciatura de economía. De 1931 a 1963 fue profesor de historia de las doctrinas económicas en la Escuela Nacional de Economía. Ha dictado cursillos y conferencias en instituciones de México y el extranjero. Dirigió la Escuela Nacional de Economía (1940-1942) y fundó en ella los laboratorios, un instituto especializado y la revista *Investigación Económica.* Fue miembro de la Junta de Gobierno de la UNAM (1945-1962), de la cual se retiró por haber cumplido la edad límite de 70 años. A iniciativa suya se organizó un congreso científico para celebrar el IV Centenario de la Universidad (septiembre de 1951) y junto con Manuel Sandoval Vallarta, Francisco Larroyo y Pablo González Casanova, publicó después la *Memoria,* en 15 volúmenes. Fue miembro de la Junta de Gobierno del Fondo de Cultura Económica (1935-1962) y participo en el Comité Editorial de la revista *Futuro* (1936-1937); dirigió el informe sobre el estado de la industria petrolera en 1937, base para el laudo del Grupo Núm. 7 de la Junta Federal de Conciliación y Arbitraje y para la sentencia de la Suprema Corte de Justicia (1° de marzo de 1938) que condujeron a la expropiación de los bienes de las empresas; escribió la introducción y las notas del libro *El Petróleo de México*; patrocinó y dirigió la publicación de las *Obras Completas* de Miguel Othón de Mendizábal y la *Historia de San Luis Potosí* de Primo Feliciano Velázquez; presidió la Sociedad Mexicana de Geografía y Estadística (1944-1946); y fundó y dirige la revista *Cuadernos Americanos* (desde 1942). Es autor de: *Conferencias. Apuntes sobre evolución económica de México* (1927), los capítulos sobre agricultura de *Sonora, Sinaloa, Nayarit* (1929), *Aspectos económicos de la Unión Soviética* (1930), *Un estudio del costo de la vida en México* (en colaboración, 1931), *Los salarios y la empresa de los Ferrocarriles Nacionales de México* (en colaboración, 1931), *México económico 1928-1930* (en colaboración, 1932), *La reforma agraria en México y en algunos otros países* (1934), *El pensamiento socialista. Esquema histórico* (1937), *Historia y antología del pensamiento económico. Antigüedad y Edad Media* (1939; 2a. ed., 1945; 3a. ed., 1953), *Petróleo mexicano. Historia de un problema* (1941), *Un ensayo sobre la Revolución Mexicana*

37

Jesús Silva Herzog

(1946), *El pensamiento económico en México* (1947), *Meditaciones sobre México, ensayo y notas* (1948), *Tres siglos de pensamiento económico (1518-1817)* (1950), *Nueve estudios mexicanos* (1953), *La crítica social en Don Quijote de la Mancha* (1957), *El agrarismo mexicano y la reforma agraria* (1959; 2a. ed., 1963; 3a. ed., 1974), *México y su petróleo. Una lección para América.* (Buenos Aires, 1959), *Breve historia de la Revolución Mexicana* (2 vols., 1960 y 6 reimpresiones; 2a. ed., 1972 y 1974), *El mexicano y su morada* (1960), *Historia del pensamiento económico-social de la antigüedad al siglo XVI* (1961 y 2 reimpresiones), *Trayectoria ideológica de la Revolución Mexicana* (1963), *Antología del pensamiento económico-social. I. De Bodino a Proudhon* (1963; 2a. ed., 1972), *Historia de la expropiación de las empresas petroleras* (1964), *Inquietud sin tregua. Ensayos y artículos escogidos, 1937-1965* (1965; 2a. ed., 1972), *El pensamiento económico, social y político de México. 1810-1964* (1967; 2a. ed., 1975), *Mensaje a un joven economista mexicano* (1967; 2a. ed., 1971; 3a. ed., 1972), *Los fundadores del socialismo científico. Marx, Engels, Lenin* (1972), *Una vida en la vida de México* (1972), *La larga marcha de un hombre de izquierda* (1972), *Mis últimas andanzas.*

1947-1970 (1973), *Una historia de la Universidad de México y sus problemas* (1974), *La economía política en México 1910-1974* (1975) y *El pensamiento de Lázaro Cárdenas* (1975).

Es licenciado en economía *ex-oficio* y profesor emérito (1960) por la UNAM (1940) y miembro de El Colegio Nacional (1948) y de la Academia Mexicana de la Lengua (1956). Recibió la Medalla Eduardo Neri otorgada por la Cámara de Diputados (1972). Ha sido también: ministro de México en la URSS (1929-1930), oficial mayor (1932-1933), y subsecretario de Educación Pública (1933-1934), presidente del Comité de Aforos y Subsidios al Comercio Exterior (1938-1947), gerente general de la Distribuidora de Petróleos Mexicanos (1939-1940), subsecretario de Hacienda y Crédito Público (1945-1946) y presidente del Consejo Técnico de la Secretaría de Bienes Nacionales (1947-1948).

SILVA MACÍAS, MIGUEL, n. en Ario de Rosales, Mich., en 1821; m. en Morelia en 1860. Estudió en Valladolid y se tituló de médico en la Ciudad de México. Ejerció su profesión en la capital michoacana y en su pueblo natal, a donde iba con frecuencia a visitar las propiedades de su padre, José María Silva, quien fuera gobernador del Estado y diputado en varias legislaturas, especialmente en la de 1828, que a moción suya cambió el nombre de Valladolid por el de Morelia, en honor de José María Morelos y Pavón. Silva Macías se adhirió a la revolucion de Ayutla; en 1857, en su calidad de consejero decano, ocupó la gubernatura, convocó a elecciones al Congreso Constituyente y más tarde promulgó la nueva Constitución. Colaboró con Melchor Ocampo y Epitacio Huerta, mandatarios liberales de Michoacán.

SILVETI, JUAN, n. en Guanajuato, Gto., en 1893; m. en la Ciudad de México en 1956. Debutó como novillero en El Toreo, en 1915. Recibió la alternativa en 1916, de manos de Luis Freg, y le fue confirmada por Rafael *El Gallo*, quien lo apadrinó en Madrid. Alternó, entre otros, con Rodolfo Gaona, Sánchez Mejía y Belmonte. Toreó en Suramérica, donde radicó por algún tiempo. Tuvo los apodos de *Juan sin miedo* y *El Tigre de Guanajuato*. Sufrió varias cornadas. Durante su estancia en Colombia participó activamente en los movimientos revolucionarios de ese país, habiendo obtenido el grado de general. Murió en el Hospital Militar.

SIMEÓN, REMI, n. en Lurs y m. en París, ambas de Francia (1827-1890). A los 12 años de edad

6

Juan Silveti

pasó a la Ciudad de México, invitado por un tío suyo dueño de la *Pharmacie Francaise*. En *L'Ecole Francaise* del profesor Joseph Marice Auguste Aubin se aficionó a las antigüedades mexicanas. De regreso en Francia, estudió derecho en París. Enseñó historia universal en los colegios de Signe (1849) y de Castres (1856). Volvió a México como miembro de la Comisión Científica, Literaria y Artística creada en 1864 para el estudio de las ciencias y las artes del país, entonces invadido por los franceses. Se especializó en lengua mexicana y en la traducción de textos de los siglos XVI y XVII sobre historia de México, por las cuales obtuvo los premios Volney y Lunbat. En 1884 se le eligió Presidente de la Sociedad de Etnografía de Francia. Entre sus numerosos trabajos, destacan: *Dicctionaire de la lengue nahuatl ou mexicaine* (París, 1885; reimpreso en Graz, Austria, en 1963); "*Note sur la numeration des anciens mexicains*", en *Archives de la Comission Scientifique du Mexique* (4 vols.; París, 1867); "*Les Annales Mexicaines de Chimalpahin*" (1883), "*La Lengue mexicaine et son histoire*" (1884), "*Cristomathie Nahuatl. Extraits des Annales de Chimalpahin*" (1886), "*La duré de la semaine chez les anciens mexicains*" (1887), "*Report sur quatre Manuscrits mexicains comuniques par M.Lesouef*" (1888) y "*Notice sur un manuscrit mexicain de 1576*" (1889), en *Archives de la Societè Américaine de France*. Tradujo al francés la Gramática de la lengua náhuatl del fraile Andrés de Olmos (París, 1875); y con D.Joundanet, la *Historia de las Cosas de la Nueva España* de fray Bernardino de Sahagún.

SIMONILLO. Nombre que se aplica a las plantas amargas *Calea zacatechichi* Schl. y *Conyza filaginoides* DC., de la familia de las compuestas.

C.zacatechichi es un pequeño arbusto pubescente y ramoso que alcanza de 1 a 1.5 metros de altura. Las hojas son enteras, opuestas, cortamente pecioladas, aovadas u ovado-triangulares, venosas, toscamente dentadas, con puntos glandulosos y más o menos pubescentes en el envés, y miden de 2 a 6 centímetros de largo por 2 a 3 de ancho. Las flores son blancas, hermafroditas o unisexuales, gamopétalas; se agrupan en número de 5 a 12 en cabezuelas pequeñas (de unos 4 milímetros), turbinadas o subcampanuladas, delimitadas por un involucro de varias series de brácteas, y se disponen, a su vez, en densas panículas umbelado-cimosas. Los frutos son aquenios pequeños provistos en la parte exterior de un vilano corto y escamoso. Se encuentra desde San Luis Potosí y Jalisco hasta Veracruz, Morelos, Puebla y Oaxaca. Sus hojas se emplean contra afecciones del aparato digestivo, especialmente cuando hay diarrea, debido a su acción astringente; también se han utilizado en casos de dispepsia, trastornos biliares y cólicos abdominales, como aperitivo y como febrífugo. Recibe también los nombres de *zacatechichi, sacatechichi, sacachichic, zacachichi* y *zacatechi* (del náhuatl: *zácatl*, zacate; y *chichic*, amargo), en varios lugares; *simonillo* o *falso simonillo*, en Jalisco y otros sitios de México y Centroamérica; *zacate de perro*, en Oaxaca; y *xikin, xicin* y *tzicin*, en Yucatán.

C.filaginoides es una hierba de 30 a 40 centímetros de altura, con el tallo lanoso, ramificado sólo en la parte superior. Las hojas son alternas, elípticas, dentadas, lanosas, de 3 a 4 centímetros de longitud. Las flores son blanquecinas, hermafroditas o unisexuales, gamopétalas; están dispuestas en cabezuelas terminales, solitarias o en grupos de 2 y 3, delimitadas por un involucro constituido por brácteas que tienen la junta morada, y se ordenan en 2 series. Los frutos son aquenios cortos, comprimidos, con un vilano constituido por dos series de pelos largos que facilitan su dispersión, pues funcionan a manera de paracaídas. Se encuentra en las praderas del valle de México, Morelos, Michoacán, Hidalgo, Estado de México, Oaxaca y otras entidades. Tiene usos semejantes a la especie anterior y se le considera como estimulante del apetito. Recibe también el nombre de *zacachichi*.

ESTADO DE
SINALOA

SINALOA, ESTADO DE, Se ubica en la región norte de la costa del Pacífico. Afecta la forma de un trapecio alargado e invertido. Está situado entre los 22° 22' y los 27° 18' de latitud norte, y de longitud oeste. Limita al norte con el Estado de Sonora, al este con los de Chihuahua y Durango, al sur con el de Nayarit, y al oeste con el Golfo de California y el Océano Pacífico. Tiene una superficie de 58,488 kilómetros cuadrados y una población de 1.273,228 habitantes. Por su tamaño, ocupa el décimo séptimo lugar entre los Estados de la Federación, y por su población, el décimo cuarto (Censo de 1970).

Clima y vegetación. El Trópico de Cáncer atraviesa la entidad en las cercanías del Puerto de Mazatlán, circunstancia que influye en el clima que priva en ella. La temperatura es cálida y húmeda durante el verano en la planicie costera, y primaveral en la estación invernal. En las estribaciones de las montañas es templada, y fría en las alturas de la Sierra Madre Occidental. El promedio de precipitación pluvial es de 600 a mil milímetros. Climatológicamente, el territorio sinaloense se divide en tres regiones: en su parte sur, a partir del río Piaxtla y hasta los límites con Nayarit, es sabana tropical (*Aw de koeppen*); en el norte, donde empiezan las municipalidades de Guasave y Sinaloa, es estepario (BSh); y a medida que se acerca a las tierras sonorenses se torna semidesértico. La central puede considerarse como una zona de transición; de acuerdo con ese orden, es la clase de vegetación que cubre el Estado: en la región de la sabana es más exuberante y lo suficientemente alta para que los cactos no puedan notarse; en la media es más baja y los cactos se hallan al mismo nivel que el resto de la cubierta vegetal, pero en la región esteparia aquélla se achaparra y dominan las cactáceas en cantidad y altura. Hay tres fajas distintas según el tipo de vegetación dominante: la de las coníferas, robles, encinas y pináceas, circunscrita a las altas montañas de la Sierra Madre; la de amapas, ébanos, cedros y sabinos, en las estribaciones del macizo montañoso; y las hiedras, espinos y matorrales que sólo reverdecen en la temporada de lluvias, en la zona costera. Proliferan los mangles, guamuchileros, mezquites y palos blancos; también las higueras silvestres, que alcanzan proporciones gigantescas; y en los cauces de los ríos y arroyos hay profusión de álamos y sauces, que le confieren a algunos sitios el aspecto de jungla.

Constitución geológica. En la zona litoral y en la planicie costera prevalecen los terrenos cuaternarios; y en la región montañosa (contrafuertes y macizos de la Sierra Madre Occidental) dominan las rocas ígneas, sedimentarias, de origen marino y metamórficas. La primera es una faja de poco relieve que se desarrolla de noroeste a suroeste: en el extremo norte tiene una anchura de 125 kilómetros, pero se va angostando hacia el sur, hasta llegar a unos 25 kilómetros en el municipio de El Rosario y quedar reducida a un mero pasadizo entre la sierra y el mar en la región de Escuinapa. Existen en ella extensas llanuras, llamadas valles, constituidas por terrenos recientes de acarreo o colinas de aluvión. En la segunda región geológica predominan las rocas ígneas, principalmente granitos, dioritas, andesitas, dacitas, riolitas y basaltos. Los granitos (las más antiguas del Estado) se encuentran en los macizos de la porción media y septentrional, a veces de gran extensión y de cierto carácter batolítico. Las dioritas (intrusivas) se hallan dispersas en diferentes localidades del Estado; y las andesitas, decitas y riolitas (efusivas) se encuentran de preferencia en los macizos elevados de la Sierra Madre Occidental, en los límites con Chihuahua y Durango. Las rocas ígneas efusivas penetran a veces bastante en la planicie costera, hasta llegar, en algunos sitios, al litoral, como sucede en Mazatlán y Topolobampo. En los alrededores de Mazatlán existen andesitas que configuran los cerros cercanos a la ciudad y algunas de las islas vecinas al puerto. Los basaltos, menos abundantes, se presentan en manchones aislados y son de las formaciones más jóvenes del Estado. Las rocas sedimentarias de origen marino son pizarras arcillosas o margosas, areniscas, margas y calizas. No se han encontrado en ellas fósiles bien conservados que permitan fijar su edad con precisión, pero se presume que son mesozoicas. Varias de las pizarras arcillosas son bituminosas o contienen manto de carbón, y tanto por esto como por su semejanza litológica con las de Sonora, que son triásicas, se ha supuesto que sean de la misma edad. Las calizas, por su posición estratigráfica, se han referido al cretáceo inferior. Algunas de las que descansan directamente sobre los granitos, han sido cortadas por rocas intrusivas, o están cubiertas por ígneas de edad terciaria. Las rocas metamórficas son grises, esquistos micáceos y pizarras más o menos silicificadas, que ocupan las laderas y a veces la parte alta de la Sierra Madre. De la distribución vertical de algunas de estas rocas, pueden dar idea los dos cortes geológicos que se han hecho siguiendo una dirección transversal a la general de la República. Uno se hizo partiendo de la desembocadura del río Mocorito, a la altura de la Sierra Madre, pasando por la población de este nombre y por las de El

38

Mazatlán hacia 1850

Valle, Bacubirito, Arroyo del Padre y San Javier; y el otro, a partir de Quilá, por las márgenes del río San Lorenzo, los pueblos de Santa Cruz, Alayá y Palmares, y la población de Cosalá, hasta el mineral de Guadalupe de los Reyes. El primer corte mostró la sucesión siguiente de formaciones geológicas: a.arenas y marga cuaternaria en Playón y Angostura; b.contacto entre las formaciones cuaternarias y rocas andesíticas en Guamúchil; c.andesitas y riolitas en Mocorito; d.granitos intrusivos y terciarios, entre Mocorito y El Valle; e.rocas andesíticas y riolíticas en El Valle y El Palmar; f.granito, andesitas, riolitas, pizarra y caliza cretácica en Bacubirito; g.rocas andesíticas y pizarra en Teragüito; h.pizarra y tobas andesíticas en el Rancho del Padre; i.rocas andesíticas y riolíticas en el Melonzapote; j.granito en Orilla y Saca de Agua; y k.cuarcitas de edad desconocida en San Javier. Y el segundo: a.terrenos aluviales con algunas corrientes basálticas en las márgenes del Río San Lorenzo; b.pizarras arcillosas calcáreas al oeste de Santa Cruz, con rumbo de norte a sur y echado al oeste; c.calizas entre Santa Cruz y Alayá, que se extienden hasta Palmares; d.monzonita crucífera al oeste de Cosalá; e.contacto entre monzonita crucífera y toba volcánica, en Palo Verde; y f.toba volcánica atravesada por diques aplíticos, desde este rancho hasta el mineral de Guadalupe de los Reyes.

Orografía. En el territorio sinaloense se distinguen dos regiones: la serranía y la planicie costera, aunque en ésta penetran algunas ramificaciones de aquélla. La llanura se extiende de noroeste a su-roeste y la sierra de norte a sur, de modo que a medida que se avanza hacia el extremo meridional, la sierra se va acercando al mar, reduciendo la anchura de la planicie y dejando pocas áreas de cultivo. Las principales serranías del Estado se inician en el norte del municipio de Choix. Ahí se tiende la Mesa de Santa Rita, o sea un desprendimiento de la Sierra del Durazno; al oriente se halla la Sierra de San Vicente, que origina la de Choix; al oeste, la de Gocopira, que se interna en la municipalidad de El Fuerte; al sur, la de Yecorato, de donde arranca la de Tasajera, que también se extiende a El Fuerte, en donde puede verse una extremidad de la Sierra de Alamos, que corre al sur de Sonora, entra a Sinaloa y se extingue en la zona de Sirvirijoa; al sur está la de San Pablo, que sigue al municipio de Ahome y sólo tiene una derivación al sureste, llamada de Navachiste; corre de este a oeste, a baja altura, y forma las bahías de su nombre, Topolobampo y San Carlos. Pequeñas alturas aisladas son la Memoria, Batequis y Baturi. El municipio de Sinaloa es completamente accidentado, pues únicamente su porción sureste es plana. Lo cruza el cordón del Durazno; en su lado norte se internan una parte de la Sierra de Tasajera y la de San José de Gracia; en el sur está la sierra de Buragua; y al este, la de Bacubirito y parte de la Sierra de los Parra. La región de Badiraguato es bastante montañosa y en ella se observan alturas hasta de 2 mil metros sobre el nivel del mar; allí terminan las sierras de Buragua y de los Parra, y se encuentran las de Agua Blanca, Badiraguato y Aguapepe. Al norte de la municipa-

Puente en la ruta del Ferrocarril del Pacífico

lidad de Mocorito están las sierras de Baragua y de los Parra o Surutato; al sur, la de Capirato; y en los linderos con el municipio de Culiacán, la de Miraflores. En la frontera con la municipalidad de Salvador Alvarado se levanta la montaña aislada de El Mochomo. Al norte del municipio de Culiacán irrumpe la Sierra de Miraflores y se encuentran las de El Potrero y San Cayetano; al este, las de Culiacán y San Lorenzo; y al sur, lindando con Elota, la de Tacuichamona. En la región de Cosalá se hallan: al norte, la Sierra de Cupido, de la que se desprende la de San Lorenzo; en el centro, la de Cosalá; al oriente, la de Guadalupe y los Reyes; y en los límites con la municipalidad de Elota, la de Tacuichamona. En la región de San Ignacio se encuentran: al norte, la Sierra de Candelero, que se une a la de Jocuixtita, cuya máxima elevación es de 3 mil metros; al oriente, las de Ventanas y Los Frailes; al sur, el Cerro de la Silla; y al oeste, la de Cocaxtle. Dentro de la municipalidad de Concordia, en los límites con Durango está el imponente macizo de la Sierra Madre Occidental conocido con el nombre de Espinazo del Diablo, por donde atraviesa la carretera Mazatlán-Durango. Este macizo, junto con la Sierra de La Silla y la Bufa del León, forman las mesas de Venteaderos y del Tesgüino, dejando al sur la Sierra Zacanta. La mayor elevación en el municipio es la de Picachos (3 mil metros). En la región de El Rosario la Sierra Madre alcanza grandes alturas, especialmente en Pilares, al oriente de la Mesa de las Hormigas; y en Santa Rita, casi en los límites con Durango y Nayarit, formación que corre al norte con el nombre de Sierra de las Cala-

veras. En Escuinapa está la Sierra de la Bayona, de la que se desprende la pequeña serranía del Yauco, cuya mayor altura es el cerro que lleva su nombre y se mira frente a la ciudad de El Rosario.

Hidrografía. Los numerosos ríos que nacen en las sierras de Chihuahua y Durango surcan el territorio de Sinaloa de este a oeste; ninguno es navegable; durante el estiaje su caudal no es muy grande, pero en la estación de lluvias llegan a producir inundaciones. En el norte de la entidad corre el río de El Fuerte, continuación del Verde; nace en el municipio de Guadalupe y Calvo, en Chihuahua; recibe poderosos afluentes como el Urique y el Chínipas: entra a Sinaloa, donde se le unen el Choix, el de Alamos y el arroyo de la Viuda; y desemboca en el Golfo de California tras de recorrer 670 kilómetros; tiene una cuenca de 34 kilómetros cuadrados. El río Sinaloa nace también en el municipio chihuahuense de Guadalupe y Calvo, por la unión de las corrientes Mohinora y Basoapa; se interna en territorio sinaloense, donde recibe las aguas de algunos grandes arroyos; y tras de recorrer 400 kilómetros, desagua en el Golfo de California, en un punto llamado Boca de Tamazula; su cuenca es de 13,500 kilómetros cuadrados. El río Mocorito es una de las corrientes interiores del Estado y de las más pequeñas; nace en la Sierra de Los Parra; pasa por Mocorito, Guamúchil y Angostura; recorre 108 kilómetros y desemboca frente a la Isla Saliaca, en el Golfo de California; su cuenca es de 600 kilómetros cuadrados. El río Culiacán se origina por la confluencia del Humaya y el Tamazula; el primero, más largo y caudaloso, nace en el mineral de Las Palmas, en el Estado de Durango; corre de este a oeste; entra a Sinaloa, donde hace un fuerte viraje al sur; recoge las aguas de varios arroyos y del pequeño río Badiraguato; llega frente a la ciudad de Culiacán, donde se le une al Tamazula, que también nace en Durango, y recibe el nombre de Culiacán; recorre 252 kilómetros hasta el Golfo de California, frente a la península de Lucenilla; su cuenca es de 14,200 kilómetros cuadrados. La región central del Estado es regada por el río San Lorenzo; se origina en Durango, donde forma el río de los Remedios; entra a Sinaloa por el municipio de Cosalá, atraviesa el de Culiacán y desagua en el Golfo de California, en un punto llamado Boca de Navito, tras de recorrer 156 kilómetros; su cuenca es de 8 mil kilómetros cuadrados. El río Elota es uno de los menos caudalosos; nace también en Durango; recorre la porción meridional del municipio de Cosalá; entra a Elota, pasa por el poblado de ese nombre y desemboca en la Bahía de Ceuta, en el Golfo

38

Puerto de Topolobampo

38

Un estero en Escuinapa

de California; tiene una longitud de 120 kilómetros y una cuenca de 1,804 kilómetros cuadrados. El río Piaxtla, uno de los más caudalosos, nace en el municipio de San Dimas, Durango: atraviesa la municipalidad de San Ignacio y desagua en la Boca de Piaxtla, en el Golfo de California; recorre 230 kilómetros y drena 6,213 kilómetros cuadrados. El río del Quelite es una corriente interna y la más pequeña de la entidad; nace en el municipio de San Ignacio, cruza la región septentrional de Mazatlán y desagua en el Golfo de California, en un lugar llamado Punta Roja; tiene una longitud de 100 kilómetros. Otra corriente caudalosa es el río Presidio; se origina en Durango; se precipita por la Quebrada de Ventanas; entra a Sinaloa, atraviesa los municipios de Mazatlán y Concordia; y descarga en la Boca de Barrón, en el Golfo de California; recorre 167 kilómetros y su cuenca es de 4,400 kilómetros cuadrados. El río Baluarte, también llamado Chametla o Rosario, nace en Durango, donde recibe poderosos afluentes; sirve de límite a las dos entidades y tras de recorrer 165 kilómetros en territorio de Sinaloa, desemboca en las cercanías del puerto de Chametla, en el Océano Pacífico; tiene una cuenca de 4 mil kilómetros cuadrados. El río de Las Cañas nace en Nayarit; sirve de límite a las dos entidades, recorre una distancia de 152 kilómetros y desemboca en la bahía de Teacapán, en el Océano Pacífico.

Aparte estos ríos, considerados como mayores, hay otras corrientes con caudal permanente: los ríos de Choix, tributario de El Fuerte; el de Badira-guato, afluente del Humaya; el de Ajoya, que desagua en el Piaxtla; y el de Pánuco, que se une al Baluarte. Y los arroyos siguientes: el de la Viuda o del Mezquite, que nace en los límites con Sonora y desagua en el río del Fuerte, frente a Tehueco; en el municipio de Sinaloa, el de Ocoroni, tal vez el más largo y caudaloso, al que se une el de Cabrera, para descargar juntos en el río de Sinaloa; el de Bacubirito, afluente también del Sinaloa; el del Palmar de Los Leal, que desagua en el Río Mocorito cerca del poblado de Boca de Arroyo; el de Comanito, que nace en Badiraguato, recibe al de Capirato y muere en la laguna de Vitaruto en el municipio de Culiacán, el de Amatán o de Sanalona; que entra al Tamazula al pie de la cortina de la presa de Sanalona; en el municipio de Cosalá, los de Cachagua (afluente del río San Lorenzo, frente al pueblo de Alayá), del Vichi (pasa por El Vizcaíno, el Ranchito y El Salado y se une al San Lorenzo aguas abajo de Quilá), Cosalá y Conitaca (tributarios del río Elota); en Concordia, los de este nombre, Zavala, El Verde, Tepuxta y Jacobo, afluentes del Presidio; y en El Rosario, el de Plumosas, que desemboca en el Baluarte.

Hay manantiales de aguas sulfurosas en los siguientes municipios: en El Fuerte: Agua Caliente de los Gastélum; en Choix: Agua Caliente de Lamphara y Agua Caliente Grande; en Sinaloa: Agua Caliente de Zevada, Cacalotán, Mozocari y San José de Gracia; en Mocorito: La Ciénega, Agua Caliente de Abajo, Palmarito y San Benito; en Badiraguato: Atotonilco y La Huerta de los Ríos; en Culiacán: Imala, Agua Caliente y el Carrizalejo; en

38

Isla de Altamira.

Cosalá: Guadalupe los Reyes, Agua Caliente y Simón Botas; en San Ignacio: Agua Caliente de los Yurén, Santa Apolonia, San Ignacio y El Limón; en Mazatlán: Veranos; y en Concordia: Agua Caliente de Gárate. Aguas ferruginosas se encuentran en Agua Caliente de Cota (Sinaloa) y en Agua Caliente, Santa Fe y Arrona (Concordia); y alcalinas, en Bacubirito (Sinaloa).

El litoral sinaloense tiene una longitud de 640 kilómetros, en su mayor parte correspondientes al Golfo de California; la pequeña porción bañada por el Océano Pacífico queda al sur del paralelo de Cabo de San Lucas. A partir de la extremidad austral, la costa empieza con la bahía de Teacapán, donde desemboca el río de Las Cañas y se inicia la gran albufera de Caimanero, impropiamente llamada laguna, separada del mar por las islas del Palmito del Verde (45 kilómetros de largo por 7 de ancho) y Palmito de la Virgen (35 por 7 kilómetros), ambas fértiles y habitadas, propias para la siembra de maíz, frijol y cocoteros. En las Cabras, punto cercano al puerto de Chametla, desemboca el río Baluarte. Poco después está la Boca de Barrón, donde desagua el río Presidio. Allí comienza una larga albufera formada por la Isla de la Piedra, que se prolonga hasta la bahía de Mazatlán. En ésta se hallan la Boca de la Tortuga, las islas de Chivos, Crestoncito, del Pozo y Cradón y el estero del Astillero: y por el sur, la isla rocosa del Crestón, que aloja un faro; al poniente está la bahía de Olas Altas, y al norte la del Puerto Viejo, obstruida por las islas de Lobos, Pájaros y Venados. Siguen las

Puntas del Camarón, Sábalo, Gruesa y Roja; en este último sitio desemboca el pequeño río del Quelite. En la costa del municipio de San Ignacio destacan la boca del Piaxtla y la punta Encaramada; y en el de Elota, la punta de San Miguel y la boca del río de aquel nombre. Muy cerca del límite con el municipio de Culiacán empieza la península de Quevedo, en cuya zona vierte al mar el río San Lorenzo. La península de Lucenilla cierra la ensenada del Pabellón, donde desagua el río Culiacán y se halla el puerto del Robalar. Después se forma la bahía de Altata, protegida por la península de Redo y la isla del mismo nombre. En la península de Malacataya, o de María Calatayud, se inicia la bahía del Tule, abrigada por las islas de Tachichilte y Altamura, pertenecientes al municipio de Angostura; ahí se encuentran los puertos del Tule y Playa Colorada. La isla Saliaca y la punta del Parihuete forman la bahía de Saliaca, donde desemboca el río Mocorito, frente a las pequeñas islas de Curbina, Garrapata y Mero. En el litoral que corresponde al municipio de Guasave están la punta de San Ignacio, frente al farallón del mismo nombre; la boca de Tamazula, lugar donde llega al mar el río Sinaloa; el estero de Macapule y la gran bahía de Navachiste, cerrada por las islas Macapule y Vinorama y por los islotes San Felipe, Pájaros y Mero. Al otro lado de la península que limita la bahía anterior, se encuentra la de Topolobampo, uno de los mejores y más grandes puertos naturales del mundo, que aloja en su interior a la ensenada circular de San Carlos. La línea costera se curva después hacia el occidente hasta la bahía de Agiabampo; en toda esa extensión hay un canal que cierra al oeste y al suroeste la isla de Santa María, con la punta de su nombre; el estero y la isla de Lucenilla conforman la bahía de San Ignacio; y el estero de las Piedras (boca de Ahome), donde entra al mar el río de El Fuerte, que sirvió muchos años de puerto. La bahía de Agiabampo culmina en la península y el estero de ese nombre. A lo largo del cordón litoral se encuentran hermosas playas como las de Mazatlán; las de Baraditos y El Tambor, en el municipio de Culiacán; Boca del Río, en el de Guasave; Olaje, en el de San Ignacio; y Las Copas y Mapahui, en el de Ahome.

Sistema político. La entidad alcanzó el rango de libre y soberana en 1830. Está dividida en las siguientes 17 municipalidades, nombradas de norte a sur: Choix, El Fuerte, Ahome, Guasave, Sinaloa, Mocorito, Salvador Alvarado, Angostura, Badiraguato, Culiacán, Cosalá, Elota, San Ignacio, Mazatlán, Concordia, El Rosario y Escuinapa. Los muni-

38

Palacio de Gobierno del Estado de Sinaloa

cipios se rigen por ayuntamientos de elección popular, integrados por un presidente y un número variable de regidores, según el volumen de población. Se eligen 13 diputados al Congreso del Estado y 5 al de la Unión. El titular del Poder Ejecutivo tiene 3 secretarios: de Gobierno, de Finanzas y de Desarrollo Económico. El procurador general de Justicia actúa por conducto de los agentes del Ministerio Público. El Poder Judicial está formado por un Supremo Tribunal, jueces de primera instancia en los ramos civil y penal, y jueces menores. El presupuesto de ingresos y egresos para 1974 ascendió a $652.431,323.46, de los cuales 225.5 (34.8%) estuvieron destinados al ramo de educación.

Los grupos humanos. Según Humboldt, el número de habitantes de Sonora y Sinaloa era de 93,369 en 1794. En 1823, a juzgar por otras fuentes, llegaba a 200 mil, cantidad que se mantuvo sin variaciones sensibles durante casi todo el siglo XIX. Los censos nacionales han registrado las siguientes cifras de población para Sinaloa: 261,050 (1895), 382,255 (1930), 685,681 (1950), 838,404 (1960) y 1.266,528 (1970). La gran mayoría son mestizos, pues hay apenas unos 10 mil indígenas en las márgenes del río Fuerte. La distribución demográfica por municipios es la siguiente: Choix, 26,859; El Fuerte, 61,558; Ahome, 161,819; Guasave, 149,663; Sinaloa, 52,942; Mocorito, 49,025; Salvador Alvarado 29,046; Angostura, 29,309; Badiraguato, 29,252; Culiacán, 360,412; Cosalá, 13,711; Elota, 17,572; San Ignacio, 23,552; Mazatlán,

167,616; Concordia, 20,977; El Rosario, 39,729, y Escuinapa, 30,807. De ellos 641,445 son hombres y 671,783 mujeres; 592,112 viven en las ciudades y 681,116 en el campo; 343,714 son económicamente activos; y el total se agrupa en 3,754 localidades (8 ciudades, 20 villas y el resto pueblos, rancherías, ranchos, colonias y ejidos). Las poblaciones de mayor importancia cuyo número de habitantes se indica entre paréntesis, son las siguientes: en el municipio de Choix, la villa de este nombre (2,503); en el de El Fuerte, El Fuerte (7,179), San Blas (6,222), Constancia (2,526), Mochicahui (2,386), Charay (2,067) y Chinobampo (1,316); en el de Ahome, Los Mochis (67,953), Topolobampo (4,685), San Miguel (3,629) y la Colonia Díaz Ordaz o El Carrizo (1,203); en el de Guasave, Guasave (26,080), Juan José Ríos (12,675), Adolfo Ruiz Cortines (6,158), El Burrión (3,624), Estación Bamoa (5,866), Gabriel Leyva Solano (4,120), La Trinidad (3,491), León Fonseca (2,849), Tamazula (2,775) y Pueblo de Bamoa (2,177); en el de Sinaloa, Sinaloa de Leyva (1,998), El Naranjo (3,276), Baburía (1,263) y El Palmar de los Sepúlveda (1,063); en el de Angostura, la cabecera (2,663), La Reforma (3,023), Colonia México (2,060) y Alhuey (1,585); en el de Salvador Alvarado, Guamúchil (17,151); en el de Mocorito, la villa de ese nombre (3,993), Pericos (4,445) y Caimanero (1,547); en el de Culiacán, la capital del Estado (219,730 en 1973), Navolato (12,779), Costa Rica (11,795), Eldorado (8,115), Aguaruto (5,425), Villa Adolfo López Mateos (5,064), Angel Flores

(3,786) y Quilá (3,596); en el de Cosalá, la cabecera (2,279) y la Villa de la Cruz (4,218); en el de Elota, la cabecera (1,060); en el de San Ignacio, la cabecera (1,804) y Coyotitán (1,392); en el de Mazatlán, la ciudad y puerto de ese nombre (119,552), Villa Unión (6,789) y El Roble (3,893); en el de Concordia, la cabecera (3,947) y Mesillas (1,004); en el de El Rosario, la ciudad de este nombre (10,276); Agua Verde (3,467), El Pozole (3,151), Chametla (2,966), Puyequi (2,371), y Cacalotán (1,629) y en el de Escuinapa, la cabecera (14,442), Teacapán (2,569) y Cristo Rey (849). En seguida se anota el crecimiento de la población en las ciudades más importantes:

	Los Mochis	Guasave	Guamúchil	Culiacán	Mazatlán
1910	1,168	936	-	11,000	21,219
1920	6,649	971	2,185	12,000	25,254
1930	10,000	2,802	3,042	16,803	29,380
1940	12,937	4,997	4,526	22,025	32,117
1950	21,552	8,506	5,865	48,936	41,754
1960	39,307	17,510	7,878	85,024	75,751
1970	67,953	26,080	11,151	167,956	119,553

SINALOA
CABECERAS MUNICIPALES. UBICACIÓN Y POBLACIÓN

Cabeceras municipales	Latitud (1)	Longitud (2)	Altitud (3)	Población (4)
1 Los Mochis (5)	25 45 00	108 58 12	39	67,953
2 Angostura	25 51 30	108 11 00	35	2,663
3 Badiraguato	25 21 40	107 33 07	300	1,280
4 Concordia	23 17 00	106 04 30	100	3,947
5 Cosalá	24 24 38	106 41 44	300	2,299
6 Culiacán Rosales (6)	24 48 36	107 23 57	84	167,956
7 Choix	26 43 30	108 17 24	365	2,503
8 La Cruz (7)	23 54 55	106 53 42	22	4,218
9 Escuinapa de Hidalgo	22 51 24	105 48 00	14	16,442
10 El Fuerte	26 25 14	108 39 00	115	7,179
11 Guasave	25 34 00	108 27 00	30	26,080
12 Mazatlán	23 11 55	106 25 20	3	119,553
13 Mocorito	25 29 00	107 55 13	838	3,993
14 Rosario	22 59 29	105 51 13	32	10,276
15 Guamúchil (8)	25 27 26	108 05 31	45	17,151
16 San Ignacio	23 56 14	106 25 58	97	1,804
17 Sinaloa de Leyva	25 49 26	108 13 29	55	1,998

(1) Latitud norte. (2) Longitud oeste de Greenwich. (3) Altitud: metros sobre el nivel del mar. (4) *IX Censo General de Población. 1970*. (5) Municipio de Ahome. (6) Capital del Estado. (7) Municipio de Elota. (8) Municipio de Salvador Alvarado.

Comunicaciones. El Ferrocarril del Pacífico atraviesa el Estado de norte a sur, corriendo casi siempre por la zona costera; el Ferrocarril Chihuahua-Pacífico va del puerto de Topolobampo a Oji-naga, en Chihuahua; y el Ferrocarril Occidental de México comunica Culiacán con Navolato. Otra pequeña línea, el Mexicano del Pacífico, sirve para el arrastre de la caña que muele el ingenio de Los Mochis. La carretera Nogales-México, llamada Internacional, recorre toda la longitud de la entidad (625 kilómetros) y toca las principales ciudades y zonas de producción. La carretera Mazatlán-Durango, a través de la Sierra Madre, comunica hacia el norte y el interior del país.

Los caminos pavimentados a cargo del Estado, cuya longitud en kilómetros se indica entre paréntesis, son los siguientes: Topolobampo-Los Mochis-Choix (128.75), Internacional-Cohuibampo (11.7), Internacional-Estación Naranjo (22.74), Guasave-León Fonseca-Sinaloa (39.8), Internacional-San José de la Brecha (22.1), Guamúchil-Mocorito (17.25), Guamúchil-Angostura (14.74), Angostura-La Reforma (20), Carretera-Internacional-Presa Adolfo López Mateos (22.3), Culiacán-La Palma (25.4), Culiacán-Altata (61.6), San Pedro-Yebabito-Navolato (14.3), Limoncito-Cinco Hermanos (15.3), Culiacán-Eldorado (54), San Pedro Campo Aníbal (24), Internacional-Costa Rica (16.7), Internacional-Cosalá (53.8), Internacional-La Cruz (18.7), Coyotitlán—San Ignacio (32.1), El Roble-Cofradía (15.6), Villa Unión-Siqueros (17.9), El Rosario-Agua Verde (19.5), Escuinapa-Teacapán (40.7) y Guasave-Boca del Río (20.3). En 1974 estaba pavimentándose la carretera a la presa de Sanalona (36) y se había iniciado la de acceso a la presa del Comedero (51.5).

Funcionan en el Estado 24 radiodifusoras: en El Fuerte, XEROF; en Los Mochis, XEGS, XECV, XECW, XEHS y XETNT; en Topolobampo, XEZA; en Guasave, XEGS y XEORQ; en Guamúchil, XEJL; en Culiacán, XENW, XESA, XECW, XEBL, XENZ, XEVQ y XEUAS; en El Dorado, XEEX; en Mazatlán, SEACE, XEOW, XERJ y XETK; en El Rosario, XEHW, y en Escuinapa, XEQE. Y operan 7 televisoras en Los Mochis, XJB-TV Canal 4 y XHCG-TV Canal 12; en Culiacán, XHBL-TV Canal 13, XHB Canal 7 y XHQ-TV Canal 3; y en Mazatlán, XHMZ-TV Canal 7 y XHOW-TV Canal 12.

La educación. La primera escuela fue abierta por los misioneros jesuitas en 1592 para la enseñanza de los niños indígenas, pero en las villas españolas no hubo ninguna. Al erigirse el obispado de Sonora (1779) los obispos empezaron a fundar planteles de primeras letras en las principales localidades de la diócesis. En 1838 abrió sus puertas el Seminario Tridentino Conciliar de Sonora y en 1873 se inauguró el Liceo Rosales, primer centro laico de estudios superiores. En 1896 ya funcionaban 214 escuelas. En 1975 el gobierno local sostenía 42 jardines de niños, 707 primarias, 19 academias, 11 secundarias, 2 preparatorias y 3 normales (para educadoras, del Estado y del sur de Sinaloa); y el gobierno federal: 89 primarias urbanas y rurales, 8 técnicas, 26 secundarias, 5 agropecuarias y 9 preparatorias. Había, ademas, 11 escuelas técnicas, 31 secundarias y 4 preparatorias particulares incorporadas. Sin embargo, el número de analfabetas era de 177,776.

El Instituto Tecnológico Regional de Culiacán imparte enseñanza vocacional y profesional en diversas ramas de la ingeniería y cursos de capacita-

SINALOA
Sistema Educativo
Número de escuelas y maestros
Año escolar: 1974-1975

Niveles de educación y tipos de enseñanza	Sector Público										Iniciativa privada	
	Total		Suma		Federal		Estal		Universidad			
	Escuelas	Maestros	Escuelas	Maestros	Escuelas	Maestros	Escuelas	Maestros	Escuelas	Maestros	Escuelas	Maestros
ELEMENTAL	1,612	6,886	1,560	6,589	837	3,123	723	3,466	-	-	52	297
Preescolar	65	262	55	230	19	52	36	178	-	-	10	32
Primaria	1,547	6,624	1,505	6,359	818	3,071	687	3,288	-	-	42	265
MEDIO	269	4,000	67	1,642	47	1,138	8	194	12	310	202	2,358
Ciclo Básico	221	3,039	50	1,100	43	950	7	150	-	-	171	1,939
Capacitación industrial	2	16	2	16	2	16	-	-	-	-	-	-
Secundaria	183	2,767	41	1,043	37	912	4	131	-	-	142	1,724
Técnica, Ind. y Com.	36	256	7	41	4	22	3	19	-	-	29	215
Ciclo Superior	48	961	17	542	4	188	1	44	12	310	31	419
Preparatoria	37	744	10	427	4	188	-	-	6	239	27	317
Normal	5	146	1	44	-	-	1	44	-	-	4	102
Profesional media	6	71	6	71	-	-	-	-	6	71	-	-
SUPERIOR	8	339	8	339	1	47	-	-	7	292	-	-
Total	1,889	11,225	1,635	8,570	885	4,308	731	3,660	19	602	254	2,665

Número de alumnos

Niveles de educación y tipos de enseñanza	Sector Público				Iniciativa privada
	Total	Suma	Federal	Estatal	Universidad	
ELEMENTAL	316,001	305,355	142,457	162,898	-	10,646
Preescolar	11,790	11,040	2,074	8,966	-	750
Primaria	304,211	294,315	140,383	153,932	-	9,896
MEDIO	66,550	30,121	23,109	2,359	4,653	36,429
Ciclo Básico	52,430	22,358	20,825	1,533	-	30,072
Capacitación industrial	538	538	538			
Secundaria	47,210	21,102	19,854	1,248	-	26,108
Técnica, Ind. y Com.	4,682	718	433	285	-	3,964
Ciclo Superior	14,120	7,763	2,284	826	4,653	6,357
Preparatoria	11,217	5,848	2,284	-	3,564	5,369
Normal	1,814	826	-	826	-	988
Profesional media	1,089	1,089	-	-	1,089	
SUPERIOR	7,135	7,135	482	-	6,653	-
Total	389,686	342,611	166,048	165,257	11,306	47,075

41

Sistema de estacado en ejotero

ción para obreros especializados; en 1973, tenía 1,205 alumnos. La Universidad Autónoma de Sinaloa, en Culiacán, cuenta con las siguientes escuelas: Contabilidad y Administración, Superior de Agricultura, Ciencias Químicas, Ciencias Físico-Matemáticas, Economía, Derecho y Ciencias Sociales, Trabajo Social, Enfermería y Artes Plásticas y los centros de Estudios Musicales y de idiomas; tiene 13,016 alumnos y varias preparatorias en diversas poblaciones del Estado. La Escuela Libre de Derecho, de reciente creación, tiene 180 alumnos y 36 catedráticos; y en 1975 estaba por abrirse una Escuela Libre de Contabilidad y Administración. La enseñanza para maestros se inició en el Colegio Rosales, que otorgaba títulos de profesor de primeras letras. Después, la misma institución creó un plantel especializado que funcionó allí por muchos años, hasta que el gobernador Pablo E.Macías Valenzuela creó la Escuela Normal del Estado. El establecimiento tuvo en 1973 una inscripción de 830 estudiantes y ese mismo año egresaron 192 maestros normalistas. La Normal de Educadoras, con sólo 2 años de existencia, tiene 133 alumnas.

Economía. *La agricultura.* En los primeros 2 siglos de la Colonia se continuaron cultivando el maíz, el frijol, el chile y las calabazas que ya se sembraban antes de la conquista. En el siglo XVIII se comenzó a sembrar caña para la fabricación de piloncillo; a principios del XIX se incrementó la producción de maíz y frijol, para enviar los excedentes a Sonora y Baja California; y hacia 1840 la apertura de una fábrica de hilados y tejidos en Cu-

liacán estimuló el cultivo del algodón. Las actividades agrícolas se mantuvieron estacionarias hasta principios del siglo XX. Predominaban el maíz y el frijol de temporal. La caña de azúcar cobró auge con el establecimiento de ingenios azucareros en Los Mochis, Navolato, Eldorado y Culiacán. La siembra del tomate se inició en la segunda década, sin que fueran muchos quienes se aventuraran en ella, por los riegos y eventualidades a que está sujeta esta hortaliza, que desde entonces fue producto de exportación. En 1924 la propiedad rústica comprendía una superficie de 54,949.49 hectáreas con valor de $3.383,273. En el ciclo 1926-1927 la producción agrícola, en kilogramos, fue la siguiente: maíz, 88,433; frijol, 7,916; garbanzo, 22,986; caña de azúcar, 87,233; tomate, 13,884; tabaco, 1.386,000; chícharo, 2.899,000 y plátano, 5.850,000. Las obras de riego se iniciaron en la década de los cuarenta con la presa Sanalona, sobre el río Tamazula; a la que siguió la Miguel Hidalgo, en la región de El Fuerte. En 1950 la producción agrícola del Estado fue de 176 mil toneladas de tomate, 8,594 de chile, 30 mil de garbanzo, 1.233,274 de caña de azúcar, 200 mil de arroz, 90 mil de maíz y 9 mil de ajonjolí. En el ciclo 1972-1973 se sembraron 39,027 hectáreas de hortalizas, de las cuales 21,959 fueron de tomate y 4,869 de chile. En seguida se anotan, para cada producto, el número de toneladas cosechadas y el valor en pesos, entre paréntesis: tomate, 310,300 (1,017.111,273); chile, 17,661 (200,256.764); ejote, 6,684 (47.966,819); berenjena, 17,902 (58.007,726); pepino, 62,222 (222.999,400); pepino pickle, 242 (997,954); chícharo, 1,672 (9.480,901); calabacita, 10,390 (54.313,991); sandía, 13,468 (15.244,611); col, 342 (2.357,999); melón, 14,035 (59.930,330); cebolla, 247 (609,495); mango, 502 (4.706,925); lechuga, 174 (466,912); nabo, 163 (332,893); papaya, 34 (141,594); toronja, 31 (80,588); y aguacate, 6 (34,450). El valor de las exportaciones fue de $1,940.440,574. Al mercado interior se enviaron 144,017 toneladas de hortalizas y frutas frescas.

El garbanzo, uno de los productos más remunerativos para la agricultura de Sinaloa, sólo cuenta con dos mercados internacionales: España y Cuba. Hasta antes de la guerra civil, España consumía casi el total de la producción, pero tras de aquélla y con el rompimiento de las relaciones, el cultivo entró en crisis. En el ciclo 1972-1973 se cosecharon 24,450 toneladas de riego y 2,125 de temporal, o sea un total de 26,575. La caña de azúcar produjo 505 mil toneladas; el arroz, 157,500; la soya, 114

41

Jitomate: racimo de STEP282 y cultivo en Culiacán

mil; y el trigo, 210 mil. La producción en las tierras de temporal alcanzó 303,600 toneladas: ajonjolí, 15,300; algodón, 2,800; cacahuate, 4,275; cártamo, 13,500; frijol, 16,500; frutales, 64,900; garbanzo, 2,125; maíz, 81,600; y sorgo (grano) 102,600; y en las de riego, 6.466,534 toneladas, lo cual arroja un total de 6.770,194. Sinaloa ocupó el primer lugar como Estado exportador de productos agrícolas, cuyo valor sobrepasó los $3 mil millones.

Fruticultura. Hasta fines del siglo XIX el cultivo de frutales no tuvo importancia comercial. Fue en ese tiempo cuando Alejandro Redo introdujo variedades de mango y otras especies de origen oriental, plantadas en las regiones de Eldorado y en Culiacán. En 1970 había sembradas 9,623.11 hectáreas: 3,078.98 en Culiacán, 1,655.15 en Escuinapa, 1,477 en Mazatlán, 962.99 en Ahome, 709.80 en Concordia, 483.99 en Guasave, 474.12 en El Rosario, 252.70 en El Fuerte, 237.50 en Mocorito, 215.80 en San Ignacio, 37 en Angostura y 18 en Sinaloa. De mango hay 12 variedades en una superficie de 4,290.51 hectáreas; y de aguacate, 18, en 1,281.74. Los ciruelos ocupan 576.94 hectáreas; los tamarindos, 153.79; los naranjos (12 variedades), 1.385.36; la papaya (6 variedades), 113; los toronjos, 679.72; y los limoneros, 216.71. El resto del área plantada corresponde a lichee, tangerinas, limas, mandarinas, cocoteros, guayabos, durazneros, chirimoyos, manzanos, chabacanos, membrillos, capulines, higueras, tejocotes, tangerones, plátaneros y arrayanes. El valor de lo exportado ascendió a $4.706,925.

Los sistemas de riego. Existen dos grandes zonas de riego: la del centro (Distrito Núm. 10) y la del norte, a cargo de la Comisión del Río de El Fuerte. Esta tiene bajo su cuidado las presas Miguel Hidalgo y Josefa Ortiz de Domínguez, la primera con 3,200 millones de metros cúbicos, útiles para regar 225 mil hectáreas, y la segunda con 600 millones, para 40 mil hectáreas. En la zona centro se hallan la presa Eustaquio Buelna, con capacidad de 343 millones de metros cúbicos, para irrigar 26 mil hectáreas; la Presidente López Mateos (3,150 millones) y la Sanalona (850 millones), ambas para regar 200 mil hectáreas. Se han iniciado los trabajos de la presa del Comedero, sobre el río San Lorenzo, que almacenará 3,400 millones de metros cúbicos y podrá beneficiar 50 mil hectáreas; y en la zona norte, la de Bacurato, sobre el río Sinaloa, que captará 2,800 millones y podrá regar 115 mil hectáreas. Y se han proyectado las presas de Huitis, auxiliar de la Miguel Hidalgo, y las de los ríos Elota y Piaxtla, que convertirán al Distrito Núm. 10 en el más grande del país, pues podrá dar servicio a 450 mil hectáreas. En este distrito los canales tienen una longitud de 3 mil kilómetros, todos recubiertos con concreto. El Plan Hidráulico del Noroeste pretende interconectar los sistemas y llevar agua a la parte sur de Sonora. Hacia 1973 había disponibles en Sinaloa 771,125 hectáreas, de las cuales 496,075 eran de riego: 283,228 ejidales y 212,847 de pequeños propietarios. Ese año el valor catastral de la propiedad rústica llegaba a $3,180.058,100.

Avicultura. La cría de aves de corral nunca fue

42

Presa Adolfo López Mateos

una fuente considerable de ingresos; en las rancherías y ciudades cada familia tenía unas cuantas gallinas para disponer de huevo fresco. Sin embargo, la eliminación de pocilgas y gallineros en las ciudades y el crecimiento de la población obligaron a la importación del huevo, y esta circunstancia a la instalación de granjas que se han multiplicado hasta convertir la industria avícola en uno de los renglones económicos más productivos de la entidad. En 1973 se produjeron 1.441,000 cajas con 360 huevos cada una, y el total de aves llegó a 3.920,000.

Ganadería. Durante el avance colonial hacia el norte, la provincia de Sinaloa abasteció de ganado a Sonora y Nuevo México; pero más tarde se fue rezagando hasta ceder la primacía a su vecina sonorense. En 1920 había en el Estado 276,475 cabezas de ganado bovino, 22,935 de caballar, 35,552 de mular, 23,627 de asnal, 6,117 de lanar; 22,875 de caprino, y 117,975 de porcino. En 1974 el número de bovinos y puercos por municipalidad era el siguiente: Choix, 42,170 y 12,197; El Fuerte, 51,127 y 14,074; Ahome, 58,627 y 28,993; Guasave, 45,226 y 21,150; Sinaloa, 84,340 y 28,158; Angostura 13,371 y 11,143; Mocorito, 69,941 y 18,434; Salvador Alvarado, 10,285 y 5,978; Badiraguato, 55,541 y 19,584; Culiacán, 107,996 y 41,014; Elota, 37,027 y 8,862; Cosalá, 47,313 y 14,022; San Ignacio, 123,425 y 12,727; Mazatlán, 77,140 y 24,568; Concordia, 39,084 y 13,373; El Rosario, 111,082 y 9,191; y Escuinapa, 54,512 y 11,143. El ganado caprino llegaba en 1972 a 46,814 cabezas; el ovino a 1,191, el caballar a

77,395, el mular a 56,894 y el asnal a 97,588.

Industria. Hacia 1840 se instaló en Culiacán una fábrica de hilados y tejidos y a fines del siglo se establecieron algunas pequeñas fábricas y talleres en Mazatlán, y en otras partes del Estado se montaron los primeros ingenios azucareros. Las luchas revolucionarias terminaron con algunas de esas fuentes de trabajo. En la zafra de 1926-1927 se produjeron 46 mil toneladas de azúcar y 3.400,000 litros de alcohol y aguardientes; y en 1930, 62,500 de aquélla, más 2,870 de piloncillo, y 6.250,000 litros de éstos. En ese tiempo prosperaba la industria del tabaco: 31.556,000 cajetillas de cigarrillos y 108 mil puros. En Mazatlán existían 2 cervecerías, que producían 1.780,000 litros (1926). Hasta 1967 había en el Estado 3,844 establecimientos industriales, que ocupaban a 24,695 personas y cuya producción ascendía a $2,261 millones. El volumen en toneladas (o en litros, en su caso) y el valor en millones de pesos de los principales productos, entre paréntesis, eran en 1970 los siguientes: cemento, 222,017 (58.7); cerveza, 28.914,705 litros (57.2); bebidas gaseosas, 265.042,142 litros (66.2); algodón, 46,724 (70); trigo molido, 25.467,883 (29.7); leche pasteurizada, 17.586,547 litros (40.1); azúcar, 267,205 (304.6); arroz extra fancy, 38,486 (100.8); arroz comercial, 45,985 (98.5); granillo, 27,490 (38.4); camarón, 8,882, de las que se exportaron 7,424; leche, 386,552 litros diarios (.178) y 235,215 kilogramos de queso mensuales (.179).

Minería. Las primeras minas que se descubrieron en territorio de Sinaloa, en 1566, fueron las de Pánuco, Copala y Charcas. Después siguieron las de Las Vírgenes, Careatapa, Plomosas y del Tajo (El Rosario). Tuvieron fama las de Cosalá y San José de Gracia. El ingeniero Federico Weidner, geólogo alemán que radicó en el Estado, dividió en 6 grupos las vetas metálicas de Sinaloa: 1.Vetas de oro que consisten en cuarzo ferruginoso carcomido, con partículas de oro nativo, unas veces aisladas e independientes como en Guabertita, Habal, Máripa y Cohuicahui, y otras unidas formando hilos y cintas, como en Guadalupe de los Reyes y San José de Gracia. 2.Vetas de plata compuestas de cuarzo o de espato calizo, con plata en estado nativo o sulfuro antimonial y arsenical con mayor o menor ley de oro, según se observa en Guadalupe de los Reyes, El Rosario, Pánuco y Copala. 3.Vetas de galena argentífera, compuesta de sulfuros de plomo, zinc, fierro y cobre, y a veces también de arsénico, antimonio y selenio, armados en cuarzo, espato calizo, u ópalo férrico, como en Santa Elena, Barreteros,

42

Presas Miguel Hidalgo y Sanalona

Topia de Durango, Santiago de los Caballeros, San José de las Bocas y Pobres. 4.Formaciones de piritas argentíferas, como en los cerros de Metates, Favor, Quebrada y Escalera, observándose en ellas una mezcla íntima de sulfuros de cobre, fierro y arsénico, con ley de plata. 5.Formaciones plomosas, cuyas vetas son de plomo en estado de óxido, sulfuro y carbonato, armado de espato calizo y gangas ferruginosas, silicosas y de manganeso, con leyes de plata raramente costeables, o también de galena y carbonato blanco, de plomo arriñonado, en piedra córnea, cuarzo opalino y alofanita, con regular ley de plata, como· la veta de Chichi. Y 6.formación cobriza, en cuyas vetas dominan el cobre abigarrado y la pirita cobriza y férrica en poco cuarzo, según se advierte en Picachos, del municipio del Rosario, y en San Isidro (Puerto de San Dimas); o la pirita cobriza, la malaquita y el silicato de cobre (veta de Bacamacari), o bien el puro cobre negro (cercanías de San Isidro).

Hay un cuadrilátero de minerales formado por San Vicente (Sinaloa) y San Dimas, Tayoltita y Guarisamey (Durango) del que se dice que en un radio de 2 leguas podían encontrarse más de 100 minas y otras tantas vetas, unas plomosas (el Carmen y San Vicente), otras cobrizas (Bolaños) y las demás de cuarzo con plata sulfúrica. Tal parece que existe un manto aurífero entre esa zona y la que se extiende hasta Guadalupe de los Reyes, donde se registró una de las mayores bonanzas en el arroyo El Tambor. El suceso ocurrió en 1930 y provocó gran afluencia de gambusinos, pero el placer no

duró mucho. Hasta 1940 hubo numerosos fundos, con el número de minas que se indica entre paréntesis: en el municipio de El Rosario, el de este nombre (5 de plata) y Plomosas (27 de oro, plata y cobre); en el de Concordia: Pánuco (35 de plata), Realito de Charcas (9 de plata) y Copala (75 de plata); en el de Mazatlán: Pueblo Nuevo y Palomas (5 de plata y oro), El Zapote (una de plata y cobre), Quebrada de San Juan (3 de oro y plata), Sierrita del Potrero (5 de oro, plata y plomo), Cerro de la Silla y Roble (3 de oro y plata) y El Llano del Tacote (una de plata mixta); en el de San Ignacio: Minas de San Vicente (3 de oro, plata y metal plomoso), El Pilar (4 de metal plomoso), Puerta de San Dimas (6 de metal plomoso), Tayoltita (4 de plata), Chilar (3 de plata) y Jocuixtita (3 de plata en bonanza); en el de Cosalá: Guadalupe de los Reyes (15 de plata y oro), Ciénega (4 de plata, minitas, 3 de plata y plomo), San José de las Bocas (11 de plata y plomo), Tlapacoyan (6 de plata y plomo), San José de los Pobres (4 de plata y plomo), Tachichilte y Cajón de Minas (4 de plata y plomo), Barreteros (3 de plata y plomo y 6 aisladas de plata), Palmillas (4 de plata y plomo), Sierrita del Río San Lorenzo (7 de plata y plomo) y Cobriza (cobre con ley de plata y oro); en el de Culiacán: San Lorenzo (5 de plata), Quebrada Honda (5 de plata y oro); y Coyonqui (3 de plata y oro); en el de Badiraguato, Tepeaca (2 de plata y plomo), Imala (3 de oro, plata y metal piritoso), Alisos (2 de plata y plomo), Tameapa (3 de plata), Santiago de los Caballeros (7 de plata), Atotonilco (7 de

409

Planta enlatadora de tomate

plata), San Luis Gonzaga (6 de plata y oro), Alisitos (3 de plata y oro), Lobitos (3 de plata y oro), San Javier (plata y oro) y Yedras (3 de plata); en el de Mocorito: San Benito (2 de plata), Sierrita de los Parra (2 de metales cobrizos y plomosos), Bacubirito (3 de oro), San José de Gracia (10 de oro y plata), Joya (9 de plata), Sarabia (una de plata) y Cuitaboca y Tepome (4 de plata); y en el distrito de El Fuerte: al norte de Choix, (3 de plata, plomo y cobre); al este, 4; al sur 2; y en Sivirijoa, 3 de los mismos metales. Estaban también registrados 16 placeres de oro en el municipio de El Rosario, 5 en Sinaloa, 3 en Choix, 2 en El Fuerte y uno, respectivamente, en Mazatlán, Culiacán, San Ignacio, Mocorito. En 1928 se produjeron 1,061 kilogramos de oro, 59,835 de plata, 3,213 de cobre y 53,697 de plomo. En 1972, por el mismo orden, se obtuvieron 80 y 23,900, y 937 y 2,275 toneladas, más otras 9,841 de zinc. Los municipios de mayor producción fueron Concordia (70 kilogramos de oro y 14,272 de plata) y Choix (10 y 9,268). En Culiacán se extrajeron 5,496 toneladas de hierro.

Pesca. Con 570 kilómetros de litoral, y una plataforma continental de 5,882 kilómetros cuadrados, Sinaloa cuenta con una abundante y rica fauna marítima. En la época colonial practicaban la pesca los indígenas de Chametla, Mazatlán, Elota, Tabalá y Navito, quienes recogían grandes cantidades de pescado que puesto a secar se enviaba, al igual que las ostras, al interior de la Nueva España. La industria empezó a desarrollarse hacia 1940. En 1973 Sinaloa ocupó el cuarto lugar nacional con una pro-

ducción de 32 mil toneladas ($307.135,000). La especie más productiva fue el camarón, del cual se capturaron 28,132 toneladas (256.7 millones). Esta actividad proporciona ocupación a 10,247 personas, de las cuales 8,600 son cooperativistas. Los productos de mayor demanda son el camarón, el guachinango, la lisa, el ostión, la curbina, la langosta, el atún, la sardina, la sierra, el mero, el tiburón y la cabrilla. En 1975 había 20 plantas frigoríficas, 9 de hielo, 4 fileteadores, 6 empacadoras, 11 de harina de pescado y 4 saladeros. v.PESCA.

Turismo. El principal centro turístico sinaloense es Mazatlán. En 1973 lo visitaron 36,628 turistas extranjeros, que gastaron $4.448,580 y 42,168 nacionales ($17.434,551.50). Aparte el atractivo de las playas, se practica la pesca deportiva en alta mar; en los embalses de las presas pueden capturarse pescado blanco, mojarra y bagre; y en los ríos, langostinos, que ahí se llaman *cauques*. La zona de Eldorado, en la región de Culiacán, es abundante en volátiles, especialmente en la temporada del arroz, cuando llegan patos por millares. Hasta finales de 1973 había en el Estado 106 establecimientos de hospedaje: 71 en Mazatlán (4 AA, 24 A, 25 B y 18 C, con un total de 2,523 cuartos), 15 en Culiacán (4 A, 4 B y 7 C con 594 cuartos), 13 en Los Mochis (5 A, 5 B y 3 C, con 579 habitaciones), 3 en El Fuerte, 2 en Guamuchil y 1 en Cosalá. Hay además 17 campos para remolques en Mazatlán, con 1,138 espacios; 3 en Culiacán, con 190; 2 en Los Mochis, con 195; y 2 en Escuinapa, con 75.

Electrificación. La primera población sinaloense donde se usó la energía eléctrica fue El Rosario a fines del siglo pasado. Después se introdujo en Culiacán y Mazatlán, y más tarde, de una manera lenta, en algunas otras cabeceras municipales. Los concesionarios, en su mayoría compañías extranjeras, utilizaban viejos equipos de vapor y el servicio era defectuoso, especialmente en verano. La situación fue mejorando al hacerse cargo de la generación y el suministro la Comisión Federal de Electridad. En 1970 había 381 localidades electrificadas, con un total de 274,735 habitantes, y la capacidad de producción era de 267,940 kw. de los cuales 148,775 se usaban para servicio público, 49,165 para el privado y 70 mil para el mixto. Del total generado, 73,400 kw. procedían de plantas hidráulicas; 161,541, de vapor; y 32,999, de combustión interna. La Junta de Pequeña Electrificación del Estado ha extendido el sistema: en 1971 llevó la energía eléctrica a 43 poblados; en 1972, a 77 y en 1973, a 87, con lo cual benefició en 3 años a 110,961 habitantes. Sin embargo, aún 500 mil personas carecen

Planta empacadora de camarón

del servicio. Cuando se terminen la hidroeléctrica Presidente López Mateos y las termoeléctricas de Mazatlán y Topolobampo, la capacidad de generación instalada en la entidad habrá aumentado a 1.5 millones de kw.

Agua potable. En 1970 no disponían de agua entubada 618,884 habitantes de 100,525 viviendas en todo el Estado. Contaban con ese servicio, en cambio, 106,225 casas (habitadas por 647,644 personas): 63,609 en la propia vivienda, 18,700 fuera de ella, pero dentro del edificio, y 23,916 en hidrantes públicos. De 1965 a 1970 los gobiernos federal y del Estado habían invertido $61.6 millones para construir 165 sistemas de tomas de agua. De 1971 a 1973 la Secretaría de Recursos Hidráulicos introdujo el agua al campo pesquero de La Reforma; a los poblados de Bariometo, Cofradía y La Sinaloa (ampliación del sistema de Navolato); Tetuán y Dautillos, (ampliación de Altata); Las Arenitas, Las Aguamitas y Villa Juárez; Tamazula II, en Salvador Alvarado, y El Vainillo; amplió las redes de Villa Unión, Eldorado y Culiacán y rehabilitó la de Escuinapa.

Visión general. Las más antiguas poblaciones de Sinaloa son Culiacán (1531), Ciudad Concordia (1565), Sinaloa (1585), Mocorito (1595) y El Fuerte (1604). En el extremo norte de la entidad se halla Choix, poblado pequeño y pobre donde no perdura nada de importancia después de que las misiones de Baca y Toro quedaron bajo las aguas de la presa Miguel Hidalgo. Al oeste de este punto se encuentra El Fuerte, localidad que nació a la

sombra del fuerte de Montes Claros, edificado por Diego Martínez de Hurdaide; allí pueden verse todavía algunas construcciones coloniales: unos portales, el edificio donde se aloja la cárcel y el templo edificado a finales del siglo XVIII, pequeña fábrica de cantería a la que se añadió, al correr de los años, una fea torre de ladrillo, y en los últimos tiempos una casa habitación del párroco. De acuerdo con la tradición local, hasta hace algún tiempo quedaban restos de la fortaleza militar, pero en la actualidad no hay vestigio de ella. Por la misma ruta se llega a la villa de San Blas, encrucijada de caminos carreteros y ferroviarios, y a poblados de origen prehispánico como Mochicahui y Charay, asiento de misiones jesuitas que desaparecieron. En el segundo de esos pueblos se registró un combate entre indígenas insurgentes y fuerzas españolas en 1811, que terminó con la victoria de los realistas. Siguiendo la misma dirección se arriba a Los Mochis, de reciente fundación, trazado según los lineamientos modernos: centro vital de una rica región y tercero en importancia dentro del Estado, conserva los jardines que circundan la casa que habitó Benjamín Francis Johnston, fundador del ingenio azucarero y de la ciudad (v.AHOME); y en el pueblo de San Miguel, a no muy larga distancia, lo que resta de la misión fundada por el padre Andrés Pérez de Ribas. Más al sur está la villa de Guasave, originalmente una misión jesuita de finales del siglo XVI; enclavada en una fértil región agrícola, es, además, centro de devoción mariana, pues en su templo parroquial se venera una imagen de la Virgen que tiene

38

Vista aérea del centro de Culiacán

fama de taumaturga. Muy próximo está el pueblo de Nío, con los restos de la misión jesuita derribada en 1770 por el desbordamiento del río Sinaloa y los muros del templo de cantería que los religiosos de la Compañía estaban levantando cuando fueron expulsados del país. Transitando hacia el oriente se pasa por León Fonseca y Bamoa, de gran importancia agrícola, y se llega a la villa de Sinaloa de Leyva, centro desde el cual se difundió la actividad de los jesuitas a todo el noroeste. Del poblado original nada resta, pues la inundación de 1770 lo arrasó todo y derribó el templo edificado por los padres, del cual se mantuvo en pie sólo la torre, casi destruida en 1943 por un ciclón. La casa del Colegio de la Compañía, que se conservaba intacta, fue demolida por sus propietarios, previa la autorización de un alcalde. Sí existe, en cambio, la iglesia edificada por los religiosos de San Ignacio en Mocorito; construida a mediados del siglo XVIII, es de una sola nave y está almenado; su techumbre es de viguería de sabino (ahuehuete) y aunque su interior es pobre, guarda una imagen de la Purísima Concepción de muy buena factura. Cerca de la población está la presa Eustaquio Buelna a unos cuantos kilómetros, la villa de Guamúchil, que nació como estación del ferrocarril; y ya en las estribaciones de la sierra, el pueblo de Badiraguato, cuyo templo parroquial fue también obra de los jesuitas. En esta jurisdicción se halla Santiago de los Caballeros, fundado casi seguramente por mineros gallegos, quienes todos los años, recibían una comunicación del Cabildo de Santiago de Compostela.

Culiacán es la principal ciudad de Sinaloa, capital del Estado y asiento de la Universidad Autónoma. Ubicada en la confluencia de los ríos Humaya y Tamazula, está ornada con plazas, paseos y bulevares, estatuas, murales de mosaico y vitrales; es sede episcopal y centro de una rica zona agrícola (v.CULIACÁN). Hacia el sureste de la ciudad se ubica la villa de Cosalá: aunque fundada a finales del siglo XVI, no tiene edificios coloniales y su templo es de la primera mitad del siglo XIX, de tipo neoclásico, el cual lucía poco un reloj de sol que fue retirado para poner en su lugar un símbolo de Cristo. Al oeste siguen La Cruz y Elota, el primero un villorrio y la segunda una población que creció en torno a la estación ferroviaria, ahora cabecera de la municipalidad, cuyo atractivo son las playas que hay en sus inmediaciones. Por el sur se llega a San Ignacio, deprimido por el colapso minero; su iglesia fue edificada por los religiosos de la Compañía, pero ha sufrido remiendos y modificaciones. En la salida del camino que conduce a Elota, las fuerzas virreinales derrotaron a los insurgentes en 1811. Mazatlán es la segunda ciudad del Estado y el primer puerto mexicano del Pacífico. Cuenta con plazas, paseos, calzadas, buenos edificios (entre ellos la catedral basílica, situada al centro del perímetro antiguo), playas y perspectivas. Su antigüedad no es mucha, pero se desarrolló gracias al intenso tráfico marítimo que tuvo durante el siglo pasado (v.MAZATLÁN). A un lado de la carretera entre este puerto y Durango, se halla la ciudad de Concordia, fundada por el capitán Francisco de Ibarra con el nombre de San Sebastián; incendiada por los franceses en 1865, sólo conserva el templo levantado por la piedad del minero Francisco Javier Aguirre y Vizcarra, marqués de Pánuco. De estilo barroco, procede de fines del siglo XVIII. Sigue Copala, en un tiempo famoso real de minas. Cien kilómetros al sureste de Mazatlán está la ciudad asilo de El Rosario, una de las poblaciones más próceres de Sinaloa; nació con el descubrimiento de ricas vetas de oro y plata, pronto se convirtió en la localidad más importante de todo el noroeste y hasta que empezaron a derrumbarse los tiros conservó su traza y perfil coloniales; fue después escenario de la lucha por la Independencia y el federalismo. Hoy nada queda del período virreinal, salvo su bello templo barroco de fines del siglo XVIII, con un soberbio retablo dorado. En la región más austral de la entidad se asienta la villa de Escuinapa, antigua población que ha prosperado gracias a la ganadería, la pesca y el empaque de mariscos. La proximidad de la sierra con el océano confiere un interés

1.*Francisco Javier Gaxiola.* 2.*Martiniano Carvajal.* 3.*Sixto Osuna.* 4.*Alejandro Hernández Tyler.* 5.*Enrique González Martínez.* 6.*Genaro Estrada.* 7.*Enrique González Rojo.* 8.*Bernardo J.Gastélum*

especial a la geografía; desde allí puede observarse el Cerro del Muerto, eminencia de no mucha elevación que figura un hombre al que ya falta la vida. El poblado de La Concepción (La Concha, para los nativos) se tiende en las márgenes del río Cañas, límite natural con Nayarit.

Folclore y artesanías. Las principales danzas de los indígenas que viven en las márgenes del río Fuerte son *El Venado, Los Matlanchines, La Pascola* y *El Coyote*; y las celebraciones más relevantes, las de Semana Santa, San Juan y la Virgen María. Las ceremonias, de carácter ritual, son una mezcla de paganismo y catolicismo; en la Semana Mayor se representa la Pasión de Cristo. No usan vestuario especial, sino máscaras de madera. El folclore mestizo se expresa en el corrido; y la música popular, con influencias indígenas, españolas, afrocubanas y chilenas, en la "tambora", banda a la que el temperamento local hace sonar de modo diferente. En el norte del Estado se elaboran objetos de ixtle (petacas, tapetes y hamacas) y se tejen cobijas de lana burda; en El Valle, Mocorito, Alfarería; y en Concordia, muebles de maderas finas y vaqueta.

Manifestaciones culturales. Los primeros escritos se deben a los misioneros: el padre Juan B.Velasco, jesuita, escribió la *Gramática de la lengua*

cahita; el padre Juan de Steineffer, el *Florilegio Medicinal*; y Andrés Pérez de Ribas, los *Triunfos de Nuestra Santa Fe*. En 1602 estuvo en Culiacán Bernardo de Balbuena, invitado por Isabel de Tobar y Guzmán, y fruto de su visita fue *Grandeza mexicana*, dedicado a su anfitriona. Después sólo hay noticias de los padres Juan López Portillo, rosarense, señalado como "emporio de la literatura mexicana"; Nicolás de Calatayud, nativo de San Sebastián, "insigne entre los sabios" y uno de los mejores oradores de su tiempo; Juan de Salgado, originario de Copala, quien antes de dedicarse a las misiones era ya notable por su "asombrosa sabiduría"; Hernando de Tobar, culiacanense, "uno de los sabios de su edad"; y Francisco de Angulo, notable jurista. Durante la guerra de Independencia, el padre Carlos Espinoza de los Monteros publicó su *Exposición de las Provincias de Sonora y Sinaloa* y floreció el ingenio de Pablo Villavicencio, *El Payo del Rosario*, rosarense autodidacta, periodista y ardiente liberal conceptuado como uno de los precursores de la Reforma. En 1838 el obispo Lázaro de la Garza y Ballesteros abrió el Seminario Conciliar en Culiacán, uno de cuyos egresados más distinguidos fue Eustaquio Buelna, filólogo, historiador y fundador del Liceo Rosales. Francisco Javier Gaxiola se dedicó también a la investigación histórica, mientras el presbítero Dámaso Sotomayor, educado en el Seminario de Culiacán, se entregó a la filología e hizo varios estudios sobre los códices nahuas. A fines del siglo XIX se distinguieron Francisco Sosa y Avila, Martiniano Carvajal, Ignacio A. Gastélum, Francisco Verdugo Fálquez, Abelardo Medina, Haydée Escobar de Félix Díaz, Benigno Valenzuela, Carlos A.Galán, Samuel Híjar y José Sabás de la Mora. Francisco Medina y Jesús G.Andrade fueron poetas de corte romántico; Sixto Osuna no logró trascender el medió de su pueblo; y Esteban Flores, nativo de Chametla, murió asesinado. A la misma generación perteneció Enrique González Martínez, jalisciense que pasó muy joven a Sinaloa, donde publicó sus libros *Silenter* y *Lirismos*. Su hijo Enrique González Rojo heredó la vena poética, pero murió prematuramente. Otro autor lírico fue el médico Baltasar Izaguirre Rojo. Carlos Filio, oaxaqueño, llegó a Sinaloa muy joven, se dedicó a labores educativas y pronto se convirtió en un valor literario; después marchó a la ciudad de México, hizo periodismo y escribió algunos libros. El ingeniero Manuel Bonilla estudió los petroglifos que tanto abundan en la entidad; y su hijo Manuel escribió dos obras sobre el maderismo y el movimiento revolucionario. Figuras relevantes de la cultura de Sinaloa son: Genaro Estrada, quien se inició trabajando en una imprenta de Culiacán; Enrique Félix, prosista; el doctor Bernardo J.Gastélum, ensayista, sociólogo y autor teatral; Alejandro Hernández Tyler, quien acabó con el romanticismo en la poesía sinaloense; Alejandro Avilés, Chayo Uriarte, Carlos McGregor Giacinti y Jaime Labastida. En la investigación histórica han destacado: Filiberto L.Quintero, quien murió dejando inédita su obra; José C.Valadés y Héctor R.Olea, ausentes de la entidad; y Antonio Nakayama A., el único que radica en al Estado.

Personas distinguidas. En la época colonial se distinguieron: el capitán Cristóbal de Tapia, primer alcalde mayor, a quien se debió la supervivencia de la Villa de San Miguel de Culiacán; Pedro de Tobar, pionero del desarrollo agropecuario de Sinaloa; su hija Isabel de Tobar y Guzmán, musa de Bernardo de Balbuena; y el padre Hernando de Tobar, asesinado durante la rebelión de los tepehuanes. En el siglo XIX: el presbítero Antonio Fernández Rojo y su hermano Manuel, el primero un activo político y el segundo un destacado jurista; José Rojo y Eseverri, muy influyente en la política local, aunque sin haber desempeñado puestos públicos; Francisco de Iriarte, vicegobernador del Estado de Occidente y

fundador del Estado de Sinaloa; Rafael de la Vega y Rábago, jefe del grupo político dominante del Estado por muchos años y primer benemérito de la entidad; Lázaro de la Garza y Ballesteros, obispo de Sonora, fundador del Seminario Conciliar y benefactor de Culiacán; Plácido Vega, caudillo liberal; el obispo Pedro Loza y Pardavé, educador; Antonio Rosales, vencedor de los invasores franceses, al igual que Ramón Corona y Domingo Rubí; Agustina Ramírez, madre de 13 hijos, de los que 12 murieron en defensa de la patria; Jorge García Granados, oficial del Ejército; y Heraclio Bernal, bandido generoso, enemigo del régimen de Porfirio Díaz. En el siglo XX: los jefes revolucionarios Gabriel Leyva Solano, Juan M.Banderas, Ramón F.Iturbe, Angel Flores, Juan Carrasco, Salvador Alvarado, Rafael Buelna, Fernando Cuén, José María Leyva, Guillermo Nelson, Benjamín G.Hill, Francisco R.Serrano y Pablo E.Macías Valenzuela; los abogados Agustín Verdugo, Fortino Gómez, Juan B.Rojo, Rafael Rojo de la Vega, Leonardo M.Alvarez y Raúl Cervantes Ahumada; los médicos Luis G. de la Torre, Manuel Romero, Ruperto L.Paliza, Francisco de O.Millán, José Rojo de la Vega y Rigoberto Aguilar Pico; los médicos extranjeros avecindados en Sinaloa: Ignacio Praslow (alemán), José Seibi Okamura (japonés) y el norteamericano Brown, quien atendió a los campesinos de la región de Guasave, en forma gratuita; los ingenieros Juan de Dios Bátiz (fundador del Instituto Politécnico Nacional), Herlindo Elenes Gaxiola y Juan L.Paliza; el economista Ricardo Zevada; el geólogo Manuel Rodríguez Aguilar; los músicos y compositores Enrique Mora (autor del *vals Alejandra*, Jesús Escobar, Miguel Castro, Severiano Moreno Medina, Nicolás y Adolfo Rivera Velador y Braulio Pineda; los actores Amelia Wilhelmy y Pedro Infante Cruz; el bailarín José Limón; el profesor Alfonso Rojo de la Vega, impulsor del básquetbol y el atletismo; los líderes obreros Rosendo G.Castro, Manuel Herrera Imán, Alejandro Peña y José Raúl Rivera; y los dirigentes agrarios Bruno García, Paula Moreno, Juan Quintero y Marcelino Velázquez.

Periódicos y periodistas. La imprenta fue introducida en el noroeste por el gobierno del Estado Libre de Occidente en 1824; inició sus actividades en El Fuerte y después pasó a Cosalá y a Alamos; en esta población aparecieron los primeros periódicos: *Aurora de Occidente, Celajes de la Aurora de Occidente* y *Opinión Pública de Occidente*, los 3 de vida efímera. Al desaparecer el Estado de Occidente en 1831, para integrar los de Sonora y Sinaloa, la imprenta quedó en poder del segundo. Al año

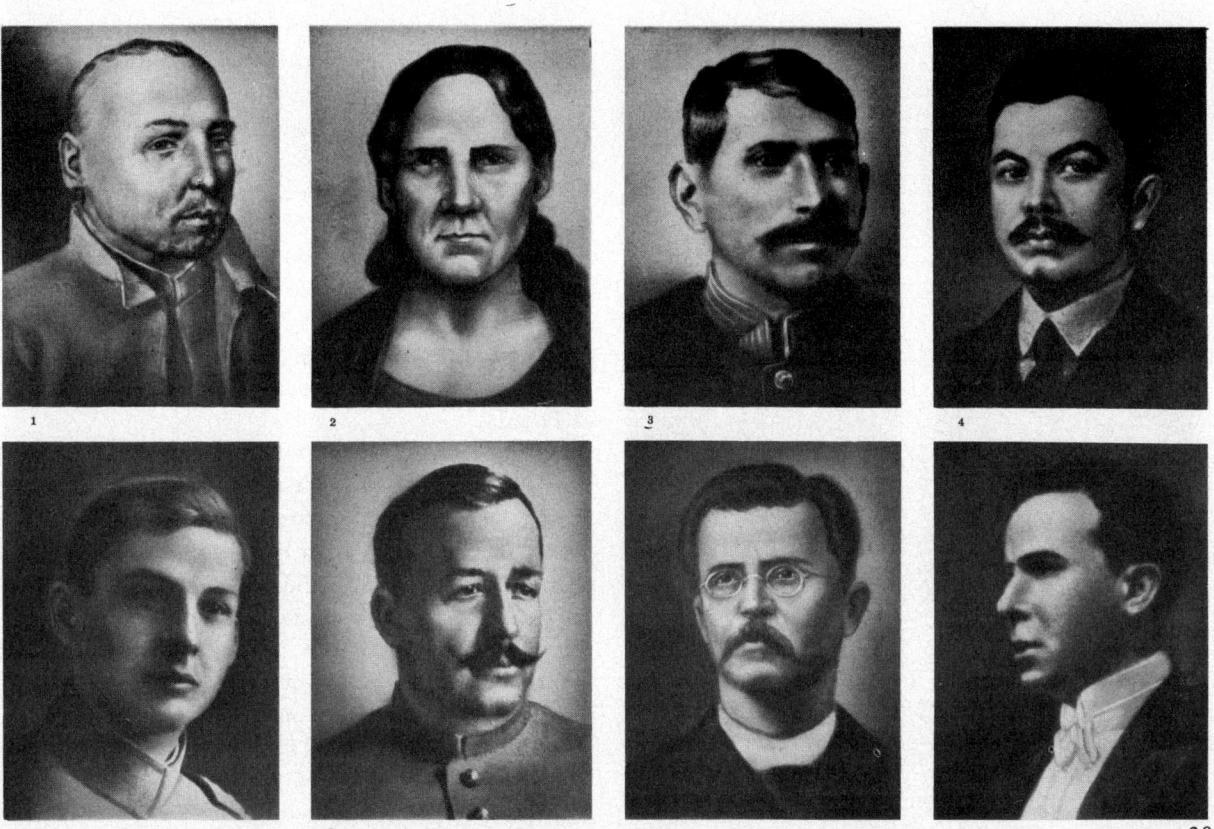

1.Hernando de Santarén. 2.Agustina Ramírez. 3.Juan Carrasco. 4.Gabriel Leyva Solano. 5.Rafael Buelna. 6.Salvador Alvarado. 7.Francisco Gómez Flores. 8.Francisco R.Serrano

siguiente se publicó en Culiacán *Los Gracos*, el primer periódico informativo. En 1842 se editó en Mazatlán el primer órgano oficial, la *Gaceta del Gobierno de Sinaloa*; y en 1844 vio la luz pública en ese puerto el *Mercurio Agorero*, dedicado a difundir noticias. En 1878 apareció *El Progresista*, en El Rosario, pero aún pasaría mucho tiempo para que el periodismo se extendiera a otras poblaciones. En 143 años (de 1832, en que se editó *Los Gracos*, a 1975) salieron de prensas en Sinaloa 299 publicaciones: 142 en Mazatlán, 111 en Culiacán, 12 en El Rosario y el resto a otras localidades. Algunas tuvieron un brillante historial, como *El Correo de la Tarde*, fundado en Mazatlán en 1885 por Miguel Retes; en 1909, siendo propiedad de Andrés Avendaño y su director Heriberto Frías, patrocinó la candidatura de José Ferrel al gobierno del Estado, frente a Diego Redo postulado por los científicos; aunque se impuso la voluntad oficial, el periódico despertó la conciencia cívica de los sinaloenses. En ese periódico trabajaron Amado Nervo y José Juan Tablada. Otra publicación que se recuerda es *La Tarántula*, adversaria del gobierno del general Francisco Cañedo, lo cual le costó la vida a su director y propietario José Cayetano Valadés. En Culiacán se editó *La Opinión*, propiedad de Amado Zazueta; de oposición al régimen, duró 18 años, pero fue clausurado durante la Segunda Guerra Mundial por su tendencia nazi-fascista. Entre los periodistas más distinguidos se cuentan: José Felipe Gómez, Felipe Riestra, Francisco Gómez Flores, Miguel Retes, Julio G.Arce, José Cayetano Valadés, José Ferrel, José C.Valadés y Manuel Estrada Rousseau. En 1976 las publicaciones más importantes eran: en Mazatlán, *El Demócrata Sinaloense*, *El Correo de la Tarde*, *El Sinaloense*, *El Sol del Pacífico* y la edición vespertina de éste; en Culiacán, *El Sol de Sinaloa*, *El Sol de Culiacán*, *El Diario de Culiacán*, *La Voz de Sinaloa*, *Noroeste* y *El Debate de Culiacán*; en Los Mochis; *El Debate*, *El Fuerte*, *Diario de Los Mochis* y *Voces de Turismo*; en El Fuerte, *Avance*; en Guasave, *El Regional*, *La Escoba*, *El Día* y *La Prensa*; en Guamúchil, *La Voz del Agora*, *El Liberal* y *El Pueblo*; en El Rosario, *Rumbos*, y en Escuinapa, *La Voz del Sur de Sinaloa*.

Prehistoria. Se han encontrado en la entidad de modo casual, numerosos petroglifos y fósiles de mamut, rinocerontes, camélidos y otros animales. No se han hecho investigaciones metódicas ni se han buscado artefactos líticos que permitan fechar la llegada del hombre a territorio de Sinaloa. Se ha

40

Cerámica del complejo Culiacán temprano policromo

formulado la teoría de que en tiempos prehistóricos la planicie costera que se inicia en Sinaloa y se interna en Arizona estuvo cubierta de vegetación exuberante y constituía un corredor por donde transitaban esas grandes bestias; y como en aquel Estado de la Unión se han hallado restos de mamut asociados a puntas de flecha, se supone que, no habiendo obstáculos, bien pudieron aparecer los cazadores y recolectores nómadas más al sur, hacia 10 o 12 mil años a.de C.

Arqueología. El reconocimiento efectuado en 1930 por los norteamericanos Carl O.Sauner y Donald Brand reveló la existencia de numerosas zonas arqueológicas, las más importantes en el valle de Culiacán y en Chametla. Más tarde trabajó en esos sitios Isabel Kelly, auspiciada por la Universidad de California. Los más bellos ejemplares de cerámica correspondieron a los complejos Aztatlán y Culiacán temprano policromo; el primer tipo es de paredes gruesas y está elaborado con una pasta fina que va del color arena al gris, muy bien pulida y decorada con lustrosos colores en fondo crema o naranja y con bordes rojos; y el segundo, de gran brillo, es rojo, negro, naranja, gris, ocasionalmente rosa. En Chametla se determinaron los tipos Mazatlán policromo y Chametla temprano policromo; el primero

se refiere a piezas de pasta fina, bien pulida y decorada con rojo sobre negro; y el segundo a objetos pintados con rojo, blanco, negro o naranja-marrón y decorados con motivos geométricos, la mayor parte angulares. Los hallazgos pertenecen al horizonte postclásico, de modo que sus autores poseían una cultura similar a la de las tribus de la altiplanicie. Posteriormente, el doctor Gordon F.Ekholm excavó en las cercanías de Guasave y encontró una gran cantidad de ejemplares cerámicos y de otros objetos semejantes a los del Complejo Aztatlán, vinculados formalmente con la cultura Mixteca-Puebla.

Protohistoria. En la etapa inmediatamente anterior a la llegada de los españoles, el territorio de Sinaloa estaba poblado por 6 grupos raciales: en el norte, desde los actuales límites con Sonora hasta el municipio de Sinaloa, los cahitas; en la zona central, desde Mocorito hasta la ribera norte del río Piaxtla, los tahues; y en el sur, hasta Nayarit, los totorame; en el actual municipio de Culiacán, los pacaxee; en la zona serrana, lindante con Durango, los acaxee y los xiximes, todos sedentarios, agricultores y recolectores. Los tahues y totorames eran gente de paz y no ofrecían sacrificios humanos; los cahitas eran bravos guerreros y comían la carne de sus enemigos más valientes, porque creían que así participaban de sus virtudes; pero los acaxee y xiximes sí practicaban el canibalismo.

Síntesis histórica. El 21 de diciembre de 1529 salió de la Ciudad de México, al frente de un cuerpo expedicionario, el oidor Nuño Beltrán de Guzmán; avanzó por el camino de Michoacán hasta Tzintzuntzan, donde ordenó el tormento y la muerte del Caltzontzin; siguió a Cuitzeo y allí tuvo el primer encuentro con los naturales; recorrió una parte de Guanajuato y se internó en Jalisco; combatió contra los aborígenes en Tonalá y a punto estuvo de perder la vida; cometió abusos e incendió pueblos; salvó las grandes barrancas del río Santiago, penetró a territorio de Nayarit y en Tecomatlán libró una batalla con los totorames (v.GUZMÁN, NUÑO DE). En la región de Aztatlán la expedición estuvo a punto de sucumbir a causa de una gran inundación y de la peste que siguió a las aguas. A principios de 1531 llegó Guzmán a Chametla, y tras de dominar la región, siguió hacia el norte, hasta el valle de Culiacán, donde rechazó y derrotó completamente a los indígenas. Así afirmó la conquista de las nuevas tierras desde Michoacán hasta los límites de Mesoamérica. Antes de regresar al sur, fundó la villa de San Miguel en las márgenes del río San Lorenzo, el 29 de septiembre de 1531;

y ya en Compostela, donde estableció su gobierno, ordenó la erección de otro poblado (al parecer en las cercanías de El Rosario), al que llamó Villa del Espíritu Santo, de corta vida, pues los nativos hostilizaron a los españoles de tal manera, que éstos tuvieron que abandonar la puebla y se refugiaron en Compostela. Al fundar San Miguel, Nuño erigió el primer Ayuntamiento y designó alcalde mayor a Diego de Proaño, quien pronto buscó la manera de enriquecerse con el tráfico de esclavos. Los indígenas se rebelaron y Guzmán destituyó y condenó a muerte al alcalde, aunque la sentencia no llegó a cumplirse. Aunque el sucesor, Cristóbal de Tapia, prohibió la trata de indios y obligó a los colonos a cultivar la tierra, los nativos continuaron en rebeldía. La villa de San Miguel se cambió frente a Navito, casi en la desembocadura del San Lorenzo; luego a otra parte, y de allí a la confluencia de los ríos Humaya y Tamazula, donde sí prosperó y añadió a su nombre el de Culiacán. Poco tiempo después el caudillo indio Ayapin promovió una sublevación y los pobladores pidieron auxilio al gobernador de la Nueva Galicia, Francisco Vázquez de Coronado, quien con un cuerpo de tropa puso fin a la revuelta. En 1536 pasaron por la región Alvar Núñez Cabeza de Vaca y sus compañeros de aventura, cuyos relatos estimularon la ambición de encontrar las míticas ciudades de Cíbola y Quivira. Culiacán era entonces la única villa española en el noroeste. En 1564 arribó por el camino de Topia el capitán Francisco de Ibarra, quien suponía que la región de Culiacán no estaba conquistada; mas en la villa de San Miguel le aconsejaron que fuera a someter las tierras del norte. Así, auxiliado por un rico vecino, llamado Pedro de Tobar, marchó al río Fuerte y allí fundó San Juan Bautista de Carapoa, pronto abandonado porque los indios no toleraron las exacciones a que los sometieron los blancos. Ibarra volvió al sur, a la provincia de Chametla; dominó a los xiximes, erigió la villa de San Sebastián y pronto se descubrieron las minas de Pánuco, Copala y Charcas.

Desde los inicios de la campaña de Ibarra en el norte, a esa región se le llamó Provincia de Sinaloa, pues en la zona del Fuerte se asentaba la tribu de los sinaloas. Eustaquio Buelna dice que el nombre se deriva de las voces cahitas *sina*, "pitahaya", y *lóbola*, "redonda"; pero otros historiadores y filólogos rechazan esa etimología. Ernesto Gámez publicó un vocabulario cahita, según el cual *aki* es pitahaya, *sina* el nombre de una cactácea y *lóbola* un objeto esférico; de donde Sinaloa quiere decir "bola de sina".

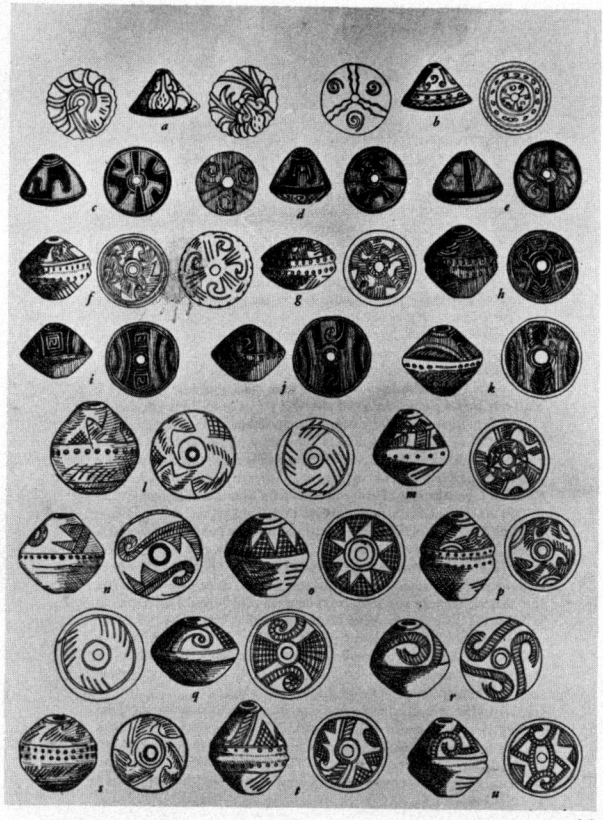

40

Malacates del complejo Aztatlán (varias épocas)

La provincia de Sinaloa quedó abandonada hasta 1583, cuando el capitán Pedro de Montoya consiguió autorización del gobernador de Nueva Vizcaya para reconquistarla y fundar un poblado español; reclutó soldados y marchó al norte; en las márgenes del Fuerte fundó San Felipe y Santiago de Carapoa, que no tuvo mejor suerte que San Juan, pues los indígenas se conjuraron y asesinaron a Montoya y a varios de sus compañeros; los demás huyeron. El gobernador de Nueva Vizcaya envió luego una tropa que obligó a los fugitivos españoles a permanecer en las orillas del río Petatlán, conminándolos a regresar a San Felipe. Después llegó él mismo y emprendió una acción punitiva contra los naturales; pero mientras andaba ocupado en su venganza, los zuaques emboscaron una fuerza al mando del capitán Gonzalo Martínez y no dejaron un solo español vivo. El gobernador intentó varios ataques y a la postre regresó a Durango, y los colonos que estaban en la margen del Petatlán, salvo 5, volvieron a sus hogares. La provincia volvió a quedar de nuevo en poder de los nativos; pero los 5 españoles que se quedaron establecieron la villa de San Felipe y Santiago en las márgenes del río Sinaloa. Allí permanecieron sufriendo privaciones, en medio de tribus hostiles, empeñados en descubrir mi-

38

Torre del templo jesuita de la villa de Sinaloa e iglesia de Chametla

nas. En 1590 se tuvo noticia de que el gobierno colonial había comisionado a la Compañía de Jesús para misionar en la región de Sinaloa.

El padre Gonzalo de Tapia, a quien se le dio como compañero al padre Martín Pérez, recibió la orden de fundar las misiones. Ambos salieron de Durango el 15 de mayo de 1591, mas en lugar de tomar por la vía de Topia, emprendieron el camino por la sierra de Nayarit y llegaron al pueblo de Acaponeta el día 31. Rectificaron la ruta de la conquista y entraron en San Miguel de Culiacán, cuyos vecinos los recibieron con júbilo. Luego prosiguieron al norte en unión de los pobladores de San Felipe, a donde arribaron el 6 de julio. Tapia se encargó de una zona y Pérez de otra. Pronto hicieron buena cantidad de prosélitos, levantaron templos de madera y paja, y las nacientes misiones empezaron a dar fruto. Llegaron otros jesuitas, pero al fin los hechiceros lograron asesinar a Tapia. El gobierno colonial envió entonces un piquete de soldados, al mando del capitán Alonso Díaz, para dar protección a los religiosos. En 1599 se hizo cargo del presidio (destacamento militar) el capitán Diego Martínez de Hurdaide, gracias a cuya actividad, como auxiliar de los misioneros, se propagó rápidamente la evangelización por todo el noroeste. En 1595 surgieron Mocorito, Guasave, Nío y Tamazula; en 1599, Ahome, San Miguel, Charay y Mochicahui; en 1607, Toro, Baca, Choix, Badiraguato, Atotonilco y Caraetapa; en 1605, Bacubirito, Chicorato y Yecorato; y en 1633 y 1634, San Ignacio, San Juan, Santa Polonia, Cabazán, Ajoya, San Jeró-

nimo y San Agustín. Las misiones prosperaron tanto que los jesuitas crearon pronto un imperio económico, si bien en provecho de los indios; sembraban y recogían las cosechas, una parte de las cuales se destinaba al consumo de los habitantes de la misión, y el resto se almacenaba en previsión de los años de sequía; y formaron grandes estancias ganaderas. Por cédula real de 1732 se creó la gobernación de Sinaloa, que incluía la provincia de su nombre y las de Ostimuri y Sonora, pero las de Culiacán y Chametla siguieron dependiendo de Nueva Galicia y Nueva Vizcaya, respectivamente. Esa gobernación perduró hasta 1776, en que se formaron las Provincias Internas de Occidente, en las cuales quedaron comprendidas Sonora y Sinaloa. En 1786 se creó la Intendencia de Arizpe, con las mismas provincias, y en 1779 se había erigido la diócesis de Sonora, cuyo primer obispo fue el franciscano Antonio de los Reyes. En 1767 el rey de España ordenó la expulsión de los jesuitas y se incautaron todos sus bienes. Los indígenas fueron despojados de sus tierras de comunidad y pasaron a ser mozos, vaqueros y operarios de las minas.

En 1810, en Guadalajara, Miguel Hidalgo encargó a José María González Hermosillo que insurreccionara las provincias de Sonora y Sinaloa. Este jefe insurgente salió de Jalisco con un cuerpo de ejército y el 21 de diciembre atacó y tomó la plaza de El Rosario, que estuvo defendida por el coronel Pedro de Villaescusa. Puesto éste en libertad, marchó hacia el norte en busca del intendente Alejo García Conde, mientras el vencedor se dirigió a San

38

Concordia: una casa del siglo XVIII

38

El Fuerte

Sebastián, impuso préstamos forzosos y se previno para asaltar Cosalá, donde había mucho oro y plata en pasta; pero el 7 de febrero, en el pueblo de San Ignacio, le cerró el paso García Conde con un ejército de ópatas y lo derrotó por completo. A su vez, un grupo de indígenas de la región de Badiraguato se rebeló contra el gobierno español; se internaron en el Partido de Sinaloa, entraron en el de El Fuerte y en el pueblo de Charay fueron vencidos por una fuerza de ópatas. Con este suceso terminó la primera etapa de la lucha libertaria. En 1821, en El Rosario, el coronel Fermín de Tarbé, de acuerdo con el cura Agustín José Chirlín, se sublevó en favor del *Plan de Iguala.* Los hechos que siguieron obligaron a las autoridades españolas a reconocer la Independencia. Las 2 entidades de noroeste pasaron a formar parte del Imperio Mexicano con el nombre de Provincia de Sonora. El 24 de enero de 1822 se integró una diputación común. Al desaparecer el imperio de Iturbide, los vecinos del real de El Rosario, encabezados por el bachiller Chirlín, decidieron erigir el Estado de Sonora, pero el Congreso General separó a las 2 provincias: Sinaloa, con capital en Culiacán, dándole la categoría de ciudad; y Sonora con la sede de los poderes en el pueblo de Ures. En enero de 1824, el Acta Constitutiva de la Federación volvió a reunirlas en el Estado Libre de Occidente, cuya Legislatura se compondría de 5 diputados por Sonora y seis por Sinaloa, radicados en la villa de El Fuerte, donde desde luego se instaló el Constituyente. Una violenta insurrección de yaquis y mayos obligó al gobierno a

trasladarse a Cosalá, donde tampoco pudo funcionar por la ausencia de varios legisladores. Mientras tanto, surgieron discrepancias entre los diputados y el vicegobernador Francisco de Iriarte, quien fue depuesto por la asamblea. La pugna se recrudeció al convertirse Iriarte en el abanderado de la división de la entidad y aún más en 1829, cuando consiguió un fallo favorable de la justicia federal; así, ante la amenaza de una guerra civil, fue repuesto en su cargo. El 14 de octubre de 1830 el Congreso de la Unión erigió los Estados Libres y Soberanos de Sinaloa y Sonora. El Constituyente sinaloense se instaló en Culiacán el 13 de marzo de 1831; la entidad se integró con los partidos de El Rosario, Concordia, Villa Unión, San Sebastían, Cosalá, Culiacán, Badiraguato, Mocorito, Sinaloa, El Fuerte y Choix, pues el de Alamos había sido adscrito al Distrito de Horcasitas por la última Legislatura de Occidente. La Constitución se expidió el 12 de diciembre de 1831; y entre sus preceptos constaba que "las manos muertas no podrán tener propiedades en el Estado". Se nombró gobernador provisional a Francisco de Iriarte, pero no habiendo aceptado por motivos de salud, que lo obligaron a marchar a México, se designó a Agustín Martínez de Castro. También declinó el cargo de primer gobernador constitucional Antonio de Iriarte, por cuya causa la Legislatura llamó al vicegobernador Manuel María Alvarez de la Bandera. La familia De la Vega, que ambicionaba los poderes político y económico, hizo la oposición al régimen y en 1833 se registró un motín en la capital que obligó a los funcionarios y a los legisladores a huir hacia el sur. La facción triunfante nombró un triunvirato y luego a varios gobernantes de su bando, hasta que al fin tomó posesión Manuel María de la Vega y Rábago, iniciándose un cacicazgo que duró 20 años.

El sistema federal fue abolido en 1835 y el gobierno pasó a manos de los comandantes militares. En 1838 tomó posesión del obispado el doctor Lázaro de la Garza y Ballesteros. En 1847 los barcos de guerra norteamericanos se presentaron frente a Mazatlán y pidieron la rendición de la plaza. El jefe mexicano, en vez de presentar resistencia, evacuó la ciudad y los invasores la ocuparon sin disparar un tiro. Allí estuvieron hasta la firma de los Tratados de Guadalupe. Después de la guerra, Sinaloa sufrió las continuas revueltas de la guarnición de Mazatlán, y en 1851 el azote del cólera morbus, especialmente en Culiacán, donde murió, entre muchos otros, José María Gaxiola, gobernador del Estado. La epidemia también trastornó el orden político, pues aparte la acefalía del Ejecutivo, los diputados huyeron por temor al contagio. Una junta de vecinos nombró gobernador a José María Aguirre. En 1852 asumió el poder el coronel Francisco de la Vega, quien sancionó la nueva Constitución del Estado. En esos días los comerciantes extranjeros de Mazatlán se inconformaron con una contribución directa y organizaron escandalosas manifestaciones; Vega se trasladó al puerto con gente armada, pero el capitán Pedro Valdés, al servicio de aquéllos, tomó preso al mandatario y lo obligó a acceder a las pretensiones del comercio. Valdés se autonombró gobernador, proclamó la independencia de Mazatlán, atacó y saqueó Culiacán y cambió la capital al puerto; pero la erección del territorio no fue aprobada por el gobierno general. Los jefes militares continuaron gobernando hasta que la revolución de Ayutla arrojó del poder al general Antonio López de Santa Anna. El presidente Juan Alvarez designó gobernador a Pomposo Verdugo. Poco después se juró la Constitución de 1857. Los conservadores aprovecharon el golpe de estado de Comonfort para adueñarse nuevamente del poder. En 1859 se sublevó en El Fuerte el liberal Plácido Vega; con la ayuda del gobernador de Sonora, general Ignacio Pesqueira, emprendió la marcha al sur y en el pueblo de La Noria, Mocorito, derrotó a los soldados conservadores. Estos se retiraron a Mazatlán, plaza que fue sitiada por las fuerzas de Pesqueira y Vega, mas como el jefe sonorense supiera que avanzaba sobre el puerto un ejército enemigo, pasó a Cosalá, y en un punto llamado Los Miembros derrotó de modo aplastante a los reaccionarios; luego volvió

para tomar Mazatlán. Pesqueira, que había sido aclamado gobernador y comandante militar del Estado, regresó a Sonora, pero antes de partir nombró gobernador y jefe de las armas a Plácido Vega, quien se entregó a la tarea de formar cuerpos bien armados. Luchó contra Manuel Lozada y fue a Jalisco a prestar ayuda a Manuel Ogazón. En 1862, al iniciarse la Intervención Francesa, organizó la Brigada Sinaloa; se embarcó con ella en Mazatlán y tras un largo viaje arribó a Zihuatanejo y luego a Acapulco; dejó en este puerto a los enfermos y con el resto atravesó a pie la Sierra de Guerrero; desfiló en la Ciudad de México ante el presidente Juárez e incorporó sus efectivos al ejército que comandaba Ignacio Comonfort. El regresó a Sinaloa para reasumir el gobierno, pero muy pronto marchó a los Estados Unidos para comprar armas y parque. La gubernatura quedó a cargo del general Jesús García Morales. El 26 de marzo de 1864 la fragata francesa *Cordelliere* bombardeó las defensas de Mazatlán e intentó un desembarque, pero encontró una tenaz resistencia y tuvo que retirarse averiada. Ese mismo año, los jefes Antonio Rosales, Ramón Corona y Joaquín Sánchez depusieron a García Morales y nombraron en su lugar al primero de ellos. El 13 de noviembre siguiente los franceses ocuparon Mazatlán. Los republicanos se dispersaron y Rosales marchó hacia el norte. Un contingente de franco-mexicanos desembarcó en Altata el 21 de diciembre y avanzó hacia Culiacán, pero Rosales, que los estaba esperando en San Pedro, los detuvo el día 22 y les impuso una grave derrota. Sin embargo, otra fuerza francesa, procedente de Durango, forzó el Paso del Espinazo del Diablo. Mientras tanto, Rosales tuvo dificultades con Ramón Corona, renunció a la gubernatura y el jefe jalisciense la entregó al general Domingo Rubí. Estos sucesos estuvieron a punto de encender la guerra civil; pero al fin Rosales, que había decidido combatir a Rubí, prefirió enfrentarse a los invasores que amenazaban la plaza de Alamos. Murió en un encuentro con ellas. Los franceses nombraron autoridades en Mazatlán, establecieron una corte marcial que sentenció a muerte a los patriotas y recorrieron la región incendiando pueblos y cometiendo tropelías, siempre hostigados por el pueblo. A la postre se encerraron en el puerto y el 13 de noviembre de 1866 lo abandonaron.

El final de la guerra trajo consigo la restauración del Estado. En 1868 contendieron por la gubernatura los generales Domingo Rubí y Angel Martínez; la elección favoreció al primero, pero el segundo y sus partidarios no quedaron conformes y apelaron

Gobernadores de Sinaloa: 1.Rafael de la Vega y Rábago. 2.Francisco Vega. 3.Pomposo Verdugo. 4.José María Yáñez. 5.Ignacio Pesqueira. 6.Plácido Vega. 7.Jesús García Morales. 8.Antonio Rosales. 9.Domingo Rubí. 10.Eustaquio Buelna. 11.Jesús María Gaxiola. 12.Mariano Martínez de Castro. 13.Francisco Cañedo. 14.Diego Redo. 15.Celso Gaxiola Rojo. 16.Juan M.Banderas a la rebelión; las fuerzas federales restablecieron el orden. En las siguientes elecciones presentaron sus candidaturas Eustaquio Buelna (juarista) y el general Manuel Márquez de León (porfirista); triunfó Buelna, pero al poco tiempo, al proclamarse el *Plan de la Noria*, los militares de Mazatlán se rebelaron y el gobernador huyó a Sonora para pedir auxilio al general Ignacio Pesqueira. Márquez, nombrado gobernador por el general Donato Guerra, logró dominar casi todo el Estado, pero las tropas sonorenses derrotaron al jefe rebelde en la plaza de Culiacán. En esos días pasó por Sinaloa, ya vencido, el general Porfirio Díaz. Buelna volvió a Mazatlán, fue hostilizado por algunos grupos rebeldes y se refugió en el consulado norteamericano; allí lo tomaron preso sus adversarios, al parecer con la complicidad del cónsul —y sólo mediante fianza recobró la libertad—. A la llegada del general Sóstenes Rocha terminó la revuelta, pero no el estado de sitio, de modo que los militares continuaron usufructuando el poder civil, hasta que el presidente Lerdo ordenó su cese. El gobernador reasumió el poder, cambió la capital a Culiacán y en 1873 fundó el Liceo Rosales. En los siguientes comicios disputaron la gubernatura Jesús María Gaxiola y José Rojo y Eseverri. Buelna, quien simpatizaba con éste, prefirió renunciar, persuadido de que se daría el triunfo a Gaxiola. En julio de 1876 Francisco Cañedo se pronunció por el *Plan de Tuxtepec* y depuso al gobernador Gaxiola. El comandante militar del Estado, Francisco Arce, declaró el estado de sitio y asumió el gobierno; pero el jefe de la guarnición de Culiacán, coronel Jesús Ramírez Terrón, salió a batirlo en Cosalá y entregó el poder a Cañedo. Coincidiendo con un viaje de éste a Mazatlán, en enero de 1879 fue asesinado en ese puerto el periodista José Cayetano Valdés, director del periódico oposicionista *La Tarántula*; ocurrieron tumultuosas manifestaciones de protesta y Cañedo fue consignado a la Legislatura, cuyo Gran Jurado lo absolvió. Ramírez Terrón se sublevó en Mazatlán en octubre de ese año, indignado por la matanza que ordenó el general Díaz en Veracruz; libró algunas acciones, se refugio en la sierra de Durango y fue asesinado en el rancho El Favor. En 1880 tomó posesión del gobierno el ingeniero Mariano Martínez de Castro; y en 1884, Francisco Cañedo, quien permaneció al frente de la administración pública hasta junio de 1909, fecha en que murió. Pelearon la sucesión el licenciado José Ferrel, candidato del pueblo, y Diego Redo, sostenido por los científicos. Ganó éste debido a la imposición oficial pero el fervor cívico que aquél había suscitado se canalizó después hacia el maderismo. Francisco I. Madero pasó por Sinaloa en enero de 1910, y en junio siguiente Gabriel Leyva Solano se rebeló contra la dictadura; víctima de una traición, cayó en manos de las autoridades y fue bárbaramente sacrificado el día 13, en Cabrera de Inzunza.

El 20 de noviembre siguiente los maderistas salieron de Culiacán para enfrentarse al ejército federal. Los nombres de Juan M. Banderas, Ramón F. Iturbe y Herculano de la Rocha empezaron a sonar en la región norte; y en el sur los de Justo Tirado y Pomposo Acosta. Los revolucionarios sitiaron Culiacán y Mazatlán; la capital cayó en su poder en mayo de 1911, y el puerto el 2 de junio. Banderas, convertido en jefe del movimiento, hizo custodiar a Redo hasta Nogales, en la frontera con Estados Unidos, y la legislatura designó gobernador interino al licenciado Celso Gaxiola Rojo, pronto sustituido por el propio Banderas, quien era presidente de la Junta Militar del Estado. El siguiente mandatario, José Rentería (1912), huyó por Mazatlán en un cañonero, ante el ataque de Justo Tirado. Lo sustituyó Justo Delgado y el 27 de septiembre de 1912, Felipe Riveros. Ese año el general Iturbe acabó con una revuelta de inspiración zapatista. Riveros reconoció a Victoriano Huerta (5 de marzo de 1913), pero aun así fue aprehendido en Mazatlán y enviado a la Ciudad de México. El usurpador nombró en su lugar al general José Legorreta. Pronto empezaron a operar los constitucionalistas. El general Ramón F. Iturbe y el coronel Macario Gaxiola atacaron Topolobampo, pero tuvieron que replegarse hasta Estación San Blas, donde estaban Riveros —ya de vuelta de la capital— y el coronel Manuel Mezta; allí fueron atacados por los federales, pero la decisión de Mezta pudo cambiar la derrota en victoria. El 13 de septiembre llegó a El Fuerte el primer jefe Venustiano Carranza; siguió a San Blas y después a Hermosillo. Benjamín G. Hill tomó Los Mochis y poco después la plaza de Sinaloa. El Ejército del Noroeste, al mando de Alvaro Obregón, tomó Culiacán el 14 de noviembre; puso sitio a Mazatlán y continuó su marcha hacia el sur. Auxiliado por los generales Gaxiola y Juan Carrasco, y por los coroneles Mezta, Angel Flores, Fructuoso Méndez y Elías Mascareño, el general Iturbe mantuvo el asedio el 9 de agosto de 1914, en que los huertistas abandonaron la plaza. Invitado por el gobernador Riveros, el 22 de enero de ese año había llegado Carranza a la capital del Estado; reunido con los jefes revolucionarios, propuso el desconocimiento del gobernante por haber reconocido a Huerta, pero la intervención del general Carrasco

Gobernadores de Sinaloa: *17.José Rentería. 18.Felipe Rivero. 19.Manuel Gutiérrez Rodríguez. 20.Ignacio L.Pesqueira. 21.Ramón F.Iturbe. 22.Angel Flores. 23.Alejandro R.Vega. 24.Juan de Dios Bátiz. 25.Macario Gaxiola. 26.Manuel Páez. 27.Guillermo Vidales. 28.Alfredo Delgado. 29.Rodolfo T.Loaiza. 30.Teodoro Cruz. 31.Pablo E.Macías Valenzuela. 32.Enrique Pérez Arce*

Ninguna de las poblaciones de la entidad recibió escudo de armas durante la Colonia. Cuando en 1923 Diego Rivera pintó los emblemas de los Estados en los corredores del segundo patio de la Secretaría de Educación, tuvo que inventar el de Sinaloa, y para el efecto diseñó el que lleva una ancla y unas sirenas, que

nunca tuvo carácter oficial. En tiempos del gobernador Leyva Velázquez la Legislatura local expidió el decreto Núm. 24, del 16 de noviembre de 1958, por el cual se dio el siguiente escudo a Sinaloa: de forma oval, está dividido en 4 cuarteles: el superior izquierdo, alegórico de Culiacán, es rojo oscuro y ostenta un cerro torcido rematado por una cabeza humana, representativo del dios Coltzin, así como una mano que sostiene la serpiente símbolo de Huitzilopochtli; el superior derecho, simbólico de El Fuerte, muestra sobre fondo rojo, una fortaleza que evoca el Fuerte de Montes Claros levantado por Diego Martínez de Hurdaide (en honor del virrey conde de Montes Claros) y unas flechas, en la parte inferior, que significan la pacificación de las tribus; el inferior izquierdo, alegórico de El Rosario, lleva, sobre fondo de oro, las cuentas de un rosario, la cruz que cuelga, una plancha de plata fundida, una glama (la victoria del insurgente José María González de Hermosillo sobre los españoles), y una gota de sangre que se desprende del eslabón de una cadena rota (la libertad por el sacrificio); y el inferior derecho, simbólico de Mazatlán, en campo azul, tiene una cabeza de venado de cuyo hocico sale una vírgula y, en el fondo, dos islas rocosas y una ancla. La bordura es roja y en ella se miran espinas de cacto y huellas de pies que recuerdan el mito de la peregrinación de los mexicas; en la parte superior va la palabra Sinaloa, y en la inferior, el año 1831. El basamento está constituido por raíces, entre las que aparecen las palabras Coltzin, Huey-Culhuacan y Mazatl. Remata el escudo con el águila que usó en sus sellos el Estado Libre de Occidente. Siguiendo el ejemplo del Estado, los municipios de Culiacán, Mazatlán, Mocorito, Sinaloa y Badiraguato también crearon su escudo.

logró disuadirlo. Sin embargo, quedaron latentes los gérmenes de la división y al fin Riveros, Gaxiola y otros se declararon abiertamente por el villismo. Tras de algunos combates que se libraron, los constitucionalistas quedaron dueños de la entidad. Una columna expedicionaria sinaloense, al mando del general Angel Flores, partió rumbo a Sonora; en Navojoa resistieron un largo sitio, que a la postre rompieron, y después derrotaron a los villistas en Alamito, Hermosillo y San Joaquín. Los gobernadores preconstitucionales fueron los siguientes: Manuel Rodríguez Gutiérrez, Isauro Ibáñez, Angel Flores e Ignacio L. Pesqueira. El general Ramón F. Iturbe tomó posesión en 1917 y expidió la nueva Constitución, pero no terminó su período, pues en 1920, con motivo de la sublevación de Agua Prieta, abandonó el país.

En 1922 se hizo cargo del Ejecutivo el general Angel Flores, quien gobernó por medio de interinos; en su administración se iniciaron algunas obras de riego en el municipio de Culiacán; en 1923 solicitó licencia y se lanzó como candidato a la Presidencia de la República, mas al ser derrotado se retiró a la vida privada. Su sucesor Alejandro R. Vega no pudo gobernar debido a fricciones con un grupo político que inclusive lo hizo víctima de un atentado; al final fue destituido por la Legislatura. El siguiente mandatario, el ingeniero Juan de Dios Bátiz, corrió igual suerte; lo sustituyó el profesor Manuel Páez. En 1929 asumió el poder el general Macario Gaxiola, cuya gestión se vió turbada por el movimiento rebelde que se inició en marzo de ese año. En 1933 entregó la gubernatura a Páez, hombre de confianza del general Plutarco Elías Calles, quien pronto se hizo impopular por haber revivido el problema religioso. Así, cuando culminó la pugna entre el presidente Cárdenas y Calles, el Senado declaró desaparecidos los poderes en Sinaloa y designó gobernador al coronel Gabriel Leyva Velázquez. Este, a su vez, tuvo discrepancias con la Legislatura y fue desconocido. En su lugar se nombró a Guillermo Vidales. El coronel Alfredo Delgado se

33   34   35   36   38

Gobernadores de Sinaloa: 33.Rigoberto Aguilar Pico. 34.Gabriel Leyva Velázquez. 35.Leopoldo Sánchez Celis. 36.Alfredo Valdés Montoya

hizo cargo del gobierno en 1937; bajo su administración se desató en el sur del Estado una sangrienta lucha entre ejidatarios y pequeños agricultores, sin que el gobierno federal interviniera. Igual sucedió en el siguiente régimen: el gobernador Rodolfo T.Loaiza disimuló las atrocidades de que eran víctimas los campesinos, lo cual resultó contraproducente, pues a la postre fue asesinado por el más notorio de los guardias blancas. Ampliado el período gubernamental a 6 años, el general Pablo E.Macías Valenzuela ejerció el poder de 1945 a 1950; en ese lapso restableció la paz social y dio considerable impulso a la enseñanza. Lo sucedió el licenciado Enrique Pérez Arce, cuyo mandato terminó el doctor Rigoberto Aguilar Pico (1953-1956). Desde entonces han gobernado la entidad: Gabriel Leyva Velázquez (1957-1962), Leopoldo Sánchez Celis (1963-1968), Alfredo Valdés Montoya (1969-1974) y (1975). *A.N.A.* v.Eustaquio Buelna: *Apuntes para la historia de Sinaloa* (1924), *Compendio histórico, geográfico y estadístico del Estado de Sinaloa* (1877); Departamento de la Estadística Nacional: *Sonora, Sinaloa y Nayarit*; Gordon F.Ekholm: *Excavations at Guasave, Sinaloa, Mexico* (Nueva York, 1942); Carlos Espinoza de los Monteros: *Exposición que sobre las provincias de Sonora y Sinaloa escribió su Diputado...* (Culiacán, 1956); Francisco Javier Gaxiola: *La Intervención Norteamericana en Sinaloa* (1891); Amado González Dávila: *Diccionario geográfico, histórico, biográfico y estadístico del Estado de Sinaloa* (Culiacán, 1959) y *Geografía del Estado de Sinaloa* (1956); Isabel Kelly: *Excavations at Culiacan, Sinaloa* (Los Angeles, 1945) y *Excavations at Chametla* (Los Angeles, 1938); Nacional Financiera: *Sinaloa* (1971); Antonio Nakayama A.: *Sinaloa, un bosquejo de su historia* (inédita); Héctor R.Olea: *Breve historia de la Revolución en Sinaloa. 1910-1917* (1964); Juan

L.Paliza: *Monografía y geográfica, estadística, histórica e informativa de Sinaloa* (Culiacán, 1933); PRI-CEPES: *Municipio de El Rosario. Sinaloa*; Confederación de Asociaciones Agrícolas del Estado: *Análisis de la situación agrícola de Sinaloa* (Boletines 82 y 86, marzo-abril y noviembre-diciembre de 1973); *Censo Frutícola de Sinaloa* (1972); Carl O.Sauer y Donald Brand: *Aztatlán* (Los Angeles, 1932); Gobierno del Estado: *Sinaloa, Desarrollo urbano* (1970), *Sinaloa en cifras* (1970) y *Ley de Ingresos y Presupuestos de Egresos para el año 1974* (diciembre de 1973); y Secretaría del Desarrollo Económico del Estado: *Culiacán, Monografía del Municipio* (1974). Otras fuentes de información: Asociación de Porcicultores Local de Culiacán; Banco de México, S.A.; Comisión Estatal para el Desarrollo de Centros Poblados; Comisión Nacional de Fruticultura, Agencia en Sinaloa; Comisión Federal de Electricidad, División Noroeste; Confederación de Asociaciones Agrícolas del Estado de Sinaloa: Departamento de Estadística y de Estudios Económicos; Dirección General de Educación en el Estado; Dirección de Educación Federal en Sinaloa: Dirección de Ingresos de la Secretaría de Finanzas del Estado; Instituto Mexicano de Comercio Exterior, Delegación en Sinaloa; Junta de Electrificación del Estado de Sinaloa; Junta Local de Caminos de Sinaloa; Sección de Estadística del Gobierno de Sinaloa; Secretaría de Recursos Hidráulicos: Distrito de Riego Núm. 10; Secretaría del Desarrollo Económico del Estado de Sinaloa: Dirección del Desarrollo Ganadero, Dirección del Desarrollo Industrial, Dirección del Desarrollo Pesquero y Dirección del Desarrollo Turístico; Secretaría de Agricultura y Ganadería, Agencia en Sinaloa; Unión de Asociaciones Avícolas del Estado de Sinaloa y Unión Ganadera Regional del Estado de Sinaloa. Colaboración: Carolina Verdugo.

SINARQUISMO. v.FASCISMO.

SINDICALISMO. *Las sociedades mutualistas.* La Constitución de 1857 no incluyó ningún artículo que auspiciara la libre asociación de los trabajadores en defensa de sus intereses de clase. Ignacio Ramírez, diputado constituyente, hizo a la comisión redactora el "grave cargo de haber conservado la servidumbre de los jornaleros", a quienes él consideraba "los productores de la riqueza social" Desde 1853 había venido funcionando en la Ciudad de México la Sociedad de Socorro Mutuo, extendida a la provincia en 1864 y promotora de una huelga hacia 1865. En ese año, tras una manifestación de protesta, se organizó una Junta Protectora de las Clases Menesterosas, cuyo objetivo principal consistía en formar sociedades de socorro inspiradas en los modelos europeos de la época. La idea tuvo éxito entre los artesanos y los trabajadores independientes y se suscitó un cierto auge de las mutualidades, entre las cuales se distinguieron: la Sociedad Política Fraternal, que preconizaba la igualdad entre el trabajo y el capital, la abolición de la pena de muerte, la creación de una bolsa social que auxiliara a los socios desempleados, el establecimiento de talleres propios y la constitución de un fondo para financiar éstos de modo individual o colectivo; la sociedad de meseros Unión y Concordia (2 mil afiliados en 1882), que ayudaba a un promedio de 25 cada día con gastos de enfermería, pensiones e inhumaciones; y la sociedad Esperanza (1874 trabajadoras del ramo de confección de vestidos), que desarrollaba las mismas funciones.

El manifiesto de 1876. La poca efectividad de estos instrumentos de ayuda mutua inspiró el surgimiento, en el período de 1870 a 1884, de una prensa que trató de caracterizar la incipiente proletarización de la pequeña burguesía y propuso algunas formas de organización de tipo socialista. En 1876, el periódico *El Socialista* lanzó la iniciativa de crear la Confederación de Trabajadores Mexicanos. Antes, en 1870, a instancias del periódico *Clases Productoras*, de tendencia cooperativista, se había celebrado con un propósito semejante, aunque sin éxito, un congreso obrero en San Luis Potosí. Ahora, en cambio, el Congreso General de Obreros de la República Mexicana, apoyado por el Gran Círculo de Obreros, un organismo políticamente más eficaz que las sociedades mutualistas, proclamó el 17 de abril de 1876, entre otros puntos: "Quinto: El nombramiento de procuradores generales de los obreros, encargados de gestionar y promover ante

las autoridades federales y de los estados, todo aquello que pudiese ser provechoso o necesario para ellos mismos; Sexto: La fijación del tipo de salario en todos los Estados de la República (según lo requieran las circunstancias de localidad y el ramo de que se trate), o sea la valorización del trabajo por los mismos trabajadores, con el propio derecho con que los capitalistas ponen precio a los objetos que forman su capital; Séptimo: La creación de exposiciones industriales, promovidas y sostenidas por los artesanos, donde se puedan vender y premiar las mercancías de los trabajadores en períodos sucesivos, sin necesidad de la acción gubernamental, despertándose así el espíritu de iniciativa y de empresa..; Octavo: La variación del tipo de jornal cuando las necesidades del obrero lo exijan, pues así como los capitalistas alteran el valor de sus mercancías, en los casos en que io juzgan conveniente, también el obrero tiene el derecho de hacer subir el precio de su trabajo, hasta conseguir llenar con él sus necesidades particulares y sociales". Y terminaba diciendo: "El Congreso dedicará una atención preferente al importante asunto de las huelgas; se ocupará también de mejorar hasta donde sea posible la condición de la mujer obrera, y procurará que su claro y conciso programa sea bien desarrollado y explicado en la Constitución; pero para expedir ese Código necesita el apoyo de todas las asociaciones y de todas las clases trabajadoras que aún no se organizan en sociedades especiales".

El Gran Círculo de Obreros se había venido organizando desde 1871, de modo paralelo a las mutualidades y a las tendencias cooperativas. Lo animaban unos cuantos sastres e impresores, entre éstos Francisco de P.González. Además de sus peticiones de tipo laboral (reglamentos de trabajo, jornadas fijas y salarios homogéneos) se proponían, en palabras de Juan Mata de Rivera, dirigidas al presidente Lerdo de Tejada en 1872: "Despertar al pueblo del letargo en que yace. Fundar asociaciones que nos sean benéficas, que se estrechen con los sacrosantos lazos de la unión y la caridad. Fundar cátedras orales en las que el más instruido comunique sus luces a los que no lo son. Crear cajas de ahorro para fomentar las artes, ya que los gobiernos no se acuerdan de nosotros. Establecer periódicos escritos para el pueblo y por el pueblo y en los que no metan la mano los que están acostumbrados a escribir y firmar lo que les manda el amo. Abrir escuelas costeadas con fondos y con ahorros de nosotros mismos, y antes de conducir a nuestros hijos al taller, llevarlos a que aprendan los derechos del ciudadano. Cuando las elecciones de diputados se acerquen, no dejarse llevar por los aspirantes que trabajan en su provecho, sino buscar, asociándonos, hombres dignos de representarnos, haciendo a un lado a aquéllos que sólo desean ocupar semejante puesto para explotar o vender su voto en las empresas burocráticas. Los artesanos quieren paz y progreso, protección a las artes, seguridad en sus intereses, inviolabilidad en sus personas, escuelas para sus hijos, bancos de avío para sus empresas, consideración en sus contribuciones, y sobre todo que no se les trate como carne de cañón dispuesta a ser destrozada por capricho. Reducir el ejército, que es para la República una carga muy pesada, y en vez de comprar armamento adquirir instrumentos de labranza útiles para las artes. Transformar los cuarteles en talleres. Cuando tengáis armado al pueblo —concluía—, ya no habrá revolución ni revolucionarios". Con tales ideales y objetivos, el Gran Círculo, que contaba con 18 sociedades afiliadas en 1875, llegó a tener 43 cuando convocó, junto con el periódico *El Socialista*, al Congreso de abril de 1876. A éste asistieron delegados de más de 10 mil trabajadores de toda la República. A causa, sin embargo, de su heterogeneidad ideológica, sufrió una escisión hacia 1879; en 1880 desapareció la Confederación de Trabajadores y en los años siguientes sobrevino la represión desatada por el gobierno de Porfirio Díaz. El Código Penal del Distrito y Territorios Federales de 1871 imponía un castigo de 8 días a 3 meses de prisión y multa de 25 a 500 pesos a todo aquél que utilizare cualquier tipo de presión para impedir el libre desarrollo de la industria o del trabajo. Esta disposición y aun la fuerza militar se utilizaron especialmente contra las organizaciones que habían apoyado a Lerdo en su intento de reelección.

El Programa y Manifiesto del Partido Liberal Mexicano, expedido en San Luis Misuri el 1° de julio de 1906 por la Junta Organizadora de ese cuerpo (Ricardo y Enrique Flores Magón, Antonio I.Villarreal, Juan y Manuel Sarabia, Librado Rivera y Rosalío Bustamante), incluía un capítulo de Capital y Trabajo (artículo del 21 al 33) que proponía: establecer un máximo de 8 horas de trabajo y un salario mínimo (21); reglamentar el servicio doméstico y el trabajo a domicilio (22); vigilar los destajos (23); prohibir el empleo de menores de 14 años (24); obligar a los dueños de minas, fábricas y talleres a mantener las mejores condiciones de higiene y seguridad (25); obligar a los propietarios rurales a dar alojamiento higiénico a sus trabajadores (26); pagar indemnizaciones por accidentes de trabajo (27); extinguir las deudas de los jornaleros

para con sus amos (28); impedir abusos con los medieros (29); pagar los salarios con dinero efectivo y suprimir las tiendas de raya (31); ocupar una mínima parte de trabajadores extranjeros y pagarles lo mismo que a los mexicanos en condiciones iguales (32); y hacer obligatorio el descanso dominical (33).

Aun antes de la distribución de este documento, circulaba ya en los medios obreros, de modo clandestino, el periódico *Regeneración*, órgano de la propia Junta, en cuyas páginas se convocaba a los trabajadores a la unión, a la organización y a la lucha contra la dictadura, "único modo de poner fin a todas las iniquidades". La constitución de la sociedad Unión Liberal Humanidad en Cananea (16 de enero de 1906) y del Gran Círculo de Obreros Libres en Río Blanco (junio siguiente), afiliados en secreto a la Junta de San Luis Misuri, y los acontecimientos que de ahí se siguieron (v.HUELGAS), expresan la importancia que llegaron a tener las ideas y la acción política del Partido Liberal. Los dirigentes del **Gran Círculo** se proponían organizar a los obreros de todo el país (llegaron a tener 80 filiales), fomentar las publicaciones oposicionistas (tuvieron 2 periódicos, *La Revolución Social* y *La Unión Obrera*) y ayudar a perseguidos y encarcelados. Los patrones, a su vez, actuaron colectivamente: en diciembre de 1906 implantaron un nuevo reglamento en la industria textil del área Puebla-Tlaxcala, y en respuesta a la huelga de los trabajadores (día 6) cerraron 93 fábricas en el país y dejaron sin empleo a 57 mil hilanderos y tejedores. Una resolución presidencial (4 de enero de 1907) puso término a la huelga y al paro. El grupo de descontentos de Río Blanco fue reprimido con inaudita violencia (v.HUELGAS) y el Gran Círculo de Obreros Libres no volvió a dar muestras de vida. En 1908, sin embargo, la Gran Liga de Trabajadores Ferrocarrileros, filial de éste, intentó organizar una huelga en Aguascalientes. Hacia finales de la dictadura, la entrevista Díaz-Creelman y el libro de Francisco I.Madero *La Sucesión Presidencial* contribuyeron a que los grupos obreros centraran su interés en la renuncia del presidente Díaz, pues consideraban que un cambio político mejoraría su situación.

En 1903 se había organizado en Guadalajara un grupo dirigido por Ramón Morales, Roque Estrada, Juan I.Martínez, José María Loreto, Primitivo R.Valencia y otros, que rechazaba toda coincidencia con los magonistas. Por medio de su periódico, *El Obrero Socialista*, procuraba constituir sindicatos y hacer estallar por lo menos una huelga al año;

sin embargo, sólo logró realizar una en 1904, en la propia capital de Jalisco.

El derecho a organizarse. Al triunfo de la revolución maderista se multiplicaron las organizaciones obreras en la Ciudad de México. El 2 de mayo de 1911, bajo la dirección de Amadeo Ferrés, anarquista español expulsado de su país, surgió la Confederación de Tipógrafos de México, luego llamada Confederación Nacional de las Artes Gráficas, que editó *El Tipógrafo Mexicano* y donde se formaron algunos dirigentes como Ezequiel Salcedo, Rafael Quintero y Alfredo Medina. Otros anarquistas también españoles agruparon a los sastres, panaderos, zapateros, canteros y albañiles. Los carpinteros, músicos y ferrocarrileros se congregaron en sociedades mutualistas que adoptaron denominaciones alegóricas: Mártires del 7 de Enero, Fe y Trabajo, Mártires del Trabajo o El Arma de la Destrucción. La Gran Liga del Trabajo, a su vez, pretendía unificar a los grupos de todo el país en una sola confederación y asegurar la representación política de los trabajadores ante el gobierno; pero un año después de fundada, Angel T.Montalvo, su presidente, informaba que el número de sus miembros había disminuido de 1,220 a sólo 154. Lo mismo ocurrió a la Cámara Nacional del Trabajo, contemporánea de la Gran Liga y con propósitos semejantes, aunque añadía la demanda de crear una oficina gubernamental para atender los asuntos de ese ramo.

En diciembre de 1911, el presidente Madero creó un Departamento del Trabajo adscrito a la Secretaría de Fomento. Este organismo promovió la industria textil, aunque sin intervención de los trabajadores, que acordó reducir la jornada a 10 horas, fijar un salario mínimo ($1.25 al día) y pagarlo en efectivo. Los obreros crearon un Comité Permanente con sede en la Ciudad de México y filiales en casi todos los centros textiles a efecto de vigilar el cumplimiento de aquellos compromisos y de llamar a la huelga en el caso de violaciones.

En junio de 1911 se formó en Tampico el Gremio Unido de Alijadores, sobre principios de mutualismo y moralidad; pero duró muy poco. En 1912, a iniciativa del español Pedro Juneo, se fundó en Veracruz una Cámara del Trabajo independiente. Ya existía entonces, también en ese puerto, la Confederación de Sindicatos Obreros de la República Mexicana, cuyo programa incluía la creación de cooperativas de trabajo y consumo; la expedición de leyes laborales; la instalación de juntas de conciliación y arbitraje; la implantación del seguro del trabajo y el reconocimiento del derecho de huelga. La Confederación trató sin éxito de unificarse con la Cámara y ambas desaparecieron.

La Casa del Obrero Mundial se fundó en 1912 por un grupo de líderes, algunos extranjeros, en su mayoría españoles asilados como Juan Francisco Moncaleano; y otros mexicanos, entre ellos Antonio Díaz Soto y Gama, Pioquinto Roldán, Manuel Sarabia, Celestino Gasca, Rafael Pérez Taylor y Lázaro Gutiérrez de Lara. No fue un sindicato, pero contribuyó a la organización ulterior del movimiento obrero. Funcionaba como lugar de reunión para discutir las diferentes concepciones de organización y preparar la propaganda sindicalista. Se afiliaron a ella muchos de los organismos existentes y los que fueron surgiendo con posterioridad, de suerte que llegó a coordinar el movimiento obrero del país. En un primer momento, la corriente anarcosindicalista cobró hegemonía y la Casa adoptó la política de la no conciliación, la no actuación política y la acción directa o violenta, con énfasis en las huelgas y el sabotaje.

La administración maderista arrestó a los dirigentes mexicanos y expulsó del país a los extranjeros, mientras el periódico *Nueva Era* acusaba a la Casa de ser un "centro de propaganda subversiva" El clero, a su vez, amenazó con la excomunión a todo trabajador que ingresara a ella. Los obreros habían roto con Madero, acusándolo de seguir los pasos de Porfirio Díaz, cuando en febrero de 1913 Victoriano Huerta usurpó el poder e impuso la violencia. A pesar de ello, la Casa del Obrero Mundial celebró una manifestación el 1° de mayo de 1913 (primera en el país conmemorativa del Día del Trabajo), a la que asistieron grupos organizados de carpinteros, pintores, zapateros, tejedores, sastres, canteros y albañiles que demandaban una jornada de 8 horas y el descanso dominical. No habiendo ocurrido incidentes con la policía, semanas después la dirección de la Casa convocó a un mitin en la Alameda, que se convirtió en un acto contra Huerta. Días después, los dirigentes, los oradores y sus parciales fueron expulsados del país o encarcelados y torturados. La Casa reanudó sus actividades el 21 de agosto de 1914, al triunfo de las fuerzas constitucionalistas sobre el huertismo. Esta vez no parecía que sus dirigentes pudieran seguir condenando la participación de los obreros en la lucha de facciones y manteniendo, en consecuencia, su neutralidad en la guerra civil. Soto y Gama había tomado ya partido por el zapatismo y otros se inclinaban por Carranza frente a la Convención de Gobernadores y Jefes Revolucionarios (v.GABINETES). Contribuyeron a inclinar el ánimo mayoritario en favor del primer jefe algunas acciones de Alvaro Obregón en enero de 1915, durante su segunda entrada a la capital: entregó a la Casa del Obrero Mundial el templo de Santa Brígida y el Colegio Josefino, el taller donde se imprimía *La Tribuna* y una fuerte cantidad en billetes para asistir a los trabajadores desamparados; y aceptó que Luis N.Morones, propuesto por el Sindicato de Electricistas, ocupara la gerencia de la Compañía Telefónica y Telegráfica Mexicana, que estaba intervenida. El 4 de diciembre anterior, además, el gobierno de Carranza había expresado su propósito de mejorar la situación de los obreros mediante la expedición de leyes adecuadas. Con estos antecedentes, el 10 de febrero de 1915, 66 de los miembros de la Casa acordaron suspender la organización gremial e incorporarse al Ejército Constitucionalista, formados en "compañías, batallones, regimientos, brigadas o divisiones", que llevarían la denominación de "rojos". El pacto entre la Revolución Constitucionalista y la Casa del Obrero Mundial se firmó, el 17 de febrero, por Rafael Zubarán Capmany, secretario de Gobernación, y Rafael Quintero, Rosendo Salazar, Carlos M.Rincón, Celestino Gasca, Juan Tudó, Salvador Gonzalo García, Rodolfo Aguirre y Roberto Valdés. El gobierno se comprometía a atender "las justas reclamaciones de los obreros en los conflictos que puedan suscitarse entre ellos y los patrones, como consecuencia del contrato de trabajo".

Apenas un mes después, en marzo de 1915, la Casa cambió su sede a Orizaba, debido a las contingencias de la guerra civil. Desde allí se organizaron 6 Batallones Rojos integrados por trabajadores: 1.de la Fábrica Nacional de Armamentos, destinado a San Luis Potosí; 2.de la Federación de Ferrocarriles del Distrito Federal y sus sindicatos aliados, que marchó a Veracruz; 3 y 4.textiles, carpinteros, canteros, albañiles, pintores, sastres y cocheros, incorporado al Ejército del Noroeste, al mando de Obregón; y 5 y 6.mecánicos, albañiles, grabadores y metalúrgicos, que se quedó en Orizaba a las órdenes del coronel Enríquez. Al llegar a las plazas ocupadas, los Batallones Rojos organizaban grupos obreros, los afiliaban a la Casa del Obrero Mundial y promovían huelgas para pedir el reconocimiento de los sindicatos y la jornada de 8 horas, que eran ganadas gracias al apoyo militar. Cuando la Casa se reinstaló en México, en agosto de 1915, después del triunfo del constitucionalismo, le fue entregado el Palacio de los Azulejos, que antes albergaba al *Jockey Club*. Rápidamente se extendió la organización obrera: en la capital surgieron los sindicatos de obreros panaderos, boneteros, cortadores y operadores de sastrerías, peluqueros y cigarreros; y se reorganizaron las federaciones de Obreros y Empleados de Tranvías, de Obreros de la Maestranza Nacional de Artillería y de Obreros de Hilados y Tejidos y Similares, los electricistas y muchos otros gremios cuya dirección ideológica partía del periódico *El Ariete*, del Ateneo Obrero y de la Escuela Moderna. Otro tanto ocurría, aunque en menor escala, en Chihuahua, Nuevo León, Tamaulipas, San Luis Potosí y Jalisco.

Pero muy a pesar del pacto de la Casa con el Estado, en noviembre de 1915 empezó la represión: se decretó la militarización de los ferrocarrileros, se impidió la distribución de la propaganda sindical, se clausuró la Casa del Obrero en Monterrey y se apresó a sus líderes, se dictó orden de aprehensión contra Rosendo Salazar, en Guadalajara, y en la capital el general Pablo González cerró la Casa, mientras el gobierno lanzaba un manifiesto proclamando que "si se había luchado contra la tiranía del capitalismo, no debía existir ahora la tiranía del obrerismo". En respuesta, la Federación de Sindicatos Obreros del Distrito Federal convocó a un Congreso Obrero Nacional, en Veracruz, inaugurado el 5 de marzo de 1916: se enviaron mensajes pidiendo la libertad de los líderes presos y se acordó que todas las organizaciones presentes se denominaran Confederación del Trabajo de la Región Mexicana. Ya con este carácter, los delegados (17 del Distrito Federal, 4 de Guadalajara y 36 de Veracruz, que representaban, respectivamente, a 18, 13 y 42 sindicatos o uniones, y otros del resto del país, no significativos) firmaron un *Pacto de Solidaridad* y una *Declaración de Principios*. En ésta se decía que la CTRM aceptaba como principio fundamental de la organización obrera el de la lucha de clases; como finalidad suprema, la socialización de los medios de producción; y como procedimiento de lucha, la acción directa, "quedando excluida del esfuerzo sindicalista toda clase de acción política, entendiéndose por ésta el hecho de adherirse oficialmente a un gobierno, a un partido o a una personalidad que aspire al poder gubernativo" La asamblea se clausuró el día 17 y estuvo dirigida, entre otros, por Luis N.Morones, Federico Rocha, Herón Proal, José F.Gutiérrez, Francisco Suárez y Adrián Varela. La CTRM, sin embargo, se extinguió muy pronto.

La Constitución Política de los Estados Unidos Mexicanos, promulgada el 5 de febrero de 1917, incluyó en la fracción XVI del Art.123 la disposición siguiente: "Tanto los obreros como los empresarios tendrán derecho para coaligarse en defensa de sus respectivos intereses, formando sindicatos o asociaciones profesionales". En esa virtud, el 13 de octubre de 1917 se reunió en Tampico el segundo Congreso Obrero Nacional convocado por las organizaciones de Tamaulipas afiliadas a la Casa del Obrero Mundial. Allí se reafirmó el derecho de libre asociación y se recomendó la agrupación sindicalista, pero se pusieron de manifiesto las corrientes ideológicas antagónicas del movimiento obrero de aquella época: la socialista, la sindicalista revolucionaria (Herón Proal) y la sindicalista reformista (Luis N.Morones). El programa adoptado a la postre correspondió a esta última, y aunque por haberse prohibido la acción de grupos doctrinarios dentro de los sindicatos se agravaron las pugnas y se llegó a temer el fracaso del Congreso, éste designó un Comité Central con residencia en Torreón, donde el gobernador de Coahuila le brindaba cierto apoyo. El Comité, a su vez, convocó al Congreso del 1º de mayo de 1918, en Saltillo, bajo la presidencia de Luis N.Morones (reformista), Jacinto Huitrón (anarquista) y Teodoro Ramírez (sindicalista), que constituyó la Confederación Regional Obrera Mexicana (CROM).

La Confederación Regional Obrera Mexicana. En su declaración de principios la CROM reconoció la existencia de dos clases sociales y el derecho de los explotados a luchar contra los explotadores, para procurarse un mejoramiento económico y moral, mediante la organización de sindicatos, federaciones y confederaciones; pero introdujo un matiz en la táctica: a pesar de que su programa proscribía la participación política, fue abandonada "la acción directa" del anarquismo y sustituida por la "acción múltiple". La aplicación de esta nueva tesis, condujo a la creación, dentro de la CROM, del Grupo Acción, compuesto por Luis N.Morones, Ezequiel Salcedo, Celestino Gasca, Ricardo Treviño, José M.Tristán, Juan Rico, Eduardo Moneda y Fernando Rodarte, empeñado en que la confederación adoptara el nombre de mexicana, para significar que estaba desligada de la III Internacional. Las fracciones anarquista y socialista a su vez, propusieron el de regional, para indicar su vinculación con los proletarios de todos los países. La denominación que se aprobó a la postre —regional y mexicana, de modo simultáneo— evidenciaba la transacción. El lema adoptado, *Salud y Revolución Social*, era de carácter anarquista, pero la hegemonía correspondió al Grupo Acción, al que pertenecían los tres miembros del primer comité ejecutivo: Morones (secretario general), Treviño y Tristán. Con sede original en Aguascalientes, la CROM cambió

pronto su sede a la Ciudad de México. Fundada con 7 mil miembros, tenía 10 mil en 1919, 50 mil en 1920, 150 mil en 1921, 400 mil en 1923, 1.200,000 en 1924, 1.500,000 en 1925 y 2 millones en 1927. El Partido Laborista Mexicano fue fundado a iniciativa de la organización. Durante el gobierno del presidente Calles tuvo una Secretaría de Estado (la de Industria, Comercio y Trabajo, confiada a Morones), la jefatura del Departamento del Distrito Federal, 11 de los 48 senadores, 40 de los 272 diputados federales y 2 gobernadores. Previamente la CROM había resuelto ser nacionalista y "estudiar y resolver todos aquellos problemas que afectan a México como nación" (v.CONVENCIÓN); y la Federación de Sindicatos Obreros del Distrito Federal (adherida a la CROM) había declarado: "no se trata de destruir el capital; se trata de consolidar el trabajo y el capital, armónicamente". En noviembre de 1924 la central proclamó socialista al general Calles y lo distinguió con la presidencia honoraria (VI Convención) y en 1925 emprendió una campaña "para crear un espíritu de confianza hacia los inversionistas extranjeros para hacer que afluya al país el capital y crear nuevas industrias".

Hacia mediados de 1928 la CROM empezó a desintegrarse: una reunión obrerista se pronunció contra ella en Saltillo y en diciembre ambas cámaras legislativas acusaron a sus líderes de "haber pretendido apoderarse de los obreros y campesinos para fines políticos". Sin embargo, Calles le siguió prestando su apoyo y ésta mantuvo su fuerza en la Junta de Conciliación. En los años siguientes se formaron otras centrales obreras que gozarían del apoyo del Estado. En las postrimerías del gobierno del presidente Avila Camacho los cromistas intentaron reorganizar el Partido Laborista para aproximarse al entonces candidato Miguel Alemán, y a fines de 1946 insinuaron un cierto apoyo al PRI, que iba a volverse explícito en el informe del comité central de 1948 a 1951. En 1950 la CROM organizó el Primer Congreso Nacional Anticomunista; en 1951-1952 participó en la campaña presidencial de Ruiz Cortines y en agosto de 1955 estaba ya afiliada al PRI. En agosto de 1963 declaró que "la acción múltiple significa sincera colaboración en todos los órdenes para los gobiernos de claros perfiles democráticos y revolucionarios" y pidió a sus agremiados que esperaran "con serenidad y fe las sanas orientaciones políticas provenientes del PRI, que será el que con íntegra responsabilidad escogerá al mejor de sus hombres .para presidente de la República". En 1974 la CROM contaba con poco más de 100 mil afiliados, distribuidos principalmente en 750 sindicatos de las ramas textil, de transportes, azucarera y alimenticia, de los estados de Puebla, Baja California, Tlaxcala y Guerrero, y en 900 agrupaciones campesinas. Su política laboral fue expuesta por su oficial mayor en estos términos: "La CROM subordina sus demandas económico-sindicales al desarrollo económico del país, y su recurso normal de lucha no es la huelga, sino la revisión, cada dos años, del contrato colectivo de los trabajadores".

Confederación General de Trabajadores. Del 16 al 22 de febrero de 1921 se reunió la convención organizada por el Comité de la Federación Comunista (Alberto Araoz de León, secretario general; José Valadez, del interior; y Manuel D.Ramírez, del exterior), la cual se pronunció por la lucha contra el capitalismo, la unidad proletaria, la búsqueda de la mejor forma de organización obrera, una cultura que favoreciera la acción violenta contra el sistema imperante y la no participación política de sus miembros en el gobierno. Debido a este último punto (tesis anarquista), se separaron de la convención los delegados de la *International World Workers*, procedentes en su mayoría de Tampico, pero aun así quedó integrada la Central General de Trabajadores, cuyo programa se formuló en la Convención Radical Roja (15 de julio siguiente). La CGT se calificó a sí misma de roja, frente a los "amarillos" de la CROM, a quienes acusó de estar asociados a la Federación Americana del Trabajo (central norteamericana dirigida por Samuel Gompers); declaró que obraría "remota, ilimitada, absoluta, abstracta y teóricamente, en oposición a la CROM, que lo hacía "próxima, limitada, concreta, relativa y prácticamente"; afirmó que su interés principal estaba en las masas y no en los individuos; y se pronunció por un cambio completo en la situación política, económica y social de los trabajadores. Quiso con esto ofrecer una opción no oficial al movimiento obrero. El mismo año de su fundación planteó la necesidad de que los obreros se apoderaran de las fábricas y los campesinos de las haciendas desocupadas.

Estas actitudes radicales provocaron la reorganización del obrerismo católico. El 25 de abril de 1922 y bajo el lema "Justicia y Caridad", estos grupos anunciaron que lucharían por la implantación de la doctrina social de la Iglesia definida por León XIII en su encíclica *Rerum Novarum*. Ya antes, desde 1904, habían formado cajas de ahorro, abierto dispensarios y creado sociedades mutualistas (v.IGLESIA CATÓLICA). Por medio de los periódicos *Restauración* y *Democracia Cristiana*, reunieron adictos y constituyeron la central Obreros Guadalupanos, más tarde convertida en la Confederación Nacional Católica del Trabajo, cuyos principios rectores fueron el respeto a la religión, a la nación, a la familia y a la propiedad. Al cabo de varios congresos (Puebla, Guadalajara, Morelia y Zamora), en 1922 contaba con 21 sindicatos en Jalisco, 11 en Michoacán, 9 en Texcoco y 4 en el Distrito Federal; pero en 1925 tenía 23 mil miembros agrupados en 392 sindicatos. Sin embargo, la mayoría derivó a la CROM o a la CGT que les garantizaban resultados a más corto plazo.

Mientras tanto, la CGT fue abandonando su matiz anarquista y participando cada vez más en política. En su IV Congreso (1925) ya no insistió en el apoderamiento de las fábricas; se opuso a la militarización de las escuelas y a las Juntas de Conciliación y Arbitraje; pidió una enseñanza racionalista y llamó a la acción directa contra la burguesía. En 1929 había perdido ya una gran parte de los 80 mil miembros que llegó a tener; y en 1931 abandonó totalmente el anarquismo, se volvió aliada del gobierno y se unió, al igual que la CROM, a la lucha contra el comunismo. En su 50º aniversario (22 de febrero de 1971), el secretario general, Cecilio Salas, reiteró la decisión de la CGT de seguir luchando en defensa de los trabajadores, dentro de los lineamientos de la Revolución Mexicana; criticó con severidad a los encarecedores y a los patrones que no cumplen la Nueva Ley Federal del Trabajo, y recordó que esta central había sido una de las primeras que se sumaron al Partido Nacional Revolucionario (actual PRI), "al cual sigue afiliado con toda lealtad, ya que representa las mejores causas de México".

Confederación General de Obreros y Campesinos de México. En junio de 1933, varias organizaciones (independientes de la CROM y de la CGT) firmaron en la Ciudad de México un pacto de unidad, reconocieron "la falta de ideología y conciencia de clase" y convocaron al congreso de octubre siguiente, a cuyo término nació la CGOCM. Bajo la dirección principal de Vicente Lombardo Toledano y Fidel Velázquez, se acordó trabajar por la satisfacción de las necesidades inmediatas de los trabajadores (fijación de salarios mínimos, libertad sindical, menores jornadas de trabajo) y se proscribió la militancia política, pero se decidió luchar "por la formación de la mentalidad revolucionaria dentro de la clase explotada, como condición previa para la transformación social, responder con la huelga general a todo intento de establecer una dictadura en el país". La nueva organización operó por medio de federaciones regionales obrero-campesinas (FROCS) hasta el 17 de febrero de 1936, en que los 1,200 delegados al segundo y último congreso, bajo la dirección de Fidel Velázquez, Fernando Amilpa, Juan Salamanca y Rubén Magaña, decidieron disolver la central, "en tanto se constituía una nueva". Al clausurar esta asamblea Lombardo Toledano dijo: "La Confederación General de Obreros y Campesinos vino en la historia del proletariado de México a renovar la confianza de la clase explotada, en el futuro de sus propios intereses y en el porvenir de la sociedad mexicana. Vivíamos en un pantano por culpa de los prevaricadores; la organización obrera era un instrumento en manos de los políticos sin escrúpulos; se había llegado a adquirir la convicción de que la única forma de obtener ciertas ventajas era la de estar en relación humillante con el gobierno".

La Confederación de Trabajadores de México fue producto de la unificación de sindicatos independientes y de grupos escindidos de la CROM y de la CGT, de la disolución de la CGOCM y de la actividad del Comité Nacional de Defensa Proletaria, constituido para promover la nueva central. El presidente Lázaro Cárdenas, además, había hecho en Monterrey una recomendación expresa en ese sentido (v.HUELGAS). La intención de invitar a las organizaciones que en el pasado habían mostrado cierto radicalismo, se canceló cuando éstas coincidieron con el Centro Patronal en sus pronunciamientos anticomunistas. La asamblea constituyente de la CTM se celebró en la Arena Nacional del 21 al 24 de febrero de 1936. Concurrieron a ella algunos intelectuales al servicio del movimiento obrero: Vicente Lombardo Toledano, Alejandro Carrillo, David Vilchis, Rubén Magaña, Gustavo Ortiz Hernán, Francisco Breña Alvirez, Francisco Zamora, Valentín Campa, Salvador Rodríguez, Antolín Piña Soria y Filiberto C.Villarreal. Los 4 mil delegados, representantes de 600 mil trabajadores, no externaron ninguna desavenencia ideológica sino hasta que Fidel Velázquez (sindicalista-reformista) y Miguel A. Velasco (comunista) disputaron un puesto en el Comité Ejecutivo Nacional. Este quedó integrado por Lombardo Toledano (secretario general), Juan Gutiérrez (Trabajo y Conflictos), Fidel Velázquez (Organización y Propaganda), Miguel A.Velasco (Educación), Carlos Samaniego (Finanzas), Pedro A.Morales (Acción Campesina) y Francisco Zamora (Estudios Técnicos). El congreso resolvió que la central lucharía por una sociedad sin clases y por la desaparición del capitalismo, utilizando como tácti-

cas de lucha la huelga, el boicot, la manifestación pública y la acción revolucionaria; y que fuera un organismo independiente del poder público, que actuaría bajo el lema "Por una sociedad sin clases". Pasados unos años, los estatutos se modificaron para alejar cada vez más a la central de la corriente socialista, y se adoptó un nuevo lema: "Por la emancipación de México", que implicaba una acción conjunta con el Estado para oponerse al imperialismo. Desde 1940, tras desplazar a los comunistas, la corriente sindical-reformista ha controlado la organización; después de 34 años de ocupar el puesto de secretario general, Fidel Velázquez fue reelecto por otros 6 en el IX Congreso General Ordinario, al que asistieron 5 mil delegados de 910 sindicatos de todo el país, los cuales agrupan a 2.980,000 obreros. Al término de la asamblea (23 de abril), el dirigente aseguró: "Seremos más visionarios para avizorar las grandes perspectivas de la CTM, que será la vanguardia y sostén del gobierno y la punta de lanza de la Revolución Mexicana".

Están afiliados a la CTM los sindicatos más numerosos de la República: de electricistas (SUTERM), petroleros (STPRM), mineros (SIMMRM), azucareros (STIASRM), Terraceros y muchos otros, así como las federaciones locales.

La Confederación Revolucionaria de Obreros y Campesinos (CROC) resultó del Congreso de Unidad Proletaria celebrado en la Ciudad de México los días 28, 29 y 30 de abril de 1952. Concurrieron a integrarla —y se disolvieron— las confederaciones de Obreros y Campesinos de México (COCM), Proletaria Nacional (CPN), Unica de Trabajadores (CUT, desprendida de la CTM cuando ésta reformó sus estatutos) y Nacional de Trabajadores (CNT). Su Declaración de Principios señala que regirá su actividad política conforme a las normas de un partido, que de hecho ha sido el PRI. Sin embargo, éste le asigna un asiento en la Cámara de Diputados por cada 200 mil miembros, mientras que a la CTM se le otorga por cada 100 mil y a la CROM por cada 50 mil. Los 800 mil trabajadores afiliados a la CROC están agrupados en 3 ramas principales: pequeña industria, gran industria y servicios. La primera sólo cuenta con 11,700 (1.4% del total), distribuidos en 4 federaciones: de cerveceros (FSOCSCRM), de la construcción (SIROCCRM), de aguas gaseosas (STIAGSCRM) y de la siderurgia (SNITSSCRM). En la rama de servicios destaca el Sindicato Nacional de Trabajadores de la Industria Hotelera, Gastronómica y de Centros Deportivos, Turísticos y Similares; y en la de pequeña industria sobresalen las federaciones de Textiles y de la Industria del Alijo. La CROC forma parte del sector obrero del PRI y está representada en el Congreso del Trabajo, organismo que integran todas las centrales. Su principal fuerza radica en los estados de Jalisco, Veracruz y Guanajuato y en el Distrito Federal.

La Confederación Revolucionaria de Trabajadores (CRT) se fundó el 4 de abril de 1953 por elementos disidentes de la CGOCM. Sus sindicatos están agrupados en 13 federaciones y confederaciones estatales; de ellas, 3 incluyen campesinos (las de Zacatecas, Veracruz y Aguascalientes) y las demás únicamente obreros; en total tienen 117 mil afiliados. La Federación Revolucionaria de Trabajadores de Distrito Federal, una de las 13, consta de 177 sindicatos. La central se ha fijado como meta superar las condiciones del proletariado, dentro de la ideología de la Revolución Mexicana. Forma parte del sector obrero del PRI y del Congreso del Trabajo a pesar de las críticas que ha hecho a la CTM por haber controlado la capacidad de decidir en esos organismos.

La Confederación Obrera Revolucionaria nació el 19 de abril de 1967 al término del congreso convocado por Angel Olivo Solís, dirigente de la FOR, organización que había formado parte, junto con la CROC, el SME, la Federación de Obreros de la Caña, la CRT y la Federación Revolucionaria de Obreros Textiles, de la Central Nacional de Trabajadores (CNT), fundada el 4 de diciembre de 1960 y que no duró mucho. Concurrieron también a constituir la COR: Juan Alzate, Jesús Rodríguez Garibay y Domingo Ojeda Tamayo, este último dirigente de la Federación Sindical de Empleados, Obreros y Campesinos; la Federación Obrera Michoacana, la FOR del Valle de Mexicali y 26 sindicatos independientes del Distrito Federal y el Estado de México. Pronto llegó a tener 4 federaciones nacionales y 77 sindicatos, fundamentalmente de la rama minero-metalúrgica, con un total de 300 mil afiliados, también representados en el Congreso del Trabajo.

El Frente Auténtico del Trabajo está formado por el gremio de la confección de la ciudad de Irapuato, los zapateros de León y el Sindicato Fraternal de la Construcción del Distrito Federal. El FAT se afilió a la Confederación Latinoamericana de Sindicatos Cristianos (CLASC) en 1962, y posteriormente a la Confederación Mundial del Trabajo (CMT). Dirigido en sus orígenes por Roberto Quevedo, Nicolás Medina y Ceferino Velázquez, fue creciendo con lentitud y del 17 al 20 de marzo de 1971 celebró su III Congreso, donde se aprobaron sus estatutos de carácter nacional. Ha señalado entre sus objetivos: 1.pugnar por la construcción de un sindicalismo verdaderamente libre, democrático, revolucionario, solidario y unitario; 2.luchar por establecer una verdadera unidad solidaria entre la clase trabajadora en el plano nacional y latinoamericano; y 3.procurar el establecimiento de un nuevo orden social, en el que la clase trabajadora, teniendo como título el trabajo, tenga acceso a las fuentes de la cultura, del poder y la riqueza. Tiene por lema: "Justicia y Democracia Sindical". Considera enemigas de la clase obrera a las centrales ligadas al partido oficial, porque "sirven a los intereses del Estado y no a los del proletariado", y están "dominadas por intereses individuales y no de clase".

Aparte de Irapuato y León, el FAT agrupa obreros y campesinos en Querétaro, Monterrey, Coahuila, Morelos y el Distrito Federal. A causa de su penetración en la zona de Cuernavaca, donde ha provocado algunos conflictos, los centros patronales y la CTM han pedido a las autoridades la disolución de este organismo al que consideran confesional.

La Unión Nacional de Trabajadores. En el Núm.66 de la revista *Solidaridad* (15 de mayo de 1972), órgano del Sindicato de Trabajadores Electricistas de la República Mexicana (STERM), se publicó una invitación para formar la Unión Nacional de Trabajadores (UNT), la cual se definió como "centro superior de la insurgencia obrera".

La proposición fue examinada por los dirigentes del Movimiento Sindical Ferrocarrilero (MSF), el Frente Auténtico del Trabajo (FAT), los Sindicatos de Obreros Libres (SOL), el Consejo Nacional Ferrocarrilero (CNF), el Frente Sindical Independiente (FSI), la Liga de Soldadores y el Sindicato Unico de Trabajadores del Instituto Nacional de Energía Nuclear (SUTINEN). El MSF, dirigido por Demetrio Vallejo, se formó el 18 de marzo de 1971, después de la salida de éste de la cárcel (v.HUELGAS); y el FSI, organizado el 30 de abril de 1971 a iniciativa del Partido Comunista, agrupa al STEUNAM, al Movimiento Revolucionario del Magisterio (MRM) y al Consejo Nacional Ferrocarrilero (CNF). La base para las discusiones fue un documento redactado por el STERM; se decía en él que la UNT no sería por lo pronto una nueva central, sino un organismo coordinador dirigido a "liquidar las corruptas estructuras actuales del sindicalismo". Otro de sus objetivos era consolidar la alianza entre los obreros, campesinos y estudiantes. Al año de iniciadas las pláticas, se acentuaron los desacuerdos tácticos y la UNT desapareció.

La Federación de Sindicatos de Trabajadores al Servicio del Estado tiene como remoto antecedente la Asociación Mutualista de Empleados Públicos, formada en 1875. En el Congreso Pro-Unidad (30 de agosto al 4 de septiembre de 1936) nació la Federación Nacional de Trabajadores del Estado (FNTE), compuesta por la Alianza de Organizaciones de Trabajadores al Servicio del Estado, la Alianza de Telegrafistas Mexicanos, el Frente Unico de Trabajadores de Caminos, la Sociedad Nacional de Empleados Postales y la Unión Nacional de Empleados del Gobierno. Su lema fue "Por Una Sociedad Sin Clases", modo de aludir a su vinculación con la CTM, recién organizada. El 30 de abril de 1938 un comité organizador convocó a la constitución de la Federación de Sindicatos de los Trabajadores al Servicio del Estado (FSTSE), "forzosamente independiente de las centrales obreras o campesinas", pero como ese mismo año se expidió el Estatuto Jurídico, fue la Secretaría de Gobernación quien invitó al congreso. Este se celebró del 29 de octubre al 1º de noviembre en el Palacio de Bellas Artes, con la asistencia de 135 delegados de los sindicatos ya existentes. Al constituirse ·la FSTSE, los empleados públicos abandonaron sus nexos orgánicos con la CTM. Durante el gobierno del presidente López Mateos la burocracia quedó amparada por el artículo 123 constitucional, gracias a la adición del apartado B. Bajo el lema "Por un Estado al Servicio del Pueblo", la FSTSE "inspira su Declaración de Principios en las más puras esencias de la Revolución Mexicana, en la Constitución Política del país y en la Declaración Universal de los Derechos del Hombre".

El Congreso del Trabajo (CT) fue fundado el 19 de febrero de 1966 al término de la Asamblea Nacional Revolucionaria del Proletariado Mexicano. Las centrales obreras reconocieron previamente la necesidad de dar a la clase trabajadora del país una "unidad real y positiva, cuenta habida de que, de hecho, ya la identifican y unen entre sí la comunidad en los ideales revolucionarios". En su Programa de Acción, el CT señala que uno de sus objetivos principales es el de procurar consolidar la alianza de los trabajadores con los demás sectores populares, para poder apoyar así a los regímenes surgidos de la Revolución Mexicana a través de la militancia activa en el Partido Revolucionario Institucional.

La Unidad Obrera Independiente se integró en 1970 por un grupo de organizaciones obreras que había roto toda relación con las centrales vinculadas al PRI y al Estado. A fines de 1975 agrupaba a 86 sindicatos con más de 100 mil trabajadores. Los puntos esenciales de su programa son los siguientes: 1.independencia con relación a los capitalistas nacionales o extranjeros y esencialmente con respecto al Estado; 2.libertad de asociación, o sea la eliminación del registro ante las oficinas gubernamentales, el cual se utiliza como instrumento político de control; 3.anulación de las cuotas obligatorias impuestas a los obreros; 4.eliminación de la cláusula de exclusión, utilizada para reprimir toda expresión de independencia; 5.real derecho de huelga, o sea la eliminación de los requisitos, formalidades y calificaciones en el procedimiento; 6.supresión del registro oficial de las directivas sindicales; 7.respeto a las decisiones mayoritarias y a las asambleas, reuniones y manifestaciones; 8.libertad de afiliación política individual, sin que los sindicatos participen en los procesos electorales; 9.eliminación de las Juntas de Conciliación y Arbitraje; 10.integración de tribunales unitarios con jueces profesionales electos por los trabajadores y removibles por el sistema de voto; 11.semana de 40 horas; 12.supresión del tiempo extraordinario de trabajo; 13.salarios profesionales y por especialidad revisables cuando no correspondan a una lista de gastos esenciales; 14.eliminación de los destajos; 15.administración del INFONAVIT y del Seguro Social por comisiones obreras y de profesionistas al servicio de esos institutos; 16.supresión de los impuestos sobre productos del trabajo; 17.seguro contra el paro y la desocupación; y 18.lucha por una decisiva intervención de los trabajadores en el manejo del Estado, "para lograr la creación de un sistema socialista futuro, por los medios necesarios". *A.P.*

SIRINDANGO. *Sporophila torqueola*, también llamado semillero de pico grueso o collarejo. Pájaro de la familia *Fringillidae*. Mide unos 10 centímetros. El macho presenta el dorso de color negro, con dos barras blancas en las alas; las partes bajas, canela blanquizco, con un collar negro en el pecho; el pico, corto, grueso y negro; el iris, pardo; y las patas, negras. La hembra tiene el dorso grisáceo; el pecho, pardo pálido, casi blanco; y las alas y la cola, oscuras. Los ejemplares de esta especie se reúnen en parvadas de 12 o más individuos, en campos abiertos y con zacate. Se alimentan principalmente de semillas. Se distribuyen desde el Sur de Texas hasta Costa Rica. En México se encuentran en ambas costas, desde el sur de Sinaloa hasta Chiapas y desde Nuevo León y Tamaulipas hasta Quintana Roo. Se han descrito 4 subespecies en México.

1

Sisal, Agave sisalana *Perr*

SISAL. *Agave sisalana* Perr. Especie de maguey, de la familia de las amarilidáceas o de las agaváceas, muy parecida al henequén (v.HENEQUÉN y MAGUEY), del cual difiere por tener las hojas verdes, generalmente con dientes de menor tamaño en el margen (de 1 a 4 milímetros de largo). Mientras el henequén llega a formar de viejo un tronco hasta de 2 metros de alto, el sisal es acaule, o sea que desarrolla un tronco generalmente muy corto. Las hojas de uno y otro presentan una espina terminal de 2 a 3 centímetros de largo y contienen fibras de muy buena calidad que han dado origen a importantes industrias en las regiones cálidas y semiáridas del país. El sisal es la especie de maguey más comúnmente cultivada, para producir fibra, fuera de Yucatán. En Chiapas recibe los nombres de *maguey tuxteco, chifuet, maguey yucateco* y *henequén*; y en Yucatán los de *yax-ci* y *yaxqui* (que en lengua maya significa "maguey verde", diferenciándolo del henequén, el cual recibe el nombre de *sac-ci* o *sac-qui,* que quiere decir "maguey gris blanquecino", por la tonalidad verde cenicienta o azul glauca de sus hojas). La planta se propaga principalmente por hijuelos, o bien a partir de los bulbillos que crecen en lugar de las flores. La fibra de sisal se extrae, al igual que la del henequén, antes de 24 horas de cortadas las hojas, pues una vez secas la operación es muy difícil. Originario de Yucatán, se cultiva en diversas partes del país y en muchas regiones del mundo, especialmente de América, Africa, Asia e Indonesia. Su fibra, también llamada *cáñamo de sisal* o *cáñamo de las Bahamas,* compite con el henequén por su importancia industrial.

SISTEMA ECONÓMICO LATINOAMERICANO (SELA). Organismo regional de consulta, coordinación, cooperación y promoción económica y social conjunta, de carácter permanente, con personalidad jurídica internacional, fue creado el 17 de octubre de 1975 en Panamá, según la iniciativa formulada en junio de 1974 por el Presidente de México, Luis Echeverría. Del 31 de julio al 2 de agosto de 1975 se reunieron en Panamá los representantes, a nivel ministerial, de Argentina, Barbados, Bolivia, Brasil, Colombia, Costa Rica, Cuba, Chile, República Dominicana, Ecuador, El Salvador, Granada, Guatemala, Guyana, Haití, Honduras, Jamaica, México, Nicaragua, Panamá, Paraguay, Perú, Trinidad y Tobago, Uruguay y Venezuela, quienes decidieron crear el SELA con los propósitos fundamentales de: a.promover la cooperación intrarregional, con el fin de acelerar el desarrollo económico y social de sus miembros; y b.promover un sistema permanente de consulta y coordinación para la adopción de posiciones y estrategias comunes sobre temas económicos y sociales, tanto en los organismos y foros internacionales como ante terceros países y agrupaciones de países. Los órganos del SELA son el Consejo Latinoamericano, los Comités de Acción y la Secretaría Permanente; el primero está constituido por un representante de cada Estado miembro; los segundos realizan estudios y proyectos específicos y adoptan posiciones negociadoras conjuntas; y la tercera, con sede en Caracas, es el órgano técnico-administrativo. Los idiomas oficiales son el español, el francés, el inglés y el portugués, y por medio del gobierno de Venezuela se registró en la Secretaría General de las Naciones Unidas. El SELA propicia la mejor utilización de los recursos de la región, mediante el fomento o la creación de empresas multinacionales latinoamericanas, propiedad directa de los países del área; asegura que las empresas transnacionales se sujeten a los objetivos del desarrollo de América Latina y a los intereses nacionales de sus Estados miembros; e impulsa la transformación de materias primas, su complementación industrial y la exportación de productos manufacturados. Su primer secretario general es el economista ecuatoriano Jaime Moncayo García.

SISTEMA INTERAMERICANO. Simón Bolívar está considerado como el precursor del panamericanismo (v.ORGANIZACIÓN DE ESTADOS AMERICANOS). La firma del Tratado de Unión, Liga y Confederación Perpetua en el Congreso de Panamá, convocado por Bolívar en 1826, constituyó un paso sin precedente en el camino de la unidad de América. A partir de ese Congreso y aunque sólo un país ratificó el Tratado, la idea de formar una unión de repúblicas americanas quedó cimentada y fue desarrollándose hasta convertirse en un sistema de cooperación internacional. Hasta 1976, o sea en 150 años, el sistema se ha expresado en 10 conferencias interamericanas extraordinarias, 3 asambleas generales extraordinarias, una asamblea general ordinaria, 16 reuniones de consulta de ministros de Relaciones Exteriores y 2 reuniones de jefes de Estado de las naciones de América.

La *Primera Conferencia Internacional Americana* se reunió en Washington (1889-1890); en ella se crearon la Unión Internacional de las Repúblicas Americanas y la Oficina Comercial de las Repúblicas Americanas; y se recomendó un plan de arbitraje que sirvió de modelo para la posterior solución pacífica de las controversias interamericanas. La *Segunda Conferencia Internacional Americana* se reunió en México (1901); en ella se ampliaron las bases jurídicas del sistema con el Protocolo de Adhesión a las Convenciones de La Haya (1899); se extendió el alcance de la cooperación con tratados y convenciones sobre derecho internacional y arbitraje; y se inició una campaña continental para proteger la salud y promover el bienestar de los pueblos, cuya ejecución se confió a la Oficina Sanitaria Panamericana. La *Tercera Conferencia Internacional Americana* se reunió en Río de Janeiro (1906); en ella se extendieron las funciones de la Oficina Comercial a los asuntos educativos, lo cual condujo más tarde a la creación de un Departamento de Asuntos Culturales y a la formación del Consejo Interamericano Cultural que, según la Carta reformada en 1970, se convirtió en el Consejo Interamericano para la Educación, la Ciencia y la Cultura. La *Cuarta Conferencia Internacional Americana* se reunió en Buenos Aires (1910); en ella se adoptaron una serie de convenciones sobre patentes de invención, marcas de fábrica, reclamaciones pecuniarias y propiedad literaria y artística; se cambió el nombre de la organización por el de Unión de las Repúblicas Americanas y el de la Oficina Comercial por el de Unión Panamericana. La *Quinta Conferencia Internacional Americana* se reunió en Santiago de Chile (1923); en ella se formalizaron los mé-

todos para el arreglo pacífico de las controversias, mediante el Tratado para Evitar o Prevenir Conflictos entre los Estados Americanos (*Pacto Gondra*, en homenaje a su principal autor, el paraguayo Manuel Gondra); y se resolvió convocar a una conferencia sobre caminos, que a su vez dio origen al Sistema Panamericano de Carreteras. La *Sexta Conferencia Internacional, Americana* se reunió en La Habana (1928); en ella se adoptaron convenciones sobre asilo político, neutralidad marítima, deberes y derechos de los Estados en caso de luchas civiles, derecho internacional privado (*Código Bustamante*) y extradición; se designó a la Unión Panamericana depositaria de los instrumentos de ratificación de los tratados y convenciones suscritos en las conferencias; y se crearon la Comisión Interamericana de Mujeres y el Instituto Panamericano de Geografía e Historia. La *Séptima Conferencia Internacional Americana* se reunió en Montevideo (1933); en ella se aprobó la Convención sobre Derechos y Deberes de los Estados, en la cual se estableció, además de la igualdad jurídica, el principio de no intervención ("ningún Estado tiene derecho de intervenir en los asuntos internos ni en los externos de otro"); y se firmaron convenciones sobre extradición, asilo político y nacionalidad de la mujer. La *Octava Conferencia Internacional Americana* se reunió en Lima (1938); en ella no se suscribieron tratados, pero las naciones americanas reafirmaron la solidaridad del hemisferio ante la perspectiva de la Segunda Guerra Mundial; se convino instituir la Reunión de Ministros de Relaciones Exteriores, la cual podría convocarse con toda rapidez para facilitar la consulta en caso de agresión o amenaza a la paz; y se fijaron las bases de la cooperación de índole económica, social, cultural y jurídica, designándose como órgano central, para ese fin, a la Unión Panamericana. La *Novena Conferencia Internacional Americana* se reunió en Bogotá (1948); en ella se consolidó la estructura jurídica del sistema al firmarse la Carta de la Organización de Estados Americanos (OEA), en lugar de la Unión de Repúblicas Americanas; la Secretaría General conservó el nombre de Unión Panamericana; se aprobaron el Tratado Americano de Soluciones Pacíficas (*Pacto de Bogotá*), la Declaración Americana de los Derechos y Deberes del Hombre (precursora de la Declaración Universal de los Derechos Humanos), el Convenio Económico de Bogotá y varias convenciones sobre la concesión de derechos civiles y políticos a la mujer. Y la *Décima Conferencia Internacional Americana* se reunió en Caracas (1954); en ella se puso énfasis en el desarrollo económico, social y cultural; y se firmaron convenciones para la promoción de las relaciones culturales interamericanas y para el asilo diplomático y territorial.

Las cuatro conferencias especiales del Sistema Interamericano han sido las siguientes. La *Conferencia Internacional Americana de Conciliación y Arbitraje* se reunió en Washington (1928-1929); en ella se perfeccionó el procedimiento para el arreglo pacífico de las controversias mediante la firma de la Convención General de Conciliación Interamericana y del Tratado General de Arbitraje Interamericano. La *Conferencia Interamericana de Consolidación de la Paz* se reunió en Buenos Aires (1936); en ella se adoptó por primera vez el procedimiento de consulta para la solución pacífica de las controversias y para cualquier caso en que una guerra fuera del Continente amenazara la paz de las repúblicas americanas. La *Conferencia Interamericana sobre Problemas de la Guerra y de la Paz* se reunió en México (1945); en ella se suscribió el Acta de Chapultepec, que amplió el sistema de consulta y enfatizó, entre otros, el principio de que la seguridad y solidaridad del continente se afectan lo mismo cuando se produce un acto de agresión contra cualquiera de las naciones americanas por parte de un Estado no americano, como cuando un Estado americano atenta contra otro u otros; se aprobaron varias medidas económicas para readaptarse a la postguerra; y se creó el Consejo Interamericano Económico y Social. La *Conferencia Interamericana para el Mantenimiento de la Paz y la Seguridad del Continente* se reunió en Río de Janeiro (1947); en ella se pusieron en vigor las disposiciones del Acta de Chapultepec por medio del Tratado Interamericano de Asistencia Recíproca (*Tratado de Río*), primera convención completa sobre seguridad colectiva suscrita por todos los Estados americanos. En este instrumento se enuncia el propósito de proveer ayuda recíproca efectiva para hacer frente a los ataques armados contra cualquier Estado americano, y para conjurar las amenazas de agresión contra cualquiera de ellos; se definen las obligaciones principales de las partes en el caso de ataques armados contra un Estado americano y de actos de agresión que no sean ataques armados; se fija una zona de seguridad y se crea el Organo de Consulta. Así, el *Tratado de Río* es la base del sistema de defensa del hemisferio occidental.

Las *Conferencias Interamericanas Extraordinarias* se han reunido: la Primera, en Washington (1964), para aprobar el Acta en que se establece el procedimiento para la admisión de nuevos miembros de la OEA; la Segunda, en Río de Janeiro (1965), para enmendar la Carta de la OEA; y la Tercera, en Buenos Aires (1967), para ratificar las modificaciones que entraron en vigor el 27 de febrero de 1970. Según la Carta reformada, el órgano supremo de la OEA es la Asamblea General, en lugar de la Conferencia Interamericana. El nombre de Unión Panamericana se sustituyó por el de Secretaría General.

La Asamblea General ha realizado 3 períodos extraordinarios de sesiones en la sede de la Organización, principalmente para resolver los aspectos prácticos de la Carta reformada: el primero, en julio de 1970, aprobó, además, una resolución preparada por el Comité Jurídico Interamericano en la cual se condenan los actos de terrorismo y en especial el secuestro de personas y la extorsión conexa con ese delito. El segundo, en agosto de 1970, cubrió la vacante ocurrida en el Comité Jurídico Interamericano; y el tercero, en 1971, aprobó la Convención para Prevenir y Sancionar los Actos de Terrorismo Configurados en Delitos contra las Personas y la Extorsión Conexa cuando éstos tengan Trascendencia Internacional. El Primer Período Ordinario de Sesiones de la Asamblea General se reunió en Costa Rica (1971) para perfeccionar la coordinación interna, aprobar la convocatoria para 5 conferencias especializadas, estudiar los problemas comerciales de los Estados menos desarrollados e instar a las naciones desarrolladas a hacer esfuerzos especiales para aumentar sus importaciones procedentes de aquellos países y evitar la imposición de medidas proteccionistas. Asistió a la reunión el secretario general de las Naciones Unidas, U Thant.

Reuniones de Consulta de Ministros de Relaciones Exteriores. Aun antes de ser establecidas oficialmente por la Carta o por el *Tratado de Río*, se celebraron reuniones de consulta cuando se consideraron amenazadas la paz y la seguridad interamericanas. Las tres primeras se realizaron durante la Segunda Guerra Mundial y se convocaron para formular los planes de defensa del hemisferio: la Primera en Panamá (1939), la Segunda en La Habana (1940) y la Tercera en Río de Janeiro (1942). Todas las siguientes se han realizado por el Organo de Consulta, de conformidad con el *Tratado de Río*, o como Reunión de Consulta de Ministros de Relaciones Exteriores, de acuerdo con la Carta de la Organización. La Cuarta se reunió en Washington (1951); en ella se tomaron medidas frente a la política expansionista del comunismo internacional; se adoptaron precauciones para asegurar la defensa militar del hemisferio; se fortalecieron las medidas internas de seguridad en las repúblicas americanas; y se proporcionaron medios para facilitar la cooperación económica en casos de urgencia. La Quinta se reunió en Santiago de Chile (1959); en ella se examinó la tensión causada por la situación en el área del Caribe y se reafirmaron el ejercicio eficaz de la democracia representativa y el respeto a los derechos humanos; se censuraron las violaciones del principio de no intervención en sus diversas formas, especialmente en la organización de expediciones militares en un país para derrocar el gobierno de otro; y se creó la Comisión Interamericana de Derechos Humanos. La Sexta se reunió en San José de Costa Rica (1960) a solicitud del gobierno de Venezuela; fue la primera de categoría ministerial, de acuerdo con el *Tratado de Río*; en ella, después de considerar las pruebas aportadas por la Comisión Investigadora, se resolvió condenar la participación del Gobierno de la República Dominicana en los actos de agresión e intervención contra Venezuela, que culminaron en el atentado contra la vida del Presidente de este país, y se acordó romper las relaciones diplomáticas o interrumpir parcialmente las económicas de todos los Estados Miembros con el Estado agresor. (El 4 de enero de 1962, el Consejo de la OEA, con base en la facultad que le fue delegada por la Sexta Reunión de Consulta, dejó sin efecto las medidas anteriores por considerar que el Gobierno de la República Dominicana había cesado de constituir un peligro para la paz y la seguridad del continente). La Séptima se reunió en San José de Costa Rica (1960), convocada para estudiar la manera de fortalecer la cooperación interamericana en vista de posibles amenazas de intervención extra o intracontinental; en ella se aprobó la Declaración de San José, que condena toda clase de intervención que pudiera poner en peligro la solidaridad americana y se reafirmó que todas las controversias entre Estados miembros debían zanjarse por medio de soluciones pacíficas. La Octava se reunió de conformidad con el *Tratado de Río*, en Punta del Este, Uruguay (1962); en ella se declaró que la adhesión de cualquier miembro de la OEA al marxismo-leninismo era incompatible con el sistema interamericano y que el Gobierno de Cuba, que se había identificado con esa ideología, quedaba excluido del sistema, en cuya virtud se acordó suspender el comercio y el tráfico de armas y material de guerra con Cuba. La Novena se reunió en Washington (1964), con base en el *Tratado de Río*, a solicitud del Gobierno de Venezuela, cuyas autoridades habían encontrado un depósito clandestino de armas de procedencia cubana; en

ella se censuró al Gobierno de Cuba por sus actos de agresión e intervención contra Venezuela y se acordó aplicar las siguientes medidas: que los gobiernos de los Estados americanos no mantuviesen relaciones diplomáticas ni consulares con el de Cuba; que interrumpieran todo su intercambio comercial, directo o indirecto, con excepción de los alimentos, medicinas y equipo médico enviados por razones humanitarias; y que suspendiesen todo transporte marítimo, con excepción de los de índole humanitaria. (El Presidente de México, licenciado Adolfo López Mateos, con apoyo en los principios de no intervención y de autodeterminación de los pueblos, y en uso de la soberanía nacional, no interrumpió las relaciones diplomáticas ni consulares con el Gobierno de Cuba). La Décima, de conformidad con la Carta de la OEA, se reunió en Washington (1965) para considerar la situación creada por la lucha armada en la República Dominicana, cuando ya el Consejo de la Organización había pedido el cese de las hostilidades y el establecimiento de una zona neutral internacional de refugio; en ella se autorizó al secretario general de la OEA para que se trasladase a la República Dominicana y ofreciera sus buenos oficios; se acordó enviar una Comisión Especial integrada por embajadores de cinco Estados miembros, con la misión de restablecer la paz; se apresuró el envío de alimentos, medicinas y personal médico; y el 6 de mayo se tomó la medida sin precedente de crear una Fuerza Interamericana de Paz (ejército, armada, fuerza aérea y policía de varios Estados) para restablecer la tranquilidad en la República Dominicana. (El 3 de septiembre de ese año se logró formar un Gobierno Provisional; a solicitud de éste, la OEA mantuvo una Comisión de Asistencia Técnica para Asuntos Electorales; los comicios se celebraron el 1º de junio de 1966 y la Décima Reunión de Consulta resolvió retirar la Fuerza Interamericana de Paz del territorio dominicano). La Undécima se reunió en Washington (1966-1967), de conformidad con la Carta; tuvo 3 sesiones y en ellas trató el Proyecto de Reunión de Jefes de Estado Americanos, cuyo objeto era fortalecer la Alianza para el Progreso y llegar a un acuerdo sobre nuevos métodos técnicos de cooperación multilateral para acelerar la integración económica de América Latina. (En marzo de 1961 el Presidente de Estados Unidos, John F. Kennedy, proclamó la doctrina de la Alianza para el Progreso, consistente en un programa de 10 años de asistencia económica, con un presupuesto inicial de Dls. 500 millones aprobado por el Congreso). La Décimasegunda se reunió en Washington

(1967) para examinar la actitud que debían adoptar los Estados miembros ante la política del Gobierno de Cuba, especialmente en cuanto a su intervención en los asuntos internos de otros Estados, al propiciar y organizar actividades subversivas y actos de terrorismo con el propósito de destruir el sistema interamericano; en ella se aprobó condenar al Gobierno de Cuba por sus actos de agresión e intervención contra Venezuela, Bolivia y otros Estados americanos. La Décimatercera se reunió en Washington (1969), convocada como Organo de Consulta en los términos del *Tratado de Río*, para resolver el conflicto armado entre Honduras y El Salvador, cuando el Consejo de la OEA había ya intervenido para reducir las hostilidades; se declaró en sesión permanente y aprobó las siguientes recomendaciones: el retiro inmediato de las tropas; nombrar una Comisión Especial de siete embajadores para vigilar ese retiro y para velar por el exacto cumplimiento de las garantías ofrecidas por ambos gobiernos en el sentido de respetar la vida, la seguridad personal y las propiedades de los nacionales de cada país residentes en el otro; solicitar la colaboración de la Comisión Interamericana de Derechos Humanos; instar a los gobiernos de El Salvador y de Honduras a restablecer las relaciones diplomáticas y consulares y a resolver sus disputas fronterizas; y exhortar a los Estados pertenecientes al Mercado Común Centroamericano a que mantuvieran intacto el movimiento de integración. La Décimacuarta se reunió en Washington (1971) para examinar la disputa entre Ecuador y los Estados Unidos referente a la pesca en aguas jurisdiccionales y la extensión de éstas; en ella los ministros se limitaron a instar a las partes a evitar el agravamiento de sus diferencias y a utilizar las negociaciones como método para allanarlas. La Décimaquinta se reunió en Quito (1974), convocada por el Consejo Permanente de la OEA, para dejar sin efecto lo dispuesto por la Novena Reunión de Consulta, respecto a las sanciones impuestas al Gobierno de Cuba por actos de agresión; pero al votarse el proyecto presentado por Colombia, Costa Rica y Venezuela, que disponía el levantamiento de las sanciones, se obtuvieron 12 votos a favor (incluyendo el de México), 6 abstenciones y 3 en contra, de modo que la resolución no entró en vigor, pues las decisiones del Organo de Consulta deben adoptarse por el voto de los dos tercios (o sea 14) de los Estados que suscribieron el Tratado de Río de Janeiro. La Décimasexta se reunió en San José de Costa Rica (1975); en ella se aprobó el proyecto de resolución anterior, por 16 votos a favor, 2 abstenciones y 3

en contra; la iniciativa fue presentada por el secretario de Relaciones Exteriores de México; se reafirmó el principio de no intervención y se acordó dejar en libertad a los Estados para que de acuerdo con la política e intereses nacionales de cada uno, normalizaran sus relaciones con Cuba en la forma que cada uno estimase conveniente.

Reuniones de los Presidentes de las Repúblicas Americanas. La Primera se celebró en Panamá (1956) con el propósito de conmemorar el 130 aniversario del Congreso convocado por Simón Bolívar en 1826 (estuvieron presentes 19 de los 21 jefes de Estado miembros de la OEA); y la Segunda en Punta del Este (1967); en ésta se expidió la Declaración de los Presidentes, que proclama la solidaridad de las naciones americanas y su decisión de lograr "plenamente el orden social libre, justo y democrático que exigen los pueblos del Continente"; se determinó crear gradualmente, a partir de 1970, un mercado común latinoamericano; y se tomaron decisiones para establecer, con proyectos multinacionales, las bases físicas de la integración económica de América Latina. *M.H.M.*

SISTEMA MÉTRICO DECIMAL. El 15 de marzo de 1857, 40 días después de jurada la nueva Constitución Federal, México adoptó el sistema métrico decimal. Las antiguas unidades de medida, en cierto modo arbitrarias y flexibles, se prestaban al abuso y al fraude. En 1525 el capitán general y gobernador de la Nueva España, Hernán Cortés, dispuso que en cada población se nombrara un fiel, encargado de que las transacciones de comercio se hicieran por medio de las pesas y medidas que él diera y señalara. Las unidades básicas fueron la arroba, el cuartillo y la libra. En 1536 el virrey Antonio de Mendoza estableció como medida de longitud la vara. Tales ordenanzas estuvieron en vigor hasta 1857. Las unidades fundamentales del nuevo sistema nacional de pesas y medidas fueron las siguientes: 1.de longitud, el metro; 2.de masa, el kilogramo; 3.de tiempo, el segundo; 4.de capacidad, el litro; y 5.monetaria, la peseta mexicana (pieza de plata de 10 gramos y 900 miligramos de ley). Se fijaron, además, el ara (cuadrado de 10 metros por lado) como unidad de superficie; y el metro cúbico (cubo de un metro por lado) para medir los sólidos. Y se dispuso que los múltiplos y submúltiplos de las medidas y de los pesos deberían seguir la progresión decimal. El Sistema Métrico Decimal quedó como el único legalmente admitido; quienes hicieran uso de cualquier otro serían considerados culpables del empleo de medidas falsas e ilegales y

SISTEMA MÉTRICO DECIMAL

Unidades de longitud	Valor en metros	Símbolo
Kilómetro	1,000	km.
Hectómetro	100	hm.
Decámetro	10	dam.
Metro (unidad principal)	1	m.
Decímetro	.1	dm.
Centímetro	.01	cm.
Milímetro	.001	mm.

Unidades de superficie	Valor en metros cuadrados	Símbolo
Kilómetro cuadrado	1.000,000	$km.^2$
Hectómetro cuadrado	10,000	$hm.^2$
Decámetro cuadrado	100	$dam.^2$
Metro cuadrado	1	$m.^2$
Decímetro cuadrado	.01	$dm.^2$
Centímetro cuadrado	.0001	$cm.^2$
Milímetro cuadrado	.000001	$mm.^2$

Unidades de volumen	Valor en metros cúbicos	Símbolo
Kilómetro cúbico	1,000.000,000	$km.^3$
Hectómetro cúbico	1.000,000	$hm.^3$
Decámetro cúbico	1,000	$dam.^3$
Metro cúbico	1	$m.^3$
Decímetro cúbico	.001	$dm.^3$
Centímetro cúbico	.000001	$cm.^3$
Milímetro cúbico	.000000001	$mm.^3$

Unidades de capacidad	Valor de litros	Símbolo
Kilolitro	1,000	kl.
Hectolitro	100	hl.
Decalitro	10	dal.
Litro	1	l.
Decilitro	.1	dl.
Centilitro	.01	cl.
Mililitro	.001	ml.

Unidades de peso	Valor en kilogramos	Símbolo
Tonelada	1,000	t.
Kilogramo	1	kg.
Hectogramo	.1	hg.
Decagramo	.01	dag.
Gramo	.001	g.
Decigramo	.0001	dg.
Centigramo	.00001	cg.
Miligramo	.000001	mg.

Unidades agrarias	Valor de áreas	Símbolo
Hectárea	100	ha.
Area	1 = decámetro cuadrado	a.
Centiárea	.01 = 1 metro cuadrado	ca.

castigados conforme a las leyes. Para hacer cumplir esas disposiciones se creó la Dirección General de Pesas y Medidas de la República Mexicana, una nueva sección del Ministerio de Fomento. Hoy corresponde al Departamento de Medidas de la Dirección General de Normas de la Secretaría de Comercio. Así se puso fin a la utilización de referencias antropomorfas como el pie, la cuarta, el dedo o la pulgada, y a otras igualmente arbitrarias como la legua o el tiro de ballesta.

La idea del nuevo sistema nació en Francia a finales del siglo XVIII, pero hasta el 4 de julio de 1837 se implantó en ese país en forma obligatoria. México lo adoptó 11 años antes que Alemania y 18 antes de la celebración de la Primera Convención Internacional del Metro (París, del 10 al 20 de marzo de 1875), que dio origen al Departamento Internacional de Pesas y Medidas, organismo de vigilancia y control universal que aún tiene su sede en Sevres. El sistema surgió de las investigaciones de la Academia de Ciencias de París y de los trabajos de los matemáticos Borda, La Grange, La Pláce, Monge y Condorcet. El metro es la unidad de medida de longitud que equivale aproximadamente a la diezmillonésima parte de un cuadrante de meridiano terrestre. Para determinarlo, se tomó el meridiano comprendido entre el polo boreal y el ecuador, calculándolo por las mediciones hechas entre Dunquerque y Barcelona, correspondientes al arco que pasa por la capital de Francia. Se partió del supuesto de que todos los meridianos terrestres serían absolutamente iguales, circunstancia que en realidad no ocurre. Sin embargo, el cálculo se aceptó como definitivo, pues se trataba de adoptar un patrón fijo que sirviera de prototipo. El que se guardaba en París desde la adopción del sistema, era una regla de platino de sección rectangular; pero la Asociación Internacional advirtió que podía estar expuesta a deformaciones, por cuya razón fue sustituida por otra de sección transversal en forma de X, más larga que el metro, pero marcando éste con dos trazos finísimos hechos con punta de diamante. Esta barra y las demás fabricadas para las naciones que adoptaron el sistema se fundieron con una liga de platino y un 10% de iridio, con lo cual obtiene la máxima rigidez.

En la actualidad la casi totalidad de los países ha adoptado el Sistema Métrico Decimal, con excepción de Inglaterra y Estados Unidos, donde su uso es optativo, aunque se ha venido examinando la posibilidad de adoptarlo legalmente.

La Ley sobre pesas y medidas, publicada en el *Diario Oficial* el 14 de junio de 1928, señala que el

Sistema Nacional de Unidades de Medida tiene como fundamentales una de longitud, una de masa y una de tiempo, y en consecuencia sus valores son independientes de la gravitación; las denominaciones de esas unidades son: Metro, Kilogramo y Segundo de Tiempo Medio; las demás son las derivadas de las fundamentales y están constituidas por los múltiplos y submúltiplos de ambas, establecidos conforme a las conclusiones de los congresos o conferencias internacionales sobre la materia a los cuales se haya adherido o se adhiera en lo futuro el Gobierno Mexicano (Art. 1). El Metro, unidad fundamental de longitud del sistema nacional, está definido por la distancia, a la temperatura de 0° centígrados, entre las líneas medias de los dos trazos practicados sobre el prototipo de liga de platino-iridio, con sección transversal en X, cuando la barra se halla en posición horizontal; el kilogramo está definido por la masa del cilindro circular de liga de platino-iridio, cuya altura es igual al diámetro y que constituye el prototipo respectivo. Ambos son los asignados por la Oficina Internacional de Pesas y Medidas al Gobierno Mexicano, debiéndose hallar depositados en el Gabinete de Patrones de la Oficina Nacional de Pesas y Medidas. El Segundo de Tiempo Medio es 1/86400 del intervalo de tiempo transcurrido entre dos culminaciones sucesivas del sol medio por un mismo meridiano.

TABLA DE EQUIVALENCIAS. SISTEMAS MÉTRICO DECIMAL E INGLÉS

Medidas de longitud

Kilómetro	=	.62137	millas. Milla	=	1,609.34	metros
Hectómetro	=	109.361	yardas. Yarda	=	.9144	metros
Decámetro	=	10.936	”	=		
Metro	=	3.2808	pies. Pie	=	30.48	centímetros
Decímetro	=	3.937	pulgadas. Pulgada	=	2.54	”
Centímetro	=	.3937	”	=	-	
Milímetro	=	.03937	”	=	-	

Medidas de superficie

Kilómetro^2	=	.3861	millas^2. Milla^2	=	2.5899	kilómetros^2
Hectárea	=	2.471	acres. Acre	=	.4047	hectáreas^2
Area	=	119.6	yardas^2. Yarda^2	=	.8361	metros^2
Metro^2	=	1.196	yarda^2.	=	-	
Decímetro^2	=	.155	pulgadas^2. Pulgada^2	=	6.452	centímetros^2
Centímetro^2	=	.00155	”	=	-	
Milímetro^2	=	.00155	”	=	-	

Medidas de volúmen

Metro^3	=	1.308	yardas^3. Yarda^3	=	.7648	centímetros^3
Decímetro^3	=	61.023	pulgadas^3. Pulgada^3	=	16.387083	”
Centímetro^3	=	.061023	”	=	-	
Milímetro^3	=	.000061	”	=	-	

Medidas de capacidad (1)

Kilolitro	=	264.18	galones. Galón	=	3.7853	litros
Hectolitro	=	26.418	”	=	-	
Decalitro	=	2.6418	”	=	-	
Litro	=	.2642	galones	=	-	
Decilitro	=	6.1023	pulgadas^3	=	-	
Centilitro	=	.3382	onzas. Onza fluida	=	29.57	mililitros
Mililitro	=	.03382	”	=	-	

(1) Se presentan las equivalencias con las medidas de capacidad en los Estados Unidos, que son diferentes a las de Inglaterra.

Medidas de peso

Tonelada	=	.9842	tonelada larga y ésta	=	1016	kilogramos
	=	1.1023	tonelada corta y ésta	=	907.2	”
Kilogramo	=	2.20462	libras. Libra	=	.4536	”
Gramo	=	15.4323	granos. Grano	=	.0648	gramos
Decigramo	=	.15432	”	=	-	
Centigramo	=	1.5432	’	=	-	
Miligramo	=	.015432	”	=	-	

44

Eugenio Sisto: Colombina y Aquella calle

SISTO, EUGENIO, n. en Madrid, España, en 1927. Llegó al país en 1939 y se nacionalizó mexicano en 1947. Estudió en la Escuela Nacional de Artes Plásticas y fue discípulo de Leopoldo Estrada. Pintor, presentó su primera muestra individual en el Ateneo Español (1954); después ha expuesto en el Instituto Cultural Hispano-Mexicano (1967), las Galerías de la Ciudad de México (1970) y el Museo de Arte Moderno de la Universidad de Guerrero (1972). Ha manejado el pastel, la punta de plata, las tintas, el óleo y el acrílico. Tras de abrazar, sucesivamente, las tendencias surrealista, neorrealista y neoimpresionista, ha adoptado una muy personal forma de expresarse.

SIUROB RAMÍREZ, JOSÉ, n. en Querétaro, Qro., en 1885; m. en la Ciudad de México en 1966. Doctor (1912) por la Escuela Nacional de Medicina, se incorporó a la revolución maderista y después fue médico del Cuerpo de Ejército del Noroeste; gobernador de Querétaro y de Guanajuato, durante el constitucionalismo, y del Territorio de Quintana Roo y el Distrito Federal. Alcanzó el grado de general de división. Fue jefe del Departamento de Salubridad en el gabinete del presidente Cárdenas, del 19 de junio de 1935 al 4 de enero de 1938 y del 5 de agosto de 1939 al 30 de noviembre de 1940. Durante su administración se construyeron los hospitales de Huipulco, Zoquiapan y Arcelia; se reorganizó el Hospital General de la Ciudad de México y se puso en servicio el Instituto Biotécnico. Es autor de: *Tendencias modernas de la salubridad en la República Mexicana* (1936) y *La Medicina social en México* (1940).

SJÖLANDER, WALDEMAR, n. en Gotemburgo, Suecia, en 1908. Estudió en su país. Se nacionalizó mexicano. Pintor y escultor, ha expuesto en el Museo de Arte Moderno (1947, 1950 y 1960), en la Galería de Artes Visuales (1958 y 1960), en la Casa de la Paz (1965) y en la Galería Mer-Kup (1966-1968); y en Suecia, en Lijewalchs (1952), Konstakademien (1961) y Gotemburgo (1952 y 1961). En 1971 presentó en el Primer Salón de la Escultura del Museo de Arte Moderno su obra *Conjunto*, elaborada con maderas de diferentes texturas y tratamientos.

SLUITER, ENGEL, n. en New Holland, South Dakota, y m. en San José, California, ambas de Estados Unidos (1906-1966). Doctor en historia (1934) por la Universidad de Stanford, enseñó historia colonial de la América Hispana e investigó en los archivos General de Indias de Sevilla y General de la Nación de México. Es autor de: *Rivalry between Spaniards and Holland in the Caribean Area* (New Haven, 1948); *The Fortification of Acapulco. 1594-1609* (Nueva York, 1953); y numerosos artículos en *The Hispanic American Historical Review* y *The Pacific Historical Review.*

SMITH, JUSTIN HARVEY, n. en Boscawen, Nuevo Hamsphire, Estados Unidos, en 1857; m. en Nueva York en 1930. Doctor en leyes y letras y premios "Pulitzer" (1919 y 1923) y "Loubat"

(1920), escribió: *Troubadors at home* (2 vols., 1899), *The Annesation of Texas* (1911) y *The War with Mexico* (2 vols., 1919). Editó *The Historic Book* (1903) y *Letters of Santa Anna* (1919).

SMITH, MARY ELIZABETH, n. en Three Rivers, Michigan, Estados Unidos, en 1932. Maestra en artes por la Universidad de Columbia (1960), doctora en filosofía y letras por la de Yale (1966) y profesora en la de Nuevo México (1966-), es autora de: "*Codex Colombino. A Document of the South Coast of Oaxaca*", en *Tlalocan* (1963); y "Las glosas del códice Colombino", en el *Boletín de la Sociedad Mexicana de Antropología* (1966).

SMITH, MERVIN GEORGE, n. en Corunna, Indiana, Estados Unidos, en 1911. Profesor de agricultura y economía en la Universidad del Estado de Ohio, es autor de: *The Mexican Winter Vegetable Export Industry* (1947).

SMITH, RALPH ADAM, n. en San Augustine, Texas, Estados Unidos, en 1912. Maestro en artes (1936) y doctor en filosofía y letras (1938) por la Universidad de Texas y profesor de historia en el Colegio Cristiano de Abilene (1950-), es autor de: "*Indians in American-mexican Relations Before the war of 1846*", en *Hispanic American Historical Review* (1963).

SOBARZO, HORACIO, n. en Magdalena, Son., en 1896; m. en Hermosillo, Son., en 1963. Estudió en el Colegio del Estado y después la carrera de leyes en la Escuela Nacional de Jurisprudencia, titulándose de abogado en 1925. Fue juez en Nogales (1928), magistrado del Tribunal Superior de Justicia del Estado (1929-1937), secretario de Gobierno (1946) y gobernador de Sonora (de abril de 1948 a agosto de 1949), en sustitución del general Abelardo L.Rodríguez. Escribió *José Rafael Campoy* (1929), *Crónicas biográficas* (1949), *Crónica de la aventura de Raousset Boulbon en Sonora* (1954) e *Impugnación al lado del Lic. Portes Gil sobre los límites entre Sonora y Chihuahua* (1956).

SOBERÓN ACEVEDO, GUILLERMO, n. en Iguala, Gro., en 1925. Médico cirujano (1943) por la UNAM y doctor en filosofía especializado en química fisiológica (1956) por la Universidad de Wisconsin, ha sido catedrático en la Facultad de Medicina y profesor invitado del IPN; jefe del Departamento de Bioquímica y director de la División de Investigación del Instituto Nacional de la Nutrición (1956-1965); y director del Instituto de Investigaciones Biomédicas (1965-1971), coordinador de la Investigación Científica (1971-1973) y rector (1973-1977) de la UNAM, fue reelecto para el período 1977-1981. Ha recibido los premios Carnot (1965), de Ciencias (1965) y Sourasky (1968). Hasta 1976 había publicado 41 trabajos científicos, 38 de ellos en colaboración; editado el libro *Ensayos bioquímicos* y hecho 57 comunicaciones formales en el país y 14 en el extranjero.

SOCIEDAD MEXICANA DE GEOGRAFÍA y ESTADÍSTICA. El 18 de abril de 1833, durante el gobierno del presidente Valentín Gómez Farías, se creó el Instituto de Geografía y Estadística, el cual no llegó a establecerse, por los sucesos que posteriormente ocurrieron, sino hasta el 26 de enero de 1835, en que José María Gutiérrez de Estrada, ministro de Relaciones Interiores y Exteriores del presidente Santa Anna, instó a sus socios, a nombre de éste, a que iniciaran sus trabajos, aprovechando "la paz y el sosiego" de que ya disfrutaba entonces el país. Sus principales funciones eran la investigación científica dividida en 3 secciones (geografía, estadísticas y observaciones geográficas, astronómicas y meteorológicas) y la publicación de los estudios y resultados. Fueron los primeros socios de número: José Gómez de la Cortina (presidente), Manuel Gómez Pedraza, Ignacio Mora, Ramón Moral, Joaquín Velázquez de León, Juan Orbegozo, Miguel Bustamante, Ignacio Cuevas, Luciano Castañeda, Carlos García, Manuel Castro, Onofre Arellano, Juan Arago, Mariano Sánchez Mora, Manuel Gómez, Ignacio Iniestra, Sebastían Guzmán, Manuel Reyes, Regino Bustamante, Ignacio Serrano, José María Durán, Manuel Ortíz de la Torre, José María Castelazo, Andrés Quintana Roo, Manuel Carbajal, Andrés del Río, Juan Nepomuceno Almonte, Pedro García Conde, Manuel Tejada, Manuel Heredia, José Ignacio Iberri, Ramón Pacheco, Constantino Tarvana, Luis Berlandier, Francisco Vecelli y Cástulo Navarro; los socios honorarios extranjeros: Federico Guerolt, Cayetano Moro, D.N.Galván y D.N.Rujendas; y los socios corresponsales: Mariano Rivas (Morelia), Marcos Esparza y D.N.Bulker (Zacatecas), Rafael Durán (Cuernavaca), José María Echandía (California), Mariano Cal (Puebla), Juan José Romero (Jalisco), Ignacio Alcocer y Domingo Lazo de la Vega (Guanajuato), y Federico barón de Humbolt y J.Arago (París). El 30 de septiembre de 1839 el general Juan N.Almonte, ministro de Guerra y Marina del presidente Anastasio Bustamante, creó la Comisión Estadística Militar, que él mismo presidió y a la cual atribuyó facultades para obtener toda clase de datos con la finalidad de publicar la estadística y la carta general de la República. Este organismo determinó las posiciones de la capital, el puerto de Veracruz, Acapulco, San Blas, Monterrey de las Californias y Tehuantepec, y las de los volcanes y montañas de Orizaba, Perote y Tuxtla; aumentó la colección de planos, así de costa como mediterráneos, entre ellos algunos publicados en Inglaterra como resultado de los reconocimientos hechos por la marina real; y compiló los nombres de 4,137 pueblos, formó 107 itinerarios y calculó 364 alturas barométricas. En noviembre de 1846, el presidente José Mariano Salas expidió un decreto ordenando que la Comisión subsistiera hasta que publicara la carta general de la República y concluyera las particulares de los Estados, el diccionario geográfico y la estadística nacional, con aplicación al ramo militar. El 20 de diciembre de 1849, para evitar la duplicidad de funciones, Gómez de la Cortina, Santiago Blanco y Ramón Pacheco propusieron que la Comisión se convirtiera en Sociedad Mexicana de Geografía y Estadística; y el 28 de abril de 1851 el presidente Arista expidió el decreto correspondiente. Aun cuando no se mencionó en este documento al Instituto, ambas instituciones se fusionaron de hecho en la Sociedad.

En tiempo de la Intervención Francesa el general Aquiles Bazaine propuso la organización de una comisión científica, artística y literaria, y Juan Nepomuceno Almote, que presidía la Regencia, apoyó la idea; pero el 10 de abril de 1865 Maximiliano decretó el establecimiento, en la Ciudad de México, de la Academia Imperial de Ciencias y Literatura. La Sociedad, sin embargo, no llegó a desaparecer y el 26 de marzo de 1868 el presidente Benito Juárez, quien había sido socio corresponsal en Oaxaca, dispuso que se reorganizara. Volvieron así a reunirse 23 de sus miembros: Ignacio M.Altamirano, Ignacio Alvarado, Eligio Ancona, Gabino Barreda, Gabino Bustamante, Antonio del Castillo, Ignacio Durán, Jesús Fuentes y Muñiz, Antonio García Cubas, Guillermo Hay, Alfonso Herrera, Francisco Herrera, José María Lafragua, Albiño Magaña, Luis Muñoz Ledo, Aniceto Ortega, Luis G.Ortiz, Manuel Payno, Francisco Paz, Manuel Peredo, Ignacio Ramírez, Leopoldo Río de la Loza y Vicente Riva Palacio.

En 1862 la Sociedad llamó la atención respecto de los males que ocasionaba la intempestiva y frecuente variación de los nombres geográficos de las ciudades y pueblos de la República y, en respuesta, el gobierno expidió la circular del 13 de mayo de ese año que hizo cesar aquellas mutaciones. Más tarde pidió que se declarasen de propiedad nacional los monumentos arqueológicos. Presentó un proyecto de ley en ese sentido y otro más para hacer cesar "la esclavitud disfrazada en los estados de Tabasco y Yucatán" y que la propia Sociedad denunció para lograr su remedio. Y como en 1838 había calculado la población del país, se le encargó la realización del censo nacional de 1862. El 14 de mayo de 1914 el gobierno de la República le confirió el título de "Benemérita", y en 1933, en ocasión de su primer centenario, se celebró en México el III Congreso Internacional de Estadística y el Congreso de la Unión Geográfica Internacional, en reconocimiento a su antigüedad, pues fue la primera en América y la tercera en el mundo. Con el mismo motivo el gobierno de México lanzó una edición de timbres postales conmemorativos.

Han sido presidentes de la Sociedad: José María Justo Gómez de la Cortina (2 veces), Juan Nepomuceno Almonte (2 veces), Lino José Alcorta, Benigno Bustamante, Ignacio Mora y Villamil, Joaquín Castillo y Lanzas (2 veces), Miguel Lerdo de Tejada, Leopoldo Río de la Loza (2 veces), Urbano Fonseca, José Ignacio Durán, José María Lafragua, Manuel Orozco y Berra (2 veces), Ignacio Ramírez (2 veces), Francisco Jiménez, Ignacio Manuel Altamirano, Félix Romero, Joaquín C.Casasús, Jesús Díaz de León, Angel Anguiano, Joaquín Mendizábal Tamborel, Alfonso Pruneda, Alberto María Carreño, Rafael Aguilar y Santillán, Miguel Salinas, Enrique Santibáñez, Carlos F. de Landero, José Lozano Cossío, Pedro C.Sánchez, Ramón Mena, Pedro Magaña Peón, Pastor Rouaix (3 veces), Luis Hijar y Haro, Enrique C.Creel, Valentín Gama, Agustín Aragón, Ezequiel Ordóñez, Juan de Dios Bojórquez, Ignacio León de la Barra, Jesús Galindo y Villa, Juan Manuel Torres, Fernando Ocaranza, Francisco de A.Benavides (2 veces), Jesús Silva Herzog (2 veces), Alberto P.León, Gilberto Loyo, José Lorenzo Cossío, Emilio Portes Gil, Rodolfo Flores Talavera, Ramón Alcorta Guerrero, Isidro Fabela, Miguel Huerta Maldonado, José A.Cuevas, Manuel Ramírez Arriaga, José Domingo Lavín, Valentín Rincón Coutiño, Raúl Alvarez Gutiérrez, Fernando Zamora Millán, Luis Vázquez Campos, Manuel Ramírez Reyes y Agustín Arias Lazo (1975-).

A lo largo de su historia la Sociedad ha estado alojada en los salones de la Secretaría de Guerra y Marina en el Palacio Nacional, en el Hospital de Terceros (donde hoy se halla el Palacio de Correos), en el antiguo edificio de El Volador (demolido para edificar la Suprema Corte de Justicia) y en la casa Núm. 19 de la calle del Maestro Justo

Sociedad Mexicana de Geografía y Estadística

Sierra, la cual le fue otorgada en usufructo, junto con la Academia Nacional de Ciencias "Antonio Alzate", por decreto del 22 de abril de 1930. El 10 de diciembre de 1948 el presidente Alemán firmó el acuerdo para enajenar la finca, fuera de subasta, en favor de ambas instituciones; el 9 de octubre de 1950, sin embargo, éstas decidieron gestionar la cesión gratuita de sendos inmuebles. Así, el 10 de mayo de 1952 se dio en propiedad a la Academia el predio Núm. 21 de la calle de Carlos Pacheco, y el 25 de abril siguiente, mediante el Acuerdo Núm. 967 publicado en el *Diario Oficial* el 16 de junio, el edificio de Justo Sierra a la Sociedad.

Los órganos de la Sociedad son, además de la Junta Directiva (presidente, vicepresidente, secretario general, tesorero y 3 vocales), el Consejo de Vigilancia, el Patronato y las comisiones de honor, de admisión, de publicaciones, de biblioteca, de estatutos y de reglamentos. Las secciones de estudio son las siguientes: geografía, estadística, historia, economía, sociología, pedagogía, derecho, semántica, urbanismo, agrología, geociencia, arte, periodismo, planeación, demografía y bibliografía. La Sociedad está afiliada a la Unión Geográfica Internacional y al Instituto Interamericano de Estadística. Ha formado el Consejo Nacional de Ciencias y Humanidades, integrado por la mayoría de los institutos, sociedades y academias científicas y culturales de México. En agosto de 1976 estaba constituida por 850 socios activos. Dispone de una biblioteca de 47,289 volúmenes, una hemeroteca con 70 mil publicaciones y una mapoteca. Publica un *Boletín*, fundado en 1839, que lleva 121 tomos; una *Gaceta* mensual, libros y folletos.

SOCIEDADES COOPERATIVAS. El antecedente más remoto del cooperativismo en México es el *Calpulli* indígena (v.DERECHO AGRARIO), cuyos miembros construían colectivamente acequias y estanques, cuidaban de su conservación y disfrutaban en común de sus beneficios. Los pósitos y las alhóndigas, en la época colonial, tenían cierto sentido cooperatista: en los primeros, donde se depositaban semillas para los tiempos de escasez, se otorgaban préstamos en especie; y las segundas regulaban las compras y las ventas, procurando evitar especulaciones, lo cual es una de las finalidades de las cooperativas de consumo. Las cajas de ahorro, ya en la época independiente, son precursoras de las cooperativas de crédito. En 1839 se fundó en Orizaba la Sociedad Mercantil y de Seguridad de la Caja de Ahorros, cuyos estatutos la singularizan como sociedad de este tipo, pionera en América. La siguiente etapa fue de ensayos a menudo inspirados en el funcionamiento de las mutualistas (v.SINDICALISMO), de modo que los capitales que con los años acumulaban las sociedades se aplicaban a fines industriales o comerciales, aunque sin perder los propósitos de ayuda mutua y beneficio social. Pertenecen a este tipo de experimentos el Taller Cooperativo del Círculo Obrero de México, fundado el 16 de septiembre de 1873, y la Compañía Cooperativa de Obreros de México (31 de marzo de 1874). El 18 de agosto de 1876 empezó a funcionar el almacén cooperativo de la Colonia Obrera de Buenavista; el 28 de noviembre de 1877, el Banco Social del Trabajo, destinado a financiar la creación de talleres; y el 11 de septiembre de 1879, la Caja Popular Mexicana, promovida, entre otros, por Vicente Riva Palacio, Ignacio Manuel Altamirano y Filomeno Mata, con el propósito de "propagar y ayudar al establecimiento de sociedades cooperativas de productores y de consumo en toda la República".

En 1889 entró en vigor el Tercer Código de Comercio Mexicano, 22 de cuyos artículos se refieren a este tipo de sociedades; sin embargo, esta primera legislación no contempló aspectos fundamentales del sistema, como la ayuda mutua y el principio de "un hombre un voto", por cuya causa las cooperativas se asimilaron de hecho a las sociedades mercantiles y poco se contribuyó a consolidar y propagar el sistema. Hasta 1927 sólo se registraron algunos intentos, casi todos fallidos, para desarrollar el cooperativismo, entre ellos la Sociedad Mexicana de Consumo, fundada el 1° de enero de 1890, que subsistió con grandes dificultades hasta 1910; la Sociedad Nacional Cooperativa de Ahorro y Construcción de Casas, creada en 1896 y disuelta en 1910; y La Protectora, Compañía Cooperativa de Ahorros, Préstamos y Construcciones, de carácter hipotecario, liquidada en 1910. Tres cooperativas de crédito agrícola tipo Raiffeisen, promovidas por Alberto García Granados y Miguel Palomar y Vizcarra, se fundaron en 1910: en Tapalpa (6 de abril) y Arandas (19 de julio), Jalisco; y en Atitalaquia (1° de agosto), Hidalgo, pero tampoco perduraron.

La Ley General de Sociedades Cooperativas se promulgó el 21 de enero de 1927, en sustitución de las disposiciones relativas del tercer Código de Co-

COOPERATIVAS AGROPECUARIAS DE CONSUMO Superficie cultivada (hectáreas)					
	Ejidatarios	Pequeños propietarios	Colonos	% de riego	% de temporal
Baja California Norte	27,602	15,375	-	100	-
Baja California Sur	2,466	4,740	14,980	25	75
Campeche	2,448	-	6,400	-	100
Coahuila	3,726	5,475	-	40	60
Colima	-	2,830	-	50	50
Chiapas	23,625	7,305	-	25	75
Chihuahua	3,798	-	-	60	40
Distrito Federal	560	95	-	-	100
Durango	3,096	5,025	-	45	55
Guanajuato	138,256	145,713	-	80	20
Guerrero	950	7,392	-	-	100
Hidalgo	2,051	-	-	62	38
Jalisco	26,442	16,515	-	60	40
Estado de México	3,432	-	-	-	100
Michoacán	15,521	13,731	-	54	46
Morelos	1,356	1,443	-	-	100
Nayarit	22,158	7,800	-	75	25
Nuevo León	-	1,691	1,950	80	20
Oaxaca	21,373	4,575	-	-	100
Puebla	9,900	1,250	-	-	100
Querétaro	324	-	-	93	7
Quintana Roo	966	-	-	-	100
San Luis Potosí	4,500	3,410	-	-	100
Sinaloa	58,060	29,612	-	95	5
Sonora	14,300	4,598	-	100	-
Tabasco	11,556	3,150	-	-	100
Tamaulipas	4,340	3,850	-	43	57
Tlaxcala	187	169	-	-	100
Veracruz	26,289	26,406	-	-	100
Yucatán	4,245	-	-	-	100
Zacatecas	1,755	6,714	-	-	-
Total	435,246	318,863	23,330	-	-

Fuente: Confederación Nacional de la Pequeña Propiedad, Secretaría de Organización Cooperativa. (abril de 1977).

CONFEDERACIÓN MEXICANA DE CAJAS POPULARES AL 31 DE DICIEMBRE DE 1977							
Federación	Número de cajas	Número de socios	Ahorros	Número de préstamos	Préstamos de saldos	Intereses cobrados	Reservas	Total de activos
Duzachi	27	7,691	15.296,456	7,008	15.141,938	1.739,110	462,872	17.648,023
Guamich	32	14,687	39.634,590	18,981	41.748,159	5.305,258	715,677	48.491,580
Mexica	13	5,470	10.545,040	3,460	11.096,393	112,841	1.247,164	12.569,952
Noreste	12	1,687	5.351,218	1,826	5.168,515	590,393	89,015	7.923,875
Occidente	30	17,783	48.074,340	22,173	54.016,570	7.003,380	1.483,300	64.094,800
Poaver	41	6,927	10.263,220	3,836	9.762,934	1.027,409	363,637	12.345,800
San Luis- Oro	26	11,186	33.022,854	9,462	33.397,487	4.050,790	1.095,124	38.576,219
Total	181	65,431	162.187,716	66,746	170.331,996	19.829,181	5.456,789	200.461,725

Fuente: Confederación Mexicana de Cajas Populares. (mayo de 1977).

mercio. Una nueva ley y su reglamento fueron expedidos el 12 de mayo de 1933 y estuvieron en vigor hasta el 11 de enero de 1938, en que fue publicada la que actualmente rige, complementada por su reglamento (16 de junio de 1938), el decreto del 17 de diciembre de 1938 (que exime de impuestos a las cooperativas), el Reglamento del Registro Cooperativo Nacional (2 de agosto de 1938) y el Reglamento de Cooperativas Escolares (15 de febrero de 1937). Hasta el 29 de diciembre de 1976, el fomento, registro y vigilancia de las cooperativas estuvieron encomendados a la Secretaría de Industria y Comercio; a partir de esa fecha las dos últimas funciones corresponden a la Secretaría del Trabajo y Previsión Social, mientras la promoción de las sociedades es materia que maneja cada dependencia en su ramo.

Las sociedades cooperativas están agrupadas en federaciones regionales o por ramas de actividad, afiliadas a la Confederación Nacional Cooperativa de la República Mexicana, organismo que se constituyó el 25 de agosto de 1942 con un número inicial de 36 miembros. Las finalidades principales de la confederación son las siguientes: 1.Formular, de acuerdo con las autoridades correspondientes, los planes económicos que deban desarrollar los organismos cooperativos; 2.Coordinar las necesidades económicas de la producción y el consumo nacionales en las ramas manejadas por sociedades; 3.Comprar y vender en común las materias primas, los implementos de trabajo y los productos de las federaciones; 4.Conocer y resolver los conflictos internos; 5.Representar y defender los intereses comunes; 6.Colaborar con el gobierno federal para establecer escuelas, institutos y laboratorios de investigaciones sociales. La CNCRM está inscrita en la Organización de Cooperativas de América (OCA) y en la Alianza Cooperativa Internacional.

Aparte la exención de impuestos, el Estado ha otorgado a las cooperativas la explotación exclusiva de importantes especies marítimas (v.PESCA); y creó el Banco Nacional de Fomento Cooperativo (16 de junio de 1944), facultado para realizar toda índole de operaciones activas de crédito, excepto las propias de la banca de capitalización, y para comprar insumos, equipo y maquinaria, y vender los productos de las sociedades.

En 1977 había en México 1,741 cooperativas de consumo, cuyo número de sociedades y socios, entre paréntesis, se indica a continuación por ramas de actividad: agropecuarias, 343 (43,067); agrícolas, 202 (14,485); pecuarias, 50 (1,621); artesanales, 34 (1,163); de artículos de primera necesidad,

COOPERATIVAS DE PRODUCCIÓN FORESTAL		
Estado	Cooperativas	Socios
Baja California	7	314
Coahuila	220	12,532
Durango	1	73
Guanajuato	1	129
Guerrero	2	80
Hidalgo	1	53
Jalisco	2	104
Estado de México	31	2,074
Michoacán	13	1,357
Morelos	1	26
Nayarit	6	243
Nuevo León	251	11,917
Oaxaca	4	388
Puebla	7	551
Querétaro	1	148
San Luis Potosí	197	13,207
Sinaloa	5	169
Tamaulipas	87	5,053
Tlaxcala	1	134
Veracruz	4	222
Zacatecas	51	3,162
Total	893	52,836

477 (153,497); compra y venta, 219 (20,701); materiales de construcción, 4 (136); otros servicios, 216 (16,490); artes gráficas, 2 (67); forestales, 3 (72); textiles, 1 (59); de vivienda, 9 (1,106); y cajas populares de crédito, 181 (65,431). Estas últimas no están consideradas en la ley, pero funcionan de hecho, agrupadas en 7 federaciones, cuyas cajas estatales se indican entre paréntesis: Duzachi (Durango, Zacatecas y Chihuahua), Guamich (Guanajuato, Aguascalientes y Michoacán), Mexica (Hidalgo, México, Distrito Federal, Morelos y Guerrero), Noreste (Nuevo León), Occidente (Sinaloa, Nayarit, Jalisco y Colima), Poaver (Veracruz, Puebla y Oaxaca) y Salique (San Luis Potosí y Querétaro).

Las cooperativas de producción eran 2,627, con 136,855 socios: agropecuarias, 90 (6 mil); chicleras, 18 (1,010); pecuarias, 8 (149); forestales, 893 (52,836); extractivas, 114 (8,641); industriales, 492 (23,240); de transportes, 319 (8,964); pesqueras, 470 (43 mil); y de servicios, 258 (11,514). Las cooperativas pesqueras se agruparon el 8 de julio de 1973 en la Confederación Nacional Cooperativa de la Industria Pesquera de México (17 federaciones regionales); cuentan con una flota de 950 unidades camaroneras, 12 atuneras, 50 mayores para otras especies y 10 mil menores; el valor de su producción es de $12 mil millones y dan empleo, aparte los socios, a un gran número de mecánicos, carpinteros, soldadores y oficinistas. Entre las cooperativas de producción industrial se cuentan La Cruz Azul, Excélsior, Gremio Unido de Alijadores de Tampico, Editora de Periódicos La Prensa y Cementos Hidalgo.

SODI, DEMETRIO, n. en Oaxaca, Oax., en 1866; m. en la Ciudad de México en 1934. Abogado (1890) por el Instituto de Ciencias y Artes del Estado, fue promotor fiscal en Colima, donde publicó *El Foro Colimense*, y *Tehuantepec*; y agente del Ministerio Público, juez de lo Civil, magistrado del Tribunal Superior y ministro de la Suprema Corte de Justicia, la cual presidió de 1908 a 1910. Durante 2 meses desempeñó la cartera de Justicia en el gabinete del presidente Porfirio Díaz (marzo a mayo de 1911). Declinó formar parte del gobierno de Francisco I. Madero. Fue el abogado defensor de José León Toral, el asesino del general Alvaro Obregón. Fue profesor de las escuelas Nacional Preparatoria, de Jurisprudencia y Libre de Derecho. Publicó: *El Jurado en México* (1909), *La Justicia y la Revolución, Nuestra ley penal* (1918) y *La nueva ley procesal civil* (1933).

Ernesto Sodi Pallares

SODI PALLARES, ERNESTO, n. en la Ciudad de México en 1919. Ensayador y metalurgista (1939) por la UNAM y doctor en ciencias (1946) por la Universidad Neoboracensis de Nueva York, se ha especializado en criminalística. Ha enseñado química en los colegios jesuitas y de los hermanos de las Escuelas Cristianas, y criminalística en varias instituciones. Ha sido jefe de peritos, consejero y jefe de la Oficina Bibliográfica en Investigación Criminal de la Procuraduría General de Justicia; inspector de Migración de la Secretaría de Gobernación y jefe de Servicios Federales adscrito a la Secretaría Privada de la Presidencia de la República. En 1970 se le nombró comentarista oficial de la provincia mexicana. Es autor de: *Clasificación de tintas en la República Mexicana* (1947), *Clasificación de papeles en la República Mexicana* (1948), *Peritajes sobre valuación de joyas* (1949), *Accidentes de tránsito* (1950), *Peritajes químicos en criminalística* (1951), *Clasificación de máquinas de escribir en la República Mexicana* (1952), *Cien lecciones sobre documentos falsificados* (1953), *Minerales mexicanos* (1954), *Impresión de valores* (1955), *Notas sobre ópalos mexicanos* (1956), *Notas sobre ágatas mexicanas* (1957), *El nopal en la historia de México* (1958), *Nuevo método para clasificar las cactá-*

ceas (1959), *Fotografía con rayos X* (1960), *Fotografía en criminalística* (1962), *Envenenamientos* (1963), *Análisis de monedas mexicanas* (1964), *Fiestas, ferjas y tianguis en la República Mexicana* (1965), *Espeleología turística* (1966), *Cocina vernácula mexicana* (1967), *Casonas antiguas de la Ciudad de México* (1968), *Pinacoteca virreinal de San Diego* (1969), *La criminalística y su importancia en el campo del derecho* (1970), *Turismo mineralógico* (1971), *Turismo cinegético* (1972), *Turismo cultural* (1973), *Una vuelta al mundo tipo boumerang* (1974), *Turismo botánico* (1975), *Oaxaca turístico* (1975), *Aguascalientes turístico* (1975), *Investigación del delito* (1975), y *Excerpta de máximas morales* (1975). Ha publicado, además, 40 trabajos en revistas especializadas extranjeras (v.*Chemical Abstracts* de 1947 a 1975) y 900 artículos en el periódico *La Prensa*.

SOLANA, RAFAEL, n. en Veracruz, Ver., en 1915. Estudió en la Escuela Nacional Preparatoria y en las facultades de Leyes y Filosofía y Letras. Se dedica al periodismo desde 1929; en 1976 era jefe de Prensa del IMSS y colaborador de *El Universal* y la revista *Siempre!* Dirigió *Taller Poético* y formó parte del grupo que editó la revista *Taller*. Fue secretario particular de Jaime Torres Bodet, secretario de Educación Pública (1958-1964). Es autor, entre otras obras, de: *Ladera* (poesía, 1934), *Garcilaso rodeado de sus palabras* (ensayo, 1936), *Los sonetos* (poesía, 1937), *El envenenado* (relato, 1939), *La trompeta* (cuento, 1941), *La música por dentro* (cuentos, 1943), *Los espejos falsarios* (poesía, 1944), *Las islas de oro* (teatro, 1952), *Debiera haber obispas* (teatro, 1954), *Lázaro ha vuelto* (teatro, 1955), *Alas* (sonetos, 1958), *El sol de octubre* (novela, 1959), *La casa de la Santísima* (novela, 1960), *El palacio Maderna* (teatro, 1960), *Momijigori* (crónica, 1964) y *Vestida y alborotada* (teatro, 1965). Usa el seudónimo de *José Cándido*.

SOLANA, RAFAEL, n. en San Andrés Tuxtla, Ver., en 1890; m. en la Ciudad de México en 1965. Colaboró desde muy joven en periódicos de Tampico y fue uno de los fundádores de *El Universal* (1916), del cual fue subdirector. Hizo crónica taurina por más de 43 años. Firmó con el seudónimo de *Verdugillo*. Dirigió el semanario *Toros y Deportes*, llamado inicialmente *El Universal Taurino* y más tarde *El Taurino*.

SOLANA ARCINIEGA, MOISÉS, n. en la Ciudad de México en 1935; m. en el Estado de México en 1969. Perteneció a una familia aficionada al auto-

movilismo: la tradición que en ese sentido inició su abuelo Moisés Solana Gómez la continuaron su padre José Antonio, su tío Javier y su hermano Hernando. La primera carrera oficial en la que participó Moisés fue la 5a. Panamericana, en 1954. Luego concursó en otras 269, 22 de las cuales ganó a bordo de un Lotus. Implantó marcas aún vigentes en pistas, circuitos y carreteras de la República. En la 1a. Carrera Internacional Ciudad de México obtuvo el primer lugar absoluto, conduciendo un Mc Laren (marzo de 1968). Compitió en Estados Unidos y Europa. Deportista nato, fue pelotari de cesta punta durante 18 años; debutó en el Frontón Metropolitano en 1950 y durante 4 temporadas fue considerado el mejor delantero. Falleció en un accidente durante la carrera Valle de Bravo-Bosencheve.

SOLARES GUTIÉRREZ, EDUARDO, n. y m. en la Ciudad de México (1888-1941). Ingresó en la Academia de San Carlos a los 13 años de edad; fue discípulo de Antonio Fabrés, Germán Gedovius y Julio Ruelas. Obtuvo una beca para proseguir sus estudios en Alemania. En este país ganó por concurso la matrícula en la Academia Real de Pintura de Munich, donde estudió con Franz Von Stuck, propagador del *Jugendstyl*, llamado en México y en Francia *Art Nouveau*. Pasó después a España y fue discípulo de Enrique Chicharro. A su regreso, pintó los murales del edificio de la Legislatura del Estado de Morelos (1932) y los de la antigua Escuela Nacional de Agricultura en el Rancho de San Jacinto. Fue profesor de pintura mural y decano y director de la Academia de San Carlos. Son notables sus acuarelas *El Valle de México*, *Amanecer en el Valle de México* e *Iztaccíhuatl*. Restauró en 1940 las *Bacantes* pintadas por Santiago Rebull en las terrazas del Alcázar de Chapultepec. v.Justino Fernández: *Arte moderno y contemporáneo de México* (1952); y Guillermo Jiménez: *Fichas para la historia de la pintura en México* (1937).

SOLER, ANDRÉS (Andrés García Pavía), n. en Saltillo, Coah., en 1899; m. en la Ciudad de México en 1969. Actor, trabajó en España en la compañía dirigida por su hermano Fernando (1930-1932); recorrió Suramérica al frente de su propia empresa (1936); se incorporó al cine nacional (1936); en junio de 1950 fue nombrado director del Instituto Cinematográfico, Teatral y de Radio y Televisión de la Asociación Nacional de Actores. Actuó en cerca de 100 películas, entre ellas: *Doña Bárbara, La mujer sin alma, Historia de un gran amor, Los miserables, Anacleto se divorcia, Si yo fuera diputado* y *Los tres alegres compadres*.

SOLER, DOMINGO (Domingo Díaz Pavía), n. en Chilpancingo y m. en Acapulco, ambas de Guerrero (1902-1961). Se inició como actor en la compañía de su padre, de nombre Domingo. Dirigió una empresa que representó obras en España (1930-1932). Incorporado al cine, se recuerdan sus actuaciones en *La Barraca, Ocho hombres y una mujer, Comisario en turno, Fe en Dios, Fierecillas* y *Lo que se ocultó al mundo.*

SOLER, FERNANDO (Fernando Díaz Pavía), n. en Saltillo, Coah., en 1900. Actor, se presentó ante el público por vez primera en 1916, en Los Angeles, California, en un grupo teatral que dirigían sus padres. Tuvo después gran éxito en España y Suramérica. En 1952 filmó en Francia la película *Cuando te suicidas.* Su primer film en México fue *Chucho el roto.* Formó una compañía de teatro junto con sus hermanos Julián, Domingo y Andrés. Sobresalió también como director de escena. Hasta 1950 fue director de la Academia Cinematográfica. En 1951 recibió un *Ariel* y en 1976 la *Diosa de Plata.* Entre las películas que filmó destacan: *Mamá Inés, Al caer la tarde, Rosenda, La oveja negra, El gran calavera, Las estrellas, El derecho de nacer* y *No hay cruces en el mar.*

SOLIMÁN. Nombre que se aplica a varias especies de plantas del género *Croton* L., de la familia de las euforbiáceas, en particular a *C.ciliatoglandulosus* Orteg. (Tamaulipas y otros lugares) y a *C.soliman* Schl. et Cham. (Veracruz).

C.ciliato-glaundulosus es un arbusto de 1 a 2 metros de alto, aromático, densamente tomentoso, con pequeñas glándulas pediceladas en las ramas jóvenes y en las hojas. Estas son alternas, estipuladas, largamente pecioladas, cordado-ovadas, agudas o acuminadas, con el borde ciliado-glanduloso, y miden de 3 a 12 centímetros de largo. Las flores son pequeñas, unisexuales, racemosas; las masculinas tienen numerosos estambres (unos 40) delimitados por un perianto bien definido, pequeño, diferenciado en cáliz y corola; las femeninas son desnudas (carecen de cáliz y corola) o sólo presentan un perianto rudimentario, y están representadas por un ovario súpero, trilocular, con un óvulo en cada lóculo y un estilo dicótomo. Los frutos son cápsulas trilobadas de unos 7 milímetros. Abundan en las regiones cálidas del país, desde Baja California, Sonora y Tamaulipas hasta Querétaro, Morelos, Veracruz, Oaxaca y Chiapas. Por su acción purgante se usa empíricamente para curar las fiebres. En Huajuapan de León (según M.Martínez) aplican el jugo de la planta contra la picadura del alacrán. Se recomienda como forraje para aumentar la secreción de leche en las cabras, pero esta propiedad no está comprobada. Los pelos de las hojas son urticantes, de manera que se produce fuerte irritación en los ojos si éstos se frotan con las manos después de haber tocado la planta. Recibe también los nombres de *picosa* (Querétaro, Guerrero y San Luis Potosí); *canolilla* o *canelillo, palillo, hierba de la cruz, xunaxilase, cuanaxonaxi, xunalixase* y *xonase* (Oaxaca); *enchiladora* y *dominguillo* (Guerrero, San Luis Potosí, Oaxaca, Veracruz); *trucha* (Sinaloa); *ciega-vista* o *chirca* (Guatemala y Honduras) y *solimán blanco* en varios lugares.

C.soliman es un arbusto esbelto de hojas alternas, cuspidado-acuminadas y ligeramente crenadas que, a diferencia de la especie anterior, no son ciliado glandulosas; por el envés son tomentosas o pubescentes, presentan un pecíolo largo y su forma es ovado-rómbica; miden de 5 a 9 centímetros de largo. Las flores son pequeñas, blanquecinas, unisexuales, racemosas. El fruto es una cápsula pequeña trilobada. Se le conoce en Veracruz, Oaxaca y Tabasco. Fue originalmente descrita a partir de ejemplares procedentes de Papantla, Veracruz.

Otras especies del mismo género que reciben el nombre de solimán son: *C.hypoleucus* Schl., arbusto de hojas oblongo-ovadas (Hidalgo y San Luis Potosí); *C.reflexifolius* H.B.K., arbusto o arbolillo de hojas ovadas o triangular ovadas, y escamoso-plateadas, llamado también *solimán prieto* (Sinaloa, Colima, Tamaulipas, Veracruz, Guerrero, Oaxaca, Chiapas y Yucatán). En Puebla se denomina solimán a la hierba urticante *Urtica dioica* L., de la familia de las urticáceas (v.CHICHICASTLE Y ORTIGA); y en el Estado de México, a la hierba o arbustito con jugo lechoso *Asclepias linaria* Cav., de la familia de las aclepiadáceas (v.HIERBA DEL CUERVO).

SOLÍS, ALBERTO DE TRINIDAD, n. en Managua, Nicaragua, en 1916. Es químico farmacéutico y maestro en artes plásticas. Llegó a México en 1947. Especialista en grabado, ganó el premio "Ignacio Cumplido" en 1963. Expuso por vez primera en el Instituto de Arte de México (1957). Es ilustrador de las publicaciones de la Comisión Nacional de los Libros de Texto Gratuitos. Hay obras suyas en el Museo de Arte Moderno de México y en la Biblioteca del Congreso de Washington. Dice de él Berta Taracena: "Maneja limpia y bellamente la estampación al aguatinta y al aguafuerte, así como el linóleo y la litografía".

Leopoldo Solís

6

SOLÍS, JAVIER, n. en Nogales, Son., en 1931; m. en la Ciudad de México en 1966. Se inició como cantante en carpas y centros nocturnos; pasó a las radiodifusoras XEW y XEQ, y finalmente al cine. Actuó en 17 películas. En 1963 y 1965 ganó el *Disco de Oro*, por la mayor venta de sus grabaciones.

SOLÍS, LEOPOLDO, n. en la Ciudad de México en 1929. Licenciado en Economía por la UNAM. Llevó cursos de postgrado en la Universidad de Yale (1957-1959), especializándose en modelos de economía agregada. Ha sido profesor de El Colegio de México (1962-1972), del Departamento de Estudios Económicos del Banco de México (1964-1970), director de Programación Económica y Social de la Secretaría de la Presidencia (1970-1975), miembro del Comité de Planificación del Desarrollo de la Secretaría General de la ONU (1971) y del Consejo del Instituto Latinoamericano de Planificación Económica y Social con sede en Chile (1971-1974) y profesor visitante de la Universidad de Princeton (1975-1976). Forma parte de los comités editoriales de *El Trimestre Económico, Demografía y Economía, Journal of Development Economics* (La Haya), *Industry and Deve-*

lopment (Viena). Pertenece a El Colegio Nacional. Ha publicado los siguientes libros: *Mexican Financial Development* (en colaboración con Dwight S.Brothers, Texas University Press, 1966), *La realidad económica mexicana. Retrovisión y perspectivas* (1970), *Controversias sobre el crecimiento y la distribución* (1972), *La Economía Mexicana. Selección de...* (1973) y *Planes de desarrollo económico y social en México* (1975); otros trabajos en *Tiers Monde* (julio-septiembre de 1963), *Economía Latinoamericana* (2-1), *Weltwirtschaftliches Archiv. Band 101* (Hamburgo, 1968), *Foro Internacional* (1969), *American Economic Review* (septiembre de 1971), *Le Monde Diplomatique* (París, 30 de septiembre de 1974), y *El Trimestre Económico* (XXVII-105, XVIII-112, XXX-118, XXXI-122, 124 y 126, XXXIII-130, XXXV-139, XXXIX-155 y XLII-1 y 2) y ha colaborado en las obras colectivas: *Demografía y economía* (1967), *El perfil de México en 1980* (1970) y *Los problemas nacionales.*

SOLÍS QUIROGA, HÉCTOR, n. en la Ciudad de México en 1912. Licenciado (1936) y doctor (1961) en derecho por la UNAM, ha enseñado economía política y social, derecho penal y fiscal, criminología y psicología de la delincuencia juvenil en la Facultad de Derecho, en la Escuela de Pedagogía Superior de Toluca y en la Universidad Michoacana. También ha ejercido la docencia en el Instituto Técnico de la Procuraduría de Justicia del Distrito Federal y en la Escuela de Capacitación para el Personal de Prisiones. Participó en la fundación de los tribunales para menores de Toluca, Puebla, Durango, Chihuahua y Ciudad Juárez; de la carrera de maestro para inadaptados e infractores, en la Escuela Normal de Especialización; y del Instituto de Ciencias Penales de Morelia. Ha sido experto de las Naciones Unidas en delincuencia Juvenil para Latinoamérica (1953-1956) e investigador de la UNAM (1962-1971). En 1971 fue nombrado director del Tribunal para Menores en el D.F. Ha colaborado en *El Universal, Criminalia* y *Eugenesia*. En 1929 fundó el periódico estudiantil *Heracles*. Ha publicado: *Los menores inadaptados* (1936), *Visión sociológica de la Revolución Mexicana* (1959), *El ser y el deber ser de la Universidad de México* (1961) e *Introducción a la sociología criminal* (1962).

SOLÍS QUIROGA, ROBERTO, n. y m. en la Ciudad de México (1898-1967). Médico cirujano (1922) por la Escuela Nacional de Medicina, se especializó en neuropsiquiatría infantil y psicología de anormales. Fundó y dirigió el Tribunal para Menores (1926-1947), el Instituto Médico-Pedagógico del Parque Lira (1935-1959) y la Escuela Normal de Especialización (1959-1964), Enseñó materias de su especialidad en las facultades de Jurisprudencia (1927-1937) y de Filosofía y Letras de la UNAM (1927-1959) y en la Escuela Normal Superior (1928). Desarrolló técnicas originales para el tratamiento de los menores retrasados mentales e introdujo al país la terapia celular. Sus trabajos se publicaron en las revistas *Criminalia, Horizontes* y *Eugenesia*, y en el *Boletín de Pediatría*.

SOLÍS Y RIVADENEYRA, ANTONIO DE, n. en Alcalá de Henares, España, en 1610; m. en Madrid en 1686. Estudió en la Universidad de Salamanca latín, retórica, dialéctica, filosofía y ambos derechos, todo con lucimiento. Secretario del conde de Oropeza, Duarte de Toledo y Portugal, fue con él a Navarra, en donde era virrey. Pasó más tarde a la Secretaría de Estado en Madrid. Fue sucesivamente secretario del rey Felipe IV y de la reina madre Mariana de Austria. En 1661 ésta lo hizo nombrar Cronista Mayor de Indias, vacante por la muerte del célebre Antonio de León Pinelo, cargo muy lucrativo y deseado. En 1667 entró a la Compañía de Jesús. Bajo tres conceptos ha quedado el nombre de Solís en la literatura española: como poeta lírico, como comediógrafo y como historiador. Escribió la *Historia de la Conquista y progresos de América Septentrional conocida por el nombre de Nueva España* (Madrid, 1685), que llegó a ser una de las más difundidas entre la rica colección de obras que suscitó el descubrimiento y conquista de América. La *Historia* se ha editado profusamente en castellano y en francés, italiano, inglés, alemán, holandés y otros idiomas; y en México, en 1959 (Colección Económica) y en 1969 (Sepan cuántos). Solís presentó los hechos en función del honor nacional, la religión, la moral y el arte, reviviendo el pasado grandioso de la España Imperial, con un fuerte sabor didáctico y moral. Escribió, además, los dramas *Triunfos de Amor y fortuna, Eurídice y Orfeo, El amor y el uso, El Alcázar del secreto, Las Amazonas, El Doctor Carlino, Un lobo hace ciento, La gitanilla de Madrid* y *Comprar al enemigo*, reunidas en un volumen bajo el título *Comedias diferentes* (Madrid, 1681, 1716), y *Amor y obligación* (Madrid, 1930).

SOLÓRZANO, ALFONSO, n. en Guatemala en 1911. Inició sus estudios superiores en Alemania y llegó a México en 1932, donde terminó las carreras de derecho y filosofía. Tuvo el carácter de refugiado político durante todo el gobierno de Jorge Ubico. En 1944 regresó a su país y promovió la organización de la Confederación de Trabajadores de Guatemala, formuló el primer proyecto para el Código del Trabajo, fundó un partido político y el semanario *Vanguardia*, divulgó la obra del presidente Lázaro Cárdenas y sostuvo las tesis marxistas. Se le alejó nombrándolo cónsul general en La Habana y luego en París. A su regreso participó en los estudios previos a la redacción de la Ley de Reforma Agraria y en la creación de la Confederación Nacional Campesina; fue dirigente del Partido de la Revolución Guatemalteca y director del *Diario del Pueblo* y del Instituto Guatemalteco del Seguro Social. A la caída del gobierno de Jacobo Arbenz, se asiló nuevamente en México. Ha sido colaborador de la *Enciclopedia de México*.

SOLÓRZANO, CARLOS, n. en San Marcos, Guatemala, en 1922. A los 17 años de edad pasó a México. Maestro (1944) y doctor (1946) en letras y arquitecto (1945) por la UNAM, obtuvo una beca de la Fundación Rockefeller para estudiar arte teatral en Francia (1949). Ha sido director del Teatro Universitario (1952-1962) y profesor de arte dramático en la UNAM (1962). Ha publicado: *Del sentimiento de lo plástico en la obra de Unamuno* (tesis de maestría), *Espejo de novelas* (tesis de doctorado), *Doña Beatriz* (comedia, 1954); "El hechicero, tragedia en tres actos", en *Cuadernos Americanos*, Núm. 40; *Las manos de Dios* (pieza teatral, 1957), *Tres actos* (1959; contiene "Los fantoches", "Cruce de vías" y "El crucificado"); "El sueño del ángel", en *Tercera antología de obras en un acto* (1960); *Antología del teatro hispanoamericano contemporáneo* (selección, prólogo y notas; 1964), *Teatro guatemalteco contemporáneo* (selección y prólogo; Madrid, 1964), *Los falsos demonios* (novela, 1966); "El visitante", en *Crononauta 1* (cuento, 1966); "El zapato", en *Crononauta 2* (mimodrama para ventrílocuo, 1966); y "El teatro de la postguerra en México", en *Artes de México* (Núm. 123, 1969).

SOLÓRZANO DÁVALOS, JESÚS, n. en Morelia, Mich., en 1907. En 1928 vistió por vez primera el traje de luces, en la plaza de toros de Tacámbaro, Mich. Formó parte de la cuadrilla de Juan Silveti. Tomó la alternativa en El Toreo, en 1929, de manos de Félix Rodríguez, y la confirmó en Madrid, en 1931, apadrinado por Nicanor Villalta. Fue apodado *El Rey del Temple*. Se retiró de los ruedos en abril de 1949, en la Plaza México.

SOLÓRZANO DE RÉGULES, SOLEDAD, n. en Tlalpan, D.F., en 1844; m. en la Ciudad de México en 1884. Sus padres eran originarios de Tacámbaro, Mich. A los 15 años de edad casó con el entonces coronel Nicolás de Régules, comandante del Primer Batallón de Morelia, jefe liberal en guerra contra los conservadores, a quien ayudó atendiendo a los heridos. Sus hijos nacieron en plena campaña durante la Intervención Francesa. Participó en numerosas acciones militares y en la toma de Tacámbaro se hicieron patentes sus cualidades de abnegación y heroísmo: se hallaba en aquella población y atendía un hospital de sangre; el ejército belga se fortificó ante la proximidad de las fuerzas republicanas comandadas por Régules; entonces los belgas recurrieron a la infamia de tomar a doña Soledad y a sus hijos como rehenes, y ponerlos en la trinchera para disuadir al general republicano y obligarlo a rendirse. Al enterarse el jefe de aquella disposición, ordenó el ataque a la plaza, salvándose milagrosamente sus familiares. Los republicanos triunfaron; más de 200 prisioneros belgas quedaron en su poder, así como armas, artillerías y parque. El general Régules estaba indignado por la conducta de los extranjeros, pero dominó sus impulsos, y lejos de ordenar el fusilamiento masivo, les guardó todas las consideraciones que merecen los prisioneros de guerra, lo que facilitó el canje que más tarde negoció el general Riva Palacio. Juan de Dios Peza exaltó sus virtudes en el poema "Primero es la Patria". v.RÉGULES, NICOLÁS.

SOMALIA. La República Democrática Somalí ("tierra de las especias"), constituye el Cuerno Africano, en el extremo oriental de ese continente. Limita al este con el Océano Indico, al norte con el Golfo de Adén, al noroeste con el Territorio Francés de los Afars y los Issas, al oeste con Etiopía y al suroeste con Kenia. Tiene una superficie de 637,657 kilómetros cuadrados y una población de 3.090,000 habitantes (1974), de los cuales 900 mil son nómadas. La densidad demográfica es de 5 por kilómetro cuadrado.

Su capital es Mogadiscio, donde viven 350 mil personas; y las ciudades más importantes Hargeisa (60 mil), Kismayú (60 mil) y Merca (56 mil). La lengua oficial es el somalí; pero se hablan también el árabe, el italiano y el inglés, sobre todo como idiomas administrativos. La religión mayoritaria y del Estado es la musulmana zunita. Hay unos 1,500 católicos, casi todos de ascendencia italiana. El área étnica de los somalies se extiende más allá de las fronteras de la República, hacia los estados colindantes. La mayor parte del territorio está formada por la

1

Soledad Solórzano de Regules

altiplanicie de Ogaden, a unos 900 metros sobre el nivel del mar, cerrada al norte por las montañas de Golis, con elevaciones de 1500 metros. La costa, en general, es baja, rocosa y poco accidentada. Mogadiscio es puerto artificial y Kismayú lo es natural. Los ríos principales son el Uebi Scébeli y el Juba. Durante la Edad Media el país fue dominado por los árabes y utilizado como base en sus guerras contra los cristianos de Etiopía y, más tarde, contra los portugueses. Entonces se llamaba Costa de los Somalíes. En el siglo XVII pasó a poder de los imanes de Mascate; y en 1866, al de los sultanes de Zanzíbar. Antes, de 975 a 1498, había formado parte del imperio Zenj. La última de las dominaciones externas fue el coloniaje europeo, al fin del siglo XIX. Inglaterra, mediante tratados con el sultán, impuso su protectorado sobre la zona norte. La influencia italiana se extendió por las costas del Indico. En 1892 el sultán de Zanzíbar arrendó a Italia por 50 años la zona de Benadir, y en 1905 le cedió la soberanía a cambio de 144 mil libras esterlinas. Desde la Somalia Italiana el mariscal Graziani lanzó su ataque contra Etiopía en 1935. Durante la Segunda Guerra Mundial, Inglaterra tomó la colonia. En 1950 el Consejo Fiduciario de la ONU confió la administración del país a Italia por 10 años, y el 1º de julio de 1960 declaró su independencia. En la misma fecha Inglaterra concedió la independencia a la Somalia Inglesa, y ambas se consolidaron. Las tensiones con Kenia y Etiopía son constantes, por la pretensión de anexarse los territorios de esos países habitados por somalíes. En octubre de 1969 fue asesinado el presidente Shermarke y un golpe militar impuso un Supremo Consejo Revolucionario, disolvió la Asamblea y proclamó la República Democrática y una política exterior de neutralidad. El Consejo Supremo Revolucionario, de 25 miembros, ejerce todos los poderes; tiene un presidente y dos vicepresidentes, asesorados por 14 secretarios de estado. Somalia es un país pobre. Además de su producción agrícola y sus industrias animales, la principal riqueza son el incienso y la mirra. También produce goma arábiga.

Las relaciones diplomáticas entre México y la República Democrática de Somalia fueron establecidas en agosto de 1975. A fines de 1976 estaba aún pendiente la designación de representantes, con el carácter de embajadores extraordinarios y plenipotenciarios. El 1º de junio de 1960 el licenciado Alejandro Carrillo Marcor asistió con la representación de Méxcio a la ceremonia de proclamación de la independencia de Somalia.

SOMMERS, JOSEPH, n. en New York, Estados Unidos, en 1924. Maestro en artes (1960) y doctor en filosofía y letras (1962) por la Universidad de Wisconsin (1960) y profesor de español en la Universidad de Washington (1969-), es autor de: *Francisco Rojas González. Exponente literario del nacionalismo mexicano* (1968); *After the Storm: Landmarks of the modern Mexican Novel* (1968); *"The Indian-oriented novel in Latin America: New Spirit, New Forms, New Scope"*, en *Journal of Inter-American Studies* (1964).

SOMOLINOS D'ARDOIS, GERMÁN, n. en Madrid, España, en 1911; m. en la Ciudad de México en 1973. Médico por la Universidad Central de Madrid, pasó a México y se especializó en anatomopatología en el Instituto Nacional de Cardiología (1944-1946). Enseñó historia y filosofía de la medicina en el IPN (1965-1973) y en la UNAM (1969-1971). En 1962 recibió el premio anual de la Academia Nacional de Medicina por su historia de la fundación de ese organismo. Aparte sus artículos en *Gaceta Médica de México* y *Anales de la Sociedad Mexicana de Historia de la Ciencia y la Tecnología* y de los folletos preparados para El Colegio de México y el IMSS, es autor de los libros: *William*

Harvey, descubridor de la circulación sanguínea (1952), *Obras completas* de Tomás Hernández (tomos I y IV, 1960 y 1966), *Historia de la medicina* (1964), *Guía de la Exposición Histórica celebrada con motivo del Primer Centenario de la Academia Nacional de Medicina de México* (1964) y *La primera expedición científica en América* (1971).

SOMOLINOS PALENCIA, JAN, n. en Estocolmo, Suecia, en 1938. Médico (1961) por la UNAM y profesor en ésta y en el IPN, se inició en el dibujo al lado de su abuelo Ceferino Palencia. Se perfeccionó más tarde en la Escuela de Arte de Boston (1953). Expuso por vez primera en la Galería Diana en México (1961). Ha colaborado como escritor en el suplemento cultural "El Gallo Ilustrado" del periódico *El Día* (1971-1973), en la revista *Arte-Noticias* (1971-1974) y en *La Prensa Médica Mexicana* (1964-1970). Es autor de: *La belle époque en México* (1972) y *El surrealismo y la pintura mexicana* (1974).

SOMORGUJO. Nombre que se aplica a varias espede aves de la familia *Gaviidae* y del género *Gavia*, entre ellas las siguientes:

G. artica (somorgujo ártico). Mide 50 centímetros. El adulto presenta en verano la cabeza y la nuca pardo oscuras; la cara y la garganta, negras; el cuello y la espalda, rayados con blanco; y las alas, punteadas. En invierno es pardo grisáceo por arriba, con puntos blancos, y de este color por abajo. En verano vive en los lagos del sur de Canadá y norte de Estados Unidos, pero en invierno baja por la costa occidental y esporádicamente llega a la Baja California. Es torpe en tierra, pero excelente nadador.

G. immer (somorgujo común). En verano presenta la cabeza, la espalda y el cuello negros, con iridiscencias verdosas y 2 líneas blancas en la garganta; las alas y la espalda, con puntos blancos; y el pecho y las partes inferiores blancos. En invierno es pardo grisáceo por arriba y blanco por abajo. Vive en el extremo norte de Canadá, Groenlandia, Islandia e Islas Faroe. En invierno emigra al sur, hasta el norte de México. Es el más raro de los somorgujos. Sólo se le ve esporádicamente en las costas de Sonora y Baja California. El punto más austral donde ha sido observado es la Isla Tiburón, en el Golfo de Cortés.

G. stellata (somorgujo de garganta roja). Mide entre 50 y 60 centímetros. Vuela más rápido que otras especies del mismo género. En verano presenta la cabeza y el cuello grises; la espalda, pardo negruzca, con manchas blancas; el cuello y la garganta con una mancha rojiza característica; y las partes inferiores, blancas. En invierno es pardo grisáceo por arriba, con puntos blancos, y de este color por abajo, sin la mancha rojiza en la garganta. Tiene el pico curvado ligeramente hacia arriba. Vuela con el cuello extendido y la cabeza más abajo que la espalda. Vive a lo largo de los lagos interiores de Canadá y los Estados Unidos, pero en invierno baja por la costa y ocasionalmente llega a Baja California y Sonora.

SONAJA NUCA ROJIZA. *Campylorhynchus rufinucha.* Ave de la familia *Troglodytidae.* Mide de 15 a 17 centímetros. El adulto presenta la corona negra; la nuca y la parte posterior del cuello, rojizas; el dorso y la rabadilla, pardo rojizos; la ceja, blanca, con una raya oscura detrás del ojo; las alas, pardo oscuras, con barras de color negro; el pecho, a veces manchado finamente; el pico, negro; el iris, pardo; y las patas, grises. Se encuentra en las porciones áridas del sur de México, salvo en la península de Yucatán. Alvarez del Toro la cita como *fisgoncilla*, por bullanguero y por el mucho ruido que hace cuando descubre a algún intruso. Su nido, de forma tubular, casi siembre lo construye entre las hojas de la palma real.

Campylorhynchus megalopterus de la misma familia e igual tamaño, es de color pardo grisáceo, finamente moteado con negro; presenta la nuca rayada de negro y blanco; la espalda, las alas y la cola, barradas; la garganta y el pecho, profusamente moteados de negro o gris pardusco, igual que los flancos y el abdomen. Se distribuye desde Michoacán hasta Oaxaca. Habita en bosques de pino-encino y prefiere las ramas altas de los árboles. Se alimenta exclusivamente de insectos y es bullanguero.

SONES. El investigador Vicente T.Mendoza recopiló la siguiente relación de sones, a partir de los trabajos de Clemente Aguirre, Rubén M.Campos, Nicanor Carvallo, Vicente Ruiz Maza y Max L.Wagner:

De Jalisco: *El pedregal, El tanto y tanto, El lagartijo, El pitayero, El becerrero, El riflero, El patito, El quelele, El macatán, Las maravillas, El catrín, El borrachento, Los huajes, La sonaja, El moreno, El apache, El cihualteco, El venado, El malacate, El carbonero, El perico, El toro, Las mañanitas, El huerfanito, El rorro, El café, El mosquito, Los mecos, Los fríos, El Juan Lanas, El tubero, La guacamaya, La Coahuayana, La rosa morada, La paloma blanca, María Facica, Los papaquis, La bar-*
quillera, El payo, La chachalaca, La india, El tecolote, La costeñita, El palmero, La poblana, El tapatío, La manta, El curripití, La Mamá Carlota, La lagartija, El sombrero ancho, El columpio y El valedor. De Chiapas: *Las chiapanecas, El rascapetate, El bolonchón, La vaca Xindú y Los parachicos.* De Guerrero: *La cuera, Las guachas, El zanate, Del cielo cayó, El toro rabón, El rumbero, La iguana, El gusto, ˙La tortolita y El patito.* De Nayarit: *El zihualteco, El toro, El tejón, El peine de oro, El diablo, El alacrán, El sanpedreño, El toro viejo y El buey.* De Tehuantepec: *El canario, El alacrán, La cotorrera, El huachinango, La tortuguita, La sandunga, La llorona, La petrona, La Juanita y Dios nunca muere.* De Sinaloa: *La niña perdida, Caball Tósali* (caballo blanco), *Mamún cabara* (cinco borregas), *La cuichi* (la chachalaca), *El coyote, La ardilla, El toro, El jabalí, El tecolote y El costeño.* De Michoacán: *El coyote viejo, Chaparrita de mi vida, El Cura de Apatzingán, El limoncito, ¡Uy tralalala!, La feria, El capire, El gusto planeco, El celoso, El zopilotito, El muchacho alegre, Las dos Marías y El tamarindo.* De Zacatecas: *Por vida tuya coyote, El perro, La chirriona, La pitacocha, La gallina, El tecolote, La carbona, Las chivarras, Los mecos, El pasajero, María Reducinda, El perro tejón, Los sapos, El cuije, Vicenta, La golondrina, La alegría y El grande.* De otras procedencias: *El trespeleque, El distinguido, El maracumbé, La vaquilla, Camino real de Colima, El sombrerito, El carretero, El trompito, El guaco Chano, El palo verde, Las olas de la laguna, El pajarillo, El jilguerillo, El ranchero, El lucero, El colorado, Las peinetas, El déle, El abajeño, La Plaza de Ameca, El guajito, El guaymas, Los girasoles, La pipiolita, La violinera, El colimote, El chilero, El cuamecate, La perdiz, El peneque, El cuerno, El frijolito, La colimota, El calero, El baulito, La carreta, Las campanitas, La maquinita* o *el ferrocarril, El león, La lima, El Pancho, El tiburón, El zancudo, El burro, El zanate, La trigueña, El ticuz, La madrugada, La negra y El buey, Jarabe arribeño, El jarabe niño, Jarabe moreliano, El malcriado, El aguacero, El nopito, La verbena, El malaco, La jeringa, El pepino, La paloma blanca, El gallito, La pobreza, La guaracha, La guerra, La diosa, La gaita gallega, El tepozán, La chicharra, El abajeño, El gusto, La gallina, La leva, El sueño, El animal, El coruco, La guasanga, Los plateados, El ixtacalco, El tahuancayo, El xochipitzáhuac, Mariquita, El cielito lindo, El aguanieve, La media bamba, El ranchero, La calandria, Los enanos, La potranca, El fandango, El caballito, Los ariles, El toro pinto, El solterito y La azucena.*

ESTADO DE
SONORA

SONORA. Estado de la República Mexicana, tiene una superficie de 184,934 kilómetros cuadrados (9.40% del territorio nacional). Limita al norte con Estados Unidos, al este con Chihuahua, al sureste con Sinaloa, al sur y al oeste con el Golfo de California, y al noroeste con el Estado de Baja California.

Geografía y ecología. Sonora participa de un variado medio ambiente, determinado por una diferente topografía, temperatura, regímenes y sistemas fluviales, vegetación y otros factores. Hacia la costa se extiende una planicie, amplia en el norte y angosta en el sur. Hacia el este, la altura sobre el nivel del mar va en aumento hasta alcanzar la Sierra Madre Occidental, donde el terreno es muy abrupto. Al aumentar la altura es mayor la cantidad de lluvia, de tal manera que mientras la planicie costera es desértica, el piedmont y luego la montaña tienen vegetación cada vez más densa y alta, hasta llegar a los bosques de encino y de pino. La temperatura disminuye con la altitud. La Sierra Madre, escarpa occidental del Altiplano Mexicano, crea una barrera que separa las regiones sonorenses, que son más bajas, de las altiplanicies desérticas de Chihuahua. Varios ríos se forman en la Sierra Madre, y después de seguir un cauce norte-sur, tuercen al poniente para desembocar en el Golfo de California. Sonora queda al norte del Trópico de Cáncer y por consiguiente forma parte de las grandes zonas desérticas norteñas que se extienden hasta el sur de Estados Unidos. Por otro lado, la Sierra Madre determina una franja costera que se continúa al sur, de manera que hay una relación geográfica gradual entre Sonora y Sinaloa, cuyos cambios geográficos a lo largo de esa área son apenas perceptibles. De este a oeste, por el contrario, las diferencias son muy ostensibles, especialmente en la porción meridional donde la Sierra Madre se acerca a la costa. La planicie costera sonorense también tiene acceso y continuación libre por el norte, tanto hacia Arizona como hacia California.

Un estudio de la vegetación permite establecer las subdivisiones geográficas y ecológicas de Sonora (fig. 1). Las plantas son muy sensibles al medio y por consiguiente un índice para determinar las diferentes áreas. A su vez la flora determina la fauna, y ambas predisponen las actividades culturales. Puede dividirse Sonora en tres áreas geográficas: 1.El llamado Desierto de Sonora, que se extiende en la planicie costera y que abarca porciones de Arizona, California y la península de California. 2.La Zona Serrana, al oriente de la anterior y con términos en la Sierra Madre Occidental. Y 3.una zona Transicional, que incluye el extremo sur de Sonora y el norte de Sinaloa. En el Desierto de Sonora la precipitación pluvial es menor de 400 milímetros anuales y por consiguiente la vegetación es dispersa y de plantas adaptadas a terrenos áridos. Hacia el noroeste los índices pluviales son mínimos, dando ocasión a verdaderos desiertos, como el de Altar. Las temperaturas son muy altas en el verano, y extremosas en el invierno. La planta común es la

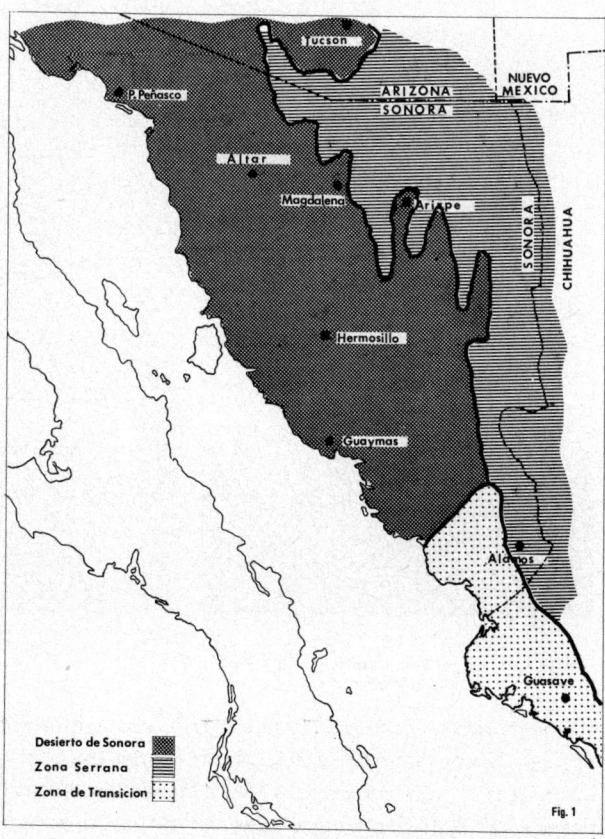

Areas geográficas de Sonora

gobernadora o hediondilla (*Larrea*), que aparece acompañada de otras especies de acuerdo con el área de que se trate (sahuaro, mezquite, palofierro). Comparando al Desierto de Sonora con otros desiertos del mundo, el término no es totalmente adecuado, especialmente en la porción del sur, donde ya comienzan a prosperar plantas subtropicales. El desierto, además, está lleno de vida, que usualmente escapa a la economía del blanco, mas no a la del indígena que en tiempos prehistóricos y aún hoy aprovecha todos los recursos de mar y tierra. La costa, con sus manglares y esteros, ha provisto al ser humano de muchas clases de mariscos y peces. Los médanos a lo largo de la costa contienen la evidencia de restos culturales de estos grupos que vivían del mar. La expresión última de estas culturas costeras nomádicas, sin agricultura, la constituyen los seris; y recientemente se ha descubierto que los indígenas también hacen cosecha de granos de algas de mar (*Zotera marina*), que tienen un alto contenido alimenticio. En el desierto, la naturaleza y sus productos animales, vegetales y humanos han guardado un equilibrio, gracias a la poca densidad de población y al tipo de cultura existente desde épocas prehistóricas; pero la introducción de poblados, de economías y valores ajenos, tanto en la

45

*Sahuaro y paisaje típico de la zona
desértica*

Vista característica de la zona serrana

45

época colonial cuanto especialmente en la moderna, así como la utilización de técnicas de pesca intensivas y destructivas, y la reciente economía basada en el turismo, que requiere de la construcción de centros de población, hoteles y carreteras con la consiguiente destrucción de esteros y contaminación de aguas, han puesto en grave peligro el ciclo vital natural, el cual es extraordinariamente frágil en las zonas desérticas, pues el poder de recuperación, si acaso existe, requiere de mucho más tiempo que el necesario en territorios menos áridos.

En la Zona Serrana, debido a la gradual elevación del terreno hacia la Sierra Madre, la lluvia va siendo más abundante, alcanzando hasta mil milímetros anuales en el sureste del Estado. La vegetación en las partes altas es de bosques de encinos, y de pinos en las partes más altas. Hacia el noreste del Estado hay grandes extensiones de pastizales. A pesar de que la lluvia es suficiente para la agricultura de temporal, lo abrupto y complejo del terreno no permite grandes superficies para el cultivo. Estos se hacen fundamentalmente en los valles angostos que forman los ríos. Esta complejidad del terreno tiende a crear comunidades pequeñas y dispersas, lo cual es un impedimento para formar sociedades grandes y complejas. En el extremo oriental del Estado y trasponiendo la Sierra Madre hacia el Estado de Chihuahua, se han encontrado restos arqueológicos de terrazas en las laderas de los cerros, que se construyeron con el doble objeto de crear terrenos cultivables y controlar el agua, sistema por cierto mucho más adecuado para la agricultura que

las presas modernas, hechas primordialmente para producir energía eléctrica. Tanto estas obras como las construidas sobre el río Colorado, han desquiciado el equilibrio natural de la flora y la fauna, cuyos resultados finales todavía no se alcanzan a medir.

La Zona Transicional tiene este nombre porque es un área subtropical desde el punto de vista de su vegetación. Muchas especies del sur viven en ella y allí comienzan a desaparecer ciertos animales típicamente tropicales. Se extiende hasta Culiacán y en su litoral desembocan muchos ríos importantes (el Fuerte, el Mayo y el Yaqui en Sonora), los cuales forman ricas planicies aluviales que han permitido 2 y 3 cosechas al año. Esta producción agrícola admite una mayor y más densa población, lo cual a su vez propicia la creación de comunidades más fuertes e integradas. En esta zona todavía se emplean sistemas de agricultura indígena prehispánica tropical como el de roza y la siembra con bastón plantador. Entre Culiacán y el río Fuerte fue detenido el primer empuje de la conquista española; hasta Culiacán llegó Nuño Beltrán de Guzmán, y sólo hasta ahí se establecieron las primitivas colonias y misiones; y no sería hasta 100 años después, a principios del siglo XVII, cuando la nueva economía hispana lograra emprender la conquista del norte. La Zona Transicional es, pues, el fin de un territorio y el principio de otro, muy distinto en todos sus aspectos.

Etnología. Dentro de Sonora pueden distinguirse dos tipos de cultura: la de los grupos que nunca han hecho agricultura y que viven en la zona costera (seri), y los que viven tierra adentro y que tuvieron una tradición agrícola muy antigua (pápagos, pima, ópata, jova, chinipa, varogió y cahita, éste formado por los mayos y yaquis) (fig. 2). Además de esta diferencia cultural básica, existe también la división lingüística entre ambos grupos, pues el idioma seri pertenece al tronco hokano y los grupos agrícolas al yuto-nahua o uto-azteca. Esto significa que aunque sean vecinos en algunas áreas, pertenezcan a dos culturas que se separaron hace mucho tiempo. A pesar de las enormes dificultades que tuvieron para cultivar, los grupos yuto-nahuas que vivían (y viven) en las zonas mas áridas, hacia el noroeste del Estado (pápago), insistían en aprovechar la poca humedad disponible para levantar sus cosechas de maíz, frijol y calabaza, las cuales no eran suficientes, pues el 80% de su alimentación provenía de plantas silvestres recolectadas, por lo cual su modo de vida era semi-sedentario. Por el contrario, en las porciones sureñas, donde la humedad es mayor especialmente debido a los grandes ríos (Yaqui, Mayo, Fuerte), cuyas avenidas permitían levantar hasta 3 cosechas al año en los ricos suelos de depósito, los grupos mayo y yaqui tuvieron una ventajosa localización, y son los que muestran una mayor complejidad cultural y una más alta densidad de población.

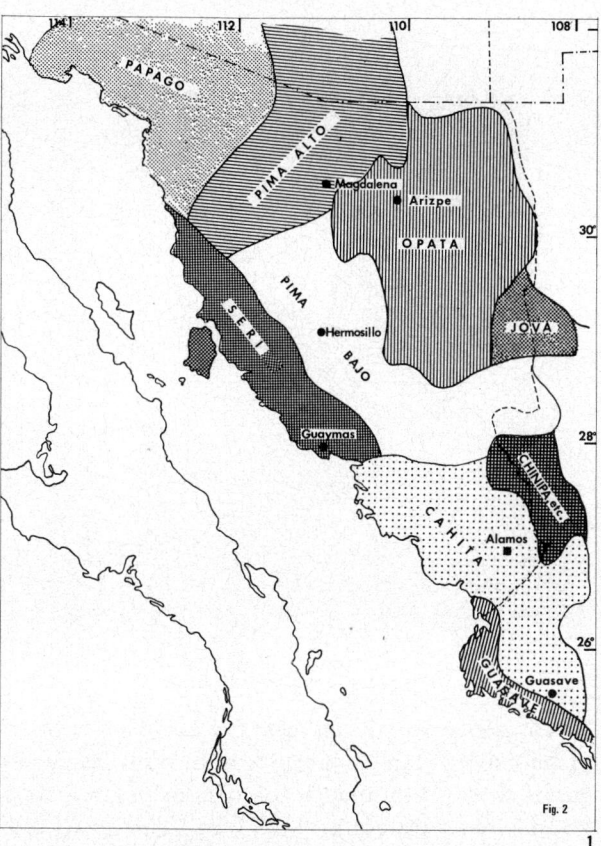

Grupos indígenas de Sonora

Lo abrupto del terreno hacia la Sierra Madre determina una población dispersa. No obstante, todos los grupos yuto-nahuas son culturalmente muy homogéneos. A pesar de ser agrícolas, ningún grupo sonorense logró crear una cultura civilizada: no había propiedad privada, sino comunal; no existían estratos sociales bien marcados, ni grandes lujos ni riqueza; tampoco había un gobierno bien establecido y sólo actuaba un jefe provisional en tiempos de guerra (entre los cahitas); y nunca hubo mercados permanentes ni moneda. Eran, pues, comunidades autosuficientes. Las casas de los pueblos se construían separadas una de otra, y las mismas comunidades nunca llegaron a ser muy grandes. Aun cuando el interés por la religión y lo ritual variaba mucho, todos los grupos yuto-nahuas suponían varios períodos de creación, un diluvio universal, seres supernaturales que controlan las estaciones de lluvia y de secas, serpientes asociadas a manantiales y otras fuentes de agua, y entes masculinos y femeninos aparentemente relacionados con las estrellas. El venado y las flores tenían un valor ritual especial. Los shamanes eran importantes líderes de la comunidad: predecían el futuro, diagnosticaban la enfermedad y controlaban el clima, para lo cual organizaban rituales acompañados de grupos de hombres

y mujeres que bailaban toda la noche; hacían curaciones a base de pinturas hechas sobre el suelo, y utilizaban bebidas embriagantes y máscaras como parte de los ritos. Había también un culto a la guerra que incluía el canibalismo ritual y danzas de escalpe y de victoria. La influencia de los jesuitas en todos estos grupos, ha nublado el conocimiento de aquellas culturas indígenas primitivas, pues estos misioneros fueron el factor primordial de cambio durante casi dos siglos.

Los grupos seri son todavía más simples: vivían de la pesca, caza y recolección; conocían la cerámica y la cestería; utilizaban el arco y flecha; sus casas en forma de túnel estaban hechas de ocotillo cubierto con hierba; y andaban desnudos, pero ponían énfasis en la pintura facial. Los grupos eran de 40 a 50 personas y se movían dentro de territorios reconocidos. No había jefes. Los shamanes eran importantes en la comunidad y utilizaban las bebidas intoxicantes y los sueños con varios propósitos. Los seri evadieron la influencia de las misiones, del blanco y del mestizo, y conservaron hasta tiempos recientes mucho de su antigua personalidad. Es probable que el interés actual por ellos destruya su esencia y los convierta en otros mexicanos sin raíz ni autoestima.

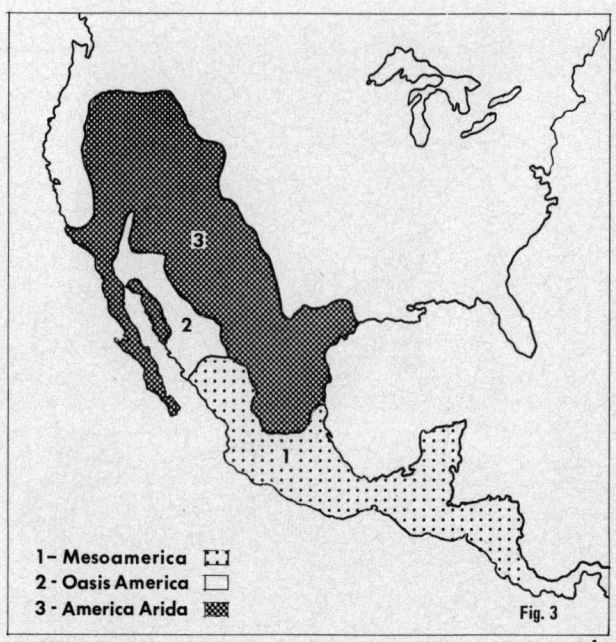

1- Mesoamerica
2- Oasis America
3- America Arida

Fig. 3

Areas culturales de México

La población de la mayoría de los grupos ha disminuido notablemente desde la colonización; algunos fueron totalmente aniquilados y otros absolutamente aculturados.

Arqueología. Sonora (al igual que los demás estados al norte del Trópico de Cáncer) no pertenece a la gran área cultural de Mesoamérica, la cual se extiende, en términos generales, desde esa línea hasta Salvador y Nicaragua en Centro América (Fig.3). Mesoamérica es un área que se caracteriza por haber alojado una civilización; es decir, un proceso de desarrollo que culminó en la formación de ciudades basadas en un comercio muy eficiente y en una agricultura tanto intensiva como de temporal, suficientemente efectivas para sostener a núcleos de alta densidad de población. A las ciudades corresponden un gobierno y una religión institucionalizados, así como muchos otros elementos característicos y necesarios dentro de una alta cultura: niveles sociales bien marcados (lujo, pobreza, profesionistas, artesanos, campesinos, esclavos), adelantos técnicos agrícolas, calendario y escritura. Arqueológicamente, los restos materiales que identifican con esta cultura son: ruinas de poblados con centros ceremoniales y civiles (pirámides, plazas), habitaciones de distintas categorías, y objetos de lujo, entre otros; y alrededor de estos centros, restos de aldeas, cerámica, metates y otros elementos diagnósticos de grupos aldeanos agrícolas, sobre los cuales descansaba toda la superestructura civilizada.

Al norte de Mesoamérica (y del Trópico de Cán-

cer) se extienden enormes porciones de tierras áridas y desérticas que alcanzan el sur de Estados Unidos. Siendo ahí la agricultura extraordinariamente difícil, la actividad diaria consistía en la búsqueda de comida (plantas silvestres y animales de caza), lo cual hacía necesaria la movilidad del grupo y su dispersión en pequeñas bandas. Si bien estas gentes llegaron a descubrir los secretos de la supervivencia en áreas tan inclementes, también es cierto que la movilidad y la falta de cohesión evitaron la posibilidad de desarrollos culturales mayores, los cuales sólo se logran con la seguridad de la producción de alimentos (agricultura). Por esta razón la mayoría de los restos arqueológicos del norte de México pertenecen a grupos nómadas que no tenían habitaciones permanentes y que hacían poco uso de la cerámica. Tampoco tenían grandes lujos y la sociedad era bastante homogénea. Dentro de esta gran zona, donde vivieron bandas nómadas bien adaptadas al desierto, y a la cual se nombra América Arida, existieron algunos grupos que sí conocían la agricultura y que tuvieron una mayor complejidad cultural, distribuidos en regiones más benignas a lo largo de las laderas de la Sierra Madre Occidental y en las vegas de los ríos que se forman en la Sierra, a los cuales puede considerarse como intermedios entre las grandes culturas al sur en Mesoamérica y las culturas de recolectores y cazadores de América Arida. A estos grupos se les llama de Oasis.

La historia arqueológica de Sonora participa de las tres categorías culturales: en sus porciones más desérticas vivieron y viven grupos nómadas; en las más elevadas y a lo largo de los ríos, se establecieron grupos aldeanos; y en las partes más altas de la Sierra Madre Occidental se sintieron los efectos de colonias mesoamericanas establecidas en Chihuahua (Casas Grandes). De aquella ciudad bajaban a la costa sonorense los comerciantes en busca de conchas, y probablemente intercambiaban otros objetos del altiplano como cascabeles de cobre, turquesas y plumas de perico. Por otro lado, hacia el sur, en la Zona Transicional y en Sinaloa, se establecieron comunidades mesoamericanas, que hacia el año 1000 tuvieron un gran auge. Seguramente estas gentes tuvieron relaciones con los grupos de Sonora. La mayoría de los objetos arqueológicos de Sonora son de superficie, o sea que no han sido encontrados en excavaciones, por cuya causa no se conoce la asociación de los varios elementos, ni tampoco se puede asegurar su antigüedad. Sin embargo, algunos de estos hallazgos pueden compararse con otros que les son similares y que se encuentran en las regiones periféricas de Sonora, donde sí

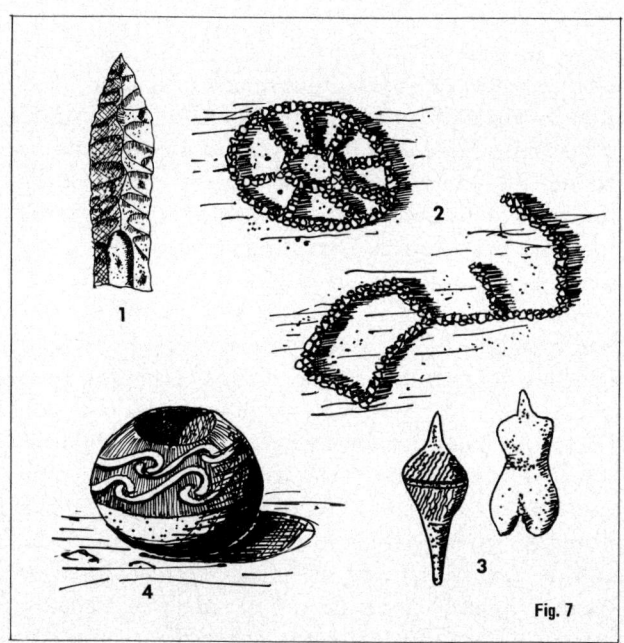

Hallazgos arqueológicos en Sonora

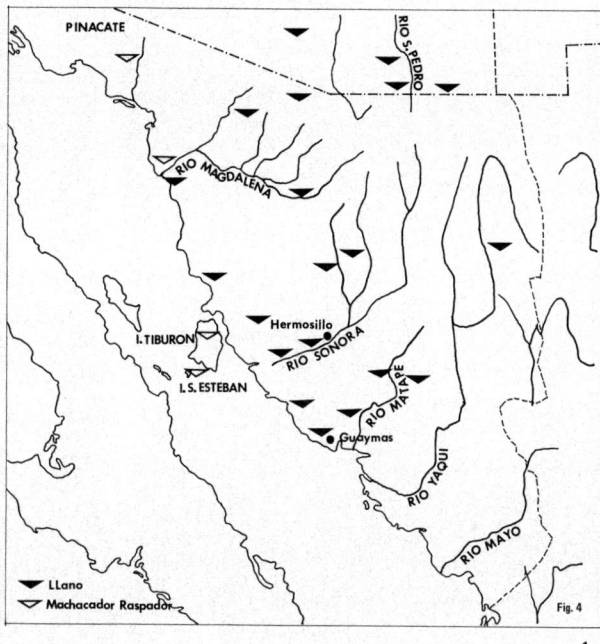

Industrias del Pleistoceno

se han encontrado en su lugar original, especialmente en Arizona, California y Chihuahua, y se han hecho estudios arqueológicos más profundos. En base a esas comparaciones se puede sugerir la siguiente evolución cultural prehistórica.

Los restos culturales más antiguos. 25000 a 6000 a.de C. (fig.4). En estas épocas y durante la era geológica del Pleistoceno se vivía en un período más húmedo y frío que el presente, de manera que la flora y la fauna eran muy diferentes. Los hoy desiertos de la zona costera de Sonora deben haber sido mucho más fértiles y permitían la existencia de animales grandes que vivían de esa flora más abundante, los cuales se extinguieron hacia 7000 a.de C. En efecto, se han encontrado en Sonora por lo menos dos tipos de cultura cuyos restos materiales (en Arizona, Nuevo México y Texas) tienen esa antigüedad y esa asociación paleontológica. La primera se caracteriza por una serie de objetos de piedra que representan lo que se llama Complejo Llano. Este incluye puntas de proyectil nombradas Clovis y otros artefactos de piedra lasqueada como grandes navajas, raspadores y núcleos poliédricos. Las Clovis están trabajadas por ambas caras y presentan una acanaladura característica a lo largo de ellas (Fig.7). Estas puntas se han encontrado en Arizona asociadas a restos de mamut y caballo, entre otros animales que vivieron hacia 9500 a.de C. Varias de estas Clovis (navajas prismáticas y núcleos poliédricos), salvo una, se han localizado en superficie en el Desierto de Sonora. El segundo tipo de cultura también se ha encontrado en las zonas más áridas del

Desierto, en el Pinacate y en las islas de Tiburón y San Esteban; está representada por artefactos de piedra (grandes y burdos machacadores y raspadores) y por curiosos diseños hechos con hiladas de piedra sobre el suelo, llamados "círculos para dormir", es decir áreas despejadas que quizá servían para descansar (Fig.7). Todos estos elementos también han aparecido al norte de Sonora, en las regiones que hoy son las más áridas de California, y aunque su edad se ha discutido porque la mayoría de los hallazgos son de superficie, pueden tener más de 20 mil años de antigüedad, en cuyo caso se trataría de una de las más antiguas culturas americanas. Un problema que atañe a este segundo complejo, que puede llamarse de Machacador-Raspador (como se conoce en Estados Unidos), es que todos esos elementos siguieron empleándose hasta más o menos 6000 a.de C., lo cual hace difícil su localización temporal. Sin embargo, sobre estas piezas de piedra aparece una pátina que es de diferente grado, lo que sugiere una temporalidad también distinta.

Culturas nomádicas recientes. 3000 a.de C. a 1700 d.de C. (Fig.5). Después de 3000 a.de C. existieron en Sonora grupos que vivieron de la caza de animales recientes (berrendos, venados, liebres) y de la recolección de toda clase de plantas silvestres, hasta los tiempos de la conquista y aun en las épocas colonial y reciente. Para los tiempos históricos se sabe que los grupos seri y guasave vivían esencialmente en esta forma, aunque también había grupos que practicando la agricultura tenían que completar su dieta con plantas silvestres y anima-

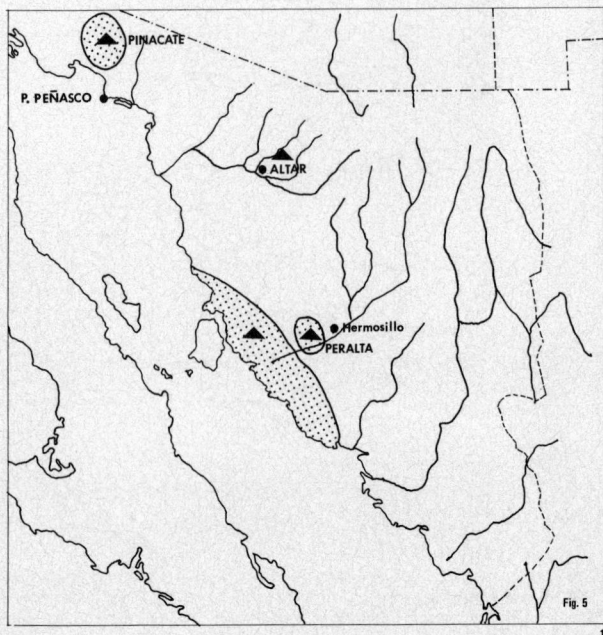

Nómadas del Reciente

les. Los hallazgos arqueológicos que típicamente se asocian a grupos nomádicos no deben incluir aquellos elementos característicos de los grupos sedentarios (restos de casas, cerámica, metates), pero como éstos también salían a cazar y recolectar, no se puede estar seguros de si los restos de campamentos (hogares, proyectiles) proceden de culturas nomádicas o agrícolas. La presencia de la cerámica, que en áreas tropicales mesoamericanas usualmente se identifica con grupos agrícolas, tampoco es diagnóstica de ello, pues los seri, que nunca han sido agrícolas, la conocieron mucho antes de la llegada de los españoles. A pesar de estas dificultades de interpretación, algunos hallazgos arqueológicos pueden corresponder efectivamente a grupos sin agricultura, precerámicos o acerámicos. También se han identificado por comparación con culturas similares en Estados Unidos, específicamente de Arizona y California. Estas culturas son: a) las de la Costa Central del Golfo, ahora habitada por los seri; b) la región del Pinacate, que en el momento de los contactos fue habitada por los pápagos areneros; y c) otros restos dispersos, entre ellos el que se nombra Complejo Peralta, localizado en la Costa de Hermosillo y otros sitios cercanos a Altar.

a) En la zona arqueológica llamada Costa Central (Fig.5) aparecen muchos sitios especialmente diseminados en las dunas a lo largo del litoral. Todos ellos pertenecen a grupos que no hicieron agricultura y que vivían esencialmente del mar. Estos restos pueden pertenecer a culturas relativamente antiguas, en particular a las que carecieron de cerá-

mica, la cual apareció hacia 700 d.de C. Los indicios de estas culturas supuestamente antiguas han sido localizados en la isla del Tiburón, en Tastiota y en Kino. Se tienen datos más precisos cuando se encuentra cerámica asociada a esos restos culturales, pero desgraciadamente los sitios a lo largo del mar han sido saqueados por todo tipo de visitantes, de manera que no es posible estar seguro de cuáles objetos corresponden a otros. Los elementos que han quedado (y que pueden no ser los únicos) son: conchas rotas o trabajadas, cantos recogidos en la playa, rocas rotas, lascas y piedras usadas para golpear, los cuales pueden ser prehistóricos, o coloniales, o seri modernos. La única diferencia es el tipo de cerámica asociada. Los otros objetos que se han obtenido en los sitios costeros, pero cuya asociación se ignora, son: figurillas de cerámica, pipas de barro y piedra, discos de tiestos, metates y manos, puntas de proyectil, cuentas de concha, pendientes de piedra y conchas de varias formas. La cerámica es el elemento más característico de esta zona y tiene el nombre popular de *Cáscara de huevo* por su extremada delgadez. Es de dos tipos, uno más antiguo que otro, aunque indudablemente relacionados, pues las diferencias formales son mínimas. La más antigua, llamada Tiburón Lisa, data de 700 d.de C., lo que se infiere de su relación con la cerámica yumana de donde originalmente procede. La forma usual es la de ollas grandes, cuya superficie puede estar decorada con estrías. La más reciente, a su vez, se llama Seri Histórica y es posterior a 1700 d.de C.; de barro más grueso, lleva desgrasante orgánico y a veces micáceo; y los bordes de las ollas pueden estar decorados con incisiones y puntos o indentaciones hechos con los dedos, pero ya no con incisiones sobre el cuerpo. La única cerámica intrusiva es la Trincheras, que a veces aparece en grandes cantidades, lo que sugiere que las gentes de Altar iban a la costa a buscar la concha, muy apreciada por ellos para hacer pulseras y otras decoraciones. Las figurillas de barro son muy esquemáticas y a veces están pintadas o decoradas con incisiones; algunas recuerdan las de ojo grano de café de Occidente y del Preclásico mesoamericano (Fig.7).

b) La región del Pinacate fue habitada después de 3000 a.de C. por grupos cuya cultura era similar a las de Arizona y California, donde se conocen con el nombre de complejos Amargosa. Tal parece que hubo un clima muy favorable, especialmente hacia 600-1200 d.de C., a juzgar por el aumento de población evidente en los sitios arqueológicos, que ahora son grandes y más estables, localizados alrededor de las tinajas. Aparecen en estas localidades metates y morteros giratorios especialmente ideados para moler la semilla del mezquite; montones de huesos y algunas cremaciones de animales como el berrendo, lo cual sugiere prácticas rituales de cierta especie y una época de caza abundante; muchos restos de concha, pero no adornos; diseños de figuras humanas en el suelo, delineadas por piedras; y múltiples tiestos, todos de importación, lo cual permite conocer la cronología y saber que tenían relaciones con grupos cercanos y alejados. La cerámica proviene del Bajo Gila (Yuma I: 600-1550-1200 d.de C.); la contemporánea Trincheras, del río Altar-Concepción; y parte de la Hohokam, del Gila medio. Después de 1200 el clima comenzó a ser más seco y difícil, pues disminuyen los sitios de ocupación y no se vuelven a usar los morteros para el mezquite, de lo que se infiere que este árbol se había extinguido. La cerámica de esta época procede del Bajo Gila (área Yumana). Después de 1400 aparecen la punta pápago de obsidiana, los morteros de escoria volcánica y los metates de superficie plana. Para 1690, cuando llegó Kino, vivían menos de 200 indígenas en el Pinacate; durante la Colonia se establecieron en Hotunikat, un área de refugio cerca de las grandes dunas. En este campamento se han encontrado paravientos de bloque de lava, puntas de flecha hechas de vidrio y cremaciones de pequeños animales. Allí permanecieron hasta 1850, cuando una epidemia de fiebre amarilla acabó con ellos.

c) Complejos Cochise en Sonora. Muchísimos sitios de campamento se han localizado en Sonora; algunos de ellos contienen ciertos artefactos que son similares a los que en Arizona y Nuevo México se llaman Complejos Cochise. De éstos sólo interesa la llamada Fase San Pedro, que tiene una antigüedad de hacia 2000 a.de C. hasta unos cuantos siglos antes de la era. La Fase San Pedro en Estados Unidos se compone de los siguientes elementos: piedras para moler (metates), con una depresión profunda y manos ovales; morteros, proyectiles retocados a presión con escotaduras laterales y anchas espigas, casas de forma oval y agujeros horadados en los pisos para almacenar alimentos; algunos (no las casas) han aparecido en localidades sonorenses, y se infiere, sin que sea absolutamente seguro, que tengan esa antigüedad. Los sitios que pueden ser de la Fase San Pedro son el Complejo Peralta de la Costa de Hermosillo y 3 localidades en la región de Altar.

Culturas Sedentarias. 200 a 1450 d.de C. Ya se indicó que sólo la agricultura permite la estabiliza-

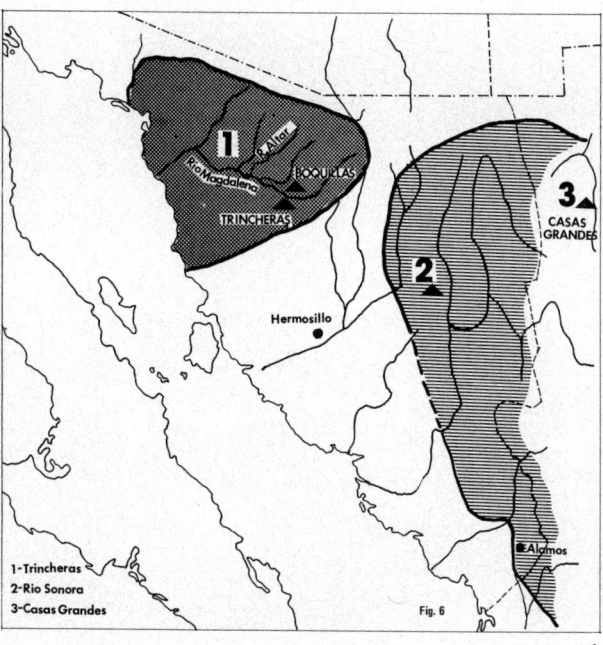

1

Culturas sedentarias

ción completa de una cultura y que los rasgos asociados a este tipo de comunidad son: restos de habitaciones (aldeas), metates y manos para moler maíz, cerámica (no siempre), canales de irrigación y restos de semillas cultivadas. Se han encontrado restos de poblados especialmente a lo largo de los ríos sonorenses, en lugares donde actualmente se puede hacer agricultura de temporal; metates y manos, aun cuando no se sabe de cierto que sirvieran para moler maíz; y cerámica, elemento común a los grupos nómadas. No se han hecho excavaciones tan amplias que permitan a ciencia cierta asociar los canales de irrigación a los restos de estas aldeas, ni tampoco han aparecido semillas de plantas cultivadas; por lo cual no puede asegurarse que estas aldeas fueron verdaderamente de grupos agrícolas. Sin embargo, algunos hallazgos parecen confirmar que sí lo son. En éstas áreas los españoles encontraron grupos agrícolas establecidos, y aunque no se han podido unir los datos escritos y los arqueológicos para lograr una continuidad histórica, es probable que sí exista tal relación. Estas culturas sedentarias arqueológicas se encuentran en la región de los ríos Magdalena-Altar-Concepción (Cultura Trincheras) y en la región del piedmont hacia el oriente (Cultura del Río Sonora) (Fig.6).

La Cultura Trincheras lleva ese nombre porque en la zona existen cerros en cuyas laderas se construyeron terrazas con retenes de piedra, que algunos viajeros de la antigüedad identificaron como trincheras defensivas. Sin embargo estas construcciones son tardías en la zona, y además aparecen en

45   45

Loberas probablemente relacionadas con la cultura Trincheras   *Hacha de garganta (Trincheras)*

muchas otras partes, tanto en Sonora como en Chihuahua. Es más útil emplear como diagnóstico de esta cultura la distribución de una cerámica decorada con diseños en rojo obscuro o púrpura (Fig.7), cuya extensión abarca la red fluvial del Magdalena-Altar-Concepción, la costa y el territorio hasta la frontera con Estados Unidos. Se supone que esta cerámica se comenzó a usar 2 o 3 siglos antes de Cristo, aunque en esa época no parece haber ocurrido ningún cambio fundamental, pues se siguió viviendo de la recolección como antaño. La cerámica fue simplemente un agregado a los complejos que se han identificado como Cochise. Sin embargo, hacia el año 800 hubo cambios que sugieren el empleo de la agricultura. La ocupación se limitó a los terrenos fluviales, abandonándose las zonas interiores áridas y la costa (salvo en la desembocadura del Concepción); aparecen metates acanalados y manos de sección triangular que en otras culturas fueron empleadas para moler maíz, y canales de irrigación que acaso tengan esa antigüedad. Los nuevos objetos muestran mayor complejidad: vasijas de piedra labrada, figurillas de cerámica, cremaciones e inhumaciones, adornos de concha en gran profusión; pero lo más importante es la evidencia de concentraciones humanas, mayores que las anteriores, donde quedan restos de cimientos de casas y y una profusión de objetos culturales. De esta época es el famoso sitio Boquillas o La Playa. Las excavaciones en Arizona demuestran que la cerámica de Trincheras era exportada hasta aquellas localidades. Hacia 1300 ocurrieron cambios profundos cuyas causas

no son conocidas: en vez de exportar cerámica, se importaban las decoradas de Arizona y Chihuahua; y se construyeron los cerros de trincheras. No se conoce bien la función de estas terrrazas, pero se ha sugerido que sirvieron para defensa, para habitación y para el cultivo. El sitio de Trincheras es de esta época.

La cultura del Río Sonora se extiende ampliamente en toda la porción del piedmont hacia el este, donde se confunde con culturas más complejas cuyos núcleos se encuentran en el río Casas Grandes, en Chihuahua. En esta zona, especialmente a lo largo del río Sonora, se encuentra la evidencia de pequeñas aldeas y cimientos de piedra de casas rectangulares que se asocian a una cerámica relativamente burda, decorada con líneas paralelas incisas muy significativas. En la porción sur de esta gran área, cerca de la ciudad de Alamos, se han llevado a cabo investigaciones que permiten saber que aquella cerámica incisa apareció hacia 700 d.de C. y que no se difundió a la zona costera. En esta parte de Sonora y probablemente hasta el siglo XVI perduraron estas pequeñas aldeas. Algunos otros elementos característicos de estos grupos son el empleo de metates planos y manos a veces con los extremos colgantes; morteros de piedra, hachas ranuradas pulidas, puntas de proyectil y pipas de codo. Algunos tiestos importados desde Sinaloa (Guasave, Tacuichamona) permiten sugerir que estas aldeas alcanzaron su mayor complejidad hacia 1050.

En la porción oriental de Sonora, en la sección

más montañosa, aparecen dos rasgos que son característicos de las culturas genéricamente llamadas de Casas Grandes: cerámicas polícromas muy bellas y complejas, y construcciones de casas dentro de las cuevas naturales (Casas Acantilados). Aquella cerámica característica penetró a Sonora, y se ha encontrado hasta Altar y el Río San Miguel. En la ciudad de Casas Grandes, donde aparecen muchos elementos mesoamericanos como el juego de pelota, los mosaicos de turquesa, las pirámides y el cobre, han aparecido, a su vez, enormes cantidades de concha, que allí se trabaja para hacer brazaletes y otros adornos. Estas conchas procedían de las costas de Sonora, y es muy posible que las cerámicas polícromas de Chihuahua, encontradas en Sonora, pertenezcan a los comerciantes que atravesaban la Sierra y bajaban a la costa. La Cultura de Casas Grandes se inició hacia 700 d.de C., pero no llegó a su auge hasta después del año 1000, siendo abandonada en 1350. Ellos hacían poblados de casas contiguas, hechas de adobe, que curiosamente no se encuentran en Sonora. *B.B.*

Bibliografía consultada. Thomas G.Bowen: "Arqueología de la Costa Central" y "Esquema de la historia de la cultura Trincheras"; Richard S.Felger: "Investigación ecológica en Sonora y localidades adyacentes en Sinaloa"; Jerry Fisch: "Los límites meridionales del Desierto de Sonora: una perspectiva física y biológica"; Julián D.Hayden: "La arqueología de la Sierra del Pinacate, Sonora"; Richard A.Pailes: "Recientes investigaciones arqueológicas en el sur de Sonora" y "Relaciones culturales prehistóricas en el noreste de Sonora"; y Manuel Robles: "Distribución de artefactos Clovis en el Estado de Sonora", en *Sonora, antropología del desierto* (en prensa), edición preparada por B.Braniff y S.Felger. Además: Roger Dunbier: *The Sonora Desert, its geography, economy and people* (Tucson, 1968); Alfred E.Johnson: *"The Trincheras Culture of Northern Sonora"*, en *American Antiquity* (29-2, 1963), y *"Archaeology of Sonora, Mexico"*, en *Hand book of Middle American Indians* (vol. 4, 1966); Paul Kirchoff: "Los recolectores-cazadores del norte de México", en *El Norte de México y el Sur de los Estados Unidos* (1943); Miguel Othon de Mendizábal: *La evolución del noroeste de México* (1930); Edward H.Spicer: *"Northwest Mexico: Introduction"*, en *Hand book of Middle American Indians* (vol. 8, 1969); Carl Saver: *"Aboriginal Population of Northwestern México"*, en *Ibero Americana* (10, 1935) y Forrest Shreve e Ira L.Wiggins: *Vegetation and Flora of the Sonoran Desert* (California, 1964).

Colonización. El actual Estado de Sonora sigue desarrollándose en base del legado cultural e histórico de las antiguas provincias de Sinaloa, Ostimuri y Sonora. Estas provincias coloniales formaron parte de una zona semiárida entre las faldas de la Sierra Madre Occidental y el Golfo de California, desde el actual Río Sinaloa en el sur hasta el Río Gila en el norte. Política y geográficamente, Sonora era parte de la frontera septentrional de la Nueva España, junto con las provincias de Alta California, Nuevo México, Coahuila y Texas. El tema sobresaliente de la colonización hispánica de Sonora es el de contacto y aculturación entre los españoles y los indígenas. La conquista de Sonora se realizó en una serie de entradas, desde las primeras exploraciones hasta el establecimiento de misiones, reales de minas, presidios, haciendas y comunidades hispánicas. A través de un ritmo de colonización relativamente lento y del crecimiento gradual de conocimientos acerca de la provincia, se desarrollaron nuevos medios de adaptación al medio ambiente, en una cultura mestiza.

Las primeras exploraciones de Sonora se emprendieron por el conquistador Nuño Beltrán de Guzmán después de la fundación en 1531 de la Villa de San Miguel de Culiacán, en el reino de la Nueva Galicia. La villa fue el punto de partida para las expediciones en busca de esclavos, minas y nuevas tierras hacia el norte y el interior. La expedición de Diego de Guzmán, en 1533, fue la primera en llegar a la región de los cahita, en el actual Estado de Sonora. Las fuerzas de Guzmán salieron de la Villa de Culiacán y pasaron por los ríos Mocorito, Petatlán (Río Sinaloa) y Zuaque (río Fuerte), para llegar a las riberas del Mayo. Fueron guiados hasta el río Yaqui, donde se encontraron con fuerte resistencia de parte de los indígenas. De ahí nació la fama de los yaqui como guerreros. Hacia 1536, Alvar Núñez Cabeza de Vaca y tres compañeros, sobrevivientes de la expedición de Pánfilo de Narváez, pasaron por las provincias costeras al norte de la Villa de Culiacán. Según su propio relato, en *Los Naufragios*, venían en paz, acompañados por varios grupos de indígenas. Traían noticias de culturas avanzadas y prósperas por las regiones al norte, lo cual dio lugar a los reinos legendarios de Quivira y Cíbola, objetos de futuras exploraciones. En 1539 fray Marcos de Niza fue comisionado por el virrey Antonio de Mendoza para explorar tierras desconocidas y averiguar las noticias de Cabeza de Vaca acerca de Cíbola y Quivira. El fraile pasó el río Petatlán y emprendió su viaje hacia el interior, acompañado por indios de Nueva Galicia y de la

misma región de Petatlán. En base al informe de
Marcos de Niza, se emprendió la gran expedición
de Francisco Vázquez de Coronado en 1540, en
búsqueda de las siete ciudades de Cíbola. Coronado
salió de la Villa de Culiacán y pasó por los valles de
Petatlán, Zuaque, Mayo y Yaqui, hacia el norte y el
interior. La expedición formuló la primera documentación acerca de los territorios y los pueblos de
Sinaloa y Sonora, en las *Relaciones* de Pedro Castañeda de Naxera[1] y de Juan de Jaramillo[2]. Fue durante esta expedición que se fundó la Villa de San
Gerónimo de los Corazones, situada tradicionalmente en la provincia de Sonora, para proteger la entrada al reino de Cíbola. Corazones fue destruida por
los indios de la región, como consecuencia de los
destrozos hechos por los vecinos de la Villa, bajo el
mando de Diego de Alcaraz. En 1563 Francisco de
Ibarra encabezó una expedición que salió de la región minera de Nueva Galicia para explorar nuevamente la tierra incógnita al norte. Fundó la Villa de
Durango en el valle de Guadiana y cruzó la sierra
por el valle de Topia, rumbo al oeste, hacia las
provincias costeras. En 1564 fundó el fuerte de San
Juan Bautista de Carapoa, por el alto río Zuaque, y
el año siguiente exploró el río Yaqui y algunos de
sus afluentes. Fue recibido en paz por los yaquis, a
quienes ayudó en una guerra con los mayos, sus
enemigos tradicionales. Durante este período de las
primeras entradas hispánicas al norte, Sonora no
fue el objeto principal de las exploraciones, sino un
territorio intermediario en el camino para llegar a
las riquezas legendarias de Cíbola y Quivira. Sin
embargo, de las primeras exploraciones por Sonora,
los españoles recabaron conocimientos acerca del
terreno, de los recursos y de la población indígena
del territorio al noroeste de Mesoamérica. Los contactos tanto pacíficos como violentos entre los españoles y los indígenas en esta primera etapa influyeron en la actitud indígena hacia los misioneros y
pobladores que colonizaron Ostimuri y Sonora a
partir del siglo XVII. Después de las primeras exploraciones, siguió la penetración gradual de los españoles en el Noroeste. Para fines del siglo XVI se
había formado una cadena de minas en el lado
oriental de la Sierra Madre (Zacatecas, Durango y
Chihuahua), mientras que por la costa occidental
los misioneros jesuitas habían avanzado hacia el
norte, desde Compostela, para iniciar la colonización de Ostimuri y Sonora.

Misiones. La misión, como una institución civilizadora, fue el arma de avance en la conquista de
Sonora, igual que en toda la frontera de Nueva
España. Su objetivo consistió en aculturar a los nativos de Sonora a la civilización europea, tal como
la representaba España en la época de la conquista.
La labor misionera comenzó con la reducción de
los indígenas (en gran parte nómadas o semi-nóma-
das) de las rancherías dispersas a la vida sedentaria
de los pueblos. El pueblo de misión fue una comunidad agraria, en la cual se introdujeron los cultivos
europeos y la ganadería, a la vez que se preservaron
los cultivos tradicionales de la región. Se implantaron en las misiones las instituciones sociales y políticas que caracterizaron a los pueblos de España. Se
nombraron entre los indígenas a gobernadores, al-
guaciles, topiles y otros funcionarios. Se regularizó
el matrimonio según los preceptos españoles, se impuso la doctrina y la moralidad cristianas, y se extendió el idioma castellano, aunque se preservaron
algunas lenguas indígenas dentro de las misiones.
Los jesuitas crearon 6 rectorados de misiones en las
provincias de Sinaloa, Ostimuri y Sonora: el de San
Felipe y Santiago, el de San Ignacio, el de San
Francisco de Borja, el de los Santos Mártires de
Japón, el de San Francisco Javier y el de Pimería
Alta. La evolución de los rectorados fue generalmente desde el sur hacia el norte, siguiendo las
cuencas de los ríos.

*Los rectorados de San Felipe y Santiago y de
San Ignacio.* Los padres jesuitas Gonzalo de Tapia
y Martín Pérez comenzaron la obra misionera en
los altos afluentes de los ríos Sinaloa, Mocorito y
Ocoroni, en la provincia de Sinaloa, a partir de
1587. En 1599, Diego Martínez de Hurdaide, capitán de Sinaloa, estableció el presidio de la Villa de
San Felipe y Santiago; y emprendió la reducción de
las tribus sinaloa, tehueco, zuaque, y ahome, a lo largo del Río Zuaque, por fuerza militar. Para 1600 se
habían establecido misiones entre estos grupos de la
familia cahita. En 1601 unos mayos visitaron las
misiones del río Zuaque y pidieron que se les mandara misioneros. La reducción de los mayo se efectuó entre 1608 y 1609, sin hostilidades. El padre
Pedro Méndez comenzó a trabajar entre los mayo a
partir de 1614. Se establecieron 3 partidos, con 6
pueblos en el valle del Mayo: Santa Cruz, Etchojoa,
Cohuirimpo, Navojoa, Tesia y Camoa. Para 1620 se
calculó que 30 mil mayos habían sido bautizados.
Adicionalmente las tribus conicari y tepahue se habían organizado en pueblos. El capitán de Hurdaide inició la reducción de los yaqui en 1609, y se
encontró con fuerte resistencia. Los yaqui no fueron vencidos; sin embargo, pidieron el cese de hostilidades y el establecimiento de misiones en su valle. Se celebró un tratado de paz entre los yaqui y
Hurdaide en 1610, y 7 años después llegaron los

45

Misión de Mátape

45

Misión de San Ignacio de Cabórica

primeros misioneros al valle del Yaqui, Andrés Pérez de Ribas y Tomás Basilio. Para 1623 se había organizado a los indígenas de 80 rancherías en 8 pueblos a lo largo del bajo río Yaqui: Cócorit, Bácum, Tórim, Vícam, Pótam, Rahum, Guíviris y Belén. Durante aproximadamente un siglo y medio las misiones de los mayo y los yaqui prosperaron en paz, fuera de la zona minera y del avance de la población española en la sierra. Fue hasta mediados del siglo XVIII que se manifestaron las presiones internas y externas que pesaban contra las misiones. La expansión del programa jesuita a Baja California, a partir de 1697, tuvo repercusiones en las misiones de Sinaloa y Ostimuri, de donde se mandaron granos y ganado a los nuevos establecimientos de la península. La expansión de la minería y de la actividad agropecuaria hispánicas por Ostimuri, durante la primera mitad del siglo XVIII, ocasionó fuertes presiones contra los pueblos, relativas a la tierra y la mano de obra indígena. La inestabilidad de las misiones se reflejaba en el decrecimiento demográfico registrado para este período, debido en parte a las epidemias y en parte a la emigración de los indios fuera de los pueblos. En 1740 estalló una sublevación de yaquis y de mayos, precipitada por aquellas presiones, por la pérdida de cosechas el año anterior y por ciertos conflictos con algunos misioneros. Los líderes de la sublevación eran indios hispanizados que habían tenido experiencia con la administración civil y militar de los españoles. El levantamiento duró un año, en forma de ataques contra los reales de minas y las haciendas.

Su supresión se logró por fuerza militar después de dos batallas, cerca del pueblo de Tecoripa y del presidio de Buenavista. La sublevación dio lugar a la emigración más acelerada de los indios fuera de los pueblos, y por consiguiente al debilitamiento de las misiones de Ostimuri.

El rectorado de San Francisco de Borja. Las misiones de este rectorado fueron pobladas principalmente por los pima bajo y por los ópata. Existía una cadena lingüística del idioma pima desde el Río Gila, en el norte, hasta los tepehuán, en el sur, la cual servía de vía de comunicaciones entre estos grupos antes y después de la entrada de los españoles. Adicionalmente, hay evidencia de presiones demográficas y de conflictos territoriales entre los pima bajo, los ópata y los yaqui, por el alto y medio río Yaqui. Los primeros contactos entre los pima bajo, o los nebome, y los españoles ocurrieron alrededor de 1540, cuando un grupo de pimas emigró hacia el sur para formar el pueblo de Bamoa, por el río Sinaloa. Los pimas de Bamoa recibieron la doctrina cristiana y se organizaron en una misión en 1591. Bamoa sirvió de núcleo y de fuente de información acerca de los españoles y la vida misional para los nebome de Sonora. En 1609 los nebome se aliaron con los mayo y los españoles en la campaña militar contra los yaqui. En 1615 salió nuevamente un grupo de pimas para Bamoa, mientras que los nebome del medio yaqui pidieron que se les mandaran misioneros. Los padres jesuitas Guzmán y Burgencio formaron las primeras misiones entre los nebome en 1619. Los españoles reconocieron una división entre los nebome bajo del medio río Yaqui y los nebome alto al este del río Yaqui, acercándose a la sierra. Se formaron los pueblos de Tecoripa, Suaqui Grande, Cumuripa y Buena Vista entre los nebome bajo, y los pueblos de Nuri, Yécora, Maicoba, Onavas y Movas entre los nebome alto. El informe[3] de Juan Ortiz Zapata, visitador general de las misiones jesuitas en 1678, da una población de 4 mil nebomes en 9 misiones. En cambio, para 1769 había 3 mil nebomes en 8 misiones y una población de 792 españoles en la región minera del medio Yaqui. Los pima bajo se aliaron con los yaqui y los mayo durante la sublevación de 1740, cuando hubo fuertes batallas cerca de Tecoripa. En fechas posteriores (1755, 1768 y 1770) los sibubapa, un grupo de nebomes bajos hacia el oeste, se aliaron con los seri en rebelión contra los españoles. La región de los pima bajo vio una temprana penetración europea y una disminución correspondiente en la población indígena de las misiones. Sin embargo, los primeros 150 años de contacto y misoneísmo fueron pacíficos. Los pima bajo se sublevaron contra los españoles sólo cuando se aliaron con otros grupos.

Los indios denominados ópatas fueron grupos agrícolas esparcidos entre los ríos Sonora, Bavispe y alto Moctezuma, en el norte, y los ríos Mátape, Moctezuma y medio Yaqui, en el sur. Los españoles identificaron a los del norte como ópata, y a los del sur como eudeve. Existía cierta diversidad lingüística dentro de la familia ópata-eudeve. Además, no había entre los ópata la organización entre rancherías que caracterizaba a los yaqui y a los mayo. Los primeros contactos entre los ópata y los españoles fueron hostiles. Se cree que la expedición de Coronado pasó por el territorio de los ópata en 1540, y se atribuye la destrucción de la Villa de Corazones a grupos de ópatas. En 1565 las fuerzas de Francisco de Ibarra lucharon contra grupos indígenas, posiblemente eudeves, en la región de Saguaripa. En 1614 se hicieron los primeros contactos entre el padre jesuita Andrés Pérez de Ribas y Sisibotari, el líder de 70 rancherías en el valle de Saguaripa. Los padres Pérez de Ribas y Pedro Méndez visitaron la región, y Sisibotari visitó la villa y las misiones alrededor de San Felipe y Santiago de Sinaloa. En 1627 el padre Méndez fue el primer misionero entre los sisibotaris. Se construyeron iglesias en Saguaripa, Arivechi y Bacanora. En 1678 había más de 3 mil eudeves y ópatas en 6 misiones, las de Saguaripa, Teopari, Onapa, Bacanora, Arivechi y Malzura. Los padres Azpilcueta y Cárdenas comenzaron las misiones entre los aibino, otro grupo eudeve del valle de Mátape, en 1629, siete años después de que el capitán de Hurdaide había intentado su reducción por fuerza. Para 1638 había 4,600 eudeves en misiones de los valles de Mátape, de Moctezuma y del alto río San Miguel. Se fundó el Colegio de Jesuitas en Mátape, el cual sirvió de centro para instruir a los indios de la región en el idioma castellano y la doctrina cristiana.

Rectorados de los Santos Mártires de Japón y de San Francisco Javier. La entrada jesuita entre los ópata del río Sonora comenzó en 1636. El padre Castaño, jesuita portugués, trabajó y convivió con los ópata de la región de Corazones. Para 1639 se habían establecido misiones en Babiácora, Acontzi, Banámichi y Sinoquipe. Pedro de Perea, capitán general de Sinaloa y Sonora, impidió el progreso de los jesuitas en el norte de Sonora, durante la década de 1640; intentó establecer la provincia de Nueva Andalucía, en Sonora, independiente de la de Sinaloa; emprendió campañas militares contra los hymeri, un grupo pima del río Magdalena al noroeste de Ures, y contra los ópata y los suma del valle de Bavispe; llevó a 5 franciscanos desde Nuevo

Misión de los Santos Reyes de Cucurpe

45

45

Francisco Eusebio Kino

45

Mapa hecho por Kino en 1701

México para crear misiones en los ríos Bavispe, alto Sonora y alto San Miguel; y murió en 1645, año en que la provincia de Sonora volvió a la jurisdicción de Sinaloa por orden del virrey. Se firmó un concordato entre los franciscanos y los jesuitas en 1650, y para 1653 la región del norte de Sonora quedó bajo la jurisdicción exclusiva de los jesuitas.[4] En 1646 éstos construyeron iglesias en Oposura y en Cumpas, en la cuenca del río Moctezuma. En 1648 el padre Jerónimo de la Canal estableció misiones en Arizpe y otros pueblos al norte de Sinoquipe, por el alto río Sonora. En la década de 1670 las misiones jesuitas se habían extendido por las márgenes de los ríos Sonora, Moctezuma y Bavispe, hasta las fronteras con los apache, suma y jumano.

En 1696 se descubrieron los inicios de una rebelión entre los ópata del río Bavispe. Los indios protestaron contra el trabajo forzado bajo el repartimiento y el secuestro de niños empleados como sirvientes de los españoles, agravios que ocurrieron como consecuencia del establecimiento de los presidios de Fronteras y de Janos. En general, la reducción de los ópata y eudeve fue rápida y pacífica. Hubo poca oposición a los jesuitas entre los ópata, y sólo un caso de rebelión después de establecerse las misiones. Después de 1680, los grupos ópata-eudeve fueron afectados significativamente por el incremento de la población española en su región y por los ataques de los apaches contra sus pueblos. Había contactos entre los ópata y los españoles fuera de las misiones, debido al descubrimiento de minas en la región, a partir de 1620. Los pueblos indígenas de Oposura, Arivechi, Saguaripa, Fronteras, Chínipa, Sinoquipe, Opodepe, Tuape, Batuc y Rebeico tuvieron poblaciones mixtas de ópatas y españoles, a la vez que muchos indios dejaron las misiones para trabajar en las minas y las haciendas. Entre 1688 y 1764 se registró una fuerte disminución en la población ópata-eudeve de las misiones, causada en parte por las epidemias y en parte por las guerras en el norte de Sonora contra los apaches.

Pimería alta. El rectorado de la Pimería alta se extendía desde los altos ríos San Miguel y Sonora hasta el río Gila, en el norte, y desde el río San Pedro, en el este, hasta el río Colorado, en el oeste. Incluía los valles de Magdalena y Santa Cruz y el desierto de Altar. Los pima alto vivían en rancherías dispersas por los valles, sin organización política entre sí. Los españoles reconocieron 4 divisiones entre los pima del norte, con variaciones cultu-

45

Misión de San Antonio de Oquitoa

rales y lingüísticas: los pima, al sur; los sobaipuri, al noreste; los pápago, al noroeste; y los soba, al oeste. Los pima del este, en los valles, vivían en rancherías más compactas, a base de agricultura irrigada. Los soba y pápago del oeste eran más bien nómadas que vivían de la recolecta en el desierto. Hubo contactos entre los pima alto y los españoles antes de las primeras entradas de los jesuitas. El real de minas de Bacanuche, en el alto río Sonora, y los pueblos de ópatas en Opodepe y Cucurpe, en el alto río San Miguel, eran núcleos de contacto en la frontera con la Pimería alta. El programa jesuita marcó un período de expansión agresiva, la cual dio lugar a conflictos más abiertos entre los misioneros, los vecinos y las autoridades civil y militar. Durante este mismo período fue más difícil mantener las misiones, debido a la disminución en el subsidio real. La reducción de la Pimería alta se inició en 1687 con la llegada a Sonora del misionero y explorador, el padre Eusebio Francisco Kino. Kino trabajó solo en la región durante 6 años, viajando entre varias rancherías a fin de crear la demanda para nuevas misiones. Dolores de Cosari, por el alto río San Miguel, fue la primera misión de Kino en la Pimería alta y la base para el avance hacia el norte. En 1693 llegaron dos misioneros más a la Pimería alta: Agustín Campos, asignado a la misión de San Ignacio, y Daniel Januske, a la misión de Tubutama. Se hicieron los primeros contactos con los sobas en la región de Caborca. El padre Saeta estableció la misión de Caborca en 1694. Fueron factores de prosperidad las huertas, los cultivos y las

manadas de ganado de las misiones de Dolores, Cocóspera, San Ignacio y Tubutama. El desarrollo de las misiones de la Pimería alta padeció una crisis el año siguiente, a causa de la rebelión de los indios de Tubutama y el asesinato del padre Saeta. La rebelión de Tubutama devino en guerra después de que una fuerza de españoles y seris tepocas mataron a líderes pimas reunidos por el padre Kino en El Tupo para negociar un acuerdo de paz. En represalia, los pimas destruyeron iglesias en Tubutama, Caborca, Imuris y San Ignacio, y luego se dispersaron. El término de la rebelión demostró, por un lado, la fuerza militar de los españoles y, por otro, la división entre los religiosos y los militares. En consecuencia surgieron entre los pima distintas facciones a favor y en contra de los españoles. En 1696 los jesuitas comenzaron a reconstruir las misiones del área atacada en los valles de Magdalena y de Altar. Kino inició las entradas entre los sobaipuri del río San Pedro, al noreste, y los pima de Bac, del río Santa Cruz; mandó primero manadas de ganado, a fin de establecer los medios de subsistencia para las futuras misiones; viajó por los valles, creando altares al aire libre y predicando acerca de la vida y la doctrina cristiana; y organizó a los líderes de los sobaipuri para pedir que se mandaran misioneros a sus rancherías. Sin embargo, nunca se logró establecer misiones entre los sobaipuri del San Pedro, en la frontera con los apache. Los ataques de éstos y de los jocome aumentaron hasta forzar el abandono de las rancherías del San Pedro. En 1762 los últimos grupos que se habían quedado en el San Pedro se incorporaron en los pueblos de los valles del Santa Cruz y del Gila. Entre 1696 y 1711, año en que murió, Kino siguió trabajando en la expansión del programa jesuita hacia el oeste, entre los pápagos del desierto de Altar, a la vez que continuó la reconstrucción de las misiones entre Caborca y San Ignacio.

En el período de 1711 a 1732 hubo mayor oposición a las misiones de parte de los vecinos particulares y de las autoridades civil y militar. Se presionó para que se aplicara a los pima alto el repartimiento de trabajo y el tributo. Los jesuitas no pudieron llevar a cabo los primeros avances hechos por Kino entre los sobaipuri y los pápago, y los indios comenzaron a abandonar los pueblos que no tenían misioneros residentes. El informe que hizo Juan Mateo Manje, alcalde mayor de Sonora en el Real de San Juan Bautista, en 1706, es ilustrativo de la oposición a las misiones. Manje propuso terminar este sistema con el fin de distribuir las tierras comunales entre los indios, secularizar las misiones

45

Misión de Cocóspera

45

Misión de Nuestra Señora de la Asunción de Opodepe

y conseguir mano de obra indígena para las minas y las haciendas a través del repartimiento. Después de 1732 los jesuitas emprendieron una nueva época de expansión hacia el norte, a lo largo del río Santa Cruz. Se iniciaron nuevas exploraciones durante este período. El padre Keller abrió nuevos caminos hacia la tierra de los moqui, al noreste, y el padre Sedelmayr exploró los ríos Gila y Colorado. A mediados del siglo XVIII no había un centro de población hispánica de tamaño significativo en la Pimería alta, y las misiones de la región siguieron amenazadas por los ataques de los apache.

En 1751 ocurrió la segunda rebelión de los pima alto, encabezada por Luis Oacpicagigua, jefe del pueblo de Saric. Los sublevados atacaron las misiones de Tubutama, Caborca y Sonoita. Los misioneros Tello y Ruhen, de Caborca y Sonoita, fueron asesinados. La rebelión se extendió al río Magdalena, alrededor de San Ignacio, pero su apoyo mayor fue entre los pima del oeste, en el valle del Altar. El fin de la sublevación se logró por medio de la fuerza y de la negociación, bajo el mando del capitán Parrilla, gobernador de Sonora. La rebelión causó una crisis entre los jesuitas, la cual no fue superada hasta su expulsión, en 1767. En general, a pesar de las rebeliones de 1695 y 1751, la actitud entre los pima alto fue receptiva a los misioneros. Sin embargo, el programa jesuita no se extendió a toda la región, en contraste con la reducción de los mayo y los yaqui, los ópata y los pima bajo. Los pápago del oeste, los sobaipuri del este y los pima del alto río Santa Cruz y del río Gila, permanecieron fuera del sistema de misiones jesuitas.

El grado de aculturación fue distinto entre diferentes grupos de los pima alto, debido al avance lento e irregular de los jesuitas en la región y a los contactos limitados con otros elementos de la cultura hispánica. Durante la época jesuita, solamente los indios del sur de la Pimería alta, en los altos ríos San Miguel y Sonora, experimentaron el trabajo forzado en las minas y las haciendas. La penetración gradual de los españoles en la Pimería alta desde el sur, y la agresión de los apache-jocome desde el este, ocasionaron cambios en la distribución de los pima alto. Hubo cierta concentración de población indígena en la parte central de la región, debido al abandono de las rancherías del río San Pedro y a la migración de algunos pápagos hacia los pueblos del río Santa Cruz.

Los seri. La tribu seri, compuesta por bandas de indios nómadas en la costa del Golfo de California, entró parcialmente en el sistema de misiones. Los jesuitas intentaron incorporarlos en las misiones del río San Miguel. En 1679 el padre Fernández logró reducir a un grupo de seris en la misión de Santa María de Pópulo. La misión se desarrolló en paz durante 4 años. En 1683, después de una epidemia y el traslado del padre Fernández a otra parte, los seris de Pópulo comenzaron a abandonar la misión. En 1685 el padre Kino visitó a los seris en la costa, cerca de la Isla Tiburón. El padre Adam Gilg estableció nuevamente la misión de Pópulo en 1688. Para mediados del siglo XVIII ciertos grupos de seris se habían concentrado en las misiones de Pó-

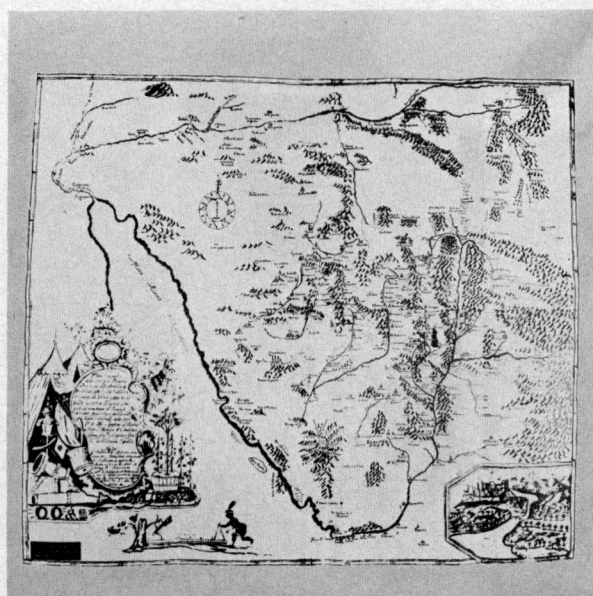

Mapa de Juan Nentwig (1972)

pulo, Nacameri y Los Angeles, por el bajo río San Miguel, donde se mezclaron con los pima. En 1748 se trasladó el presidio de Pitic a la región de Pópulo, y las tierras de la misión se distribuyeron entre los vecinos del presidio. Después de una protesta de los indios pimas y seris de la misión, el gobernador Ortiz Parrilla ordenó la detención de 80 familias indígenas y la deportación de las mujeres hacia varios lugares de Nueva España. A consecuencia de esta agresión, se iniciaron hostilidades entre los españoles y los seri que continuaron hasta después de independizarse México de España. Los seri volvieron a la vida nómada y, desde sus refugios en el Cerro Prieto y los cerros de Bacoatzi, atacaron las poblaciones españolas de toda la región al oeste del río San Miguel. Con la rendición gradual de las familias refugiadas, se intentó de nuevo reducir a los seri a la vida sedentaria. El gobernador Pedro de Corbalán estableció la Villa de Seris, por el bajo río Sonora, enfrente del presidio de Pitic. Se construyó una acequia y se distribuyeron tierras entre los indios de la villa; pero la comunidad no duró, y en 1793 las tierras de la villa se distribuyeron entre los vecinos de Pitic.

Expulsión de los jesuitas. En 1767 la Compañía de Jesús fue expulsada de todos los dominios de España, y en ese mismo años se cerró la época jesuita en las provincias de Sinaloa, Ostimuri y Sonora. Los franciscanos del Colegio de Santa Cruz de Querétaro llegaron a las misiones de Sonora en 1768, para mantener las ya establecidas. Las temporalidades de las misiones quedaron en manos de comisionados reales hasta que el visitador general José de Gálvez, en 1771, dispuso que se entregaran a los frailes. Se ordenó la secularización de las misiones de Sinaloa y Ostimuri. Se aceleró el abandono de las misiones del Mayo y del Yaqui, durante este período, debido en parte a la falta de sacerdotes para atender a los pueblos y en parte al despojo de los bienes comunales. Las misiones del río Mayo se vieron afectadas por unas inundaciones severas en 1770. Se ordenó en 1772 la exacción del tributo a los indios de Ostimuri y la distribución de tierras en parcelas individuales. Estas medidas no se llevaron a cabo, debido en parte al temor que los españoles tenían a la fuerza de los yaqui, confirmada en la sublevación de 1740. Los franciscanos, en la Pimería alta, concentraron su trabajo en las misiones del río Santa Cruz, principalmente en San Javier del Bac y en Tumacácori. Siguieron activas las misiones de Magdalena, San Ignacio, Tubutama, Oquitoa, Cocóspera y Caborca, pero con una población indígena reducida. Las misiones de la Pimería alta estuvieron en defensa continua contra los ataques de los apache. Los franciscanos intentaron avanzar la frontera de las misiones hacia el norte. Los frailes Garcés y Eixarch exploraron las regiones de los ríos Gila y Colorado al noroeste de la Pimería alta, con el propósito de establecer nuevas misiones entre los yuma en 1779, en pueblos mixtos de españoles y de indios que fueron destruidos en la sublevación de los yuma de 1781.

Organización política. Las provincias de Sinaloa, Ostimuri y Sonora correspondían al Gobierno de Nueva Vizcaya, establecido en 1563 con sede en Durango, hasta separarse el gobierno de Sinaloa y Sonora en 1734. Las provincias del Noroeste permanecieron bajo la jurisdicción de la Audiencia de Guadalajara, creada en 1573, hasta finalizar el período colonial. A partir de 1734 el gobierno de San Felipe y Santiago de Sinaloa incluía la provincia de Culiacán y las alcaldías mayores de El Rosario, Copalá, San Benito, Sinaloa, Ostimuri y Sonora. La capital estuvo primero en la villa de Sinaloa; sin embargo, los gobernadores tendían a residir en los centros de población española más al norte de San Juan Bautista: Pitic, Alamos y San Miguel de Horcasitas. En 1768 se creó la Intendencia de Sonora, con sede en Arizpe y de modo experimental. La Intendencia de Arizpe se estableció oficialmente en 1788, después de extenderse el sistema de intendencias por toda Nueva España. La primera alcaldía mayor de Sonora se erigió en el real de minas de San Juan Bautista. Los alcaldes mayores fueron nombrados por el gobernador de Nueva Vizcaya

45

Misiones de Tubutama y Nuestra Señora de la Concepción en Caborca

hasta 1734, y después por el gobernador de Sinaloa y Sonora. Con la creación de las intendencias, las alcaldías mayores se convirtieron en partidos administrados por subdelegados.

La administración política de Sonora estuvo más estrechamente unida con el mando militar después de establecerse las Comandancias Generales de las Provincias Internas en 1776. Se crearon las comandancias generales por toda la frontera septentrional de Nueva España en defensa contra las incursiones de extranjeros y de indios no reducidos u hostiles. Entre 1776 y el fin de la época colonial hubo varios cambios en la división de las comandancias generales, con una mezcla de jurisdicciones entre los comandantes y los intendentes. Para 1811 (por una orden de 1804) se fijó una división entre las Comandancias del Occidente y del Oriente. Sonora y Sinaloa correspondían a las Provincias Internas del Occidente, en las cuales el comandante asumió las funciones del intendente.

Organización eclesiástica. Las provincias de Nueva Vizcaya, Sonora, Sinaloa y Nuevo México pertenecieron al Obispado de Durango (Guadiana, creado en 1620) hasta 1780, cuando se estableció el Obispado de Sonora con jurisdicción sobre las provincias de Sonora, Sinaloa y Baja y Alta California.

El presidio representó la fuerza militar de España en Sonora, al igual que en toda la frontera de Nueva España; como un centro de población española, sirvió también de núcleo de colonización y de aculturación, y era un mercado para los productos de las misiones. Los indios reducidos tuvieron contactos con los vecinos de los presidios cuando fueron reclutados para trabajar y para las campañas contra los apache y otros grupos sublevados o nómadas. Adicionalmente, el presidio funcionó como una colonia agrícola. La población del presidio incluyó a los soldados y a sus familias. El sueldo de los soldados se complementó con una dotación de tierras para sembrar y para construir sus casas, a la manera de colonos. El presidio contribuyó también al proceso de mestizaje, debido a los matrimonios y a las uniones entre los soldados españoles y las mujeres indígenas. Las provincias de Ostimuri y Sonora dependieron de los presidios de San Felipe y Santiago, de Sinaloa, y de Montesclaros, del río Zuaque, durante casi el primer siglo de colonización y expansión misionera. Se estableció el presidio de Fronteras, en Santa Rosa de Corodéguatzi, del alto río Bavispe, en 1692. Se organizó la Compañía Volante de Sonora en 1696, una milicia para la defensa contra los indios no reducidos u hostiles. Se fundó la Compañía Presidial de San Carlos de Buenavista, en el bajo río Yaqui, después de la sublevación de 1740. Se estableció el presidio militar de Gracia Real de Terrenate, en el alto río San Pedro, en 1742, cambiado a Santa Cruz en 1775. En 1742 se creó otro en la hacienda de Pitic, propiedad del gobernador y capitán general Agustín de Vildósola, en el sitio de la actual ciudad de Hermosillo, capital de Sonora, en vista de la necesidad de mantener una compañía militar en el territorio de los seri y los pima. Después de trasladarse a San Miguel de Horcasitas en 1748, se mantuvieron divi-

473

siones militares temporalmente en Pitic. El presidio de Horcasitas siguió en operación, debido en parte a las guerras continuas con los seri durante la segunda mitad del siglo XVIII. El presidio de Altar se fundó durante el mismo período en la Pimería alta; y el militar de Tubac, en el río Santa Cruz, en 1762, después de la sublevación de los pima alto en 1751; en 1775 fue cambiado al pueblo de Tucson, cerca de la misión de San Javier del Bac.

La minería de plata y oro comenzó a principios del siglo XVII en las cordilleras de las provincias de Nueva Vizcaya. En la década de 1630 se establecieron los reales de Parral y Santa Bárbara, en Chihuahua, para los cuales se consiguió mano de obra fuera de la zona. Hay evidencia de que indios de las tribus acaxee, xixime y ópata, de las provincias de Sinaloa, Ostimuri y Sonora, trabajaron en las minas de Parral en el curso de esa centuria. En Ostimuri se descubrieron vetas de plata en San Miguel (1666) y en San Marcos (1668), por el alto río Yaqui. Los reales de San Ildefonso, San Nicolás, San Francisco de Asís, San Ignacio, Tacupeto, Bacanora y San Marcos siguieron productivos hasta fines del siglo. En 1686 se fundaron los reales de Los Alamos y Guadalupe, en las serranías entre los ríos Mayo y Fuerte. Las minas de la región, considerada entonces parte de la provincia de Sinaloa, siguieron activas durante más de dos siglos. Alamos se convirtió en una ciudad y en centro de cultura y riqueza, y fue la residencia de gobernadores y de obispos, después de crearse la diócesis de Sonora en 1780. El real de minas San Juan Bautista, situado entre el alto río Sonora y el río Moctezuma, fue el centro principal de producción de plata y la capital de la provincia de Sonora, a partir de 1657. Dejó de funcionar el siglo siguiente, y los últimos moradores se trasladaron al presidio de San Miguel de Horcasitas hacia 1750. El real de Bacanuche, al norte de Arizpe, en la margen de un afluente del río Sonora, se fundó alrededor de 1650. Fue un centro minero activo y próspero durante la época del padre Kino. Para la década de 1760, según el informe del padre jesuita Juan Nentvig, el real de Bacanuche había dejado de funcionar y estaba prácticamente abandonado. El mismo padre Nentvig hace mención de los reales de Santísima Trinidad, fundado en 1754, y de San Antonio de la Huerta, en 1759, en la cuenca media del Yaqui, así como del real y fundición de Todos Santos, cerca de la confluencia de los ríos Moctezuma y Yaqui. En 1771 se descubrieron ricos placeres de oro en Cieneguilla, al sur del valle del Altar. Las minas de Cieneguilla y de San Antonio de la Huerta contribuyeron

sustancialmente a los ingresos reales hasta fines del siglo, y fueron motivo de mayores esfuerzos para mantener la paz durante este período. Cieneguilla se convirtió pronto en un centro de población española en la Pimería alta.

Fin de la época colonial. Surgió un nuevo esfuerzo expansionista en la frontera septentrional de Nueva España durante las últimas décadas del siglo XVIII. José de Gálvez, visitador general del rey en Nueva España entre 1765 y 1771, dedicó gran parte de su trabajo a la fortificación de la frontera entre Texas y Sonora y al desarrollo de las Californias. De igual manera, la inspección de los presidios, hecha por el marqués de Rubí de 1766 a 1768, originó el Reglamento de 1772 por el cual se estableció una nueva línea de presidios más al norte, en anticipación de la colonización de los ríos Gila y Colorado. La expedición militar de Domingo Elizondo contra los seri y pima sublevados en el centro de Sonora, entre 1768 y 1771, consiguió temporalmente la paz necesaria para emprender desde Sonora nuevas colonizaciones hacia el norte. El objetivo principal de estas medidas fue el de fortalecer y unir toda la frontera septentrional. Un paso importante se logró con las expediciones encabezadas por Juan Bautista de Anza, entre 1774 y 1776, que abrieron una ruta por tierra entre Sonora y Alta California, con base en las exploraciones previas de fray Garcés, e hicieron posible la fundación de la misión y el presidio militar de San Francisco. La expedición que fundó San Francisco se formó con soldados y colonos de las provincias de Sonora y Sinaloa, y salió del presidio de San Miguel de Horcasitas en 1775. La sublevación de los yuma en 1781 cerró la ruta abierta por Anza, y con ese hecho concluyó esta época expansionista en la frontera. *C.R. de M.*

Notas: 1.*Relación de la Jornada de Cíbola efectuada en 1540 donde se trata de todos aquellos poblados, ritos y costumbres*. 2.*Relación de la Jornada a nuevas tierras de la Nueva España y el Descubrimiento de Cíbola*. 3.*Relación de las misiones que la Compañía tiene en el Reyno y Provincia de la Nueva España, echa el año de 1678 con ocasión de la visita general dellas que por orden del Padre Provincial Thomas Altamirano hizo el P.Visitador Juan Ortiz Zapata de la misma Compañía* en Legajo Misiones 26, ff. 241-169, AGN, México; publicada en *Documentos para la Historia de México* (4a. serie, I, 301-419). Y 4.Charles W.Polzer: *The Franciscan Entrada into Sonora, 1645-1652, A Jesuit Chronicle*, en *Arizona and the West* (vol. XIV, pp.253-278, 1972). v.Roberto Acosta: *Apuntes históricos sonorenses, la conquista temporal y espiritual del Yaqui y del Mayo* (1949); Francisco Javier Alegre, S.J.: *Historia de la provincia de la Compañía de Jesús de Nueva España* (tomo IV, libros 9-10, Ernest J.Burrus, S.J., y Félix Zubillaga, S.J., eds., Rome, *Institutum Historicum*

26

Región del río Mayo

S.J., 1960); John Francis Bannon: *Bolton and the Spanish Borderlands*, (Norman, 1964); Herbert Eugene Bolton: *Anza's California Expeditions* (Berkeley, 1930); Charles Edward Chapman: *The Founding of Spanish California. The northwestward expansion of New Spain, 1687-1783* (Nueva York, 1916); Gerard Decorme: *La obra de los Jesuitas mexicanos durante la época colonial, 1572-1767* (1941); Peter Masten Dunne, S.J.: *Juan Antonio Balthasar, Padre Visitador to the Sonora Frontier, 1744-1745.* (Tucson, 1957); Luis Navarro García: *La sublevación yaqui de 1740* (Sevilla, 1966); y *Sonora y Sinaloa en el Siglo XVII* (Sevilla, 1967); Juan Nentvig: *Descripción geográfica, natural y curiosa de la Provincia de Sonora, por un amigo de el Servicio de Dios, y de el Rey Nuestro Señor* (1971); Andrés Pérez de Ribas: *Historia de los triunfos de nuestra santa fe entre gentes las más bárbaras y fieras del Nuevo Orbe* (Madrid, 1645); Carl Sauer: *The Distribution of Aboriginal Tribes and Languages in Northwestern Mexico* (Berkeley, 1934); y Edward H.Spicer: *Cycles of Conquest, The Impact of Spain, México, and the United States on the Indians of the Southwest, 1533-1960* (Tucson, 1962).

Epoca independiente. En septiembre de 1810, al estallar la revolución de Independencia, era comandante general de las Provincias Internas de Occidente (Nueva Vizcaya, Nuevo México y Sonora y Sinaloa) el brigadier Nemesio Salcedo y Salcedo; gobernador de la Intendencia de Arizpe (Sonora y Sinaloa) el coronel Alejo García Conde, el 20 de mayo de 1809 había jurado adhesión a Fernando VII y a la Junta Suprema y Gubernativa de Indias. Así el 27 de noviembre de 1810 condenó la insurrección y declaró estar presto a la defensa del territorio. El 13 de diciembre, en Guadalajara, Miguel Hidalgo extendió despacho de teniente coronel al campesino jalisciense José María González Hermosillo, lo

comisionó para que propagara la insurgencia en el noroeste y le asignó como segundo a José Antonio López, alférez de la compañía de caballería de la primera división del sur. La campaña militar de ese jefe sólo duró del 18 de diciembre de 1810 al 8 de febrero de 1811, y en honor suyo se le puso el nombre de Hermosillo a la capital de Sonora, el 5 de septiembre de 1828. Otro brote de rebelión fue encabezado por el indígena ópata Apolonio o Antonio García, en marzo de 1811, pero fue sometido en los primeros días del mes siguiente. En 1817, el ya entonces brigadier Alejo García Conde fue promovido a la Comandancia General de las Provincias Internas de Occidente. El gobierno de la Intendencia lo había dejado al brigadier Antonio Cordero desde 1813. El 16 de julio de 1821 se adhirió al *Plan de Iguala* el coronel Fermín Tarbé, comandante militar del mineral del Rosario, quien asumió la jefatura política del Distrito Independiente de la Intendencia de Arizpe. García Conde, a su vez, en junta de autoridades celebrada en la villa de Chihuahua el 4 de agosto, rompió sus vínculos con el poder virreinal; el día 26 se sumó al *Plan de Iguala* y el 9 de septiembre la Diputación Provincial, con asiento en la ciudad de Durango, proclamó la Independencia. Al instaurarse la Regencia, la provincia de Sonora y Sinaloa quedó gobernada por la Diputación que se integró en Arizpe (22 de febrero de 1822), bajo la presidencia de fray Bernardo del Espíritu Santo, obispo de Sonora. El 21 de julio de 1823 el Supremo Congreso dividió en dos la entidad del noroeste: Sonora, con capital en el pueblo de Ures; y Sinaloa, con la sede de los poderes en la ciudad de Culiacán, el coronel Mariano Urrea quedó al frente de la administración de Sonora. El Acta Constitutiva de la federación (31 de enero de 1824) erigió el Estado Unido de Occidente (Sonora y Sinaloa), con capital en la villa de El Fuerte y dividido en 5 departamentos: San Sebastián (partidos de su nombre, Rosario y San Ignacio Piaxtla), Culiacán (partido de su nombre y Cosalá), El Fuerte (partido de su nombre, Sinaloa y Alamos), Horcasitas (más Ostimuri y Pitic) y Arizpe (más Oposura y Altar). El Congreso constituyente se instaló el 12 de septiembre de 1824, integrado por 11 representantes, 5 de ellos de Sonora. El gobierno federal había designado gobernador provisional de Occidente al teniente coronel Simón Elías González, a quien no reconoció Urrea. El Congreso local, al instalarse, designó para ese cargo a Juan Miguel Riesgo. Los ayuntamientos iniciaron sus funciones el 1° de enero de 1825. La Constitución se promulgó el 2 de noviembre de ese año; el 4 de marzo de 1826 se instaló la primera Legislatura y el 1° de abril protestó como gobernador Simón Elías González, quien era a la vez comandante militar del Estado. A causa de esta doble investidura, impugnada por el Congreso, presentó su dimisión en agosto y entregó el poder al vicegobernador Francisco Iriarte. La proposición del diputado Ignacio Verdugo en el sentido de dividir al Estado y la controversia que se suscitó con ese motivo, produjeron las siguientes consecuencias: el traslado de los supremos poderes de Occidente al pueblo de Cosalá (septiembre de 1826); la elección del mineral de Alamos como capital del Estado (26 de octubre); la inhabilitación del gobernador Iriarte (día 28) y el nombramiento de José María Gaxiola para sustituirlo. Debido a esto último, en agosto de 1829 estuvo a punto de iniciarse una guerra civil evitada por la intervención del comandante José Figueroa. El Congreso repuso al vicegobernador. En 1826 y 1829 se sublevaron los yaquis, encabezados por Juan Ignacio Jusacamea o Juan de la Bandera; la primera vez instigados por los misioneros españoles, inconformes con el sistema de gobierno establecido; y la segunda como resultado de las diferencias entre Jusacamea y José María Madrid por el control de la tribu. Ambas concluyeron con la capitulación e indulto de los alzados.

El 1° de abril de 1830 tomó posesión como gobernador Francisco Escobosa; renunció el 25 de mayo y lo sucedió Leonardo Escalante. Mientras tanto, el proyecto para dividir la entidad había prosperado: el 3 de agosto de ese año la Diputación se mostró conforme y el 14 de octubre el Congreso federal expidió la ley constitutiva de los estados de Sonora y Sinaloa. Conforme a ésta, Escalante convocó (8 de diciembre) a los respectivos Constituyentes. Al Estado de Sinaloa le correspondieron los departamentos de San Sebastián, Culiacán y El Fuerte; y al de Sonora los de Arizpe y Horcasitas. Una comisión revisora se encargó del reparto de los archivos y otros bienes. El 13 de marzo de 1831 se instaló en Hermosillo el Congreso de Sonora, integrado por 9 representantes de los partidos de Guadalupe de Altar, Arizpe, Oposura, Horcasitas, Hermosillo y Salvación, comprendiendo este último la región del Yaqui y Ostimuri (Sahuaripa). Al siguiente día se designó gobernador provisional a Escalante, pero como éste andaba ocupado en asuntos del desaparecido Estado Unido de Occidente, lo suplió el diputado Tomás de Escalante, quien tomó posesión el 15. El 4 de agosto se formó la primera sala del Tribunal de Justicia y quedaron así establecidos los 3 poderes. La Constitución se promulgó el 7 de diciembre; el 1° de abril de 1832 tomó posesión el gobernador Manuel Escalante; y el día 13 siguiente la primera Legislatura eligió como capital a la ciudad de Arizpe, a donde se trasladó el gobierno en mayo. Una nueva sublevación de los yaquis, esta vez aliados a los ópatas, obligó al gobernador a salir a campaña, del 9 de agosto al 7 de diciembre, a cuyo término se fusiló a Jusacamea y a su segundo, Dolores Gutiérrez, en la plaza de Arizpe, el 9 de enero de 1833.

El derrocamiento del presidente Gómez Farías y la vuelta de Santa Anna al poder (1834) provocaron la disolución del Congreso local y el nombramiento de Manuel María Gándara como gobernador y de Leonardo Escalante como su suplente. El nuevo Congreso se mudó a Hermosillo y entregó los mandos político y militar a Escalante. A causa de estos hechos, el vecindario de Arizpe y la mayoría de los pueblos del Estado desconocieron a la Legislatura y el 3 de septiembre volvió Gándara al gobierno.

Conforme a la ley del 3 de octubre de 1835, los estados se convirtieron en departamentos; los gobernadores continuaron en sus puestos, aunque sujetos al gobierno nacional; se disolvieron las legislaturas y en cada entidad se formó una Junta Departamental compuesta de 5 personas. La de Sonora la integraron José Lucas Picó, Luis de Noriega, Pablo Valencia, Luciano del Rincón y Juan Elías González. El 20 de marzo de 1837 este organismo dividió el Departamento en 4 distritos y creó otras tantas prefecturas: Arizpe, Horcasitas, Hermosillo y Loreto de Baroyeca. Siete días después la Junta tuvo ya un carácter constitucional, en virtud de la Ley de Bases; el poder ejecutivo recayó en Rafael Elías González, primer vocal; y éste, por decreto del 11 de abril y con apoyo en la Sexta Ley, creó 2 ayuntamientos, uno en la capital (Arizpe) y otro en Hermosillo.

En esa época los apaches, comandados por Tutijé, tenían asolado el territorio. El gobierno del centro, ocupado en sostenerse, no sólo no prestaba ayuda a Sonora sino que retiraba de la entidad los recursos que ésta podría utilizar en su defensa. Esta situación provocó los pronunciamientos de Alamos, Hermosillo, Arizpe y Ures que culminaron el 26 de diciembre de 1837, cuando Sonora recuperó su carácter de Estado libre, soberano e independiente. Este plan estuvo organizado por el gobernador Gándara y el comandante militar José Urrea. El Congreso extraordinario que debía legalizar estas acciones se instaló el 14 de mayo de 1838, bajo la presidencia de Manuel Escalante y Arvizu. Ante él protestaron como gobernador y vicegobernador electos, Urrea y Leonardo Escalante. Este último asumió el poder ejecutivo por licencia concedida a Urrea, quien salió a luchar por el federalismo en Sinaloa. El 28 de mayo, habiéndose dictado la Ley orgánica para el gobierno provisional, la asamblea clausuró sus sesiones. Sin embargo, Manuel María Gándara promovió la contrarrevolución centralista y se adueñó de la administración pública.

A principios de 1840, aduciendo razones estratégicas, trasladó la capital a Ures, por cuya causa hubo pronunciamientos en Cucurpe (diciembre) y Arizpe (enero de 1841). En marzo de 1842 el gobierno central nombró gobernador y comandante militar al general Urrea, con instrucciones de hacerle la guerra. Gándara trató de impedir el arribo de Urrea a Ures, mientras un agente suyo, el coronel Juan Bautista Gándara, insurreccionaba a las tribus yaqui, mayo, ópata y pima. Los indígenas saquearon Hermosillo (julio de 1842) y Guaymas (septiembre de 1843); mataron en Ures a Pedro B. Aguayo, presidente de la Junta Departamental (17 de septiembre de 1843), cuyo cadáver arrastraron; y capturaron a 73 vecinos de Mátape (21 de noviembre), a quienes llevaron a Opodepe. En este lugar las fuerzas de Urrea derrotaron a las de Gándara (día 28). En mayo de 1844 llegó a Guaymas el general Francisco Ponce de León para hacerse cargo de los mundos político y militar del Departamento. En agosto siguiente ocupó la Isla Tiburón, con el doble objeto de expulsar de ella a los seris y facilitar la comunicación con California. Tomó po-

45

Torre de la catedral de Alamos

sesión del territorio insular, a nombre del gobierno de México, Tomás Espence, capitán del puerto de Guaymas, el 18 de agosto de 1844. Desde entonces forma parte de Sonora. El 28 de diciembre de 1844 Ponce de León reintegró el poder a Urrea, quien lo ejerció hasta el 10 de abril de 1845. Lo sustituyó el coronel Francisco Andrade.

El 22 de agosto de 1846 se restableció para todo el país la vigencia de la Constitución Federal de 1824; cesaron las asambleas departamentales; volvieron a erigirse los Estados y los gobernadores continuaron en sus puestos. Estas novedades se conocieron en Sonora el 18 de septiembre y volvió a regir la Constitución local de 1831. Para entonces Andrade había sido sustituido por el licenciado José María Gaxiola y éste por el coronel Fernando Cuesta (24 de febrero de 1846), quien a pesar de su filiación conservadora convocó a elecciones para integrar el Congreso. La asamblea se instaló el 3 de enero de 1847; eligió gobernador a Manuel María Gándara, que estaba ausente, y vicegobernador a Luis Redonde, quien se encargó del ejecutivo; y el 10 de febrero declaró a Ures ciudad y capital del Estado.

La invasión norteamericana a territorio sonoren-

45

Zona desértica de Sonora

se se inició el 16 de octubre de 1847; ese día fondearon en la bahía exterior de Guaymas las fragatas *Congress* y *Portsmouth*; el comandante F.A.T. Lavallette intimó la rendición de la plaza; el coronel Antonio Campuzano rechazó la demanda, pero evacuó la ciudad, y ésta fue ocupada por el enemigo, hasta el 28 de abril de 1848, en que se conoció el *Tratado de Guadalupe Hidalgo*. Como consecuencia de la anexión a Estados Unidos de Alta California y Nuevo México, aumentaron las incursiones de los apaches en territorio de Sonora y Chihuahua. Se despobló la zona fronteriza. En abril de 1849 el gobernador José de Aguilar organizó una campaña contra los indios, pero tuvo que suspenderla porque los auxilios de la federación nunca llegaron. El 23 de febrero de 1850 los seris asaltaron un convoy en el camino de Guaymas a Hermosillo, mataron a 11 y tomaron 6 prisioneros. Con ese motivo se organizaron Juntas de Guerra en ambas localidades, al mando del prefecto Cayetano Navarro. Ese mismo año el francés Desmoulins Du Rasquier solicitó al gobierno local la concesión de los terrenos desiertos del Estado, pero como no existían facultades legales para ello, Aguilar inició ante el Congreso la Ley de colonización que se promulgó el 6 de mayo. Con esta base, se organizó en la Ciudad de México una compañía que pidió en propiedad todos los terrenos baldíos, minas y placeres comprendidos entre el paralelo 31 y la línea divisoria con Estados Unidos, a cambio de colonizarlos en 10 años y ceder al Estado un porcentaje de sus utilidades. El contrato se formalizó el 9 de diciembre,

pero antes de que la Legislatura lo aprobara, el Congreso nacional derogó la Ley por considerarla anticonstitucional. Sin embargo, ese mismo mes el ministerio de Relaciones Exteriores pidió los antecedentes del mineral de la Arizona, descubierto en 1733 y abandonado más tarde, cuando pasó a la corona de España. El informe se rindió en marzo de 1851 e inmediatamente se formaron en México dos empresas rivales: la Compañía Restauradora del Mineral de la Arizona y Forbes Oseguera y Compañía. El 16 de agosto, Francisco Nabamuel, a nombre de la primera, denunció ante el juez de San Ignacio el mineral de la Arizona y el 17 de enero de 1852 notificó haberse asociado con el gobernador Aguilar y Andrés Lavassuer, ministro de Francia en México. El 3 de marzo siguiente se otorgó al marqués Carlos de Pindray y a un grupo de 76 franceses la concesión de los terrenos de la antigua misión de Cocóspera. La empresa Forbes Oseguera, a su vez, denunció las minas de Oro Blanco, Nuestra Señora de Guadalupe y Pueblo Viejo, en la sierra de Arizona, y puso en explotación la primera. Estos contratos se celebraron para estimular la colonización de la frontera. El 7 de abril de 1852 la Restauradora firmó con el conde Gastón de Racusset Bourbon un convenio para que llevase 150 franceses a Sonora con el objeto de defender su posesión. En junio siguiente el mercenario desembarcó en Guaymas, al mando de 176 hombres armados; marchó sobre Hermosillo; el 14 de octubre rompió el fuego contra la guarnición y se posesionó de la ciudad; el 25 tomó el camino de regreso y el 4 de noviembre, previo un armisticio, se comprometió en San José de Guaymas a someterse a las leyes y autoridades del país. Sin embargo, regresó al año siguiente e intentó una invasión, pero fue aprehendido y fusilado. v.FILIBUSTERISMO y RAOUSSET DE BOURBON, GASTÓN.

En 1853, resultó electo gobernador Manuel María Gándara. En mayo, siendo un hecho consumado el triunfo de la revolución de Jalisco, el Congreso reconoció al presidente López de Santa Anna, aunque el Estado seguiría rigiéndose por sus propias leyes; sin embargo, cuando desde México nombraron gobernante provisional a Fernando Cubillas, Gándara abandonó el ejecutivo, Mariano de la Peña, presidente del Tribunal Superior, asumió el cargo y el Congreso local se disolvió como protesta por haberse reinstaurado el centralismo. A fines de ese año y aprovechando la crisis política, Santa Anna vendió al gobierno norteamericano 109,574 kilómetros cuadrados de territorio de Sonora (v.FRONTERA CON ESTADOS UNIDOS). El 1º de septiembre de 1855 una junta de autoridades, reunida en Hermosillo, prestó juramento al *Plan de Ayutla*, y el día 2 otra asamblea semejante hizo lo propio en Ures; en ésta se designó gobernador y comandante militar interino a Manuel María Gándara. Redactado el Estatuto Orgánico del Estado (22 de octubre), según lo disponía el artículo IV del Plan, se integró el Consejo de Gobierno: Lauro Morales, Ignacio María Loaiza y Ramón Encinas. En enero de 1856 el gobierno federal designó gobernador provisional a José de Aguilar y comandante militar al general Pedro Espejo. Los consejeros impugnaron estos nombramientos (19 de febrero) y Gándara continuó en funciones. La noche del 19 de marzo los agentes gandaristas secuestraron y deportaron al general Espejo y Gándara entregó el mando político al licenciado Aguilar, quien tomó posesión el 2 de abril e integró nuevo Consejo (Ignacio Pesqueira, Francisco J.Aguilar, Manuel Monteverde, Antonio Morales y José Escalante Moreno). El gobierno federal ratificó al licenciado Aguilar y nombró comandante a Gándara, una vez ascendido a general de brigada; éste, sin embargo, aduciendo que el poder civil lo hostilizaba, estimuló el pronunciamiento de Manuel Dávila *El Chapo*, quien asaltó la capital (15 de julio), y apresó al gobernador y a otros funcionarios. El Ayuntamiento de Ures se sumó al movimiento; pero en Baviácora el coronel Pesqueira asumió el mando por ministerio de la ley, ocupó con sus fuerzas Hermosillo y Ures (16 de agosto) y en los llanos de Dolores (día 23) rindió a los rebeldes. Gándara abandonó

Alrededores de San Carlos, en la proximidad de Guaymas

Sonora y *El Chapo* Dávila fue juzgado, y pasado por las armas (21 de noviembre). Jesús Gándara, quien en ausencia de su hermano había asumido el mando de la insurrección, se entregó al prefecto de Guaymas (4 de enero de 1857) y se acogió al indulto.

Agustín Ainza, hermosillense radicado en San José, Cal., Estados Unidos, y su hermano político Henry A.Crabb, se presentaron ante el gobernador Aguilar el 7 de mayo de 1856; el primero se acreditó como apoderado de Jesús Islas, agente de colonización, y ambos como avanzada de una expedición de 500 sonorenses que regresaban, deseosos de poblar los terrenos desiertos de la frontera. Su pretensión consistía en recuperar casi 13 mil pesos que la casa Ainza Hermanos había prestado a Islas. No teniendo antecedentes del asunto, el mandatario dio cuenta de todo al gobierno federal y éste ordenó a la aduana marítima de Guaymas poner a disposición de los colonos mil pesos, que se destinarían a la compra de herramientas y aperos agrícolas. En julio supo el gobernador que en realidad se trataba de independizar al Estado y formar con él, Sinaloa y Baja California una nueva república, que después se vendería a los Estados Unidos. Ainza fue aprehendido en Hermosillo (4 de julio), Crabb viajó entonces a San Francisco, organizó y armó 300 hombres, en diciembre salió con ellos a San Diego y al fuerte Yuma, a donde llegó con sólo 91 y el 26 de marzo de 1857 desafió en Sonoita al prefecto del distrito de Altar. El gobernador Pesqueira llamó a las armas en defensa de la integridad del territorio y entre el

1º y 5 de abril, en las inmediaciones de Caborca, se derrotó a los filibusteros. Crabb y 57 de sus compañeros fueron fusilados el día 6.

El 26 de abril de 1857, en Ures, fue promulgada por bando la Constitución Federal del 5 de febrero anterior. Hechas las elecciones en julio, el Congreso se instaló el 15 de agosto y el día 28 rindió su protesta como gobernador el coronel Ignacio Pesqueira. Continuaron las incursiones filibusteras en la frontera, aunque en menor escala; y el 6 de noviembre se pronunció Jesús Gándara en el pueblo de Onabas, al frente de un grupo de yaquis. El coronel Antonio Campuzano, que salió de Guaymas a combatirlo, fue derrotado en la Pitaya (13 de diciembre). Gándara amagó ese puerto, pasó a Bacochibampo y luego puso sitio a la capital (día 30), pero después de 3 días de lucha una fuerza de auxilio al mando de Pesqueira batió a los insurrectos (8 de enero de 1858). Los dispersos se reunieron en los bosques del Bámori y se internaron en el distrito de Sahuaripa, seguidos muy de cerca por las fuerzas del gobierno, y en la Cuchilla del Saucito, a una legua de Bacanora, fueron nuevamente diezmados (24 de febrero). Gándara fue muerto en el fondo de una barranca por el capitán Cayetano Silva. Mientras tanto, el presidente Comonfort disolvió el Congreso federal y abolió la Constitución (diciembre de 1857); Benito Juárez formó su gobierno en Querétaro (19 de enero de 1858) y algunos estados, a iniciativa de la Legislatura de Jalisco, se coligaron para sostener la legalidad. El gobernador Pesqueira (23 de enero de 1858) y el Congreso local de Sonora (23 de marzo) manifestaron que sólo reconocían a las autoridades surgidas de la carta de 1857. El comandante militar Campuzano, en cambio, se adhirió al *Plan de Tacubaya* y se embarcó sigilosamente en Guaymas para incorporarse a la ya infidente guarnición de Mazatlán. El 23 de julio de 1858 los liberales sinaloenses, encabezados por Plácido Vega, solicitaron desde la villa del Fuerte el apoyo del gobernador de Sonora para restablecer el orden constitucional. Pesqueira aceptó el 10 de agosto y el 19 se pronunciaron. Las fuerzas sonorenses, al mando del coronel José García Morales, salieron de Alamos el 10 de octubre, se incorporaron a las sinaloenses y juntas hicieron una campaña que duró casi 9 meses, para finalizar, el 3 de abril de 1859, con la toma de la plaza de Mazatlán. v.SINALOA, ESTADO DE.

El 28 de septiembre de 1860 se proclamó el *Plan de la Magdalena*, suscrito por Remigio Rivera, Hilario Gabilondo, Hilarión García, Antonio y Francisco Gándara, Manuel Sáenz y Joaquín Coma-

durán, por el cual se desconocía al gobierno local, acusado de arbitrariedad y falta de respeto a la propiedad, la vida y la libertad de las personas. Rivera salió de Magdalena al frente de 200 hombres; fue rechazado por la guarnición de San Marcial (7 de octubre); en Topolobampo se le incorporaron 1,600 yaquis, con 2 piezas de artillería; y en terrenos del Rancho del Buey cerca de Hermosillo, fue derrotado (22 de octubre). Debido a estos sucesos el Congreso no había podido reunirse; se reinstaló el 17 de diciembre de 1860 y expidió la Constitución Política del Estado el 13 de febrero de 1861, seguida de las leyes Orgánica Electoral y de Amnistía para los delitos políticos, a la cual se acogieron todos los inodados en el *Plan de la Magdalena*. El 19 de agosto de 1861 la ciudad de Alamos fue ocupada por 200 hombres de la guarnición de la villa del Fuerte, Sinaloa, al mando del coronel conservador Antonio Esteves; se les unieron José María Tranquilino y Toribio, Diego, Pedro y Antonio Anselmo Almada, pero fueron derrotados en Hermosillo el 23 de octubre. La Legislatura declaró gobernador al general Pesqueira el 14 de octubre de ese año. A principios de 1862 el coronel James Reily, comisionado por el general H.H. Sibley, del ejército confederado de Estados Unidos, quiso gestionar el establecimiento de una base militar en Guaymas y el permiso para el paso de sus tropas a través del Estado con destino a Arizona, apoyado en el decreto federal del 22 de junio de 1861, pero el gobernador Pesqueira declaró no tener facultades para intervenir en esos asuntos. El siguiente 7 de abril el comandante del *Mutine*, surto en la bahía de Guaymas, capturó, abordó y cateó el pailebote nacional *Angelita*, con el propósito de apoderarse de 7 barras de plata que ya estaban en tierra; y el 2 de mayo los marinos del *Camaleón* desembarcaron para proteger la casa del norteamericano Tomás Robinson, la cual iba a ser embargada por adeudos al fisco; el prefecto advirtió a los invasores que usaría las armas para desalojarlos y éstos volvieron a su buque.

A mediados de mayo de 1862 se recibió la solicitud del gobierno federal para que Sonora enviara 1,000 hombres a los frentes de la guerra con Francia. La Legislatura se disolvió el día 22 y Pesqueira, investido de facultades extraordinarias, impuso un préstamo de $50 mil y formó 2 batallones al mando de los coroneles Jesús García Morales y Gabriel Corella, que salieron el 19 de junio y el 10 de julio siguientes. Sin embargo, para el 13 de noviembre habían desertado casi todos, salvo 200 soldados y los oficiales y jefes. Así, el 26 de diciembre el Estado quedó en la reserva, a las órdenes del general Manuel Doblado. El 9 de julio de 1864 fondeó en Guaymas la fragata parlamentaria *D'Assas*, llevando a Pablo Tourniél, comisionado por Maximiliano para proponer a Pesqueira su adhesión al Imperio; rechazada la invitación, el 13 de julio levó anclas. A principios de noviembre irrumpieron en los distritos de Ures y Altar las gavillas imperialistas de Pedro Flores y Jesús Salgado, patrocinada desde Arizona por Manuel María Gándara, las cuales fueron destruidas. A causa de que Mazatlán fue ocupado por los invasores el 25 de noviembre de ese año el presidente Juárez, que se hallaba en Chihuahua, declaró a Sonora en estado de sitio. Pesqueira quedó entonces con el doble carácter de gobernador y comandante militar del Estado.

En marzo de 1865 el puerto de Guaymas fue ocupado por 1,200 hombres al mando del general Castagny; el 22 de mayo derrotaron a la fuerza de Pesqueira en La Pasión, punto distante 6 leguas; esto provocó algunos pronunciamientos a favor del Imperio, y el 31 de julio se apoderaron de la capital del Estado. El coronel Garnier, en ausencia de Castagny, quedó a cargo de las tropas francesas; y Pesqueira, previa licencia concedida por el presidente Juárez, dejando al frente de los asuntos de Sonora al general García Morales marchó a Estados Unidos, con el fin de obtener recursos para proseguir la guerra. Conforme a la ley del 3 de mayo de 1865, expedida por Maximiliano, Sonora se dividió en 3 departamentos, cuyas cabeceras se indican entre paréntesis: Arizona (Villa de Altar), Sonora (Ures) y Alamos (Alamos con jurisdicción en las municipalidades chihuahuenses de Chínipas y Tepáchic). El 3 de enero de 1866 las tropas imperialistas de Francisco Gándara y Refugio Támori vencieron en Nacori Grande a las de García Morales; pero el 7 de enero siguiente ocupó Alamos el general Angel Martínez, enviado desde Sinaloa por Ramón Corona, jefe de las tropas republicanas de Occidente. Martínez organizó en Alamos 3 batallones y se apoderó del distrito el 14 de febrero. Pesqueira regresó a Sonora, reasumió los mandos político y militar y estableció su cuartel en Buenavista. El 5 de abril García Morales hizo capitular al teniente coronel Manuel I. Castro en la Villa de Magdalena, de modo que ya unidos los 3 jefes se situaron en San Marcial, a fines de ese mes. Tras un período de intensa actividad guerrillera, el 6 de septiembre se restauró la República en el Estado.

Terminada la guerra, el general Pesqueira fue reelecto gobernador en 1867 y en 1869. El 8 de febrero de 1870 el sinaloense Plácido Vega secundó

Los franceses en Guaymas

el pronunciamiento contra Juárez (8 de enero anterior) de Trinidad García de la Cadena, gobernador de Zacatecas; con este motivo, el 28 de mayo un lugarteniente de Vega, Fortino Vizcaíno, ocupó transitoriamente el puerto de Guaymas, con la misión de apoderarse de 5 mil fusiles que llevaba el pailebote *Montaña*. En 1871 volvió a reelegirse Pesqueira. En Sonora se adhirió al *Plan de la Noria* la guarnición de Guaymas, (29 de octubre), seducida por Jesús Leiva; los rebeldes ocuparon Alamos (9 de noviembre), pronto recuperada por Pesqueira (día 10), quien los alcanzó y derrotó (día 23) en Potrerito Seco, en las inmediaciones de Bacanora. En Sinaloa los porfiristas se apoderaron de Mazatlán (17 de noviembre). A instancias de los juaristas, Pesqueira envió 400 hombres de la Guardia Nacional (20 de diciembre), al mando del coronel Próspero Salazar Bustamante, y luego marchó él mismo a campaña (15 de enero de 1872), hasta que regresó a Sonora (28 de junio) inconforme con el nombramiento de Domingo Rubí como gobernador y comandante militar de Sinaloa; protestó ante Juárez (29 de agosto) y aun le pidió que se le reintegraran los $60 mil que costó la expedición. El 24 de septiembre reasumió la gubernatura. Las desavenencias entre los poderes ejecutivo y legislativo, originadas en el continuismo de Pesqueira, se volvieron insalvables cuando éste se negó a promulgar la Constitución reformada del 1º de noviembre de 1872, que estatuía la no reelección del gobernador. Los diputados de la mayoría abandonaron la Cámara, pero fueron sustituidos por los suplentes, quienes expidieron la nueva carta (22 de abril de 1873), ya con la cláusula antirreeleccionista suprimida. Esto provocó varios encuentros armados, cuyo resultado fue casi siempre adverso a las tropas del gobierno. Pesqueira, otra vez reelecto en 1875, solicitó el auxilio del gobierno federal y el 1° de marzo de 1876 desembarcó en Guaymas el general Vicente Mariscal; declaró a Sonora en estado de sitio y asumió las funciones de gobernador y comandante (día 14). Sin embargo, el 19 de diciembre de ese año, aprovechando la agitación nacional causada por la reelección de Lerdo de Tejada, Pesqueira se lanzó a la revolución y proclamó como presidente de la República a José María Iglesias. Inició su campaña en la hacienda de Las Delicias y el 25 de enero de 1877 emprendió un vigoroso ataque a la capital; pero fue rechazado por Mariscal, gracias al apoyo político y material de todos los pueblos del Estado. Después de una activa persecución, Pesqueira y sus principales jefes fueron expulsados de la entidad. Triunfante Porfirio Díaz en todo el país, nombró a Mariscal gobernador provisional del Estado, cargo que le confirmó el Congreso una vez hechas las elecciones; pero el 26 de octubre de 1878 fue destituido por violaciones a la Constitución. La facción parlamentaria encabezada por Carlos Rodrigo Ortiz llamó al vicegobernador Francisco Serna; éste se negó en un principio a ejercer el poder y se marchó a Mazatlán con el grupo opositor; pero el 1° de febrero de 1879 invadió Sonora con una fuerza organizada en el norte de Sinaloa; se le unió el coronel José T.Otero con la gente que levantó en Baroyeca, Batacosa y Navojoa; ocupó Alamos (día 6); recibió el apoyo del general José Guillermo Carbó, recién nombrado jefe de las fuerzas federales, de modo que las tropas revolucionarias avanzaban precedidas por un regimiento de caballería. Ante estos acontecimientos, Mariscal licenció a la guarnición de Ures y con sólo una escolta emprendió el viaje a San Francisco (21 de marzo). Los vencedores ocuparon la capital del Estado (24 de marzo); el Congreso se instaló el 4 de abril y mudó la sede de los poderes a Hermosillo; y el 29 de junio fueron electos gobernador y vicegobernador, respectivamente, los generales Luis E.Torres y José T.Otero. El 4 de marzo de 1880 invadió el distrito de Altar, procedente de Baja California, el general Manuel Márquez de León, inconforme con el gobierno del presidente Díaz; derrotado, se le obligó a cruzar la frontera el 12 de junio. El 1° de septiembre de 1881 asumió el poder ejecutivo Carlos R.Ortiz aunque renunció pronto. En esa época se inició la sublevación general de los yaquis.

v.GUERRA DEL YAQUI. Desde que fue eliminado Ortiz de la escena política, el gobierno de Sonora quedó en manos de un grupo oligárquico representado por Luis E.Torres, Ramón Corral y Rafael Izábal, cuyo dominio perduró 28 años. La desigualdad de fortunas y oportunidades suscitó la inconformidad popular, latente desde fines del siglo XIX y manifiesta a partir de 1905 en la actividad de los grupos vinculados a la Junta Organizadora del Partido Liberal Mexicano (v.FLORES MAGÓN, RICARDO). En 1906 Esteban Vaca Calderón, Manuel M.Diéguez, José María Ibarra, Lázaro Gutiérrez de Lara y otros activistas y trabajadores promovieron una organización de tipo sindical en la *Cananea Consolidated Cooper Company*; el 1° de junio los obreros se amotinaron; el gobernador usó la fuerza pública y pidió la intervención de los *rangers* para someterlos; y al fin terminó la protesta con un saldo de 23 muertos y 22 heridos. v.HUELGAS.

La quinta reelección del general Luis E.Torres ocurrió en 1907. En 1909 con motivo de la elección presidencial del año siguiente, las discrepancias políticas sólo aludieron al segundo del general Díaz: unos postulaban al general Bernardo Reyes y otros (el partido de los científicos) a Ramón Corral. La oligarquía sonorense apoyó a éste, mientras en Guaymas organizaban la oposición José María Maytorena, Víctor M.Venegas, Eugenio H.Gayou y Carlos E.Randall, quienes una vez retirado Reyes de la contienda se sumaron al Partido Nacional Antirreeleccionista, cuyos candidatos eran Francisco I.Madero y Francisco Vázquez Gómez. Tras el fraude electoral en 1910, Randall concurrió a las reuniones de la Junta Revolucionaria en San Antonio Texas, donde se convino iniciar el movimiento armado el 20 de noviembre. Los primeros maderistas, procedentes de Estados Unidos, se internaron en Sonora por Agua Prieta el 28 de diciembre; reconocieron como jefe a Juan G.Cabral y se apoderaron en breve tiempo de los distritos de Arizpe y Altar. El 1° de enero de 1911 se sublevó en Navojoa el coronel Severiano Talamante y fue a unirse a las fuerzas de Rosario García, posesionado desde el día 13 de la villa de Sahuaripa; ambos fueron derrotados el 28 de enero por las tropas del gobierno. A fines de marzo los federales Pedro Ojeda y Luis Medina Barrón recuperaron Agua Prieta, en poder de los Maderistas desde el 13 de marzo. Las hostilidades se suspendieron al firmarse los tratados de Ciudad Juárez. Díaz y Corral renunciaron el 25 de mayo y el 27 hizo lo propio Torres en Sonora. Lo sucedieron Avelino Espinoza, Francisco de P.Morales, Eugenio H.Gayou, Carlos E.Randall y José Ma-

Ramón Corral   *Manuel M.Diéguez*   *Luis E.Torres*

ría Maytorena, electo para el período 1911-1915. A principios de 1912 Pascual Orozco se rebeló en Chihuahua y parte de sus fuerzas, al mando de José Inés Salazar, invadieron Sonora, habiéndoseles unido los cabecillas locales Antonio Campa, Jesús Trujillo, Antonio Rojas y los hermanos Ignacio y Rafael T. Romero. Todos ellos fueron destruidos por las tropas del Estado, al mando del coronel Alvaro Obregón, en la hacienda de San Joaquín, municipalidad de Fronteras, el 20 de septiembre de 1912.

La irresolución del gobernador Maytorena ante los sucesos de la Decena Trágica (febrero de 1913) lo llevaron a separarse del ejecutivo. Ocupó su lugar Ignacio L.Pesqueira (día 26), quien no dudó en calificar de usurpador al general Victoriano Huerta y en proponer al Congreso local el desconocimiento del gobierno provisional de la República; encomendó la jefatura de las fuerzas del Estado al coronel Alvaro Obregón, quien pronto obtuvo los primeros triunfos; envió delegados a Coahuila que firmaron la Convención de Monclova (18 de abril) y reconocieron como jefe a Venustiano Carranza; y cuando ya todo Sonora estaba dominado, salvo Guaymas, devolvió el poder a Maytorena (4 de agosto). Este dispuso que todos los ramos de la administración federal quedaran bajo la autoridad del Estado, de suerte que cuando dos meses después llegó Carranza a Sonora encontró que no podía tener control sobre esas oficinas, especialmente las de hacienda. El primer jefe procedió entonces a organizar su gabinete, para rescatar el ejercicio de esas funciones, y esto provocó el distanciamiento

de Maytorena. El desacuerdo entre uno y otro se agudizó en 1914: el gobernador tuvo graves enfrentamientos con el coronel Plutarco Elías Calles y el general Obregón y el 23 de septiembre desconoció a Carranza, cuando ya estaba aliado al general Francisco Villa. Afiliado a la facción convencionista, luchó en 1915 contra los grupos constitucionalistas que quedaron en el Estado: Calles en Agua Prieta y Angel Flores en Navojoa; y el 1º de octubre entregó el poder civil a Carlos E.Randall y el militar a Urbalejo.

Los constitucionalistas, que desde enero de 1915 permanecían casi inactivos en Agua Prieta, emprendieron la ofensiva en julio; triunfaron en las acciones de Cabullona (día 15), Anivágachi (18), Villa Verde, Imuris y Magdalena; pero al término de la batalla de Paredes (17 al 19 de septiembre) se replegaron a su punto de partida, ante la proximidad de una columna de 8 mil hombres al mando del general Villa. Este atacó la plaza sin éxito (1º y 2 de noviembre) y se retiró al sur (día 3), en cuya marcha sufrió nuevas derrotas en Hermosillo y estación Cima. Dispersos los convencionistas, Randall sólo gobernó 14 días, mientras el general Calles, investido de las más amplias facultades (desde el 4 de agosto) organizaba su administración y ponía en vigor la legislación preconstitucionalista. Adolfo de la Huerta se encargó del ejecutivo el 16 de mayo de 1916. Una vez promulgada la Constitución de 1917, Calles se separó de la jefatura de operaciones y fue electo gobernador para concluir el período que terminaría en 1919. Tomó posesión el 30 de

Adolfo de la Huerta   *Alvaro Obregón*   *Plutarco Elías Calles*

junio de 1917, se retiró 15 días después y reasumió el mando político el 18 de julio de 1918. Decretó entonces, entre otras, las leyes Agraria y del Trabajo. Lo sucedió Adolfo de la Huerta (1º de septiembre de 1919), cuyo gobierno entró en conflicto con el presidente Carranza, a causa de una serie de medidas de orden político, militar y hacendario que afectaron los intereses de Sonora. El Congreso del Estado, después de agotar sin resultados todos los medios legales, expidió el 10 de abril de 1920 una ley que concedía facultades extraordinarias al gobernador, en los ramos de hacienda y guerra, para defender la soberanía local; y el 23 de abril siguiente se proclamó el *Plan de Agua Prieta*, por el cual se desconoció a Carranza. La nueva contienda que siguió a estos hechos culminó con la muerte del presidente, el 21 de mayo de 1920. v.GABINETES; CALLES, PLUTARCO ELÍAS; CARRANZA, VENUSTIANO; DE LA HUERTA, ADOLFO y OBREGÓN, ÁLVARO.

Del 29 de mayo de 1920 al 30 de agosto de 1927 se sucedieron en el gobierno de Sonora: Joaquín Bustamante, Flavio A.Bórquez, Alberto M.Sánchez, Miguel Piña H., Francisco C.Hoyos, Francisco S.Velázquez y Alejo Bay. En septiembre de 1927 tomó posesión el general Fausto Topete; dos años después, la connivencia con Francisco R.Manzo, jefe militar en el Estado, inspiró el *Plan de Hermosillo* (3 de marzo de 1929), por el cual se desconocía al presidente Emilio Portes Gil y se atribuía el carácter de jefe supremo del Ejército Renovador de la Revolución al general José Gonzalo Es-

cobar. La Legislatura otorgó facultades extraordinarias a Topete (día 4) y se le concedió licencia (día 6) para que saliera a campaña, dejando como provisional a Jesús Lizárraga. Sin embargo, la revuelta, que tenía ramificaciones en varios lugares del país, sufrió una derrota decisiva en Veracruz el mismo día 3 (v.GUERRA CIVIL. *Rebelión escobarista*). Las tropas federales, al mando del general Lázaro Cárdenas, ocuparon Hermosillo el 1º de mayo, y al siguiente día llegó el general Calles, secretario de Guerra. Francisco S.Elías fue nombrado gobernador provisional y duró en su encargo hasta el 30 de agosto de 1931. En ese lapso se expulsó de la entidad a centenares de asiáticos, especialmente chinos.

Rodolfo Elías Calles gobernó de 1931 a 1935; suprimió las tiendas de raya que aún existían, vigiló el cumplimiento de la jornada de 8 horas, implantó el salario mínimo, emprendió campañas contra el alcoholismo y el fanatismo religioso, y estimuló la creación de la Confederación Obrero Campesina de Sonora y la Liga de Maestros Socialistas Sonorenses. Ramón Ramos, su sucesor, sólo duró en el poder 3 meses y medio (del 1º de septiembre al 17 de diciembre de 1935). Terminaron su período Jesús Gutiérrez Cázares, hasta el 4 de enero de 1937, y Román Yocupicio. Los siguientes gobernadores han sido: Anselmo Macías Valenzuela (1939-1943), Abelardo L.Rodríguez (1943-1948), Horacio Sobarzo (1948-1949), Ignacio Soto (1949-1955), Alvaro Obregón (1955-1961), Luis Encinas Johnson (1961-1967), Faustino Félix Serna (1967-1973), Armando Biebrich (1973-1975) y

Alejandro Carrillo Marcor (1975-). *Fuentes: Nociones de historia de Sonora*, por Laureano Calvo Berber (1958); y *Diccionario de historia, geografía y biografía sonorenses*, por Francisco R.Almada (1952).

Demografía. El Estado de Sonora tiene una población del 1.098,720 habitantes (2.27% del total del país): 551,496 hombres y 547,224 mujeres. Su densidad demográfica es de 5.94 por kilómetro cuadrado. Está integrado por 69 municipios: 52 tienen hasta 10 mil habitantes; 10, más de 10 mil y hasta 50 mil; 6, más de 50 mil y hasta 200 mil; y 1 más de 200 mil. Los de mayor población son Hermosillo, Cajeme, Guaymas y Navojoa. El de Hermosillo, donde se asienta la capital, tiene 208,164 habitantes (18.9% del total). El número de localidades asciende a 4,930: en 4,173 viven menos de 99 personas; en 548, de 100 a 499; en 168, de 500 a 2,499; en 30, de 2,500 a 19,999; en 7, de 20 mil a 74,999; y en 2, más de 75 mil. El 65.2% de la población es menor de 24 años (715,980) y el 4.9% (54,048) corresponde a personas mayores de 60 años. El número de familias es de 198,412, de las cuales 167,818 (84.6%) están sostenidas por hombres y 30,594 (15.4%) por mujeres. Aparte los esposos o esposas (159,234) e hijos (671,306), viven en los hogares 45,499 parientes y 7,603 huéspedes o sirvientes. Viven solas 16,666 personas. El 14.8% de las familias (29,371) está constituido por 9 miembros o más. Los mayores de 12 años son: 681,897: 298,826 solteros y 290,481 casados; los demás viven en unión libre (55,931), o son viudos (23,487), divorciados (3,920) o separados (9,252).

Entre las personas mayores de un año de edad (1.062,105), el 93.8% usa zapatos; el 4.3%, huaraches o sandalias; y el 1.9% anda descalzo. Son católicos 1.061,138 (96.6%) habitantes del Estado; 19,705 (1.8%), protestantes o de otras confesiones; y 17,867 (1.6%) no tienen ninguna religión. Son sonorenses 930,812 (84.7%); nacieron en otras entidades 162,728 (14.8%) y 5,180 (.5%) son extranjeros. Del total de inmigrantes, 54,041 (31.5%) proceden de Sinaloa, 17,690 de Jalisco, 17,274 de Chihuahua, 14,938 del Estado de Baja California, 9,589 de Nayarit, 8,016 de Durango y 5,966 de Zacatecas: el resto (38,130), de las demás entidades; y 6,154 de otros países. Hablan alguna lengua indígena 29,116 personas, de las cuales 2,082 no hablan español: 877 el mayo, 424 el yaqui y 781 otras lenguas indígenas. Entre los mayores de 10 años (743,893), 100,848 (13.6%) son analfabetas: 50,179 hombres y 50,669 mujeres. De los mayores de 6 años (880,325), 557,428 (63.3%) han tenido

46

Palacio de Gobierno de Sonora

instrucción primaria, pero sólo 144,188 (16.4%) han cursado hasta el 6° año, 94,726 han recibido instrucción postprimaria y 228,171 (25.9%) no han tenido ninguna. Son profesionales de nivel superior 4,745 personas el 1.5% de la población mayor de 30 años. Asisten a la escuela primaria 193,776 niños de 6 a 15 y más años de edad, de los cuales 43,138 lo hacen a 1°, 38,610 a 2°, 35,001 a 3°, 29,297 a 4°, 25,449 a 5° y 22,281 a 6°, lo cual supone un índice de 48.4% de deserción y de 88.8% de escolaridad. El promedio de escolaridad de la población de 6 años o más es de 3.4 años.

Del total de mujeres del Estado mayores de 12 años de edad (338,640), 185,858 han tenido 1.050,164 hijos, con promedio de 3.1; de éstas, 63,765 (34.3%) han procreado de 1 a 3; 113,899 (61.3%), de 4 a 12; y 8,194 (4.4%), 13 o más.

Del total de la población, 681,897 (62.1%) son mayores de 12 años y, de éstos, 284,199 constituyen la población económicamente activa, con una tasa de participación del 41.7%: 233,650 hombres y 50,549 mujeres; y 397,698 la económicamente inactiva: 109,607 hombres y 288,091 mujeres, de los cuales el 59.2% (235,437) se ocupa en quehaceres domésticos, el 24.9% (99,026) son estudiantes y el 15.9% (63,235) tiene otras ocupaciones improductivas. Entre quienes trabajan, 109,377 (38.5%) se dedican a la agricultura, ganadería, silvicultura, pesca y caza; 49,891 (17.5%), a la industria; 32,838 (11.6%), al comercio; 11,049 (3.9%), a los transportes; 54,403 (19.1%), a los servicios; 10,520 (3.7%), a trabajos al servicio del gobierno; y

Palacio municipal de Hermosillo

Palacio Municipal de Guaymas

16,121 (5.7%), a quehaceres no especificados. De ese mismo total, 18,724 (6.6%) son profesionales y técnicos; 9,519 (3.3%), directivos; 23,940 (8.4%), empleados administrativos; 23,652 (8.3%), vendedores; 38,776 (13.7%), conductores de vehículos o trabajadores de otros servicios; 102,283 (36.0%), trabajadores agropecuarios; y 67,305 (23.7%), trabajadores no agrícolas o insuficientemente especificados. Desde el punto de vista de su posición en el trabajo, 23,849 (8.4%) son empresarios (19,433 hombres y 4,416 mujeres); 121,029 (42.6%), empleados u obreros; 76,743 (27.0%), jornaleros o peones; 39,515 (13.9%), trabajadores independientes; 8,722 (3.1%), ejidatarios; y 14,341 (5.0%), personas que prestan sus servicios en un negocio familiar sin retribución. Sin embargo, hay 18,134 personas (6.4%) que sólo trabajan de 1 a 3 meses durante el año; 25,933 (9.1%), de 4 a 6; 20,836 (7.3%), de 7 a 9; y 219,296 (77.2%), de 10 a 12. Declararon ingresos hasta de $499 mensuales, 48,791 personas (18.5%); de 500 a 999, 110,861 (42.4%); de mil a 2,499, 77,042 (29.3%); de 2,500 a 4,999, 17,463 (6.6%); y de 5 mil o más, 9,238 (3.5%).

Los habitantes de la entidad se alojan en 185,607 viviendas (5.9 en cada una en promedio): 124,341 (67%) propias y 61,166 (33%) alquiladas. El promedio de cuartos por vivienda es de 2.6. Del total de éstas, 70,484 (38.0%) tienen muros de adobe; 85,461 (46.0%) de ladrillo y 29,662 (16.0%) de madera u otros materiales. El concreto se emplea en el techo de 61,804 casas (33.3%); las demás son de teja (3.2%), madera (16.3%), palma (14.7%) y otros materiales (32.5%). En 69,436 (37.4%) casas el piso es de tierra. Disponen de agua entubada 126,858 (68%): 79,330 dentro de la vivienda, 27,267 fuera de ella y 20,261 en un hidrante público; pero 58,749 (31.7%), con 345,290 (31.1%) habitantes, no disponen del servicio. Tienen drenaje sólo 77,657 (41.8%); energía eléctrica, 119,920 (64.6%); radio y televisión, 50,796 (27.%); sólo radio, 102,602 (55.3%); sólo televisión, 2,816 (1.5%); baño con agua corriente, 64,478 (34.7%); y cocina independiente, 149,791 (80%). En 71,791 (38.7%) se usa leña o carbón para cocinar; en 8,847 (4.8%), petróleo o tractolina; y en 104,929 (56.5%), gas o electricidad.

No consumen carne 241,766 personas (22%), huevos, 175,344 (16%); leche, 292,291 (26.6%); pescado, 743,990 (67.7%); y pan de trigo, 237,951 (21.7%). Quienes sí consumen estos alimentos lo hacen, por el mismo orden, 3.9, 6.1, 6.2, 2.5 y 6.3 días en promedio a la semana. v.*IX Censo General de Población. Estado de Sonora. 1970.*

Asistencia médica. En 1971 había en la entidad 195 unidades médicas: 58 de hospitalización (46 generales, 7 gineco-obstétricas, 2 psiquiátricas y 3 no especificados), con 2,186 (92.20%) camas; y 137 para pacientes externos (61 centros de salud, 38 clínicas, 8 consultorios y 30 no especificados), con 185 (7.80%) camas. De ellas, 81 pertenecían al sistema de seguridad social (40 del IMSS, 26 del ISSSTE, 8 de PEMEX, 6 de los Ferrocarriles Nacionales de México y una de la Secretaría de la Defensa Nacional), con 835 (35.22%) camas; 79 a la Secretaría de Salubridad y Asistencia, con 618 (26.06%); 23 a particulares, con 394 (16.62%); y 12 a otras instituciones, con 524 (22.10%). Había, además: 394 consultorios (227 del sistema de seguridad social, 100 de la SSyA, 32 de particulares y 35 de otras instituciones); 38 laboratorios de análisis clínicos (17. 11, 6 y 4); 52 gabinetes de radiología (20, 12, 13 y 7); 65 quirófanos (18, 12, 24 y 11); 53 salas de expulsión (15, 19, 13 y 6); 7 bancos de sangre (4, 1, 0 y 2); 84 áreas de urgencias (66, 7, 5 y 6); 185 camas de primeros auxilios (63, 97, 13 y 12) y 473 cunas e incubadoras (203, 141, 66 y 63). Trabajan en la entidad 933 médicos: 401 generales, 283 especialistas, 49 dentistas, 142 pasantes y 58 en otras labores. Del total, 488 (52.30%) prestan sus servicios en el sistema de seguridad social; 210 (22.51%) en la SSyA; 120 (12.86%) como particulares; y 115 (12.33%) en otras instituciones. El personal auxiliar estaba constituido por 3,524 individuos. Se atendieron 32,436 partos, 33,079 análisis clínicos, 110,821 radiodiagnósticos y 20,221 intervenciones quirúrgicas. El promedio de días de estancia en los hospitales fue de 3.25. Se concedieron 2.421,429 consultas externas, entre ellas 482,829 generales, 28,542 obstétricas, 73,577 pediátricas y 48,787 odontológicas de primera vez. En seguida se anotan el número de

46

Ciudad Obregón: Hospital del IMSS

inmunizaciones: viruela, 52,828; poliomielitis, 160,506; DPT, 31,422; tétanos, 17,206; BCG, 32,947; sarampión, 7,893; rabia, 624; y otros padecimientos, 194. Las principales causas de mortalidad general e infantil son las infecciones, neumonías y las enfermedades transmisibles (sarampión y venéreas). Inciden fuertemente en la población la tuberculosis, la viruela y la disentería. *Fuente*: Dirección General de Estadística, SIC: *Estadísticas hospitalarias* (1975).

Agricultura. De la superficie total del Estado (184,934 kilómetros cuadrados) en 1971 sólo se censaron 12.844,672.4 hectáreas: 812,741.1 de labor, 10.166,240.1 de pastos naturales (6.838,117.5 en cerros y 3.328,122.6 en llanuras), 761,526.5 de bosques (236,975.5 maderables y 524,551 no maderables) y 1.104,164.7 de tierras incultas productivas e improductivas. De las 11.740,507.7 utilizables (restando 1.104,164.7 incultas), 3.075,517.4 (26.20%) pertenecen a ejidos y comunidades agrarias, 8.657,578.3 (73.74%) a propietarios de áreas mayores de 5 hectáreas y 7,412.0 (0.06%) a pequeños propietarios. De las hectáreas laborables, 160,921 son de temporal, 19,507 de jugo o humedad y 632,313.1 de riego. De las de temporal, 67,498 (41.94%) son ejidales y de comunidades agrarias y 93,423 (58.06%) de grandes y pequeños agricultores; de las de jugo o humedad, 12,568.5 (64.43%) son ejidales o comunales y 6,938.5 (35.57%) de grandes y pequeños propietarios; y de las de riego, 174,531.1 (27.60%) corresponden a los primeros y 457,782 (72.40%) a los segundos.

SONORA SALARIOS MÍNIMOS Promedios (1)		
	En el país	En el Estado
1942-1943	$ 1.73	$ 2.01
1944-1945	2.12	2.67
1946-1947	2.70	3.37
1948-1949	3.25	4.82
1950-1951	3.69	5.31
1952-1953	4.95	7.41
1954-1955	5.01	8.95
1956-1957	7.65	12.74
1958-1959	9.01	14.04
1960-1961	10.03	14.11
1962-1963	11.93	16.04
1964-1965	14.68	18.72
1966-1967	17.12	21.70
1968-1969	19.83	24.74
1970-1971	22.90	28.31
1972-1973	27.16	33.22
1974-1975	36.05	43.37
1976-(2)	54.28	66.46

(1) Promedios, no ponderados, de los salarios mínimos generales y del campo. (2) A partir de este año los salarios mínimos serán determinados anualmente.

46

Presa del Oviáchic

41

Cultivo de algodón en Ciudad Obregón

Los ejidatarios disponen de 1.910,960.3 (18.80%) hectáreas de pastos, 111,338.3 (46.98%) de bosques maderables y 222,350.2 (42.39%) de bosques no maderables.

En 1975 se cosecharon 692,916 hectáreas —9,975 (1.44%) de temporal y 682,941 (98.56%) de riego—, obteniéndose una producción de 2.029,112 toneladas con valor de $5,682.6 millones. En seguida se anotan las hectáreas cosechadas por cultivos y frutales y, entre paréntesis, la producción en toneladas: trigo, 298,500 (1.346,000); soya, 119,600 (285,900); cártamo, 94,500 (198,900); maíz, 21,100 (81,100); sorgo, 19,900 (67,500); algodón pluma, 41,132 (39,005); y frijol, 10,478 (10,707). La agricultura es la actividad económica más importante de Sonora. Tiene como base los 7 distritos de riego localizado en el centro y noroeste de la entidad, los cuales representan, en conjunto, el 72.93% (592,738 hectáreas) del total de las tierras de labor. Sonora ocupa el primer lugar nacional en la producción de trigo, soya y algodón, con un porcentaje, por ese orden, del 48.1, 40.9 y 29.4; y el segundo lugar en cártamo (37.37). Estos productos representan el 75.22% ($4,274 millones) del valor de las cosechas, del Estado. Tiene también el segundo lugar como productor de sandía, el tercero en toronja y el cuarto en vid, ajo, ajonjolí y garbanzo para consumo humano. Los cultivos de ciclo corto ocupan el 92.07% del área sembrada y aportan el 97.86% del valor de lo cosechado. *Fuentes*: Dirección General de Estadística, SIC: *V Censos Agrícola-Ganadero y Ejidal 1970*

(1975); Partido Revolucionario Institucional (IEPES): *Monografía del Estado de Sonora* (1976); Secretaría de Educación Pública: *Sonora. Monografía del Estado.* (1975); y SAG, DGEA: *Información agropecuaria 1975* (1976).

Irrigación. La entidad cuenta con acuíferos superficiales y subterráneos en sus regiones centro y noroeste, controlados en su mayoría por presas y sistemas de irrigación; y con varias obras de derivación en los municipios de Quiriego, Bacerac, Huásabas, Unamichi y Sonoita. Existen 7 distritos de riego, cuyos aprovechamientos en millones de metros cúbicos se detallan a continuación: Colonias Yaqui (921, del río Bavispe, en la Presa la Angostura; 3,020, del río Yaqui, en la Presa Plutarco Elías Calles; y 3,227, del río Yaqui, en la Presa Alvaro Obregón); Costa de Hermosillo (872 anuales de pozos profundos); Río Altar —Pitiquito y Caborca (45, del río Altar, en la presa Cuauhtémoc, y 523.1 anuales de pozos profundos); Río Mayo (1,114.3, del río Mayo, en la Presa Adolfo Ruiz Cortines, y 155 anuales de pozos profundos); Río Yaqui (se abastece de las presas del Distrito Colonias Yaqui); Guaymas (185.4 anuales de pozos profundos); y Río Colorado (1,850.2 anuales, del río Colorado, en la Presa Derivadora Morelos; en coparticipación con Baja California). En conjunto benefician 592,738 hectáreas de 16 municipios: Hermosillo (148,370), Etchojoa (87,372), Cajeme (84,284), Guaymas (49,157), Caborca, (44,544), Bacum (43,712), Navojoa (43,609), San Luis Potosí Río Colorado (27,890), Huatabampo, (25,506),

41

Cultivo de trigo en Quechehueca, Son.

46

Becerros Hereford en los ejidos de Cananea

Empalme (22 mil), Altar (5,177), Trincheras (3,641), Pitiquito (3,057), Valle San José (2 mil), Atil (1,279) y Oquitos (1,140). Del total 158,630 (28.08%) son de 16,775 ejidatarios; 400,330 (70.87%), de 11,764 pequeños propietarios y colonos; y 5,888 (1.05%), de particulares. En el ciclo 1974-1975 (exceptuando el Distrito Río Colorado) sólo se regaron 501,002 hectáreas, pero se cosecharon 619,634, destacándose los siguientes cultivos: trigo (263,127), soya, (110,207), cártamo (92,998), algodón (30,803), sorgo (25,603), frijol (9,311), garbanzo (9,173) y alfalfa achicalada (8,408), con un valor conjunto de $5,301.3 millones.

El Plan Hidráulico del Noroeste (PLHINO) prevé el aprovechamiento integral de los recursos acuíferos de la región cuyo objetivo final consiste en ampliar el área de riego hasta 1.114,000 hectáreas. En 1973 quedó constituida la Gerencia Técnica del Comité para el Desarrollo de los Recursos de las Cuencas Centro y Norte de Sonora, para estudiar, promover y vigilar los trabajos tendientes a solucionar los problemas de mantenimiento y conservación de los distritos de riego de Caborca, Hermosillo y Guaymas. En el período 1975-1976 se continuaron las obras en 30 unidades para el desarrollo rural y se iniciaron 19, de las cuales se terminaron 16 subterráneas y quedaron 33 en construcción, entre ellas 6 superficiales. Destacó la terminación de las presas de almacenamiento Comaquito y El Veranito, sobre los ríos Alisos y Alamo, respectivamente, con una capacidad conjunta de 39.5 millones de metros cúbicos. *Fuentes*: Secretaría de Recursos Hidráulicos: *Características de los Distritos de Riego* (1976) e *Informe de Labores 1975-1976* (1976).

Ganadería. El Estado dispone de 10.192,250.7 hectáreas de pastizales: 10.166,240.1 (99.71%) naturales y 30.010,6 (0.29%) cultivados. El índice de agostadero en la entidad fluctúa de 10 a 60 hectáreas por cabeza de ganado mayor. Sus inventarios, en 1975, y su relación porcentual con los totales del país, en cabezas, eran los siguientes: bovino, 1.611,193 (5.68%); porcino, 192,262 (1.64%); ovino, 44,447 (0.56%); caprino, 90,284 (1.05%); caballar, 247,350 (3.81%); mular, 105,950 (3.21%); asnal, 119,290 (3.60%); aves, 4.644,655 (3.21%) —gallos, 99,396 (1.36%); gallinas, 3.189,949 (5.75%); pollos, 1.311,650 (3.21%); guajolotes, 24,617 (0.63%); patos, 7,431 (0.56%); gansos, 3,716 (1.97%); y palomas, 7,896 (0.50%)—; y colmenas, 32,699 (1.59%). En seguida se anotan, por especies, el número de cabezas que se sacrificaron ese año y, entre paréntesis, las toneladas de carne producidas: bovino, 115,850 (19,196.3); porcino 63,119 (4,481.4); ovino, 7,110 (42.7); caprino, 11,991 (128.3); y aves, 138,594 (171.5). Se produjeron, además, 493 millones de huevos, 798.4 toneladas de miel y 130.6 de cera. El ganado lechero consta de 292,680 cabezas —7,466 (2.55%) de fino, 109,082 (37.27%) de cruzado y 176,132 (60.18%) de criollo—, de las cuales 114,646 se dedicaron a la ordeña (5.49 lts. de leche en promedio diario por vaca y año de 305 días), con una pro-

46

Barcos camaroneros en construcción. Muelles de Conagusa

ducción anual de 192 millones de litros de leche, 1,589.4 toneladas de queso, 25 de mantequilla y 16 de crema. Las zonas ganaderas más prósperas se localizan en el norte y centro del Estado (municipios de Naco, Fronteras, Bacoachi, Nacozari de García, Cumpas, Granados, Opodepe, Navojoa, Hermosillo, La Colorada y Guaymas). La explotación es de tipo extensivo y el ganado criollo (20%), cruzado (40%) y fino (hereford, cebú, charolais, charbray, angus y otras). El porcino se explota en un 70% en granjas industriales, con gran proporción de razas finas (duroc, jersey, hampshire y yorkshire). Los principales mercados son el Distrito Federal y Estados Unidos, principalmente para la carne en canal. *Fuentes*: SAG: *Población y producción pecuaria. Quinquenio 1970-1974 y 1975* (1976) e *Información agropecuaria* (1976); Partido Revolucionario Institucional (IEPES): *Monografía del Estado de Sonora* (1976); y Secretaría de Educación Pública: *Monografía del Estado de Sonora* (1975).

Silvicultura. En 1975 la entidad ocupaba el décimocuarto lugar nacional por el volumen de recursos forestales: 56.6 millones de metros cúbicos (1.83% del total); el segundo en superficie, con 11.6 millones de hectáreas (8.47% del total): 1.4 arboladas, 10.1 arbustivas, 0.1 dedicadas a otros usos; el décimocuarto en producción maderable: 75.4 miles de metros cúbicos en rollo (1.09% del total); y el décimonoveno en cuanto al valor de lo producido: $24.1 millones (0.62% del total). El total de la superficie arbolada se localiza en climas templado-fríos (Sierra Madre Occidental, en dirección norte-sur), con existencias de pino, álamo, encino y otras especies corrientes. El 55% de la entidad lo constituyen mezquitales y matorrales desérticos. La producción forestal consta de 5.5 miles de metros cúbicos de madera en rollo, 30.2 miles de metros cúbicos aserrada (se acepta un aprovechamiento del 50% en maderas corrientes y el 65% en finas) y 1.908,000 kilogramos de no maderables. Los municipios más importantes en esta actividad son: Yécura (9.4 miles de metros cúbicos de tablas y tablones de pino), Nacori Chico (6.4 mil y 4.4 mil astillas para celulosa), Alamos (2.7 mil metros cúbicos de postes para cerca de maderas corrientes), Guaymas (700 toneladas de carbón de mezquite), Trincheras (450 toneladas) y Ures (430). Se enviaron al Distrito Federal: 150 metros cúbicos de tablas y tablones de pino y otras especies y 17 metros cúbicos de cortos de pino; y se exportaron 579.5 toneladas de carbón de mezquite, con un valor de $289,750 pesos. Funcionan en la entidad 4 aserraderos y 38 vehículos de transporte especializado. *Fuentes*: Subsecretaría Forestal y de la Fauna: *Inventario Nacional Forestal* (1976) y *Anuario de la Producción Forestal de México, 1975* (1976).

Pesca. El Estado tiene un litoral de 916 kilómetros sobre el Golfo de California, una plataforma continental de 20 mil kilómetros cuadrados y 51,700 hectáreas de lagunas litorales. En 1975 se capturaron 90,276 toneladas —57,581 (63.78%) para consumo humano y 32,695 (36.22%) para uso

46

Flota pesquera en Guaymas

industrial— de especies acuáticas, con valor de
$237 millones —218 (91.98%) y 19 (8.02%), res-
pectivamente—. En seguida se anotan la captura
por especie, en toneladas, y su relación porcentual
con el total nacional, entre paréntesis: para consumo humano: sardina, 42,733 (56.08%); camarón,
6,796 (15.51%); tiburón, 2,752 (44.44%); sierra,
1,996 (22.15%); cazón, 760 (15.30%); corvina, 389
(14.31%); lisa, 325 (5.89%), tortuga, 89 (2.41%); y
otras especies, 1,751 (0.60%); y para uso industrial: sardina, 20,443 (44.98%) y fauna de acompañamiento y otras especies, 12,262 (7.77%). La entidad participó con el 20% en el volumen de la explotación nacional, y con el 10% en el valor. Los
principales centros de explotación pesquera son
Guaymas, Puerto Peñasco, Ciudad Obregón, Golfo
Santa Clara, Yávaros, Nogales, Hermosillo y Bahía
Kino. Guaymas representa el 80 y 60% del volumen y valor, respectivamente, del total de la entidad. La pesca la realizan básicamente las cooperativas, las cuales representan el 88.74% de la población dedicada a esta actividad. Para el procesamiento de los productos pesqueros, especialmente del
camarón y la sardina, Sonora cuenta con frigoríficos y
enlatadoras establecidas en su mayoría en Guaymas
y Puerto Peñasco. En 1971 fue puesta en operación
una planta frigorizadora en este último sitio, con
instalaciones para filetear, congelar y empacar pescado, con una capacidad de 300 toneladas anuales.
Fuentes: Subsecretaría de Pesca: *Estadísticas básicas de la actividad pesquera nacional 1971-1975*
(1976) y *Sonora. Monografía de pesca (1971)*.

Minería. Sonora ocupa el primer lugar nacional
en la producción de cobre, molibdeno, tungsteno y
grafito. De sus minas se obtienen, además: plata,
oro, plomo, zinc, antimonio, fierro, arcilla, magnesita, carbón, sílice, cobalto, níquel, mercurio, vanadio, estaño, telurio, calizas y uranio. La producción
de los principales minerales, en toneladas, y su participación porcentual en los totales del país, en
1975, se detallan a continuación: cobre, 41,868
(52.7%); grafito, 49,250 (80.1%); molibdeno, 13.6
(80%); plata, 103.5 (8.3%); plomo, 996 (0.6%);
zinc, 550 (0.2%); carbón, 2,900 (0.1%); y oro, 0.3
(6%). Los centros mineros más importantes son:
Cananea, con los yacimientos más grandes de cobre
en explotación, una planta de flotación para
22,500 toneladas diarias y una fundición con capacidad de 650 toneladas diarias; Nacozari de García,
con importantes yacimientos de cobre en la mina
de la Caridad, cuyas reservas se estiman en 700
millones de toneladas; Hermosillo (plata, grafito,
plomo y oro), San Javier, San Felipe y Santa Ana,
los cuales aportan, en conjunto, el 95.35% de la
plata, el 73.28% del oro, el 86.45% del plomo, el
99.66% del cobre y el 100% del zinc y el carbón
del Estado. El sector genera empleo para 6 mil personas (75% en la producción de cobre), y se prevé
que Nacozari ocupará 3 mil más. El estudio de
viabilidad técnico-económica del proyecto cuprífe-
ro de la Caridad contempla la extracción de 72 mil
toneladas diarias, la fundición de 2,250 de concentrados (del 32 al 35%) y la refinación de 150 mil
toneladas anuales de cobre electrolítico. La Com-

46

Mina de cobre de Cananea

46

Silos del Grupo Cajeme

pañía Minera de Cananea inició en 1972 un programa de expansión para elevar su capacidad de producción a 70 mil toneladas métricas en 1977; y Cobre de México se previene desde 1973 para alcanzar en 1975 un volumen de cobre electrolítico de 90 mil toneladas anuales. *Fuentes*: Consejo de Recursos Naturales no Renovables: *Anuario estadístico de la minería mexicana 1975* (1976); y PRI-IEPES: *Monografía del Estado de Sonora* (1976).

Electricidad. En 1970, de 1.098,720 habitantes de Sonora, 842,510 (76.68%), distribuidos en 198 localidades, contaban con energía eléctrica; y en 1974, de 1.314,630 estimados, 1.150,987 (87.55%), asentados en 370 localidades, disponían del servicio, pero aún carecían de él 163,643 (12.45%). La energía proviene de 70 plantas (15 federales, 2 mixtas y 53 privadas), con una capacidad instalada de 463,166 kw: 118,800 (25.65%) hidraúlicos, 291,212 (62,82%) de vapor, 32 mil (6.91%) de turbogas y 21,154 (4.57%) de combustión interna. Los 426,470 kw que suministra el gobierno federal proceden de las plantas del Sistema Noroeste (Plutarco Elías Calles —El Novillo—, Guaymas I, Guaymas II, Oviachic, Ciudad Obregón y Mocúzari) y de otras independientes (Santa Clara, Puerto Peñasco, Cucurpe, Arizpe, Nacozari, Rayón, Ures, San Pedro de la Cueva y Yécora). *Fuentes*: Comisión Federal de Electricidad: *Plantas generadoras y localidades con servicio* (1975).

Industria. En 1970 operaban en el Estado 1,703 establecimientos: 36 de la rama extractiva (extrac-

ción y beneficio de carbón, grafito, mineral de hierro, minerales metálicos no ferrosos, no metálicos —incluso sal—, y explotación de canteras y extracción de arena, grava y arcillas) y 1,667 de transformación: 583 de productos alimenticios; 142 de calzado, prendas de vestir y artículos confeccionados con textiles; 8 de construcción, ensamble y reparación de equipos de transporte; 28 de productos eléctricos; 72 de madera y corcho; 73 de fabricación y reparación de muebles; 41 de textiles; 80 imprentas y editoriales; 6 de bebidas alcohólicas; 29 de productos de cuero; 26 de productos químicos: 126 de fabricación y reparación de productos de hule; 16 embotelladoras y 473 de otra índole. Sonora ocupa el décimosegundo lugar en la República por el capital invertido en industria ($2,239.4 millones) y el décimo por el valor de la producción ($3,529.8 millones). Esta actividad generó empleos para 28,091 personas: 22,193 (79%) obreros, 3,986 (14.19%) empleados y 1,912 (6.81%) no asalariados. Las remuneraciones al personal ascendieron a $437.6 millones ($16,700 en promedio individual al año). Nueve ramos concentran el 65.61% (18,430) del personal: extracción y beneficio de minerales metálicos no ferrosos; empacado y enlatado de pescados y mariscos; molinos; elaboración de alimentos diversos; confección de prendas; editoriales e imprentas; preparación, hilado, tejido y acabado de textiles; extracción de minerales no metálicos; y fabricación de equipos y aparatos de radio y televisión). El sector aportó el 17.5% de la corriente de bienes y servicios generados en la entidad. Las principales ramas industriales por su aportación al valor de la producción son la alimenticia (38.6%), la textil (21.3%), la minera (16.6%) y la química (5.5%). Funcionan 70 industrias maquiladoras que dan empleo a 8 mil personas y pagan sueldos y salarios por $270 millones al año. El 50% de estos establecimientos se encuentra en Nogales,

el 31 en Agua Prieta, y los restantes en Sasabe, Magdalena, Naco, Hermosillo y San Luis Río Colorado.

Servicios. En 1970 había en la entidad 5,907 establecimientos de servicios, cuyo número por tipo de actividad y personal ocupado, entre paréntesis, se detallan a continuación: 1,363 de prepara-

SONORA
Sistema Educativo
Número de escuelas y maestros
Año escolar: 1974-1975

Niveles de educación y tipos de enseñanza	Total Escuelas	Total Maestros	Suma Escuelas	Suma Maestros	Federal Escuelas	Federal Maestros	Estatal Escuelas	Estatal Maestros	Universidad Escuelas	Universidad Maestros	Iniciativa privada Escuelas	Iniciativa privada Maestros
ELEMENTAL	1,082	5,926	1,009	5,510	740	2,878	269	2,632	-	-	73	416
Preescolar	62	185	56	171	17	48	39	123	-	-	6	14
Primaria	1,020	5,741	953	5,339	723	2,830	230	2,509	-	-	67	402
MEDIO	320	3,363	118	1,907	72	1,279	37	402	9	226	202	1,456
Ciclo Básico	279	2,587	95	1,410	59	1,035	36	375	-	-	184	1,177
Capacitación industrial	1	13	1	13	1	13	-	-	-	-	-	-
Secundaria	221	2,293	91	1,384	55	1,009	36	375	-	-	130	909
Técnica, Ind. y Com.	57	281	3	13	3	13	-	-	-	-	54	268
Ciclo Superior	41	776	23	497	13	244	1	27	9	226	18	279
Preparatoria	31	622	14	351	9	167	-	-	5	184	17	271
Normal	3	65	3	65	2	38	1	27	-	-	-	-
Profesional media	7	89	6	81	2	39	-	-	4	42	1	8
SUPERIOR	10	288	10	288	-	-	3	34	7	254	-	-
Total	1,412	9,577	1,137	7,705	812	4,157	309	3,068	16	480	275	1,872

Número de alumnos

Niveles de educación y tipos de enseñanza	Total	Suma	Federal	Estatal	Universidad	Iniciativa privada
ELEMENTAL	271,118	257,746	136,241	121,505	-	13,372
Preescolar	8,131	7,634	1,811	5,823	-	497
Primaria	262,987	250,112	134,430	115,682	-	12,875
MEDIO	66,338	41,870	26,585	10,740	4,545	24,468
Ciclo Básico	52,461	32,093	21,833	10,260	-	20,368
Capacitación industrial	522	522	522	-	-	-
Secundaria	45,692	31,378	21,118	10,260	-	14,314
Técnica, Ind. y Com.	6,247	193	193	-	-	6,054
Ciclo Superior	13,877	9,777	4,752	480	4,545	4,100
Preparatoria	10,915	6,896	3,113	-	3,783	4,019
Normal	1,441	1,441	961	480	-	-
Profesional media	1,521	1,440	678	-	762	81
SUPERIOR	4,254	4,254	-	220	4,034	-
Total	341,710	303,870	162,826	132,465	8,579	37,840

46

Universidad de Sonora

ción y venta de alimentos (3,853), 706 de aseo y limpieza (1,571), 662 de preparación y venta de bebidas (3,853), 661 de reparación de automóviles, motocicletas y bicicletas (1,761), 467 de esparcimiento (1,850), 460 de asistencia médica y social (1,226), 289 de profesionistas (682) y 1,299 de otra índole (6,492). En conjunto tuvieron ingresos por $5,485 millones, generaron un valor agregado de $567 millones y declararon un capital invertido de $1,012 millones.

Banca. En 1976 operaban en la entidad 45 instituciones: 4 oficiales (bancos de México, Nacional de Crédito Rural y de Fomento Cooperativo, y Almacenes Nacionales de Depósito) y 41 privadas: bancos Mexicano de Nogales, Nacional de México, de Comercio del Yaqui y Mayo, Minero y Mercantil, de Comercio de Sonora, Internacional de Noroeste, de Londres y México, Mexicano de Occidente, de Cédulas Hipotecarias, dé Comercio de Baja California, Internacional de Baja California, del Noroeste de México, Comercial Mexicano y Ganadero y Agrícola; Crédito Hipotecario de Sonora; la Financiera de Fomento Industrial; las almacenadoras generales de Depósito del Yaqui y del Bajo Río Mayo; y las uniones de crédito (agrícola, ganadero o industrial) de Cajeme, Noroeste, el Yaqui, Valle de Guaymas, Hermosillo, Hermosillense, Huetabampo, Distrito de Magdalena, el Mayo, el Maroyoa, Norte de Sonora, San Luis, Sahuaripa, Caborca, el Pacífico, Sur de Sonora, Valle del Yaqui, Sonora, Guaymas, Pitic y Granjas Avícolas y Lecheras, con 214 oficinas en 25 localidades. Al 30

de agosto de 1975, la banca privada tenía en conjunto 714,711 cuentahabientes: 62,364 de cheques y 652,347 de ahorros; sus recursos montaban a $3,452.9 millones: 1,957.0 en depósitos a la vista, 1,090.9 en ahorros, 278 a plazos y 127 en capitales y reservas; y la cartera ascendía a $2,861.1 millones (secto lugar nacional): 260.7 en acciones y valores, 313.9 en préstamos prendarios, 1,204.2 en descuentos y préstamos directos, 596.3 en aperturas y 486.1 en préstamos hipotecarios. El destino del financiamiento era el siguiente: a la agricultura, $369 millones; a la ganadería, 9.6; a la minería, 438.9; a la industria, 842.3; y al comercio, 940.6. *Fuentes*: Asociación de Banqueros de México: *Boletín Financiero ABM* (1974) y *Memoria XLII Convención Bancaria, 1976.*

Turismo. En la entidad se distinguen 3 zonas turísticas: la costera, la serrana y la fronteriza. En la primera sobresalen los atractivos naturales, especialmente el desierto (Huetabampito, Guaymas, Bahía Kino, Puerto Peñasco, Isla Tiburón y de los Pájaros, y el Golfo de Santa Clara); en la segunda, las presas (entre ellas la del Novillo), para practicar la pesca, la caza y los deportes acuáticos; y en la tercera, las localidades de Agua Prieta, Naco, Nogales, Sonoita y San Luis Río Colorado. Además, tienen particular interés las misiones de Caborca, Magdalena, Basaric, Tubutama y Dolores; y los poblados indígenas (seris) en la región de Desemboque. En 1974 había en la entidad 123 establecimientos de hospedaje, con el número de habitaciones que se indica entre paréntesis: 79 hoteles (2,792), 36 mo-

46

San Carlos. Nuevo Guaymas

2

Costa de Sonora

teles (1,191), 4 casas de huéspedes (37), 4 apartamentos (79) y 20 estacionamientos para remolques
(1,194 espacios), la mayoría distribuidos en Nogales, Hermosillo y Guaymas. Funcionan además, 86
restoranes, 16 centros nocturnos, 20 cafeterías, 15
fuentes de sodas y 72 bares; 6 agencias y una sub-
agencia de viajes; 1,642 automóviles y 622 autobuses de alquiler; y 5 empresas arrendadoras de vehículos. La afluencia turística fue de 1.170,020 personas (2.9% del total nacional): 762,958 (65.21%)
nacionales y 407,067 (34.79%) extranjeros. La estancia promedio fue de 4 días. *Fuentes*: Secretaría
de Turismo: *Estadísticas 1968-1973* (1975) y *Oferta de establecimientos de hospedaje 1974* (1975).

Comercio. En 1970 se dedicaban a esta actividad 27,510 personas: 10,663 (38.76%) vendían
productos alimenticios; 1,126 (4.09%), bebidas;
7,065 (26.68%), artículos diversos para el hogar y
de uso personal; 2,394 (8.70%), productos de la
industria de la construcción; 2,274 (8.27%), equipos de transporte, refacciones y accesorios; y 3,988
(14.50%), otras mercancías, principalmente combustibles y lubricantes. De los 7,770 establecimientos comerciales, 195 (2.51%) operaban en este último ramo; 5,031 (64.75%), en productos alimenticios; 163 (2.10%), en bebidas; 1,579 (20.32%), en
artículos para el hogar y de uso personal; 235
(3.02%), en productos para la industria de la construcción; y 251 (3.23%), en equipos de transporte.
De ello si 260 (3.35%) eran mayoristas y 7,510
(96.65%) minoristas. Venden en conjunto $5,485
millones al año, generan un valor agregado de

$1,583 millones y declararon un capital invertido
de $2,937 millones. Los principales centros comer-
ciales son Hermosillo, Guaymas, Nogales y Ciudad
Obregón. *Fuente*: Dirección General de Estadística, SIC: *VI Censo Comercial, 1971* (1975).

Comunicaciones. Cuenta la entidad con 1,872
kilómetros de vías férreas (tercer lugar nacional),
de los cuales el 87% corresponden a troncales y
ramales, el 12% a líneas auxiliares y el 1% a particulares. Las vías principales corresponden a las rutas del Ferrocarril del Pacífico, el cual parte de
Guadalajara, recorre el Estado de sur a norte y termina en Nogales, en la frontera con Estados Unidos; el tramo Naco-Agua Prieta, que une el Ferrocarril de Nacozari al del Pacífico, con 134.1 kilómetros de longitud; y la línea de Mexicali a Benjamín Hill o Ferrocarril Sonora-Baja California, que
toca las poblaciones de San Luis Río Colorado,
Puerto Peñasco y Caborca, y tiene 624.3 kilómetros de longitud. Se han construido 23,204 kilómetros de caminos (segundo lugar nacional): 1,748
federales (18 de brechas, 270 revestidos y 1,460
pavimentados), 9,160 estatales (2,302 de brechas,
43 de terracerías, 4,221 revestidos, 3 empedrados y
2,628 pavimentados) y 13,260 de mano de obra.
Las carreteras principales son las siguientes: la internacional Núm. 15 (principia en Nogales, toca
Magdalena, Santa Ana, Hermosillo, Guaymas, Empalme, Ciudad Obregón y Navojoa, se interna en
Sinaloa por Aguiabampo y permite el enlace con
Mazatlán, Guadalajara y México) y la de Sonora a
Baja California, que conecta Santa Ana con Tijuana

SONORA
CABECERAS MUNICIPALES. UBICACIÓN Y POBLACIÓN

	Cabeceras municipales	Latitud (1)	Longitud (2)	Altitud (3)	Población (4)
		o ' "	o ' "		
1	Aconchi	29 50 00	110 12 12	462	1,596
2	Agua Prieta	31 19 42	109 33 44	1050	20,754
3	Alamos	27 01 16	108 56 02	410	4,269
4	Altar	30 42 46	111 44 12	1000	2,519
5	Arivechi	28 56 00	109 11 05	407	985
6	Arizpe	30 20 09	110 10 22	870	1,736
7	Atil	30 50 00	111 34 30	1000	756
8	Bacadéhuachi	29 44 30	109 10 00	900	1,514
9	Bacanora	28 59 02	109 23 21	446	990
10	Bacerac	30 21 41	108 49 25	937	1,448
11	Bacoachi	30 38 05	109 54 54	900	869
12	Bacum	27 32 30	110 04 06	34	2,668
13	Banámichi	30 01 30	110 09 36	550	1,133
14	Baviácora	29 43 00	110 08 30	440	2,049
15	Bavispe	30 28 42	108 51 43	902	1,040
16	Benjamín Hill	30 10 00	111 07 15	600	5,366
17	Heroica Caborca	30 41 50	112 09 29	305	20,771
18	Ciudad Obregón (5)	27 29 35	109 56 00	100	114,407
19	Cananea	30 58 57	110 18 01	1489	17,518
20	Carbó	29 41 00	110 57 29	464	2,804
21	La Colorada	28 48 30	110 34 30	787	175
22	Cucurpe	30 19 51	110 42 18	803	425
23	Cumpas	30 02 05	109 47 45	704	2,395
24	Divisaderos	29 36 30	109 18 06	800	928
25	Empalme	27 58 30	110 51 30	2	24,927
26	Etchojoa	26 50 00	109 37 18	20	4,398
27	Fronteras	30 56 00	109 30 00	1129	614
28	Granados	29 51 45	109 18 44	451	1,369
29	Heroica Guaymas	27 55 28	110 53 31	-	57,492
30	Hermosillo (6)	29 04 29	110 57 36	237	176,596
31	Huachinera	30 12 40	108 57 43	1012	928
32	Huásabas	29 47 24	109 18 45	500	1,442
33	Huatabampo	26 49 36	109 38 46	20	18,506
34	Huépac	29 54 30	110 10 45	484	786
35	Imuris	30 46 38	110 51 58	826	1,958
36	Magdalena de Kino	30 37 45	111 03 42	693	10,281
37	Mazatán	28 59 48	110 07 15	300	1,205
38	Moctezuma	29 48 10	109 41 41	677	2,700
39	Naco	31 19 53	109 57 05	1340	3,580
40	Nácori Chico	29 40 00	109 01 30	934	1,355
41	Nacozari de García	30 22 25	109 41 28	1040	2,976
42	Navojoa	27 04 52	109 27 13	40	43,817
43	Heroica Nogales	31 19 49	110 56 42	1120	52,108
44	Onavas	28 27 40	109 31 35	170	352
45	Opodepe	29 54 00	110 39 15	596	684
46	Oquitoa	30 43 00	111 40 45	310	457
47	Pitiquito	30 40 00	112 04 12	294	2,268
48	Puerto Peñasco	31 18 09	113 32 57	61	8,452
49	Quiriego	27 31 11	109 15 07	251	948
50	Rayón	29 42 47	110 34 36	560	1,937
51	Rosario	27 59 30	109 20 00	280	1,887
52	Sahuaripa	29 03 18	109 13 31	460	4,710
53	San Felipe de Jesús	29 52 00	110 10 33	600	476
54	San Javier	28 36 30	109 46 30	255	316
55	San Luis Río Colorado	32 29 54	114 48 30	30	49,990
56	San Miguel de Horcasitas	29 28 30	110 45 30	350	477

	Cabeceras municipales	Latitud (1)	Longitud (2)	Altitud (3)	Población (4)
		o ′ ″	o ′ ″		
57	San Pedro de la Cueva	29 18 12	109 44 00	501	1,645
58	Santa Ana	30 32 38	111 07 26	687	7,020
59	Santa Cruz	31 13 49	110 31 23	1,372	815
60	Sáric	31 06 30	111 25 00	874	420
61	Soyopa	28 45 49	109 38 07	272	356
62	Suaqui Grande	28 23 44	109 53 30	272	985
63	Tepache	29 28 00	109 26 30	822	1,591
64	Trincheras	30 23 30	111 33 30	312	1,050
65	Tubutama	30 53 04	111 28 16	682	342
66	Ures	29 25 45	110 23 29	432	3,681
67	Villa Hidalgo	30 03 00	109 20 00	516	2,126
68	Villa Pesqueira	29 08 00	109 58 00	209	673
69	Yécora	28 19 54	108 58 00	460	930

(1) Latitud norte. (2) Longitud oeste de Greenwich. (3) Altitud: metros sobre el nivel del mar. (4) *IX Censo General de Población. 1970.* (5) Municipio de Cajeme. (6) Capital del Estado.

por el Desierto de Altar, cruzando Caborca, Sonoita y San Luis Río Colorado, con un ramal a Puerto Peñasco. Hay 2 aeropuertos internacionales (Hermosillo y Guaymas), uno nacional (Ciudad Obregón) y 47 pistas de aterrizaje; 3 puertos: Guaymas, Puerto Peñasco y Yavaros (v.PUERTOS); 5 canales de televisión (2 en Hermosillo, 2 en Ciudad Obregón y 1 en Nogales); 43 radiodifusoras (41 comerciales y 2 culturales), repartidas en 15 localidades; servicio de télex en Hermosillo, Ciudad Obregón y Nogales, con 140 líneas; 26 poblaciones enlazadas a la ruta de microondas Guadalajara-Hermosillo-Ensenada; 362 oficinas y 5,723 kilómetros simples de líneas telegráficas, que sirven a 181 localidades; 72,953 aparatos telefónicos, 41,896 suscriptores y 7,202 202 kilómetros de líneas telefónicas; y 150 oficinas de correos que mueven 29 millones de piezas al año. *Fuentes:* Secretaría de Obras Públicas: *Censo Nacional de Caminos 1975* (1976); Dirección General de Estadística, SIC: *Anuario estadístico 1975-1976* (1976); y Secretaría de la Presidencia: *Monografía de Sonora* (1974).

Finanzas Públicas. En 1974 el gobierno del Estado tuvo ingresos por $854.1 millones: 587.6 (68.80%) de impuestos, 26.6 (3.11%) de productos, 126.9 (14.86%) de aprovechamientos; y 113 (13.23%) por otros conceptos; y se destinaron 616.5 (72.18%) a gastos administrativos, 6.8 (0.80%) a obras públicas, 137.8 (16.13%) a transferencias y 93 (10.89%) a otros conceptos.

SOPITZA. En Teziutlán, Puebla, se aplica este nombre al hongo *Armillariella mellea* (Vahl. ex Fr.) Karst., de la familia de las agaricáceas, el cual se desarrolla al pie de los árboles que parasita, o sobre troncos podridos, tanto en bosques de encinos como de coníferas (según Herrera y Guzmán). Sus fructificaciones constan de píleo o sombrerito y estípite o tallo. El píleo es convexo o plano y en el centro tiene una pequeña papila; es de color amarillo miel (de ahí el nombre específico) o pardusco rojizo, a veces con el centro gris oscuro; el margen es finamente estriado y la superficie escamosa; mide de 4 a 10 centímetros de diámetro; en la superficie inferior presenta láminas blancas, morenas o rojizas, dispuestas radialmente desde el borde del píleo hasta la parte superior del estípite; las láminas están cubiertas por un tenue velo fibroso, el cual se rompe, dejándolas cada vez más expuestas cuando la fructificación empieza a madurar. El estípite es cilíndrico, fibroso, algo ensanchado en la base, estriado en la superficie, pardo amarillento o rojizo, de 3 a 6 centímetros de largo; muestra un anillo fibroso-membranoso en la parte superior, el cual es más o menos fugaz y representa los restos del velo en las fructificaciones maduras. La carne es blanca, de sabor algo amargo. Las esporas (elementos reproductores que funcionan como semillas) son lisas, de 5 a 7 micras de ancho por 7 a 10 de largo, blancas en masa (esporada). Esta especie se encuentra en el valle y Estado de México, Hidalgo, Puebla, Oaxaca, Chiapas y Baja California. Aunque en algunos lugares se le considera comestible (Teziutlán, Puebla y Pachuca), en otros lo tienen por venenoso y le llaman *hongo loco* (Desierto de los Leones). A causa de que se desarrolla en árboles vivos, su control tiene importancia económica, pues destruye la madera. En Pachuca lo llaman *babosito*, porque las fructificaciones jóvenes tienen la superficie más o menos viscosa.

43

Cultivo de sorgo

SORDINA. *Oncostoma cinreigulare.* Pájaro de la familia *Tyrannidae*. Mide unos 9 centímetros. El adulto es oliva verdoso por arriba; presenta la cabeza gris; la corona, con rayas oscuras poco notables; las alas y la cola, pardas, con las plumas marginadas de amarillo verdoso; la garganta, gris pálido, apenas manchada de oscuro; el abdomen y el crísum, teñidos de amarillo; el pico, moderadamente largo y curvo; el iris, blanco; y las patas amarillas. Habita la parte sur de México, desde Veracruz hasta Yucatán y del Istmo de Tehuantepec hacia el sur. Alvarez del Toro señala que su nombre vernáculo se debe a que emite un chillido apagado, como con sordina. Es insectívoro. Su nido lo hace en forma de pera, utilizando fibras vegetales y musgo. Sus huevos son pequeños, blancos y con puntos pequeños de color pardo.

SORGO. *Sorghum vulgare* Pers. Planta herbácea anual, robusta, de la familia de las gramíneas, originaria de Africa y Asia, cultivada en varios lugares semicálidos de México cada vez en mayor escala, principalmente como forraje. Se considera que derivó de una especie perene, *S.halepense* (L.) Pers., de la región del Mediterráneo, cultivada también como forraje y para fijar suelos erosionados en zonas áridas. Su aspecto es semejante al del maíz antes de florecer; alcanza 4 o 5 metros de altura; el tallo es articulado y envainado, con la parte central jugosa o seca. Las hojas son largas, anchas, planas y suculentas; presentan en la base una vaina larga que envuelve al tallo y tiene una lígula corta o lengüeta axilar. Las flores están dispuestas en espiguillas vellosas, grandes y anchas, que se agrupan por pares, una sésil y fértil y la otra pedicelada y estéril; el conjunto de estas espiguillas constituye una densa y grande inflorescencia en panícula; las espiguillas fértiles son graníferas y cada una contiene una flor hermafrodita; las estériles son unisexuales, masculinas (sólo con estambres) y caducas; las flores hermafroditas están protegidas por dos glumas papiráceas que cubren a las glumelas y a las glumélulas, y presentan 3 estambres y un ovario globoso con 2 estilos cortos y estigmas plumosos. Los frutos son granos o cariópsides subglobosos, aovados, ovado-oblongos, obovados o elípticos, de 3 a 4 milímetros de largo por 2 a 3.5 de ancho. Se han descrito numerosas variedades que varios autores consideran especies diferentes; las principales son; *S.vulgare* var. *cafrorum* (Retz.) Hubb. & Rehder, originaria de Africa, cuyo grano, muy nutritivo, es semejante al del maíz en composición y digestibilidad; *S.vulgare* var. *subglabrescens* (Steud.) A.F.Hill, también de origen africano, de tallos ligeramente jugosos, muy resistente a la sequía; *S.vulgare* var. *durra* (Forsk.) Hubb. &Rehder, originaria de Egipto, cuyas semillas sirven de alimento a las aves de corral; *S.vulgare* var. *saccharatum* (L.) Boerl., originaria de Asia y Africa, llamada *sorgo dulce* por el sabor del abundante jugo que contienen sus tallos; *S.vulgare* var. *technicum* (Koern.) Fiori & Paoli, cultivada en Europa durante siglos y obtenida por selección a partir del sorgo dulce; *S.vulgare* var. *roxburghii* (Hack.) Haines, originaria de Africa y la

India, cuyos granos maduran tardíamente y pueden cosecharse en el invierno; y *S.vulgare* var.*sudanense* Hitchc., planta forrajera conocida como *pasto del Sudán*.

SORESON, JOHN LEON, n. en Smithfield, Utah, Estados Unidos, en 1924. Maestro en ciencias (1952) por el Instituto Tecnológico de California, doctor en filosofía y letras (1961) por la Universidad de California (Los Angeles) y profesor de ciencias Sociales en la *Brigham Genng Young University* (1969), es autor de: *"A Chronological Ordering of the Mesoamerican Preclassic"*, en *Middle American Research Records* (1955); *"Traditions of inmigration by Sea in the Peopling of Mesoamerica"*, en *El México Antiguo* (1955); y *"A Bibliography for Yucatan medicinal plant studies"*, en *Tlalocan* (1957).

SORIANO, JUAN, n. en Guadalajara, Jal., en 1920. Empezó a pintar a los 14 años, alentado por Jesús Reyes Ferreira. Siguió experimentando por su propia cuenta y en 1935 se trasladó a México. Al año siguiente expuso con la Liga de Escritores y Artistas Revolucionarios (LEAR) y en la Galería de la Universidad (1941). La Galería de Arte Mexicano presentó al conjunto de sus obras en 1945, y en 1951 otra serie de sus acuarelas, óleos y dibujos. Ese mismo año partió hacia Italia. En 1954 expuso en Roma y regresó al país en 1955, para estar presente en la inauguración de otra muestra suya. Ha alternado su producción de caballete con la actividad docente. Dice de él Justino Fernández: "Tiene una primera época de espontaneidad y maliciosa gracia; después intentó obras más ambiciosas y en los últimos años, con mucho mayor conocimiento del oficio, ha hecho un notable esfuerzo por encontrar nuevas formas expresivas y ha logrado algunas originales y de calidad. Tiende a salirse del ambiente y de los temas que cultivan la mayoría de los artistas mexicanos de su generación y lo hace con positivo talento."

SORONDO RUBIO, XAVIER, n. y m. en la Ciudad de México (1883-1957). Se inició muy joven en el periodismo, al lado de Rafael Alducín, en *El Imparcial*. Colaboró en *El Universal Ilustrado* y fue uno de los fundadores de *Revista de Revistas* y del diario *Excélsior*, del cual llegó a ser subdirector editorial, editorialista y presidente del consejo de administración. Desempeñó una misión diplomática en Montevideo, Buenos Aires y La Paz. Fundó *Jueves de Excélsior* y las dos ediciones de *Ultimas Noticias*. En la primera de ellas escribió desde su fundación hasta unos días antes de su muerte, la

24

Una pintura de Juan Soriano

columna "El Glosario de cada Día". Enseñó historia de la cultura en Hispanoamérica en los cursos de verano de la UNAM. Es autor de: *Viñetas, Aleros al tiempo* y *Al amparo de la Cruz del Sur* (en prosa); y *El mesón del Cristo Herido, El corrido de Sóstenes Montejano, Estampas de torería* y *Hacia la cumbre* (en verso).

SOSA, FRANCISCO, n. en Campeche, Camp., en 1848; m. en la Ciudad de México en 1925. En Mérida cursó latinidad, filosofía y derecho. En 1868 pasó a México. Colaboró en las revistas *La vida de México* y *El Renacimiento* y en los periódicos *El Radical* y *El Federalista*, entre otros. Regresó a Mérida, fundó una revista de oposición al gobierno del Estado, fue detenido y se le confinó a San Juan de Ulúa. Al triunfar la rebelión de Tuxtepec, recobró la libertad y se hizo cargo del archivo del Ministerio de Fomento. Fue diputado por largos años. Formó parte de la Comisión Colombiana que asistió en España a las celebraciones del IV Centenario del Descubrimiento de América. Dirigió la Biblioteca Nacional. Cultivó la poesía, el cuento y la leyenda; dentro del campo de la historia, se distinguió como biógrafo. De su extensa bibliografía destacan: *Manual de biografía yucateca* (1866),

1

Francisco Sosa

El Episcopado Mexicano (1871), *Biografías de mexicanos distinguidos* (1884) y la versión castellana de *La Jerusalem Libertada* de Tasso.

SOTO Y GAMA, ANTONIO, n. en San Luis Potosí, S.L.P., en 1880; m. en la Ciudad de México en 1967. Abogado (1901) por el Instituto Científico y Literario de su ciudad, participó junto con Camilo Arriaga y Ricardo Flores Magón en la fundación del Club Liberal Ponciano Arriaga. De 1902 a 1904 estuvo desterrado en Estados Unidos por sus actividades de oposición al regimen del presidente Díaz. Presentó un proyecto de ley agraria a la XXVI legislatura. Se unió a Emiliano Zapata (v.MORELOS, ESTADO DE), a quien representó en la Convención de Aguascalientes. Fue diputado federal en varios períodos. Enseñó historia de México en la Escuela Nacional Preparatoria y de derecho agrario en la de Jurisprudencia, ambas de la UNAM. Colaboró en el Instituto de Estudios Históricos de la Revolución Mexicana. Es autor de: *La revolución agraria del sur y Emiliano Zapata, su caudillo.*

SOTO IZQUIERDO, ENRIQUE, n. en Cusihuirachic, Chih., en 1937. Abogado (1961) por la Facultad de Derecho de la UNAM, ha sido: campeón internacional de oratoria (concurso de *El Universal*,

1957), socio fundador de la cooperativa que edita *El Día* (1964) y director del suplemento cultural *El Gallo Ilustrado* (1965-1970), director de la revista *La República*, órgano oficial del PRI (1968-1970), director general del Instituto Nacional de la Juventud Mexicana (1970-1976) y diputado federal. Es autor de los ensayos "El liberalismo y la Constitución de 57 (1957) y "La Declaración de Derechos del Hombre y los propósitos de la ONU" (1958); tradujo al inglés la Constitución Política de 1917 (1961) y en 1964 publicó *Misión a Oriente*, memoria del grupo del Banco Nacional de Comercio Exterior que visitó los países asiáticos del Pacífico.

SOTOL. Nombre que se aplica a varias especies de plantas del género *Dasylirion* Zucc., de la familia de las liliáceas, con cuyo tronco o cabeza (generalmente corto), asado y fermentado, se prepara en los estados del norte del país la bebida alcohólica denominada sotol, semejante al tequila o al mezcal (v.MAGUEY). Las especies de este género prosperan en lugares áridos o semiáridos; se caracterizan por sus hojas arrosetadas con espinas pequeñas y encorvadas en los bordes y una púa terminal, lo que les asemeja a los magueyes; pero a diferencia de éstos, son delgadas, angostas, rígidas, con forma de espada, aproximadamente de un metro de largo por 2 a 3 centímetros de ancho, adelgazadas hacia el ápice y ensanchadas en la base. Las flores son pequeñas, blanquecinas, hermafroditas; están dispuestas en vistosas inflorescencias paniculadas hasta de 3 a 4 centímetros de altura, cuyo eje central, llamado garrocha, es largo y rígido; sobre las ramas de este eje se encuentran las flores en grupos protegidos por sendas brácteas; el perianto está constituido por 6 segmentos denticulados; el androceo consta de 6 estambres; y el ovario es súpero, unilocular, con 2 a 3 óvulos. El fruto es pequeño, capsular, alado, con 2 a 3 semillas. Varias especies de sotol se usan también como forraje y a veces como alimento para el hombre. Las principales especies conocidas con ese nombre son las siguientes:

D.durangense Trel. o *sotol de Durango*, planta de un metro de altura, con el tallo muy corto y las hojas de 2.5 centímetros de ancho, algo glaucas; sólo se le conoce en esa entidad; *D.wheeleri* S. Wats., con tronco hasta de un metro de alto y hojas de 80 centímetros a un metro, glaucas o verde, se encuentra en Sonora y Chihuahua y recibe también el nombre de *sanó*; *D.palmeri* Trel. o *sotol de Coahuila*, conocido sólo en esta entidad, alcanza hasta 3 metros de alto, sus hojas miden aproximadamente un metro de largo por 2.5 a 3 centímetros de ancho, y son ligeramente glaucas o verdes y desprovistas de espinas; sirven para hacer escobas; y *D. cedrosanum* Trel., con tronco hasta de 1.5 metros de alto y hojas glaucas (un metro de largo por 2 centímetros de ancho), es común en Coahuila, Zacatecas y Durango, y se le llama también *sotol cenizo.*

SOTOMAYOR, ARTURO, n. en Veracruz, Ver., en 1913. Es abogado por la Universidad Nacional. Durante muchos años ha ejercido el periodismo y profesado la cátedra de historia de México en la Escuela Nacional Preparatoria. Su labor poética se registra en los siguientes libros: *Vértigo azul* (1947), *El ángel de los goces* (1955) y *En esta tierra* (1956). Como historiador y ensayista, ha publicado: *Nuestros niños héroes* (1947), *Sombras bajo la luna* (1948; incluye también relatos), *Dos sepulcros en Bonampak* (1949), *Los bárbaros sobre la Ciudad de México* (1960) y *Viajes al pasado de México* (1963). Su trabajo sobre la Ciudad de México (literario, periodístico e histórico a la vez, como apunta José Joaquín Blanco) es notable, y de ello son fruto los tres libros donde consta su experiencia y conocimientos de la capital mexicana: *México donde nací, biografía de una ciudad* (1968; 2a. ed., 1974), *De la famosa México el asiento* (1969) y *La metrópoli mexicana y su agonía* (1973). Ha publicado antologías comentadas de Artemio del Valle-Arizpe y de Manuel Rivera Cambas. En mayo de 1977 fue designado miembro de número en la Academia Mexicana de Bellas Artes, filial de la Legión de Honor Nacional; su discurso de ingreso a esa agrupación se tituló "Un proyecto de tragedia urbana: la Ciudad de México". v.J.J.Blanco: "Arturo Sotomayor y la Ciudad de México", en *La Cultura en México*, suplemento de la revista *Siempre!* (junio de 1977).

SOUZA NOVELO, NARCISO, n. y m. en Mérida, Yuc. (1875-1952). Médico (1906) por la Universidad de Columbia, Nueva York, se especializó en electricidad médica y en rayos X (1907). Fue uno de los primeros en utilizar la fisioterapia en Yucatán y en hacer exploraciones a base de rayos X. Estudió las plantas medicinales, textiles y alimenticias de la península y publicó una *Botánica* (1913). Sus estudios sobre orquídeas tuvieron resonancia internacional en las sociedades orquidófilas de Londres y Estados Unidos. Es autor de: *Zacates y gramíneas de Yucatán, Plantas alimenticias y de condimento que viven en Yucatán, Arboles maderables de Yucatán, Arboles frutales que viven en Yucatán* y *Curso de Botánica.* Además, editó en Mérida las

siguientes monografías: *Pochote* (1939), *Zicilte,* (1939), *Farmacopea maya, Henequén. Ki* (1940), *Plantas melíferas y poliníferas que viven en Yucatán* (1940), *Sabila o zábila* (1940) y *Ciruelos americanos, con dibujos de los que se producen en Yucatán.* De 1947 a 1952 se consagró a la clasificación de especies botánicas de México, Cuba y América del Sur, registrando sus nombres científicos y vulgares en maya y en español. Su colección de plantas disecadas sobrepasa los 3 mil ejemplares, cuya descripción consta en 8 volúmenes inéditos. La Asociación Botánica de Norte América bautizó en su honor una planta de la familia de las euforbiáceas (*Nidoscolus souzae*), útil para curar la lepra y el mal del pinto, que en maya se denomina *tsah* o *tzatz.* Es autor además, de *Leyendas Mayas.* v.Luis González: *Fuentes de la historia contemporánea de México. Libros y folletos* (1961).

SOYA (soja). *Glycine max* (L.) Merrill. Planta anual, herbácea o arbustiva, de la familia de las leguminosas, erectas, postrada o más o menos voluble, de 0.3 a 2 metros de altura, originaria de Japón, China e Indochina. Sus tallos y ramas están cubiertos de pelos grises o castaños. Las hojas son alternas, trifoliadas o pentafoliadas, con pecíolo largo y estípulas pequeñas algo pubescentes; los folíolos son ovalados, oval-lanceolados o lanceolados, de 7 a 15 centímetros de largo, enteros, obtusos, agudos o ligeramente apiculados. Las flores son pequeñas, pentámeras (presentan 5 sépalos y 5 pétalos), blancas o purpúreas, con el cáliz hirsuto, más o menos gamosépalo (algunos sépalos están ceñidos en la base); la corola semeja una mariposa; tiene 10 estambres, de los cuales uno es parcialmente libre y 9 están unidos por sus filamentos; el ovario es súpero, unilocular y está superpuesto por un estilo liso y corto que termina en un pequeño estigma globoso. El fruto es una vaina aplanada, péndula, generalmente comprimida entre las semillas, castaña o amarilla-morena, velluda, cortamente pedunculada, angosta, de 5 a 8 centímetros de largo por 1 a 1.5 de ancho. Tiene de 2 a 5 semillas en cada vaina, globosas o elípticas, verdes amarillas, morenas o negras, semejantes a las de ciertas variedades de frijol, por lo cual se les denomina *frijol de soya* o *de soja.* Puede ser cultivada en una gran variedad de suelos y de climas, pero requiere una temperatura más o menos alta y es susceptible a las heladas. En general, las zonas adecuadas para el cultivo del maíz lo son también para la soya. En el oriente de Asia se cultivan muchas variedades de soya, pues es la legumbre más importante en esa región; se sabe que ya se cultivaba en China hace 4,800 años. En México se fomenta su cultivo debido al alto valor nutritivo de sus semillas, las cuales, además de contener alrededor de un 40% de proteínas de buena calidad, están indicadas para la dieta de los diabéticos porque contienen poco almidón. Se usan también en pastelería, como sucedáneo del café, y de ellas se extrae aceite que se emplea en la alimentación y en la industria (elaboración de jabones, barnices, lubricantes, pinturas y tinta de imprenta). Las hojas y tallos de la planta sirven como forraje. Las raíces, como las de otras leguminosas, enriquecen el terreno con nitrógeno, por lo que conviene dejarlas como fertilizante. Las plantitas tiernas se comen en ensalada (ingrediente de muchos platillos chinos, como el chop suey). Las semillas maduras, cocidas y guisadas se consumen como frijol, y tostadas como cacahuate. Del grano desengrasado se obtiene una harina que sirve para fabricar macarrones, bizcochos, salsas, confituras, pasteles, leche, quesos, plásticos y fibras sintéticas, y para mejorar el tipo de espuma de la cerveza. La adición de soya a la masa de maíz y a la harina de trigo aumenta el poder nutritivo de las tortillas y del pan.

SPAIN, Dr. AUGUST ORAN, n. en Austin, Texas, Estados Unidos, en 1907. Maestro en artes (1931) y doctor en filosofía y letras (1937) por la Universidad de Yale y profesor de ciencias políticas en la Universidad Cristiana de Texas (1946-), es autor de: *"Mexican Federalism Revisited"*, en *Western Political Quarterly* (1956).

SPARKS STIMSON, FREDERICK, n. en Newark, Ohio, Estados Unidos, en 1919. Profesor de lenguas romances en la Universidad de Northwestern, es coeditor de: *Gogel Ladrién by Fernández Flores* (1957) y *Moctezuma, el de la silla de oro, by Monterde* (1958).

SPELL, LOTA M., n. en 1885. Maestro en artes (1919) y doctor en filosofía y letras (1923) por la Universidad de Texas, de 1922 a 1929 catalogó la *Colección García Icazbalceta* que se conserva en la biblioteca de esa universidad. Es autor de: *Research Materials for the Study of Latin American at the University of Texas* (1954), *Pioneer Printer: Samuel Bangs in Mexico and Texas* (1963); y *"The Interplay of Books and Life": J.R.Spell and "El Periquillo"*, en *Library chronicle of the University of Texas* (1968).

SPENCE, JAMES THEODORE CHARLES LEWIS, n. en Brooghty, Ferry, Escocia, en 1874; m. en Cambridge, Inglaterra, en 1911. Estudió humanidades y filosofía en la Universidad de Edimburgo, graduándose en 1896. Se especializó en el estudio de las religiones de América. Publicó en Londres: *The Mythologies of ancient Mexico and Peru* (1907), *The Popol Vuh* (1908), *The Myths of Mexico and Peru* (1911), *The Civilization of Ancient Mexico* (1913), *The Gods of Mexico* (1923), *The Magic and Mysteries of Mexico* (1930), *The Religion of Ancient Mexico* (1945) y *Myths and Ritual in Dance Game and Rhytme* (1947).

SPIESS, LINCOLN BUNCE, n. en Hartford, Connecticut, Estados Unidos, en 1913. Doctor en filosofía y letras (1948) por la Universidad de Harvard y profesor de música en la Universidad de Washington (1948-), es autor de: *"Benavides and Church Music in New Mexico in the Early 17th Century"*, en *Journal of the American Musicological Society* (1964); y *"Church Music in 17th Century in New Mexico"*, en *New Mexico Historical Review* (1965); y coautor de: *Introduction to the musical Archives of the Cathedral of Mexico, the Viceregal Museum, Tepotzotlán and the Cathedral of Puebla* (1969).

SPINDEN, HERBERT JOSEPH, n. en Huron, South Dakota, Estados Unidos, en 1879; m. en Brooklyn, Nueva York, en 1967. Doctor en filosofía y letras (1900) por la Universidad de Harvard, fue investigador de Antropología (1909-1921) y conservador de arqueología y etnografía del *Peabody Museum* (1921-1929), del Museo de Artes y Ciencias de Buffalo (1926-1929), y del *American Indian Art and Primitive Cultures* de Brooklyn. Hizo numerosas exploraciones en Yucatán, Honduras y Guatemala. Viajó por Cuba, Chile y Argentina en misiones culturales y adquirió renombre como arqueólogo especializado en la cultura maya. Dejó escritos excelentes estudios, entre ellos: *A Study of Maya Art, its subject and historical development* (1913), el cual es no sólo un bello estudio, sino que contiene una importante lectura cronográfica de los monumentos de Copan; *"Ancient gold art in the New World"*, en *The American Museum Journal* (1915); *"The Reduction of the maya Dates"*, en *Peabody Museum Papers* (1924); *Ancient Civilizations of Mexico and Central America* (1928); e *"Indian manuscripts of Southern Mexico"*, en *Annual Report of the Smithsonian Institution* (1933).

SPOTA, LUIS, n. en la Ciudad de México en 1925. Periodista desde los 14 años de edad, ha sido reportero de la revista *Hoy* y de *Excélsior*, colaborador de *Novedades* y *Política*, corresponsal viajero en los

47

Colombo, capital de Sri Lanka

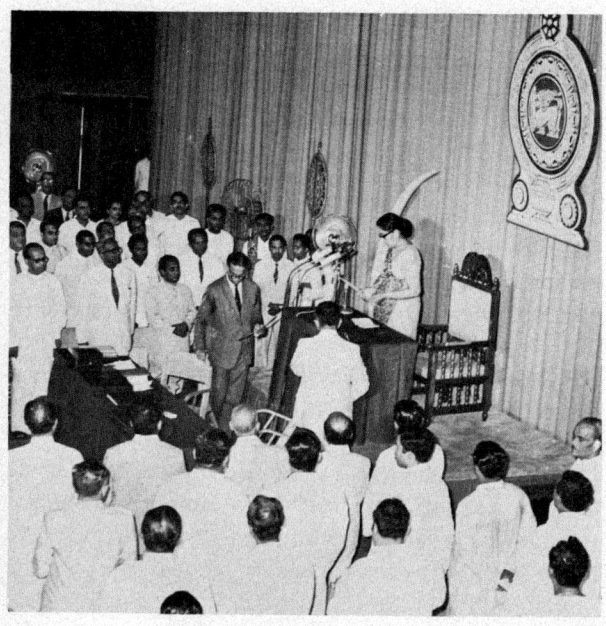

47

Proclamación de la República de Sri Lanka (22 de mayo de 1972)

cinco continentes, director de la revista *Espejo*, conductor de programas de televisión y director (hasta 1977) del "Heraldo Cultural", suplemento de *El Heraldo de México*. Es autor de: *José Mojica, artista y fraile* (1943), *Biografía del licenciado Alemán* (1946), *De la noche al día* (1944), dos obras de teatro: *Ellos pueden esperar* y *Dos veces la lluvia* (1949), *El aria de los sometidos* (1962), *El coronel fue echado al mar* (1947, novela por la que obtuvo el primer premio del Concurso Nacional de Literatura), *Murieron a mitad del río* (1948), *Más cornadas da el hambre* (1950, Premio Ciudad de México); *Vagabunda* (inicialmente argumento cinematográfico, 1950), *La estrella vacía* (1950), *Las grandes aguas* (1954), *Casi el paraíso* (1956), *Las horas violentas* (1958), *La sangre enemiga* (1959), *El tiempo de la ira* (1960), *La pequeña edad* (vol.I de una tetralogía) (1965), *La carcajada del gato* (1964), *Los sueños del insomnio* (1966), *La plaza* (1971), *El viaje* (1973), *Retrato hablado* (1975), *Palabras mayores* (1975) y *Sobre la marcha* (1976). Sus novelas han sido traducidas al inglés, francés, alemán, yugoslavo, indonés, yiddish, polaco, sueco, húngaro, ruso e italiano.

SPRATLING, WILLIAM, n. en Sonyea, Nueva York, Estados Unidos, en 1900; m. cerca de Iguala, Gro., en 1967. En 1917 inició la carrera de arquitectura en la Universidad de Auburn, Alabama, y durante 8 años impartió cátedra en la de Tulane. En 1929 se estableció en Tasco, Gro. Interesado en la artesanía de la plata, diseñó piezas inspiradas en la joyería prehispánica. Creó una empresa para fomentar esa actividad. Fue también caricaturista, aviador y horticultor. Su colección de piezas arqueológicas la donó al Museo de Tasco, institución que lleva su nombre, al igual que una calle de esa población. Falleció en un accidente automovilístico. Escribió, entre otras obras: *Old plantation houses in Louisiana* (1929), *The Frescoes of Diego Rivera* (1930), *A small Mexicana world* (1964), *More human than divine* (1960) y *File on Spratling: An Autobiography* (1932 y 1967).

SRI-LANKA (antes Ceilán). República situada en el Oceáno Indico, al sureste de la India. Es la vigésima cuarta isla más grande del mundo. En cingalés, Sri Lanka quiere decir: "La Isla Esplendorosa". Tiene una extensión de 65,610 kilómetros cuadrados y una población de 13.680,000 habitantes. Es uno de los países más bellos del mundo; tiene playas de blancura inmaculada protegidas por arrecifes de coral y bordeadas de palmeras y altas montañas con bosques de un verde intenso. La capital es Colombo, donde viven 607 mil personas. Sus ciudades principales son Dehiwala-Monte Lavinia (128 mil), Jaffna (108 mil) y Kandy (75 mil). El idioma oficial es el cingalés, pero se hablan también el tamil y el inglés. Se practican el budismo, el induismo, el islamismo y el cristianismo. La mayor altura es el monte Pidurutalagala, a 2,257 metros sobre el nivel del mar.

El país se divide geográficamente en dos regiones principales: una de colinas y altas montañas pobladas de bosques, y la planicie costera, que se amplía hacia el norte. Los ríos principales son el Mahaweli Ganga (332 kilómetros) y el Aruvi Aru (167). La economía de la isla se basa en la agricultura y en la exportación de té, hule y cocos. Otros cultivos importantes son el arroz, el cacao, el clavo, las nueces de la India, la canela y la nuez moscada. La industria representa sólo el 8% del producto nacional bruto. Se producen cerveza, bicicletas, juguetes metálicos, plumas fuente, cemento, textiles, cerámica, papel, zapatos y artículos de cuero. Son famosas sus piedras preciosas (zafiros, rubíes y aguamarinas) y es exportador de grafito. La población se divide en tres grupos étnicos: cingaleses (79%), tamiles (13%) y moros (descendientes de comerciantes árabes, 7%). Hay minorías de malayos, afganos, baluchis, burghers (descendientes de holandeses y otros europeos) y veddas.

Hacia 3000 a.de C., según el Ramayana, un personaje mitológico llamado Rama, encarnación del dios Vishnú, conquistó la isla para rescatar a su esposa Sita, secuestrada por Ravana, el rey demonio de Sri Lanka. El *Mahavamsa*, crónica de los reyes cingaleses, escrita en el siglo V, narra la historia del país desde su colonización por el príncipe bengalés Vijaya hasta la muerte del rey Mahasena; y otros testimonios la continúan hasta el último monarca de la dinastía kandiana, Sri Wickrama Rajasinha (1815). Antes habían ocupado la costa de Ceilán los portugueses (1505-1655) y los holandeses (1656-1796). Estos cedieron la posesión a los ingleses y en 1798 el país fue declarado colonia británica, situación que conservó hasta 1948, en que pasó a ser Dominio del Reino Unido. D.S. Senanayake, del Partido de Unión Nacional, fue nombrado primer ministro. El PUN fue derrotado en 1956 por el Partido Independentista, el cual se unió a otros grupos de izquierda para formar el Frente Unido, que llevó al gobierno a S.W.R.D. Bandaranaike. Asesinado éste en 1959, fue sustituido por su esposa, Sirimavo Bandaranaike quien se convirtió así en la primera jefa de Estado del mundo. En 1962 la primer ministro nacionalizó las compañías petroleras y otras propiedades de extranjeros, y tuvo serias diferencias con Estados Unidos e Inglaterra en cuanto a la indemnización por los bienes expropiados. En 1965 volvió al poder el PUN, esta vez bajo la dirección de Dudley Senanayake; y en 1970 el Partido Independentista, en coalición con los trotskistas y el Partido Comunista; y la señora Bandaranaike se convirtió de nuevo en primer ministro. Uno de los factores de este triunfo fue el voto de 800 mil jóvenes, entre 18 y 21 años, que concurrieron a las urnas por primera vez. El 22 de mayo de 1972 Bandaranaike proclamó la república independiente bajo el nombre de Sri Lanka. Hasta entonces había sido dominio británico con el nombre de Ceilán. William Gopallawa, que era el gobernador general, fue nombrado primer presidente. Ese año se promulgó la Constitución.

Las relaciones diplomáticas entre México y Sri Lanka se establecieron en 1972. A partir del 18 de octubre de 1972 es embajador de ese país en México el señor Neville Kanakaratne; y el de México, Carlos Gutiérrez Macías. El 17 de junio de 1975 la primer ministro Sirimavo Bandaranaike visitó oficialmente México; y el 24 de julio siguiente el presidente Luis Echeverría se entrevistó con ella en la ciudad de Colombo.

STABB, MARTIN S., n. en Nueva York, Estados Unidos, en 1928. Profesor de español en la Universidad de Misuri, es autor de: *"Martí and the Racists"*, en *The Hispania* (1957); *"Indigenism and Racism in Mexico Through 1857-1911"*, en *Journal of Inter-American Studies* (1959); y *"La Bella Dormida: Analysis of the Image"*, en *The Hispania* (1963).

STAMPA ORTIGOZA, MANUEL LUIS, n. en Guadalajara, Jal., en 1881; m. en Cuernavaca, Mor., en 1930. Estudió en el Colegio de los Padres Maristas de su ciudad natal, de donde pasó, aún niño, a la *Ecole Duvignan de Lausan* de París, y después al *Instituto Industriel du Nord de France* de Lille, donde se graduó de ingeniero civil y electricista (1906). Tomó cursos de especialización en la Universidad de París (1906-1907). Fue profesor de electricidad industrial en la Escuela Nacional de Artes y Oficios de la Ciudad de México (1907-1916), ingeniero en jefe de la Compañía de Luz y Fuerza (1908-1919) y constructor del puente para ferrocarril en Surumuato, Qro., de las escolleras de Coatzacoalcos, Salina Cruz y Mazatlán, y de numerosas casas de tipo francés e italiano en las colonias Cuauhtémoc, Roma y Roma Sur de la Ciudad de México. Hizo las primeras fincas modernas en Cuernavaca (1924) e introdujo en México los materiales prefabricados (ventanas de hierro, ladrillos de cemento comprimido, tinacos de asbesto, pisos de linóleo, muros de celotex). Fue de los primeros que operaron radiorreceptores (1919). Fundó, dirigió y formuló el primer plan de estudios de la Escuela Práctica de Ingenieros y Mecánicos Electricistas (1915), antecedente de la actual Escuela Superior de Ingeniería Mecánica y Eléctrica del IPN. Es autor del primer libro de electricidad escrito y hecho en México:

Lecciones de electricidad industrial profesadas en la Escuela N. de Artes y Oficios para hombres, de México (1908), y de numerosos artículos de carácter técnico en revistas nacionales y extranjeras. v.Manuel Carrera Stampa: "Ing. Manuel L.Stampa", en *Libro de Oro Conmemorativo del Cincuentenario de la Escuela Superior de Ingeniería Mecánica y Eléctrica* (1966).

STANISLAWSKI, DAN, n. en Bellingham, Washington, Estados Unidos, en 1903. Doctor en filosofía y letras (1944) por la Universidad de California (Berkeley) y profesor de geografía en la Universidad de Arizona (1967-), es autor de: *The Anatomy of Eleven Towns in Michoacan* (1950).

STANLEL ROSS, HAMILTON, n. en Tulsa, Oklahoma, Estados Unidos en 1928. Maestro en artes (1955) y doctor en filosofía y letras (1963) por la Universidad de California (Los Angeles) y profesor de geografía en el *San Fernando Valley State College* (1963-), es autor de: "*Antecedents of the Mexican-United States Water Agreement in 1965*", en *Association of Pacific Coast Geographers Yearbook* (1965); "*Prehistoric Trade Routes Between Mesoamerica and the American Southwest*", en *California Geographer* (1967); y "*Metallurgical Origins*", en *Annals of the Association of American Geographers* (1968).

STANLEY, ROBE LINN, n. en Tangent, Oregon, Estados Unidos, en 1915. Profesor de español en la Universidad de California (Los Angeles), es autor de: *Coloquios de pastores from Jalisco, México* (1954).

STANLEY BROTHERS, DWIGHT, n. en Sterling, Kansas, Estados Unidos, en 1929. Profesor de economía en la Universidad de Rice, es autor de: *Specialization or Diversification? A basic Policy Decision confronting economically underdeveloped countries* (1959), *Nexos entre la estabilidad monetaria y el desarrollo económico en América Latina: Un escrito doctrinal y de política* (1962) y *The financing of Capital formation in Mexico* (1963).

STANLEY ROSS, ROBERT, n. en Nueva York, Estados Unidos, en 1921. Maestro en artes (1943) y doctor en filosofía y letras (1951) por la Universidad de Columbia y director del Instituto de Estudios Latinoamericanos en la Universidad de Texas (1968-), es autor de: *Francisco I.Madero, Apostle of Mexican Democracy* (1955); editor de: *Is the Mexican Revolution Dead?* (1966); y compilador de: *Fuentes de la historia contemporánea de México* (2 vols., 1965-1967).

Frederick Starr

STANNUS, ANTHONY CAREY. Pintor inglés que vivió en México entre 1847 y 1865. Recorrió el país y pintó por lo menos 25 acuarelas, entre ellas *Ascensión al Popocatépetl, Los Volcanes, El Castillo de Chapultepec, Paseantes en el Bosque de Chapultepec, Atardecer cerca del antiguo Teotihuacán, Villa de Guadalupe, Paisaje con el Ajusco, Pachuca, Santa Fe, Puente del Paso del Macho con una diligencia, El Camino de las Cabras* y *La Sierra del Ajusco.* En 1959, en la exposición Los Descubridores del Paisaje Mexicano, en el Palacio de Bellas Artes, Stannus estuvo representado con 14 obras. v.Javier Pérez de Salazar: *La pintura mexicana. Siglo XIX* (1968); Manuel Romero de Terreros: "Los descubridores del Paisaje mexicano", en *Artes de México* (Núm. 28, 1959); e Instituto Anglo-Mexicano de Cultura: *Artistas británicos en México. 1800-1968* (1968).

STARR, FREDERICK, n. en Anburn, Nueva York, Estados Unidos, en 1858; m. en Seatle, Washington, en 1933. Doctor en filosofía y letras y conservador de la sección Walker del Museo de la Universidad de Chicago, hizo exploraciones en Japón (1904), el Congo (1905-1906), Filipinas (1908), Japón (1909-1910, 1917), Corea (1911, 1913,

1915-1916) y Liberia ((1912). Visitó México varias veces. Dejó escritos numerosos libros sobre antropología y etnología de los países en donde exploró. Con referencia a México, escribió: *Indians of southern Mexico* (1899), *Reading from modern Mexico authors* (1904), *In Indian Mexico* (1908), y su raro y atractivo *Check-list of Mexican Ex-libris* (Chicago, 1922).

STECK, FRANCIS BORGIA, n. en San Luis Misuri, Estados Unidos, en 1884; m. en Quincy, Ilinois, en 1962. Profesó en 1905, estudió 2 años filosofía y teología, y se ordenó en 1911. Franciscano, fue párroco en el *St. Joseph Seminary* (1912-1913), donde editó el *Franciscan Herald* (1913-1919). Ayudó a fray Zephryn Engelhart en su *Historia de las misiones de California* (1919-1921). Se doctoró en historia en la *Catholic University* de Washington (1927). Explicó las cátedras de español e historia de América y Europa en el *Quincy College* (1928-1933), y de historia de Hispanoamérica en la *Catholic University* (1933-1947). En el colegio de Quincy formó e instaló la *Bibliotheca Fraborese*, especializada en temas hispanoamericanos. Escribió: *The first college in America. Santa Cruz de Tlatelolco* (1948); "*Some recent trends and findings in the history of spanish colonial empire in America*", en *The Catholic Historical Review* (1943); "*Christopher Columbus and the franciscans*", en *The Americas* (1947); y *Marquette Legends* (1960). Tradujo: Fr. Toribio de Motolinia: *History of Indians of New Spain. With notes and bibliography* (1951). v. *Franciscan Fathers, Quincy College*: "*Francis Borgia Steck*", en *Revista de Historia de América* (1962).

STEGGERDA, MORRIS, n. en Holland, Michigan, en 1900; m. en Hartford, Conn, Estados Unidos, en 1950. Doctor en filosofía y letras (1928) por la Universidad de Ilinois y profesor de antropología en la *Hartford Seminary Foundation* (*Kenedy School of Missions*), participó en 10 sesiones de campo durante varios años, midiendo indios mayas de Yucatán para la *Carnegie Institution of Washington D.C.* Es autor de: "*Metabolism in Yucatan. A study of the Maya Indian*", en *American Journal of Physical Anthropology* (Madison, 1932); "*A physical and physiological description of adult Maya Indians from Yucatan*" (1935), "*Finger lenghts of the Maya Indians as compared with negroes and whites*" (1936), "*Finger prints in Maya Indians*" (1936) y "*A Racial study of palmar dermatoglyphics with special reference to the Maya Indian in Yucatan. Mesurer of Men*" (1936), en *Midle American Research Series* (Nueva Orleans). Los libros: *Anthropometry of adult Maya Indians. A study of their physical and physiological characteristics* (1932), *The food of the present-day. Maya Indians of Yucatan* (1936) y *Maya Indias of Yucatan* (1941) fueron publicados por la Institución Carnegie (34, 456 y 531).

STEINEFFER, JUAN DE, n. en Silesia, Alemania, en 1664; m. en Yécora, Son. en 1716. Religioso de la Compañía de Jesús, estudió medicina. Se le destinó a las misiones de la Pimería Alta, en Sonora. Asistió a los padres y a los indígenas congregados por más de 20 años. Escribió *Florilegio medicinal de todas las enfermedades* (1712), reeditádo en Amsterdam (1719), Madrid (1729), Querétaro (1853) y México (1887 y 1890). Su verdadero apellido era Steinbhöffer.

STEPHENS, JOHN LLOYD, n. en Shrewbury, Nueva Yersey, en 1805; m. en Nueva York, Estados Unidos, en 1852. Estudió leyes en la Universidad de Columbia, titulándose de abogado en 1822. Por un tiempo se dedicó a la diplomacia y estuvo en París, Roma y Londres. Más tarde entró a los negocios y llegó a ser director de la *Steam Navegation Company*. En Londres conoció al arquitecto y dibujante Frederick Catherwood, a quien invitó a ir a trabajar a Nueva York y con quien después efectuó dos viajes a las zonas arqueológicas de Centro America y Yucatán (1839 a 1840 y 1841 a 1842). Sus expediciones tuvieron gran resonancia en su país y en Europa, al publicarse la crónica de sus aventuras, e influyeron notablemente en el mundo científico. Escribió numerosos artículos y ensayos, significándose mundialmente las siguientes obras: *Incidents of Travel in Central America, Chiapas and Yucatan* (2 vols., Nueva York 1841; hay ediciones posteriores y las traducciones castellanas: 2 vols., Campeche, 1848-1850; y 2 vols., Mérida, 1869-1871); *Incidents of travel in Yucatan* (Nueva York, 1843, y otras ediciones) y *Chichen* (Nueva York, 1846). v. Crescencio Carrillo y Ancona: "Reseña Biográfica de Mr. John Lloyd Sthephens", en *El Repertorio Pintoresco* (Mérida, 1863); Arthur E. Gropp: "Bibliografía de John Lloyd Sthephens", en *Los Mayas Antiguos* (Mérida, 1941); Rafael Heliodoro Valle: "John Lloyd Stephens y su libro extraordinario", *Revista de Historia de América* (Tacubaya, 1948); Roseve R. Hill: "*John and his American Book*" en *The Americas* (Washington, 1949); Victor Wolfang von Hagen: *Maya Explorer. John Lloyd Stephens and the last cities of Central America and Yucatan* (Norman, 1947) y *Frederick Catherwood* (Nueva York, 1950).

STERLING, HENRY SOMERS, n. en Nueva York, Estados Unidos, en 1905. Maestro en artes (1934) por la Universidad de Columbia, y doctor en filosofía y letras (1939) por la de Wisconsin, es autor de: *An Evaluation of Mexico's Principal Types of Farm Operation"*, en *Land Tenure* (1956).

STERN, MIROSLAVA, n. en Praga, Checoslovaquia, en 1926; m. en la Ciudad de México en 1955. A los 12 años de edad pasó a México. En 1945, después de haber tomado clases de arte dramático con Seki Sano, se dedicó al cine y al teatro. Debutó en el cine con la película *Bodas Trágicas.* Luego participó en otros 20 filmes. En 1954 representó a la industria cinematográfica mexicana en el Festival de Venecia. Actuó por última vez en *Ensayo de un crimen,* basada en la novela de Rodolfo Usigli. Se suicidó en México.

STEVES, ROBERT PAUL, n. en Chicago, Ilinois, Estados Unidos, en 1939. Maestro en artes (1966) por la Universidad de Florida e investigador de la *Defense Intelligence Agency* (1966), es autor de: *"Some Aspects of Internal Migration and Urbanization in Mexico 1950-1960",* en *An International Geographical Union* (1966); e *Internal Migration in Mexico, 1950-1960"*, en *Revista Geográfica* (1969).

STEVENS, EVELYN P., n. en Chicago, Ilinois, Estados Unidos, en 1919. Maestra en artes .(1963) y doctora en filosofía y letras (1968) por la Universidad de California (Berkeley) y profesora de ciencias políticas en la *Case-Western Rederve University* (1969-), es autora de: *"Mexican Machismo: Politics and Value Orientations",* en *Western Political Quarterly* (1965); y *"Legality and Extra-Legality in Mexico",* en *Journal of Inter-American Sudies* (1970).

STEVENSON YORKE, SARA, Norteamericana, en febrero de 1862 llegó a México con su hermano, quien era corresponsal de guerra de la armada inglesa. Radicó muchos años en el país y escribió: *Maximilian in Mexico. A Woman's Reminicense of the French Intervention 1862-1867* (Nueva York, 1899).

STIRLING, MATTHEW W., n. en Salinas, California, Estados Unidos, en 1896. Maestro en artes por la Universidad George Washington (1922), doctor en ciencias por la Universidad de Tampa (1945) y arqueólogo de la *Smithsonian Institution* (1958), ha hecho exploraciones arqueológicas en Panamá, Costa Rica, Guatemala y México. Es autor, entre otras obras de: *"An anthropological reconnaissance in Guatemala, Honduras and Yucatan",* en *Exploration and Field Work* (1936); y *"Stone monuments of Southern Mexico"* (1943), *"An archaeological reconnaissance in Southeartern Mexico"* (1954), y *"Stone monuments of Río Chiquito, Veracruz, Mexico"* (1955), en *Bureau of American Ethnology. Bulletin. Smithsomian Institution;* *"Great Stones Faces of the mexican jungle: Fine colosal heads and others monuments of vanished americans"* (1940), *Finding Jewels of Jade* (1942), *"La Venta's green stone tiger's"* (1943) y *"On the trail of La Venta Man"* (1947), en *National Geographic Society Magazine; "An initial series from Tres Zapotes, Veracruz, Mexico"* (1940), en *Contributed technical Papers* de la misma sociedad; *"*Recientes hallazgos de La Venta", en *Mayas Olmecas* (1942); "Culturas en la región Olmeca", en *México Prehispánico* (1946); "Arte indígena de México" (1957) y *"Comments on aboriginal Mexican Art"* (1958), en *Artes de México.*

STOCKTON MACNEISH, RICHARD, n. en Nueva York, Estados Unidos, en 1919. Director del Proyecto Arqueológico Botánico en Tehuacán (Puebla), es autor de: *An Early Archeaeological Site Near Pánuco, Veracruz* (1954) y *Preliminary Archaeological Investigations in the Sierra de Tamaulipas, México* (1958); y coautor de: *The Santa Marta Rock Shelter, Ocozacoautla, Chiapas* (1962).

STRADANUS, SAMUEL. Grabador flamenco radicado en México a fines del siglo XVI y hasta el primer tercio del siglo XVII. Fue uno de los primeros que grabó en lámina de cobre en la Nueva España. Son obra suya el frontis de *Sucesos de las Islas Filipinas,* por Antonio de Morga, obra impresa por Jerónimo Balli en 1609; el frontis de *Sitio, naturaleza y propiedades de la Ciudad de México,* por Diego de Cisneros, y el retrato de éste; el retrato de Arias de Villalobos (1604); el escudo de armas del virrey marqués de Montesclaros (1604); y una imagen de la Guadalupana, ejecutada entre 1613 y 1626, "indudablemente el grabado más antiguo de la Virgen de Guadalupe que se ejecutó en México", según Manuel Romero de Terreros. v.GUADALUPE, VIRGEN DE.

STREMPLER, LUIS, n. en la Ciudad de México en 1928. Tomó clases de pintura con el *Dr. Atl* y asistió a la Escuela Nacional de Artes Plásticas (1944-1947). Tuvo ahí como guías a Pastor Velázquez, Benjamín Coria e Ignacio Asúnsolo. Allí expuso por primera vez en una muestra colectiva. Después lo ha hecho en las galerías de Arte Moderno, Arte de Coleccionistas y Salón de la Plástica Mexicana. Ha realizado escenografías para la industria cinematográfica. En 1946 intervino en la cinta de dibujos animados *El Hombre y el poder*. Ha ilustrado los libros: *El México que yo amo* de Arkady Fielder (Londres, 1950), y *El callado dolor de los tzotziles* y *La Loca* de Ramón Rubín (1957). En *Paintings with acrylics* de José Gutiérrez y Nicholas Roukes (Nueva York, 1965), se le cita como a un introductor de nuevas técnicas.

STRICKON, ARNOLD., n. en Nueva York, Estados Unidos, en 1930. Maestro en artes (1954) y doctor en filosofía (1960) por la Universidad de Columbia y jefe del Departamento de Antropología de la Universidad de Wisconsin (1968-), es autor de: *"Anthropology in Latin American"*, en *Social Research in Latin America* (1964); *"Hacienda and Plantation in Yucatán"*, en *América Indígena* (1965); y *"Folk and National Systems of Stratification"*, en *Sociological Review Monographs* (1969).

STUBBS BRUSHWOOD, JOHN, n. en Glenns, Virginia, Estados Unidos, en 1920. Profesor de español en la Universidad de Misuri, es autor de: *"An introductory essay on modernism"*, en *Swam Cygnets Owl* (1956); y "La novela mexicana frente al porfirismo", en *Historia Mexicana* (1958); y coautor de: "Breve historia de la Novela Mexicana", en *Historia Mexicana* (1958).

STURMTAHL, ADOLF F., n. en Viena, Austria, en 1903. Doctor emérito (1925) por la Universidad de Viena y profesor de trabajo y relaciones industriales en la de Columbia (1962-1963), es autor de: *Current Manpower Problems: An Introductory Survey* (1964) y *"Economic Development Income Distribution and Capital Formation in Mexico"*, en *Journal of Political Economy* (1955).

SUÁREZ, JORGE, n. en la Ciudad de México en 1944. Estudió piano con Guillermo Salvador, en el Instituto Curtis de Filadelfia, en el Conservatorio Tschaikovsky de Moscú y en el *Institut de Hautes Etudes Musicales* de Montreux. Ha ofrecido recitales y actuado con importantes orquestas en México y el extranjero. Junto con el violinista Manuel Suárez y el violonchelista Leopoldo Téllez formó el Trío México.

SUÁREZ, LUIS, n. en Albaida de Aljarefe, Sevilla, España, en 1918. Estudió hasta el tercer año de bachillerato. Era dirigente de la Juventud Socialista

1

Luis Suárez

Unificada en su provincia, cuando se incorporó en Madrid a las milicias republicanas. Alcanzó el grado de capitán durante la guerra civil española. En febrero de 1939 atravesó al frente de su unidad la frontera con Francia. Estuvo 4 meses en los campos de concentración de *Saint Cyprien*, Agde y Barcarés. De ahí salió rumbo a México, a bordo del *Sinaia*. En 1941 se nacionalizó mexicano. Periodista, ha sido reportero de *Tiempo* y la Asociación de Editores de los Estados; colaborador de *Revista de América*, "México en la Cultura" de *Novedades, Diario de la Tarde, El Día, El Heraldo, El Sol de México* y *Diario de México*; jefe de información de *Mañana* y jefe de redacción de *Siempre!* Se ha distinguido como corresponsal en el extranjero; entre los acontecimientos que ha cubierto, se encuentran: la revolución constitucionalista dominicana (1965), la situación de Bolivia en tiempos de la guerrilla del *Che Guevara* (1967), la invasión a Bahía de Cochinos, la guerra de Vietnam (1968) y la liberación de ese país (1975), el conflicto del Medio Oriente (1969), la visita de Nixon a China (1972) y la crisis política de Portugal (1974). Es autor de los siguientes libros: *España comienza en los Pirineos* (1944), *La paz de los Morales* (1945), *Boda en Juchitán* (1946), *Otro mundo* (1954),

Confesiones de Diego Rivera (1962; 2a. ed., 1975; traducido al alemán y al búlgaro), *México sobreviviente* (1961), *México antiguo en el siglo XX* (1969, traducido al alemán), *La guerra en la paz; Vietnam, Camboya y Laos* (1969), *México días de una ciudad* (1969, traducido al alemán), *Cuernavaca ante el Vaticano* (1970; 2a. ed., 1974), *México, imagen de la ciudad* (1974), *De Tenochtitlan a México* (1974), *La contaminación* (1974), *Los países no alineados* (1975) y *Fin del chantaje atómico* (1975). En 1974 recibió el Premio Nacional de Periodismo.

SUÁREZ, MANUEL, n. en la Ciudad de México en 1943. Tocó en público el violín por vez primera a los 6 años de edad. Estudió en: *The New School of Music* (Filadelfia), en el Instituto Curtis de Nueva York, y en el Conservatorio Tschaikowsky de Moscú. Hizo su debut en Nueva York, en el *Carneggie Hall* en 1972; y tocó al lado de Henrik Szering, en la inauguración del *Kennedy Center* de Washington.

SUÁREZ, VICENTE. v.NIÑOS HÉROES.

SUÁREZ ARANZOLO, EDUARDO, n. en Texcoco, Estado de México, en 1894; m. en la Ciudad de México en 1976. Abogado (1917) por la Escuela Nacional de Jurisprudencia, fue delegado a la Conferencia para la Codificación del Derecho Internacional. (La Haya, 1930), agente ante la Comisión de Reclamaciones México-Gran Bretaña (1931-1932), miembro de la Comisión Mixta de Reclamaciones México-Francia (1933), delegado a la Conferencia Monetaria Internacional (Londres, 1933) y secretario de Hacienda y Crédito Público durante los gobiernos de los presidentes Lázaro Cárdenas y Manuel Avila Camacho (19 de junio de 1935 al 30 de noviembre de 1946). Representó a México en la conferencia económica mundial de Bretton Woods (Washington, 1944), que dio nacimiento al Fondo Monetario Internacional y al Banco Mundial. Fue después embajador en Inglaterra (1965-1971). Doctor en derecho, formó parte del patronato de la UNAM. Presidió la comisión redactora de la Ley Federal del Trabajo. Fue vicepresidente del Banco Comercial Mexicano y consejero de varias empresas e instituciones de crédito. Dejó impresas sus memorias. Fue activo e inteligente gestor de la nacionalización de las compañías petroleras *Huasteca Petroleum Company* (norteamericana) y Compañía Mexicana de Petróleo El Aguila (inglesa), el 18 de marzo de 1938. Participó en la creación del Instituto Mexicano del Seguro Social y fue

6

Eduardo Suárez

impulsor de Puertos Libres Mexicanos. Su política hacendaria se basó en el desarrollo futuro del país, a base de un presupuesto de egresos superior al de ingresos, a fin de impulsar el desarrollo del aparato productivo del país.

SUÁREZ DE PERALTA, JUAN, n. en la Ciudad de México en 1536 o 1537; m. en Trujillo, España, después de 1590. Hijo segundo de Juan Suárez de Avila (*Marcayda*), cuñado de Hernán Cortés, pasó su niñez y juventud viviendo la vida libre, despreocupada y ruidosa de los hijos de los conquistadores. Manejó algunos molinos de trigo en los aledaños de Tacubaya y se dedicó a la compraventa de casas y al comercio. Se vio envuelto en un sonado proceso judicial, pues se acusó a su familia de ser "recién convertidos del Alcorán y secta mahomética", por lo cual se le amonestó severamente. Fue testigo presencial de la conspiración de Martín Cortés (1565-1566) y años más tarde, corregidor y alcalde mayor de Cuauhtitlán. En 1579 se trasladó a España y allá radicó hasta su muerte. Dejó escritas tres obras: *Tratado de Cavallería de la Gineta y de la Brida* (Sevilla, 1580), reimpresa por José Alvarez del Villar (México, 1930), obra técnica y clásica de la charrería; *Libro de alveitería* (México, 1953), en el que demuestra sus vastos conocimientos sobre caballos; y el *Tratado del descubrimiento de las Indias (Noticias históricas de Nueva España). Las Indias y su Conquista*, publicado por Justo Zarafoza (Madrid, 1878) y vuelta a imprimir por Federico Gómez de Orozco (México, 1949). La obra constituye el cuadro más vivo y directo que se haya escrito sobre los criollos de la Nueva España en el siglo XVI. v.Manuel Carrera Stampa: "Fuentes para el estudio del mundo indígena. Culturas del Altiplano. I. Anales, relaciones, crónicas e historias", en *Memorias de la Academia Mexicana de la Historia correspondiente de la Real de Madrid* (1963).

SUECIA. Situada en el extremo norte de Europa, tiene una superficie de 449,964 kilómetros cuadrados y una población de 8 millones de habitantes. Limita al norte con Noruega y Finlandia, al sur y al este con el Mar Báltico, al suroeste con los estrechos de Sund y Kattegat, que la separan de Dinamarca, y al oeste con Noruega. La capital es Estocolmo (1.300,000 habitantes) y las otras ciudades importantes son Gotemburgo (650 mil) y Malmoe (400 mil). El idioma oficial es el sueco, el protestantismo la religión predominante. Suecia está dividida en 25 provincias, agrupadas en 3 regiones: Norrland, que comprende las tres quintas partes más septentrionales del país; Svealand, en torno a Estocolmo; y Götland, al sur, incluidas las islas bálticas de Götland y Oland. El territorio está formado por llanuras en las provincias de Escania, Ostergötland y Uppland; tierra musgosa y plana en Smaland; mesetas calcáreas en Götland y Oland; y montañas y bosques en Dalarna. Más de la mitad del país está poblada de coníferas. Tiene extensos archipiélagos en el Mar Báltico y en el Golfo de Botnia. En la Norrland Occidental se levantan algunas cumbres nevadas y aún quedan glaciares; de esas montañas descienden ríos caudalosos hacia el Golfo de Botnia, que abundan en rápidos y cascadas. También corren numerosos ríos en la parte sur del país, que desembocan en el Mar Báltico y en los millares de lagos que hay a lo largo de todo el país. Los lagos más importantes son el Vänern, el Vättern, el Hjälmaren y el Mälaren. La región septentrional está cubierta de nieve 6 meses al año, pero en el sur el invierno es más breve y moderado. El verano suele ser cálido y agradable. Durante algunas semanas de junio y julio la luz natural permanece las 24 horas del día y la temperatura es de 25°. Suecia es un país esencialmente forestal y con grandes recursos minerales. Ha desarrollado una gran industria siderúrgica. Sólo una décima parte del territorio sueco está cultivada.

Hacia 3000 a.de C. se establecieron las primeras tribus de cazadores, pescadores y agricultores. A principios de la Edad Media, la tribu svea, que habitaba la región del lago Mälaren, formó aldeas y alcanzó predominio sobre los grupos vecinos de origen germánico. Su condición de navegantes brilló en el Período Vikingo (800-1050), cuando dominaron las rutas a Constantinopla y comerciaban entre Europa y Oriente. Hacia el año 1000 se creó la confederación Sverige (el reino de Svea) y los misioneros ingleses y alemanes iniciaron la cristianización de Suecia, que terminó en el siglo XII. Más tarde pasó a formar parte del reino escandinavo, integrado también por Dinamarca, Noruega y Finlandia. A principios del siglo XVI, dirigidos por Gustavo Eriksson Vasa, los suecos se independizaron. En 1527 Vasa inició la reforma protestante y despojó a la Iglesia Católica de sus vastas propiedades. Después de su muerte (1560) reinaron en sucesión tres de sus hijos. En los siglos subsecuentes, Suecia fue gobernada por una monarquía autoritaria. De 1718 a 1772 la política estuvo dominada por el Parlamento (Era de Libertad), cuyo predominio se disputaban los partidos de los Sombreros y los Gorros. En 1772 subió al trono Gustavo III, que pronto se sobrepuso al poder de la asamblea; pero en 1792 fue asesinado y el país se vio envuelto en guerras internacionales. En 1809 perdió Finlandia, en guerra con Rusia, y los ciudadanos obligaron al rey a abdicar, para redactar una Constitución que estableciera un equilibrio entre la corona y el Parlamento. Los suecos derrotaron a los ejércitos de Napoleón, y Dinamarca se vio obligada a ceder Noruega. Los noruegos estuvieron unidos con los suecos hasta 1905. El Parlamento bicamaral fue instituido en 1865. En 1932 asumieron el poder los socialdemócratas, quienes gobernaron, sea solos o en Coalición, hasta 1976, cuando el primer ministro Olof Palme tuvo que renunciar al ganar las elecciones una coalición de partidos conservadores. Desde 1971 el Parlamento consta de una sola cámara. En 1973 falleció el rey Gustavo Adolfo VI y asumió el trono su nieto Carlos Gustavo XVI. Conforme a la Constitución de 1809, Suecia sigue gobernada por una monarquía constitucional de índole parlamentaria.

Relaciones bilaterales. el 1° de enero de 1826 el presidente Guadalupe Victoria anunció que Suecia había decidido establecer lazos de amistad con México, pero hasta 1885 el presidente Porfirio Díaz informó que ese país había acreditado un representante. Los enviados extraordinarios y ministros plenipotenciarios o encargados de negocios de Suecia en México han sido: W.Cristophen Christophersen, Folke Cronholm (e.n.), Carl Gothard Cylfe Andenberg, Carl Alex Adolf Wollert (e.n.), Wilhem Gustav Assarsson, Borge Baggs (e.n.), Claes Adolf Hjalmar Westring, Herbert de Ribbing, Rolf Arfwedson (e.n.), Grafstrom Sven Hjalmarsson y Lennar Nylander, quien al elevarse de rango la legación el 4 de octubre de 1956, se acreditó como embajador plenipotenciario. Le sucedieron con ese carácter: Tord Goransson, barón Carl-Henric de Nauckhoff y, desde 1972, Karl Swartz. Los representantes de México han sido los ministros Francisco Serapio Mora, Miguel Covarrubias (e.n.), Isidro Fabela, Juan Sánchez Azcona (agente confidencial), Rafael Zubarán Capmany, Fernando A.Lera (e.n.), Rodolfo Nervo (e.n.), Manuel Pérez Romero, Carlos Freymann (e.n.), Balbino Dávalos (quien el 1° de enero de 1922 agredeció el envío de una misión especial sueca a las fiestas del centenario de la consumación de la Independencia), Mario Alemán Chavero (e.n.), Julio Madero, Antonio Médiz Bolio (e.n.), Rafael Nieto, Enrique Santibáñez (e.n.), Salvador Martínez Mercado (e.n.), Vito Alessio Robles, Mariano Armendáriz del Castillo (e.n.), Leopoldo Ortiz, José Rendon y Ponce (e.n.), Romeo Ortega, Javier Sánchez Mejorada, H.Manzanera (e.n.), Alfonso Rosenzweig Díaz, Juan B.Saldaña (e.n.), Carlos Darío Ojeda, J.Pérez Gil y Ortiz, Alfredo Breceda, Francisco J.Aguilar, Amalia Caballero de Castillo Ledón, Salvador Pardo Bolland, Salvador R.Guzmán, Carlos Gutiérrez Macías (e.n.), Gilberto Bosques y Víctor Alfonso Maldonado; y los embajadores Agustín Leñero Ruiz, Daniel Escalante, Guillermo Calderón Martínez y, a partir de 1972, Francisco Castillo Nájera Calvillo.

En 1957 México proporcionó monedas conmemorativas para la colección numismática de la Real Casa de Moneda de Suecia. En 1963 el canciller mexicano visitó Suecia y en 1965 el ministro de Relaciones Exteriores de Suecia realizó una visita oficial a México. En 1975 el primer ministro de Suecia estuvo oficialmente en México y en septiembre de 1976 el magistrado del Tribunal del Consumidor de Suecia, Peter Westerlind, visitó las instalaciones de la Comisión Nacional de Subsistencias Populares. Representantes mexicanos han asistido a reuniones internacionales realizadas en Estocolmo: V Congreso Internacional de Americanistas (1894), XI Congreso Geológico Internacional (1910), II Congreso Postal Universal (1924), V Congreso Internacional de Historia Universal de las Religiones (1930) y IX Congreso Internacional de Actuarios de Seguros (1930). En la Ciudad de México una de

Estocolmo, capital de Suecia

las calles lleva el nombre de Estocolmo. Los instrumentos bilaterales firmados por los gobiernos de México y Suecia son los siguientes: Tratado de amistad, comercio y navegación (1885), Declaración que modifica el artículo 16 del Tratado de amistad, comercio y navegación del 29 de julio de 1885 (1913), Convenio para la admisión recíproca en establecimientos apropiados de enfermos que sufran enajenación mental (1922), Acuerdo sobre supresión de visas (1954) y Convenio sobre transporte aéreo (1970).

Las exportaciones de México a Suecia ascendieron a Dls. 867 mil en 1971, Dls. 2.948,000 en 1972 y Dls. 11.754,000 en 1973. Los principales artículos vendidos ese último año, cuyo valor en miles de dólares se indica entre paréntesis, fueron los siguientes: hilazas o hilos de algodón sin mercerizar, azúcar moscabado (2,339), hilazas o hilos de algodón mercerizados (1,614), telas de algodón de tejido no liso (1,593), tabaco rubio en rama (826), prendas de vestir de tela de algodón (650), jugo de naranja (269), café (216), partes sueltas de hierro o acero (197) y telas de algodón de tejido liso (183). Las importaciones, a su vez, montaron a Dls. 45.380,000 en 1971, Dls. 47.340,000 en 1972 y Dls. 66.669,000 en 1973. Los principales artículos comprados a Suecia en este último año, cuyo valor en miles de dólares se indica entre paréntesis, fueron los siguientes: aparatos telefónicos (25,942), aparatos de radio (4,855), pasta de celulosa para la fabricación de papel (3,121), embarcaciones de más de 35 metros de eslora (2,672), papel y cartón

(2,206), máquinas herramientas para el trabajo de los metales (1,601), convertidores estáticos (1,335), barras, flejes, planchas y láminas de acero inoxidable (1,223), rodamientos (1,144) y aceros aleados (889).

SUIZA. Repúbliça Federal de la Europa Central, que se ha llamado también Confederación Helvética para recordar al pueblo celta que habitó ese territorio en tiempos de César. Situada en el centro de Europa, linda al norte con la República Federal Alemana, al este con Austria y Liechtenstein, al sureste y sur con Italia, y al suroeste y oeste con Francia. Es una federación de 22 cantones, cada uno de los cuales tiene sus propios órganos de gobierno, conforme a la Constitución de 1874. Tiene una superficie de 41,288 kilómetros y una población de 6.400,000 habitantes, entre ellos 285 mil extranjeros. Fuera del país viven 165 mil suizos. La capital es Berna (245 mil habitantes) y otras ciudades importantes: Zürich (455 mil), Basilea (307 mil), Lausana (199 mil), Lucerna (183 mil), Saint Gallen (90 mil) y Winterthur (87 mil). Se distinguen 3 regiones naturales: los Alpes, el Jura y la Meseta. La primera corresponde al macizo montañoso más importante de Europa, de mil kilómetros de largo por 200 de ancho. Los Alpes ocupan las dos terceras partes de la extensión de Suiza, donde llegan a tener una longitud de 275 kilómetros. Los Alpes del Suroeste se extienden al sur del valle del Ródano, entre el Monte Blanco y el San Gotardo; los Alpes Valencianos, al este, son el macizo más alto, con numerosos picos que sobrepasan los 4 mil metros, como el Monte Rosa (4,638), donde han surgido centros turísticos al pie de los glaciares; los del noroeste, al norte del Ródano (salvo el Dent du Midi que está al oeste), quedan entre el río y la frontera francesa; los del noreste al norte del alto Rhin, entre el Reuss y el lago Constanza, están divididos por la depresión de los lagos Zürich y Wallen; y los del Sureste, entre los valles altos del Rhin y del Inn, se hallan limitados al oeste por el San Gotardo y el valle de Tesino. La abundancia de valles transversales y longitudinales ha favorecido las comunicaciones. El macizo del San Gotardo es uno de los principales centros de dispersión hidrográfica de Europa, pues de ahí parte: el Rhin, que colecta las aguas de la Suiza septentrional, señala la frontera con Liechtenstein y Austria y desemboca por un delta en el lago de Constanza, el cual atraviesa para servir luego de límite entre Suiza y Alemania; el Ródano, que recorre en Suiza 252 kilómetros; y el Inn, afluente del Danubio. Entre los lagos, desta-

can: el Neuchatel, el Bienne y el Mürten, en la cadena jurásica; el de Joux, famoso por la calidad de sus truchas, y al sur de Jura, repartido entre Suiza y Francia, el Lemán o de Ginebra, el mayor de la Europa Central. La variada configuración del terreno produce una gran diversidad de climas; algunos fenómenos característicos son la fuerte nebulosidad de la Meseta y rápidas modificaciones en el curso de los vientos, algunos tan famosos como el *föhn*, cálido y seco, que produce a veces un aumento tan rápido de temperatura que funde la nieve, produce aludes, colma los ríos y acelera el crecimiento vegetativo.

En la Edad Media se hablaban ya dos lenguas: el alemán y el francés de los burgundos. En la actualidad aquél es el idioma del 72% de los habitantes, y éste es de uso común para un millón de personas en el oeste. El italiano lo hablan 300 mil suizos y el reto-románico o romanche, unas 50 mil en el Oberland grisón, Rhin posterior, Engadina y Valle de Munster. No existe religión oficial; los protestantes son mayoría (56%), seguidos por los católicos (42%) y judíos y otros practicantes. El poder legislativo reside en un Consejo Nacional (194 miembros) y un Consejo de los Estados (44 miembros 2 por cada cantón). Hay un Tribunal Federal y otros cantonales. Suiza no tiene ejército permanente, pero sí una milicia. Son muy importantes la ganadería y las industrias de ella derivadas; la producción textil, la de relojes, la metalúrgica y la química; pero la actividad más notable es la hotelera, derivada del turismo.

Resultado de la victoria de los liberales, nació la Constitución Federal de 1848, por la que Suiza logró su unidad política. Se estableció un gobierno central federal con legislatura y poder judicial propios. Se garantizaron los derechos de todo ciudadano y se eligió por capital Berna. Durante la Primera Guerra Mundial el país mantuvo su neutralidad y la Cruz Roja suiza realizó valiosos servicios en pro de los prisioneros y desplazados. (v.CRUZ ROJA). Aunque se adhirió a la Sociedad de Naciones, estuvo exenta de participar en la aplicación de sanciones contra las naciones agresoras. En la Segunda Guerra Mundial se mantuvo al margen del conflicto, pero se vio obligada a entrar en relaciones comerciales con las potencias del Eje y a restringir la libertad de prensa. Pasada la emergencia, rehusó todo compromiso de tipo político.

Relaciones bilaterales. En 1827 Suiza inició sus vinculaciones con México estableciendo una pequeña oficina a cargo de Karl Lavater. El 1° de enero de 1840 el presidente Antonio López de Santa

Paisaje suizo

Anna informó que estaban pendientes de aprobación los tratados celebrados con la Confederación Helvética. En 1847 se abrió el consulado general en México, atendido por Charles A.Fornachon. En 1945 se establecieron las relaciones diplomáticas formales entre los dos países. Los representantes de Suiza en México con el carácter de enviados extraordinarios y ministros plenipotenciarios o de encargados de negocios (e.n.) han sido: Gastón Jaccard, Mario Güido Fumasoli, Werner Weingartner (e.n.), Charles Edward de Bavier y Etienne Sutter (e.n.) y a partir del 4 de mayo de 1959 los embajadores Ferdinand Bernoulli, Jean Louis Pahud, Alfred Fischli y, desde 1974, Silvio Masnata. La representación de México en Berna ha estado a cargo de los ministros José Almazán (e.n.), Gilberto Valenzuela, Balbino Dávalos (e.n.), Alfonso Acosta (e.n.), Enrique Jiménez Domínguez, Francisco Castillo Nájera, Vicente Estrada Cajigal, Primo Villa Michel, Isidro Fabela, Manuel Tello (e.n.), Palma Guillén (e.n.), Luis Sánchez Pontón, Jorge Daesle Segura (e.n.), Alfredo Martínez Baca (e.n.), Emilio Calderón Puig, Francisco Vázquez Treserra y Amalia Caballero de Castillo Ledón; y a partir de 1956, de los embajadores Pedro Cerisola Salcido, Gabriel Lucio Argüelles, Octavio Novaro, Carlos Darío Ojeda y, desde 1972, Homero Aridjis Fuentes. México man-

tiene, además, una delegación permanente ante los organismos internacionales con sede en Ginebra, la cual preside el embajador Manuel Armendáriz Etchegaray. En la Ciudad de México dos calles llevan el nombre de Suiza, una el de Berna y otra el de Zürich, y una escuela primaria se llama República de Suiza. Los instrumentos bilaterales firmados por los gobiernos de México y Suiza son los siguientes: Acuerdo comercial (1950) y Convenio sobre transporte aéreo (1966).

Las exportaciones de México a Suiza ascendieron a Dls. 31.151,000 en 1971, Dls. 12.899,000 en 1972 y Dls. 27.253,000 en 1973. Los principales artículos comprados en este último año, cuyo valor en miles de dólares se indica entre paréntesis, fueron los siguientes: café en grano sin cáscara (15,805), tabaco en rama (3,713), hormonas naturales o sintéticas (1,245), hilazas o hilos artificiales o seda (1,062), algodón en rama sin pepita (1,001), ixtle de lechugilla (627), hilazas o hilos de algodón sin mercerizar (528), espárragos en conserva (523), miel de abeja (481) y brea o colofonia (464). Las importaciones, a su vez, montaron a Dls. 59.845,000 en 1971, Dls. 66.320,000 en 1972 y Dls. 85.928,000 en 1973. Los principales artículos comprados a Suiza en este último año, cuyo valor en dólares se indica entre paréntesis, fueron los siguientes: maíz (11,528), relojes con piedras preciosas o de platino u oro (3,648), maquinaria para la industria textil (3,506), protovitaminas o vitaminas y sus derivados (2,853), partes y piezas sueltas para turbinas de gas (2,850), máquinas herramientas para el trabajo de los metales (2,698), lingotes o masas de hierro y acero (2,632), turbinas de gas (2,618), piezas para instalaciones eléctricas (2,385) y compuestos de función amidas (1,892).

SULFATO DE SODIO. Forma parte de muchos minerales, pero únicamente tiene importancia comercial cuando se presenta en forma de hidratos y anhidros como en la mirabilita y la tenardita. Otras fuentes potencialmente importantes son la glauberita, en la cual aparece asociado con el sulfato de calcio; y en la bloedita, con el de magnesio; o bien algunos procesos químicos, como la obtención de ácido clorhídrico en hornos Manheim, los procesos clorinizadores orgánicos y la producción de ácido muriático. Se utiliza principalmente para producir detergentes, en la obtención de papel Kraff, en la metalurgia y en la fabricación de vidrios. Se ocupa como llenador en las industrias textil, farmacéutica y química. El sulfato de sodio tiene como sustitutos al carbonato de sodio, que mezclado con el azufre puede reemplazarlo en la industria del papel; el magnesio, en la metalúrgica; y la sosa, en la industria del vidrio. En el país existen numerosas cuencas y lagunas en las cuales se han formado grandes depósitos de sales principalmente de sodio. Sin embargo, el único aprovechamiento de importancia se hace en el Lago de Texcoco, Estado de México, y en la Laguna del Rey, Coahuila. En esta entidad hay zonas potencialmente ricas, como Cuatro Ciénegas y la Laguna de la Leche; en Sonora, las Lagunas de Adair; en Durango, Palomas; y otras en Chihuahua, San Luis Potosí, Guanajuato, Puebla y Zacatecas. La producción nacional de sulfato de sodio ha subido de 5,759 toneladas en 1964 a 78,705 en 1968 y a 127,890 en 1972. En el país existen tres empresas productoras de sulfato de sodio que procesan salmueras naturales: Química del Rey, con 150 mil toneladas de capacidad al año; Sulfato de Viesca y Celanese Mexicana con una capacidad conjunta de 20 mil. Los principales consumidores nacionales son: Colgate Palmolive, Detergentes La Corona y *Procter and Gamble*. En 1972 se exportaron 47,715 toneladas ($23.3 millones), 36,654 a Brasil, 4,626 a Venezuela, 2,269 a Colombia, 1,240 a Guatemala y el resto a otros países.

SUTRO, ADOLPH HEINRICH JOSEPH, n. en Aixla Chapelle, Prusia, en 1830; m. en San Francisco, California, Estados Unidos, en 1898. Llegó a ese país en 1850; se instaló al año siguiente en San Francisco, y después en Nevada, donde fundó la *Sutro Tunnel Co.*, realizando con éxito numerosas obras hidráulicas en ese Estado y en San Francisco, ciudad de la que fue alcalde de 1894 a 1896. Bibliófilo, logró formar una magnífica biblioteca de cerca de 200 mil volúmenes, que donó a la ciudad en 1870, y de la cual la mitad se quemó en el terrible incendio de 1906. La *Sutro Library* está especializada en historia local y regional, genealogía de los Estados de la Unión Americana (excepto California), literatura inglesa e historia de México. Cuenta con 100 mil ejemplares entre libros y manuscritos. v.*1970-1971. American Directory. 27th Edition. A classified List of Libraries in the United States and Canada with personnel and Statistical Data* (Nueva York-Londres, 1970).

SWAN, VALETTA. Pintora inglesa radicada en México desde 1946 hasta su muerte, ocurrida en 1973. Casada con el antropólogo Bronislav Malinowski, vivió en Estados Unidos cuando su esposo fue profesor en la Universidad de Yale, y después temporalmente en Oaxaca (1940-1941). Presentó 19 exposiciones, 7 de ellas en el Palacio de Bellas Artes. Es notable su interpretación de la vida mexicana, especialmente en sus aspectos indígenas. v. Justino Fernández: *Arte moderno y contemporáneo de México* (1952).

SYKES, J. Pintor inglés que estuvo en la Nueva España hacia 1798, según se advierte por unos grabados que parecen formar parte de una serie, pues tienen los números XV y XVI, titulados *Notable montaña cerca del río Monterrey* (probablemente el Santa Catarina) y *Presidio de Monterrey*. Es uno de los pocos extranjeros procedentes de Europa septentrional a quienes se permitió entrar a México durante el virreinato.

T

TABACO. *Nicotiana tabacum* L. Planta de la familia de las solanáceas, originaria de América tropical, anual, bienal o trienal, herbácea o algo leñosa en la base. Su tallo es cilíndrico, viscoso, pubescente, erecto, ramificado en la parte superior y alcanza de 1.5 a 2 metros de alto. Las hojas son alternas, elípticas, ovales, lanceoladas u oblongo-lanceoladas, acuminadas, casi sésiles o sésiles; las inferiores son algo abrazadoras, pubescentes, glandulosas, viscosas y llegan a medir 35 centímetros de largo. Las flores son hermafroditas, pedunculadas, pubescentes, bracteadas, de 3.5 a 6 centímetros de largo, y se agrupan en racimos paniculados cortos, multifloros; el cáliz es viscoso, tubuloso, gamosépalo, persistente, y está constituido por 5 sépalos lanceolados agudos, generalmente desiguales, de 1 a 2 centímetros de largo; la corola es infundibuliforme, con un tubo largo y verdoso que se ensancha en 5 lóbulos extendidos u oblicuos, agudos, rosados o rojos; el androceo está formado por 5 estambres desiguales, con las anteras de 2 tecas con dehiscen-

cia longitudinal; el ovario es súpero, bilocular, con los lóculos multiovulados, y está superpuesto por un estilo filiforme que termina en un estigma capitado. El fruto es una cápsula ovoide, aproximadamente de 2 centímetros de largo, con el cáliz persistente, dehiscente por la parte apical mediante la separación parcial de las dos valvas que lo constituyen; contiene numerosas semillas muy pequeñas, reniformes, albuminosas. Se distinguen las siguientes variedades botánicas (según Fiori): *N.tabacum* var. *latissima*, con las hojas de 30 a 35 centímetros de largo y la corola de las flores con el limbo pentágono, en contraste con las otras variedades que tienen las hojas menos largas y las corolas de las flores con el limbo más o menos profundamente lobulado, en particular *N.tabacum* var *havanensis*, cuyas hojas tienen las nervaduras dispuestas casi en ángulo recto con respecto a la media, y las corolas de las flores con los lóbulos redondeados y apiculados; *N.tabacum* var. *brasiliensis*, igual que la var. *virginica*, tiene las hojas con las nervaduras divergentes en

48

Hojas de tabaco rubio (Nayarit) y de la variedad Jaltepec (San Andrés Tuxtla, Ver.)

48

Aplicación de insecticida y plantación de tabaco Burley después del capado (Nayarit)

ángulo agudo y las corolas de las flores con los lóbulos aovados; *N.tabacum* var. *virginica* tiene hojas verde pálido, angostas en la base y provistas de aurículas pequeñas, a diferencia de la var. *brasiliensis*, cuyas hojas son verde-oscuras, anchas en la base y provistas de dos grandes aurículas; *N.tabacum* var. *angustifolia* difiere de las demás en que sus hojas son muy angostas: oblongo lanceoladas en la porción media del tallo, y lineares en la superior; y *N.tabacum* var. *fruticosa*, cultivada como planta ornamental, en tanto que las anteriores se utilizan en la industria tabacalera; esta variedad se caracteriza por ser bienal o trienal, por tener la base leñosa y por presentar hojas pecioladas o atenuadas en pecíolo alado estrecho, sin aurículas o con aurículas muy pequeñas; por el contrario, las otras son anuales y presentan las hojas sésiles o atenuadas en un pecíolo alado ancho, con dos aurículas basales.

Las variedades de tabaco para cultivo son más de 100; se clasifican según las características del producto que va a obtenerse: tabaco de puros o cigarros puros (rellenos o enrollados), de pipa, de cigarrillos y de masticar. También hay clases de tabaco conocidas en el comercio por el lugar donde se producen: de Virginia, turco, egipcio, brasileño, paraguayo y habano. Aunque originalmente es planta tropical, se ha adaptado a condiciones muy diversas, incluyendo regiones subtropicales y templadas; pero los climas que más le favorecen son los calientes y húmedos, pues es sensible a las heladas. Los suelos más apropiados para su cultivo, según Faustino Miranda, son las margas arenosas aluviales de origen calizo y bien drenadas, con suficiente humus. En terrenos subóptimos, la fertilidad puede mantenerse durante varios años mediante rotación de cultivos, por ejemplo de maíz, tabaco y frijol. Los abonos que contienen sulfato de potasio son los adecuados. La propagación se efectúa por medio de semillas, sembradas en almácigas; el trasplante se hace cuando las plantas han alcanzado una altura de 15 centímetros, sembrándolas en filas separadas un metro; cierto tiempo después se les corta la extremidad superior, para impedir la formación de flores y estimular el desarrollo de las hojas; éstas (o toda la planta) se cortan a medida que maduran, se extienden sobre el terreno y se dejan marchitar durante un día para que no se rompan durante los siguientes procesos de desecación y curado; se cubren y prensan ligeramente para que se produzca la adecuada fermentación que contribuirá al aroma del producto y finalmente se clasifican para ser utilizadas en las fábricas, según sus características.

En México existen varias especies de tabaco llamadas cimarrones o silvestres (v.PICIETE) caracterizadas por sus flores amarillas como *N.rústica* L., que también ha sido cultivada para utilizarla en la industria, principalmente como insecticida; y *N. glauca* Graham, llamada también *tabaquillo*, que abunda en terrenos semiáridos o pedregosos de casi todo el país, cuyas hojas son venenosas, de color verde, glaucas o cenicientas, semejantes a las del tabaco, pero de tamaño menor y con largos pecíolos. *T.H.*

48

Planteros rústico y semitecnificado en la región de San Andrés Tuxtla, Ver.

El nombre de tabaco se atribuye a la voz caribe *tabaco*, empleada para designar el tubo o pipa en que fumaban los nativos. En el México prehispánico los indígenas lo designaban con las voces *yetl* o *picietl* (náhuatl) y *kuots* (maya). La primera ilustración de un hombre fumando se encontró en un relieve en el interior de un templo en Palenque. Rodrigo de Xerez y Luis de Torres, miembros de la primera expedición de Cristóbal Colón, descubrieron el tabaco entre el 2 y el 5 de noviembre de 1542 en Gibara, a orillas del río Caunzu (Cuba). La semilla del tabaco fue llevada a España en 1510 por Francisco Hernández de Toledo, aunque otra versión señala que el portador fue fray Roberto Pane; su introducción a Inglaterra, entre 1560 y 1566, se atribuye al gobernador de Virginia, Ralph Lane, y John Hawkins, aunque Walter Raleigh y Francis Drake fueron quienes popularizaron la costumbre de fumar; y a Francia la aportó como novedad fray Andrés Thevet, difundiéndola Jean Nicot. En 1753 el naturalista sueco Carlos Linneo bautizó a la planta con el nombre científico de *Nicotiana*, en honor de este último. En la actualidad se produce en varios países del mundo, siendo los principales: México, Estados Unidos, China, la URSS, Indonesia, Japón, Alemania, Turquía, Francia, Bélgica, Italia, Grecia, Hungría, Cuba, Puerto Rico, Filipinas, Brasil y Canadá. Las variedades de tabaco como se conocen en el mundo proceden de 2 a 3 especies originarias de América, con gran diferencia de tamaño, espesor y color de la hoja, de acuerdo con las diversas condiciones de clima y tierra. Su culti-

vo es de carácter intensivo, pues requiere fuertes inversiones y abundante mano de obra por unidad de superficie, especialmente durante la cosecha de la hoja, la cual, una vez curada, puede almacenarse durante 5 o más años sin que sufra alteraciones en su calidad. El curado de la hoja consiste en una deshidratación lenta, que puede ser por medios naturales o artificiales, hasta que toma un color amarillento, café o negro; además, se producen fermentaciones en sus tejidos y ciertas mutaciones químicas de las que dependen sus cualidades; según éstas, los hay claros o rubios, suaves, curados en atmósfera artificial (el Virginia), al aire libre (el Burley y el Maryland) o al fuego; oscuros, negros o fuertes, de zonas tropicales, curados al aire, y aromático (de Turquía y Grecia) o semioriental europeo. Estas variedades comerciales se pueden presentar aisladas o mezcladas en cigarrillos y puros, y en tabaco para pipa, rapé y de mascar.

En México, aun cuando desde antes de la llegada de los españoles se producía y consumía el tabaco, no fue sino hasta la tercera década de este siglo que se inició la fabricación en gran escala de cigarrillos. En un principio, con el fin de asegurar el abastecimiento de la materia prima, las compañías manufactureras controlaban la producción de tabaco por conducto de intermediarios, encargados de contratar la compra con los productores; pero en 1936 La Moderna y El Aguila crearon Tabaco en Rama (TERSA), empresa que trataba individualmente con los campesinos mediante un precio convenido de antemano; así, proporcionaba los pies de planta.

48

Plantero de tabaco tecnificado (Nayarit)

48

*Amarrado de las plantas en mancuernas (San Andrés Tux-
tla, Ver.)*

financiaba la siembra, supervisaba el cultivo y fijaba la ocasión de la cosecha. En 1962 se dispuso que
los compradores trataran con los cultivadores por
conducto del Comité Nacional del Tabaco, organismo mixto encargado de fijar los precios de venta. A
mediados de 1972 se formó en Nayarit la Asociación Ejidal de Producción Agropecuaria "General
Esteban Baca Calderón", cuyos objetivos eran contratar colectivamente los créditos, manejar los insumos para la producción y exigir la revisión de los
costos y precios. Los tabacaleros del norte de Veracruz se pronunciaron en igual sentido (Alamo, 23
de septiembre de ese año). A raíz de estos acontteci-
mientos y a iniciativa del presidente Luis Echeverría, se trató de llegar a un avenimiento, pero las
compañías se negaron a contratar con los ejidos.
Esto indujo al gobierno federal a crear la empresa
Tabacos Mexicanos (TABAMEX), el 4 de noviembre, con un capital social de $200 millones, total-
mente pagados, cuyo 52% es oficial, el 24% de los
campesinos tabacaleros, representados por la Confederación Nacional Campesina (CNC), y el 24% de
la industria cigarrera privada. TABAMEX tiene las
siguientes funciones: fomentar la producción del
tabaco, desde el cultivo y la cosecha hasta la industrialización y comercialización en los mercados nacional e internacional; adquirir, si fuera conveniente, las acciones de las sociedades relacionadas con
ese ramo; otorgar créditos; financiar los estudios
para el mejoramiento del cultivo; capacitar a los
cultivadores y formular el padrón de productores y
las estadísticas correspondientes.

Las principales zonas productoras de tabaco en
el país, en orden de importancia, son las siguientes:
el Estado de Nayarit; la región que incluye a los
municipios de Platón Sánchez, Alamo, Papantla,
Córdoba, Juanita y San Andrés Tuxtla, en el Estado de Veracruz; en el norte de Oaxaca, Valle Nacional y Zimatlán; en Chiapas, en Simojovel y
Huixtla; y los estados de Hidalgo y Jalisco. Hay
cultivos en pequeña escala en 18 entidades más.
Los tabacos rubios o claros (en sus variedades Virginia y Burley) se producen en Nayarit y en la
costa norte de Jalisco; los oscuros o negros (en sus
variedades Vena Amarilla, Habano, Córdoba, Valle
Nacional, negro San Andrés, Sumatra y Simojovel),
en los estados de Veracruz, Oaxaca y Chiapas y en
pequeñas áreas de Hidalgo y Puebla; y el aromático
o turco, en Zimatlán, Oax. En 1970 se cosecharon
27,740.1 hectáreas, con una producción de 47,984
toneladas de tabaco en rama. Del total de la producción, el 85.23% (40.895 toneladas), correspondió a ejidatarios y comuneros, y el 14.77% (7,089
toneladas) a pequeños propietarios. En seguida se
anota la producción de tabaco en rama por entidades federativas, en toneladas, y su relación porcentual, entre paréntesis, con el total del país: Nayarit,
39,560 (82.44%); Veracruz, 3,783 (7.88%); Oaxaca, 2,829 (5.90%); Chiapas, 427 (0.89%); Puebla,
277 (0.58%); y otras 17 entidades, 1,108 (2.31%).
Ese año los productores fueron 8,424, de los cuales
8,032 (95.35%) eran ejidatarios, agrupados en 605
ejidos; y 392 (4.65%), pequeños propietarios.
En la temporada 1973-1974 TABAMEX ya ejer-

48

Secado de tabaco Burley (Nayarit)

ció pleno control en el campo tabacalero: contrató la compra de la producción proveniente de 40,673 hectáreas, propiedad de 21,084 cultivadores (20,566 —97.54%— ejidatarios y 518 —2.46%— pequeños propietarios), 11,967 de ellos (56.76%) localizados en la zona de Nayarit y 9,117 (43.24%) en la del Golfo. De la superficie contratada se obtuvo una cosecha de 71,383 toneladas de tabaco seco: 3,285 (4.60%) de la variedad Burley Sarta Sol; 20,085 (28.14%), de Burley Semi-Sombra; 3,412 (4.78%), de Burley Sombra-Mata; 17 (0.02%), de Burley Guatemala; 24,980 (34.99%), de Virginia Sarta Sol; 4,889 (6.85%), de Virginia Verde Sarta, curado en hornos; y 3,012 (4.22%), de Virginia Verde Sarta —curado al aire—, en la zona de Nayarit; y 8,410 (11.78%), de Huasteco; 668 (0.94%), de Habano; 956 (1.34%), de Córdoba; 137 (0.19%), de Negro San Andrés; 1,038 (1.45%), de Valle Nacional; 297 (0.42%), de Aromático Turco; y 197 (0.28%), de Criollo Simojovel, en la zona del Golfo. TABAMEX revisó los montos de habilitación, que se mantenían estables desde 1966 en $5,925 como promedio, aumentándolos a $9,711. De 1973 a 1975 TABAMEX distribuyó entre los productores $1,200 millones como habilitación y $800 millones, por concepto de utilidades. En la zona de Nayarit los créditos por hectárea se han duplicado y en la del Golfo crecieron un 200%; y los precios de compra aumentaron un 54% en aquélla y un 117% en ésta. Además, TABAMEX proporciona en forma gratuita el seguro agrícola, contra vientos huracanados, inundación, lluvia, granizo e incendio. Los campesinos tabacaleros gozan de los beneficios del seguro social desde enero de 1973 y se han instalado tiendas populares y bibliotecas en los ejidos de Nayarit. El valor de la producción de tabaco en rama ascendió en 1970 a $345 millones, y en 1974 a $689.4, lo cual representó un incremento del 99.83% ($344.4 millones). Las exportaciones representaron el 16.71% de la producción en 1973 y el 30.32% en 1974.

Industrialización. Aun cuando la fabricación de cigarrillos y puros se inició a mediados del siglo pasado, no tuvo gran desarrollo sino hasta el período 1920-1930, cuando se establecieron en el país algunas filiales de los grandes consorcios tabacaleros del mundo. Esto se tradujo en una gradual e irreversible tendencia hacia la concentración monopólica, pues en 1900 existían 766 empresas beneficiadoras; en 1940, 39; en 1950, 27; y en 1960 y 1970, sólo 15. Sin embargo, y de acuerdo con el Censo Industrial de 1971, en 1970 había en el país 63 establecimientos en este ramo: 27 de beneficio, 21 fabricantes de puros y 15 de cigarrillos, cuyo valor global de producción ascendió a $3,027 millones: 351 (11.59%) correspondieron a las de beneficio; 22 (0.73%), a las elaboradoras de puros; y 2,654 (87.68%) a las de cigarrillos. La actividad generó empleos para 11,035 personas: 8,287 (75.10%) obreros, 2,713 (24.58%) empleados y 35 (0.32%) eventuales. Las remuneraciones al personal ascendieron a $265.6 millones ($24,145 en promedio individual al año y $66.15 en promedio diario). El capital invertido era de $1,682.7 millones, con

48

Tabaco Burley semi-sombra (Nayarit) y galera tipo San Andrés (Veracruz)

un valor agregado de $1,848.4 millones. En 1975, y con base en los datos preliminares del Censo Industrial de 1976, existían en el país 52 establecimientos dedicados al beneficio e industrialización del tabaco; 19 de beneficio, 21 fabricantes de puros y 12 de cigarrillos, con un valor global de producción de $6,433.0 millones, de los cuales $5,350 millones (83.16%) corresponden a los terceros. El capital invertido era de $2,305.4 millones, generando un valor agregado de $4,059.1 millones y empleo para 9,231 personas. La elaboración de cigarrillos constituye, pues el aspecto más importante de la industrialización del tabaco; sin embargo, ésta se ha venido manteniendo en cierto modo estacionaria: en 1970 se produjeron 2,142 millones de cajetillas; y en 1975, 2,371 millones, lo cual representa un incremento de sólo el 10.69% en el período y del 1.78% al año en promedio. La industria del cigarro está controlada por tres empresas: La Moderna (74% del mercado nacional), La Tabacalera Mexicana, de participación estatal, que absorbió a Cigarrera Nacional y a la fábrica de Cigarros Baloyán (24%), y La Libertad, de capital nacional (1%). El restante 1% lo aportan las demás compañías. En 1977 existían en la República unas 90 marcas de cigarrillos, cuyos precios al menudeo fluctúan entre $1 y $8.60 la cajetilla, con un contenido de 14 a 20 cigarrillos por unidad. Las dimensiones más comunes de los cigarrillos son 8 milímetros de diámetro por 65 a 100 de longitud. La industria cigarrera se encuentra localizada principalmente en los estados de Nuevo León, Distrito Federal, Guanajuato, Jalisco, Estado de México, Michoacán, Nayarit, Baja California Norte y Sinaloa.

TABACHÍN. *Caesalpinia pulcherrima* (L.) Sw. Arbusto de la familia de las leguminosas y de la subfamilia de las cesalpinoideas, que algunos autores consideran como una familia diferente, denominada cesalpiniáceas (v.FLOR DE SAN FRANCISCO). Otra especie del mismo género, *C.mexicana* A. Gray, que se encuentra desde Sinaloa hasta Tamaulipas y Guerrero, recibe el nombre de *tabachín de monte.* Es un arbusto hasta de 6 metros de altura, con las hojas bipinadas (folíolos de 1 a 2.5 centímetros de largo), las flores amarillas agrupadas en racimos largos, y las vainas aplanadas, aproximadamente de 1.5 centímetros de ancho por 6 de largo. En Nuevo León se le llama *retamilla.* El mismo nombre de tabachín se aplica en Oaxaca y Sinaloa al árbol ornamental de flores rojas *Delonix regia* (Boj) Raf., también de la familia de las leguminosas y de la subfamilia de las cesalpinoideas (v.ÁRBOL DEL FUEGO y FRAMBOYANO). *Hoffmanseggia multijuga* Wats., otra planta leguminosa cesalpinioidea, recibe el nombre de *tabachín chico* en Sonora y Chihuahua. Es un arbusto pequeño (1 a 2 metros de altura), con las hojas bipinadas, compuestas por folíolos elípticos de un centímetro de largo, que muestran puntuaciones negras en la superficie inferior; produce flores amarillas dispuestas en racimos axilares; el fruto es una vaina aplanada, apiculada, de 2 a 3 centímetros de largo, con puntos negros en la superficie.

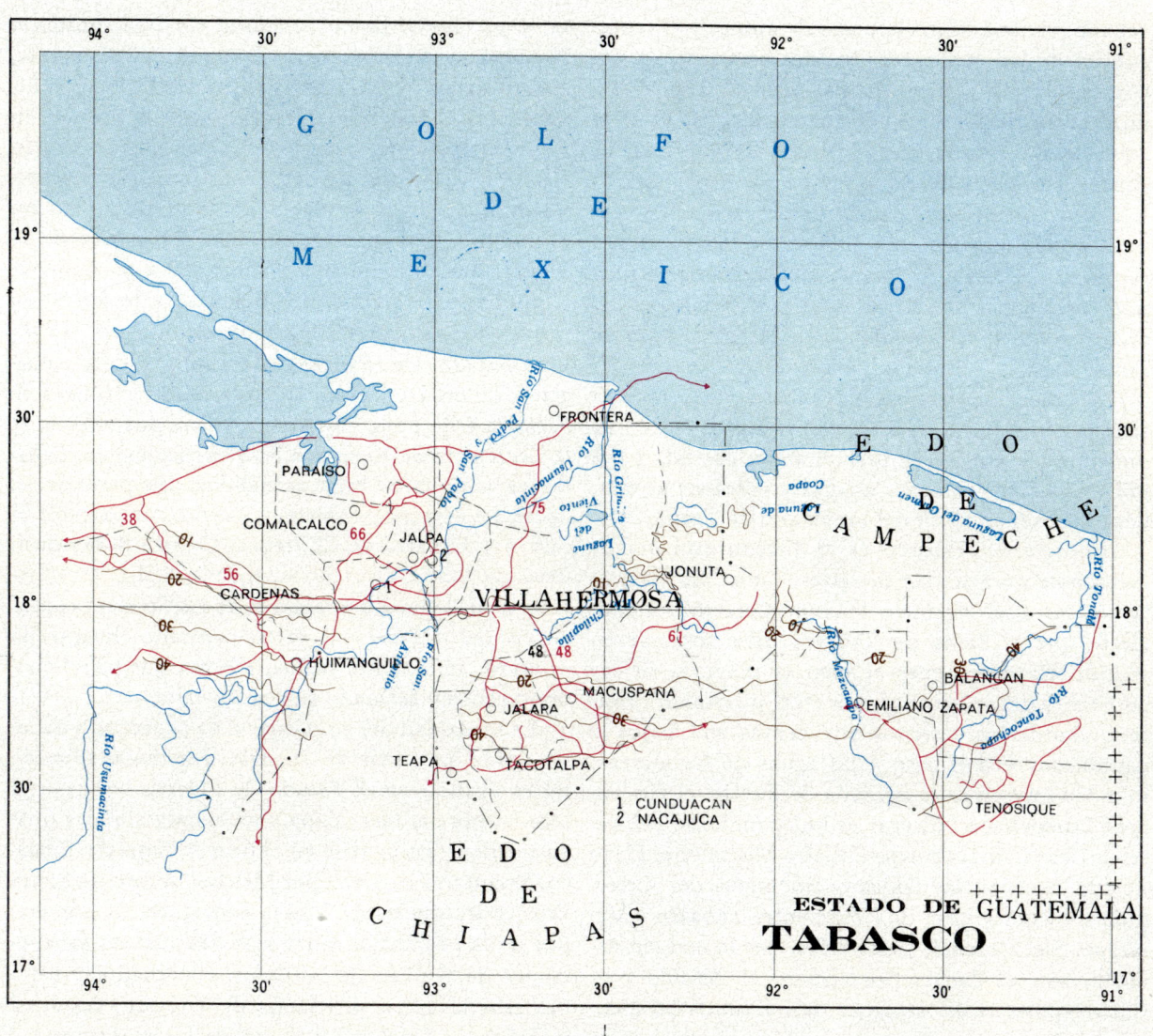

TABASCO, ESTADO DE. Ubicado en el sureste de la República Mexicana, tiene una extensión no definida, entre los 24 y los 25 mil kilómetros cuadrados, y limita al norte con el Golfo de México y el Estado de Campeche, al este con la República de Guatemala, al sur con Chiapas y al suroeste y oeste con Veracruz. Con excepción de los municipios de Tacotalpa, Balancán, Tenosique, Teapa y Macuspana, la entidad está formada por tierras de aluvión, que descienden de sur a norte de la Sierra Madre en territorio de Chiapas. Las elevaciones sobresalientes son los cerros de El Madrigal, La Campaña, El Murciélago, Monte Quemado, La Corona y Poaná, en Tacotalpa; el Coconá, en Teapa; Mono Pelado, en Huimanguillo; y El Tortuguero, en Macuspana. La más alta, El Madrigal, tiene mil metros de altura sobre el nivel del mar. El resto del Estado está cubierto en un 60% por ríos, lagunas y pantanos, debido a su condición de tierra primitiva, no consolidada; asimismo carece de bosques maderables, pues su gran vegetación denuncia su propia virginidad, igual que su fauna acuática y terrestre. En una y otra perviven huellas de lo primigenio: especies anfibias, como el lagarto, las tortugas de ríos y esteros, el manatí y las varias especies de reptiles; y animales acuáticos como el pejelagarto, nombre indicativo de algún remoto ayuntamiento entre peces y saurios. Pájaros diversos vuelan en sus bosques: perico, zenzontle, calandria, arrocero, barranqueño, tordo, zanate, zopilote y, de menos importancia, algunas especies de patos y palomas comestibles. En tierra prosperan el jaguar, el ocelote, el venado, el armadillo, el puerco de monte y el tepescuinte, de los cuales sólo los dos primeros no son comestibles. En áreas de Balancán y Tenosique, muy cerca de los bosques guatemaltecos, y en la zona de Macuspana, en la colindancia con Chiapas, abunda la especie de mono saraguato. Ríos, lagunas y esteros tienen abundancia de peces, y los cercanos al mar son ricos en bancos de ostiones. Las especies acuáticas de escama incluyen una sardina muy pequeña (topota), el robalo y el macabil; el cazón no es muy abundante en los ríos, pero su fama rebasa las fronteras nacionales.

La ubicación tropical de Tabasco lo somete a temperaturas hasta de 40°, con mínima de 20° en diciembre y enero. La precipitación pluvial, 2 mil milímetros en las zonas medias y cercanas al mar, llega a 4,500 en el sur del municipio de Teapa.

Hidrografía. Tabasco es el Estado con mayor escurrimiento acuático durante el año. En sus *Breves apuntes*, el ingeniero Máximo Carrera Sosa advierte que el Delta de Tabasco debe tomarse en sentido figurado, pues si bien la mayoría de las corrientes desembocan al mar en el puerto de Frontera, donde los terrenos adyacentes son bajos y pantanosos y dan paso a las aguas de las mareas, inundándose en la temporada de lluvias, el río Tonalá-Tancochapa-Pedregal es independiente del sistema Usumacinta-Chilapa-Grijalva-Mezcalapa. El río Tonalá nace en las faldas occidentales del Cerro Mono Pelado y sirve de límite entre Tabasco y Veracruz. Sus afluentes principales, por la margen derecha, son el Zanapa-Coatajapan, el Blasillo y el Chicozapote, acaso antiguas derivaciones del Mezcalapa ahora convertidas en desagües pluviales y de zonas pantanosas. Las fuentes del Mezcalapa, a su vez, se localizan en los departamentos guatemaltecos de Huehuetenango y San Marcos; más abajo se unen con los ríos San Gregorio y San Miguel, y luego toman el nombre de Grande de Chiapa. Según Carrera Sosa, el Mezcalapa tuvo sus primeras salidas al mar: a) por la barra de Tonalá, siguiendo los actuales cauces de los ríos Coatajapan-Zanapa, Blasillo y Chicozapote; b) por los ríos San Felipe y Santana, a la barra de este nombre; y c) por los ríos Tortuguero, Tular y Cocohital, a la barra de Tupilco, para unirse al río de Dos Bocas (hoy Río Seco), por donde corría a la llegada de los conquistadores. El río Grande de Chiapa formaba entonces una cuenca independiente del sistema Grijalva-Chilapa-Usumacinta. A fines del siglo XVIII los tabasqueños, para protegerse de las incursiones filibusteras contra La Chontalpa, desviaron el río Grande de Chiapa, ya convertido en Mezcalapa, hacia el orien-

te; y un nuevo brazo, unido al río Ixtacomitán o Pichucalco, 4 kilómetros al sur de Villahermosa, aportó aguas al Grijalva. En esa centuria y en las siguientes el Mezcalapa se desvió por sí mismo: en 1881 el *rompido* Manga de Clavo formó el río Carrizal, al norte de Villahermosa, que desemboca al mar por la barra de Chiltepec, ya con el nombre de González; en 1904 el *rompido* de la Pigua unió nuevamente el Mezcalapa al Grijalva, 4 kilómetros al norte de la capital, y la corriente abandonó el cauce del González; y en 1932, el *rompido* de Samaria derramó por la margen izquierda e inundó lo que desde entonces se llama la Olla de la Chontalpa. Obras posteriores de la Secretaría de Recursos Hidráulicos han controlado los volúmenes. En la actualidad, una parte de las aguas del Mezcalapa vierte por varios caños y sale al mar por la barra de Chiltepec. Carrera Sosa considera que los ríos Cuscuchapa, de la Piedra, Cunduacán, Chacalapa, Zumpango y de las Corrientes proceden del Mezcalapa, cuyo continuo divagar ha causado ciertamente daños, a la par que ha rellenado terrenos y formado suelos aluviales.

La identidad del río Grijalva ha provocado debates desde hace más de un siglo. Las dudas se suscitaron cuando en el Estado de Chiapas le pusieron este nombre al Mezcalapa. Sin embargo, uno y otro ya pueden distinguirse en el primer mapa de Tabasco, levantado en 1579 por Melchor Alfaro de Santa Cruz, a instancias de Vasco Rodríguez, alcalde mayor de la provincia, quien a su vez acataba instrucciones de Guillén de las Casas, gobernador y capitán general de las provincias de Yucatán, Cozumel y Tabasco. Estaban ubicadas en las márgenes del río: la villa de Tabasco (Santa María de la Victoria), Tabasquillo, Tamulté de la Barranca, Aztapa Zaguatlán, Xaguacapa Zaguatlán, Xalapa Zaguatlán, Tlacotalpa, Tapijulapa, Puscatlán, Ocelotlán, Tecomaxiaca y Teapa. Ya desde entonces las aguas del río Dos Bocas se unían al Grijalva por varios caños, y en forma directa al río Acachapa (ya desaparecido), pero a pesar de estas conexiones no se confundían ambas corrientes. El Dos Bocas viene de la provincia de Chiapas y "tiene su nacimiento en el Distrito de Guatemala, que es debajo de unas grandes sierras". El Grijalva, a su vez, se forma en territorio tabasqueño por la unión de los ríos Oxolotán y Amatán, frente al pueblo de Tapijulapa; sigue con el nombre de Tacotalpa o de la Sierra; se le unen muchos arroyos y a 10 kilómetros de Pueblo Nuevo de las Raíces, los ríos Teapa y Puyacaténgo; en La Majagua afluyen a él, por la margen izquierda, las corrientes unidas del Ixtacomitán o

Villahermosa, capital de Tabasco, y el río Grijalva

Pichucalco y el azolvado río Viejo o Mezcalapa; a partir de esta confluencia se denomina Grijalva; pasa frente a Villahermosa; 4 kilómetros abajo, por conducto de los ríos Carrizal y de La Pigua, recibe aguas del Mezcalapa, ya controladas por la presa Nezahualcóyotl; divaga y rompe en varios lugares el cordón marginal derecho y forma los caños de El Guanal, Jobo y Aztlán, que luego se azolvan; a 55 kilómetros de la capital, en el municipio de Centla, recibe al río Chilapa por la margen derecha, duplica su caudal y gana en profundidad y anchura; ahí se inicia el estuario del Grijalva, al cual vierte la primera derivación del Usumacinta, por el cauce del arroyo de Los Idolos o Pantoja, que constituye la comunicación más corta entre la región de los ríos y Villahermosa; 13 kilómetros abajo, en Tres Brazos, afluye el gran caudal del Usumacinta y a 16 de este lugar, en la margen derecha, está la ciudad y puerto de Frontera; la corriente se divide y forma una isla de 3 kilómetros de largo por 500 metros de ancho, mientras el canal lateral de la barra, a 2 kilómetros de distancia, forma la Isla del Buey. En uno y otro cauces se depositan azolves que impiden la navegación de gran calado. Los más recientes aforos del Grijalva, realizados por la Secretaría de Marina, señalan un gasto mínimo de 1,200 metros cúbicos por segundo de febrero a abril, y 5 mil en septiembre y octubre. El río Chilapa también tiene su origen en la Sierra Madre, al sur del Estado; lo forman las aguas del Tulijá y el Macuspana (este último producto, a su vez, de la confluencia del Poaná, el Puxcatán y el Chinal); al pasar por Tepetitán, 42

kilómetros abajo, toma este nombre; origina el Chilapilla, por un desprendimiento; recibe el arroyo El Bitzal y cambia su denominación por la de Chilapa; y se le une el río Hormiguero, formado por una serie de cauces de aguas mansas (Concepción, Tasajeras, el Naranjo, Chichicastle) y de arroyos y lagunas comunicados al cauce del Usumacinta y cuyas aguas se confunden con las lagunas del Campo y del Viento, que desembocan al Grijalva por el cauce del Chilapa, justo donde se inicia el estuario.

El río Usumacinta nace en una depresión a donde van a dar las aguas de la región oriental de Chiapas y de los departamentos guatemaltecos del Petén, Alto Verapaz, Salmá, Santa Cruz, Totonicapan y Huehuetenango. Lo forman la confluencia de los ríos de la Pasión, Salinas y Lacantún, que a su vez se alimentan de grandes corrientes tributarias. Con dirección al noroeste, cruza la sierra entre desfiladeros y acantilados, con raudales de fuerte pendiente a lo largo de 200 kilómetros, en la frontera de México con Guatemala, y sale a la llanura aluvial en Boca del Cerro; su curso bajo (unos 335 kilómetros) es navegable por embarcaciones de poco calado; recibe arroyos y desagües de lomeríos y tierras bajas; pasa por Tenosique y luego por Canizán (antiguo Itzancanac); se le une por la margen derecha el río San Pedro (procedente del Petén y Balancán) y por la izquierda el Chacamax (límite, en parte, con Chiapas); toca Emiliano Zapata; divide Tabasco de Chiapas; en la isla Gelva se le desprenden los ríos Chico y San Antonio, que una vez unidos se le reincorporan frente a Jonuta y forman las islas de

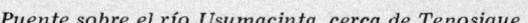

Puente sobre el río Usumacinta, cerca de Tenosique

Villahermosa: bulevar junto al río Grijalva

Monserrate y Chinal; desde Paso de Caballos hasta la Boca de Amatitán, marca el límite entre Tabasco y Campeche; antes de Jonuta origina el río Palizada, que sale al mar en la Laguna de Términos, y después de ese punto, el San Pedro, que forma en el litoral la barra de San Pedro y San Pablo; y finalmente el Usumacinta se divide en dos corrientes, la de su nombre y la de San Pedrito, que al encontrarse de nuevo en el Grijalva originan el punto conocido como Tres Brazos.

División territorial. Tabasco está formado por 17 municipios, comprendidos en 4 zonas: 1.La Chontalpa: Huimanguillo, Cárdenas, Nacajuca, Jalpa de Méndez, Cunduacán, Comalcalco y Paraíso; 2.El Centro: el municipio del mismo nombre, cuya cabecera es Villahermosa, la capital del Estado; 3.La Sierra: Teapa, Jalapa, Tacotalpa y Macuspana; y 4.Los ríos: Centla, Jonuta, Emiliano Zapata, Balancán y Tenosique. Con excepción de Frontera y Villahermosa, capitales respectivas de Centla y el Centro, las demás cabeceras llevan el mismo nombre de los municipios. Todas están consideradas como ciudades.

Administración pública. Al igual que los demás Estados, Tabasco tiene como base de su división territorial y de su organización política y administrativa, el municipio libre. Los ayuntamientos se componen de 9 regidores, el primero de los cuales ejerce la presidencia. Los tres poderes estatales —Legislativo, Ejecutivo y Judicial— son independientes entre sí. El Legislativo está integrado por 11 diputados y la representación federal por 3. La autoridad judicial en los municipios está a cargo de jueces mixtos de primera instancia, que en algunos casos tienen también a su cargo el protocolo; al Ejecutivo lo representan el agente del Ministerio Público y el receptor de rentas. Otros funcionarios prestan servicios administrativos y de salud pública. En la capital del Estado hay dos juzgados de primera instancia, uno para los ramos civil y de hacienda, y el otro para el ramo penal.

Educación. En el ciclo 1973-1974 había en Tabasco las escuelas que se indican a continuación y cuyo número de maestros y alumnos se mencionan entre paréntesis: 1,204 primarias (5,637 y 141,793), 53 secundarias (839 y 6,464), 17 preparatorias (235 y 2,578), 16 secundarias técnicas (296 y 3,795), 2 de enseñanza técnica media (18 y 121) y una superior regional (5 maestros y 164). Funcionan, además, en Villahermosa, la Escuela de Oficios, la Casa de la Mujer Tabasqueña y el Instituto de Audición y Lenguaje.

El 1° de enero de 1879 se fundó el Instituto Juárez, donde originalmente se impartieron agrimensura, farmacia, normal para varones, bachillerato de ciencias y letras, y derecho. El discurso inaugural fue pronunciado por su primer director, Manuel Sánchez Mármol. En 1908 se creó la Escuela Normal para Señoritas, atendida por maestros recibidos en el Instituto Juárez y un grupo de discípulos de Enrique C.Rébsamen, veracruzanos todos, a quienes invitó el gobernador Bandala. El Instituto decayó a tal punto, que por más de 10 años sólo se dedicó a la educación secundaria; pero más tarde

1.*Tomás Díaz Bartlett.* 2.*Rosario M.Gutiérrez Eskildsen.* 3.*Manuel Gil y Sáenz.* 4.*Francisco J.Santamaría.* 5.*Alfonso Taracena.* 6.*Manuel Mestre Gighliazza.* 7.*Pepe Bulnes.* 8.*Francisco Quevedo*

volvió a organizarse la Preparatoria y la Escuela de Derecho. En 1958 el gobernador Miguel Orrico de los Llanos expidió el decreto constitutivo de la Universidad Juárez de Tabasco, institución autónoma que recogió la tradición del Instituto. En la actualidad, la Universidad está integrada por las escuelas preparatorias y las de Derecho, Ingeniería, Veterinaria, Normal, Comercio y Administración, Medicina y Enfermería; en 1974 tenía 194 maestros y 1,466 alumnos, sin contar las preparatorias de los municipios.

La cultura. El desarrollo cultural de Tabasco se inició con el Instituto Juárez. Los profesionales anteriores a 1879 adquirieron sus conocimientos en Yucatán, Campeche, Chiapas y la Ciudad de México; hubo quienes cursaron en Yucatán la mayoría de sus estudios y obtuvieron el título académico en Chiapas. Tal es el caso de Manuel Sánchez Mármol, autor de *Antón Pérez* y *Previvida*, obras precursoras. Arcadio Zentella Priego escribió *Perico* y representa, con el anterior, los esfuerzos locales más tempranos en el campo de la creación literaria. En este siglo la poesía tuvo ya en Tabasco una representación estimable. El periodismo, a su vez, proliferó en multitud de publicaciones; la primera había sido *El Argos*, aparecida en 1825, año en que fue llevada la primera imprenta.

Se han distinguido los poetas Carlos Pellicer Cámara, José Carlos Becerra, Tomás Díaz Bartlett, Ramón Galguera Noverola, José Tiquet, Dionicio Morales, Rogelio Ruiz y Rojas y Agenor González Valencia; los escritores (lingüística y lexicografía) Rosario M.Gutiérrez Eskildsen, Marcos E.Becerra y Francisco J.Santamaría; los científicos José N.Rovirosa (botánica) y Marcelino Garcíajunco (químico); los historiadores y cronistas Manuel Gil y Sáenz, Manuel Mestre Ghigliazza, Alfonso Taracena, Manuel González Calzada, Bernardo del Aguila Figueroa, Pedro A.González y Pepe Bulnes; los novelistas y cuentistas Teutila Correa de Carter y Andrés González Pagés; los periodistas Félix F.Palavicini, Regino Hernández Llergo, Trinidad Malpica H., José Pagés Llergo, Pedro Ocampo Ramírez y Salvador Camelo Soler; los ensayistas Enrique González Pedrero y Andrés Iduarte; los educadores Rosendo Taracena, Arnulfo Giorgana, Leandro García, Soledad G.Cruz, Rosario M.Gutiérrez Eskildsen, María Dolores Pérez, Alberto Correa Zapata y Dolores Correa Zapata; el pintor Héctor Correa Zapata, el escultor José Natividad Correa Toca y los músicos Francisco Quevedo y Cecilio Cupido.

50

Rectoría de la Universidad Juárez de Tabasco

En 1974 había en la entidad 345 médicos cirujanos, 70 dentistas, 135 enfermeras, 45 veterinarios, 660 abogados, 45 contadores públicos, 75 ingenieros en ramas diversas, 40 arquitectos, 5,637 profesores de primaria, 30 químicos farmacéuticos y 40 economistas. La Sociedad de Artesanos, cuya existencia data del año 1874, funciona en la capital y en ésta y las cabeceras municipales los clubes de rotarios y leones.

Otros servicios. En Villahermosa existen dos bibliotecas, la de la Universidad Juárez y la Pública del Estado; y dos museos, el Arqueológico de Tabasco y el de la Venta. Además del malecón de la margen izquierda del río Grijalva, la ciudad tiene varios parques, el más grande de los cuales es el "Tomás Garrido Canabal", a la orilla de la Laguna de las Ilusiones, donde se celebra cada año la Exposición Agrícola, Ganadera e Industrial. En las avenidas principales hay fuentes que funcionan entre 16 y 18 horas diarias. Todos los rumbos de la ciudad están comunicados por autobús, y la Cooperativa de Transportes de Villahermosa cubre las rutas a Coatzacoalcos y Ciudad del Carmen, con vehículos de segunda clase. La empresa Autobuses de Oriente enlaza el Distrito Federal con la capital de Yucatán, cruza el Estado de Tabasco y toca Villahermosa, Cárdenas, Frontera, Emiliano Zapata y Tenosique. La Cruz Roja tiene pequeñas instalaciones administrativas y hospitalarias en Villahermosa, en un edificio de su propiedad.

Historia. *Período precortesiano.* A pesar de haber sido un territorio de tránsito de varias migraciones en el remoto pasado prehispánico, ninguna expresión cultural importante de esa época se ha descubierto en Tabasco, salvo la cultura de La Venta, en el noroeste del Estado, cuyo asentamiento se supone que ocurrió en el siglo V a.de C. A los habitantes de La Venta, llamados olmecas, podría referirse el *Memorial de Sololá* cuando dice: "En seguida se dirigieron al lugar de Teozacuancu, fuéronse todos allá y a continuación se encaminaron a otro lugar llamado Meahauh, donde se reunieron. Luego, saliendo de Meahauh, llegaron a otro lugar llamado Valval Xucxuc, donde descansaron. Juntáronse de nuevo y saliendo de allí llegaron a los lugares llamados Tapcu Olomán". Esta es la referencia más antigua (siglo XII) sobre los primitivos habitantes del actual territorio tabasqueño. Los puntos mencionados parecen ser Ahualolco y Onohualco, señalados en el mapa que Francisco Javier Clavijero publicó en su *Historia antigua de México* y que citó por Bernal Díaz del Castillo en su *Historia verdadera de la conquista de la Nueva España*. De los breves asentamientos mayas (altos de las migraciones procedentes del noroeste y del oriente), quedaron restos en Comalcalco, donde las construcciones fueron de adobe, después cubiertas por tierra y conchas de ostiones; y en El Tortuguero, municipio de Macuspana, zona inexplorada. Aparte estos indicios, no hay documentos ni tradiciones orales sobre la vida aborigen en Tabasco.

La Conquista. Así como fue encrucijada de las migraciones precolombinas, también lo fue de la exploración y conquista de la Nueva España y Guatemala. Hernán Cortés, en su *Quinta Carta de Relación*, donde reseña su viaje a Las Hibueras, menciona haber estado de paso en la provincia de Cupilcon (Cupilco), abundante en cacao, a 35 leguas de la villa del Espíritu Santo, y encontrado muchas ciénegas y ríos, que pasó por puentes, entre ellos tres muy grandes en los pueblos de Tumalán (Tonalá) y Agualulco y en el río Guezalapa (Mezcalapa). El último pueblo de la zona era Anaxuca (Nacajuca). Bernal Díaz del Castillo, a su vez, se refiere a Tabasco como acompañante de Cortés en el viaje a Las Hibueras y en su condición de explorador y encomendero (capítulos CLXVI, CLXXV y CCXIII de su *Historia verdadera...*). Estuvo en Copilco, donde "comienza la provincia que llaman la Chontalpa.. toda muy poblada y llena de huertas de cacao, y muy de paz"; en Tepetitán, que encontró despoblado, con las casas quemadas; y en Solosuchiapa, Coyumelapa, Ixtapangajoya, Tecomajiaca y Teapa, en cuya zona tuvo una encomienda.

La Colonia. Durante los tres siglos coloniales, Tabasco fue una alcaldía mayor adscrita a la Capitanía General de Yucatán; en lo eclesiástico perteneció al obispado de Chiapa y Guatemala, cuya jurisdicción original llegaba hasta Yucatán; y en lo judicial dependió de la Real Audiencia de Nueva España. A orillas del río bautizado con su nombre por Juan de Grijalva, en el sitio donde Cortés libró la segunda batalla de tierra firme, fue establecida la Villa de Santa María de la Victoria, desde la cual se inició la ocupación y dominio del territorio tabasqueño, al mismo tiempo que la conquista de Yucatán; pero no se conocen ni el día ni el año de la fundación. Bernardo del Aguila Figueroa, en la monografía *Tabasco (en la geografía y en la historia)* indica que "el régimen colonial empieza en Tabasco con la presencia de Francisco de Montejo (*El Viejo*), quien en 1526 había firmado en Granada capitulaciones con el Rey", que entre otras facultades y concesiones contenían las siguientes: pacificar y conquistar Yucatán y Cozumel, y poblar Tabasco. Habiendo fracasado en su intento de conquistar Yucatán por el oriente, pasó a México en 1528, se reunió con su hijo del mismo nombre y

Dos aspectos del Parque Arqueológico de La Venta

2

Juan de Grijalva desembarca en Tabasco

Hernán Cortés hace las paces con los caciques de Tabasco

ambos decidieron acometer la empresa por el occidente, para lo cual empezaron por hacerse fuertes en Tabasco. De 1530 a 1535 batalló en tierras mayas, aunque sin éxito. Volvió a España y consiguió la confirmación del gobierno de Tabasco, pero después pasó a Honduras y otras partes (v.MONTEJO, FRANCISCO DE, *El Viejo*). En ese tiempo fue juez de residencia en la zona Baltazar de Osorio. En el resto del período virreinal no se registraron hechos notables en la vida tabasqueña; no se sabe de un comercio importante, fuera del mantenido con el cacao hacia Yucatán, ni de esfuerzos oficiales para estimular el asentamiento de colonos.

En 1794 la Provincia de Tabasco tenía una población de 35,803 personas (18,199 hombres y 17,604 mujeres) distribuidas en 2 villas, 2 pueblos, 9 parroquias, 200 haciendas, 120 rancherías dependientes, 526 independientes y 58 estancias; no había conventos, ni colegios, ni hospitales. El orden estaba a cargo de 10 compañías de milicias: 9 de infantería y lanceros, de la clase de pardos libres y laborios, y una de españoles a caballo, con sólo 100 plazas. En 1823 eran ya 54,862 habitantes.

En el movimiento de independencia no figuraron los tabasqueños. La provincia, en cambio, envió a José Eduardo de Cárdenas como representante ante las Cortes de Cádiz. Con motivo de la exhortación virreinal a la lealtad, formulada por bando del 24 de mayo de 1815, los cabildos de Tabasco levantaron actas de adhesión a España. El Ayuntamiento de San Juan Bautista de Villahermosa declaró los días 11 y 12 de septiembre siguiente no

haber encontrado en sus archivos ninguna constancia de conformidad con "el ridículo congreso mexicano, ni papel firmado que se incline a la independencia de estos dominios, ni tampoco cartas de correspondencia que algún corifeo de la insurrección le hubiese consignado; y sí, por el contrario, han visto una ciega obediencia a todas las órdenes que recibió en nombre de nuestro soberano el señor D.Fernando VII". Y añade: "Este Ayuntamiento, único en toda esta provincia, lleno de fidelidad, lealtad y obediencia a la augusta persona del rey, jamás ha pensado cometer atentado tal de conferir semejantes poderes, ni de corresponderse con los rebeldes; sino de coadyuvar con su celo a la persecución de éstos, proporcionando caudales para el mantenimiento de las fieles milicias tabasqueñas". El gobernador presidente, que era el coronel Francisco de Heredia y Vergara, había dispuesto que su fuerza se acantonara en el confín de la provincia, con el propósito de impedir que los insurgentes se aproximaran. Una vez declarada la Independencia, Tabasco sufrió los mismos desórdenes, cuartelazos y crisis que la capital y el resto de la República, pero olvidaron sus diferencias para defender su territorio contra las invasiones norteamericana y francesa. En octubre de 1846 las fuerzas del comodoro Mathew C.Perry se posesionaron de Frontera y tomaron los vapores nacionales *Tabasqueño* y *Petrita*, el pailebote *Amado* y otras embarcaciones de particulares; 600 hombres, a bordo de los dos vapores y de tres buques de vela, avanzaron sobre la capital, llamada entonces San Juan Bautista de Tabasco, a la que llegaron el día 25, como a las 2 de la tarde; Perry mandó un bote a tierra con dos oficiales de marina y un intérprete, y le pidió al gobernador y comandante militar Juan Bautista Traconis la rendición incondicional, bajo amenaza de destruir la ciudad en caso contrario. Rechazada la intimación, 25 minutos después el enemigo rompió el fuego. Traconis dividió 250 hombres en guerrillas de 20 a 30, colocadas en lugares donde pudieran impedir el desembarque, y se reservó otros 80, con dos piezas de campaña, para acudir a los puntos que conviniera. Cuantas veces trataron los invasores de poner un pie en tierra, una lluvia de balas los hizo retroceder, hasta que desistieron de su intento. Entonces bombardearon la ciudad, en especial la parte que mira al río. El 26 continuó el fuego, pero al fin Perry decidió retirarse, por las bajas que resentía. Tras un breve parlamento, concertado por conducto del comerciante inglés Jaime Chabot, los invasores se marcharon a Frontera.

Del 26 de octubre al 7 de noviembre de 1858 fuerzas liberales de Tabasco y Chiapas atacaron San Juan Bautista, que estaba en poder de los conservadores, y dominaron a su guarnición. Tabasco volvió así al régimen constitucional, nuevamente interrumpido en 1863, cuando cayó en manos de los partidarios de la Regencia y la Intervención Francesa. El 17 de junio de ese año el coronel Eduardo G.Arévalo, de origen español, al mando de 200 hombres, se presentó frente a San Juan Bautista y después de 14 horas de combate ocupó la ciudad (día 18). Según una denuncia de los imperiales José María Maldonado y Antonio Saury, formulada ante el general Marín, prefecto político del Territorio del Carmen, Arévalo otorgó cargos en su gobierno a Gregorio Villamil, ignorante y falto de probidad; al falsificador Portas Martínez y al comerciante Eduardo Arana, ávido de hacer fortuna. En octubre se sublevaron Andrés Sánchez Magallanes y Gregorio Méndez, en Cárdenas y Comalcalco; y Lino Merino y los hermanos José María y Rosario Bastar, en Tacotalpa y Teapa. Arévalo mandó contra éstos al capitán Felipe Reguera, pero fue derrotado y hecho prisionero. Después, Pérez Andrade ocupó Macuspana sin encontrar resistencia, mientras Merino estaba en Pueblo Nuevo de las Raíces, donde recibió la noticia del fusilamiento de Cosme Alvarez, quien llevaba pólvora a los sublevados de la Sierra. El jefe imperial, a su vez, salió a la Chontalpa en octubre de 1863 y en Comalcalco logró batir por sorpresa a las fuerzas de Sánchez Magallanes y Méndez, a cuya cabeza puso precio. Repuestos de ese descalabro, los liberales pasaron a Cárdenas (16

49

Gregorio Méndez

de octubre), donde se les unieron multitud de ciudadanos de esa villa, de Huimanguillo y de la banda derecha del Mezcalapa; regresaron a Comalcalco (día 22), recibieron nuevos hombres de San Juan Bautista y Paraíso, organizaron una brigada (día 24) y ocuparon Cunduacán (día 29), llave de la Chontalpa, rica entonces en cereales, cacao y ganado. Arévalo los atacó con lo mejor de sus tropas, pero fue derrotado en el Jahuactal (1° de noviembre), de suerte que tuvo que retroceder y encerrarse en San Juan Bautista. Del 13 de enero al 27 de febrero de 1864 los republicanos atacaron la plaza, hasta que fue evacuada. Méndez mandó celebrar la victoria y mantuvo a Tabasco fuera del alcance del Segundo Imperio.

Triunfante la República, volvieron las rivalidades y los conflictos internos. Entre 1867 y 1876 ocurrieron 8 rebeliones, incluida la de Tuxtepec; y desde que Méndez entregó el poder en 1867 hasta 1895, en que se inició el primer período constitucional del general Abraham Bandala, Tabasco tuvo 16 gobernadores. Tarde llegó, pues, la paz porfiriana. Establecido el cacicazgo de Bandala, el pueblo tabasqueño, salvo el pronunciamiento democrático de 1906, vegetó hasta 1910.

La Revolución. El 2 de abril de 1906, próxima

la renovación del poder ejecutivo local, los amigos del gobernador organizaron una manifestación para ofrecerle otra vez su candidatura; pero el bando opositor, jefaturado por el doctor Manuel Mestre Ghigliazza, salió al paso de la columna y se produjo un motín. Mestre y los demás directores del movimiento fueron encarcelados. En los años siguientes continuó la efervescencia política, estimulada por la represión y por el eco de las proclamas magonistas y maderistas en toda la República. El 19 de diciembre de 1910, en el pueblo de Santana, municipio de Cárdenas, se levantaron en armas Ignacio y Pedro Gutiérrez Torres. Ya en camino se le unieron José Merced Gamas, Fernando Aguirre Colorado, Fernando Villar, Pedro Sánchez Magallanes (hijo del combatiente antimperialista), Aureo L.Calles y otros más, que sumaban 157 hombres. Tomaron Cárdenas y Huimanguillo, y se dirigieron hacia la costa por territorio de los municipios de Cunduacán y Comalcalco; alcanzados por tropas federales y guardias nacionales, el 21 de abril de 1911 se enfrentaron a ellas en el pueblo de Aldama, mientras en Ciudad Juárez se negociaba el cese de las hostilidades. La superioridad militar del ejército atropelló el valor de los revolucionarios: Gutiérrez Gómez perdió la vida y hubo decenas de muertos y cientos de heridos. v.Manuel González Calzada: *Historia de la Revolución Mexicana en Tabasco*.

Una vez firmado el *Tratado de Ciudad Juárez*, el gobernador Policarpo Valenzuela, que había tomado el cargo al comenzar el año, presentó su renuncia y el poder pasó a manos de Mestre Ghigliazza, quien luego fue electo para el período que comenzaba el 1° de septiembre de 1911. Su gobierno no fue muy afortunado, pues hubo de padecer varios conflictos, entre ellos la insurrección del ex cura español Manuel Gurdiel Fernández, a quien por fin mató la policía de Balancán el 12 de septiembre de 1912. Al ocurrir el asesinato del presidente Madero, Mestre reconoció al usurpador, pero aun así fue retirado del mando y sustituido por el general Agustín Valdés, sucedido a poco por el general Alberto Yarza. En la Chontalpa se sublevaron Pedro C.Colorado, los hermanos Fernando y Ernesto Aguirre Colorado, Aurelio y Ramón Sosa Torres, Aureo L.Calles, Aquileo Juárez, Epitanio Bravata, Isidro Cortés, Candelario Priego Sánchez, Carlos y Alejandro Greene y muchos otros, secundados después, en la zona del río Usumacinta, por el hacendado Luis Felipe Domínguez, quien primero recibió la noticia del triunfo ratificado en Teoloyucan y el aviso de que se trasladara a San Juan Bautista para asumir el gobierno. El 28 de agosto llegó a Villahermosa y Yarza le dijo que el 31 le entregaría el poder; el día 30 se sublevaron los oficiales Jesús de la Guardia y Vázquez Reyes, pronto sometidos con el auxilio de los federales que no participaron en la insubordinación; y al día siguiente se efectuó la transmisión del mando. Domínguez expidió un decreto liberando a los peones acasillados y cancelando sus deudas, al parecer inspirado por el coronel José Domingo Ramírez Garrido. La jefatura de las tropas quedó en manos de los revolucionarios de la Chontalpa, quienes al fin consiguieron el apoyo del primer jefe Venustiano Carranza y el gobierno de Tabasco para Carlos Greene. Para evitar la división entre las facciones revolucionarias, Domínguez fue enviado al Istmo de Tehuantepec, Pedro C.Colorado a auxiliar a Jacinto B.Treviño en Tamaulipas, y Ramón Sosa Torres a Yucatán. Más tarde Greene fue llamado a México y quedó en su lugar el coronel Aquileo Juárez; éste, a su vez, el 28 de agosto de 1915 entregó el poder al general Pedro C.Colorado, quien al siguiente día fue asesinado por un capitán de las tropas del coronel Gil Morales, sublevado en favor de Francisco Villa. Esto originó que el gobierno federal enviase a Tabasco al general Francisco J.Mújica, con la misión de volver el Estado a la normalidad, previo el castigo de los rebeldes. Durante su gobierno, la capital (San Juan Bautista) recuperó su antiguo nombre de Villahermosa, se suprimieron las jefaturas políticas y se celebraron los primeros congresos pedagógico y feminista. En octubre de 1916 Mújica se separó del gobierno y lo entregó al general Luis Felipe Domínguez, quien convocó a elecciones de diputados al Congreso Constituyente. Fueron éstos Rafael Martínez de Escobar, Antenor Sala y Carmen Sánchez Magallanes; y sus suplentes, Fulgencio Casanova, Santiago Ocampo y Luis Gonzalí. Promulgada la Constitución de Querétaro, sucedió a Domínguez, el 9 de mayo, el licenciado Joaquín Ruiz; y a éste le siguieron Luis M.Hernández, Heriberto Jara y Carlos A.Vidal, todos generales. En las primeras elecciones constitucionales contendieron Carlos Greene y Luis Felipe Domínguez; ganó éste, apoyado por los reaccionarios, pero el gobierno federal reconoció a Greene. Uno de sus primeros actos fue expedir la nueva Constitución Política del Estado, a tono con la General de la República. Los dominguistas, inconformes, reunieron su Congreso en Boca de Amatitán, cerca de Campeche; promovieron el desconocimiento de Greene y éste pidió licencia y pasó a México para defenderse. El gobierno quedó a cargo de Tomás Garrido Canabal, quien a causa de la intervención de la autoridad militar en

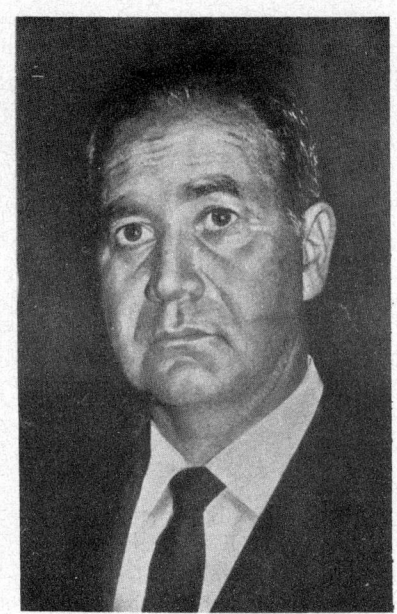

49
Carlos Greene

49
Tomás Garrido Canabal

6
Carlos A.Madrazo

los asuntos políticos, trasladó la administración a Santa Ana; se defendió y ganó a la postre, volviendo a Villahermosa, el 31 de diciembre de 1919. La mañana del 25 de octubre de 1920, en el vestíbulo del Palacio de Gobierno, se enfrentaron a balazos dos diputados. Una escolta de la policía, azuzada por el coronel Alejandro Greene, hermano del gobernador, irrumpió en la sede de la Legislatura y asesinó a dos de sus miembros. A causa de estos hechos, el mandatario se retiró del gobierno; fue encarcelado en México y más tarde condenado por el Congreso del Estado. Gobernaron la entidad, hasta que hubo una nueva elección directa, Primitivo Aguilar, Garrido Canabal, Pedro Casanova Casao, Manuel Garrido Lacroix, Leonel Magaña y Alejandro Lastra.

Tomás Garrido Canabal fue electo gobernador en 1922 y tomó posesión el 1º de enero de 1923. Desde un principio se distinguió por su lealtad irrestricta al "grupo de Sonora", encabezado por Obregón y Calles. Por esta razón, al ocurrir en diciembre de 1923 el pronunciamiento de gran parte del ejército y de la marina en favor de Adolfo de la Huerta, los efectivos concentrados en Veracruz emprendieron el ataque contra Tabasco, dominado en los primeros días de enero de 1924 con la ayuda de tropas procedentes de Chiapas al mando del general Alberto Pineda. El Estado permaneció bajo el gobierno delahuertista de Manuel Antonio Romero hasta mayo siguiente. Reinstalado, Garrido Canabal implantó una especie de socialismo ideado por él; organizó ligas obreras de resistencia y consolidó un monopolio político por medio del Partido Socialista Radical.

Aunque de 1927 a 1930 gobernó Ausencio C.Cruz, la dirección estuvo siempre a cargo de Garrido. Tuvo que ausentarse en agosto de 1926, después del atentado en el que resultó herido y muertos tres de sus acompañantes (Santiago Caparroso, Marcos Díaz y Andrés García), pero no menguó su autoridad de líder ni se interrumpió el proceso de cambio revolucionario. De 1924 a 1935 se agruparon los obreros y los campesinos; se restableció la Escuela Normal de Villahermosa; se multiplicaron las escuelas rurales; prosperaron la ganadería y las pequeñas industrias lácteas; se mantuvo en equilibrio la economía estatal; se prohibió la fabricación de bebidas alcohólicas y el comercio de ellas dentro del Estado; y se extremó la persecución religiosa. En diciembre de 1934, cuando le faltaba un mes para terminar su segundo período como gobernador, Garrido Canabal fue llamado por el presidente Cárdenas a la Secretaría de Agricultura. Lo sucedió Manuel Lastra Ortiz, hasta el 23 de julio de 1935, en que la Comisión Permanente del Congreso de la Unión, a solicitud expresa del Poder Ejecutivo Federal, consideró desintegrado el régimen constitucional de Tabasco y nombró a Aureo L.Calles gobernador provisional. Semejante declaratoria se debió a la violación de las garantías durante el proceso electoral y a los hechos sangrientos que se produjeron el día 15 anterior en la calle principal de Villahermosa, cuando un grupo de opositores de Garrido llegó a participar en las elecciones para renovar el Congreso y los garridistas se les enfrentaron habiendo resultado del tiroteo un saldo de 12 muertos. A partir de Calles han gobernado Tabasco: Víctor Fernández Manero, Francisco Trujillo Gurría, Noé de la Flor Casanova, Francisco J.Santamaría, Manuel Bartlett Bautista, Miguel Orrico de los Llanos, Carlos A.Madrazo, Manuel R.Mora, Mario Trujillo García y Leandro Rovirosa Wade.

La incorporación del Estado a la vida moderna se inició durante el período presidencial de Adolfo Ruiz Cortines. En esos 6 años (1952-1958) se electrificó la entidad, casi se erradicó el paludismo y se construyó la carretera del Golfo. Antes, el gobierno federal había petrolizado el camino de Villahermosa a Teapa. Las administraciones locales dieron poco estímulo a la cultura y ninguno a la economía. Tabasco se desarrolló gracias a las comunicaciones y, sobre todo, al saneamiento del territorio. A esto se añadió el impulso constructor del gobernador Madrazo, en cuyo período se superó el aislamiento interno, pues cada localidad parecía asentarse en una isla. De 1959 a 1964 se construyeron 990 kilómetros de caminos vecinales, plantas eléctricas con una capacidad instalada de 9,900 kw, 500 escuelas, 639 casas para maestros, 25 jardines de niños, 71 obras de agua potable, el drenaje de 10 cabeceras municipales, 35 centros de salud y 16 hospitales; y en Villahermosa, las ciudades Universitaria y Deportiva, el malecón sobre el río Grijalva, el Palacio Municipal, las escuelas Normal, de Educación Física, de Oficios (para hombres), de Audición y Lenguaje y de Bellas Artes; el Reclusorio para Mujeres, la Granja de Rehabilitación para Enfermos Mentales, el Instituto de Rehabilitación del Aparato Locomotor, la Casa de la Mujer Tabasqueña, el Casino del Pueblo, la Planta Rehidratadora de Leche, el Asilo para Ancianos, las colonias para trabajadores del Estado y para maestros, el mercado público y el Teatro de la Ciudad; y se crearon, dentro de la Universidad Juárez de Tabasco (fundada en 1958), las escuelas de Medicina, Ingeniería Civil, Comercio y Administración, Enfermería, Veterinaria e Ingeniería Petrolera, esta última clausurada al comenzar el siguiente período de gobierno. Tras la administración de Manuel R.Mora (1965-1970), durante la cual casi nada nuevo se hizo, el gobernador Mario Trujillo García puso énfasis en el fomento económico. *M.G.C.*

Población. El Estado de Tabasco, con una superficie, según datos federales, de 24,661 kilómetros cuadrados (1.25% del territorio nacional), tiene una población de 768,327 habitantes (1.59% del total del país): 389,396 hombres y 378,931 muje-

res. Su densidad es de 31.16 por kilómetro cuadrado. Está integrado por 17 municipios: 12 tienen más de 10 mil y hasta 50 mil habitantes; 4, más de 50 mil y hasta 100 mil; y 1, de más de 100 mil. Los de mayor población son Centro, Cárdenas, Macuspana y Comalcalco. El de Centro, donde se asienta la capital, tiene 163,514 habitantes, o sea el 21.3% del total. El número de localidades asciende a 1,141: en 109 viven menos de 99 personas; en 643, de 100 a 499; en 363, de 500 a 2,499 en 25, 2,500 a 19,999; y en una, más de 75 mil. El 68.7% de la población es menor de 24 años (528,080) y el 4.8% (36,591) corresponde a personas mayores de 60 años. El número de familias es de 139,893, de las cuales 121,531 (86.9%) están sostenidas por hombres y 18,362 (13.1%) por mujeres. Aparte los esposos o esposas (126,520) e hijos (463,265), viven en los hogares 33,109 parientes y 6,978 huéspedes o sirvientes. Viven solas 8,562 personas. El 13.7% de las familias (19,149) está constituido por 9 miembros o más. Los mayores de 12 años son 447,777: 171,131 solteros y 173,087 casados; los demás viven en unión libre (79,168), o son viudos (15,625), divorciados (2,251) o separados (6,515).

Entre las personas mayores de un año de edad (738,662), el 64.8% usa zapatos, el 5.5% huaraches o sandalias y el 29.7% anda descalzo. Son católicos 669,720 (87.2%) habitantes del Estado; 70,185 (9.1%), protestantes o de otras confesiones; y 28,422 (3.7%) no tienen ninguna religión. Son tabasqueños 718,951 (9.6%) nacieron en otras entidades 48,868 (6.3%) y 508 (.1%) son extranjeros. Del total de inmigrantes, 17,592 (34.3%) proceden de Chiapas, 11,208 de Veracruz, 4,030 de Campeche, 2,902 de Yucatán, 2,418 de Oaxaca y 2,307 del Distrito Federal; el resto (10,120) de las demás entidades y 541 de otros países. Hablan alguna lengua indígena 34,188 personas, de las cuales 2,200 no hablan español: 1,715 chol y 485 otras lenguas indígenas. Entre los mayores de 10 años (493,547), 117,665 (23.8%) son analfabetas: 48,629 hombres y 69,036 mujeres. De los mayores de 6 años (599,962), 354,823 (59.1%) han tenido instrucción primaria, pero sólo 48,260 (8%) han cursado hasta el 6º año, 29,221 han recibido instrucción postprimaria y 215,918 (36%) no han tenido ninguna. Son profesionales de nivel superior 1,755 personas, el 0.9% de la población mayor de 30 años. Asisten a la escuela primaria 138,965 niños de 6 a 15 y más años de edad, de los cuales 45,866 lo hacen a 1º, 30,219 a 2º, 23,970 a 3º, 17,181 a 4º, 11,896 a 5º y 9,833 a 6º, lo cual supone un índice de 78.6% de deserción y de 74.8% de escolaridad. Asisten a

Un jardín en Villahermosa

cursos de capacitación 2,471 jóvenes; a la secundaria, 10,957; a la preparatoria o vocacional, 4,323; y a la profesional superior, 1,588. El promedio de escolaridad de la población de 6 años o más es de 2.4 años.

Del total de mujeres del Estado mayores de 12 años de edad (221,630), 133,350 han tenido 745,180 hijos, con promedio de 3.4; y de éstas, 46,270 (34.7%) han procreado de 1 a 3; 81,887 (61.4%), de 4 a 12; y 5,193 (3.9%), 13 o más.

Del total de la población, 447,777 (58.3%) son mayores de 12 años y, de éstos, 196,678 constituyen la población económicamente activa, con una tasa de participación del 43.9%: 172,210 hombres y 24,468 mujeres; y 251,099 la económicamente inactiva: 53,937 hombres y 197,162 mujeres, de los cuales el 70.8% (177,778) se ocupa en quehaceres domésticos, el 18.0%) (45,198) son estudiantes y el 11.2% (28,123) tiene otras ocupaciones improductivas. Entre quienes trabajan, 116,147 (59.1%) se dedican a la agricultura, ganadería, silvicultura, pesca y caza; 25,076 (12.8%), a la industria; 13,086 (6.6%), al comercio; 3,626 (1.8%), a los transportes; 19,727 (10.0%), a los servicios; 5,455 (2.8%), a trabajos al servicio del gobierno; y 13,561 (6.9%), a quehaceres no especificados. De ese mis-

mo total, 7,444 (3.8%) son profesionales y técnicos; 3,051 (1.5%), directivos; 8,033 (4.1%), empleados administrativos; 10,948 (5.6%), vendedores; 14,001 (7.1%), conductores de vehículos o trabajadores de otros servicios; 112,436 (57.2%), trabajadores agropecuarios; y 40,745 (20.7%), trabajadores no agrícolas o insuficientemente especificados. Desde el punto de vista de su posición en el trabajo, 10,955 (5.6%) son empresarios (9,141 hombres y 1,814 mujeres); 48,292 (24.5%), empleados u obreros; 47,195 (24.0%), jornaleros o peones; 54,198 (27.6%), trabajadores independientes; 18,992 (9.7%), ejidatarios; y 17,046 (8.6%), personas que prestan sus servicios en un negocio familiar sin retribución. Sin embargo hay 5,307 personas (2.7%) que sólo trabajan de 1 a 3 meses durante el año; 9,543 (4.8%), de 4 a 6; 12,566 (6.4%), de 7 a 9; y 169,262 (86.1%), de 10 a 12. Declararon ingresos hasta de $499 mensuales, 105,380 personas (62.0%); de 500 a 999, 34,982 (20.6%); de mil a 2,499, 20,666 (12.2%); de 2,500 a 4,999, 6,037 (3.5%); y de 5 mil o más 2,756 (1.7%).

Los habitantes de la entidad se alojan en 126,106 viviendas (6.1 por vivienda en promedio): 95,992 (75.7%) propias y 30,714 (24.3%) alquila-

TABASCO SALARIOS MÍNIMOS promedio (1)		
	En el país	En el estado
1942-1943	$ 1.73	$ 1.81
1944-1945	2.12	1.81
1946-1947	2.70	2.89
1948-1949	3.25	2.91
1950-1951	3.69	5.50
1952-1953	4.95	6.00
1954-1955	5.91	6.29
1956-1957	7.65	7.06
1958-1959	9.01	8.71
1960-1961	10.03	9.70
1962-1963	11.93	11.70
1964-1965	14.68	14.25
1966-1967	17.12	17.00
1968-1969	19.83	19.70
1970-1971	22.90	22.88
1972-1973	27.16	27.38
1974-1975	36.05	36.35
1976(2)	54.28	53.45

(1) Promedios, no ponderados, de los salarios mínimos generales y del campo.
(2) A partir de este año los salarios mínimos se determinarán anualmente.

das. El promedio de cuartos por vivienda es de 1.8. Del total de éstas, 4,609 (3.6%) tienen muros de adobe, 39,026 (30.8%) de ladrillo y 83,081 (65.6%) de madera u otros materiales. El concreto se emplea en el techo de 9,900 casas (7.8%); las demás son de teja (37.1%), madera (1.8%), palma (41.5%) u otros materiales (11.8%). En 78,546 (62.%) casas el piso es de tierra. Disponen de agua entubada 43,370 (34.2%): 28,556 dentro de la vivienda, 7,416 fuera de ella y 7,398 en un hidrante público; pero 83,336 (65.8%), con 512,473 (66.7%) habitantes, no disponen del servicio. Tienen drenaje sólo 32,465 (25.6%); energía eléctrica, 40,823 (32.2%); radio y televisión, 11,498 (9.1%); sólo radio, 84,557 (66.7%); sólo televisión, 654 (.5%); baño con agua corriente, 44,379 (35%); y cocina independiente, 83,280 (65.7%). En 79,894 (63%) se usa leña o carbón para cocinar; en 21,910 (17.3%), petróleo o tractolina; y en 24,902 (17.7%), gas o electricidad.

No consumen carne 75,959 personas (9.9%); huevos, 156,048 (20.3%); leche, 385,068 (50.1%); pescado, 290,002 (37.7%); y pan de trigo 215,919 (28.1%). Quienes sí consumen estos alimentos lo hacen, por el mismo orden, 2.7, 3.8, 5.2, 2.5 y 4.9 días en promedio a la semana. v.*IX Censo General de Población. Estado de Tabasco. 1970.*

Asistencia y salubridad. En 1971 había en la entidad 113 unidades médicas cuya naturaleza y número de camas, entre paréntesis, se indican en seguida: 30 de hospitalización (558) —26 generales, 2 gineco-obstétricas, una pediátrica y una psiquiátrica— y 83 para pacientes externos (97) —42 centros de salud, 4 clínicas, 4 puestos de socorro, 6 consultorios y 27 no especificados—. De ellas, 42 pertenecían al sistema de seguridad social (141) —8 al IMSS, 15 al ISSSTE, 15 a PEMEX, 3 a la Secretaría de la Defensa Nacional y una a la Secretaría de Marina—, 55 a la Secretaría de Salubridad y Asistencia (298), 7 a particulares (56) y 9 a otras instituciones (160). En conjunto, estas unidades tenían: 130 consultorios, 17 laboratorios de análisis clínicos, 19 gabinetes de radiología, 25 quirófanos, 29 salas de expulsión, 4 bancos de sangre, 16 áreas de emergencia, 185 cunas e incubadoras y 97 camas de primeros auxilios. Trabajan en la entidad 323 médicos: 125 generales, 83 especialistas, 14 dentistas, 90 pasantes y 11 en otras labores. Del total, 153 (47.37%) presentan sus servicios en el sistema de seguridad social; 122 (37.77%) en la SSyA; 19 (5.88%) como particulares; y 29 (8.98%) en otras instituciones. Se atendieron 3,679 partos, 15,486 urgencias, 58,680 análisis clínicos, 25,757 radiodiagnósticos y 3,526 intervenciones quirúrgicas. El promedio de días de estancia en los hospitales fue de 5.2. Se concedieron 605,184 consultas externas, entre ellas 145,226 generales, 5,294 obstétricas, 30,742 pediátricas y 12,661 odontológicas de primera vez. En seguida se anotan el número de inmunizaciones: viruela, 84,977; poliomielitis, 17,336; DPT, 6,404; tétanos, 18,130; BCG, 5,944; sarampión, 2,559; rabia, 1,042; y otros padecimientos, 194. Las principales causas de mortalidad general son las enfermedades gastrointestinales y las propias del aparato respiratorio y en la población infantil la causa principal es la deficiente nutrición. *Fuente*: Dirección General de Estadística: *Estadísticas hospitalarias* (1975). Solamente la capital del Estado dispone de un sistema completo de drenaje. El agua potable se ha introducido a 124 localidades, beneficiando al 35% de las viviendas, donde se aloja el 25% de la población.

Agricultura. De la superficie total del Estado (2.466,100 hectáreas) sólo se censaron 1.847,768.6 en 1971: 1.021,704.5 de labor, 311,968 de pastos naturales (55,421.4 en cerros y 256,546.6 en llanuras), 146,481.3 de bosques (37,936 maderables y 108,545.3 no maderables) y 367,614.8 de tierras incultas. De las hectáreas utilizables (1.480,153.8), 556,950.6 (37.63%) pertenecen a ejidos y comunidades agrarias, 901,536.6 (60.91%) a propietarios

41

Plantación de naranjos en la Chontalpa

de áreas mayores de 5 hectáreas y 21,666.6 (1.46%) a pequeños propietarios. De las laborables, 857,856.1 son de temporal, 160,326.1 de jugo o humedad y 3,522.3 de riego; por ese mismo orden, 354,441, 19,809.4 y 1,817.4 son ejidales y de comunidades agrarias, y 503,415.1, 140,516.7 y 1,650.9 de grandes y pequeños agricultores. Los ejidatarios disponen de 129,304 (41.45%) hectáreas de pastos, 26,025.4 (68.60%) de bosques maderables y 25,499.4 (23.49%) de bosques no maderables. En 1975 se cosecharon 214,997 hectáreas, todas de temporal, con un volumen de producción de 1.478,364 toneladas y un valor de $1,283.4 millones. En seguida se anotan las hectáreas cosechadas por cultivos y frutales y, entre paréntesis, la producción en toneladas: caña de azúcar, 16,500 (1.147,500); plátano, 8 mil (150 mil); maíz, 84,900 (88,187); arroz palay, 14,400 (31,620); copra, (31 mil); cacao, 42 mil (24,200); y frijol, 5,822 (5,827). La producción agrícola creció 6% en el decenio 1960-1970, tasa superior a la nacional (4.2). La entidad ocupa el primer lugar en cacao y plátano, aportando el 72.05% y el 13.78%, respectivamente, de la producción nacional. Estos productos representan el 36.69% ($471 millones) del valor de lo cosechado en la entidad. Tabasco es, además, el segundo productor de piña y copra y el tercero de mango. El cultivo del cacao tiene una especial importancia, pues dependen de él 15 mil agricultores, quienes en 1975 utilizaron 42 mil hectáreas y participaron con el 27.34% ($351 millones) del valor de la producción agrícola local. Entre 1972 y 1975 se han producido un promedio de 25 mil toneladas anuales de cacao, la mitad de las cuales se destina al comercio exterior. En el país, los mercados más importantes son la Ciudad de México, Michoacán, Oaxaca y Yucatán. La zona agropecuaria más importante de la entidad es La Chontalpa, que abarca 7 municipios con una superficie de 700 mil hectáreas, localizada en los límites con los estados de Veracruz y Chiapas. En esta zona se realiza el más importante plan de desarrollo agropecuario nacional, iniciado en 1959 cuando empezó a funcionar la Comisión del Grijalva; en 1962, con la construcción de la presa Nezahualcóyotl, y mediante el proyecto piloto El Limón, se beneficiaron 52 mil hectáreas, propiedad de 3,300 familias; en 1965, el proyecto inicial fue modificado y ampliado hasta comprender una superficie total de 300 mil hectáreas, designándose desde entonces como Plan Chontalpa; éste comprende la realización de obras de habilitación agrícola y de mejoramiento social. En 1976 se disponía de 18,300 nuevas hectáreas para cultivos anuales: 5 mil de sorgo, 1,500 de soya, 2 mil de frijol, 3,700 de maíz, 6 mil de arroz y 100 de yuca; y para los perenes: 2,210 de cacao, 1,100 de plátano, 8 mil de caña de azúcar y 25 para 18 mil plantas de pimienta. Se han sembrado, además, 10 huertas con árboles de toronja e instalado un molino de arroz y una fermentadora de cacao, y está en proceso de construcción el ingenio Presidente Benito Juárez, que permitirá la molienda de un millón de toneladas de caña y procesará 100 mil toneladas de azúcar al año. v.CÁRDE-

NAS. *Fuentes*: Dirección General de Estadística: *V Censo Agrícola-Ganadero y Ejidal 1970* (1975); Presidencia de la República: *Tabasco. Plan Estatal de Desarrollo* (1976) y SAG. DGEA: *Información agropecuaria* (1976).

Irrigación. La entidad cuenta con abundantes ríos, aunque inestables y divagantes, los cuales, al desbordarse en la época de lluvias, provocan grandes inundaciones. En los últimos años éstas han disminuido gracias a la construcción de la presa Nezahualcóyotl, en el Estado de Chiapas, uno de cuyos propósitos es controlar las avenidas del río Grijalva. El único distrito de riego es el del bajo río Grijalva, que beneficia 80,500 hectáreas: 10 mil (12.24%) con el riego que procede de 119 pozos profundos y 70,500 (87,58%) con obras de drenaje. Comprende tierras de 5,066 ejidatarios de los municipios de Cárdenas y Huimanguillo. En el ciclo 1974-1975 sólo se regaron 1,295 hectáreas, con un volumen de 9.2 millones de metros cúbicos, pero se sembraron 46,978: 7,715 de caña de azúcar, 3 mil de cacao, 3,519 de arroz y 30,106 de pastos. En el período 1975-1976 se continuaron las redes de caminos y de drenes colectores y secundarios, y se terminaron 10 unidades de riego: la planta de bombeo Nezahualcóyotl 5, en el municipio de Balancán, y 9 unidades de bombeo en los de Cárdenas y Huimanguillo. *Fuentes*: Secretaría de Recursos Hidráulicos: *Características de los distritos de riego* (1976) e *Informes de Labores 1975-1976* (1976).

Ganadería. El Estado dispone de 1.024,140.2 hectáreas de pastizales: 311,968 (30.46%) naturales y 712,172.2 (69.54%) cultivados. El índice de agostadero de la entidad es de 0.5 a 2 hectáreas por cabeza de ganado mayor. Sus inventarios, en 1975, y su relación porcentual con los totales del país, en cabezas, eran los siguientes: bovino, 705,115 (2.48%); porcino, 157,007 (1.34%); ovino, 2,387 (0.03%); caballar, 171,174 (2.64%); mular, 17,350 (0.53%); asnal, 12,074 (0.36%); aves, 1.445,622 (1%) —gallos, 237,949 (3.25%); gallinas, 457,539 (0.82%); pollos, 653,421 (1.79%); guajolotes, 60,861 (1.56%); patos, 27,901 (2.09); gansos, 4,915 (2.61%); y palomas, 3,036 (0.19%)—; y colmenas, 24 mil (1.17%). Ese año se sacrificaron 41,692 cabezas de bovino y se produjeron 6,908.4 toneladas de carne en canal; 22,401 de porcino (1.590.5 toneladas); y 284,724 aves. Se produjeron, además: 71.4 millones de huevos y 586 toneladas de miel y 86 de cera. De las 268,203 cabezas de ganado lechero —25,731 (9.59%) de fino, 137,080 (51.11%) de cruzado y 105,392 (29.30%) de criollo—, 51,146 se dedicaron a la ordeña (4.07 litros

de leche en promedio diario por vaca y año de 305 días), con una producción anual de 63.5 millones de litros de leche, 640.6 toneladas de queso, 125.6 de mantequilla y 19 de crema. Las zonas ganaderas más prósperas se localizan en los municipios de Macuspana, Centro, Balancán, Jonuta, Zapata, Comalcalco y Tenosique. En 1976 se estaba impulsando el desarrollo agropecuario por conducto de los planes Chontalpa y Balancán-Tenosique. La producción de bovinos cuenta con un acervo de 44 mil cabezas en 23 mil hectáreas, para la obtención de ganado de alto registro, de carne y lechero; se está reproduciendo el borrego peligüey o tabasco, con el propósito de evitar su extinción y racionalizar su aprovechamiento y se ha impulsado la meliacultura. En el área de Balancán-Tenosique, en los límites con Guatemala, se pretende aprovechar 115 mil hectáreas, el 85% de las cuales serán ganaderas. Los principales centros de consumo de los productos de la ganadería tabasqueña son la Ciudad de México, Veracruz y Oaxaca, los cuales absorben el 74.09% de la producción. *Fuentes*: Secretaría de Agricultura y Ganadería: *Población y Producción Pecuaria. Quinquenio 1970-1974 y 1975* (1976) e *Información agropecuaria* (1976); PRI-IEPES: *Monografía del Estado de Tabasco* (1976); y Secretaría de la Presidencia: *Tabasco. Plan estatal de desarrollo* (1976).

Silvicultura. En 1975 la entidad ocupaba el décimosexto lugar nacional por el volumen de recursos forestales: 37.3 millones de metros cúbicos (1.20% del total); el vigésimoséptimo en superficie, con 725.2 mil hectáreas (0.53% del total): 476 mil arboladas, 2 mil arbustivas, 26.8 mil de desmontes, 212 en manglares y marismas, y 8.4 mil dedicadas a otros usos; el décimonoveno en producción maderable: 31.5 millones de metros cúbicos en rollo (0.45% del total); y el décimoquinto en cuanto al valor de lo producido: $39.4 millones (1.02% del total). El 2% de la superficie arbolada se localiza en climas templado-fríos (región sur, estribaciones de la Sierra Madre, en los municipios de Tacotalpa, Teapa y Macuspana) y el 98% en climas cálido-húmedos (selvas altas y medianas en los municipios de Balancán, Huimanguillo y Tenosique). Hay allí existencias de maderas duras (tinto, pucté, volador y amargoso), blandas (ceiba y palo mulato) y, en mínima escala, preciosas (caoba, cedro, primavera y maculís). En 1975 se obtuvieron 2.5 miles de metros cúbicos en rollo y 14.5 mil de aserrados (se acepta un aprovechamiento del 50% en maderas corrientes y del 65% en finas) y 2.5 millones de kilogramos de productos no maderables. Corres-

Un pueblo de la Chontalpa

pondieron a particulares, por ese mismo orden, 2.4 mil, 10.4 mil y 2.2 millones; y a los ejidatarios; 0.1 mil, 4.1 mil y 0.3 millones. El valor de la producción fue de $39.4 millones: 20.2 de maderables y 19.2 de no maderables. Los municipios más importantes por su producción forestal son: Cárdenas (una tonelada de trozas para chapa), Tenosique (una tonelada) y Huimanguillo (5.3 y 2.1 miles de metros cúbicos de tablas y tablones y durmientes ordinarios, respectivamente, y 882.7 toneladas de rizomas de barbasco), Tacotalpa (664 toneladas de rizomas de barbasco) y Centro (475.4 toneladas de pimienta). Del total de la producción, se enviaron al Distrito Federal: 142 metros cúbicos de cortos, 552 de tablas y tablones y 220 de trozas para chapa de especies corrientes, y 36,911 y 8 metros cúbicos, respectivamente, de maderas preciosas; y se exportaron 186 toneladas de pimienta y 100 de cortezas curtientes. Funcionan en la entidad 17 aserraderos, con una inversión de $2.5 millones, destacando los de Huimanguillo y Tenosique; y 21 vehículos de transporte forestal con una capacidad total de 143 toneladas. *Fuentes*: Subsecretaría Forestal y de la Fauna, *Inventario Nacional Forestal* (1976) y *Anuario de la producción forestal de México, 1975* (1976).

Pesca. El Estado tiene un litoral de 240 kilómetros, entre las desembocaduras de los ríos Tonalá y San Pedro, configurado por las lagunas del Carmen, Machona y Mecoacán; una superficie de 8 mil kilómetros cuadrados de plataforma continental y 29,800 hectáreas de esteros y aguadas. La red hidrológica del sistema Grijalva-Usumacinta y las lagunas costeras representa un criadero natural para el camarón, el ostión y algunas especies de escama. En 1975 se capturaron 13,407 toneladas: 13,403 (99.97%) para consumo humano y 4 (0.03%) para uso industrial, con un valor de $57.1 millones. En seguida se anota la pesca por especie, en toneladas, y su relación porcentual con el total del país: para consumo humano: ostión, 10,540 (40.56%); camarón 550 (1.26%); robalo, 521 (25.86%); mojarra, 384 (3.48%); sierra, 163 (1.81%); cazón, 154 (3.10%); y otras especies (incluidas las de uso industrial), 1,095 (0.24%). La participación del Estado en el total de la explotación nacional fue de 2.97% en el volumen y de 2.41 en el valor, ocupando el décimo lugar por uno y otro concepto. Los principales centros de explotación pesquera son: Sánchez Magallanes, Tupilco, Puerto Ceiba, Chiltepec y Frontera. En la entidad predomina la explotación colectiva, que aporta el 95% de la producción estatal, dentro de la cual el ostión representa el 78.62%, cuya captura está reservada a las cooperativas. Ese año funcionaban 10 cooperativas, que agrupaban a 1,238 personas. Se dedicaban a esa actividad, además, 31 permisionarios de gran escala, 1,036 de corta escala y 301 pescadores libres. Los productos de la pesca se venden sin ninguna transformación. El 90% del ostión se envía a la Ciudad de México y el camarón a Estados Unidos. *Fuente*: Subsecretaría de Pesca: *Estadísticas básicas de la actividad pesquera nacional 1971-1975* (1976) y *Tabasco. Monografía de pesca* (1971).

Minería y petróleo. La actividad minera se reduce a la explotación de unos cuantos yacimientos de caliza y dolomita en los municipios de Centro, Teapa, Tenosique y Cunduacán. De. petróleo, en cambio, se han perforado 869 pozos en los municipios de Comalcalco, Centro, Cárdenas, Macuspana, Cunduacán y Huimanguillo, con una producción anual de 114.479,000 barriles de crudo (313,641 en promedio diario) y 11,835 millones de metros cúbicos de gas natural (3.242,728 en promedio diario), que representan, respectivamente, el 46.32 y el 11.26% del total nacional. Se han instalado 2 plantas petroquímicas para la elaboración de gas etano, con una capacidad anual conjunta de 218 mil toneladas métricas, y dos para procesar gas natural, con capacidad total de 32,055 millones de metros cúbicos. Esta rama emplea 12 mil obreros y otros 6 mil en forma indirecta, quienes reciben una remuneración semanal de $18 millones. En 1976 había sendas unidades habitacionales en Ciudad Pemex y Comalcalco, y otra en proceso de construcción en Villahermosa. *Fuente*: Petróleos Mexicanos: *Anuario estadístico 1976*.

Electricidad. En 1970 la entidad tenía 768,327 habitantes, de los cuales 316,690 (41.22%), distribuidos en 124 localidades, contaban con servicio de energía eléctrica; y en 1974, de las 971,289 personas que vivían en la entidad, 483,286 (49.76%), alojadas en 219 localidades, contaban ya con ese servicio, aunque 488,003 (50.24%) seguían careciendo de él. La energía proviene de 63 plantas (2 federales y 61 privadas) con una capacidad instalada de 26,933 kw: 23,006 (85.42%) de vapor y 3,927 (14.58%) de combustión interna. Los 10,798 kw., que suministra el gobierno federal proceden del Sistema Oriente Interconectado Occidental (ORIOC), al que pertenecen las plantas Villahermosa y Tenosique (ésta independiente). *Fuente*: Comisión Federal de Electricidad: *Plantas generadoras y localidades con servicio* (1975).

Industria. En 1970 operaban en el Estado 760 establecimientos, todos de transformación: 396 de productos alimenticios; 79 de prendas de vestir y artículos confeccionados con textiles; 4 de construcción, ensamble y reparación de equipo de transporte; 72 de madera y corcho; 73 de fabricación y reparación de muebles; 6 de textiles; 27 imprentas e editoriales; 5 de bebidas alcohólicas; 10 de productos de cuero; 6 de productos químicos; 20 de fabricación y reparación de productos de hule; 13 embotelladoras y 59 de otra índole. Tabasco ocupa el vigésimosegundo lugar en la República por el capital invertido en industria ($547 millones) y el vigésimoséptimo por el valor de la producción (335 millones). Esta actividad generó empleos para 5,002 personas: 3,307 (66.11%) obreros, 706 (14.12%) empleados y 989 (19.77%) no asalariados. Las remuneraciones al personal ascendieron a $50 millones ($12,500 en promedio individual al año). En 8 ramos (fabricación de azúcar y alcohol; fabricación de alimentos diversos; productos de harina de trigo; bebidas; molinos; producción de carne; muebles de madera y minerales no metálicos) estaba concentrado el 78.03% (3,903) del personal. El sector aportó el 47.4% de los bienes y servicios generados en la entidad, con una participación al producto interno del país de 0.54%. Las principales zonas industriales se localizan en el área donde se producen las materias primas: la industria del azúcar, en los municipios de Cárdenas, Tacotalpa, Jalapa y Tenosique; la del cacao, en Paraíso, Comalcalco, Cárdenas y Centro; la de productos lácteos, en Jalapa, Jonuta, Emiliano Zapata, Balancán, Tenosique y Teapa; y el resto de la alimenticia, en Villahermosa. Los insumos del sector son básicamente productos del sector primario, sin ninguna elaboración previa. A menudo los fabricantes son los mismos productores de las materias primas (Oleaginosas del Sureste, Frigorífico y Empacadora de Carne, Insutrializadora del Cacao y Planta Pasteurizadora de Leche). *Fuente*: Dirección General de Estadística: *IX Censo Industrial 1971* (1973).

Servicios. Tabasco contaba en 1970 con 2,080 establecimientos de servicios, cuyo número por tipo de actividad y personal ocupado, entre paréntesis, se detallan a continuación: preparación y venta de alimentos, 633 (1,375); preparación y venta de bebidas, 294 (486); de aseo y limpieza 202 (380); asistencia médica y social, 194 (406); reparación de automóviles, motocicletas y bicicletas 157 (459); esparcimiento, 151 (585); alojamiento temporal, 115 (395); y de otra índole 334 (1,296). En conjunto tuvieron ingresos por $161.6 millones, generaron un valor agregado de $101.3 millones y declararon un capital invertido de $157.7 millones. *Fuente*: Dirección General de Estadística: *VI Censo de Servicios, 1971.* (1976).

Banca. En 1976 operaban en la entidad 9 instituciones: 2 oficiales (los bancos Nacional de Crédito Rural y del Pequeño Comercio del Distrito Federal) y 7 privados (los bancos de Comercio de Tabasco, Nacional de México, Internacional del Sureste, Regional de Crédito Agrícola del Grijalva y de Londres y México, y las uniones de crédito Ganadero de Tabasco y Nacional de Crédito de Productores de Plátano Tabasco), con 69 oficinas en 17 localidades. Al 30 de agosto de 1975 la banca privada tenía en conjunto 189,150 cuentahabientes (12,474 de cheques y 176,676 de ahorros), sus recursos montaban a $792 millones (493.8 en depósitos a la vista, 252.8 en ahorros, 19.2 a plazos y 26.2 en capitales y reservas) y su cartera montaba a $522.2 millones (vigésimoprimer lugar nacional):

TABASCO
Sistema Educativo
Número de escuelas y maestros
Año escolar: 1974-1975

Niveles de educación y tipos de enseñanza	Total Escuelas	Total Maestros	Suma Escuelas	Suma Maestros	Federal Escuelas	Federal Maestros	Estatal Escuelas	Estatal Maestros	Universidad Escuelas	Universidad Maestros	Iniciativa privada Escuelas	Iniciativa privada Maestros
ELEMENTAL	1,257	4,017	1,232	3,883	1,232	3,883	-	-	-	-	25	134
Preescolar	35	122	33	115	33	115	-	-	-	-	2	7
Primaria	1,222	3,895	1,199	3,768	1,199	3,768	-	-	-	-	23	127
MEDIO	107	1,109	75	925	32	538	28	212	15	175	32	184
Ciclo Básico	83	844	55	708	29	523	26	185	-	-	28	136
Secundaria	76	802	55	708	29	523	26	185	-	-	21	94
Técnica, Ind. y Com.	7	42	-	-	-	-	-	-	-	-	7	42
Ciclo Superior	24	265	20	217	3	15	2	27	15	175	4	48
Preparatoria	19	195	16	165	3	15	-	-	13	150	3	30
Normal	3	45	2	27	-	-	2	27	-	-	1	18
Profesional media	2	25	2	25	-	-	-	-	2	25	-	-
SUPERIOR	7	161	7	161	-	-	-	-	7	161	-	-
Total	1,371	5,287	1,314	4,969	1,264	4,421	28	212	22	336	57	318

Número de alumnos

Niveles de educación y tipos de enseñanza	Total	Suma	Federal	Estatal	Universidad	Iniciativa privada
ELEMENTAL	189,225	183,835	183,835	-	-	5,390
Preescolar	5,101	4,748	4,748	-	-	353
Primaria	184,124	179,087	179,087	-	-	5,037
MEDIO	20,430	17,914	10,767	5,063	2,084	2,516
Ciclo Básico	16,341	14,486	9,802	4,684	-	1,855
Secundaria	15,844	14,486	9,802	4,684	-	1,358
Técnica, Ind. y Com.	497	-	-	-	-	497
Ciclo Superior	4,089	3,428	965	379	2,084	661
Preparatoria	3,469	2,934	965	-	1,969	535
Normal	505	379	-	379	-	126
Profesional media	115	115	-	-	115	-
SUPERIOR	836	836	-	-	836	-
Total	210,491	202,585	194,602	5,063	2,920	7,906

40.5 en acciones y valores, 36.1 en préstamos prendarios, 261.6 en descuentos y préstamos directos, 161.9 en aperturas y 22.2 en préstamos hipotecarios. El destino del financiamiento era el siguiente, en millones de pesos: agricultura, 12.1; a la ganadería, 238.5; a la minería, 0.2; a la industria, 61.1; y al comercio, 169.8. *Fuente*: Asociación de Banqueros de México: *Boletín Financiero ABM* (1974) y *Memoria XLII Convención Bancaria* (1976).

Turismo. Los principales atractivos turísticos son: Villahermosa, puerta de entrada al circuito arqueológico de Palenque y Comalcalco; los ríos de aguas sulforosas en Teapa, Tapijalapa y Tacotalpa; las grutas de Coconá; la Laguna de las Ilusiones; los museos Regional y de la Venta; y el balneario Los Azufres. Gozan de prestigio las artesanías de chicle de Tenosique. En 1974 había en el Estado 74 establecimientos de hospedaje, con el número de habitaciones que se indica entre paréntesis: 57 hoteles (1,536), 5 moteles (90) y 12 casas de huéspedes (123), concentrados especialmente en Cárdenas (7 hoteles y una casa de huéspedes), Comalcalco (5 y una) y Huimanguillo (4). Funcionan, además, 41 restoranes, 7 restoranes-bar, 4 cafeterías y bares; 3 agencias de viajes; 337 automóviles y 332 autobuses de alquiler; y 3 arrendadoras de vehículos. La afluencia turística fue de 421,961 personas (1.04% del total nacional); 365,480 (86.61%) nacionales y 56,481 (13.39%) extranjeros. La estancia promedio fue de 3 días. *Fuente*: Secretaría de Turismo: *Estadísticas 1968-1973* (1975) y *Oferta de establecimientos de hospedaje 1974* (1975).

Comercio. En 1970 se dedicaban a esta actividad 10,721 personas: 6,491 (60.54%) vendían productos alimenticios en general; 425 (3.96%), bebidas en general; 2,297 (21.43%), artículos diversos para el hogar y de uso personal; 513 (4.79%), equipos de transporte, refacciones y accesorios; 361 (3.37%), materiales para la industria de la construcción; y 634 (5.91%), otras mercancías, principalmente combustibles y lubricantes. De los 4,509 establecimientos comerciales, 48 (1.06%) operan en este último ramo; 3,322 (73.67%), en productos alimenticios; 96 (2.13%), en bebidas; 829 (18.39%), en artículos para el hogar y de uso personal; 93 (2.06%), en productos para la industria de la construcción; y 56 (1.24%), en equipos de transporte: 192 (4.26%) eran mayoristas y 4,317 (95.74%) minoristas. Vendieron en conjunto $1,103 millones, generaron un valor agregado de $294 millones y declararon un capital invertido de $650 millones. Los principales centros comerciales son las zonas de la Chontalpa, el Centro y los Ríos.

Fuente: Dirección General de Estadística: *VI Censo Comercial, 1971* (1975).

Comunicaciones. En 1975 la entidad contaba con 301 kilómetros de vías férreas (vigésimoquinto lugar nacional), correspondientes a la ruta del Ferrocarril Unido del Sureste, que recorre las regiones sur y sureste de la entidad en zonas limítrofes con Chiapas, próximas a la sierra, comunicando los municipios de Huimanguillo, Teapa, Tacotalpa, Macuspana, Emiliano Zapata, Tenosique y Balancán; su principal servicio es el de carga. Se han construido 4,952 kilómetros de caminos (vigésimotercer lugar nacional): 1,573 federales (45 de terracerías, 292 revestidos, 2 empedrados y 1,243 pavimentados); 2,115 estatales (12 de brecha, 70 de terracerías, 1,421 revestidos y 613 pavimentados); 21 de cuota y 1,243 de mano de obra. Las carreteras principales son: Villahermosa-Teapa-Tuxtla Gutiérrez, con un ramal a Jalapa, Macuspana y Ciudad PEMEX, en la región central del Estado; Villahermosa-Coatzacoalcos-Veracruz; Villahermosa-Escárcega-Campeche-Mérida-Valladolid-Cancún; y la federal del circuito del Golfo, que conecta con todo el país. Hay un aeropuerto nacional en Villahermosa, 4 pistas asfaltadas (La Venta, Ciudad PEMEX, Cárdenas y San Pedro Balancán) y 12 aeródromos municipales; y 4 empresas locales de aviación que dan servicio a 81 poblados (54 de Chiapas, 20 de Tabasco, 6 de Campeche y 1 de Veracruz). En 1976 se estaba construyendo un aeropuerto internacional en Dos Montes, municipio del Centro, a 11 kilómetros de Villahermosa. Sólo se dispone de un puerto de cabotaje, Frontera, cabecera del municipio de Centla. Existen, además, una retrasmisora de televisión; 11 estaciones comerciales de radio, repartidas en 7 localidades; servicio de télex en la capital del Estado; una red de microondas (ruta Mérida-Villahermosa-Córdoba-México); 40 oficinas y 1,198 kilómetros de extensión simple de líneas telegráficas en 24 localidades; 19,462 aparatos telefónicos, 10,598 suscriptores, y 2,601 kilómetros de líneas; y 42 oficinas de correos que mueven 4 millones de piezas postales al año. *Fuentes*: Secretaría de Obras Públicas: *Censo Nacional de Caminos 1975* (1976); Dirección General de Estadística: *Anuario Estadístico 1975-1976* (1976); PRI-IEPES: *La campaña presidencial en cifras 1976* y *Monografía de Tabasco* (1976); y Secretaría de la Presidencia: *Carta de México* (1975).

Finanzas Públicas. En 1974 el gobierno del Estado tuvo ingresos por $251.9 millones: 159 (63.12%) de impuestos, 3.4 (1.35%) de productos, 54.5 (21.64%) de aprovechamiento, y 35 (13.89%)

2

Una fuente en Villahermosa

por otros conceptos; y destinó 131 (52.0%) a gastos administrativos, 71.3 (28.30%) a obras públicas, 22.5 (8.93%) a transferencias y 27.1 (10.77%) a otros conceptos.

Exposiciones y fiestas religiosas. Balancán, del 19 al 22 de diciembre; Cárdenas, del 11 al 13 de junio; Centla, del 10 al 12 de diciembre; Centro, del 19 al 26 de abril; Comalcalco, del 13 al 16 de mayo; Cunduacán, del 1º al 3 de mayo; Emiliano Zapata, del 25 al 28 de octubre; Huimanguillo, del 12 al 16 de septiembre y del 3 al 6 de mayo; Jalapa, del 24 al 25 de abril; Jalpa de Méndez, del 29 al 31 de mayo; Jonuta, del 26 al 30 de mayo; Macuspana, del 13 al 25 de mayo; Nacajuca, del 28 al 30 de septiembre; Paraíso, del 24 al 25 de abril; Tacotalpa, del 13 al 15 de agosto; Teapa, del 1º al 3 de mayo; y Tenosique, del 12 al 16 de septiembre.

TABLADA, JOSÉ JUAN, n. en la Ciudad de México en 1871; m. en Nueva York en 1945. Su nombre completo fue José Juan de Aguilar Acuña Tablada y Osuna. Estudió en la Ciudad de México y asistió por algunos meses al Colegio Militar. Desempeñó modestos empleos en la administración de los Ferrocarriles. Colaboró en *El Universal*, donde llegó a publicar 10 mil artículos en el curso de 50

años. Hizo sátira política en la columna "tiros al blanco" de *El Imparcial*. Escribió también para *El Mundo Ilustrado, Revista de Revistas, Excélsior, El Universal Ilustrado, La Falange* y *El Maestro*, y en periódicos de Bogotá, La Habana y Caracas. Dirigió la revista *Mexican Art and Life*. A su iniciativa se fundó la *Revista Moderna*, donde publicó poemas y traducciones, entre éstas: *Sobre la piedra blanca* de Anatole France, *El rey Galaor* de Eugenio de Castro y *El manjar de los dioses* de H.G. Wells. Influido por Japón, a donde viajó a principios de siglo, trasladó al español el esquema del *haikai*. Tras una estancia en París (1911-1912), volvió para hacerse cargo del *Diario Oficial*, pero al usurpar el poder Victoriano Huerta, marchó a Estados Unidos. En 1918 Venustiano Carranza lo incorporó al servicio diplomático y fue segundo secretario de las legaciones en Colombia y Venezuela. Publicó en Caracas varios poemas, entre ellos: *Un día...* (1919) y *Li-Pó*, versos sintéticos e ideográficos; luego: *El jarro de las flores* (1922), "disociaciones líricas", y *La Feria* (1928) poemas mexicanos. Renunció a la diplomacia y pasó a vivir en Nueva York. Difundió desde ahí el arte mexicano, principalmente en las revistas *International Studio, The Arts, Shadowland* y *Survey Graphics*. En 1935 regresó a México y unos años después fue nombrado vicecónsul en la propia Nueva York, donde murió. Fue miembro de la Academia de la Lengua. Sus restos se inhumaron en la Rotonda de los Hombres Ilustres. Es autor de: *El florilegio* (1899, aumentado en 1904), *Al sol y bajo la luna* (poesía, 1918), *Los días y las noches en París* (crónica), *Hisroshingué* (monografía), *La resurrección de los ídolos* (novela), *La feria de la vida* (memorias), *Artes plásticas mexicanas* e *Historia del Arte Mexicano*.

TACO. Comida ligera consistente en una tortilla de maíz doblada, conteniendo breves porciones de guisado o cualquier otro alimento. Al parecer tomó su nombre de la forma familiar como los españoles llamaban a los bocadillos tomados entre comidas. Cuando la tortilla es de trigo, recibe el nombre de "burrita". En principio fue considerado como objeto culinario de poca categoría, pero al popularizarse en el sur de Estados Unidos, cobró aprecio. La afición al taco, entre los mexicanos, está ligada a su ancestral costumbre de acompañar toda comida con tortilla de maíz o a la necesidad de sobrevivir a base de ese solo alimento. Parece que el taco tuvo su origen al buscar una forma de transportación del alimento hacia los campos de labranza. A temprana hora las mujeres cocían las tortillas y con ellas envolvían lo que había de especial para el día; al filo del mediodía, los trabajadores del campo prendían la lumbre y calentaban los tacos sobre las brasas o encima de algún pequeño comal. Esta costumbre persiste en campos y ciudades. Inicialmente distingue a los tacos su naturaleza transportable. Quienes hacían tortillas para vender en las plazas, ya las presentaban listas para ser rellenadas. Bernardino de Sahagún dice que "expendían tortillas, blancas, calientes y dobladas, compuestas en un *chiquihutl* y cubiertas con un paño blanco". Al convertirse en urbanos, los campesinos llevan consigo sus hábitos alimenticios, que van trasmitiendo a las siguientes generaciones. Surgieron así en las ciudades complicadas formas de tacos hasta llegar a unos largos y dorados que se denominan "flautas". Nuevas técnicas se aplicaron a la producción de tortillas y tacos; las máquinas permitieron producciones en serie y la conservación se benefició con los plásticos. Pero el hábito resistió a otros cambios de costumbres y la fuerza de la tradición hizo que su consumo se extendiera a otros países. Hoy es fácil encontrar restaurantes especializados en tacos situados en los suburbios de Washington y Nueva York, y no sólo en las ciudades con notable emigración mexicana. Pero la emigración del taco tiene antecedentes más remotos: en el restaurant "El Pato", de Pekín, pueden comerse como parte de una antigua minuta, que hace suponer la llegada de la tortilla a China en época de la Nao. El taco chino, antes de enrollarse se dobla por los extremos, de tal manera que no derrama la salsa.

TAJÍN. Ciudad arqueológica situada a 200 kilómetros del puerto de Veracruz, hacia el noroeste, y a 30 de la costa del Golfo, comprendida en la zona llamada Totonacapan Septentrional. Las primeras noticias de estos monumentos las proporcionó Diego Ruiz y fueron publicadas en la *Gaceta de México* en 1785. En 1935 comenzaron las exploraciones, a cargo de Agustín García Vega, de la Dirección de Monumentos Prehispánicos de la Secretaría de Educación Pública. El monumento principal es la Pirámide de Tajín, deidad de la lluvia, del trueno, del rayo. También se le llama Pirámide de los Nichos porque contiene 364 de ellos, distribuidos en los 7 cuerpos de la pirámide. El interior del santuario que estaba en su cumbre sería el nicho número 365, con el que se completarían los días del calendario solar. Cada cuerpo mide 3 metros aproximadamente, y la altura total es de 25; su base tiene 35 por lado. Presenta al frente una escalinata de 10 metros de ancho, limitada por alfardas ornamentadas con grecas compuestas por cortes transversales de caracol marino, símbolos de la creación. Los cuerpos están constituidos por talud y tablero, al estilo teotihuacano; los tableros contienen los nichos y están coronados por una cornisa inclinada hacia afuera. No se sabe qué contendrían los nichos, quizá estatuillas de piedra como las llamadas palmas, u otras alusivas a cada día del año, o estarían destinados a recibir ofrendas. Hay un segundo monumento al sur de la plaza en la que se levanta el primero; tiene una base rectangular de 16 metros de frente por 12.5 de fondo, y dos cuerpos, el primero formado por talud y tableros con nichos. Al pie de la escalera de una subestructura de este monumento se encontró derrumbado un fragmento de muro que tiene un relieve con dos personajes de pie con cinturones de jugadores de pelota y en actitud de dialogar entre sí. Hay restos de dos juegos de pelota, uno al norte y otro menor al sur de la plaza. Al norte de la gran pirámide y sobre una elevación natural arreglada artificialmente está el grupo de edificios llamado Tajín Chico, pertenecientes al parecer al horizonte postclásico. Allí se levanta el Edificio A, construido sobre varias subestructuras; tiene 35 metros de largo por 22 de ancho y sostiene su basamento un edificio de 19.50 por 8.20, aumentado posteriormente por cuartos construidos en torno hasta llenar la superficie del basa-

2

Pirámide de Tajín

mento decorado con nichos de poca profundidad en la faja inferior, y en la superior con grecas de xicalcoliuhqui. Los techos de los cuartos estaban colados como los modernos, pero con una mezcla de cal y piedra pómez. Llama la atención un pasillo central cubierto con una bóveda de tipo maya, por el que asciende a la parte superior. La mayoría de los monumentos de esta ciudad muestran en sus aplanados restos del color azul que los decoraba totalmente, de acuerdo con esta deidad de la lluvia, como los templos de Tláloc en los códices.

TAJUY. Nombre que se aplica en Sinaloa a *Krameria bicolor* S.Wats, arbusto de la familia de las crameriáceas, que alcanza hasta 1.5 metros de altura y tiene los tallos erectos, verdosos. Las hojas son alternas, lanceoladas o lineares, estipuladas, simples, enteras, sedosas, pequeñas. Las flores son vistosas, moradas, solitarias, y están dispuestas en las axilas de las hojas; el cáliz está formado por 4 o 5 sépalos; la corola consta de 5 pétalos libres, con los 2 inferiores reducidos a escamas y los 3 superiores adelgazados a manera de uña en la parte inferior (unguiculados) y redondeados en la parte superior, más ancho el de en medio; el androceo presenta 4 estambres libres, con las anteras dehiscentes por los poros apicales; el gineceo está constituido por un ovario súpero, globoso, peludo, unicarpelar, unilocular, con dos óvulos, y por un estilo linear, liso, que termina en un estigma muy pequeño. El fruto es globoso, erizado por la presencia de espinitas provistas de dientecillos apicales dirigidos hacia atrás; mide aproximadamente un centímetro de diámetro y contiene una sola semilla. Se le encuentra en Chihuahua, Sinaloa, Nayarit y Jalisco. En Sinaloa denominan *guachapurillo* a varias especies del género *Krameria*, semejantes a la especie descrita.

TALAMANTES SALVADOR Y BAEZA, MELCHOR, n. en Lima, Perú, en 1765; m. en San Juan de Ulúa, Ver., en 1809. A los 14 años de edad ingresó en la Real y Militar Orden de Nuestra Señora de la Merced. Se graduó de doctor en teología en la Universidad de San Marcos. Fue examinador sinodal en el arzobispado del Perú, regente de estudios y definidor general en la provincia mercedaria de Lima y durante 2 años colaborador del virrey Francisco Gil de Taboada y Lemus. Debió conocer en ese tiempo al doctor Hipólito Unánue, luchador por la independencia americana. En 1796 solicitó su secularización, pues por la lectura de libros prohibidos y su tendencia libertaria, tenía dificultades con los religiosos españoles. Como tardaba el breve pontificio, pidió su traslado a España, que le fue

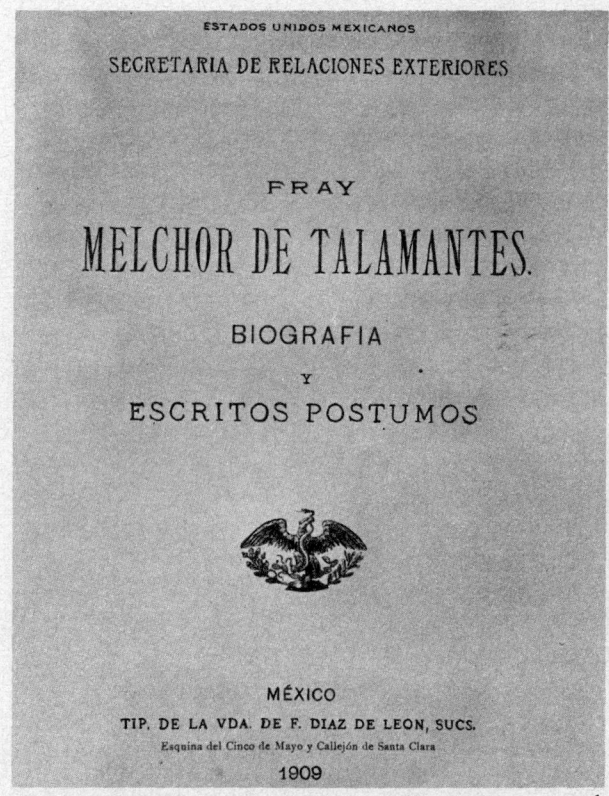

1

Escritos póstumos *de fray Melchor de Talamantes, edita-*
dos por la Secretaría de Relaciones Exteriores

concedido el 20 de septiembre de 1798. Partió para
Guayaquil y de ahí a Nueva España. Llegó a Acapulco el 26 de noviembre de 1799; se instaló en el
convento mercedario de la Ciudad de México y se
dedicó por completo a la lectura y a la meditación.
El 15 de octubre de 1802 pronunció el *Panegírico*
de la gloriosa virgen y doctora Santa Teresa de Je-
sús, impreso con licencia ese mismo año. El 18 de
noviembre del siguiente, en la Santa Iglesia Metropolitana, dijo la *Oración fúnebre en las exequias de*
los soldados españoles muertos en la guerra. El virrey José de Iturrigaray lo comisionó para que estudiara los límites de Texas con la Luisiana, gracias
a lo cual pudo vivir fuera del convento. Dio en
concurrir a fiestas y reuniones, hizo amistad con
los criollos más inquietos, jugaba a las cartas, adquiría deudas y nunca asistía a los oficios religiosos. El oidor de la Sala del Crimen, Jacobo de Villaurrutia, lo nombró censor del *Diario de México*, y
llegó a tener gran ascendiente en las esferas oficiales, sobre todo entre los individuos del Ayuntamiento. En 1808, ante los sucesos de la península
hispánica, los criollos y algunos españoles vieron la
ocasión de proclamar la independencia del reino y
de formar una junta similar a las que habían constituido los peninsulares para resistir a los franceses.

Esta idea pareció desleal a los ricos españoles y la
noche del 15 de septiembre de 1808 fue apresado
el virrey y encarcelados Talamantes y los miembros
del Ayuntamiento (v.ITURRIGARAY, JOSÉ DE).
Al revisar los papeles de fray Melchor se pudo comprobar que el mercedario era el inspirador de aquel
movimiento. Había hecho circular entre los criollos
el siguiente escrito: *Congreso nacional del reyno de*
Nueva España. Expónese brevemente los graves
motivos de su urgente celebración. El modo de
convocarlo, individuos que deben componerlo, y
asunto de sus deliberaciones, firmado por "Yrsa,
ciudadano patriota". La asamblea propuesta tendría una función legislativa y representaría la opinión de todas las provincias; los cuerpos de justicia
ya establecidos serían los encargados del Poder Judicial; y el virrey Iturrigaray sería lugarteniente y
capitán general, encargado provisional del poder
ejecutivo. Era, pues, una organización republicana
la que pretendía dar al país independiente. En otro
texto, *Representación nacional de las Colonias.*
Discurso filosófico, explicaba en qué casos los territorios dominados podían lícitamente separarse de
sus metrópolis. En su casa se encontraron otros
documentos: *Advertencias reservadas a los habitan-*
tes de la Nueva España acerca del Congreso
General; Apuntes para el plan de independencia;
Contestación al manifiesto de la Junta de Gobierno
de Sevilla, del 17 de junio del presente año (1808);
Instrucciones al Ayuntamiento de México; Memo-
rias de varios asuntos que deben serlo de obras que
es necesario trabajar de intento y publicar. Se hallaron también numerosos libros, algunos de ellos prohibidos, como las obras de Montesquieu y Adam
Smith. La detención del virrey y sus asociados fue
seguida de procesos y crueldades; al fraile se le suje-
tó a un juicio parcial; se le negó defensor, pero él
mismo replicó a sus enemigos, entre quienes estaban sus compañeros de orden religiosa. Se le acusó
de "infidelidad al rey y de adhesión a las doctrinas
de la independencia"; su proceso duró más de 6
meses y fue sentenciado a la pena máxima; pero
José de Fonte opinó que no debía ejecutarse en
México y propuso se le enviara a España; aprobado
esto, se dispuso su salida a Veracruz, donde se le
recluyó, cargado de cadenas, en el castillo de San
Juan de Ulúa. Allí enfermó de fiebre amarilla y
vómito prieto. Falleció, sin auxilio alguno, a las 5
de la mañana del 9 de mayo de 1809. Algunos de
sus contemporáneos aseguraron que llegó a tal grado la crueldad de sus verdugos que no le quitaron
los grilletes y cadenas sino hasta el momento de
sepultarlo en la fosa común. v.*Documentos históri-*

cos mexicanos, bajo la dirección de Genaro García (t.VII, 1910); José Guerra (Fray Servando Teresa de Mier): *Historia de la Revolución de Nueva España* (Londres, 1813); Emilia Romero de Valle: *Fray Melchor Talamantes, precursor y protomártir* (sobretiro de *Historia Mexicana*, 1961) y *El "Mercurio Peruano" y los ilustrados limeños* (sobretiro de las *Memorias del Primer Coloquio Mexicano de Historia de la Ciencia*, 1964); y Raúl Arreola Cortés: "El bicentenario de fray Melchor de Talamantes", en *El Nacional*, suplemento dominical (17 de enero de 1965).

TALAVERA, MARIO, n. en Jalapa, Ver., en 1885; m. en la Ciudad de México en 1960. Creció en Córdoba, empezó a estudiar música en Jalapa y terminó su educación en el Conservatorio Nacional (1910). Fue discípulo de José González Molina, José Vigil y Robles, Lamberto Castañares y Cenobio Paniagua. Dotado de una magnífica voz de tenor trabajó para la Impulsora de Opera, bajo la dirección de José Pierson, pero a la postre se dedicó a la canción mexicana. Por encargo del presidente Adolfo de la Huerta actuó en los foros de Nueva York en compañía de la soprano Carmen García Cornejo, el barítono Angel R.Esquivel y el compositor Miguel Lerdo de Tejada, director de la Orquesta Típica de México. Sensible a las melodías románticas e inspirado intérprete, alcanzó enorme popularidad: viajó a Guatemala junto con el barítono Jesús Mercado y el tenor E.Pedraza; a la América del Sur, con la Orquesta Típica; y a París, Roma y Madrid, con Tata Nacho. Formó parte del grupo "Los cuatro ases de la canción": él, Lerdo de Tejada, *Tata Nacho* y Esparza Oteo. Muerto Lerdo de Tejada, los restantes formaron el "Trío Veneno". Fue secretario del Sindicato Mexicano de Autores, Compositores y Editores de Música, afiliada, gracias a su iniciativa, a la Confederación Internacional de Sociedades de Autores y Compositores con sede en París. Varias de sus composiciones se han incorporado al repertorio universal de la canción: *Gratia Plena, Arrullo, Adiós, El Nopal, Flor de Mayo, China, dulce amor, El día que te vayas, Jesusita la vaquera, Luz de cirio, Muchachita mía, Así te quiero, Cabellera* y *Viejos conventos.* v.Hugo del Grial: *Músicos Mexicanos* (4a. ed., 1971).

TALCO. Es un silicato hidratado de magnesio, con un contenido de agua que varía de 3.5 a 7%, pero bajo la designación de "talco industrial" se incluyen materiales térreos de muy variada composición química y mineralógica. En la industria talquera se utilizan comúnmente varios silicatos, como serpen-

tina, clorita, tremolita, antofilita, diopsida y el cuarzo, que es un óxido de silicio. Cuando algunos carbonatos (calcita, dolomita y magnesita), así como varios sulfuros, sulfatos y óxidos de hierro y manganeso se encuentran presentes en exceso, alteran las propiedades de este mineral, restringiendo su uso y abatiendo su valor comercial. El término esteatita se aplicaba a todo material talcoso masivo, pero actualmente se reserva para el mineral que contiene menos del 1.5% de calcio, 1.5% de óxidos de hierro y 4% de alúmina. Los talcos industriales de todas las especies deben presentar las características siguientes: blancura, gran blandura y tersura, una gran superficie con relación a su masa, excelente cubrimiento, buen lustre, elevado poder lubricante, absorción específica para cierto tipo de grasas y aceites, alto punto de fusión, baja conductividad eléctrica y térmica, buena retención como llenadores, alto calor específico, resistencia elevada a los choques térmicos y ser inertes químicamente. Los depósitos de importancia comercial suelen derivar de rocas ígneas ultrabásicas y de calizas dolomíticas metamorfoseadas. Rocas de este tipo, conteniendo depósitos importantes de talco, son clásicas de terrenos metamórficos de varias edades y están distribuidas en todo el mundo. La preparación metalúrgica del talco se basa casi exclusivamente en un molido seco y una clasificación neumática. En algunos casos las impurezas se tratan en concentradoras hidráulicas de gravedad y aun en celdas de flotación. Sus aplicaciones se han agrupado según las industrias que lo consumen: 1.Pinturas. Se utiliza principalmente el de alta pureza, de color blanco y estructura fibrosa, aunque suelen emplearse también minerales masivos y escamosos. El fibroso está formado por tremolita, antofilita, serpentina y talco en diversas proporciones; y el no fibroso contiene comúnmente serpentina o carbonatos. Sus especificaciones comprenden color, tamaño y forma de las partículas, así como absorción de aceites. 2.Cerámica. Interviene en las características finales del producto; debe ser de composición química y color uniforme, tener impurezas restringidas (sobre todo en calcio y óxidos de hierro) y mantener constantes las demás propiedades una vez cocido el objeto. 3.Farmacopea y cosméticos. El mineral debe estar exento de impurezas y ser blando, suave, de granulometría muy fina y color perfectamente blanco; las especificaciones para el segundo caso son el color y la ausencia absoluta de partículas duras del tipo de sílice, cuarzo, caliza y arenisca. 4.Construcción. Se consumen los de baja calidad en emulsiones asfálticas, papeles impermeabilizantes, materiales inertes y productos incombustibles. 5.Otras. Se emplean también en insecticidas, composiciones asfálticas para pisos, linóleums y cordelajes; como lubricantes en grasas de copa y dados de extrusión: para pulir cereales, en explosivos, como desgrasador de pieles y blanqueador, y en filtros. Compiten con el talco: en pinturas, las tierras de batán, la diatomita y la bentonita; en cerámica, los feldespatos y algunos feldespatoides, los caolines, la diatomita, la dolomita y las tierras de batán; en la construcción, los impermeabilizantes ahulados y la bentonita; y como llenador la pirofilita. Los más importantes depósitos de talco se localizan en Ciudad Victoria, Tamaulipas; Acatlán, Tehuitzingo, Piaxtla y Cerro Gordo, en el Estado de Puebla; y Aramberri y Santiago, en Nuevo León. Sólo los afloramientos de los cañones de Novillero, Peregrina y Caballeros, en Tamaulipas, han sido explotados y desarrollados en pequeña escala. En las demás explotaciones prácticamente no hay labores subterráneas. La producción nacional de talco pasó de 25 mil toneladas en 1964 a 40 mil en 1968 y a 3,130 en 1972. La exportación, en este último año, fue de 4,240 toneladas ($4,894), con destino especialmente a Venezuela; y la importación, de 81,127 toneladas ($21.5 millones), procedentes en la mayor parte de Estados Unidos (78,722), en forma de esteatita natural en bruto, desbastada o simplemente troceada por aserrado. El consumo anual se estima en unas 90 mil toneladas, de las cuales el 85% se utiliza en cerámica y en insecticidas.

TAMARAL, NICOLÁS, n. en Sevilla, España, en 1687; m. a manos de los indios pericúes, en California, el 3 de octubre de 1734. Entró en la Compañía de Jesús el 23 de octubre de 1704; en 1712 pasó en misión a la Baja California, donde trabajó durante 22 años. Hizo exploraciones geográficas de la parte austral de la península. v.Manuel Orozco y Berra: Apéndice al *Diccionario Universal de Historia y de Geografía* (t.III, 1856) e *Historia de la Geografía de México* (cap. XVI; 1881); y S.Taraval: *The Indian Uprising in Lower California, 1734-1737 (The Quivira Society*, 1931).

TAMARINDO. *Tamarindus indica* L. Arbol perene de la familia de las leguminosas (subfamilia cesalpinoideas), que alcanza hasta 25 metros de altura, aunque generalmente de 10 a 20. Su tronco mide de 5 a 7 metros de circunferencia. La corteza es morena, grisácea, algo áspera. Las ramas se extienden para formar una copa muy amplia, por lo cual se cultiva como planta de sombra. Las hojas son alternas, persistentes, lisas, casi sésiles, estipuladas (con estípulas caedizas, muy pequeñas), pinadas, de 5 a 13 centímetros de longitud; están compuestas de numerosos folíolos (20 a 40) elíptico-oblongos, de 1 a 2 centímetros de longitud, opuestos. Las flores son grandes, amarillas, con rayas rojas, de 1.5 a 3 centímetros de ancho, y pedicelos de 0.5 a 1 centímetros, dispuestas en racimos laxos; el cáliz está formado por 4 sépalos lanceolados, imbricados, membranosos y coloreados que forman un estrecho tubo en la base; la corola está constituida por 5 pétalos desiguales, libres, los 3 superiores de mayor tamaño e imbricados; el androceo consta de 3 estambres fértiles y varios estaminodios, unidos en la base para formar una vaina abierta en la parte superior; el ovario es súpero, lineal, multiovulado, unicarpelar, unilocular, y está situado sobre un pedúnculo excéntrico adherido al tubo del cáliz. El fruto es una vaina (de 5 a 20 centímetros de largo por 2 a 3 de ancho) áspera, gruesa, de color moreno-canela, más o menos comprimida, septada entre las semillas, indehiscente, de cáscara crustácea y quebradiza, y pulpa suave, algo fibrosa, agridulce, de color moreno oscuro; contiene de una a 12 semillas aplanadas, brillantes, morenas, de 1 a 1.5 centímetros de diámetro, envueltas por la pulpa. La planta es originaria de Africa tropical y del sur de Asia. En México se cultiva en las regiones cálidas por la pulpa comestible de sus frutos, la cual se usa para elaborar refrescos, paletas, helados, conservas y dulces; y en farmacia como laxante, porque contiene ácido tartárico y tartratos en alta proporción (hasta 9.5%), ácido cítrico, ácido acético y azúcar. La madera es dura y compacta; se emplea en construcciones y para hacer carbón de pólvora. Las hojas tiernas, las plántulas y las flores son comestibles en ensalada y como verdura. Las semillas también se comen tostadas y cocidas. En algunos lugares de México se le denomina *guaje, huaje* o *hoaxin*, por su semejanza con otras leguminosas propias de la flora mexicana que reciben estos nombres vernáculos (v.GUAJE). En la península de Yucatán denominan *tamarindo silvestre* al árbol maderable de la familia de las leguminosas *Dialium guianense* (Aubl.) Sand., que se encuentra en la península y en Veracruz, Oaxaca y Chiapas. v.GUAPAQUE.

TAMARIZ, EDUARDO, n. en la Ciudad de México en 1945. Estudió en la Escuela de Pintura y Escultura "La Esmeralda". En 1966 expuso en una muestra colectiva en el Centro Cultural Coyoacán y en 1970 de modo individual en la Galería de Arte

6

Ernesto E.Tamariz: Monumento a los Niños Héroes en el Bosque de Chapultepec

Mexicano. Ha participado en muchas otras exhibiciones (Praga, Budapest, Orlando, San Petersburgo, Tampa). En 1964 hizo el monumento a la memoria de Nicolás Bravo en Palmar de Bravo, Pue. Sus bronces *Acueducto, Ilusión esférica* y *Construcción II* participaron en el Primer Salón Anual de la Escultura del Museo de Arte Moderno (1972).

TAMARIZ, ERNESTO E., n. en Acatzingo, Pue., en 1904. Estudió en las academias de Bellas Artes de Puebla y de México. En 1925 pintó 4 murales en el antiguo Palacio de Minería. En 1926, junto con Fernando Gamboa, fundó la Escuela de Artes Plásticas de Pachuca. En 1947 ganó el concurso para el monumento de los Niños Héroes, a la entrada del Bosque de Chapultepec, y en 1951 ejecutó las esculturas de mármol y bronce que ahí se encuentran. En 1950 hizo la estatua de José de San Martín, en la colonia Polanco. Ha realizado en bronce, mármol y piedra, indistintamente, las esculturas de Benito Juárez (Universidad de Oaxaca), Vasco de Quiroga (Quiroga, Mich.), Venustiano Carranza y Alvaro Obregón (La Paz, B.C.), Alfonso Reyes (Monterrey, N.L.), Hipócrates y Platón (Centro Médico), Cuauhtémoc, Morelos, Zapata y Miguel Hidalgo (Ayuntamiento de Jalapa, Ver.), Leona Vicario (Plaza de Santa Catarina, en el D.F.), Lázaro Cárdenas (Apatzingán, Mich.) y Martín Luther King, Gandhi y Margarita Maza de Juárez. Son también obra suya el monumento *A los fundadores de la capital*, en Ciudad Madero; el conjunto del Papa Pío XII, el padre Plancarte y los cuatro arcángeles, en la Basílica de Guadalupe; el altar central de la catedral de México (reposición en mármol) y los grupos escultóricos del Monumento a la Revolución (en colaboración con Oliverio Martínez). Hay obras suyas en París y Lourdes, Francia.

TAMARÓN ROMERAL, PEDRO, n. en la Villa de Guardia, Toledo, España; m. en Bamoa, Sinaloa, en 1768. Pasó muy joven a Caracas donde desempeñó importantes cargos eclesiásticos, y en 1758 fue promovido Obispo de Durango por el Papa Benedicto XIV. Tomó posesión de la diócesis el 22 de marzo de 1759; terminó la Catedral e hizo un recorrido de 11,500 kilómetros por todo el territorio a su cargo, que comprendía Durango, Sinaloa, Sonora, Chihuahua, parte de Coahuila y Zacatecas y los desiertos de Nuevo México y Arizona. Su viaje comenzó el 22 de octubre de 1759 y terminó el 11 de diciembre de 1763. Estableció cinco vicarías: Culiacán, Alamos, Paso del Norte, Chihuahua y Parral. Falleció en el curso de otra visita pastoral. Fue sepultado en la iglesia de la Villa de Sinaloa, pero como en su testamento dejó dicho que sus restos descansaran en la Catedral de Durango, su hermano Francisco se encargó de cumplir esa última voluntad 4 años después. Escribió: *La descripción del Obispado de Durango, o Diario de la visita de toda aquella diócesis,* dedicada a Carlos III, tomo en folio; *Triunfos de la gracia en la Santísima Imagen de María, que con el título del Socorro, se venera en la Nueva Valencia del obispado de Caracas* (Madrid, 1749), *Triunfo glorioso y carro de Elías* (1732) e *Historia general de Caracas,* manuscrito que vio y compulsó el presbítero José Barrios. En 1937 se publicó en México, con introducción y acotaciones de Vito Alessio Robles, *Demostración del vastísimo obispado de la N.Vizcaya. 1765.*

TAMAULIPAS, ESTADO DE. Está situado en el extremo noroeste del país; linda al norte con los Estados Unidos de América, mediante el Río Bravo, que sirve como línea divisoria; al sur con los estados de Veracruz y San Luis Potosí; al oriente con el mar territorial del Golfo de México, y al poniente con el Estado de Nuevo León.

Etimología. La palabra Tamaulipas es una ligera modificación en plural de la original que tiene sus raíces en el idioma huasteca, posiblemente formada por fray Andrés de Olmos, el primer misionero que incursionó por las tierras que están al norte del Río Pánuco y quizá cruzó el Purificación, que en el siglo XVI llamaban Río de (o de las) Palmas, en los confines de la Florida, de donde llevó un grupo de indios a los que dio el nombre de *Olives* y a quienes estableció en un lugar al que bautizó como *Tamaholipa*, voz que el primer cronista que la tradujo dice que significa "lugar de los Olives". Después fray Vicente Santa María, en su *Relación Histórica del Nuevo Santander*, dijo que en lengua de los indios Martínez (no Maratines como equivocadamente escribió el amanuense, porque eran los indios del capitán Martín) quería decir "Montes Altos", sin fundamento lingüístico alguno. Pero desde fines del siglo XIX hasta el tercer cuarto del XX, los hablantes del huasteco no la identifican con ninguna palabra de uso común y cada uno la interpreta a su manera. El historiador de la Huasteca, Joaquín Meade, después de arduas investigaciones en las fuentes impresas y vivas del idioma, llegó a la conclusión de que la palabra se descompone así: *Tam-a-hol-i-pam*, en que el primer *tam* es lugar, *ol* es rezar, y el *pam* final es mucho, lo que diría en conjunto: "lugar donde se reza mucho". El licenciado Juan Fidel Zorrilla, director del Instituto de Investigaciones Históricas de la Universidad Autónoma de Tamaulipas, en su libro *Tamaulipas-Tamaholipa*, acepta esta etimología con reservas, porque el mismo Meade da otra etimología "condicional", que es: "donde rezan los lipanes". Saldívar, en una conferencia en el Museo de la Ciudad de México, glosó esa etimología en el sentido de que jamás se ha impreso en ningún escrito anterior la palabra con la *m* final, que Meade no explicó la diferencia entre *hol* y *ol*, ni cuáles son las funciones de la *a* y la *i*, que se dejaron sin traducir; pero que se podría conjeturar, como lo han hecho todos los que han intervenido en la aclaración de lo que algunos llamaron el enigma de Tamaholipa, que el lugar donde se reza mucho es lugar de oración, lo que mejor que nada conviene a la misión, que fue el lugar, albergue e iglesia que fundó en 1544 fray Andrés de Olmos, por lo que la traducción en una sola palabra sería "misión", que confirmaría el hallazgo de Meade. Sólo que Saldívar se quedó con la más antigua de las versiones etimológicas, atribuida a Olmos: "lugar de los Olives".

Jurisdicción, extensión y límites. Estaba Tamaholipa en el extremo sur de la Sierra inmediata, paralela a la Costa del Seno Mexicano o Golfo de México, al pie de un cantil y a la orilla del arroyo de Tamaholipa, al que en 1748 se cambió el nombre por arroyo del Cojo. Por extensión la sierra recibió el nombre de Tamaholipa, después Tamaolipa, Tamaulipa, Oriental, Baja y Tamaulipa Vieja. Al poniente de esa sierra está la de San Carlos, a la que se designó Tamaulipa la Nueva, la Moza, Baja, Occidental, la del Reino (de Nuevo León) y Riñón de Oro. En la época de los descubrimientos los navegantes formaban los toponímicos unas veces en castellano, otras en latín y algunas veces en idiomas nativos o con palabras que les parecía oír de labios de los indios, por lo que muchos de ellos son desconocidos. Así aparecen como Provincias de Paul, Alifau y Ocinan (Asinais) las tierras comprendidas desde un poco al sur del Río Solo (de las Conchas) hasta el Bravo. En otro mapa de hacia 1520 aparece sobre Tamaulipas el nombre de Tamacho Provincia.

Gran parte del sur del estado estuvo poblado por los huasteca, cuyo límite de dominios lo marcaba el Río Guayalejo-Tamesí, por lo que caían dentro de la demarcación de Tamaulipas muchos pueblos que al tiempo de la conquista pasaron a formar parte de la gobernación de Pánuco y Tampico y de la Alcaldía de la Villa de los Valles. Los más avanzados eran Tanchipa al poniente y Tamaholipa al oriente, los dos al norte del citado río y dentro de su cuenca; Tansuchi, Tanapachis, Tanhuanchín, Tampuche, Tanzacana, Tantoy, Tanchoy, Tamesí, Champayán, Tancasneque y otros. Muchos de esos pueblos fueron quemados, destruidos, arrasados y asolados a la usanza romana por Gonzalo de Salazar, lugarteniente de Cortés que fue enviado para reprimir una sublevación en que los indios acabaron con los españoles que se habían establecido en Santiesteban del Puerto; después Nuño de Guzmán, cuando tuvo a su cargo la gobernación de Pánuco, sacó incontables barcos cargados de esclavos que compraba a los españoles a razón de 80 por un caballo y vendía en las islas del Caribe a cambio de 4 o 5 por una bestia; y finalmente, los asentamientos que quedaron fueron hostilizados por los indios de la Banda de Guerra, los chichimecas, nombre genérico dado a los habitantes de la Sierra

Madre Oriental y de las tierras que caen al norte del Guayalejo-Tamesí y de los pueblos de Pánuco, Tampico, Valles y Charcas.

Francisco de Garay había hecho capitulaciones con la Corona para conquistar la Huasteca y tierras adyacentes al norte, pero tras una serie de fracasos entró en arreglos con Cortés, quien se le adelantó sin autorización y ya tenía algunas fundaciones de españoles; además, Garay murió a los pocos días de sus convenios con Cortés; pero, no obstante, las tierras que se le tenían asignadas para su conquista aparecen en mapas de 1529 en adelante como tierras de Garay o Victoria Garayana. En 1563 se estableció como límite el Río Pánuco entre las provincias de Pánuco-Tampico y La Florida, que hasta 1553 reconocían como lindero el Río de las Palmas.

En las capitulaciones de Luis de Carvajal con la Corona para gobernar el Nuevo Reino de León, se demarcó su jurisdicción en algo así como un cuadrángulo, que se midió desde la desembocadura del Pánuco hasta las minas de Mazapil en Zacatecas, y de ahí, por un meridiano, 200 leguas hacia el norte hasta encontrar una línea que partiera de la Bahía de San José.

Durante más de un siglo las autoridades de

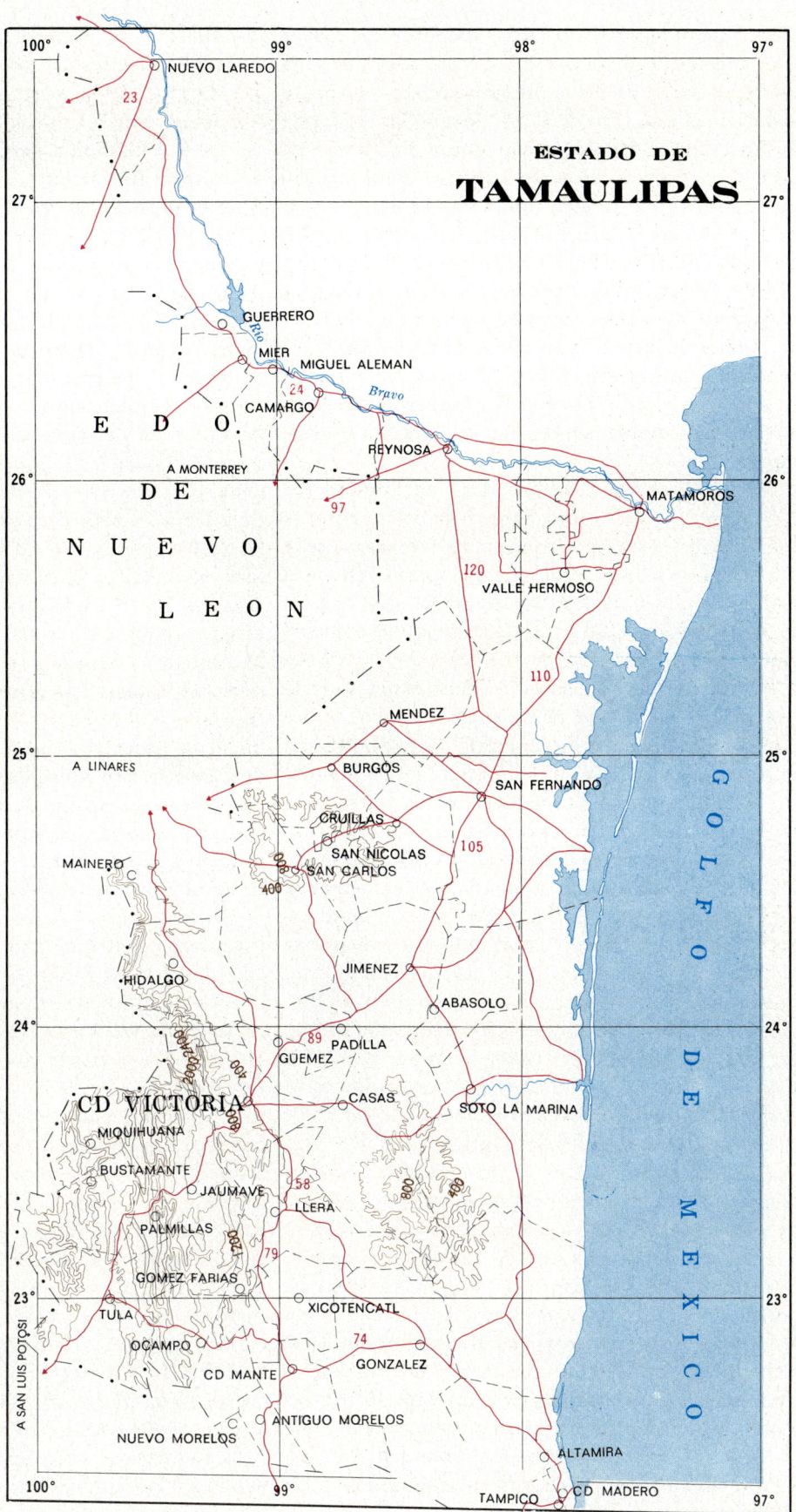

ESTADO DE
TAMAULIPAS

Nuevo León no hicieron nada para poblar las tierras que forman Tamaulipas, hasta que una junta de guerra y hacienda del gobierno virreinal, celebrada del 8 al 13 de mayo de 1748, designó las tierras de la Costa del Seno Mexicano como Provincia del Nuevo Santander, las cuales habrían de colonizarse de inmediato en un área comprendida al norte por el Río de las Nueces; al sur y suroeste, por las gobernaciones de Pánuco y Tampico, Villa de los Valles, Ríoverde, Guadalcázar, Venado, Charcas y la Sierra Gorda o Madre; y por el poniente, el Nuevo Reino de León y la Provincia de Coahuila. Efectuada la colonización, a las poblaciones de la región montañosa se les decía de la Sierra Gorda y al resto se llamaba Colonia, sin el agregado del Nuevo Santander.

La Independencia se proclamó en nombre del Departamento del Nuevo Santander, aunque por la fuerza de la costumbre con mucha frecuencia se le designaba en documentos oficiales como Provincia y se le facultó para designar diputados provinciales y para que gobernara una Diputación Provincial, según decreto imperial de Iturbide, del 25 de febrero de 1823. Fue hasta 3 años después de la Independencia, que el 29 de enero de 1824, a moción de uno de los representantes de la diputación michoacana, el Congreso de la Unión le dio el nombre de Estado de las Tamaulipas, tomando en cuenta la existencia de las dos sierras del mismo nombre. Y el 30 de enero inmediato, un día después de que el Congreso aprobó su nombre, se le menciona en el Acta Constitutiva de la Federación como Estado de las Tamaulipas. Un siglo después de que se habían dado los límites de la colonización y conquista del Seno Mexicano bajo el nombre de Provincia del Nuevo Santander, en un tratado celebrado el 2 de febrero de 1848, el gobierno de los Estados Unidos se adjudicó la gran extensión comprendida entre los ríos Bravo y Nueces, fecha desde la cual el Bravo es su límite septentrional. En algunas ocasiones se intentó formar estados independientes con fragmentos de Tamaulipas y porciones de sus vecinos, sin que lograran desmembrarlo, aunque el segundo Imperio hizo de él dos departamentos, uno de Matamoros y otro de Tamaulipas, que no subsistieron porque al restablecerse el orden federal las cosas volvieron a su estado anterior. Posteriormente, en 1907 se definieron los imprecisos límites en algunos tramos con el estado de Nuevo León. Al quedar Tamaulipas con la superficie que le dejó el Tratado de 1848, tiene un área de 79,862 kilómetros cuadrados comprendidos entre los puntos geográficos extremos de 22°12'48" y 27°40'47" de latitud norte y los meridianos 1°56'55" al este y 1°00'46" al oeste del que pasa por la cruz de la torre oriental de la catedral de México, según la Comisión Geográfica Exploradora en 1908. El Trópico de Cáncer atraviesa la entidad al norte de Bustamante, al sur de Ciudad Victoria y Soto la Marina; y al norte de Llera y de Aldama.

La población. En la Sierra de Tamaulipas los estudios estratigráficos de Mc Nish demuestran la presencia de 6 culturas, que denomina: Complejo Cueva del Diablo, de antigüedad mayor a 8 mil años; Lerma, paralelo al Repelo, etapa de grandes recolectores de plantas y animales, cuando ya está presente el maíz, simultáneo al Ajuereado del Valle de Tehuacán y a Tepexpan, anterior a 8 mil años; Nogales, de 8 mil a 3 mil años; La Perra de 3 mil a 2,500 años, paralelo a la tradición Abasolo que se extiende a Nuevo León; y en período geológico reciente, de 2,500 a.de C. a 1523 d.de C., el Complejo Pueblito en 3 etapas: I, en Laguna, paralelo a Ticomán-Copilco; II, en Eslabones, correspondiente a Teotihuacan temprano; y III, en La Salta, paralelo a Teotihuacan tardío; y el Foco Los Angeles, paralelo al Azteca. Las manifestaciones se inician con la presencia de raederas y tajadores toscos, que evolucionan hasta el apogeo precerámico en la cueva de La Perra con utensilios bien acabados en pedernal y cantos rodados; y desde Pueblito I aparecen toscos trastos de cerámica y burdos metates hasta los bien acabados del III, y ollas, molcajetes y otros de Salta y de los Angeles.

Cuando adoptaron los vestidos, fueron de pieles, y posteriormente de productos y fibras vegetales; labradas éstas o rudimentariamente tejidas aumentaron o sustituyeron la indumentaria. Según observaciones de Mc Nish (*The Proyect of the Tehuacan Valley*) vivían aparte los hombres de las mujeres, en territorios cercanos, y se reunían una vez al año para aparearse y se separaban cuando cumplían sus funciones genésicas, y los niños permanecían con las mujeres hasta la pubertad, durante la cual eran arrojados del grupo femenino, costumbre que fue desapareciendo gradualmente hasta hace unos 4 mil años, cuando las mujeres formaron grupos sedentarios en los sitios en que prosperaron semillas sembradas por ellas, hasta que cultivaron y seleccionaron algunas como el maíz, que era una mazorca de 6 a 11 milímetros, y gradualmente la hicieron crecer hasta el tamaño de 30 a 40, dimensión en que la encontró el descubrimiento de América.

Cazadores y recolectores en los grandes valles y llanuras, sin habitación y sin usar el fuego, cubiertos, si acaso, con pieles de venado o de coyote y sin asiento fijo nunca. Sedentarios a la orilla de los ríos y en estrechos valles de las sierras levantaron chozas y fabricaron cestas y cerámica para acarreo, conservación y preparación de sus alimentos, de los cuales obtenían en sus sementeras el maíz, el frijol, la calabaza, el camote y el chile. Y otros con una cultura más avanzada, fabricantes de cerámica, de telas y de papel, con una religión que rendía culto a los astros, a los elementos de la naturaleza y a los muertos, para lo cual construían templos y sepulcros y vivían en chozas y en edificios sobre terrazas, con una agricultura desarrollada y posiblemente descubridora del cultivo del algodón. Y comunicaban sus pueblos con calzadas empedradas.

"Grupos heterogéneos —dice Saldívar en su *Historia Compendiada de Tamaulipas*—, poblaron siempre Tamaulipas, desarrollándose independientes unos de otros y haciéndose la guerra de continuo, por lo que no se puede dicer que existiera una cultura a la que se dé una denominación que los comprenda a todos; aun en lingüística no se les puede agrupar bajo el nombre de tamaulipecos, en razón de esa diversidad y de que todos los del norte se identifican con los indios de Coahuila y Texas, y una gran parte de los del sur con los huasteca, y muchos del resto se comunicaban entre sí, aunque en diferentes dialectos de una lengua madre, que por comodidad y mientras no haya elementos suficientes para su estudio se le puede llamar tamaulipeca, aunque hay algunas probabilidades de que haya sido el primitivo náhuatl, el náhuat de los lingüistas modernos".

Clasificación cultural. Las noticias hasta el descubrimiento son escasas o nulas; las de los siglos XVI y XVII existen, aunque no son abundantes; las del siglo XVIII son frecuentes y amplias, de manera que al hacerse la colonización, más que conquista, la única que se hizo con dinero de la Corona en 300 años en América del Norte, casi paralela a la única, en Paraguay, que se emprendió en América del Sur, se pueden distinguir cuatro etapas culturales: 1.los cazadores, recolectores y pescadores que ocupaban las cuencas de los ríos Purificación, de las Conchas y Bravo; 2.los semisedentarios de la Sierra Madre; 3.los sedentarios de la Tamaulipa Oriental, ligeramente desarrollados; y 4.los sedentarios con alto grado de desarrollo del sur, llamados huasteca.

Los cazadores, pescadores y recolectores del norte se extendieron desde la cuenca del Purificación hasta el norte del Bravo. Caen dentro del calificativo genérico de chichimecas. Tenían una religión rudimentaria, carecían de asiento fijo, hacían

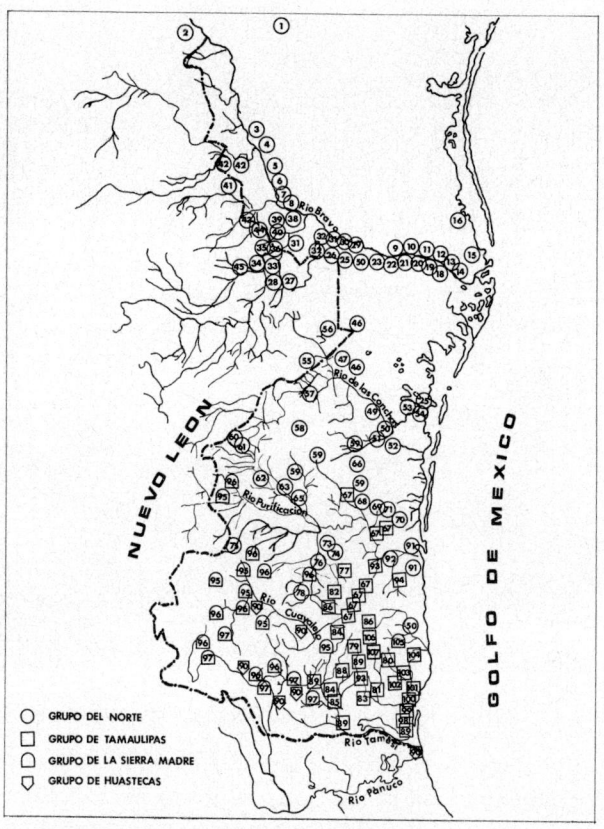

DISTRIBUCION DE LOS INDIOS EN TAMAULIPAS DURANTE LA SEGUNDA MITAD DEL SIGLO XVIII

1.a.Apaches. 1.b.Mexcaleros. 1.c.Lipanes. 1.d.Comanches. 2.Tepemacas. 3.Masacuajulam. 4.Lugplapiagulam. 5.Perpepug. 6.Clancluiguyguen. 7.Concuguyapem. 8.Perpacug. 9.Parampamatuju. 10.Sepinpacam. 11.Cootajanam. 12.Peupuetem. 13.Segujulapem. 14.Mayapem. 15.Tugumlepem. 16.Unpuncliegut. 17.Atanaguaypacam. 18.Saulanaguet. 19.Catanamepagüe. 20.Uscapem. 21.Alcalerpagüet. 22.Aretpegüem. 23.Segutmapacam. 24.Sicujulampagüet. 25.Tanniaquiapem=Tanaquiapem. 26.Cotomanes. 27.Narices. 28.Nazas. 29.Guiguipacam. 30.Coospacam. 31.Apennapem. 32.Umalayapem. 33.Tejones. 34.Venados. 35.Pajaritos. 36.Tareguanos. 37.Goajopocayo. 38.Samacoalapem. 39.Garzas. 40.Malagüecos. 41.Cacalotes. 42.Malnombre. 42.a.Carrizos. 43.Quemados. 44.Tortugas. 45.Auyapem. 46.Gummesacapem-Comesacapán. 47.Pamorán. 48.Canain. 49.Queniacapem. 50.Comecrudo. 51.Quinicuan. 52.Pintos. 53.Quedejeños. 54.Auyapaguim. 55.Guamarej. 56.Cacapam. 57.Comepescados. 58.Guajolotes. 59.Clanapam=Bocaprieta=Dienteños=Santigueños=Comeperros. 60.Zacatiles. 61.Yaguatinej. 62.Antiguos. 63.Cadimas. 64.Inocoplos. 65.Malincheños. 66.Cometunas. 67.Pasitas. 68.Tumapacam. 69.Iñapanam=Inapanam=Napanam. 70.Odamich. 71.Camaleones. 72.Salineros. 73.Ojos de la Tierra. 74.Conipiguas. 75.Inocoplos=Sincoalnes=Mezquites=Mulatos=Barrosos=Serranos. 76.Borrados. 77.Monan. 78.Molinas. 79.Tahualilos. 80.Martínez. 81.Aracuay. 82.Truenos. 83.Characuay=Zaracuay. 84.Mariguan. 85.Simariguan. 86.Comecamotes=Camoteros=Vejaranos=Conejeros=Picacheños. 87.Palalgüeque. 88.Ancashiguay. 89.Olives=Maguagues. 90.Huastecas. 91.Sinacaní=Zapoteros=Chapoteños=Villegas=Palmeños. 92.Matucapam. 93.Aracat. 94.Caribay. 95.Janambres. 96.Pizones=Sibayones=Siguiyones=Olocnoques=Tancalguas. 97.Pames. 98.Anacán. 99.Mapulcán. 100.Maporcán. 101.Cataicán=Cantaicán. 102.Carimariguay. 103.Caramiguay=Caramagüey. 104.Aretín. 105.Panguay=Moraleños. 106.Yamacán. 107.Yecán.

51

Huastecas: ruinas en la Sierra de la Palma y piezas arqueológicas

vida al aire libre, se refugiaban en cuevas o relices y se alimentaban de la caza, la pesca y de frutas, hierbas y raíces. Eran muchas las tribus que integraban esa etapa cultural. Se sabe que cada una tenía un jefe, al que los españoles llamaron capitán, supeditado a un superior jerárquico, designado como el mejor entre los más osados y valientes. Se tiene noticia de quién las gobernó de 1720 a 1733: un conocedor de la lengua castellana, llamado Pedro Botello, que tomaba represalias contra los españoles cuando le mataban a sus indios. Lo sucedió Santiago, cuya memoria queda en la Sierra de San Carlos en el cerro de su nombre; con frecuencia recorría sus tribus, desde la Barra del Maupat (Soto la Marina) hasta las más norteñas, frente a Camargo y Mier. En general estas tribus eran dóciles, no agresivas; aunque prestas a defender cada una los terrenos que consideraban como suyos, permitían las entradas periódicas de los reineros, que iban por sal a las lagunas de la Barra del Conchas y Madre. Celebraban danzas rituales sin acompañamiento instrumental, durante las cuales se embriagaban con peyotl, abundante en el Cerro del Aire y en las orillas del Bravo, hasta donde permitían que entraran peregrinaciones de tribus que habitaban en regiones muy lejanas a Tamaulipas, de las cuales la última fue en 1883, cuando ya no quedaban más indios que los comecrudo.

Dice Saldívar en su obra *Los indios de Tamaulipas*: "Lingüísticamente sólo han sido estudiados dos pequeños grupos, uno de cotomanes —que los investigadores extranjeros se empeñan en llamar cotonames— y otro de comecrudo, los cuales conservaban restos de su idoma a fines del siglo XIX y a los cuales se clasificó dentro del grupo karankawano de la familia Hokana; pero detenidas y minuciosas investigaciones posteriores han colocado a los dos grupos y principalmente al comecrudo, como idioma básico, quizás lengua madre de muchas otras, dispersas en Norte y Centro América. Barrera Vázquez, en la Tercera Conferencia de Mesa Redonda de la Sociedad Mexicana de Antropología, hizo patentes las conexiones del comecrudo con el mayance en sus diversas lenguas y formas dialectales; y el ingeniero Weitlaner lo colocó al lado del cotomán, el coahuilteco y el karankawa; el tónkawa de los límites de Texas y la Luisiana es un intermedio entre los citados y el grupo septentrional túnica-chitimachá-atákapa; por otra parte el mismo Weitlaner encuentra relaciones muy estrechas entre las lenguas orientales mencionadas con la rama occidental del hokano, tales como el pomo y especialmente el cahuilla, ambas de California, el chontal de Oaxaca y el subtiaba-tlapaneco de Nicaragua y Guerrero; así como también confirma plenamente a Swanton, en el sentido de que el coahilteco, el comecrudo, el cotomán y el karankawa «son miembros dispersos de una misma familia lingüística»; y refuerza la tesis de Sapir sobre dichas relaciones entre el hokano occidental y el oriental.

Y de los estudios lexicográficos se llega a la conclusión de que el comecrudo es el idioma más representativo y cuyas relaciones son las más amplias". Al mismo grupo lingüístico pertenecieron 65 tribus de las cuencas del Purificación, de las Conchas y bajo río Bravo. Se distinguían entre sí las tribus por las pinturas de rostro y cuerpo, aunque algunas se vestían con pieles. Los que tenían su habitat en ríos y lagunas se alimentaban con pescado; en las praderas, con diversidad de cuadrúpedos, aves (aunque respetando al correcaminos porque es enemigo natural de las serpientes venenosas) y frutas silvestres como mezquite, maguacata (vaina y semilla del ébano), anacahuita (amatleuahuit, árbol del papel), zapote, coma, granjeno y tubérculos, además del mezcal, que así llamaban a la piña de agaves como la lechuguilla y el maguey, y al quiote o vástago de la flor cocidos en barbacoa. El testimonio más antiguo en cuanto a alimentos, de hace unos 6 a 8 mil años, lo encontró Mc Nish, según lo relata en la tesis que le sirvió para doctorarse en el Museo de Historia Natural de Nueva York, y consiste en el bagazo fosilizado de una masticada de mezcal y en restos de calabaza. Sus sistemas alimenticios sirvieron a los españoles para darles nombres: cometunas, comecrudo, comepescado; en otros casos el nombre proviene de ideas totémicas: tejones, venados, pajaritos; o de las costumbres, ocupaciones o características: sepinpacam (salineros), peupuetem (los que hablan diferente), parampamatuju (hombres bermejos), perpepug (cabezas blancas). Estos últimos usaban el *penistage*, al igual que algunos indígenas del Amazonas, negros de Africa y nativos de la Polinesia, como defensa de los órganos sexuales masculinos. Los lugplapiagulam parece que practicaron la circuncisión.

Los semisedentarios de la Sierra Madre eran indios belicosos: janambres, pisones, oloçnoques y otros. Ocupaban las bocas de la sierra en los ríos San Marcos, Caballeros y Santa Engracia; dominaban el Valle de los Janambres, desde Hidalgo hasta los límites con San Luis Potosí, y tenían ligas con las tribus del Cerro del Bernal, Sierra de la Palma y de las salinas al norte de Tampico. Los olocnoques fueron mencionados en los siglos XVI y XVII y no aparecieron para nada en la colonización. Los janambres y shigüillones fueron exterminados en el siglo XVIII y los demás fueron incorporados a la población, mezclaron su sangre con los españoles, criollos, mestizos y demás colonos, y perdieron sus costumbres y lenguas, por lo que lingüísticamente no se les ha podido definir y se les incluye entre las lenguas desaparecidas. Vivían en rancherías o en

9

Juguete huasteca articulado (Ciudad Madero)

cuevas y relices de los cantiles de la sierra y en general su alimentación era semejante a los del grupo anterior, con la variante de las frutas regionales; así, en verano y otoño eran carnívoros y frugívoros; y en invierno y primavera, vegetarianos. Tenían como armas la honda y el arco y la flecha, aunque ésta consistía en una vara tostada de la punta, que no atravesaba las cueras de los soldados. Como estos grupos, guerreros por excelencia, fueron los que en realidad dieron trabajo a los colonos, los soldados adoptaron como arma defensiva, desde el siglo XVI, la cuera o chaqueta de piel curtida, que ha sido prenda típica del campesino tamaulipeco, principalmente del ganadero, la cual se adoptó como traje regional de Tamaulipas durante el gobierno del doctor Treviño Zapata, agregando un pantalón para el hombre y una falda para la mujer, ambas prendas de piel.

El grupo de tribus de la Sierra de Tamaulipas alcanzó manifestaciones de culturas sedentarias: cultivo de plantas para la alimentación, uso del fuego para la cocción de alimentos, habitación en poblados y, más tarde, utilización del caballo para alimento y transporte, y el cultivo del plátano. A los alimentos que les eran comunes añadieron la palma, de la que comían el fruto (mícharo) y el

1

Traje de guerrero huasteca (Matrícula de Tributos, Lám. XXX)

cogollo o palmito. El nombre del capitán de una tribu lo conserva la Laguna de Morales. La palma ha servido para el techo de las casas rústicas y el tejido de sombreros y esteras o petates, y con la corteza del pecíolo se siguen tejiendo canastas. La caza la efectuaban con flecha y con trampas; la pesca la hacían con fisga o con artificios ingeniosos, pero sólo capturaban los animales grandes, dejando escapar a los pequeños. Las casas eran cuadrangulares, algunas divididas en su interior y sin muebles; sólo servían como hogar, depósito, baluarte y refugio cuando la intemperie lo exigía. Cerca de ellas tenían huertos y sembrados, con cercados que hacen presumir un concepto de la propiedad individual, aunque eran bienes comunales los materiales, fruto y animales del habitat de la tribu. La familia era mongámica y a todos se les enseñaba lo que sabían todos, inclusive cestería, cerámica y tejido de telas. Imploraban la lluvia por medio de danzas acompañadas con canto, sonajas y flautas, y durante ellas tomaban peyotl, costumbre generalizada desde el Golfo de México hasta el Pacífico. Su lengua parece ser mayance. Entre las pinturas rupestres hay series de cuadretes con glifos todavía no interpretados. El nombre de la Barra de Morón, famosa por su pesquería de ostiones, re-

cuerda el nombre de un capitán de la tribu panguay.

El grupo huasteca habitó en la cuenca del río Guayalejo-Tamesí, en el lado suroeste, aunque había pueblos al norte como Chachahual, Tanchuiz, Tanchoy y Tamaholipa. En mapas de los siglos XVI y XVII aparecen los nombres de unos 25 pueblos y en la zona se hallan las ruinas de muchos otros, que consisten en terrazas o montículos en cuya parte superior se edificaban templos y habitaciones. La denominación regional es cue para los promontorios grandes y cuecillo para los montículos. Sobre aquéllos la construcción era de palos parados o de piedra, con techo de paja o palma, terminado en punta y recubierto con una olla de barro. Los montículos eran tumbas donde se colocaba al muerto en posición fetal, acompañándolo con ofrendas de alimentos, utensilios de uso común e instrumentos musicales. Hacían represas para el agua con vertedores de demasías. Comunicaban las construcciones y los pueblos mediante calzadas empedradas con lozas. Fabricaban una gran variedad de productos de cerámica y de textiles, que se vendían a los pueblos del altiplano. Al parecer, los huasteca fueron los primeros que cultivaron el algodón. En Tamaulipas se han localizado los más antiguos vestigios arcaicos de pastillaje, muy anteriores a las influencias de Teotihuacan y Cholula que se observan en el sur, en Veracruz y San Luis Potosí. Los terraplenes tuvieron como función evitar las inundaciones de las casas construidas encima, al igual que en el Misisipi, a diferencia de los mounds, caneyes, cerritos o lametones del Caribe que no fueron construidos, sino que se formaron de estratos culturales acumulados. En la Sierra de la Palma hay un terraplén cónico con escalinatas en dos lados opuestos, que tenía unas esculturas de piedra en la parte superior, como aparecen en una litografía de los *Elementos de historia, geografía y estadística del Estado de Tamaulipas* por el ingeniero Alejandro Prieto; pero desaparecieron y el año de 1977 estaban en la casa de un coleccionista de Ciudad Victoria. Las calles de los pueblos eran onduladas o zigzagueantes; la represa para el agua potable estaba por lo común en el centro del poblado y en los pueblos lacustres ocupaba la parte más alta con los bordes protegidos con lajas. Sus animales domésticos eran el perro, el guajolote y el perico; pero la fauna silvestre era variadísima, de la que obtenían carne, pieles y plumas. Su principal comercio consistía en la venta de sal, algodón y mantas, pieles curtidas, papel y algunas materias primas. Además de los trajes que vendían, tributaban a los mexicanos determinado número cada año, y los que dejaban para el uso local eran adquiridos por las clases sacerdotal y gobernante, acostumbrando ninguno la gente del pueblo, razón por la cual los del altiplano los consideraban como deshonestos. Practicaban la deformación craneana, mediante unas tablillas colocadas en la frente y nuca, sobre las que ejercían presión en un plano inclinado; los tatuajes eran comunes; se afilaban los dientes en punta y los pintaban de negro; se adornaban el pelo, las orejas, las muñecas, las rodillas, el cuello y la nariz con alhajas de oro, pulseras, sartales de cuentas, collares y ajorcas de plumas. La religión estaba dedicada a diversos dioses que representaban los elementos naturales, los astros, la fecundidad y un amplio panteón. El ritual era acompañado con danzas, unas de ronda de hombres o de mujeres, pero no mixtas; y una de las más vistosas era de *Los Voladores*, de simbolismo calendárico, posiblemente dedicada a la tierra. Los instrumentos musicales eran muy variados, de percusión y de aliento, con los cuales se producía una música de mayor fuerza rítmica que melódica. Se conocen trozos literarios traducidos al mexicano y producciones mexicanas hechas a semejanza de las huasteca; los primeros son cantos quejumbrosos de los cautivos implorando a los dioses; y las segundas, piezas oratorias dedicadas a señores, en que ponderan grandezas y valor heroico. El idioma que los propios huasteca llaman *tenek* se tiene por mayance, como el chicomuceloteca de la frontera de Chiapas con Guatemala. Practicaban la monogamia. Mientras la mujer se dedicaba al hogar, el hombre ejercía la caza, la pesca, la agricultura o la industria. Sus armas ofensivas y defensivas eran el arco y la flecha, con punta de pedernal u obsidiana, y una rodela de algodón tejido sobre un aro circular.

Las excavaciones estratigráficas a partir de la quinta década del siglo XX demuestran que la cultura olmeca floreció en la misma región de la huasteca muchos siglos antes, y tal parece que fue madre de ella y de muchas otras del altiplano y del Golfo.

La conquista. Si se toma en cuenta que el mapa completo del Golfo de México más temprano es el de Américo Vespucio, fue éste el primero que recorrió las costas tamaulipecas, bautizando los ríos Bravo, Palmas y Pánuco en sus dos enigmáticos viajes realizados entre 1497 y 1502. En otro mapa de 1518 aparecen los nombres de los ríos de Pescadores, Solo, Palmas y Pánuco; pero se sabe que esta última corriente la exploró en 1517 una flota de Diego Velázquez de Cuéllar, al mando del capitán

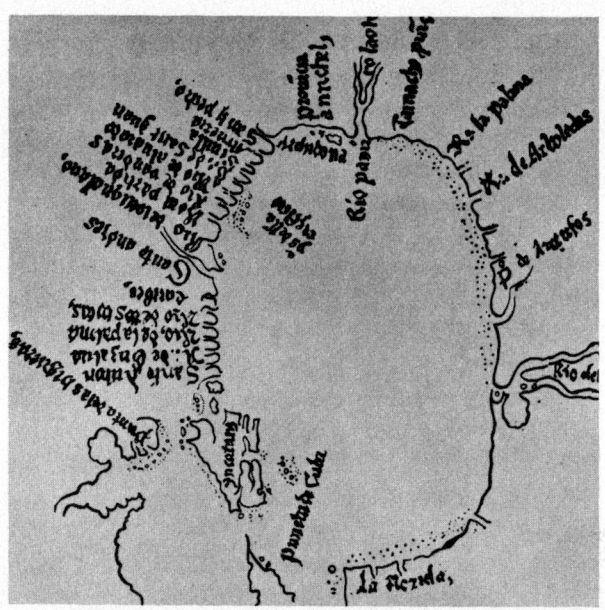

El *Golfo de México* (2a.Carta de Relación de Hernán Cortés, *1520*)

Hernández de Córdoba, y que regresó hacia el sur por la ruta que siguió a la ida. En 1518 también terminó en el Pánuco, pero de norte a sur, una expedición de Francisco de Garay, cuyas tropas fueron destrozadas en Chila. Y el mismo año otra expedición costeada por el propio gobernante de Cuba, puesta al mando de Juan de Grijalva en la ruta de sur a norte, igualmente se regresó de Tampico con mejor suerte que Garay, aunque también rechazado por los indios. Garay volvió a Jamaica y en 1519 envió otra expedición a cargo de Diego de Camargo, la que, recibida de paz, fue expulsada como consecuencia de las tropelías de los soldados, perdió una de las tres embarcaciones y dejó en la playa casi toda la tropa, que desbarataron los indios con la excepción de unos pocos que rescató Cortés. Simultáneamente a la organización de nuevas tropas de Garay en Jamaica, Velázquez equipó en Cuba la expedición que comandó y le usurpó Cortés. Los de Jamaica, al mando de Alfonso Alvarez de Pineda, más numerosos que en las ocasiones anteriores, nuevamente fueron expulsados de la Huasteca, mientras Cortés quemaba sus naves y se introducía por Veracruz hacia el altiplano con la meta de México-Tenochtitlan. Cortés, después de someter a los mexicanos, esperaba la llegada de Garay a Pánuco en 1522, y adelantándosele sometió la ciudad de Chila, capital huasteca, pasó el Pánuco, conquistó pueblos de Tamaulipas, fundó en la ribera sur de ese río y cerca de la playa el pueblo de Santiesteban del Puerto, junto al de indios llamado Tampico (en Veracruz). Tomó posesión de la

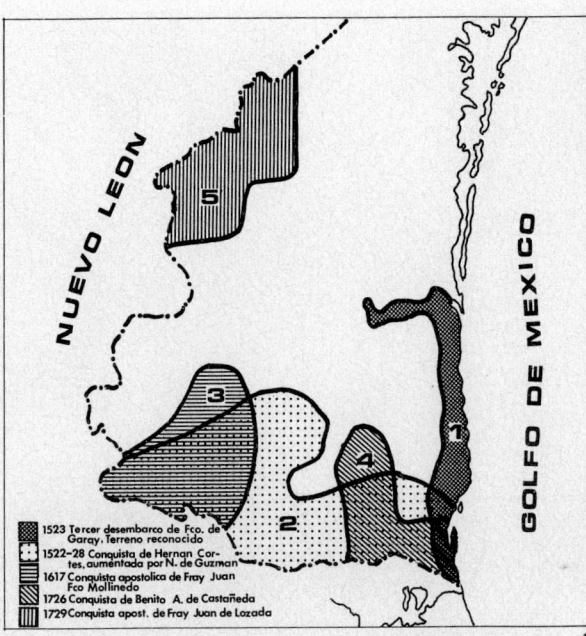

1

Conquistas fracasadas del Nuevo Santander

que llamó Provincia de Pánuco, fijó tributos a los pueblos y se regresó seguro de su derecho de conquista en nombre del rey. En 1523 llegó Garay con una flota de 9 barcos, que los vientos arrojaron sobre el río de las Palmas; envió los navíos al sur en busca de Pánuco y él con jinetes e infantes hizo un penosísimo recorrido. Garay escribió a Cortés y después fue personalmente a reclamarle, entró en arreglos , pero murió a los pocos días en diciembre de 1523. Su gente cometió muchos atentados, los indios se rebelaron, acabaron con ellos y casi con los de Santiesteban. En represalia, Cortés envió a Gonzalo de Sandoval, quien quemó vivos a unos 400 indios más unos 60 jefes, quemó y arrasó pueblos, hizo gran cantidad de esclavos y dejó en paz la zona. Luego, durante la gobernación de Nuño de Guzmán, fueron despoblados muchos lugares, porque a sus habitantes los vendió como esclavos. Después fue Pánfilo de Narváez, el que había fracasado contra Cortés en la conquista de México, quien en capitulaciones con la Corona obtuvo el nombramiento de adelantado y gobernador de las Palmas pero terminó desastrosamente al norte de Tamaulipas, en 1528, salvándose únicamente el tesorero Alvar Núñez Cabeza de Vaca, mientras que en España se llegó a designar un obispo de la Provincia de las Palmas. Durante la gobernación de Nuño de Guzmán, se envió a Sancho de Caniego con tropas para que poblaran el río de las Palmas; pero como no encontraron nada de provecho, ni indios que trabajaran, abandonó la empresa. Unos 40 años después, en 1573, el adelantado de la Flo-

rida, Pedro Menéndez, pidió como ampliación de sus conquistas las tierras desde la Bahía de San José (después del Espíritu Santo y finalmente de Corpus Christy) hasta el Pánuco, pero no logró ni una sola fundación. Para terminar con los intentos de conquista en el siglo XVI, Luis de Carbajal, que era gobernador de Pánuco, celebró capitulaciones en 1579 y hasta 1588 logró permiso para la conquista de las tierras al norte del Pánuco, y siendo gobernador del Nuevo Reino de León sólo peleó la posesión de Tamaholipa.

Para humanizar la actitud de los conquistadores llegó a la Huasteca, en la quinta década del siglo XVI, el misionero apostólico franciscano fray Andrés de Olmos, hombre experto en varias lenguas indígenas; pronto aprendió la huasteca y se internó al norte del Pánuco hasta los confines de la Florida, que por entonces llegaba imprecisamente al Pánuco o al Palmas, de donde llevó al extremo sur de la sierra cercana un grupo de indios, llamados olives por su color aceitunado. Los estableció en misión, a la que llamó Tamaholipa hacia 1544, porque en 1543 estaba en Matlatlán (Maltrata, Ver.), desde donde escribió una desesperada carta (Archivo General de la Nación, Ramo de Inquisición, t.1 bis) a fray Juan de Zumárraga, pidiéndole permiso de quemar unos 300 o 400 indios para que por temor ingresaran a la Iglesia los demás, ya que con predicación y azotes no los convencía. En la misión de Tamaholipa murió el 8 de octubre de 1571 y su cuerpo fue trasladado años después a la de Tampico, Ver. Fueron sus sucesores fray Juan de Mesa y el clérigo Luis Gómez, que trabajaron con la misma infatigable fe de aquél; pero no hicieron ningún establecimiento hasta que fray Juan Bautista Mollinedo fundó en 1617 las misiones de Tula, Jaumabe (con b, derivado del nombre de los indios janambres y no con v, como aparece en la cartografía del siglo XX), Santa Clara o conversión de Monte Alberne y hacia 1527 la de Palmillas, "quien dio términos a cada una y tomó posesión en nombre del rey, después de leer en voz alta, a los indios chichimecas que por primera vez veían y oían hablar a un español, una provisión real que lo autorizaba para aquel acto".

Los pueblos conquistados fueron puestos en encomienda unos, y quedaron como tributarios de la corona otros, no obstante estar en frontera de guerra y por lo tanto exentos, dependientes de las alcaldías de Pánuco y Tampico y Villa de los Valles de Oxitipa. Durante el siglo XVII los españoles habían despojado de sus tierras a casi todos los indios, habiéndose quejado al rey el custodio de Ríoverde, quien obtuvo una provisión para que a todos los pueblos de indios se les midiese desde el último barrio y casa, una legua por cada viento en Ríoverde, Pánuco y Tampico y Nuevo Reino de León. Pero en Tamaulipas ya no había pueblos huastecos, y apenas si quedaban Tamaholipa y las misiones de Tula, Santa Rosa y Santa Clara, que también estuvieron a punto de despoblarse en 1682, porque el misionero tenía en Jaumabe una concentración de mujeres indias, que trabajaban la lechuguilla que recogían sus esposos y demás parientes varones. Es ésta la más lejana referencia a la explotación de esa planta, que hasta el advenimiento de las fibras duras sintéticas llegó a tener gran importancia en la fabricación de cepillos para la boca, los cuales se elaboraban con la "fibra jaumabe" incluso por un 90% del consumo mundial, hasta la quinta década del siglo XX. Además, las poblaciones del Nuevo Reino habían hecho ariscos a los indios fronterizos y no los dejaban asentarse en poblaciones, porque, como afirma David Alberto Cossío en su *Historia de Nuevo León*, el sistema de congregas acabó con muchos pueblos de indios, en virtud de que aquéllos tomaban como pretexto la desaparición de una oveja, una cabra o cualquier otro animal doméstico, para preparar una campaña contra las rancherías de indios a las que atribuían el hurto, aunque el objeto de la campaña era hacer esclavos para venderlos o para llevarlos a sus factorías y obrajes. Las quejas de los misioneros de las fronteras de gentiles eran contra los gobernadores del Reino, a quienes hicieron aparecer como más crueles y bárbaros que los propios chichimecas. Las haciendas de ovejas se multiplicaban, siendo las principales las de los carmelitas, el Fondo Piadoso de las Californias y Manuel de la Canal, ganadero de San Miguel el Grande, cuyos rebaños fluctuaban entre 300 mil y 400 mil cabezas por cada propietario; por ese motivo la defensa de los animales requería acabar con los indios, haciéndolos esclavos. Esas campañas fueron practicadas también por los gobernadores de la Provincia del Nuevo Santander y acabaron a principios del siglo XIX, cuando los indios en unas regiones se habían acabado y en otras se habían incorporado. Las pastorías principiaron a fines del XVI, prosperaron en el XVII y llegaron a contar más de 2 millones de cabezas ovinas en el segundo cuarto del XVIII. El número de haciendas era de 26, cuidadas por unos 100 escolteros, que con sus familiares contaban cerca de 400 personas, muchas de ellas con residencia permanente en la hacienda de Santa Engracia, otras con residencia temporal en la de La Mesa y en

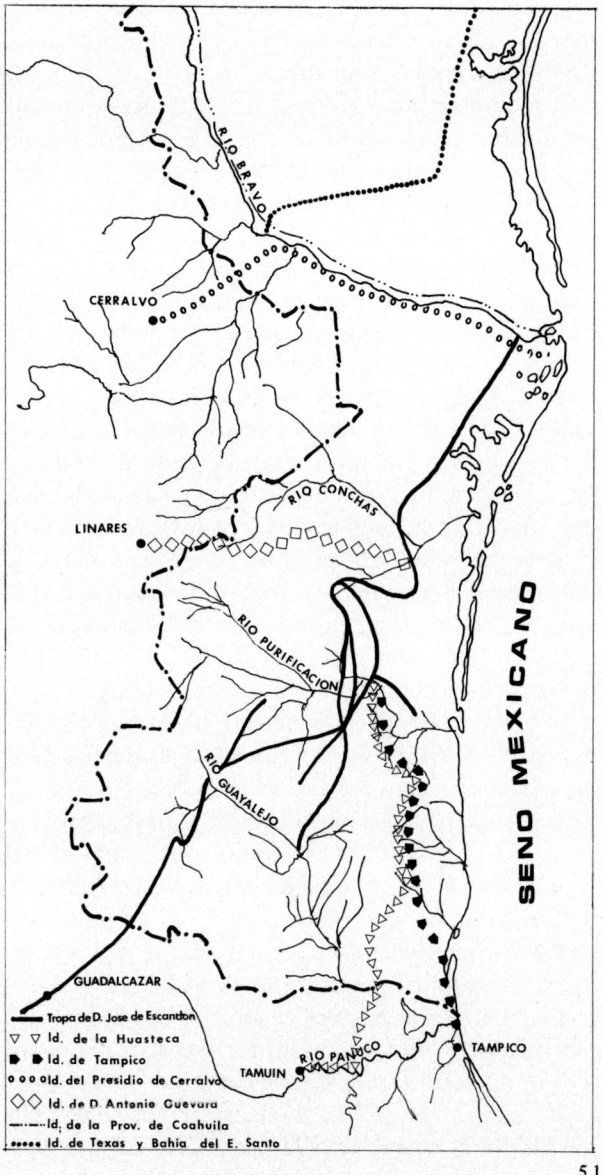

Rutas de exploración del Seno Mexicano en 1746

diversas majadas por donde pasaban una vez al año, como en la misión del padre Blanco, cerca de San Fernando, que se remonta a 1715.

Esa prosperidad ganadera y la supuesta existencia de ricos yacimientos minerales en la Tamaulipa, cerca de un cerro que llamaron Malinchem, dieron pie para que el alcalde mayor de Pánuco y Tampico, Benito Antonio de Castañeda, organizara una expedición a su costa, con permiso real, a la manera de las antiguas, para efectuar una conquista: empezó a organizarla en 1718; la inició en la frontera de los chichimecas el 25 de marzo de 1726; en junio fundó un pueblo, San Antonio, que los indios hostilizaron hasta obligar a los españoles a abandonarlo, y finalmente, el 23 de abril de 1728, los naturales quemaron y arrasaron San José, pueblo que los olives habían fundado cerca de Altamira, donde se conservan sus ruinas.

Un intento de otro tipo hizo fray Juan Lozada reuniendo a los indios en misiones o procurando que concurrieran a las ya establecidas en la frontera, para cuyo objeto los atrajo ante la presencia de 4 compañías de soldados que lo acompañaban; algunos asistieron a la misión del Pilón, pero se les pasó el tiempo en trámites para fundar otra y los indios tuvieron temor de que se les volviera a las congregas, sistema que patrocinó el gobernador del Reino, Martín de Zabala, en 1625. Ese sistema consistió en reunir a los indios en poblados al mando de un español protector, con dotación de semillas para siembra, bueyes, aperos, reses y caballada para cría. Pero los protectores los transformaron en centros de esclavitud que hicieron huir a los indios, los que fueron perseguidos y capturados para ser vendidos como esclavos en las minas y los obrajes del altiplano y en las haciendas cañeras de Cuba. Eso provocó la rebelión de comienzos del XVIII, que causó la muerte de más de mil pobladores y pérdidas muy cuantiosas de animales, la destrucción de misiones (incluidas las de Jaumabe, Palmillas y Santa Rosa) y la amenaza de que Linares llegara a despoblarse en 1709. Otro intento de población se hizo en 1715 con el establecimiento de pueblos de indios, dotados con tierras, aperos y animales, sometidos a un religioso; los españoles se introdujeron en algunos, pretendiendo restablecer las congregas y el despueble fue general en 1717; pero los reinstalaron y sólo perduraron hasta 1722. Los intentos de conquista y establecimiento de los españoles en las tierras de Tamaulipas desde el siglo XVI hasta la cuarta década del XVIII se realizaron con procedimientos ilegales, que tomaron el carácter de legalidad cuando se avisaba al rey que tenía más tierras o más vasallos. Otros actos sí fueron jurídicamente válidos, precedidos de capitulaciones o autorizaciones para penetrar en tierras incógnitas, inspirados en el provecho propio del conquistador y en el beneficio de la real hacienda pues el oro y otros metales fueron el principal incentivo. Como en la Costa del Seno Mexicano no había esos elementos, sino indios no acostumbrados a trabajar, la finalidad se encaminó a salvar sus almas, enseñarlos a trabajar y a que rindieran provecho a las reales cajas, sólo que en todas las ocasiones e intentos se fracasó, aunque resultaron muchos beneficiados con la venta de esclavos.

La colonización. Fue hasta la quinta década del siglo XVIII, ante la presencia de extranjeros en la costa que los franceses llamaron Luisiana y del avance de los ingleses hacia el sur y oeste del litoral atlántico, cuando el gobierno español se percató de la necesidad de emprender la conquista de la Costa del Seno Mexicano. Presentaron proposiciones para esa empresa: Antonio Ladrón de Guevara, Narciso Barquín de Montecuesta y José de Escandón, a las que se agregó la que en 1736 había hecho José Antonio Fernández de Jáuregui y Urrutia; examinadas en una junta de guerra y hacienda el 8 al 13 de mayo de 1748, se escogió la de Escandón por ser la más completa. Este había financiado una exploración de esas tierras, gracias a lo cual estuvo en aptitud de precisar los lugares en que se establecerían los españoles y las misiones de los indios; propuso el nombre de Colonia del Nuevo Santander, que fue aprobado, y un gasto de $115 mil, "regulando para conquista, población y pueble" $500 por poblador en 14 fundaciones y otras tantas misiones (*José de Escandón. Descripción de la Costa del Seno Mexicano*, en Archivo de la historia de Tamaulipas, publicado por Gabriel Saldívar, t.II). Con minucia de detalles señala calidades de tierras, aguas para poblaciones y regadío, y sacas donde era factible obtenerla a poco costo. Al encargarse a Escandón la ejecución de su proyecto, propagó la noticia en Querétaro, San Luis Potosí, Charcas, Huasteca, Nuevo León y Coahuila, y de inmediato se aprestaron los colonos suficientes para hacer las fundaciones, que se iniciaron el 1° de enero de 1749, llegando a 22 el número de poblaciones propuestas, aunque tuvo que hacer modificaciones o cambios de lugar. Sometidos a juicio de residencia, a costa de su fortuna tuvieron que hacerse dos fundaciones más, porque las propuso y no las llevó a efecto.

José de Escandón, a quien se encomendó la conquista, colonización, pacificación y pueble de la costa del Seno Mexicano, llegó a Yucatán de 15 años de edad, sirviendo como cadete de la Compañía de Caballeros Montados Encomenderos de la Ciudad de Mérida; luchó contra los ingleses, a los que desalojó de la Laguna de Términos, por cuyo mérito fue ascendido a teniente destinado a una compañía del Regimiento de Milicias de la Ciudad de Querétaro, donde aprendió a tratar a los indios "como amigos, con mano suave, y como enemigos, con rigor implacable". En 1727 pacificó a los pames sublevados en Celaya, y fue ascendido a sargento mayor del Regimiento. En 1732 sometió a los sublevados del Real de Minas de Guanajuato; al año siguiente hizo lo mismo en Irapuato y en 1734 apaciguó a 10 mil indios rebeldes de San Miguel el

51

Miguel Custodio Durán: **Mapa de las tierras despobladas en la Costa del Seno Mexicano (*1744*)**

Grande. Por méritos acumulados se le dio el grado de coronel del mismo Regimiento, con el cargo de teniente de capitán general de la Sierra Gorda, sus Misiones, Presidios y Fronteras. En 1742 se movilizó a su costa de Querétaro rumbo a Veracruz, que era amenazado por los ingleses, pero recibió órdenes de regresar cuando llegó a Tehuacán. En 1749 sosegó un tumulto en Querétaro, provocado por el hambre derivada de la sequía y la pérdida total de las cosechas. Recorrió varias veces las misiones de la Sierra Gorda e introdujo reformas en su administración, ya que unas figuraban en las nóminas, en otras había un misionero y la real hacienda pagaba dos, o se daba a los misioneros una mínima parte de lo que se entregaba a las autoridades eclesiásticas. La misión de Jaumabe la restauró en 1743 y Palmillas en 1745. Su dureza y energía le valió el título de exterminador de los pames de Querétaro; durante su gobierno en la Provincia del Nuevo Santander fue acusado de muertes de indios y de extracción de esclavos, pero en el período de septiembre de 1770 a 1775 murieron más del doble que durante sus casi 22 años de gobierno. Fueron sus enconados enemigos los jesuitas, porque re-

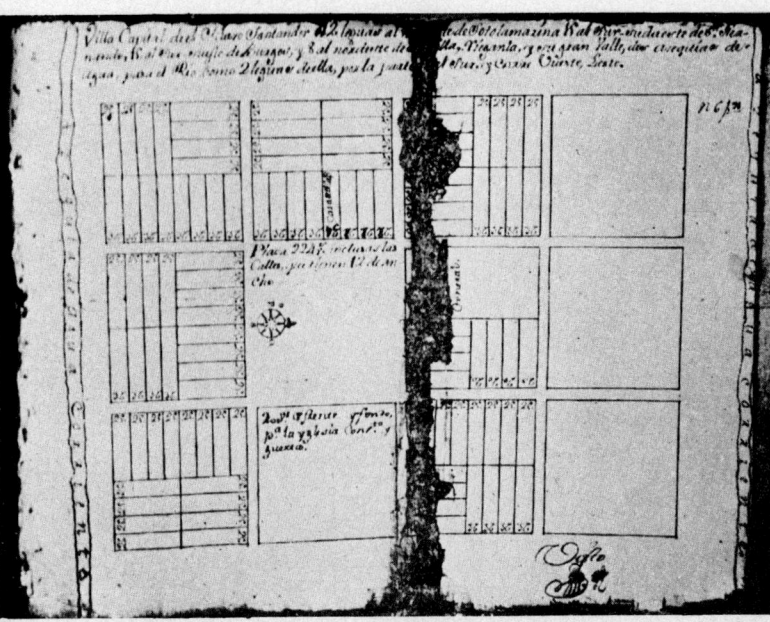

51   51

José de Escandón   *Plano para la fundación de la Villa Capital del Nuevo Santander*

clamaban tierras del Fondo Piadoso de Californias, cuyas mercedes nunca pudieron probar; los franciscanos, que querían más concesiones y privilegios que los que tenían; y el clero secular, al que consideró como el peor enemigo de los colonos, que más estaban para defender su cuerpo de las flechas de los indios, que sus almas de las asechanzas del demonio. Logró amasar una gran fortuna en Querétaro, San Miguel el Grande y Nuevo Santander con la mano de obra barata de los indios o gratuita de los esclavos, agregado a ello las inmensas mercedes de tierras que le hicieron los virreyes, en las que se reprodujeron asombrosamente los ovinos, caprinos, bovinos y equinos, cuyos productos y los que compraba a los colonos sacaba por el puerto de Soto la Marina a Veracruz en una fragata de su propiedad, hasta que se le prohibió el comercio. Como político se le consideró uno de los grandes estadistas del siglo XVIII, superior a muchos virreyes. En el gobierno de la Provincia señaló actividades, cultivos y ganados a cada población, estimuló y fomentó la irrigación, construyó caminos y puentes, que son la base de las carreteras asfaltadas del siglo XX. Construyó una pesada casona, conocida como Palacio del Conde, en Santander, capital de la colonia; la iglesia del mismo lugar y la presa para el agua potable, para lo que llevó albañiles carpinteros y herreros de Tacubaya, que fueron la base del artesanado provincial. Estableció hornos de cerámica, trapiches para piloncillo y molinos para harina. En premio a sus méritos la Corona le otorgó el título de Conde de Sierra Gorda, libre de lanzas y media anata. El título pasó a su hijo Manuel que murió sin descendencia; después a su segundo hijo, Mariano, que murió siendo canónigo de la Catedral de Morelia. Conservaron sus papeles los familiares de su esposa, de apellido De la Llata, existentes todavía en la quinta década del siglo XX.

El período colonial se caracterizó por la persecución despiadada a los indios, hasta que se incorporaron a las poblaciones y al mestizaje o fueron muertos o esclavizados. Durante 20 años los colonos no pagaron impuestos, y cuando los establecieron los visitadores José Osorio y Llamas y Juan Fernando de Palacio se pretendió que en un año los cubrieran todos, por cuya causa enviaron representantes a México a reclamar y el virrey los encarceló por tal desacato. En 1767 y 1768 esos visitadores cumplieron la disposición que ordenaba a Escandón entregar solares para poblar, y tierras para sembradíos o ganadería, lo que hicieron constar en los *Autos de la General Visita*, que son la base de la propiedad urbana y rural en las 22 poblaciones originales; pero como las mediciones se hicieron con orientación magnética, sin tomar en cuenta la declinación, después de algunos años surgieron problemas de linderos y colindancias, que se reflejaron aún en la repartición agraria y ejidal de la Revolución. El gobernador que siguió a Escandón levantó en su provecho la prohibición de la venta de bebidas alcohólicas y los juegos de azar; primero fueron suprimidas o reducidas las guarniciones militares, medida que provocó rebeliones y ataques de los indios; después fueron repuestas y aumentadas; se ordenó destruir las obras que hubiese en el puerto de Soto la Marina y prohibir por ahí el comercio; pero pronto, en enero de 1781, se habilitó el puerto de Tampico, Ver., para dar salida a los productos de la Provincia, convertido en aduana en 1817, ya que en la ribera tamaulipeca no existió nunca algún muelle o puerto de aquel nombre. Se impuso un gravamen exorbitante de 3 pesos a la fanega de sal, monopolizada por el gobierno. Creció el cultivo de la caña y el número de trapiches para fabricar piloncillo; se encontraron algunas minas en la Sierra de San Carlos, cuyo reglamento señalaba una jornada máxima de 12 horas y el salario a destajo. La Provincia había prosperado; al terminar el virreinato ya algunas poblaciones tenían casas con techo de terrado y hasta de dos pisos en Santander y San Carlos; pero las descripciones de la época las pintan como caseríos pajizos levantados sin orientación regular, aunque sus calles fueran rectas. Los cultivos eran autosuficientes, la ganadería exportaba productos y esquilmos, la minería tenía buenos rendimientos en plata, cobre y plomo, y el comercio tanto local y regional con las provincias vecinas era intenso, aunque la documentación respectiva está inexplorada en el Ramo de Provincias Internas del Archivo General de la Nación.

Desde que se fundó, la Colonia dependió en los aspectos político, económico, judicial y militar del virrey y Audiencia de México, hasta 1785, en que se restituyó al virrey la mermada autoridad que se le impuso en 1776 con la creación de la Comandancia General de las Provincias Internas, la que se dividió en tres en 1785, siendo la primera la de las Provincias Internas de Oriente, con jurisdicción sobre Nuevo Santander, Texas, Nuevo León y Coahuila. Dos años después los comandantes sólo gobernaban en lo militar. Nuevo León y Nuevo Santander pasaron a la autoridad directa del virrey en 1792, a través de la Comandancia y Subinspección de las tropas milicianas y veteranas radicadas en San Luis Potosí, que a partir de 1796 se pusieron al cargo de Félix María Calleja, quien dos años después rindió un pormenorizado informe con el título de *Plano de la Provincia del Nuevo Santander*. En 1813 Calleja fue sustituido por Joaquín de Arredondo, a quien llamaron el virrey del norte, porque gobernaba casi sin hacer caso de las disposiciones del virrey de la Nueva España, hasta la promulgación de la Independencia en 1821. La defensa militar de la Colonia contra los indios fue organizada por Escandón con 13 escuadras compuestas por un total de 144 individuos y un presidio con 13 plazas, a las que en 1769 se agregaron 118 jine-

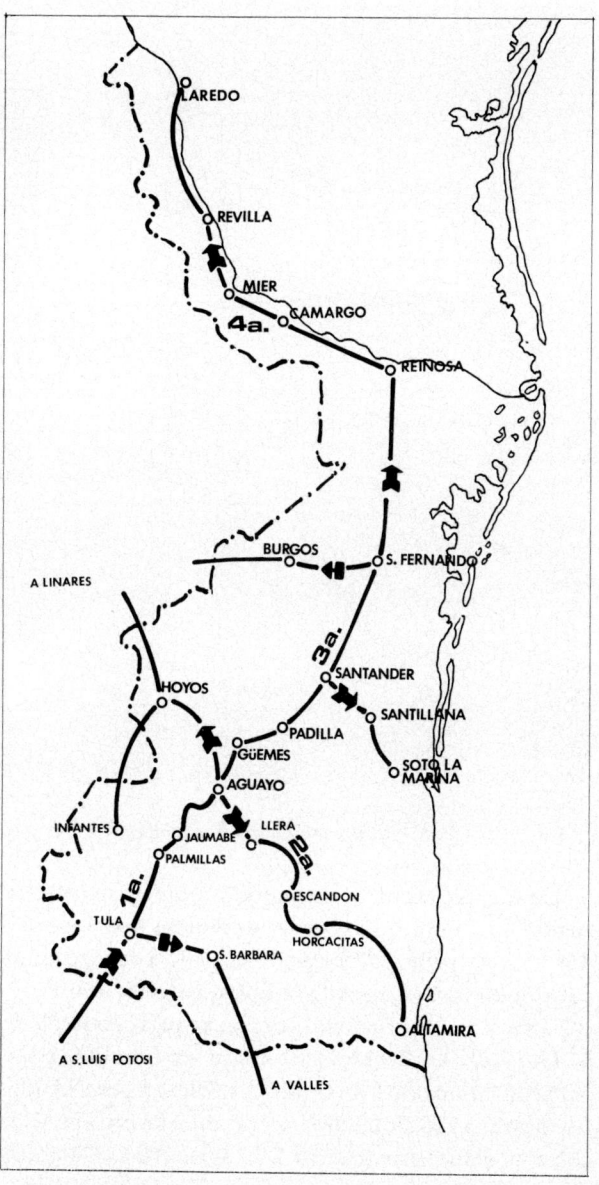

51

Rutas y fundaciones de José de Escandón

tes de una compañía volante dividida en 3 grupos; en 1792 ya era un Cuerpo de Caballería de Frontera del Nuevo Santander, dividido en 6 compañías con un total de 360 hombres, más las milicias locales y la 10ª Brigada, al mando de Calleja después; en 1810 era jefe del Cuerpo de Caballería el coronel José Florencio Barragán, quien por fomentar la insurgencia "fue envenenado por el propio virrey con un tósigo muy malo puesto en una taza de chocolate", según texto del licenciado Juan Fidel Zorrilla en su *Tamaulipas en la Guerra de Independencia*", que se utilizará en adelante. El uso de la cuera como parte del uniforme militar se había generalizado y con frecuencia se mencionaban como "soldados de cuera".

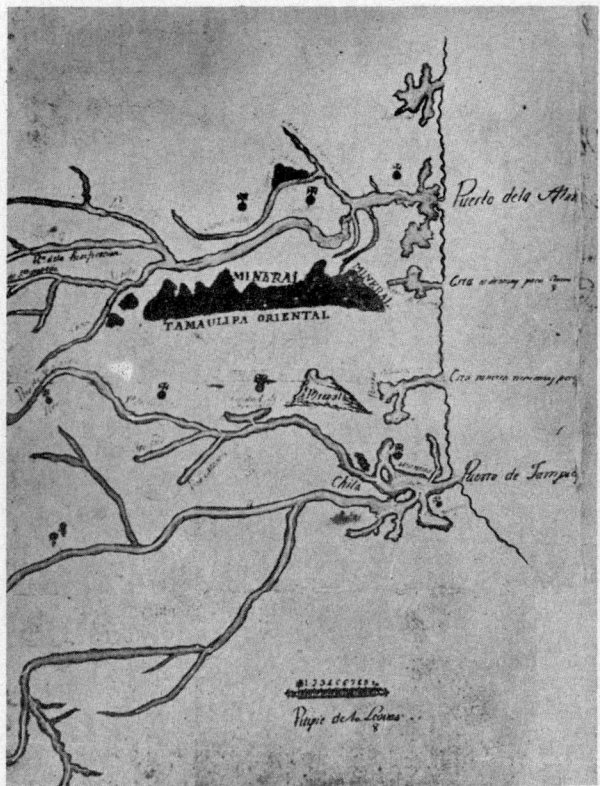

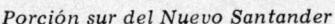

51

Porción sur del Nuevo Santander

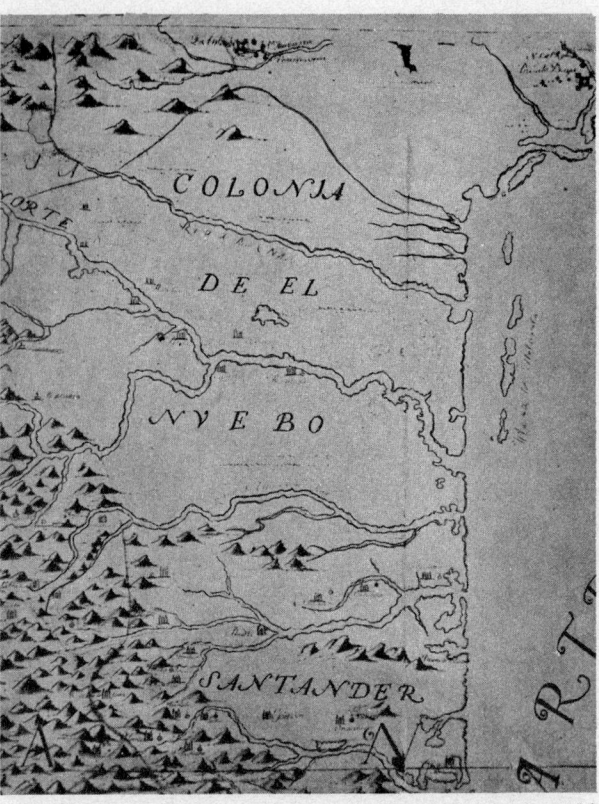

51

La Provincia del Nuevo Santander (Lafora, fines del siglo XVIII)

En lo económico, Escandón planeó la colonización mediante una ayuda individual más los sueldos de las milicias, lo cual serviría a los colonos para mantenerse durante 2 años, pero vivieron precariamente al principio por la sequía general de 1749-1750, años que fueron casi de hambre, y no pagaron impuestos ni siquiera diezmos para la iglesia hasta 1767, cuando se establecieron las alcabalas y otros gravámenes a la agricultura, la ganadería, el comercio y la minería. A partir de 1787, con el establecimiento de la Intendencia de San Luis Potosí, la Colonia pasó a depender de ella y le pagó los tributos de alcabalas, papel sellado, mezcal, quinto real sobre metales, sal, ganadería y otros.

Al efectuarse la colonización, la Mitra de Michoacán tuvo jurisdicción sobre Jaumabe, Palmillas, Real de los Infantes y Tula, y el resto perteneció al obispado de Guadalajara hasta 1779, en que fue creado el Obispado de Linares, que abarcó toda la Colonia en lo relativo al clero secular, según las dependencias que establecieron en 1766 y 1767 los visitadores. En cuanto al clero regular, Escandón recibió la promesa de que se le darían dos frailes franciscanos del Colegio de Propaganda Fide de Guadalupe, Zacatecas, y que el Colegio de San

Fernando de México completaría los faltantes para cubrir las misiones que se establecerían al parejo de cada una de las poblaciones de españoles; pero apenas hubo frailes para uno o dos en cada villa o misión. Los frailes zacatecanos se convirtieron de inmediato en enemigos del colonizador, porque no les entregó las mejores tierras para las misiones, según era la orden, no fundó algunas ni demarcó los linderos de otras; y los de San Fernando se declararon decididos enemigos, aunque logró calmarlos cuando se decidió que podían desempeñar el papel de párrocos en fronteras y tierras de indios, lo que les daba la comodidad de vivir entre españoles sin la molestia de convivir con indios. A las misiones se les medían sus términos, se les entregaban aperos de labranza en proporción a los indios que las componían, ornamentos y objetos del culto, reses y caballos, para que los indios produjeran con qué mantenerse, sólo que la codicia de algunos misioneros mermaba las raciones alimenticias con tal de vender más productos y obtener más dinero para beneficio propio, al grado de que los puestos se vendían al mejor postor, con grandísima vergüenza y descrédito de la orden franciscana como jamás se había visto en su historia. Los sustituyeron frailes michoacanos en 1766, hasta 1785 en que entregaron las misiones al clero secular que las administró hasta 1790 en que se repartieron entre las provincias eclesiásticas de Zacatecas, Santo Evangelio, Michoacán y Pachuca; trabajaron con muchas dificultades al principio, pero por el temor a las milicias y la buena disposición apostólica de los misioneros, los indios se incorporaron primero a las misiones y después a la vida y orden de las poblaciones, en donde casi desaparecieron al término de la dominación española.

El gobierno político de cada población lo estableció Escandón designando un jefe o justicia, dos regidores y un procurador; éste era electo por el vecindario anualmente. A partir de 1794 Calleja estableció el despotismo militar, al designar en puestos perpetuos como juez de cada lugar al capitán de milicias, como regidores al teniente y al subteniente, y como procurador al primer sargento; en ausencia de los oficiales, era justicia un sargento, cabo o soldado, sin participación del vecindario.

Lucha por la Independencia. Efecto de la forma de gobierno fue que se incubara en la mente de muchos de los habitantes de la Provincia la idea de sacudirse el despotismo, que las ideas procedentes de fuera se aceptasen y que en un momento dado se afiliaran a una tendencia libertaria. Desde fines del siglo XVIII se infiltraron en los dominios españoles las ideas de la revolución francesa, divulgadas por los libros, las logias masónicas e individuos que las propagaban, y en la primera década del XIX se advirtió que estaban encaminadas de un modo ostensible a la independencia, tomando como ejemplo la forma republicana y liberal de gobierno de los Estados Unidos de Norteamérica. A la expansión de estas ideas se agregaron los sucesos de España: la metrópoli cayó en manos de Napoleón, Carlos IV abdicó, Fernando VII fue hecho prisionero por los franceses, José Bonaparte se hizo cargo de la monarquía y el pueblo trataba de restituir a sus gobernantes; y en la Nueva España el virrey Iturrigaray, que quiso conservar el país para cuando Fernando recuperase su libertad, fue depuesto por los españoles, a quienes interesaba mantenerse vinculados con el gobierno que manejase la metrópoli. Desde fines de 1809 se conocían en Texas los preparativos que desafectos españoles hacían en la Luisiana para revolucionar en México. El gobernador de esa provincia lo avisó al de Nuevo Santander y le sugirió que exigiese pasaportes a todos los viajeros que se internaran por el norte a su jurisdicción, lo que aceptó Iturbe y lo circuló a las villas. Zorrilla también menciona que se ordenó impedir toda comunicación, comercio y tráfico con la provincia de Venezuela, que declaró su independencia el 19 de abril de 1810, de manera que tales prohibiciones, agregadas al despotismo militar, a la negación de la participación política de los neosantanderinos, al impedimento de transformar las materias primas, al disfrute de los altos puestos públicos sólo por los españoles y en general a una explotación inmoderada de los indios, mestizos y criollos, dio por resultado que las mentes de los nativos estuviesen preparadas para responder a los llamados libertarios. Al saberse en la metrópoli lo que pasaba en sus dominios americanos, se invitó a las provincias ultramarinas a que participasen en el gobierno del Imperio, pidiendo en enero de 1810 que cada una designara un diputado que la representase; pero como ninguna de las cuatro Provincias Internas de Oriente designó su diputado, la casualidad quiso que llegara a Saltillo el presbítero, doctor en cánones y en leyes Miguel Ramos Àrizpe, cura que fue de Real de Borbón en la Colonia y quien se autopropuso ante las autoridades saltillenses como candidato a diputado, lo cual aceptaron éstas. Representó no sólo a Coahuila, sino a las otras tres provincias. Sus actuaciones constan en la *Memoria presentada a las Cortes sobre la situación de las Provincias Internas de Oriente, en la sesión del 7 de noviembre de 1811*, obra clásica sobre los problemas de los últimos años de esas provincias, de donde salió poco antes de iniciarse la guerra de Independencia.

En el Nuevo Santander los indios de la sierra de Tamaulipas eran perseguidos por las milicias; en el norte los apaches limpiaban de ganado las zonas por donde incursionaban; entre el pueblo se rumoreaba el pronto estallido de la rebelión contra los españoles; penetraron a los poblados indios algunos promotores del movimiento libertario; los soldados eran instigados por las clases para sublevarse contra la oficialidad que pretendía, según decían, entregar el país a los franceses; y las autoridades estaban informadas de que la rebelión se iniciaría en cualquier momento, como sucedió, en efecto, el 15 de septiembre de 1810 en Dolores, donde Hidalgo declaró la guerra a las autoridades españolas, y luego de levantar el centro del país en armas, unas veces triunfante y otras derrotado, emprendió el viaje al norte después del desastre del Puente de Calderón. Una semana después del Grito de Dolores, Calleja ordenó al gobernador Iturbe que integrara un cuerpo de 250 jinetes y lo concentrara en San Luis Potosí. Iturbe, a su vez, señaló un número de dragones a cada villa, los cuales debían estar presentes en San Carlos el 15 de octubre, equipados por su propia cuenta con 2 caballos cada uno y bastimentados para 20 días; y dispuso que se integrara otro grupo de 300 hombres de reserva para movilizarlos a donde fuese necesario; pero una vez integradas las milicias, las tropas se rebelaron en Aguayo, Padilla, San Carlos y la mayoría de las villas, al darse cuenta de que combatirían la insurgencia, viéndose precisado el gobernador a buscar la única salida que le dejaron los rebeldes por Altamira, protegido por el comandante de milicias Joaquín Vidal de Lorca, mientras Calleja había formado en San Luis Potosí un ejército de 3,600 hombres. El general realista salió hacia el centro del país el 24 de octubre de 1810 y regresó el 5 de marzo de 1811 al propio San Luis, plaza que había caído en manos de los insurgentes el 11 de noviembre anterior, el mismo día en que fue tomada Zacatecas por tropas de Iriarte. El día 14 éste se reunió con Herrera, Lanzagorta, Sevilla y Villerías, jefes de las guerrillas de San Luis, donde permanecieron hasta el 25 de febrero, pues ante la proximidad de Calleja se retiraron a Río verde; de ahí Herrera y Blancas se fueron a Valle del Maíz, donde las fuerzas realistas los derrotaron, huyendo luego hacia Aguayo, divididas en dos columnas, una por Jaumabe y la otra por Ocampo, la primera dirigida por Blancas, Villaseñor y Alejo Fernández, y la segunda por Herrera. Blancas llegó primero y recibió el mando de la guarnición de Aguayo y de las tropas del Nuevo Santander, de manos de Juan Nepomuceno Jiménez, el 24 o 25 de marzo de 1811, según colige Zorrilla. A mediados de enero unos 600 soldados bien armados habían proclamado la Independencia y dado cuenta de ese hecho al general Mariano Jiménez, que había tomado Monterrey, quien envió como jefe al teniente coronel Joaquín Benítez, pero Bernardo Gómez de Lara descubrió que éste enviaba información secreta a Calleja, por cuya causa Jiménez lo sustituyó con el coronel Juan Nepomuceno Jiménez, joven de 28 años que recibio el mando que provisionalmente tenía el sargento José María Martínez. A esas tropas se agregó el cabo Juan José Treviño, rebelado en Padilla, de manera que con excepción de Altamira las demás villas eran insurgentes. Blancas cometió algunas arbitrariedades en Aguayo y los milicianos lo aprehendieron hasta la llegada de Herrera.

El brigadier Joaquín de Arredondo, comandante del Regimiento de Infantería Fijo de Veracruz, fue asignado para combatir a los rebeldes del Nuevo Santander; salió del puerto el 13 de marzo de 1811, según José C. Valadés, mientras que Saldívar, de acuerdo con la correspondencia del propio Arredondo, lo hace llegar a la barra del Pánuco el 16 de febrero; su primera providencia fue pedir al virrey un jefe de armas para la Colonia, que no fuera tímido y sustituyera a Iturbe; el 19 pasó a Altamira y el 26 llegó a la hacienda El Cojo; se ocupó en montar a sus tropas y allí recibió la noticia de la prisión de los principales jefes insurgentes en Acatita de Baján, que celebró con salvas de artillería, repiques y fiestas, según dice Vidal Covián Martínez en el segundo tomo de su *Compendio de Historia de Tamaulipas*. Las fechas, sin embargo, no compaginan, pues el 28 de marzo de 1811 expidió Arredondo una proclama a los habitantes de la Colonia del Nuevo Santander desde el campamento de Altamira, la cual hizo circular Iturbe, al parecer en el mismo lugar, y "ordenó su publicación el 1 del mismo mes y año" —dice Zorrilla—. En El Cojo se presentaron como delatores el cura de Aguayo, fray Hipólito de San Cristóbal, y Gaspar Lores, quienes revelaron a Arredondo la situación en que se encontraban los insurgentes. El comandante del Fijo de Veracruz apresuró la marcha y aunque encontró resistencia en Las Adjuntas y Ciénaga del Pastor, derrotó a los insurgentes y el 12 de abril en la madrugada sorprendió dormidos a los ocupantes de Aguayo y los hizo prisioneros. Según sus partes al virrey, el 17 fusiló a fray Luis de Herrera, Ildefonso Blancas y José Ignacio Villaseñor; y el 4 de mayo, en El Salto, camino a Tula, por otra delación mandó fusilar y colgar de los pies al coronel Juan N. Jiménez, cuyos restos fueron recogidos e inhumados en Aguayo el día 8 siguiente. Durante algunos días se castigó con 50 latigazos por cabeza a soldados y oficiales, de alférez a teniente, y 100 fueron enviados a San Juan de Ulúa. Al fraile delator, por su conducta sospechosa se le desterró preso a La Habana, donde permaneció hasta 1814, fecha en que lo regresaron a la prisión de San Luis Potosí; se fugó de ahí y más tarde las autoridades de México le concedieron la libertad. Otros presos fueron destinados a empedrar las calles de Aguayo, que se conservaron así hasta 1936, en que fueron asfaltadas. Con la caída de Aguayo quedó dominada gran parte de la insurrección, aunque quedaban los sublevados de la sierra y los del norte.

En el Fijo de Veracruz militaba el cadete Antonio López de Santa Anna, quien participó en las acciones jefaturadas por Arredondo, cuyo carácter "soberbio, arbitrario, enérgico y disipado... moldeó el carácter" del futuro caudillo en la campaña de Tamaulipas, San Luis Potosí y Texas, dice Zorrilla. Este mismo autor, citando a Montejano, agrega que López de Santa Anna estuvo en la entrada de Aguayo, la toma de Jaumabe, el ataque de Las Norias y el asalto a Tula, de donde salió bajo las órdenes del capitán Cayetano Quintero, a perseguir a los alzados de la huasteca. "Los fusilamientos de los insurgentes tamaulipecos y potosinos —continúa Zorrilla—, las depredaciones de ambos bandos en la revolución de Tula, la actuación del astuto Felipe de la Garza y del hábil y opulento hacendado Cayetano Quintero en las campañas del Nuevo Santander y San Luis, la cruenta insurrección de Texas y la visión de la atomósfera de anarquía que envuelve a las insurrecciones, fueron la primera escuela de Santa Anna".

El 3 de mayo de 1811 Arredondo salió rumbo a Tula, habiendo obtenido valiosos datos por la delación de Viviano Farías para efectuar la campaña; el día 9 se enfrentó con el lego Villerías en Estanque Colorado, lo derrotó, le hizo 300 prisioneros y le capturó 7 cañones, en una acción dirigida por Quintero. Villerías reagrupó sus tropas, fueron atacadas por Iturbe al día siguiente y derrotadas se dirigieron a Matehuala, plaza que quiso tomar el día 13, pero los realistas lo derrotaron y murió en la acción, junto con el jefe de flecheros indios de Palmillas y Tula. En la acción del día 10, el ya teniente López de Santa Anna resultó herido y fue recomendado para un ascenso.

Las principales fuentes de información para los acontecimientos de la sierra están en la obra del profesor Manuel Villasana Ortiz: *Tula en 1810*, que reprodujo Covián en 1969, y en la correspondencia de Arredondo existente en el Archivo General de la Nación. Por estos textos se sabe que en la casa de Lucas Zúñiga, en Tula, se reunían los conjurados, cuyas cabezas principales fueron Mateo Acuña, Bernando (alias *Huacal*) y Martín Gómez de Lara, quienes aprovecharon la feria anual de la ciudad, que se iniciaba el 1º de noviembre, para hacer adeptos; Acuña vendió sus bueyes y aperos para comprar armas, y Bernardo, indio jornalero, sería el jefe militar. El 4 de diciembre de 1810 éste eliminó al guardia del cuartel y se apoderó de las armas, que repartió a sus acompañantes, quedando la plaza en su poder con la guarnición sitiada; el 7 se fugaron los realistas y el 12 se celebró el día de la Virgen de Guadalupe con un desfile militar. Pocos días después abandonaron la plaza sin combatir, ante la cercanía de las tropas realistas del capitán Villaseñor; éste ofreció el indulto a quienes se rindieran; así lo hizo el gobernador de los indios de la misión Reyes Pérez, pero fue fusilado. Saldívar dice que hubo una matanza de aborígenes. Los realis-

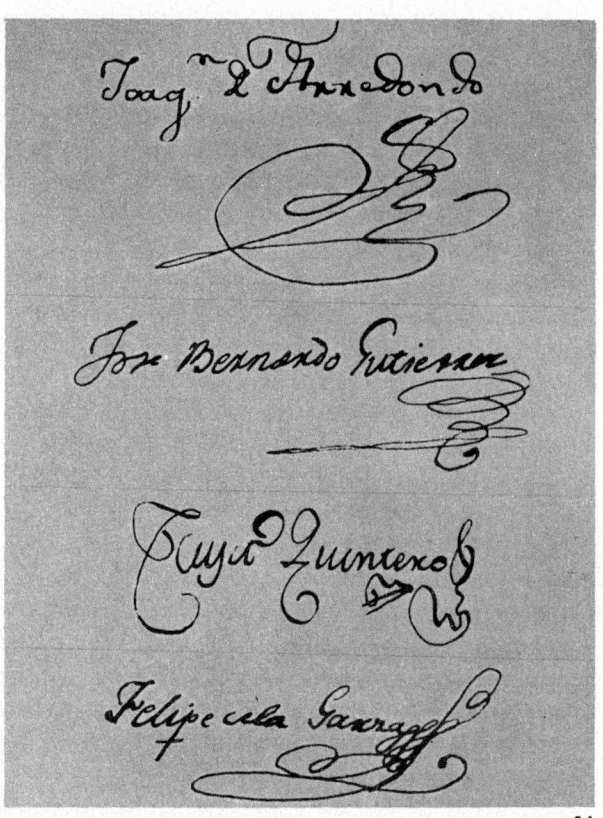

51

Firmas de Joaquín de Arredondo, José Bernardo Gutiérrez de Lara, Cayetano Quintero y Felipe de la Garza

tas, a su vez, abandonaron la plaza, a la que regresaron los insurgentes: encarcelaron a los "encallejados", repartieron el ganado entre el pueblo y allí permanecieron hasta la llegada de Arredondo, al que salieron a esperar; sorprendieron dormidos a 30 realistas de la vanguardia, los colgaron de un mezquite en el puertecito de Jaimes, y el 22 ocurrió la batalla de Los Huesitos, donde los insurgentes fueron derrotados. Acuña huyó hacia Tula, mató a los presos, fue alcanzado, le hicieron 150 prisioneros y herido lo colgaron. Gómez de Lara marchó hacia Matehuala, que tomó con sus indios de Nola, Tula y Palma, armados de flechas, lanzas y algunos fusiles; de ahí siguió hacia el centro del país y fue fusilado en San Miguel el Grande.

Cayetano Quintero fue destinado a combatir a los rebeldes del Sur de la Colonia, pero como éstos habían pasado a San Luis, fue a seguirlos, arrasó cuanto pueblo de indios encontró en su camino y combatió a los santanderinos que se agregaron al potosino Desiderio, como Guadalupe Botello, segundo del *Huacal*, Antonio Matías Rodríguez, José Antonio Sánchez y Nicolás Rodríguez, de quienes dio cuenta en poco tiempo. Así quedó pacificada la porción sur. Al mismo Quintero se le encomendó combatir a los lipanes que se habían introducido a las cercanías de San Carlos y los dispersó en las proximidades de Hoyos, junto con otros alzados de la región.

Las milicias de Santander y otras tropas auxiliares de la Provincia se internaron en Texas, la insurreccionaron, se apoderaron de Béjar el 22 de enero de 1811 y aprehendieron al gobernador Manuel Salcedo y a la oficialidad realista, de lo que dieron aviso al capitán general Mariano Jiménez, poniendo a su disposición ese territorio. Estaba al mando de las milicias santanderinas el capitán Juan Bautista Casas, nativo de Croix, seguido por el teniente Osorno; pero el 1º de marzo fue traicionado, hecho prisionero y remitido a Monclova, donde fue fusilado. Las autoridades realistas fueron liberadas, se designó una junta gubernativa y se organizó una fuerza de 500 hombres que se trasladaron a Laredo, a las órdenes de uno de los exprisioneros, el teniente coronel Simón de Herrera, que tenía el mando de la Provincia de Coahuila. Ese intento tamaulipeco por la independencia nacional sustrajo por un corto tiempo a las Provincias Internas de la autoridad real y contribuyó grandemente a dar impulso al sentimiento de libertad.

En mayo de 1812 el indio José Julián Canales, capitán de los carrizo que los había congregado en la misión de Camargo, al igual que a los garzas, como-se-llama y otros pintos, se apoderó de ella e intimó rendición a la villa, de la que se declaró juez el 8 del mismo mes. Al parecer estaba fuertemente influido por el religioso, al que servía, pues manifestó "una justa defensa o çausa, con arreglo a las leyes de nuestra santa religión, que es la misma por la que han derramado las inagotables fuentes de sangre unos esclarecidos héroes, compatriotas nuestros". Canales fue perseguido, aunque las milicias no hicieron contacto con sus huestes y su huella se perdió en la sierra de San Carlos, donde el alcalde de la villa de ese nombre fue acusado de favorecer a los indígenas, e indultado después.

Las actividades insurgentes y la represión realista continuaron alterando el orden y manteniendo la fe y la esperanza en la independencia; así, por ejemplo, en la zona del río Bravo el capitán insurgente José María García *Cantareño*, junto con Albino García y José Herrera, operó en los límites de Nuevo León y Nuevo Santander, extendiéndose hasta Monterrey, desde 1812 hasta su dispersión en 1815. También en la cuenca baja del Bravo estuvo activo por algún tiempo Marcelino García, quien se apoderó de Reynosa, Camargo y Revilla, cuyos habitantes sufrieron desastrosas represiones cuando los realistas las recuperaron. En julio de 1812 el indio Salgado y el cojo García fueron batidos por el capitán Guerra en las cercanías del Encinal, de la jurisdicción de Santander. El 7 de abril de 1813 fue ahorcado en Aguayo el oficial insurgente Rafael Hermosillo, procedente de Cadereita. Un día antes el capitán de las milicias de esa población, que se encontraba en Palo Blanco, cerca de Béjar, defeccionó y se rindió a 10 insurgentes, atendiendo a la petición de 30 milicianos de Mier y Revilla que completaban los 70 que estaban a sus órdenes; pasaron a Béjar y Bahía del Espíritu Santo; se les agregó en el camino Juan Ceballos, con 20 rebeldes del norte de la Colonia; regresaron a Béjar a las órdenes de Antonio Baca y de los oficiales Ceballos, Garibay y José María García Salinas; ahí trataron con Gutiérrez de Lara sobre la rendición de Guerra, a quien se le devolvieron sus tropas, pero éstas lo llevaron al ataque de las fuerzas de Elizondo (el traidor de Baján) atado a un cañón y en Béjar le dieron por cárcel la casa de un hijo suyo.

Bernardo Gutiérrez de Lara era nativo de Revilla; él y su hermano Antonio, presbítero, se entrevistaron con Hidalgo y Allende en marzo de 1811; al primero le dieron el grado de teniente coronel y el cargo de enviado especial ante el gobierno de los Estados Unidos, hecho que representa el más temprano esfuerzo diplomático de México. El comisionado se dirigió a Washington con 14 jinetes tamaulipecos, pero los acontecimientos de Acatita de Baján cambiaron el curso de la historia. Después de cumplir su cometido, Gutiérrez de Lara organizó en el sur de los Estados Unidos un contingente de 500 aventureros, con los que entró a Texas y en pocos meses de 1812 ocupó Nacogdoches, Trinidad y Bahía del Espíritu Santo, lugar donde con unos 800 hombres resistió un largo sitio de las tropas de Texas comandadas por Manuel Salcedo, al que hizo retroceder, derrotó en el Rosillo y capturó en Béjar junto con el gobernador de la provincia; trató de proteger a los prisioneros, pero sus tropas le exigieron que los fusilara. En el desastre realista tuvo parte el comandante de las villas del norte, Ramón Díaz de Bustamante, que se negó a prestar auxilio a las tropas de Texas, no así el de Nuevo León, que las envió con oportunidad. Después derrotó a Elizondo; pero el mando de las tropas lo entregó a José Alvarez de Toledo, que se ostentaba como agente de Fernando VII, y sus ejércitos unidos fueron derrotados por Arredondo y Elizondo en Medina, con lo cual quedó pacificada aquella provincia. Gutiérrez de Lara se refugió en el país vecino del norte y regresó a la lucha cuando supo que Mina desembarcó en Soto la Marina, enviándole voluntarios.

En octubre de 1813 fue aprehendida en Tula la heroína Luisa Vega, porque intentó seducir a las tropas realistas en favor de la independencia y "probablemente fusilada" —dice Zorrilla—. Después de la batalla de Medina, el capitán realista Serrano aprehendió a los insurgentes de la misión del Refugio, en el rancho del Moquete, y los remitió a Aguayo, donde fueron fusilados Dionisio Sánchez y Marcelino de la Cruz el 5 de noviembre de 1813. A principios de 1813 Josefa Uribe de Gutiérrez de Lara y sus hijos fueron ayudados a salir de Revilla por José de Jesús Villarreal, quien los reunió con José Bernardo, pero a su regreso fue denunciado y fusilado. El presbítero Gutiérrez de Lara se acogió al indulto después de haber pasado en el campo grandes privaciones; se refugió en el Seminario de Monterrey y volvió a hacerse cargo de la rectoría, la cual desempeñó hasta que fue llamado para ocupar el cargo de primer diputado al Congreso de México.

Cuando parecía que se había extinguido la lucha por la independencia, apareció en las costas de Tamaulipas y desembarcó en Soto la Marina la flota de Francisco Xavier Mina, quien había salido de Liverpool el 15 de mayo de 1816 acompañado por fray Servando de Teresa y Mier y un grupo heterogéno de oficiales españoles, franceses, ingleses, italianos, alemanes, rusos, suecos y norteamericanos, con un gran cargamento de pertrechos de guerra, todos a costa del Parlamento inglés o de un préstamo del comercio de Baltimore, en opinión variable de fray Servando. Permaneció en Nueva Orleans casi un año entrenando tropas y preparando una flota de 2 fragatas, 2 bergantines, 2 goletas y una balandra, todos muy malos buques, conseguidos en corso por Aury, previas patentes expedidas por Gutiérrez de Lara. Salió con muy mal tiempo y haciendo pasar su flota por La Española desembarcó en el río Bravo el 12 de abril de 1817; pero 2 desertores y 3 tripulantes de una lancha que fueron aprehendidos descubrieron sus intenciones. El 15 salieron al sur, el 19 llegaron y el 23 entraron en el río Soto la Marina, lo remontaron hasta frente el pueblo y desembarcaron unos 500 hombres muy bien equipados, 4 cañones de a cuatro, 2 obuses, mucho vestuario, armamento menor y pocos víveres. Arredondo dijo al virrey que en la Provincia estaban "pereciendo de necesidad los habitantes de ella y errando por los montes las familias de Santander, Padilla, Santillana y Soto la Marina" para no morir de hambre, por lo que sus tropas estaban de espectadoras con sus caballerías flacas y hambrientas, aunque en el paraje de La Puerta, entre

Francisco Javier Mina

Soto la Marina y Croix, se les enfrentaron sufriendo 35 bajas, pero huyeron y no volvieron a presentar combate, mientras que el virrey Apodaca dictaba tronantes órdenes a Arredondo: "Páselos a cuchillo", "Sepulte en la Colonia hasta el último que caiga en sus manos", "No deje que salga vivo ni uno solo, por tierra o por mar". Las autoridades locales ordenaron que fuesen retirados de las cercanías de los caminos y pueblos por donde pudiesen pasar los insurgentes todos los bienes que pudieran utilizar para su intento. El 3 de abril el capitán Andreas salió a Presas por trigo y el 8 que regresaba con su cargamento en 23 mulas, acabaron con su gente y se salvó porque defeccionó y se pasó a los realistas. El mismo 3 el coronel Felipe de la Garza interceptó una columna del teniente Flutchinson y le hizo 28 prisioneros. El teniente coronel Myers y el comisario Bianchi se retiraron a la Barra por diferencias con Sardá. Cuando el gobernador Echeandía supo que el 2 de mayo había salido Mina, creyó que lo atacaría en Aguayo y se retiró a Borbón para incorporarse a los refuerzos de Linares y al grueso de las tropas de Arredondo; pero regresó a Aguayo cuando le avisaron que Mina había vuelto a Soto la Marina el día 8, para tratar de defenderse en un fuerte que se construía con ancho foso y recias murallas. Las patrullas de Mina se acercaron en una ocasión a Aguayo y tomaron Croix, y el 16 de mayo Santander fue ocupada por el teniente coronel Rubio con 53 hombres, aunque evacuada el 17. Decidida la salida, Mina, al frente de 300 hombres, se movilizó hacia la Huasteca el 24 de mayo, llevando consigo unos 200 voluntarios de las villas de Soto la Marina y Croix. Quedaron en la fortaleza unos 100, que rápidamente fueron instruidos por el mayor Castillo, trasladando al fuerte los pertrechos que estaban en la playa. El itinerario que marca Zorrilla difiere de los datos que se encuentran en la correspondencia de Arredondo con el virrey Apodaca; en la primera jornada llegaron cerca de la misión de San José del Picacho Vejarano; la segunda fue hasta la misión, donde se abastecieron de carne de res; la tercera a la misión de San José de Palmas; la cuarta a Maxiscatzin y antes de atravesar la sierra Madre con rumbo a Valle del Maíz, asaltaron la Hacienda del Cojo, donde, según se dice en los partes de Arredondo, se tomaron 700 caballos de la propiedad de Cayetano Quintero, con los cuales montó bien a su gente y les dio hasta caballos de repuesto (Zorrilla da la cifra de 300 de silla); el 8 de julio ocupó Valle del Maíz, derrotando a 400 realistas, para continuar al centro del país, donde murió en el Cerro del Degollado, Gto. Poco después de la salida de Mina principió el sitio del fuerte y el 11 de junio se abrió el fuego de artillería, que se sostuvo durante los días sucesivos hasta acallar las piezas insurgentes. Los escasos defensores, en proporción de 1 a 30 con los atacantes, estuvieron a prueba en todo momento. El día 4 unos 300 jinetes realistas fueron rechazados por una guerrilla de 23 infantes, cuando pretendieron apoderarse del ganado. Los capitanes de ingenieros Lasalle y Metternich desertaron invitados por Andreas; ellos fueron los mejores informadores de Arredondo; el primero aconsejó instalar una batería al otro lado del río, a tiro de fusil, para impedir el aprovisionamiento de agua, aunque tuvieron una poca que les pudo llevar una mujer, probablemente madame Lamar; después de que la artillería insurgente había sido desmontada siguieron tres cargas de caballería que sufrieron fuertes bajas causadas por 2 cañones que habían sido repuestos. Ante esa situación, Arredondo acudió a la maniobra de ofrecer una capitulación que no cumpliría, en la que se estipuló que saldría con honores de guerra y bandera desplegada, se les respetaría la vida, la libertad y la propiedad, se les permitiría regresar a sus domicilios si eran mexicanos y a los Estados Unidos si extranjeros, y se les pagarían sus sueldos. Los defensores de la independencia salieron uno a uno, hasta contar 37 que quedaron con vida, de los que sólo 36 fueron enviados con grillos a Ulúa, por caminos de pájaros en la sierra, dice fray Servando; y a éste lo trasladaron a Perote y a la Inquisición en México. El teniente coronel Felipe de la Garza llegó después con el piquete de 28 hombres del teniente Flutchinson, y considerando que los 29 estaban fuera de la capitulación, ordenó que los fusilaran, disparándole al teniente que estaba tirado en el suelo porque una herida le impedía ponerse de pie. Así se cumplía en parte el deseo de Apodaca y se agregaba un baldón a la hoja de servicios de Arredondo. Sardá, el héroe de aquella batalla, de Ulúa fue enviado a Ceuta, pero se arrojó al mar con la fortuna de ser recogido por un velero que lo desembarcó en Tánger; pasó a Francia y después a Colombia, donde murió asesinado en 1834, teniendo ya la nacionalidad de ese país, al que prestó grandes servicios desde la independencia, en la que militó a las órdenes de Bolívar. El teniente coronel Myers y el capitán de marina Hooper, que estaban en la barra, fueron enviados a Ulúa; y el teniente Anastasio Torres, de Huatusco, Ver., fue consignado a Melilla, de donde regresó al consumarse la Independencia, se le dio el grado de coronel y sirvió como comandante general de Michoacán.

Mina trajo consigo una imprenta (que al decir de Zorrilla compró en Inglaterra, pero Saldívar asienta que fray Servando la trajo de Gálveston) en la que fueron impresos un *Boletín* y algunas *Proclamas* con una canción patriótica, los únicos impresos coloniales, pero no realistas, de Tamaulipas, que señalan un principio libertario para la expresión de las ideas. Según se sabe, el impresor se bautizó en el catolicismo y adoptó el nombre de José Manuel Bangs. Al caer Soto la Marina quedó prisionero de Arredondo, con la imprenta como botín de guerra, quien llevó prensa e impresor a Saltillo, después a Monterrey, lugares donde antes no se hizo ningún impreso, y aunque en Nuevo León opinan que conservan esa prensa original, el ingeniero Vito Alessio Robles, que muy ampliamente se ocupó de su estudio, comunicó a Saldívar que la que tienen en el Museo del Estado de Nuevo León es la que en Ciudad Victoria le compraron a Bangs en 1835. Bangs regresó a Aguayo en 1824, salió nuevamente y volvió en 1827; en 1829 estaba en Saltillo, de 1834 a 1837 estableció en Ciudad Victoria un taller con el nombre de Prensa Libre de Bangs, con fundición, venta de prensas, matrices y tipos; pero expulsado por cuestiones políticas se trasladó a Matamoros, Gálveston, Nueva Orleans y otros lugares de Estados Unidos, por lo cual se convierte en el primer impresor, sucesivamente, de Tamaulipas, Coahuila, Nuevo León y Texas, que habían sido las Provincias Internas de Oriente. Murió en Kentucky el 31 de mayo de 1854.

El desembarco de Mina puso al descubierto que la Nueva España estaba indefensa en el noroeste, pues había destacamento que tenía 2 o 3 fusiles casi inútiles y en alguna villa un soldado habilitado de comandante manejaba su grupo. Esto hizo necesario reestructurar las tropas, aunque sólo en el papel, porque no había dinero ni para los sueldos más indispensables, dentro del desequilibrio económico provocado por la insurrección, añadido al mantenimiento de más de 2 mil hombres durante varios meses, sin introducir víveres a la Provincia, que consumieron las existencias de las villas, las cuales sufrían un año de sequía. Los dos años siguientes fueron de recuperación, por más que las represalias, las aprehensiones, las expulsiones y toda clase de persecuciones impedían en gran parte que se lograra la reconstrucción deseable, hasta que a mediados de marzo de 1821 se tuvieron noticias de haberse firmado el *Plan de Iguala* por Iturbide y Guerrero.

La Independencia. Arredondo, que desde 1817 estableció su cuartel general y comandancia de las Provincias Internas en Monterrey, quiso evitar que éstas se adhirieran al *Plan de Iguala* circulando oficios en el mes de junio a los gobernadores para que rápidamente enviaran tropas a proteger la Ciudad de México, órdenes que no fueron acatadas, sino contradichas con actos en que se juró la Independencia: el 1º de julio en Saltillo; en Monterrey, el día 3, por el propio Arredondo; y el mismo 3 en la Provincia de San Luis, aunque ya desde el 23 de mayo había sido jurada en Ríoverde por el capitán Zenón Fernández, quien se apoderó de Tula en los primeros días de julio, desarmó a los realistas e invitó al gobernador Echeagaray a que lo hiciera. En Aguayo conspiraba una junta encabezada por el capitán de milicias Antonio Fernández de Córdoba; el lugar de reunión era la casa de José Honorato de la Garza, a la que acudían Eleno de Vargas, Francisco Guerra, Pedro, Francisco y Miguel de la Garza y otros, que fueron delatados. Se envió a investigarlos al teniente Juan Guerra, simpatizador de la causa independentista. Vargas supo de la invitación de Zenón Fernández al gobernador (Zorrilla: *Tamaulipas en la guerra de independencia*) y de las ideas contrarias de éste, reunió a 70 u 80 vecinos en una junta (Zorrilla: *Contribución al estudio de la legislación de Tamaulipas*) presidida por el capitán y

Felipe de la Garza

alcalde de la población J.A. Fernández, y éste comunicó a Echeagaray la determinación del vecindario de invitarlo al juramento, el cual hizo el 7 de julio de 1821 después de algunas dudas, y luego giró una circular a las villas para que en cada una se realizara el mismo acto en toda forma. Echeagaray renunció el 10 inmediato, la junta aceptó su separación y designó al capitán Fernández de Córdova gobernador de Nuevo Santander, quien aceptó el cargo, pero "invitó al teniente coronel Felipe de la Garza para dirigir el gobierno y éste lo admitió, ocupándose desde luego del puesto", dice el licenciado Zorrilla. Así, la Independencia encontró como primer gobernador de la Provincia a De la Garza, nativo de Soto la Marina, quien murió allí mismo (1798-1832). En la *Historia Compendiada de Tamaulipas*, dice Saldívar que, comparada la situación del Nuevo Santander colonial con el independiente, en realidad era la misma. "Las propiedades continuaban en poder de los mismos dueños, con los mismos sistemas de trabajo; las fuentes de trabajo eran invariables, descontada la paralización de las minas de San Carlos y San Nicolás; los inversionistas de capital algo recelosos ante el temor de que volviese la guerra, pero arriesgando su dinero, se dedicaban de nuevo a sus negocios; las autoridades fueron tan sólo renovadas, sin que en el fondo hubiera más diferencia que desde entonces algunos criollos tuvieron lugar al lado de realistas recalcitrantes, aunque algunos fueron excluidos de los puestos, sin que dejaran de contar con su decisiva influencia económica y política. En resumen, únicamente se había sacudido el país la tutela del rey, no así de los españoles, que seguían en el poder. Mas se hablaba de libertad y de nobles ideales para engrandecer un país que se iniciaba en la vida independiente". A una nación que se hacía libre de pronto, sin estadistas preparados ni economistas que organizaran nacientes industrias, porque España no permitió el establecimiento de ellas, menos su mecanización, desorganizada por la guerra, no se le podía exigir que se transformara de inmediato, ni que de pronto adoptara otra forma de gobierno que desconocía y de la que muy pocos sabían de su funcionamiento, por lo que la organización tuvo que ser lenta. Si el naciente imperio español de fines del siglo XV necesitó de más de 40 años para encontrar la forma más conveniente para llegar al virreinato, después de haber ensayado capitanías generales, gubernaturas, adelantamientos, audiencias, visitadores y otras formas, el naciente México independiente también iría a necesitar un tiempo semejante para establecer su régimen de gobierno republicano federal y las entidades todavía tardarían algo más en ajustar su estructura y acomodarse al funcionamiento federativo. De ahí que el gobierno nacional se haya iniciado con una Junta Provisional Gubernativa, seguida de un primer imperio, una república alternativamente federal y central, una dictadura y un segundo imperio, hasta la restauración de la república federal y su constitución; después habrían de imponerse las ideas dictatoriales sobre las democráticas, que derrumbaron la Revolución de 1910 para establecer una nueva Constitución, con todas las repercusiones que en cada uno de los estados tuvieron los actos del gobierno nacional. Así sucedió en Tamaulipas desde los primeros días de su vida independiente.

La Junta Provisional Gubernativa excluyó a los insurgentes en su representación. Convocó en seguida a un Congreso Constituyente, con diputaciones de las exprovincias, enviándose de la de Santander al presbítero José Antonio Gutiérrez de Lara, que era rector del Seminario de Monterrey. Se distinguió en el Congreso porque fue el autor, casi en su totalidad, de la Ley de Colonización, que tendía a la conservación de los territorios apenas poblados de las exprovincias Internas de Oriente y Occidente y si su absorción por los Estados Unidos fue inevi-

table no se debió a la falta de voluntad para detener los acontecimientos, sino que lo avanzado de ellos los llevó a su culminación en los Tratados de Guadalupe. Contenía esa ley, también, el germen de la expropiación por causa de utilidad pública. Para el gobierno de las Provincias Internas, ya Ramos Arizpe había propuesto en las Cortes de Cádiz, el 11 de octubre de 1811, la creación de Juntas Gubernativas o Diputaciones Provinciales en cada una de ellas, y como también era diputado al primer Congreso mexicano, con el apoyo de Gutiérrez de Lara y del padre Mier logró que se concedieran diputaciones locales para Nuevo Santander y Nuevo León y Coahuila, estableciéndose la primera de ellas el 9 de abril de 1823, de acuerdo con la Ley del 14 de octubre de 1822, expedida conforme a los dictámenes del 20 al 21 de junio anteriores y sancionada por Iturbide el 25 de febrero de 1823. Esa asamblea se disolvió el 7 de julio de 1824 al absorber sus funciones el primer Congreso Constituyente del Estado.

Iturbide se hizo proclamar emperador el 18 de mayo de 1822, puso en prisión a algunos diputados desafectos y disolvió el Congreso (v.IMPERIO MEXICANO). Contra esos actos se levantó la primera voz local de protesta en Tamaulipas en defensa de los legisladores ofendidos, aunque desde el 16 de mayo el gobernador Felipe de la Garza se había declarado federalista. Iturbide sabía que éste era antimonárquico y quiso atraerlo con el ascenso a brigadier, porque había desarmado, expatriado por Altamira y embarcado por Tampico, Ver., al Regimiento Capitulados de Zarogoza, el 1° de mayo de 1822; pero De la Garza antepuso las ideas a la amistad y en una segunda y muy enérgica comunicación pidió a Iturbide la libertad de los diputados, la libertad de expresión en el Congreso, la deposición y enjuiciamiento del ministerio, la extinción de los tribunales militares de seguridad pública y la excarcelación de los reos políticos, haciendo responsable al emperador del derramamiento de sangre que su despotismo ocasionara. El brigadier Zenón Fernández fue destacado a perseguirlo y se designó para sustituirlo en el gobierno a Pedro José de Lanuza; aquél ni siquiera entró a Tamaulipas, y éste no llegó a trabar ningún hecho de armas con De la Garza, quien optó por dejar correr el tiempo, refugiado en Monterrey, para presentarse en México, lo que hizo después de la caída de Iturbide (19 de marzo de 1823). El Supremo Poder Ejecutivo formado por Bravo, Victoria y Negrete integró el Segundo Congreso Constituyente que expidió el Acta Constitutiva de la Federación el 31 de enero de 1824, en la que se incluyó al Estado de las Tamaulipas, cuyo nombre había sido aprobado sólo dos días antes. El 4 de octubre siguiente se promulgó la Constitución Federal de los Estados Unidos Mexicanos, que sirvió de base para las cartas de los Estados. En abril De la Garza fue rehabilitado en el mando de las Provincias Internas de Oriente, aunque su nombramiento se circuló en mayo de 1823. La caída de Iturbide se debió a la oposición que encontró en gran parte del país y a la rebelión militar que encabezó López de Santa Anna en Veracruz, donde expidió el *Acta de Casa Mata* en diciembre de 1822, adoptada por las villas de Tamaulipas en febrero de 1823. La Diputación Provincial se declaró republicana el 9 de junio de ese año, proclamó la República Federal el 18 y convocó a elecciones de diputados (federal y locales) en julio. El 21 de junio se había puesto, de acuerdo con el parecer de De la Garza, a integrar un ejército permanente a costa del erario local, según quería Santa Anna. Se formaron, en cambio, las milicias provinciales, servicio al que estaban obligados, a su propia costa, todos los hombres hábiles; se organizaron los ramos de la administración pública y se pusieron en defensa las costas. "Las diputaciones provinciales crearon un espíritu separatista vigoroso de tipo regional, que permitió el triunfo del federalismo" (Zorrilla: *Contribución al Estudio de la Legación de Tamaulipas*).

De 1822 al 18 de noviembre de 1823 continuó la tradición colonial de que el gobernador fuese designado por el comandante de las Provincias Internas de Oriente, pero una ley del 10 de septiembre de ese año suprimió aquel cargo y designó al funcionario con el nombre de jefe superior político, hasta la elección que hizo el Congreso Constituyente en favor de José Bernardo Gutiérrez de Lara el 15 de julio de 1824, ordenándole que se presentase al juramento el 18 siguiente, lo que se efectuó el 19 por la presencia de Iturbide en Tamaulipas.

Por elección indirecta, el Primer Congreso del Estado lo integraron en septiembre de 1823 los siguientes diputados: Juan Francisco Gutiérrez, José Lino Perea, Lucas Fernández, Ignacio Peña, Pedro Rodríguez Montemayor, Espiridión Polito y José María Girón, vocales; y José Honorato de la Garza, Feliciano Ortiz y Manuel Prieto, suplentes; pero la Legislatura constituyente que se instaló el 7 de julio de 1824 estuvo integrada por José Antonio Gutiérrez de Lara, J. Miguel de la Garza García, José Eustaquio Fernández, Juan Echeandía, José Antonio Barón y Raga, Juan N. de la Barreda, Felipe de Lagos, José Rafael Benavides, Juan Bautista de

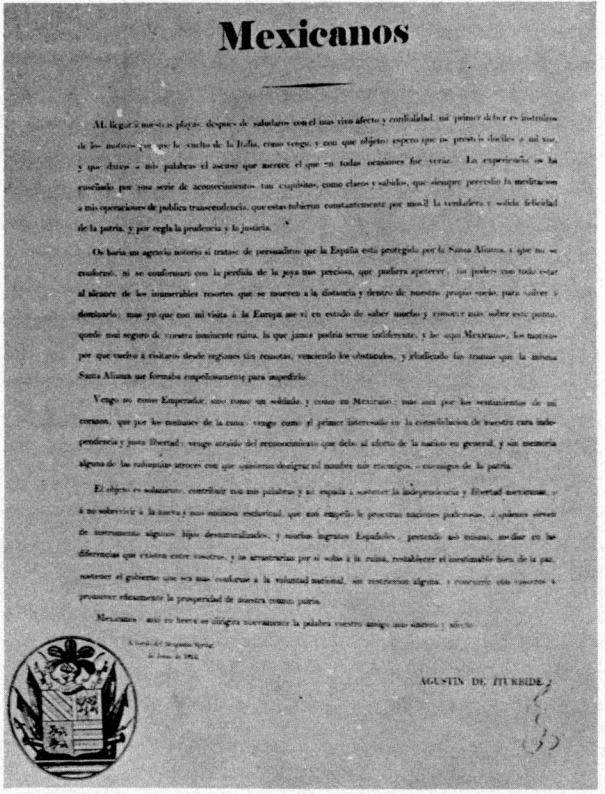

51

Manifiesto preparado por Iturbide para su desembarco en 1824

la Garza y José Bernardo Gutiérrez de Lara, los dos últimos suplentes, que se instalaron en Congreso y eligieron como presidente y secretario a los primeros.

El 12 de julio se presentó frente a la Barra de Soto la Marina la goleta *Spring*, que condujo a Iturbide con su familia y otras personas, entre ellas Carlos Beneski (n. en Polonia en 1790, Iturbide lo hizo teniente coronel el 5 de septiembre de 1822, fue comandante principal del Territorio de Colima y se suicidó en Saltillo el 2 de mayo de 1836), quien el 14 bajó a solicitar permiso para la internación de un inglés amigo suyo; el 15 regresó con éste, que permaneció recostado y embozado en el bote, y en lugar de desembarcar en el destacamento lo hicieron en la pescadería, donde consiguieron dos caballos ensillados y se hicieron sospechosos; el cabo ordenó que los siguieran y en la madrugada los alcanzaron en el rancho de los Arroyos; uno de los soldados regresó con carta de Beneski para De la Garza, comandante militar del Estado, quien se reunió con ellos el día 16 a las 4 de la tarde; de inmediato hizo prisionero al amigo de Beneski; que resultó ser Iturbide, lo regresó a Soto la Marina, dispuso que fuese fusilado el 17, revocó esta orden y en la tarde de ese día salió con el preso rumbo a

Padilla, habilitada como capital del Estado; pernoctaron en el Capadero, de donde salieron al amanecer del 18, se detuvieron a oír misa y almorzaron en la hacienda de Palo Alto; continuaron la marcha y del paraje Los Muchachitos regresó De la Garza, dejando órdenes secretas a la tropa de 40 jinetes, bajo el mando aparente de Iturbide para mejor conocer sus designios. Esta acción, que algunos calificaron de inexplicable y traidora, le valió un proceso al comandante, a quien se restituyó en el mando después de la defensa que de él hizo Carlos María Bustamante. Iturbide forzó la marcha; adelantó 15 leguas en la noche del 18, y el 19, a las 5.45 a.m., dirigió un oficio al Congreso en el que firmaba como comandante general del Estado; pero en el momento de recibir la respuesta, apareció De la Garza, quien lo reaprehendió y lo entregó al Congreso para que determinara lo que debiera hacerse en virtud del decreto del 28 de abril de 1824, que declaró al reo fuera de la ley. El Congreso, desde el día 18 en que había recibido comunicaciones del general De la Garza dándole cuenta del prisionero, había determinado (no sentenciado) que se cumpliese con la ley federal, lo que fue ratificado el día 19 y se ejecutó a las 6 de la tarde en el sitio que marcaba el monumento que después se colocó, cubierto en 1971 por las aguas de la presa Vicente Guerrero.

El día siguiente el Congreso declaró "benemérito" a De la Garza, satisfecho de los servicios que "tenía prestados en obsequio de la patria y en particular de este Estado". Pocos días después la asamblea tamaulipeca recibió un homenaje de la Legislatura de Veracruz, por su actitud firme en el cumplimiento de las leyes, y el país entero celebró la noticia.

En la muerte de Iturbide, como en la de Mina antes, ambos empujados por el comercio inglés, se perfila la competencia de los países europeos con los Estados Unidos por la posesión del mercado mexicano. El Constituyente, salvado aquel espinoso asunto, continuó sus labores, elaboró "su propio reglamento interior que constituye un interesante documento jurídico político" (Zorrilla: *Origen del Gobierno Federal en Tamaulipas*), el cual salió de la imprenta del Estado, lo mismo que una colección de leyes; creó un Tribunal de Segunda Instancia y estableció originalmente uno de Justicia, que la Constitución de 1825 sustituyó con la Suprema Corte.

Al finalizar 1824 se dio alarma general por la presencia de buques españoles frente a las costas y se imprimieron proclamas que exaltaban el patriotismo local. No pudiendo continuar en Padilla, el Congreso suspendió las sesiones el 2 de febrero de 1825, declaró capital a Aguayo y el día 11 se reanudaron las deliberaciones. Con algunas dificultades (no haber querido Gutiérrez de Lara promulgar un decreto, haberse separado 4 diputados y haber renunciado el 4 de marzo el gobernador), el 6 de mayo el vicegobernador Enrique Camilo Suárez promulgó la primera Constitución Política del Estado Libre de las Tamaulipas. La carta señala como territorio del Estado el de la Provincia del Nuevo Santander; declara que la única religión que se practicará en él será la católica; dedica 5 artículos a las garantías individuales (que ni otras constituciones estatales ni el propio texto federal contiene tan completas) (Zorrilla: *Contribución al estudio de la legislación de Tamaulipas*); señala las categorías de la actividad legislativa, establece la elección indirecta, prohibe la reelección inmediata e instituye la organización de los poderes Ejecutivo, Judicial y Legislativo.

El Congreso estableció en Padilla la imprenta del Estado, dando a la estampa los primeros impresos oficiales; el único conocido hasta ahora con nombre del impresor es el *Manifiesto del Presidente de los Estados Unidos Mexicanos a sus compatriotas* firmado en México el 10 de octubre de 1824 por Guadalupe Victoria; al pie se lee: "Padilla. Imprenta del Gobierno del Estado. Godwin B.Cotten, impresor". Del mismo taller fue *El Termómetro Político del Estado Libre de las Tamaulipas*, impreso en Padilla. Hasta donde se sabe (1977) no continuó su publicación en Ciudad Victoria, donde se hizo cargo de la imprenta Alejandro Contreras, el impresor de la Constitución. Esa imprenta fue después de Bangs, pues su nombre aparece en el primer impreso de Aguayo con fecha 18 de abril de 1824. José Manuel Bangs volvió a hacerse cargo de la imprenta del gobierno en 1827. Más tarde la manejaron: Juan Antonio Aguirre y Juan Bautista Palacio (1828), el primero de ellos (fines de ese año), Contreras Aguirre (fines de 1828 y de 1830 a 1832), Vicente de la Parra (a partir de agosto de 1832), Ramón Sánchez (enero de 1834), Manuel Velasco y Francisco de la Torre (octubre de ese año) y José Manuel Bangs (enero de 1834 y parte de 1835), quien se fue a Matamoros, se exilió y regresó a ese lugar en 1846. La primera imprenta que hubo en Tampico la instaló G.H. Gray en 1831, dedicada principalmente al periodismo. En ese puerto continuó una tradición ininterrumpida de prensa libre. A mediados de ese año se abrió otro taller en Matamoros, también para imprimir un periódico, y antes de 1840 había ya 2 imprentas. Tula tuvo la primera, vinculada a un periódico, en 1835 y 1836; y en la segunda mitad del siglo XIX muchas otras poblaciones dispusieron de talleres, unos pasajeros y otros permanentes.

En su lectura ante el Congreso el 21 de octubre de 1822, Iturbide designó al coronel Manuel Gómez Pedraza para "contener la escandalosa introducción de contrabando y hacer en la costa del norte más productivas aquellas aduanas", entre Tuxpan y río Bravo. (Gómez Pedraza nació en Soto la Marina en 1798. Su fe de bautismo la desprendió el señor Sabás Hinojosa del libro de aquel año y la mostró a Saldívar; al morir la legó a su hijo el general Sabás Hinojosa y posiblemente la conserven sus familiares). Esa actividad había desequilibrado la economía de Tamaulipas en 1824, y en 1825 provocó la renuncia de Gutiérrez de Lara, mediante la presión que ejercieron por conducto del diputado local José Eustaquio Fernández los contrabandistas de la Ciudad de México, quienes al decir de Bustamante eran ricos comerciantes y altos funcionarios federales que después llegaron a auspiciar guerras intestinas para introducir y distribuir las mercancías ilegales que llegaban a Tampico. En 1826 la federación acudió en ayuda del Estado, estableciendo 3 compañías presidiales, cuya organización se reformó por ley del 13 de enero de 1836.

La instrucción pública, en manos de la iniciativa privada, se regía por la disposición colonial del 10 de febrero de 1821, que obligaba a los padres a que sus hijos de 6 a 10 años ingresaran a alguna escuela; pero en 1828 se estableció el primer plantel gratuito y en 1829 se aprobó la prórroga de su presupuesto por un año más. En 1848 se establecieron 22 escuelas en los municipios. Según la Constitución, para disfrutar de los derechos ciudadanos se requería saber leer y escribir, pero en años anteriores esa disposición no se había cumplido. La milicia estaba desorganizada, atenida a los recursos de sus integrantes y acosada por apaches y comanches, quienes de 1813 a 1823 habían robado y matado más de millón y medio de cabezas de ganado de las villas del norte, hasta que se expidió la Ley del Servicio Militar Obligatorio del 13 de febrero de 1828.

A causa de que la presencia de españoles en lugares cercanos a la costa podría favorecer intentos de reconquista, el 21 de noviembre de 1827 se dictó la ley de expulsión, lo cual dejó fuentes de riqueza abandonadas y obligó al gobierno, apenas un mes después (19 de diciembre), a vender las tierras que habían sido dotadas a los indios, las de

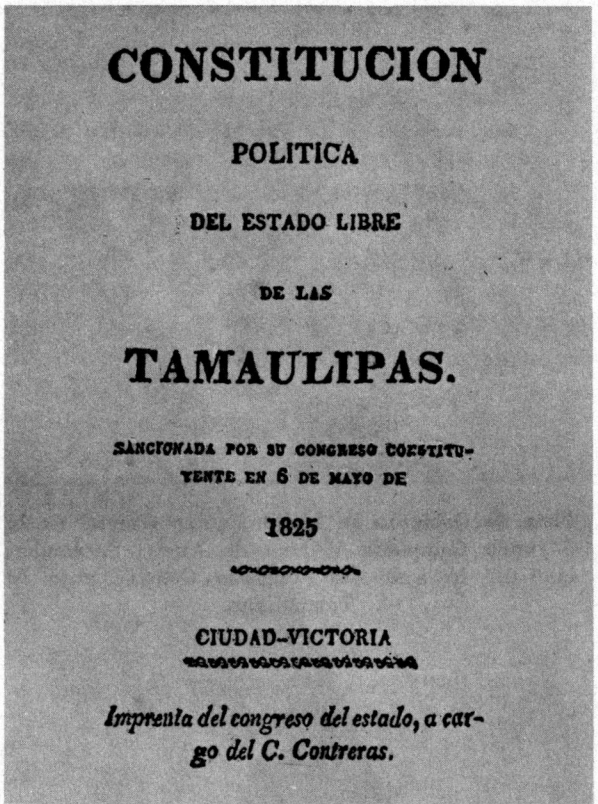

51

Primera Constitución del Estado editada en Ciudad Victoria

comunidades y las baldías pertenecientes al Estado; y el día 21 siguiente permitió la entrada, libre de derechos, de 6 mil fanegas de maíz y algunos barriles de harina de trigo para suplir lo que faltaba de las cosechas, y hasta puso en arrendamiento los diezmos en beneficio del Estado, sin que protestara el clero, que tampoco se había opuesto a la enajenación de las tierras de comunidades.

El 13 de noviembre de 1828 se dividió el Estado en 3 departamentos: Norte, Centro y Sur. Y en 1829, cuando estaba en plena reorganización la economía estatal (iniciada poco antes con una serie de impuestos que trataban de cubrir el déficit presupuestal, entre ellos el que obligaba a los curas a pagar la contribución general), se presentó ante las costas mexicanas la expedición de reconquista comandada por Isidoro Barradas, la que ya se esperaba desde principios de 1828 y hacía decir al gobernador Enrique Camilo Suárez el 12 de mayo, en una proclama a los habitantes del Estado, que "si por su mal pisase nuestras costas esa horda de miserables, que no quede uno solo que pueda llevar la noticia de su ruina al tirano que los envía". Y cuando Santa Anna en septiembre de 1828, se declaró contra la federación, el comandante de los Estados Internos de Oriente, Anastasio Bustamante, contribuyó a la cohesión de los tamaulipecos con una proclama fechada en Matamoros el 21 de octubre; los integrantes del Noveno Regimiento Permanente expresaron en otra proclama, desde la villa de Ximénez, el día 25, su inquebrantable propósito de ser fieles al sistema federal, prestos a la defensa de la patria; y el 20 de enero de 1829 el gobernador en funciones exhortó a la defensa del Estado y de la patria ante la invasión inminente. El gobierno hacía toda clase de economías por la situación de emergencia. El 24 de julio de 1829 se avistaron los 15 navíos de Barradas y los españoles desembarcaron en Cabo Rojo, Ver.; el 28 el Congreso decretó una serie de medidas encaminadas a la defensa: concentrar en Tampico todas las milicias cívicas, reunir 40 mil pesos en reales efectivos y ordenar a todos los propietarios de ganados que los retiraran a una distancia mínima de 20 leguas del enemigo. El general Felipe de la Garza, comandante militar del Estado, aportó 1,224 hombres equipados: 710 del Batallón y 514 del Regimiento de Milicias. Se donaron a la federación 300 mil pesos para la compra de caballos y se pusieron a las órdenes de De la Garza 332 infantes y 238 jinetes de Nuevo León. Así, al frente de 1,794 soldados, marchó sobre Tampico. Santa Anna, designado por el gobierno federal general en jefe de las operaciones sobre Tampico, hizo el viaje por mar desde Veracruz con 3,752 hombres, que después del triunfo la propaganda santanista hizo aparecer como un puñado de veracruzanos. Además, según los documentos originales que se guardan en el Ramo de Gobernación del Archivo General de la Nación, se encaminaron sobre el mismo puerto 360 hombres del Primer Batallón del Distrito Federal; 2,005 infantes y 300 jinetes de las milicias cívicas de San Luis Potosí; 2 compañías de preferencia del Primer Batallón, 2 compañías de fusileros del 2° y un escuadrón del de Piedra Gorda, de Guanajuato; 215 hombres de Zacatecas, 199 de Aguascalientes y contingentes que se movilizaron desde Sonora y Yucatán, sin faltar un solo Estado. El entusiasmo patriótico fue tan grande, que sólo Yucatán puso en pie de guerra 18,468 milicianos pagados de su propio erario.

Los comandantes de Tampico, Tamps., y Pueblo Viejo, Ver., puestos de acuerdo, sorprendieron en una emboscada al enemigo en Paso de los Corchos, Ver., el 31 de julio. Ante el acoso enemigo, el 3 de agosto fue abandonado e incendiado el fortín de La Barra, Ver., y los 3,500 hombres de Barradas pudieron avanzar sobre Tampico, que ocuparon sin resistencia el día 6. Los defensores, se retiraron a Altamira y ahí se incorporó De la Garza el día 8. El 15 llegó el general Mier y Terán, jefe de las armas en Matamoros, y bajo su dirección se hicieron obras de defensa. El 17 se sostuvo un tiroteo y De la Garza, con fuerzas inferiores al invasor, evacuó Altamira, que fue ocupada. Santa Anna se presentó el 20, en la noche pasó gente en canoas y en la madrugada atacó Tampico, que estaba a punto de capitular. Barradas regresó con toda la gente que tenía en Altamira y entró en negociaciones. De la Garza fue enviado a México en misión confidencial, y como después circularon rumores calumniosos el Ministerio de la Guerra los desmintió categóricamente. Mier y Terán fue designado comandante de Tamaulipas. La noche del 3 de septiembre el coronel Carlos Beneski, el compañero de aventuras de Iturbide, y 40 hombres a su mando se apoderaron, bajo un aguacero, de una balandra que artillaba el enemigo. El 7 Mier y Terán se situó en el Paso de Doña Cecilia, cortando la única salida que quedaba a los invasores. El 9 se desató un huracán que barrió tiendas y barracas e inundó el campo mexicano. El 10 de decidió el asalto a La Barra con 900 hombres, que se inició a la 1.45 p.m. y se mantuvo hasta las 5.30 del 11, en una acción dirigida personalmente por Mier y Terán, mientras Santa Anna estaba en Pueblo Viejo y se concertaban en la mañana unas capitulaciones que desarmaban al enemigo y lo repatriaban con el compromiso de no volver a intentar acciones contra México. El 12 de septiembre Mier y Terán rindió el parte de la batalla a Santa Anna, en el que, entre otras cosas, le decía: "En medio de tan grandes calamidades de 2 mil hombres que componen la división de Tamaulipas, ninguno se ha hecho acreedor a la menor reprensión, no ha habido un desertor desde que se realizó el estrecho bloqueo". Y un mes después, el mismo Mier y Terán informaba que se habían reembarcado 1,792 hombres de tropa, los cuales, restados de los 3,500 invasores, revelaban la pérdida de 1,708 en acciones de guerra y por enfermedades. El día 25 el Congreso de Tamaulipas reconoció los méritos de Mier y Terán y de Santa Anna, el 29 se ordenó una misa en acción de gracias por el triunfo de Tampico, y el 6 de octubre concedió un Escudo de Honor a los miembros de la Milicia Cívica. En la Ciudad de México se hicieron grandes fiestas a Santa Anna únicamente, se le declaró el Vencedor de Tampico y Benemérito de la Patria, y se le colmó de elogios, acordándose hasta el 7 de enero de 1833 que los inválidos, viudas y huérfanos de la campaña de Tampico fueran pensionados, siempre que "representaran sus derechos por los conductos y con las justificaciones que previene la ley".

51

Carlos París: La rendición de Barradas en Tampico

Los políticos de Tamaulipas hicieron eco a las sublevaciones del centro y del interior del país, y cuando todavía no se curaban las heridas de muchos milicianos, el inspector de ellos en el Estado, Francisco Vital Fernández, se declaró por el *Plan de Jalapa*: cambió autoridades; dispuso que las cantidades que correspondieran a herencias y legados de españoles se depositasen en la tesorería y el gobierno pudiera gastarlas libremente; suprimió la lotería, como fuente de ingresos del Estado; reorganizó la milicia cívica; y fundó, por decreto del 4 de noviembre de 1830, el Instituto Literario y Científico Hidalguiano Tamaulipeco, en el que se enseñarían gramática latina, retórica, filosofía, teología escolástica y moral, derechos civil y canónico, patrio, natural y de gentes, constitucional y público, y medicina en todos sus ramos. Pero el 19 de marzo de 1832 se sustrajo a la obediencia central e hizo profesión de fe federalista, sólo que tuvo que huir con su secretario, el prócer dominicano José Núñez de Cáceres, que poco antes había llegado junto con personas notables de Cuba y Puerto Rico, a quienes Fernández excluyó de la prohibición de dar empleo a los extranjeros. Se entabló una polémica en la prensa entre centralistas y federalistas, que culminó con un convenio entre Fernández y Mier y Terán, por el que cesaban las hostilidades; y el Congreso eligió como gobernador a José Antonio Quintero, por ser de "manos puras... (y reunir) a las luces la probidad y la decisión por el orden y las leyes"; pero nuevamente en Tampico se pronunció la guarnición, fue sitiada sin éxito por Mier y Terán, quien regresó a Ciudad Victoria, pasó a Padilla y se suicidó el 3 de julio de 1832, apoyando su espada en el muro posterior de la iglesia donde estaba sepultado Iturbide, según la tradición local que recoge una placa colocada ahí.

Francisco Vital Fernández tomó Matamoros y Ciudad Victoria, y reanudó sus funciones de gobernador con gran entusiasmo; dictó una Ley de Colonización que trató de conservar los terrenos del Bravo de las Nueces, en cierto modo precursora de la Reforma, pues desposeyó a las comunidades religiosas y a los latifundistas del Sauto, los cuales después obtuvieron reivindicaciones onerosas para el Estado; mandó construir los cementerios fuera de las poblaciones; dictó medidas sanitarias cuando se presentó el cólera a mediados de 1833, epidemia que dejó la población muy mermada, como lo demuestra el hecho de que de 300 jinetes que salieron de Padilla, llegaron a Matamoros menos de 100; fundó el Colegio Fuente de la Libertad en Tampico; nom-

bró ciudadanos del Estado, por servicios distinguidos prestados al mismo y a la federación, a los
señores Guadalupe Victoria, Lorenzo Zavala, Patricio Furlong, Vicente Romero, Manuel María del
Llano, José Antonio Mejía, Juan Pablo Anaya,
Juan Alvarez, Juan Arago, Gabriel Valencia, José
Antonio Barragán, Luis Pinzón, Martín Peraza,
Andrés Quintana Roo, Manuel Crescencio Rejón,
José Núñez de Cáceres, Antonio Arce, José Aveza-
na, Simón de Portes, Andrés Silveira, Francisco Da-
clor, Mateo López, Pedro Julián Miracle y Manuel
de la Viña; ordenó que el pueblo sólo pagara la
mitad del arancel eclesiástico vigente; y creó la contribución directa sobre capitales, entendiéndose
por capital "el valor de las tierras de sembrado y
agostadero, el de aguas de riego, el de los ganados,
el de las mulas de carga, el de los carros o carretas
con sus trenes y útiles de tiro, el producto del arte
u oficio, y el que se gire por el comercio de cualquier modo". Los federalistas volvieron al poder en
1835; pero en 1837 ganaron las elecciones los centralistas.

El aspecto de la capital estatal lo describe *El
Restaurador de Tamaulipas* del 29 de agosto de
1833. Tenía la misma apariencia que las demás villas, salvo Matamoros y Tampico; y sus casas "apenas se distinguen de los miserables aduares de las
tribus salvajes, un largo jacal sin más división que
un pequeño cuarto a la esquina para tendajón, sirve
de morada a los padres, a los hijos, y no pocas
veces a los yernos y nueras. El mobiliario corresponde exactamente a la figura y construcción de
las casas".

En 1838 fuerzas federales acampadas en Tamaulipas dirimieron diferencias personales o ideológicas
tomando como teatro de sus hazañas ciudades como Tampico y Matamoros. El general Nicolás Bravo, comandante de las tropas del noroeste, combatía contra los indios y los contrabandistas anglo-
americanos. El general José de las Piedras, comandante de Nuevo León y Tamaulipas, fue hecho prisionero por rebeldes de Tampico, que lo entregaron
al general Vicente Filisola. Más tarde fue ultrajado
y asesinado. El presidente Anastasio Bustamante
en persona quiso recuperar Tampico, se puso en
camino "marchando como un perico ligero" —dice
Carlos María Bustamante en *El Nuevo Bernal
Díaz*— y en el trayecto de México a la Villa de
Guadalupe consumió las provisiones de todo el camino. Ese escritor resumió así los hechos que ca-
racterizaban la situación del país en esos días: "El
alzamiento de Tampico, la repulsa del ejército de
Canalizo en aquella plaza, la defección de Lemus y

Garay, la pérdida de Ulúa (en poder de los franceses) y los vergonzosos tratados celebrados con los
franceses; la revolución causada por el ministerio
de 3 días, el espíritu de sedición excitado en favor
de la federación, la falta total de numerario y la
expedición de Mejía a punto de zarpar para invadir
a México, y en cuyo apoyo se habían ya comenzado a pronunciar algunos cuerpos, como el Batallón de Izúcar, atizando la sedición del espíritu de
novedad por medio de la imprenta". Arista no atacaba por orden presidencial, hasta que se decidió a
hacerlo a fines de mayo apoderándose de los elementos marítimos. Urrea capituló y entregó la plaza con 32 cañones, 2 carronadas, 1,142 fusiles ingleses, 300 franceses y 200 de otras procedencias.
Después de que en México se había festejado la
toma de Tampico, el presidente avisó desde San-
tander-Jiménez que iba a movilizarse sobre el puerto para recuperarlo. El mismo escritor describe así
a Tampico: "Esta ciudad aumenta cada día de población, es ciudad de extranjeros, es centro de contrabando y de la desmoralización. Allí se vive a lo
gentil, y cada cual hace lo que se le antoja, no hay
religión ni hay justicia. La iglesia católica no pasa
de ser un jacal con honores de sala; no hay sacerdotes para su numerosa población. El que se muestra
religioso es befado y se le mira como a un ente
dañino. El juez que quiere hacer justicia es luego
capitulado, se aprontan las onzas en México y se le
hace salir, y si regresa porque se ha indemnizado no
tiene segura su vida; así sucedió con uno que poco
antes de llegar a aquella ciudad fue asesinado y lo
despavilaron diciendo que eran salteadores. Allí está perfectamente sistemado el contrabando, el mayor padrastro que tiene el erario. Por este principio
allí debe haber anualmente dos revoluciones, una
para expender el contrabando y otra para introdu-
cirlo".

El mismo año de 1838 fue dividida en dos la
Comandancia de Nuevo León y Tamaulipas, que
tenía su sede en Matamorors, cuya prensa local señala que la estancia de los generales Canalizo y
Cordelles llevaron a la ruina a la ciudad, a lo que se
agregaba la guerra con Texas. Jiménez y el mineral
de San Nicolás fueron saqueadas por un coronel
Zapata en mayo de 1839. Un año después fue sofo-
cada otra rebelión en Tampico, atribuida a los contrabandistas de México. Molano se rebeló en septiembre de 1841, se apoderó de Victoria, fue desalojado por Arista e instaló su gobierno federalista
en Jaumabe. Ese mismo mes los generales Ampudia, Woll y Díaz de la Vega se unieron al *Plan de
Guadalajara* en Matamoros, y proclamaron a Santa

Antonio Canales   *Tampico hacia 1835*

Anna presidente de la República, de acuerdo con el *Plan de Tacubaya* del día 28. El régimen santanista reconoció como gobernador interino de Tamaulipas a Francisco Vital Fernández, quien un año después se adhirió al *Plan de San Luis* y entregó en orden a su sucesor, el general José Ignacio Gutiérrez, pero éste fue desconocido por el Congreso en virtud de haber aceptado el centralismo el 18 de diciembre de 1844.

Los incidentes de la guerra con Texas se iniciaron en Tamaulipas en 1834, cuando estaba ahí el general Bravo, con sede en Matamoros. Este persiguió a los filibusteros y contrabandistas anglotexanos que estuvieron operando de manera constante hasta la separación de aquel territorio y la guerra con Estados Unidos. El gobierno tamaulipeco, que vio venir el problema, facultó al ejecutivo desde el 28 de octubre de 1830 para establecer poblaciones a la orilla del río de las Nueces y ocupar de hecho las tierras que nominalmente le pertenecían; se trató de conseguir pobladores por cuenta del erario; se dictó nuevo decreto sobre la misma materia el 24 de agosto de 1831 y se le dió mayor fuerza a esa política con la Ley de Colonización del 17 de noviembre de 1833, cuyo objeto principal era el de rescatar aquellas tierras que podían ser muy productivas, pero que nadie explotaba, por más que existieran algunas haciendas ganaderas densamente pobladas de semovientes, aunque sin defensa contra los indios o aventureros; pero la guerra por la posesión de Texas se inició en 1834 y nada se logró al respecto.

Texas recibía dinero de las recaudaciones de Matamoros, Soto la Marina y Pueblo Viejo para el sostenimiento de las tropas desde 1832, pero fuera de esto y de la participación de fuerzas locales no se presentaron incidentes serios hasta abril de 1837, cuando la corbeta norteamericana *Natchez* hizo desalojar a la marinería mexicana de la goleta *Luisiana* y se llevó ésta; regresó a los 3 días tratando de rescatar la goleta *Champain*, que con la anterior había aprehendido el bergantín *General Urrea*, cosa que no logró, pero se llevó en cambio este navío. El general Bravo detuvo todos los barcos norteamericanos surtos en el río, acción que desautorizó el gobierno. En abril de 1844 tropas texanas tomaron Laredo y Guerrero y amenazaban Mier cuando se les enfrentó Ampudia con refuerzos tamaulipecos al mando del coronel Canales. Este derrotó a las tropas texanas, unos 700 u 800 hombres que por donde pasaron no dejaron vivos, al decir de Bustamante, seres de 6 a 60 años. Desde que Texas se declaró independiente en julio de 1835, el gobierno nombró a Santa Anna para reducir a los colonos; obtuvo algunos triunfos, pero fue sorprendido y hecho prisionero, ordenando desde su prisión la retirada de las tropas mexicanas, que inexplicablemente lo obedecieron. A estos hechos siguieron algunos incidentes y el 21 de abril de 1844 los Estados Unidos reconocieron la independencia de Texas y poco tiempo después la incorporaron como estado. Estados Unidos quiso apoderarse de más territorio y trató de comprar Nuevo México y las Californias; pero al negarse México a recibir al plenipotenciario estadounidense, el gobierno de Washington ordenó la invasión.

Ante las disensiones de los jefes del ejército federal por adjudicarse el poder, el gobierno de Tamaulipas aumentó las milicias cívicas, a cargo del general Antonio Canales, quien tenía frente a Matamoros 650 jinetes y mil auxiliares de la segunda línea contra los bárbaros. El Distrito Sur entregó sus fuerzas a Parrodi en Tampico y regaló 100 caballos al del Norte. El primer hecho de armas en Tamaulipas fue sostenido por el jefe político del Distrito Norte, Jesús Cárdenas, en Carricitos, donde derrotó una avanzada norteamericana el 25 de abril de 1846; pocos días después, ante la amenaza de Taylor, le prendió fuego al Frontón de Santa Isabel y concentró a los habitantes en Matamoros, que fue bombardeado del 3 al 8 de mayo; la primera batalla formal ocurrió en Palo Alto, el día 8, y el 9 en la Resaca de Guerrero. La manifiesta impericia de Arista, más ocupado en el contrabando de hilazas que en el ejército, hizo que se perdieran estas acciones y que el 18 fuera ocupado Matamoros. El gobierno del centro ordenó la desocupación de Tampico y el 26 y 27 fue evacuada la ciudad de Monterrey, dando tiempo a que las fuerzas de Taylor, que *La Gaceta* de Ciudad Victoria calculó en 36,192 hombres, tomaran los dispositivos más convenientes para marchar hacia el centro del país. Sobre Victoria avanzaron en diciembre 3 columnas de mil hombres cada una, separadas por 6 días de marcha, lo cual obligó a las autoridades locales a trasladarse a Tula a fines del mes. Parrodi evacuó Tampico, con una precipitación que no ameritaba arrojar fusiles y sables al río, cuando pudieron armarse hombres con ellos. El 25 de diciembre cayó Victoria y en febrero de 1847 fue ocupado Tampico por el enemigo. A la evacuación de Monterrey siguieron las derrotas de la Angostura, Cerro Gordo, Padierna, Churubusco, Molino del Rey y Chapultepec (v.GUERRA DE ESTADOS UNIDOS A MÉXICO), donde cayeron los cadetes del Colegio Militar, a quienes los jefes norteamericanos llamaron Niños Héroes. Y el 22 de febrero de 1848 los Estados Unidos impusieron el *Tratado de Guadalupe*, por el que México perdió más de la mitad de su territorio y se mutiló a Tamaulipas desde el Bravo hasta Las Nueces. Entre los patriotas tamaulipecos que se distinguieron durante la guerra, se cuentan: licenciado y general Antonio Canales, Jesús Cárdenas, Camilo Manso, Manuel Arana, alférez Indalecio Canales, doctor José Núñez de Cáceres

(prócer de la República Dominicana y Benemérito del Estado) y el Batallón Guarda Costa completo, presente en todas las batallas, desde Palo Alto hasta la caída de la Ciudad de México; fue perdiendo uno a uno sus soldados hasta quedar reducido a un puñado que se reintegró a su origen con su bandera atravesada por las balas; a ellos se agregaron los rancheros que vivían al norte del Bravo y los residentes de Laredo que abandonaron sus propiedades para seguir siendo mexicanos.

Con la reimplantación de la Constitución de 1824, mediante el Acta Constitutiva y de Reformas de 21 de marzo de 1847, la Legislatura de Tamaulipas reformó de inmediato la carta local de 1825, que fue jurada el 30 de abril de 1848. Los ejemplares son rarísimos y ningún historiador se ha ocupado de tales modificaciones. A partir de 1849 una serie de factores económicos sumió al Estado en la miseria. La federación acudió en auxilio de los tamaulipecos y eximió de derechos los productos alimenticios que se importaran. El contrabando arruinaba las villas del norte y se organizaron fuerzas norteamericanas en ayuda de los rebeldes mexicanos que pedían la zona libre, y, aunque sin fundamento, se tachó de segregacionistas a quienes trataban de formar la República de la Sierra Madre con los estados de Tamaulipas, Nuevo León y Coahuila. Santa Anna se declaró por el centralismo y designó gobernadores durante los años de 1853 a 1855; Woll, el último de ellos, huyó cuando supo que el dictador estaba ya en el extranjero. Los liberales tamaulipecos, encabezados por el licenciado y general Juan José de la Garza se adhirieron al *Plan de Ayutla* y el gobierno conservador contestó con una persecución despiadada, lo cual no fue obstáculo para que se fortaleciera más Tampico, sustraído al mando de la dictadura desde 1852. Matamoros cayó en manos liberales y las fuerzas tamaulipecas de Pedro Hinojosa y de Martín Zayas auxiliaron a Vidaurri en la toma de Monterrey en 1855. Se restableció el gobierno federal, pero brotes rebeldes en San Luis Potosí, Guanajuato, Zacatecas y particularmente Nuevo León, distrajeron a Comonfort, quien envió tropas a someterlos. Rosas Landa, Echegaray y De la Garza apaciguaron a Vidaurri a fines de 1855. Después fue Hinojosa el que se rebeló en Tampico, pero para evitar el derramamiento de sangre, De la Garza convino con él en que ambos se retiraran. Al triunfo liberal siguió la expedición de la Constitución de 1857, a la que se opusieron los conservadores en muchas partes del país, pero no en Tamaulipas, cuyas tropas participaron con liberalidad en las batallas de Tacubaya,

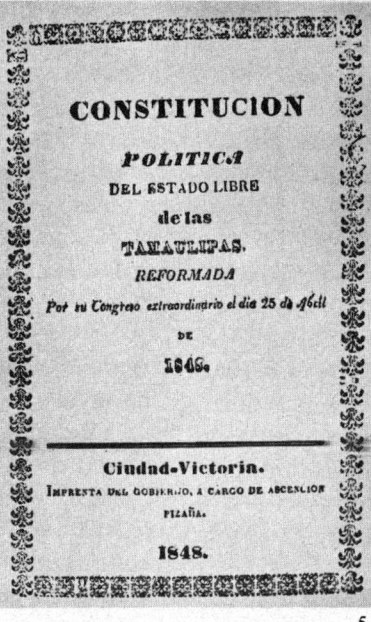

1　　　　　　　　　　　　51　　　　　　　　　　　　1

Juan José de la Garza　　　*Constitución de Tamaulipas de 1848*　　　*Adrián Woll*

Estancia de las Vacas, Loma Alta, Guadalajara, Silao, Tepatitlán y Calpulalpan, que le dieron el triunfo a Juárez. La rebelión de Comonfort contra la Constitución fue combatida por tamaulipecos, que se pusieron a las órdenes de Vidaurri en varios estados; y mientras afuera se luchaba, en el interior se trabajaba activamente y cobraban auge las poblaciones fronterizas, las cuales aprovecharon el bloqueo que los unionistas ejercieron sobre los confederados durante la guerra de secesión.

Algunos incidentes internacionales provocaron ciertas inquietudes pasajeras: uno en Tampico, por un préstamo de 100 mil pesos impuesto al comercio, mal recibido por los españoles, quienes se sintieron alentados con la presencia de una flotilla de su bandera frente al puerto. Los británicos y los franceses protestaron también, pero quedaron complacidos con un saludo hecho a sus insignias. El otro fue el asalto de tropas regulares norteamericanas sobre un rancho de la jurisdicción de Matamoros, del que robaron cuanto pudieron, zanjándose la dificultad con un cambio de notas entre los gobiernos de ambos países. Algo asombroso para Tamaulipas y el país entero fue la actitud asumida por el Obispo de Linares, quien fue el primero en reconocer las Leyes de Reforma el 31 de octubre de 1860. Ese día envió una comunicación al licenciado De la Garza, gobernador del Estado, acompañada de una circular dirigida a los curas de Tamaulipas, la cual fue considerada por el gobierno de Juárez como un "homenaje inesperado, aunque no sea tan completo como pudiera haberlo sido, en contraste con la opinión general del clero". La circular ordenaba a los sacerdotes diocesanos: "No administrarán el sacramento (del matrimonio) hasta que los interesados presenten constancia de haber antes ocurrido al registro civil. No administrarán el sacramento del bautismo ni sepultarán los cadáveres, sin la previa presentación del documento que acredite haber ocurrido al registro civil". Y, además, cedía "voluntariamente al gobierno de Tamaulipas, en beneficio del Estado, todas las fincas y capitales de obras pías que han sido ocupadas por el mismo gobierno o por sus autoridades subalternas desde el 1º de enero de 1856, hasta la fecha de este convenio, absolviendo S.S. Ilma. de las censuras eclesiásticas *in foro externo* y *quo ad restitutionem faciendam* a todas las personas que hubieren incurrido en ellas con cualquier carácter".

En 1860 se tendió una línea telegráfica entre San Luis y Tampico. Se exportaron $2.5 millones por la aduana de Matamoros, pero los impuestos se los repartieron Nuevo León y Coahuila, sin participación federal. En Tampico se inició la construcción de un muelle y se continuaron las obras del canal de la cortadura para unir las aguas del Tamesí con la laguna del Carpintero, iniciadas por De la Garza. En 1861 la población de Tula fue saqueada por tropas conservadoras de Mejía, y a partir del motín de Tampico del 28 de marzo se iniciaron los partidos políticos en el Estado, con la contienda de *rojos* y *crinolinos*, que culminó en la guerra civil local. El primero se llamó Club Político de la Reforma y lanzó la candidatura de Cipriano Guerrero para gobernador, contra la de Jesús de la Serna. El triunfo electoral fue de éste, pero De la Garza no quiso entregarle el poder, se rebeló y se entabló una cruenta lucha, que suspendieron ante la amenaza de la intervención francesa y mediante el arbitraje de Vidaurri, que designó a Comonfort como interino.

Francia, Inglaterra y España exigieron con la presencia de una flota el pago de las deudas que México tenía con sus súbditos; el gobierno de Juárez satisfizo las demandas, que no aceptó la primera y sí las otras potencias; éstas se retiraron, pero Francia tomó disposiciones para invadir a México, inició el avance, sus tropas fueron derrotadas en Puebla el 5 de mayo de 1862, se rehicieron y llegaron a la capital, y desde allí, con la ayuda de los conservadores, se extendieron por varias partes del país.

La presencia de Comonfort fue muy mal vista por los liberales de otras partes y no pocos pidieron su cabeza, pero éste organizó en Tamaulipas la 1a. División del Norte y avanzó al interior. Poco después hizo lo mismo el licenciado De la Garza al frente de la 2a. División. Los sernistas continuaban empeñados en asumir el gobierno, pero terminaron por serenarse y colaborar en defensa de la patria. Se pensó en hacer de Tampico un baluarte de la República, pero como nada se realizó a tiempo, se optó por abandonarlo, lo tomaron los franceses, lo dejaron porque no obtuvieron una mulada que les habían ofrecido y lo volvieron a ocupar sin resistencia con el mismo objeto. De la Garza, en menos de un mes, había organizado 700 jinetes y 500 infantes, todos "regularmente armados" e instruidos, y al finalizar 1862 decía a Juárez: "Hoy tiene usted a todos los armeros y herreros de Tamaulipas ocupados exclusivamente en recomponer armas y hacer lanzas; los talabarteros construyendo schacós, fornituras, atalajes; los sastres y una multitud de mujeres construyendo vestuario; juntas patrióticas de personas influyentes y señoras recogiendo donativos y haciendo hilas, sábanas, vendas y útiles para los hospitales de sangre. Los propietarios en general se prestan espontáneamente para todo, especialmente los rancheros, que facilitan caballos, mulas y reses, maíz, frijol y piloncillo; de modo que dentro de pocos días nada faltará para el consumo de estas fuerzas en clase de provisiones de boca. Sólo dinero no hay; pero tengo un presupuesto tan económico que las rentas que se recaudan en el Estado me bastan para mantener de 4 a 5 mil hombres, dado caso que tuviéramos las armas necesarias para armarlos. Sin contar el Distrito del Nor-

te, los del Centro, Sur y Tula tienen alistados y organizados más de 4 mil hombres, que se ponen en marcha para el cuartel general, según van recibiendo las armas que necesitan. Hay impacientes, que creyendo perder el tiempo en esperar las armas y organizarse, se vienen en bandadas sin orden de la autoridad y sin pedir auxilios a nadie, atraviesan una distancia de 40 a 50 leguas y se presentan para que los organice y ocupe... Hay más de 400 hombres que se han armado, montado y equipado a su costa, y se me han presentado ya organizados, sin más intervención de la autoridad que la simple licencia, conocimiento o aviso... Ya he despachado para Ciudad Victoria más de mil balas de a 24, granadas de 68 en mulas de carga, pero tengo unos 12 mil proyectiles de este calibre y no hay trenes suficientes para agotarlos. Ya por Tula se remitieron de Ciudad Victoria para San Luis Potosí 100 quintales de pólvora". Ese informe es muy prolífico en detalles sobre el entusiasmo y amplitud con que Tamaulipas estaba contribuyendo a la defensa de las instituciones y de la patria.

Ante una segunda evacuación de Tampico por los invasores, De la Garza se precipitó sobre ellos y los hizo perder una cañonera que encayó y 2 barcos con víveres y municiones. Luego salió con sus fuerzas en auxilio de Puebla, en el segundo sitio, a donde llegó oportunamente, pero la incapacidad de algunos jefes de las fuerzas nacionales propició el triunfo de los franceses.

Pedro José Méndez y Macedonio Capristrán fueron de los primeros en alistarse y estuvieron presentes en el ataque a los franceses en Tampico, en donde un jinete lazó en la playa a un oficial francés, quien llevado ante Méndez se consideró superior a él como militar y como hombre, por lo que éste ordenó que le entregaran una espada para que midieran sus fuerzas, a lo que se negó el preso. Esos jefes se quedaron en el Estado y participaron en innumerables hechos de armas. Tampico fue fortificado, pero contaba con muy pocas armas, aunque sobraban hombres y cayó en manos del enemigo en julio de 1863. Enrique Mejía, que dirigía la defensa, sacó toda la artillería por el camino de Altamira, donde lo atacaron los franceses, que fueron rechazados con grandes pérdidas. Méndez, al saber la pérdida de Tampico, salió de Hidalgo, reclutó gente en el camino, puso sitio al puerto el 30 de septiembre de 1863 y lo hostilizó al grado de que por la falta de víveres los franceses desalojaron a gran parte de la población. El sitio se prolongó por largos meses, pero se presentaron conflictos políticos entre los sitiadores, que debilitaron el asedio. Los sernistas

Ignacio Comonfort

Matamoros hacia 1860

se habían hecho fuertes en Matamoros y después de una serie de disturbios Cortina se apoderó del mando, se hizo nombrar gobernador y como enviara a Juárez diversas cantidades de las recaudaciones, éste tuvo que aceptar los hechos para no perder esa fuente de ingresos ni prescindir de la frontera, por donde obtenía armas y municiones en Texas. Vidaurri combatía a las tropas federales y ejercía en provecho de Nuevo León un intenso comercio internacional, que había puesto en sus manos José Antonio Quintero hijo, por conducto de Milmo, yerno de Vidaurri, quien por la aduana de piedras Negras, Coah., recababa 50 mil pesos mensuales de impuestos. En ese tráfico se utilizaban unos 3 mil carros. El 29 de enero de 1864 Quintero ofreció al gobierno desplazar ese comercio a Tamaulipas. Escribió a propósito: "Yo fui quien trajo ese comercio al Sr. Vidaurri hace más de dos años y hoy podré llevarlo a Tamaulipas si se restablece la paz en Matamoros y el gobierno del Sr. Juárez protege nuestros intereses. Laredo es el punto que recomendaré para introducir los algodones. El gobierno general, que en las circunstancias actuales necesita fondos (que no obtiene de Nuevo León) podrá conseguir crecidas rentas en Tamaulipas con tal que se dispense a nuestro comercio, que es el legal, la debida protección. El comercio lo tenemos hoy en grande escala con Inglaterra". Así, el comercio fue desplazado a Tamaulipas y Juárez dio patente de impunidad a Cortina nombrándolo gobernador y comandante militar y desde luego envió a Capistrán y a Cerda en auxilio de las tropas que

obligaron a Vidaurri a abandonar su gobierno y el país.

La presencia de Dupin al frente de una contra-guerrilla en la Huasteca está señalada por asesinatos, violaciones, incendios y destrucciones; se apoderó de varias poblaciones incluyendo, en uno de sus recorridos, Ciudad Victoria, Croix, Soto la Marina y San Fernando, cuando Tomás Méjía ya se había apoderado de Matamoros y regresó a Victoria por Jiménez, Padilla y Güemes. En la toma de Bagdad los confederados apoyaron a los franceses y los unionistas se aliaron con Cortina; la población cayó y éste tuvo que enfrentarse a Canales, acabando aquél por entregar Matamoros al monárquico Mejía. Servando Canales y Capistrán cruzaron la frontera; poco después se reintegraron al Estado y fueron derrotados en Guerrero el 12 de noviembre de 1864; de sus hombres, unos se fueron a Texas y otros, esquivando al enemigo, se incorporaron a las guerrillas de Méndez y de Carbajal. El año de 1865 fue de lucha constante y de frecuentes encuentros. Cortina volvió al orden federal, explicó a Juárez que su conducta obedeció a querer conservar su armamento y efectivos; y atacó Matamoros, donde obtuvo municiones y caballada. Las guarniciones francesas del norte eran únicamente las de Matehuala, Monterrey y Matamoros, por lo que las tropas leales al mando de Negrete sitiaron a Mejía en Matamoros el 25 de abril de 1865. El jefe liberal fue hostilizado por los confederados del general Slaugter, que apoyaba a los franceses.

Méndez combatía a los imperiales en la Sierra Madre causándoles constantes descalabros, incluyendo el de Tantoyuquita, donde cayó en manos republicanas un valioso cargamento al que se prendió fuego; pero allí, el 23 de enero de 1865 cayó Méndez, que dio su nombre a una población y a quien el Estado rinde homenajes anuales, mientras en las capitales de Tamaulipas y de la República se le han levantado monumentos. Mariano Escobedo fue comisionado por Juárez para que formara el Ejército del Norte, que integró con 2,500 efectivos de Coahuila, Nuevo León y Tamaulipas; el 17 de octubre de 1866 se dirigió con ellos a Matamoros; lanzó varios ataques que no fructificaron porque un continuo temporal le impedía maniobrar bajo la lluvia y entre el fango; el 25 de noviembre se retiró y volvió a la carga a fines de diciembre y tomó Bagdad con una considerable cantidad de pertrechos. Las rencillas internas de carácter político se reflejaban en las tropas, que desobedecían a sus jefes, los abandonaban, se incorporaban a otros y combatían entre sí. Canales, que se mantenía en observación frente a Matamoros, dio aviso el 8 de junio de 1866 a Escobedo, y éste a Gerónimo Treviño, Francisco Naranjo, Sóstenes Rocha, Jesús Alfonso Flores y Manuel Palacios, de la salida de 2,200 hombres que protegían un convoy de 200 carros de mercancías, el cual cambiaría de escolta en Cerralvo, de donde regresaría el imperialista Olvera a Matamoros. Escobedo, que no quería entrar en combate en Santa Gertrudis por cansancio y hambre de sus tropas, fue obligado por las fuerzas de Canales y Cerda, el 16 de junio, a disponer el orden de batalla contra el enemigo, el que fue envuelto y cargado al arma blanca haciéndole más de 400 muertos y capturando todo el armamento y el tren de mercancías. Matamoros, casi desprotegido, cayó mediante capitulación de Mejía, sin disparar las armas.

La batalla de Santa Gertrudis y la caída de Matamoros dejaron al Estado en manos republicanas y limpio de imperiales, pues Tampico cayó el 9 de agosto. Estos sucesos contribuyeron al regreso triunfal de Juárez a México y al fusilamiento de Maximiliano en Querétaro. Rebeliones en Matamoros y Tampico, desacatos a órdenes de movilización y diferición de entrega de los mandos político y militar, distrajeron fuerzas y elementos que debieron utilizarse contra los intervencionistas. Esta situación condujo al gobierno federal a ordenar que un gobernador provisional convocara a elecciones, en las que resultó electo el licenciado y

general De la Garza, aunque *de jure* se había restablecido el orden constitucional unos meses antes con la designación del presidente de la Suprema Corte de Justicia del Estado. En ese tiempo (abril a agosto de 1867) se estableció una escuela normal para formar preceptores. Políticos y militares se encargaron de trastornar nuevamente el orden, de modo que hasta 1871 se pudo ajustar la Constitución del Estado a lo establecido en la Federal de 1857, durante el gobierno del general Servando Canales. En ese año y el de 1872 se adoptaron los códigos Civil, de Procedimientos Civiles y Penal del Distrito y Territorio de Baja California; y a fines del siglo, adaptadas, otras leyes federales.

Las poblaciones prosperaron y decayeron. Matamoros llegó a 15 mil habitantes en 1873 y bajó a 8 mil en 1900, y Tula casi alcanzó 15 mil y descendió a 7 mil. En Tampico se inició la construcción de un muelle en 1867, pero en 1875 todavía estaba en construcción, con la circunstancia de que en 74 los trabajadores se declararon en huelga pidiendo aumento de salarios, pero sólo se sostuvieron una semana y no consiguieron la satisfacción de su demanda.

En 1876 Porfirio Díaz, que había lanzado el *Plan de Tuxtepec*, salió del país y regresó por la jurisdicción de Matamoros, donde el 21 de marzo, en Palo Blanco, reformó aquel Plan, cambiando el reconocimiento de presidente que la mayoría de los gobernadores designaran, por el presidente de la Suprema Corte, y a éste, si no reconocía el movimiento, por el jefe de la revolución, que entre otras cosas proclamaba la No Reelección. Díaz triunfó con el concurso de quienes se le sumaron en Tamaulipas y otros estados norteños, y parece que por gratitud siempre tuvo a algunos tamaulipecos en su gabinete y en los altos puestos del ejército; al general Manuel González lo hizo presidente de la República de 1880 a 1884 (murió en Chapingo el 8 de mayo de 1893). Así premiaba el primer gran descalabro de las tropas lerdistas en la batalla de Las Antonias, donde las fuerzas de Canales, integradas con batallones al mando de varios generales tamaulipecos, derrotaron a los 2 mil hombres destacados a apaciguar la rebelión del Estado, con lo que el gobierno federal dispuso de menor número de tropas que oponerle a Díaz en Tecoac, donde también contó éste con gente de Tamaulipas. Juan N. Cortina, que no colaboró con Díaz, fue hecho prisionero y condenado a muerte, pero el caudillo lo hizo llevar a México, donde estuvo preso en Tlatelolco, y como cayó enfermo se le dio Azcapotzalco por cárcel, donde murió el 30 de octubre de 1894.

Servando Canales

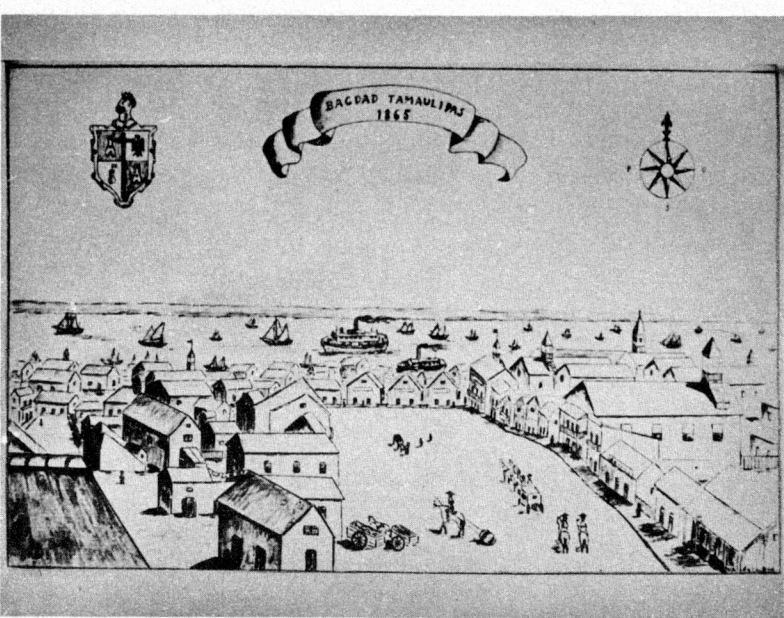

Bagdad en 1865

A partir de las guerras contra Texas y Estados Unidos, la participación de Tamaulipas en las relaciones internacionales de México fue muy activa. De 1836 a 1848 la ganadería del norte del Bravo fue objeto de un saqueo sistemático en el que participaron norteamericanos, texanos e indios, según se lee en los informes de las comisiones pesquisidoras de las fronteras del norte y el noroeste. Desde 1848 la expoliación de tierras y toda clase de propiedades fue práctica corriente, en la que intervinieron tropas regulares o funcionarios de distintas categorías, hasta jueces, quienes llegaron a invadir y saquear poblaciones mexicanas, como lo acreditan infinidad de documentos cambiados entre México y los Estados Unidos, particularmente las *Memorias* de la Secretaría de Relaciones Exteriores de los años 1872 a 1874. Las legislaciones tanto de México y Tamaulipas como de Texas y Estados Unidos se refieren con mucha frecuencia, en esa época, al contrabando y al abigeato practicado por estadounidenses, cuyos productos ilícitos tenían muy buen mercado en Texas. México creó una fuerza permanente, con el nombre de Contrarresguardo para perseguir aquellas actividades. Casos escandalosos fueron el saqueo de Reynosa por el juez Norton el 25 de marzo de 1853, quien sujeto a proceso ante la reclamación mexicana, fue repuesto en su empleo; la partida de abigeos que en Burgos cometió un asesinato y robó diversas propiedades en 1856; y las fechorías que cometió en 1858 una banda con residencia en El Rosario, Tex. Los informes de las comisiones pesquisidoras de ambos países ponen en claro que de 1859 a 1863 convergían a Matamoros las partidas de ganado que se robaban en México y en Texas, y que las más grandes haciendas ganaderas de los Estados Unidos, como las de Richard King, Billy Mann y Patricio Quinn, sólo superadas en el siglo XX por algunas de Australia, se formaron al amparo de ese ilícito negocio. Después de 1875, lo mismo en el siglo XIX que en el XX, han sido muy numerosas las ocasiones en que la frontera tamaulipeca ha sido violada por fuerzas regulares norteamericanas.

Las conspiraciones organizadas en territorio fronterizo han sido motivo de múltiples preocupaciones o reclamaciones formales. En 1849 el gobierno de México tuvo que hacer grandes movilizaciones de tropas con motivo de una expedición que se estaba organizando en la isla de los Gatos. En 1853 se supo que una fuerza texana invadiría México, hecho que culminó con la hazaña del juez Norton. El mismo año José María de Jesús Carbajal fue aprehendido y libertado, no obstante que México lo reclamaba por ciertos acontecimientos en Reynosa, habiendo respondido las autoridades norteamericanas que "lamentaban estos sucesos, no obstante la paz y armonía entre los dos países". En 1859 Cortina fue motivo de discordias, pues ambos países lo reclamaban porque tenía las dos nacionalidades; por su actividad en México, se le llamó federalista, intervencionista, patriota y traidor; en Texas era abigeo, bandido, confederado y unionista; su rebelión en Texas, donde se apoderó de Brownsville el 28 de septiembre de aquel año, tuvo como pretexto las vejaciones que se hacían a los mexicanos; se hizo muy popular y provocó un serio levantamiento, considerado allá como sublevación organizada en México; lo declararon traidor, volvió, a Texas, amagó Brownsville, al que dieron auxilio hombres de Matamoros que fueron derrotados, pero el 29 de diciembre lo fue Cortina, quien se refugió en México; pero al mismo tiempo las tropas de defensa de la frontera se vieron en el caso de protegerse tanto de los atropellos de las gavillas de Cortina como de las tropas texanas; en 1861, regresó a Texas, su tropa fue dispersada y nuevamente penetró al centro de Tamaulipas, donde sirvió a los federales y a los imperiales; en 1864 combatió lo mismo a los confederados que a los unionistas, obteniendo de ambos la concesión para el paso libre de productos, por cuya razón unos y otros lo protegieron como contrabandista; anduvo algunos años en el interior del país; en 1870 regresó a la frontera y en 1871 pidió indulto al gobierno norteamericano, que no se lo concedió por seguirlo considerando mexicano y poder reclamar a México los daños que había causado; regresó al servicio del ejército y por el desfalco de una pequeña cantidad fue llevado a la capital de la República, pues no se adhirió al *Plan de Tuxtepec*. Entonces se hizo famosa una frase: "Reparación en cuanto al pasado, garantías para lo futuro". El tiempo se encargó de limar asperezas y las relaciones fronterizas se volvieron cordiales, aunque se hayan alterado por pequeños lapsos: el 21 de diciembre de 1885 unos 30 hombres asaltaron Mier, prometiendo el gobierno vecino que los desarmaría; después fueron los levantamientos de Catarino E.Garza entre 1890 y 1892 y de 1895 a 1897. Entre las reclamaciones contra México se cuentan la de John Belden, a quien se intervino una casa en Matamoros en 1836, que valía 10 mil pesos, y por la cual se le pagaron poco más de 80 mil en 1885; y la de 1884, en que se pidió revocar una sentencia judicial contra la goleta *Rebeca* por contrabando comprobado, la cual negó el Ejecutivo porque no podía invalidar actos del Judicial. En 1884 México reclamó, a su vez, la isla de Morteritos, hecho que motivó un estudio general de bancos, desviaciones, canales y cauces del Bravo, que precisaron el cauce internacional y línea divisoria, como al mediar el siglo XX se hizo en el caso del Chamizal.

El porfiriato. Servando Canales, que había sido electo gobernador en 1870 para terminar el período del licenciado De la Garza, fue reelecto para 4 años más, pero al triunfo de los tuxtepecanos prolongó su influencia sobre los que le siguieron, casi

hasta su muerte en Matamoros el 28 de junio de 1881, y la sucesión gubernamental fue pacífica hasta 1911. Bajo su gobierno y los posteriores, el Estado fue partícipe del movimiento constructivo, dentro de los sistemas típicos del régimen dictatorial de Díaz. La industrialización fue muy lenta, pues de cuando en cuando se da noticia del establecimiento de alguna fábrica de galletas, de pastas, de cerillos, de cigarros o de aguardientes. El trazo de las líneas férreas señala el camino de salida a las materias primas y a la producción minera, como las de Monterrey a Tampico, a Nuevo Laredo y a Matamoros, y de San Luis Potosí a Tampico. Las poblaciones prosperaron gracias a las aduanas que recaudaban los impuestos al comercio exterior, pero las importaciones de bienes de capital fueron nulas o escasas. La agricultura se practicaba con procedimientos rudimentarios, casi primitivos; y la ganadería se acrecentaba más por sí sola que por inversiones o cuidados. Regían esta última actividad: la Ley de Policía Rural de 1826, con modificaciones en 1849, 1850 y 1886, que estableció el cuerpo todavía existente; la Ley de Corridas de 1850, vigente hasta 1942, con reformas en 1871; la Ley sobre Garantía y Protección a los Criadores de Ganado Mayor y Menor de 1874 y el Registro General de Fierros de 1897, ambas derogadas por la Ley de Ganadería de 1942. La crianza y explotación de animales fue la base de la economía colonial y por ello la protegieron los gobiernos estatales, castigándose muy severamente el abigeato; aunque desde 1889 se abolió la pena de muerte en el Estado, era costumbre no hacer averiguaciones cuando se encontraba algún individuo colgado teniendo bajo sus pies una cabeza de vacuno. Las minas continuaron explotándose porque la industria mundial requería metales y minerales y no porque se requirieran como materias primas dentro de la entidad o del país. Las relaciones entre trabajadores y patrones estuvieron gobernadas por el derecho consuetudinario hasta la expedición de la Ley de Sirvientes de 1886, que prohibió los contratos perpetuos, autorizando sólo 2 años y por escrito los de servicios rústicos, con obligaciones y prestaciones para ambas partes, como prohibir el abandono del trabajo y obligar a los patrones a proporcionar atención médica en caso de enfermedades y accidentes de trabajo. Este ordenamiento estuvo vigente hasta 1888. A partir de 1892, en que se fundó la Sociedad Económica de Empleados, que formó una caja de ahorros y el Banco de Empleados de Victoria mediante contribuciones del 1 al 4% mensual vo-

Rómulo Cuéllar   *Alejandro Prieto*   *Guadalupe Mainero*

luntario para los socios, se establecieron en el Estado sociedades mutualistas o gremiales, de las que subsiste la Alianza Obrera Progresista de Ciudad Victoria. En 1898 una ley autorizó al Congreso a conceder jubilaciones a maestros de instrucción pública y a otorgar pensiones a empleados o a familiares de quienes hubieren prestado servicios eminentes al Estado. La tesis profesional de Luis Puebla y Cuadra (n. hacia 1860 y m. el 18 de enero de 1929) para optar al grado de administrador de fincas rústicas, escrita bajo la protección del presidente Díaz, quien becó al estudiante, justifica por sí sola la actitud de los campesinos que se rebelaron contra la dictadura. Puebla y Cuadra, fundador de la Escuela Normal del Estado en 1875, trabajó en haciendas del general Manuel González, en las que observó cómo el sirviente norteño vivía de manera distinta al peón del centro, aunque su vida de miseria se consumía en pagar las deudas adquiridas durante su servicio "ya para él improductivo, como el del esclavo, que no logra atesorar el precio de su libertad". He aquí algunos de sus testimonios: "El personal superior (es) de trato y maneras bastante groseras, de lenguaje soez y obsceno. Imprime a la finca un régimen interior que mucho tiene de tiránico (en el que) los sirvientes son las víctimas propiciatorias... Con menosprecio de las garantías individuales, se les hace sufrir castigos degradantes, como atarlos de un pie a un poste, exponiéndolos a la

expectación de todos los habitantes de la finca; se les golpea o se les pone en cepo improvisado con barras de hierro que se ligan fuertemente a los brazos y las piernas, y en el cual permanecen a veces todo el día o la noche, castigo muy cruel que hace sufrir demasiado a los sirvientes y frecuentemente produce consecuencias funestas. Cuando se golpea a los sirvientes se hace uso del machete o cuchilla... Conozco en la frontera algunos administradores de fincas de campo que tienen la convicción, o aparentan tenerla, como para autorizar su crueldad, que el sirviente es casi una bestia de carga, que obedece más al palo que a las razones". La tesis está fechada en 1885, durante la primera reelección de Díaz, cuando se trataba de desprestigiar al general González acusándolo de múltiples delitos, de los que al fin fue absuelto, pero la Secretaría de Fomento dejó impreso ese testimonio que nadie desmintió. Los vaqueros vivían de otro modo: el uso del caballo los ponía en contacto con los pueblos y no tenían necesidad de acudir a la tienda de raya, que no se estableció en los ranchos ganaderos y sí en los agrícolas; manejaban la moneda, que el sirviente no conocía porque le pagaban con vales o fichas; conocía el precio de las mercancías y generalmente se contrataba por sueldo, ración alimenticia para él y su familia y opción a que animales suyos pastaran en los agostaderos.

La enseñanza avanzaba lentamente. Los principales centros culturales eran Matamoros, Victoria, Tampico y Tula; en la primera se estableció en 1858 el Colegio de San Juan, por donde pasaron ilustres tamaulipecos que participaron en la revolución. En la primera década del siglo XX había en el Estado 6 escuelas de educación superior (2 preparatorias, 3 normales y una de jurisprudencia). Las obras públicas aumentaban con edificios municipales, puentes, obras de ornato y hasta aulas y jardines de niños, como el que estableció Estefanía Castañeda en 1898, al que siguieron otro muchos, cuyos programas y planes de estudio, elaborados por ella, son vigentes en gran parte en el Estado, en México y en varios países de Centro América. Los medios ilícitos para mantener la paz porfiriana los puso en práctica en Tamaulipas el propio general Canales, en lo que se llamó "la engorda de don Servando"; este sistema consistió en permitir a los delincuentes que no caían en manos de la justicia, que vivieran en su rancho, donde les hacía fiestas todos los fines de semana, durante las cuales se eliminaban entre sí, de manera que el bandidaje subsecuente a la intervención y a la rebelión de Tuxtepec desapareció de este modo, quedando pacíficos los pueblos y libres los caminos.

Al principiar el siglo XX se trató de dar impulso a la agricultura en gran escala mediante la canalización de los ríos Bravo y San Juan, en beneficio del general González y socios, en tierras de los estados de Coahuila, Nuevo León y Tamaulipas, pero no se pudieron terminar y constituyeron el más grande fracaso de la Caja de Préstamos para Obras de Irrigación y Fomento de la Agricultura, fundada con $36 millones. Hubo también algunos trastornos del orden público, como las rebeliones de Catarino E.Garza, el asesinato del doctor Ignacio Martínez, la separación del obispo Sánchez Camacho de la Iglesia y el asesinato del periodista Rivero Echegaray.

El doctor Martínez n. en San Carlos en 1838 o 1844; se tituló de médico en Monterrey; participó en la lucha contra franceses e imperialistas; se adhirió a los planes de la Noria y de Tuxtepec; siendo senador propuso en 1879 que desapareciera la leva como método para formar el ejército; decepcionado de éste y de la política se dedicó al periodismo en Monterrey, atacando a Reyes y a Díaz; perseguido se refugió en Matamoros en 1881 y se dedicó a su profesión y al periodismo. Había efectuado un viaje por América, Europa y Africa, que en 1882 publicó en Brownsville y en 1884 en París. Por temor a ataques pasó a Brownsville y allí fundó *El Mundo*, en el que continuó su campaña antiporfi-

rista; en 1886 publicó su *Viaje universal. Visita a las cinco partes del mundo* (Nueva York, Librería de Molina). Las autoridades federales y de Nuevo León lo persiguieron hasta que un sicario de Bernardo Reyes lo asesinó en Laredo, Texas, el 3 de febrero de 1891.

El periodista Catarino E.Garza se había hecho notorio en la frontera por su oposición a Díaz, hasta que en septiembre de 1891 lanzó su *Plan Revolucionario* en el que pinta un cuadro sombrío y trágico de la nación; desconocía en él a las autoridades civiles y militares del país, se autonombraba jefe del Ejército Constitucional del Norte, en estado de guerra; convocaría a elecciones para una convención que revisara la Constitución de 1857, en cuya reforma se elevarían a principios constitucionales la "absoluta prohibición de la reelección", la "libertad completa a todos los partidos políticos", la supresión de la ley fuga, la remoción de obstáculos al comercio e industria y la soberanía de los estados, y las tierras libres serían distribuidas a los mexicanos que las deseasen. En los considerandos del plan reprochaba a Díaz el haber reconocido las deudas española e inglesa y el que los Estados Unidos lo consideraran similar a Santa Anna, al proponerle la compra de la Baja California; y se manifestaba antirreeleccionista. Fechó el documento en la margen del río Bravo, en el Estado de Tamaulipas. El movimiento fue desafortunado, porque habiéndose iniciado dentro de Texas, las fuerzas norteamericanas lo persiguieron y en el primer encuentro con las tropas mexicanas en Las Tortillas, el 20 de diciembre de 1891, con saldo de 2 muertos y 2 heridos, se sintió desanimado, dispersó sus tropas y entró en arreglos con el gobierno de Chihuahua; se expatrió y en 1894 se encontraba en Costa Rica; regresó en 1895 para reanudar la lucha antiporfirista, la que continuó hasta 1897. A su pronunciamiento le faltó dirección entre los encargados de realizarlo y decisión entre los comprometidos, como los generales Luis E.Torres, Francisco Terrazas, Francisco Naranjo, Sóstenes Rocha, Sebastián Villarreal y Francisco Estrada, los dos últimos con mando de fuerzas en Tamaulipas. Esta rebelión se considera como un antecedente ideológico y militar de la revolución de 1910.

El obispo Sánchez Camacho, además de que era antiaparicionista guadalupano, tenía tendencias liberales o se contagió de ellas en el estado; pretendió reimplantar las Leyes de Reforma como lo había ordenado su predecesor Verea y Guzmán, Obispo de Linares; y como trataran de hacerlo volver sobre sus pasos, hizo propias las indagaciones de García

Icazbalceta, lo que incomodó a las altas autoridades eclesiásticas, que lo forzaron a renunciar al obispado el 31 de mayo de 1896. Entregó la diócesis el 3 de octubre y ya retirado en su Quinta del Olvido, casi como en una cárcel, publicó por lo menos 28 folletos, en su mayoría autobiográficos, y una larga serie de artículos sobre la masonería, que publicó *El Tiempo* de México. Murió el 14 de diciembre de 1920; sus restos fueron acompañados por un cortejo más grande que cualquier manifestación política realizada hasta entonces en Ciudad Victoria. Sánchez Camacho n. el 17, 18 o 22 de

---

TAMAULIPAS. FUNDACIÓN DE POBLACIONES

I.*Prehispánicas*: Chachahual o Tanchachahual, Tanchiz, Tanchoy, Tantoyuca, Tamu, Tantoana, Tantepelete, Tancustacán, Tamesí, Tanchumesí, Tancaxual, Tanzacanzí o Tanzacancique, Tampucho o Tampuche, Tansuche, Tamapul, Tantchín o Tanhuanchín, Tanzale y Camalauche. Son nombres de la cartografía de los siglos XVI y XVII, de los que se localizan muy pocos.

II.*Precoloniales*: Tamaholipa, 1544; Tula, 22 de julio de 1617, ciudad en 1836; Jaumabe (con esta ortografía), 23 de julio de 1617, restaurada en 1743; Misión de Santa Clara o Monte Alberne, 7 de agosto de 1617; Palmillas, (c) 1617, restaurada en 1745; Santa Engracia, Majada y hacienda de ovejas, 1667; San Antonio de los Llanos, (c) 1709, desapareció al fundarse Hoyos; Misión del padre Blanco, (c) 1715; Presidio de San José, (c) 1726; San Antonio, (c) 1709, desapareció al fundarse Hoyos; Misión del padre Blanco, (c) 1715; Presidio de San José, (c) 1726; San Antonio, (c) 25 de junio de 1726.

III.*Coloniales*: Llera, 25 de diciembre de 1748; Güemes (con s final y no con z, como lo escriben las secretarías de Industria, de Agricultura, de Comunicaciones y otras dependencias federales), 1º de enero de 1749; Padilla, 6 de enero de 1749, antes de que quedara bajo las aguas de la presa Vicente Guerrero (las autoridades y población pasaron a Nuevo Padilla en 1971); Santander, 17 de febrero de 1749; Jiménez, 31 de octubre de 1827; Burgos, 20 de febrero de 1749; Camargo, 5 de marzo de 1749; Reynosa, 14 de marzo de 1749; San Fernando, 19 de marzo de 1749 (De la Llave a partir de 1869); Altamira, 2 de mayo de 1749 (Villerías a partir de fines de 1827, pero el nombre fue abandonado); Ciudad de Horcacitas, 11 de mayo de 1749, Magiscátzin o Maxiscátzin a principios de 1828, que fue cabecera municipal hasta el 4 de octubre de 1924; Santa Bárbara, 19 de mayo de 1749, y Ocampo a partir de 1869; Real de los Infantes, 26 de mayo de 1749, y Bustamante desde mediados de 1828; Aguayo, 6 de octubre de 1750, y Ciudad Victoria desde el 20 de abril de 1825; Revilla, 10 de octubre de 1750, Guerrero desde 21 de noviembre de 1827 y Nueva Ciudad Guerrero en otro sitio, en 1946, al quedar bajo las aguas de la presa Marte R.Gómez; Dolores, una hacienda al norte de Mier (c) 1750; Escandón, 15 de marzo de 1751, y Xicoténcatl a mediados de 1828; Hoyos, 19 de mayo de 1752, e Hidalgo desde mediados de 1828; Santillana, 26 de octubre de 1752, Abasolia desde mediados de 1828 y actual Abasolo; Mier, 6 de marzo de 1753; Laredo, ahora de Texas, 15 de mayo de 1755; Real de Borbón o Cerro de Santiago, 8 de mayo de 1757, y Villagrán desde 15 de noviembre de 1827; Cruillas, 9 de mayo de 1766; San Carlos, 6 de junio de 1766, y Arteaga (nombre que ni oficialmente se usa) en 1869; San Nicolás, 10 de abril de 1768, y Degollado a partir de 1869 (nombre caído en desuso); Presas del Rey o Presas, 15 de abril de 1790, y Aldama (c) 1829; Baltazar, fundado en la ya existente Congregación de San Baltazar, 6 de mayo de 1821, Morelos a principios de 1828 y Antiguo Morelos a partir de 1860.

IV.*Estatales*: Santa Anna de Tampico, 12 de abril de 1823, y Ciudad de Tampico, 24 de noviembre de 1828; Matamoros, en la ya existente Congregación del Refugio (1794), ciudad (14 de mayo de 1834), Heroica e Invicta (7 de noviembre de 1851) y Leal (28 de mayo de 1852, oficialmente H.Matamoros); Rayón, en la ya existente Congregación de San Antonio Tancaneque, Jalapa de Tamaulipas a partir del 5 de octubre de 1867 (desapareció como cabecera municipal a fines del siglo XIX); Nuevo Laredo, en la ya existente Congregación Monterrey-Laredo (1848), y villa, 15 de junio de 1849; Miquihuana, en San Juan de la Miquihuana, 14 de mayo de 1849 (por decreto de fines del siglo XIX se le denominó Canales, pero nadie usa ese nombre); Iturbide, en Tantoyuquita, 12 de noviembre de 1851 (desapareció el municipio a fines del siglo XIX); Quintero, 24 de mayo de 1860 (dejó de ser cabecera municipal y pasó a Villa Juárez en 1921); Nuevo Morelos, en la Congregación de Mesillas, 1º de octubre de 1860; Bagdad, 1863 (barrida la ciudad por un huracán, se declaró desaparecido también el municipio el 13 de abril de 1880); Méndez, 7 de febrero de 1868; Gómez Farías, en la Congregación Joya de los Indios, 6 de mayo de 1869 (dejó de ser cabecera municipal, el 31 de diciembre de 1965); Villa Juárez, en la Congregación Canoas y antes rancho El Mante, 19 de abril de 1921, en que pasó a ser cabecera del municipio de Quintero, y cambió de nombre por Ciudad Mante el 28 de octubre de 1937; Arbol Grande, (c) 1921, pasó la cabecera municipal a Villa Cecilia, en Doña Cecilia y antes Paso de Doña Cecilia, 1º de mayo de 1924, y Ciudad Madero desde el 10 de octubre de 1930; Villa Mainero, en la Congregación de Potrerillos, 30 de junio de 1924; Nueva Ciudad Guerrero, 1946, al trasladarse los pobladores y las autoridades por la inundación de Ciudad Guerrero; Ciudad Miguel Alemán, en la Congregación San Pedro de Roma, 11 de octubre de 1950; Valle Hermoso, 8 de septiembre de 1951, con el rango de ciudad, reconocido por decreto del 4 de marzo de 1953 (inició sus actividades municipales el 18 de marzo de ese año); Ciudad Río Bravo, en la Hacienda La Sauteña, 11 de diciembre de 1961; Loma Alta de Gómez Farías, 1º de enero de 1966, por traslado de la cabecera municipal de Gómez Farías; Nuevo Padilla, 27 de octubre de 1971, al trasladarse la población y las autoridades de Padilla. (c)=*cerca de.*

septiembre de 1838 en Hermosillo, Son., estudió en el Seminario de esa ciudad y se doctoró en cánones en Guadalajara; el Papa León XIII lo promovió al obispado de Tamaulipas; consagrado en Guadalajara, tomó posesión en Ciudad Victoria en diciembre de 1880. Su actitud, nunca anticatólica, contribuyó a afianzar el liberalismo sostenido por los paladines del periodismo en Matamoros, Victoria, Tula y Tampico.

Vicente Rivero Echegaray dirigía *Bala Rasa* en Tampico cuando le llegó la queja de que un cabo de policía y el jefe político habían hecho chicharrones una puerca gorda de propiedad ajena, lo cual le dio pie para una sangrienta caricatura que enfureció al jefe; éste ordenó a un policía el asesinato del periodista, que ocurrió el 30 de agosto de 1902. El hecho causó irritación en la prensa estatal; el coronel Cervantes, director en Tampico de *Hoja Blanca*, protestó y fue encarcelado. Ante la excitación general de la prensa, el jefe político Antonio Longoria, último de esa denominación que hubo en el estado, fue destituido por órdenes de Díaz, sin que el gobernador, como en los casos anteriores, tomara ninguna determinación.

También en Matamoros el profesor Juan B.Tijerina atacaba al gobierno y allá, fuera de su jurisdicción, lo persiguió Bernardo Reyes; se refugió en Brownsville y hasta ese lugar lo alcanzaron los agentes del neoleonés y lo llevaron secuestrado a Monterrey; el gobernador de Tamaulipas, licenciado Mainero, pidió a Reyes que se lo entregara para impedir que lo fusilara; en Victoria continuó Tijerina su misma postura ideológica como director y editor responsable de *El Progresista*, que durante más de 12 años congregó a los más brillantes intelectuales del Estado, propagando el liberalismo y las modernas corrientes científicas y literarias, convirtiéndose en el mejor periódico que se había publicado hasta 1911. *El Tulteco* fue el abanderado del liberalismo en los pueblos de la sierra y el único que en Tamaulipas publicó el *Manifiesto Liberal* de San Luis Misuri. *Hoja Blanca* del coronel Jesús E.Cervantes vapuleaba en Tampico a las autoridades inferiores, hasta su encarcelamiento en 1902; y *Bala Rasa* de Rivero Echegaray hacía lo mismo, hasta que lo asesinaron en 1901.

La administración pública se manejó con libertad y soberanía por los gobiernos anteriores al triunfo tuxtepecano, y al igual que los que estuvieron bajo la influencia del general Canales, fueron electos por el pueblo y no se dejaron someter a los caprichos dictatoriales del centro; pero desde el ingeniero Prieto, que obedeció las órdenes de destrozar y vender los ejidos de los pueblos, urgiendo a los ayuntamientos a que lo hicieran pronto, los gobernadores (Mainero y Argüelles y Castelló) fueron instrumentos dóciles del porfiriato, con todas las lacras denunciadas por Puebla y Cuadra, y la particularidad de que el último era pariente de Carmen Romero Rubio de Díaz, impuesto seguramente para complacerla.

Los partidos políticos aparecieron como clubes en 1901, cuando fueron convocados por el Club Liberal Ponciano Arriaga de San Luis Potosí. Se sabe por *Regeneración* que en Nuevo Laredo existía el Melchor Ocampo, en Tampico el Benito Juárez y en Tula el Juárez-Ocampo; a la reunión concurrieron: por el primero, Amado González; por el segundo, Ricardo López y Parra y Pompeyo Morales, "una de las figuras más simpáticas del congreso", al decir de Flores Magón; y por el tercero, José D.Gaitán, Jesús López y Telésforo Villanueva, hombres que por asistir a aquella junta expusieron su vida, al manifestarse opositores francos al régimen dictatorial, en cuya aventura los acompañaron representantes de sólo 15 estados. Además, entre los concurrentes al Congreso Liberal de 1901 estuvieron dos potosinos que marcaron una fuerte influencia sobre los trabajadores de Tampico: Librado Rivera y Rosalío Bustamante (a éste el Ayuntamiento del puerto le dedicó una calle), ambos ligados estrechamente a Ricardo Flores Magón, especialmente Rivera, que compartió con el "Apóstol cautivo" prisiones y miserias. Después de que los congresistas salieron huyendo de San Luis, los dos y el ingeniero Arriaga fundaron en México el Club Liberal Ponciano Arriaga, que de inmediato lanzó una protesta por el ensañamiento de la justicia gubernamental contra los periodistas liberales, con referencia directa al coronel Cervantes, preso todavía en febrero de 1903 por protestar en Tampico por el asesinato de Echegaray. Los clubes políticos hasta el final de la dictadura sólo aparecían en cada reelección de Díaz o en las elecciones de gobernadores, hasta que en 1909 se fundaron clubes maderistas en las principales poblaciones, especialmente en San Nicolás, H.Matamoros, Tampico y Ciudad Victoria.

La Revolución. El paso de Madero por Tampico y Ciudad Victoria, sin bajarse del ferrocarril en esta población, fue suficiente para ganar adeptos que presintieron su triunfo o que ya eran sus partidarios desde que inició su campaña contra el dictador. A su lado estuvieron los tamaulipecos Emilio y Francisco Vázquez Gómez, licenciado uno y doctor el otro, de humilde origen en Tula, donde fue-

52

El río Pánuco y el puerto de Tampico, Tamps.

ron pastores y arrieros, pero con decisión para abandonar el hogar en pos de educación, que lograron en Saltillo y en México; el abogado se dedicó al estudio de los problemas fundamentales, como el agrario; y el médico, absorbido por la política, fue inquebrantable y recto, lo que le valió su distanciamiento de Madero. Los brotes rebeldes aparecieron a fines de mayo de 1911, como el del profesor Alberto Carrera Torres en Tula y otros pequeños grupos en Villagrán y Llera.

Apenas se iniciaba la revolución social cuando habría de cobrar características que conmoverían al continente y aun llamarían la atención en Europa, al grado de que con el tiempo se la situó como el acontecimiento que inició el siglo social en el XX cronológico. Se ha dicho que es una derivación lejana de la revolución francesa, una manifestación tardía de la revolución industrial o el paso de la dictadura a la etapa democrático-burguesa (según los historiadores rusos); pero en realidad es tan original como la francesa, la industrial y las posteriores a la mexicana, la soviética y la china. Esa originalidad parte del pasado histórico, tanto indígena como hispánico. Entre los pocos elementos indios salvados de la destrucción hispánica se sabe: 1.que las disposiciones injustas de una autoridad podían no ser obedecidas, 2.que no existían castigos contra la religión, y 3.que en la tenencia de la tierra exis-

tían las propiedades comunal, privada, de la Iglesia y del Estado, de la que derivaban las anteriores. Por la parte hispánica se sabe que los reyes católicos establecieron sobre los señoríos ibéricos los principios de obediencia absoluta al rey, que la única religión que se practicaría en el imperio español sería la católica, apostólica romana, y que la explotación de las colonias se haría sobre la base del latifundio: agrícola, ganadero, forestal y minero. La falta de obediencia al rey se castigaba con saña jamás conocida por los indios, como la horca, el descuartizamiento y el degüello, y en su nombre rodaron las cabezas de los héroes de la Independencia. Los delitos contra la religión los castigaba la Inquisición con penas que iban desde los azotes hasta la cremación en vida, pasando por tormentos no imaginados por la mente indígena. Y los latifundios fueron los pilares económicos que sostuvieron los 3 siglos del dominio español. Para destruir los tres principios en que se fincó el poder conquistador fueron necesarias tres revoluciones: la de Independencia libró el país de la obediencia al rey, la de Reforma liberó las conciencias para practicar la religión que más conviniera a cada uno, y la revolución social de 1910 o Revolución Mexicana es la tercera etapa de liberación del colonialismo, aprovechando lo mismo ideas propias que ajenas, técnicas nacionales y extranjeras, elementos de la antigüedad prehispánica y de la actualidad mundial, porque todavía continúa la lucha para acabar con el latifundismo, echando mano al calpulli azteca, distinto al ejido de las Siete Partidas. Ya la Reforma había destruido grandes latifundios en manos de la Iglesia, pero creó otros en manos liberales, que la revolución social principió a atacar tímidamente: primero a los agrícolas, después al forestal y lentamente al ganadero y al minero, y ya es una realidad que la posesión de la tierra de unas pocas manos, algunas veces extranjeras, ha pasado a millones de mexicanos, que al convertirse en productores alcanzan un mayor poder de compra, que hace factible la industrialización, meta de las revoluciones del siglo XX. En este marco de referencia pueden explicarse las manifestaciones locales y las resoluciones parciales en las entidades o regiones y analizarse los pasos de los gobiernos revolucionarios dentro del sistema democrático que se pregonaba, pero no se practicaba.

Al triunfo del maderismo, en Tampico se lanzaron a la huelga sucesivamente el Gremio de Alijadores, los obreros de la *Waters Pierce Oil Co.*, secundados por los de la *Tampico Navigation Co.* y los de la Compañía Consolidada de Maderas; y al finalizar 1911, los de la *Huasteca Petroleum Co.*, triunfando todas con el aumento de salarios, de $1 que regían desde 1900, a $2.50; el mismo año los dependientes del comercio solicitaron el descanso dominical con goce de sueldo, pero eso lo obtuvieron hasta 1917. El profesorado, que tenía salarios bajos, fue aprovechado por las nuevas corrientes y lograron magníficos resultados. Aunque aparentemente la Revolución había triunfado con la expatriación de Díaz, los gobiernos sucesivos de León de la Barra, el propio Madero y Victoriano Huerta continuaron trabajando con los mismos sistemas y en muchos casos con los mismos hombres, como sucedió en Tamaulipas; pero lo que en realidad pasó fue que durante la dictadura se prepararon los ideólogos de la Revolución, en los otros gobiernos se expusieron las teorías y las doctrinas sociales, y su aplicación se inició durante la etapa violenta de la Revolución continuándose por los gobiernos posteriores. Al asesinato de Madero siguió la protesta de Carranza, cuyo llamado fue secundado de inmediato por Tamaulipas, que pronto se convirtió en el primer bastión fuerte del movimiento, sostenido por hombres de vida morigerada y sencilla, vestidos con pieles toscas y resistentes, alimentados con carne y productos animales, que regulaban su economía con el maíz, el frijol, el café y el tabaco; y aunque parcos en el comer, su estatura era mayor

que la media del país, de gran resistencia física, habituados al manejo del caballo desde niños, de gran capacidad para las privaciones y para la adaptación a medios de vida hostiles; de ideas liberales, sin fanatismos religiosos y con una franca disposición a los sentimientos humanitarios y de redención social. Al integrarse el ejército constitucionalista, el 4 de junio de 1913 se apoderaron de Matamoros, que quedó al mando del general Pablo González, jefe de la 1a. División del Noroeste. Con la misma denominación se reclutaron de la 2a. a la 5a., que se internaron en otros estados, quedando la última en Tamaulipas. En Matamoros se reunieron los generales Francisco Murguía, Lucio Blanco, Jesús Agustín Castro, Cesáreo Castro, Antonio I. Villarreal, Teodoro Elizondo, Francisco Coss, Luis Caballero y muchos otros que destacaron en la etapa violenta. Ciudad Victoria fue tomada el 18 de noviembre, lo cual preparó la captura de Monterrey, sobre la que cayeron los mismos vencedores de Victoria; a poco se apoderaron de Nuevo Laredo y Guerrero, para que el noroeste quedara limpio de huertistas; y después se precipitaron sobre Tampico, que cayó el 11 de marzo de 1914. En la Sierra Madre Alberto Carrera Torres se adhirió a los ideales de Zapata y con su gente llegó hasta Oaxaca, no sin que un plan agrario que proclamó en las montañas fuese reimpreso, aun en Mérida, Yuc. Regresó cuando la Convención designó gobernador del Estado al general Maximo García; abandonó Ciudad Victoria el 8 de junio de 1915, cayó prisionero y por divergencias de carácter político el general Obregón ordenó que se le fusilara.

El general Caballero, gobernador y comandante militar desde la toma de Victoria, se rodeó de intelectuales y convirtió al estado en un laboratorio de la Revolución, dictando leyes de carácter social: creación de comisiones agrarias, colonización y reparto de baldíos, y fomento de la irrigación y la pequeña propiedad, disposiciones dictadas apenas una semana después de que se repartió el primer ejido, el 14 de junio de 1914, en Las Borregas, rancho propiedad de Félix Díaz, cerca de Matamoros, acto realizado por el general Lucio Blanco y su estado mayor, en el que estaban el propio general Caballero y el coronel Raúl Gárate. A fines de julio se prohibió la prestación de servicios personales para la compensación de deudas y en los meses siguientes se expidieron decretos para organizar los asuntos agrarios. Dos profesores fueron los más próximos colaboradores de Caballero: el general Gaspar de la Garza y Lauro Aguirre; éste llevó a distinguidos educadores de la Ciudad de México y del Estado: Alfredo Uruchurtu, Leopoldo Kiel, Daniel Huacuja, Enrique Olivares, Francisco Nicolademo, entre otros, quienes localmente abrieron cientos de escuelas y ensayaron la enseñanza rural y las misiones culturales, para más tarde realizar la reforma educativa nacional.

En medio de desórdenes y convulsiones políticas, cambios frecuentes de gobernador y rebeliones locales, o simple persistencia de grupos que asaltaban poblaciones, el gobernador provisional González Villarreal expidió la Constitución de 24 de abril de 1920, ajustada a lo prescrito por la Federal de 1917; pero como el régimen de Agua Prieta, que derrocó a Carranza, designó como gobernador interino al licenciado Emilio Portes Gil y lo sustituyeron Martínez Rojas y Morante, a éste correspondió expedir una nueva Constitución el 5 de febrero de 1921, que en realidad es copia de la inmediata anterior, y la cual, con ligeras modificaciones, es la vigente. Esta "derogó las leyes, circulares y disposiciones que se opusiesen a su texto, sin mencionar en el precepto derogatorio a la Constitución anterior", dice el licenciado Zorrilla. El siguiente gobernador electo se sumó a la rebelión de Adolfo de la Huerta y abandonó el gobierno; siguieron 5 interinos y luego fue electo el licenciado Portes, quien se distinguió por la formación del Partido Socialista Fronterizo, cuyos estatuos fueron la base para la creación del Partido Nacional Revolucionario cuando en junio de 1928 fue designado presidente interino de la República. Expidió la Ley del Tratado del Estado, modelo que sirvió para redactar el primer proyecto de Código del Trabajo. Lo sucedieron otros numerosos mandatarios interinos y constitucionales, entre los que destacan: el ingeniero Marte R.Gómez, que inició la recatastración urbana y rural del Estado e intensificó el reparto agrario; y el doctor Norberto Treviño Zapata, que puso a funcionar la Universidad Autónoma de Tamaulipas, creada por una ley del anterior, y en cuyo régimen se multiplicaron las publicaciones de libros y folletos, se crearon nuevas poblaciones y se intensificó la asistencia social. El paso del doctor Emilio Martínez Manatou por la Secretaría de la Presidencia coincidió con un estudio exhaustivo de la Laguna Madre, proyecto cuya realización beneficiaría a una gran región del país. Destaca el hecho de que al triunfo de la Revolución y después del trastorno ocasionado por la rebelión de Adolfo de la Huerta, el civilismo quedó establecido de una manera permanente, salvo el período del general Gárate, que cubrió la vacante ocasionada por una desaparición de poderes decretada por el Senado. *G.S.*

1

Luis Caballero

GOBERNADORES DE LA PROVINCIA DEL NUEVO SANTANDER

José de Escandón, 31 de mayo de 1748 al 10 de septiembre de 1770. Francisco de Barberena (i), 2 de octubre de 1755 a enero de 1756. Manuel de Escandón (i.), mayo a octubre de 1764. Juan Fernando de Palacio (i. y v.), 8 de abril de 1767 a 20 de enero de 1768. José Rubio (i), 20 de enero de 1768 a 18 de septiembre de 1769. Vicente González Santianes (i.), 18 de septiembre de 1769 a octubre de 1770 y (p.) hasta 12 de agosto de 1777. Juan Muñiz (i.), 10 de noviembre de 1772 a marzo de 1773. Francisco de Echeagaray, 12 de agosto de 1777 a 19 de febrero de 1779. En la vacante del 19 de febrero al 17 de abril de 1779 despachó las urgencias el justicia de San Carlos, Simón Alvarez de Nava. Manuel de Medina, 17 de abril a 21 de noviembre de 1779. En la vacante del 21 de noviembre de 1779 al 17 de febrero de 1780 despachó Alvarez de Nava. Manuel de Escandón, 17 de febrero de 1780 a 17 de marzo de 1781. Diego de Lasaga, 17 de marzo de 1781 a 20 de febrero de 1786. Juan Miguel de Zozaya (i., al igual que los siguientes, por el comandante de las Provincias Internas de Oriente), 20 de febrero de 1786 a fines de 1787. Melchor Vidal de Lorca, 23 de diciembre de 1788 a 18 de junio de 1789. Juan Miguel de Zozaya (i.), 20 de junio a 10 de septiembre de 1789. Manuel Muñoz, 10 de septiembre de 1789 a 1º de junio de 1790. Manuel de Escandón, 10 de julio de 1790 a 1804. José Ramón Díaz de Bustamante (i.), 13 de mayo a octubre de 1792. José Blanco (i.), en 1800. Francisco de Ixart (i.), febrero de 1802 a 18 de abril de 1804. Manuel de Iturbe e Iraeta (i.), 28 de septiembre de 1804 a 15 de abril de 1811. Joaquín Vidal de Lorca (i, en las ausencias del anterior). Joaquín de Arredondo (g. y c.m.), 15 de abril de 1811 a 9 de julio de 1821, aunque el gobierno casi siempre lo ejercieron interinos. Juan Fermín de Juanicotena (i.), septiembre de 1811 a igual mes de 1812. Joaquín Vidal de Lorca (i.), 1812. Ramón Díaz de Bustamante (i.), diciembre de 1812 a 26 de abril de 1813. Juan Fermín de Juanicotena (i.), 28 de abril a junio de 1813. Francisco López (i.), 1815. Juan Echeandía (i.), 1817 y 1819.

GOBERNADORES DEL ESTADO DE TAMAULIPAS

I.Gobernadores de las Provincias Internas de Oriente. Joaquín de Arredondo, 9 de julio a 3 de noviembre de 1821. Gaspar Antonio López, 3 de noviembre de 1821 a abril de 1822. Felipe de la Garza, abril de 1822 a 29 de abril de 1823 y 7 de mayo de 1823 a 18 de julio de 1824.

II.Gobernadores del Estado. Felipe de la Garza, 9 de julio de 1821 a 6 de octubre de 1822. Pedro José de Lanuza (por orden imperial), 26 de septiembre a 28 de noviembre de 1822. Juan de Echeandía, 28 de noviembre de 1822 a 13 de abril de 1823. José Antonio Flores, 21 de abril a 17 de mayo de 1823. José Manuel Zozaya, 17 de mayo a 8 de septiembre de 1823. José Lino Perea, 8 a 23 de septiembre de 1823. Juan Francisco Gutiérrez, 23 de septiembre a 20 de octubre de 1823. José Lino Perea, 20 a 28 de octubre de 1823. Juan Francisco Gutiérrez, 28 de octubre de 1823 a 9 de abril de 1824. José Lino Perea (usurpó el puesto), 9 a 18 de abril de 1824. Juan Francisco Gutiérrez, 18 de abril a 18 de julio de 1824. Enrique Camilo Suárez, 18 y 19 de julio de 1824. José Bernardo Gutiérrez de Lara, 19 de julio de 1824 a 4 de marzo de 1825. Enrique Camilo Suárez (i.), 28 de julio a 2 de octubre de 1824, y vicegobernador en funciones 4 de marzo de 1825 a 15 de enero de 1826. Lucas Fernández (e.), 15 de enero de 1826 a principios de junio de 1828. Enrique Camilo Suárez (i.), principios de junio a 1º de octubre de 1828. José Antonio Fernández Izaguirre (e.), 1º de octubre a 27 de diciembre de 1829. Francisco Vital Fernández (i.), 27 de diciembre de 1829 a 13 de enero de 1830. Enrique Camilo Suárez (i.), 13 de enero a 18 de febrero de 1830. José Manuel Zozaya (e.), 18 de febrero a 7 de julio de 1830. Enrique Camilo Suárez (i.), 5 a 20 de abril de 1830. Juan Guerra (i.), 7 de julio de 1830 a 20 de agosto de 1831. Francisco Vital Fernández (e.), 20 de agosto de 1831 al 19 de marzo de 1832. José Honorato de la Garza (i.) 19 de marzo a 1º de mayo de 1832. José A.Quintero 1º de mayo a 7 de agosto de 1832. Francisco Vital Fernández (i.), 7 de agosto de 1832 a 1º de marzo de 1833. Juan Nepomuceno Molano (i.), 1º de marzo a 4 de septiembre de 1833. Francisco Vital Fernández (usurpó el mando), 7 de agosto de 1832 a 15 de septiembre de 1835. Juan Nepomuceno Molano (vice gobernador en funciones), 1º de marzo a 4 de septiembre de 1833. Ramón de Cárdenas (i.), 16 de julio a 17 de septiembre de 1834. José Guadalupe Sámano (i.), 20 de marzo a 25 de abril de 1835. José Antonio Fernández Izaguirre (e.), 15 de septiembre de 1835 a 15 de septiembre de 1837 (debió recibir el 1º de octubre, pero el general Fernández le entregó hasta el 15 de septiembre). José Guadalupe Sámano (i.), 1º de agosto a 15 de septiembre de 1836. José Antonio Quintero (e.), 15 de septiembre de 1837 a 11 de diciembre de 1838 (derrocado por los federalistas). José Antonio Fernández Izaguirre

(impuesto por los federalistas y derrocado por los centralistas), 11 de diciembre de 1838 a 24 de marzo de 1839. José Antonio Quintero (repuesto por los centralistas), 24 de marzo de 1839 a 29 de agosto de 1840. José Núñez de Cáceres (i.), 1º a 6 de septiembre de 1840, gobierno (repuesto por el Congreso federalista y derrocado por los centralistas. José Antonio Quintero (repuesto por los centralistas), 11 de septiembre de 1840 a 23 de junio de 1841. José Antonio Boeza y Salazar (e.), 23 de junio a 19 de septiembre de 1841 (derrocado por los federalistas). Francisco Vital Fernández (convertido al federalismo, se apoderó del gobierno), 19 de septiembre de 1841 a 9 de abril de 1842. José Antonio Gutiérrez, 9 de abril de 1843 a 18 de diciembre de 1844 (depuesto por el Congreso). Juan Nepomuceno Molano (i.), principios de julio a 21 de agosto de 1843 y 18 de diciembre de 1844 ("por haber sido anulado el gobernador constitucional") a 18 de enero de 1845. Manuel de Saldaña, (i.), 18 de enero a 4 de febrero de 1845. Pedro José de la Garza (i.), 4 de febrero a 21 de julio de 1845. Victorino T.Canales, 21 de julio a 23 de noviembre de 1845. José Martín de la Garza Flores (e.), 23 de noviembre de 1845 a 1º de octubre de 1846. Manuel de Saldaña, 1º de octubre a 10 de noviembre de 1846. Francisco Vital Fernández, 10 de noviembre de 1846 a 1º de octubre de 1848. Jesús Cárdenas (e.), 1º de octubre de 1848 a 8 de diciembre de 1852. Juan José de la Garza (pr.), 8 a 26 de diciembre de 1852. Ramón Prieto (i.) 26 de diciembre de 1852 a 13 de enero de 1853. Rafael Chovel (i.), 13 de enero a 5 de abril de 1853. Juan Francisco Villasana (e.), 5 de abril a 6 de mayo de 1853. Adrián Woll, 2 de mayo de 1853 a 28 de enero de 1855 (impuesto por Santa Anna, avisó al gobernador constitucional que aquél había declarado en receso las legislaturas y encomendaba el gobierno político a los comandantes militares; ejerció en Tampico y en Matamoros). Rómulo Díaz de la Vega (i), 28 de enero a 4 de abril de 1855. Juan José de la Garza (pr.), 7 de julio a 19 de agosto de 1854 y mayo de 1855 a 19 de febrero de 1857 (gobierno liberal simultáneo al de la dictadura). Tomás Moreno (designado por el gobierno federal), 19 de febrero a 5 de diciembre de 1857. Andrés José de Cos (i.), agosto de 1857. Juan José de la Garza (e.), 5 de diciembre de 1857 a 1º de septiembre de 1861. Ramón Guerra (i.), 12 de marzo a 30 de julio de 1858. Andrés Treviño (i.), 16 de marzo de 1859 a 16 de abril de 1860. Miguel Saavedra (i.), 15 de diciembre de 1860 a 16 de febrero de 1861. Juan García Tovar, 28 de marzo de 1861 (nombrado por amotinados y muerto el mismo día). Modesto Ortiz (i.), 1º de agosto a 1º de septiembre de 1861. Jesús de la Serna (e.), 1º de septiembre de 1861 a fines de enero de 1862. Ignacio Comonfort (g.i. y c.m.), fines de enero a 9 de agosto de 1862. Albino López (g. y c.m.), 15 de septiembre a 23 de octubre de 1862. Juan B.Traconis (g. y c.m.), 15 de septiembre a 23 de octubre de 1862. Albino López (c.m. y e.m.p.), 23 de octubre de 1862 a marzo de 1863. Antonio Perales (e.m.p.), marzo a septiembre de 1863. Manuel Ruiz (g. y c.m.), 15 de septiembre a 5 de noviembre de 1863. Albino López (i.), 6 y 7 de noviembre de 1863. Jesús de la Serna (pr.), 7 de octubre de 1863 a 1º de enero de 1864. Manuel Ruiz (g. y c.m.), 1º a 12 de enero de 1864. Charles Dupin (g. y c.m. de los distritos Sur y Centro por el gobierno intervencionista), 24 de mayo de 1864 a 12 de octubre de 1865 y mediados de febrero a 5 de junio de 1866. Juan N.Cortina (g. y c.m. simúltáneo al

Gobernadores de Tamaulipas: 1.Juan N.Cortina. 2.Tomás Mejía. 3.José María de Jesús Carvajal. 4.Francisco L. de Saldaña. 5.José Martínez. 6.Ascención Gómez. 7.Juan Gojón. 8.Pedro Argüelles. 9.Matías Guerra. 10.Juan B.Castelló. 11.Joaquín Argüelles. 12.Antonio J.Rábago. 13.Gregorio Osuna. 14.Andrés Osuna. 15.Francisco González Villarreal. 16.Rafael Cárdenas

gobierno intervencionista), 12 de enero a 26 de septiembre de 1864. José María Cortina (i), junio de 1864. Tomás Mejía (g. y c.m. imperialista en el distrito Norte), 26 de septiembre de 1864 a 23 de agosto de 1866. Juan N.Cortina (g. y c.m. federalista), 1º de abril de 1865 a marzo de 1866. José María de J.Carbajal (g. y c.m.), marzo a 20 de agosto de 1866. Servando Canales (g. y c.m. sitiado en Matamoros), 20 de agosto a 30 de noviembre de 1866. Santiago Tapia (g. y c.m.), 31 de agosto a 3 de noviembre de 1866. Felipe B.Berriozábal (c.m. de la Línea del Bravo y g. del Distrito Norte), 30 de septiembre de 1866 a 1º de septiembre de 1867. Ascensión Gómez (c.m. y g. del distrito del Centro), 30 de septiembre de 1866 a marzo de 1867. Francisco de León (c.m. y g. del distrito del Centro), marzo a 27 de junio de 1867. Felipe Escandón (c.m. y g.) del distrito del Centro), 27 de junio a 5 de julio de 1867. Juan de Haro (g. y c.m. del distrito Sur), 30 de septiembre de 1866 a 3 de abril de 1867. Ascensión Gómez (pr.), 1º de abril a 9 de junio de 1867. Desiderio Pavón (g. y c.m. del distrito Sur), 3 de abril a 5 de julio de 1867, y 5 de julio a 27 de agosto de 1867 (del Sur y Centro) y 27 de agosto de 1867 a 16 de abril de 1868 (i.). Francisco L. de Saldaña (i.), 16 de abril a 1º de agosto de 1868. Juan José de la Garza (e.), 1º de agosto de 1868 a 1º de diciembre de 1869. Francisco L. de Saldaña (i.), 1º de diciembre de 1869 a 1º de septiembre de 1870 (trasladó los poderes a Villagrán del 27 de julio al 22 de agosto de 1870). Servando Canales (e. para 2 períodos de 3 años), 1º de septiembre de 1870 a 6 de noviembre de 1876, con los dos siguientes interinos: Ramón Guerra, (1º de junio a 5 de agosto de 1872) y Francisco Echartea (10 de septiembre de 1874 a 1º de junio de 1875 y 25 de septiembre de 1875 a 20 de abril de 1876). José Martínez (pr. nombrado por Lerdo, permaneció en el Estado del 17 al 28 de octubre de 1876, sin tomar el mando). Ascensión Gómez (g. y c.m.), 6 de noviembre de 1876 a 13 de enero de 1877. Juan Gojon (i.), 13 de enero a 6 de febrero de 1877. Francisco Echartea (i.), 6 de febrero a 22 de noviembre de 1877. Juan Gojon (i.), 22 de noviembre de 1877 a 16 de octubre de 1878. Francisco Echartea (i.), 16 de octubre de 1878 a 10 de abril de 1879. Juan Gojon (i.), 11 de abril de 1879 a 12 de mayo de 1880. Antonio Canales (e.), 4 de mayo de 1880 a 4 de mayo de 1884. Juan Gojon (i.), noviembre y diciembre de 1883. Gregorio de León (i.), 22 de enero de 1882 a 12 de marzo de 1883; septiembre a 6 de octubre y 30 de octubre a 29 de noviembre de 1884; 21 de septiembre a 30 de noviembre de 1885, 1º de julio de 1886 a 19 de enero de 1887, y junio de 1887. Alejandro Prieto (e.), 4 de mayo de 1888 a 4 de mayo de 1896 (2 períodos de 4 años). Guadalupe Mainero (i), 12 de agosto a 12 de septiembre y 24 a 30 de octubre de 1888, y (e.) 4 de mayo de 1896 a 10 de agosto de 1901. Alejandro Prieto (i.), 31 de julio a 10 de agosto de 1901. Matías Guerra (i.), 10 de agosto a 1º de octubre de 1901. Pedro Argüelles (e.), 1º de octubre de 1901 a 4 de mayo de 1908. Matías Guerra, (i.), en varias ocasiones. Vicente Garcilazo (i.), mayo de 1907. Juan B.Castelló (e.), 4 de mayo de 1908 a 1º de junio de 1911. Espiridión Lara (i.), 1º de junio a 30 de noviembre de 1911. Matías Guerra (i.), 30 de noviembre de 1911 a 4 de febrero de 1912. Joaquín Argüelles (i.), 5 de febrero a 5 de mayo de 1912. Matías Guerra, (e.), 5 de mayo de 1912 a 28 de abril de 1913. José C. Mainero (i.), 12 a 30 de enero de 1913. Joaquín Argüelles (i.), 28 de abril a 24 de julio de 1913. Antonio Rábago (g. y c.m.), 24 de julio a 18 de

noviembre de 1913. Ignacio Morelos Zaragoza (g. y c.m., huertista, con el control únicamente de Tampico). Luis Caballero (g. y c.m. constitucionalista), 18 de noviembre de 1913 a 26 de julio de 1916. Raúl Gárate (i.), 7 de octubre a 21 de noviembre de 1914 y 21 de octubre a 9 de diciembre de 1915. Gonzalo Castro (enc.), 15 a 20 de octubre de 1914. Máximo García (g. y c.m. villista), 16 de abril a 9 de junio de 1915. Fidencio Trejo Flores (pr.), 26 de julio de 1916 a 22 de febrero de 1917. Gregorio Osuna (pr. nombrado por Carranza), 22 de febrero a 17 de julio de 1917. Luis Ilizaliturri (i.), 11 a 13 de mayo y 3 a 17 de julio de 1917. Alfredo Ricaut (pr. nombrado por Carranza), 17 de julio de 1917 a 20 de mayo de 1918 Andrés Osuna (i.), 20 de mayo de 1918 a 10 de noviembre de 1919. Francisco González Villarreal (i.), 10 de noviembre de 1919 a 4 de mayo de 1920. Rafael Cárdenas (e.), 4 a 8 de mayo de 1920 (despojado del poder por el régimen de Aguaprieta). Emilio Portes Gil (i. designado por De la Huerta), 8 de mayo a 9 de junio de 1920. Federico Martínez Rojas (i.), 9 a 13 de junio de 1920. José Morante (i.), nombrado por el Senado), 13 de julio de 1920 a 16 de febrero de 1921. César López de Lara (e.), 16 de febrero de 1921 a 8 de diciembre de 1923. José F.Montesinos (i.), 1º a 30 de julio de 1921, 15 a 25 de febrero y 21 de agosto a 12 de septiembre de 1922. Juan Manuel Ramírez (i.), 15 a 30 de octubre de 1922, 10 a 30 de marzo, 22 de septiembre a 13 de noviembre y 25 de noviembre a 3 de diciembre de 1923. Benecio López Padilla (g. y c. m.), 9 de diciembre de 1923 a 1º de febrero de 1924. Pelayo Quintana (pr. nombrado por Obregón), 2 a 12 de febrero de 1924. Candelario Garza (nombrado por el Senado), 13 de febrero a 29 de noviembre de 1924. Gregorio Garza Salinas (i.), 1º de noviembre de 1924 a 5 de febrero de 1925 (paralelo al anterior, hasta que el Congreso de la Unión le reconoció sus derechos). Emilio Portes Gil (e.), 5 de febrero de 1925 a 5 de febrero de 1929, con los siguientes 2 interinos: Benito Juárez Ochoa (24 de junio a 2 de agosto de 1927) y Juan Rincón (4 de junio de 1928 a 4 de febrero de 1929). Francisco Castellanos (e.), 5 de febrero de 1929 a 5 de febrero de 1933, con 2 interinos: Baudelio Villanueva (8 a 10 de febrero y 20 de marzo a 7 de abril de 1929) y Zeferino Fajardo (23 de julio a 8 de agosto, 16 a 23 de septiembre y 18 a 25 de diciembre de 1929, 30 de enero a 13 de febrero, 9 a 16 de septiembre y 16 a 23 de octubre de 1930, 23 de marzo a 8 de abril, 28 de septiembre a 15 de octubre y 29 de octubre a 7 de noviembre de 1931, 16 a 23 de enero, 8 a 15 de febrero, 19 de octubre a 8 de noviembre de 1932 y 7 a 17 de enero de 1933). Rafael Villarreal (e. para 6 años), 5 de febrero de 1933 a 20 de noviembre de 1935, con 6 interinos: Albino Hernández (4 a 11 de mayo y 20 de octubre a 10 de noviembre de 1933), Ramón Rocha (19 de julio a 24 de agosto y 1º a 10 de diciembre de 1934, 13 de abril a 15 de mayo y 30 de julio a 15 de agosto de 1935). Loreto Garza (8 a 10 de junio de 1935). Aniceto Villanueva (27 de junio a 20 de julio de 1935). Enrique Canseco, (16 de agosto de 1935 a 5 de febrero de 1937) y Jacobo Martínez (10 a 20 de diciembre de 1935, 11 a 25 de mayo, 7 a 21 de agosto, 27 de octubre a 26 de diciembre de 1936 y 11 a 31 de enero de 1937). Marte R.Gómez (e.), 5 de febrero de 1937 a 5 de febrero de 1941. Jacobo Martínez (i.), 4 a 8 de mayo, 19 a 24 de julio y 26 de noviembre a 3 de diciembre de 1937; 5 a 10 y 23 a 31 de marzo, 9 a 15 de julio y 7 a 14 de noviembre de 1938; 5 a 10 de enero, 24 de febrero a 3 de marzo, 10 a 17 de agosto, 18 a 29 de noviembre y 2 a

Gobernadores de Tamaulipas: 1.José L.Morante. 2.César López de Lara. 3.Benecio López Padilla. 4.Candelario Garza. 5.Gregorio Garza Salinas. 6.Juan Rincón. 7.Francisco Castellanos. 8.Rafael Villarreal. 9.Enrique L.Canseco. 10.Marte R.Gómez. 11.Jacobo Martínez. 12.Magdaleno Aguilar. 13.Hugo Pedro González. 14.Horacio Terán. 15.Norberto Treviño Zapata. 16.Praxedis Balboa

14 de diciembre de 1939; 10 a 15 de enero, 13 a 25 de mayo, 9 a 12 de julio, 30 de agosto a 4 de septiembre, 9 a 13 de septiembre, 12 a 16 de noviembre y 29 de noviembre de 1940 a 5 de febrero de 1941. Magdaleno Aguilar, 5 de febrero de 1941 a 5 de febrero de 1945. Jacobo Martínez (cubrió varios interinatos). Hugo Pedro González (e. para 6 años), 5 de febrero de 1945 a 1947 (el Senado declaró desaparecidos los poderes del Estado). Raúl Gárate (i. por el Senado), 17 de abril de 1947 a 5 de febrero de 1951. Horacio Terán (e.), 5 de febrero de 1951 a igual día de 1957. Norberto Treviño Zapata (e.), 5 de febrero de 1957 a igual día de 1963. Praxedis Balboa (e.), 5 de febrero de 1963 a igual día de 1969. Manuel A. Rabizé (e.), 5 de febrero de 1969 a igual día de 1975. Enrique Cárdenas González (e.), 5 de febrero de 1975 a igual día de 1981. Equivalencias; (i.), interino; (v.), visitador; (p.), propietario; (g.), gobernador; (c.m.), comandante militar; (e.), electo; (pr.), provisional; (e.m.p.), encargado del mando político; y (enc.), encargado.

Historiografía. Hasta la creación de la Universidad, Tamaulipas fue un Estado pobre en publicaciones históricas, por cuya razón los investigadores han tenido que ir directamente a los archivos oficiales, que en su mayor parte están fuera de la entidad. El Archivo General de la Nación, en los ramos de Historia, Provincias Internas, Intendencias, Reales Cédulas y Tierras, tiene la mayor información para el período hispano mexicano; las publicaciones españolas no contienen novedades al respecto. La Secretaría de la Defensa, en el ramo de Cancelados, posee abundantísima documentación sobre los militares; la de Agricultura y Ganadería era depositaria de los archivos de la de Fomento, entre los que estaba el Gran Registro de la Propiedad, los cuales fueron destruidos por los secretarios Pérez Treviño y Garrido Canabal, conservándose únicamente los documentos del siglo XX; la de Reforma Agraria guarda un inestimable acervo sobre la propiedad privada y ejidal; la de Recursos Hidráulicos dispone de muy buena información geológica y sobre cada una de las obras de irrigación, tanto original como en impresos; la de Comunicaciones tiene un archivo histórico y otro moderno; la de Obras Públicas recibió los archivos de su predecesora y los suyos son modernos; la de Educación Pública tiene bien organizado el de personal; y en general todas las dependencias federales han formado repositorios que sirven a todos los estados.

Los estudios y ensayos son relativamente escasos; sin que la siguiente enumeración sea exhaustiva, y siguiendo la capitulación del artículo, se tiene lo siguiente: Zorrilla, Juan Fidel: *Tamaulipas-Tamaholipa,* (1973); Torrea, Juan Manuel: *Diccionario geográfico, histórico, biográfico y estadístico... de Tamaulipas* (SMGE, 1940); Torre, Toribio de la, *et al: Historia General de Tamaulipas* (escrita

hacia 1843, permaneció inédita hasta 1976); Prieto, Alejandro: *Elementos de Historia, Geografía y Estadística del Estado de Tamaulipas* (1876, reimpresa en 1977); González, Arturo: *Apuntes para la historia de Tamaulipas* (Cd. Victoria); Saldívar y Silva, Gabriel: *Historia compendiada de Tamaulipas* (1945); Garza, Ciro R. de la: *Tamaulipas, apuntes históricos* (Cd. Victoria, 1956; compilación de efemérides); Covián Martínez, Vidal E.: *Cuadernos de historia* (cerca de 10, 1967-1969 y 1971; miscelánea, reproducción de documentos y reportajes) y *Compendio de historia de Tamaulipas* (2 vols., 1972 y 1976); y Zorrilla: *Contribución al estudio de la legislación de Tamaulipas. Antecedentes históricos y derecho vigente* (1966). Hasta aquí las obras generales, para seguir con las de arqueología: Mac Neish, Richard: *A preliminary Report on Coastal Tamaulipas* (1947), *A Synopsis of the Archaeological sequence in the Sierra de Tamaulipas* (1950) y *El Origen de la civilización mesoamericana visto desde Tehuacan* (INAH, 1964); Hugues, Jack T.: *An Archaeological reconaissance in Tamaulipas* (1947); y Meade, Joaquín: *La Huaxteca, México* (1942). Para el período hispánico precolonial: Meade, Joaquín: *El Adelantado Francisco de Garay* (1947), *Fray Andrés de Olmos* (1950) e *Identificación de las ruinas de Tamaholipa* (1954); Eguilaz, Isabel: *Nuevos datos sobre los olives* (Sevilla, 1964; loable esfuerzo que no agrega nada a lo conocido en México); Toussaint, Manuel: *La conquista de Pánuco* (1948); Meade: *La evangelización de la Huasteca Tamaulipeca y la historia eclesiástica de la región* (1955); Paso y Troncoso, Francisco: *Papeles de Nueva España* (16 vols. de la Librería de Pedro Robredo; en varios hay documentos sobre el comercio de esclavos en el sur de Tamaulipas); Meade: *Documentos inéditos para la historia de Tampico, siglos XVI y XVII* (1939, todos para la historia de Veracruz); Roel, Santiago: *Nuevo León, apuntes históricos* (2 vols., 1938; el apéndice I reproduce la capitulación de Carvajal y se refiere a Tamaholipa); León, Alonso de: *Relatos acerca del Nuevo Reyno de León* (t. XXV de *Documentos inéditos...* publicados por Genaro García, 1909); Reyes, Candelario: *Apuntes para la historia de Tamaulipas en los siglos XVI y XVII* (1944). Para el período colonial (1749-1821): Prieto, Alejandro *Los indios de Tamaulipas* (1911, reproduce la parte correspondiente de sus *Elementos...*); Saldívar: *Los indios de Tamaulipas* (Publ. 70 del IPGH, 1945); Eguilaz: *Los indios del Nordeste de México en el siglo XVIII* (Publ. 7 del Seminario de Antropología Americana de la Universidad de Sevilla, 1965, el mejor estudio español sobre la zona, aunque incluye como neosantanderinas las misiones de la Sierra Gorda); Jiménez Moreno, Wigberto: *El Noreste de México y la cultura* (1962); *Junta General de guerra y Hacienda... sobre la pacificación, reducción y población de... la costa del Seno Mexicano* (1748, primer impreso sobre la colonización de Tamaulipas); Archivo General de la Nación: *Estado general* de las fundaciones hechas por D.José de Escandón en la Colonia del Nuevo Santander... con la Relación Histórica del Nuevo Santander por fray Vicente Santa María (2 vols., 1929 y 1930. Esta abultada miscelánea sin criterio historiográfico es la más amplia aportación a la historia de Tamaulipas hasta su fecha, aunque atribuye a Tienda de Cuervo la *Relación de la Colonia del Nuevo Santander* por el inge-

TAMAULIPAS
Sistema Educativo
Número de escuelas y maestros
Año escolar: 1974-1975

Niveles de educación y tipos de enseñanza	Total		Sector Público								Iniciativa privada	
			Suma		Federal		Estatal		Universidad			
	Escuelas	Maestros	Escuelas	Maestros	Escuelas	Maestros	Escuelas	Maestros	Escuelas	Maestros	Escuelas	Maestros
ELEMENTAL	1,533	7,850	1,456	7,370	1,456	7,370	-	-	-	-	77	480
Preescolar	126	427	113	397	113	297	-	-	-	-	13	30
Primaria	1,407	7,423	1,343	6,973	1,343	6,973	-	-	-	-	64	450
MEDIO	308	4,743	134	3,277	125	3,124	-	-	9	153	174	1,466
Ciclo Básico	265	3,438	111	2,498	111	2,498	-	-	-	-	154	940
Capacitación industrial	1	19	1	19	1	19	-	-	-	-	-	-
Secundaria	172	3,082	103	2,458	103	2,458	-	-	-	-	69	624
Técnica, Ind. y Com.	92	337	7	21	7	21	-	-	-	-	85	316
Ciclo Superior	43	1,305	23	779	14	626	-	-	9	153	20	526
Preparatoria	28	1,033	13	645	10	536	-	-	3	109	15	388
Normal	6	184	2	61	2	61	-	-	-	-	4	123
Profesional media	9	88	8	73	2	29	-	-	6	44	1	15
SUPERIOR	19	830	18	797	3	276	-	-	15	521	1	33
Total	1,860	13,423	1,608	11,444	1,584	10,770	-	-	24	674	252	1,979

Número de alumnos

Niveles de educación y tipos de enseñanza	Total	Sector Público				Iniciativa privada
		Suma	Federal	Estatal	Universidad	
ELEMENTAL	344,688	327,784	327,784	-	-	16,904
Preescolar	15,715	14,791	14,791	-	-	924
Primaria	328,973	312,993	312,993	-	-	15,980
MEDIO	83,888	63,119	59,466	-	3,653	20,769
Ciclo Básico	63,994	50,332	50,332	-	-	13,662
Capacitación industrial	796	796	796	-	-	-
Secundaria	55,092	48,313	48,313	-	-	6,779
Técnica, Ind. y Com.	8,106	1,223	1,223	-	-	6,883
Ciclo Superior	19,894	12,787	9,134	-	3,653	7,107
Preparatoria	15,544	10,138	7,183	-	2,955	5,406
Normal	2,968	1,409	1,409	-	-	1,559
Profesional media	1,382	1,240	542	-	698	142
SUPERIOR	9,682	9,327	2,122	-	7,205	355
Total	438,258	400,230	389,372	-	10,858	38,028

niero Agustín López de la Cámara Alta); Saldívar: *Archivo de la Historia de Tamaulipas, 1a. Serie*, Compilado y publicado por.., (1946-1947), que comprende 10 títulos: *Los pueblos de la Sierra en el siglo XVII; Reconocimiento de la costa del Seno Mexicano* por José de Escandón; *Organización de las misiones 1749-52; Estado de las misiones entre 1753 y 1790; Descripción de la Colonia del Nuevo Santander* por Agustín López de la Cámara Alta; *Informe contra Escandón* por fray José Joaquín García; *Informes de la General Visita practicada en 1767 y 1768* por Juan Fernando de Palacio y José Osorio y Llamas; *La Remedida de las Tierras otorgadas a los fundadores de Tamaulipas* por el licenciado Juan José de la Garza; *Méritos y Servicios de los primeros Condes de Sierra Gorda*, y *Mina en Tamaulipas*; el manuscrito original de la *Relación* de fray Vicente Santa María está en la Biblioteca Nacional de México, la primera edición se hizo en folletín encuadernable en 1843, el doctor León hizo la segunda en el *Boletín Bibliográfico Mexicano* en 1898 y la tercera fue del AGN., las tres tomadas del manuscrito. Arricivita, fray Juan Domingo: *Crónica Seráfica y Apostólica del Colegio de Propaganda Fide de la Santa Cruz de Querétaro en la Nueva España* (1792); Gómez, Lino Nepomuceno: *Visita a la Colonia del Nuevo Santander en el año de 1770* (1778, reimpreso en 1942); Lejarza, P. Fidel de: *Conquista espiritual del Nuevo Santander, México* (Madrid, 1947; la mejor obra al respecto con documentación mexicana en el Archivo de Indias); Cervantes, Enrique: *Documentos relativos a la Villa de los Cinco Señores, capital del Nuevo Santander, hoy Jiménez, Tamaulipas* (1947); Hill, Lawrence Francis: *Jose de Escandon and the founding of Nuevo Santander* (Columbus, 1926); Villasana Ortiz, Manuel: *Tula en 1810* (reimpreso en 1969); Ramos Arizpe: *Memoria que el doctor... Cura de Borbón... presenta al augusto Congreso sobre el estado natural, político y civil de su dicha provincia* (Coahuila) *y las del Nuevo Reyno de León, Nuevo Santander y los Texas...* (Cádiz, 1812; reimpreso en Guadalajara, 1813; Philadelphia (en inglés) 1814; y México, 1932, 1942 y 1949). Para la Independencia: Zorrilla: *Tamaulipas en la guerra de Independencia* (1972). Para el Estado: Keratry, Ernesto de: *Apuntes para la Historia del Congreso Constituyente de las Tamaulipas. Comprobantes del drama de Padilla* (1892); Gómez, Marte R.: *Iturbide* (1937); Zorrilla: *Los últimos días de Iturbide* (1969). En estas obras se insiste en que el Congreso local no sentenció a Iturbide, sino que ordenó el cumplimiento de una ley federal. Zorri-

lla: *Origen del Gobierno Federal en Tamaulipas* (1974). Específicamente para Tampico de Tamaulipas: Martínez Leal, Antonio: *Tampico, su etimología, ubicación del pueblo antiguo* (1975); Leija, José de: *Los ejidos de Tampico* (1827, reproducido por Luis Velasco y Mendoza en un libro que circuló como propio, presentado para ingresar a la SMGE con el título de *Repoblación de Tampico*, donde se descubrió que era copia de aquél); y Torrea, Juan Manuel: *Tampico, apuntes para su historia* (1942). La guerra con Texas y los Estados Unidos está representada por rarísimos impresos como los folletos en que se impugnan mutuamente Urrea y Filisola, e infinidad de pliegos y hojas sueltas de Victoria y de Matamoros, pero la mejor fuente de información está en la Secretaría de la Defensa. Los sucesos posteriores y el siglo XIX en general están en las colecciones de periódicos e impresos que formó el ingeniero Prieto sustrayéndolos de los archivos municipales y vendió uno de sus nietos a la Biblioteca de la Universidad de Austin, Texas. Las *Memorias de la Secretaría de Relaciones Exteriores* de 1872, 1873 y 1874 contienen: *Informe de la Comisión Pesquisidora del Norte* e *Informe de la Comisión Pesquisidora de las depredaciones de los indios*; y en el archivo de esa dependencia está la información sobre incidentes fronterizos. La intervención francesa y el Imperio en sus relaciones con Tamaulipas tienen su mejor fuente de información en el Archivo de Juárez de la Biblioteca Nacional de México y en publicaciones francesas como *La Contreguerrille* del Conde de Keratry; y las *Memorias del gobierno del Estado* de 1890, 1891, 1892 y 1893, que en grandes y voluminosos tomos contienen mucha información histórica. La dictadura no está representada hasta 1977 por ningún estudio. La Revolución tiene las efemérides del licenciado Ciro R. de la Garza con el título de *La Revolución Mexicana en el Estado de Tamaulipas* (2 vols., 1973 y 1975), y del mismo autor es el ensayo histórico sobre el incidente del *Maine* en Tampico y la invasión norteamericana a Veracruz. Las monografías sobre localidades, además de las de Tampico, están representadas por la *Historia de Nuevo Laredo* de J.E. Richert, *La Antigua Revilla en la leyenda de los tiempos* por Lorenzo de la Garza, y una *Historia de Mier*; de Covián Martínez: *Breve historia de Ciudad Victoria, Valle Hermoso, un triunfo del hombre* y *Efemérides de Ciudad Victoria, Tampico y Altamira*; y de Zorrilla: *Dos villas Tamaulipecas: Padilla y Soto la Marina* (en 2a ed., 1970 y 1977).

Panorámicas de Tampico

Demografía. El Estado de Tamaulipas, con una superficie de 79,829 kilómetros cuadrados (4.06% del territorio nacional), tiene una población de 1.456,858 habitantes (3.2% del total del país): 725,463 hombres y 731,395 mujeres. Su densidad demográfica es de 18.25 por kilómetro cuadrado. Está integrado por 43 municipios: 18 tienen hasta 10 mil habitantes; 17, más de 10 mil y hasta 50 mil; 4, más de 50 mil y hasta 100 mil; y 4, más de 100 mil. Los de mayor población son Matamoros, Tampico, Nuevo Laredo y Reinosa. El de Victoria, donde se asienta la capital, tiene 95,785 habitantes, o sea el 6.6% del total. El número de localidades asciende a 5,254: en 4,121 viven menos de 99 personas; en 909, de 100 a 499; en 188, de 500 a 2,499; en 25, de 2,500 a 19,999; en 2, de 20 mil a 74,999; y en 6, más de 75 mil. El 64.1% de la población es menor de 24 años (934,509) y el 5.7 (82,992) corresponde a personas mayores de 60 años. El número de familias es de 276,884, de las cuales 237,113 (85.6%) están sostenidas por hombres y 39,771 (14.4%) por mujeres. Aparte los esposos o esposas (225,160) e hijos (859,462), viven en los hogares 59,763 parientes y 12,190 huéspedes o sirvientes. Viven solas 23,399 personas. El 11.7% de las familias (32,367) está constituido por 9 miembros o más. Los mayores de 12 años son 903,312: 364,785 solteros y 407,303 casados; los demás viven en unión libre (78,437), o son viudos (34,724), divorciados (4,884) o separados (13,179).

Entre las personas mayores de un año de edad (1.407,373), el 95.7% usa zapatos, el 2.9% huaraches o sandalias y el 1.4% anda descalzo. Son católicos 1.384,906 (95.1%) habitantes del Estado; 48,380 (3.3%), protestantes o de otras confesiones; y 23,572 (1.6%) no tienen ninguna religión. Son tamaulipecos 1.119,520 (76.8%); nacieron en otras entidades 318,593 (21.9%) y 18,745 (1.3%) son extranjeros. Del total de inmigrantes 75,320 (21.9%), proceden de San Luis Potosí, 68,075 de Nuevo León, 33,620 de Veracruz, 28,809 de Coahuila, 13,742 de Jalisco y el resto (103,622) de las demás entidades y 20,671 de otros países. Hablan alguna lengua indígena 2,346 personas, de las cuales 658 no hablan español. Entre los mayores de 10 años (983,536), 140,946 (14.3%) son analfabetas: 62,673 hombres y 78,273 mujeres. De los mayores de 6 años (1.162,003), 743,861 (64%) han tenido instrucción primaria, pero sólo 194,805 (16.8%) han cursado hasta el 6° año, 115,836 han recibido instrucción postprimaria y 302,306 (26%) no han tenido ninguna. Son profesionales de nivel superior 7,267 personas, el 1.7%) de la población mayor de 30 años. El índice de deserción es de 48.6% y el de escolaridad de 88.6%. El promedio de escolaridad de la población de 6 años o más es de 3.3 años.

Del total de mujeres del Estado mayores de 12 años de edad (456,614), 258,807 han tenido 1.407,811 hijos, con promedio de 3.1; y de éstas, 95,620 (36.9%) han procreado de 1 a 3; 152,614 (59.0%), de 4 a 12; y 10,573 (4.1%), 13 o más.

Del total de la población, 903,312 (62%) son

mayores de 12 años y, de éstos, 381,771 constituyen la población económicamente activa, con una tasa de participación del 42.3%: 312,422 hombres y 69,349 mujeres; y 521,541 la económicamente inactiva: 134,276 hombres y 387,265 mujeres, de los cuales el 62.5% (325,963), se ocupa de quehaceres domésticos, el 22.5% (117,347) son estudiantes y el 15% (78.231) tiene otras ocupaciones improductivas. Entre quienes trabajan, 126,346 (33.1%) se dedican a la agricultura, ganadería, silvicultura, pesca y caza; 86,887 (22.8%), a la industria; 43,577 (11.4%), al comercio; 12,598 (3.3%), a los transportes; 77,953 (20.4%), a los servicios; 13,614 (3.6%), a trabajos al servicio del gobierno; y 20,796 (5.4%), a quehaceres no especificados. De ese mismo total, 24,271 (6.3%) son profesionales y técnicos; 9,919 (2.6%), directivos; 30,910 (8.1%), empleados administrativos; 32,695 (8.6%), vendedores; 57,938 (15.2%), conductores de vehículos o trabajadores de otros servicios; 121,437 (31.8%), trabajadores agropecuarios; y 104,601 (27.4%), trabajadores no agrícolas o insuficientemente especificados. Desde el punto de vista de su posición en el trabajo, 26,185 (6.8%) son empresarios (20,762 hombres y 5,423 mujeres); 180,338 (47.3%), empleados u obreros; 77,175 (20.2%), jornaleros o peones; 57,277 (15.0%), trabajadores independientes; 25,105 (6.6%), ejidatarios; y 15,691 (4.1%), personas que prestan sus servicios en un negocio familiar sin retribución. Sin embargo, hay 17,519 personas (4.6%) que sólo trabajan de 1 a 3 meses durante el año; 30,989 (8.1%), de 4 a 6; 24,846 (6.5%), de 7 a 9; y 308,417 (80.8%), de 10 a 12. Declararon ingresos hasta de $499 mensuales, 128,060 personas (36%); de 500 a 999, 108,380 (30.7%); de mil a 2,499, 81,112 (23%); de 2,500 a 4,999, 24,780 (7%); y de 5 mil o más, 10,796 (3%).

Los habitantes de la entidad se alojan en 266,032 viviendas (5.5 en cada una en promedio): 166,139 (62.4%) propias y 99,893 (37.6%) alquiladas. El promedio de cuartos por vivienda es de 2.2. Del total de éstas, 25,428 (9.6%) tienen muros de adobe, 110,018 (41.3%) de ladrillo, y 130,586 (49.1%) de madera u otros materiales. El concreto se emplea en el techo de 81,166 casas (30.5%); las demás son de teja (3%), madera (14.9%), palma (23.4%) u otros materiales (28.2%). En 87,408 (32.8%) casas el piso es de tierra. Disponen de agua entubada 177,691 (66.8%): 102,154 dentro de la vivienda, 49,746 fuera de ella y 25,791 en un hidrante público; pero 88,341 (33.2%), con 494,499 (33.9%) habitantes, no disponen del servi-

cio. Tienen drenaje sólo 125,165 (47.0%); energía eléctrica, 170,348 (64%); radio y televisión, 79,478 (29%); sólo radio, 138,940 (52.2%); sólo televisión, 4,327 (1.6%); baño con agua corriente, 100,712 (37.8%); y cocina independiente, 206,574 (77.6%). En 85,256 (32%) se usa leña o carbón para cocinar; en 20,684 (7.8%), petróleo o tractolina; y en 160,092 (60.2%), gas o electricidad.

No consumen carne 329,209 personas (22.6%); huevos, 241,314 (14.7%); leche, 394,993 (27.1%); pescado, 1.146,704 (78.7%); y pan de trigo, 351,115 (24.1%). Quienes sí consumen estos alimentos lo hacen, por el mismo orden, 3.9, 5.8, 6.3, 2.6 y 6.1 días en promedio a la semana. v.*IX Censo General de Población. Estado de Tamaulipas. 1970.*

Asistencia Médica. En 1971 había en la entidad 196 unidades médicas: 68 de hospitalización (64 generales, 3 gineco-obstétricas y una no especificada), con 2,111 (95.09%) camas; y 128 para pacientes externos (33 centros de salud, 16 clínicas, 10 puestos de socorro, 9 consultorios y 60 no especificados), con 109 (4.91%) camas. De ellas, 115 pertenecían al sistema de seguridad social (36 del IMSS, 28 del ISSSTE, 32 de PEMEX, 5 de los Ferrocarriles Nacionales de México, 6 de la Secretaría de la Defensa Nacional y 8 de la Secretaría de Marina), con 1,082 (48.74%) camas; 50 a la Secretaría de Salubridad y Asistencia, con 171 (7.70%); 12 a particulares, con 157 (7.07%); y 19 a otras institu-

TAMAULIPAS SALARIOS MINIMOS Promedios (1)		
	En el país	En el Estado
1942-1943	$ 1.73	$ 1.44
1944-1945	2.12	1.75
1946-1947	2.70	1.44
1948-1949	3.25	2.12
1950-1951	3.69	2.96
1952-1953	4.95	4.36
1954-1955	5.91	5.15
1956-1957	7.65	6.86
1958-1959	9.01	7.73
1960-1961	10.03	9.15
1962-1963	11.93	10.71
1964-1965	14.68	15.56
1966-1967	17.12	18.29
1968-1969	19.83	21.60
1970-1971	22.90	25.57
1972-1973	27.16	30.53
1974-1975	36.05	41.29
1976(2)	54.28	64.25

(1) Promedios, no ponderados, de los salarios mínimos generales y del campo.
(2) A partir de este año los salarios mínimos se determinarán anualmente.

1

IMSS: clínica hospital en Tampico y clínica en Ciudad Mante

ciones, con 810 (36.49%). Entre todas ellas tenían 517 consultorios, 34 laboratorios de análisis clínicos, 42 gabinetes de radiología, 59 quirófanos, 61 salas de expulsión, 15 bancos de sangre, 91 áreas de urgencias, 109 camas de primeros auxilios y 496 cunas e incubadoras. Trabajan en la entidad 1,327 médicos: 583 generales, 433 especialistas, 63 dentistas, 164 pasantes y 84 en otras labores. Del total, 893 (67.29%), prestaban sus servicios en el sistema de seguridad social; 193 (14.54%), en la SSyA; 50 (3.77%), como particulares; y 191 (14.39%), en otras instituciones. El personal auxiliar estaba constituido por 4,165 individuos. Se atendieron 30,187 partos, 119,502 urgencias, 387,178 análisis clínicos, 160,748 radiodiagnósticos y 39,489 intervenciones quirúrgicas. El promedio de días de estancia en los hospitales fue de 3.22. Se concedieron 3.375,524 consultas externas, entre ellas 635,596 generales, 30,544 obstétricas, 103,438 pediátricas y 67,449 odontológicas de primera vez. En seguida se anota el número de inmunizaciones: viruela, 37,146; poliomelitis, 80,114; DPT, 41,290; tétanos, 49,434; BCG, 39,213; sarampión, 11,046; rabia, 927; y otros padecimientos, 24. La tasa de mortalidad general es de 6.6 por millar de habitantes; la infantil, de 56.6; y la materna, de 0.7. Las principales causas de mortalidad son la influenza y las neumonías (0.9 por mil), la gastroenteritis (0.65) y los tumores malignos (0.5). *Fuentes:* Dirección General de Estadística, SIC: *Estadísticas hospitalarias 1971* (1975); y Partido Revolucionario Institucional, IEPES: *Estado de Tamaulipas* (1976).

Agricultura. De la superficie total del Estado (79,829 kilómetros cuadrados), sólo se censaron en 1971 6.486,220.8 hectáreas: 1.073,840.5 de labor, 3.035,040.6 de pastos naturales (1.630,483.5 en cerros y 1.404,557.1 en llanuras), 1.654,041.9 de bosques (237,990.8 maderables y 1.416,051.1 no maderables) y 723,297.8 de tierras incultas productivas e improductivas. De las 5.762,923 utilizables (restando las 723,297.8 incultas), 1.470,377.6 (25.51%) pertenecen a ejidos y comunidades agrarias, 4.287,541.6 (74.40%) a propietarios de áreas mayores de 5 hectáreas y 5,003.8 (0.09%) a pequeños propietarios. De las hectáreas laborables, 711,661.2 son de temporal, 7,614.4 de jugo o humedad y 354,564.9 de riego. De las de temporal, 262,930.1 (36.95%) son ejidales y de comunidades agrarias y 448,731.1 (63.05%) de grandes y pequeños propietarios; de las de jugo o humedad, 3,771.7 (49.53%) son ejidales y comunales y 3,842.7 (50.47%) de grandes y pequeños agricultores; y de las de riego, 137,733.8 (38.85%) corresponden a los primeros y 216,831.1 (61.15% a los segundos. Los ejidatarios disponen de 595,647.2 (19.63%) hectáreas de pastos, 80,861.6 (33.98%) de bosques maderables y 376,770.9 (26.61%) de bosques no maderables.

En 1975 se cosecharon 688,051 hectáreas —264,841 (38.49%) de temporal y 423,210 (61.51%) de riego—, obteniéndose una producción de 357,612 toneladas con un valor de $3,144 millones. En seguida se anotan las hectáreas cosechadas por los cultivos y frutales y, entre paréntesis, la

42

Presa Vicente Guerrero, sobre el río Soto la Marina

42

Presa Marte R.Gómez, sobre el río San Juan

producción en toneladas: sorgo en grano, 365,100 (830,900); maíz, 216,900 (429,600); cártamo, 49,100 (18,700); caña de azúcar, 31,862 (2.220,792); soya, 29,400 (34 mil); henequén, 28,400 (36,920); y frijol, 18,800 (7,700). Los cultivos de ciclo corto ocupan el 80.62% del área sembrada y aportan el 90.82% del valor de lo cosechado; los frutales, el 4.4% y el 6.48, respectivamente; y el 14.98% y 2.02 los forrajes. La entidad ocupa el primer lugar en la producción de sorgo en grano, el segundo en henequén y el tercero en caña de azúcar, con una participación en los totales del país de 14.87, 26.29 y 6.24%, respectivamente; representando en su conjunto el 56.39% ($1,772.8 millones) del valor de la producción agrícola del Estado. *Fuentes*: Dirección General de Estadística, SIC; *V Censos Agrícola-Ganadero y Ejidal 1970* (1975); Dirección General de Estadística Agropecuaria, SAG: *Información agropecuaria* (1976); Partido Revolucionario Institucional, IEPES: *Monografía del Estado de Tamaulipas* (1976); y Secretaría de Educación Pública: *Monografía del Estado de Tamaulipas* (1975).

Irrigación. En la entidad existen 7 distritos de riego, cuya capacidad y volumen anual utilizado se detalla a continuación: 9,793.3 millones de metros cúbicos —2,110 y 1,464 de las presas La Amistad y Falcón, sobre el río Bravo, en el distrito Bajo Río Bravo; 936.3 de la presa Marte R.Gómez, sobre el río San Juan, en el distrito del Bajo Río San Juan; y 5,283 de la presa Vicente Guerrero, sobre el río Soto la Marina, en el distrito Soto la Marina—;

394.6 de bombeo de corrientes —23.9 del río Bravo con 75 unidades, en el distrito Acuña-Falcón; 300.7 del río Bravo con 104 unidades, en el distrito Bajo Río Bravo; y 70 del río Bravo con 16 unidades, en el distrito de riego San Juan—; y 139.8 de derivaciones directas —4 del río Guayalejo, en el distrito de Llera; 71.2 del Río Frío, en el distrito de Río Frío; y 64.6 del río Guayalejo, en el distrito Xicoténcatl—. En conjunto benefician 343,328 hectáreas de 16 municipios, río Bravo (94,930), Matamoros (83,703), Valle Hermoso (57,365), Reynosa (26,085), Abasolo (22,521), Camargo (12,178), Díaz Ordaz (12,033), Gómez Farías (7,716), Xicoténcatl (6,162), Nuevo Laredo (5,638), Miguel Alemán (4,592), Jiménez (2,979), Guerrero (2,563), Soto la Marina (2,500), Mier (1,929) y Llera (434). Además, el distrito Acuña Falcón beneficia a 5,781 y 784 hectáreas de 5 y un municipios de Coahuila y Nuevo León, respectivamente; 102,760 de 10,977 ejidatarios y 241,114 de 12,823 pequeños propietarios y colonos, y 6,019 sin especificar. Sin embargo, en el ciclo 1974-1975 sólo se regaron 317,565 hectáreas (90.77% del total); se sembraron 460,835 y se cosecharon 394,225: 222,313 (56.39%) de sorgo, 130,122 (33.02%) de maíz, 21,613 (5.48%) de frijol y 9.952 (2.52%) de caña de azúcar, con una producción conjunta de 1.308,200 toneladas y un valor de $1,407.2 millones (44.76% del valor total de la producción estatal); y 10,225 (2.59%) de otros cultivos no especificados. *Fuente*: Subsecretaría de Operación, SRH; *Características de los Distritos de Riego* (1976).

41

41

Plantío de maíz en Río Bravo, Tamps.

Plantío de frijol en la Huasteca, Tamps.

Ganadería. El Estado dispone de 3.196,001.1 hectáreas de pastizales: 3.035,040.6 (94.96%) naturales y 160,960.5 (5.04%) cultivados. El índice de agostadero en la entidad es de 10 a 15 hectáreas por cabeza de ganado mayor. Sus inventarios, en 1975, y su relación porcentual con los totales del país, en cabezas, eran los siguientes: bovino, 699,469 (2.47%); porcino, 195,636 (1.67%); ovino, 171,456 (2.21%); caprino, 249,898 (2.90%); caballar, 143,575 (2.21%); mular, 96,855 (2.93%); asnal, 106,828 (3.22%); aves, 2.079,392 (1.44%) —gallos, 83,426 (1.13%); gallinas, 903,635 (1.63%); pollos, 1.042,138 (1.38%); guajolotes, 25,906 (0.66%); patos, 3,796 (0.28%); gansos, 4,699 (2.48%); y palomas, 15,792 (0.99%)—; y colmenas, 37,990 (1.85%). En seguida se anotan, por especies, el número de cabezas que se sacrificaron ese año y, entre paréntesis, las toneladas de carne producidas: bovino, 138,860 (23,342.2); porcino, 94,835 (6,733.3); ovino, 26,342 (302.9); caprino; 181,494 (1,942); y aves, 235,996 (196.6). Se produjeron, además, 143 millones de huevos, 45.1 toneladas de lana, 927.5 de miel y 132.7 de cera. El ganado lechero consta de 86,212 cabezas —16,638 (19.30%) de fino, 31,252 (36.25%) de cruzado y 38,322 (44.45% de criollo—, de las cuales 26,958 se dedicaron a la ordeña (5.81 litros de leche en promedio por vaca y año de 305 días), con una producción de 47.8 millones de litros de leche, 140 toneladas de queso, 2.6 de mantequilla y 12.1 de crema. Las 18,550 cabras lecheras produjeron 1.412,000 litros. Las zonas más prósperas se localizan en los municipios de San Fernando, Matamoros, Reynosa, Nuevo Laredo, Jaumabe, Llera, Guerrero y Méndez. Los principales centros de consumo de los productos pecuarios son la propia entidad (60%), Nuevo León (12.7%), la Huasteca (13.3%), otros estados (3.5%) y el exterior (10.5%). *Fuentes*: Dirección General de Estadística, SIC: *V Censo Agrícola-Ganadero y Ejidal 1970* (1975); Secretaría de Agricultura y Ganadería: *Quinquenio 1970-1974 y 1975. Población y producción pecuaria* (1976) e *Información agropecuaria* (1976); y Partido Revolucionario Institucional, IEPES: *Monografía del Estado de Tamaulipas* (1976).

Silvicultura. En 1975 la entidad ocupaba el vigésimotercer lugar nacional por el volumen de sus recursos forestales: 13 millones de metros cúbicos (0.42% del total); el noveno en superficie: 5.4 millones de hectáreas (3.95% del total) —1 arbolada, 2.5 arbustiva, 1.4 de desmonte, 0.3 de manglares y marismas y 0.1 dedicadas a otros usos—; el decimotercero en la producción maderable: 92.9 miles de metros cúbicos en rollo (1.34% del total); y el vigésimoséptimo en cuanto al valor de la producción: $28.7 millones (0.74% del total) —17.4 de maderables y 11.3 de no maderables—. Del total de la superficie forestal, el 12% es de ejidatarios y el 88% de otros propietarios. El total de la superficie arbolada se localiza en climas templado-fríos (en las estribaciones de la Sierra Madre Oriental, extremo suroeste de la entidad, en los municipios de Güémez, Hidalgo, Jaumabe, Mainero, Ocampo, Tula,

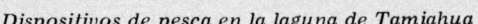

26

Dispositivos de pesca en la laguna de Tamiahua

26

Instalaciones petroleras en Ciudad Madero

Victoria y Villagrán; y en la planicie costera, con sierras aisladas de origen volcánico, en los municipios de Aldama, Casas y Soto la Marina), con abundancia de pino y encino. El área arbustiva (37% del total) se compone principalmente de matorrales y mezquites, distribuidos por toda la entidad. La producción incluyó 11 mil metros cúbicos de postes para cercas de especies corrientes y 3.6 mil de tablas y tablones de pino, y carbón de especies corrientes y 11,755.9 toneladas de carbón y 1,400 de ixtle de lechuguilla. Los principales municipios productores son Soto la Marina (postes), Güémez (tablas y tablones), Aldama (carbón) y Jaumabe (ixtle). Del total de la producción forestal, 8.8 mil metros cúbicos en rollo (56.32%) y 3.9 mil de aserrados (48.15%), y 8,391 toneladas de no maderables (59.25%), son de propiedad particular; 6.8 mil metros cúbicos en rollo (43.49%) y 4.2 mil de aserrados (51.85%), y 5,674.9 toneladas (40.07%), ejidales; y los restantes, de propiedad nacional y municipal. Se exportaron 391.1 toneladas de palma comedor a Estados Unidos, con valor de $1.08 millones, y se enviaron al Distrito Federal 43 metros cúbicos de trozas para chapa, 3,948.6 toneladas de carbón, 568 metros cúbicos de madera para celulosa, trozas para aserradero y chapa; así como cortas y 850 metros cúbicos de tablas y tablones. Funcionaban en la entidad 13 aserraderos y 199 vehículos de transporte forestal, con una capacidad total de 1,811 toneladas. *Fuente*: Subsecretaría Forestal y de la Fauna, SAG: *Estadísticas del recurso forestal de la República Mexicana* (1976).

Pesca. La entidad cuenta con un litoral de 450 kilómetros, una plataforma continental de 28 mil kilómetros cuadrados y una superficie de 231,200 hectáreas de lagunas litorales. Entre estas últimas destacan la Burrita, Portales, Jara, Barril, Palo Grande, Jasó, San Antonio, Morales, San Andrés y Laguna Madre; las dos últimas son las de mayor importancia por su extensión y recursos pesqueros. En 1975 se capturaron 15,156 toneladas de especies acuáticas, todas para consumo humano, con valor de $222.6 millones. En seguida se anota la captura por especies, en toneladas, y su relación porcentual con los totales del país: camarón, 4,176 (9.54%); ostión, 2,196 (8.45%); corvina, 471 (17.33%); huauchinango, 421 (10.94%); lisa, 636 (11.52%); robalo, 197 (9.78%); mojarra, 165 (1.50%); y 6,894 (1.56%) de otras especies. La producción pesquera estatal aumentó 51.2% de 1961 a 1970. En 1975 la participación de la entidad en el total de la captura nacional fue de 3.36 y 9.40%, en volumen y valor, respectivamente; ocupando el noveno lugar nacional por aquel concepto en producción y el sexto por éste. Los principales centros de captura son: Tampico, San Fernando, Matamoros, Aldama y Ciudad Victoria en los cuales se pescó el 96.96% (14,696 toneladas), con valor de $221.3 millones (99.41%) del total. Operan 25 cooperativas, de las cuales 9 (36%) son ejidales; generan empleo para 1,827 personas y aportan 67.57% (10,241 toneladas de la producción y el 75.70% ($168.5 millones) del valor de lo capturado. Otras

Ingenio de Mante y refinería de Ciudad Madero

2,683 personas se dedican a la pesca. *Fuente*: Subsecretaría de Pesca, SIC: *Explotación pesquera Nacional 1971-1975* y *Monografía de pesca de Tamaulipas* (1976).

Minería y Petróleo. En 1975, la producción minera, en toneladas, fue la siguiente: plata, 1.3; plomo, 531; fluorita, 5,608; y azufre, 10,807. En ningún caso llegan al 1% de los totales del país). Esta áctividad se concentra en los municipios de San Nicolás, San Carlos, Antiguo Morelos, Ciudad Madero, Gómez Farías y Bustamante. De petróleo, en cambio, se explotan 489 pozos en territorio de Reynosa, Aldama y Ciudad Madero, con una producción de 5.409,000 barriles y 3,583 millones de metros cúbicos de gas natural, que representan, respectivamente, el 2.07% y el 16.09% del total nacional. En 1975 operaban en la entidad 12 plantas petroquímicas (21.05% del total), localizadas en los lugares que se indican: 9 en Ciudad Madero, con una capacidad nominal anual de 29,900 toneladas métricas de azufre, 28 mil de docilbenceno, 4,835 de alquilarilo pesado, 24 mil de tetrámero, 33 mil de estireno, 55 mil de butadieno, 39,500 de etilbenceno y 14 mil de etileno; y 3 en Reynosa, para 47 mil toneladas de etano, 32 mil de etileno y 29 mil de polietileno de baja densidad. Además, trabajaban dos refinerías: una en Ciudad Madero y otra en Reynosa, con una capacidad de proceso crudo y gasolinas naturales de 169 y 20 mil barriles diarios, que representan, respectivamente, el

21.53% y 2.55 del total nacional. *Fuentes*: Comisión de Fomento Minero: *Producción de municipios 1974-1975* (1976); y Petróleos Mexicanos: *Anuario estadístico 1976* (1976).

Electricidad. El número de habitantes beneficiados por este servicio y el de localidades, entre paréntesis, pasó de 1.133,668 (412) en 1970 a 1.463,181, (529) en 1974; sin embargo, en este último año aún carecían de él 293,739 (4,725). La capacidad instalada, proveniente de 63 plantas, es de 210,024 kw: 31,500 hidroeléctricos, 155,654 de vapor, 14 mil turbogas y 8,870 de combustión interna, de los cuales 149,750 eran para servicio público, 150 de patronatos y 60.124 para consumo privado. La energía para servicio público proviene de 5 plantas: Falcon y Emilio Portes Gil (río Bravo), ubicadas en Guerrero Garza García y río Bravo, respectivamente, interconectadas al sistema noroeste; Andonegui y semifija de gas en Tampico, interconectadas al sistema oriental interconectado occidental (ORIOC); y de Méndez, en el municipio del mismo nombre, independiente. *Fuente*: Comisión Federal de Electricidad: *Plantas generadoras y localidades con servicio* (1975).

Industria. En 1970 operaban en el Estado 2,725 establecimientos: 24 de la rama extractiva y 2,751 de la de transformación: 1,179 (43.3% del total) de productos alimenticios; 286 de calzado, prendas de vestir y artículos de cuero y piel; 264 de productos de hule; 226 de productos metálicos; 114 editoriales e imprentas; 107 de productos de madera y corcho; 94 de fabricación de muebles, excepto de metal; 84 de fabricación, ensamble y reparación de maquinaria; 41 de bebidas; 32 de productos químicos; 29 de textiles; y 245 de otra índole. Tamaulipas ocupa el decimoséptimo lugar en la República por el capital invertido en industria ($1,484 millones) y el decimoquinto por el valor de la producción ($2,261 millones). Esta actividad generó empleos para 27,939 personas: 20,874 (74.71%) obreros, 3,885 (13.91%) empleados y 3,180 (11.38%) no asalariados. Las remuneraciones al personal ascendieron a $411 millones ($16,599 en promedio individual al año). En 10 ramas (empacado y enlatado de pescados y mariscos, molinos, productos de harina de trigo, fabricación de azúcar y alcohol, alimentos diversos, bebidas, despepite y empaque de algodón, confección, editoriales e imprentas y fabricación de maquinaria y aparatos eléctricos) estaba concentrado el 72.53% (20,264) del personal. En 1975, según los datos preliminares de los Censos Económicos de 1976, la entidad contaba con 2,127 establecimientos, los cuales generaban empleos para 30 mil personas y una producción con valor de $4,326 millones, lo que representa un decremento del 21.94% en las unidades industriales y un incremento del 7.38% y 91.33% en la generación de empleos y en el valor de la producción, respectivamente. Ese año operaban en la entidad 81 empresas maquiladoras en los municipios de Nuevo Laredo, Reynosa, Ciudad Díaz Ordaz, Río Bravo y Matamoros, en las cuales trabajaban 15,045 personas. La industria maquiladora de la entidad representa aproximadamente el 22% de las unidades ubicadas en la zona fronteriza norte. Los polos de desarrollo industrial se localizan en Tampico, Ciudad Victoria, Reynosa, Nuevo Laredo, Xicoténcatl y Ciudad Mante. *Fuente*: Dirección General de Estadística, SIC: *IX Censo Industrial 1971* (1973) y *Censos económicos 1976 (Datos preliminares)* (1976).

Servicios. Tamaulipas contaba en 1970 con 8,636 establecimientos de servicios, cuyo número por clase de actividad y personal ocupado, entre paréntesis, se detalla a continuación: 1,978 de alimentos (5,762), 1,153 de aseo y limpieza (2,251), 1,051 de bebidas (2,087), 911 de reparación de automóviles, motocicletas y bicicletas (1,981), 673 de asistencia médica y social (1,926), 528 de esparcimiento (2,273), 359 de profesionistas (1,043) y 1,983 de otra índole (7,705). En conjunto tuvieron ingresos por $1,120 millones, generaron un valor agregado de $768.2 millones y declararon un capital invertido de $1,345.4 millones. La actividad de servicios creció un 7.8% en el decenio 1960-1970.

En 1975, según los datos preliminares de los censos económicos de 1976, la entidad contaba con 9,281 establecimientos de servicios, con 32 mil personas ocupadas e ingresos por $2,906 millones, lo que representa un incremento del 7.47% en el número de unidades, del 27.86% en los empleos y del 259.35% en los ingresos. En ese año Tamaulipas ocupó el séptimo lugar en la República por el número de unidades de servicios y el sexto por el monto de sus ingresos. Las zonas de mayor concentración son Tampico, Matamoros, Ciudad Victoria, Reynosa y Nuevo Laredo. *Fuente*: Dirección General de Estadística, SIC: *VI Censo de Servicios 1971* (1974) y *Censos económicos 1976 (Datos preliminares)* (1976).

Banca. En 1976 operaban en la entidad 42 instituciones: 3 oficiales (los bancos Nacional de Crédito Rural, de México y del Pequeño Comercio del Distrito Federal) y 39 privadas (los bancos General de Monterrey, Mercantil de Monterrey, Comercial Mexicano, Nacional de México, Del Ahorro Nacional, Del Mante, Internacional de Tamaulipas, Regional de Crédito Agrícola de Matamoros, Internacional del Noroeste, de Comercio de Tamaulipas, Regional del Norte, De Victoria, Agrícola del Río Bravo, Longoria, de Londres y México, Capitalizador de Ahorros, de Comercio de la Ciudad de Monterrey, General de Tamaulipas, Capitalizador de Tamaulipas y las Huastecas, Comercial Mexicano de Tamaulipas, Ganadero e Hipotecario de Tamaulipas; las almacenadoras del Noroeste y Compresora de Algodón y Bodega; las financieras Crédito de Monterrey, Crédito del Norte de México, Fomento Agrícola e Industrial del Mante, Industrial, Fronteriza, General de Monterrey, Fiduciaria del Golfo, Fomento de Tampico y General de Tamaulipas; y las uniones de Crédito Agrícola e Industrial de la Sierra de Cucharas, de Comerciantes de Tampico, Agrícola e Industrial 18 de marzo, Agrícola e Industrial Presidente Miguel Alemán, Agrícola Valle Hermoso y Henequenera de Tamaulipas), con 198 oficinas en 27 localidades. Al 30 de agosto de 1975 la banca privada tenía en conjunto 703,599 cuentahabientes: 58,287 de cheques y 645,312 de ahorros; recursos por $3,693.9 millones: 1,987.7 en depósitos a la vista, 1,115.9 en ahorros, 311.7 a plazos y 278.6 en capitales y reservas; y una cartera de $2,820 millones (séptimo lugar nacional): 378.8 en acciones y valores, 117.2 en préstamos prendarios, 1,333.5 en descuentos y préstamos directos, 702.2 en aperturas y 288.3 en préstamos hipotecarios. El destino del financiamiento era el siguiente: a la industria, 462.9; a la

54

Playa de Miramar

1

Cerro El Bernal

agricultura, 314.4; a la ganadería, 598.8; a la minería, 22.2; y al comercio, 1,043. *Fuente*: Asociación de Banqueros de México: *XLII Convención Bancaria* (1976) y *Boletín Financiero No. 52* (abril de 1975).

Turismo. Los principales centros turísticos son Nuevo Laredo, Reynosa y Matamoros; las playas de Tampico, Ciudad Madero y Soto la Marina; las lagunas de Chairel y Madre; los manantiales de Mier y varios poblados indígenas. Gozan de prestigio la elaboración de artículos de piel en Bustamante, Crucillas, Palmillas y Villagrán; la fabricación de violines y guitarras en Gómez Farías y Palmillas; los textiles de Méndez y Jiménez; y las piezas de mueblería de alambrón, vara y tule de Tula y Ciudad Victoria. En 1974 había en el Estado 309 establecimientos de hospedaje, con el número de habitaciones que se indica entre paréntesis: 200 hoteles (5,952), 49 moteles (955), 50 casas de huéspedes (752), 4 casas de apartamentos (40) y 6 balnearios (34). En el municipio de Tampico prestaban servicio 41 hoteles (2,114), 5 moteles (57) y 8 casas de huéspedes (179); en el de Nuevo Laredo, 40 hoteles (926), 15 moteles (313), 7 casas de huéspedes (79) y 4 casas de apartamentos (40); en el de Matamoros, 32 hoteles (922), 4 moteles (84) y 13 casas de huéspedes (205); y en el de Reynosa, 33 (712), 7 (146) y 11 (167), respectivamente. Funcionaban, además, restoranes, bares, centros nocturnos, cafeterías y fuentes de sodas; 4 agencias de viaje, 550 taxis, 419 autobuses de alquiler y 5 empresas arrendadoras de vehículos. Ese año visitaron la entidad

2.143,104 personas: 1.762,453 (82.24%) nacionales y 380,651 (17.76%) extranjeros. *Fuente*: Secretaría de Turismo: *Oferta de establecimientos de hospedaje 1974* (1975) y *Estadística 1968-1973* (1975).

Comercio. En 1970, se dedicaban a esta actividad 33,566 personas: 2,847 (8.48%) vendían productos alimenticios en general; 8,547 (25.46%), artículos diversos para el hogar y de uso personal; 12,251 (36.50%), productos alimenticios elaborados; 1,520 (4.53%), bebidas en general; 2,223 (6.62%), materiales para la construcción; 2,235 (6.66%), equipos de transporte, refacciones y accesorios; 1,785 (5.32%), combustibles y lubricantes; y 2,158 (6.43%), otras mercancías, principalmente maquinaria, implementos, herramientas y equipos. De los 12,401 establecimientos comerciales, 655 (5.28%) operaban en este último ramo; 2,585 (20.85%), en artículos para el hogar y de uso personal; 8,367 (67.47%), en productos alimenticios; y 377 (3.04%), en materiales para la construcción. Del total de establecimientos, 448 (3.61%) eran mayoristas y 11,953 (96.39%) minoristas. Del total del personal, 18,367 (54.72%) eran obreros y empleados y 15,199 (45.28%) trabajaban sin percibir salario. Los comercios vendieron en conjunto $4,924 millones, generaron un valor agregado de $1,363 y declararon un capital invertido de $2,230.3. En 1975, según los datos preliminares de los censos económicos de 1976, la entidad contaba con 13,163 establecimientos comerciales, con 34 mil personas ocupadas y ventas por $9,171 millo-

607

nes, lo que representa un incremento del 6.14% en el número de unidades, del 1.29% en la oferta de empleo y del 86.25% en el volumen de ventas. Ese año Tamaulipas ocupó el décimo lugar en la República por el valor de las ventas. La actividad comercial se concentra en los municipios de Matamoros, Nuevo Laredo, Reynosa, Tampico y Ciudad Victoria. *Fuente*: Dirección General de Estadística, SIC: *VI Censo Comercial 1971.* (1975) y *Censos económicos 1976 (Datos preliminares)* (1976).

Comunicaciones. En 1975 contaba la entidad con 888 kilómetros de vías férreas (décimocuarto lugar nacional), que corresponden a las rutas Monterrey-Matamoros, que comunica a Ciudad Camargo, Reynosa y Río Bravo; Monterrey-Tampico, que pasa por Ciudad Victoria, González, Manuel Doblado, Cuauhtémoc y Altamira, con un ramal a Ciudad Mante; y Nuevo Laredo-México, vía Monterrey-San Luis Potosí. Se han construido 15,270 kilómetros de caminos (noveno lugar nacional): 4,631 federales (2,239 revestidos, 2,132 pavimentados y 261 de brechas), 1,260 estatales (759 revestidos, 474 pavimentados, 25 de terracerías y 3 empedrados), 1 de cuota y 9,376 de mano de obra (3,690 revestidos, 28 pavimentados, 5,582 de brechas, 46 de terracerías y 30 empedrados). Las carreteras principales son: Mazatlán-Matamoros, Nuevo Laredo-Matamoros, Nuevo Laredo-Ciudad Victoria-México, Tampico-Barra de Navidad y Ciudad Victoria-Matamoros. Hay aeropuertos internacionales en Ciudad Victoria, Nuevo Laredo y Reynosa; nacionales en Tampico, Matamoros y Ciudad Mante; y 16 aeródromos. Corresponden a Tamaulipas dos de los más importantes puertos del país: Tampico y Ciudad Madero. El primero, localizado en la ribera del río Pánuco, a 10 kilómetros de su desembocadura, tiene 16 muelles con una extensión de 3,081 metros, 3 diques flotantes, dragas, atracaderos, bodegas, tanques para combustible y espuelas de ferrocarril; ocupa el segundo lugar nacional en carga marítima desembarcada —4.3 y 1.7 millones de toneladas en tráfico de cabotaje y altura, respectivamente— y el tercero en carga marítima embarcada —1.7 y 1.8 millones de toneladas en tráfico de cabotaje y altura—. El segundo, al norte del anterior, está dedicado al movimiento de productos petroleros y petroquímicos: 52.2 millones de barriles de unos y 7.1 millones de toneladas de los otros. Existen 9 y 45 estaciones comerciales de televisión y radiodifusión, 2 rutas de microondas (México-Tampico-Matamoros y Ciudad Victoria-Monterrey) que sirven a 17 localidades; 94 oficinas telegráficas y 2,344 kilómetros de extensión simple de líneas; 81,697 aparatos telefónicos, 49,705 suscriptores, 7,746 kilómetros de líneas y 14 centrales automáticas (lada) en otras tantas localidades; y 146 oficinas de correos que mueven 50.2 millones de piezas al año. *Fuentes*: Secretaría de Educación Pública: *Monografía de Tamaulipas* (1976); Partido Revolucionario Institucional, IEPES: *Monografía del Estado de Tamaulipas* (1976) y *La campaña presidencial en cifras* (1976); Teléfonos de México: *Directorio Telefónico del D.F.* (1977); y *Censo Nacional de Caminos* (1976).

Este tomo de la ENCICLOPEDIA DE MEXICO terminó de imprimirse en marzo de 1977 en los talleres de Impresora y Editora Mexicana, S. A. de C. V., situados en San Mateo Tecoloapan, Estado de México. Se imprimieron 50,000 ejemplares. El papel fue fabricado especialmente para la ENCICLOPEDIA DE MEXICO por Kimberly Clark de México, S. A. Los demás materiales utilizados son de fabricación nacional. El fragmento de la serpiente que aparece en el lomo es parte de un sello prehispánico plano encontrado en Veracruz; y los bordes superior e inferior están sacados de un sello cilíndrico procedente de la Ciudad de México y son variante de la greca xicalcoliuhqui.

SEPTEMTRIO.

Cum Imp. et Regio.
priuilegio decennali.
·1579·

Orimen.   Guacabe.   Batoroquito
Myo   Teyoe   Nibaz   Baqueque
                         Baqueria
                         Petatlan

Fluuius S. Sebastiani, antequam se in Mare exonerat, a terra absorbetur.

Macorito
Daucari
Anacoato   Machocare
Aparabato   Babedicore   Bedicore
Macoa   Paribiacama
Baiabachinana.

Abdauiro

Tecuchuaco. Comoto
neto

Babacro
Voracayo
Habumeto
Quayatacaco
Quauaco

Barauito
Temore
Estancia   Badato
            Cayitan
Palmetum.   Caomo
        Curumeto

Birunieto   Togerito   Comanico   Boca
Toperito   Chocarito
Bacaroato   Aguameto   Barami
Curibame   Caribameto
Ubyaroo

Toabola   Doalameto   Nalabiro
Husius   Anataguato   Bappari

Napi

Palmetum.

Acamirato

SINUS CULEFOR
MLXL.